思想照亮旅程

得到名家大课

[上]

刘苏里 主编

上海三联书店

目　录

前　记 ……………………………………………………………… V

○一　《伯罗奔尼撒战争史》……………………………………… 1
　　导语｜文明是约会出来的 ………………………………… 3
　　晏绍祥讲读《伯罗奔尼撒战争史》 ……………………… 9

○二　《理想国》…………………………………………………… 31
　　导语｜对话，是达成一切明智之举不可或缺的前提 …… 33
　　周濂讲读《理想国》……………………………………… 37

○三　《政治学》…………………………………………………… 63
　　导语｜今天读亚里士多德有什么意义？ ………………… 65
　　张笑宇讲读《政治学》…………………………………… 69

○四　《忏悔录》…………………………………………………… 83
　　导语｜为文明续命的伟大思想家 ………………………… 85
　　赵越胜讲读《忏悔录》…………………………………… 89

○五　《上帝之城》………………………………………………… 107
　　导语｜通向上帝之城的道路 ……………………………… 109
　　林国基讲读《上帝之城》………………………………… 113

○六　《阿奎那政治著作选》……………………………………… 131
　　导语｜转折型思想家是如何诞生的？…………………… 133

I

李筠讲读《阿奎那政治著作选》 …… 137

〇七 《君主论》 161
　　　导语｜在困厄中思考建国 …… 163
　　　李筠讲读《君主论》 …… 167

〇八 《战争与和平法》 183
　　　导语｜文明的成色取决于精英的选择 …… 185
　　　林国华讲读《战争与和平法》 …… 189

〇九 《利维坦》 211
　　　导语｜现代政治理论的第一声鸡鸣 …… 213
　　　张笑宇讲读《利维坦》 …… 215

一〇 《谈谈方法》 229
　　　导语｜冲破黑暗的精神之子 …… 231
　　　张伦讲读《谈谈方法》 …… 235

一一 《英格兰普通法史》 247
　　　导语｜英格兰普通法的体系化 …… 249
　　　冯克利讲读《英格兰普通法史》 …… 251

一二 《论法的精神》 267
　　　导语｜孟德斯鸠，为变革做嫁衣的思想家 …… 269
　　　翟志勇讲读《论法的精神》 …… 273

一三 《人性论》 293
　　　导语｜人性的尊严 …… 295
　　　高全喜讲读《人性论》 …… 297

一四 《国富论》 321
　　　导语｜亚当·斯密和杨小凯：200年的思想接力 …… 323
　　　孙广振讲读《国富论》 …… 327

一五	《纯粹理性批判》	343
	导语 | 大转型时代的哲学方案	345
	邓晓芒讲读《纯粹理性批判》	349

一六	《法国革命论》	363
	导语 | 没有哪个国家能逃掉柏克定律	365
	冯克利讲读《法国革命论》	369

一七	《联邦论》	385
	导语 | 了解美国政体的必读书	387
	王建勋讲读《联邦论》	389

一八	《古代人的自由与现代人的自由》	407
	导语 | 商业取代战争的时代	409
	萧瀚讲读《古代人的自由与现代人的自由》	413

一九	《论立法与法学的当代使命》	433
	导语 | 立法是一个民族的生命之根	435
	翟志勇讲读《论立法与法学的当代使命》	439

二〇	《论美国的民主》	457
	导语 | 法国青年的美国情怀	459
	王建勋讲读《论美国的民主》	463

二一	《代议制政府》	491
	导语 | 代议制：漫长的探索与选择	493
	张笑宇讲读《代议制政府》	497

二二	《非此即彼》	509
	导语 | 失恋和死亡造就的哲学家	511
	王齐讲读《非此即彼》	515

二三	《瓦尔登湖》	531
	导语 | 不世出的英雄	533

　　　　杜先菊讲读《瓦尔登湖》 ·· 537

二四 《悲剧的诞生》·· 553
　　　　导语｜尼采的悲剧与喜剧 ·· 555
　　　　周国平讲读《悲剧的诞生》 ······································ 559

二五 《作为教育家的叔本华》·································· 577
　　　　导语｜尼采的警钟 ·· 579
　　　　周国平讲读《作为教育家的叔本华》 ······························ 583

前　记

"书的序言类似产品说明书，告诉用户（读者）它是什么，怎样使用，注意事项等。"这是今年 6 月写的序的第一句话，为序定了基调。如今它变成了后记，那么前记怎么写？

人的激情和心绪是有时效性的，过了这个村，就没这个店。6 个月前写的序，编辑不满意，我也有同感。说好的修改，一拖就是半年。拖到了极限，于是就有了"馊主意"，何不把"名家大课"上线时的开篇词充数做序呢？好处多多，其中之一是，撰写开篇词时的激情和心绪，有了呈现的机会。

我把开篇词找出来，个别文句略加修改，便有了这个序。不敢当序，索性叫"前记"。一查，还没见过写前记的。

开篇词写于 2017 年 10 月：

> 欢迎来到"得到"App"刘苏里·名家大课"。
>
> 我是万圣书园的刘苏里。
>
> 30 多年前，我毕业于北京大学和中国政法大学，读的是国际共运史和政治学；25 年前，我在北大南门外开了一家学术思想类专业书店——万圣书园。
>
> 截至今天，万圣书园已经接待了数以万计的海内外学者。我经手的书籍超过 40 万种。从接触第一本经典《尼伯龙根之歌》开始，我翻阅、精读过的经典作品已无法统计。
>
> 和相当多的作者、学者成为朋友、诤友，是我一生取之不尽的宝贵财富。每一次和他们深入交流，促膝长谈，都是一场学术饕餮和思想盛宴。
>
> 现在，我把这种体验带给你。
>
> 我在"得到"App 开设的这门课筹备了整整 8 个月。它是一次空前的尝试，此前没有过，此后也很难再现：我邀请了 38 位学术名家、翻译家，在

未来一年解读51部思想经典著作，带给你51堂精彩的思想大课。

我于其中的作用，就是在人类思想的地图上，和老师们一起标出我们认为有价值的坐标，而你可以根据自己的需要，斟酌取舍；在每位老师讲解之前，带你了解经典产生的历史背景，作者在思想史上的地位，对后来人的影响，以及对今天的我们究竟有怎样的价值。

"名家大课"课程也是"得到"做的一件了不起的事情。它既是继续，又是总结。它继续的，是启自20世纪80年代、持续近40年的人类知识－观念整理活动，也是对这一活动的阶段性总结，并惠及更多终身学习者。因此，我想和你一起，首先向为这次知识－观念整理活动做出卓越贡献的每一位参与者致敬！也期待新一代的知识人，在此基础上，有所推进，有所创造，以和成长中的中国的历史命运相匹配。

在这门大课中，接受邀请的老师们，由三部分组成：一是全程参与了上一轮知识－观念整理，影响了很多知识青年，至今仍活跃在第一线的学者，像杜小真、邓晓芒、周国平、陈嘉映、郑也夫、钱永祥等；二是紧追其后，对知识－观念整理活动做出贡献的中生代学者，像徐贲、阎克文、赵汀阳、高全喜、冯克利、张伦、刘擎、孙广振等；三是继承上一轮知识－观念整理活动的新生代学者，像彭刚、周保松、林国华、李康、刘瑜、王建勋、陶然、包刚升、李华芳等。

这38位老师，不仅是目前中国人文社会科学领域的知名学人、焚膏继晷的学术带头人，也是许多经典作品的译者，还是时评线上点击量较高的作家、勤奋的"教书匠"。他们是了不起的读书人，是万圣书园和我的良师益友。他们汇聚一堂，在"得到"这个教室，为你上大课、讲经典，与你共度饕餮经典的美好时光。

你肯定上过大课：一个大教室，一位老师，很多学生，上一门课程。未来一年的大课，38位名家在一个无远弗届的空中课堂，讲读51部经典。这在教育领域恐怕还是第一次，于你也肯定是第一次。何其幸哉！

51部经典，上下2500年。这些思想经典，经由诸位名家和我这个半辈子泡在书里的人千挑百选，入选我们的大课，不仅因为它们旺盛的思想生命力，也因为它们对今天这个时代具有深远的意义，以及它们对你洞察世事、体悟生命具有不可替代的价值。

至于为什么要读经典，一百个人会有一百种说法。既然已经有一百种说法，我不惮提出第一〇一种说法。

我的理由特别简单：读经典，是人的一种活法。活法千万种，读经典其一也，且是省力省钱、精彩超值的一种活法。是否选择这种活法，取决于你对自己生命意义的期望。

经典提供了你建立人生坐标的另一个维度，使你对自己的人生期望和现实处境，有了一个新的衡量尺度。你读经典的过程，就是不断对照、校正人生轨道的过程——读经典是一种活法，正是这个意思。

经典里不仅有先贤的人生经验和智慧，还有取之不尽的看待世间万象、应对人生困境的策略和方法。

说来俗套，但仍有提醒的必要：人生有涯，走出校门后，有效时间就那么多。是食不厌精，细嚼经典，还是生冷不忌，逮什么吃什么？两者的投入产出，完全不成比例。细嚼经典，是一种选择，对你确定人生高度，是一个考验。兹事体大，不能不察。

但经典如此深厚，快速进入，深刻体察，都需要名师点拨。在你与经典提供的养料之间，常常隔着一层窗户纸。很多人读了一辈子，未必捅得破这层窗户纸。

名师的作用，首先是教你如何捅破窗户纸，其次是带你走进经典的迷宫，领略经典魅力。师傅领进门，修行在个人。读经典的最佳门径，是师傅导游之后，自己躲在书中，仔细、慢慢体会经典之妙。这种活法，何其美哉！

经典难读，需要你用尽洪荒之力。经过此役，不用高喊，你也可以享受超越自己、人生进阶的幸福和快乐。一年的细嚼慢咽，不仅仅是让你听讲和阅读经典，而且是通过阅读，学会思考、掌握方法。

还有一层，比上面说的理由也许更重要，是我的个人经验，供你参考。苏格拉底有句名言，"未经审视的人生不值得过"。经典提供给了你审视人生的参考文本。匈牙利思想家科尔奈写过一本书，叫《思想的力量》，他用自己的一生诠释了：世界上最有力量的不是权力，不是财富，甚至也不是知识，而是思想。

我相信：思想有多高，人就会飞多高；思想有多远，人就会走多远的。

从明天开始，让我们一起跟随老师们的节奏，聆听经典，把握其中的思想精华。我也会在这一年中做好老师们的传声筒，把他们为大课写的精彩讲稿，原汁原味地呈现给你。

愿你珍惜这次思想旅程，用思想的力量为生命浇筑坚实的地基，为命运的召唤做足功课。

世事难料，今夕何夕。开篇词今天读来，好像已品不出三年多前的激情和心绪，但它的确真实。它是写给大课听讲者的，仔细想，又何尝不是写给今天的读者？某年，在一个颁奖仪式上发言，我说了这样的话："阅读是寒冬里御寒的方法。"在这里我要补充一句："阅读，尤其阅读经典活动，本身就是一种力量。"希望这两册厚厚的书，带给你温暖和力量。

刘苏里
2020 年 12 月

〇一
《伯罗奔尼撒战争史》

[古希腊] 修昔底德 著　谢德风 译　商务印书馆　2018 年

主题词 ◎ 战争史　古希腊　民主政治　修昔底德陷阱

经典之处

《伯罗奔尼撒战争史》是古希腊史学家修昔底德创作的历史著作，记录了公元前 5 世纪前期至公元前 411 年斯巴达和雅典之间的战争，几乎涉及当时整个希腊世界。全书按年代记事，共八卷。作为战争的亲历者，修昔底德详细记录了伯罗奔尼撒战争，并分析了这场战争的原因和背景。

作者简介

修昔底德（Thucydides，约前 460—约前 400），雅典人，古希腊历史学家、文学家和雅典十将军之一，以其所著《伯罗奔尼撒战争史》而在西方史学史上占有重要地位。其因严格、标准的证据收集工作，客观的因果关系分析，被称为"历史科学"之父。

导语 | 文明是约会出来的

刘苏里

有关修昔底德、伯罗奔尼撒战争,以及雅典的民主政治和坊间盛传的"修昔底德陷阱",晏绍祥教授都有十分精彩的讲解。我想借这篇导语,聊聊伯罗奔尼撒战争更大的历史背景,聊聊古希腊,即它的来龙去脉。

西方文明来自"两希",希伯来和古希腊。希伯来文明带给西方的主要是基督教;古希腊文明(包括它的继承人罗马)带给西方的是几乎所有的方面,从精神到制度,从风俗习惯和生活方式到哲学、艺术、科学和建筑。

基督教我在奥古斯丁那里再讲,这里我谈谈希腊文明的来龙去脉。亚历山大大帝是马其顿的国王,马其顿原本就是古希腊的一个城邦。亚历山大继位(公元前336年)后,横扫大半个世界,去世后其帝国虽然解体,却因为他的征伐生出来一堆受希腊文明影响的国家。也就是说,亚历山大征服的地方,基本上都变成了希腊。也可以这样理解,巅峰时期的马其顿帝国,其实是个特大号的古希腊。

古罗马原来是偏安于意大利半岛一隅的一个小国,却通过跟迦太基的三次战争(也叫布匿战争),以及和衰落后退回老家的马其顿的四次战争,壮大了自己。古罗马不仅征服了希腊全境,还征服了几乎所有的希腊化国家。可以说,罗马共和国是在希腊文明的沃土中成长起来的。罗马共和国演变为罗马帝国,帝国的西部于公元476年陷落后,东部又延续了一千年,直到1453年被奥斯曼帝国拿下。而这个时候的西方人,在西罗马帝国的原址即意大利半岛上,从佛罗伦萨到锡耶纳,从威尼斯到热那亚,上演了一场文艺复兴的大戏。之后的西方历史我们都比较熟悉了。

我想说的是,西方文明的历史其实没有中断过。

这里顺便说一句迦太基。迦太基是北非的一个强国,今天叫突尼斯。它以地中海北海岸为基地越海向北,占领了许多希腊城邦和希腊殖民地,包括撒丁岛、科西嘉岛和西西里岛。它跟希腊本土争雄几百年，最后向西扩张时碰上了罗马，被罗马所灭。本质上，迦太基也是一个希腊化国家。希腊文字，就是在迦太基文（也叫腓尼基文）的基础上发展出来的。

还要说几句小亚细亚这块地方，也就是今天的土耳其安纳托利亚地区。它在希腊半岛的东边，隔爱琴海跟希腊相望。当年希腊人开启海外殖民模式时，沿着爱琴海东岸从南到北，建立了一系列城邦，比如著名的米利都、以弗所、希俄斯、弗凯亚等，早期希腊的许多哲学家、科学家，比如泰勒斯、阿那克西曼德、毕达哥拉斯都出自这些地方。波斯帝国强大的时候它们被波斯人占领，马其顿人强大时它们又都变成了希腊化国家，奥斯曼帝国崛起后又难逃被吞并的命运。

我们看着地图回到希腊本土。希腊本土由两个大的半岛组成，一个是伯罗奔尼撒，一个是阿提卡，在中间连接它们的是梅加腊和科林斯，都是希腊城邦。伯罗奔尼撒半岛上的强国是拉凯戴梦，首都为斯巴达，阿提卡半岛的强国就叫阿提卡，首都为雅典。当然强国和首都都是现代概念，但当年确实有一堆大大小小的城邦围绕两个"强国"，史学家们统计，鼎盛时期的希腊城邦超过1500个。

围绕地中海和爱琴海，汇集了当时的几大文明：腓尼基（迦太基）、埃及、巴比伦、波斯和希腊。几大文明通过贸易、战争、通婚相互学习，相互激荡。几大一神教都来源于此也是有原因的，人群相争，总要搬出神仙助阵，多神不行，就上一神。

学术界基本的共识是，希腊文明有它的东方来源，比较谨慎的说法是东方因素。可以确定的是，希腊的宗教、哲学、科学等，都能在东方找到蛛丝马迹，其中埃及、巴比伦（它的中心是今天的伊拉克）和波斯贡献最大。其实，希腊文明还有自己的前身，和前身的前身，这就是米诺斯文明和迈锡尼文明。米诺斯文明是源头，来自克里特岛，克里特岛地处地中海的正中间，是希腊的第一大离岛。迈锡尼地处伯罗奔尼撒半岛，它是米诺斯文明的传人，希腊文明的直接源头正是迈锡尼。

从上述梳理的文明线索，能看出什么门道吗？

对，克里特岛。它是希腊跟别的文明约会的地方啊，约会出了米诺斯文明，希腊人又以克里特岛为跳板，踏进迈锡尼，迈锡尼文明向四周扩散，最终孕育出了伟大灿烂的希腊古典文明。这条文明发生的线索给我们的启示是，伟大的文明首先是约会出来的。换句话说，历史上从来没有一个文明自己跟自己玩，能玩出伟大来的。

从这条线索中我们也很容易看出来，伯罗奔尼撒的斯巴达人长期主导希腊半岛局面，而雅典人不过是斯巴达人的跟班。

那么，后来怎么就发生了斯巴达人跟雅典人你死我活的战争了呢？这里，我只挑一条主线聊聊大背景，就是波斯人对希腊人的战争。

波斯人，是希腊人对生活在伊朗高原上的人的称呼。波斯人原来是中亚的游牧民族，跟米底人一起迁徙到伊朗高原。一开始，这两伙人都受制于亚述帝国。公元前8世纪，先是米底人反抗亚述人，独立建国，捎带着，米底人又把波斯人给统治了。公元前6世纪中叶，波斯大王居鲁士起来造米底人的反，建立了自己的国家，随后开始东征西讨，经过居鲁士、冈比西斯、大流士等几代君主，波斯帝国的版图扩大到当时已知世界的大半。薛西斯大帝继位后，波斯帝国开始了向西，也就是向希腊本土的征伐。伟大的史学家希罗多德写了本《希波战争史》(即《历史》)，记录了这场对西方人来说，具有巨大转折性意义的战事。

战争中，起先是斯巴达人领头，后来退出，以雅典人为首的提洛同盟肩负起了抗击波斯人入侵、保卫希腊的责任。提洛同盟是在战争中形成的，因为据点放在了提洛岛而得名。希波战争中的几场关键性战役，比如陆地上的马拉松战役、温泉关战役，以及海上的萨拉米斯战役，雅典人领导的提洛同盟都起到了决定性的作用。

要知道，波斯人可是先拿下了小亚细亚地区几乎全部的希腊城邦，然后才进攻希腊本土的，领衔出征的是薛西斯的弟弟。现代学者估计，出征的波斯军队至少有50万人，而希腊联军最多时，大概有10万人。这场实力完全不对等的战争，最后怎么就让希腊人给赢了，而且波斯人还彻底丧失了对小亚细亚的控制？故事太长了，这里按下不表。

与其说是希腊人,不如说是雅典人和它领导的同盟战胜了波斯人,战绩赫赫的雅典终于可以跟斯巴达平起平坐了。可在斯巴达人和盟邦看来,雅典的气势几乎超过它们了,就此埋下了祸根,希腊本土开始了内斗,后来演变成 27 年的伯罗奔尼撒战争。

我们只能简单地说,两方都有责任。雅典人露出了争霸的牙齿,而斯巴达人开始看着眼晕,后来感到自己的地位受到威胁,再加上跟着斯巴达混同盟的小弟们从旁挑事儿,两强之战怎么可能避免呢?这些故事,晏绍祥讲得简洁精彩。

最后我想说,仗打了 27 年,雅典战败,斯巴达也元气大伤。战后不久,伯罗奔尼撒同盟分裂,又爆发了底比斯人跟斯巴达人的战争,斯巴达战败,从此一蹶不振。有趣的是,马其顿人先跟着斯巴达人打雅典人,后来反手又收拾了打败斯巴达人的底比斯人,进而将整个希腊大陆收入囊中,古希腊文明的大戏,就此落下帷幕。

此后,马其顿人整理军备,杀向爱琴海东岸,再顺着当年波斯帝国征伐的脚印,杀到已知世界的各个角落,直到亚历山大大帝病死在路上,才停止征战,留下了一片希腊化的国家,西方文明从此翻开了新的一页:罗马人趁势崛起,开始跟东西方的文明约会。这一约不要紧,约出了个千年帝国。

讲读《伯罗奔尼撒战争史》的晏绍祥教授,1962 年生人,现任首都师范大学历史学院教授。除了这两个规整的个人信息,晏绍祥出生迄今的学术生涯,都可用"剑走偏锋"四个字来概括。

他出生在三省交界的金寨,隶属安徽。从小就步行、带饭上学,一直到高中毕业。1980 年参加高考,先后在安徽师范大学、内蒙古大学和东北师范大学求学。毕业后主要在华中师范大学任教,2005 年后才调到首都师范大学。用他自己的话说,他是误入世界史领域,更是"稀里糊涂"地闯入了西方古代史世界。他学术生涯的关键性事件,是 1995—1996 年的剑桥访学。1997 年,35 岁的晏绍祥师从王敦书先生,下决心攻读古典学,恐怕是剑桥访学的结果。

估计他做梦都没想到,一个当年饿肚子上学的孩子,因为一次访学,一脚踏进了古希腊和古罗马的世界,成为顶尖的西方古典学家。我跟晏绍祥开玩笑说，偏锋走多了，负负得正，最后发现眼前是一条笔直的大道，通向雅典和罗马。他自己却说："现在我倒是真的喜欢古典世界，尤其是希腊。没有别的，就凭希腊人在那么薄弱的物质基础上，进行了那么伟大的政治试验，对治理国家的各种制度做了那么多的思考，恐怕古代世界的其他地区是很难达到的。"

　　有关修昔底德、伯罗奔尼撒战争，以及雅典的民主政治和坊间盛传的"修昔底德陷阱"，我们就来看晏绍祥精彩的讲解吧。

晏绍祥讲读《伯罗奔尼撒战争史》

> 晏绍祥
> 历史学博士,首都师范大学历史学院教授。主要从事古典世界历史、古典传统在西方世界的演变等领域的研究,著有《古典民主与共和传统》《古代希腊历史与学术史初学集》《世界上古史》等。

修昔底德其人

约2400年前的雅典人修昔底德,写了著名的《伯罗奔尼撒战争史》。修昔底德可能是西方历史上最著名的历史学家之一,也是今天作品仍被广泛阅读的古典作家之一。人们评价说他代表了希腊史学的最高成就,他之于历史学,犹如荷马之于史诗,德摩斯梯尼之于雄辩术,柏拉图之于哲学。评价可能略显夸张,但大体反映了实际。

遗憾的是,关于修昔底德的生平,我们所知甚少。尽管有不少历史学家续写他的《伯罗奔尼撒战争史》,也有不少人模仿他的风格,但对于这位先驱者的生平,后来者几乎都无一例外地保持沉默。更晚近的资料虽然能补充某些细节,但更像是后人的推测,没有得到确切的证实,难称信史。

因此,到今天为止,关于修昔底德的生平,我们仍然只能到他本人的著作中去寻找,要依靠修昔底德本人提供的材料,讨论他的生平与活动。

像绝大多数古代作家一样,修昔底德开篇第一句话就亮明了自己作为雅典人和著作者的身份:

> 雅典人修昔底德撰写了这部伯罗奔尼撒人和雅典人发动的相互之间战争的历史。他从战争一开始就着手这项工作,相信它较过去所有战争都伟大和值得注意。

在第五卷第二十六章，修昔底德再次强调自己的身份：

> 这些事件的历史是由同一个雅典人修昔底德所著的。他是按年代、按照夏天和冬天的顺序记录的，一直写到拉凯戴梦人及其同盟者终结了雅典的统治，占领了长墙和比雷埃夫斯为止。到那时，战争已经延续了27年。如果任何人不把战争期间包含的停战年代包括进来，那是不合适的，他的判断也不正确。

从上述两段话中，我们至少知道两个基本事实：修昔底德是雅典人，他从头到尾经历了那场战争。但我要解释一下后一段话里提到的"拉凯戴梦人"，它是斯巴达人的另一种叫法。而比雷埃夫斯是雅典的一个外港，离雅典城约40千米。

第二个序言，即我们上面引用的第五卷第二十六章的那段话，还表明修昔底德对战争的认识可能经历了一个发展过程。他最初也许认为，"十年战争"——公元前431年到前421年斯巴达与雅典间持续十年并最终签订了和约的战争——已经解决了问题，但是公元前415年雅典又发动西西里远征，科林斯和斯巴达出面阻击雅典的扩张。战争最终以雅典惨败为结局，这让雅典人修昔底德意识到两次战争的连续性，即两次战争实际上都是伯罗奔尼撒岛上的斯巴达人对雅典人的战争。也许，所谓伯罗奔尼撒战争的概念就是他的创造，第一卷很可能有过修改，以适应他新的认识。

那么，战争爆发时，修昔底德年龄多大了？在我们上面引用的第二段文字的后面，他透露了一点信息：

> 从这场战争开始到结束，我确实一直记得，人们普遍都说，它要延续三九二十七年。战争爆发时，我已届识见成熟之年，从头到尾经历了这场战争，并留意关注，目的是弄清事件的真实情况。我在担任将军指挥增援安菲波利斯之后被流放了20年，两方发生的事件我都熟悉，并且由于流亡对伯罗奔尼撒一方的事件尤为熟悉，所以能够不受干扰地了解战争的过程。我将继续叙述十年战争以后发生的争端，违反和约的情况和随之而起的战端。

按照希腊人，特别是雅典人的习惯，男人大约到 30 岁才算成熟。雅典人担任议事会议员和陪审团陪审员的最低年龄标准就是 30 岁。也就是说公元前 431 年伯罗奔尼撒战争爆发时，修昔底德至少 30 岁了，再据此推算，他应当出生在公元前 461 年或者在那之前。

第四卷第一〇四至一〇五章，有关公元前 424 年战事的记载，那年斯巴达将军布拉西达远征色雷斯，进攻安菲波利斯，而修昔底德正负责安菲波利斯的防御工作：

> 他们（即部分安菲波利斯人）和雅典派来防守这个地方的将军优克莱斯派人到色雷斯另一个将军修昔底德那里去，请求援助，他是奥罗鲁斯的儿子，本书的作者。

也就是说，他在公元前 425/424 年是雅典的将军。考虑到雅典人在军事问题上非常重视专业知识和经验，那时修昔底德应当已经服兵役数年，在战斗中有不错的表现，才能在竞争非常激烈的将军选举中胜出。那时的他可能正值盛年，也就是 40 岁上下。所以，他肯定出生在公元前 461 年之前。

在这里修昔底德还提到，他父亲名叫奥罗鲁斯，他的家族历史上可能与马拉松战役的英雄米尔提亚戴斯有关。他自己的家庭之所以与色雷斯地区关系密切，是因为马拉松战役的英雄米尔提亚戴斯的祖上曾殖民于色雷斯地区的凯尔涅索斯。这或许是雅典人派他驻守色雷斯地区的重要原因。

但是作为将军修昔底德的才能怎么样呢？根据《伯罗奔尼撒的战争史》的记述：

> 同时，布拉西达看见海上援兵将从塔索斯开来，他惊慌起来了。他又听说修昔底德在色雷斯的那个地区有开采金矿之权，因此对于大陆上的居民有很大的影响，所以他尽力想以最快速度占领这个城市。
>
> 当天傍晚的时候，修昔底德率领他的船舰驶入埃翁。至于安菲波利斯，布拉西达刚刚取到手；只隔一晚，他就要攻取埃翁了。如果修昔底德的舰队不是及时赶到那里的话，在黎明的时候，埃翁可能就落在他的手里了。

雅典人对修昔底德托以重任。色雷斯地区有矿产和木材，是雅典最重要的经济基地和建造舰队原料的来源，而安菲波利斯因地势险要，历来为兵家所重，用修昔底德自己的话说，"对雅典人来说，安菲波利斯实在太有用了。它提供造船用的木材，还带来金钱收入"。但作为将军的修昔底德，既然知道安菲波利斯的重要，也知道斯巴达人布拉西达已经到达色雷斯，却为何要驻扎在离安菲波利斯半日路程的塔索斯岛，而非更近的埃翁，直到布拉西达已经占领了安菲波利斯，他才率舰队驶入埃翁。在接下来的战事中，根据他本人的记载，布拉西达不断进取，连续夺取了爱琴海北岸的多座城市，修昔底德始终无所作为。所以，他虽然救下了埃翁，雅典人仍不原谅他，从前面的引文中我们知道，他在担任将军指挥增援安菲波利斯之后被流放了20年，也就是到公元前404年他还健在。

最后一个问题是修昔底德是何时去世的。就像他的出生一样，我们没有确切资料。他本人暗示他见到了战争的结局，甚至可能见到公元前4世纪初斯巴达与波斯的冲突。在第二卷第六十五章，在评论雅典的领导人伯里克利时，顺带论及雅典人战败的原因：

> 他们大部分的舰队和其他军队在西西里丧失之后，雅典内部已经发生革命，但是他们还支持了八年（原文是三年，显然是后人抄写错误）……结果只是因为他们自己内部的斗争，毁灭了他们自己，他们最后才被迫投降。

由此可以肯定，修昔底德见到了雅典的战败。在第八卷第四十六章中，他借雅典流亡者亚西比德（Alcibiades）之口谈到了战后斯巴达人与波斯人冲突的可能。从当时斯巴达人与波斯人签订的几个条约看，伯罗奔尼撒战争进行时，斯巴达人肯定没有跟波斯冲突的打算。这很可能是修昔底德看到了公元前4世纪初波斯与斯巴达的冲突之后，借亚西比德之口所做的预言。如果是这样，则他一定看到了万人军远征和斯巴达国王阿盖西劳斯（Agesilaus）远征亚洲。那时他可能仍在撰写并修改他的著作，遗憾的是天不假年，他的著作最终因他去世或其他原因并未完成，只写到公元前411年。前面的20年用了八卷，每卷包含两到三年，如果他写完的话，后面至少应该还有两到三卷。

上面的分析让我们得到大致如下的印象：

他出生于与雅典知名政治家西门（Cimon）有关的家族。这个家族在色雷斯拥有矿山，政治上比较活跃。

战争初期已经成人，所以他至少出生于公元前 461 年之前，更可能是公元前 465 年之前，见证了雅典帝国的崛起和强大。

公元前 425 年或前 424 年当选为雅典将军，因丢失安菲波利斯被流放，后来至少又活了 20 年。

战争开始他就撰写自己的著作，公元前 415 年战争重新开始后，他意识到后一阶段与第一阶段的战争是连续的，又重新开始写作，所以他可能在叙述了持续 10 年的阿基达马斯战争后，最初认为战争已经结束。公元前 415 年斯巴达重新加入战争后，他修正了对于战争爆发的观点，补写了雅典帝国的扩张，突出斯巴达的恐惧和作用。但原来所写的科林斯等的突出作用，未能做太大修改，因此现存著作给人的印象，是斯巴达在战争问题上并不那么积极，反倒是科林斯像个战争贩子。

战争结束时他还活着，但他的著述未完成，不仅因为他只写到公元前 411 年，还因为第八卷可能不曾经过修改，缺少在他的著作中经常出现的演说词，以及不常见的文件原文；最后一句话甚至都不完整。

尽管只是未竟之作，却并不影响该书作为经典的地位。

《伯罗奔尼撒战争史》的基本内容和特点

《伯罗奔尼撒战争史》共八卷，始于对战争性质的界定和战争爆发的原因，止于公元前 411 年夏天。如我前面提到的，如果全书写完，至少还需要两到三卷。

先交代一下书名的来源。修昔底德原本把自己的书命名为《历史》，原意是调查。后来的学者们把它称为《伯罗奔尼撒战争史》，意思是伯罗奔尼撒人对雅典的战争，多少体现了雅典人的立场。犹如希波战争在英文中被称为"波斯战争"，体现了希腊人的立场一样，有些写斯巴达史的学者，则把这场战争称为"雅典人的战争"。

从总体结构看，全书分为两个部分。第一卷是全书的导言，追述早期希腊海权的发展以及雅典帝国的扩大，分析战争的原因，意在说明与以往的战争比较，伯罗奔尼撒战争是最大的战争，造成希腊世界最大的骚动。此外，修昔底德还阐述了自己记载历史和纪年的方法：他写下的都是经过他调查核实过的事实，不容争议，当然可能也不那么有趣；对于纪年方法，他抨击了与他同时期的一位学者写的《阿提卡史》，强调自己会按照编年史的路子，将每年分成夏季和冬季，逐年记录相关史实。在后来的写作中，他的确严格遵循了这套规则。

从第二卷开始，正式进入对战争本身的叙述。该卷包含战争的前三年（前431—前428年），从底比斯人入侵阿提卡，点燃战争导火索开始，述及雅典和斯巴达的应对：斯巴达以陆军入侵阿提卡，企图迫使雅典决战或投降，认为雅典人最多撑不过三年。雅典针锋相对，将阿提卡居民全部撤入长城之内，避免陆上与斯巴达对抗，以装备战舰出航伯罗奔尼撒，骚扰斯巴达和伯罗奔尼撒沿海。一方面，斯巴达的策略因雅典人拒绝出战失灵，另一方面，雅典在科林斯湾等地的战事中取得成功。其中值得一提的是，修昔底德特意在该卷记载了伯里克利在战争第一年为雅典阵亡将士所作的葬礼演说，以及随后雅典暴发的瘟疫。这个葬礼演说因此流传非常广，成为名篇。根据学者们的意见，修昔底德这里显然是有意把伯里克利的理想与瘟疫打击下、现实中的雅典人的道德、精神和纪律崩溃进行对比，预示后来雅典政治的变革和对伯里克利战略的背离。

第三卷叙述战争第四至六年（前428—前425年）的战事。这一卷的核心是雅典重要的盟邦米提莱奈的暴动、斯巴达人围攻普拉提亚、科西拉的内战等。总体上看，形势对雅典不太有利，瘟疫在继续，雅典人被迫面对战争带来的财政紧张。修昔底德在这一卷中至少两次提到雅典人干预西西里事务，预示后来雅典对西西里的野心。

第四卷叙述战争的第七至九年（前425—前422年），核心是雅典占领派罗斯，俘房120名斯巴达公民，并利用派罗斯骚扰斯巴达，使斯巴达顾此失彼。但雅典在另外两线遭遇失败：入侵比奥提亚遭遇败绩，爱琴海北部色雷斯地区的盟邦大批投奔斯巴达。联想到雅典人因派罗斯的成功而得意，拒绝斯巴达人签订和约的请求，一方面它呼应了第一卷战争中命运无常的说法，同时为雅典在安菲波利斯的失败做了提示。

第五卷包含的年代最长，从第十年一直到第十六年（前 422—前 415 年）。从公元前 422 年的安菲波利斯战役之后，双方主要精力用于谈判，可以记载的军事、政治行动相对较少。修昔底德的本意，是想说明双方对和约都不满意，小动作和小冲突不断，开战是迟早的事情。同时，雅典人的帝国主义倾向愈发明显和赤裸裸，入侵宣布中立的米洛斯岛，公然宣扬强权即公理，在对方拒不屈服之时，依靠强力将该岛征服，并把该岛的成年男性全部屠杀，妇女儿童卖为奴隶。它一方面在揭露战争的残酷，另一方面也昭示雅典入侵西西里的命运。

第六至七卷是一个整体，包含战争第十七至十九年的事件（前 415—前 413 年），中心只有一个：雅典远征西西里及其失败。修昔底德把这次远征描写为一次真人版的悲剧：自大无知的雅典人冒冒失失地发动了对西西里的远征，却根本不了解该岛的资源和状况。远征本身状况百出：军队尚未出征，雅典就发生了赫尔墨斯（Hermes）神像被毁和农神德墨忒尔（Demeter）秘仪渎神案；舰队到达西西里后，原来期待的盟友拒不接待，承诺的资金也不兑现；鼓吹远征最积极、最有能力的将军亚西比德在被召回国受审途中逃亡敌国，成为雅典最阴险的敌人；军队在西西里的行动犹犹豫豫，指挥行动的将军尼西阿斯优柔寡断，而且过于迷信，害怕承担责任，雅典人也判断失误，未能及时撤换将领和改变策略，最终导致远征军全军覆没。但修昔底德在第二卷所指责的雅典国内支援不力，倒是没有在这两卷中出现，实际情况相反：在尼西阿斯认为战争已经难以取胜时，继续增援。对修昔底德来说，西西里远征成为整场战争不折不扣的转折点，也是雅典历史上最大的悲剧。

第八卷即全书的最后一卷，是雅典人在绝境中奋起的一卷，主要包含第二十至二十一年的事件（前 413—前 411 年），重点是西西里失败的影响——盟邦的反叛和斯巴达一方决心依靠波斯的支持结束战争，雅典的失利和内部的政变等。在这一卷中，修昔底德表现了雅典人的顽强：即使面对斯巴达和波斯两大势力，雅典人仍无意求和，决心把战争进行到底。由于斯巴达的失误，雅典人赢得了喘息时机。不过亚西比德和寡头分子的活动，导致民主政治被推翻，"四百人"掌权。对于这些寡头分子，修昔底德明显没有好感，详尽描绘了他们政变中使用的欺骗和恐怖手段，以及他们给雅典造成的危险。对于民主派的活动，修昔底德固然有微词，但总体上是抱肯定态度的。

上述就是《伯罗奔尼撒战争史》的大致内容。修昔底德给人的感觉是，看待问题非常客观，不管是对斯巴达人还是雅典人，他既不吝赞美他们的优点，更能揭露他们各自的缺点，而且在叙述这些事件时，用北京师范大学郭小凌教授的话说，你甚至都感觉不到他是一个雅典人。然而，事实恐怕并非如此。20世纪以来的学者们，逐渐揭示出修昔底德看待问题主观的一面，这里略举两例，以资说明。

修昔底德的书中包含大量演说词，它们名义上都是各个城邦的人物在不同场合发表的演说，都被用引号引起来了，明确表示这是演说者的原话。然而修昔底德自己在第一卷中就交代，有些演说是他亲自听到的，有些是他听别人转述的，还有一些是他根据环境的需要，让当事人根据他认为在那个场合应当说的话创作出来的。这就有问题了。修昔底德的确诚实，告诉我们有些话是他创作的，但他并未告诉我们到底哪些是他创作的。那些他创作的演说词，显然不是历史的客观记录。别人转述给他的，他也承认有时并不可靠，因为不同的人有不同说法。即使那些他亲自听到的，那时又没有录音机，也缺乏速记技术，他又如何能过耳不忘，完全记下来。几乎同样重要的问题是他缘何记录了这些演说词，而忽略其他演说词。不止在一个场合，修昔底德明确承认许多人都发表了演说，但他完整提供的演说词，往往只有一个人的。最显著的例子是修昔底德说雅典人几乎每年都会举行国葬典礼，按照雅典的制度，则每年都会有人发表葬礼演说。那么，他为什么仅仅记录了伯里克利第一年的演说？可以肯定，这很大程度是主观选择。因此，占全书相当篇幅的演说词，其中不少肯定是修昔底德本人创作的，还有一部分是他主观选择的结果。

还有一个问题较演说词更加重要，就是全书的主题。修昔底德确实记载了战争双方的行动，按照他的说法是记载斯巴达和雅典之间的大战。然而他为何要记录这场大战？仅仅因为它是历史上最伟大的战争吗？仅仅因为它是希腊历史上最大的骚动吗？恐怕没这么简单。作为一个雅典人，他显然希望总结，为什么战争初期对胜利抱有充分信心的雅典，从资源等很多方面看起来占优势的雅典，最后居然失败了。在修昔底德看来，那显然是雅典人偏离了伯里克利制定的战争策略的结果。且不论伯里克利的战略是否能最终奏效，但这个基本思路，决定了修昔底德的主要目标：揭示雅典人如何逐步偏离伯里克利的战略，最终走向失败的进程。他忽视了战争中的诸多偶然因素，以及斯巴达方面的问题与错误。还有人指出，修昔底德严重低估了波斯的实力和作用，而把伯罗奔尼撒战争单纯看成雅典和斯巴达之间的大战。这样的基本取向，也决定了他对雅典的态度：批判多于肯定。所以，不少后来的学者对他抱着这样的态度规划全书，有不少批评。比如复旦大学的黄洋教授就指出，整部《伯罗奔尼撒战争史》，实际上是修昔底德的主观建构。部分西方学者甚至认为，伯罗奔尼撒战争这个概念本身，很可能也是修昔底德建构的结果。

当然，这里无意否认修昔底德在历史学发展中的地位，更无意否认《伯罗奔尼撒战争史》作为经典名著的价值。我们把他与希罗多德进行比较，也许更能彰显出他在史学理论、方法和实践上的贡献。

修昔底德与希罗多德

希罗多德也是公元前 5 世纪的古希腊史学家和作家。他出生在小亚细亚，年轻时游遍希腊地区，到雅典后对那里民主制度下的繁荣景象拜服有加，决定撰写希波战争史，于是就写了《历史》。因为这部著作，希罗多德在西方被称为"史学之父"。

这里讲修昔底德与希罗多德的关系，不是想说两人之间有直接交往，而是要讲修昔底德在学术和思想上对希罗多德的继承与超越。

不少人也考察过希罗多德写作《历史》的时间以及那时他的年龄，结论是两人年龄相差不太远。伯罗奔尼撒战争爆发时，修昔底德已经成年，而希罗多德当时显然也还活着，因为在《历史》中提到斯巴达派到波斯的使者被雅典人活捉和处死的事情。罗马皇帝尼禄时代的作家潘菲拉甚至提到，希罗多德只比修昔底德大三岁。不过这个说法一般不被人相信。虽然如此，两人年龄差距不大应无疑问。然而，两人的历史观却差距颇大。

希罗多德宣布，他写作《历史》的目的，是"为了保存人类的功业，使之不致由于年深日久而被人们遗忘，为了使希腊人和异邦人的那些值得赞叹的丰功伟绩不致失去它们的光彩，特别是为了把他们发生纷争的原因给记载下来"。

这样看来，希罗多德的目标，是为了与记忆的遗忘做斗争，同时探究希腊人和波斯人发生冲突的原因，因此凡是与这场冲突有关的事实，他都会记录下来。不管这些事情是政治的、经济的、文化的或民俗的。希罗多德的书中夹杂着大量的故事，许多故事在今人看来显然不可信。希罗多德尤其喜欢说故事，开头和结尾都是故事。开头是吕底亚因女人发生宫廷政变，快结尾时是薛西斯及妻子阿美司妥利斯与马西斯特斯及其妻子的故事，最后是有关居鲁士的一个故事。因此，希罗多德的《历史》内容庞杂、枝蔓横生，但也非常有趣。

修昔底德的做法正好相反，他明确宣布自己不喜欢故事，甚至有意识地拒绝故事，他在第一卷中宣布了自己写作的原则：

> 我这部历史著作很可能读起来不引人入胜，因为书中缺少虚构的故事。但是如果那些想要清楚地了解过去的事件和将来也会发生的类似的事件（因为人性终归是人性）的人，认为我的著作还有一点益处的话，那么，我就心满意足了。我的著作不是只想迎合群众一时的嗜好，而是想垂诸永远的。

修昔底德批评虚构故事的时候，虽然没有点名，但显然指的是希罗多德。他的写作目标似乎也更加远大：研究历史是为未来提供借鉴。历史借鉴之所以可能，是因为类似的事情会在人类历史上反复发生，"因为人性终归是人性"。

由此导致的修昔底德著作的另一重要特点，是他对历史真相的追求，他宣布：

> 关于战争事件的叙述，我确定了一个原则：不要偶然听到一个故事就写下来，甚至也不单凭我自己的一般印象作为根据；我所描述的事件，不是我亲自看见的，就是我从那些亲自看见这些事情的人那里听到后，经过我仔细考核过了的。就是这样，真理还是不容易发现的；不同的目击者对于同一个事件，有不同的说法，由于他们或者偏袒这一边，或者偏袒那一边，或者由于记忆的不完全。

之后，就是我们刚刚引用的那段他希望自己的著作能垂诸永远的话。

修昔底德的原则，与希罗多德存在明显的不同。希罗多德曾经宣布，他的目的是记录他听到的所有事情，但并不代表他相信他听到的所有故事。除偶然的例外，希罗多德经常会提供同一事件的多个不同的说法。例如，开篇有关希腊、波斯冲突的原因，他既列出了希腊人的说法，也介绍了波斯人的观点。关于埃及尼罗河每年泛滥的原因，他也记录了多个版本的故事。修昔底德则不同，他记录的是历史真相，绝不会偶尔听到一个故事就记下来，不管是他自己亲眼看见的，还是别人转述的，他都要核实。对他人所说的事情，他意识到人们的立场不同，对事件的叙述也会不同，因此对别人告诉他的事情，他会尽可能核实。遗憾的是，到底如何核实，修昔底德没有明确说明。

由于他自己对历史记载的严肃态度，他对诗人和散文作家都做了批评，认为诗人会夸大自己主题的重要性，散文作家则为了吸引听众使其故事难以核实。从这个前提出发，他的确有资格批评一般希腊人和他的前辈希罗多德：

> 其他希腊人也同样地不但对于记忆模糊的过去，而且对于当代的历史，有许多不正确的猜想。例如，一般人相信斯巴达国王每人有两个表决权，而事实上他们每人只有一个表决权；也有人相信斯巴达人有一个名叫"皮塔纳"团的军队。这样的一队兵士是根本没有的。

关于斯巴达国王一人两票和皮塔纳军团的事情，修昔底德明显指向希罗多德，因为这两个说法都见于希罗多德的相关记载。

两人对神谕的态度，也有云泥之别。希罗多德喜欢记录神谕，明确承认神谕是真的。开头第一卷有关吕底亚国家灭亡的记载，很大程度上是吕底亚国王考察神谕、求取神谕、误解神谕、国王被俘、派人谴责神谕发布者和神对自己预言的辩护的过程。修昔底德则明确拒绝神谕，不仅记录的神谕数量比较少，而且所记录的有限的几个神谕，他也更倾向于从理性的角度加以解释。

至于年代学，与希罗多德比较，修昔底德的年代学有巨大进步。希罗多德的事件经常缺乏准确的年代和日期，他一般按照一代人40年或30年的时间推算。修昔底德笔下的事件，除第一卷外，绝大部分至少可以归入某一年的夏季或冬季。

例如，为了准确表明伯罗奔尼撒战争中点燃导火索的那一刻，修昔底德如此记录：

> 优卑亚被征服后所订的三十年休战和约有效了十四年。在第十四年，当亚哥斯的赫拉祭司克赖西斯在位第四十八年，伊尼西阿斯任斯巴达监察官；皮索多勒斯雅典执政官任期还有四个月；波提狄亚战役开始后的第十四个月，初春时节，一些底比斯人，略多于300人，在……

修昔底德之所以要找出这么多时间点，是因为希腊人不像今人有统一的公元纪年。希腊城邦众多，每个城邦都有自己的历法，要确定一个泛希腊事件的年代，必须同时列出几种主要的年代学记录，否则难以准确表示时间。直到公元前5世纪末，埃利斯的哲学家希皮亚斯才想出了用古代奥林匹克赛会来统一纪年的办法。但修昔底德显然不知道这个方法。

不过，说了两人这么多的区别，是否就意味着修昔底德真的对他的前辈希罗多德不屑一顾？这里略举几例，就能清楚说明希罗多德的影响：

首先，两人都明确承认，对于久远的过去，事情邈远不可知。修昔底德的态度当然十分明确：

> 虽然对于远古时代，甚至对于我们当代以前的历史，由于时间的遥远，我不能完全明确地知道了，但是尽我的能力所及，回忆过去，所有的证据使我得到一个结论：过去的时代，无论在战争方面，或在其他方面，都不是伟大的时代。

修昔底德对久远的过去明确表示怀疑，承认自己的无知，这也决定了他把自己的主题放在当代史或者接近当代的历史上。

希罗多德没有这样明确的声明，但他同样区分了他可能知道的和不可能知道的。所以他和伊奥尼亚记事家前辈不同，没有给希腊神话编排年代和顺序，对公元前7世纪之前的历史，他更多地将之作为他不知道的传说，中心则是与他自己时代非常接近的希波战争。所以，两人所写，实际都是当代史。我们经常忘记希罗多德曾经说过，"希腊人的故事很多，也很荒谬"。也就是说，两人都对相关事件进行调查，并且在此基础上进行记录。用莫米利亚诺《现代史学的古典基础》

中的话说，两人都发展起了一种对于记录事件的批判态度，使我们能够区分事实和想象。

其次，修昔底德承认希罗多德的贡献。对于希波战争和之前的历史，除海军历史的发展外，他几乎不再触及。对希波战争后 50 年历史的叙述，他的主要目的固然是说明雅典势力的崛起和斯巴达的恐惧，但恰好填补了希罗多德留下的空白。对雅典将领地米斯托克利和斯巴达摄政王保萨尼亚斯的记录，可能包含交代希罗多德后续结局之意。如此处理，暗示希罗多德已经说过的，修昔底德自己认为无须再啰唆。

最后，两人的眼光都是泛希腊式的，不局限于某个具体城邦。他们与莱斯沃斯的赫拉尼库斯的对比最为明显，后者主要记录雅典城邦的历史。

修昔底德能够在某些方面超越希罗多德，当然与他本人的取向和态度有关，但可能是公元前 5 世纪智者运动影响的结果。正是在智者（sophists，在字典里经常被翻译为诡辩家，实则在希腊语原文中，只是表示有智慧的人）那里，有关政治制度和城邦治理的讨论极其流行，对神灵的怀疑，也是在那里萌生的。

修昔底德论雅典民主政治

我们先讨论修昔底德对雅典民主政治的态度以及这种态度对《伯罗奔尼撒战争史》写作的影响。首先我们来看一组对比：

公元前 431 年冬天，雅典人按照他们祖宗传下来的惯例，为当年在战争中阵亡的将士举行国葬典礼，伯里克利作为雅典国家的代表，就阵亡将士的功绩发表演说。他所描绘的雅典人处于由多数人执掌政权的民主政治之下，给有能力的人提供了广阔发展空间，他们自信、爱国、多才多艺、富有创造性、善于享受生活。总之，是一群阳光、向上的积极公民。修昔底德记载的这篇演说，历来被公认为是古典雅典民主的颂歌。然而，不过数页之后，修昔底德笔锋一转，开始描写雅典遭受瘟疫打击后的情景：人们发现任何人都无力抵抗瘟疫，"像羊群一样地死亡"，不管他们生前是好人还是坏人，是穷人还是富人。据现代学者估计，大约三分之一的雅典人因感染疾病身亡。

由于瘟疫，雅典开始有了前所未有的违法乱纪的情况：

> 他们现在公开地冒险做放纵的行为……决定迅速地花费掉他们的金钱，以追求快乐，因为金钱和生命都同样是暂时的。至于所谓荣誉，没有人表示自己愿意遵守它的规则……对神的畏惧和人为的法律都没有拘束的力量了。

瘟疫中的雅典人，无疑给伯里克利一记响亮的耳光。修昔底德特意提到，瘟疫爆发后，伯里克利成为雅典民众发泄怨气的对象，他的将军职务被罢免，并被判处巨额罚款，但是雅典人以人民大众常有的方式，不久后又选举他为将军，并把国家事务交托给他处理。修昔底德批评的显然是雅典人的反复无常。

公元前 427 年处置米提莱奈时，雅典人的反复无常再度发作。在成功镇压了盟邦米提莱奈的反叛后，雅典人就处置措施召开公民大会。在前一天的会议上，克莱翁的意见取得了胜利，"他们在愤怒的情绪下，决定不仅惩罚现在已经在他们手上的米提莱奈人，并且把米提莱奈所有成年男子都处以死刑，而把妇女和未成年的男女都变为奴隶"。修昔底德强调雅典人不是在冷静状态下，而是在"愤怒的情绪下"做出决定。"但是第二天，雅典人民的情绪有了突然的改变"，经过克莱翁和狄奥多图斯激烈的辩论，雅典人通过了一个新决议，"从容地审判那些帕撒斯认为有罪而送到雅典来的人，让其余的人在他们自己的城市生活"。可是，执行前一个决议的信使已经派出。幸得执行后一个决议的信使拼命追赶，终于在间不容发之际阻止了大屠杀的发生。一个"突然的改变"，不但改变了米提莱奈的命运，更凸显了雅典人在国家大事上的善变。

民主政治的弊病，远不仅是反复无常，还包括不能严肃对待国事。公元前 425 年，雅典占领美塞尼亚西南的派罗斯，斯巴达因担心黑劳士暴动，便出兵驻扎到派罗斯附近的斯法克特里亚岛上，意图在可能的情况下驱逐雅典人，并占领雅典人此前匆忙修建的要塞。雅典人成功地将斯巴达军队困于该岛之上，但苦于岛上的地形太复杂，无法迅速攻克，双方就这样僵持着。据修昔底德记载，战争的迁延让雅典人开始厌烦，克莱翁在雅典公民大会上指责负责战事的将军尼西阿斯作战不力，并且声称如果自己担任将军，可以在 20 天之内解决战斗，并活捉斯巴达人。不想尼西阿斯将计就计，同意将指挥权转交给克莱翁。根据修昔底德的说法，克莱翁本来只是说说大话，从无亲自指挥战斗的打算，极力推辞。"雅典人的态度是群众常有的态度。克莱翁越推让躬赴派罗斯的任务，越想收回他自己所说的话，群众就越鼓励尼西阿斯移交军权。他们都大声叫唤，要克莱翁出发。"克莱翁作茧自缚，被迫率军到了派罗斯。在修昔底德看来，纯粹因为运气，雅典人取得了胜利。西西里远征则完全是另外一种情景。修昔底德声称，雅典人之所以发动远征，一是因为无知，根本不了解西西里的历史和资源，只想大胜之后的好处，一是因为受了亚西比德的煽动。一场冒失发动的远征，又因为雅典人制度上的问题，临阵换将；应当撤退之时，又胡乱增援；雅典对将军们的严厉，使尼西阿斯不敢及时撤退，导致全军覆没。

如此不完善的民主政治，当然在战争中会犯很多错误，最终输掉战争。因为雅典公民只是言辞的欣赏者，根据演说词的好坏来判断事实，而政治领袖们"忙于施展个人阴谋，以图获得对民众的领导权"。在修昔底德的著作中，我们不断看到雅典政策上的错误，发动西西里远征，不过是其中最明显的例证而已。

不正常的政治制度，养育了不正常的公民。雅典人善变，总想弄点新花样，搅乱既有的秩序和时局，自己不安分，也不让他人安宁。伯罗奔尼撒战争爆发前，科林斯城邦的代表为说服斯巴达向雅典宣战，曾经如此大声疾呼：

> 一个雅典人总是一个革新者……如果他们胜利的话，他们马上穷追到底；如果他们战败的话，他们绝不退缩。至于他们的身体，他们认为是给他们的城邦使用的，好像不是他们自己的一样，但是每个人培养他自己的智慧，其目的也是为着要给他的城邦做一点显著的事业。如果他们做一点什么事情而没有成功的话，他们认为他们所有的一切都完全被剥夺了；但是如果他们的事业成功了的话，他们就认为这种成功和他们所将要再做的事业比较起来，就算不得什么了。如果他们做一件事情没有成功的话，他们马上把希望放在另一个方面，以弥补这个损失……他们宁愿艰苦而活动，不愿和平而安宁。一言以蔽之，他们是天生不能自己享受安宁的生活，也不让别人享受安宁生活的。

在这里，雅典人的革新，是地道的反面典型，是既不想自己安分也不让他人安宁的代表。所以，对于那场导致整个希腊世界最大骚动的伯罗奔尼撒战争，雅典应当负全部责任。

当今仍有不少人认为，修昔底德是民主政治的支持者；还有部分人觉得，修昔底德至少是个客观的史学家，对民主政体和寡头政体都不乏肯定；更有部分学者声称，修昔底德批评的，是伯里克利之后群龙无首的激进民主政治。然而上述的例证，似乎证明那些将修昔底德视为反对雅典民主政治的人，很可能是正确的。那么，修昔底德为什么对民主政治如此反感，整部《伯罗奔尼撒战争史》几乎就是雅典错误的记录。综合起来，大致有以下两个方面。

修昔底德的家庭背景也许多少影响了他对雅典民主政治的态度。他的亲属中不乏民主政治的批评者，伯里克利最强大的政治对手、与历史学家同名的修昔底德可能与他有血缘关系，而此人与公元前5世纪中期另一支持斯巴达的政治家西门又有血缘关系。这样的家庭背景，对于塑造修昔底德的政治观，应当不无影响。他虽然极其钦佩伯里克利，但所佩服的正是伯里克利能够控制人民。因此，对于雅典那种追求平等的民主政治，他并不喜欢。他尤其看不起普通人，对他们的能力持怀疑态度，认为普通民众缺少政治智慧和判断能力，只能接受拥有智慧的精英人物的领导。而雅典在伯里克利死后，后继的政治家们只知道讨好民众，使民众越来越粗鲁、放肆和无法无天，导致了战争的失败。

影响修昔底德雅典民主观的另一因素，是他写作《伯罗奔尼撒战争史》的动机与时间。在其巨著的开头，修昔底德说过，他写作伯罗奔尼撒战争史，是因为那是一场引起全希腊骚动的大战。但问题在于，作为一个雅典人、一个被流放的政治家、一个看到了战争结局的观察者，他的看法不免受到战争进程，特别是雅典最终失败这个重大事件的影响。在修昔底德看来，事实胜于雄辩，民主政治的雅典毕竟在战争中犯了大量严重错误，终于惨遭失败，失去了舰队、帝国和长城，连独立都不保，被迫加入了伯罗奔尼撒同盟。因此，修昔底德在写作之时，或许带有总结斯巴达胜利和雅典失败原因的意味。当修昔底德把眼光盯在雅典战败的原因上时，雅典所犯的错误自然成为重点，加深了或者说印证了他所持有的普通人无力管理国家的信念。民主政治积极的一面，也不可避免地被忽视。就此而论，修昔底德的写作动机，与他对雅典政治和生活的描绘，有直接的因果关系。

修昔底德有关雅典民主政治的记载，对后世有关民主的观念产生了重大影响。一个标榜客观的历史学家，"如实"记录了民主政治在希腊的一场内战中犯下的各种错误和罪行。他的历史，反映了在战争冲击下，民主政治逐渐走向"暴民政治"的历程。伯里克利死后雅典政治的日趋"堕落"，在色诺芬记载的"阿吉纽西审判"中得到了经典体现，并因此成为民主与法治之间紧张的突出例证。无论修昔底德主观的动机是什么，他留下的资料，与柏拉图的政治理论一道，成为批判民主政治最为重要的来源。

修昔底德传统与修昔底德陷阱

修昔底德开创的传统得到了后世的认可。

首先是政治军事史传统。在他之后，不管是色诺芬还是波利比乌斯，或是罗马人萨鲁斯特和李维，都以军事和政治史作为记载的中心。这一点不难理解。如美国学者约翰·马林科拉指出的，古代人写作历史，很大程度上是为上层阶级创作的。上层阶级的主要活动，就是管理国家，在政治阶梯上努力攀登，他们关注的，当然是政治和军事。或如李维和塔西陀后来意识到的，历史记录的核心，不是敌人的城市被攻陷，就是自己城邦内部平民与贵族的冲突。

其次，是当代史传统。修昔底德认为，人性总是一样的，眼前的人性最容易得到观察，所以要理解过去，必须从当前的现象和事实开始研究。弄清了当前，也就能理解过去。所以，他把笔墨集中在他自己那个时代的伯罗奔尼撒战争上。在他之后的作家，大体继承了他的传统，都以写作当代史为自己的主要任务。过去只有在与当代有关系时，才会得到关注。直到公元4世纪的马尔凯利努斯，仍然属意于他自己时代的历史。

最后，修昔底德开创了在论著中广泛利用演说词的传统，被后世的希腊人和罗马人继承。遗憾的是，这些作家中，不少人的写作能力虽在修昔底德之下，创作演说词的能力，却在修昔底德之上，而且他们创作的绝大多数演说词属于修昔底德演说词中的第三类：作者自己没有亲自听到，也没有听别人转述，而是根据当时的背景，认为相关人士在那个场合应当说的话。直到公元 3 世纪狄奥·卡西乌斯写《罗马史》的时候，作者还能让奥古斯都和他的两个重要谋臣——麦克纳斯和阿格利帕——讨论应当在罗马实行何种政体，这很像修昔底德。

修昔底德的创举，在公元前 4 世纪就有直系继承者。据称至少有三个人续写修昔底德的著作。可惜另外两人的作品完全失传，唯一完整流传下来的是色诺芬的《希腊史》。他在不止一个方面追随了修昔底德。他从修昔底德结束的地方开始叙事，并把历史叙述到公元前 362 年的曼提奈亚战役。他记录的事件，与修昔底德一样，大多是他目睹的，或者听别人转述的。他的《希腊史》被有些英译本直接翻译为《我自己时代的历史》。像修昔底德一样，他也被迫流亡过，长期生活在斯巴达。不过，他把斯巴达霸权的丧失归于得罪神灵，恐怕是修昔底德不愿接受的，在能力和客观性上，也都不如修昔底德。郭小凌在征引了《希腊史》开头的两句话后，对色诺芬做了尖锐批评：

> 然而他并没有搞清修昔底德的本意，一开始就失去了修昔底德的精神。《伯罗奔尼撒战争史》末尾半句是说波斯的小亚细亚总督担心与斯巴达的暂时联盟关系破裂，赶往赫勒斯滂海峡与斯巴达人会谈……色诺芬一上来就在"在这之后"，直接转到赫勒斯滂，中间留有一段空缺，并且未做任何交代，而在修昔底德书尾已说明雅典拿下的塞西卡库斯却为斯巴达所占领，修昔底德已叙述过的战役和事件也被色诺芬重新又讲了一次。

同样受到修昔底德影响，能力与修昔底德可以比肩的，在古代或许唯有波利比乌斯。他著的《通史》多处有修昔底德的影子。例如，在强调自己主题的重要性时，他像修昔底德一样，首先说到过去几个帝国如波斯、斯巴达、雅典、底比斯和亚历山大的霸权微不足道，只有罗马帝国的崛起值得书写：

> 没有人会在见识上如此偏狭或漠然，以至于会不去思考并发现罗马人究竟是利用何种方法，在何种政治制度下，在不到 53 年的时间里，将几乎全世界所有人居住的地方纳入他们的统治之下。

判断人们的心理时，他说出了与伯里克利在葬礼演说开头所说的大体类似的话。修昔底德说的是：

> 当听众不相信发言者所说是真情的时候，发言者是很难说得恰如其分的；那个知道事实和热爱死者的人，以为这个发言还没有他自己所知道的和他愿意听到的那么多；其他那些不知道这么多的人，听到那些超出他们自己能力的功绩时会对死者嫉妒，认为演说家颂扬过头。赞扬他人只有在一定的界限以内，才能使人容忍：这个界限就是一个人还相信他所听到的事务中，有一些他自己也可以做到。一旦超出（这个界限），人们就会嫉妒和怀疑了。

波利比乌斯在为自己有关罗马共和政体的论述辩护时说道：

> 我明确地意识到，对于那些生于和长于罗马共和国的人来说，我的叙述可能因省略了某些细节不够完整，因为他们拥有关于它的完整知识，而且在实践中知晓其所有的细节，因为他们自孩提时代就熟悉这些风俗和制度，他们不会对我提供的信息的范围感到惊奇，反而要求增加我已经省略的内容；他们会认为，作者不是有意省略了小的细节，而是因为无知，才对许多事物的起源以及某些重要方面省略了。如果我提到了它们，他们不会因为我这样做而印象深刻，认为它们无关痛痒，但因为它们被省略了，他们就要求这些被纳入，好像这些很重要似的，企图以此表现得比作者高明。

总之，修昔底德在古代的影响很大，那他对现代世界又有什么影响呢？

到了18世纪下半期，修昔底德逐渐变得重要起来。19世纪，随着史学的专业化，修昔底德的影响也日渐扩大。德国及西方最著名的史学家兰克就对他尤其推崇，他把修昔底德作为自己最欣赏的导师之一。

20世纪，修昔底德的影响仍在扩大，而且开始向历史领域之外蔓延，在国际政治领域特别明显。美国国务卿马歇尔认为："我很怀疑倘若一个人在他的脑海中尚未回顾过伯罗奔尼撒战争的历史和雅典的失败，他在考虑今天某些重要的国际事务时能否具备充分的智慧和坚定的信念。"

修昔底德在国际关系中最近被应用的例证，当然是所谓的"修昔底德陷阱"。这个概念是美国哈佛大学教授格雷厄姆·艾利森提出的。在2012年8月22日发表于《金融时报》的一篇文章中，他这样宣称：

> 未来数十年中，全球秩序的决定性问题，将是中国和美国能否逃脱修昔底德陷阱。这位历史学家的比喻提醒我们，当一个崛起的大国与一个守成大国竞争——如同公元前5世纪的雅典和19世纪末的德国所为——双方都面临危险。大多这类挑战的结局是战争；和平解决需要涉事两国的政府和社会在态度和行动上的巨大调整。

在2015年9月《大西洋月刊》上的文章中，艾利森重申了他的看法。

可是，当我们把古代历史的案例作为后来的借鉴时，我们需要留意的因素非常多。首先，修昔底德本人的论断是否合理？目前的研究证明似乎未必如此。我曾在2017年写过一篇文章，论证修昔底德所谓雅典的崛起和斯巴达的恐惧引发伯罗奔尼撒战争的看法并不正确。如果修昔底德本身的看法就是错的，我们如何由他的论断进一步推演？美国学者兰登已经指出了这样做的危险性：

> 多数研究公元前5世纪的现代学者接受了修昔底德的解释。他们这样做的原因，不仅因为修昔底德如此巧妙地为他的解释提出了论证，而且因为修昔底德所提出的原因如此切合当代人的期待：他们的直觉，是对权力的恐惧乃战争爆发的原因。但这种切合实际是幻觉，是西方有关国家间关系的思想后来受到修昔底德巨大影响的隐形结果。修昔底德影响了他的译者霍布斯，修昔底德与霍布斯一道，成为当代国际关系研究中被称为"现实主义"这一主流风格的鼻祖，而且这种不太严格的现实主义——用权力和恐惧进行分析——是当前的流行色，是报刊不加思考地给人们提供的对外关系的模板。如果我们看向窗外，我们就会赞同修昔底德对风景的描述，然而我们这样做的时候，却没有意识到，正是修昔底德首先把窗户放在那里的。

其次，历史现象本身非常复杂，现象背后的原因可能更加复杂。当我们把一个案例中的情况应用到另外一个案例中时，必须像自然科学的实验一样，要求所有条件都绝对相同，而且还要求历史的主角——人类——在行事上和态度上也完全相同，但这两个条件中的任何一个，都根本没法保证。对此，16世纪意大利的思想家奎西亚狄尼已经意识到。

基于上述理由，我觉得在目前的情况下，虽然修昔底德受到欢迎让我这个靠希腊吃饭的人高兴，但对于修昔底德陷阱，还是少说为妙。

思考题：

1. 关于修昔底德其人，我们有哪些主要材料？他个人的经历，对他的历史写作可能会有哪些影响？
2. 你怎么看史家记载公元前人类战争的意义？
3. 你觉得修昔底德在哪些方面超越了希罗多德？什么原因？
4. 你怎么看修昔底德对雅典民主政治记载的真意？
5. 你赞同"修昔底德陷阱"的提法吗？为什么？

〇二
《理想国》

［古希腊］柏拉图 著　郭斌和　张竹明 译　商务印书馆　1986 年

主题词◎古希腊罗马哲学　柏拉图　正义　哲学王　洞穴比喻

―――― 经典之处 ――――

《理想国》是柏拉图的代表作，它成于作者壮年，震古烁今，影响深远，不仅是作者政治思想的宣言书，还是一部哲人政治家的治国纲要。柏拉图坚信哲学家能兼为政治家，且能治理世界。书中论及正义、国家、财产、幸福、哲学家、真理、认识、理念等方方面面的问题，两千余年来为西方知识界必读之书。

―――― 作者简介 ――――

柏拉图（Plato，前 427—前 347），古希腊最伟大的哲学家之一。柏拉图师承大哲学家苏格拉底（前 469—前 399），后继承发展，同时他也是另一位古希腊史上很重要的哲学家亚里士多德的老师。他出身贵族，一生致力于哲学研究，以哲学为人生最高理想。他的学习能力和个人才华令古希腊人折服并称其为"阿波罗之子"。他对世界的贡献除了哲学思想，还有雅典学园的创办。

导语 | 对话，是达成一切明智之举不可或缺的前提

刘苏里

如果有人问为什么要读这本书，那我谈什么理由都是多余的。因为古往今来，《理想国》代代相因，就算不是被解读得最多的一本书，也肯定能排进前三。书中提出的问题，比如城邦（国家）的正义如何实现，对个人而言什么是最好的生活，等等，两千多年来引发的各种讨论，不仅说明这些问题恒久的价值，还说明它们几乎不可能有明确、标准的答案。在这个意义上，有人的地方，就一定会有柏拉图式的问题。

我们还可以这样看待这个问题，就是通过《理想国》，柏拉图把自己变成了一口水井，让后来的人取之不尽用之不竭，他也让这本书成了一个标靶，接受后来人对他的攻击。

它是西方政治哲学第一书，它的体系极为严密，论证环环相扣。很多地方柏拉图想表达的想法，囿于种种考虑多有曲折和隐蔽，哪些是轻哪些是重，我一外行怎么分得清，所以我就避重就轻，只谈几处柏拉图成长和思考的背景材料。

柏拉图生于公元前427年。这是一个什么年份呢？还记得伯罗奔尼撒战争爆发的时间吧，公元前431年。战争打到公元前404年才结束，那时柏拉图已经23岁了。也就是说，他整个青少年的成长过程，伴随着战争的硝烟、毁灭，以及人心的败坏和绝望。要说古希腊大陆这场内部战争对柏拉图以及他的思考没有影响，根本不可想象。

柏拉图一生思考过许多问题，但最核心的，还是人之为人的幸福生活到底应该怎样过，以及什么样的条件才能达成这一目标。而那个时代，还没有现代意义的个人概念，个人是城邦的组成部分，城邦的好坏对人的生活构成决定性的影响。《理想国》研究城邦，研究城邦的政制，也就在情理之中。说

到这儿，我要说几句古希腊的城邦和政制。无论对于了解古希腊，还是理解柏拉图的学说，这两个概念都非常重要。

古希腊的城邦，远高于基于血缘的氏族组织，接近但不是现代意义上的国家，却是那个时代共同体最完善的形式。城邦往往以一个城市为中心，治理范围辐射周围地区。比如雅典就是阿提卡的中心，斯巴达就是伯罗奔尼撒的中心。城邦有完备的公共—政治生活空间，以及宗教、社会和文化生活设施，比如神庙、议政广场或议事厅、体育场和剧场等。城邦施行等级制，不同阶层的人分担着不同社会角色，比如有公民，有奴隶，公民是少数人。

"政制"的古希腊词，是 politeia，它更多的含义是"公民权"，也就是成为公民的条件，不完全对应今天的政治制度概念。在柏拉图的学说中，政制表达的意思是，怎样围绕法律和法律实践，建立公民的生活，而到了亚里士多德时期，政制则被看作是城邦的生活方式。两位大哲人对政制的定义，都非常重要。在我看来，很大程度上，两个定义都对后来的西方人理解、表述以及构建国家制度、政治体制，产生了极其重大的影响。说到底，政制也好，政治制度也好，都跟生活在其中的人们的生活方式有密切关系。

回到柏拉图的成长背景上来，我想说的第二个时间点，也就是公元前399年，雅典法庭对柏拉图的老师苏格拉底进行审判。这一年，柏拉图28岁。这是西方历史上，一次被反复提起并讨论的审判。审判以亵渎神灵和毒害雅典青年为由，判处苏格拉底死刑。苏格拉底进行了自我辩护，他有机会改变判决甚至脱逃，但这些都没发生。他爱雅典城邦，决心为之一死。苏格拉底坦然面对死亡，对柏拉图的一生产生了挥之不去的影响。

柏拉图师从苏格拉底八年，从20岁到28岁，这也是他思想形成期的关键八年。恩师对柏拉图造成的影响，我们从后来柏拉图几乎所有重要的著作，都在转述苏格拉底的思想和学说，可见一斑。

对苏格拉底的审判，其中有两个跟柏拉图有关的重要的细节。一是给苏格拉底安的罪名之一，是毒害青年。虽然没有点名，但至少有三个人跟此罪名有关，其中两个人竟然是柏拉图的表舅克里底亚和卡尔米底斯。说到柏拉图的两个表舅，就不能不说古希腊历史上非常有名的"三十僭主统治"。

公元前404年雅典战败后,斯巴达在雅典扶持了一个由30人组成的傀儡政权。执政不到一年,就被雅典民主派击败。斯巴达跟民主派达成妥协,抛弃了三十僭主,民主派卷土重来。三十僭主,柏拉图的表舅们占据两席,其中一个还是僭主统治的主要领导。而主导审判苏格拉底的,是民主派法庭。

两千多年来,尤其到近现代,很多研究者、思想家都认为柏拉图是反对民主的思想鼻祖,《理想国》的若干章节,也的确证明了这个指控。但我更同意另一些研究者的说法,就是反民主的作品在雅典大行其道,本身就证明了雅典民主制的价值,而柏拉图就生活其中,对此能没有感知?种种迹象表明,与其说柏拉图反民主,不如说他反对民主制中给城邦带来负面影响的因素。他理想中的,或者他梦中的理想国,可能不是民主制带来的,但参考了民主制,则是肯定的。我特别提出这一点,是因为这是理解《理想国》的一把钥匙。

对古希腊民主制的批评可以有两种视角,内部的和外部的,而柏拉图怕是两种视角都有,并以这种方式捍卫雅典的公民共同体。换句话说,如果我们认同柏拉图是反民主的思想家,那我们必须同时承认柏拉图所处的环境,允许他这样做,而不用担心遭受迫害。问题的关键点是,为什么雅典人没能捍卫住自己选择的政制?这说明这种政制有某种(先天的)缺陷,而这种缺陷被后人,比如美国制宪者们注意到了,设计出既避免这种缺陷又能发挥其所长的制度。所以,将柏拉图贴上反民主哲人的标签,恐怕失之简单。

柏拉图后来建立学园,从事教育和写作。柏拉图跟与他同时代的孔子有一点相似,就是发现政治这条路道阻且长,很危险,就去建学堂,办教育,他强调教育在公民德行养成方面的作用,还给后人留下大量的著作。

柏拉图虽然考虑过很多问题,但他论及最多的还是城邦能为个人提供怎样的实现幸福生活的条件。在这个意义上,我以为,理解柏拉图的三个关键词,是城邦、政制和幸福生活。

最后要提的是柏拉图的写作方式,他的作品绝大部分是以对话体完成的。按照修昔底德的说法,"对话""是达成一切明智之举不可或缺的前提"。周濂老师讲读的《理想国》,风格也很有点对话的意味。

周濂,1974年12月生于浙江。现在中国人民大学哲学院担任教授。他的主要研究领域，包括政治哲学、道德哲学和语言哲学。周濂老师是中国人民大学人文杰出学者、哈佛燕京访问学者、英国牛津大学哲学系访问学者。他的代表作有《现代政治的正当性基础》《正义的可能》，以及哲思集《正义与幸福》。他主编的《西方政治哲学史》第三卷，是我常用的参考书。他更为有名的作品，是发表于 2012 年的《你永远都无法叫醒一个装睡的人》。

周濂讲读《理想国》

> 周 濂
> 中国人民大学哲学院教授。先后获得北京大学哲学学士、硕士学位，香港中文大学哲学博士学位。代表作有《现代政治的正当性基础》（"三联·哈佛燕京学术丛书"）和《打开》等。

柏拉图的生平与《理想国》的问题意识

公元前427年，柏拉图出生在古希腊的雅典城邦。这一年，恰逢第八十八届古代奥林匹克运动会召开，也是伯罗奔尼撒战争爆发的第四年。哲学史家A.E.泰勒曾说："60岁以前，柏拉图的生平几乎是一片空白。"不过从第欧根尼·拉尔修的《名哲言行录》中我们还是可以拼贴出他的简单生平：出身名门望族，父亲的谱系可以上溯到雅典历史上的最后一位君主，母亲的血缘可以上溯到六代以前著名的政治家梭伦，而梭伦则把自己的族谱一直修到了海神波塞冬。也就是说，柏拉图是海神波塞冬的后裔，这个说法会让现代人觉得不可思议，可是如果我们知道毕达哥拉斯在当时被认为是太阳神阿波罗的儿子，就会意识到，这在古希腊并不是太奇怪的事情。

柏拉图家族在雅典的政治舞台异常活跃，他的两个亲戚都曾是声名狼藉的"三十僭主"的成员，不过柏拉图与他们走动不多。这个出身望族的年轻人曾经是一个文学青年，直到遇见苏格拉底之后，才觉得今是而昨非，从此成为一个哲学青年。

苏格拉底和柏拉图是雅典城邦贡献给世人的仅有的两位哲学家，却让此前与此后的同行们都黯然失色。据记载，在遇见柏拉图的前一个晚上，苏格拉底梦见一只小天鹅飞来停在他的膝盖上，发出嘹亮美妙的鸣声后一飞冲天。第二天，当苏格拉底看到柏拉图的时候，很自然地就把他当成了梦中的那只小天鹅。苏格拉底被处死的时候柏拉图年仅28岁，他在老师身边待了八年，却用一辈子的时间记述苏格拉底的对话。哲学史家们通过小心地考证，已经能够相对准确地区分出哪些是苏格拉底本人的话，哪些是柏拉图托苏格拉底之口说的话，但是柏拉图本人却在一封信里面这样谦恭地写道："过去和将来都不会有柏拉图写的著作，现在以他署名的作品都属于苏格拉底、被美化与恢复了本来面目的苏格拉底。"

公元前399年，苏格拉底被雅典公民大会判处死刑之后，柏拉图对现实政治心灰意冷，对民主制更是彻底丧失信心。他离开雅典，自我放逐，四处游历，直到12年后才重返雅典。这期间柏拉图一直在思考政治问题，并且逐渐形成了他最为核心的政治判断：

> 事实上，我被逼得相信，社会或个人找到正义的唯一希望在真正的哲学，以及，除非真正的哲学家掌握政治权力，或政客拜奇迹之赐变成真正的哲学家，否则人类永无宁日。

（柏拉图《第七封信》）

公元前387年，40岁的柏拉图第一次造访南意大利的叙拉古，心中抱持的正是这个信念，希望用哲学来教化当地的僭主老狄奥尼修斯。可惜事与愿违，哲学在政治面前一败涂地。据记载，柏拉图因为冒犯了老狄奥尼修斯，结果被卖身为奴，幸亏被熟人出资赎身，当场宣布他为自由人，才得以返回雅典。公元前367年，老狄奥尼修斯去世，小狄奥尼修斯继位，60岁的柏拉图再次动身前往叙拉古，想要实现哲学王的理想，结果再次以失败告终，这一次他的遭遇是被流放。公元前362年，年近70岁的柏拉图第三次到叙拉古去，结果被软禁了整整一年。从此之后，"叙拉古"这三个字就像一道魔咒，永恒地诅咒着每一个想与僭主共舞的哲人。

美国学者马克·里拉说："如果哲学家试图当国王，那么其结果是，要么哲学被败坏，要么政治被败坏，还有一种可能是，两者都被败坏。"马克·里拉的这个判断当然没错，但是我们需要牢记于心的是，这是一种"事后之明"，是对无数代哲人奔赴叙拉古的历史教训的总结。而且正像黑格尔所说的那样，人类从历史学到的唯一的教训，就是人类没有从历史中吸取任何教训。所以，时至今日，依旧有无数的哲人如过江之鲫，正在赶赴叙拉古的途中。

历史上有无数的哲人曾经赞美过柏拉图也批评过柏拉图，其中最具代表性的说法有两个。一个来自卡尔·波普，他说："柏拉图著作的影响，不论是好是坏，总是无法估计的。人们可以说西方的思想或者是柏拉图的，或者是反柏拉图的，可是在任何时候都不是非柏拉图的。"另一个来自怀特海，他说："两千多年的西方哲学传统都是对柏拉图的一系列注脚。"我相信如果要评选西方哲学家前三名，柏拉图一定入选；如果要评选西方哲学家第一名，柏拉图的胜算应该也远大于其他哲学家。

学术界普遍认为，包括书信在内，流传至今的柏拉图真作总共有28种，但是如果只挑选一本书来读，我相信《理想国》毫无争议是第一选择。因为这本对话录是柏拉图的"哲学大全"。借用英国学者巴克的说法，这本书从形而上学、道德哲学、教育学和政治学四个方面"制订了关于人的完整的哲学"。借用中国学者余纪元的说法，这本书是伦理学的经典、政治哲学的经典、形而上学的经典、美学的经典，它在每个领域都有重要贡献，可又不专属于某个领域，实际上它是今天众多哲学分支的共同经典。

《理想国》的英文题目是 republic，源自拉丁语，最初的意思是公共事务，后来专指共和制；《理想国》的希腊文题目是 politeia，意思是"政制"，制度的制，或者"宪法"。所以你看，无论是英文标题、拉丁文标题，还是希腊文标题，都没有"理想国"的意思。如果要忠实于原文，最佳的译名是"政制篇"，但是把它译成《理想国》也不是完全没有道理，因为柏拉图论述的就是一个理想的城邦制度形态。"理想国"的译法流传已久，所以我们还是继续使用这个标题。

《理想国》的写作时间大约在公元前375年，描述的却是47年前的一场对话，当时柏拉图还只是一个小孩，所以这显然是一场虚拟的对话。这本书还有一个副标题，叫作"论正义，政治的对话"，这是后人加上去的。

"正义"的确是《理想国》探讨的核心主题。比方说，正义是什么？我们为什么要成为正义之人？正义与幸福的关系是什么？灵魂正义与城邦正义的关系是什么？哲学王究竟是怎样炼成的？等等。当然，归根结底可以总结为一句话，那就是哲学史上著名的苏格拉底问题："一个人应该如何生活？"

介绍了这么多柏拉图和《理想国》的背景知识，现在我们终于可以进入正文了。

公元前422年的一天，苏格拉底与好友格劳孔一起离开雅典城，下到南边的比雷埃夫斯港，去参加女神的拜祭活动和庆典仪式。在返回雅典城的途中，被当地富翁克法洛斯的儿子玻勒马霍斯远远看见，于是差遣仆人从后面拽住苏格拉底的披风，邀请他到家里会面。苏格拉底起初不答应，玻勒马霍斯于是就威胁说："那么好！要么留在这儿，要么就干上一仗。"最终苏格拉底心不甘情不愿地被拉进了这场漫长的对话中。

这个开场初看起来平淡无奇，其实暗藏玄机。

首先，我要请你们注意其中的一个动词——"下到"，这个看似简单的词实则意味深长。按照美籍奥地利学者沃格林的解读，从空间上说，从雅典到比雷埃夫斯港，一路走的都是下坡路；从时间上说，从马拉松战役到海军的战败，雅典一路也在走下坡路。此外，我们还可以从"洞穴比喻"的角度去理解"下到"这个词。苏格拉底从雅典向南下到比雷埃夫斯港，就好比是哲学家从洞穴之外的理念世界下降到洞穴之中。

其次，苏格拉底被玻勒马霍斯"强行"拉住聊哲学，又与哲学家"被迫"返回洞穴可有一比。在日后讨论"洞穴比喻"的时候，我们会详细谈到这个问题。简而言之，当哲学家看到了真正的理念世界，享受到了哲学沉思带来的自足与美好，他就不愿意下降到洞穴来拯救普通人，因此有必要解释哲学家成为哲学王的动机问题。

最后，无论是下降到比雷埃夫斯港，还是下降到洞穴，哲学家最终都需要重返雅典，也即上升到理念世界。在这个过程中，他能否成功地引领普通人与他一起上升，是哲学家工作成败的关键所在。

在《理想国》的开篇处，玻勒马霍斯强留客人说："要么留在这儿，要么就干上一仗。"苏格拉底回答道，还有第三种办法，要是我们说服你们，让我们回去，不是更好吗？可是，玻勒马霍斯的回答却是，你们就死了这条心吧！反正我们是说不服的。

每当我读到这段开场白,都觉得这是一个隐喻:普通人是否能够被苏格拉底说服?苏格拉底究竟死心没死心?苏格拉底下到洞穴都谈了些什么?他是否能够成功地带领普通人走出洞穴?如果不能带领他们走出洞穴,苏格拉底应该怎么办?

正义就是强者的利益?

在《理想国》第一卷中,参与对话的主要人物有六个。除了苏格拉底,最著名的人物当属色拉叙马霍斯,此人是当时希腊著名的智者派的代表人物。

当苏格拉底与众人讨论"何为正义"的时候,色拉叙马霍斯一直在围观群众里跃跃欲试,柏拉图描述他闪亮登场的过程实在过于传神,请允许我摘录一段原文:

> 色拉叙马霍斯几次三番想插进来辩论,都让旁边的人给拦住了,因为他们急于要听出个究竟来。等我讲完了上面那些话稍一停顿的时候,他再也忍不住了,他抖擞精神,一个箭步冲上来,好像一只野兽要把我们一口吞掉似的,吓得我和玻勒马霍斯手足无措。他大声吼着:
>
> "苏格拉底,你们见了什么鬼,你吹我捧,搅的什么玩意儿?如果你真是要晓得什么是正义,就不该光是提问题,再以驳倒人家的回答来逞能。你才精哩!你知道提问题总比回答容易。你应该自己来回答,你认为什么是正义。别胡扯什么正义是一种责任,一种权宜之计,或者利益好处,或者什么报酬利润之类的话。你得直截了当地说,你到底指的是什么。那些啰唆废话我一概不想听。"

应该说色拉叙马霍斯是有备而来的,他非常了解苏格拉底的反诘法,所以毫不留情地对苏格拉底展开了揭批活动:

> 赫拉克勒斯作证!你使的是有名的苏格拉底式的反语法。我早就领教过了,也跟这儿的人打过招呼了——人家问你问题,你总是不愿答复,而

宁愿使用讥讽或其他藏拙的办法，回避正面回答人家的问题。

可惜色拉叙马霍斯是一个自我感觉过于良好的人，这种人的最大软肋就是经不起吹捧和激将。苏格拉底以退为进，不停地给他戴高帽：

> 我是多么乐于称赞一个我认为答复得好的人呀。你一回答我，你自己马上就会知道这一点的；因为我想，你一定会答复得好的。

色拉叙马霍斯果然中计，完全忘了苏格拉底反诘法的套路，立刻就抛出了自己的观点："那么，听着！我说正义不是别的，就是强者的利益。——你干吗不拍手叫好？当然你是不愿意的啰！"

正义就是强者的利益。这个说法是不是非常耳熟？没错，它跟我们常说的"强权即正义"非常类似。但是严格说来，二者并不一样。"强权即正义"要更不加掩饰和赤裸裸，"正义就是强者的利益"则相对扭捏一些。它的逻辑是这样的：因为谁强谁统治，而每一个统治者都会制定对自己有利的法律，所以当你选择做正义之人、行正义之事的时候，归根结底就是在实现强者的利益。

在我看来，色拉叙马霍斯与苏格拉底之争，不仅仅是政治现实主义者与政治道德主义者之争，更是一个"自鸣得意的政治现实主义者"与"政治道德主义者"之争。之所以要特别强调"自鸣得意"这四个字，是因为色拉叙马霍斯不仅将所有的道德行为和政治行为还原为权力和利益，而且自认为洞察了政治生活的本质。那么苏格拉底究竟是怎么反驳色拉叙马霍斯的呢？

苏格拉底首先指出，统治者并不会永远伟大、光荣、正确，他也有可能犯错误。比如立法的时候一时犯糊涂，制定了对自己不利的法律，这个时候，遵守法律、行使正义就不是在为强者的利益服务，而可能是在为弱者的利益服务。

如果你觉得苏格拉底的这个反驳有些弱，别着急，因为这是苏格拉底在给色拉叙马霍斯下套，目的是引诱色拉叙马霍斯说出苏格拉底真正想讨论的问题。果然，色拉叙马霍斯立刻反驳说，统治者犯错是因为缺乏足够的知识，真正的统治者是不会犯错的，就像真正的医生、真正的会计师不会犯错一样。色拉叙马霍斯说：

统治者真是统治者的时候,是没有错误的,他总是定出对自己最有利的种种办法,叫老百姓照办。所以像我一上来就说过的,现在再说还是这句话——正义乃是强者的利益。

话说到这里,已经进入到苏格拉底最喜欢探讨的问题:何为真正的医生,真正的统治者?

苏格拉底就像是动物世界里的狮子,之前都在试探,一旦时机成熟,就咬住猎物的脖子死不松口。他立刻追问道:"照你所说的最严格的定义,医生是挣钱的人,还是治病的人?请记好,我问的是真正的医生?"

色拉叙马霍斯老老实实地回答:"真正的医生是治病的人。"

苏格拉底接着指出,既然真正的医生是治病的人,那么他寻求的就不是自己的利益而是病人的利益,就像医生拥有医术,骑手拥有骑术,统治者也有统治术,所有这些技艺(技术)的天然目的都在于为对象寻求和提供利益。所以说,真正的统治者寻求的就不是自己的利益而是被统治者的利益。换言之,正义不是强者的利益,而是被统治者也即弱者的利益。

这个反转来得太快,我请你们仔细想一想其中的逻辑。简单说,苏格拉底在这里使用的是类比论证的方法。拿医生类比统治者,很自然就会得出苏格拉底的结论。

在这里,我必须要为色拉叙马霍斯说一句好话。虽然我极其不喜欢这个人,但不得不承认他还是具备一定的辩论美德的。在刚才的对话中,假如他要流氓,说真正的医生就是挣钱的人,那苏格拉底就无法将对话进行下去了。色拉叙马霍斯不仅有辩论的美德,而且还有一定的急智,你苏格拉底不是将医生类比统治者吗,我色拉叙马霍斯就用牧人来类比统治者。色拉叙马霍斯指出牧人把牛羊喂得又肥又壮,这可不是为了牛羊的利益,而是为了他们自己的利益。所以真正的统治者不像真正的医生,而是像真正的牧人,他们把人们当成牛羊来养,目的是随时可以宰杀他们。

他嘲笑苏格拉底说:

头脑简单的苏格拉底啊,难道你不该好好想想吗?正义的人跟不正义的人相比，总是处处吃亏。先拿做生意来说吧。正义者和不正义者合伙经营，到分红的时候，从来没见过正义的人多分到一点，他总是少分到一点。再看办公事吧。交税的时候，两个人收入相等，总是正义的人交得多，不正义的人交得少。等到有钱可拿，总是正义的人分文不得，不正义的人来个一扫而空。

色拉叙马霍斯的结论是："最不正义的人就是最快乐的人。"也就是说，"正义是为强者的利益服务的，而不正义对一个人自己有好处、有利益"。

注意！此时，色拉叙马霍斯提出了一个比"正义是强者的利益"更具诱惑力的命题：不正义的人比正义的人生活得更幸福！这对于所有想要成为正义之人的人来说，是一个性命攸关的大问题。如果年轻人通通接受这个逻辑，就再也不会试图做正义之人，行正义之事了。所以苏格拉底必须要对这个命题进行有力的反击。

在抛出这个命题之后，他就像一位资深的网络辩手，自行宣布胜利，准备立刻闪人，不给对手留下任何反驳机会。苏格拉底当然不会让他就这么拍屁股走人。苏格拉底拉住色拉叙马霍斯说：

> 高明的色拉叙马霍斯啊！承你的情发表了高见。究竟对不对，既没有充分证明，也未经充分反驳，可你就要走了。你以为你说的是件小事吗？它牵涉每个人一生的道路问题——究竟做哪种人最为有利？

我要提醒你们注意，加上这一次，苏格拉底一共强调过三遍色拉叙马霍斯提出的挑战不是"小事"，而是"大事"。对于柏拉图如此伟大的文体家来说，同样的话说了三遍，足以看出它的严重性。

苏格拉底又一次重提色拉叙马霍斯挑战的危害性，他是这样说的：

> 我绝对不能同意色拉叙马霍斯那个"正义是强者的利益"的说法。关于这个问题，我们以后再谈。不过他所说的，不正义的人生活总要比正义的人过得好，在我看来，这倒是一个比较严重的问题。

你有没有发现，进行到这里，辩论的主题已经悄然发生了变化。最初的主题是"什么是正义"，而现在呢，则变成了"正义与过得好"也即"正义与幸福"的关系。

针对"不正义的人比正义的人过得好"这个命题，苏格拉底同样提出了两个反驳论证。第一个论证从反面立论，强调即便是不正义的人在内部也是需要正义的。苏格拉底的意思是说，任何团体，无论是一个城邦、一支军队，甚至是一伙盗贼，如果想要共同对外做不正义的事情，也需要在内部以正义的方式和谐相处，因为"不正义使得他们分裂、仇恨、争斗，而正义使他们友好、和谐"。

苏格拉底接着指出，不正义不仅会让任何团体分崩离析，甚至也会让个人左支右绌、自相矛盾，让他既与自己为敌，也与正义者为敌。

重要的事情说三遍，苏格拉底紧接着第三次提到色拉叙马霍斯观点的危害性：

> 我们现在再来讨论另一个问题，就是当初提出来的那个"正义者是否比不正义者生活过得更好更快乐"的问题。根据我们讲过的话，答案是显而易见的。不过我们应该慎重考虑，这并不是一件小事，而是一个人应该如何生活的大事。

然后苏格拉底就转入《理想国》第一卷中最重要的一个反驳论证，也即著名的"功能论证"（function argument）。美国学者 N. 帕帕斯（《柏拉图与〈理想国〉》）把它的基本逻辑总结如下：

（1）任何东西都有一种特定的功能（ergon），某个工作或者只有它能做，或者它做得比其他更好；（换言之，非它不能做，非它做不好）

（2）灵魂的功能是生活（living, psuche）；

（3）正义是灵魂的德行（virtue）；

（4）正义的人生活得好（living well）；

（5）正义的人是幸福的（eudaimonia）。

以上论证显得有些突兀和仓促，存在很多需要解释的概念，我在这里只想强调指出，这个论证非常重要，因为它和《理想国》的中心问题——"一个人应该如何生活"——紧密相关，这个论证中的核心概念灵魂、德行、正义与幸福，都是《理想国》剩余篇章重点讨论的主题。余纪元先生指出，"功能论证把一个人的功能、德行和幸福联系在一起，并由此体现了从一个正义行为到一个正义者的关注焦点的变迁。用当代伦理学的话说，柏拉图更是个行为者中心（agent-centered）而非行为中心（act-centered）的伦理学家"。

以行为为中心的伦理学问的是我应该做什么（what should I do?），而以行为者为中心的伦理学问的是我应该成为什么样的人（what should I be?），这显然是两种非常不同的伦理学进路。

现在我要问你们一个问题，听到这里，你认为苏格拉底是否成功地说服色拉叙马霍斯了？如果细读文本，你会发现在《理想国》第一卷的后半部分讨论中，色拉叙马霍斯突然变得意兴阑珊起来，他的台词量急剧减少，完全成了相声里的捧哏，嘴里经常蹦出这样的字眼："是的""不能""当然可以""为的是让你高兴""姑且这么说吧，我不愿意跟你为难""高谈阔论，听你的便，我不来反对你，使大家扫兴！"反观苏格拉底，则成了滔滔不绝的独白者和演说家。在整个辩论的后半程里，色拉叙马霍斯已经对苏格拉底很不耐烦，他既不打算说服苏格拉底，显然也没有被苏格拉底说服。整部《理想国》共分十卷，在第一卷的结尾处，色拉叙马霍斯最后一次发声，他说："苏格拉底呀，你就把这个当作朋迪斯节的盛宴吧！"然后他就让出了舞台，在余下的九卷里成为彻底沉默的围观者。

我们应该怎么来理解柏拉图的这个安排呢？首先我们要了解的是，目前为止我们介绍的只是《理想国》第一卷的内容，这部分内容应该是柏拉图早年所写的，与后九卷内容存在写作时间上的差距。柏拉图虽然把它放在开头，但应该对其中的论证并不满意，因为色拉叙马霍斯并没有真正被说服。

苏格拉底反驳色拉叙马霍斯，象征着在正义问题上"知识"对"权力"的取代。但这个取代只在《理想国》这个虚拟的对话中胜利了，而且还是拜柏拉图这个不公正的叙述者所赐。事实上，在《理想国》第一卷中，苏格拉底没有真正说服色拉叙马霍斯，苏格拉底的几个论证都存在着明显的缺陷，在现实世界里，色拉叙马霍斯才是赢家，因为不正义的人往往比正义的人过得更好。色拉叙马霍斯并没有退场，他一直停留在《理想国》中，作为一个影子般的存在。但是最终苏格拉底真的能够说服他吗，我认为，这需要我们来替色拉叙马霍斯回答，也就是说，这个问题可以转换成为，苏格拉底真的能够说服我们吗？

关于这个问题，我想到《理想国》的最终篇再做回答。

理想的城邦正义：各归其位，各司其职

现在，我们将隆重邀请柏拉图出场。因为《理想国》从第二卷开始的内容都写于柏拉图的盛年时期，此时剧中的苏格拉底其实是柏拉图的化身。柏拉图不再满足于苏格拉底的"自知其无知"，他要对"正义是什么"给出一个普遍定义，而且他也不再满足于只是探讨伦理学，而是把问题拓展到了政治学、教育学、知识论以及形而上学。不过，为了叙述的方便，我们仍旧用苏格拉底这个名字作为叙述的主角。

苏格拉底建议在探讨灵魂的正义之前，先把视线转向城邦的正义。他打了一个比方，如果我们的视力不好，偏偏有人又让我们读写在远处的小字，那我们一定是看不清楚的，但如果这时在近处用大字写着同样的内容，那我们就可以舍远求近，由大见小了。先来探讨城邦里的正义是什么，然后在个别人身上考察灵魂中的正义是什么，这就是"由大见小"。

你一定会问，苏格拉底怎么知道城邦的正义和灵魂的正义是同构的？坦白说，苏格拉底没有直接提供他的论证。但是根据他的理念论，我们可以猜想他会这样回答你的质疑：就像美的东西之所以为美，是因为它们分有了美的理念，那么正义的东西之所以为正义，也是因为它们分有了正义的理念，所以城邦的正义和灵魂的正义是具有可类比性的。

正是因为有了这个类比，《理想国》的论题就从伦理学进入政治学。在构想城邦的正义的时候，苏格拉底有一个基本的原则，那就是"劳动分工原则"。这个原则并不难以理解，每个人都有不同的禀赋，不同的禀赋就应该从事不同的职业，既然如此，那最理想的状态就是，每个人都只干自己最擅长的职业。所以苏格拉底说，"正义就是只做自己的事而不兼做别人的事"。说得再具体一点，苏格拉底认为，一个城邦里面主要由三种人组成——护卫者、武士以及生意人——如

果这三种人"在城邦里各做各的事而不相互干扰,便有了正义,从而也就使城邦成为正义的城邦了"。我们可以用八字箴言来概括苏格拉底的"正义观":各归其位,各司其职。

这个结论来得太快,你是不是有些猝不及防?让我们在这里稍微多停留一下,请听我做几个解释。

首先,我们要对城邦里的三种人做一个分析。这里的生意人是一个泛称,除了生意人,还包括农民、手工业者等,他们属于城邦的生产者阶层。所谓"天下熙熙,皆为利来;天下攘攘,皆为利往",生意人从事生产和经济活动的根本动机就是逐利,他们的人生目的就是"身体健康,太太平平度过一生,然后无疾而终,并把这种同样的生活再传给他们的下一代"。这样的城邦,按照格劳孔的说法,就是"猪的城邦",猪的人生目标就是"活着",而不考虑"活得好"的问题。更要命的是,即使是"活着"这么卑微的目标也注定无法拥有,因为资源是有限的,不同的城邦之间为了抢夺资源必然会发生战争。而"猪"是没有能力保卫自己的,所以就必须要引入"猎狗"来保护城邦,也就是护卫者和武士阶层。由于打仗是一种专门的技艺,而且守土之责重于泰山,所以护卫者和武士自然就成了城邦里的统治者。

生活在和平年代的现代人或许有些难以理解战争对于古希腊人的重要性。可是如果我们想一想苏格拉底的后半辈子经历了长达27年的伯罗奔尼撒战争,就会明白他为什么要把护卫者和武士尊奉为城邦的统治者了。事实上,柏拉图对斯巴达的秩序心仪不已,所以他才会模仿斯巴达的贵族军事制度。但是这里存在一个问题,虽说猎狗的一般特征是对待自己人如春天般的温暖,对待敌人如严冬般的无情,但难免有时候会出现猎狗反咬自己人一口的问题,所以如何驯化统治者,就成了一个非常严肃的课题。现在我们要来思考这个问题,当苏格拉底说就其"本性"(nature)而言每个人最擅长做的事情只有一种的时候,他的隐含之义是什么?我想要提醒你们回忆一下"功能论证"这个概念,没错,他的意思是说,对于任何一个人而言,总有那么一件事情,是"非你不能做,非你做不好"的。

对于现代人来说,生活就像一场实验,这场实验要求你不断地调整方向,改换赛道,校准目标,去发现和实现那个"非你不能做,非你做不好"的自然天赋。在这个过程中，你必须要不断地去试错，不断地去犯错，在经历了种种努力、奋斗、失败、绝望与痛苦之后，才有可能认识你自己，发现你自己，并最终成为你自己。毫无疑问，这是一种非常个人主义的生活观。但是，对古希腊人来说，生活却并非一场实验，当苏格拉底说"每个人最擅长做的事情只有一种"的时候，他并不是在鼓励人们不断地去试错，而恰恰是说，"政治组织有权力（power）把不同的社会职责强加给每个公民"（帕帕斯语）。在这样的社会里，重要的不是每一个人都有权利（right）去发现和实现自己未知的天赋，而是每个人都有责任（duty）去固守和履行早已安排好的社会职责。

我们必须要同情地理解苏格拉底，在他那个时代，现代的个人主义视角还没有诞生，也没有个人权利的观念，苏格拉底主要是从整体主义的视角出发去思考社会分工合作以及城邦的秩序问题的。在他心目中，城邦的运转就像一台设计精良的仪器，每一个零部件都应该处于它应该在的那个位置。用我们熟悉的话说，就是"立足本职工作，发挥螺丝钉精神"。用古希腊人的话说，就是在护卫者、武士和生意人之间，存在着一道"永恒固定的界限"。

你一定会问，这个"永恒固定的界限"到底是怎么画出来的，谁有资格和权力来画这个"永恒固定的界限"？凭什么你是舵手，我是螺丝钉？从现代人的角度出发，我们很容易会对苏格拉底产生不满。因为他不是从个体的选择出发，而是通过讲述一个荒诞不经的"金银铜铁"的神话故事来让每个人"各归其位，各司其职"的。

这个神话故事的大意是这样的，所有人虽然都是兄弟，但是老天在铸造他们的时候，在有些人的身上加入了黄金，这些人因而是最高级的，他们是统治者也即护卫者。然后在武士阶层的身上注入白银，在生意人身上注入了铁和铜。苏格拉底说，虽然天赋是可以遗传的，但有时候难免会出现金父生银子、银父生金子的情况，所以统治者的职责就是要做好甄别工作，仔细检查子孙后代的灵魂深处究竟混合了哪一种金属。如果护卫者自己的孩子心灵里混入了一些废铜烂铁，也必须要大义灭亲，把他们放到恰如其分的位置上去，也就是生意人的行列里。反过来说，如果生意人的子孙后代里发现了金子和银子般的人才，就要重视他，把他擢升到护卫者和武士的行列中。

苏格拉底说完这段话后，就问格劳孔："须知，神谕曾经说过'铜铁当道，国破家亡'，你看你有没有办法使他们相信这个荒唐的故事？"

你觉得这个故事够荒唐吗？初看起来，这个故事简直荒唐透顶，因为它听起来就像是在主张"老子英雄儿好汉，老子反动儿混蛋"的血统论和等级论，但是如果我们仔细分析文本，就会发现苏格拉底强调的不是"血统"而是"能力"，而且他也承诺等级之间是可以相互转化和流动的。当然，这些辩护并不足以让我们摆脱疑虑，当权者为什么不把权力转交给自己的后代，而是选择"不拘一格降人才"？说得学术化一点，苏格拉底只是为社会流动性（social mobility）打了一张白条，并没有详细说明社会流动性是如何可能的。所以说，如果缺乏一套公平公正公开的人才选拔制度，仅仅依靠当权者的善良天性，是不足为信的，它一定会导致社会固化和等级制度。

苏格拉底在《理想国》里提供的只是一种刚性的正义观，这是一种"权力本位"的人治思维模式，就像"刚性维稳"必须要转换成为"法治维稳"一样，刚性的正义观也必须要辅以法律和制度的保障，才有可能摆脱它的任意性和危害性。

有意思的是，当苏格拉底惴惴不安地讲完这个金银铜铁的故事之后，心直口快的格劳孔毫不犹豫地说："不，这些人是永远不会相信这个故事的。不过我看他们的下一代会相信的，后代的子子孙孙迟早总会相信的。"

苏格拉底松了一口气，接着说道："我想我是理解你的意思的。就是说，这样影响还是好的，可以使他们倾向于爱护他们的城邦和他们相互爱护。我想就这样口头相传让它流传下去吧！"

谎言重复了一千遍就成了真理，更何况这还是一个利国利民的谎言，所以它不是普通的谎言，而是高贵的谎言。

苏格拉底说，如果有可能的话，最好统治者自己也相信这个高贵的谎言，如果不能使统治者相信的话，至少要让城邦里的其他人相信。这话说得真是太有深意了。如果统治者也相信这个谎言，当然就会越发全心全意地维护统治秩序，如果统治者不信而被统治者相信，这个秩序依旧可以维持下去。可是问题在于，如果统治者与被统治者都不相信呢？

高贵的谎言也仍旧是谎言，它的不合理性是显而易见的。更何况，权力导致腐败，极端的权力导致极端的腐败。那么，我们为什么还要把权力交给护卫者？结合了凶猛与温顺品格的护卫者是如何做到的？

哲学王是怎样炼成的

仔细想想，要把狮子般的凶猛和绵羊般的温顺合二为一，看起来就是一个不可能的任务（mission impossible）。

为了完成这个不可能的任务，苏格拉底主张首先通过教育来培育护卫者。具体说来，就是用音乐"文明其精神"，用体育"野蛮其体魄"。注意，这里的"音乐"不是我们今天所理解的狭义意义的音乐，而是指"所有受到缪斯女神灵感照耀而创作出来的东西"，包括诗歌、小说、音乐和戏剧等。

其中，苏格拉底最关注的是诗歌创作的审查问题，他的矛头直指荷马和赫西俄德这些著名的诗人。我们知道在古希腊的神话和诗歌中，奥林匹亚山上的众神不仅力量非凡而且肉身不死，但是除此之外，他们与常人无异，同样有七情六欲，同样热衷于宴饮作乐，甚至坑蒙拐骗、欺上瞒下、好勇斗狠、无恶不作。最典型的例子就是宙斯，他之所以取得宇宙之王的地位，就是通过推翻其父克洛诺斯的统治实现的。当然，克洛诺斯的事迹也不光彩，根据赫西俄德《神谱》的描述，他甚至还阉割了自己的父亲。

苏格拉底认为如果想要弘扬真善美，就必须把这些假恶丑的故事从诗歌和戏剧中删除，也就是说要对言论进行审查。苏格拉底说："为了使我们的护卫者敬神明，孝父母，重视朋友间的友谊，有些故事应当从小讲给他们听，有些故事就不应该讲给他们听。"

比方说，如果要培养护卫者勇猛杀敌的血性，就绝不可以让他们从小接触阴曹地府的恐怖故事，让他们软弱消沉，害怕死亡；如果要让护卫者养成自我克制的品性，就不能让他们阅读纵情声色的文字……为了做到这些，就必须要删除《荷马史诗》以及一切诗歌、戏剧和音乐中与此相关的表达。

除了音乐和体育，为了培育合格的护卫者，苏格拉底还模仿斯巴达的优生制度，主张"最好的男人必须与最好的女人尽多结合在一起，反之最坏的与最坏的要尽少结合在一起。最好者的下一代必须培养成长，最坏者的下一代则不予养育"。为了保持"品种"的纯洁，优秀者的孩子会被带到托儿所去，由保姆统一抚养；至于那些有先天缺陷的孩子，他们将被秘密地加以处理。虽然有些学者为苏格拉底辩护说，秘密地处理不等于秘密地处死，但是这样的优生学制度听起来让人感到非常不适。

现在我们要来探讨护卫者的生活方式。苏格拉底认为身体是灵魂的牢笼，现实世界的诱惑太多，通过音乐、体育的培育以及优生学的拣选成长起来的护卫者，还不足以抵御它们，所以苏格拉底为他们进一步制定了异乎寻常的生活方式：除了绝对的必需品以外，任何人不得有任何私产。任何人都没有私人住宅，大家同吃同住，薪水每年定量分给，既不多也不少，够用足矣。

苏格拉底尤其担心金银财宝会玷污护卫者的灵魂，所以规定他们绝对不能与之发生任何关系，不可使用金杯银杯喝酒，也不可佩戴任何金银首饰，总之，不可接触它们，甚至不可和它们同居一室。

苏格拉底说：

> 他们就这样来拯救他们自己，拯救他们的国家。他们要是在任何时候获得一些土地、房屋或金钱，他们就要去搞农业、做买卖，就不再能搞政治做护国者了。他们就从人民的盟友蜕变为人民的敌人和暴君了。他们恨人民，人民恨他们。他们就会算计人民，人民就要谋图打倒他们。他们终身在恐惧之中，他们就会惧怕人民超过惧怕国外的敌人。结果就会是，他们和国家一起走上灭亡之路，同归于尽。

苏格拉底相信，只有通过这些措施，才能防止护卫者队伍被权力腐蚀，确保其队伍的纯洁性。没错，就是纯洁性。你有没有发现，以上种种看似极端的措施，目的只有一个，保证护卫者队伍的纯洁性。

事实上，在苏格拉底的带领下，我们已经不知不觉地从"猪的城邦"进展到了"纯洁的城邦"，这是《理想国》构想好城邦的第二个阶段，距离真正的"美的城邦"还有一步之遥，因为此时的护卫者只是完成了必备的性格养成和军事训练，还没有成为哲学王。如果要在护卫者与武士之间做出真正的区别，就必须引入哲学这个最重要的环节，这也是柏拉图的理想国与斯巴达贵族军事专制最关键的区别所在。

哲学王的遴选和培训机制非常之严苛，我们在这里就不详细介绍其中的繁复步骤了，简而言之，这是一个大浪淘沙的过程，最终脱颖而出的只是极少数人，大多数人没有成为真正的哲学家，而是变坏了。

需要特别指出的是，苏格拉底认为哲学的本质是尤其易于败坏的，而败坏了的这些人会给城邦带来巨大的灾祸，因为"天赋最好的灵魂受到坏的教育之后就会变得比谁都坏"。这句话尤其值得我们深思。我猜想柏拉图在写这句话的时候，心中所想的很可能就是苏格拉底的那两个著名弟子：阿尔西比亚德和克里提亚斯。

后人在谈起《理想国》的时候，印象最深的就是柏拉图对哲学王的推崇和肯定，却忘了他对"哲学的本性容易败坏"的警示。后世那许许多多在《理想国》的鼓励下试图成为天子师或者哲学王的哲人，按照柏拉图的标准，很可能不是哲学家，而只是一些天赋极高但不幸败坏了的灵魂。

在培养哲学王的过程中，苏格拉底尤其强调算术和几何学的重要性。据说在雅典学园的门口竖着一块牌子，上书"不懂几何者不得入内"。这突出反映出毕达哥拉斯学派对柏拉图理念论的深刻影响。因为算术与几何学的研究对象乃是"永恒事物"，这些学科可以把灵魂引导到真理那里，迫使灵魂去看真理和实在本身。

苏格拉底说："哲学家是能把握永恒不变事物的人，而那些做不到这一点，被千差万别事物的多样性搞得迷失了方向的人就不是哲学家。"这个说法引来不少的批评，很多学者认为柏拉图纸上谈兵，过高地估计了理论智慧，低估了实践智慧。的确如此。为什么看到了"善本身"就足以安邦定国？哲学与政治的结合到底是如何做到的？关于这个问题，柏拉图好像从来没有给出令人满意的解释。

不管怎么说，柏拉图深信只有哲学家成为真正的护卫者，才有可能建立起"美的城邦"。在《理想国》这本书中柏拉图多次复述了他在《第七封信》里写的那个著名观点：

除非哲学家成为我们这些城邦的国王，或者我们目前称之为国王和统治者的那些人物，能严肃认真地追求智慧，使政治权力与聪明才智合而为一……否则的话，……对国家甚至我想对全人类都将祸害无穷，永无宁日。

当哲学家成为护卫者，武士和生意人各归其位，各司其职，大家各干各的事情，彼此互不干扰，这个城邦就是智慧的、勇敢的、节制的、正义的。说得更加明确一些，护卫者的主要德行是智慧，武士的主要德行是勇敢，生意人的主要德行是节制。当城邦里的三类人都拥有了他们"应得"的位置和德行的时候，城邦也就实现了正义。

说到这里，我们必须回过头再来考察"灵魂的正义"问题。我希望你们都还记得苏格拉底考察城邦正义的初心是什么？没错，就是为了"由大见小"探讨灵魂的正义。

城邦中有三个阶层——护卫者、武士、生意人，灵魂中也有三个元素——理性、激情和欲望，它们正好形成对应的关系。所以答案很明显，唯当理性、激情与欲望这三个元素"各归其位，各司其职"的时候，灵魂才是健康的、和谐的、正义的。说得更加明确一些，只有当激情和欲望都服从理性领导的时候，我们才会感到内心平和。相反，当激情或者欲望反过来主导了理性，我们就会感到内心冲突和撕裂，甚至会给我们带来极大的危害。

我们无法深入地探讨柏拉图灵魂三分的学说。大致说来，欲望更接近于动物性的冲动，这一点很好理解。而激情是灵魂中使我们感到愤怒的那个部分，初看起来它与欲望更加接近，但其实常常与理性一起反对欲望。为了说明这个道理，苏格拉底举了一个非常漂亮的例子，有一个人经过刑场的时候，发现那里躺着几具尸体，他想要看尸体，但内心又害怕又嫌恶，于是他就把头蒙了起来，可终究按捺不住欲望的力量，他睁大眼睛冲到尸体跟前，愤怒地骂自己的眼睛："瞧吧，你这个坏家伙，把这美景瞧个够吧！"苏格拉底说，这个故事告诉我们，愤怒有时恰恰是与欲望作对的东西，它让我们产生正义感，对于做错的事情心生愧疚和歉意。至于理性，他的功能与护卫者一样，护卫者照看整体城邦的利益，理性则关注整个灵魂的利益，理性和护卫者一样，最主要的德行就是智慧。

苏格拉底打了一个比方，他说人的灵魂就像是三种形象的结合体，欲望好比是一头多头怪兽，激情有如狮子，而理性就像是人。为了让灵魂内部保持和谐，人就必须要主宰一切，尽力让狮子成为自己的盟友，一起驯服那头多头怪兽。如果放纵狮子和多头怪兽，那就会导致它们相互残杀直到同归于尽。苏格拉底说，那些主张"不正义的人比正义的人过得好"的人，就是在做这样的事情。

讨论到这里，我们可以做一个小结：

首先，柏拉图只是在护卫者内部取消了私有财产，而不是将其扩大到整个城邦；并且他只是把优生学运用到了护卫者的遴选上，而没有拓展到整个城邦。如果一定要给柏拉图贴个标签，也许可以称他为权威主义和家长制的信奉者。

其次，思想的龙种常常结出现实的跳蚤，任何理论一旦被运用到现实世界，都存在变形的可能，对《理想国》中一些危险的思想因素保持足够的警惕是必要的。

再次，柏拉图之所以对自己的理想城邦如此充满信心，那是因为他相信通过哲学教育，最终护卫者成为哲学王，哲学王见到了真理本身，并且按照真理来为城邦的全体公民谋幸福，这是一个至善至美的城邦。

洞穴比喻与灵魂的转向

洞穴比喻的场景是这样的，在一间洞穴般的地下室里，有一群生于斯长于斯的囚徒。他们的头和脚都被牢牢地绑着，不能走动也不能转头，只能直愣愣地盯着眼前的洞壁。在他们的身后有一些火光，在火光和囚徒之间，有人一直在举着木偶表演。火光将木偶的影子投射到洞壁上，构成一些影像，这就是囚徒们从小到大所看到的一切，他们对此习以为常，而且认为这就是世界本身。

苏格拉底说，如果有一个囚徒被解除了桎梏，转头环视，四处走动，不仅发现了身后的火光及木偶，而且还被人硬拉着一路带出了洞穴。试问这个人会有什么反应？苏格拉底说，这个人肯定会觉得非常痛苦，一路上他脚步踉跄，磕磕绊绊，内心充满恼怒，因为被人强迫着往上走是一件非常痛苦的事情。当他第一次看到火光的时候，眼睛会难受，当他走出洞穴来到阳光下，眼前更是金星乱蹦、金蛇乱窜，根本看不清任何东西。但是，渐渐地他的眼睛开始适应阳光，会认识到洞外的世界有多真实和美好。

这个走出洞穴见到太阳的人，不是别人，正是那个看到善的理念的哲人。苏格拉底用太阳来比喻善的理念，善的理念就像太阳普照万物，让我们的眼睛得以看见现象界的万物，善的理念帮助我们的理智认识真实的事物。

现在的问题是：

第一，既然已经走出洞穴，哲人还愿意再次重返洞穴吗？

第二，重返洞穴后他会遭遇什么情况？

第三，洞穴里的囚徒愿意听信他的话吗，他能够说服囚徒，成功带领他们走出洞穴吗？

第一个问题涉及哲学家为什么要当王的动机问题。第二个问题涉及哲学与政治的紧张关系。第三个问题是理想国成败的关键所在。

对第一个问题的回答很简单：哲学家不想当王，但却不得不当王。他不想当王，是因为他已经身在洞穴之外，看到了阳光普照之下的真实世界，享受到了至善至美的理念生活，试问他怎么舍得放弃这种幸福呢？但是，哲学家不得不当王，因为城邦对他有养育之恩，基于感恩原则，他必须要报效城邦。哲学家不得不当王，还因为哲学家不仅全面地了解城邦的善，而且对权力毫不恋栈，这样的人来做统治者才有可能做到毫不利己、专门利人，才有可能防止内乱，实现城邦的稳定、和谐和正义，就像好莱坞电影里常说的"能力越大，责任越大"，所以哲学家有义务当王。更何况，哲学家如果不当王，他就会被比他坏的人统治，这对哲学家来说是最大的惩罚。

第二个问题，哲学家重返洞穴后会遭遇什么情况？很不幸的是，重返洞穴之后，哲学家的处境并不美妙，相反还危机重重。我们可能都有过看电影迟到的经验，刚走进电影院的时候，两眼完全看不清状况，只能摸索着小心前进。重返洞穴的哲学家同样如此，这时他们的视力还很模糊，还没来得及习惯黑暗。苏格拉底说，如果此时有人让他与囚徒比较一下谁更能看清楚洞穴里的影像，哲学家肯定会被人笑话说，你到上面走了一趟，回来之后眼睛反而坏掉了。那些囚徒非但不会羡慕他，追随他，反而会越发对洞外的世界不以为然。如果此时有人竟然想要释放他们，并且声称要带领他们走出洞穴，这些囚徒甚至可能会杀掉此人。事实上，在《理想国》第七卷中，柏拉图借苏格拉底之口道出了苏格拉底之死的政治原因。现实中的苏格拉底没能说服囚徒，而是被囚徒杀死，那么《理想国》中的苏格拉底能否说服囚徒，甚至带领囚徒走出洞穴呢？如果不能，哲学家又能做些什么呢？要想回答这个问题，让我们先来看苏格拉底的这段话，他说：

> 教育实际上并不像某些人在自己的职业中宣称的那样。他们宣称，他们能够把灵魂里原来没有的东西灌输到灵魂中去，好像他们能把视力放进瞎子的眼睛似的……但是我现在的论证说明，知识是每个人灵魂中都有的一种能力，而每个人用以学习的器官就像是眼睛。整个身体不改变方向，眼睛是无法离开黑暗而转向光明的……于是这方面或许有一种灵魂转向的技巧，即一种使灵魂尽可能容易、尽可能有效地转向的技巧。

这段话的关键词就是"灵魂的转向"。苏格拉底相信每个人的眼睛都有观看的能力，就像每个人的灵魂都有学习的能力，所以，教育的根本目的就是教会学生灵魂转向的技巧，让学生掌握正确的观看方向，把眼睛从黑暗转向光明。然而，这只是纯字面的解读。苏格拉底在这里，确切地说是柏拉图在这里虽然口口声声强调每个人的眼睛都有观看的能力，但他显然并不认为每个人的眼睛都有同等的观看能力。因为柏拉图认为人的天赋各异，有的人是金子做的，有的人是银子做的，有的人是铜铁做的。按照这个逻辑，很显然，并不是每个人都能实现灵魂的转向，也并不是每个人都能够成功地跟随哲人走出洞穴。

既然多数囚徒将永远地滞留在洞穴里，哲学家又能做些什么呢？在第七卷的结尾处，柏拉图提出了一个非常激进的想法：把所有10岁以上的孩子都送到乡下，进行统一的教育，按照哲学王制定的习俗和法律来培养他们，以此改变他们的父母对他们的影响。格劳孔对这样的政策表示赞同。

我们应该如何评价以上的观点呢？

我认为，当柏拉图说教育并不是"把灵魂里原来没有的东西灌输到灵魂中去"的时候，他是矛盾的。一方面，根据"知识即回忆"的说法，教育的确不是在学习未知的东西，而是发现灵魂中已知的东西。可是另一方面，当柏拉图执行最终解决方案，比如按照哲学王制定的习俗和法律对所有 10 岁以上的孩子进行统一教育的时候，毫无疑问就是在灌输和植入一些新的观念。

回到柏拉图的洞穴比喻，柏拉图深信走出洞穴之后，见到的就是真实的世界，但是我们完全可以质疑说，哲学家真的见过太阳吗？即使见过，他真的能认出来那就是太阳吗？

在柏拉图的《美诺篇》中，有一段著名的对话。

> 美诺：苏格拉底啊，你到哪条路上去寻找对其本性你一无所知的事物？在未知的领域中，你拿什么作为研究对象？即使你很幸运，碰巧遇上了你所探求的东西，你又怎样知道这就是你所不知道的东西呢？
>
> 苏格拉底：美诺，我明白你的意思。你知道吗？你引入了一个极其麻烦的问题，即一个人不能研究他所知道的东西，也不能研究他所不知道的东西。他不能研究他所知道的东西，因为他知道它，无须再研究它；他也不能研究他不知道的东西，因为他不知道他要研究的是什么。

这就是著名的美诺悖论，它揭示出一个根本上的知识论难题。打个比方，在一个大雾弥漫的天气里你去登山，随身没有携带任何测量仪器，所以当你登上了最高峰的时候，你也不知道自己站在最高峰上。

你也许会问，如果洞穴之外还是洞穴，就像梦境之上仍是梦境，如果走出这个洞穴只不过是走进了另一个洞穴，那么走出洞穴与留在洞穴又有什么区别呢？

有人也许会说，就是没有什么分别啊。此洞穴与彼洞穴，都是洞穴，就好像这种意识形态和那种意识形态，都是意识形态，五十步笑百步，其实都一样。

可是我认为，比起永远困守在同一个洞穴，能够在不同的洞穴之间来回穿梭和比较，仍然是一种更值得过的生活，因为这种生活更加符合苏格拉底的那个著名观点：未经考察的人生是不值得过的人生。在这里，我们发现了苏格拉底与柏拉图之间的真实区别所在：如果说苏格拉底主张"不要教学生思考什么，要教给他们如何思考"，那么柏拉图则更倾向于"教会学生思考什么，而不是教给他们如何思考"。

前面我对《理想国》的现实政治效果有过不少负面的评论，但在最一般的意义上，我认同《理想国》中的"正义观"：从城邦的角度出发，如果每个人都各归其位，各司其职，真正在做"非他不能做，非他做不好"的工作，那就真的实现了城邦的正义。如果此时有人依然心怀不平、怨恨不已，那么他就应该细细揣摩《理想国》里的这段话："正义者不要求胜过同类，而要求胜过异类。至于不正义者对同类、异类都要求胜过。"这个观点告诉我们，一个人只有真正实现了自己的潜能，明白了自己的"所得"就是"应得"，他才能够坦然地接受自己所处的位置，才有可能坦然地接受生活，不去逾越那永恒固定的界线，此时个体的理性才能主宰激情和欲望，由此获得"灵魂的正义"。所以，《理想国》给我们刻画的是一个人类正义的完整叙事，在这里城邦的正义与灵魂的正义，制度的德行与个体的德行得以胜利地会师，构成了关于人类正义的完整叙事。

这幅画卷的唯一问题就是，它太完美了。

现实中的柏拉图三赴叙拉古，三次都铩羽而归，他虽然没能够在人间建立天国，却在书中建立起了由哲学王统治的理想国，这是柏拉图给后来人植入的一个观念。那的确是一个理想国、一座美丽城，但是很遗憾，此曲只应天上有，柏拉图绘制了蓝图，却没有告诉我们通往这座美丽城的可行路径。

如果用一句话来评价《理想国》，我认为这是一本伟大的"失败之书"。它的伟大之处在于开创性地探索了伦理学、政治学、教育学、知识论和形而上学等各门学科的母题，还在于向世人展示出人类理性晨光熹微之际的自信与雄心，试图通过理性的设计来一劳永逸地解答人类的基本问题，最终实现正义与幸福。但它归根结底是一本失败之书，因为这是一个不可能完成的任务，事实上柏拉图对于这一点完全明白，在《理想国》第九卷的结尾处，他借格劳孔的话说："那个理想的城邦……在地球上是找不到的。"然后他借苏格拉底之口附和道："或许天上建有它的一个原型，让凡是希望看见它的人能看到自己在那里定居下来。至于它是现在存在还是将来才能存在，都没关系。"所以，柏拉图已经明确意识到理想国的非现实性。这一点从那封著名的《第七封信》中也可以看出端倪，既然在现实政治中"真正的哲学家掌握政治权力"几无可能，而政客只有"拜奇迹所赐"才会变成真正的哲学家，那么人类就只能陷入永无宁日的冲突之中。

《理想国》是一次"想象中"的政治冒险。既然是冒险，那就一定充满了危险。在第六卷中，柏拉图借苏格拉底之口说过一句极少有人会注意到的话，他说："一切远大目标沿途都是有风险的。"柏拉图充分意识到了风险，但那些在柏拉图的激励下踏上征途的后来人，却对此浑然不觉，他们眼中只看到了"无限风光在险峰"，却忘了一路上都是足以让人粉身碎骨的悬崖和陷阱。

最后让我们来回答这个问题，我希望你还记得色拉叙马霍斯这个人物，他从第二卷开始就一直保持沉默，却没有退场，柏拉图显然不是忘了这个人，而是希望让他一直留在对话里，聆听苏格拉底的教诲。我们必须要问这样一个问题，苏格拉底能够说服色拉叙马霍斯吗？这个雄辩滔滔的智者会放弃"正义就是强者的利益"以及"不正义的人比正义的人过得好"的判断吗？

在第十卷的结尾处，苏格拉底重提正义与幸福的关系，他这样问道："一个正义的人能在人间得到什么呢？"苏格拉底自问自答说：

> 狡猾而不正义的人很像那种在前一半跑道上跑得很快，但是在后一半就不行了的赛跑运动员。是吗？他们起跑很快，但到最后精疲力竭，跑完时遭到嘲笑嘘骂，得不到奖品。真正的运动员能跑到终点，拿到奖品夺得花冠。正义者的结局不也总是这样吗：他的每个行动、他和别人的交往，以及他的一生，到最后他总是能从人们那里得到光荣取得奖品的！

苏格拉底的意思是，在现实世界中，好人是不可能受伤害的。在死后的世界里，好人的灵魂同样会有好报。在全书的结尾处，通过讲述一个异常漫长的神话故事，苏格拉底告诉世人，正义者与不正义者在死后会得到完全不同的对待，死后的奖惩要胜过现世的奖惩无数倍。讲完这个故事，苏格拉底说：

> 格劳孔啊，这个故事就这样被保存了下来，没有亡佚。如果我们相信它，它就能救助我们，我们就能安全地渡过勒塞之河，而不在这个世上玷污了我们的灵魂。不管怎么说，愿大家相信我如下的忠言：灵魂是不死的，它能忍受一切恶和善。让我们永远坚持走向上的路，追求正义和智慧。

这就是苏格拉底最终给出的忠告，如果你是色拉叙马霍斯，你会因为苏格拉底的这些话而改弦更张、改邪归正，从此做正义的人，行正义之事吗？《理想国》

没有告诉我们色拉叙马霍斯最终的选择。

无论如何，如果色拉叙马霍斯决定跟随苏格拉底走向上的路，那他一定实现了灵魂的转向。我特别喜欢赫拉克利特的一句话："上升的路与下降的路是同一条路。"所以，你究竟是选择上升，还是选择下降，事关身体的转向、灵魂的转向。

思考题：

1. 马克·里拉说："如果哲学家试图当国王，那么其结果是，要么哲学被败坏，要么政治被败坏，还有一种可能是，两者都被败坏。"你怎么理解这句话？或者你来谈谈哲学和政治之间的关系。
2. 在这一讲的论辩过程中，你认为苏格拉底是不是成功地驳倒了色拉叙马霍斯？
3. 你认同柏拉图的"各归其位，各司其职"八字箴言所说的正义观吗？如果要实现这八字箴言，你觉得应该附加什么样的前提或者条件？
4. 你认为在现代社会还有可能存在哲学王吗？如果存在，他需要具备什么样的素质？
5. 你认为每个人的眼睛都有"同等的"观看能力吗？如果并不是所有人都能实现灵魂的转向，那是不是意味着我们只能接受某种程度的权威主义和家长制？

○三
《政治学》

[古希腊] 亚里士多德著　吴寿彭译　商务印书馆　2016 年

主题词◎政治学　古希腊　政体类型　城邦　阶级　中产阶级

经典之处

《政治学》是一本不可不读的经典，是西方历史上第一部成体系的政治理论著作。对于了解当时希腊的社会和思想状况以及研究亚里士多德的学说，均有不可替代的作用。

作者简介

亚里士多德（Aristotle，前 384—前 322），古希腊哲学家、思想家、科学家和教育家，希腊哲学的集大成者，与柏拉图、苏格拉底一起被誉为西方哲学的奠基者。他是柏拉图的学生，亚历山大大帝的老师。作为一位百科全书式的科学家，亚里士多德几乎对每个学科都做出了贡献，构建了西方哲学的第一个广泛系统。

导语｜今天读亚里士多德有什么意义？

刘苏里

可以有很多个坐标用于识别亚里士多德，比如他是柏拉图的学生，是亚历山大大帝的老师，在雅典创办过自己的大学，还写过很多本著作，等等。首先，我想通过对比他的老师柏拉图，和他老师的老师苏格拉底，谈几点他的生平事迹。

苏格拉底是西方思想的奠基人。他的课堂主要在街头巷尾，甚至集贸市场。他用提问的方式授课，常常把人问得哑口无言，所以遭人嫉恨，最后遭人陷害，被处以极刑。但是"苏格拉底之死"却成为西方思想史上一个很大的话题。他没有留下自己的著作，好在他的学生——亚里士多德的老师——柏拉图记下了他们的谈话录，使后人能了解他的思想。

柏拉图就聪明得多。他继承了老师追求真理的遗志，而且开始关起门来授课，开办了著名的柏拉图学园，还一代代传了下去。柏拉图的主要作品都是以与老师谈话的形式写的，谁想挑毛病，找他老师好啦。他和他的老师都是雅典人，雅典人处死他的老师，和伯罗奔尼撒战争雅典败给斯巴达，对柏拉图的刺激都极大。柏拉图有类似孔子的志向，不止一次跑到一个叫叙拉古的地方，为僭主治国理政出主意。其实，没有哪个僭主真想听一个"书呆子"的意见。所以柏拉图实现不了理想，郁郁不得志，就希望通过收徒开讲，曲线救国，成就帝王师之梦。

衣钵传到亚里士多德。他在柏拉图学园学习了 20 年，不仅学了老师的精髓，接受老师的教训，而且青出于蓝胜于蓝，在思想和实践上，都超过了柏拉图。他接受了强大的马其顿国王菲力二世的邀请，做王子亚历山大的老师。后来统一了希腊继而横扫半个世界的亚历山大大帝打到哪儿，都会命人将当地的情况报告给老师，所以亚里士多德对自然和政治的经验研究高于当时的思想家。但他始终跟亚历山大保持距离，只搞研究，不追随其东征西讨，不去做帐下幕僚。他跟学生的这种关系，可以说是他一生的隐喻，比如亚历山大的父亲遭人暗算遇刺后，他就跑到雅典办学，一待就是13年；亚历山大客死征途，雅典反对马其顿统治暗流涌动时，他干脆避走老家，不问世事，去安享晚年了。亚里士多德的思想和学术成果，是老师柏拉图的几倍，两千年来的影响，也不亚于老师，都跟他的选择有密切关系。

西方思想史上的这三座丰碑，三种人生选择，三种结局，影响了一代又一代后世的思想家。比如写《乌托邦》的英国思想家摩尔，就比较像苏格拉底，德国哲学家海德格尔，就多少类似柏拉图，而继承亚里士多德衣钵的，就很难举个鲜明的例子。有人说世上难得亚里士多德，大概就是这个意思。

但我个人觉得，亚里士多德的难得，除了他的人生选择，更主要的是他作为学者、思想家的志趣。这样说是有根据的。他读了一辈子的书，写了一辈子的书，留下那么多著作，但他在世时没有太大的声名。他是死后200多年才被人发现的，而且被发现了两次，第二次还是出口转内销——如果不是阿拉伯人翻译并保留了他的作品，我们今天能否读到他那么多的著作，还真不好说。不错，是文艺复兴让亚里士多德再次回到西方思想的舞台中央，但在马基雅维利、霍布斯那里，他又成了批判的靶子。一直到20世纪，用一位学者的话说，亚里士多德的思想才在沃格林、施特劳斯、阿伦特和麦金太尔等思想家的作品中，得以强势复活。

说来有趣，上面列举的思想家名单，持左右立场的都有，亚里士多德是怎么同时获得两派思想家青睐的，这里就不多讲了，先有个印象就好。我只提醒一句，这几位思想家，都多少继承了亚里士多德的研究方法，就是理论和经验研究并举——虽然他们都以理论见长，但总是能在他们的研究中，见到经验研究方法的影子。

同时注重理论思考和经验梳理，这个特点在他的政治学研究中尤其突出。这种思考和研究方法，不仅对许多学者有启发，也对我们普通人观察和思考现实政治问题很有帮助。这也正是今天读亚里士多德的一个意义所在。

亚里士多德这本《政治学》的主题，是城邦，类似我们今天说的国家。他关切的核心问题，是一个城邦，实行怎样一种制度，才算是好的城邦。因为城邦的最高目的是满足人们对幸福生活的追求。"应该怎样"，属于规范研究。苏格拉底和柏拉图，都是规范研究的大师，柏拉图的《理想国》就是这种研究的典范。而亚里士多德超过老师的地方，或者说他的高明之处，就在于他不仅研究理想的政体应该怎样，还特别重视从现实出发，通过对已有的、哪怕是一个糟糕的政体的改造，实现人们追求的生活目标。这个看法，来源于他对城邦的自然属性的论证，在亚里士多德看来，城邦不是人为的，而是自然而然存在的，它是所有公民通向幸福生活的跳板。而他的这个看法，远远地但很清晰地指向这样一个情境，就是统治者不能根据个人好恶，或心中的"理想国"，随心所欲地对城邦施行手术。

强调城邦的自然属性，统治者不能对它恣意妄为，就可以说亚里士多德也容忍恶的政体存在吗？不是的。

亚里士多德对政体的类型，有个著名的分类法，就是正向的分类有三种，对应的负向也有三种。

正向	负向
君主政体	僭主政体（也叫暴君政体）
贵族政体	寡头政体
民主政体	民粹政体

正向的分类跟统治者的人数有关，负向的跟统治者追求私利有关，比如一人统治，正向的叫作君主制，负向的叫作僭主或暴君制。君主制以全体公民的利益为统治目标，而僭主或暴君制，以个人或小集团的利益为统治目标。亚里士多德认为，最佳政体是混合制的，可以是两种或三种正向政体的混合。亚里士多德以后，西方政治思想家无一例外地，都在寻找正向混合政体上下足了功夫，几乎没有人注意负向政体的混合问题，因为人类的政治实践中，事实上也几乎不容易见到负向政体的混合。

但是进入20世纪后，我们的确见到了两种负向政体混合的实践情况，这就是纳粹德国，它是暴君与民粹政体的混合物。这两种事物犹如孪生，相互帮衬，构成了现代统治的一种极端形式。这种混合政体，人类经历过，并为此付出惨重的代价。所以，我们是否可以想象，三种负向政体的混合物，即僭主或暴君、寡头、民粹政体的混合，也会成为某种现实？这种政体的本质特征，就是有一个高高在上的僭主或暴君，大权独揽，公器私用，把国家当作实现个人权力野心的工具；同时容纳寡头势力，坐地分赃，或显形或隐形地与僭主或暴君构成统治利益同盟；又在统治需要的时候，随时动员民粹力量，对一切构成挑战和对立的力量实施暴民式压迫？亚里士多德的政体分类理论，对今天人类面临的严峻课题，不仅能够提供思想资源，也许还能给出应对这一挑战的古典答案。

张笑宇讲读《政治学》

> 张笑宇
> 政治学博士。毕业于北京大学和柏林自由大学。华东师范大学世界政治研究中心特聘研究员。著有《重建大陆：反思五百年的世界秩序》等。

城邦自然论

在读亚里士多德的《政治学》之前，先来简单介绍一下亚里士多德这个人。

亚里士多德，男，生于公元前 384 年，卒于公元前 322 年 3 月 7 日。他跟他的老师柏拉图，以及他老师的老师苏格拉底，是古希腊，也是整个西方历史上最伟大的哲学家之一。这里需要注明的是，西方历史上有资格跟这个"之一"并列的哲学家，总共可能不超过五个人。

亚里士多德当时写这本书有一个目的，就是探究好的政治制度，好的生活方式到底是什么。当然，他有一个优势，因为他是历史上有名的亚历山大大帝的老师，而亚历山大大帝很支持他的科学研究，所以他有机会收集很多地方的资料，从中把握一般规律。经过这样大量材料总结出来的规律，那一定是不一般的。据说他为了研究政治学，收集了大大小小一百多个城邦的资料，写了很多本关于这些城邦政治制度的著作。不过亚里士多德的这部分著作大多逸失了，保留至今的只有《雅典政制》和《政治学》。这本《政治学》可以说是政治科学的开山之作，其中关于公平、正义、自由和秩序的探讨对后世西方政治学产生了很大影响。

谈起政治学，大家的第一印象可能就是，政治嘛，就是权力斗争，政治讲的不就是权力的游戏吗？那问题来了，作为权力的游戏有没有对错呢？俗话说，小孩子才分对错，大人只讲利弊。

那权力的游戏到底是该讲对错，还是该分利弊？这个问题的背后是什么？其实质是要看那些在权力场中争夺的人，心中有没有一种敬畏，对人性、对规矩、对道德的敬畏。如果有敬畏，掌权者就会有底线，就算知道是权力斗争，有些事他也不能做。如果没有敬畏，掌权者当然就没有底线，为了获得更大的权力，就敢做出任何事情。

这个问题，可以说是政治学的一个根本问题。掌权者是把政治权力当作纯粹追求利益的工具，还是当作实现理想的手段，全看他心目中有没有这个敬畏。如果他觉得应该有，那这个敬畏在何处呢？

亚里士多德的回答是，在自然。他有一句很有名的话："人天生是政治动物。"这句话其实只翻译了一半，而且翻译得不太对。完整而比较准确的翻译是，"城邦是个自然物，而人从自然上来讲是城邦动物"。原文是 political animal，这里的 political 词根就是古希腊的城邦 polis，当形容词用时，翻译为"城邦动物"才是对的。

为什么说城邦是自然物呢？我们平常说牛、马、羊、树林、石头、麦子等这些是自然物。自然物跟人造物的区别是，人造物是人造的，人想随心所欲怎么改造它都可以；但自然物是自然的，不能轻易改变它，人想要改造自然就必须符合它的规律！

所以，亚里士多德的用意是说城邦是自然物，不能随意改造城邦，掌权者如果肆意妄为，必将受到自然规律的惩罚。

这个立意其实是很高明的。比较起来中国古代的儒家也有过类似的说法，叫作天人感应，意思是说违背了道德原则，老天就要降下灾祸来惩罚人间的皇帝。但这里只是用天降灾祸来吓唬人君。亚里士多德就不一样了。他不是吓唬人，他是有论证的。

说城邦是自然物，要从它的来源，它的诞生说起。人这个物种为了繁衍后代而有两性分别，为了生存和养育，组成了家庭，进而组织成为部落。既然结合成为组织，组织里不同的人就有不同的分工。在家庭里，男人负责狩猎耕种，女人负责采集和哺育后代；在部落里，有人负责对外作战，有人负责保卫家园。部落就这样自然繁衍下来，城邦就诞生了。可见城邦不是因为某个人的意志而诞生的，也不是为了国王才诞生的，它的诞生，是因为组成它的这些个体——人——需要共同生活，要穿衣吃饭，御寒抗险。城邦成了当时希腊人生活的政治共同体。

这就是城邦的自然性。从古希腊开始，西方哲学家们就一直在思考这样一个问题：在不同的社会，有什么办法能找到一种道德评判标准来确定好坏是非呢？不同社会，风俗习惯和道德标准往往是不一样的，古希腊哲学家希望能够找到一种评判标准，不考虑人的地域、肤色、语言、习俗、文化和信仰等，就能评判一切地方一切人是好还是坏，是伟大还是卑鄙。他们找到的标准，就是自然。符合这个标准的，被称为"自然法"，它是对一切人都有效的法律，无论皇帝还是贵族，谁也不能例外。

这个自然的概念很伟大，因为它追求的是一种普世的、适用于一切条件的道德标准。从古希腊开始，人类的哲学家就一直在为寻找这样一种普世价值奋斗着。而在政治学领域，第一个讲出城邦是自然物，自然规律最重要的人，就是亚里士多德，所以他在这个自然法的传统里显得格外崇高，也格外重要。

亚里士多德对政治"自然性"的论述，简单说来就是政治有其自然规律，想要搞好政治，就必须遵循这些自然规律。

政体的三类和六种

当下说起政治学，大家常听到的一个话题，就是民主和专制哪个更好。在这个话题里，民主和专制都属于"政体"的范畴，而亚里士多德就是西方历史上第一批系统讨论政体问题的哲学家之一。

"政体"的英文是 polity，直接来自希腊文 politeia，指的是城邦的组织形式。"政体"这个概念讨论的是什么呢？我们知道古希腊城邦有一个公民的概念，公民就是这个城邦里有政治权利的人，这批人在城邦里有选举权和被选举权，开公民大会时是有资格发言的。公民在参与政治事务时需要凭借一种组织形式，保证他们聚在一起时能够有效地讨论和处理城邦的政治事务，这个组织形式，就是政体。

先解释一下古希腊一个城邦的规模,如果单算人口,小的几万人,大的几十万人。但是这些人里有一大半是奴隶,奴隶就没有政治权利;还有妇女和儿童,他们也没有政治权利;还有外来人口,比如为了做生意定居下来的移民,一般也没有政治权利。所以,一个城邦里真正有政治权利的公民数量并不多,大概也就几千人。有人依据这种情况就说,古希腊人的民主就是小范围内的民主,绝大多数人是享受不到的。这个观点不能说错,但我们不能用今天的观念衡量古代社会。古希腊的民主制度虽然建立在剥削压迫奴隶的基础上,但不妨碍我们辨识它的精华部分。

说回政体问题。民主和专制到底哪个好?看看亚里士多德是怎么回答这个问题的。

亚里士多德说,既然政体是由公民来组成的,那一个好政体的前提就是参与这个政体的公民是好公民。那好公民的标准是什么呢?亚里士多德说,一个人是不是好人,不同情况下可能标准会不一样,比如说好父亲的标准是对子女好,好丈夫的标准是对老婆好,好官员的标准是对人民好,但这些可能不重合,一个好官员不一定是好丈夫、好父亲,这很正常。那好公民当然也有一个独特的标准,这个标准是什么呢?亚里士多德说,是理解性地服从。什么叫作"理解性地服从"?比如你是公民,但有一天可能成为统治者,当官了。那你当官的时候希望别人怎么服从你,你在当公民的时候就要怎么服从别人,这就叫作理解性地服从。

这个标准是很有智慧的。我们知道在中国有两个互为一体的存在,一个叫作暴吏,一个叫作刁民。前者是实施权力的时候不顾百姓的生死,后者是不管三七二十一只知道闹事,闹到自己的好处再说。亚里士多德的意思就是,作为暴吏要想一想,你若还是个老百姓,受得了自己当官时的作威作福吗?作为刁民要想一想,你跟官员调换一下位置,受得了自己的这种闹法吗?换位思考后的做法,就是理解性地服从,能做到这个标准的就是好公民。

好公民的标准确定了,接下来就是确定好的统治者,也就是好官员的标准。首先他得满足好公民的标准,就是能够善意地理解性服从。但亚里士多德说,光有这个还不够,毕竟你要当官,手里就有权力,所以你还得会带头干。能带头干的人需要什么品质呢？这个品质叫作"实践智慧"。在亚里士多德的伦理学体系里，这是一个很重要的概念。简单说，有实践智慧的人懂得在符合道德标准的基础上，怎么能把事做成。比如说，有的官员想要发展城市经济，但他引进的都是些重污染企业，把土壤和水都污染了，这就不符合道德标准，就是不智，就不是好的统治者。

好公民和好官员的标准都有了，就可以按照这个标准来划分政体。亚里士多德把政体划分为三种类型，分别是一个人统治、少数人统治和多数人统治。一个人统治叫君主制，少数人统治叫贵族制，多数人统治就叫作共和制。哪种最好呢？亚里士多德说，没有最好的，只有最适合的。这就是他的智慧。

三种政体各自适合什么样的城邦呢？亚里士多德说，这个很简单，君主制适合这个城邦里面只有一个特别优秀的人，这个特别的人的水平比其他人高很多，那就可以实行君主制。可以举一个典型例子，17世纪末的荷兰，民主政府没有能力抵御法国入侵，丢失了四分之三的国土，只有奥兰治的威廉奋起抵抗外敌，民众就推翻了议会请他做国王。倘若一个城邦里优秀的人是少数，不优秀的人占多数，那就适合实行贵族制。比如光荣革命后的英国就是这样，少数贵族是新兴的资产阶级精英，大部分人民还是土地上的农民，为了适应这种情况，英国人就发明出来一个老百姓没有选举权，国王也没有权力的议会，国家要务由贵族组成的议会决定，这就是贵族制。倘若一个城邦发展很久了，一直重视教育，公民的文化水平很高，优秀的人占大多数，那就搞民主制。

从上述就可以看得出为什么说亚里士多德有智慧，因为他早就看透了政体好坏归根结底是人的好坏，而不是形式的好坏。统治者如果是为了城邦的利益，那不管是一个人、少数人还是多数人，都是好政体。反过来，要是统治者只谋私利，不管是一个人、少数人还是多数人，都是坏政体。亚里士多德对坏的政体也给出了概念，一个坏人统治叫僭主制或者暴君制，少数坏人统治叫寡头制，多数坏人统治叫民粹制。政体好坏跟人数和形式无关，只跟统治者的素质有关。当然，亚里士多德还补充了一条，就是随着人类社会的进步，教育总是能够惠及越来越多的人，所以整体潮流是向着多数人的统治，也就是民主制发展的。

总之，亚里士多德指出了政体的三种基本形式：一个人统治，少数人统治和多数人统治，然后按照统治者是不是服务于城邦利益，或者是不是有实践智慧，又可以分为好的形式和坏的形式，好的政体有君主制、贵族制和民主制三种，坏的政体有僭主制、寡头制和民粹制三种。每个城邦最好按照自己的实际情况选择合适的政体。

阶级是本质

选好适合的城邦体制，接下来的问题就是怎样建立和维持好的政体，怎样防备好的政体变坏，以及怎样防止政体自己把政体搞死。

前面我们谈到过，一个城邦选择的政体经常跟统治者的素质相关，一个人比较优秀就采用君主制，少数人比较优秀最好用贵族制，多数人比较优秀就可用民主制。这里需要解释的是，这个"优秀"不仅仅是道德品质方面的优秀，它是个很宽泛的概念，一个人权力比较大，知识比较多，能力比较强，都可以解释成"优秀"。亚里士多德就举了一个例子，说有些城邦为什么采取寡头制呢，因为这些城邦的军队是以骑兵为主力的，而骑兵不是一般人养得起的，因为养马很贵，说明这些城邦里少数有钱人的势力很强大，他们在军队里的地位高，这也是一种"优秀"。

可见所谓"优秀"和"不优秀"，从道德上讲是比较虚的。那实在的东西是什么呢？亚里士多德说，是阶级。能够在一个城邦内部划分出不同群体的根本依据是经济基础，而经济基础反映到社会层面，就是阶级。

所以说，少数人和多数人统治的划分还不是最本质的，最本质的还是什么样的阶级在统治。亚里士多德指出，如果多数人统治，本质上是穷人统治，那就是平民政体；少数人统治，本质上是富人统治，那就叫贵族政体。这个才是形式背后的实质。

为什么说阶级才是本质的？亚里士多德说，因为穷人和富人追求的原则不一样。穷人追求的最重要的原则是平等。简单说，就是我没有钱，也没有资源，那这个城邦能不能让我赚到钱不重要，重要的是比我有钱的人不能比我有特权，这就是平民政体的想法。平民政体最重要的原则是平等，所以我们看到有些古希腊的民主制城邦经常为了平等而制定一些奇葩的法律，比如城邦怎么选官员，平民政体说，要抽签！因为抽签最平等，每个人都有机会！你搞选举，那一定是有钱人获胜，因为有钱人才能请老师来教演讲术，才能请人帮自己宣传。而雅典有个很著名的法律，叫陶片放逐法，大家选一个大家都讨厌的人，就把他给流放了。谁会成为大家最讨厌的人？当然是有名的人。所以这条法律流放了很多人才。

那富人追求的最重要的原则是什么？是跟平等相对的原则，差别。就是一定要把人群划分出不同的等级。有的是依据才德划分，有的是依据财产划分，但不管怎样，他们主张的是不平等。爱因斯坦研究出相对论，发现能量可以转换，奥本海默把它变成了原子弹，威力大过几百万军队，他们能跟普通人一样吗？所以好的政体就应该让这批人占据统治地位，他们地位越高，就越能为社会贡献更大价值。当然亚里士多德也指出，好的贵族制，是按照才德划分统治者和被统治者；坏的寡头制，只按财富划分统治者和被统治者，两者之间有很大区别。

区分了这两种阶级之后会发现，他们简直格格不入，甚至水火不容。如果一个城邦里这两个阶级斗争得特别厉害，最后一定会引发内乱、崩溃甚至战争。所以理想的方式是把这两个阶级混合起来，让他们各自发挥自己的优势，才能保持一个好城邦的长治久安。怎么混合呢？亚里士多德给出的方法是让贵族去做贵族擅长的事，平民去做平民擅长的事。贵族擅长的是什么？亚里士多德说，需要才德和经验的职务。比如司法，法官这个职位需要有丰富的人生经验，他见识过很多罪犯，洞悉许多阴谋，非常清楚人性有多险恶，还能保持心中的那份善念。那么平民擅长什么呢？亚里士多德说，是需要表达自身利益的时候。比如一个政策会影响很多人的切身利益，这种时候少数人的决策很可能会导致失误，这时就需要多数人来发表意见，要召开公民大会来议政，需要更多人的参与。

对于不同阶级，光混合还不够，更重要的是谁来做平衡者。亚里士多德回答说，中产阶级。中产阶级执掌政权最有利于政权的稳定。因为中产阶级既不像穷人那样希求别人的财物，也不像富人那样容易招致别人的嫉恨。他们较少对别人抱有阴谋，也不会自相残害。他们容易对人抱有一种比较纯粹的友情，不像穷人有时候是怀着攀附的目的去结交，富人有时候是因为利益和算计去结交。中产阶级掌握政权，会给城邦增添一种友爱之情，增强凝聚力。

到这里，关于一个政体如何建立和维系，以及怎样防止它毁灭，亚里士多德给出的方案就差不多了，我们来整理一下：

首先要看这个城邦人民的情况是怎样的，哪一个阶层的数量比较大或者实力比较强。如果这个城邦里富人力量比较大，或者少数人掌握非常关键的力量，在这种情况下还非要建立一个平民政体，那就很危险。反过来，如果这个城邦里穷人数量非常多，富人很少，却要建立一个贵族政体，也走不通。所以，要先按城邦的阶级比例确定一个基本政体。然后要在这个政体里设立一个保护少数阶级的制度，比如在平民政体里要设计一个由贵族组成的司法机构，它没有特别大的权力，但能够让少数贵族觉得自己还是有用的，是受到照顾的，而不是随时可能被多数平民吞噬，这样他们就会安定下来，而不是夹起细软跑。最后，要做两件事来发挥中产阶级的稳定器作用：一是施行经济政策，壮大中产阶级的力量；二是要让中产阶级处在关键的仲裁位置上，比如关键的行政机构，或者决策部门，来平衡贵族和平民。只有这样，城邦才有可能长治久安。

总之，政体分类表面上是以人数划分，本质上是由阶级决定的，穷人统治和富人统治追求的原则是不一样的，前者追求公平，后者追求差异。要维持城邦的长治久安，需要壮大中产阶级的力量，让他们起到平衡器的作用。

亚里士多德的不同

为了进一步理解亚里士多德的著作和观点，需要进一步了解亚里士多德的时代和环境。

亚里士多德的老师是柏拉图，柏拉图的老师是苏格拉底，这三位是古希腊时代最伟大的哲学家。他们之间有个区别，苏格拉底和柏拉图都是雅典人，但亚里士多德不是。所以苏格拉底和柏拉图的哲学思考，其实都跟雅典有很紧密的相关性，但亚里士多德的眼界更开阔，他更像一个有世界视野和眼光的哲学家。

亚里士多德出生的地方叫作马其顿，马其顿这个地方出了个著名的亚历山大大帝，人类历史上最伟大的军事天才之一，30岁的时候就征服了跨越欧亚大陆的广阔领土。亚里士多德的爸爸尼格马库斯是亚历山大大帝爷爷的御医，亚里士多德本人则当过亚历山大的老师。世界上最伟大的哲学家之一给世界上最伟大的军事天才之一当老师，说起来也是一段佳话。

可见亚里士多德的出身很不错，他 18 岁时就被送到闻名古希腊的雅典学园，也就是柏拉图的学园去读书。亚里士多德差不多在那里待了 20 多年，毫无疑问，他是柏拉图最优秀的学生，但他与柏拉图有观点分歧。比如在政治学方面，柏拉图非常讨厌民主制，因为他就是雅典人，而雅典人在伯罗奔尼撒战争中因为不合理的民主制度，犯了很多致命错误。前面谈过，民主制度的原则就是追求平等，雅典人为了追求平等，把一些很优秀的政治家给赶跑了，由此导致战争的失败。可以说，柏拉图非常痛恨民主。但亚里士多德不是雅典人，他没有柏拉图那种切肤之痛，对这个问题的看法也就更客观。他认为民主共和也可以成为一个好制度，而且更适合那些发展比较久的、人民教育水平比较高的城邦。后来亚里士多德在解释与柏拉图的分歧时讲了一句话"我爱柏拉图，但我更爱真理"，这句话被中国人译成"吾爱吾师，但吾尤爱真理"，用来表达对真理追求的态度。

柏拉图去世后，亚里士多德就离开了雅典，先是去了小亚细亚，然后又被马其顿国王菲力二世召回国，报效祖国。亚里士多德成了当时年仅 13 岁的亚历山大的老师。这个老师对学生倾囊相授，学生对老师也非常爱戴。

菲力二世后来在自己女儿的婚礼上被刺杀身亡，亚历山大即位，不久就把雅典给收服了。于是亚里士多德又回到雅典，建立了自己的学派。因为他非常喜欢在花园和走廊里一边散步一边给学生讲课，所以他的学派被人称为"逍遥学派"或"漫步学派"。

此时的亚历山大已经开始南征北战，但他还是不忘给老师提供各种资料，派人抄写老师的著作，还给老师收集各种各样的动植物标本。正是因为有这么一个大帝的支持，亚里士多德才能完成如此庞大的研究。关于他们俩的关系有个很有意思的八卦，说亚里士多德有一次公开出版了自己关于形而上学的讲稿，亚历山大知道之后有点着急，就写信给亚里士多德说你怎么能够把这个秘传学说公之于众呢？要是让我的敌人看到，他们不就可以来对付我了吗？亚里士多德回信说，这个秘传没有我亲授，不是人人都看得懂的，一般人就算读到了，也理解不了。如果这个说法是真的，那我们就可以猜想，亚历山大那么年轻就能征服那么大的一个帝国，成为世界第一的军事天才，可能确实是从这个世界第一的哲学家那里学到了很多很有用的东西。或许最伟大的领袖都应当从最伟大的哲学家那里汲取思想。

亚历山大从20岁当国王到33岁去世，13年间都在打仗，而亚里士多德13年间都在持续搞科研。亚历山大死后，情况就发生了变化，雅典人开始反抗马其顿人的压迫。作为亚历山大的老师，亚里士多德不得不逃离雅典。离开雅典的第二年他就去世了。

亚里士多德基本上研究了当时几乎所有的学科，他也几乎是所有这些学科公认的奠基人。在科学上，亚里士多德研究了解剖学、天文学、经济学、胚胎学、地理学、地质学、气象学、物理学和动物学。在哲学上亚里士多德则研究了美学、伦理学、政治学、形而上学、心理学、逻辑学以及神学。他对教育、文学以及诗歌的研究直到18、19世纪还被奉为经典。到伽利略和牛顿时代，亚里士多德的某些学说才被推翻，这也从侧面反映出亚里士多德理论巨大的影响力。可以说，亚里士多德的著作加起来几乎就是一部希腊人的百科全书。

还有个说法是从古希腊之后到近代之前，所有哲学著作都是在为两个人做注脚，一个是亚里士多德，一个是亚里士多德的老师柏拉图。更重要的是，亚里士多德的思维方法论还影响了现代科学的产生。在文艺复兴时期，也就是中世纪晚期，欧洲一些地区在思想上冲破神权和宗教的藩篱，开始产生对人性的崇尚，随后才在意大利有了早期科学革命的突破。而文艺复兴其实就是西方世界对亚里士多德著作一个重新发现的过程。中世纪时，伊斯兰文明占领了希腊的很多地方，他们获得了许多保存在希腊的亚里士多德著作，还把它们翻译成阿拉伯文，并且刺激了像阿尔—法拉比和阿维森那这样的阿拉伯大学者的诞生。后来亚里士多德的这些书又被中世纪的欧洲学者从阿拉伯文重新译回拉丁文，所以在科学史上对阿拉伯文明也有个说法，称其为"科学的养父"，指的就是阿拉伯人在保存亚里士多德著作上功莫大焉。

亚里士多德一辈子写了很多著作，但基本都没有保存下来，保存下来的都是他的讲稿。如果大家读过柏拉图的著作，就会有个疑问：他们俩的风格为何这么不一样？柏拉图的著作基本上都是对话，读起来像剧本似的，亚里士多德的就枯燥得多。亚里士多德其实也写过公开的对话录，但基本都失传了。我们今天读到的他的讲稿，是被学生和奴隶记录下来整理过的。当时哲学学派有个习惯，就是把自己的学说分成两部分，一部分是公开内容，一部分是秘传内容，我们今天看到的亚里士多德著作，就是这部分秘传内容。

亚里士多德几乎是许多学科公认的奠基人，我们讨论的这本《政治学》毫无疑问是政治科学的奠基著作之一。在古希腊人看来，政治学的地位是很高的，因为古希腊人的观点是，作为一个人的荣耀和美德是需要在城邦里实现的。这本书对公平、正义、自由和秩序的探讨影响了西方政治学的基本思路。

亚里士多德的《政治学》最主要的两部分学说——政体理论和阶级理论——对后世产生了非常大的影响。

首先是政体理论。亚里士多德不是政体分类的最早创始人，但他是最早系统讨论政体理论的哲学家之一。他之前的柏拉图也对政体分类进行了探讨，但亚里士多德的提法更加科学化。后来西方讨论民主、专制的这些哲学家，几乎都受到亚里士多德的这个分类体系的影响，甚至这个影响一直延续到了今天。

正是因为亚里士多德，西方政治学才建立起两个基本信念：第一，政体决定一个城邦和一个国家的发展方向；第二，混合政体比单一政体要好。

为什么混合政体更好？亚里士多德认识到，好的政体就是要把不同的制度，比如贵族制和平民制的优点结合起来发挥各自的长处。后世的政治学者几乎都受到这个理论的影响。比如稍晚之后，罗马帝国统一了古地中海世界，著名历史学家波利比乌斯就认为，罗马的强大就是因为采取了混合政体，或者说是共和制，共和制是最好的制度，因为它混合了各种政体的优点。它的混合之处在于，罗马有一个军事领袖——相当于采纳君主制的元素——负责保卫国家；有一个元老院，集合了最优秀、最有经验的政治家——相当于采纳贵族制的元素——负责决策；还有一个人民大会——相当于采纳民主制的元素——负责讨论立法和决策的范围。波利比乌斯认为，正是这些优点相加，促成了罗马的成功。

共和制的理论对后来西方人的影响非常巨大，比如近代的三权分立学说。近代提倡三权分立学说的洛克就说，政府有三种权力，分别是立法权、行政权和对外权，这三种权力其实就是对混合政体学说的一种继承和发展，就是民主负责立法，精英负责行政，君主负责对外。之后孟德斯鸠的提法有了更进一步的发展，就是立法、司法和行政，当然这已脱离了古代混合政体的框架。再比如，美国的建立。18世纪晚期美国刚建立的时候，它不认为自己是个民主制国家。因为那个时候民主并不是个好词，它给大家的印象就是民粹。如果你在那时跟美国人说，你们搞了一个民主国家？他们或许会说，谁会搞民主，我们建立的是真正的共和制。这一点在美国国父们搞的制宪会议记录里说得非常明确。当时他们的想法就是要搞一个新罗马出来，要把这一最成功的共和政体复制过来。所以美国搞了一个总统，其实就是君主，因为总统是军队最高指挥官；搞了一个参议院，英文叫作 Senate，这个词就是直接从拉丁文里的"元老院"复制粘贴过来的，拼写都没变，一模一样；搞了一个众议院，就是吸取了民主制的元素。

我们再来看亚里士多德的阶级学说对后世的影响。应该说阶级学说是个非常犀利的分析方法，它的一个特点就是对实践有强大的指导意义：不管是保守派还是革命派，只要熟练掌握阶级学说，都能达成自己想要的目的。比如罗马所采取的共和政体是最好的一种政体，但是它最后也蜕变了，堕落了，为什么？就是没处理好阶级斗争问题。罗马在不断对外扩张的过程中，贫富差距越来越严重，那些当将军的贵族不断打仗，不断获得战利品，越来越富，平民却越来越穷。后来罗马内部有政治家就提出应当改革，要给穷人分战利品，结果贵族就群起攻之，直接把这个政治家谋杀了。穷人一见自己的利益代言人被谋杀了，立刻起义造反，罗马就这样在内斗中逐渐衰败了。而同样是共和国，在经济危机之后，美国总统罗斯福就果断采取措施，由国家投入资金给穷人找工作，当时有人抨击他搞社会主义，他不在乎，最后避免了阶级分裂，美国的共和制度也就保存了下来。

最后，我们摘录《政治学》的几个片段，体会一下亚里士多德的主要政治思想：

> 无论是一个人或一匹马或一个家庭，当它生长完成以后，我们就见到了它的自然本性；每一自然事物生长的目的就在显明其本性。又事物的终点，或其极因，必然达到至善，那么，现在这个完全自足的城邦正该是至善的社会团体了。由此可以明白城邦出于自然的演化，而人类自然是趋向

于城邦生活的动物。

在各种动物中，独有人类具备言语的机能。声音可以表白悲欢，一般动物都具有发声的机能：它们凭这种机能可将各自的哀乐互相传达。至于一事物的是否有利或有害，以及事物的是否合乎正义或不合正义，这就得凭借言语来为之说明。人类所不同于其他动物的特性就在他对善恶和是否合乎正义以及其他类似观念进行辨认（这些都由言语为之互相传达），而家庭和城邦的结合正是这类义理的结合。

家务重在人事，不重无生命的财物；重在人生的善德，不重家资的丰饶；重在自由人们的品行，不重在群奴的品行。

在一切城邦中，所有公民可以分为三个部分——极富、极贫和两者之间的中产阶级。现在，大家既然已公认节制和中庸常常是最好的品德，那么人生所赋有的善德就完全应当以中间境界为最佳。处在这种境界的人们最能顺从理性。

据我们看来，就一个城邦各种成分的自然配合说，唯有以中产阶级为基础才能组成最好的政体。中产阶级比任何其他阶级都较为稳定。他们既不像穷人那样希图他人的财物，他们的资产也不像富人那么多得足以引起穷人的觊觎。既不对别人抱有任何阴谋，也不会自相残害。他们过着无所忧惧的平安生活。……于是，很明显，最好的政治团体必须由中产阶级执掌政权。凡邦内中产阶级强大，足以抗衡其他两个部分而有余，或至少要比任何其他单独一个部分为强大，这就可能组成优良的政体。如其不然，有些人家财巨万，另一些人则贫无立锥，结果就会各趋极端。

人们能够有所造诣于优良生活者一定具有三项善因：外物诸善，躯体诸善，灵魂诸善。……灵魂诸善所以能够形成并保持德行，无所赖于外物。反之，外物的效益就必有赖于灵魂诸善而始显露。

凡德行不足而务求娱乐于外物的人们，不久便知道过多的外物已经无补于人生，终究不如衣食仅能维持生活，而虔修品德和思想，其为幸福毕竟更加充实。

思考题：

1. 请说说你所了解的亚里士多德和他的思想。
2. 为什么说"人从自然上来讲是城邦动物"？
3. 亚里士多德的政体分类有哪几项标准？试着把几类政体分别排列组合一下，看看会有什么结果？
4. 为什么应当是由中产阶级执掌城邦政权呢？
5. 写下你对亚里士多德"共和政体"的看法。

○四

《忏悔录》

[古罗马] 奥古斯丁著　周士良译　商务印书馆　1963年

主题词◎基督教　古罗马　天主　恩宠

―――――― 经典之处 ――――――

《忏悔录》是奥古斯丁著作中传诵最广的一种。本书也可作为奥古斯丁的自传来看。全书共十三卷，以内容而言，可分为两部分，卷一至卷九记述他出生至母亲病逝的一段历史，卷十到卷十三，则记录了作者著述此书时的情况。书中奥古斯丁对自己的行为和思想做了非常深刻的分析，文笔细腻生动，此书成为晚期拉丁文学中的代表作，是古代西方文学名著之一。

―――――― 作者简介 ――――――

奥古斯丁（Augustinus，354—430），古罗马帝国时期天主教思想家，欧洲中世纪基督教神学、教父哲学的重要代表人物。古代基督教主要作家之一，与中世纪的托马斯·阿奎那并列为基督教神学的两位大师。

导语 | 为文明续命的伟大思想家

刘苏里

我先谈一些有关基督教和奥古斯丁写作《忏悔录》的背景。

李筠在讲读《阿奎那政治著作选》时说，基督教从信仰上升到神学，最大的动力是应对古希腊哲学的挑战。而我认为，来自基督教信仰群体内部的挑战，对基督教神学的发展，如果不是更重要的话，至少一样重要。而且，内部的挑战，又跟世俗政权插手教会事务搅在一起，使局面更加复杂。理解了这一点，我们就明白奥古斯丁神学思想的诞生，并非横空出世，而是其来有自。也因此，奥古斯丁的出现，对整个西方人的生活世界有着巨大意义，对我们了解和理解今天的西方，自然就有了同样重大的意义。

如果说不懂基督教就无法理解西方，那么从某种意义上说，不懂奥古斯丁就无法懂得基督教。因为奥古斯丁的神学思想（中间经过阿奎那的调和）对西方的影响从公元4世纪起一直持续到今天，超过了1600年。能跟他比肩的，除了《圣经》的作者们，恐怕就只有古希腊的超级思想巨星，苏格拉底、柏拉图和亚里士多德了。

我还要讲讲阿里乌、安波罗修，他们与奥古斯丁的出现密切相关。

阿里乌也是早期基督教神学家，公元311年在古埃及亚历山大地区任教职，他挑战正统派教义，其追随者逐渐形成阿里乌派。阿里乌派跟正统派的根本分歧，是对耶稣基督性质的认定。正统派认为，上帝（圣父）、耶稣基督（圣子）跟圣灵（神的灵、真理和爱等）是"同受钦崇，同享尊荣"的三个位格，即是三位一体的。而阿里乌派认为，圣子、圣灵是圣父的造物，或者说，圣子、圣灵跟其他万物差不多，都是上帝创造的。阿里乌派的说法，对基督教徒来说可谓天塌地陷，因为他们信仰的核心，跟耶稣基督的出生、受难、复活、末日审判、拯救等有关，耶稣基督亦是神本身，而不是上帝的造物。这场争论不仅旷日持久，还将罗马皇帝君士坦丁，以及后来的很多任皇帝，都卷了进来，直到公元380年安波罗修的出现。

安波罗修原本是罗马帝国米兰地区的总督，在他上任不久，米兰地区的主教出现空缺。同时，正统派与阿里乌派的争论进入白热化，而米兰地区主教的重要程度，大概仅次于帝国首都罗马和北非的迦太基。米兰地区的稳定与否，跟帝国的安危紧密联系在一起，作为地方官的安波罗修不敢大意，亲自参加了主教的选举会议。众多普通教徒前来参加选举，为了平息会场的骚乱，安波罗修发表了演说。话还未讲完，会场内突然有个孩子高喊"安波罗修，主教"，结果整个会场"安波罗修，主教！安波罗修，主教"响成一片。

安波罗修原本是来参加会议的，却被选为主教。这个意外的结果，确实避免了一场危机，但也让当时还只是慕道友的安波罗修登上他几乎一无所知的主教职位。安波罗修接受了神的召唤，受洗并捐掉个人财产，靠着过人的才智和勤奋，很快进入角色，开始了他的讲道生涯。毕竟，此前他就已经是有名的修辞学大师了，他的讲道，吸引了大批慕道友和教徒。

在安波罗修的追随者中，有一位年轻的修辞学教师。这位教师在灵魂的朝圣之旅中，可谓历经磨难，一波三折，遇到安波罗修主教正逢其时。安波罗修主教给这位年轻人施了洗，完成了他的归信之程。他就是基督教历史上伟大的神学思想家圣·奥勒留·奥古斯丁。基督教思想史家冈察雷斯曾说过："安波罗修似乎并未意识到这位归信者的非凡恩赐，有一天他将成为自使徒保罗以来西方最具影响力的神学家。"这句评语可不得了，因为提到了保罗这位最重要的基督教使徒，《圣经·新约》由27卷组成，其中14卷的作者都是保罗。

我们来看几个时间点和地点。公元354年奥古斯丁出生在北非高原努米底亚的塔加斯特，这座古老的小城在今天的阿尔及利亚境内，而在当时，努米底亚隶属于罗马帝国的阿非利加行省。从地图上可以看到，阿尔及利亚在地中海的西南岸，隔着海，左上方是西班牙，右上方是意大利。

虽然奥古斯丁的母亲是虔诚的基督徒，并且一直希望自己的儿子也能归信基督，但奥古斯丁直到33岁时才受洗。40岁那年，也就是公元394年，奥古斯丁开始创作《忏悔录》，耗时六年完成。公元410年蛮族哥特人洗劫了罗马城，罗马帝国实际上已进入死亡倒计时。公元 430 年蛮族汪达尔人攻占了奥古斯丁的家乡努米底亚，当年 8 月 28 日，奥古斯丁去世。奥古斯丁在世 76 年，创作《忏悔录》时正值中年，那是他在寻求信仰旅程的 21 年之后，也是归信基督七年的时候。

从上面的时间点可以看出，这部伟大的经典不是一时兴起而作，而是奥古斯丁深思熟虑后的作品。创作这部作品时，罗马帝国已步入末年，他目睹了帝国垮塌的第一个 20 年。

我还要谈谈请越胜老师讲读《忏悔录》的几个理由。

第一，如果"大课"只选讲几个人，奥古斯丁肯定是一个，讲奥古斯丁就一定要讲他的《忏悔录》。西方文明来自"两希"，一希就是希伯来，古犹太的另一个称呼，最重要的文明果实是《圣经》；另一希是古希腊，古希腊的哲学和思想成就的最高代表，是柏拉图和亚里士多德。奥古斯丁把柏拉图哲学整合进了基督教教义，之后阿奎那将亚里士多德收编进了基督教道统，从此两希文明彻底合流。从柏拉图到奥古斯丁，大约是 800 年，从奥古斯丁到阿奎那，大约也是 800 年。从阿奎那到今天，又快 800 年了。西方文明，大概就这么个线索，抓住了这四位伟大的思想家，就算抓住了西方文明的纲。

第二，1600 多年来，大家公认《忏悔录》是一部个人的精神传记。可为什么这样一部非常个人化的作品，恰好出现在那个时代，出于奥古斯丁之手呢？这里，我认为有三点原因：一是，基督教当时面临猝不及防的危机。罗马皇帝君士坦丁临死前，即公元 337 年（奥古斯丁出生前 17 年）受洗，被逼迫了几百年的基督教在罗马境内变得合法了，而且高贵、时髦了起来。之后，各种问题也随之而来，比如与世俗政权的关系，上层的自傲和腐败，等等。二是，基督教独大后，面临教内各种教义和外部异教的各种挑战，生死攸关。三是，罗马帝国风雨飘摇，危如累卵，如何回应人们的悚惶、焦虑、绝望，如何坚定信仰以渡难关？奥古斯丁通过个人归信的心路历程，给当世、后世无数信徒，指明了一条绝处逢生的道路。事实证明，正是基督徒们在关键时刻的勇毅和智慧，挽救了无数天下苍生的性命，还为西方文明的再度复兴，保留了香火。

第三，我很想知道，像奥古斯丁这样一位罗马帝国偏远省份的主教，是怎样以一己之力，担负起延续西方文明香火的使命的？是玄机，还是某种历史的逻辑在其中起了作用？他又是如何通过他的作品，征服了那么多世代的那么多人心的？

我想，说到这里，你已经着急想看赵越胜老师如何讲读了吧？下面先介绍一下赵老师。

赵越胜，1954年生于北京。1978年，在恩师周辅成先生鼓励下直接考上了中国社会科学院研究生院，攻读西方哲学。毕业后去了中国社会科学院哲学所。1989年赴法国巴黎。他是我们这个时代少有的"奇才"，周国平曾说他是"天生的精神贵族"。

简单说他是思想史家、作家，其实非常不准确。事实上，我无法对他做世俗意义上的定位。在他身上，的确有贵族的两个基本特质，即品位和勇毅。贵族的勇毅，表现在两个方面，一是为国捐躯，一是为国续命，续文化香火之命。他的作品并不多，但篇篇精到，多被传颂。如果想了解他更多，可以搜索2012年《南方周末》对他的专访：《灯者，破愚暗以明斯道》，以及周国平的专文《天生的精神贵族》。能听到他讲读这部书，是我们的幸运。

赵越胜讲读《忏悔录》

> **赵越胜**
> 思想史家，作家。1978年在中国社会科学院研究生院攻读西方哲学，毕业后入社科院哲学研究所。他创建的沙龙对20世纪80年代中国公共文化空间的营造有较大贡献。作者现居法国，代表作有《燃灯者》《问道者：周辅成文存》《带泪的微笑》等。

人如何走向神

冈察雷斯在他的《基督教思想史》中有这样一段话："奥古斯丁乃是一个时代的结束，同时也是另一个新纪元的开始。他是古代基督教作家中的最后一人，同时也是中世纪神学的开路先锋。古代的神学主流都汇聚在他身上，奔腾成从他而出的滚滚江河。不仅包括了中世纪的经院哲学，连16世纪新教神学也是其中的一个支流。"这是对奥古斯丁在人类宗教思想史上重要地位的一个简明而准确的概括。公元430年8月28日，在迦太基的希波城，奥古斯丁辞世。随即被天主教会封圣，之后便以圣奥古斯丁名垂千古。他的学生、卡马拉城的大主教波斯迪欧，用了几乎一年的时间，整理出一份奥古斯丁著述的清单。但这份清单上，却未提到奥古斯丁自己记述过的93部著作。按奥古斯丁本人的清点，他共写了233部作品，可谓惊人。著作等身这类说法，远不足以形容他著述的浩瀚。而这所有的思索，都围绕一个中心，人如何走向神。

但是，一个初读奥古斯丁的人，怎么可能在这200余部著述中，寻觅走向神的道路？如果我们毫无标识，在这思想的密林中乱闯，很难寻到途径。这不仅因为奥古斯丁的著作卷帙浩繁，还因他自己的思想不断变换方向。他的思考是一个探索的过程，他不断地怀疑、肯定、推翻、树立他走向神的标记。但是，朋友们，他终于留下了一部书，可以充当我们天路历程的导览指南，让我们可以大致认清方向，追随他的足迹。这部书就是《忏悔录》。奥古斯丁在这部书中，向他心目中至高的天主倾诉他的一生，叙述他如何归到天主的怀抱，如何找到通向至福的道路。Confessiones 这个当今被普遍译为忏悔的词，其原本含义中还有称颂、感激之意。所以这部书既是向天主忏悔自己的愆错，也是赞颂天主的威权。正如奥古斯丁在书末向天主说："我们先前离弃了你，陷于罪戾，以后依恃你的圣神所启发的向善之心，才想自拔。你至美，无以复加。你永安，不能有极。因为你的本体即是你的安息。"

奥古斯丁虽为基督教的圣人，但他也不是一步就踏上了信仰的正途。他在 32 岁之前，曾被摩尼教的善恶两元论吸引。虽然他的母亲是一位虔诚的基督徒，并且日夜为他祈祷，希望他能成为一个基督徒，但奥古斯丁真正接受洗礼，却是 32 岁之后了。他的皈依之路布满诱惑与挣扎，不仅在肉体上，而且在心灵中。这是一个历经数十年探索、苦思、辩驳、被说服的过程。正因为这个过程格外艰辛，所以信仰一旦确立，便坚定不移。一般人获得信仰，多凭感觉和传教者的启发，奥古斯丁凭的却是理性，凭他认识到的人神关系的实质而去信仰的。闻道有先后，但关键在于所闻是真道，而非某种邪教。奥古斯丁的《忏悔录》就是要告诉我们，他寻找真道，摒弃邪道的完整过程。罗杰·奥尔森是这样描述这个过程的："到了公元 386 年年初，奥古斯丁已经确信基督教世界观的真理，但是还没有准备好要皈依他母亲的信仰。他知道，真正的基督教远超过单纯的心智知识，因此《忏悔录》透露，奥古斯丁在悔改、相信耶稣基督这个关口时，内心深处所经历的许多痛苦挣扎。奥古斯丁的早期基督徒生活，有一个很反讽的祷告说：'噢，神呐，请赐我纯洁的恩典。但是，请不要现在就给我。'"朋友们，他为什么要求这样一个延宕？

我们知道，属灵的生活往往伴随着怀疑、彷徨、反省、悔悟。心灵的成长像一棵树，树枝难免旁逸斜出，需要许多修剪砍伐，才能主干坚挺，成为参天之材。但是也有那种冥顽不化的心智，他的知识结构和选择的信仰，停留在青春期的某刻，他从来不知反省和反思是怎么一回事儿，少年时的闭目塞听，就是他全部学问的来源。如果说这种愚钝的心灵也会有信仰，那只能是由一堆未经反思、杂乱破碎的教条来拼凑，没有逻辑的一贯，没有义理的明彻，没有后来养料的滋补。奥古斯丁正是为了避免跌入愚信的陷阱，才有意延宕自己走向天主的步履，直到公元 400 年前后，他以坚定的信仰向天主坦述他的心路历程。开卷他就确定了依思考走向天主的原则，从而把信仰和哲学融合在一起："但谁能不认识你而向你呼吁，因为不认识你而呼吁，可能并不是向你呼吁？"以此揭开大幕的忏悔录，就是这样一部信仰-认识的历史。

商务版《忏悔录》的译者周士良先生（附带向朋友们推荐一下，国内有数个《忏悔录》的译本，周先生的这个本子堪称信达雅俱臻），对该书有个大致的概括，他指出："本书共十三卷，以内容言，可分为两部分，卷一至卷九记述他出生至 33 岁母亲病逝的一段历史，卷十至卷十三则写出作者著述此书时的情况。第一部分，卷一歌颂天主之后，记述他出生至 15 岁的事迹，卷二卷三记述他的青年和在迦太基求学时的生活，卷四卷五记述他赴米兰前的教书生涯，卷六卷七记述他思想转变的过程，卷八则记述他的一次思想斗争的起因、经过与结果，卷九记述的是他皈依基督教至母亲病逝前的一段事迹。第二部分，卷十是分析他著书时的思想情况，卷十一至卷十三，则诠释《旧约·创世纪》第一章，瞻仰天主六日创世的工程，在歌颂天主中结束全书。"周先生的这个概括，可作初读此书时的导引。但是细读时，每一章中都会牵涉许多头绪，因为作者的忏悔其实是在剖析他走向天主的过程。对天主的赞颂处处可见，对自己的责难也随时出现。

奥古斯丁的宗教信仰，是从信摩尼教开始的。这种宗教是公元 3 世纪时，波斯先知摩尼所创。他的宗教思想来源庞杂，既有祆教，也就是拜火教，也有早期基督教诺斯替派，甚至还和古印度的佛教有牵连。这个教派在中国古代以明教知名，很有影响，它甚至和明朝的建立有关。在金庸的武侠小说《倚天屠龙记》中，故事背景里也扯上了不少中土化了的摩尼教教义。摩尼教思想的主要特点是绝对的善恶两元论，善即光明，恶即黑暗。在这种光明与黑暗的对立之下，人世间属灵的精神生活，便是光明的善，而肉身物质则属于黑暗之恶。摩尼教宣扬人类得救的希望，就是摆脱黑暗的物质和肉身的束缚而到达光明的灵魂不灭的世界。

公元 370 年，奥古斯丁来到迦太基学习。古代的人文教育主要以阅读经典和学习雄辩术为主，所以修辞学是最主要的功课。17岁的奥古斯丁正为青春期的肉体骚动苦恼，又充满了虚荣心，要出人头地。他在迦太基的雄辩术学校名列前茅，但在他的周围"沸腾着，振响着罪恶恋爱的鼎镬"。他坦承"我把肉欲的垢秽玷污了友谊的清泉，把肉情的阴霾掩盖了友谊的光辉。我虽如此丑陋放荡，但由于满腹蕴藏着浮华的意念，还竭力装点出温文尔雅的态度"。这时，他发现了西塞罗的著作，他读了西塞罗的《荷尔顿西乌斯》（这部著作现在已经逸失）。这是一部劝人学习哲学的著作，奥古斯丁说："我所以爱那一篇劝谕的文章，是因为它激励我，燃起我的热焰，使我爱好、追求、获致并坚持智慧本身，而不是某宗某派的学说，但有一件事不能使我热情勃发，便是那篇文章中没有基督的名字。"于是他决心去读《圣经》，但是初读《圣经》给他带来的居然是失望，他觉得《圣经》远没有西塞罗的文笔精妙。于是他接受了摩尼教，"蹈入了骄傲、狂妄、巧言令色的人们的圈子中，他们口中藏着魔鬼的陷阱，含着杂有你的圣名和耶稣基督等字样的诱饵"。等他终于接触到基督教的真谛时，摩尼教的善恶两元论就不再有说服力，因为"我不懂得恶不过是缺乏善，彻底地说只是虚无"。而"凡违反天性的罪行，如索多玛人所做的，不论何时何地都应深恶痛绝，即使全人类都去效尤，在天主的定律之前，也不能有所宽纵，因为天主造人，不是要人如此自渎"。于是，在对摩尼教的反省中，奥古斯丁确定了超验正义的神圣性。

罪与自省

15岁的奥古斯丁停学在家了，因为他的父亲发现他在理解抽象事物时，有过人的天赋，下决心要送他去大城市学习。而当时罗马世界非洲属地的文化中心是迦太基，为此，他父亲需要时间来积攒费用。也恰在此时，父亲发现儿子在生理上也成人了，青春期的性萌动使"情欲的荆棘便长得高出我头顶，没有一人来拔掉它"。奥古斯丁在《忏悔录》第二卷中，反省这青春的萌动，他从信仰的立场上将之称为"罪"。我们当然不赞成青春性爱是人的罪孽，但奥古斯丁要向他的天主忏悔，我们来听听他怎样分析罪以及对罪的反省："我愿回忆我过去的污秽和我灵魂的纵情肉欲，并非因为我流连以往，而是为了爱你，我的天主。……我青年时一度狂热地渴求以地狱的快乐为满足，滋长着各色各样的黑暗恋爱。我的美丽凋谢了，我在你面前不过是腐臭，而我却沾沾自喜，并力求取悦于人。"这个青春萌动的少年，确有一段恣意放纵的时光，和同伴"行走在巴比伦的广场上，我在污泥中打滚，好像进入玉桂异香丛中"。那时"我的天主，我周围全是浓雾，使我看不见真理的晴天，而'我的罪恶恰就从我的肉体中长起来'"。奥古斯丁从自己走向天主的路上，看到自己的"罪"，但这个忏悔只是相较于天主更高的存在，痛悔自己迟滞了对他的天主所启示的真理的认知，因为作为一个智者，他并不否认"美好的东西，金银以及其他都有动人之处。肉体接触的快感，主要带来了同情心，其他官能同样对物质的事物有相应的感受"，只是"为获知这一切，不应该脱离你，违反你的法律"。而"我们赖以生存于此世的生命，由于它另有一种美，也有它的吸引力"。奥古斯丁认为自己的罪，是"从我勃发的青春中，吹起阵阵浓雾，笼罩并蒙蔽了我的心，以致分不清什么是晴朗的爱，什么是阴沉的情欲。二者混杂地燃烧着，把我软弱的青年时代拖到私欲的悬崖，推进罪恶的深渊"。

如果说出自青春肉体的骚动是一种有着自然理由的"堕落"，这堕落却有着一种甜美。着意忏悔自己的奥古斯丁也忍不住要说："人与人的友谊，把多数人的心灵结合在一起，由于这种可贵的联系，是温柔甜蜜的。"但还有一种罪，是为享受犯罪而犯罪，这是一种真实之恶，无可辩护。奥古斯丁曾和同伙一起去邻家果园中偷梨，拿偷来的梨去喂猪，而不是为了解馋。他在这个偷窃行为中，享受的不是赃物，而是偷盗这个行为本身。他认识到："我愿意偷窃，而且真的做了，不是由于需要的胁迫，而是由于缺乏正义感，厌倦正义，恶贯满盈。因为我所偷的东西，我自己原是有的，而且更多更好。我也并不想享受所偷的东西，不过是为了欣赏偷盗与罪恶。"这是"为作恶而作恶"，因而是不可原谅的。朋友们，在我们的日常生活中，其实很容易看到那种为作恶而作恶的罪行。奥古斯丁在分析罪行时说："如果追究一下犯罪的原因，一般都以为是为了追求和害怕所谓次要的美好而犯罪。"他所谓的次要的美好，指日常生活，凡人社会中那些世俗的追求，他说："这些东西的确有其美丽动人之处，虽则和天上的美好一比较就显得微贱不足道。"但是，他以为那些饱餐罪恶，享受犯罪的乐趣的罪，是至恶之罪，因为这种恶全然虚无，没有任何意义。此外，这种罪总是集体犯罪，奥古斯丁说："假如我喜欢所偷的果子，想享受这些果子，那么为满足我的欲望，我单独也能干这勾当，不需要同谋者的相互激励，燃起我的贪心，使我心痒难耐。但由于我的喜爱不在那些果子，因此是在乎罪恶本身，在乎多人合作的犯罪行为。"这就是说，那些因享受犯罪而犯罪的，往往是有组织的团伙罪行。为从这犯罪团伙的罪行中得到赦免与救赎，奥古斯丁转而祈求天主："除了驱除阴霾，照耀我心的天主之外，谁能指点我，促使我追究、分析、思考？" "我现在需要的是你，具有纯洁光辉的、使人乐而不厌的、美丽灿烂的正义与纯洁。在你左右才是无比的安宁与无忧无虑的生活。谁投入你的怀抱，进入主的福乐，便不再忧虑，在至善中享受圆满的生活。"但是"罪"在基督教义中和人的见识紧密相关。伊甸园之所以成为原罪的渊薮，是因为撒旦诱使亚当、夏娃获取了辨识的能力。一旦有了辨识的能力，人就有了哪里是知的界限的问题。因为许多罪行都是由人的知的自负造成的。奥古斯丁以几年时间钻研摩尼教的经典，终于悟到摩尼教教义中最缺少的就是对信仰的谦卑。他们口口声声真理真理，却没有一丝一毫的真理。在奥古斯丁看来，以一整套教义来宣称自己已经获得了真理的人，都是不可信的。那至高的真理就是天主本身。对它的认识，是不断反省的过程，不可能以自得自负的心态来获得。它需要信仰的谦卑。"只有谦虚的虔诚，能引导我们回到你的身边，使你清除我们的恶习，使你赦免悔过自新者的罪业"，因为"一个人，不论哪一个人，只要是人，能是什么？任凭那些有权有势的人嘲笑吧！孱弱贫困的我们，愿意向你忏悔"。

朋友们，你们一定已经觉察到，奥古斯丁的信仰始终伴随着对天主之"道"的探求，这就使他的思想不断地从神学到哲学，从哲学又返回神学。在他29岁那年，摩尼教的大主教福斯图斯来到迦太基。他去听福斯图斯讲道，却发现他是"魔鬼的一张巨大罗网，许多人被他优美的辞令所吸引而堕入网中。我虽赞赏他的辞令，但我能把辞令和我所渴求的事物的真理区分开来，我对于人们交口称道的福斯图斯，不着眼于盛辞令的器皿，而着眼于他对我的知识能提供什么菜肴"。他终于断定，摩尼教的信条是一堆华丽辞藻的堆砌，说到底是虚妄的，不能给他提供解决问题的答案。他再返身于许多哲学家的著作，他读柏拉图、亚里士多德，拿它们来和摩尼教的信条做对比，认为那些多才多艺能探索宇宙奥秘的人，他们的思想比摩尼教更可信。但是问题仍然存在，这些可称之为科学的东西，并不能指出通向至高存在的道路。"目无神明的骄傲，使他们和你的无限光明隔绝，他们能预测日食，却看不到自身的晦蚀，原因是他们不能本着宗教精神，来探求他们所以能探求以上种种的才能来自何处。""他们不认识'道路'，不认识你的道，你是通过道而创造了他们所计算的万类，创造了他们观察万物的感官，和所以能计算的理智。"奥古斯丁没有说出他对创世说的坚信，实际上已掺入了新柏拉图主义哲学家普罗提诺的影子。

普罗提诺早奥古斯丁100多年出生，他所生活的时代正是罗马进入最黑暗时代的当口。那位牢记所有暴君的格言"掌握军队，压迫民众"的皇帝卡拉卡拉，已施行了四年的暴政。吉本在《罗马帝国衰亡论》中，愤恨不已地说："罗马人能忍受他这么多年的统治，真是人类的耻辱。"正是在他的统治下，柏拉图和亚里士多德的门徒们受到残酷的迫害。普罗提诺身为新柏拉图主义的创始者，一定深知此中的痛苦。在一个愚而自用的暴君统治下，最感痛苦的人，一定是那些聪明的知识人。在罗素看来，"普罗提诺摆脱了现实世界中的毁灭与悲惨的景象，转而观照一个善与美的世界"。在黑暗的现实中，普罗提诺设想出一个最完满的本原"太一"。他断言，太一自身就是完满。它不追求任何东西，也不具有任何东西，也不需要任何东西。它是充溢的，它"流溢"出宇宙万物，"流溢"出其他的实体。奥古斯丁在宗教中所追求的天主，和普罗提诺在哲学中设想的"太一"，是一致的。

天主的本质是至善，恶是善的缺失

很多追求信仰的人，曾经在《忏悔录》第七、第八卷中得到启示，因为在这两卷中，奥古斯丁详细讲了他对神的本质的思考，和他获取神光照耀的一刹那。此前，在他追随摩尼教的九年时光中，他曾苦思这些问题而不得解答。这些问题的核心其实就是，人怎样才能认识天主，或者说天主的本质是什么？如何认识，仿佛是在回答一个方法问题，本质是什么，看起来是在回答一个定义问题。但奥古斯丁既没有给出一个明确可行的方法，也没有给出一个明晰严格的定义。只是以他饱满的激情，把他对天主的体悟和思索，一股脑地倾吐出来，像是对天主诉说，其实是向世人，也就是向我们诉说，要我们能分享他对天主的领悟。在这个领悟中，我们能够看出来，他认为天主的本质就是至善。他是这样表述的。首先"你至尊的唯一的真正的天主，是不能朽坏，不能损伤，不能改变的"，因为"不能朽坏的优于能朽坏的，不能损伤的优于可能损伤的，不能改变的优于可能改变的"。这个不能改变的东西，就是一切善的来源。其次"我不再想象你天主具有人的形体，我虽不再以人体的形象来想象你，但仍不得不设想为空间的一种物质，或散布在世界之中，或散布在世界之外的无限空际。因为一种不被空间所占有的东西，在我看来即是绝对的虚无"。而我们知道，天主是实有，正像所有的善都是实有一样。再次，"为此我设想你，我生命的生命是广大无边，你渗透整个世界，充塞到无限的空间，天地一切都占有你，一切在你之中都有限度，但你无可限量"。奥古斯丁举例说，"犹如空气，地上的空气并不障碍日光，日光透过空气，并不碎裂空气，而空气充满阳光。天、地、空气、海洋，任何部分不论大小，都被你渗透，有你的存在，六合内外，你用神秘的气息统摄你所造的万物"。奥古斯丁在这条思索天主本质的道路上戛然而止，因为有一个问题还没有解决。占据空间的物，体积大小有别，"大象比麻雀体积大，因之占有你的部分多，如此你便为世界各个部分所分割"。奥古斯丁想到，至善是不分大小，不会被分割的。以后，他会继续思考这个问题。

朋友们，我们看着奥古斯丁在探索的路上踌躇、逡巡，能感受到这些圣徒探求精神的伟大。正是这种精神造就了西方灿烂的哲学、宗教、文学、艺术。今天它们已不再仅仅属于西方，而属于全人类。随后奥古斯丁似乎找到了走出黑暗的道路，"我努力找寻其他真理，一如我先前发现不能朽坏优于可能朽坏，发现你必定不能朽坏"，"天主所愿的是善，天主就是善的本体，而朽坏便是不善"。朋友们请格外注意这一点，奥古斯丁在这里放下了基督教神学的一块基石，"天主是美善的，天主的美善远远超越受造之物，美善的天主创造美善的事物，天主包容充塞着受造之物"。善不占据空间，但它不是绝对的虚无，它是天主的本质，有限的受造物，被善所充塞，这世间才会有美好、正义和对恶的惩罚。善不分大小，对一切受造物平等相待，善不被分割，在任一受造物上都是完满的。但一个不能逃避的问题跳上前来，我们生存于世，无时不知恶在霸凌善，无日不见诸般罪恶横行于世。"恶原来在哪里？从哪里来的？怎样钻进来的？恶的种子在哪里？既然美善的天主创造一切美善，恶又从哪里来呢？"奥古斯丁把这些疑问简化成一个问题："如果天主是突然间愿意有所作为，那么既是全能，为何不把恶消灭，而仅仅保留着完整的、真正的、至高的、无限的善？如果天主是美善，必须创造一些善的东西，那么为何不销毁坏的质料，另造好的质料，然后再以此创造万物？"奥古斯丁这一问，实际上已经完整地提出了后世莱布尼茨所论的神义论问题。尽管莱布尼茨创造了 Theodicy 一词，但问题却是奥古斯丁最早想到的。奥古斯丁从《圣经》中读到，神说"我是自有的"，这话也可译为"我即是我"，原文是 je suis celui qui suis，而天主之"是"，则为至善，为实体，绝不是摩尼教所论的宇宙分为善恶两元的存在。

朋友们可能还记得，奥古斯丁曾经苦读过柏拉图的著作，特别受普罗提诺的影响。正是普罗提诺在他的《九章集》中指出："一切存在的东西，包括第一性的存在，以及以任何方式被说成存在的东西，都是靠它的统一，因为一件东西如果不是一件东西，它会是什么呢？把它的统一去掉，它就不再是我们所说的那个东西了。"同一个道理，在奥古斯丁那里，天主的自有是统一完整的。它的实质是至善完美，不可能分裂为善恶两极。天主的存在，与美善是本体上的统一。"因此，任何事物丧失所有的善便不再存在，至于'恶'，我所追求其来源的恶，并不是实体。因为实体即是善。"奥古斯丁断言："恶不过是善的缺失。"在他所写的另一部著作《论善的本质》中，他更明确地指出："当有人问，邪恶是从哪里来的呢？首先应该问的是，邪恶是什么？邪恶不过是本性，或在程度，或在形式，或在秩序上受到败坏。因此受到败坏的本性叫作邪恶。因为毫无疑问，本性只要没有受到败坏，就是良善的。"那么凭什么说本性是良善的呢？奥古斯丁的逻辑是很清楚的。天主之为至上、无处不在的、自有的本体，是绝对良善的来源。不能想象，天主这样统一、良善、无所不包的本体，会流溢出恶。而人的本性是天主所赐，作为受造物，其本性只能是良善。而本性之可能败坏的原因，则须从人的意志的错用来寻找。奥古斯丁的这个逻辑完全来自普罗提诺。普罗提诺的"太一"理念很像奥古斯丁的天主，它是绝对统一、同一的。普罗提诺说："太一是完满的。因为它既不追求任何东西，也不占有任何东西，也不需要任何东西。它是充溢的。流溢出来的东西，便形成了别的实体。"普罗提诺进而指出："我们在追求的是太一，我们在观察的是万物之源，是善好和原始的东西。"他强调这一点，是为了要确立善好的至高与原初性。然后在下降的过程中，来探求恶的来源。顺从这个思路，奥古斯丁指出："恶人越与天主差异，便越趋向下流。越和天主接近，便越适应上层受造物。我探究恶究竟是什么，我发现恶并非实体，而是败坏的意志，叛离了最高的主体，既是叛离了你天主，而自趋于下流，是委弃自己的肺腑而表面膨胀。"

朋友们可能注意到了，奥古斯丁对天主性质的思考，完全是理性和抽象的。他对天主性质的探求方式，类似哲学对存在性质的探求，所以我们可以称他为一个神学本体论者。因为他的思考对象是一个不可见的实在。威廉·詹姆斯在他的名著《宗教经验之种种》中曾说过这样一段话："当我们被要求对宗教生活，以最广泛最普通的方式来勾绘其特性时，我们可能会说，那是一种对于不可见的秩序的信仰。而人的至善，就在于将自身与此秩序，调整至互相和谐的状态。"这话说得很精辟。我们从奥古斯丁的心路历程中可以看到，他对天主的本质思考得越深，他的宗教信仰越坚定，但同时他的思路也越抽象，除了自己的内心与理智活动之外，他几乎不谈奇迹。他自己坦言："自从我开始听到智慧的一些教训后，我不再想象你天主具有人的形体。像我这样一个人，企图想象你至尊的、唯一的、真正的天主，我以内心的全副热情，相信你是不能朽坏、不能损伤、不能改变的。我不知道这思想是从哪里来的，怎样来的，但我明确看到，不能朽坏一定优于可能朽坏，不能损伤一定优于可能损伤，不能改变一定优于可能改变。"但是他似乎忘了，他曾经坦言，他去读了柏拉图派的著作。在这些著作中，他读到了用不同文字表达的《圣经》中的意思，只是那里没有天主之名，但是让他掌握了一种思考方式，那就是自觉或者不自觉地把信仰和哲学结合了起来，奠定而后中世纪哲学和经院哲学的基础。他也正是因为"读了柏拉图派学者的著作后，懂得在物质世界之外找寻真理"。而使信仰抽象化的这一步，却历史性地给人类心灵开辟了以理性思考信仰的道路。所以，詹姆斯会断言："就上帝的属性而言，它的神圣、慈悲、绝对、无限、全知、三位一体，救赎过程中的种种神秘，已经成为激发基督徒沉思的丰饶之泉。缺乏特定的、可感知的形象，是一种正面价值，它是成功的祈祷和对崇高、神圣的真理之沉思的必要条件。"奥古斯丁在他对天主的忏悔中，给我们清晰展示了这样一个过程的样板。

皈依

我们在前面已经梳理了奥古斯丁思考天主的心路历程。比如天主的大能，它之自有自在的本体地位，天主之全善流布万物使其皆善；恶不是实体，只是善的缺失；为享受罪而犯罪，是唯一实罪，不可原宥，必受绝罚；等等。我们也叙述了奥古斯丁青年时沉迷肉欲，为情所困，又受摩尼教误引，曾恃才傲物，狂放不羁，以及他伙同恶伴为享受盗窃之乐而盗窃，并将窃来的果实随意糟蹋等行径。但是，正是从这些恶行中，他反悟出至善的存在，并相信天主恩典的全能，因为无可被朽坏所攻的至善，就是天主本身。而分有天主恩典的万物，却有可能被朽坏所攻，也就是为恶，被恶所逞。所以得救只能靠天主恩典。奥古斯丁的这个恩典救赎说，是他学说中最受质疑的部分。我们暂且按下不表。我回述以上种种，是为了让朋友们注意，决定性的时刻就要到来。奥古斯丁遍历肉体与精神的折磨，他确信他找到了皈依天主的道路。这不仅是形式上接受洗礼，而且是整个人的存在都皈依天主的怀抱。

公元384年，奥古斯丁来到米兰，担任宫廷修辞学教师。在米兰期间，他去偷听米兰大主教安波罗修的布道，帮助他清算了摩尼教给他的困惑。受安波罗修的影响，他对天主的信仰开始坚定起来。他说："你的话已使我铭之肺腑，你以四面围护着我。我已确信你的永恒的生命，虽则我还如镜中观物，仅得其仿佛，但我对于万物所由来的你的不朽本体，所有的疑团，已一扫而空。我不需要更明确的信念，只求其更加巩固。"但是为了全身心皈依天主，他需要斩断世俗生活的诱惑，而"我已经讨厌我在世俗场中的生活，这生活已成为我的负担。我先前热衷名利，现在名利之心已不能催促我忍受如此沉重的奴役了。但是我对女人还是辗转反侧，不能忘情"。从而"我的现实的生命，依旧在动荡之中，我的心需要清除陈旧的酵母，我已经爱上我的道路，我的救主，可是还没有勇气面向崎岖而举足前进"。

就在他踌躇彷徨之际，他去见了西姆·普利齐亚努斯，这个人是安波罗修大主教的施洗者，德高望重。在谈到奥古斯丁所读的柏拉图派的著作时，西姆·普利齐亚努斯告诉他，这些著作是已故罗马雄辩术教授维克托利努斯所译。这位维克托利努斯是罗马最有学问的人，许多高贵的元老都是他的学生。但在他研读了《圣经》和许多基督教文献之后，他却决定要皈依基督教，成为基督徒。这样一位大学问家公开信仰基督教，却引起众人的"愤恨、切齿、怒火中烧"。但是维克托利努斯勇敢地在众人面前做了信仰的宣誓。这样一个榜样，在奥古斯丁心中引起了波澜。他说："我们怀着极大的喜悦，听得牧人找到迷途的羊，欢欢喜喜地负荷在肩上而归。和妇人在四邻相庆中，把找到的一块钱送回你的银库中。读到你家中的幼子'死而复生，失而复得'，我们也为之喜极而泣，来参加你家庭的大庆。"他开始体会："不是有许多人从更深于维克托利努斯的昏昧黑暗中回到你身边吗？他们靠近你便获得光明，受到照耀，获得成为你的子女的权利。"奥古斯丁决心效法维克托利努斯，加入基督徒的行列中。但是，"世俗的包袱犹如梦一般柔和地压在我身上。我想望的意念，犹如熟睡的人想醒悟时所做的挣扎，由于睡意正浓而重复入睡"。奥古斯丁在这决心皈依和世俗牵累的两难中，很是挣扎了一阵。我们可以由此看出，认真的信仰是一件极困难的事。你一旦决定皈依，就是和天主达成契约，不可反悔。我们不由感叹古时圣贤对献身信仰的认真执着。而我们现在常见那些所谓有信仰的人，不过是些口是心非，朝秦暮楚，把对信仰的宣誓当作获取尘世红利的卑鄙小人。奥古斯丁坦承："这样我就有了一新一旧的双重意志，一属于肉体，一属于精神，相互交战，这种内讧撕裂了我的灵魂。"

有一天，奥古斯丁在家里接待了一位客人，叫文提齐亚努斯。他一面和奥古斯丁交谈，一面随手翻看奥古斯丁摊在桌上正在阅读的一本书，是使徒保罗的书信。所谓"保罗书信"是指收在《圣经·新约》中的13封（也有人说是14封）使徒保罗写给教友的信。这些信从各个角度回答了教友对教义的疑问，阐述了基督教的许多基本信条。我们知道，奥古斯丁是个极有哲学倾向的人，他信但要知。他说因信而知，所以他最爱读保罗书信。朋友们读《忏悔录》的时候，会注意到他的行文中经常直接引入保罗书信中的话，如果不注意，你会分不清哪句话是奥古斯丁的，哪句话是圣保罗的。这些句子的文脉融会贯通，显示出奥古斯丁对基督教经典的把握已是炉火纯青。奥古斯丁向文提齐亚努斯坦承，他正特别着意研读保罗书信。文提齐亚努斯便向他讲起沙漠教父安东尼的事迹。奥古斯丁居然头一次听到安东尼的名字，这让文提齐亚努斯大为吃惊。要知道隐修士安东尼在整个基督世界可是名闻遐迩，而且奥古斯丁正处于是皈依还是观望这两者之间。圣安东尼已经完成了弃绝尘世，隐修于埃及荒漠85年的业绩，创造了基督教隐修的奇迹。尤让奥古斯丁惊讶的是，安东尼逝世于公元356年，在他创造隐修奇迹的时候，奥古斯丁就出生在离他不远的地方。所以奥古斯丁惊叹道："我们听了自然不胜惊奇，竟在这样近的时代，就与我们同时，你的灵异的迹象在纯正的信仰中，在公教会内显示了确切不移的证据。对于如此伟大的事迹，我们大家同声惊叹。"

安东尼的事迹，又给了奥古斯丁一个推动力，这里有一个细节值得注意，就是安东尼决心去埃及沙漠中隐修的触机，一天，他无意中走进教堂，听到一个孩子的声音在读《马太福音》："你若愿意做完全人，可去变卖你所有的，分给穷人，就必有财宝在天上，你还要来跟从我。"而奥古斯丁决心皈依的最后助力，也是听到了一个孩子的声音。这个我下面再讲。这位文提齐亚努斯又讲了一些人皈依基督的故事，让奥古斯丁越听越坐不住。他说："主啊，在他谈话时，你在我背后拉着我，使我转身面对自己，因为我背着自己不愿正视自己。你把我摆在我自己面前，使我看到自己是多么丑陋，多么猥琐龌龊，遍体疮痍，我见了大吃一惊，却又无处躲藏。"文提齐亚努斯走了，奥古斯丁心潮澎湃，几乎坐不住了，他自思自量："我倔强，我抗拒，并不提出抗拒的理由，理由都已说尽，都已遭到驳斥，剩下的只是沉默的恐惧，和害怕死亡一样，害怕离开习惯的河流，不能再畅饮腐败和死亡。"他冲回屋里，对陪着他的朋友阿力毕乌大声喊叫："我们等待什么？那些不学无术的人，起来攫取了天堂。我们带着满腹学问却毫无心肝，在血肉中打滚。"这时他的朋友吃惊了，因为奥古斯丁已经完全失态，处于一种癫狂状态。他冲出屋子，避开朋友，想独自痛哭，他躺到花园中的一棵无花果树下，泪如雨下，呜咽着喊道："还要多少时候？还要多少时候？明天吗？又是明天！为何不是现在？为何不是此时此刻，结束我的罪恶。"

突然，在痛哭之中，他听到了一个声音，是一个稚嫩的童声，一时分不清是男孩儿还是女孩儿。这声音反复单调地重复一句话："拿着，读吧。拿着，读吧。"他想，"我几时听到过这声音？"于是他收泪，想起安东尼也曾不经意地听到过孩童读《圣经》的声音。朋友们，一个人在精神面临重大抉择时，常常会受到心理暗示，这个暗示其实是长久藏在他心中的愿望。威廉·詹姆斯在谈到宗教经验时，精辟地从心理学上分析道："皈依、新生、蒙恩、体验宗教、获得确保等等词语，表示某种一向分裂，并自觉为卑劣，不快乐的自我，由于比较稳定地坚持宗教的真实，逐渐或突然变成统一、优越，而且喜悦的过程。"奥古斯丁跑回屋里，立刻抓起放在那里的保罗书信，随手翻开，读到的第一段话，是"不可耽于酒食，不可溺于淫荡，不可趋于竞争、嫉妒，应被服主耶稣基督，勿使纵恣于肉体的嗜欲"。奥古斯丁合上书，"不想再读下去，也不需要再读下去了，顿觉有一道恬静的光射到心中，溃散了阴霾笼罩的疑阵"。至此，在经过多年苦思挣扎之后，奥古斯丁彻底皈依了基督教，而后的岁月便是他服务于教会，为基督教的传播奋斗的一生。

恩宠与自由意志

皈依对奥古斯丁是性命攸关之事。因为他不是一般的信众，在感觉上把自己交给天主就解脱了。奥古斯丁凭借理性，在信仰的道路上艰苦前行，他要让灵魂的每一个角落都为神光所照彻。我前面讲了那么多，历历反映了他的理智和心灵的斗争，直到他终于能让两者和谐相安。我们眼见了他的挣扎，在常人看，走向天主之路是他自己所选，但他却从自己的皈依过程中得出了一个结论，他之得救全因天主的恩宠（grace）。他甚至认为，人的救赎只有靠天主的恩宠降临。他说："在这漫长的岁月中，我的自由意志在哪里？从哪一个隐秘的处所，刹那之间脱身而出，俯首来就你的温柔的辕轭，肩胛挑起你的轻松的担子？耶稣基督，我的依靠，我的救主！"在奥古斯丁看来，是上帝的恩宠让他抛弃了虚浮的尘世诱惑，而过去，他唯恐丧失了这些尘世逸乐。而自己内心的挣扎，无力助他走出诱惑。是"因为你，真正的无比的甘饴，你把这一切从我身上驱除净尽，你进入我的心替代了这一切"。但是，我们在这里要注意一个新的角度，前面我们介绍了奥古斯丁受新柏拉图主义，受普罗提诺的影响，也提到了他苦读保罗书信，现在我们可以看出他对基督教义理的思考，受圣保罗的影响。奥古斯丁深入研读这些文献，从他对自己蒙恩获救的感激之言中，我们能听到圣保罗的声音："上帝的公义通过信靠耶稣基督，赐给所有皈信之人。无须区分他们，既然都是负了罪的，都够不着上帝的荣耀，而他们之可以称义，乃是蒙上帝降赐恩典而获救赎。"

但是问题来了，人的自由意志，又在哪里？要回答这个问题，我们不得不稍稍离开《忏悔录》，因为奥古斯丁专有一书《论自由意志》解答了这个问题。奥古斯丁认为："人不可能无自由意志而正当地生活，这是上帝之所以赐予他的充分理由。"但是，人有自由意志，便有了选择的可能，便有了选择作恶的可能。难道上帝通过赐予人自由意志，也同时把作恶的能力给了人吗？奥古斯丁的回答，是依从上帝是唯一至善的性质而来。至善的上帝不可能给予人行恶的意志，因为来自至善的自由意志，只是人"渴望过正直、高尚生活的意志"。自由意志本身是善的，当它被用来选择从恶时，是人对上帝恩赐之物的滥用。他举证说，就像上帝创造人具有双手，这本是上帝完全的善意。人却会用这双手来行残暴可耻之事。从而"如果我用我的意志行恶事，除了我自己，谁当负责任呢？善之上帝造了我，而我之不能行善，只能因我的意志，而上帝赐我意志，本是让我行善"。因此，作恶是自由意志的错用和滥用。但是大家一定已经看出，奥古斯丁的救赎全靠神恩独运，和自由意志选善弃恶之间有个巨大的矛盾，那就是命定论与自由选择之不相容。奥古斯丁为弥合这个矛盾，做了大量的论述，却始终无法在逻辑上说服我。我不打算用这些烦琐的神学问题占大家的时间，让我们沿着奥古斯丁的足迹，继续往下走。

皈依后的奥古斯丁经历了一生中最大的一件事。他的母亲去世了，他母亲叫莫妮卡，奥古斯丁出生时她就已经是一位虔诚的基督徒。她聪明好学，能讲很好的拉丁文。奥古斯丁从小和母亲讲拉丁文，所以拉丁语是他的母语。她忠诚信奉天主，把她的宗教情怀灌输给这个极有天赋又放荡不羁的孩子。她一生陪伴在奥古斯丁身旁，从迦太基到米兰。在奥古斯丁信奉摩尼教时，她每天为奥古斯丁祈祷，希望他能皈依天主的怀抱。奥古斯丁说他母亲"虽然是个妇女，但在信仰上却是杰出的丈夫。她具有老年的持重，母亲的慈祥，教友的虔诚"。奥古斯丁永远感激他母亲"肉体使我生于兹世，精神使我生于永生"。奥古斯丁最敬重他母亲的一点是，她永远祥和平静，对别人宽厚以待。在亲朋之间化解争执，从来不说一句诋毁别人的话。在奥古斯丁皈依并接受洗礼之后，他决定回到故乡，回到非洲大陆去传播福音。莫妮卡决定和他同行。在台伯河口小镇奥斯提亚，他们在等待乘船渡海，奥古斯丁和母亲一同倚在窗口，观赏屋外花园浓荫翳然，花团锦簇，听耳边清风送来宿鸟啁啾。不知为何，母子俩突然谈起了永生问题。他们那天所谈的话，被奥古斯丁记在《忏悔录》中，人称"奥斯提亚奇迹"。奥古斯丁记载这奇迹的一段文字极美，我为大家把这一段照章录下，以免我笨嘴拙舌，辱没了这母子二人的神圣时刻：

> 这时，我们小住于远隔尘嚣的台伯河口，长途跋涉之后，稍事休息，即欲挂帆渡海。我们两人非常适宜地谈着，"撇开了以前种种，向往着以后种种"。在你、真理本体的照耀下，我们探求圣贤们所享受的"目所未睹，耳所未闻，心所未能揣度"的永生生命究竟是怎样的。我们贪婪地张开了心灵之口，对着"导源于你的生命之泉"的天上灵液，尽情畅吸。对于这一玄奥的问题，能琢磨一些踪影。

> 我们的谈话得到这样一个结论：我们肉体感官的享受，不论若何丰美，所发射的光芒，不论若何灿烂，若与那种生活相比，便绝不足道。我们神游物表，凌驾日月星辰，丽天耀地的苍穹，冉冉上升，怀着更热烈的情绪，向往"常在本体"。我们印于心，颂于口，目击神工之缔造，一再升腾，达于灵境。又飞跃而进抵无尽无极的"膏壤"。在那里，你用真理之粮，永远"牧养着以色列"，在那里，生命融合于古往今来，万有之源，无过去，无现在，无未来的真慧。真慧即是永恒，则其本体自无所始，自无所终，而是常在。若有过去未来，便不名永恒。我们这样谈论着，向慕

着，心旷神怡，刹那间悟入于真慧，我们相与叹息，留下了"圣神的鲜果"，回到人世语言，有起有讫的声浪之中。但哪一种语言能和你常在不灭，无新无故而更新一切的"道"，我们的主，相提并论呢？

我们说：如果在一人身上，血肉的蠢扰，地、水、气、天的形象，都归静寂，并自己的心灵也默尔而息，脱然忘我，一切梦幻，一切想象，一切言语，一切动作，以及一切倏忽起灭的都告静止。这种种，定要向听的人说："我们不是自造的，是永恒常在者创造我们的。"言毕，也请他们静下来，只倾听创造者。……

此刻，和母亲依窗而坐的奥古斯丁，绝然不是一位神学家，而是一位伟大的诗人。他在此时体会到的永生，是涤荡尽一切言辞，屏蔽掉一切噪音，唯有神的灵，徜徉于万有之间的存在。那些信仰纯真的心灵，不假外物，不着言辞地和他默契交会，神灵相通，物我两忘。时间不再流逝，过去，现在，未来凝聚成当下的永恒。时隔1400年，歌德也体会过同一意境，他将《流浪者之夜歌》书于伊门瑙山巅，一间猎人木屋壁上：

一切的峰顶／沉静，一切的树间／全不见丝儿风影／小鸟们在林间无声／等着吧，俄顷／你也要安静。

由此我们知道，时间只在有形世界中流逝，而伟大的心灵，却永远是同时态的，这就是永恒。经历了这番神奇的体验，尊贵的莫妮卡五天之后便安然去世，带着对永生的幸福体验，回到她的天主的怀抱。

奥古斯丁的《忏悔录》可谈的东西仍有很多，自第十卷起，大多讨论哲学问题，创世、时间、自由意志、神的恩典、人的救赎等。尤其是他对伯拉纠主义的批评，牵涉烦琐的神学教义争论。不是对神学理论有兴趣的人，很难读下去。所以罗素说："一些普通版本的《忏悔录》只有十卷，因为十卷以后的部分是枯燥乏味的，其之所以枯燥乏味，正是因为这一部分不是传记，而是很好的哲学。"这些哲学就留给对哲学有兴趣的朋友们去钻研吧。在此，我想送给朋友们《马太福音》中的一段话："你们祈求，就给你们，寻找就寻见，叩门就给你们开门。"奥古斯丁就是以这段话启迪的灵感，结束了他的《忏悔录》。他说："只能向你要求，向你追寻，向你叩门，唯有如此，才能获致，才能找到，才能为我洞开户牖。"

思考题：

1. 通过这一讲，你是否理解了摩尼教和基督教的根本区别呢？
2. 谈谈你对奥古斯丁说的"对认知的自负是罪的根源"的理解。
3. 你认为奥古斯丁是哲学家吗？
4. 你是否同意奥古斯丁的观点，即上帝预定了获得恩典的人，这与他主张的人可以弃恶的自由意志是否相容？
5. 谈谈你从奥古斯丁的思想中，得到了哪些哲学的启发？

〇五
《上帝之城》

[古罗马] 奥古斯丁著　王晓朝译　人民出版社　2018年

主题词◎上帝之城　罗马　基督教

经典之处

《上帝之城》是奥古斯丁晚期著作，融会了他一生的主要思想，可以说是"奥古斯丁思想的成熟之花"。它创作于罗马城被攻陷，异教徒大肆攻击基督教的特殊背景之下，奥古斯丁说："我对上帝之家的向往由此被点燃，并推动我去捍卫上帝之城，反对它的攻击者的指责和歪曲。"

作者简介

奥古斯丁（Augustinus，354—430），古罗马帝国时期天主教思想家，欧洲中世纪基督教神学、教父哲学的重要代表人物。古代基督教主要作家之一，与中世纪的托马斯·阿奎那同为基督教神学的两位大师。

导语｜通向上帝之城的道路

刘苏里

对于这部作品，我想提示，它不仅仅是一部基督教神学划时代的作品，还是一部基督徒视野中的罗马帝国历史。我提几个坐标以便于理解为什么这样说。

《上帝之城》是奥古斯丁晚年的作品。奥古斯丁在世76年，开始写《上帝之城》时已经56岁，那年是公元410年。创作过程中，奥古斯丁的身体一天不如一天，作品完成时已72岁高龄，四年后离开了人世。这本书耗掉奥古斯丁归信基督后三分之一还多的人生，超过一百万字的篇幅，带有集大成的性质。此其一。

其二，本书的书名。日译本翻译成《神之国》，神的国度比"上帝之城"更好理解。换句话说，有一个神的国度上帝之城，那就一定还有个非神的国度，地上之城。奥古斯丁在书中明确说了，所有的地上之城，都是建立在不正义的基础之上，而人要想过真正的幸福生活，非得找到神的国度不可。上帝之城才是理想的国度。在这里，可以看到奥古斯丁既是最早高举乌托邦理想大旗的人，又是彻底否定地上理想国的人。这本书还有个副书名——驳异教徒。这个副书名也表明了它神学著作的性质，同时还表明它是一本论辩性质的著作。所谓异教徒，不仅包括不信基督的人，在奥古斯丁眼里还包括把基督信歪了的人。

其三，本书的写作年代。历史学家们公认，罗马帝国亡于蛮族之手，前后经历六十几年，但转折点却是公元410年哥特人首领阿拉里克对罗马的洗劫。这也是奥古斯丁动手写这部著作的年份。有的学者说，对《上帝之城》不要过度解读它跟洗劫罗马的关系。我不这么看。没有罗马的劫难，奥古斯丁也许还会撰写《上帝之城》，但会不会是现在我们看到的这个样子，真的不好说。

其四，《上帝之城》的中文译本问题。这本书前后有三个简体中文译本，比较流行的是王晓朝和吴飞的译本。很有意思，两个译本的首版几乎同时出现，一个 2006 年，一个 2007 年。篇幅这么大的一部作品，读起来又不轻松，前后却出了三个译本，说明学者们越来越重视奥古斯丁，也跟追求更好的译本有关。以后还可能出第四个，甚至第五个译本。我强调这一点，其实跟上面讲的第三点有关。

关于罗马，有三句很有名的话，几乎人所能详。第一句是"罗马不是一天建起来的"，第二句是"条条大路通罗马"，第三句是"言必称罗马"。罗马不是一天建起来的，但它也不是一天垮掉的。公元 410 年罗马城被洗劫，固然是罗马帝国历史的转折，但罗马是怎么一路走向这个转折的呢？

罗马帝国建于公元前 27 年。在此之前，罗马还有个共和时代，多长时间呢？约 500 年，公元前 509 年到前 27 年。再之前，罗马还有个王政时代，多长时间呢？约 150 年，公元前 753 年到前 509 年。而广义的罗马帝国，其生命延续到什么时候呢？1453 年。换句话说，罗马帝国加上它的前身，总共延续了 2200 多年。单说帝国时代，也将近 1500 年。

但是罗马并没有终结，很大意义上，今天的西方世界便是罗马帝国的延续。把今天的美国称为新罗马帝国，可不是少数人的说辞。我再举个例子，欧洲有四大国，德、法、英、意，他们的祖先都是什么人？洗劫罗马城的蛮族领袖阿拉里克领导的哥特人，是日耳曼人的一支。日耳曼人还有一支，叫法兰克人，罗马帝国衰亡过程中，法兰克人的一支，占据了今天的法国，另一支则守着今天的德国，还有一支 500 年后越过英吉利海峡，到了英国。而意大利，正是罗马帝国的心脏地带。有个著名的国际例会叫"西方七国首脑会议"，除上面四个国家以外，还有英国人的表亲美国和加拿大，加在一起，跟日耳曼人有血缘关系的有六个国家。最后一个，是地理位置和民情跟英国有些类似的日本。近代日本奉行"脱亚入欧"政策，碰上横扫世界的大英帝国，崛起后碰上英国表亲美国，终被归化为西方。

在《忏悔录》的导语中我说过，罗马帝国是老死的，死于腐朽。这句话还有下半句，罗马帝国还有后代。帝国的后代，就是我们今天看到的西方几大国。罗马帝国没有死,"言必称罗马",很有一番道理。

话说回来,老罗马帝国的确死了,它的一半(西罗马帝国)死于公元476年,另一半(东罗马帝国)死于1453年。罗马帝国光死,就用了差不多1000年才真正死掉。

然而,唱衰罗马(帝国)是从什么时候开始的呢?是公元前2世纪,罗马共和国跟迦太基的最后一战。迦太基是地中海的一个超强帝国,共和罗马跟它争霸,打了三次大的战争。最后一战时,罗马主帅小西庇阿却坚决反对灭了迦太基,虽然最后还是灭了它,并撒了盐碱,使迦太基变为荒原。小西庇阿为此仰天长啸、失声痛哭,哀叹罗马不保,最后的命运也会跟迦太基一样。此后,罗马的危机就来自两个方向,一是罗马正东的波斯帝国;一是东北边境的蛮族即日耳曼各部落。它们从两个方向,跟罗马帝国进行长期博弈。到3世纪末4世纪初,几方博弈出现了短暂的均衡局面。但好景不长,到了公元410年,罗马的心脏地带终于顶不住日耳曼各部落的冲击,打开了帝国走向灭亡的大门。

这一年,奥古斯丁开始撰写《上帝之城》。

要说奥古斯丁在这个时间点撰写《上帝之城》,跟罗马城遭洗劫没有关系,我真的不信。罗马城遭洗劫,首先站出来追责的,正是被压制许久的信奉罗马古代宗教的保守势力。这又怎么说呢?原来,罗马一直有自己信的各种神,比如朱庇特、密涅瓦、维纳斯、阿波罗等,仅主神就有12个。基督教传入罗马却不断受到逼迫,一直处于非法状态,直到君士坦丁大帝受洗后,基督教才合法化。公元393年,罗马皇帝狄奥多西一世宣布基督教为国教,基督教才迎来了历史上第一次辉煌。基督教成为国教后仅仅30年,罗马城就遭到洗劫。那些被压制的宗教力量,终于找到机会反击基督教了,他们断言,罗马城的噩运是基督教带来的。

作为基督教最负盛名的主教,基督教神学的扛鼎人物奥古斯丁,他当然要站出来为基督教辩护。《上帝之城》总共22卷,前10卷都是奥古斯丁为基督教所作的辩护词。他的主要意思是,没有基督教以及基督教受逼迫的年代,罗马城的命运也没好到哪儿去。《上帝之城》后12卷延续了前10卷的主题,说明为什么地上之城，包括罗马城，不是人们追求幸福生活的最佳归宿。哪儿是呢？上帝之城，日本人说的神之国，上帝的国家，上帝的家园。

奥古斯丁也不是不食人间烟火。毕竟基督教是在罗马帝国完成身份合法化的，而且还成了罗马帝国的国教，是帝国保护了基督教。所以奥古斯丁还要解决上帝之城和地上之城的关系，多了一个现实的变量，给他的论证增加了困难。有人说，奥古斯丁的城还有第三座，处于上帝之城和地上之城之间，不是没有道理。奥古斯丁没说出来，但道理却摆在那儿。罗马当然有它的伟大之处，奥古斯丁必须面对保护基督教的地上罗马城，不能全然否定它存在的意义，他还要替罗马城辩护。要颂扬天上的城，否定地上的城，还要为罗马城辩护，你说奥古斯丁累不累？而正是这"奥古斯丁之累"，不仅成就了一部伟大的神学作品，而且成就了一部基督教徒眼中的罗马史。

林国基，知名的政治哲学家，政治思想史家。他祖籍河南，1969年生于青海祁连山南麓的德令哈城。1987年考取北京大学，从本科一路读到博士，获得法学博士学位。毕业后，他先后供职于中国社会科学院政治学所、海南大学、西南政法大学、上海交通大学等科研院校。其间，还在德国慕尼黑大学哲学系做过访问研究。他目前在西南大学法学院担任教授。

从林国基的履历，可以看到一个人，如何从东西南北的生活经历中，从不断变化的"地理景物和人文环境"中，获得观察世界的视角，从而实现思想的飞跃。

林国基讲读《上帝之城》

> 林国基
> 西南大学法学院教授。长期担任"海国图志"丛书的主编。代表作包括专著《神义论语境中的社会契约论传统》和多部译作。

奥古斯丁其人

公元 386 年,复活节前夜,在米兰大教堂,30 岁出头的奥古斯丁独自穿过层层帐幔,全身赤裸地走入洗礼池中,著名大主教安波罗修三次把奥古斯丁的肩部按入汨汨的泉水。然后,身着一袭洁白无瑕衣袍的奥古斯丁,和其他受洗教友一起缓缓走入大主教座堂,参与并领受了基督死而复活的密仪。至此,奥古斯丁成为一个"新人"。本来他完全可以以自己的古典学识和博雅教育在帝国的文化之都博名求位,事实上,因为贵人相助,他确实有机会为帝国皇帝和执政官撰写年度颂词,这个职位可以让他飞黄腾达。然而,这位来自非洲的博雅之士却决绝地告别了尘世之城,回到他的家乡非洲,做了一名主教,终生服务于上帝之城。

公元 354 年,奥古斯丁出生于北非的塔加斯特,这里地处古老的努米底亚高原,由海港大城迦太基管辖,但远离沙漠和海洋,闭塞而贫困。奥古斯丁出生时,罗马帝国灾难性的扩张进程已经停止,城镇里的议会大厅、露天圆形大剧场、角斗场、赛马场、巨大的碑铭这些盛世之景早已年久失修,日趋破败。作为帝国粮仓的北非乡村也日益凋敝,充斥着压榨和掠夺,民变频起。而罗马帝国的北部边境,在西迁蛮族的重压下,早已是千疮百孔,形同虚设。帝国危机四伏,问题重重,但没有谁会想到罗马有一天会突然崩溃,奥古斯丁也不例外。

罗马存在的时间太过长久,由此而获得了某种永恒感;盛世之景也确实辉煌,以至于无人敢于想象它崩溃之后人类将何去何从。对于奥古斯丁这样的北非破落乡绅子弟而言，接受古典博雅教育似乎依旧是迈向成功、跻身上流社会的通行证，条条大路似乎依然通向罗马。事实上，这也是异教罗马帝国的动力源泉和统治秘密，它需要大量博雅之士充当必不可少的行政人才，以支撑起帝国庞大的官僚机器。尽管奥古斯丁时代的罗马帝国已经日益基督教化，但传统的惯性似乎依然顽固和强韧。

正是沿袭这一传统的晋升之路，奥古斯丁在其家乡接受了基本的古典博雅教育。借着阅读西塞罗的机缘，这位迦太基青年皈依了摩尼教，并成为其狂热信徒。摩尼教的浸淫为奥古斯丁打下了深刻的烙印，甚至在其皈依大公教后所提出的尘世之城与上帝之城这一摩尼式两分法中仍然能够辨识其踪迹。

在当时的罗马帝国，基督教逐渐被官方认可，并最终被定为国教，但教会并没有形成一种自上而下的教阶组织，也仅组织了一次大公会议，即尼西亚会议，很多信经和教义还存在激烈的争议，远没有定为一尊。与大公教会争夺未来帝国宗教和精神主导权的教派多如牛毛，比如，来自波斯的摩尼教，就在灵知派的废墟和地平线上异军突起，声势颇盛，几乎成为环地中海帝国疆域内最时髦的宗教和思想流派。

奥古斯丁的父亲是一个宗教感淡漠的乡村破落绅士，在精神上对奥古斯丁几乎没有任何影响，但其母却是一个虔诚的公教信徒，她对儿子狂热的摩尼教信仰痛彻心扉，认为是误入歧途，但也徒唤奈何。在迦太基求学期间，奥古斯丁结识了一些具有高度古典学修养的权贵，获得了远赴意大利求取功名的机会。在那里，除了为一些权贵子弟教授古典学知识，他还撰写了一些服务于古典教育的教材和博雅讲章，诸如《论音乐》《论秩序》之类。但他在米兰的生命轨迹终究还是发生了相当大的偏差，以至于与初衷大相径庭。

问题的关键是，意大利的风气已经发生了很大变化。毫无疑问，意大利半岛仍然是帝国的文化和智识中心，尽管已经不是政治中心。远在异教帝国时代，由于政治的压抑，隐修之风渐渐形成，它起初盛行于高门大户的乡野宅邸，但也只是博雅之士们退出公共生活后打发时光的一种高雅趣味，充其量诞下一些田园诗，或者为后世增添一些古代学术抄本和注疏；在奥古斯丁的时代，遍布意大利乡野的隐修之风逐渐转变为一种严肃的智识追求，具有强烈的神秘主义特征，本质上，这是帝国智识阶层的一种自我精神修炼和灵魂救赎行动，带有强烈的精英主义色彩。这可以从帝国晚期流行的壁画和浮雕看出一些端倪：画像里的人面孔忧郁，眼光朝上，做沉思状。社会日益动荡，帝国不再是依靠，这个世界也似乎叫人生无可恋，形同虚无。这是帝国秩序大崩溃的前兆，精英阶层已经丧失统治的意志和热情，不再关心公共生活，而更愿意脱身出来寻求个人的或者小团体的救赎。或许是受这种氛围的影响，在奥古斯丁的周围也自发形成了一个隐修团体，其成员主要是和他一起从非洲家乡来北方博名的同乡。他们甚至一度前往阿尔卑斯山一处秘境隐修，新柏拉图主义哲人一度成为他们的精神导师。在那个时代，新柏拉图主义是知识阶层共同的思想基础和宇宙论背景，无论是基督教思想家还是非基督教思想家，似乎都能在这一基础之上达成某种统一和共识，"寻找他（神）的面"这一新柏拉图主义的神秘体验和追求此后也成为天主教神学家共同的精神动力和神学旨趣。正是借助这种新柏拉图主义所提供的一元论的审美慰藉，奥古斯丁终于走出了摩尼教这一早年遗留下来的两元论智识困扰，朝着公教信仰迈出了重要的一步。然而，与新柏拉图主义的邂逅只是奥古斯丁精神历程中的一个必要的过渡阶段，决定性的时刻还没有来。当那个决定性的时刻到来时，奥古斯丁的灵魂中爆发了革命，激起了风暴，启示了他此后的生命轨迹和方向。

在奥古斯丁的另一部著作《忏悔录》中，他记录了那个发生在米兰花园的决定性时刻。事情的起因来自一个偶然的机缘，即他的隐修团体在米兰寓所接待了一个远道而来的非洲同乡，这个非洲同乡告诉了他们关于遍布北非沙漠的基督教修道士们的禁欲苦行，尤其是沙漠隐修士之父圣安东尼的事迹。北非沙漠修士们的修道生活，包括更为洁净的肉体上的禁欲苦修，提供了一种非常新奇的生活方式，它与古典的哲学生活方式截然不同，也可以说是与古典异教传统和文化更决绝的决裂。这个消息使奥古斯丁的内心极为震撼，这些几乎没有什么文化修养的苦行僧已经在沙漠深处撞响了天堂之门，而他们这些满腹经纶的博雅之士却还在尘世的血肉中摸爬滚打，迷失了方向。据《忏悔录》记载，此种反差和冲击所引起的心灵风暴将其驱赶到寓所附近的一处花园中，在一棵无花果树下，奥古斯丁没有经历那种异教圣人类型的开悟，而是号啕大哭，泪如雨下，忏悔了自己过往的罪恶史，彻底将自己交托到神的手中。精神恍惚之中，一个孩子的声音如神意般指引他随意翻开了保罗书信，默默地读完了如下几句："不可荒宴醉酒，不可好色邪荡，不可争竞嫉妒。总要披戴主耶稣基督，不要为肉体安排，去放纵私欲。"于是，在一个复活节的前夜，奥古斯丁在米兰大教堂，在安波罗修大主教的主持下，完成了洗礼仪式，正式皈依了大公教会，成为"新人"。在那个时代，很多博雅之士虽然信仰基督教，但并不受洗，信仰和智识生活仍然处于模棱两可的悬空状态，像奥古斯丁这样的决绝之士并不多见，虽然在日益增多。北非沙漠修士的修道生活虽然一度让他动心，但他还是决定返回家乡，利用自己的博雅修养，温和地治疗自己和会众的灵魂疾病和创伤，以塑造合格的上帝之城的公民。他返回了非洲的故土，担负起了繁重琐碎的主教之职，并逐渐成为西部罗马拉丁大公教会声誉卓著的主教和神学家，一位圣人。在奥古斯丁留下的大量文献中，几乎没有学术性的高头讲章，大多是在教堂中的布道词和论战作品，包括他写作时间最长、篇幅最大、影响最为深远的巨著《上帝之城》，简直就是一部论战性的时评。

罗马何以陷落

公元410年8月24日，哥特人在国王阿拉里克的率领下攻陷罗马城，劫掠三天三夜，举世震惊。抓住罗马的这一突如其来的灾变，异教徒大肆谴责基督教，将罗马城的这场悲剧归罪于罗马人改宗基督教这一主传的信仰，背叛了祖传的民族信仰。在他们看来，正是在诸神的护佑下，罗马人才征服了广袤的领土，统治了众多的民族，天下归为一统，得享罗马治下的和平。但曾经的文明之地，遭此大劫，已经面目全非。

对于基督徒们而言，罗马城同样是圣域，仅次于耶路撒冷，甚至被视为"永恒之城"，但它却在一夜之间摇摇欲坠。或许，那位晚年定居在耶稣的出生地伯利恒的著名神学家、中世纪拉丁文标准版本《圣经》的译者哲罗姆的感叹最有代表性："如果连罗马都能够毁灭的话，还有什么地方能够安全？"罗马陷落这一灾变对时人的震动可见一斑。面对异教徒对基督教如潮的指责和攻击，奥古斯丁决定撰写《上帝之城》，为基督教进行辩护。这本书一半篇幅都是对这一灾难的直接回应。

在奥古斯丁看来，罗马城遭受的灾难、屠杀、抢劫、焚烧和悲苦无不体现着古老的战争习俗，战争是这个世界亘古就有的恶，而恶是深嵌于这一堕落的尘世之城的固有疾病，这一顽疾只有借助基督教信仰才能得以治疗，只有在最终的末日审判之后所迎来的上帝之城中才能得以完全克服。人类历史或者尘世之城充斥着数不清的战争，罗马城的陷落及其各种令人悲伤的遭遇只是再次印证了这一人类再平常不过的战争习俗。事实上，在罗马的扩张过程中，罗马人同样遵循这一战争习俗，对落败的敌人进行大肆劫掠和毁伤，灭国无数。然而，奥古斯丁特别提醒读者，由于基督教的影响，哥特野蛮人在对基督圣名的敬畏和感召下，竟然表现出了让人匪夷所思的文雅和仁慈。他们选了几座最大的教堂，让灾民前去避难，甚至还将在教堂中避难的民众予以释放，使其不被出售为奴。奥古斯丁认为，这种与习见的战争习俗相违背的反常行为实在是借着基督的威名，野蛮人嗜血的心灵也变得温和了。

罗马城的陷落，让奥古斯丁很自然地想起另一座著名城市的陷落，迦太基的陷落。公元前146年，在最后一次布匿战争中，迦太基城破，遭到毁灭性劫掠，面对火光冲天的迦太基城，战争统帅小西庇阿失声痛哭。罗马史家利维为我们留下了小西庇阿的这样一份真情告白："这曾经是一个伟大的民族，拥有着辽阔的领地，统治着海洋，在最危急的时刻比那些庞大的帝国表现出更刚毅、勇敢的精神，但仍避免不了灭亡。想想过去的亚述帝国、波斯帝国、马其顿帝国，还有那个高贵的特洛伊，又有哪个帝国能够避免这样的结局。我真害怕在将来有人会对我的祖国做出同样的事情。"这份借助利维流传后世的不朽证词，在《上帝之城》中被奥古斯丁反复提及并予以评论，小西庇阿也被他誉为罗马最伟大的人物。在他看来，小西庇阿在这一巅峰时刻的巅峰体验流露出的尘世的幻灭感，正是尘世之城在历史终结、世界毁灭、末日审判前的固有基调，罗马的陷落只是印证了小西庇阿当年的预见。奥古斯丁注意到，这位摧毁迦太基的统帅曾经极力反对摧毁迦太基，他担心的是，平安是软弱心灵的大敌，保持恐惧对罗马公民而言反倒是一种更适宜的保护。奥古斯丁评论道："他没有错，后来的事件证明了他有多明智。迦太基被摧毁了，罗马共和国从最大的忧患中解脱出来，却在后来的繁荣状态中产生出众多的灾难和邪恶。最初的和谐削弱了，毁于猛烈的、血腥的叛乱；继而由于一系列邪恶的原因发生内战，带来一连串的屠杀、流血、剥夺公权、抢劫，在罗马人恪守美德的日子里，这种事情带来的伤害只会来自他们的敌人之手，而现在他们的美德丧失了，在他们同胞公民手中，他们要承受更大的残忍。"正是因为这种无休无止的统治欲或者说对荣誉的追求，以及古罗马人的种种美德，罗马城才慢慢扩展为一个地域广大的世界性帝国，但在奥古斯丁看来，罗马的成功也蕴含着覆灭的种子。毁灭迦太基固然是罗马荣耀和成功的巅峰时刻，但何尝不是趋向衰亡的历史时刻？罗马的衰落以至于不能自保，并非归咎于基督教，并非如某些罗马人所声称的，基督教使罗马人失去了尚武的男子汉气概和保家卫国的世俗热情，罗马的衰落是早已注定的。

奥古斯丁告诉我们，出于同样的原因并受到审慎的爱国主义精神的激励，作为罗马大祭司的小西庇阿，给元老院在剧场修建一圈座位的议案泼了冷水，并在一篇庄重的演讲中严厉警告罗马人，不要步希腊人奢靡之风的后尘，湮灭罗马人的美德。小西庇阿还曾劝告尚未腐化堕落的元老院做出决定，禁止使用那些原先摆放在剧场中供观众临时用的板凳。奥古斯丁认为，小西庇阿和那些清醒的罗马人希望把戏剧表演从罗马赶出去，也很可能敢于反对那些在戏台上公开展示，在神庙中虚伪祭拜的诸神，或者说魔鬼恶灵。罗马的历史充斥着灾变和祸患，自然的，道德上的，有很多次甚至濒于灭亡，如高卢人和迦太基的汉尼拔对罗马的毁灭性战争，但罗马的数不胜数的保护神从来是默默无言，袖手旁观。事实上，正是罗马那些祖传的所谓保护神，腐蚀了罗马人的心灵，败坏了罗马人的风纪，使其丢失了尚武的美德，使他们变得柔弱、懈怠、愚蠢、腐化堕落。在这一点，奥古斯丁完全同意柏拉图的主张，共和国应该将诗人逐出城邦。

奥古斯丁动情地大声疾呼："糊涂的人啊，这是一种什么样的盲目，或者疯狂，把你们迷住了？在这样的时候，我们听说连东部的民族都为你们的毁灭而悲哀，大地极远之处的强大国家也为你们的灭亡而伤心，把它当作人类共有的灾难，而你们却仍挤在剧场里厮混，比以前更加疯狂？这是一个传播瘟疫的地方，这是美德和荣誉遇难之处，西庇阿要禁止建造剧场，因为他想保护你们；这就是他希望仍旧保留一个令你们感到恐惧的敌人的原因，因为他清楚地看到繁荣会轻而易举地败坏和摧毁你们。他并不希望共和国昌盛了，城墙挺立了，但公民们的道德却沦丧了。邪魔的诱惑对你们的影响大于审慎者的告诫。因此你们不会把自己造成的伤害归咎于自己，而是把自己承受的伤害归咎于基督教。你们祈求好运降临，不再受邪恶的伤害，但是你们所希望的是恢复国家的和平与安全，不是希望共同体得到安宁，而是希望你们自己的邪恶的奢侈不受惩罚。西庇阿希望你们受到一个敌人的重压，这样你们就不会沉迷于奢侈的生活；但是你们执迷不悟，哪怕亡国也不愿放弃奢侈的生活。你们看不到灾难给你们带来的益处；你们已被造就为最邪恶的，你们仍将是最荒淫的。"

据奥古斯丁考证，罗马的奢靡之风来自亚洲，最早是由一个名叫格耐乌斯·曼留斯的东部行省总督引入的。但他引入的不过是些铁制的床架、地毯，但奥古斯丁认为，这东西比敌人的军队更具摧毁力。

诸神的秘密

如古埃及一样，罗马也是一个众神的国度。随着罗马的扩张，罗马的神灵日益增多，本地的、外来的，布满了天空、大地、海洋、河流和山川，拥挤不堪。罗马人似乎认为，拥有的神灵越多，罗马就越发伟大。罗马人认为，正是由于这么多神灵的护佑，罗马才变得如此伟大；当罗马改宗基督教后，诸神被清除，罗马就衰落了，以至于发生了后来哥特人的入侵和劫掠事件；罗马如要从这一灾难中再次变得伟大，必须要重新回归古老的诸神崇拜的习俗和传统。为了认识诸神的本质，反击这种复古论调，奥古斯丁不得不依靠瓦罗这位号称拥有世上一切知识的权威，借助他整理出来的诸神谱系，揭示诸神秘不示人的真面目。

在《人神制度稽古录》中，瓦罗对诸神的谱系进行了系统整理。吸引奥古斯丁的是这本书的结构和顺序，即先写人事，后写神事。瓦罗的意图似乎是说，"神事是由人设立的"，人事比神事更古老。即便在神事部分，也是按照同样的顺序，即神事是由人在特定地点和时间中进行的。在瓦罗看来，先有国家，然后才有它们设立的各种宗教仪式。奥古斯丁认为，这一写作顺序是瓦罗有意为之，透露出瓦罗对诸神的真实看法，即它们是人的虚构，且是按照人自己的形象编造的伪神。然而这种哲人洞见有触犯时人风俗和传统的危险，所以瓦罗将这一意图予以隐藏，但其写作结构和顺序却显露出瓦罗对于诸神的真实看法。

瓦罗将诸神分成三类，即神话的、公民的和自然的，它们分别是由诗人、政治家和哲人引入这个世界的，分别对应神话神学、公民神学和自然神学。三种神学分别有其适宜的空间和场所，即神话神学适用于剧院，公民神学适用于城市，而自然神学适用于世界。

对于第一种神学，即诗人虚构的神学，瓦罗本人坦承道："里面有许多虚构，与不朽者的尊严和性质相敌对，我们可以在其中找到，有一位神是从脑袋里生出来的，另一位神是从大腿里生出来的，还有一位是从滴血中生出来的。在其中我们还可看到，这些神灵偷窃，奸淫，讨好人。简言之，所有这些归于诸神的事情实际上都是人的事情，是最邪恶的人干的事。"对此，奥古斯丁评论说，在他能做的地方，在他敢做的地方，在他认为自己可以这样做而不受惩罚的地方，瓦罗确实明确地、毫不含糊地戳穿了那些靠撒谎的故事建立起来的诸神的面目，因为他谈论的不是自然神学，也不是公民神学，而是神话神学，对此他认为自己能够随意指出它的错误。

第二种神学，即自然神学，是一种哲人的神学，它探讨宇宙万物的本源，诸如水、火、数字、原子等的不朽始基，这是各派哲人对自然宇宙形而上问题的有益探讨。瓦罗认为，这种神学应该仅仅局限于学校高墙之内的研究，而不该成为街谈巷议，否则公众秩序会大受搅扰，也会给哲人招致祸患，如苏格拉底的命运所昭示的。

在奥古斯丁看来，瓦罗或许也会同意他的这个意见：神话神学虽说最为古老，最早似乎是由诸如荷马这样的说唱艺人唱诵于民间，为此蒙上了一层神圣的面纱，但它仅仅是用来取悦大众的耳目，最为蒙昧、肮脏；相较而言，自然神学较为晚近，但要更加洁净真确，离真理要近得多。瓦罗甚至在另外一个场合公开声称，"如果他自己能建立一个新城邦，他会按照事情的真实顺序来写"。也许，瓦罗梦中的那座城正是某种哲人之城吧，类似柏拉图的理想国，或者19世纪欧洲启蒙哲人的天城。

在瓦罗的划分中，神话神学与自然神学处于两个极端，处于两者之间的是公民神学。所谓公民神学，"特别是指祭司的神学，在城邦里必须知道这种神学和实践这种神学。这种神学特别解释了对什么神灵适宜举行公开的崇拜，用什么样的仪式和献祭是合适的"。也就是说，公民神学需要遵循某种政治正确的标准，在神庙中合法供奉，并在节日和赛会等公众庆典和密仪中公开表演和祭拜。

奥古斯丁对瓦罗的这一三分法并不满意，这样一来，公民神学似乎是最低级的神话神学与最高级的自然神学的折中产物，或者，公民神学要比神话神学高贵似的。按照奥古斯丁的标准，神话神学与公民神学实际上都是公民的，也都是神话的，它们简直是一丘之貉。它们不仅同样空洞邪恶，而且就连剧场里、赛会上、城市里的公共崇拜所用的场景都是从诗人神学中借用来的。只不过，"一种神学通过想象播下诸神肮脏的种子，另一种神学采摘果实并加以珍藏；一种散布谎言，另一种收集谎言；一种用想象的罪行追求神圣的事情，另一种用戏剧表演这些事情来使神圣的事情具体化；一种用人的声音来歌唱那些有关诸神的不虔诚的虚构，另一种则把节庆献给诸神；一种歌唱诸神的恶行和罪恶，另一种喜爱诸神的恶行和罪恶；一种做出发现，另一种证明其为真，或对这种虚假感到高兴。这两种神学都是卑劣的，都应当受到谴责。但是剧院里的神学公开地宣扬邪恶，而城市里的神学崇拜邪恶。从这样污染我们短暂生命的神学中我们能找到永恒的生命吗？"奥古斯丁的标准当然是基督徒的标准，他以永恒的上帝之城的高度丈量短暂的尘世之城的堕落深度，达到了一种超凡脱俗的神圣之境。

对于瓦罗这个"具有极大才能、极为博学的人"，奥古斯丁有过一针见血的评论："尽管他反对和摧毁了他写下来的那些所谓的神圣的事情，认为这些事情与其说与宗教有关，不如说是迷信，但是在他能够做到的情况下，他并没有解决这些荒唐的、邪恶的事情。"奥古斯丁认为这是瓦罗的局限，之所以有此遗憾，是因为这样一个最敏锐最博学的人由于没有得到圣灵恩赐的精神上的自由，深受他的国家法律和习俗的约束，也深陷这个世界的罗网中无力自拔。

奥古斯丁注意到，另外一位哲人塞涅卡因为写作的自由度大一些，他对公民神学的攻击就比瓦罗对神话神学的批判要猛烈得多。在谈到公民神学中树立的偶像时，塞涅卡充满厌恶地说，他们向神圣的、不可亵渎的不朽者献上用最低贱的、无生命的材料制作的偶像。他们赋予不朽者人、鱼、兽的形象，有时候还有两种性别和好几个身体。他们把这些偶像称为神灵，如果它们是活的，我们突然遇见它们时一定会被吓个半死。在谈到公民神学的崇拜仪式时，塞涅卡继续说道，一个崇拜者把自己阉割，另一个崇拜者把自己的手臂砍下来。当他们愤怒地用这样的办法向神灵祈求时，哪里还谈得上有对神灵的敬畏？对希望拥有这种崇拜的神灵根本不应该崇拜。用这样一种甚至连最大的恶人在发泄愤怒时也不会使用的方法来向神祈求，这种心灵癫狂到了什么地步？如果疯子仍旧只是少数，那么这些人无疑是疯子，但现在有那么多疯子，我们只好说他们是正常的了。奥古斯丁认为，举行这些仪式的神庙甚至比表演这些仪式的剧场还要糟糕，因为它似乎披上了某种合法的外衣。对于这种公民神学的圣仪，塞涅卡的立场是，一个聪明人最好像演员那样参加这些仪式，但不必真的将其放在心上。奥古斯丁对塞涅卡的评论是，糟糕的是，他把那些谎言表演得实在是太好了，以至于没人认为这是在表演。

就这样，借助古典世界对人事和神事最为敏锐博学的权威瓦罗，奥古斯丁闯入了罗马的万神殿，将诸神的秘密启蒙于公众之前，而这些秘密是瓦罗和其他异教哲人为了不触犯当时的风俗和法律，千方百计要加以封藏起来，秘不示人的。在这个意义上，奥古斯丁可以称得上是个启蒙的先行者，除魅的急先锋。事实上，一神教的兴起也的确是人类精神世界的一次伟大启蒙。他对诸神的认知和表述与非常晚近的费尔巴哈甚至马克思相当类似，只差没有留下"宗教是人民的鸦片"这一名言警句了。奥古斯丁努力区分真正的宗教和虚假的迷信，在他看来，真正的宗教是洁净的基督教，诸神崇拜只是迷信。然而，当诸如一神教的基督教在其后来的演化过程中也变得越来越仪式化、拜偶像化，它同样堕入了与奥古斯丁当年曾经攻击的诸神崇拜相似的窘境，但这是题外话。

最后，如果想知道诸神的终极秘密，恐怕要在罗马元老院下令焚毁罗马国父努玛的神学著作这一著名事件中寻求答案。瓦罗记述了这件事，奥古斯丁揭示了其中的秘密。

上帝之城

"上帝之城"的说法源于《圣经》，它在《旧约》中孕育，在《新约》中得以淬炼，变得越发崇高，更加纯净。对诸如奥古斯丁这样的基督徒而言，《圣经》的权威性超过所有民族的经典，它不是圣人的偶然顿悟，也不是哲人可怜的理智构造，而是上帝的启示。这种启示本质上来自上帝的声音或者话语，借助先知的旷野呼告，突入这个被各种虚妄的图像所网罗的世界，轰鸣着世人的耳朵，激荡着人类的心灵，拷问着罪人的良心，影响着时代的行动，审判着世界的历史。与上帝之城相比，尘世之城是一幅静止的、封闭的世界图像，无论神话神学也好，公民神学也罢，甚至是奥古斯丁给予很高评价的自然神学，都没有最终挣脱这一图像的牢笼，无不遭受拜偶像的困扰。而且，尘世之城的诸神有一个共同的缺陷，即它们是沉默不语的，像个哑巴，没有对人类提供任何清晰、明确和令人敬畏的戒条、律法和训诫，其借助占卜所发出的模棱两可的神谕也没有为世人提供任何有益的指导，如果不是误导的话。更有甚者，它们经常被偶像化，被人在戏台上、神庙里以及大街小巷予以淫荡地展示、邪恶地模仿，祸乱和败坏世人的心灵和道德。

在《上帝之城》这本为基督教辩护的经典中，奥古斯丁追溯了上帝之城的起源、发展阶段以及最终实现的过程，并始终不忘与尘世之城做平行对比，相互照亮。奥古斯丁认为，罗马帝国是尘世之城中最杰出的代表，它的荣耀及其极大的扩张不仅是对罗马公民的补偿，而且对真正的永恒之城，即上帝之城的公民也是一种激励。当基督徒去那里朝圣时，他希望这一辉煌的范例能够促使他们深思这样一个问题：如果短暂的尘世之城的微末荣光尚且能够为其公民热爱，愿意为之付出巨大的牺牲，展现出惊人的美德，那么上帝之城的公民由于永恒生命的缘故，岂不更加热爱这座城，并应该付出更大的努力和牺牲？

借助《圣经》，奥古斯丁竭力为世人挖掘和整理了上帝之城的历史，将其谱系从上帝创世之初追溯到了世界终结的末世时刻，那也是上帝之城以最纯粹的形态实现之时。在其彻底实现之前，它以不同的形态与这个尘世之城纠缠在一起，共同承受各种恶和灾难的打击；正如阳光普照大地的各个角落一样，各种恶和苦难也会降临到上帝之城和尘世之城的头上，不做区分。上帝的意志只是隐秘地调节着历史的进程和节律，上帝的审判始终存在，尽管是秘密的。只有在世界和历史终结之时，才迎来公开的也是最后的末日审判，这两座混杂在一起的城那时才会最后分开。得救的人成为上帝之城的永恒公民，获得永生；永久定罪者被打入火狱，遭受永死的绝罚。

奥古斯丁指出，上帝之城有两种形态，不完美的上帝之城和完美的上帝之城；《旧约》时代由上帝选民希伯来人所代表的是不完美的上帝之城，《新约》时代由耶稣基督所启示的、最终在末日审判之后予以实现的是完美的上帝之城。两者相比，《旧约》里的上帝之城是属地的，是《新约》所启示的真正的属天的上帝之城的预备阶段；而《新约》里由耶稣基督所启示的上帝之城才是终极的完美形态。所以，毫不奇怪，《旧约》里的上帝之城几乎没有失去某种具体的位置和空间感，这种位置和空间感伸缩性极强，可大可小，最大的时候可以装得下万国，最小的时候只不过是耶路撒冷这个小小的圣城，但无论其字面意思还是其象征意义，都没有脱离这个世界。犹太人的上帝之城似乎永远在地上，历史上他们曾经数次灭国，最后一次甚至被连根拔起，变得无家可归，遭遇漫长的大流散时代，但犹人人复国的期盼始终存在，而耶路撒冷或者锡安山就成了犹太人最为悲情但也最有力的象征。而由耶稣基督启示的上帝之城似乎摆脱了尘世的重负，完全失去了具体的位置和空间感，成为一种乌托邦式的存在。耶稣基督曾说，他的国不在地上，在天上。根据奥古斯丁的意思，上帝之城中的公民甚至连身体都复活了，但那已经是一种灵性的身体。

与陷于多神崇拜的异教徒所在的尘世之城相比，无论是《旧约》中不完美的上帝之城，还是基督徒们完美的上帝之城，两者之间具有某种千丝万缕的家族相似性，事实上两者都被奥古斯丁统一在他的关于上帝之城的历史叙事中。基督教和犹太教之间尽管有很大的断裂和冲突，基督徒和犹太人在历史上也始终互相憎恨，但运用所谓的寓意解经法，奥古斯丁至少在理念上将这一断裂予以抹平，使这两种上帝之城在历史性的联盟中达成了某种战略合作，为这个世界联手提供了某种独特的诸如罪与罚、沉沦与拯救的神意目的，并在历史中逐步展开和实现，从而构建了一个宏阔的历史神学框架。在这个上帝作为总导演的历史大戏中，异教徒们的历史与一神教徒的历史，或者说尘世之城的历史与上帝之城的历史，共同纳入了一股历史的洪流，它们时而相互纠缠混合在一起，时而又努力相互区分，但直到末日审判，两座城的冲突才最终解决，才能清晰地予以区分，并抵达其各自的终极状态。

在奥古斯丁看来，与上帝之城相比，尘世之城的杰出代表，如亚述、波斯、马其顿、罗马，都有过广袤的疆域，众多的人口，令人目眩的成功，但终究都是一场虚空，早已在历史中销声匿迹，不见踪影。想当初，为了满足其统治欲和世俗的野心，它们全都付出过巨大的代价，发动过无数的战争，施行过残忍的杀戮，尸横遍野，满目疮痍，人间几成地狱；但换来的只不过是短暂的和平，虚幻的繁荣，以及日益败坏的道德和人心。奥古斯丁不认为那种付出如此高昂代价才换来的和平是应该追求的和平，也不认为生活在这样的国度有任何幸福。这种虚空和幻灭感曾被历史上许多杰出的人物捕捉到，如毁灭迦太基的小西庇阿，或者以智慧著称的所罗门王。据称，正是在所罗门王统治时代，以色列取得了极大的成功，甚至实现了上帝应许给以色列历代族长们的大国梦。但看看以他名义撰写的《传道书》吧，一切都是虚空，虚空的虚空。这可是最有智慧的哲人王所罗门发出的盛世危言。奥古斯丁充满认同地反复引用所罗门的话语，在他眼里，即便伟大如罗马帝国者岂不也在一夜之间几乎陷入了虚空吗？奥古斯丁认为，在这个尘世之城，幸福是虚假的，和平是短暂的，不幸是固有的，战争是永恒的，直至世界末日。只有在上帝之城那里，人类才有真正的幸福，永久的和平。在这个尘世之城里，基督徒的生活方式和心态应该做一名旅客，他的目的地不在这个世界，而是另一个世界。奥古斯丁坚信，在那最后的日子，尘世之城必然永久毁灭，上帝之城必然获得永久和平。

奥古斯丁认为，尘世之城和上帝之城所具有的截然相反的性质，决定了两者不同的命运和结局。一种是属地之爱，从自爱一直延伸到轻视上帝；一种是属天之爱，从爱上帝一直延伸到轻视自我。因此，一座城在它自身中得荣耀，另一座城在主里得荣耀；一座城向凡人寻求荣耀，另一座城在上帝那里找到了它最高的荣耀。在属地之城中，国王用统治的欲望治理着被他征服的民族，但他反过来也受他们的制约，没有人是自由人；在属天之城中，所有人都在仁爱中相互侍奉。一座城喜爱展示它的强人身上的力量，另一座城依靠上帝的力量。奥古斯丁的时代，旧罗马濒临灭亡，新罗马正应运而生。在尘世之城的废墟上，将要兴起一座上帝之城，而奥古斯丁就是这一过程的目击者，也是光荣的参与者。

旧罗马的复兴之道

奥古斯丁出生时，他的家乡古老的努米底亚高原早已遍布油橄榄，其果实经过榨油机的压榨，可以萃取一种晶莹剔透的液态物质——橄榄油；它既可以食用，也是那个时代习用的灯烛燃料，它为多少人照亮了漆黑的夜晚啊！在对罗马陷落的深刻反省中，奥古斯丁经常会采用这个他再熟悉不过的榨油机压榨橄榄油的意象。这一意象概括了奥古斯丁对于罗马被劫掠的独特评估。此时的灾难正是对陷入罪孽的人类的压榨，如他所说，"在毁灭性的打击之下，这个世界步履蹒跚，老人被抛弃，肉体被压榨，灵魂变为汩汩流出的清亮的油"。在奥古斯丁看来，罪与恶如影随形，互为因果，这种人类正在经受的"压榨"过程，正是上帝的隐秘意志的显现，所谓的上帝之鞭，其收获的则是灵魂的淬炼和拯救。奥古斯丁认为，当罗马外部军事失利，世界坍塌，存在收缩时，罗马人应该删繁就简，剔除赘物，回归灵魂这一堡垒和大后方，并对其灵魂深处的内部敌人展开圣战，使灵魂得到净化；而不应以回归古老风纪为名，将这一好战性转向外部。罗马人太过虚弱，遭此劫难，已无力回到过去，也无法立足当下，只能依靠对未来的希望和信心才能积聚新的能量；这种能量是为步入晚年的世界准备的，只有这样，才能以崭新的面貌重放异彩。

尽管罗马处在分崩离析之中，但奥古斯丁对罗马的整体存续始终充满信心，这一灾难只不过为罗马和世界提供了一次重整旗鼓、旧貌换新颜的机会，罗马会以另外一种方式存续下去，罗马人也会成为某种"新人"，正如他在米兰大教堂所亲身经历的那样。在另一次关于上帝之城的布道中，奥古斯丁感伤而又自信地说："一个人老了，他满是苦楚；一个世界老了，它满是苦难。不要指望老人和世界，不要拒绝在基督里重获青春；他对你们说，世界正在逝去，世界正在失控，世界正呼吸困难。不要害怕，你会如鹰返老还童。"

事实上，当罗马帝国逐步陷入衰败和崩溃，尤其是刚刚遭遇一次大劫难之际，奥古斯丁为旧罗马引入的"上帝之城"这个带有末世论愿景的未来意象极具吸引力，甚至可以说正逢其时。这一诞生自犹太教的观念，原本就是在以色列民族的大国梦彻底破灭后的一种末世论期待和信仰，一种自我救治，它保存了犹太人的力量和元气，尽管是以封存的方式，支撑着犹太人度过了漫长的大流散时期，直至复国。以色列曾经的大国梦之历史轮廓，可以在上帝对以色列族长亚伯拉罕的许诺中略见一斑。亚伯拉罕不仅是以色列之祖，后来也成为追随其一神信仰的一切民族之祖。亚伯拉罕诞生时名叫亚伯兰，在那个时代，一些疆域广大的帝国开始登上历史舞台，如西徐亚帝国、埃及帝国和亚述帝国。其中亚述帝国最为强大，统治时间最长，亚伯拉罕即诞生于这个人类历史上最强大的帝国。出自这样的大帝国，目睹其广大和壮美，不感染大国梦才怪。

当亚伯拉罕还被叫作亚伯兰时，上帝对其做了第一次许诺："你要离开本地、本族、父家，往我所要指示你的地去。我必叫你成为大国。我必赐福给你，叫你的名为大，你也要叫别人得福。为你祝福的，我必赐福于他；那诅咒你的，我必诅咒他。地上的万族都要因你得福。"亚伯兰接受的第二次应许里仅仅提到了迦南地。上帝对亚伯兰的第三次应许似乎扩大了地域范围："从你所在的地方，你举目向东西南北观看，凡你所见的一切地，我都要赐给你和你的后裔，直到永远。我也要使你的后裔如同地上的尘沙一样多。"上帝对亚伯兰的第四次应许中，大国梦似乎升级，地域范围从埃及河直到幼发拉底河。第五次应许中，大国梦已然趋于巅峰："我与你立约，你要做多国的父。从此以后，你的名不再叫亚伯兰，要叫亚伯拉罕，因为我已立你做多国之父。我必使你的后裔极其繁多，国度从你而立，君王从你而出。"亚伯拉罕这个名字本身即为多国之父的意思，寄予着大国梦的炽热理想。

上帝应许给以色列的大国梦在以色列此后的历史过程中不曾中断，它是通过上帝与这个民族不断续约的方式予以延续的，是立约的重要内容，也是作为以色列人遵守神圣约法和诫命的奖赏。但在实际的历史际遇中，由于恶劣的地缘环境，强敌环伺，在外部各大强权的夹缝中求生存，古以色列经常遭遇军政失败，濒临灭族之灾，尤其是在士师统治时期。当他们将士师时代的部落联盟体制改为王制时，才开始迎来民族复兴的机会，并在大卫王和所罗门王时期似乎终于实现了大国梦。但好景不长，所罗门时代固然实现了大国梦，但盛世的繁荣同样腐蚀和侵害了以色列人，偶像崇拜之风盛行，到处充斥着为诸神建立的庙宇和祭坛，公众场合经常可以看到公开举行的多神崇拜密仪，当然少不了淫荡的表演，民众不遵守与上帝所立的约法，风纪日益松懈，奢靡之风愈刮愈烈。其后，以色列经历了不幸的分裂，最终导致北部以色列国和南部犹大国的相继灭亡。北部10个部落被亚述人连根拔起，销声匿迹。南部犹大国灭亡后，圣殿被毁，犹太人被掳至波斯帝国的都城巴比伦，做奴70年后才重返耶路撒冷，重建圣殿。古以色列人的大国梦终究破灭，只剩下一座残破的圣殿，犹大地人烟稀少，民气低落。很可能就在这个时期，作为大国梦破灭后的产物，或者说作为军政失败后的残余，犹太教诞生了，犹太教的经典即《圣经·旧约》也开始被系统地予以编纂和审定，确立为正典。当以色列人变成犹太人，大国梦已经蜕变为一种存留在《旧约》中的关于上帝之城的末世论期待，这就是奥古斯丁所说的那个尚不完美的上帝之城在《旧约》中的真实含义。那时，犹太人已失去国家，没有政治生活，只是一个以耶路撒冷神殿和大祭司为中心的宗教团契，大国梦仅仅存在于关于上帝之城的末世期盼中，他们期待着一位救世主，在他的带领下，在历史终结、世界末日之际重温曾经的大国梦。在马其顿帝国和罗马帝国统治期间，犹太人依然被大国梦诱惑，多次发动叛乱，对抗帝国强权，试图恢复上帝曾经允诺给他们的"上帝之城"，但始终无果，终被罗马帝国彻底灭国，连神殿也被拆除，犹太人流落到世界的各个角落。然而，正是在此大溃败之时却迎来了大复兴，借助来自外力的第二次压榨，从犹太教中诞生了基督教，犹如压出了纯净的橄榄油。基督教彻底放弃了在地上建立上帝之城的古以色列大国梦，试图将上帝之城转移到天上，也就是尘世之外，并坚信在末日审判之时，上帝之城将最终实现。这也是上帝之城最纯净最完美的形态，它不沾染尘世的任何罪恶和污浊，也消弭了尘世间的所有苦难和祸患。这似乎是犹太问题的终极解决方案，即与俗世政治追求彻底斩断联系。

希伯来民族的大国梦历经兴衰沉浮，相继收缩结晶为两种密切相关、血脉相连的一神信仰，犹太教和基督教；希伯来民族的这一经历举世无双，其中之经验和教训也足以发人深省，让人震撼。在某种程度上，正是奥古斯丁引入的"上帝之城"这一天外意象和末世愿景拯救了罗马帝国，使其生命得以延续，并收获了更加崇高的使命。旧罗马灭亡了，新罗马应运而生。从某种程度上说，奥古斯丁关于上帝之城和尘世之城这一平行的历史神学图景的论说仍旧是当今之现实，并将继续延续下去，直至历史终结，世界末日，最终迎来"新天新地"。

思考题：

1. 结合赵越胜老师对《忏悔录》的解读，你认为奥古斯丁为何中断了古典博雅教育之路？

2. 你认为那么强大的罗马怎么就被蛮族人劫掠了呢？

3. 谈谈你对神话的看法。你觉得奥古斯丁对古罗马神话的剖析有道理的地方有哪些？

4. 奥古斯丁说的上帝之城在《旧约》和《新约》中既有差异，也有共同点，你能谈谈这些差异和共同点吗？

5. 你觉得奥古斯丁想用"上帝之城"的观念告诉罗马人什么呢？

〇六
《阿奎那政治著作选》

[意] 托马斯·阿奎那 著　马清槐 译　商务印书馆　2011 年

主题词◎阿奎那　自然　恩典　国家　教会　中世纪　神学　自然法　亚里士多德

经典之处

托马斯·阿奎那的著作不仅卷帙浩繁，而且把一切知识体系都纳入他的神学体系中，对现代读者来说，非常不容易阅读。而这本《阿奎那政治著作选》摘录出阿奎那关于国家和法律的主要观点，对于初读他的著作的人很方便。

作者简介

托马斯·阿奎那（Thomas Aquinas，1225—1274），意大利神学家，欧洲中世纪经院哲学代表人物。他开启了托马斯学派。天主教教会认为他是历史上最伟大的神学家，将其评为 33 位教会圣师之一。

导语｜转折型思想家是如何诞生的？

刘苏里

　　托马斯·阿奎那是中世纪最重要的经院哲学家和政治思想的集大成者，也是西方思想史上承上启下的转折性人物。上，指的是古希腊和中世纪早期，以柏拉图、亚里士多德、奥古斯丁为代表的一批思想家；下，指的是从霍布斯、笛卡尔、洛克、康德、孟德斯鸠，到黑格尔、海德格尔、维特根斯坦等一大批群星闪耀的思想家、哲学家。阿奎那最重要的贡献，是复活了亚里士多德的——也就是古希腊的——理性传统，让宗教信仰接通了知识、逻辑这条线，在证明上帝存在的同时，极大地扩展了理性探索的边界。

　　但是，上面的话题都不是这篇导语的中心。在这里我更想谈谈阿奎那思想诞生的历史背景，以及为什么正好是阿奎那扮演起了转折时代思想枢纽的角色。实际上，这样的人物在历史上非常罕见。人类历史已经证明，某种（些）观念一旦确立，被更多的人接受、传播，就可能意味着，人类会沿着这一观念指引的大方向，走个几百年，很多以思考为使命的人，要么成了这一观念的注释者，要么沿着它确立的方向继续向前探索。

　　你可以找一张地中海区域的地图来看看，左上边是西班牙和法国，正上方是意大利，右边是希腊，再靠右就是今天的土耳其，也就是当年靠征服东罗马帝国（拜占庭帝国）起家的奥斯曼帝国。沿着地中海一侧的土耳其往下，一路上有谁呢？首先是历史上极其有名的黎凡特地区，今天的黎巴嫩一带，接下来是以色列，然后从右至左是埃及、利比亚、突尼斯、阿尔及利亚和摩洛哥。

　　现代以色列建国前，犹太人"大流散"了两千年，但世界一神教的鼻祖——犹太教——就来自以色列，而且在地理概念上以色列是被夹在中间的很小的一块地方。一神教，就是只信奉一个、独一神的宗教，一神教创立之前，人们信奉的是多神。一神教的诞生，是人类精神史的一次巨大跃升。

除开以色列这个犹太教的地盘，我们还看到什么？对，地中海的北边和西边，是基督教的地盘，东北一直顺时针到西南，是伊斯兰教的地盘。犹太教创立得最早，基督教诞生于公元前后，伊斯兰教到公元7世纪才出场。围绕地中海及其周边地区，诞生了人类文明中最为重要的几个支脉，犹太教文明、基督教文明和伊斯兰文明，它们共同的特征，就是都信奉一神教。

该我们的主角登场了。托马斯·阿奎那出生于1225年，祖上是意大利的贵族。五岁时，他就被家人送到修道院，后来加入多明我会。多明我会是西班牙人多明我于13世纪创立的修会，比多明我会早一点的，还有一个由富家子弟方济各创立的方济各会。这两会有一个共同追求，就是提倡过清贫生活。阿奎那19岁加入多明我会后，主要精力用在了研究和教学上面。顺便说一句，世界上最早的大学，即具有今天意义的综合性大学，是意大利人于1088年创办的博洛尼亚大学。在此之前，包括之后很长一段时间里，西方传承知识香火的主战场在修道院，也叫隐修院。

到阿奎那这代人时，大学已经创办了一百多年，各修会的教士们有条件游走在修道院和大学之间，讲解和传播上帝的福音。但想跑到大学去讲经，还免不了受到攻击，因为阿奎那所处的年代，文艺复兴报晓的公鸡已经咕咕了将近200年，马上就到它啼叫的前夜了。

阿奎那只活到49岁，1274年便去世了。他的大部分时间是在那不勒斯度过的，中间几度赴巴黎大学讲学，接受学位。他的神学造诣极高——在当时一个人被授予一次神学硕士已经是极大的成就，他却被授予了两次。阿奎那在短暂的一生中到底写了多少部作品，至今还没有定论，有人说不下200部。最著名的是《反异教大全》和《神学大全》。仅《神学大全》翻译成中文，就有20卷。据文献记载，阿奎那的著作世界各主要语言都有翻译版本，还不断被修订、重新编辑出版。

《阿奎那政治著作选》是意大利哲学家德恩特尔维斯从阿奎那的各种著作中选编出来的。书不厚，里面的内容像是箴言，洞见迭出，但少有论证。有点像孔子的《论语》。

围绕地中海，犹太教文明、基督教文明、伊斯兰文明三大文明既交流又冲突，交流和冲突主要体现为贸易和战争。处在地中海正上方的意大利，因地利之便，得到诸多交流的好处，较少受征伐和杀戮之苦。而它的左右两翼，西班牙和希腊半岛，加上后来被穆斯林征服的拜占庭帝国，就没那么幸运了。西班牙被摩尔人，也就是地中海南岸的阿拉伯人，统治了近800年。拜占庭帝国，先是被波斯人和斯拉夫人占去大部分土地，当伊斯兰的阿拉伯帝国崛起后，又不断受其骚扰和进攻，直到15世纪君士坦丁堡被攻占，帝国彻底灭亡。

意大利享有和平红利，保全、图变是意大利人延续了千年的传统。它北部的沿海城市威尼斯、热那亚、的里雅斯特，中南部沿海城市罗马、那不勒斯、塔兰托，是上述三个文明交汇、争雄的地方，首当其冲的正是那不勒斯。阿奎那出生在那不勒斯，葬在那不勒斯，一生活动的主要地方也是那不勒斯，换句话说，那不勒斯诞生了阿奎那，真可谓天时、地利、人和。

关于天时、地利，我再补充几句。

第一，我们遇到一个很有趣的现象，就是内陆城市，往往会成为宗教、学术、文化繁荣的中心，比如法国的巴黎、德国的科隆、意大利的佛罗伦萨等，而整个意大利，很像地中海沿岸各国的"内陆城市"，较少受到战争的直接威胁。意大利正东的巴尔干半岛就没那么幸运，成了伊斯兰的阿拉伯帝国、希腊正教的拜占庭帝国、信奉东正教的南斯拉夫各种力量角逐的舞台。如此，才使得意大利的各城市，有了争论宗教教义、学术研究的空间和"雅兴"。

第二，摩尔人8世纪初占领西班牙，到11世纪，基督徒开始反攻，双方的拉锯战持续了几百年，到了13世纪，摩尔人的统治已经开始走下坡路。

第三，比较重要的是，以法国和意大利为代表的西欧，世俗的人文主义思潮开始复兴，但丁就是跟阿奎那同时代的伟大诗人。

最后说说人和。阿奎那成圣、创立学说，"人和"是关键因素。他不仅有一位比他活得久的导师大阿尔伯特，一生得益于其教诲，而且比他早一代出生、跟他差不多齐名的神学和哲学上的论辩对手，像阿威罗伊、阿维森纳和迈蒙尼德，都对他建构学说体系在不同侧面给予了重要启发。1323年，教皇若望二十二世封阿奎那为圣人。1567年，教皇庇护五世将他与安波罗修、圣奥古斯丁等拉丁神学家并列。

阿奎那创立了对后世影响深远的"托马斯主义"。托马斯主义指的是将亚里士多德哲学与基督教神学相结合的神学体系。近现代受托马斯主义影响的，就有小说家乔伊斯和哲学家艾柯。

可以说，阿奎那研究过他之前，以及跟他同时代的几乎所有神学家的著述。这些著述，都有一些相似的重要背景，就是罗马帝国的毁灭，伊斯兰教对基督教的威胁，以及世俗人文思潮的兴起。阿奎那全部的"主义"成就，也是他跟教派内外思想上的敌人激烈论辩的产物。但作为基督教神学-哲学的集大成者，阿奎那并没有试图拿基督教神学替代古希腊的哲学，而是努力将两者结合，在为"基督教寻求哲学理解，接受哲学追问"的过程中，也为哲学理解基督教教义，开辟出了广阔的空间和道路。

李筠的讲读，详细涉及了阿奎那政治思想的主要方面，包括君主的责任，近代国家建立的原则，以及教会与世俗政治共同体的关系。围绕阿奎那，李筠还揭示了中世纪向近代转型的前夜，西方最重要的知识人那种既持守原则又灵活应变的精神状况，为我们提供了一个鲜活知识人的形象。

李筠讲读《阿奎那政治著作选》

> 李 筠
> 政治学博士，中国政法大学教授、政治学系主任。著有《论西方中世纪王权观》，译有《流动中的民主政体》。

阿奎那与基督教

托马斯·阿奎那是西方历史上最伟大的基督教神学家，能跟他相提并论的恐怕只有奥古斯丁一个人。基督教是西方最重要的文化传统，不了解基督教，就很难深入了解西方；不了解西方，不仅意味着不了解中华文明最重要的朋友和对手，甚至意味着不了解我们本身。而阿奎那是最伟大的基督教神学家，通过了解他的学说来了解基督教、了解西方，可以说是一条捷径。

但是对于中国人来说，阿奎那太遥远了。一般读者即便知道阿奎那声名显赫，也不太可能知道他到底写了什么，更难动去读他的书的念头。在我教过的学生当中，读过这本《阿奎那政治著作选》的是极少数。这本书一共160多页，跟马基雅维利的《君主论》差不多厚薄。但同学们反映，它比《君主论》难读多了。导致这种结果的原因大约有三个：第一，对基督教缺乏基本的了解；第二，对神学缺乏基本的了解；第三，对西方的中世纪缺乏基本的了解。所以我要在这里补上对西方最重要的文化传统的基本认识。

有五个重要的问题需要讲述：第一，什么是基督教和神学；第二，恩典和自然是什么关系，阿奎那做了什么惊天动地的改动，基督教教义因此发生了什么重大的变化；第三，基督教国家观在阿奎那这里经历了什么样的大转变，和中世纪的政治局势有什么样深远的关联；第四，阿奎那为什么要把自然法变成基督教神学的重要内容，这个改动为后世的政治理论发展埋下了什么样的种子；第五，阿奎那理论的政治后果,都是他自己希望的吗,都是教皇们希望的吗,我们应该怎样面对伟大学问的意外后果。

首先,我们必须弄清楚基督教和神学的一些基本问题。关于基督教,我们知道它教人信上帝、信耶稣,还知道基督教是耶稣创立的。我们现在使用的公元纪年就是以耶稣诞生那一年为起点的,耶稣诞生那年就被定为公元1年。尽管后来有历史学家考证,耶稣诞生的年份其实并不是公元1年。

耶稣创立的基督教,从历史而不是宗教信仰来看,就是一个犹太教的草根分支。耶稣对于犹太教上层利用宗教信仰压制底层人民非常不满,他就改动了犹太教的教义,而且收徒传教,和犹太教上层展开对抗。犹太人的上层到罗马帝国当局那里检举耶稣意图谋反称王,罗马总督彼拉多判处耶稣死刑,把他钉死在十字架上,十字架也就成了基督教最重要的标志。

大致而言,基督教对犹太教教义做了如下六个方面的重大修改,它就从犹太教中独立出来了:

第一,权威经典改变了。犹太教的权威经典是《旧约》,基督教的是《新约》。

第二,上帝的形象改变了。犹太教的上帝是严厉甚至严酷的,人类的表现要是不好,他就让人类全部灭绝,挪亚方舟的故事就是其中的一次。基督教的上帝呢,是慈爱的父亲,他爱所有人。

第三,选民的范围改变了。这里的选民不是我们今天说的有投票权的公民,而是被上帝选中将会最终得救的人。犹太教的选民只是犹太民族,基督教的选民是所有信徒,不管你是不是犹太人,不管你是什么血统,只要信上帝、信耶稣,就是选民。

第四,世界的结局改变了。犹太教规定的世界结局是上帝指引犹太人最终去到迦南那个"流奶与蜜"的目的地。基督教改了,此岸的世界将会消亡,末日来临了要审判,好人上天堂,坏人下地狱。

第五,教会的结构改变了。犹太教的教会是被祭司阶级垄断的,耶稣正是因为痛恨这种垄断而腐化的权力发动了草根宗教运动,所以基督教的教会是信徒团结起来的团契。

第六,核心的追求改变了。犹太教教导信徒爱上帝,爱自己的民族,是一种群爱。基督教扩大了范围，不仅爱上帝，爱自己的民族，还要爱所有人，甚至包括敌人，是博爱。

有了信仰为什么还需要神学？这是因为，信仰和神学虽然密切相连，但不是一回事。

《圣经·新约》是基督教的权威经典。里面的前四章《马太福音》《马可福音》《路加福音》《约翰福音》，就是耶稣言行录，四个徒弟记载了耶稣说过什么、做过什么。福音就是 good news，好消息。福音书，意思就是耶稣给大家带来了好消息。从言行录的写法和好消息的内容来看，四福音书其实很像中国的《论语》。

除了四福音书，《圣经·新约》后面的大部分章节都是保罗的传道书，其中《罗马书》就是保罗去到罗马劝罗马人信基督教的说辞。在基督教改动犹太教教义的六个方面中，耶稣完成了大部分，保罗完成了一部分，耶稣没有完全说明白的，保罗把它们都说明白了。而且，耶稣一辈子只在巴勒斯坦地区活动，保罗则把基督教传播到整个罗马帝国。所以，保罗对基督教的创立也很重要，甚至有人说，基督教可以没有耶稣，但不能没有保罗。

既然耶稣和保罗讲了那么多道理，大家遵照他们的训导虔诚地信仰就好了，为什么会产生高深莫测的神学呢？我们来看看为什么一种宗教要成大气候，就必须有自己的神学。我们分内因和外因来解释。

首先看内因。前面谈到，基督教的教会是信徒的团契，信徒们把财产捐出来大家一起按照耶稣的训导过集体生活。最早领导这个集体的是耶稣，耶稣去世以后是他的徒弟们，人们称他们为使徒。而马太、马可、路加、约翰等很多使徒记录下耶稣的言行，这使得人的权威转变为经典的权威。可是，做记录的使徒很多，以谁的记录为准？不同使徒记录的矛盾之处该怎么处理？谁来解释？随着使徒们相继去世，福音书和传道书多如牛毛，信仰就失去了权威性的依据。

举个例子，现在的《圣经·新约》共 27 章，但这 27 章是排除掉了其他使徒写的次经、伪经后，到 5 世纪初才最终选定的。同时，圣哲罗姆接到教皇的指派，把《新约》从希腊文译成拉丁文，《新约》的篇目才最终敲定。在这之前的 400 年里面，《新约》的篇章有无数种组合，更不用说篇章里面的具体文字有多少差别了。无数的神父为了到底以哪个版本为准吵了无数次的架，选不同经卷、不同经文的教团相互攻击对方是冒牌货，教会都快被吵散伙了。所以，必须把耶稣、保罗和使徒们留下来的经典加以整理，消除各种分歧和矛盾，建立一个完整的、标准的系统，信仰的依据才是牢固的。这就是基督教由信仰上升为神学的内因。

再来看外因，那就是希腊哲学带来的竞争。基督教的传播过程中曾面对很多竞争对手，罗马帝国境内的宗教有很多，但对于基督教来说，最重要的对手不是宗教而是希腊哲学。从吸引信徒的角度来看，如果基督教拿不出一套深刻的理论和希腊哲学比拼，它对精英阶层就没有吸引力。从知识的发展来看，基督教如果不吸收希腊哲学，它就很难打败希腊哲学，因为如果始终停留在讲故事、打比方、总结生活经验的水平，就没有办法变成知识含量高、抽象层次高、逻辑水平高的学问。

所以，综上所述，神学与哲学并不是截然对立的，神学就是信仰与哲学的结合，就是用哲学的观点、方法、逻辑、模式来证明信仰，让信仰不只停留在日常生活，而变成一个知识体系，这样才能保证经典的权威性，为信仰提供确凿无疑的依据。

神学是应树立权威、巩固信仰的需要产生的，中国古代虽然没有神学，却有非常发达的经学，可谓异曲同工。西方历史上第一波把基督教信仰和希腊哲学融合到一起，创造出系统神学的神学家们，被称为"教父"，所以最早的系统化神学又叫作"教父学"。最伟大的教父学家是奥古斯丁，他并不是神学的开创者，但他是教父学的擎天柱，在他手里，神学内部的体系化建设达到了一个高峰。虽然他生活在罗马帝国晚期，但在阿奎那出现之前，中世纪的思想基调都是遵循他的教诲。

阿奎那生于1225年，比奥古斯丁晚大约850年。他还是学生的时候就受到了大神学家"伟大的阿尔伯特"的青睐，也受到了教皇的赏识。阿尔伯特亲自培养他，并相信他会成为伟大的神学家。教皇也动用自己的权力压制学院里的争斗，力挺阿奎那获得神学硕士学位，这是当时的最高学位。之后，阿奎那一直担任罗马教廷的研究人员。他也完全对得起导师和教皇的青睐，一生以学术为业。他主要的著作有《反异教大全》《神学大全》，这是两部旷世巨著，阿奎那用它们建立起了一个无所不包的神学体系。《神学大全》通行的拉丁文与英文对照版有六十一卷，真会让人觉得一辈子都读不完，而如此高产的阿奎那其实只活了不到50岁。

阿奎那去世后不久，教皇就追谥他为圣人，赐尊号"天使博士"，所以在大多数学术著作里并不像我们这样对他直呼其名，而是尊称他为"圣托马斯"。他的学说在他身后就迅速成为基督教的主流，虽然后来路德领导宗教改革时把基督教分成了天主教和新教，但天主教一直尊奉阿奎那学说为官方学说。

那么，阿奎那为什么得到了基督教官方极高的推崇，他的神学观点是什么样的？下文我们通过他和奥古斯丁的对比来解说。

恩典与自然

在谈恩典与自然之前，先补充两点重要内容。第一，基督教从犹太教独立出来，它们有很深的因缘关系，但为什么西方历史上一直对犹太人很不友好？这个问题在教义上有很深的根源，基督教认为耶稣是救世主，犹太人不承认这一点，犹太人不仅不承认，而且还害死了耶稣，基督徒因此在信仰上对犹太人充满了怨恨。第二，从犹太教这棵一神教的大树上开枝散叶出来的不仅有基督教，还有伊斯兰教。伊斯兰教的安拉就是犹太教和基督教的上帝。人类之父在《圣经·旧约》当中叫亚伯拉罕，在伊斯兰教中叫易卜拉欣。伊斯兰教也承认耶稣是先知，但坚持穆罕默德才是最重要的、最后的先知。别看它们很多时候打得不可开交，三大一神教在根源上其实是一家子。

下面来看看基督教神学内部的变化。一个最基本的问题是，基督教已经有了奥古斯丁，为什么还需要阿奎那？其中最大的变数是亚里士多德。因为亚里士多德的出现，奥古斯丁神学受到了巨大的冲击，就像当年福音书和传道书受到希腊哲学冲击一样，信仰很可能被动摇。亚里士多德出现在阿奎那之前（奥古斯丁生活在公元5世纪，亚里士多德生活在公元前4世纪），比奥古斯丁早了大约800年，难道他不知道亚里士多德吗？是的，的确如此。但我们需要注意以下两点：

第一，奥古斯丁和他的前辈们创立教父学的时候，主要采纳和利用的希腊哲学是新柏拉图主义，而不是亚里士多德的哲学。奥古斯丁没有选择亚里士多德的哲学与基督教信仰结合，他不仅没有利用，反而压制它。所以，奥古斯丁的神学和亚里士多德的哲学存在着巨大的冲突。

第二，西方有很长一段时间对亚里士多德所知甚少。可能有人想当然地认为西方人对亚里士多德一直都很熟悉，其实不是。自公元476年西罗马帝国灭亡之后，西方陷入了混乱无序、经济凋敝的糟糕状态，文化上也大步后退，只有教士识字，大多数人都成了文盲，像查理曼大帝这样的盖世英雄，也只是成年后才勉强识字。古希腊、古罗马的许多典籍都遗失了，古代先贤也差不多都被遗忘。在这种情况下，说中世纪是黑暗时代是有道理的。

然而，中世纪并不是从公元500年到1500年一直黑暗了1000年。公元1000年前后，西方的政治、经济、文化触底反弹。换句话说，近代西方不是1500年时横空出世的，而是从公元1000年就开始积攒实力，其中文化上触底反弹的标志就是"亚里士多德革命"。可以把这一革命简单地理解成西方又重新认识了亚里士多德，其过程曲折且复杂，但可以抽出两个要点：第一，它的主要工作是翻译；第二，它的结果是全面而深刻的。

当亚里士多德的著作在西方很难找到时，突破口从西班牙打开了。西班牙长期被穆斯林占据，而穆斯林是研究亚里士多德的，他们不仅有原著，而且有很伟大的研究者。于是，西方人先是把亚里士多德的著作从阿拉伯文译成拉丁文，研究积累到一定程度觉得阿拉伯文的本子不完全可靠，才去挖掘希腊文原著来翻译。这个翻译运动持续了近200年。

西方人重读亚里士多德后，几乎见到了一个新世界，涵盖哲学、逻辑学、天文学、物理学、动物学、植物学等，而亚里士多德那么全面、深刻的学问居然和奥古斯丁的训导讲得不一样。哲学对信仰的冲击又来了，这次是亚里士多德，来势汹汹，排山倒海。基督教该怎么办？

那我们就必须明确，奥古斯丁和亚里士多德的分歧。他们之间至少有以下四个方面的根本分歧：

第一，一神教与多神教。奥古斯丁坚持一神教，而且宗教在社会生活当中处于最高地位；亚里士多德的宗教观是多神教，有宙斯、赫拉、雅典娜、阿波罗等很多神，宗教在社会生活当中也没有处于最高地位，只是社会事务之一。奥古斯丁坚持上帝是独一真神，至高无上；亚里士多德的神数目众多，品性与人相近，愤怒、嫉妒、怨恨这些品质众神也有，而且还会和人做交易。

第二，世界的结构。奥古斯丁坚持世界被严格划分成此岸和彼岸，分别象征着世俗世界和精神世界，后者的地位绝对高于前者；亚里士多德没有把世界一分为二，也就无须分出高下，世界只是在周而复始地运转。

第三，人性的设定。奥古斯丁认为人的本性是原罪，自私、渺小、脆弱、背叛，总之有罪；亚里士多德看待人性却很乐观，人有善根，积极去实现自我和共同的事业。相应地，如果人是政治共同体的成员，奥古斯丁认为他应该是被管束的臣民，要服从、忍耐，要对政治保持冷漠；亚里士多德却认为人是公民，要和他人一起实现自治，参与政治是人的义务和事业，是热情洋溢的政治人。再延伸一层，奥古斯丁认为人认识世界主要靠上帝的启示，而亚里士多德认为靠的是理性。

第四，政治和国家的设定。奥古斯丁认为政治只是此岸这个堕落世界的事情，和此岸一样都是短暂的，终会消亡，国家只不过是上帝用来管理堕落此岸的临时办法，政治和国家当然比不上管理精神生活的教会。而亚里士多德认为政治是永恒的善良事业，它会永远存续下去，其中的国家——也就是城邦——是植根于人性的最高共同体，没有此岸和彼岸的划分，也谈不上谁更高。

要是奥古斯丁当初知道亚里士多德在所有大问题上都跟他唱反调，特别是危及信仰，他会怎么办？最直接的办法大概就是用政治手段把他禁绝，宣布他的学说是歪理邪说，谁也不许再念他的书。没错，亚里士多德重返西方之后不久教会就做出了这样的反应，在很长一段时间里将他的全部著作列为禁书！

然而，亚里士多德的学说并没有因为教会的禁绝就被人们认为是完全错误的，真理从来都不可能被政治一宣布、一打压就成了谬误。实际上，越来越多的人重新思考亚里士多德的学问，阅读他的书。如果不能禁绝，有什么好办法能让奥古斯丁和亚里士多德聊到一起吗？调和他们在四个方面的根本分歧简直比登天还难，这实际上是西方内部两大传统——基督教传统和希腊传统——的系统性融合问题。

问题的难度有多大，就足以证明解决问题的人有多高明。阿奎那就是这样一位高人，是他把奥古斯丁学说和亚里士多德学说整合成一个系统，这位伟大的神学家是基督教传统和希腊传统的调和人。正是他的出现，使西方文明成为在最深层次上融为一体的文明形态。

我们先来了解阿奎那的基本方案。他在融合奥古斯丁和亚里士多德两大传统时说了这样一句话："恩典并不毁弃自然，而是成全它。"就是说，上帝的恩典和世界的本性并不是一种敌对关系，而是变成了前者是后者更高级的指引和完善。这里的自然，英文中对应的是 nature，它不是大自然、自然界的意思，而是本性、本质的意思。在奥古斯丁看来，世界的、万物的、人的本性和上帝的恩典是敌对的。如果不是敌对的，又怎么解释它们一定会老、会死、会消亡呢？而且，即便它们有另外一种存在的方式，比如人死之后上天堂，也只有上帝的恩典才能做到。奥古斯丁对这个世界的定位是灰色调的，充满了悲观和失望。这种色调和中世纪前500年那个黑暗时代非常吻合。阿奎那的改动和中世纪后500年的暖色调是吻合的，西方已经恢复了秩序，恢复了生产以及学术研究，普遍找回了自信。所以阿奎那强调自然并不是只有自然死亡、自然消亡那一面，还有自然生长、自然开花结果这一面。世界、万物和人的出现、成长、繁荣不也是上帝安排的吗？亚里士多德的自然主义哲学讲的正是自然规定着世界、万物和人不仅会成长而且会向善的方向去成长。

"恩典并不毁弃自然，而是成全它"，这句名言的巧妙之处就在于把奥古斯丁设定的恩典与自然的敌对关系，变成了虽然上下有别但可以和谐共存的关系。世界、万物和人有生也有死，有善也有恶，但它们都完全统一到上帝的麾下，上帝创造了世界，规定了所有事物的本性，本性决定了世界有生有灭，人有生老病死，死和灭只有通过上帝的恩典才能克服。生和灭都是自然的，是上帝为万事万物设定的规律，亚里士多德在这个层次上揭示了真理，并且他在耶稣带来启示之前就知道了上帝创造这个世界的一部分真理了。而更高级的真理是启示带来的，让人懂得上帝的恩典，只有恩典才能克服自然中不好的那个部分，衰老、死亡、消灭才会变成永恒、永生，只有比自然更高级的恩典才能真正成全这个世界、世间万物和人的本性，让它们最终变得完美。

沿着这个思路往下就会发现，原来水火不容的奥古斯丁和亚里士多德可以握手言欢了，他们之间的所有分歧都可以从同一层次的相互敌对变成上下层次的和谐共处。因此，所有棘手的问题都可以在这样一种基本关系改变的基础上达成有解的状态。教会极度推崇阿奎那的原因就是认为他代表基督教成功地收编了亚里士多德，让这位伟大的哲学家不再是基督教信仰的敌人，反而成了巩固基督教信仰最好的帮手。亚里士多德从此也在教会的肯定和支持下变成了学术权威，在每一个学科都是。所以，我们读后世的许多书时都会发现，很多大哲学家都在刁难亚里士多德，比如霍布斯，其实他们真正想对付的是教会和神学。

通过摆正恩典和自然的关系，阿奎那把它们从同一层次的敌对关系变成了上下层次的和谐关系，从而破解了中世纪神学的旷世难题。那么国家在阿奎那的手里又是如何被复活的呢，这个问题的极端重要性在于，我们最熟悉的现代民族国家，就是从这样一个神学问题当中成长起来的。

国家的根基

阿奎那解决了基督教传统和希腊传统系统性兼容的大问题后，对于政治来说最重要的问题——国家的根基——也就有解了，现代民族国家最根本的学理基础就可以建立起来了。

在阿奎那之前，西方在奥古斯丁思想的支配之下，国家其实没什么地位，理不直，气不壮。前面谈到奥古斯丁持非常典型的"消极国家观"，他认为国家是此岸这个堕落世界的一种临时安排，不是从来就有，也不会永远存在下去，它只不过是上帝制止堕落的此岸进一步堕落的一种措施，说它能实现正义还勉强说得过去，说它担负着善良和伟大的事业那就是笑话了。国家只是上帝的工具，自身存在的价值很弱，奥古斯丁称它为"尘世之城"。与它相对的是"上帝之城"，上帝之城才是人与人因为信仰团结起来的共同体，才能肩负拯救灵魂、管理精神生活的使命。奥古斯丁写《上帝之城》这部名著的直接原因就是告诉那些因为罗马城被蛮族攻破而怀疑基督教信仰的人，罗马帝国只是尘世之城，不是上帝之城，所以它被摧毁了并不可惜，更不代表上帝之城被摧毁了。

往更早一点看，基督教在早期历史中有一个由国家带来的"童年创伤"。耶稣被罗马帝国钉上了十字架，彼得（第一任教皇）也是。公元之后200年的历史中，教皇大多没什么好下场，不是被钉上十字架就是被流放。基督教的首脑人物尚且如此，罗马帝国对普通基督徒的迫害可想而知。虽然这种迫害并不是一直很厉害，但给基督教留下了"创伤"。这里简单解释一下罗马帝国为什么迫害基督教。

第一，基督徒因为信仰上帝是独一真神而拒绝罗马官方宗教。罗马官方宗教不仅要罗马人信朱庇特、朱诺、玛尔斯这许许多多神，而且皇帝们死了之后也被奉为神。这种众神的宗教和基督教的一神教信仰是完全冲突的。

第二，基督徒拒绝为罗马帝国当兵、缴税。我不信你这个国，当然不会效忠你，自然也就拒绝当兵、缴税。对于罗马帝国来说，这种不服从当然不能接受，如此一来，基督教在它的早期历史中与国家一直是高度敌对的。尽管后来罗马帝国承认基督教是合法宗教，不再施以迫害，甚至把它奉为国教，但"童年创伤"已经抹不掉了，基督教徒对国家的恨已经深入骨髓。

由奥古斯丁建立的基督教"工具国家观"是中世纪前期的主导思想。国家不重要，即便有一点重要性，也是因为它在上帝拯救人类的大计划中帮了一点小忙。如果离开了这个大计划，国家什么都不是，连存在的必要性都成问题。

在政治上，如果整个社会都支持奥古斯丁的工具国家观，最高兴的当然是教会。国家和教会相争，从耶稣被钉上十字架就开始了。当基督教成为罗马帝国国教之后，问题发生了变化：基督教不用再与国家正面对抗了，不过，它又面临着新的危机——被国家吞并。教会很可能变成帝国的宗教事务部，成为帝国诸多管理部门之一，完全丧失独立性。君士坦丁大帝基本上就是这么想、这么做的，继承了这种传统的东罗马帝国就是一个国家指挥教会的权力结构，这一传统在拜占庭一直保留下来，后来又被俄罗斯继承。基督教的这一支叫东正教。

我们再回到西方，如果罗马帝国没有崩溃，恐怕基督教是扛不住的，君士坦丁传统成功地在拜占庭延续下来就是最好的证明。可西方与拜占庭和俄罗斯不一样的地方是帝国没了，教会反而独大，教会被国家吞并的危险解除了。尽管后来中世纪的皇帝和国王们也想效仿君士坦丁，但此时教会已经很强大，无法再被彻底收编。

必须严正声明：中世纪的西方根本不是政教合一，恰恰相反，它才是政教分离的原型。人类历史上只有西方做到了体系化的、成建制的教会没有被国家收编，它始终和国家保持着距离，保持自己的独立性，对国家形成了有效的外部制约。

在中世纪，世俗政权和教会是什么关系呢？一开始，教会是世俗政权的"导师"，日耳曼人文明水平太低，连文字都没有，教会掌握了知识，不仅是宗教和哲学，几乎涵盖了所有知识，其中就包括对政治最重要的法律、行政、管理的知识。所以，皇帝和国王们都必须依靠教士做他们的谋士。在封建制度里面，高级教士们逐渐变成了皇帝和国王们的诸侯，主教、修道院院长就成了公爵、伯爵，成了帮皇帝和国王们治理国家的重臣。

这时候，教会和世俗政权的矛盾又变了：主教和修道院院长到底是听皇帝和国王的，还是听教皇的？教会和世俗政权具体的冲突点就集中到了主教和修道院院长的任命权上面，历史上把这场斗争叫作"叙任权之争"，叙任，专指高级教士的任命权。教皇当然不愿意看见自己的高级下属由别人任命，于是就要从皇帝和国王手中夺回叙任权，针对皇帝发动了法律上的进攻。这场斗争从公元 1050 年前后开始，持续了两三百年，是中世纪政治最重要的主题。

此时再看奥古斯丁的工具国家观，简直就是教会最锐利的武器，国家根本就没有多大存在的必要，凭什么和教会一决高下。那时，世俗政权一方根本就没有知识上的实力和教会展开论辩，一边是饱学之士，一边都是文盲，这架没法吵。所以，在斗争的早期，教会一方占据绝对优势，关于"国家的地位"这个问题，教会越是占上风，国家的地位就越卑微。

问题是，既然是秀才遇到兵，兵是可能动武的。神圣罗马皇帝就是这么想的，他不想废话，而是想带兵攻进罗马城把教皇抓了，甚至杀了。而教皇当然知道皇帝手里有兵，所以他在德意志搞起了合纵连横，皇帝的军队还没有跨过阿尔卑斯山进入意大利，就传来消息，后院起火了，有许多诸侯联合起来谋反。而且，教皇还有一个很厉害的武器，他直接开除了皇帝的教籍，就是否定了他的基督徒身份。这种处罚对基督教世界的皇帝和国王们来说是要命的，因为你如果不是基督徒，作为基督徒的臣民就没有服从你的义务了。教皇这两大绝招最后逼得皇帝在冰天雪地里光着脚、穿着破衣烂衫,去教皇度假的卡诺莎城堡跪地请罪,祈求宽恕。这就是西方历史上著名的"卡诺莎之辱",恐怕其他文明里面没有皇帝受过这样的奇耻大辱。可想而知,当时教会已经强大到世俗政权吃不掉它的地步了。但如此一来,国家不就更没地位了吗?

那阿奎那为什么要帮助国家恢复元气呢?他不是一直跟教皇关系很好吗?在这里,我们必须重申对阿奎那和他的学问的定位:阿奎那一生以学术为业,是一个纯粹的学问人,没有直接参与到教会和世俗政权的政治辩论当中。他的学问不是为现实政治打造弹药,而是为真理而真理。但阿奎那也不是书呆子,他对现实政治并不是一无所知,相反,他很了解。他保持了学问人和现实政治之间的距离,要把现实政治问题放大到学问中去解决。

到这里,终于可以翻开《阿奎那政治著作选》这本小册子了。它是一本选集,选了阿奎那的《论君主政治》《反异教大全》和《神学大全》当中的政治学论述,还有阿奎那对亚里士多德著作的一些解释。相比阿奎那著作的全貌,这本选集简直就是沧海一粟。选集因为脱离了庞大的著作体系,表面上都是对政治的直接论述,少了前言后语和来龙去脉,所以读起来很容易让人摸不着头脑。这就是我需要补基督教、神学、中世纪、奥古斯丁、亚里士多德革命、叙任权之争等知识给大家的原因。了解了这些背景和线索,才能读出这本书的高妙之处和良苦用心。

这部著作选抓住了阿奎那政治学的核心命题:人是天生的社会政治动物。学过一点政治学的,可能马上会做出反应,这跟亚里士多德的"人是天生的政治动物"不是差不多吗?先别忙着下结论,如果传世名著被看作不过如此,通常不是因为它浪得虚名,而是因为阅读者没有发现它的机关。先看看阿奎那在这句话里动了什么手脚,就知道,调和奥古斯丁和亚里士多德这个活儿真不是一般人干得了的。

首先,"政治"在亚里士多德那里本来也有群居的、公共的意思,但阿奎那加上了"社会"这个词,就这么一笔,阿奎那便改动了亚里士多德设定的政治的基本范围和性质。在希腊文里面,"政治"(politics)的词根polis有"城邦"之意,所以我们也可以把那句名言翻译成"人是天生的城邦动物"。城邦的基本政治含义是公民轮番为治，公民有权利也有义务参与城邦的政治生活和当兵打仗，人最有价值的事业就是在这样一种城邦政治中实现的。可到了中世纪，城邦已经没有了，上面这些政治含义已经与现实不相符，所以，必须改造亚里士多德的教导，才能让这句格言适用于中世纪。加上"社会"，就是说人首先是一种群居的、团体的、必须有共同生活的动物，然后再谈"共同生活"在基督教的框架下是什么样子的。这样的适用性改动就让亚里士多德政治学和基督教信仰以及中世纪的情况得以兼容。这句话背后有了一整套政治学理论，也就意味着有了汇入基督教神学的入口。就像自然被放在恩典下面，整套亚里士多德学说可以导入基督教神学一样，"社会"这个词加上去，表面上不起眼，但它四两拨千斤，它盘活了一个体系，这样的招法很精妙。

其次，阿奎那把亚里士多德的政治学体系用来解说国家了。亚里士多德的城邦是永恒的善良事业，是人得到自我实现的最佳场所，他植根于人性。人是天生的社会政治动物，不只是有原罪，还有过好公共生活、追求善良事业的本性，因此，国家并不只是奥古斯丁说的临时工具，而是植根于人性的追求善的重要团体。它跟教会是并列的，掌管人的世俗生活。世俗生活虽然没有精神生活重要，但也是有意义的，也要过好，不能只是贬低它的意义就把它打发了。

这样一来，国家就恢复了元气。通过阿奎那的巧妙引入，亚里士多德的政治学体系就可以为中世纪所用：国家具有自然属性，而不再只是上帝安排的临时工具；它的本性与人的本性是相通的，不仅是人的内在需要，而且具有明确的善，它的目的是追求公共善或者公共利益；它是管理世俗事务的最高团体，虽然在价值上仍然低于教会，但明确独立于教会；对后世来说极端重要的是，阿奎那承认只有植根于人性形成的国家这种政治团体，才拥有强制力。国家的地位凭借亚里士多德理论的重新奠基，腰板又重新挺起来了，有资本去摆脱奥古斯丁的全面压制和约束了。用今天的术语来说，国家在阿奎那手中重新获得了政治实体的地位，它的内部无论在道义上还是权力上都比较饱满了，有资格变成政治领域的基本单位。

总之，阿奎那通过"人是天生的社会政治动物"引入了亚里士多德政治学体系，让国家重新拥有了自然的根基，地位大大提高，具备了成为未来政治主角的资格。不过，阿奎那不仅把国家捧起来，还要把国家管起来，自然法就是用来管束国家的捆仙绳。

自然法的兴起

阿奎那把亚里士多德的"人是天生的政治动物"这句名言改为"人是天生的社会政治动物"，从而把亚里士多德政治学体系接入基督教神学，使国家获得了政治实体的地位，从中世纪早期的卑微状态走了出来。相应地，自然法也被阿奎那变成了对付国家的捆仙绳。这个问题的实质是法律与国家的关系。但问题是，自然法理论早已有之，阿奎那的自然法理论有什么特别之处呢？

自然法观念非常古老，几乎和西方文明一样古老。有研究者把自然法的思想源头追溯到古希腊著名悲剧《安提戈涅》，它的剧情背后隐含着一个值得深思的问题：有没有永恒的正义？或者更具体一点，有没有独立于政治权威之上的正义？如果答案是肯定的，就是认可自然法的存在。

自然法的英文表述有两种，natural law 或者 law of nature。前面提过 nature 是指本性，而 law 这个大家非常熟悉的英文词，既指人制定的法律，也指物理学、自然科学中的规律。Law 一词的复杂之处在于，近代以来人们将人为的和自然的一分为二，而在古代，阿基米德的杠杆原理和城邦订立的法律是同一种东西，都是 law 所涵盖的。所以古代的正义也像物理学中的定律一样独立存在，在没有国家这一概念之前就存在了。柏拉图在《理想国》里面就是先追寻正义的标准是什么，找到正义，才能找到建立国家的依据，可见正义高于国家。

把自然法的观念传播到整个西方的不是希腊人，而是罗马人，因为对整个罗马帝国都有效的罗马法承认了斯多葛派哲学家们的自然法理论。罗马皇帝编订的具有法律效力的法学教科书开头第一句就讲：正义是坚定而恒久地保护给予每个人他所应得的部分。那么，斯多葛派哲学家们到底教了罗马人什么东西，他们的自然法理论到底讲了什么？

学习斯多葛派自然法理论最成功的罗马人西塞罗讲得好，他在《论共和国》这本名著中说，真正的法律，是和自然相符的正确的理性，它是普遍适用的，是不会改变，永远存在的。从这里我们就能看出自然法的特点：第一，它符合或者它就是万事万物的本性；第二，人通过自己的理性掌握了它；第三，它普遍有效，永远有效，不会改变。所以，按照自然法的特点，再伟大的君王也不能把阿基米德的杠杆原理这类定律废除掉。同样，正义也是一样永恒存在，至少柏拉图、西塞罗、阿奎那认为是这样的，西方古代的主流法律观念也是这样认为的。

如果自然法存在，从它的特点就能很容易地推断出来，它一定是高于国家的。统治者不能违反它，不能废弃它，无论统治者是否愿意，都要受它的约束，正义始终笼罩在统治者的头上，监督他。

西塞罗的著作、罗马法的贯彻，已经把自然法观念留在西方人心底，那阿奎那做了什么，为什么他的自然法理论很重要呢？一句话，阿奎那一边克服了奥古斯丁对自然法的不友好，一边弥补了亚里士多德式自然法的不足。

先澄清一个问题，基督教神学吸收自然法观念不是从阿奎那开始的，在他之前已经有很多人做了许多工作。基督教是在罗马帝国中成长起来的，也是在罗马法中成长起来的，它早就知道自然法观念，而且主动加以吸收。比如《圣经·新约》的拉丁文标准版是哲罗姆从希腊文翻译过来的，他在翻译时借用了大量罗马法的词汇，这样一来罗马法蕴含的自然法观念就随着这些拉丁字词进入了《圣经》。吸收斯多葛派哲学的观点在教父学里也有。

既然基督教神学在哲罗姆和奥古斯丁的时代已经吸收了自然法观念，阿奎那到底做了什么？为什么重要？前面我们强调过"信仰为什么要上升到神学"，如果只是停留在观念，没有上升到系统化的理论，它就会有很多缺点：第一，准确性不足，大家都知道，但谁也无法完全说清楚，经不起推敲；第二，稳定性不足，一旦和其他观念发生冲突，很可能被摒弃；第三，适应性不足，难以适应，更难主动地影响社会政治的变化。

回想一下使徒保罗，他想把基督教传播给所有人，超越犹太民族的圈子，但他去罗马帝国传教时要怎么跟人说呢？于是，相应的神学要求就一定会出现，基督教信仰如果要适用于所有人，就必须论证为什么上帝是爱所有人而不是只爱犹太人。比较保罗的所作所为，就可以理解为什么说阿奎那对自然法的确立做出了重大贡献，他就是把已有的观念上升为神学，把自然法变成神学系统的组成部分，使自然法和其他重要的神学原理紧密地联系起来，道理就变硬了，更有力量了。

可以从两个角度来看阿奎那这项工作的重要性。第一，奥古斯丁神学其实暗藏着对自然法不友好的成分，阿奎那把它克服掉了。此前，自然法虽然已经渗透进基督教，但它没有成为系统化神学的组成部分，根源在于它和奥古斯丁传统存有深层次的冲突。有一个概念最容易解释这个冲突：理性。"自然法就是正确的理性"这句话意味着，人依靠自己的理性就可以认识万事万物本性中的法则。但是，奥古斯丁说，启示绝对高于理性，在上帝的启示面前，理性根本不值一提。

就如"恩典和自然"之间关系的难题一样，自然法在启示占据绝对优势的情况下是没有意义的，一切都由上帝的意志决定，人没有多少理性，即便有，也没什么用。对此，阿奎那不仅提出"恩典并不毁弃自然，而是成全它"，他还认为"启示并不摧毁理性，而是成全它"。于是，自然法虽然被放在了次要的位置，但它却能完全为基督教所容。这就是阿奎那的秘方。

第二，亚里士多德哲学其实对自然法的阐述并不充分，系统的阐述是由后来的斯多葛学派做的。但阿奎那用的是亚里士多德哲学，他就必须帮它补上这一课。当然，他是在基督教神学的框架内去补充的。阿奎那就是这样一点点沿着学问的逻辑把西方最重要的知识连接成一个体系，所有在他之前的大学问家他都考虑到了，而且积极地吸收。他对所有的学问都很宽容，认为即便是教会认定的异端邪说，在不同的程度上也都揭示了真理，不能一味地指责和抨击，而要汲取它们正确的地方。一句话，前人的学问不是不好，而是不够好，后来人的任务不是去说它们不好，而是把它们变得更好，成全它们。"成全"是阿奎那学问的基本思维方式，也是他追求博爱、证明信仰最重要的方式。阿奎那给所有人做了一个好榜样，想要证明自己的信念是对的，就要包容对手，把他们的道理变成自己道理的一部分，而不是一味地指责对手是错的。总之，即便全世界的人都错，也不会证明你就是对的。

自然法从观念、演说、信条变成理论体系，当然需要和其他重要的观念连为一体。把自然法变成理论体系的，就是阿奎那的法律分类理论，他把法律分为永恒法、自然法、人法和神法四大类。

永恒法是上帝的理性；自然法是人这种理性的动物对永恒法的参与；人法是自然法的具体运用；神法是教会法，是记录在《圣经》里的上帝之法。我们可以分三个层次来详细解说这个理论。

第一，永恒法和自然法的关系。永恒法、自然法和人法大概构成了一个由一般到特殊、由抽象到具体的序列，永恒法最高级，自然法次之，人法居最后，它们都是理性的，只不过适用的范围大小不同。永恒法起源于上帝的智慧，是一切法律之母，阿奎那用它保证了基督教传统优先于希腊传统，但同时也为亚里士多德的政治和法律理论融入基督教神学找到根据和接口。自然法是正确的理性，但它只是人的理性，比不上上帝的理性，只是分享了上帝的理性。这样一来，作为人的正确理性的自然法就有了不可动摇的根据。在被基督教信仰笼罩的西方中世纪，阿奎那给自然法安了一个稳定的窝，背靠上帝好乘凉，再也不用为说不清楚自己是哪里来的苦恼了。

第二，自然法和人法的关系。人法要追求公共福利，要由统治者颁布，要规定人的行为，都因为它从自然法，也就是从正义而来。阿奎那在这个问题上几乎是不厌其烦地重复奥古斯丁的教导：恶法非法，法律如果不追求正义，就根本不是法律。

似乎很容易就得出结论说阿奎那支持"法律高于国家"，先不忙着下结论，对于他这样善于调和的人来说，一定会想到事情的另外一面，寻找周全的办法。阿奎那说，君主高于人法，因为人法就是他制定的，虽然君主也应该遵守自己制定的法律，但那是他出于自愿。如此说来，君主是不是就可以为所欲为？当然不是，他对法律的制定和改动得想着正义、公共福利、效力范围，就是必须符合自然法。

阿奎那在法律与国家的问题上给出的回答可以用一句英国谚语来形容："王既在法上同时又在法下（king above and beneath law）。"这句话似乎和常识相冲突，但只有理解了这个关键的冲突，才能领会到什么是真正的好的政治。王在自然法下，同时又在人法上，但不要忘记，自然法和人法是相通的，法是一体的，君主必须洞悉正确的理性，把它变成人间的行为准则。到这里，已经可以回答阿奎那怎么看待"法律和国家的关系"这个问题了，他让法律从内到外地渗透了国家，自然法上面接着永恒法，接下来导出人法，国家对上不能违背上帝和永恒法，对下不能失去人法这个最重要的统治工具，它必须和法融为一体。

第三层，人法和神法的关系。神法是教会法，人法和神法的关系实际上是世俗君主的法与教会法之间的关系。有永恒法、自然法、人法的层层递进不就够了吗？那教会法岂不是多余的？从政治上讲，否认教会法是基督教绝对不能接受的，那相当于取消教会的存在，对世俗政权完全投降，之前的教会独立、叙任权之争等从耶稣以来的种种努力不是全白费了吗？但如果不能取消教会，不能取消《圣经》的神法地位，就得给出正当理由。所以阿奎那说，神法之所以存在，是因为人的终极目标超越了人的理性，同时人法只管束人的行为不管内心，不能完全制止所有邪恶。

对于信仰基督教的人来说，理性确实不足以解决得救的问题。如果只有理性就可以，还要信仰做什么？所以信仰必须要神法来培育和引导。那么，对不信基督的人理性就是万能的吗，就可以解决生活和心灵中的所有问题吗？答案是否定的。所以，阿奎那对神法的看重提醒我们，如果你有自己的信念，你就要去寻找它的源头经典，从中领会自己内心最认同的那些规则。

简要而言，阿奎那这位伟大的调和者把所有问题都妥当地安置在一个体系里面了。这使得从他在世到现在为止的教皇们都对他很满意。但是，他宽容、博爱、广博、中庸的学说，却引发了国家对教会的致命攻击！

意外的后果

阿奎那把自然法上升为系统化的理论，把国家放到法律的罗网当中，法律对于国家就像水和空气对于人一样，一刻都不能分开。不过，阿奎那周全完备的神学体系引发了国家对教会的攻击。阿奎那的初衷是通过吸收亚里士多德哲学，使得基督教神学更加饱满，更加合理。对于"教会和国家关系"这个问题，他认为教会在精神世界、国家在世俗世界各自享有最高权威，而且，教会地位更加崇高，但它没有指挥国家的权力。这样一个顾全双方的平衡方案，却成了国家攻击教会的突破口。站在阿奎那的立场上，是意料之外，但从西方历史的发展来看，也在情理之中。

意料之外、情理之中的误读误用其实很多。一种学问到底是什么样子的，固然和作者本人的意图紧密相关，但也和读者的意图紧密相关。越大的学问，包括了越丰富的内容，读者从里面实现自己意图的可能性就越大，有时候甚至超越了作者本人的意图，成为很有影响的说法。

举个例子，比如《红楼梦》，你可以把它当作才子佳人的故事看，可能因为你正向往美好的爱情；你也可以把它当作大家族兴衰沉浮的故事看，可能因为你正在感慨世事的沧桑；你还可以把它当作诗词集锦看，可能因为你正在钻研古文的精妙。但是，也有人把它当作革命秘籍来看，说《红楼梦》里面隐晦地写满了各种革命观点和联络暗号，目的就是为了推翻清朝统治，北京大学老校长蔡元培先生就是这么看的。还有人把它当作曹雪芹的自传来看，查证它和康熙年间政治的关系，等等。照我们现在的看法，蔡元培先生排满革命的看法太牵强了，但在清末这种看法很有市场。阿奎那被误读，就类似蔡元培先生按自己的意图解读《红楼梦》。

阿奎那的学说几乎无所不包，可以解读的角度太多，但有两种最主要的误读必须提到，因为它们涉及教会和国家关系这个要命的问题。这两种误读分别是，在教会眼里，阿奎那学说是亚里士多德化的基督教学说；但在王权派理论家眼里，阿奎那学说是披着基督教外衣的亚里士多德理论。

解释一下这种二元的局面。亚里士多德重回西方后，给奥古斯丁占据主导地位的基督教神学造成了巨大冲击。正是阿奎那解决了这个问题，把亚里士多德理论引入基督教神学内部。但也有人说，教会得意地认为阿奎那成功地收编了可怕的敌人亚里士多德，所以封他为圣人。故事的这个版本，就是亚里士多德化的基督教神学。从阿奎那本人的立场来看，他大概也会这么认为。

但是，还有些和教会作对的人。有一帮理论家天天惦记着怎样帮助皇帝和国王们从理论上打击教会，他们被叫作王权派理论家。在他们眼里，重要的不是阿奎那让奥古斯丁学说压制住了亚里士多德学说，可以拿亚里士多德学说攻击教会才最重要。阿奎那之前，亚里士多德学说是被禁绝的，不能用，现在有了阿奎那学说，亚里士多德学说成了里面的一部分，就可以合理合法地拿来用了，也可以拿来攻击教会。故事的这个版本，叫作披着基督教外衣的亚里士多德理论。显然，摧毁教会不是阿奎那的目的，是王权派理论家们对阿奎那学说故意误读误用，但就是这么一帮不尊重阿奎那原意的理论家们主导了阿奎那之后西方政治理论的走向，对实际政治产生了决定性的影响。

利用阿奎那学说攻击教会的几个"坏蛋"都有谁？有三个人特别厉害，他们是约翰、但丁和马西里乌斯。其他两位有些陌生，但丁却是世界级大文豪，他的作品《神曲》是经典名著。但丁是文艺复兴最重要的领袖，他是带领西方走出中世纪、奔向现代的大人物，他在政治上是密谋反对教皇的革命党分子，在理论上是利用阿奎那学说攻击教会的大师。

我把他们三位的理论合在一起来解释他们怎样利用阿奎那的学说来攻击教会，把国家变成了拥有巨大权力的政治共同体。他们总的思路，就是极力发挥阿奎那学说里面亚里士多德的一面，故意淡化奥古斯丁那一面，可以分三点来解释。

第一，国家和教会是两回事，各不相干。国家起源于亚里士多德所说的自然，人是天生的社会政治动物，过政治的生活才能实现自己的本性，国家就是这种植根于人性的共同体。教会呢，是上帝设立的帮助人们灵魂得救的团体，帮助人们改善道德。国家基于自然，教会基于神意，不是一套逻辑，履行不一样的职能，实现不同的目的，所以，必须完全分开。阿奎那说国家和教会不同，但它们有分工有合作，但丁他们只说不同，故意不谈分工合作。

第二，国家是政治共同体，拥有强制力；教会是道德共同体，没有强制力。他们坚决认为，只有基于人性建立起来的共同体才有政治品质，才拥有强制力，国家就是这样。教会呢，是基于上帝的旨意建立起来的道德共同体，没有政治品质，也就不拥有强制力。政治可以强制，也必须强制，道德不能强制，只能劝导。教会被他们变成了没牙的老虎。阿奎那认为国家和教会是不同性质的共同体，但丁他们就只强调国家才拥有强制力。

第三，教会应该服从国家，而不是国家服从教会。阿奎那说教会和国家各自独立，各自在自己的领域中是最高权威，教会在精神上比国家更优越。但丁他们完全把这种关系颠倒过来，国家是最高权威，教会只是一种道德团体，教会必须服从国家以强制力为后盾制定出来的法律。

但丁他们并没有完全搭建出一整套新的框架，只是强调阿奎那学说的一个侧面，故意把阿奎那苦心建立起来的国家和教会之间的平衡打破，天平开始向国家一边严重倾斜。后来的发展就很明了了，同样是文艺复兴巨匠的马基雅维利把国家当作政治的中心，博丹发明了国家主权理论，霍布斯把国家比作利维坦。国家一步步强大，教会迅速被边缘化，和这些理论家故意抬高国家、打压教会是分不开的。而这一切，就是从阿奎那请回亚里士多德，重新奠定国家的根基开始。这不是阿奎那的本意，但他却在国家崛起这股大潮流中充当了最坚实的起点。

国家从故意误读误用阿奎那学说开始就获得了坚实的根基，迅速成长，相应地，教会不断衰落。这一长一消，中世纪的政教二元结构就被破坏了，国家旁边不再有强大的教会钳制它，它膨胀的速度就更快了。西方从中世纪进入现代，其中一个重要标志就是国家成为政治领域绝对的主角。这个时候，很容易让人想起那句谚语："权力导致腐败，绝对权力导致绝对腐败。"没了教会这个最主要的对手，如何阻止国家的膨胀？这是一个非常艰难的过程，有限政府、三权分立、人民主权、代议制政府、联邦制等这些办法，都和钳制中世纪后期之后膨胀起来的国家有直接关系。

此时，自然法的重要性就显现出来了，阿奎那把它变成了对付国家的捆仙绳，从正义的目的、公共福利到效力范围和人法之间的关系，自然法渗透了整个国家。自然法对钳制迅速崛起的国家有用吗？从道义上说，没有哪个国家会公然蛮横地宣布蔑视自然法，但如果国家要肆意妄为，却真的没有比它更大的强制力来对付它。因此，自然法必须加以转换和改造才能适应新形势。

想出新办法的过程非常漫长，经过很多伟大的神学家、哲学家、法学家、政治理论家的努力才得以完成。这一过程可以概括成一句话："把自然法变成自然权利。"我们分两个方面来解释这个大转变：转变的必要性和转变的用途。

从转变的必要性来看，自然法有自己内在的缺陷，很难对付国家。回想一下阿奎那自然法最终形成的政治结构：王既在法上同时又在法下。君主确实在自然法之下，但没有人在君主之上，只有上帝在自然法和君主之上。那么，就没有人比君主更有资格去掌握自然法。自然法更亲近君主，而不是人民，所以阿奎那一直在说世界上最好的政体是君主政体。必须把自然法交给人民，人民的地位比君主更高，才能用自然法来管制君主，才能使之在法理上得以落实。所以，从自然法转变成自然权利的必要性是自然法不够用。

再说用途，这个转变的巨大威力就可以完全展现出来了。自然权利是每个人天生的权利，我们中国人习惯把它叫作天赋人权。有了它，政治权力来源的基本逻辑就变了。原来是君权神授，君主的权力来自上帝；有了自然权利，政治权力就不能直接来自上帝，而是来自我们每一个拥有自然权利的人。我们每一个人交出自然权利结成社会契约，政治权力和国家才得以诞生，所以国家必须为我们的幸福服务，决不能伤害我们。这就是霍布斯、洛克、卢梭的社会契约论。这样一来，人民高于国家、高于政府、高于君主就是理所当然。社会契约论把原来中世纪教会负责钳制国家的办法变成了人民从共同体内部居高临下地管理国家。国家迅速膨胀的危险，从内部得到了基本的解决方案。

问题的关键是，怎么把自然法变成自然权利呢？在拉丁文和许多西方语言中，这两个词其实就是一个词。确实，natural law 和 natural right 不一样，可再往前，这两个词都是用 natural jus 来表达的。jus，它既表示法又表示权利，既表示规则、规定、规矩又表示正义、正当、正确。一语两用。把两个方面明确分开的，是西班牙法学家苏亚雷斯；别有用心地故意当作自然权利来使用，淡化自然法意思的，是格劳秀斯、霍布斯、洛克。理论的突破又是在从原来的结构当中变换了重点，突出新意思来实现自己的理论目的和政治目的时发生的。了解了理论和历史变化的脉络之后，再回看《阿奎那政治著作选》当中关于自然法的论述，就会完全不一样了。他的意图虽然和后世的理论家们不一样，但还是为他们提供了最强大的神学基础和最系统化的学理框架。把自然法变成自然权利，把中世纪规制国家的办法变成现代的办法，真是曲径通幽，别有洞天。

其实阿奎那学说的误读关联着两个"意外的结果"，一个是故意误读误用阿奎那学说为国家的成长寻找到了稳固的学理根基，确实与阿奎那的本意相悖；另外一个是故意扩展阿奎那学说为天赋人权开路，重新规定国家的根基，确实与阿奎那认定的君主政体最优相左。伟大的学问总是能给怀有不同目的的人都带来启发，使之都能从中汲取到真理的力量，尽管总是被误读误用，尽管饱受批评和指责，但这恰恰证明了它的伟大。或许我们并不需要知道精微的神学机关，但我们可以试着去《阿奎那政治著作选》里面领会一下他的宽容和博爱带来的智慧和力量。

思考题：

1. 宗教信仰和神学的差别是什么？如果有人可以把和你的信念相差很远的道理讲得头头是道，你会被他说服，改变自己的信念吗？
2. 阿奎那说上帝的恩典不是毁弃自然，而是成全了它。你认为人性需要超自然的力量去成全吗，还是自己努力就可以达到完善的境界？
3. 所谓国家是应该积极有为，多做好事，还是消极无为，少做坏事？如果你想让它多做好事，你愿意承担它打着做好事的大旗干坏事这种后果吗？如果你想让它少做坏事，你认为不让它管的事应该由谁来管？
4. 你认为社会政治事务里面有自然法吗？社会政治事务当中有物理化学法则一样不可改变的铁律吗？如果有，怎么样才能维护好它们？如果没有，法律就完全是统治者的意志，就是统治者的工具，我们为什么还要服从法律，只是因为恐惧吗？
5. 举几个你知道的后人的应用与原作者意图完全违背的例子，比如德国拜耳公司的化学家霍夫曼发明的麻醉镇静药物海洛因后来迅速变成世界上最臭名昭著的毒品。后来人为什么会故意曲解原作者的用意？文明的进展，到底多少是出于原意，多少是出于故意曲解的利用？

○七
《君主论》

［意］尼科洛·马基雅维利 著　潘汉典 译　商务印书馆　2017 年

主题词◎君主制　政治　国家　佛罗伦萨　美第奇　武力　道德　权力

经典之处

《君主论》是马基雅维利著作中最短也是最有名的一部，在他去世五年后才刊印。自出版 480 余年以来，从西方到东方，在宗教界、政界、学术领域和社会上广泛地引起各种强烈的反响。到 20 世纪 80 年代，它被西方国家列为当代最有影响力的世界十大名著之一。

作者简介

尼科洛·马基雅维利（Niccolò Machiavelli，1469—1527），意大利佛罗伦萨的政治家、外交家，也是一位思想家。他是第一个使政治学独立，与伦理学彻底分家的人，有"资产阶级政治学奠基人"之称。

导语 | 在困厄中思考建国

刘苏里

马基雅维利是15—16世纪的政治哲学家。他生于1469年，死于1527年，佛罗伦萨人，也就是今天的意大利人。马基雅维利写过几本有名的著作，最著名的是《君主论》，大约1513年，或1515年前后写成。作者死后五年，才公开刊印。

从古到今，西方政治思想家中，马基雅维利是争议最大的人。有人用一句话总结了他的思想，叫作"结果证明手段的正确"，也可以翻译成"为了实现目标，可以不择手段"。《君主论》通篇教导君主如何获得权力、掌握权力、运用权力，书中有很多非常刺耳，甚至道德上非常恶劣的话，给批评、谩骂马基雅维利提供了确凿证据。如果光从文字看，批评者的指责，并没有错。比如他说，君主参与权力的游戏，要对权力进行计算，而对人们的信仰也应该加以利用，作为君主实现目标的工具。比如，面对险恶的政治局面，君主既要像狮子一样勇猛，又要像狐狸一样狡猾。再比如，君主实现统治的最好办法，是让人惧怕，而不是让人爱戴。

中国有学者攻击马基雅维利是"邪恶教师"。这种攻击由来已久，外国的攻击更多。当代政治哲学家施特劳斯，写过一本《关于马基雅维利的思考》，就说马基雅维利是传授邪恶的教师。

马基雅维利到底是怎样的人？他的思想产生的时代背景是怎样的？我们应怎么理解马基雅维利的各种说辞？李筠在讲读中，都有涉及。下面我想重点谈谈马基雅维利的从政经历和《君主论》写作的历史背景。

马基雅维利搞政治和写书的年代，正是欧洲进入文艺复兴的鼎盛时期。东罗马帝国，也就是拜占庭帝国的陷落，极大震撼了分裂的欧洲，它失去了防御伊斯兰世界攻击的最后屏障。有趣的是，分裂的欧洲，却迎来了文化和艺术的繁荣，靠近伊斯兰世界的意大利半岛，也成为文艺复兴的前沿。新世界的发现，欧洲内部战争，使得法国和西班牙崛起并成为王权统一的大国，对文艺复兴但政治分裂的地区，比如意大利和德意志，构成极大威胁和刺激。法国入侵佛罗伦萨，轻而易举结束了美第奇家族半个多世纪的僭主统治，就是一例。

马基雅维利家族中，不止一个人，在美第奇家族统治佛罗伦萨时期担任过政府要职。关于美第奇家族的故事，有两本不错的通俗读物，不妨翻翻。一本是《美第奇家族》，作者是英国作家和学者保罗·斯特拉森，这本畅销书有个副标题，"欧洲最强大家族缔造权力与财富的故事"，从中可大略知道美第奇家族是怎么回事。另一本稍微学术点，不过也很好读，英国历史传记作家希伯特写的《美第奇家族的兴衰》。要了解马基雅维利和他的思想，就躲不过美第奇家族和它对佛罗伦萨的统治。

1494年，法国人赶走了美第奇家族，佛罗伦萨建立了共和国。正是这个时候，马基雅维利走上政坛，出任共和国负责外交和军事事务的高官。到了1512年，在西班牙和教皇的支持下，美第奇家族又推翻了共和国，恢复了僭主统治，马基雅维利摊上无妄之灾，被投入大牢。如果没有朋友相助，他很可能被处决，至少坐一辈子牢。

马基雅维利参与了佛罗伦萨共和国的建立和其脆弱的治理，又是共和国被推翻的见证人，前后才十几年，他像坐了过山车。他谈不上多爱共和国，却十分热爱佛罗伦萨。而佛罗伦萨，像大国和教皇手里的烙饼，颠来倒去，对自己的命运完全无能为力。可以想象，亡国之痛对马基雅维利意味着什么。而作为一个高官和有思想的人文主义者，他被捕后遭受的酷刑，更是让他痛彻心扉。

马基雅维利出狱后，不要说继续从政，连日常生活都成了问题。他只好搬到乡下隐居起来，一边务农，一边思考。他的重要作品《君主论》，是在最困厄的时候写的，也是他的第一本书。他的思考背景，是意大利的分裂，各小国包括佛罗伦萨，它们无力掌握自己的命运。他要给君主们出主意，怎样实现建立国家这个大目标，怎样实现国家独立的外交和军事而不受大国的任意摆布，以及怎样实现国家的稳定治理等。

所以，马基雅维利的说话对象，不是黎民百姓，也不是读书人，甚至不是达官显贵，而是一个或几个特定的人——君主和有望成为君主的人。如果脱离以上大背景和马基雅维利有着特定说话对象的前提来阅读和理解《君主论》，那么肯定会得出他是个邪恶教师的结论。对我们普通人来说，阅读《君主论》主要是获得马基雅维利思考问题的方法——到什么山上唱什么歌，"从来就没有一面的硬币"，以及你处在什么位置，就该怎么想问题，一切从实际出发——而不是靠想象考虑问题。当然，如果你恰巧是个有远大抱负的人，马基雅维利也在书中谈了很多怎么实现远大目标的方法。不过，这已不是我们读《君主论》的主要目的了。

还有一点必须提及。马基雅维利对建立国家，结束意大利各邦国之间尔虞我诈、相互角斗的局面，如此念兹在兹，有一个更重大的背景，就是意大利诸邦国，其实都是古罗马的后裔，而罗马的辉煌，它们从未忘记，马基雅维利也没忘记。

李筠是研究中世纪政治思想史的青年才俊。他的简历清澈透明，除了博士后研究和哥伦比亚大学进修，从本科到博士的学位，都是在中国政法大学拿的。毕业后留校，继续为母校效命。他说，"没有重大意外，'政法'就是一辈子了"。他写过书，也翻译过书。他不仅参与了一些重要项目的研究，还是世界政情的重要观察者。在他对《君主论》的独特理解中，便融进了他政情观察的激情。

李筠讲读《君主论》

> 李 筠
> 政治学博士，中国政法大学教授、政治学系主任。著有《论西方中世纪王权观》，译有《流动中的民主政体》。

政治高于一切

《君主论》是西方历史上最早谈论现代政治的著作。现代政治，就是从近现代国家发展起来的，以国家为基本单位，想象、打造、维系权力的政治。可以说马基雅维利的这本著作是现代政治学的开山之作。此前柏拉图的《理想国》和亚里士多德的《政治学》，也是谈论政治的经典。不过，《理想国》把政治放在次要位置，是在世界的本质下面谈论的。而《政治学》就比《理想国》谈得现实些了，它总结了古希腊的政治经验，也传授了一些统治的技术。

《君主论》当然也涉及许多传统议题。但《君主论》谈政治，给人最直观的冲击是，政治是现实的、冷峻的、残酷的、令人厌恶的，甚至是邪恶的。而传统中人们理所当然地认为决定政治的那些神圣、伟大、光荣、正确的东西，比如上帝、诸神、美德、名誉……都被马基雅维利毫不犹豫地放在了比政治次要的位置，都受制于政治，可以说，他把政治放在了世界的最高位置。马基雅维利"恶作剧"一样尖锐地揭穿了各种教条，明确他对传统的反叛，明确他的主张：政治高于一切。

传说他在弥留之际对身边的人说，他做了一个梦，梦里遇到两伙人：第一伙人破衣烂衫、形容枯槁，但品德高尚，正去往天堂；另一伙人服饰端庄、高贵肃穆，一路谈论政治，却被诅咒下地狱。他认出第二伙人里面有柏拉图、普鲁塔克、塔西佗。他说他很乐意追随第二伙人下地狱。

哪怕下地狱，马基雅维利也要冒天下之大不韪去讲"政治高于一切"。这是为什么呢？因为他生活在一个政治异常精彩又异常混乱的年代——旧的制度已经失败，曾经流行的信仰已经衰落，旧政治走向瓦解，政治观念史将进入一个新的现代政治时期。换句话说，政治要被重新认识、重新塑造，才能适应新时代的轨道和节奏。

那是一个什么样的新时代？马基雅维利是意大利佛罗伦萨人，生活在文艺复兴即将结束的时候，也就是15世纪末16世纪初。佛罗伦萨是意大利文艺复兴的中心，一提起它，你很容易想到达·芬奇、米开朗琪罗这些艺术大师，想起他们的作品《蒙娜丽莎》《大卫像》等。

正是当时赫赫有名的美第奇家族赞助了达·芬奇、米开朗琪罗这些艺术家，才有了光辉灿烂的文艺复兴和这些传世的艺术珍品。美第奇家族并不古老，它是随着佛罗伦萨的商业繁荣发展壮大的，当时那里的人们认为，"不经商的佛罗伦萨人，无论如何，都抬不起头来"。美第奇家族从14世纪起开银行，在后来的一百多年里，成为整个欧洲最有势力的大家族之一，可谓呼风唤雨。家族不仅出了许多银行家，还出了公爵、执政官、枢机主教，甚至教皇。

这个家族经历的风雨具有那个时代非常典型的特征：政治不再只是帝王将相的事情，市民社会已经兴起；人们不再遵循基督教的教导，在谦卑忍让中等待上帝的救赎，思想观念五光十色背后最重要的时代主题就是"大写的人站起来了"。

人逐渐取代上帝成为文学、艺术、政治的中心，不再是堕落的罪人，而是充满了理性、情感、勇气、智慧的生灵，是英雄，是反抗者，是创造者，是主人。各路枭雄纷纷登场，都想在"站起来"的新世界中开创自己的王图霸业。如此一来，政治是什么，政治为了什么，政治要怎么搞，政治当中最核心的团体"国家"是什么，它要如何运作，等等，这些有关政治的基本问题都需要新的答案。

《君主论》就直截了当地回答了上面这些问题，而马基雅维利论说的直接目的，是献给佛罗伦萨的实际统治者小洛伦佐·德·美第奇，他希望"君主"最先听到他对政治的见解。《君主论》成书于美第奇家族从僭主向世袭君主制发展的过程。僭，是僭越，僭主指通过政变或者暴力手段获得政权的统治者。僭主为维护自己的地位和利益，很容易发展为独裁者。

这时法国人来了。1494 年，法国国王查理八世入侵佛罗伦萨，当时的当政者皮耶罗二世·德·美第奇被流放，美第奇家族的统治被推翻。1498 年，佛罗伦萨恢复了共和制，马基雅维利就任城市共和国国务秘书，负责处理外交和军事事务，担任公职 14 年。他代表共和国出使法国、瑞士、德意志各诸侯国，包括意大利各地的政权。所到之处，他看到了欧洲各地区弱肉强食的现实，认为一个国家必须拥有自己的军队才能保护自己，所以他积极参与创建佛罗伦萨的国民军并出任军令局局长。

那时，西班牙也在四处扩张。西班牙是最早成为现代国家的国家之一，实力强大，它想把意大利北部并入自己的版图。1512 年佛罗伦萨国民军败给了西班牙，美第奇家族卷土重来，借西班牙的力量颠覆了推翻他们家族统治的共和国。作为共和国高官的马基雅维利锒铛入狱，遭到严刑拷打，经朋友营救出狱后赋闲在家，以读书和写作为业。

他的主要著作《君主论》《李维史论》《兵法》《曼陀罗花》都创作于这段时间。不排除马基雅维利有借《君主论》获得美第奇家族的赏识和信任，重返政坛的考虑，但小册子上呈之后石沉大海，他生前也没能出版，小洛伦佐·美第奇是否读过这部旷世杰作也已无从考证。《君主论》在马基雅维利去世五年后得以出版，而赞助出版的教皇克莱门特七世，正是俗名叫朱利奥·朱利亚诺的美第奇家族的成员。

只要有君主，就会有人给君主上书，就会有君主宝鉴之类的作品。这类作品可不是什么吹牛拍马的赞歌，而是教君主如何当君主的教材，是对君主讲道理、提要求的。人类历史上写得最长的君主宝鉴，大概就是北宋司马光的《资治通鉴》了，总共 294 卷，写了将近 20 年。

《君主论》却很短，译成中文，总共 26 章，才 126 页。马基雅维利在献词中就对美第奇说，这本小册子可以让你用最短的时间，了解应当知道的一切。像是君主速成吧？的确，虽然马基雅维利当年并没有实现他的政治抱负，但他书中主张的"政治高于一切"，却引领了现代政治学的形成，成为现代政治学的开山之作。三四百年来，无数人把《君主论》当作最好的政治学入门书来读，想靠它速成当君主的恐怕也大有人在。

无论是马基雅维利时代，还是后来，君主宝鉴可以说不计其数，为什么只有《君主论》成了家喻户晓的传世名著呢？当然不只是因为它传授了各种政治技巧。如果只是人云亦云地把《君主论》看作厚黑学，未免太小看这本书了。马基雅维利即便是传授权术的"邪恶教师"，也绝非鸡鸣狗盗的小混混，而是稳坐头把交椅的大宗师。

假如你站得太低，不仅理解不了马基雅维利的思想精华，恐怕连"鸡鸣狗盗"的技术都学不会，因为任何技术背后都必须有世界观、价值观的支撑。所以，要想弄懂《君主论》，必须首先关注马基雅维利的问题意识，了解他生活的时代，探究是哪些风云变幻的政治现实，引出了马基雅维利的这些政治思考。只有这样，你才能学习到他的政治智慧和政治技术，打开自己世界那扇最重要的窗户。

权力的计算

马基雅维利"政治高于一切"的观点，与他之前的哲学家和政治学家的主张非常不同。因为当时的西方社会进入了一个重大的转型时期，即从神决定一切，到了大写的人站了起来，而政治是与人关系密切的事情，必须重新给予定义。

在《君主论》里，马基雅维利谈论最多的，对政治来说也是最重要的概念就是"国家"（state）。其实，政治学一直是研究国家的。柏拉图、亚里士多德、西塞罗、奥古斯丁、阿奎那这些思想家都谈国家，而且个个谈得精彩。但是马基雅维利所谈的国家与以往思想家谈的，有本质的差别，正是这种差别，让马基雅维利享有"现代政治学之父"的头衔。

本质的差别在哪里呢？从前的国家在本质上是一个"价值的集装箱"，所有美好的价值被集成到国家里面，国家是一个容纳了所有美好价值的体系，权力只是实现它们的手段和条件；而马基雅维利的国家在本质上是"权力的集装箱"，里面集成了权力，国家是一个贮藏权力的容器和机器。

国家重要，是几千年来思想家们的共识。但到了马基雅维利，他谈的国家，才更接近我们今天生活在其中的这种政治共同体，它与此前思想家们谈的国家虽有联系，但完全是两码事了。

马基雅维利之前，政治共同体可以叫作国家、王国、共和国或者城邦，都处在某种更高的目的和价值之下。上文提过，古希腊时期，政治和国家在柏拉图、亚里士多德的理论中，都处在次要的地位，真理、本质、理念才是最重要的东西，追求真理的、沉思的生活才是最高贵的生活。

到了中世纪，最有影响力的思想家们，比如奥古斯丁和阿奎那更是如此，他们论证上帝是最重要的，追求上帝倡导的宗教生活才是最高贵的生活。在中世纪，基督教占据绝对统治地位，教会在价值上优先于世俗政权。世俗政权是上帝救赎计划的工具之一，而且还不那么重要，最多不过是上帝为有罪的世人安排的临时管理办法。国王的合法性也是源自上帝的，上帝通过教皇、大主教授权国王管理国家。人生最重要的事情是灵魂得救，而这事儿归教会掌管，国家必须服务于这个目标。

在上述情况下，根本不存在我们现代人所熟悉的"由主权、领土、人口、政府构成的"国家这回事：国王不掌握最高权力，常常要看教皇甚至诸侯的脸色行事；地盘不固定；人口也随着地盘的变动而变动；政府很简陋，政府官员更像是复杂一点的管家、仆人。像巴黎、伦敦发展成为首都，国王有固定的王宫，那都是很晚的事情了。因此，对于西方人来说，国家并不是自古就有、从未中断的事物。

我们所熟悉的完整的国家概念，到了马基雅维利才出现。简单说，马基雅维利塑造了国家，将其定义为一个拥有主权的事物，它对外独立、对内具有最高统治权力。它有主权支配下的领土、人口，以及维持它运转的管理机构，也就是政府。

对西方人来说，建立主权国家，是一个极其艰苦的过程。这一点，我们中国人不是很容易理解。因为马基雅维利想实现的这种国家，秦始皇已经为中国实现了绝大部分。秦统一天下，车同轨、书同文，使得他统治的"中国"成为实实在在的政治共同体，而不再是一个文化上的名词。反过来，这就像我们不会把"欧洲"当作一个"国家"，只把它看作一个文明一样。严格说来，马基雅维利之前的欧洲，它里面的教会、帝国、王国、诸侯领地、自治城市等都不是国家，因为它们都不具有现代意义上的主权。

在西方，国家并不是生来就有的事物，是艰苦奋斗得来的，理解了这一点，才能理解马基雅维利的用心。《君主论》一开篇就告诉读者，古往今来的"一切国家，不是共和国就是君主国，君主国不是世袭的就是新的"，《君主论》想要教导君主，尤其是新君主的，就是如何创立、统治和维持国家。所以，《君主论》并不是写给一般人看的，它的读者对象，是那些有雄心、有抱负、有志向参与残酷的政治游戏的人。一句话，《君主论》教的是"勇敢者的游戏"。

怎么玩这个勇敢者的游戏？马基雅维利的答案是，不能循规蹈矩。但是，为了政治上的胜利，就可以不讲规矩吗？当然不是。不过，他给新君主们列出的游戏规则，确实和此前的不一样。他指出，首先新君主要知道国家有多少种，都是怎么产生的；其次，要想创立一个国家，需要怎么做，这些做法和传统的"当个好国王"的教条有什么不同；再次，怎么才能从传统的教条中跳出来，又该怎么样面对世人的非议等。玩"勇敢者的游戏"，意味着要去面对和解决无数的重大困难。假如新君主光靠心黑脸皮厚，靠任性满足自己的欲望，只会离伟大的事业越来越远。而克服自己的种种欲望，必须依靠智慧。马基雅维利教给新君主的政治学，正是成就大业的智慧，这样的智慧来自对历史的深切领悟和对现实的深刻观察。

所以我们会看到，《君主论》里到处都是君主的故事，远的有犹太人首领摩西、波斯王居鲁士、斯巴达创立者来库古、罗马创立者罗慕路斯、亚历山大大帝、波斯王大流士的故事，近的有斯福扎、博尔贾等和马基雅维利同时代的枭雄的故事。马基雅维利用各种君主的故事做素材，分析政治局势，从中得出经验和教训。一个故事怎么讲，体现着讲故事人的眼光，同一个故事放在不同的背景下讲，得出的结论大不一样。而《君主论》整本书讲的故事，都有很强的指向性。比如，摩西带领以色列人出埃及的故事，按《圣经·旧约》的传统讲法是，摩西是伟大的先知，教给以色列人上帝的律法，即便以色列人老是犯错，他总是不厌其烦地把他们带回上帝的正道。他的信仰坚定，光大了犹太人对上帝的信仰。而马基雅维利说，摩西是有武装的先知，以武功开创了伟大的事业。他用摩西的故事来强调，新君主如果想建立自己的国家，就必须拥有武力和能力。他甚至用冷酷的口吻总结说，所有有武装的先知都获得了胜利，而没有武装的先知都失败了。《君主论》讲故事的目的和《圣经》相差了十万八千里，《圣经》褒奖的是弘扬上帝之道的先知们，马基雅维利用一句"他们都是失败者"就把这些给打发掉了。

说到底，马基雅维利要讲的，用一句话概括即为"权力的计算"。是说不要太在乎所有人都在乎又都不敢碰的东西，也不要不在乎所有人都不在乎都不去琢磨的东西，一切都得纳入权力的计算。宗教信仰、传统美德、善良风俗等所有美好的一切，都不是天经地义的，都不能成为捆绑新君主的锁链，都必须折算成权力来运用；杀人如麻、背信弃义、坑蒙拐骗等所有丑恶的一切，也都不是万恶深渊，不能成为阻挡新君主的禁忌，而是在扩张权力时，可以谨慎使用的工具。只有把权力最大化，才有希望创立一个新的国家，畏首畏尾、瞻前顾后，肯定成不了大事。而要成功地经营权力，最大的障碍不在外部世界，而是你心里的信条。

要注意到，马基雅维利教导新君主做一个敢想敢干的人，绝不是要他们鲁莽地对抗一切，而是智慧地驾驭一切。要建立国家，首先要驾驭的就是军队。下面就谈谈马基雅维利教导新君主驾驭军队的技巧。

武力是权力的基础

马基雅维利教导新君主玩勇敢者的游戏，核心是权力的计算，而最重要的权力就是武力。他说："君主必须把自己建立在稳固的基础之上，否则必然招致灭亡。"这里说的基础，一是强大的军队，二是完善的法律。马基雅维利是公认的政治现实主义者。而所谓现实，还真不那么好把握。我们来看看马基雅维利是如何处理这个问题的。

马基雅维利的手法和哲学家们不同，他对什么是现实、什么是虚假，也就是真与假的问题，从不钻牛角尖。他的办法，是按照重要程度，给各种力量排座次，进行权力的计算。在马基雅维利看来，上帝、人民、血统、金钱对于新君主来说并不是虚幻的东西，它们都是"君主统治的政治基础"，非常重要，但不如军队和法律重要。"什么是真什么是假"的问题绝不能成为新君主的困扰。"上帝到底是不是真的"并不重要，换句话说，新君主信不信上帝不重要，让很多人相信上帝，且充分利用这些人的信仰才重要。

本来是哲学上的真假问题，马基雅维利给换算成了政治问题，还做了轻重评估。权力的计算考验新君主的政治智慧，也就是说，新君主必须放下成见，放下身段，去寻求所有相关的力量，评估它们的重要性，不可凭一己之好，妄下判断。

在政治的棋盘上，各种力量的重要性并不一样，这是常识，而新君主要懂得，各种力量会随着情势的变化而发生变化，万不可用一个不变的清单去应付复杂的政治形势。这便是权力计算的公理和公式。

在马基雅维利的权力清单里，掌握军队最重要。这是常识。没有武力，怎么打天下坐天下？马基雅维利甚至讲，"君主除了战争、军事制度和训练之外，不应该有其他的目标、其他的思想，也不应该把其他的事情作为自己的专业，因为这是统帅者应有的唯一专业"。君主强健体魄、学习知识、增长见识，都必须围绕着当好军事统帅这个唯一的专业来进行，而且在不打仗的时候也必须自觉主动地处于战备状态，为下一场战争做好充分准备。

马基雅维利谈军队建设时，特别强调新君主要想办法建立自己的军队，而不能像以往那样指望雇佣军和外邦援军，因为他们信用太差，打赢打输，都是灾难。仗打输了，不用说，军事政治满盘皆输，你也很难再有下一次机会。而仗打赢了，结局也好不到哪儿去，甚至更糟。因为当雇佣军胜利后，就可能成为刀俎，而你很可能变成了鱼肉，在瓜分战利品的时候，雇佣军很可能把你本人也当成战利品给分了——他们会分掉你的国家！

马基雅维利本人就亲身遭遇了雇佣军的临阵变节：在佛罗伦萨共和国收复比萨的最后关头，雇佣军首领哗变，如果不提高佣金就不再继续战斗，最终佛罗伦萨共和国还是无功而返。马基雅维利组建国民军的设想，正是来自这个重大教训，得到了佛罗伦萨共和国的认可。三年之后，他率领国民军收复比萨，他的政治声望也达到了巅峰。权力的计算最终要落实成权力的运用，军队是最重要的权力，新君主当然要把它牢牢掌握在自己手中。

春秋战国时期的中国和中世纪晚期的欧洲，常常是雇人来打仗。而秦以后，中国几乎不知道什么是雇佣军和外国援军。中国古代的战争，早就动辄十几万、几十万人马。中世纪的欧洲，武力上非常羸弱，也没有出现秦始皇这种并吞八荒的大君主，一个很重要的原因，就是从来没有出现规模巨大、训练有素、战斗力超强的军队。整个欧洲，成千上万的大小领主、国王、伯爵、男爵，谁也没强大到赢家通吃的程度。养不起常备军，雇佣军和外国援军就有了施展拳脚的舞台。

到了马基雅维利的时代，虽然法国和西班牙开始了武力统一本国的进程，但远不如当年的秦王朝，完全无力实现欧洲的统一。马基雅维利给新君主的教导，就是让他自己建立一支像法国军队那样的军队，打仗不是为钱，而是为了忠诚和荣誉。马基雅维利反对雇佣军和外国援军，和他教导新君主把军事作为唯一专业，其实是一回事。因为他看到了新时代的曙光：通过新式战争，新君主们建立起的政治共同体就是国家，而新式战争的组织基础就是常备军。

《君主论》特别爱谈切萨雷·博尔贾这个文艺复兴时代的枭雄，他差点儿凭自己的能征善战和阴谋诡计统一了意大利。在马基雅维利眼中，博尔贾是个接近成功的缔造新式国家的大英雄。他不仅武功卓越，而且心狠手辣，在父亲教皇亚历山大六世的支持下，控制了意大利的大片地区，统一在即，意大利将成为像法国、西班牙一样的国家。但博尔贾在父亲去世后，未能主动控制教皇选举，导致政敌成功当选，统一事业功败垂成。马基雅维利惋惜之余，批评这位军事上的大英雄太过依赖运气，但马基雅维利却敏锐觉察到了新君主建立新国家的成功之道。这能够帮我们理解给美第奇的献词和呼吁意大利统一怎么出现在了同一部著作中。

《君主论》不是谄媚之作，不是跑官儿的敲门砖。事实上，马基雅维利献书的对象，不是扶不起的阿斗小洛伦佐·美第奇，而是离成功统一国家只有半步之遥的大英雄们。《君主论》可以帮助新英雄们走完最后的半步。

《君主论》中讲军队的篇幅并不长，只有短短的三章。你可以把它们看成"军事的政治学"，主要是教导新君主"如何在政治上正确地对待军事问题"，如何让军事成为建立国家的发动机。而具体的军事学讨论，如何组织军队，怎么打仗，马基雅维利曾另外专门写了一部《兵法》。然而，权力的计算不止于武力的计算，政治远比这个复杂，它需要计算的东西很多，除了军队和法律，还有上帝、人民、血统、金钱。下面我们就来谈谈君主最容易评估不准又最难以利用的东西：道德。

君主的德行

在君主的权力清单上，除了军事和法律，还有什么因素，是君主必须慎重计算的？

要计算的东西很多，但可以归结为两大类：道德和人心。如果说武力的计算体现了马基雅维利对乱世的把握，那么把道德纳入权力的计算，则深刻体现了马基雅维利对人心的洞察和把握。不知人心搞不好政治，更不用说建立新国家了。

正是因为连道德、人心都给计算了，马基雅维利饱受批评。在西方文化中，"马基雅维利主义""马基雅维利式的人物"，指的就是那些不讲道德操守、不择手段、无所顾忌的人，马基雅维利成了天下第一恶人的代名词。造成这样的后果，《君主论》难辞其咎，它确实讲了很多政治技术的厚黑学。但是，如果像道德家一样去咒骂马基雅维利，我们很容易和《君主论》里面的精华擦肩而过。如果你只想从经典中得到道德的纯净、启迪和升华，可以去看塞涅卡的《道德书简》、洛克的《论宽容书信》、康德的《实践理性批判》。

马基雅维利不是道德家，而是政治家和政治理论家，从他这里可以学到的，不是道德修养，而是"政治如何处理道德问题，才是妥当的"。很显然，不顾一般人认为的正确标准，把它们都放在力量的天平上，本身就是一件背负道德压力的事，说权力的计算是勇敢者的游戏，就是这个意思。在道德问题面前，勇敢既体现为有勇气承受别人指指点点、批评咒骂，更表现为有勇气把自己从陈规陋习中解放出来。

谈到道德，马基雅维利一开始就说，我写这些东西的目的，是供新君主参考，它们可不是"想象的东西"，而是"真实情况"。马基雅维利认为，人心难以捉摸，但它有真实的存在。当听到马基雅维利说"务必不要碰他人的财产，因为人们忘记父亲的死比忘记遗产的丧失还要快"，我们会感受到他的冷酷和犀利背后，充满了把握人心的力量。

把《君主论》读成厚黑学，很容易把自己变成欲望的俘虏、心灵封闭的偏执狂，而马基雅维利最反对的就是封闭心灵，因为那只会让新君主丧失判断力。马基雅维利告诉新君主，一个人不可能拥有世上所有的优良品质，他不能像一般人去贪图完美的道德，唯一能做的，必须做到的，就是他"拥有足够的明智和远见"，为了国家，去认识和利用人们心中蕴藏的道德力量，必要时不惜行恶。

违反道德，就会被世人斥责为不道德。但是，道德真的就不能触碰吗？这样问，并不是说道德没有约束力，做人可以不讲道德，而是说道德其实很复杂，政治中的道德更复杂。马基雅维利给出了三种办法来化解这种复杂性：第一，不同的情境适用的道德标准不同；第二，不同的人适用的道德标准也不同；第三，道德也意味着力量。

先看第一点，马基雅维利利用慷慨和吝啬、仁慈和残酷、守信和背信来教导新君主，遵守传统美德并非一成不变，如果慷慨、仁慈、守信会使国家灭亡，那宁愿选择吝啬、残酷、背信。《君主论》讲了很多故事，就是教导新君主，应该随机应变，不可死守美德。在马基雅维利看来，政治高于一切，是因为国家的成败得失高于一切，传统美德不能成为捆绑国家大事的锁链。

这样说恐怕没什么大错，但我们仍然会担心：是不是干国家大事的人就可以不守规矩，胡作非为？当然不是。前面已经讲过，马基雅维利要求君主有雄才大略，最基本的一条就是要克服任性、管住欲望。马基雅维利这样说，是为了教导君主：在国家危亡的关键时刻，不可沽名钓誉，犹豫不决，要果断抛开传统教条的束缚，为了挽救国家，即使行恶，亦在所不惜。

但是，马基雅维利也有他的底线。在《君主论》中他谴责滥用暴力的行径，把一代枭雄、西西里国王阿加托克雷当作反面教材。在马基雅维利看来，暴力的使用必须出于国家之必要，而不能轻率鲁莽、任性为之，更不能容忍有违人道的屠杀和驱逐。

第二，《君主论》里教导的"行必要之恶"，只对君主，尤其是新君主适用。寻常百姓很难碰上国家危亡的关键时刻，即便倒霉碰上了，拿出爱国奉献的传统美德奔赴战场好了，没有多少选择，更谈不上道德纠结。在《李维史论》中，马基雅维利跟普通人讲道德的时候，虽然与基督教的讲法不大一样，但也绝不赞成"为了国家去勇敢作恶"。马基雅维利认为，不同的人应遵循不同的道德标准，但新君主不能向百姓看齐。他说，这才是真相。他还说，人民有权利拿传统美德去衡量政治家，政治家不能无视人民真诚、质朴的道德要求，政治家要让人民感到他是人民的领袖，就必须做人民喜欢的事情，即便装，也要装出个样子来。

但政治不是游戏，国家大事也不能靠演技。所以第三，马基雅维利在任何时候都坚持：道德是一种能力，也是一种实力。一个人道德高尚，是一种美德（Virtue）。但马基雅维利所倡导的文艺复兴时代的美德，并不限于道德高尚。Virtue的词根 vir 是指男性的阳刚之气，和今天的意思有很大的不同：我们觉得道德是人心里的东西，因而柔软，但马基雅维利说的美德是硬朗、结实、有力量的。

尼采对这个问题有非常精彩的解释，在他看来，基督教道德是一种弱者的道德，要人谦卑、忍耐、服从，而希腊罗马的道德是一种强者的道德，要人积极、进取、创造。很显然，马基雅维利要求新君主摆脱弱者的道德，做一个强者，光大美德的本来含义，像罗马人那样充满英雄气概。正是在这一层意义上，美德在《君主论》和马基雅维利所有著作中都占据着核心地位。

今天，我们面对的问题可能和马基雅维利有所不同，社会已经分化得非常厉害。生活里的美德是善良和诚实，工作中的美德是敬业和勤劳，政治中的美德是爱国和奉献，而宗教中的美德是虔诚和谦卑。这些美德之间似乎不再有什么关系，只适用于各自的领域，变得十分单薄，从而失去了力量，很难支撑起真正的强者。

但是，就像马基雅维利在《君主论》中教导新君主、在《李维史论》中教导新公民那样，共和国的开创者和共和国的人民都必须是充满力量的，而他们的力量来自他们略带英雄气质的道德品质。一个共和国里面，只有人人都是道德饱满的强者，这个共和国才会是健康的、强有力的。基督教指向的是彼岸的天国，弱者的道德原则撑不起一个强健的世俗国家。

马基雅维利断定，如果我们要在这个世界有所作为，就必须放弃基督教式的弱者道德，去遵循希腊罗马式的强者道德。勇敢者的游戏最核心的问题是道德上的勇敢，要敢于在道德上选择做一个强者，要从《君主论》冷酷的教导中找回道德的力量感。

马基雅维利并不是只会传授邪恶政治技术的教师，而是一个勇敢的人，他教导新君主要勇敢地面对国家大事，也顺带教我们这些寻常百姓勇敢地去实现自己最珍视的价值，让人生过得有意义。不过，无论君主还是百姓，要想顺利实现目标，除了勇敢、智慧和能力，还有别的东西在人的控制之外，它常常会和人开玩笑，马基雅维利把它叫作"命运"。下面我们就来聊一聊马基雅维利在《君主论》里面，是如何教我们看待命运的。

迎接命运的挑战

马基雅维利谈命运，最重要的当然是国运，而不是一般人的运气，是谈新君主在风云变幻的时局中，如何与不可知的力量博弈，而不是谈卜卦、占星、算命。命运在英文里是 fortune，古希腊罗马时代，就被拟人化了，指的是命运女神。马基雅维利教导新君主，命运女神就像个女子，想要征服她，就必须揍她。在对待命运女神的态度上，马基雅维利的强者姿态显露无遗。

马基雅维利用命运女神比拟政治家如何对待无法控制的力量，这在基督教传统中，简直是大逆不道。在基督教传统中，上帝是唯一真神，而古希腊罗马神话中的诸神都是邪神，有关它们的神话也都是胡言乱语。马基雅维利不谈上帝，谈命运女神，在当时的宗教和文化背景下是非常大胆的。

在《君主论》中，马基雅维利避免和基督教发生正面冲突，不像哲学家霍布斯、斯宾诺莎直接批判《圣经》。事实上，马基雅维利对基督教用的是忽视、轻视、蔑视的手法。你们说上帝是独一真神，我就偏不提他，我就是拿你们不喜欢的异教邪神来讲我的道理。你们骂我异端、诅咒我下地狱，我根本就不在乎。基督教美德也受到类似的忽视、轻视和蔑视，谦卑、忍耐、服从、恭顺对于新君主开疆拓土、建功立业，不仅没用，而且全是害处。假如一个君主打心眼里认为谦卑、忍耐、服从、恭顺是绝不可更改的上帝诫命，他就不可能有雄心、勇气、智慧和魄力，去实现建立国家的目标。

正是要训导君主不应遵循基督教美德，在他所认为的弱者的道德上，马基雅维利显得有些过头，也就难怪世人咒骂他不讲道德，是"邪恶教师"。在基督教传统中，或者任何有宗教传统的地方，宗教都是道德最重要、最根本、最基础的来源，而肆意挑战宗教训诫的人，肯定是不讲道德、坏透了的人。

不过必须注意，马基雅维利的这些反宗教、反道德的教导，只适用于君主。他说寻常百姓应该笃信上帝、按照上帝的诫命生活，但君主不行，君主的信条是，政治必须高于一切，否则就有亡国灭种的危险。正是在和上帝的较量中，我们看到了马基雅维利作为现代政治学之父的根据：国家必须是独立的，至高而绝对，政治必须与宗教分开，政治学必须独立于其他学问。

中国人对国家独立的认识，参考坐标是列强的入侵和对国家尊严的损害；而西方人对国家独立的认知，其参照系主要是传统中处于强势地位的基督教和教会。马基雅维利胆大包天，勇敢地宣告了新时代和新学问的来临。

离开基督教的上帝，回到命运女神身边，意思是应该顺从命运女神吗？在异教的世界里，人们逃得掉命运的摆布吗？要知道，在古希腊罗马的文化传统当中，顺从命运是美德，就像孔夫子教导中国人乐天知命一样。

马基雅维利再次选择了说不。"任何一位君主如果完全依靠命运的话，当命运变化的时候他就会垮台。"君主不能把国家大事寄托在命运女神身上，"只有依靠你自己和你自己的力量来保卫你的国家，才是可靠的、有把握的和持久的"。马基雅维利打了一个比方，他把命运比作一条大河，性情狂暴，随时会泛滥成灾，摧毁一切，而君主不能对它听之任之，要挖沟修渠，善加引导。这个思路很像我们中国人熟悉的大禹治水。没错，在马基雅维利眼里，君主的职责，就是在洪水滔天、天塌地陷的混乱中建立秩序，而这种敢与天斗的人，首先要摆脱对命运女神的恐惧和屈从。挖沟修渠，指的就是要建立起自己的军队和法律，凭借它们治理国家，时刻准备着应对命运的挑战和冲击。

命运女神能被制服吗？马基雅维利说，正和女子一样，命运女神常常是年轻人的朋友，有些冒失任性，却凶猛有力，必须大胆地驯服她。在这里，我们要特别注意的是，对于政治，"年轻人"到底意味着什么。有学者说，马基雅维利就像一个青年造反运动的领袖，他带领年轻人挑战所有老年人的权威。年轻就是好，它意味着希望、进取、开拓，对传统、规矩、沉稳不仅满不在乎，甚至故意挑衅，就像每个处于青春期的年轻人，挑战父亲的权威一样。

马基雅维利希望新君主是这种勇敢打破陈规的年轻人，去扫荡旧世界，开创新世界。马基雅维利的教导不仅给许多君主加油打气，也将勇于担当的信息传递给了全世界的年轻人。现代世界深受马基雅维利的影响，原因就在于，马基雅维利关于"年轻人政治"的教导，颇得年轻人青睐。

以马基雅维利冷峻的眼光来看看："年轻人政治"并不一定就好，但它是无法改变的现实。年轻人冒失、毛躁、轻视传统，很少深思熟虑，不那么小心谨慎，甚至无所顾忌，但这又怎样？所有人都必须像年轻人一样向前狂奔，在奔腾不息的人流当中，不能回头、不能止步，甚至不能休息，否则就会落伍，再赶上就很难了。

马基雅维利把我们从一个听从命运安排的恬静世界，带到了一个"不进取就出局"的喧闹世界。无论你是否喜欢这样一个新世界，对不起，你已经回不去了。在这个马基雅维利开创的新世界中，只有加入"勇敢者的游戏"，像他教导的新君那样，展开权力的计算，明确自己的目标，根据情势评估所有力量的重要性，制定人生目标和职业规划，找到合适的人合作去实现它们，带着永不放弃、永不言败的韧劲儿去实现自我。

你可能觉得这样的路走起来太苦太累，但是，没有别的路可选。在改变世界的意义上，马基雅维利把所有人都变成了新君主，所以这部《君主论》值得我们每个人去读。

思考题：

1. 结合前几部作品和今天讲读的内容，请你谈一谈现代政治和古典政治最大的区别是什么？
2. 为什么说建立国家要进行权力的计算，建立国家是勇敢者的游戏？
3. 马基雅维利的军事政治学主要包括哪些方面的内容？
4. 为什么君主的道德不适用于普通人？为什么说道德上的勇敢是勇敢者的游戏的核心问题？
5. 马基雅维利的《君主论》，对于你有什么样的启发？

○八
《战争与和平法》

［荷］胡果·格劳秀斯著　马呈元　谭睿译　中国政法大学出版社
2015 年（卷一）　2016 年 9 月（卷二）　2018 年（卷三）

主题词◎格劳秀斯　战争法　国际关系　战败者　野蛮人

---- 经典之处 ----

《战争与和平法》是格劳秀斯在总结和借鉴前人优秀研究成果的基础上完成的人类社会第一部系统地论述调整国家之间关系的规则的著作。它奠定了近代国际法的理论基础，在国际法的发展历史上具有无与伦比的重要地位。它是一部百科全书式的著作，除法学外，它的内容还涉及哲学、政治学、军事学、伦理学、神学、文学、史学等诸多领域。

---- 作者简介 ----

胡果·格劳秀斯（Hugo Grotius，1583—1645），又译为格劳秀士。Hugo Grotius 荷兰文写法为 Hugo de Groot，即"许霍·德赫罗特"，基督教护教学者，也是近代西方资产阶级思想先驱，国际法和海洋法的鼻祖。同时也是近代自然法理论的创始人之一，其《海洋自由论》主张公海是可以自由航行的，为当时新兴的海权国家如荷兰、英国提供了相关法律原则的基础，以突破当时西班牙和葡萄牙对海洋贸易的垄断，并反对炮舰外交。

导语 | 文明的成色取决于精英的选择

刘苏里

　　林国华是国内研究格劳秀斯的专家，他讲读的重点，放在了格劳秀斯为国家间的战争与和平立法背后的"法的精神"。格劳秀斯有点类似孟德斯鸠，不过，孟德斯鸠关注的重点是风俗、民情和制度条件，格劳秀斯重视的是人性中的精神和道德结构。林国华讲得非常细腻，对如何透过事物表象看其本质，提供了一组鲜活好用的工具。我这篇导语，替林国华补上作者介绍和《战争与和平法》写作的背景，并谈谈这部三卷本大书的主要内容。

　　1583年，格劳秀斯出生在荷兰的代尔夫特市。代尔夫特靠近荷兰政治中心海牙，海牙也是联合国国际法院所在地。格劳秀斯出身显贵，父亲是代尔夫特市的市长，伯父是著名法学家，长期担任荷兰莱顿大学的校长。他的母系是法国中部勃艮第贵族 Cornets 的后裔。勃艮第人可不简单，罗马帝国鼎盛时期，他们曾南下今天的德国，独立建国，一面帮罗马帝国对付蛮族的侵袭，一面又跟罗马帝国对峙。

　　格劳秀斯从小智力过人，11岁就读莱顿大学，15岁毕业，16岁获得律师资格，18岁被任命为国史编纂，24岁出任荷兰大律师。当时很有名的荷兰东印度公司，就向他咨询法律和政治事务。

　　格劳秀斯家，是当地的"统治家族"，和当地显贵来往密切，其中最著名的是大律师奥尔登巴内菲尔德，此公后来曾当过荷兰实际的掌权人。格劳秀斯也长期跟随其左右，辅佐他执政，出任过很多要职，包括荷兰国史编纂、驻英国使节和鹿特丹市市长。后来因为国内政争失败，奥尔登巴内菲尔德被处决，36岁的格劳秀斯也被判终身监禁，两年后被妻子救出逃往巴黎。

　　无论从格劳秀斯的成长环境，还是从他年轻时就步入政坛，并长期身处政坛一线来看，他都不只是一般意义上的学者、思想家。这个背景是理解格劳秀斯思想，以及写作《战争与和平法》的一个关键点。他的研究和写作跟荷兰和国际政治局势有很大关系，具有浓重的"国是"色彩，只不过后世的人，记住了他的作品，却忘了他的身世和政治家身份。

格劳秀斯是1621年越狱逃亡法国的，1622—1624年，在极其艰苦的逃亡生活中，他创作了《战争与和平法》，并将它献给了法王路易十三。路易十三是亨利四世的长子，太阳王路易十四的父亲。路易十四在位72年，他的来孙之一就是法国大革命期间被砍头的国王路易十六。

1634年，瑞典女王克里斯蒂娜欣赏格劳秀斯的才学，任命他为瑞典驻法国大使。其实格劳秀斯和法国的渊源很深，少年时他曾跟随奥尔登巴内菲尔德出访法国，受到波旁王朝第一代君主亨利四世的接见。后来格劳秀斯还协助奥尔登巴内菲尔德处理过法国事务。

为什么要单说格劳秀斯出任瑞典驻法国大使这件事呢？因为格劳秀斯的死，跟这件事有关。1645年，他被瑞典政敌进谗言而遭免职，初秋返乡的途中病殁。格劳秀斯生前为自己写了墓志铭："荷兰囚徒及流放者、瑞典王国公使胡果·格劳秀斯长眠于此。"

从这句简短的墓志铭中，我们可以看到格劳秀斯念兹在兹的是什么。"瑞典王国公使"一职是他逃亡余生中政坛理想求而不得的安慰。这再次证明，格劳秀斯并非一般意义上的思想家，他为时代而生，为立法而生。后来的青年贵族托克维尔，跟他有着同样的情怀，不为名利，不惧安危，思考的全是国家的未来。在西方世界，这样的案例很多，像英国的柏克和凯恩斯，美国的卡尔霍恩和乔治·凯南，德国的马克斯·韦伯，俄裔法国思想家科耶夫，等等。他们的人生选择，很大程度上决定了西方文明的成色。

《战争与和平法》是格劳秀斯在艰苦劳顿的逃亡生涯中写成的。这部皇皇巨著以他的《海洋自由论》为基础，丰富扩展而来。《海洋自由论》是他更早的著作——22岁时创作的《捕获法论》第十二章——修改后，单独出版的不足百页的小册子。

格劳秀斯一生写过不同主题的著作，包括宗教、历史、政治、哲学、语言学等，他还是著名的诗人。莱顿大学整理出版过他的书信集，超过10卷。但为后人记住的，主要是《战争与和平法》《海洋自由论》《捕获法论》这三部作品。很大程度上，它们是一本书，关乎一个主题——国家间关系、国际法、战争与和平。

先来看《捕获法论》。16世纪末，荷兰跟西班牙争夺霸权，战争从陆地打到海上，荷兰人胜出。此后，这个人口不足百万，面积仅相当于两个北京的荷兰，称霸海上将近一个世纪，被誉为"海上马车夫"。《捕获法论》就诞生在这一历史背景之下。起因是葡萄牙的一条商贸帆船被荷兰东印度公司捕获，当时的葡萄牙还是西班牙的属国。这件事在荷兰引发了一场捕获是否合法的辩论。《捕获法论》就是格劳秀斯为没收葡萄牙货物符合战争法则所作的辩护陈词。格劳秀斯的辩护，依据的是罗马万民法，其中指出各国有相互通商的自由，对阻碍这种自由者发动战争是合法的。有趣的是，它的手稿直到两百多年后才被发现，而其中的第十二章经改订，早在1609年就匿名发表过，小册子的书名就是《海洋自由论》，所以这本小册子才是格劳秀斯的第一部国际法代表作。此后几百年，这本书经常被引用，成为证明海上航行自由的权威依据。

《海洋自由论》的核心观点是，"海洋为全人类所共有，全人类得以自由利用"。它的"任何一部分，不属于某一国所有"，因此"妨害航海自由，是一种罪恶的行为"。格劳秀斯的观点，当时就遭到了英国人的反对。但他的公海自由航行原则，打破了西班牙人的"海洋独占说"，奠定了海上自由航行规则的基础。18世纪后这一原则得到世界的承认，19世纪后已被确认为国际法上一个基本原则。

再来看《战争与和平法》，这本书在1625年出版时引起了轰动。对这部巨著最权威的评价，来自1905年出版的国际法经典著作《奥本海国际法》，其中说道："国际法是从中世纪下半叶逐渐发展起来的。它作为一部有系统的规则，主要归功于荷兰法学家胡果·格劳秀斯。他所著的《战争与和平法》成为一切后来发展的基础。"

《战争与和平法》第一次明确区分了正当战争和不正当战争，分析了战争发动的各种原因，以及与战争有关的各种规则，包括宣战、战争和媾和的法则，并基于罗马万民法，论述了什么是公有物和私有物、人与人之间的权利和义务、主权的性质、谁拥有部分或完全的主权和主权让渡的条件，等等。在格劳秀斯这里，战争法来源于人定的罗马法，也叫万民法，它是"所有国家或多数国家相互协议的结果"，体现了各国对构成国际社会整体利益的认识，而万民法的根源，是"自然本身或者说是上帝之法"。他的论证思路，不仅接续了罗马法传统，还将历代思想家主张的自然法原则，贯穿到战争法之中。

最后，我要谈谈格劳秀斯《战争与和平法》产生的三个重大历史背景。

第一，西方国家的分裂与聚合。罗马帝国崩溃，以及代表基督教权威的神圣罗马帝国式微，与此同时欧洲开启了建立世俗国家的进程，民族主义随之兴起。

第二，16世纪初叶到17世纪中叶，遍布欧洲的宗教改革。

第三，西方进入大航海时代，伴随新大陆的发现，列强展开了霸权争夺战。

这三个西方历史上的重大进程，都跟战争有密切关系。各类残酷的战争使得欧洲生灵涂炭、田园荒芜，犹如人间地狱。所谓战争法，也叫战争的自然之道，它的核心关切是打仗也要讲个规则，否则战争将吞没一切。这一背景下诞生了格劳秀斯。

林国华的讲读，将我上面谈到的背景镜头，拉得更远，景深更加悠长。这也是他讲读的独特之处。

林国华，祖籍河南，1973年出生在青海德令哈城。他"对远离文明核心区的荒野风景情有独钟，激赏其中洁净的精神"。1990年，他考取青海本地大学，主修英国文学。后游学于北京大学、哈佛大学和芝加哥大学，攻读俄罗斯宗教思想、基督教神学和西方政治哲学史。2013—2015年再赴哈佛大学，研究西方中世纪政治神学史。现供职于华东师范大学政治学系，曾多次带领学生精读《战争与和平法》。

林国华讲读《战争与和平法》

> 林国华
> 政治哲学家，国际法学家，华东师范大学教授。著有《诗歌与历史：政治哲学的古典风格》等。

格劳秀斯与欧洲秩序

《战争与和平法》是近代西方"国际法之父"、17世纪荷兰大思想家格劳秀斯所著的三卷本巨著。战争法，顾名思义，就是针对战争的立法，立法的主要目的是对战争中暴力的节制。观察一个区域是否接受以及在多大程度上接受战争法的节制，首要前提是必须知道战争法是什么，它的来源、构成形态、目的以及执行机制，这是格劳秀斯这部著作的根本议题。

格劳秀斯出生于16世纪晚期，活跃于17世纪上半叶，荷兰人。从少年时代开始，格劳秀斯接受了良好的欧洲古典教育。那个时代的古典教育，是以三大古典语言（希腊语、拉丁语和希伯来语）为语言基础的文史经典研习。格劳秀斯是这种教育的完美标本，从这个意义上说，他是一个纯粹的欧洲知识分子。

格劳秀斯的主要成就是用拉丁文撰写了《战争与和平法》这部巨著，为欧洲在未来世界的命运和秩序立下基本法则。这是一部为欧洲秩序而写的书，尤其是为欧洲秩序与非欧洲秩序发生冲撞的命运而写的书，在这个意义上，我们可以说，它也是为整个世界而写的书。这也正是格劳秀斯被奉为"国际法之父"的理由所在。

但是，我想提请大家注意的是，在最根本的意义上，《战争与和平法》并不仅仅是一部我们当今理解的关于国际法的著作。《战争与和平法》的核心议题是从欧洲自身传统中历经千年而生长出来的欧洲秩序的图景，是一部地地道道的关于欧洲秩序的著作，一部关于"欧洲公法"及其法理论证的著作。把它视为国际法著作在某种意义上是一种误读。我希望就这个观点做进一步解释，借此分析一下这部著作的历史背景与思想前提，也就是说，我的关注重心暂时不在具体的战争法条，而在于这套战争法背后的"法的精神"，这其实也正是格劳秀斯的关注所在，这对理解和澄清欧洲秩序与战争法的密切关系殊为重要。

那么，什么是欧洲秩序？欧洲秩序不是一个固定不变的东西，它像一条长河，从源头小溪开始，流淌了两千多年，经历过几次重大转折，最终汇成了一条大河，其中混入的元素虽然驳杂，但它最核心的元素却是清晰的，那就是位居源头的古希腊和古罗马，这是欧洲秩序的核心要素，它的组织形态是以古代城邦为基本单元联合起来的松散联盟，这一点不同于东方的亚细亚大帝国。

欧洲城邦和东方帝国的组织原则是针锋相对的，对这一点，古希腊和古罗马知识分子有非常清醒的认识。东方帝国的维系需要巨量贱民，有个指代这种贱民的概念叫"费拉"（tellah），这个词起源于奥斯曼帝国对其治下的埃及农民的蔑称，斯宾格勒等思想家曾使用过这个概念，是一个非常尖锐的分析工具。"费拉"的原意就是战败者，而战败者是格劳秀斯在构思战争法的过程中频繁使用的一个核心概念。事实上，格劳秀斯试图论证的一个观点是，战争法在很大程度上应该是征服者为战败者设计的一套人道的和平秩序。之所以称之为人道，是因为按照原始的战争法条款，战败者是丧失了一切权利的，包括生命权和财产权。也就是说，征服者可以随意剥夺战败者的财产和生命，但是，由于人道法则（即专属于人类的自然法）和种种仁慈律法（比如后来基督教的福音律法）的介入，征服者会杀掉战败者中的骄横者，留下顺从者，用律法和条约给他们创造一套生存得以继续的人道秩序，这就是和平的本义。罗马史家塔西佗曾经说，这种和平在本质上是一种奴役："蠢货们称之为人道的，其实已经是奴役的开始。"这是他的原话，可谓一针见血。所以说，和平不是什么特别好的东西，它首先是一种战争血气和自由德行的衰竭，是战败者费拉化的状态。这种费拉化的和平状态在东方亚细亚帝国秩序中是常态，在那里和平就是奴役，而奴役的实质其实仍然是一种战争状态，只不过是一种交战双方处于绝对不对等的战争状态。对这一残酷真相，卢梭在《社会契约论》第三、四章"论最强者的权利"和"论奴隶制"中给出过冷峻的反思，他的思考正是基于对格劳秀斯提出的征服者的原始战争权利（即征服者可以剥夺战败者的生命和财产，而战败者不得不以自由换取安全）的分析。

上面非常笼统地描述了东方大一统帝国秩序的本质，这种秩序的主导原则是一种我姑且称之为"战败者定理"的东西，也就是战败产生和平，和平导致奴役，再往后就是彻底的费拉化。政治理论家，比如霍布斯、卢梭、维柯，都把这种垂而不死的国家宣判为亡国状态。维柯进一步认为，复国的途径只有三种（按照亡国烈度由低到高排列）：第一，一个奥古斯都（元首）横空出世，施行铁腕帝国法的统治；第二，沦入自然状态，即人吃人，接受最残酷的暴力与运气（也就是原始战争法）的接管；第三，外族征服，有条件的人道战争法接管，即奴隶制，也叫"和平"。

和这种秩序针锋相对的是欧洲秩序，也就是古希腊和古罗马的城邦秩序，一般以斯巴达、雅典、帝制前的罗马为代表。这种秩序里只有贵族，或者用维柯的话说就是英雄，而没有费拉。斯巴达虽然有被称为"希洛"的奴隶阶层，但他们对斯巴达英雄贵族政体没有影响，斯巴达并没有因为这个阶层的存在而演化出东方化的帝国秩序。欧洲城邦秩序里生长的都是"贵族"，维柯用另一个词"父主"（pater）来称呼他们。父主就是民族的父亲和城邦的主人，他们是欧洲秩序的奠基者，他们作为一个族群的父亲，以胜利者的身份建造城邦，成为新秩序的武装公民、政治家和军队统帅。这类人关心的是荣誉和自由，这两个东西都是战争导向的，是天然的战争元素和征服者元素。我们熟悉的罗马共和精神就是这种父主精神的体现，有人用"积极自由"或"古代人的自由"命名这种东西，这没什么问题。政治和德行的进取性以及背后对尘世价值的肯定是这种自由的显著品质。

值得一提的是，所谓"消极自由"或"现代人的自由"如果放在战争法的语义系统里看的话，其实是一种战败者的自由。按照我前面提到的"战败者定理"，战败产生和平，和平导致奴役，也就是说，用自由（武装状态）换取和平（武装解除状态）。"消极自由"本质上也服从这一"战败者定理"，也就是解除武装，换取和平。但是理论家们采用了一种似是而非的修辞，他们说，消极自由就是不去征服、不去战争、不去统治的自由。这种修辞回避了"战败者定理"中的战败者经验，把自己的身份转化成一个退休的执政官，遁入类似于莱布尼茨说的"安息日的上帝"那样的消极状态。"安息日上帝"是一种体面的自由主义修辞，自由主义正是一种为战败者精心打造的高明秩序。"消极自由"被视为这套秩序的至高价值，它常被替换为另外一个更好听的概念：免于暴政的自由。这种自由至少在名义上突破了"战败者定理"。也就是说，在自由主义秩序中，战败者被解除武装，但并没有丧失全部自由，而是保有了另外一种叫作"消极自由"的东西，凭借这种自由，战败者免于沦入费拉的卑贱处境。这是自由主义的最大价值，自由主义因此是这样一种东西：在一个不好的状态（战败）中谋求最好的结局，这也类似莱布尼茨说的"可能的世界中的最好一个"，一种悲观中蕴含着一点点乐观主义的生活道德。

回到城邦的问题。一个城邦里，挤满了竞争荣誉与自由不羁的父主，意味着城邦呈现了一种战争秩序，一种非常特别的准内战秩序。我们读希腊和罗马历史，会有一个党派冲突的印象。修昔底德曾经说："雅典人骚动不安，也让邻居骚动不安。"这句话是对城邦秩序的精练概括，这和沉寂无声的东方帝国构成反差。很多人把这一点当成欧洲秩序的缺陷，甚至连《联邦党人文集》（即《联邦论》）的作者在论证统一联邦的必要性时，都把希腊和罗马城邦的派系纷争拿来当反例，但其实这是一个误识，派系纷争恰恰是城邦的生命驱动力，这是古代城邦的特质。

城邦注重德行培育，尤其是战争德行。那么什么是德行呢？简单地说，就是灵魂的训练。灵魂是什么？按照古希腊理论，灵魂分为三部分，包括欲望、血气（thumos）和理智，居于中间位置的血气是最根本的东西。血气这个东西非常神秘，是主导灵魂运动的、兼具精神性和生理性的驱动力，它和愤怒有关联，唤醒并驱动着灵魂的主人向崇高和荣耀攀升。希腊和罗马德行教育的重点正是落实在对血气的培育和修剪这个方面的，这是一种朝向政治家、军事领袖和公民的教育，旨在训练血气的公共性，被称为"公共血气"，也就是献身公共事业的血气。"公共事业"在罗马语境里是"共和国"的意思，"公共血气"就是一种为祖国的福祉而发怒和争战的灵魂激愤状态，这一点和私人性的"消极自由"形成鲜明区别。"消极自由"是血气衰竭状态的雅称，它是一种不愤怒、不争战、共同体已经瓦解、自由已经被出卖、视名誉为虚荣的虚无主义状态，一种无父无主、丧失城邦认同的原子化状态。

充沛的公共血气、公开的战争意志、对荣誉的热爱和竞逐，以及对族群生活方式的忠诚和献身，这就是欧洲，或者说，这就是欧洲秩序最核心的元素。

荷马的世界：欧洲英雄种族的陨落与战争法的人道化开端

欧洲城邦的英雄德行使欧洲几乎处于一种永久的战争状态，其血气激荡的公共政治野心和战争导向不仅使它自己骚动不安，也注定把整个已知世界拖入战争与和平的历史变奏中。在战争与扩张的过程中，欧洲人也遭遇了越来越多的所谓"野蛮人"。对野蛮人的征服过程也是野蛮人进入越来越膨胀的欧洲秩序的过程，在这一过程中，欧洲秩序以及支撑这套秩序的德行结构发生了重大演变。这一点对格劳秀斯具有深远影响，尤其体现在他对欧洲战争法的"法的精神"的勘定方面。

我先把野蛮人入侵欧洲的历史简单勾勒一下，并对入侵所导致的欧洲德行结构的重大影响给予优先考量。野蛮人入侵不仅仅是领土意义上的占领，在最根本意义上更是精神的入侵、德行的入侵、价值观的入侵。这势必导致古老的欧洲城邦英雄德行发生相应的变化，这一点是格劳秀斯的重要参照系。欧洲战争法的立法精神的演变正是受制于欧洲德行世界的演变。下面选取四个经典案例来考察这个议题：特洛伊战争、希波战争、东方犹太-基督教秩序的入侵、地理大发现（美洲征服）。这四个案例规模之大，可以说在根本上搅动了整个世界的既有秩序，在最真实的意义上推动了它向格劳秀斯面对的新秩序流转演变。

这里分析的重点落在这样一个有趣的问题上：在和不同野蛮人历经千年的战争中，作为征服者的欧洲，它的古老的城邦德行以及其支配的战争与和平的秩序，是如何又反过来被战败者改变了？我认为这也是格劳秀斯在研究构思战争法的过程中采纳的隐含逻辑思路。《战争与和平法》这本书充斥着大量的战败者视角，他们带着犹疑、不安和否定的眼光，对欧洲征服者古老的"英雄战争法"（借用维柯的概念）进行全方位的审查和修改。格劳秀斯在这部巨著中所从事的，很大一部分正是后面这种工作，因为他意识到，野蛮人已经在身体层面和道德层面实质性地侵入或者说融入了欧洲秩序，对这些解除武装的战败者，残酷的英雄战争法不再适用了，取而代之的，应该是一套更加人道的律法。

对这个发生在欧洲秩序中极其微妙但注定意义深远的变化，没有谁比古罗马大史学家塔西佗和18世纪法国思想家卢梭的感受更敏锐的了。前者的《日耳曼尼亚志》和后者的《论人类不平等的起源和基础》是欧洲文献史上两篇为野蛮人撰写的最慷慨的赞词，同时这两部文献也为野蛮人向"高贵的野蛮人"的奇迹般演化贡献了最精彩的论证。但是，需要同时注意到的是，在献给野蛮人的赞歌背后，是两位思想家对走向没落的欧洲德行的危机意识。唱给野蛮人的赞歌也是唱给欧洲的哀歌。格劳秀斯的《战争与和平法》也正是这种赞歌与哀歌的二重奏。下面的四个案例分析将向大家显示，欧洲和野蛮人是怎么借助不断演化的战争法条一步步地纠缠在一起，最终依靠一种模棱两可的普世性的人道价值，抵达一种永久的和平秩序。

先看看荷马的一部史诗作品。

欧洲第一"入侵文献"非荷马史诗《伊利亚特》莫属。特洛伊战争是一场发生在欧洲和亚洲之间的战争，这部史诗描述的是战争最后一年的事情。我们把注意力放在史诗的开篇和结尾这两个地方。

史诗的开篇是阿喀琉斯的愤怒。阿喀琉斯是希腊联军的核心人物，是来自北方城邦米尔弥东的国王。他的愤怒是脍炙人口的欧洲文学的典型表达，是对我前面说的血气观念的完美演示，也是崇高观念的典范，法学家们则在其中看到了原始正义（也就是维柯所说的英雄时代的战争法）的典范。阿喀琉斯堪称欧洲童年的化身，代表着欧洲城邦德行尚未被外来元素感染的原初状态。人们对欧洲这种古老德行的所有赞誉最后都凝缩成一个词：英雄。英雄是什么？英雄最大的特质就是他们的"不死性"（immortality）。英雄不会死，因为据说他们是天神和凡人杂交的特殊物种，被列入"神谱"中。英雄德行就是欧洲征服者德行的开端，也是欧洲秩序的道德底色。但是，这种德行底色没有长久地保持下去，很快就被销蚀而趋于衰退了。"后阿喀琉斯"的欧洲道德史就是阿喀琉斯英雄德行的驯服史。驯服者就是欧洲人在扩张的进程中遭遇的一拨又一拨野蛮人。在《伊利亚特》的故事里，阿喀琉斯的驯服者是亚洲统帅赫克托尔。他是特洛伊王子，阿喀琉斯将他斩杀后，按照英雄时代战争法的严酷惯例，用战马拖着尸体在特洛伊城下绕城示威。赫克托尔之死是《伊利亚特》最后一卷的故事，这一卷最后一个情节是赫克托尔的葬礼，整部史诗最后一个希腊词也正是"葬礼"。史诗的原话译成中文就是，"他们就是这样为驯马的赫克托尔举行葬礼"。

如果把视角拉远，就会注意到史诗开篇和结尾的对比所触发的一系列对比：阿喀琉斯的愤怒与赫克托尔的死亡、征服与战败、不死性与必死性、神明与凡人。这样看的话，《伊利亚特》的这个头尾呼应的情节布置就非常精微地提示了这部史诗的论证意图：神圣的愤怒终将止息于凡人的死亡。史诗最后的情节，是欧洲英雄意识幡然悔悟的一刻：赫克托尔的父亲、特洛伊老国王普里阿摩斯以战败者身份来到阿喀琉斯的军帐赎取儿子的尸体，两人有一番著名的对话。普里阿摩斯用类似《圣经·传道书》一般的修辞（也就是人终有一死，凡事皆虚空）教导阿喀琉斯，使希腊英雄觉悟到自己的凡人身世，痛哭悲泣。这个伤感的情节和罗马史上的一个著名情节非常类似：毁灭迦太基古城的罗马将军小西庇阿，他作为征服者远眺大火中的迦太基时，泫然涕下，对身边的史学家波利比乌斯说，终有一天，他的祖国罗马也将葬身火海！荷马把一个战败的亚洲野蛮人的葬礼安排在欧洲第一史诗、欧洲文明第一教科书的最后位置，并且用"葬礼"这个表示血气消散、令生者惶恐不安的词终结了这部史诗，提示了被征服的野蛮人通过荷马的文本永远侵入了欧洲秩序的肌体。从此以后，战败者精神这种灰暗的死亡意识，将如影随形地伴随着欧洲征服者，对后者发起谴责、打击乃至审判。

就这样，在阿喀琉斯的悲泣中，欧洲城邦的英雄德行及其严苛的战争法遭到大幅度削弱，征服、荣誉、帝国的事业也被打回虚妄的原形。荷马在另一部史诗《奥德赛》中设计了一个令世代欧洲人震颤不已的情节：奥德修斯在阴间见到了阿喀琉斯的亡魂，亡魂向他忏悔说，我宁愿回到人间卖身为奴，也不想要这致死的空王冠。这句话可以说是对欧洲英雄时代的终结和最后封印。其实，诗人在《伊利亚特》多处都巧妙地布置了审判欧洲征服者的场景，比如希腊主神宙斯坐在高山和云端关注着这场由"凡人的愚蠢"而开启的战争；当阿喀琉斯用战马拖着赫克托尔的尸体绕城示众的时候，"那些快乐的神明却怜悯地望着他"。英雄德行及其支撑的欧洲秩序在"怜悯"这个词面前可以说轰然坍塌了。

特洛伊古城被攻破以后，亚洲战败者四处流散，其中很多人被希腊士兵掳掠回国，这是英雄时代战争法的惯例。普里阿摩斯王族的战败命运格外引人注目，他们（尤其是其中几个女性成员）竟然成为希腊悲剧作家的理想主角。我们熟知的三大悲剧作家创作了诸如《特罗亚妇女》《安德洛玛克》《赫库柏》《海伦》等一系列优秀作品，抒发特洛伊国破家亡的悲伤情怀，表达对希腊人的刻骨怨恨，更展示了对命运威力的恐惧与臣服，以及对战争、征服、尘世事功与德行荣耀的蔑视。战败的普里阿摩斯王族几乎被希腊悲剧作家们刻画成命运女神的代言人，对希腊英雄德行实施无情的复仇、审判和驯服。这是野蛮人对欧洲秩序实施的第一波打击，而且极为成功。这引发了"后悲剧"时代日益瘫软、堕落、犬儒化、阿里斯多芬式的"消极自由化"的一系列希腊智识演变，这是一个"去英雄化"的过程，本质上更是一个"去欧洲化"的过程。

我的荷马史诗老师，美国著名学者雷德菲尔德教授写过一本优秀的研究著作，书的名字是《〈伊利亚特〉中的自然与教养：论赫克托尔的悲剧》（*Nature and Culture in the Iliad: The Tragedy of Hector*，1994）。书中认为，赫克托尔虽然不具备英雄的神圣世系，但他的品格同样闪耀着德行之光，"他是邦国忠诚理念的殉道者，他乐于发现尘世间的可爱之处，随时准备为凡俗中不尽完美却值得珍惜的东西去死"。的确，赫克托尔的死占据着荷马史诗的终点位置，意义之重大毋庸置疑。我认为，他的死体现了荷马那一代希腊知识分子对欧洲古代城邦精神的重大困境的洞察和隐忧。不管情愿与否，他和他那一代希腊人终将正视一个新的东西，那就是从赫克托尔的死亡中诞生了一种专属于战败者道德的精神——人道主义。这种精神正在入侵新生的欧洲秩序。赫克托尔否定了阿喀琉斯式的英雄，但他的死催生了另外一种新英雄——人道主义英雄。因此，我们可以不无道理地说，欧洲战争法的人道化开端始于亚洲人道主义英雄赫克托尔的死。

希波战争：战败者箴言对希腊战士灵魂的销蚀

下面我们再看第二起入侵案例——希波战争。记录希波战争的最佳文献是"历史之父"希罗多德的九卷本《历史》，这也是格劳秀斯密集引用的古代文献之一。这本书的特质就是鲜明地提出了文明与野蛮的敌对，其中文明被希罗多德等同于希腊特质，或者说欧洲特质。

希罗多德这本书的最大特色就是以史学家的视角，对希腊半岛以外的野蛮人发起大规模调查和研究。希罗多德对野蛮人保持丰沛的好奇心的同时，仍然可以无障碍地相信欧洲秩序的文明品质及其优越性，同时对野蛮人保持清醒的敌对意识，毕竟，这部针对野蛮人的探究著作是在希波战争的巨大阴影中撰写的。历时50年的希波战争意义重大，毋庸多言，它是欧洲弹丸城邦的松散联盟针对东方大帝国的一次艰辛胜利。波斯的失败激起了希腊人征服亚洲的亚西比德式的危险野心，间接驱动了100多年后福祸未定的希腊化进程。

和特洛伊战争希腊主动出击不一样，希波战争是一次典型的亚洲入侵欧洲的战争。结果虽然是希腊反败为胜，但是战争的凶险（希腊差点亡国）、波斯军队的巨大体量（希罗多德说波斯军队所到之处可以喝干一条河）及其背后的超大帝国的统治理念，在希腊人的心目中投下了挥之不去的阴影，以至于希腊知识分子在谈论波斯帝国的时候，既敬佩（比如希罗多德），又怨恨（比如埃斯库罗斯），更掺杂着敌视与艳羡的复杂心态（比如柏拉图）。

必须注意到，这些复杂的情感提示我们，此时的希腊已经不同于荷马英雄们的希腊。荷马的希腊由天神一般的英雄和史诗诗人为它代言，而此时的希腊，英雄和史诗都已经没落，善于反思、内省，甚至忏悔的探究型知识分子或哲人开始出现了。这一类人，用黑格尔的话说，就是"密涅瓦的猫头鹰"，只在黄昏时分才起飞。也就是说，他们属于一个渐趋没落的时代，他们的出现是时代的不祥之兆，他们的使命将是针对没落中的时代精神在沦入沉沉黑夜之前发出尖刻的指控与审判，给予最后一击。具体到以埃斯库罗斯、希罗多德、柏拉图为代表的这群希腊知识分子，他们试图指控和批判的是什么呢？非常意外但同时也非常自然，他们指控和批判的是他们的英雄先辈们曾经以死守护的东西：崇高的荣誉、古老的自由、原始的正义，以及对战争德行与帝国征服的竞逐。特洛伊落难王族的战败者灵魂似乎已经深深地附着在这一代希腊知识分子身上了。

以战败者的视角重新审视希腊文明，这是希罗多德《历史》的一个重要甚至核心议题。不幸的是，它被中西学界严重忽视。仔细研读《历史》文本，可以发现大量线索缠绕在这个核心议题之上，四处蔓延，"不绝如缕"。这里只分析一个例子，就是第一卷围绕着波斯国王居鲁士大帝、希腊国王克洛伊索斯和雅典知识分子梭伦（七贤之一）这三个人讲述他们之间发生的故事，他们分别代表了征服者、战败者和深思的哲人（密涅瓦的猫头鹰）这三种身份。

克洛伊索斯是吕底亚国王，他平定了四方，自以为是天下最幸福的人。有一天，梭伦漫游到了吕底亚，和克洛伊索斯进行了一场对话。克洛伊索斯问梭伦，你漫游列国，见多识广，能否告诉我谁最幸福？他这样问其实是希望梭伦回答说克洛伊索斯最幸福，可是梭伦说最幸福的是另外三个普通人，因为他们死去的时候都是非常光彩的。克洛伊索斯听了十分不痛快，梭伦就对他发表了一篇长篇箴言，大意是克洛伊索斯提出的是一个关于人间本性的问题，而需要留神的是，诸神非常喜欢干扰人间的事情，人生悠长，但不停变化，没有一天和另一天相同，人生根本无法预料，一个人注定会目睹和经历很多伤心的故事，没有一个人是十全十美的。即使是一个国王，生前无忧无虑，但他幸福与否，也要等到他死后才能判定，只有他把无忧无虑的生活保持到临终那一天，然后安然死去，才称得上是一个幸福的人。梭伦最后告诫克洛伊索斯："国王啊，不管在什么事情上，我们都必须好好地注意一下它的结尾，因为神往往不过是叫许多人看到幸福的一个影子，随后就把他们推上了毁灭的道路。"对梭伦的劝诫，克洛伊索斯不以为然。若干年后，吕底亚被波斯国王居鲁士大帝征服，克洛伊索斯战败，被绑到干柴堆上接受火刑，情急之下，大喊三声"梭伦"，居鲁士感到好奇，终止火刑，于是克洛伊索斯和居鲁士也发生了一场谈话。居鲁士问梭伦是何人？克洛伊索斯说梭伦是希腊的哲人，然后把当年梭伦的那番告诫复述给居鲁士听。居鲁士听了深受震动，意识到自己也是一个凡人，为刚才要烧死曾经和自己一样幸福的另一个人感到后悔。就这样，他开始感受到了报应的神秘威力，并意识到人世间的无常，于是宽恕了克洛伊索斯。这就是希罗多德讲述的故事。这是一个典型的后荷马时代的希腊知识分子用战败者的道德去感染并驯服征服者的故事。可以看到，战败者的道德是怎样像传染性病毒一样从梭伦开始，借用吕底亚战败国王作为中介，一步步地，最终打击了希腊的征服者——波斯国王居鲁士。

克洛伊索斯的故事向我们传达的，是体现在后荷马时代希腊知识分子身上的欧洲道德的某种颠转：征服者的荣耀与德性成了问题，需要借助战败者的精神予以打击和节制。具体而言，梭伦为这一行动而准备的武器其实仍然是荷马和悲剧作家曾经体验到的命运的威力，即人的必死性。梭伦告诫克洛伊索斯要留心事情的结尾，在我看来，这句箴言堪称希腊人的末世论。我们经常讲希腊和希伯来所形成的"两希精神"，以为两者全然不同，其实并不是这样。尼采就敏锐地指出在希腊自然哲人阿那克西曼德那里已经出现希伯来的末日审判元素，同样，梭伦的这句箴言也具有《圣经》末世论的含义。这是蒙昧的古代自然异教世界对神圣的天外秩序的微弱感应，几个世纪以后，这种朴素的末世论必将与一种高级的、发达的、来自东方犹太 - 基督教秩序中的末世论合流，继续冲刷欧洲秩序的古老堤岸。

需要提醒的一个地方是，故事中的克洛伊索斯被希罗多德赋予了奇特的地位，他历经了从征服者到战败者的身份流转。当他是一个征服者的时候，他对梭伦的告诫不以为然；当他沦为战败者的时候，他意识到了梭伦告诫的意义，而且在最后，当他向居鲁士大帝转述梭伦的告诫时，他其实和梭伦是合二为一了。这里面隐藏的含义是，哲人和战败者往往是最可靠的朋友，甚至哲学这种知识可能正是为战败者准备的。哲人提出的"沉思型生活"——柏拉图说那种生活是对死亡的练习——特别契合战败者的精神，因为哲人是密涅瓦的猫头鹰，他们只在一个战败的时代出现，他们的教诲是关于战败者的教诲。他们的"沉思型生活"本身就是战败者所能够采纳的一种最佳生活选项，最次的选项就是费拉化，哲人和费拉共享同一条逻辑，这是柏拉图的对话名篇《高尔吉亚》的教诲。就这样，沉思生活维系了战败者的尊严，使战败者可免于卑贱的费拉处境，同时也无情地销蚀着希腊战士的灵魂和德行。

作为"希腊七贤"之一，哲人梭伦提出的"战败者箴言"是朴素的希腊版"末世论"。对于希腊——欧洲的童年时代，我们的印象是，那是一个青春焕发、生机勃勃的恋世文明。但是，正像前面分析的，在希腊的灵魂深处，潜藏着死亡的种子，死亡的阴影很早就开始笼罩着欧洲的血气秩序，最终演化成欧洲意识的一部分。

格劳秀斯引用了梭伦的"战败者箴言"，而且对后者所开启的死亡意识有非常敏锐的感应，这一点体现在《战争与和平法》第二卷第十九章《论埋葬的权利》中。这个章节是格劳秀斯全书的点题章节之一。为什么这么说？因为这一章的议题和梭伦箴言中的议题是一样的，都是死亡。柏拉图在《法律篇》中曾经发起过一场关于死亡话题的著名讨论，他认为，死亡标志着立法的终点，所有律法的最后一款必定是有关死亡和埋葬的律法。这个讨论的含义是这样的：死亡是生命的终点线，人世间的所有怨恨、仇隙、诉讼、纷争、权利与义务都止步于死亡。换言之，死亡是对尘世间的事功、血气、德行与战争的终极否定。从这个意义上说，死亡是一种彻底战败的状态、一种绝对的永久和平状态，在其中战争以及与战争相关的所有配备，不管是身体层面的还是道德层面的，一概被尽数消解。格劳秀斯对罗马民族诗人维吉尔的一个说法也非常着迷，那就是死去的人和战败者一样，都是"失去世界的人"。可以看到，死亡的阴影也毫不例外地笼罩在罗马秩序强悍的肌体上。这便是进入格劳秀斯构筑的战争法大迷宫的一条幽深路径，这条路径将指引我们进入格劳秀斯战争法最基础的部位，也就是"法的精神"那个部位。

希腊化中的东方化：犹太-基督教秩序的入侵

战败者进入欧洲正典秩序这个巨大变迁是从希腊化时代开始的。作为一个专业年代学术语，"希腊化时代"指的是从亚历山大大帝去世（公元前 323 年）到亚克兴海战（公元前 31 年）这三百年时间。这三百年的起始断代以两件大事为标志，分别发生在希腊和罗马两个秩序中。这其中有什么意思呢？首先，居于起点的亚历山大之死标志希腊化的开端。所谓"希腊化"，顾名思义就是希腊文明向东方的扩张和泛化，但这只是乐观的表象，真实发生的其实是一个极其悲伤的故事，那就是古代希腊城邦秩序突然崩解，希腊文明的碎片向东方溃散。如果你能想象一座决堤的水坝，那么你就把握到了希腊化的真实含义。希腊化标志的与其说是一个新时代的开始，不如说是欧洲古代英雄秩序的终结。

与这个持续了三百年的东部乱世相平行的，是西部崛起的罗马城邦。与希腊城邦相比，罗马的城邦性更纯粹，堪称城邦秩序的最高典范，它把征服者的武德发挥到极致。在时间上，罗马城邦更加滞后，更加年轻，正如其建国神话所提示的，特洛伊战败者埃涅阿斯漂流到意大利，满血复活，开始建立血气初绽的罗马城的时候，疲惫的希腊英雄已经醒悟到了人的必死性，并准备进入阴郁愁苦的深思和忏悔的暮年期了。希腊英雄的征服者德行在亚历山大死后正式陨落。在希腊世界沉入三百年既卑且贱的乱世之后，罗马以征服者身份接管了这片区域，将其纳入罗马和平秩序。这个标志就是亚克兴海战，即罗马城邦的最后一次内战，经此一战，东方世界也纳入罗马版图，城邦逐渐演化为帝国，这样就出现了一个罗马化时期。罗马化在本质上是希腊化的延续，都是欧洲秩序的东方化。希腊化报废了希腊，罗马化注定也要报废掉罗马。我们可以把公元前31年的亚克兴海战视为罗马化的开端，把公元312年台伯河穆尔维大桥决战确定为罗马化的结尾。在那场战役的前一夜，即将凯旋的君士坦丁在梦中看到了十字架的异象。从那以后，欧洲进入基督教化的时期。希腊化和罗马化前后持续六百年，合力把欧洲古代征服者的城邦秩序送入坟场，正是在这座大坟场里，基督教化的欧洲崛起了。

  这是大概的历史脉络。经过这六百多年的秩序演化，欧洲秩序向野蛮人彻底开放了大门。这段时期被学术界确定为广义上的古代晚期。近些年有西方学者建议将这个时期再延长三百年，也就是延长到公元622年。这一年，阿拉伯半岛上发生了穆罕默德迁徙麦地那的事件，史称伊斯兰教元年。继希腊化、罗马化和基督教化之后，欧洲是不是还会有一个整体性的伊斯兰化，只有安拉才知道。

  希腊化（以及后面的罗马化）进程不仅是野蛮人入侵欧洲的进程，也是产生巨量战败者的进程。这涉及两个部分：欧洲本土的战败者和东方的战败者。先看欧洲本土的情况。希腊化的隐蔽真相是希腊城邦秩序的分崩离析，城邦的英雄、父主沦为丧家犬一般的难民，所有曾经为城邦生活而准备的德行、制度和学说都失效了，"人是政治的动物"这个古代欧洲的王冠学说几乎破产，这逼迫希腊知识分子沿着希腊智识逻辑走到了它的极端，最终发展出了蔚为壮观的斯多葛主义理论。这是一套关于自由的理论，但不是"积极自由"，而是一种内在于个体心灵的自足品性和沉静智慧，它不再依赖于动荡不安的外在处境，你甚至可以在一个奴隶身上发现这种自由。这种生活道德，很像《圣经·传道书》中的道德，是一种对尘世价值的贬低，是在世俗事功中看到空虚的寂静主义的道德。斯多葛主义者宣布，人的价值不再需要城邦作为参照系，因为人属于世界城邦或者宇宙城邦，人不再是城邦政治的动物，而是一个世界公民或者宇宙公民，这种公民的标志不再是从前的血气德行，而是与宇宙合一的神秘体认。斯多葛的世界公民不再具有政治特性，而是一个擅长沉思的哲学家，我们在贤人梭伦那里已经见识过这种类型的人的预表了。斯多葛的世界公民对世界革命没有兴趣，他们逃进去的那个世界城邦只是一个沉思生活的修炼场。这就是斯多葛版本的消极自由。斯多葛主义沿着从城邦到宇宙城邦的逻辑，将希腊的积极自由奇妙地颠转成消极自由，堪称希腊智识的巅峰，这个学说是专门为城邦秩序崩塌之后流散出来的难民而量身定制的，它在城邦的废墟上构筑了一个超大的、没什么政治追求的宇宙城邦，把难民们接纳进来。在这个意义上，它具有拯救论的宗教意义，可以和东方救赎神学思想对接，这是后话。换言之，它是一种避难理论、一种属于难民的理论，它支撑起来的避难所——那个巨大、笨拙得有点可笑的宇宙城邦——注定是一个过渡性的难民营。世界公民也并不是什么公民，而是地地道道的丧家的世界难民。斯多葛主义鄙视希腊古老的骄傲和荣光，但它构建的这座硕大无朋的建筑物却凝结着希腊人最后的骄傲，闪烁着希腊人亡国前的最后荣光。格劳秀斯使用了大量斯多葛学派文献，其着眼点几乎全部聚焦于其对战败者道德的塑造和利用上面，在学习格劳秀斯战争法思想的时候，需要留心这一点。

再来看一看古代晚期另一部分、来自东方世界的战败者。如果说这一时期欧洲方面的智识巅峰是斯多葛学派，那么东方的对等物可以说是犹太教。和斯多葛学派不同，犹太教属于典型的二元论认知体系，这一点决定性地标识出它的东方性，也使它决定性地和欧洲古代思想的一元论认知体系区分开来。宇宙必将毁灭，这是它的坚定认知。为此，它的核心学说就是创世论：一个远在这个宇宙之外的神创造了这个世界，因此，世界的存在根据不再属于自然秩序的掌管范围之内，一个绝对自由的主人掌管并审判着世界的存废。与此相比，希腊一元论则是一种安全的认知体系，它对世界秉持赞赏与热爱的态度；二元论则一定是敌视世界、贬低世界的。这是一种危险的异端认知模式，它认为存在着一个更高、更好的世界，那个世界将把流散在尘世秩序的难民收集起来，成为它的选民。选民思想是东方特有的，它不同于斯多葛的世界公民的地方在于，世界公民仅仅是一种世界难民的雅称，他们处于一种无国家的散乱状态，非常容易沦落为犬儒和费拉那种最卑贱的战败者状态。选民虽然也是战败者，但这种思想对战败者施行了一种特别的神学-政治重铸工序，使其演化为一种拥有高傲的精神品格的神圣族群：他们属于上帝国的子民，甚至可能拥有强悍的国家意志和战争意志，他们的战争是圣战。

犹太民族有一个清晰的建国史和战争史，曾经深深地纠缠在尘世历史之中。他们做过征服者，但又几度战败亡国、丧家为奴。格劳秀斯大规模引证和参考犹太民族的历史与思想，其原因除了它在神法方面的独特贡献之外，更重要的是这个民族拥有丰富的战争与和平的经验，尤其是它的战败经验，可以作为对欧洲征服者经验的对照。战败者的历史以及对这个历史的神学-政治解释尤其成为这个民族演进的主导力量。前面我援引过维吉尔的一个洞见，即战败者就是失去世界的人，而失去世界的人就是死去的人。没有什么民族比犹太民族对这一真理有更深切、更悲惨的体会了。犹太民族正是在失去世界的基础上，发现了一套例外于世界的秩序，在尘世神殿的废墟上，构筑了一个由选民组成的永恒民族的国家。换言之，在欧洲征服者的正典秩序之外，他们开发了一套专属于战败者的负典秩序。靠着这套秩序，犹太民族似乎脱离了这个星球，过上了永恒神圣的生活，他们没有被寄予任何历史任务，不会在时间中为救赎努力，不再争战，因为他们已经处在了命中注定的状态，一种我们一再提起的战败者状态，也就是永久和平状态。通过活在一种永久和平的状态中，犹太民族与被战争所激荡的世界历史保持距离，他们的灵魂对外邦人的忧虑、劳作、斗争无动于衷，"圣化之雨倾泻在他们身上就像倾泻在一个祭司民族身上一样，为他们的生命渲染了一层'非生产性的'的色彩"（罗森茨维格语）。犹太民族的神圣性阻止它将自己的灵魂奉献给一个尚未圣化的世界，这个民族必须否定它对这个世界生活的积极而全面的参与，必须否定它的日常的、表面上具有决定性的对所有矛盾的解决之道，否则，就会导致一种对终结解决之道的不忠。

这就是犹太人对本族军政溃败与国家灭亡所造成的不可修复的创伤的独特反

应，它无情地贬低和诅咒了尘世以及依附于尘世的外邦民族及其生活与德行。既然失去了世界，犹太民族干脆把自己安置到一个反世界的秩序中；既然失去了国家，他们索性创制出一套反国家的律法共同体，混迹于外邦万国之中，择"隔都"（Ghetto）而独居，最大可能地与这个充满敌意的世界及其压迫性原则保持距离。任何外在因素都是一种肮脏的"机械降神"的入侵，犹太人必须对尚未圣化（净化）的那部分世界保持淡漠的姿态。在这里，我们显然遇到了可以称之为犹太版本的消极自由理论，也是最纯粹的消极自由理论，它必须存在于一个反秩序中。世界孤立了这个民族，他们自己则圣化了这种孤立，这是光荣孤立最早和最极端的表达。这一表达具有极强的传播性和感染力，在此后所有光荣孤立的历史与思想案例中，我们都能辨认出其中的犹太元素。可以被誉为现代自由主义皇冠理论的消极自由理论正是这样一种光荣孤立的理论。光荣孤立是犹太民族对自身战败者处境的奇妙转化，在失败中谋求最后的自由，它避免了前文提到的战败者定理的打击。虽然身处"边缘民"（也就是韦伯和阿伦特定义的"贱民"）的位置，但并没有沦入费拉化的极端惨境。

犹太教自我隔离的传统在罗马征服期间受到异端小派的挑战，其中一个小派逐渐壮大，这就是基督教。基督教内部尽管同样派系林立，但是他们有一个共同的地方，即对犹太教的永恒民族理论失去耐心。永恒民族的意思就是永恒地等待弥赛亚（救世主）的来临，但是基督徒不想再等待下去，他们决定重新进入世界，成为一个历史民族，向尘世秩序重启战端。基督教就这样脱离了犹太教的非历史状态，血气勃勃地介入世界，成为一支从超越性的神圣秩序入侵尘世历史的新生力量。这是东方野蛮人入侵欧洲的一个最不可思议的案例，因为入侵路径不在陆地上，也不在海洋上，而是从天上来。可以用拉丁教父奥古斯丁为例简单分析一下这个环节。

基督教的圣典《福音书》提出的天国理论是一个拥有强烈战争意志的理念，这一点在奥古斯丁的名著《上帝之城》中得到详尽阐发。奥古斯丁本人也拥有强烈的进攻性气质，他曾经坦率地说："我殚精竭虑，力图剪除与摧毁那扭曲、古老的意见，它们被人世间陈陈相因的谬误根植在黑暗的灵魂深处，顽固不化，与信仰的真理为敌。"《上帝之城》既是一部新奇的历史，在某种意义上也是一部探讨基督教战争法立法精神的著作。在第一卷的前言中，奥古斯丁用短短几百字就确立了这部 22 卷巨著的基本框架，我称之为"战争法框架"。他引用了维吉尔的一句诗"饶恕战败者，但要摧毁那些桀骜不驯的人"，作为欧洲异教战争法的"法的精神"的写照。然后他针锋相对地提出了基督教战争法的精髓："上帝阻挡骄傲的人，赐恩给谦卑者。"这里面发生的重大变化是，欧洲征服者的战争被上帝的战争取代了，这就催生出了圣战，基督教的战争法必须在圣战的语义系统中重新编组。另外，"饶恕"被"赐恩"取代，"战败者"被"谦卑者"取代。这是一个巨大的颠转：武德尽失、濒临费拉状态的战败者被颠转成"谦卑"这一重要的基督徒美德的承担者，并得到上帝的赐福。对此，马基雅维利曾经耿耿于怀地抱怨道：一种近乎"无德"的状态就是这样被基督徒们颠转成了新世纪的美德。

　　以上所述就是古代晚期欧洲精神史的概貌。这个时代的本质特征是持续了六百年的欧洲秩序的东方化，这个进程最后以欧洲的基督教化告终。来自东方旷野的亚伯拉罕天启秩序进入欧洲正典秩序，以新的方式和新的秩序获得了一个新罗马，在另外一个意义上也可以说是为旧罗马续了命。欧洲的基督教化说明，单单依靠古典资源，欧洲秩序是无以为继的。这也进一步提示了欧洲古典资源有致命的缺陷和破绽，在其黄金时代（荷马、埃斯库罗斯、伯里克利、努马、老加图的时代），缺陷和破绽尚可蔽而不明，一旦临到衰世，便如山洪暴发。从基督教开始，欧洲的命运第一次落入亚洲野蛮人的手上，这一波野蛮人的入侵，并没有摧毁欧洲，而是把欧洲挽救到了一个新的秩序中。此后的欧洲被称为"基督教欧洲"，战争的血气被扭转到新的方向，奥古斯丁的箴言得以实现："上帝阻挡骄傲的人，赐恩给谦卑者"。欧洲英雄种族的战争就这样演化为基督教上帝的战争，圣战思维以及深藏其中的战败者精神将成为后古典欧洲的主流时代精神，战争的人道化和血腥的圣战（正义战争的巅峰体现）并行不悖。

美洲征服：从欧洲公法之子到国际法之父

　　1492 年开启地理大发现，世界的第四部分——美洲——突然出现在欧洲旧大陆面前。这块新大陆不仅体量庞大，而且与亚欧非抱成一团的旧大陆之间隔着辽阔的大海。从某种意义上，美洲这种孤悬海外的格局有点类似悬浮在天外的犹太-基督教秩序。这种巨大的例外地位，随着美洲征服进程的深入推进，注定要对旧有世界格局产生前所未有的冲击。

首先，最直接的冲击就是给美洲野蛮人，也就是原住民带来的冲击。这里的冲击并非美洲原住民对欧洲殖民者的武力行动，而是恰恰相反，是欧洲殖民者在征服美洲野蛮人的过程中产生的犯罪意识，这也就是我们经常说起的白人殖民者的原罪。这种说法是对殖民主义运动的道德审判，背后隐含的正是正义战争的逻辑。其实，这场大审判在美洲征服之初就已经开启了，而且是征服者自己针对自己开启的。这场审判是迄今为止古老的欧洲征服精神遭受的最后一次打击，而且是最致命的一次打击。此后，征服、权欲、英雄德行、对崇高的追求、残酷的原始正义、严苛的战争法条等一系列欧洲秩序的支撑物，不是被宣布为政治不正确，就是彻底失去了往日的效力。

在对美洲征服这一过程中，西班牙帝国凭着十字军征服者剩余的圣战血气走在欧洲前列，但是对美洲原住民的武力征服、殖民剥夺及宗教皈依事业是备受争议的，帝国的智识界对此有着强烈感应。以萨拉曼卡大学为中心的经院神学家们找到了崭新的使命，即针对西班牙的美洲征服事业展开最大规模的深思，有的人为之贡献理论论证，更多的人则是提出严厉的道德反省和法律批判。前面提到的古代晚期犹太-督教秩序对欧洲秩序的冲击，在美洲征服时期获得了完美的继承，并焕发出全新的光彩。这一点，西班牙经院神学家功不可没。美洲事务极大地激发了这些神学家的智识与良知，他们发起了自中世纪经验神学诞生以来对尘世政治生活的一次最深刻的参与。这场参与不仅使陈腐的经院传统自身朝着政治学和法理学方向脱胎换骨，获得新生，而且更重要的是，它直接使现代意义上的国际法的诞生成为可能。格劳秀斯虽然生于新教国家荷兰，但从严格的学术逻辑来说，他实在是西班牙天主教帝国这场神学-法理学智识运动的一部分，甚至是集大成者。可以说，美洲征服史和现代国际法的早期历史是重合的，或者说，现代国际法始于对美洲征服的正义性的反思，这与一次帝国会议息息相关。

1550—1551年，神圣罗马帝国皇帝兼西班牙国王查理五世在位于瓦拉杜利德的圣格里高利神学院召开大会,试图解决美洲征服正义性的争议。两种相反的论点主导了此次会议,史称"瓦拉杜利德辩论"。一方是人文主义学者、神学家塞普维达,诉诸古老的欧洲征服者德行,对西班牙的征服与殖民提出强硬辩护。与之针锋相对的是萨拉曼卡大学神学家、多明我修士卡萨斯,卡萨斯拥有"印第安人的守护者"的称号,他阐发的是我们现代人已经非常熟悉的普世人权观念。查理五世对双方陈辞不置可否,他倚重的是另外一个人,那就是弗朗西斯科·维多利亚。

维多利亚是天主教神学家、法学家,萨拉曼卡学派创始人。他是帝国知识界的领袖,提出了一套温和的正义战争理论,与格劳秀斯一起被后世尊为近现代国际法的奠基人。他认为,在西班牙人进驻美洲大陆之前,印第安人已经拥有自己的酋长、君主和政治共同体,他们对其土地和产业拥有不可争辩的所有权。在这一点上,维多利亚的思路与卡萨斯的精神保持高度一致。他认为西班牙统治新世界原住民的依据是不正当的:神圣罗马帝国皇帝并不是世界的统治者,即使是,他也没有正当权利夺取印第安人的土地,也没有正当权利去废黜旧主、赐封新王。同样,教皇也并非民事和世俗意义上的世界之主,即使他拥有世俗权力,他也不可将此权力转让给世俗君主,其世俗权力只能用于辅佐精神事务,因此教皇对于印第安人不具有世俗权力。反过来说,印第安人如果对教皇的权力不予认可,这并不构成西班牙针对印第安人开启战争的正义理由。这种主张迫使维多利亚着手对正义战争理论展开深入研究。维多利亚复活了奥古斯丁关于"伤害"的学说,即"既成伤害是开启战端的唯一正义理由"。由伤害而起的战争是一种惩罚性的战争,维多利亚把"报复"融进"惩罚"这一战争行动中,惩罚性的战争因此呈现出进攻性的品质。因此,维多利亚不得不对战争理由的正义性给予格外的关注,对战争的正义理由设定了一系列严格界限,以免正义战争与征服战争发生混淆。他忠告开战者在战前务必审慎研究开战的理由是否足够正义,而且必须由拥有最高主权的君主亲自研究,一般臣民或者盟国的研究都被指为无效。在出现悬疑不决的情况下,君主可向教会请求终极指导,以免出现良心不安的不良结果。因此,对战争的正义理由的法理研究有时候会变成高度神学性的苦思冥想,甚至道德拷问。

我们通过以上四个案例，简单叙述了野蛮人入侵欧洲的历史，着重分析了历史背后的思想，尤其是欧洲道德的变迁及其对战争法的"法的精神"的巨大影响。案例分析止于西班牙神学家维多利亚，他是格劳秀斯的思想先驱，也是美洲征服的亲历者。美洲征服在欧洲智识界激起了巨大海啸，猛烈冲击着欧洲的灵魂，欧洲的智识界为此撕裂为两半，一半血气昂扬，一半则陷于痛苦的良心折磨中。维多利亚试图兼收这两种反应于一身，在他的论证中，我们看到了两个欧洲的原型：一个是古代英雄的种族和得胜教会的十字军，他们是征服者的化身，以野蛮人和异教徒为敌，相信文明战争和神圣战争的正义性；另一个是谦卑的圣徒，他们在野蛮人身上看到了圣光的种子，和战败者站在一起，以上帝子民的名义而集结，挑战着另一个欧洲秩序及其古老的战争法主张。

维多利亚以及后来的格劳秀斯身上存在着的这种张力，其剧烈程度是欧洲人从来没有过的。美洲，横亘在欧洲面前的一块如此硕大的新大陆，它的发现与征服，对欧洲而言究竟是福还是祸，至今似乎都还是个悬而未决的问题。

德国法学家卡尔·施米特就认为，美洲的出现是欧洲的灾难。美洲的发现与征服看起来是欧洲秩序的强硬延伸，但这只是历史的表象。历史的真相是，美洲的发现使人居之地扩展到整个地球，这个世界再也没有一块野蛮之地，欧洲人不得不和野蛮人混居在一起，古老的欧洲文明分界线化为乌有。

当然，即使没有对新大陆的征服，欧洲的分界线依然要被打破。如果非要说灾难，首先出在欧洲人因各种理由，从自己的生息地出发向世界各地的拓殖和征伐，使得为守护这条界线而精心构筑的所有德行、教养、生活方式、律法秩序以及法的精神，也全部化为乌有。文明与野蛮的普世主义混居状态不得不被认可，一种普世主义秩序和道德也跟着应运而生，它注定要消磨掉欧洲英雄父主的德行和征服者仅有的血气。

上述这种普世秩序对欧洲旧秩序的消磨，在格劳秀斯《战争与和平法》最后一卷得到了生动的体现。这一卷的主题是"战时法则"，即在战争中允许实施的行为。这一卷一共二十五章，前三章组成一篇总体性序言，之后有十二章构成本卷主体部分，由两组截然相反的议题构成。首先讨论的是根据传统的欧洲战争法，战胜者可以做什么？答案是，他们可以不受限制地杀死敌对人员，可以破坏敌人的财产，可以抢劫敌人，可以奴役甚至处死战俘，可以终结战败国的政体，对其施行兼并或直接统治，亡了他们的国，等等。另一组议题则是针对前一组议题，逐一节制，这一组议题有六章，章节小标题统一使用的就是拉丁文"temperamentum"（节制），英译者将其译成"moderation"。对勘这两组议题，可以看到，前一组议题是对征服者权利的承认和论证，而后一组则针对征服者的权利实施审查、修改甚至取缔。在前一组议题中，格劳秀斯使用的主要是自然法论证，也就是那种体现着原始正义的自然暴力法则，而在论证后一组议题时，格劳秀斯几乎清一色地援用了基督教的福音律法，也就是关于仁爱的律法。

就这样，在以战败者的精神为基底构筑的普世秩序中，征服者辛苦得来的战利品（即扩展到整个地球表面的"人居之地"）几乎消弭于无形，它被卡尔·施米特尖刻地称为"丧失了具体领土空间的空中楼阁"。可以想象得到，在这两组议题组成的十二章讨论中，格劳秀斯承受的张力是何等巨大，他的欧洲意识是如何濒临撕裂与瓦解，而他为了使自己的理论免于崩溃破产，又是何等辛劳地在浩如烟海的欧洲文献中为一个新奇的、主要是为野蛮人发明的普世秩序寻找无比强大的论证支持。为此，他甚至比维多利亚更进一步，维多利亚论证印第安人具有和欧洲人一样的人性，试图为美洲秩序日后平等地进入基督教欧洲秩序打下人类学前提，格劳秀斯则在写于晚年的《论美洲印第安人的起源》（1642）中，声称印第安人隶属北欧日耳曼英雄种族。

这个欧洲公法之子就是这样成为国际法之父的。

思考题：

1. 在你看来格劳秀斯构建的战争法究竟是以欧洲秩序为中心，还是着眼于普世主义？
2. 所谓"欧洲古老的城邦德行"原来是怎样支配"战争与和平秩序"的？
3. 在格劳秀斯的战争法框架中，战败者并没有被完全摧毁，相反，他们握有重大权柄，对战胜者构成强力节制，这一点在现代世界秩序中也很明显，请你举个例子来评价一下。
4. 古代欧洲的"正义战争"包括了哪些理念？
5. 你认为基督教欧洲发现美洲，对于欧洲秩序而言是福还是祸？

〇九
《利维坦》

[英] 托马斯·霍布斯著　黎思复　黎廷弼译　商务印书馆　1985年

主题词◎国家理论　现代国家　人性　自然状态　利维坦　科层制度

经典之处

《利维坦》是近代西方第一部系统阐述国家学说的经典著作，在西方政治思想史上具有划时代的意义。在《圣经·旧约》中，利维坦（Leviathan）原指一种巨大的水生怪物。传说，在上帝造人之后，人请求上帝："上帝啊，我们太弱小了。请你再创造一个英雄吧，让他保护我们。"上帝说："英雄在保护你们的同时，也会欺压你们，吃你们。"后来人们为了抵御各种外来的风险，自己创造了一个利维坦，创造了一个能让他们有归属感的庞然大物——政府。在这部著作中，霍布斯用"利维坦"来喻指国家，系统地阐述了国家学说，探讨了社会的结构，其中的人性论、社会契约论以及国家的本质和作用等思想在西方产生了深远的影响。

作者简介

托马斯·霍布斯（Thomas Hobbes，1588—1679），英国著名政治哲学家。出身牧师家庭，早年就读于牛津大学，曾游历欧洲大陆。他提出自然状态与社会契约论，强调国家的权力。著有《论公民》《利维坦》《对笛卡尔〈形而上学的沉思〉的第三组诘难》等，曾将《伯罗奔尼撒战争史》《伊利亚特》《奥德赛》翻译为英文。

导语｜现代政治理论的第一声鸡鸣

刘苏里

可以说，英国政治哲学家霍布斯的《利维坦》，是现代政治文明的第一声鸡鸣。套用一句老话就是，"天不生霍布斯，万古如长夜"。因为这本书重新定义了"国家"的概念，开辟了包括英国在内的许多国家的国家观念和理论的先河。

《利维坦》是霍布斯最重要的代表作，发表后立即引起了轰动。但几百年来，人们只记得"利维坦"三个字，却忘记后面跟着长长的解释性书名（原书名 Leviathan: Or the Matter, Form, and Power of a Comm-onwealth, Ecclesiastical and Civil ），直译为"教会和市民共同体的实质、形式与权力"，这里的"共同体"，就是英语中的 commonwealth。这个英语词语在当时，特别强调的是共同体的政治性质，它跟历史上的"共和国"这一词的含义也很相近。1888 年，英国历史学家布赖斯写了《美利坚合众国》(The American Commonwealth)，用的也是这个词。所以，《利维坦》是一本研究国家的政治哲学著作。

《利维坦》发表于 1651 年。假如你把这一年当作轴心，会发现世界上发生了很多翻天覆地的大事，从某种意义上说，它们既导致了《利维坦》的诞生，也是它诞生的后果。先往回看，1492 年，哥伦布发现了新大陆；1588 年，英国海军打败了西班牙的无敌舰队；1642 年，英国爆发了内战；九年之后，也就是 1651 年，《利维坦》正式出版。这本书出版 37 年后，也就是 1688 年，英国爆发了光荣革命。

在欧洲大陆，这本书诞生之时，文艺复兴已经接近尾声。在法国，《利维坦》出版 10 年后，路易十四临朝亲政，128 年以后，法国爆发了人所共知的大革命。在北美，这本书诞生 124 年后，爆发了独立战争，这场战争也经常被称为"美国革命"，北美殖民地独立。独立战争结束四年后，也就是 1787 年，人类第一部成文宪法在美国费城诞生。而在中国，这本书出版时，清朝入主中原已经过去七年。那年元月福临御太和殿，顺治帝亲政。

把《利维坦》放在这样的时间坐标当中，非常有意义。单说这个时间坐标上的中国，在《利维坦》出版后，它在同一条轨道上又走了260年。

霍布斯有关国家的理论以及论证的出发点，是他对人性的认识非常深刻，有时候甚至可以称为幽暗的洞察。在霍布斯那里，人的欲望是推动整个历史发展最重要的动力，这是霍布斯国家学说最为核心的部分。这就意味着现代国家的建立，它的基础，必须来源于个人、个体，才合乎我们中国人概念中的天道，西方人概念中的自然法。

从今天往回看，三四百年以前，霍布斯有关国家建立的理论，国家的本质和作用等思想，以及书中的人性论、社会契约论，都在西方乃至世界范围内产生深远影响，确实可称得上现代政治文明的第一声鸡鸣。

观念和理论有一个非常重要的特点，你可以巧用它，也可以忽视它，但是你没办法消灭它。不能消灭，它就像种了一样，一旦有合适的条件，必然发芽成长，最后长成参天大树，乃至活出一片森林。所以，理解霍布斯试图解决的问题，对于理解今天的世界，显得非常重要，当然，更重要的是有助于理解我们自己的处境。

这就是《利维坦》对于历史，对于今天，对于我们最重要的价值。

讲读这本书的张笑宇，山东人，生于1987年。本科就读于北京大学，考取柏林自由大学后，专攻古典学，精通英语、德语。他的知识宽度，随着他的兴趣，可以无限扩展，好像没什么边界。他写过一本很重要的书:《重建大陆：反思五百年的世界秩序》。

张笑宇是标准的山东大汉，猛看不像个读书人，笑起来却眯缝着眼，有点羞涩。他思考、说话、写字、行动，皆手疾脑快。他讲读《利维坦》，也是快节奏，庖丁解牛，畅快淋漓。

张笑宇讲读《利维坦》

> 张笑宇
> 政治哲学博士。毕业于北京大学和柏林自由大学。现为华东师范大学特聘研究员。著有《重建大陆：反思五百年的世界秩序》。

背景简介

托马斯·霍布斯，生于英国威尔特郡，著有《利维坦》一书，三个半世纪以来享誉政治哲学领域。

先介绍一下 20 世纪的一位英国学者是怎样评价这本书的。这位学者叫奥克肖特，先上了剑桥大学，又去牛津大学教书，还曾经与撒切尔夫人激烈地辩论过。这位先生说《利维坦》是英语世界政治哲学著作中最好的一本，为此他写过一篇长文，说政治是人类的一种根本处境。这种说法很像当年李连杰和林青霞演的《笑傲江湖》里面的一句台词，"有人的地方就有江湖，人就是江湖，你怎么退出？"政治也是一样，有人的地方就有政治，人就是政治，你怎么回避？有政治，就有合作和斗争，这是人类的命运。所以政治是一个永恒的主题，而有关政治的哲学思考，则是永恒主题之母，值得伟大思想家一代代去面对，去讨论，去琢磨。在政治哲学领域有三个门派，第一个门派的内功是理性，唯理智能明至善，以至善统领天下；第二个门派的内功是意志，人定胜天，唯我独尊；第三个门派结合前两者，叫作"理性的意志"，天道无亲，常与善人。第一个门派掌门是柏拉图，开天辟地第一位大政治哲学家；第三个门派掌门是黑格尔，以历史哲学和辩证法独步天下；第二个门派的掌门，就是这位霍布斯。这本《利维坦》是从意志和权力，而不是从理想信念或者历史哲学的角度研讨政治哲学的。

简单介绍霍布斯其人。他出生于 1588 年，这一年正好西班牙无敌舰队入侵英国。虽然无敌舰队最后被英国人打败了，但霍布斯的母亲被这个消息吓得早产了，霍布斯由此提前到了人世。所以日后他老是说，我有个双胞胎兄弟，它的名字叫作恐惧。

霍布斯在牛津大学上的学，毕业后去了德文郡一位公爵家里当家庭教师，给贵族当家教，这在那个年代算是平民知识分子比较常见的一种出路。霍布斯借着这个机会在欧洲大陆转了一圈，认识了培根和笛卡尔，前面一位的名言是"知识就是力量"，后面那位的名言是"我思故我在"，他是《黑客帝国》哲学的真正创始人。

霍布斯1637年回到了英国，但当时英国的形势很不好，国王和议会彼此看着不顺眼，国王说议员们除了会哭会喊会闹，什么都不会。霍布斯眼看形势不好，很有先见之明地在1640年跑到了巴黎。他刚走，英国内战就爆发了。有鉴于此，他决定写一本书来向大家解释，有一个稳定的国家是多么重要。

这就需要介绍一下关于国家的哲学。中学时我们都学过，马克思主义哲学原理认为国家是统治阶级的工具，是暴力机器。但是统治阶级也不能光统治，同时也要回答为什么统治、为谁统治、怎么统治等问题。所以西方政治哲学一开始讨论国家，首先要回答国家权力的来源是什么，解决了权力来源问题，才能解决权力的去向问题。

按照中世纪欧洲人的观点，归根结底，权力的来源是上帝。上帝全知全能，无所不在，人世间的事儿，肯定都是他说了算。但是上帝以大致两种形式把权力交给了统治者，一是上帝将权力直接授予国王，二是上帝通过人民的认可将权力授予国王。

直接授予国王是什么意思呢？好比说我带领军队打了胜仗，把一个王国征服了。按中世纪人的理解，这仗不是我自己打赢的，是上帝让我打赢的，我奉上帝的旨意把这个王位夺了，也就是他把统治国家的权力授予了我。另一种情况，上帝让我投胎到王室，当了王子，继承大统，这也是他授权给我。

而人民的认可这一点比较有意思。我们知道，基督教最初是以色列人的信仰，后来被罗马帝国接受，在欧洲广泛传播。但接受基督教的时候，罗马帝国正在走下坡路，不久之后西罗马帝国就灭亡了，基督教就传到了很多日耳曼民族生存的落后地区，也就是所谓的蛮族中。基督教的教义跟蛮族的风俗习惯相结合，就形成了新的很有趣的东西。蛮族保留了很多原始的民主议事要素，比如美剧《权力的游戏》里长城之外的野人，原型就是历史上的日耳曼民族。这批人虽然也有所谓的国王，但国王干什么事儿都得跟几个能打仗的头领商量着来，国王本身也需要得到这些头领的承认。比如国王宣布，我们要把那个部落灭了，有人同意吗？同意的人就拿自己的矛去撞自己的盾，当当当当当。谁不同意？不同意的人也来撞一撞，哪边声音大就听哪边的。这种原始的民主议事制度，在很多文明那里都出现过，比如成吉思汗时代大汗是选出来的，选举大汗的机构叫作忽里勒台，也就是今天的蒙古国国家议会大呼拉尔；再比如咱们清代早期所谓的"议政王大臣会议"，这都是早期部落民主制的残留。当然，这个所谓的"民主"，其实没有多少我们今天理解的民意的成分。不管是撞盾的头领，还是忽里勒台，抑或是议政王大臣，能参加这个议事会的，本身就是贵族，跟人民没什么关系，只不过是用了人民的名义而已。总之，这种早期的部落民主制部分现象被基督教理论继承了，这就产生了所谓人民主权学说的雏形，也就是说，"当当当当当"撞击盾牌的响声，象征了人民的意愿，也就是上帝的意志，国王只有得到了这个认可，才能说获得了上帝的授权。

霍布斯之前的政治哲学，就是这么解释国家权力来源的。即两种来源：一种是为王室血统服务的，根正苗红的才能得到上帝认可；一种是为贵族头领服务的，就是通过了贵族议事会的认可才算得到了上帝的认可。这两种理论背后，都有一个幕后操纵者，叫作神权。

然而霍布斯的《利维坦》诞生之后，一切就改变了。"利维坦"这个名字，玩《星际争霸》的都知道，它源于《圣经》里的一种庞大海怪。霍布斯用这个名字，就是要跟上帝作对。他要向大家强调，国家就是国家，它带来的秩序是你生存的根本，要论证这一点，不需要什么上帝，也不靠王室和贵族。国家权力来源的背后，是一套如同数学一样严密的逻辑。只要你想生存，你就得接受国家的统治。利维坦就是国家的象征，它不是上帝的造物，而是人类的造物，它是行走在世上的巨兽，是以人类之手建立起来的有死的上帝。

下面从四个方面谈谈这个逻辑是怎么建立起来的。

人性与自然权利

《利维坦》出版于1651年，它首版的封面非常令人震撼。在封面上方，是利维坦这头巨大的怪兽，他头戴王冠，左手持权杖，右手持宝剑，睥睨尘世。而仔细看去，他身上密密麻麻如同鳞片一样的，是一个一个的人。在霍布斯看来，要研究国家，就必须去研究人，研究人性。

人是万物之灵，那么，人和动物最大的区别是什么？霍布斯说，是思维的能力。所有动物都可以通过感官来理解外界事物，但只有人有能力在感官的基础之上，去推理、想象、预测并判断未来可能发生的事。

但是人的思维能力是通过语言来锻炼的。也只有通过语言，人才能够完成推理、想象、预测和判断等这些任务。然而，语言这个东西却是靠不住的。语言有虚伪、夸张、模糊，有造假、攻讦。孔子也说，"始吾于人也，听其言而信其行；今吾于人也，听其言而观其行"。所以人类的独特性和优越性，其实是建立在这样一种自我悖论的能力基础上的，这是很有讽刺意味的一件事。

所以霍布斯说，作为人，要真正运用好自己的思维能力，就要有能力分辨真话和假话，分辨坦诚的话和虚伪的话，把那些没有意义的词语，不管多么冠冕堂皇，都从脑袋里清除出去，留下的不管多么难听，都是真话。那么，按照这个标准，把古往今来那些虚伪的哲学名词和道德概念都抛开，霍布斯发现的人性是怎样的呢？

他认为，所有人类最真实的动机只有一个，就是欲望。有欲望不是坏事，爱也是一种欲望，善也是一种欲望。归根结底，人只要活着，就有想要的东西和不想要的东西，这是很自然的事情。只不过几千年来，人们发明了种种冠冕堂皇的词汇来掩饰自己想要的东西而已。所以，不要被这些词汇蒙蔽，大方承认，人就是一种追求欲望的动物。所谓的爱、善、快乐，针对的都是你想要的东西；所谓的恨、厌恶、悲伤，针对的都是你不想要的东西。由此衍生出来的，希望、勇敢、慈爱、豪迈，所有这些哲学家们宣称出来的美德，本质上就是这些欲望的伪装。真正的美德只有一种，就是你怎样最好最有效率地去满足你自己的欲望。

如果说"精致的利己主义者"是对一部分人的准确描述，那霍布斯在这里描述的"真正的美德",就很符合这种"精致的利己主义者"。他讲利己不是褒义也不是贬义,而是描述了一种客观事实。他没有说人利己就必须去害人,也没有说利己就必须去利人,他说的是,人要非常清楚怎么实现利己。在利己中有可能帮助了别人,也有可能伤害了别人,但这些都不重要,利己的效率最重要。如果帮助别人最有利于利己,那就去帮别人。同样,害人也一样。

以此延伸开来,霍布斯指出,人类身上本质上有一种普遍倾向,那就是得其一思其二、死而后已、永无休止的权力欲。造成这种情形的原因,并不永远是人们得陇望蜀,希望获得比现已取得的快乐还要更大的快乐,也不是人们不满足于一般的权势,而是因为不奢望就会连现有的权势以及取得美好生活的手段也保不住。旧的欲望满足了,新的欲望又随之而起,如此往复,永无终结。

需要指出的是,这不是简单的人性恶理论。古往今来,很多哲学家都说过人性恶,但霍布斯为什么不是一般的哲学家呢?因为他没有去批判这种人性恶,没有去指责人类的这种堕落性,而是把它看作一种自然权利,也就是天赋人权。自然权利的意思就是,如果你这么做了,没人能说你错,没人能在道德上审判你,没人能宣布你是一个坏人。道理很简单,人活在这个世界上的第一原则肯定是自保,是生存。一个人不管用什么手段延长生命,都是上帝允许的,这是自然权利,不可以被剥夺,也不可以主动放弃。

这里要介绍一下西方政治哲学的自然权利理论。什么叫作自然权利?这是从古希腊时代开始西方哲学家们就在思考的一个问题。然而社会不同,风俗习惯和道德标准是不一样的,比如古代巴比伦,女子一生中要去做一次妓女,古代中国女子要裹小脚。风俗和道德标准区别如此之大,什么是对什么是错呢?古希腊哲学家希望能够找到一种道德评判标准,它不以人的地域、肤色、语言、习俗、文化和信仰为转移,它能评判一切地方的一切人是好还是坏,是伟人还是庸人。这个标准,就叫作自然。符合这个标准的权利,就叫作自然权利。就好像说,不管肤色黑白、语言差异,所有人都爱惜生命,都有选择爱人的权利,都有受教育的权利,这就是自然权利。哲学家们为了讨论这个问题假设出来一种完全脱离人类风俗习惯、语言、社会背景的状态,就叫作自然状态。

自然权利和自然状态理论很伟大,因为它追求的是一种普世的、适用于一切条件的道德价值。从古希腊时代开始，人类的哲学家就在为寻找这样一种普世价值而奋斗。当然，每个具体的哲学家在追寻和探讨普世价值时，所发现的普世价值，未必完全是真正的普世；某些国家倡导的普世价值，也不一定就是真正的普世价值。我们可以看到很多案例，比如某些国家打着普世价值的旗号干涉其他国家和地区的独立发展，给当地带去深重的灾难。但有人打着道德的旗号干坏事，不代表道德就没有意义了，更不能否定人类探寻这种普世价值的努力本身有着伟大的意义。

霍布斯的伟大之处尤其在于，他不是一个单纯幼稚的理想主义者，也不是一个愤世嫉俗者。他在寻找这种普世自然权利的同时，发现了它背后的悖论，也就是人类为这种理想奋斗的时候，必须面对一个自我矛盾的处境，那就是他追求自己自然权利的过程，就是毁掉自己自然权利的过程。这是为什么呢？

丛林中诞生的社会契约

上文谈到霍布斯提出人类文明的第一条公理，也就是所有人的第一目的，都是生存，保全自己。如果你承认人的这一自然权利，那你就得承认，在没有国家和社会来规定私有产权的时候，我们所有人对这个世界上所有能够维持和延长生命的物质财富，都有所有权。比如在自然状态下，我对任何一个苹果都有所有权，你不能因为我吃一个苹果而指责我。但是，如果我走进亚马孙丛林迷路了，而你恰好是一个土著居民，手里拿着一个苹果向我走来，我怎么办？

这时候霍布斯就引入了人类文明的第二条公理，那就是所有人都是基本平等的。当然，霍布斯没有说人和人是绝对平等的。他说人是基本平等的，证据有两个。第一，我们都能够杀死彼此。就算我天生没有你高大，但我可以用刀、枪、毒药，总之只要不计后果，我总有办法杀死你。这就意味着，归根结底，没有一个人可以强大到不惧怕别人与他为敌，哪怕他富有四海、权倾天下，也难当匹夫一怒。第二，人的智力也基本平等。这个智力不是说算数、造机器或者考大学的能力，而是满足自己利益的能力。霍布斯说，实际上没有人会让别人来替自己主导自己的利益，除了孩子和傻子。而只看这一件事就知道，人们都觉得自己的智力跟别人差不多，所有人都认为自己比其他人更擅长满足自己的利益。

我们回到亚马孙丛林，我遇到了拿着苹果的你。基于第二条公理你意识到，就算我已经虚弱无力，我还是有可能杀死你，把你手里的苹果抢走，因为我要生存。我也意识到，就算我是个现代人，带着现代武器，而你是个原始人，你还是有可能杀死我，不让我抢你的苹果。所以我们俩相遇后，首先陷入对彼此的怀疑之中。这时候我们俩最保险的策略是什么？是直接杀死对方。这个悖论就出现了：虽然我们都在实现自己的自然权利，保全自己的生存，但我们相遇之后，至少一定会有一个人因此而死。

这甚至与苹果的数量无关。有人说，当物品极大丰富时，人与人之间就不会再有争斗。然而霍布斯的这个理论向我们揭示的是，总有这种极端的、决定生死的紧急关头，跟人类文明的进步、物质的繁荣都没有关系。

或许有一种可能，你我都是理性的，可以讲和。先不考虑语言不通的问题，假设我们能彼此听懂，那就签订一个契约，我保证只吃一个苹果，不会杀了你，你也别杀了我，问题不就解决了吗？但是霍布斯说了，人类的语言是有问题的，常常虚伪而不可信。人类走到今天，在有法律合同后还有那么多违约人，何况只是一个口头契约？立约确实有可能保障彼此的权利，但语言本身不能给契约任何保证。

能够保证契约成立的是暴力。必须有比我们两人都厉害的暴力出现，恫吓我们说，谁要是不遵守契约就惩罚他。然而在亚马孙丛林里，谁来当这个恫吓者呢？

所以，从霍布斯的基本人性理论出发，能得到的结论就是，如果没有一个公共权力来恫吓所有人，人们就会处于战争状态，这个状态是一切人对一切人的战争。人人相互为敌，或者陷入对其他所有人的恐惧之中。在这种悲惨的状态中，没人能幸免于难，也不会有工业、农业和文化的发展。

可见，自然的没有恫吓者的状态跟人要求保存自己的天性是相悖的，正是这一悖论成了人类迈出自然状态进入国家和社会状态的极其强烈的动力。霍布斯说，自我保存的欲望和对死亡的恐惧，使得人们联合起来，签订一个社会契约来克服这个一切人对一切人战争的自然状态，这样，国家就建立起来了。

那么，国家是什么？前面谈到人和人之间可以通过签订契约来防止争端，但保证契约能够实施需要一个强制力，令违约者承担后果，接受惩罚。国家，就是提供这个强制力的机构。霍布斯说，为了克服自然状态，人们彼此之间必须签订这样的契约：承认某个强大的人或集体，然后放弃管理自己行为的权利，把这个权利授予那个强大的人或集体，承认它的管理行为。唯有如此，才能人为地构建起一个有强大恫吓力的人格，保障人们彼此之间签订契约的效力。

霍布斯这本书第一版的封面表达的就是这个强大的国家，即利维坦，它把所有人都附着在它身上。它让每个人相互签订契约来承认它，同时接过人们放弃的自然权利来管理人。有一点要强调，人们并没有跟它签订契约，而是每个人彼此间签订契约，把权利让渡给它。在这个过程中，每个人都是单方面让渡权利，而不是跟它换来了什么。虽然我们确实想跟它换来一个保证，但霍布斯说，你不能跟它签订契约，因为假如你跟国家之间是契约关系，就会有一种可能，当你觉得国家没履行与你的约定时，你要撤回或取消这个契约。如果所有人都可以与国家撤销契约，不承认它的权威，国家就建立不起来了。所以，霍布斯说国家是个有死的上帝，是行走在世间的巨兽，它像上帝一样，对人没有义务。它的暴力永远大于人们中的每一个人，它集合巨大的力量对内维持和平，对外保全国家，即保全着利维坦自己。

要注意的是，不能说霍布斯排斥民主制度。霍布斯实际上不排斥民主议会，只是他认为，民主议会一旦产生，就不再对选民负责，而是对国家负责。民主议会作为一个组织，也可以扮演一个庞大的利维坦，不受制约地行使它的权力。

这与现代人的观念不一样。现代国家应该履行某种义务，尤其民选政府更应如此。但霍布斯说，国家实际上没有义务。所以很多人说他是独裁制度的维护者，是民主的敌人。但是，从政治哲学的角度看，人们反倒认为霍布斯才是现代政治文明的奠基者。这是为什么呢？

现代国家的建立

霍布斯的国家理论是，人们为了跳出悲惨的自然状态，必须签订契约，成立国家，把管理自己的权利让渡给国家，无条件地服从它的一切行为。然而一个权力如此之大，对公民又不担负责任的国家显然不符合当代人对国家的基本认识，那么为什么又说霍布斯是现代政治文明的奠基人呢？

不了解政治史的人可能以为不同时代的暴力机关都可以叫作国家，比如帝国、王国、城邦。但是，现代国家跟以往的暴力机关不同，现代国家是单一的主权实体（在一定地域范围内合法地垄断暴力），通过理性的科层（官僚）制度和法律制度对公民进行统一管理的政治机构。

所谓单一的主权实体，是指国家对内拥有最高权威，对外是唯一代表。不满足这个条件，国家就有可能分裂。古罗马帝国时代，有过一个特殊时期，由四位皇帝共同统治。每位皇帝都有自己的军队和一套班子，因为当时罗马帝国四面受敌，便实行了这种特殊制度。但它的后果是攘定外乱之后，四位皇帝自己斗了起来。这在现代国家是绝对不允许的。

那什么是在一定范围内垄断暴力呢？简单地讲，一个国家在自己领土范围内只能有一个使用暴力的合法的政府，其他都是非法的。这一点就把封建王国给排除了。比如在《权力的游戏》里，国王名义上是共主，但他旗下的贵族有土地有军队，国王只能号召贵族跟他去打仗，却不能垄断暴力，像少狼主那样比较天真的国王，一不小心还会被自己旗下的贵族给杀了，这也是现代国家不允许的。

理性的科层制度，指的是有一套官员班子，这套班子不是忠于某个人或某个家族的，而是忠于国家和法律的权威，按照责任制的原则来办理公务，谁不办理，谁办得不好，就追究谁的责任。相对的反例比如欧洲中世纪很多国家，它们的政府班子都是皇亲国戚，是因为跟国王一个血统而忠于他，一旦国王倒台或者被外国人收买了，又如何忠于国家呢？

理性的法律就是对所有公民一视同仁。法律之所以是正义的，是因为它就事论事，不能有特殊对待。古代有很多帝国是做不到这一点的，比如蒙古帝国就分等级，一等蒙古人，二等色目人，三等汉人，四等南人；古代伊斯兰帝国规定穆斯林地位最高，异教徒就要课重税；古代罗马帝国规定罗马公民有特权。这都不是现代理性的法律体制。

上述这些现代国家的原则，即使在今天也不能说完全实现了，在霍布斯那个时代就更困难了。16世纪欧洲的政体还是以封建王国为主，国王有自己的亲信，国内却遍布着不服国王的贵族，还有各种宗教机构，国家权威经常得不到统一。所以近代资产阶级政治革命很重要的一点，就是扫清贵族政治，建立绝对王权统治。

为什么会这样呢？放在当时的历史背景中看，欧洲诸国经历了一个从中古时代的小规模战争向近代大规模战争转变的阶段。比如霍布斯同时代的欧洲发生的三十年战争，据统计，德国部分地区青壮年男子的死亡率超过70%，可以说伏尸百万，流血千里。这与当时武器技术的进步、火器的出现和兵源的扩大有关。但战争规模扩大了，相应就要对国家机器的理性程度有要求，打仗就成了国家大事。

中古欧洲的政治哲学是权力归根结底来自上帝，上帝通过两种方式认可一个统治者，一种是这个统治者继承王位，或征服了另一个王国，一种是统治者获得所谓"人民"，其实也就是贵族议会的认可，因为在当时并不存在代表人民的议会。然而这两种方式，都无法解决当时的问题。如果说统治者是凭血统继承王位的，那他就很有可能因为家庭或者姻亲的关系让自己的国家卷入战争。比如神圣罗马帝国皇帝的妹妹嫁给了匈牙利和波西米亚的国王，他们的后代就对两个国家同时有继承权。如果其中一个国家不愿意接受，另外一个国家就有可能卷入战争。国家大事都被贵族议会把持也不好，比如16世纪的波兰与立陶宛合并后，波兰的国王都是议会选举出来的，按照现在的观点看好像很民主，但问题是波兰议会搞得太民主了，贵族在议会里拥有自由否决权，而且可以一票否决。此前的波兰很强大，打退过蒙古，欺负过德国，但这个制度实行之后，波兰议会就瘫痪了。它周围有很多国家，比如俄国，为了自己的利益，就收买波兰议会的成员，让他们否决议会的一切决定。这样过了大约一百年，波兰从非常强大的国家变成了一个积贫积弱的国家。

霍布斯的理论就指出，一个好的国家不仅要切断跟王室血统的关系，也要切断跟封建贵族的关系，这就要求把国家政府的权威，直接建立在个人身上，跟每个人实实在在地发生关系。如果政治哲学还像中世纪时代一样，建立在神学基础之上，承认王室和贵族的权利，那这个国家就无法现代化。从这里，我们就看到了霍布斯理论的伟大：他告诉所有人，国家的建立不是为了王权的继承，不是为了贵族的特权，不是为了上帝的荣耀，而是为了保护国家内的每个人。尽管他描述了很坏的人性和一个很悲惨的世界，尽管在他眼中，国家对公民不负有任何义务，因为在他眼中人类有多坏是没有底线的，所以不能让人对国家有权利要求，但现代国家学说是由他的理论开始的，第一次不依靠上帝，就把国家权威直接建立在个人权利之上了。这一点也已经得到了现代政治理论的承认：如果一个国家连霍布斯所说的作用都没有起到，连基本的秩序和安全都不能保障，它是不配称作一个国家的。

霍布斯理论的意义

霍布斯的国家理论产生后，在当时引起了很大的反响，也给他带来了很多敌人。本来霍布斯是很讨厌内战的，是个保皇党，他写自然状态，就是为了批判内战带来的无序。结果他这本书一出版，逃到巴黎的保皇党先来攻击他，说他的理论是宣扬无神论。在当时，说国家不依赖上帝的权威，简直就是冒天下之大不韪。霍布斯这个人又比较胆小怕事，于是就跑回英国。当时克伦威尔带着革命党已经赢了保皇党，砍了国王查理一世的脑袋，就答应保护霍布斯。克伦威尔死后，查理二世复辟。霍布斯曾经当过查理二世的老师，这个国王念旧情，又保护了霍布斯，最后霍布斯安然活到91岁，这在当时那个时代已经很难得了。

霍布斯是近代比较早的几个用自然权利和社会契约理论来探讨国家理论的哲学家之一。后来很多社会契约理论的哲学家，比如洛克、卢梭都是沿着霍布斯的理论基础继续往前走的。而且，即使是这些人的理论，也没有完全超越霍布斯。相反，后来这些人的理论在逻辑的完备性上，跟霍布斯有很大的差距。

霍布斯理论的逻辑很完备，能够在很大程度上自圆其说。只要接受他关于人性的基本预设，就很难反驳他。但是他主张国家对公民不负责任，这是绝大多数人都接受不了的。

但霍布斯的理论只解决了现代国家的主权问题，而现代国家的另一个很重要的问题，即法律问题，霍布斯理论基本没有回答。

霍布斯讲的主权者，可以作为维护法律尊严的后盾，但不能随意地践踏法律的尊严这一点，霍布斯也没有强调。这是因为比较严密的现代法学体系是19世纪德国法学家建立起来的，在霍布斯那个时代，这方面的学术研究还很薄弱。

理性法律对国家能力来说很重要。从经济学上来讲，只有理性的法律才能保护国民的私有财产，国民才有动力去进行投资。18世纪时，英法打第二次百年战争，为什么最后赢的是英国人？有历史学家认为，英国的法律能够有效保护英国资本家不会随意地受君主权力的侵犯，导致英国资本家更愿意投资到战争之中，支持国家去打仗，而法国资本家面对君主权力的侵犯，优先选择外逃。这就是法律的力量。霍布斯的政治哲学没有强调这一点，这是他这个理论的问题。

最后，霍布斯所说的自然状态只是一个理论预设，好比物理学里对真空和质点的假设，在人类历史中不存在真正的"自然状态"。所以有些人批评霍布斯的这个理论是空中楼阁，是建立在纯粹假设之上的理论。

但是，在国际社会中，我们在某种程度上确实处在"自然状态"中。国家和国家之间确实像霍布斯说的那样，本质上是互相怀疑，是以生存为第一要务的。尽管有联合国和欧盟这样一些组织，但它们没有从根本上改变这个基本状况。

我个人认为，霍布斯理论最大的意义，就在提醒我们，政治有一些底线问题要解决，这个底线问题就是如何建立一套秩序。民主、共和、法治、自由都是第二步的问题，第一步是生存，是和平。当我们被一些璀璨的理念迷花了双眼时，那么回来想想霍布斯，就是有意义的。

霍布斯讲得很清楚，秩序是第一位的，因为人坏起来是没有底线的，必须用暴力震慑他们去服从秩序，才有可能建立进一步的政治文明。

秩序之于政治文明，用一句话形容，就是"基础不牢，地动山摇"。人类对好的政治文明的探索从未终止也不该终止，而一个好的政治文明，既不能缺少牢固的地基，也不能缺少对星空的仰望。谁若忘记了这个基本原则，现实终将在他眼前撕裂，秩序的深渊将在他面前暴露，而霍布斯的幽灵，将会从这一切人针对一切人的战争深渊中，凝视着他。

思考题：

1. 你所理解的人性的本质是什么？为什么它会成为国家的基石呢？
2. 国家是如何建立的？
3. 霍布斯的国家理论为什么这么重要？
4. 什么影响了霍布斯的政治思想？
5. 你是如何看待霍布斯的国家理论的？它对于今天的意义是什么？

一〇
《谈谈方法》

[法] 笛卡尔 著　王太庆 译　商务印书馆　2011 年

主题词◎哲学理论　理性主义　笛卡尔　方法　真理　怀疑

经典之处

《谈谈方法》，也被译作《方法论》，是笛卡尔的处女作，被公认为近代哲学的宣言书，树起了理性主义认识论的大旗。作者在书中提出了研究问题的方法和步骤，对近代西方科学的飞速发展，起到巨大的推动作用，直到1960年阿波罗登月工程前，一直是西方主流的科学研究方法。笛卡尔还在这本书中提出了他最重要的哲学观点："我思故我在。"

作者简介

笛卡尔（René Descartes，1596—1650），法国著名哲学家、数学家和物理学家。笛卡尔堪称17世纪欧洲哲学界和科学界最有影响的巨匠之一，被誉为"近代科学的始祖"。他发明了平面直角坐标系，是解析几何之父；他第一次提出动量守恒定律；他开拓了欧陆理性主义哲学，提出"普遍怀疑"的主张，与英国哲学家培根一同开启了近代西方哲学的"认识论"转向。1639年，他用拉丁文写下了著名的作品《第一哲学沉思录》，他还著有《哲学原理》（1644年）、《论灵魂的激情》（1649年）等。

导语｜冲破黑暗的精神之子

刘苏里

笛卡尔与《利维坦》的作者霍布斯是同时代的人，据说霍布斯周游法国时，跟笛卡尔见过面。不仅见面，两人甚至还互有好感，但这并没有避免他们成了思想上的敌人。笛卡尔是欧陆理性主义的代表人物，霍布斯则是英国经验主义的鼻祖之一。理性主义强调通过理性、推理和判断获得知识，而经验主义认为，所有不经过亲身感受得来的知识，都是不可靠的。在理解和认识社会发展方面，理性主义注重人的作用，而经验主义更在意自然演化。霍布斯在研究中引入了自然法、自然状态概念，笛卡尔则更加重视科学，特别是科学方法的作用。

一个新时代的来临，要有代表新时代精神的人物出现，霍布斯和笛卡尔都是这样的人物。他们是近代思想两条截然不同路径的开创者，但在冲破黑暗这个意义上，他们都代表了时代精神，都是时代之子。霍布斯是近代国家理论的开先河者，笛卡尔则是近代哲学的奠基人。

霍布斯有多重要，笛卡尔就有多重要，笛卡尔甚至比霍布斯还重要。科学是冲破中世纪藩篱的强大武器，而反思知识的来源和标准，更是近代的主要标志，所以时代精神的砝码更偏向思想家兼科学家笛卡尔一边。

那个时代不独有笛卡尔和霍布斯，那是个思想家和科学家群星闪耀的时代，比如哥白尼、培根、斯宾诺莎、莱布尼茨、牛顿、伽利略……后来者更是数不胜数，像洛克、休谟和康德。那是一个新旧交替的时代，是西方世界从中世纪向近现代过渡的时代。

在为埃利亚斯的《文明的进程》写的导语中我谈到，两个时代交替，往往有一个新旧博弈的阶段，在旧时代蛰伏已久的时代精神，要冲破旧时代的束缚，必将与之发生激烈的冲突和对抗。那么，笛卡尔哲学诞生的时代，为他提供了怎样的条件？美国哲学史家劳黑德在他的《哲学的历程》中，对酝酿笛卡尔哲学的时代，做过很有代表性的总结。他说，那个时代有五个清晰可辨的特征：

第一，西方人重新发现了古希腊和古罗马的经典，不仅带动了人文主义的复兴，也成了文学和艺术迅猛发展的助推器。劳黑德这里描述的是文艺复兴兴起的缘由和状态。

从时间上来看，中世纪始于西罗马帝国的灭亡（476年），终于东罗马帝国的灭亡，即1453年君士坦丁堡陷落，时间跨度将近1000年。文艺复兴始于1350年，到君士坦丁堡陷落，还有100多年的时间。换句话说，中世纪衰亡与近代的交替，用了100多年时间。文艺复兴，就是重生的意思，让古典时代的精神重生。那么，什么是古典精神呢？就是古希腊、罗马时代已经开启的理智和文明化进程。谁的理智？人。在中世纪，上帝最重要，掌控一切，人退到了无足轻重的位置。文艺复兴重新唤起了人的自主意识，挑战了以上帝的眼光评判一切的观念。中世纪让西方世界绕了一个大弯儿，历经千年又回到了原点。

文艺复兴进展到中间阶段，发生了一个重大的历史事件——1492年哥伦布发现新大陆，这个事件具有很大的隐喻性，它是西方世界精神突围在地理上的表现，它拓宽了欧洲人认识、理解世界的视野。地图要修订，所有观念的地图也要跟着修订。

第二，宗教改革。宗教改革的本意，是对实行了千年的各种宗教制度的清理和反思，动摇教会的权威。中世纪的精神特征，是罗马天主教处于绝对统治地位，人们一切言行的出发点和落脚点，都不能越出宗教教义的范围，而教义的解释权在教会。没有宗教改革，就没有人的精神解放。

第三，出现了大规模的社会、经济和政治变革，并对所有生活领域造成影响。这一系列大的变革，前提还是宗教改革。首先，宗教狂热造成了冲突和混乱，而宗教改革让民族主义有了成长的空间。宗教改革是一场针对教权的反叛运动，国王们不仅参与，有时甚至主导了这场反叛。民族主义成了国王们反叛的理由和利器。宗教改革还引发了大规模的教会分裂，进而引发了宗教-政治战争。其次，是贸易急剧扩张，货币经济代替了实物交换经济。银行业和新兴资本主义的兴起，要求更加稳定和有效率的政府。社会层面，当教会的权威衰落时，商业成了支配性的政治和社会力量。最后，近代兴起的以人为中心的文化，统一了肉体生活和精神生活，抛弃了中世纪的天国和尘世的二元论。

第四，近代科学的兴起，影响了人们看待世界的方式。

第五，哲学家们试图清理过去的知识大厦，重建新的知识大厦，提出寻求新知识的方法。

第四、五两个特征我放在一起说。在近代的转型阶段，人们厌恶了神学争斗，开始转向世俗学问，尤其是数学和其他科学，如物理学和天文学。近代早期的哲学家们担负着双重任务：一是对正统的哲学观念进行清理；二是试图找到调和科学与宗教关系的哲学方法，也就是"寻求理解上帝、世界和人性的新方式"。所以，认识论，也叫知识论，成了这个时期的关键词，而比认识论更关键的，是寻求真理的方法。正是在这个背景下，笛卡尔诞生了。

笛卡尔生于1596年，正是科学革命开始的年代。笛卡尔是跟科学革命一起诞生的。

笛卡尔是虔诚的天主教徒，一生努力的方向，是试图协调科学与旧宗教之间的冲突，但结果却颠覆了教会的思想体系。他拥护伽利略的日心说，但只能给予侧援。最重要的侧援工作是写作《谈谈方法》。

张伦先后在沈阳大学、北京大学、巴黎高等社会科学院求学，现任职巴黎-塞纳大学，教授社会学。其实，20世纪90年代初，张伦就有条件去美国最好的学校读书，他决定留在法国的原因之一，就是不想错过近距离观察西欧和东欧变迁的机会，因为一个帝国体系正在崩解，另一个帝国体系在着手重建。

在法国读书期间，张伦拜师学艺，跟随若干世界级的学术、思想大师，比如图海纳、威斯曼、布尔迪厄、德里达、勒高夫、马南等，修习历史、哲学和社会理论。马南是雷蒙·阿隆的嫡传弟子，讲亚里士多德的《政治学》时，左手一册希腊原版，右手一册法语译本，中间一个巨大的本子，记录着他逐字逐句解读《政治学》的心得，跟同学们讲完一段，便让他请来的著名思想家阿兰·贝桑松评论一段，仿佛回到当年古希腊哲人教学的现场。

张伦在几个领域，包括现代性、知识分子、社会变迁和地缘政治等，都是颇有建树的学者，并有多种法文和中文作品问世。

张伦讲读《谈谈方法》

> 张 伦
> 社会学家、哲学家，法国巴黎-塞纳大学教授。

笛卡尔与《谈谈方法》

笛卡尔这个名字，或许许多人并不陌生，受过中学教育的朋友，在初中阶段多少都学习过数学，也不可避免地会接触到笛卡尔坐标。笔者最初听到这个外国人的名字，是在几何课课堂上，当时很钦佩这位坐标发明者的聪明。但真正体悟到笛卡尔的伟大，还是多年后的事情。人类历史上有些少见的伟大天才，才华横溢，在多个领域为人类的知识发展做出巨大的贡献，笛卡尔就是这样一位"上知天文，下知地理"的百科全书式的学者。他不仅在多个自然科学领域做出重大贡献，而且他提出的思想与哲学命题贯穿整个现代，迄今还不断地引发回响。

按照黑格尔在其《哲学史讲演录》中的说法，笛卡尔是现代哲学真正的创始者，"将哲学从神学中解放了出来"。故去不久的法国当代著名哲学家、法兰西学院认识论讲席教授吉勒斯-加斯东·格兰杰（Gilles-Gaston Granger）就说过，笛卡尔的方法"开启了一个理性的时代……与传统的过于限于表述式的理性不同，笛卡尔的理性开启了征服世界的远征"。

所有对现代西方哲学、思想有所了解的人都知道，现代哲学基本上是在笛卡尔发展出的论题上展开的。有思想史专家这样认为，"笛卡尔思想的丰富，使西方后来的各种哲学体系，多少都各自继承了其中的某些思想成分"。周国平先生说过这样的话："欧洲人某种意义上都是笛卡尔主义者。"此言在我看来或有值得商榷之处，不过借他的表述，我倒是想说，一个真正的现代人无论身处何处，源自何种文化，某种意义上讲都是笛卡尔主义者。

而笛卡尔最重要的思想贡献，提出的重要命题，被人所周知，很大程度就与《谈谈方法》有关。这是笛卡尔出版的第一本著作，尽管从哲学的角度与他后来的著作相比更显单薄，但其基本思想在这本著作中都已有表述，可谓一本划时代的巨著。

中文世界里，笔者所见，有两个译本。一个是著名西方哲学史专家已故北大教授王太庆先生的译本《谈谈方法》，商务印书馆"世界名著译丛"2000年版，后被收入该社2009年的珍藏本系列中。据讲，该译本是王先生早年译出的，但直到他1999年逝世后才在其遗稿中发现，由商务印书馆整理出版。另外一个版本由郑文彬译，译林出版社2012年出版，合并了笛卡尔的两部著作，译名为"方法论、情志论"。

笛卡尔的原文属于古典法文，有许多词的含义、用法、表述都已与今不同，许多法文版也多有注释。原文看似平淡，实寓深意，翻译起来并不容易。我读的是王太庆先生的译本，王先生直译意译兼顾，行文平和易懂，一些重要术语给予注释。尽管有些地方值得商榷，原文的细微处可能也有所遗失，但从中还是可见王先生的学术功力和对笛卡尔以及西方哲学思想理解的深度，这尤其体现在那些注释上，值得许多想了解笛卡尔哲学甚至是西方哲学的朋友认真体悟琢磨，相信会有很大的益处。

不过关于标题，王先生用中文中描述比较随意的言说的"谈谈"一词来翻译笛卡尔原标题 *Discours de la méthode* 中的 discours，在本人看来，似乎显得有些过轻，与该书的内在精神好像有点远。Discours 这个因这些年的学术翻译在中文世界流行起来的词，通常被译为"话语""言说"。20世纪以降，受语言学的影响，这个词在人文社会科学中多见，多指一种带系统性的论述。不过，拉丁文时代，它最初确是指带有随意性的交谈，但在16世纪中叶，这个词在保有"交谈"的意思的同时，已兼具"论理、推论、考证"之意，已向我们今天所使用的这种含义演变。

西方文化中，语言与逻辑的关系一直是密不可分的；古希腊的 logos 就有 discours 之意，这人们已多有了解，但显然还是与中文传统中"谈者，淡也，平淡之语"（段玉裁，《说文解字注》）的"谈"有某些区别。当然，翻译只能就各自的语言传统、语境来借鉴比附，但即使如此，如果让笔者来选择，即使不用

"论"来译，那至少也会去掉一个"谈"，按现代汉语的用法，以"谈方法"来译，或许至少能显得更厚重一点，更恰当、更贴近一些本意。

我在这里讨论此书的译名，也关系到如何更好地理解这本著作及其所透露的时代精神的问题。事实上，笛卡尔出版这本著作时，是否用 discours 来做标题，在当时就是有争议的。他的挚友、神父迈申（Mersenne）对此就表示过异议，笛卡尔后来在给他的回信中解释自己的意图，就是为让更多的人阅读，他才选择法文而不用拉丁文来撰写这部著作。这个标题用意深远，这是第一部用法语而不是拉丁文撰写的哲学著作。它用第一人称来表述，也从一个角度预示着，一个知识生产与传播的民主时代、一个主体时代的开始降临。

笛卡尔生于 1596 年，也就是中国明朝的万历二十四年，即被史学界认为是晚明的时代。他的出生地为法国图赖讷省一个叫拉海伊的村庄，现在已以他的名字改为笛卡尔市。父亲是一位地区议员。母亲在他出生后不久便过世，一位乳母和姥姥抚养他长大。身体不佳但聪慧的笛卡尔 1606—1614 年在欧洲最著名的拉夫莱斯学校读书。这所由耶稣会士管理的学校由法国国王亨利四世于 1604 年创立并资助其相关建设，他还许诺死后将心脏放置在这所学校的教堂。1610 年他死后，在按他的遗愿举行的心脏安葬仪式上，人们诵读诗歌，不仅赞扬死去的国王，也提及了那年另外一件重要事件，意大利著名的数学家伽利略新近发现一些围绕木星旋转的星体。从这个细节上，我们或许可以感受到一点那个时代欧洲在知识探索、政治与科学关系上涌动的某种气氛。这是笛卡尔在该校学习时发生的，而少年笛卡尔或许还无法想到，欧洲的思想发展乃至他后来的命运，包括《谈谈方法》这本书与伽利略有着怎样的关联。

1616 年在取得大学法学文凭后，笛卡尔像那个时代的许多人一样，投笔从戎，到荷兰参军。他自己后来认为这是一个心血来潮的决定。不过，他却由此偶识学者、医生贝克曼，决定性地唤醒了这位对自己未来生涯还有些迷茫的年轻人的研究冲动。1619 年在法兰克福参观完德皇费尔南德二世的加冕庆典，寒冬中滞留在多瑙河畔的诺伊堡城期间，笛卡尔精心思考一些重要的学术问题，其中形成的某些看法，包括一次奇异的梦境，影响了他后来一生，也坚定了他献身学术的信念。这些经历，他在这本《谈谈方法》中多有提及。

那之后的数年，他周游列国，用他自己的话讲就是去"读世界这本大书"。与当时罗马、巴黎的一些欧洲最智慧的头脑碰撞、交流后，他的思想日渐成熟。为精神的自由，他选择离开自己的故国，1628 年起定居当时最富自由氛围的荷兰，潜心于一种与他人适当隔离、寂寞自由的学者生活，着手撰写一系列自己的著作。《谈谈方法》中的思想就是在这些年逐渐酝酿的。

《谈谈方法》的出版：现代哲学的诞生

伟大的著作定与作者的生命历程相关，也常常是一个时代的见证。从学校毕业到定居荷兰期间，经过游历、观察、研究与思考，笛卡尔形成了一个基本的看法，他认为各种科学同属一个知识体，因此着手一个颇具雄心的计划：寻找一种可以在这些学科的探索中普遍适用的方法。他曾写过一本有关音乐的论著，在定居荷兰期间，他还用拉丁文撰写过有关精神探索的规则的著作，多年后在《形而上学的沉思录》《哲学原理》等著作中论述的一些形而上的思想，逐渐形成。他同时还着手研究他的形而下学术（physique），研究几何、代数、医学、机械、光学等，希望这些学术的进展能够有助于改善人类的生存境况，并反证他的形而上思想。他试图将这些对自然界的发现按照"一种从原理到结果"的秩序系统地阐述在一本题为"世界"的著作中，并用一本有关"人"的著作加以补充，对人体运行原理进行分析。这是一个雄心勃勃的庞大计划，最终的目的是全面地替代那个时代已经开始让人觉得陈旧的亚里士多德的知识与思想体系。

然而，1633 年，正当他准备付梓出版《世界》时，传来伽利略在罗马被判刑的消息。笛卡尔撰写的《世界》的基本思想完全是以日心说为基础的，为规避风险，他决定推迟出版，甚至差点焚烧了手稿。从笛卡尔在出版问题的谨慎上，我们可以看到此事给他留下的阴影。因此，上述著作都是在他身后才得以出版的。但笛卡尔并没有放弃出版的计划，他试图出版一个简本，通过书中明确的论证，包括对神存在的证明而去敏感化，以争得有一天有可能更好地出版原著。同时，由于朋友的鼓励与督促，甚至愿意承担出版费用，1637 年《谈谈方法》以匿名方式出版。

《谈谈方法》全名为"谈有关良好地运用理性在科学中探索真理的方法"，附有三篇原来作为《世界》一书几个章节的科学论文《折光学》《大气现象学》《几何学》。今天所讲到的《谈谈方法》事实上只是笛卡尔就这三篇科学论述所做的一般性导言。这三篇论文中有很多创见，将代数独立于几何，开辟了有关方程式的新研究领域，彻底"颠覆了数学"；其《折光学》中有关折射以及人的视力等问题的阐述，都具有划时代的意义。但今天除研究笛卡尔思想的专家外，数学及其他自然科学的进步已经让许多人不再去顾及这三篇东西，许多《谈谈方法》的法文版也不再收入或只节选收入，人们更多是从这篇导言也就是狭义的《谈谈方法》所涉及的论题去展开讨论。总之，今天读者不一定要去读几篇科学论著的原文去理解方法，但也不应忘记这些论著与这本《谈谈方法》的关系。

原书的标题已经很好地向我们展示了笛卡尔此书的目的，就是要向人们介绍如何良好地运用理性研习学术，探究真理。全书分为六部分，笛卡尔在正文前有几句说明，我们不妨引用一下：

> 第一部分，是关于一些科学（或学问）问题的看法。第二部分，是作者寻求的那种方法的几条原则。第三部分，是他从这种方法中引导出的几项行为准则。第四部分，是他用来证明神（上帝）的存在，人的存在的那些理由，也就是他的形而上学的基础。第五部分，是他研究过的一些物理学（形而下学）问题，特别是对于心脏运动以及其他方面医学难题的解释，还有我们的灵魂与禽兽灵魂的区别。最后一部分，是作者认定一定要做哪些事情才能在自然研究方面比过去前进一步，以及是哪些理由促使他写这本书。
>
> （王太庆译《谈谈方法》）

这本去掉三篇专门的科学论文后不足百页的著作，可谓地地道道的小书，但涉及哲学及方法、形而上学、自然科学（形而下学）、道德这几大哲学的永恒主题。要想理解笛卡尔此书在上述这些问题上的划时代贡献，他的问题意识的产生，我们还需要再谈谈笛卡尔生活的时代。

笛卡尔所处的时代，路德宗教改革经百年的发展、激荡，已对传统的宗教观念造成巨大冲击，天主教欧洲在持续组织对各种观念的抵抗，进入一个反击阶段。但就像我们的宋明理学对佛教的反应是在受后者的影响甚至吸纳了后者的成分后所做出的反应一样，这种反击也是在受到路德思想的深刻影响下做出的。新教让一种主张行动的生活的价值得以提升，中世纪神学家所主张的沉思的生活不再居主导地位，实践的意义开始凸显。经哥白尼、开普勒、哈维、伽利略等人在物理学、天文学、医学、机械等的科学研究及应用上一个多世纪的开拓，许多传统的教条被深深地撼动了。经院哲学对许多活跃的渴望新鲜事物、追求自由的心灵来讲显得日渐苍白、丧失吸引力。蒙田的怀疑精神已经在蔓延，那些现代哲学的巨匠们，如培根、霍布斯，包括笛卡尔自己都在以各自的方式孕育着他们后来影响迄今的思想。因宗教和政治原因引发的三十年战争在造成200万人死亡的同时，也在刺激着思想家与政治家们。经过文艺复兴的熏陶，个人的地位在逐渐上升。政治、社会、艺术、学术等各个领域的一些现代性的基本理念、原则、制度开始浮现。

这里需要解释一下为什么是经哥白尼提出假设、由伽利略证明的日心说而不是别的科学进展遭到如此特别的严酷打击。因为在教会的保守势力看来，如果地球转动，成为围绕太阳的行星，那就意味着人类所居之所，借以观察认识宇宙之地也不再是中心，而那上帝是宇宙中心，人是上帝的创造物，依上帝的看法来认识世界的传统说法也就难再成立。因为地球如转动，那所有人对天体的观察只能是一种个人随变动的地球所产生的某一时刻的认识。认识不再绝对，科学也不再是与上帝的安排相关联的绝对确切的认识。由此那些关于秩序的永恒性"天不变，道亦不变"的诸多看法就必将瓦解。因此，打压这种学说就成为必然。

但伽利略被判刑这件事对我们这里介绍的这本书却有一个意外的影响：因为不能整体出版四年的全部研究成果，笛卡尔只能选择性地刊载其中的一部分，书的重点也不再是研究对象的特质，而是研究过程本身、方法的介绍。因此，意外地促成了认识论上的一个根本性转折。我们知道，变换看法是很容易的一件事，但困难的是变换看问题的视角，从哲学上讲是这种审视各种事物的看法的视角的变化才真正具有意义。因这本《谈谈方法》的出版，从此认识问题的重心不再是"我的认识对象是什么"，而是"我如何达成我对认识对象的认识""我能否具有认识真理的能力""如何分辨我所接受的各种意见""在何种条件下，我的理性能做出有关正确与错误的判断"。这些后来都成为现代认识论的基本命题，笛卡尔也因此成为现代认识论的奠基者,而哲学的问题也就此转换为方法的问题。笛卡尔的问题意识、具有根本性创新的思想在于在确立某种教义前,先要确定方法;一种思想的价值首先取决于他是如何达成这个结论的,思想是一个过程而不是那些命题与结论的集成。笛卡尔这本小书的出版,也由此"宣告现代哲学的诞生"。一个多世纪后,康德在笛卡尔开辟的道路的基础上,完成了他哲学上的"哥白尼革命",为现代哲学思想奠定了系统与坚固的基石。

方法:到真理之路

如果我们细读这本《谈谈方法》就会发现,事实上这是一本前后并不总是连贯协调的著作。一方面,因为它是一本更大著作的节选,写作的各个部分时间上有差异;另一方面,也可能跟作者在这本著作里要处理的各种不同的议题的丰富性有关,从具体的科学研究到形而上学、道德问题皆有所涉及。就狭义的"方法"来讲,除了第二部分外,其实甚少谈及。但这本书又不是没有其一致性,它有其内在的逻辑,那就是如何寻找真理。这是贯穿《谈谈方法》一书的主题,也是笛卡尔思想的一个关键主题。这个主题有其时代背景,其产生也有笛卡尔自身生活经历及个人秉性的原因。正如他在《谈谈方法》第一部分中所说,尽管他早年饱读各类书籍,受过系统的优良的教育,广泛学习了各种那个时代的最新知识,但笛卡尔却没有满足感,被各种疑惑所困扰。因此,他最后决定依靠自己来寻找真理,探索一种普遍的科学以及达成这个目的的手段——一种最普遍意义上的科学方法。

在他看来,这种普遍的科学及其方法之所以可能,是因为基于一个基本的认定:人们所具有的理性是相等的。《谈谈方法》开篇就以这样一句话奠定了整本书的基调:"理性是人间分配最均匀的东西。"在笛卡尔看来,因为人们具有语言、思考、分辨对错的普遍性的理性,这种普遍的科学与方法才有可能。人们在才智上显现的差别很大程度上取决于他们对理性运用的好坏。理性禀赋与使用上是"性相近,习相远",而良好的方法的意义就在于帮助人们祛除各种因以往的教育和环境造成的偏见、错误的认识,让理性得以更好地发挥。

笛卡尔认为在过去的学习与研究中，他自己形成了一些好的方法，也因此取得一些成效。但他一再表示，自己并不是想让人们亦步亦趋地学习他，他只是在介绍自己走过的道路、使用的方法，也不想像那些权威一样高高在上，以为真理在手，别人不听从他们的意见要么就是愚蠢，要么就该得到惩罚。这里，当然有作者自谦的成分，但我们可以相信，这种平等和谦逊的态度又绝对是真诚的，因为它与笛卡尔整个的思想是一致的。而相较于那些传统的教士、经院哲学家的立场，这种面对他者的谦虚本身就是具有革命性的。笛卡尔不去扮演绝对真理的化身、代言者，他相信每个人用自己的理性能力，都可以发现真理。笛卡尔解释道，他寻找的方法，首先是用来改造自己的思想，提升自己的思考能力的。但这种改造，不能来自外界、他人、权威，只能来自自身的努力，只能是自身良好地运用理性的结果。个人的理性不是国家的理性，我是自己的理性的主宰；没有什么东西也没有任何人可以以一种更高的原则强迫我牺牲自己的理性。只有我自己可以调整这种属于我的理性。这里，我们或许也可以更好地明白，为什么一个真正的理性主义者常常是一个民主的赞同者。如果一个人觉得他是真理的化身，具有别人无法理解的掌握真理的能力，夸大个人的天才作用，像一些浪漫主义者主张的那样，他常常是与民主绝缘的。

对于现实世界杂乱的，甚至是相互矛盾、变动不居的各类观点，如果不注意，最终只会增加自己认识上的混乱。笛卡尔所选择的立场是要通过一番严格的分辨与判断，用理性检讨过的知识去替代先前自己被动接受的知识与各种看法。他也并不反对人们在经过合乎理性高度的审视后重拾各自对事物的旧有的看法，因为经过这番理性的锻造，这些看法才是他们自己真正的看法。而许多人的问题常常是没有经过这样一个过程，人云亦云罢了。"人在成人前都当过儿童"，这是他在《谈谈方法》第二部分中写下的一句著名的话，常被后人做各种阐释，但其本意还在于，人要走向成熟，就需要具有理性的判断、独立的审视精神。他并不主张对传统的教育进行虚无主义的摧毁，而明确承认其意义和作用，他所强调的只是不能对教育的内容照搬接受，不能不允许人们对教育的方式及内容有所怀疑与批判。笛卡尔一生几乎没有留下有关政治的论述。在《谈谈方法》中他认为，一个社会与国家的秩序源自一些悠久的传统，我们对其有所触动，不加小心，会引起许多不可弥补的后果。就这一点来看，如有些人要将近代以来的政治、社会变动与笛卡尔思想、理性主义的激进性直接画等号的话，显然是不妥的。笛卡尔思想所具有的革命性，主要是认识论、思想性上的。

科学上容不得含混。地心说与日心说相比是错误的，两者有根本性的不同，那必须彻底放弃；爱因斯坦的相对论不同于牛顿力学，也需要爱因斯坦有勇气宣布新说。真理不在权威手里，更不一定属于大众。在笛卡尔看来，真理一定是明晰、分辨清楚、确凿显著的，这是真理的表征。达不到这些，含混不清，很难说得上是真理。而所有那些既有的知识当中，只有数学最具这种特征。逻辑、几何与代数，也是他认为他所受的教育中最值得吸收用来建构这样一种普遍科学的知识。笛卡尔的企图是要以数学作为基础，构建一种"普遍数学"，一种可以应用到所有知识领域的方法。但是，要说明的是，这种数学思维的应用并不总是体现在一种具体计算上，而是一种方法意义上的，因此也可以推而广之应用到所有其他的研究上。他对这种方法做了如下归纳：

第一条，凡是我没有明确认识到的东西，我绝不把它当成真的接受。也就是说，要小心避免轻率的判断与先入之见，除了清楚分明地呈现在我的心里、使我无法怀疑的事情之外，不要多放一点东西到我的判断里。

第二条，把我审查的每一个难题按照可能和必要的程度分成若干部分，以便一一妥为解决。

第三条，按次序进行我的思考，从最简单到最容易认识的对象开始，一点点逐步上升，直到认识最复杂的对象。连那些本来没有先后关系的东西，也给它们设定一个次序。

第四条，在任何情况下，都要尽量全面地考察，尽量普遍地复查，做到确信无疑。

（王太庆译《谈谈方法》）

这种方法用笛卡尔自己的话讲，"虽不敢说尽善尽美"，但可以把他的能力最大限度地发挥出来，且帮助他养成细致分析的习惯。笛卡尔的方法不排除直觉，他认为直觉是理性的一种特殊形式。但他的方法主要还是推理，也就是从一个原理、结论，经过论证推导到另一个，这是一种思维的运动。即使依靠直觉达成的某种真理性的认识也要通过严格的推理确定其中的关联，因此，笛卡尔的方法是一种有关次序的方法，次序在其中非常重要，也是一种有关研究中的次序的方法和方法问题上有关次序的归纳。

此外，他在书中提及且一生都在研究中实践的另外一种途径，尽管没有被他纳入狭义的方法规则，也值得在此一提，那就是在真理的探索中接受别人的批评，反复切磋辩难。一方面，正如他在《谈谈方法》中所说，他淡泊名利，专心致志，一切以研究发现、精神自由为考量。这可以解释为什么他要定居荷兰且在荷兰期间常常从一个城市移居到另一个城市：当时的荷兰，在思想文化上的宽容举世无双，吸引了全欧洲众多才华横溢、富有探索精神的人们前往。为节省时间，自由地思考，笛卡尔常常离群索居，漫步在都市熙攘的人群中观察，跑进肉铺把他解剖用过的动物骨肉送人，到港口看来去远航的风帆……也不愿在毫无益处的虚浮和空洞的对话与消遣中打发日子。这种态度，即使在今天，对所有有志献身科学，追求精神丰满的年轻朋友也都是一个榜样。另一方面，他通过他的朋友们特别是作为神父同时也是著名学者的迈申同欧洲各地当时最著名的学者，如英国的霍布斯等，保持着密切的联系，听取他们对他的研究的看法与批评，并做出答复，最后再发表出来，他后续的几部著作多少都是这样产生的。这是今天学术领域惯用的同业评审的发端。

笛卡尔在《谈谈方法》中所提到的方法，今天看上去平淡无奇，但在当时却具有重大的意义，不仅在于它的怀疑态度、分析精神、次序意识，也在于它的实践特质。这是一种面对世界，而不再是退缩到书斋、沉浸在对宗教教义的思考中的实践。传统经院哲学用笛卡尔的话讲，只证明人们已知的东西，而他的方法却是要帮助人们认识未知的世界。希腊文中"方法"（hodos）是"道路"之意，笛卡尔在这里也给人们开辟了一条迈向真理和现代科学的道路。

我思故我在：怀疑与无可置疑

如果让我们再来用什么归纳一下笛卡尔的方法的话，我想到一个日常生活中几乎人人都有过的经验。

你想寻找某种不知放到哪里去的东西，要找到它，你可以有两种基本假设：一是认定这是神的旨意，你不必再找，丢了，接受事实；二是认定这种现状是你（姑且暂不涉及他人）的行为的结果。东西不会无缘无故地消失，用笛卡尔的话讲这是一个确切、明晰、显见的事实。那么接下来要找，会有几种可行方法：一种是着急地乱翻乱找，结果不仅耽误时间，且往往效果不佳。笔者自己多年形成一套做法，效果不错，往往会很快帮我找到要找的东西。做法是，先沉静一下，不受他人或外界什么因素的影响，从整体上想一想与此物件有关的细节，做点分析：时间上（上个星期我是否用过、见过？），空间上的（在什么地方？），然后从一个确切的时间点、一个地方尽可能小心详细地一部分一部分地找起，有了确切的结果（没有、不在此处等），再转向下一个地方。笛卡尔推荐的方法，事实上就与这种方法类似，只是那不是在找东西，而是在找真理。

笛卡尔的方法是一种谨慎，它需要人们谨慎地对待研究的对象、要采用的方法、他人的结论等；笛卡尔的方法也是一种分析，它要求人们在探索真理上不能大而化之，需要严格地分析、推理，不能含混其词，随意诡辩；笛卡尔的方法也是一种勇气与坚持。为此，他在《谈谈方法》中特别强调果敢坚定在研究上的重要。即使我们不清楚未来的结果，也需要坚定向前。最后，笛卡尔的方法更是一种怀疑，一种与怀疑一切的怀疑主义有根本区别的怀疑。它悬置所有的现存结论，依靠研究去审视检讨这些结论，最后达成自己的看法。笛卡尔借用怀疑达成对真理的认识：真理是存在的，不容置疑的。有的时候，要先去怀疑，然后达成真理；而有的时候，在无法确定一些行为方向的情况下，也暂可先不置怀疑，而是依靠自己的研究重新提出疑问，解除疑问。

对笛卡尔来讲，经验是重要的，外部的世界也是存在的，但感官有时会欺骗我们。"耳听是虚，眼见为实"这种说法是不能无条件成立的；耳听不见得是虚，眼见也不一定为实，这一切都需要理性的支持，检验、审视才可以达成对事物真实的认识。因此，笛卡尔试图以科学的方式解释视觉的幻象是如何产生的。需要重新制造出幻象，才能让人不再具有幻象。人们往往不自觉地会受偏见的影响，怀疑就是一种有目的的抗拒偏见的行为。我们之所以怀疑，是因为我们事先相信过什么有误的信息或者意见。

但为了不陷入一种绝对的怀疑主义，需要奠定一种新的知识体系的基石，需要怀疑一切的方法本身不能适用却又是这个方法的一个不可怀疑的形而上基础的东西——那个能怀疑一切却不能怀疑自己在怀疑的东西，一个本体。这就是他在《谈谈方法》中所提及的，后来在他的其他著作中详加阐述的著名的 Cogito（我思故我在）。

在笛卡尔看来，我具有理性的能力，能怀疑一切，但我的理解从来不是一劳永逸的。重新阅读也总是一种新的发现，而不是重读同样的东西。今天，我们重读《谈谈方法》，这种重读也会是一种新的发现。只要人类依然存在，笛卡尔的著作就不会全然过时，它依然会是人们不断走向未来时的思想参照。

相信理性，承认科学，富于批判与怀疑精神，不盲信权威，崇尚自由，笛卡尔这些基本主张早已被视为现代人的一些基本特征。最后，让我们回到开篇时所提及的看法：一个现代人不管来自何种文化，大体上多少都会是一个笛卡尔主义者。不知读者以为如何？至于是否要做一个现代人，这个问题，按笛卡尔的精神，也该去留给每个人自己做出选择吧。

思考题：

1. 谈谈你对西方文化中语言与逻辑关系的理解。
2. 联系一下康德，试着比较一下他们二位的认识论。
3. 你怎么理解笛卡尔说的"理性是人间分配最均匀的东西"，他的这句话又是怎么和"我"联系起来的？
4. 笛卡尔怎样从怀疑出发，最终确定了人可以认识世界，他的怀疑性与确定性是怎么联系起来的？
5. 你认为笛卡尔最重要的哲学遗产是什么？

一
《英格兰普通法史》

［英］马修·黑尔 著　史大晓 译　北京大学出版社　2016 年

主题词◎法制史　普通法　王权　议会

经典之处

《英格兰普通法史》是一本介绍普通法历史的经典著作。黑尔以通俗易懂的语言，对普通法的分类、名称、起源、形成、发展、延续、扩张以及影响，进行了细致的梳理和介绍，还原了当时的历史场景，讲述普通法发展的脉络，总结了普通法的一些特点，比如陪审团审判、财产继承制等。

作者简介

马修·黑尔（Matthew Hale，1609—1676），英国上议院首席大法官，著名法学家，专注于普通法历史等法律史领域研究。

导语｜英格兰普通法的体系化

刘苏里

艾伦·麦克法兰在他的《现代世界的诞生》中指出，现代世界起源于英国，其中一个重要理由便与普通法有关。也就是说，起源于英国的现代世界，一个很重要的特征，就是法治的现代化。

这本《英格兰普通法史》，是有关英国普通法起源、发展历程、基本特点以及演变过程中废用情况的最早最权威的说明书。本来普通法只是偏于一隅的英国人使用的地域法，但随着大英帝国的海外殖民扩张，英国人将它带到了全世界，包括美国。2016年我读以色列首席大法官巴拉克的《民主国家的法官》，才知道以色列也是普通法国家，而且巴拉克在书中极其精彩精练地讲解了法官造法是怎么回事。

现今世界，主要通行两种法律体系：一是大陆法系，起源于欧洲大陆，它的前身是罗马法；另一个就是普通法系。它们的主要区别就是法律是人为的，还是自然（衍生）的。所谓人为，就是法律是人制定的；所谓自然，就是法律是从日常生活中生长出来的。这关系到很多专业性的知识。它们背后的逻辑不能不提。人为的，也叫制定的法律，很大程度上，体现了制定者的意志；而自然衍生的，或者叫习惯的法律，都是在解决现实矛盾和纠纷中，被证明行之有效的，下一个类似案子可能援引的，更多体现的是常理，甚至天道。我们常说的"公道自在人心"，本来是个伦理原则，却也可以成为普通法框架下的法律。中国人爱说"习惯成自然"，这里的自然在普通法下，就是可以成为法律的东西。习惯、惯例、常理或天道，普通得再普通不过，却能在杂乱无章中被归纳、总结成法律，也正是它们被叫作普通法的原因。

这里强调三点。第一是在普通法体系中，不是没有制定的法，而是有很多，但废用权多在法官手里，而不是在几个制定法律的人手里。第二，普通法成为体系，也有个发展过程。它的基本轮廓早在12世纪末就已成形，到16

世纪已经非常成熟了。第三，从它的起源到具体实践，一直没离开两条主线，其一是反对国王和各种专制统治，其二是保障民众个人自由。因为它来自自然（这里的自然就是亚里士多德概念中的自然），来自社会生活，所以法官们成了民众用普通法捍卫自己利益的前锋加后卫。

冯克利讲读《英格兰普通法史》

> 冯克利
> 政治学家、翻译家，山东大学研究员。译有《民主新论》《邓小平时代》《二十世纪的政治哲学家》《论公民》等西方政治学著作。

斯图亚特时代的法律人

对近代政界政治转型有所了解的人都知道，现代国家的形成因素，除了民主化之外，法治是它最突出的特征。民主解决的是谁来统治的问题，法治解决的则是如何统治的问题，两者恰如鸟之双翼，缺一不可。一个没有法治的民主社会是不可想象的。

说到法治这件事，人们大体上会有一个共识，英国是当之无愧开先河的国家。这种法治的载体，就是演化了千年之久的英国普通法。它最初只是一种十分地域化、十分特殊的法律体系，后来却变成了与欧洲大陆法系并列的世界两大法系之一，影响遍布全世界。

但是这里有一个非常奇怪的现象，很多既关心政治也认同法治的人，对一些英国的说起来耳熟能详、实际参与并塑造了英国早期法治化过程的人，如霍布斯、洛克和约翰·密尔等，并不熟悉。这种情况，不但发生在关心政治的一般读者中间，甚至在专业研究政治学的人中间也是如此。这未免是件令人遗憾的事，但是推动英国法治的主要力量，确实不是理论家所著的理论著作，而是像《大宪章》《权利请愿书》、议会法案和法官评注这类的法律文件，它们对英国法治进程的影响，要远远大于理论著作。所以，要了解英国政体的来源，不知道霍布斯或洛克或无大碍，但不知道英国历史上一些重要法律人的实践和思想，是不可行的。

说到英国的普通法，它虽然为其现代化进程提供了强大的制度基础，但它本身却不是近代社会的产物，其中一些要素，比如限制王权、代议制、司法独立、人身和财产保护、陪审团制度等，都起源于中世纪。作为欧洲文明的一部分，欧洲大陆的思想很容易进入英国，但是英国人始终还是沿着自己的道路前行，依靠的正是这种普通法传统。当欧洲大陆的启蒙运动在政治上还没有形成气候时，它就大体完成了政治转型。

参与这个过程的英格兰法律人，通常不是意识形态的宣传家，因为他们没有霍布斯或洛克那样的系统理论，也不以传播理念为己任。撇开案情给他们讲"大是大非"，他们会唯恐避之不及。这些法律人更像是我们今天所说的技术型人才，他们安身立命靠的是司法实践中磨炼出来的智慧和技艺。

在中国的法治化进程中，由于某些因素，普通法很难成为流行话语。不过，近年来出现了一些明显的变化，至少在法学界，有关普通法的专著和译作数量大增，从中国知网上也可见一斑。进入21世纪，以普通法为主题的论文数量，比20世纪最后20年增长了10倍以上。一方面可能是因为人们日益认识到法治的重要，另一方面也是因为近年来关注西方现代化成因的人日益认识到在这一个过程中普通法要比过去的进步主义解释复杂得多。于是大家开始将眼光移向近代以前，像城市、行会、教会、贵族等中世纪的制度，也纷纷进入人们的视野。英国的普通法，当然也是这些"前近代现象"之一。

法学界的这种思想转向最近的例子之一，就是我们现在可以读到的17世纪法学家马修·黑尔撰写的这本《英格兰普通法史》，几乎是在同时出了两个译本。一本是由史大晓翻译，另一本由执业律师毛国权先生翻译。

这位马修·黑尔是什么人呢？像英国的大多数法律人一样，他年轻时受业于伦敦的律师会馆。进入司法界以后，他成为继大法官爱德华·库克之后又一位著名的法律人。17世纪的英国正处于动荡的斯图亚特王朝时代，也是宪政转型的关键时期。爱德华·库克在捍卫普通法传统方面发挥过至关重要的作用，他对国王干涉司法的抵制，为司法审查制度做出的贡献，都是现代法治史上人们津津乐道的。论年龄黑尔要算库克的后辈，他编订的库克的《法学总论》被奉为权威，但他并不像库克那样热心于政治，而是始终奉行专业主义。用我们现在的说法，他是个"守本分的人"，所以名气也比库克小得多。

　　黑尔虽然不喜欢参与政争，他的职业生涯却享有盛名。从担任执业律师开始，他就以公正无私享誉业内。有意思的是，他的这种专业精神，恰恰使他成了"三朝元老"：从查理一世、克伦威尔到查理二世复辟，无论谁在台上，都对他敬重有加。查理一世上绞刑架之前曾有意请他担任自己的辩护律师；内战结束后，克伦威尔任命他为司法改革委员会主席；在克伦威尔时代的末期，他又成了王政复辟的推手；查理二世重新登基后，他被任命为财政署法院首席大法官。

　　这种经历会让我们觉得，黑尔这个人处世圆滑，不辨忠奸。其实他只是个普通法传统训练出来的专业法律人。对他而言，只要普通法的结构仍在，他不太在乎自己是在为共和制还是为君主制效劳。从本书后面附录的马修·黑尔生平与学术简介，我们可以看到，无论在哪一朝任职，他都曾以司法独立的精神对抗当权者的命令。

　　换一个角度看，黑尔的这种经历，也在提醒我们注意一个易于被忽略的现象。那就是，在黑尔执业期间，尽管存在着议会、王权和宗教派别之间的激烈冲突，发生过一场血腥的内战，城头变幻大王旗，统治权三易其主，但各派政治精英普遍尊重法律的风气并未消减，这就使得普通法体系能够始终屹立不倒。在这一点上，美国革命和英国革命相似，但之后世界上的大多数革命却与此不同。普通法的这种连续性也是黑尔最看重的一种品质，阐述和强调这种连续性是他这本《英格兰普通法史》的主题之一。

　　黑尔在法律实务上享有盛誉，在学问上的修养也极高。据说他写东西仿佛心手相通，下笔如流。他写的《国王的诉讼》是刑法领域公认的巨著，10多年前就有了中译本。这本《英格兰普通法史》是他在律师会馆的讲稿，梅特兰的《英国法律史》面世之前，一直被视为这个领域最权威的著作。但黑尔是一个很低调的人，他生前写过不少著作，只为记下自己的想法，并无出版的意思。包括这里介绍的《英格兰普通法史》在内，他的大多数著作，都是他去世后由别人整理出版的。

诺曼征服和《末日审判书》

《英格兰普通法史》，严格说来不是一本完整记述黑尔之前普通法史的著作，它讲的是从忏悔者爱德华国王到爱德华一世这个时期，也就是从 11 世纪初到 14 世纪初这 300 年的历史，大体上对应的是中国宋朝开国 100 年到元朝末年这段时期。黑尔这样做的原因也不难理解，这是普通法从发轫到形成的关键时期。

就像他的很多前辈一样，黑尔对英国的法律体制也给予了极高的评价。在他看来，英国之所以能够成为一个"伟大的王国"，是因为普通法提供了一套"实施普遍正义的共同规则"。这像是法学家的套话，听起来平淡无奇。但是黑尔又说，普通法不但非常公正和优秀，而且经过长期的实践和验证，极为适合英格兰的政府架构和民族气质，已经成了"英格兰民族性格的组成部分"。

那么这种民族性格是什么呢？它最好的体现就是英格兰的习俗。欧洲大陆的法学家，一说到正义，通常首先会强调它来源于无所不在的神意或自然法。黑尔并不排斥这种观念，但是他比欧洲大陆的同行更坚定地认为，这种看不见摸不着的正义的最好体现，就是一个民族的习俗。它是"英格兰人民共识的记录"，是沉积在人间的自然法。习俗在法律上表现为不成文法，具有最强的约束力。即使是国王或议会制定的成文法，如果追根溯源，其实也是不成文法的一部分，它的约束力同样取决于它被惯例和习俗接受的程度。黑尔的这种说法很容易让人得出一个结论：从根本上说，法律不是权力意志的体现，不是政治决策的产物，而是一个社会过程的结果。

不过，黑尔也没有忽视王权在普通法的发展中发挥的重要作用。习俗虽然反映民意，但它有一个很明显的缺点，所谓"三里不同风，五里不同俗"，这种现象中外皆然。在 1066 年诺曼征服之前，英格兰各地存在着丹麦法和撒克逊法等各种不同的法律，忏悔者爱德华国王对它们去芜存菁，提炼出了普通法的基本成分，黑尔把这视为英国普通法的起点。

黑尔表现最突出的一点是他维护普通法连续性的良苦用心。连续性不但是法律最重要的品格之一，而且维系着英格兰的法统。从法律的存废中，可以清楚地看出王权易手和战乱对法律造成了多大的破坏或干扰。在黑尔维护法律连续性的努力中，有两件大事值得一说。

第一件事是 1066 年的诺曼征服。此事的起因是忏悔者爱德华国王答应要把英格兰王位传给自己的私生子诺曼公爵威廉，但王后的弟弟哈罗德提前篡位，威廉为夺回王位入侵并征服了英格兰。对于英国历史上的这件大事，黑尔提供了一种独特的政治解释。

他把征服分为两类，一是"对王权和人民的征服"，古代的大多数征服都属于这一类。这样的征服之后，胜利者可以任意进行"分封、赏赐或征收"，"随意变更、废止和颁布法律"，这类似于我们所说的"打江山者坐江山"。

但是黑尔认为，威廉的入侵属于另一类征服，他仅仅是"针对王权的征服"，他入侵英格兰只是为了夺回属于自己的王位——这是一项"独立的资产"，可以和国民分开对待。威廉和哈罗德争的是王位，而不是国民。这就像原告与被告打官司，原告指控被告是篡位者，主张自己才是正当的王位继承人，只不过这场官司不是发生在法庭上，而是战场上。按照黑尔的这种解释，威廉通过战争获得的权利，"并不比忏悔者爱德华拥有的更多"。他得到的仅仅是"君主原来拥有的权利"，所以他无权"变更该领地的法律，剥夺民众的自由和财产"。

从这些说法中，我们不难理解他坚持法律的连续性对于限制王权的意义。战胜者成了王位继承者，但他不是"民众权利的征服者"，他只获得了"对王位的权利，而不是对人民的权利"。相应地，他所获得的王位本来附有一些对臣民的义务，并没有因为征服而减少。所以威廉在加冕时要发出神圣的誓言，他将"依法统治，不能以征服者的身份独断专行，肆意行事"。

黑尔并不否认，征伐之后，会有掠夺和霸占财产的情形发生，但是他指出，当时发生的一些重要诉讼，可以证明英格兰人原有的权利"并没有因为征服而被废弃或撤销"。很多受到破坏的财产关系，后来都通过诉讼或国王的敕令得到了恢复。书中篇幅最长的第五章举了很多类似的例子，便是为了佐证黑尔这种独特的王政学说。

黑尔用来说明英格兰人的权利得到延续的另一个证据，涉及诺曼征服后不久发生的另一件事。通常研究政治和法律的人并不太留意，但它对后世影响巨大。

威廉国王从 1081 年开始，进行过一次全国性的土地和户籍普查，涉及四万多座庄园，调查记录以《末日审判书》的名称流传后世。它有这个名称，是因为其中规定，记录在案的土地占有状况"不得以任何理由加以修改，就如同终审判决一样"。这个《末日审判书》详细记录了"王国全部自古既有的领主土地的普查结果……不仅登录了占有者的姓名、土地的数量和价值，而且记载了居民、住户的数量和身份，以及他们主张享有的不同权利、特权和习惯"。

我们会很自然地联想到中国历朝历代的户籍普查，以为这只是朝廷管理人口，方便征兵和收税的手段。威廉国王这次调查的主要动机，确实是为了搞清楚忏悔者爱德华的财产，稳定王室的财源。但是《末日审判书》对于英国法治史的意义，要比中国过去的户籍调查重大得多。

黑尔告诉我们，在调查期间很多人都申报了自己的财产。从《末日审判书》可以确切地知道，"没有任何人仅仅因为身份是英格兰人而被剥夺财产"，这说明他们的财产没有被视为征服者的"战利品"。直到黑尔那个时代，庄园的不少后代仍然保有同样的地产。黑尔据此推论，如果威廉充分行使征服者的权力，"历史事实可能不会这样"。

黑尔之所以提到《末日审判书》，不但是因为它提供了英格兰人权利连续性的证明，还在于它是一份重要的法律文献。它最突出的作用，就如同我们今天所说的"明晰产权"，完成了土地从事实占有向法定占有的转变，这使土地侵权变得更加困难，减少了纷争，有益于财产的有序继承和转移。黑尔说《末日审判书》中的很多财产关系一直传承到他本人那个时代，便可以印证这一点。这份文献此后也一直是审理土地产权纠纷的重要依据，英国法院在土地纠纷案中最近一次引用它是1963年。

由此我们不难理解，英国人为何会像对待《大宪章》一样，把《末日审判书》的原件奉为国宝，在近1000年里不断进行修复和重新装订。在两次世界大战期间，为防止它受到破坏，英国人特意将它转移到偏远地区坚固的中世纪监狱里。

《大宪章》

有不少史学家认为黑尔夸大了威廉对原有法律和财产关系的保留，例如梅特兰就认为，黑尔对这段历史的记述是他的败笔。但我们读黑尔写的历史时需要记住一点，就像任何真正的历史学家一样，黑尔并不是在写流水账式的编年史，他是要借助这段历史，为英格兰的政体构建一种符合普通法传统的政治学解释。从史学的角度看，它未必完全准确，就像司马迁的《史记》亦有疏漏和不实之词一样，但这并不妨碍它成为史家的楷模。黑尔的历史解释也被后人普遍接受，成了英国历史的"春秋大义"。

黑尔告诉我们，诺曼征服后不久，威廉国王便在三位大主教的面前发誓要"遵守王国的法律和古老习俗，特别是忏悔者爱德华国王所颁布的法律"。威廉登基后四年，他又召集贵族、乡绅和法学家开会，各郡分别派出 12 人，这"构成了英格兰充分有效的议会"。当时这种会议的正式名称叫"大议事会"，能不能算作议会我们可以存疑。史学家通常认为，英国的议会，包括它沿用至今的名称，即早期译为"巴力门"（Parliament）的机构，起源于《牛津条例》。但黑尔看重的是威廉正式开启了王权与贵族的协商关系，不但此后得到延续，而且确实发展成了常规的议会制度。

这些封建贵族请求国王保留他们原有的法律和古老习惯。他们说，当年忏悔者爱德华国王承诺，不会强迫贵族和整个王国接受外来的法律，威廉国王同意了他们的请求。黑尔认为，威廉做出这种承诺，等于是正式放弃了自己改变法律的权利。他的"庄严的和约、誓言和宽大礼让"，让他以后未经议会同意不能"肆意变更或增补王国的古老法律"。他的儿子亨利一世在 1100 年登基时，又签署了加冕特许状，再次承诺自己会遵守古制，行先王之法。这个加冕特许状成了《大宪章》的先驱，后来贵族与约翰国王发生冲突时，就是以此作为根据，强迫这位国王签署了《大宪章》。

黑尔讲这些事情，用意是很明显的。他要告诉自己的同胞，从 11 世纪开始，英格兰的法律"就不是国王任意实施的，而是由国民大会制定的"，这种治理模式构成了英格兰最可贵的政治传统，一直延续到黑尔本人那个时代。

对于著名的《大宪章》，也只有把它放入这个历史背景，才会有更好的理解。这份签署于 1215 年的文献，一向被公认为是英国宪政的起源，黑尔在书中也多次提到它。但他谈到这份文献时，并没有刻意突出《大宪章》本身的重要性，更没有像今天的很多人那样，强调它在后来英国宪政发展过程中的特殊地位。在黑尔生活的那个时代，《大宪章》还没有在结束斯图亚特王朝的"光荣革命"中再次发威。他更不会知道，《大宪章》后来成了美国革命者对抗英王乔治三世的一件利器。

在黑尔看来，《大宪章》不是一份突然出现的文件，不是约翰国王面对贵族的强势，无奈之下做出的一时选择，而是发生在有关王权和议会关系的历史过程中，是一个漫长传统中的一次重要事件，有着过去诸位先王承诺的来源——"约翰国王的自由特许状（这是《大宪章》最初的名称）是以亨利一世的国王自由特许状和法律为基础的，而这些自由权和法律，又是（忏悔者）爱德华国王向教会和贵族们颁发的"——因此贵族们有理由要求约翰国王承认那些法律。

在约翰国王之后，《大宪章》继续得到其他国王的认可。40年后，亨利三世在贵族的逼迫下，再次给它盖上御玺，颁布天下，成为规范国王与臣民关系的基础。到了他的儿子爱德华一世时代，《大宪章》得到了"完美的确立"，它不再仅仅是一份誓约，而是进入了司法适用。黑尔有此一说，是因为《大宪章》在1297年正式进入《制定法汇编》，使"王在法下"的原则得到了进一步巩固。

爱德华一世是英国历史上公认的明君，黑尔罗列了他在司法领域的很多功德，洋洋洒洒有12条。尤可注意的一点是，1306年他颁布了《征税须经同意法》，其中规定未经贵族和自由人同意，国王及其嗣君不得在王国内课征贡税，这"完美履行了"《大宪章》的承诺。300多年后，在1628年由库克主持的《权利请愿书》中同样引用了这部制定法，再次要求查理一世遵守祖制。后来美国争取独立时，北美殖民地的人民也曾以它作为与母国决裂的根据。

按英国的封建传统，国王享有很多特权，但黑尔在书中反复强调，当涉及臣民财产权利的立法时，他必须与议会进行协商，这是英国政治的基本运行模式。黑尔这种说法，其实是英国一种特殊政体形式的最早表达，即"王在议会中"。在这种独特的体制下，行政权与立法权合二为一，王权成了议会权力的一部分。这与我们很熟悉的"权力分立"相反，英国人对王权的限制，是通过"权力混合"来实现的。在英国议会通过的法案中，一开头往往会看到这样的文字，"至尊无上的国王陛下，按教俗两界组成的贵族院和平民院的建议，并经他们同意，颁布以下法律……",便是这种"王在议会中"体制的反映。它既给足了国王面子,又使他无法在立法上胡来。在都铎王朝时代,以任性著称的亨利八世也自称"朕在任何场合都不像在议会中那样高高屹立于王位之上",便是这种体制的生动写照。后来英国实行"议会主权制"的说法,便是由此而来,以至于有人戏称,英国议会除了没办法把男人变成女人,什么都能干。

但是,这种体制并没有赋予立法机关滥用司法权的权力。《大宪章》中有一条特别重要的规定——未经同侪之公正审判,不得监禁臣民,不得剥夺他们的土地和自由等各项权益——这个条款在很大程度上限制了国王干预司法的可能,可以算作司法独立的雏形。但13世纪以后议会制度逐渐成形,议会的功能常与法院重叠,滥用权力的事情时有发生,黑尔认为这"导致了许多重大的弊端和危害"。将一般司法权剥离出议会的举措,发生在亨利四世时代。亨利四世在1399年发布命令,规定"本王国内发生的任何行为的诉讼,应当根据国王祖先制定并适用的良法进行审判和裁决,……任何时候不得在议会实施或从事直诉"。这一法令标志着立法权与司法权的分离。黑尔把这件事看得很重要,做了详细的介绍。他告诉我们,此令一出,议会直诉的活动便消失了。

黑尔在列举爱德华一世的业绩时,还提到了这位国王的另一项功德:他限制了英格兰各地的庄园法院、百户法院和教会法院的管辖权,将一般司法活动逐渐集中到王座法院、民事法院和巡回法院。这件事有什么意义?

独特的集权化过程

关于现代民族国家形成的原因,有各种不同的解释,不过有一种普遍的共识,就是它通常伴随着一个集权化的过程。在欧洲,这个过程表现为君权的不断加强和扩张,挤压教权和封建贵族的势力。由此形成的体制,人们通常称为"绝对专制",例如法国、西班牙、俄国和德国都是如此。英国的君主制在集权化这一点上也不例外,甚至在时间上要大大早于欧洲大陆的其他国家,但是它采取了一种十分特殊的形式。

读黑尔这本书,我们会不时感受到他有两个念念不忘的主题:一是普通法的连续性，二是英格兰法律的独立性。他认为，一个国家的法律需要满足两个条件：第一是不依附于任何外国势力，法律上依附于他国，有损于君主的权力与主权，这是黑尔那个时代欧洲君主专制理论的流行话语；第二是法律不能支持人身依附或奴役，这有损王国的尊严和人民的自由，这在当时是英国独有的法律文化。

黑尔虽然珍视法律的独立性，但他并没有特别强调普通法的本土性或民族性。他承认，从历史上的事实来看，征服、移民和国王易位都会使法律发生变化，所以普通法中难免有一些教会法、罗马法和诺曼法的成分。但黑尔接下来又说，不管英格兰的这条或那条法律从何时开始，起源于何处或者来自何人，也无论它的具体内容是什么，都不是普通法最重要的因素。黑尔重视的是普通法的形式要素：法律在英格兰的效力，并不源于它的内容，而是它是否得到了国王和议会的承认。也就是说，英格兰王国的司法独立，不取决于法律条文的来源，而取决于批准和适用法律的过程。

按黑尔的讲述，王权垄断司法权的做法，从威廉征服之后便已开始。这位国王在位时将教会法庭从郡法院中分离出来，限制教士和教会法庭按教会法对国王封臣行使管辖权。到了亨利二世时代，时间大约是在12世纪中期，国王又进一步限制教会的司法管辖权，规定神职人员应当接受世俗法官的传召出庭，教会的捐税纠纷也要在世俗法院中审理。这一限制教会特权和教会法院管辖权的过程，一直持续到爱德华一世将普通法推行到英格兰全境。在欧洲历史上，各国王室与罗马教会之间既相互利用，又争权夺利，这是一个普遍的现象。但是英国因为形成了不同于欧洲大陆的普通法体系，它的集权化过程在司法领域也表现得格外突出，形成了覆盖英格兰全境的司法体系。我们可以把这视为民族国家集权化的萌芽。

威廉征服之后，英格兰还发生了一件大事，就是英国巡回法院的建立。

英国到了12世纪后期，王权已经确立了对英格兰全境的统治，但从司法角度来看，仍存在着明显的弊端。一是法律十分繁杂，司法活动没有统一的规范，郡法院、百户法院和教会法院各行其是；二是法官多由业余人士充任，司法事务常受到地方势力的操纵，这对司法公正构成了严重干扰。当时在位的亨利二世咨询了大议事会的意见后，决定建立巡回法庭制度，将整个王国分成六个巡回审判区，每个区分配三名法官，由法律上富有经验和学识的人充任。按黑尔在书中的记述，巡回法庭被授予广泛的管辖权，涵盖所有的民事和刑事案件，不仅可以审理各种刑事和民事案件，还负责管理王室资产，督查地方官吏，规范地方领主的特权。因此，与其说它是巡回法庭，不如说它是巡回政府。这种制度在亨利二世的继位者理查一世时代得到进一步加强，他在英格兰各郡建立了统一的巡回审判制度。

巡回法庭制度显然是一种集权化的手段，它所发挥的作用之一，就是削弱了封建贵族对领地的管辖权，这与后来欧洲各国集权化过程中发生的情况一样。巡回法庭制度的另一个好处是促进了司法的中立化和专业化。

英格兰这种中央集权化过程发生在12世纪，时间上要大大早于欧洲，很大程度上也是出于行政集权的动机，但是与我们通常理解的专制集权不同。国王派往各地的并不是纯粹的行政长官，而是法官，所以这种集权化的突出特征，或者说它逐渐显露出来的效果，是司法权的集中。哈耶克在谈到这种现象时，特别推崇它的一个特点：君主把法官派往各地，目的不是让法官去维护他所创造的秩序，也不是去检查他的命令是否得到贯彻，而是让他们去恢复一种国王本人并不知道其特征的秩序。与国王派出的行政官员不同，这些法官的职责不是实施国王的权力意志，而是解决那些可能会破坏现行秩序的纠纷。对于这种秩序的形成原因，君主本人有可能一无所知。

哈耶克对英国早期司法制度的这种解释，显然是为了阐明他本人提出的"自发秩序"的重要性。所以并没有提到英国的王权与司法权的关系，涉及中世纪法学家的一种信念。黑尔经常在书中引用13世纪法学家布拉克顿的话，布拉克顿对此有一种独到的解释。布拉克顿承认罗马法中的"王权法"的观点：人民把全部权力交给了国王，所以国王的意志就是法律。但是他对法律做了巧妙的解释，认为在习俗的基础上形成的英国普通法，并不能等同于国王的命令。启动诉讼的国王"令状"是司法活动的起点，法律的效力却是在法庭上完成的。布拉克顿又把治理国家的权力区分为治理权和审判权，臣民的权利来自古老的习惯，即使它表现为国王的成文法，也与纯粹的行政命令不同。如果法律纠纷涉及传统权利，它就属于审判权的范围，只有涉及国王法令的诉讼才属于治理权。审判权虽然是由国王任命的法官行使，但他们的司法活动处在国王的治理权之外。这种思想后来又为另一位普通法大师福特斯丘所继承，他在《英格兰政制》（此书有中译本）中说，法官要根据国王的法律断案，即使这样做违背国王的命令——国王的法律和命令有着严格的区别，在他的这个说法中表露无余。

在光荣革命之前，英国和欧洲大陆的君主制，时常让人觉得从整体上看面貌差不多。如果具体观察英国的议会和司法制度，它们是有很大差别的。黑尔不断强调征服者威廉以后的历代国王都要发誓遵守英格兰的习俗和法律，其用意便在于突出英国人限制王权有着古老的传统。英国的集权化过程大大早于欧洲大陆，因为有治理权和审判权的区分，它避免了后来欧洲大陆那样的绝对专制主义。

中世纪的遗产

黑尔的这本《英格兰普通法史》，可以说是欧洲另一种古老传统的一部分。在公元5世纪罗马帝国解体后的1000多年时间里，整个欧洲的政治学其实都是法学，虽然中间经过了奥古斯丁和阿奎那神学的包装。直到16世纪马基雅维利出现之后，政治学才从法学中独立出来，随后又有博丹和霍布斯等人建立的现代国家学说，才结束了由法学在政治领域一统江湖的局面。

不过，我们从黑尔这本书可以看到，他把中世纪这种法学传统一直带到了近代。他所称颂的普通法，不但是英国的，而且是诺曼征服之后封建制度的产物。这种制度维持着国王和臣民之间的契约关系，双方之间虽然不时有激烈冲突，甚至是武力对抗，但是从这些冲突中产生的结果，往往仍然是一些法律文件。这类文件从《大宪章》开始不断出现，直到1689年的《权利法案》，成为规范国家权力的重要工具。假如它们仅仅是政治宣言，其效力将会大大降低。我们从这种现象也可以体会到，英国人以及后来的美国人，喜欢将政治问题放入法律框架内解决的倾向，有着中世纪法学传统的来源。我们前面讲过的征税须经同意、财产保护、司法中立和陪审团制度，这些现代人极为珍视的法律制度，其实都是从这种中世纪的法治观念中产生的。

我们不难想见，置身这种中世纪法学传统的黑尔，对他那个时代新兴的政治学会是什么态度。在英国霍布斯是这种新兴政治学最显赫的代表人物，但很少有人知道，黑尔曾经与他有过一次思想交锋。从一定意义上可以说，这是中世纪传统与现代新思想的对抗。

霍布斯在晚年（1660年）写过一本小册子《一位哲学家与英格兰普通法学者的对话》，重申自己主权至上的学说，将批判的矛头直指黑尔前辈库克坚持的司法独立于王权的主张。霍布斯写出这本书时，库克早已去世，因此库克无缘看到，但库克的门徒黑尔不仅读过，而且专门撰文予以驳斥。

黑尔与霍布斯的这次论战，反映了两种截然不同的思想模式。霍布斯从保全生命是人的第一需要这个前提，推导出没有一个绝对垄断权力的主体——即他说的"利维坦"——社会就会陷入"人人为敌的战争状态"。但是在黑尔看来，霍布斯将一个已经开化的社会等同于"自然状态"，这种"野蛮的假设"丝毫不考虑社会早已形成的是非标准。霍布斯学说的缺陷是它的"反历史"的性质，他将政治学视同欧几里得几何学，历史被一笔勾销，抽象观念"置于人类交往的共同习惯之上"，以为"用自己的观念和幻想"能纠正一切政府的弊病，这是在为绝对权力任意立法大开方便之门。从黑尔批评霍布斯的这些言论可以看出，他为此调动的思想资源，显然是来自建立在习俗基础上的普通法传统。

黑尔和他为之辩护的库克代表着英国中世纪的法律传统，还可以用一种制度化的力量加以说明。黑尔在这本书中虽然没有提到它，它却与黑尔本人有莫大的关系。没有这个制度化的力量，不但无法理解普通法后来的发展，甚至也不能真正认识黑尔所捍卫的政治体制。前面我们介绍黑尔的生平时，曾提到他年轻时就学于林肯律师会馆。英国这种特殊的法律教育机构起源于14世纪初，在伦敦共有四家，除了黑尔就学的林肯会馆，其他三家是中殿、内殿和格雷会馆。

"会馆"这个词是"inns"的翻译，从这个名称可以看出，这种会馆当初是提供食宿的地方，直到今天，学生按规定参加就餐活动，仍然是像读书和参与模拟法庭一样重要的事情。它的组织方式与中世纪的城市行会十分相似，律师和法官担任师傅，与"法律学徒"同吃同住同劳动，就跟鞋匠或裁缝行会的师徒关系差不多。无论法官还是律师，只有先成为这些会馆的成员，才能在司法界执业，至今依然如此。

英国出现这种独特的法学教育模式，一个重要原因是当时受教会主宰的大学，例如牛津大学和剑桥大学，只提供罗马民法和教会法的教育，把英国本土的普通法视同宗教异端，靠普通法吃饭的法律人只好另起炉灶。这些律师会馆的出现还有一个重要的社会原因，英格兰在13世纪形成统一的司法系统后，整个社会从上到下，无分贵贱，对于相互之间的权利义务关系，都倾向于落实到纸面上。仅在13世纪，有据可查的这类契约文书的数量就达万份。因违反契约而产生的纠纷，一方面对律师的需求大增，另一方面也大大减少了国王用行政权力干预社会的必要。这些律师会馆经过300多年的发展，到黑尔那个时代，培养出的法律人形成了一个强大的共同体，几乎垄断英国的司法界。可以不夸张地说，没有这些法律会馆的人，英国的整个司法体制立刻就会瘫痪。

律师会馆的成功，为它赢得了英国"第三所大学"的美誉，意思是可以与牛津大学和剑桥大学并列。这使王室贵胄也以接受普通法教育为荣。律师会馆不但培养出了库克、塞尔登、黑尔、领导光荣革命的萨默斯这些17世纪杰出的法律人，而且塑造了统治精英的政治文化。在17世纪初，议会下院的议员中有四分之一是律师会馆毕业，英国后来的很多首相和大臣也都出身于律师公会，远有小皮特、格莱斯顿和迪斯累利，近有撒切尔夫人和托尼·布莱尔。另外，仅中殿会馆一家就为美国培养了五位《独立宣言》的签署人。到了20世纪，很多英国前殖民地的政治家，例如李光耀和英迪拉·甘地，都有这种律师公会的教育背景。

这带来了一个问题。读黑尔这本书，我们会有一种感觉，普通法是一种非常特殊的地域性法律体系，当时建立和维护它的人，并没有成立帝国的野心。相反，普通法只是为了保护那个孤悬一隅的小岛居民而形成的。但是，随着17世纪英国向海外扩张，普通法却成了与大陆法系并列的世界两大法系之一。像美国、加拿大、澳大利亚和新西兰，还有印度、马来西亚、新加坡和非洲许多国家，在相继取得独立之后，都没有废除普通法另起炉灶，而是沿用了殖民宗主国的法律体系。这使普通法从一种十分地域性的制度，变成了具有普世意义的规则体系。那么，普通法是如何从特殊变为普遍的呢？

黑尔在晚年把自己的大量藏书捐给了林肯会馆，那些书至今仍然静静地躺在图书馆的书架上。年轻时他曾有志做一名新教牧师,因为家境问题才转投律师业。普通法天天都要处理一些财产纠纷和犯罪案件,按说是个很世俗的行当,但黑尔曾经说,在法庭上他"总能感到有上帝在场"。上帝是无处不在的,平息世俗纷争的普通法中同样潜藏着他的意图。作为一名虔诚的新教徒,黑尔要在法庭上见证这种神意的普遍存在。我不知道这是否能部分回答上面提出的问题。

思考题:

1. 历史上英国普通法为什么一直独立于政治动荡,保持了连续性和稳定性?
2. 你认为,诺曼征服英国后为什么没有征夺私人的财产,而要宣誓"依法统治"?
3. 结合《大宪章》的产生和后续历史,你认为它在哪些重要问题上完善了英格兰的普通法?
4. 什么是治理权和审判权?它们的区别是什么?
5. 复习一下霍布斯的《利维坦》,说说他的政治主张与黑尔的法律主张,分野在哪里?

一二
《论法的精神》

[法] 孟德斯鸠著　许明龙译　商务印书馆　2012年

主题词◎政治学　国家　法　政体　三权分立　政治自由

经典之处

《论法的精神》是孟德斯鸠最重要、影响最大的著作，书中提出的追求自由、主张法治、实行分权的理论，对世界范围的资产阶级革命产生了重大影响，被载入了法国的《人权宣言》和美国的《独立宣言》。此书被称为"亚里士多德以后第一本综合性的政治学著作"，是"到他的时代为止的最进步的政治理论书"，凝结了孟德斯鸠一生的心血。

作者简介

孟德斯鸠（Montesquieu，1689—1755），法国启蒙运动时期思想家、法学家，西方国家学说以及古典自然法学理论的奠基人，与伏尔泰、卢梭合称"法兰西启蒙运动三剑客"。孟德斯鸠是一位百科全书式的学者，曾被选为波尔多科学院院士、法国科学院院士、英国皇家学会会员、柏林科学院院士。

导语｜孟德斯鸠，为变革做嫁衣的思想家

刘苏里

《论法的精神》与洛克的《政府论》、卢梭的《社会契约论》一样，是18世纪最重要的几部政治哲学著作之一，也是近代至今近300年来，最重要的政治哲学著作之一。但这本书的知名度却超过了洛克和卢梭的书，原因很简单，孟德斯鸠在这里系统论述的三权分立思想，比较完整地体现在了美国宪法的制定当中，并且在美国的政治实践中，大体上得到了一以贯之的执行。

所谓三权，就是政府部门的立法权、行政权和司法权三种权力；分立，就是这三种权力是由三个不同政府部门掌握着，而不是集中在一个人，或一个部门手里。美国政府权力制衡原则的奥秘，就源自孟德斯鸠的这一思想设计。

孟德斯鸠生于1689年。1748年《论法的精神》出版，距今270余年。这是他晚年的作品，也可以说是他一生集大成之作。他59岁时出版了这本书，七年后，也就是1755年，孟德斯鸠与世长辞。

孟德斯鸠出生的前一年，英国发生了近代史上最重大的事件，即1688年的光荣革命，等到《论法的精神》出版，光荣革命已过去了一个甲子。又过了41年，1789年法国爆发大革命。这本书的出版年代，正好是英法两次革命的中间阶段。事实上，这本书是英国光荣革命的产物，也是法国大革命的一个预言。

光荣革命后，英国快速建立君主立宪制度，到18世纪中叶，英国爆发了第一次工业革命。君主立宪制度和工业革命，使得英国成为西欧社会的领跑者，对以法国为首的欧洲大陆，构成了强烈的刺激。而这个时候，法国还处在绝对君主专制的统治之下：政治上，法国贵族无能为力，只能在王权的阴影下，发财致富、极尽享乐；知识分子也只能在沙龙里发发牢骚，回家写写文章。国王路易十四大权独揽，抑制精英集团参政的渠道和可能，更别说普通民众了。路易十四有两句流传千古的名言：一句是"朕即国家"，即我就是国

家本身，用不着其他人操心；一句是"我死后哪管洪水滔天"，我路易十四活着的时候，我的统治高于一切，我死后大家的死活，跟我没关系。

孟德斯鸠生活的年代，正是路易十四跟他曾孙路易十五的权力交替期，而被大革命送上断头台的路易十六，是路易十五的孙子。路易十四在位72年，接班的孙子路易十五在位59年，爷俩执政131年。再好的制度，也都熬出茧子来了，更不用说绝对君主专制制度了。路易十六就成了大革命的牺牲品，也是欧洲有记录的被处死的三位在位国王之一。路易十四建立和维护的制度，到第三代走向了终结。

被称作太阳王的路易十四太能干了，后来的路易十六就很无能，无能还想有为，只能霸王硬上弓，实行恐怖统治，结果国家一潭死水，积重难返。这些都被贵族后裔孟德斯鸠看在眼里，记在心上。很大程度上，《论法的精神》是孟德斯鸠希望为法国不幸的国运转运而开出的药方。法国吃下这一剂药，或还有咸鱼翻身的可能，但结果却是一条道走到黑，最终只好听天由命，等待大革命的爆发了。正是在这个意义上，我说《论法的精神》，是大革命的一个预言。

那么为什么说这本书也是英国光荣革命的产物呢？这要从孟德斯鸠的一次长途旅行讲起。

1728年，人到中年的孟德斯鸠，安排好家庭事务，开始了一段长达三年的旅行，先后到访德国、意大利以及英国等多个欧洲国家。他并不太喜欢英国，却在那儿待得最久，前后一年多。他对英国思想家洛克的分权学说并不陌生，但百闻不如一见。他目睹、经历了光荣革命，以及建立君主立宪制度的英国的政治运行机制和由此带来的国家繁荣。他身在英国，想的却是自己国家的事。孟德斯鸠不赞同照搬照抄英国的做法，但英国实行的君主立宪制度，就是贵族跟国王分享权力，每遇大事，英王都要跟议会商量，给了他很大的震动。不能照搬照抄，不等于不能借鉴。而借鉴的第一步，就是探寻英国的制度是怎么来的，与什么有关。

孟德斯鸠把眼光投向了更遥远的古代，也就是罗马帝国，因为罗马帝国的"历史、思想和语言浸润着孟德斯鸠时代"。他一回国就写了《罗马盛衰原因论》，想从帝国的兴亡更替中，找出带有普遍性的规律，为法国的变革找到出路。《罗马盛衰原因论》是《论法的精神》的序曲，也是基础。孟德斯鸠得出的最主要的结论是，"政治制度只是在它们能确保人的幸福和尊严时才有价值"。在他看来，对权力的制约和新闻自由，是当时的英国人幸福生活的根源。

说到权力平衡和言论自由，我引一段孟德斯鸠的日记，看看他发现的两者之间的关系。他发现，"报纸的发行遍及社会各个阶层"，即使"一个盖屋顶的工人也让人送一份《伦敦官报》给他，在房顶上看"。他还写到，"在英国，由于看到报纸上无节制的言论自由，你最初以为老百姓要造反……其实，英国人不过是把别处的人只是想想的事写了出来而已"。最后他总结说，"做决定的国王是强有力的，进行争辩的国王总是力不从心"。孟德斯鸠这里说的，就是后来被人津津乐道的舆论监督，它是权力的平衡器，也是人们出气的阀门。

为什么孟德斯鸠有条件到一线观察各国的国情、民情，以及做出那样的思考？孟德斯鸠系出名门，父系母系都是贵族，而且根脉很壮，源远流长。孟德斯鸠的祖地在波尔多，盛产葡萄酒。所以，孟德斯鸠家族，不仅是当地的大地主，还是有名的葡萄酒商，家产的葡萄酒，远销英国。孟德斯鸠深受他伯父的影响，伯父当时任波尔多高等法院的庭长，后来庭长的位置还世袭给了孟德斯鸠，伯父丧子，遗产也留给了他。

孟德斯鸠颇会经营，积累了相当多的家产。后来他还把庭长位置给卖了，得了不少钱。那个时候的法国，卖官鬻爵是很正常的事儿。用他自己的话说，拥有财产是一种手段，以维持社会地位，保障子女受教育，"可以自如地生活而不必背上为了得到青睐、地位和金钱而向上流社会的大人物谄媚的黑锅"。靠着积累的财富，孟德斯鸠建起了藏书非常可观的私家图书馆，也有钱游历、交往、沉思、专心研究和写作。

孟德斯鸠在波尔多和巴黎读书，主攻的是法律。所以，《论法的精神》这本书的研究主线是他的专业，也就是法及其来源，以及法律下面的制度建设。

孟德斯鸠当了十几年庭长，有一线司法经验。他还先后当选波尔多科学院院士、法国科学院院士，还是英国皇家学会会员和柏林皇家科学院院士。孟德斯鸠不仅研究社会科学，还研究自然科学，属于百科全书式的学者。《论法的精神》的副书名，大概能反映出他知识的广博程度：或论法律与各类政体、风俗、气候、宗教、商业等等之间应有的关系，附作者对罗马继承法、法兰西诸法以及封建法的最新研究。但所有上述条件，都抵不过他的出身给他带来的荣誉和责任感，使他能够在中年以后，花 20 年的时间，搜集资料，游历各国，废寝忘食地投入研究和写作，终于成就了旷世巨著《论法的精神》。从孟德斯鸠身上，我们看到了法国贵族精英的历史担当。这种精神，我们在英国人柏克身上，法国人托克维尔身上，都能看得到。托克维尔说过，"我在写作《论美国的民主》这本书时，既未想为任何政党服务，也未想攻击它们；我并不想标新立异，只是想比各政党看得远一些；当各政党只为明天而忙碌时，我已驰想于未来"。

归纳孟德斯鸠的主要理论贡献，那就是他第一次用社会科学的方法，把法律跟国情、民情的关系做了梳理，提出了立宪君主制的原则，以及三权分立理论。《论法的精神》1748 年初版，到 1749 年底，已有 22 个版本问世，遍及欧洲各国。大卫·休谟说，这是一部全世界瞩目的著作，将会永远被世人传颂。

为我们讲读这本书的翟志勇生于 1978 年 10 月，才 40 多岁，是年轻一代的法学家。他先后毕业于中国政法大学和清华大学法学院，获得博士学位。他还是哈佛大学法学院的访问学者。目前在北京航空航天大学法学院任教，并在该校人文与社会科学高等研究院兼任职务。由于他的杰出成就，他还在中国宪法学会、华东师范大学担任理事或研究员，同时是清华大学法学院法政哲学研究所的执行所长。

翟志勇讲读《论法的精神》

> **翟志勇**
> 北京航空航天大学法学院教授，曾任北京航空航天大学人文社会科学高等研究院副院长。中国政法大学法学学士，清华大学法学硕士、博士，哈佛大学法学院东亚法律研究中心访问学者。研究方向为宪法与行政法、法理学、民族与国家理论。

启蒙时代的百科全书

人类只要有社会，就会有纠纷，有纠纷就要有解决纠纷的法律，那么法律是如何产生的？法律与宗教、道德、习俗有什么关系？为什么不同的社会有不同的法律？是什么因素造成了不同社会有不同的法律？一个社会有可能移植另一个社会的法律吗？法律区别于其他社会规范的独特精神是什么？所有这些问题，正是孟德斯鸠这本《论法的精神》所要回答的，它可以说是法律发展史上第一本系统回答这些问题的著作。

孟德斯鸠与伏尔泰、卢梭合称法国启蒙运动的三剑客，为现代世界的诞生提供了思想资源，即便今天仍然有着巨大的影响力。我们虽然不能简单地说三个人及其著作谁高谁低，但如果一定要做个评价，诚如法国当代学者、巴黎第四大学教授洛朗·韦尔西尼所言："如果说，这些为世人指路的贤哲也有高下之分，那么，《论法的精神》是所有法国启蒙思想家的著作中最具天赋的一部。"

这部著作涉及历史、地理、政治、法律、经济、宗教、社会等诸多方面，为后世的诸多学科提供了开创性的研究。启蒙时代的学者大多是百科全书式的人物，研究没有学科界限，不像现在的学者画地为牢。但孟德斯鸠和这本《论法的精神》，可以说是百科全书中的百科全书。为什么这么说呢？接下来我将详细解读。在这之前，我们还需要先了解一下孟德斯鸠本人及其写作这本书的时代背景。

首先要说的是，孟德斯鸠其实并非他的真名，他的真实姓名是夏尔·德·塞孔达。"孟德斯鸠"原来是个地名，意指一座贫瘠的荒山，如今在那个地方，还能望见一座荒凉的小山，山顶上有一座古堡的残迹。要了解这个小地名如何成了这位伟大思想家的名字，还要从孟德斯鸠的高祖说起。夏尔的高祖曾担任纳瓦尔国王亨利二世及其女儿冉娜的宫廷总管，忠心耿耿，尽心尽力。冉娜继承王位后，购买了孟德斯鸠这块土地，赐给了孟德斯鸠的高祖，以示褒奖。

夏尔的曾祖则担任亨利四世的宫廷侍从，亨利四世就将孟德斯鸠这块土地封为男爵领地，从此孟德斯鸠这个名字就成为男爵封号。夏尔的祖父娶了波尔多高等法院院长的女儿为妻，从而获得了该法院庭长的职务。可惜夏尔的父亲早年投身行伍，虽战功卓著，但英年早逝，夏尔的伯父继承了孟德斯鸠男爵的封号和波尔多高等法院庭长之职。夏尔的伯父却不幸失去了唯一的儿子，去世之后，男爵的封号和庭长职位又转回到夏尔这里，从此夏尔就成为孟德斯鸠男爵。1714年2月24日孟德斯鸠开始担任波尔多高等法院的推事，也就是法官，1716年7月13日升任庭长。用今天的话来说，孟德斯鸠是典型的官N代和富N代，但孟德斯鸠对当官发财完全没有兴趣。

孟德斯鸠早年就读于巴黎附近的一所教会学校，学校注重培养学生在人文传统和历史哲学方面的学识，这为孟德斯鸠后来的研究打下了基础。但孟德斯鸠在这里同时了解到笛卡尔，开始对自然科学感兴趣。他最早的学术志向是物理学，牛顿是他的偶像，孟德斯鸠年轻时加入了波尔多科学院，这个科学院主要致力于自然科学研究。孟德斯鸠写过多篇物理学、医学、地理学方面的论文。但从1709年开始，孟德斯鸠频繁参加巴黎学术界的社交活动，平均每半个月一次。一度成为朗贝尔夫人沙龙和中二楼俱乐部的常客，这两个文人沙龙当时聚集了巴黎各界名流，包括一些在巴黎逗留的英国名流，比如著名思想家博林布鲁克。或许正是在巴黎的学术社交活动，促使孟德斯鸠放弃了自然科学研究，转向了人文社会科学研究。

1721年，孟德斯鸠32岁时匿名出版了著名的书信体小说《波斯人信札》，借两个在巴黎游历的波斯人之口，批评路易十四的专制统治。虽然是匿名发表，但公众很快就知道是孟德斯鸠写的，因为有影射的嫌疑，各种检举控告纷至沓来，不过孟德斯鸠也因此获得巨大的声誉。1728 年孟德斯鸠因出版《波斯人信札》当选法兰西学院院士。不久之后，孟德斯鸠卖掉了法庭庭长的职务，用所获钱财在欧洲各国游历，最后到达了英国，并在英国居住将近两年。游历的目的是考察各国的风土人情和法律政治制度，拜会著名的学者、官员、艺术家等各界名流，在英国时多次拜会威名远扬的英国王后，王后是牛顿和洛克两位伟大人物的保护者，对哲学十分关心，非常欣赏孟德斯鸠的著作。

游历后，孟德斯鸠回到故乡拉布莱堡住了两年，创作了《罗马盛衰原因论》，并于 1734 年出版。孟德斯鸠认为，帝国和个人一样有成长、衰老直至死亡的过程，罗马的历史蕴含着这样一种内在的变迁机制。《罗马盛衰原因论》再次获得巨大的成功，但对于孟德斯鸠来说，这只是为他那部不朽之作开辟的一条小道而已。孟德斯鸠早在写作《波斯人信札》时，已经开始为撰写《论法的精神》收集材料了。经过长达 20 年的撰写，1748 年孟德斯鸠出版了《论法的精神》，一时洛阳纸贵，两年之内就印刷了 22 版。

这个撰写过程是非常艰难的，孟德斯鸠自道，"我多次提笔撰写这部著作，又多次搁笔。我多次让清风把已经写就的书稿带走，我每天都觉得写书的手再也抬不起来了"。特别是到了晚年，孟德斯鸠几乎双目失明，完全靠助手特别是自己的女儿的帮助进行写作，这本著作的完成，几乎耗尽了孟德斯鸠全部心血。但书的出版并未给孟德斯鸠带来太多喜悦，孟德斯鸠生活在一个书报审查极其严格的年代，这本书刚一出版，就受到了来自国王和教会的双重攻击和审查，孟德斯鸠为此特地撰写了《为〈论法的精神〉辩护》和《向神学院提交的回答和解释》，但这仍未能避免这本书被教会列为禁书。

那么这本书到底写了什么会遭受如此对待？从这本书的副标题中可以略知一二。这本书超长的副标题是"或论法律与各类政体、风俗、气候、宗教、商业等等之间应有的关系，附作者对罗马继承法、法兰西诸法以及封建法的最新研究"。不要觉得奇怪，那个时代，书名冗长是惯例，比如伏尔泰的名著《风俗论》的全名就是《论各国风俗和精神以及从查理曼到路易十三历史上的主要史实》。

这本书还有个题记，"无母而生的孩子"。据法国学者研究，孟德斯鸠这个题记可能有两个用意：其一是《论法的精神》是一部没有先例的著作，属于横空出世；其二是孟德斯鸠曾向一位友人说过，撰写一部伟大的著作，既需要父亲，也需要母亲，也就是说，天才和自由均不可或缺。但是，他只有前者，却没有后者。

那什么是孟德斯鸠所谓的法，法的精神是什么呢？孟德斯鸠说："从最广泛的意义上来说，法是源于事物本性的必然关系。就此而言，一切存在物都各有其法。上帝有其法，物质世界有其法，超人智灵有其法，兽类有其法，人类有其法。"这个界定中有两点特别重要，一个是事物本性，一个是必然关系。这实际上否定了法来源于上帝或某种神秘莫测的抽象之物，或者说否定了中世纪占主导的自然法传统，表明了孟德斯鸠要从事物的本性中来探究法及其精神。

孟德斯鸠将法律区分为自然法和人为法。自然法就是人在社会组成之前接受的法，按照重要性，自然法包括和平、温饱、两性亲近以及在社会中共同生活的愿望。可见，中世纪占主导的自然法，却被孟德斯鸠降低为这么几项基本的原则。人类组成社会之后，就要受人为法的约束，包括调整国与国之间关系的万民法、调整治人者与被治者之间关系的政治法以及调整全体公民之间关系的公民法。因此，所谓法的精神，不是指自然法的精神，也不是指自然法为人为法提供的精神，而是指人为制定的法的精神。这点在今天看来稀松平常，但在孟德斯鸠所处的启蒙时代，则具有革命性意义，因为整个中世纪，法律首先是上帝之法。

谈完什么是法律，孟德斯鸠有一大段关于什么是法的精神的描述，他说："各种法律应该与业已建立或想要建立的政体性质和原则相吻合，其中包括借以组成这个政体的政治法，以及用以维持这个政体的公民法。法律还应该顾及国家的物质条件，顾及气候的寒冷、酷热或温和，土地的质量，地理位置，疆域大小，以及农夫、猎人或牧人等民众的生活方式等等。法律还应顾及基本政治体制所能承受的自由度，居民的宗教信仰、偏好、财富、人口多寡，以及他们的贸易、风俗习惯等等。最后，各种法律还应彼此相关，考虑自身的起源、立法者的目标，以及这些法律赖以建立的各种事物的秩序。必须从所有这些方面去审视法律。"所有这些关系构成了法的精神，也就是这本书要讨论的全部问题。

简单来说，法的精神存在于法律与各种事物可能发生的关系之中。正因为如此，孟德斯鸠在全书中论述了法与政体、气候、土壤、贸易、货币、人口、宗教等事物之间的关系。也正因为如此，全书内容庞杂，可谓百科全书，仅中译本的正文就有800多页。以至于很多人认为全书结构混乱，孟德斯鸠的思维混乱。

孟德斯鸠开篇就有个自我辩护，他说："我有一个请求，但又怕得不到允准，那就是不要仅仅翻阅了寥寥数页就对这部花费了20年心血的著作妄下断言，受到赞许或贬斥的应该是整部著作，而不是其中的某几句话。想要探明作者的意图，也只有读完整部著作才能发现。"孟德斯鸠说得没错，如果就本书的细节而言，很多内容是站不住脚的，因为在那个时代，获取资料的手段非常有限，比如孟德斯鸠对中国的了解，只能借助传教士的记录。因此，这本书需要整体阅读，必须理解细节写作所要服务的那个总的目标，也就是在法与各种事物的关联中展现的法的精神。下面我们就分别从法与政体、权力分立、气候、土壤、贸易、宗教等方面阐述孟德斯鸠所论述的法的精神。

政体性质和原则是最高的法

孟德斯鸠所谓法的精神，就是法与其他事物之间的关系，其中最重要的是法与已经建立或将要建立的政体的性质和原则的关系，一言以蔽之，政体的性质和原则是最高的法。

孟德斯鸠在第二章开篇直截了当地说，"政体有三种：共和政体、君主政体、专制政体。即使是学识最浅薄的人，他们所拥有的观念也足以发现这三种政体的性质"。孟德斯鸠并未进一步解释为什么政体有三种，但我们大致可以从他阐述的政体的性质来推测。先来看政体的性质，共和政体的性质是全体人民或部分人民掌握最高权力。当全体人民掌握最高权力时也可以称之为民主政体；当部分人民掌握最高权力时，也可以称之为贵族政体。也就是说共和政体实际上包含两种形态，即民主政体和贵族政体。它们的共同之处实际上是相对于君主政体而言的，即不是由一个人掌握最高权力，所以称之为共和。

再看君主政体的性质，读者可能会想，这个太简单了，我们中国人最熟悉的就是君主政体了：普天之下莫非王土，率土之滨莫非王臣。但孟德斯鸠恰恰不是这么想的，这就是孟德斯鸠比我们伟大的地方。孟德斯鸠说，君主政体是由一个人依照固定的法律执政的政体。什么法律呢？是那些确立贵族、僧侣、城市特权阶层的法律。大家都知道英国历史上的《大宪章》吧，它就是这样的法律，这些法律在赋予贵族自由和特权的同时，限制了君主的权力。孟德斯鸠说君主政体的性质由中间的、从属的和依附的权力构成，而贵族的权力是最天然的中间和从属的权力，贵族在一定意义上成了君主政体的本质。君主政体的准则就是，没有君主就没有贵族，没有贵族就没有君主，没有贵族的君主国，君主将成为暴君。

为什么我们和孟德斯鸠理解的君主政体会有差异呢，那是因为我们惯常理解的中国的君主政体是郡县制下的君主政体，基本上是没有贵族这个中间阶层的，而孟德斯鸠讲的君主政体是封建制下的君主政体，贵族阶层反而成了君主政体的本质，没有中间阶层的君主政体，马上就会成为接下来讲的专制政体。

专制政体的性质是什么？是一个人单独执政，但既无法律又无规则，全凭他的个人意愿和喜好来处理一切。孟德斯鸠对专制政体毫无好感，他举了一个例子来解释什么是专制主义，"路易斯安那的未开化人想要果子的时候，就把果树从根部砍倒，然后采摘"。怎么样，这个解释到位吧，专制主义就是有权、任性，而且是赤裸裸的。

那政体的性质与法律有什么关系呢？简单来说，一个国家政体的性质决定着这个国家的基本法，用现代的话来说，决定着这个国家的宪法，有什么样的政体就有什么样的宪法。德国著名公法学家施密特就说过，绝对意义上的宪法就是一国的政体。举例来说，在民主政体中，全体人民掌握最高权力，那全体人民如何行使最高权力呢？主要是通过选举，因此在民主政体中，有关选举权的法律就是最重要的基本法。谁投票、投给谁、如何投、就什么事情投等，这些问题决定了一个政体是否是真正的民主政体。

再比如君主政体，前面讲过，君主政体的特殊性质是有一个中间的、从属的和依附性的权力，而贵族权力是最天然的中间权力，因此君主政体的基本法就是那些维护贵族等中间阶层权力的法律。如果在一个君主政体中废除领主、僧侣、贵族和城市阶层的特权，这个政体立即就会变成平民政体或专制政体。至此可以明白孟德斯鸠为何先讲政体了，因为政体就是我们今天所谓的宪制，最高的法。

孟德斯鸠讲完政体的性质后，为什么还要讲政体的原则呢？性质和原则有什么区别呢？用孟德斯鸠的话说，性质决定政体，原则推动政体，这就是政体的性质和原则的区别。性质是政体的特殊结构，原则是推动政体的人的情感。这个表述有些抽象，我来举例说明，前面张笑宇博士解读了《利维坦》，霍布斯指出现代国家是一个人造的人。政体的性质涉及的是都有哪些种类的人，他们在国家这个人造的人之内分别处在什么位置上，谁是统治者，谁是被统治者。那么政体的原则是什么呢？国家这个人造的人造好之后，如何能动起来呢？如何维持不毁灭呢？政体的原则就是要解决这些问题。我们还拿民主政体来说，民主政体是全体人民掌握最高权力的政体，也就是说全体人民既是统治者又是被统治者，这样的政体如何维系和发展呢？孟德斯鸠说，靠美德，民主政体的原则就是美德。不过孟德斯鸠特别强调，这里所说的美德不是伦理美德，也不是基督教美德，而是政治美德。什么是政治美德呢？就是爱国和爱平等。对于民主政体来说，如果民众之间是不平等的，如果民众不珍爱大家共同建立的国家，那么民主政体就无法维系。

再看贵族政体的原则。在贵族政体中，贵族和平民是不平等的，因此贵族政体要维系，贵族必须自我节制，这样才能使这种不平等不至于危及政体的稳定。即便是在贵族内部，大的贵族也要自我节制，尽量使贵族内部是平等的。所以节制是贵族政体的原则。

君主政体的原则是荣宠。如果觉得荣宠这个词有点贬义色彩，也可以将其理解为荣誉。要理解君主政体的原则，时刻要记得君主政体的特殊性质是有贵族这样的中间阶层存在。荣宠的意思是索求优待和赏赐，因此能激发臣民的能动性，各部分自以为在追求各自的特殊利益，实际上却都向着公共利益会聚。孟德斯鸠因在书中强调美德不是君主政体的原则，荣宠才是，以至于书出版之后，遭到了围攻。孟德斯鸠生在一个君主国中，竟然说美德绝不是君主国的原则，这岂不是说君主国没有美德，简直是大逆不道。孟德斯鸠为此不得不补写一个说明，强调他所谓的美德是政治美德，也就是爱国和爱平等，说美德不是一种政体的原则，并不意味着这种政体中不包含美德，而只是说这种政体的真正动力不是美德。政治美德固然是共和制的推动力，荣宠却也存在于共和制之中；荣宠虽然是君主制的推动力，政治美德却也存在于君主制中。区别在于谁是政体的主要推动力，只有主要推动力才构成政体的原则。

最后是专制政体的原则，那就是畏惧。如果专制君主不高高扬起鞭子，使所有人战栗，那很快就会被推翻，专制政体以畏惧窒息一切勇气。

简单总结一下：民主政体的原则是美德，即爱国和爱平等；贵族政体的原则是节制；君主政体的原则是荣宠；专制政体的原则是畏惧。政体的性质决定国家的基本法。政体的原则与法律的关系是，法律必须遵循并维护政体原则。既然民主政体的原则是平等，那么民主政体下的法律就必须以平等为原则，维持并促进平等。贵族政体的法律必须鼓励宽和的精神，防止贵族与平民之间的不平等撕裂共同体。君主政体的法律必须保护贵族，因为荣宠既是贵族之父，又是贵族之子。专制政体则无须太多法律，只要制造恐怖，使人民畏惧即可。孟德斯鸠花费了整整四章的篇幅，详细讨论各种法律如何与政体的原则相适应，我们抽丝剥茧，最终可以说政体的原则就是法律的原则，法律必须以政体的原则作为精神指引。

孟德斯鸠之所以花费这么大的篇幅讨论政体的原则和法律，是因为每一种政体的腐化几乎都始于原则的腐化。往往只是一些细节的安排，就会败坏政体的原则，进而导致政体的腐化。仍以君主政体为例，当君主剥夺或减损贵族的特权时，君主政体便开始腐化了，最终走向一人专制政体。孟德斯鸠在波尔多高等法院当法官时，就曾代表所有法官上书法国国王，捍卫法官的特权。孟德斯鸠甚至从传教士的书中引述了一个中国论述，来解释君主政体原则的腐化。"晋朝与隋朝覆亡的原因是，君主们不愿像古人那样只做他们唯一应该做的事，既要统领大局，又要事必躬亲。"这句话据说出自明代的某位作家。孟德斯鸠进而评述道，当君主事必躬亲，把全国系于首都，把首都系于宫廷，把宫廷系于自己一身时，君主政体就将覆亡。后世的学者大多认为，孟德斯鸠这么讲，实际上是在严厉批评路易十四及其继承人的中央集权政策，无奈当时书籍审查太严格，孟德斯鸠也只能指东说西，借中国说事了。

总结一下前面的内容，孟德斯鸠根据政体的性质将政体分为共和政体、君主政体和专制政体，其中共和政体又包含民主政体和贵族政体两种形式。政体的性质决定了国家的基本法，用现代的话来说就是宪法或宪制。政体的性质是一个国家的权力组织形式，而政体的原则是动力机制，法律必须与政体的原则相适应，否则就会败坏政体的原则，进而导致政体的腐化。正是在这个意义上，我们可以说政体的性质和原则是最高的法，这也是孟德斯鸠开篇先讨论政体的性质和原则的根本原因。

政治自由与三权分立

孟德斯鸠这本书中最具影响力的思想是三权分立。孟德斯鸠的分权思想决定性地影响了1787年美国制宪，直到今天大家只要谈三权分立，孟德斯鸠都是绕不过去的。至于三权分立与政体性质和原则的关系，还要先来看看孟德斯鸠是如何论述政治自由与三权分立的。

孟德斯鸠说，所有国家都有一个相同的目标，就是自我保全，但每一个具体的国家又各有各自特殊的目标，比如罗马的目标是扩张，斯巴达的目标是战争，中国的目标是安定。但世界上有个国家很特殊，其政治体制的直接目标是政治自由，这个特殊的国家就是英国。这就是孟德斯鸠前往英国考察英国政体后的结论，英国的政治体制是他心目中最理想的政治体制。

可能是受制于写作时的政治环境，孟德斯鸠对政治自由的解释很委婉，他说政治自由是一种心境的平静状态，是享有安全或者至少是自认为自己享有安全。如果我们看他对自由这个概念的解释，就能明白他委婉背后的深意。孟德斯鸠说，"在一个国家里，即在一个有法可依的社会里，自由仅仅是做他应该想要做的事和不被强迫做他不应该想要去做的事"。换句话说，"自由是做法律所许可的一切事情的权利；倘若一个公民可以做法律所禁止的事情，那就没有自由可言了，因为其他人同样也有这个权利"。从这个意义上讲，政治自由就是不受政治强制，并且可以行使政治权利。

在孟德斯鸠看来，政治自由只存在于宽和政体之下，并且只有权力未被滥用时，政治宽和的国家里才有政治自由。这里要说一下，宽和政体不是一种独立的政体类型，它是在专制政体相对立的意义上讲的，因此民主政体、贵族政体、君主政体都有可能是宽和政体，只要权力受到限制。孟德斯鸠说，"自古以来的经验表明，所有拥有权力的人，都倾向于滥用权力，而且不用到极限决不罢休"。"为了防止滥用权力，必须通过事物的统筹协调，以权力制止权力。我们可以有这样一种政治体制，不强迫任何人去做法律不强制他做的事，也不强迫任何人不去做法律允许他做的事。"这样一种政治体制，就是实行权力分立的政治体制。

一谈到权力分立，就无法绕过孟德斯鸠。美国宪法之父麦迪逊曾说："对这个问题，人们总是请教和引用大名鼎鼎的孟德斯鸠。孟德斯鸠若不是政治科学中这一宝贵原理的创始人，至少，在阐释这一原理、有效引起世人关注这一原理方面，功劳卓著。"孟德斯鸠的分权理论在实践上源于对英国宪制的观察，在理论上则源于洛克的政治理论，孟德斯鸠最初是在巴黎的高级沙龙中，通过英国思想家博林布鲁克了解到洛克的思想的。那洛克是如何讨论分权的呢？孟德斯鸠的分权理论与洛克有什么不同呢？

洛克将国家权力分为立法权、执行权和对外权，执行权和对外权辅助和隶属于立法权，这与英国议会主权的政治现实是一致的。洛克说，"立法权是指享有权利来指导如何运用国家的力量以保障这个社会及其成员的权力。"由于法律不需要经常制定，因此立法机关没有必要经常存在，更重要的是，如果制定法律和执行法律的是相同的人，"这就会给人们的弱点以绝大诱惑，使他们动辄要攫取权力，借以使他们自己免于服从他们所制定的法律，并且在制定和执行法律时，使法律适合于他们自己的私人利益，因而他们就与社会的其余成员有不相同的利益，违反了社会和政府的目的"。所以立法权和执行权往往是分开的，执行权是经常存在的"负责执行被制定的和继续有效的法律"的权力。

此外还有一种权力，主要涉及"战争与和平、联合与联盟以及同国外的一切人士和社会进行一切事务的权力"，也就是对外权。但洛克认为执行权和对外权虽然有区别，但"几乎总是联合在一起的"，"它们很难分开和同时由不同的人所掌握"，否则"就会使公共的力量处在不同的支配之下，迟早总会导致纷乱和灾祸"。也就是说，洛克所谓的执行权和对外权，就是我们今天广义上的行政权。洛克并没有专门谈论司法权，但从其论断中可以推断，司法权同样辅助和隶属于立法权，是执行权的一部分，如洛克说"立法或最高权力机关不能揽有权力，以临时的专断命令来进行统治,而是必须以颁布过的经常有效的法律,并由有资格的著名法官来执行司法和判断臣民的权利"。所以洛克实际上主要区分了立法权和行政权,并且行政权辅助和隶属于立法权,这与孟德斯鸠的讲法有很大不同。

孟德斯鸠在谈英格兰政制时说:"每个国家都有三种权力:立法权、适用于万民法的执行权、适用于公民法的执行权。依据第一种权力,君主或执政官制定临时的或永久的法律,修改或废除已有的法律。依据第二种权力,他们媾和或宣战,派出或接受使节,维护治安,防止外敌入侵。依据第三种权力,他们惩治罪行,裁决私人争执。人们把第三种权力称作司法权,把第二种权力则简单地称作国家的行政权。"与洛克不同,孟德斯鸠明确司法权为一种独立的权力,不再从属于执行权。孟德斯鸠的开创意义就在于将司法权独立出来,或许这与孟德斯鸠曾任职于波尔多高等法院有关,但不要忘记,孟德斯鸠写《论法的精神》的时候,已经卖掉了法官职位,因此不能说他是为了一己私利才主张司法权独立的。孟德斯鸠说:"立法权和行政权集中在一个人或同一个机构的手中,自由便不复存在。因为人们担心君主或议会可能制定暴虐的法律并暴虐地执行。司法权如果不与立法权和行政权分置,自由也就不复存在。司法权如果与立法权合并,公民的生命和自由就由专断的权力处置,因为法官就是立法者。司法权如果与行政权合并,法官就拥有压迫者的力量。"从这个论述看,孟德斯鸠所谓的行政权不仅仅指处理国际法事项的权力,实际上也包括在国内执行法律的权力,也就是洛克所谓的执行权和对外权。在这个论断中,立法权、行政权和司法权三权分立得到最完整的表述。

因此,在孟德斯鸠看来,问题的关键不是权力掌握在一个人、少数人还是多数人手中,而是权力必须分开,并且由不同的人或机构行使。孟德斯鸠最后说,"如果由同一个人,或由权贵、贵族或平民组成的同一个机构行使这三种权力,即制定法律的权力、执行国家决议的权力以及裁决罪行或个人争端的权力,那一切就都完了"。权力即便掌握在多数人手中,只要不受限制,也会遭到滥用,这在历史上屡见不鲜,不是多数人就可靠,只要权力不受限制,谁掌握权力都会滥用。

后世的学者已经指出,孟德斯鸠的三权分立理论是建立在对英国宪制的误读之上的,英国政治体制的实际情况并非是三权分立的,洛克的论述更符合英国的实际。但这不要紧，这种误读创造了有关权力分立的经典理论，可以说是思想史上最伟大的误读之一了。

国家权力分为立法权、行政权和司法权并非自古有之，而是在政治实践和理论中逐步生发出来的。古希腊、罗马和中世纪的政治理论家大多关注的是权力由谁行使，是一个人、少数人还是多数人，并由此界定出君主制、贵族制和民主制。混合政体理论则强调国家权力应由各阶级共同分享。因此，古典的政体理论家强调的是权力在不同阶级之间的分享，而非将权力分为几种不同的类型，并由不同的机构行使。但古典混合政体理论和实践对近代早期的分权理论和实践的兴起，有奠基性作用。英国著名宪法学家威尔说，"在混合政体这一古代理论向现代分权学说转化的过程中，要注意两个主要步骤。第一步是坚持特定机构应限于行使特定职能。第二步是出现了对独立的司法部门的承认，这些司法部门将拥有与君主、贵族院和平民院同等的地位。这第一步是在17世纪实现的，第二步到了18世纪才完全实现"。孟德斯鸠对分权理论的巨大贡献，正是在这第二步上，即对独立的司法部门的承认。孟德斯鸠之后，三权分立理论才算正式确立。1787年美国制宪，孟德斯鸠的《论法的精神》是重要的参考，美国宪法三权分立的体制是对孟德斯鸠理论的制度化。

总之，在孟德斯鸠看来，要保证政治自由，则立法权、行政权、司法权必须由三个不同的部门独立行使，保障自由的关键不在于权力由多数人还是少数人行使，而在于权力要由不同的部门分别独立行使。因此，孟德斯鸠所谓的宽和政体，其实就是实行了权力分立的政体。无论是共和制还是君主制，只要实行权力分立，就不会存在专断的权力，就是宽和政体，就是孟德斯鸠心目中的最佳政体。

孟德斯鸠在这本书的第一编谈政体的性质和原则及其与法律的关系，对于三种政体类型，孟德斯鸠毫无疑问是反对专制政体的，可是孟德斯鸠更钟爱共和制和君主制中哪一种呢？或者进一步说，共和制内部的民主制和贵族制，孟德斯鸠更倾向于哪种呢？不同的人有不同的看法，在我看来，孟德斯鸠并没有表示明确的倾向性，道理很简单，这几种政体类型，只有实行权力分立，才是宽和政体，才是值得追求的，因此判断的标准是是否实行权力分立，而非是一人执政还是多人执政。

说孟德斯鸠对民主制、贵族制和君主制没有明确的倾向性，还有一个原因是，在孟德斯鸠看来，哪个国家实行哪种政体有时不是主观选择的问题，在一定程度上还受制于客观因素，甚至包括气候和土壤。但无论客观因素成就了哪种政体，都可以通过权力分立加以改造，使之成为宽和政体，使政治自由得到保障。

气候、土壤与法律

虽然孟德斯鸠的分权理论是现在人们谈论《论法的精神》这部著作时，谈论最多的话题，但是《论法的精神》出版时，第三卷中有关法律与气候、土壤的关系的论述，才是影响最大的。这些想法在当时简直是石破天惊，真正的脑洞大开。因为当时的人习惯于从宗教、道德、自然法等高深莫测的角度讨论人类社会，很少关注物质世界对人类社会的影响，孟德斯鸠的研究开启了一个新时代，对于后世社会科学的发展有巨大的引领作用。现在的读者读到这部分时，经常随便翻翻甚至直接跳过，这样的漫不经心实际上错过了这部分最有价值的东西。

孟德斯鸠年轻时就对自然科学感兴趣，曾经做过大量科学研究，写过大量研究文章，比如《论重力的原因》《论物体透明的原因》《古今地球物理史提纲》《关于肾腺》《葡萄栽培问答》《磁针的变化》等。启蒙时代没有学科界限，孟德斯鸠年轻时做过大量医学实验，比如他用显微镜观察过人的皮肤在冷暖不同温度下的变化，所以谈气候问题时，孟德斯鸠开篇就说"人体外部纤维的末端因冷空气而收缩，纤维的弹性因此而增大，从而有利于血液从末端回流心脏。寒冷使纤维的长度缩短，从而增强其力量。反之，热空气使纤维末端松弛，长度增加，因而使其弹性和力量缩小"。孟德斯鸠基于早年的医学观察以及他有关古今地球物理史的研究，开始了有关气候和土壤的研究。

孟德斯鸠认为人的精神气质和内心情感在不同的气候条件下是有差异的，其中最重要的影响是温度。他认为，北方地区寒冷，人强壮而健康，善于狩猎、跋涉、作战、饮酒，恶习少而美德多，非常真诚和坦率。南方地区炎热，人体质纤细、柔弱却相当敏感，情欲强烈，以至罪恶丛生，人人都竭尽全力攫取他人的好处，用以为情欲加薪添火。介于南北之间的温暖地区，由于气候冷热不均，经常变化，因此人的风尚不定，恶习无常，美德也无常。在孟德斯鸠的地理观察中，亚洲都处于炎热地带，包括中国，其中最炎热的是印度，北欧国家处于寒冷地带，包括孟德斯鸠最心仪的英国，而法国则处于温暖地带，记住这点很重要，下面还会涉及。

孟德斯鸠为了证明他的观察是有道理的，特别拿印度的佛教作为例子。印度酷热使人萎靡不振，静止使人舒适，运动使人痛苦，印度人相信，静和空是万物之根本和终结，把绝对无为视为至高境界和永恒目标，因此印度佛教的产生，是为了应对炎热的气候，宗教产生的背后是有气候因素的。

这里顺便谈一个问题，中国人总是抱怨孟德斯鸠误读中国，严重诋毁中国法律和文化。在孟德斯鸠的论述中，中国也属于东方专制主义的一个代表，因为中国没有寒冷地带，这当然是一种误判。其实仔细阅读《论法的精神》就会发现，中国还不是最负面的典型，印度和日本才是，造成这个结果的原因之一还是气候。

如果气候对人的精神气质和内心情感有决定性的影响，那法律应该如何应对呢？孟德斯鸠说，法律应该兴利除害，也就是克服气候带来的不利影响。他再次拿印度作为例子，印度气候炎热，民众不愿从事耕种，法律就应该鼓励耕种才对，尽力剥夺不劳而获的手段，但印度却恰恰相反，他们为僧侣提供了大量的财富，这反而鼓励了更多的人不爱劳动。更严重的是，印度把所有土地都归于君主，民众没有自己的土地，就更没有耕种的积极性了。这属于典型的法律不但没有兴利除害，而且助纣为虐。作为对比，中国是个相反的例子，中国皇帝每年都有一次籍田仪式，以这种公开而隆重的仪式鼓励人民耕种。因此立法者在立法的时候，必须考虑到气候对人的行为方式和内心状态的影响，要用法律来克服气候所带来的不利因素。

如果孟德斯鸠对气候的讨论仅此而已，那就不是伟大的孟德斯鸠了，孟德斯鸠在讨论气候的时候，贯穿的一条主线是自由与奴役。自由是这本书中的一条主线，无论是讲气候、土壤，还是讲贸易、宗教，围绕的核心都是自由问题。孟德斯鸠接下来用了三章的篇幅分别讨论了民事奴隶法、家庭奴隶法和政治奴隶法何以与气候的性质有关。孟德斯鸠不承认奴役权有正当性，他坚持人人生而平等，奴隶制是反自然的。他甚至说，如果男人有休妻的权利，那么女人就应该有休夫的权利。那么，如果奴隶制是反自然的，为什么还会有各种各样的奴役呢？

孟德斯鸠认为这跟气候有关，炎热地区的人精神萎靡、性情胆怯，容易接受奴役，不敢反抗，所以在印度各种奴隶制广泛存在。而寒冷地区的人民则因勇敢而享有自由，奴役就要少很多。所以当气候的物质力量践踏人类的自然法则时，立法者就应该制定法律，用以遏制气候带来的不良影响，重建原始的平等法则。气候造成了奴役，法律则必须坚决地抵制奴役。

不仅气候对自由与奴役产生影响，土壤的性质也会产生影响。如果土壤肥沃，易于耕种，民众吃喝无忧，自然容易产生惰性，怕这怕那的，这就为奴役提供了温床。他们只要能太太平平，任何政体对他们来说都是一样的。倒是土壤贫瘠之地，如山区或森林、草原之地，人们反而享有更多的自由，因为没有什么怕失去的，就没有什么可怕的了。所以在人类历史上，不毛之地经常出现许多强大的民族。也正是因为这个原因，游牧民族往往比农耕民族享有更多的自由。孟德斯鸠总结说，土地肥沃的国家通常一人执政，土地贫瘠的国家通常多人执政，以此来作为补偿。

孟德斯鸠放眼全球，认为亚洲气候炎热、土地肥沃，因此存在大规模的奴役，而欧洲气候寒冷或温暖，则享有更多的自由。现在看来，这样的气候和土壤决定论有些不着边际，但孟德斯鸠的意思并不是气候、土壤决定论，恰恰相反，他强调的是正因为气候、土壤有这样的影响，法律才应该尽其所能地克服这些不利影响。可以从两个方面来看：

第一，孟德斯鸠认为气候和土壤会影响自由和奴役，但从未讲过是绝对的。孟德斯鸠认为，"人受气候、宗教、法律、施政的准则、先例、习俗、风尚等多种因素的支配，其结果是由此形成了普遍精神。对于每一个民族来说，若一种因素的作用较强，其他因素的作用就会相应受到削弱"。如果人们甘心接受气候和土壤等物质因素带来的影响，那自然奴役多而自由少。人们是可以通过法律、习俗、风尚等来抵消气候和土壤的不利影响的，从而摆脱奴役，重获自由，因为自由才是人的自然本性。此外也有相反的例子，俄罗斯地处寒冷地区，本应该享有自由，却处于奴役状态，原因就是法律、习俗等不但没有保有气候带来的有利因素，反而以自身的专制完全压制了气候带来的自由因素。气候和土壤的决定性从来就不是绝对的。

第二，孟德斯鸠区分了寒冷、炎热和温暖三种气候条件，寒冷和炎热代表了两个极端，温暖则有两种可能，而法国正处在气候温暖的地区，因此既可能倒向奴役，也可能倒向自由，全看法律如何兴利除害。这里要注意孟德斯鸠写作时的背景，当时法国处在路易十四的专制统治之下，为了建凡尔赛宫和对外战争横征暴敛，孟德斯鸠的叔父和他本人，在波尔多高等法院担任庭长时，都曾带头抗议过国王的苛捐杂税。如果法国人不积极反抗，甘愿接受奴役，法国很快将沦为专制政体。孟德斯鸠说过，奴役权是没有自然正当性的，之所以有奴役现象存在，是因为被奴役者怯弱，甘愿被奴役。

也就是说，孟德斯鸠的论述表面上是气候、土壤决定论，但本质上恰恰是反决定论的。自由与否不是气候、土壤最终决定的，是法律、习惯、风俗等决定的，最终是由人自己决定的。前面我们提到过一个概念，普遍精神。什么是普遍精神呢？或者说民族的普遍精神？其实就是一个民族整体的精神气质和内心情感。普遍精神的形成不仅仅是气候和水土影响的结果，还受到宗教、习俗、风尚、法律这些精神和制度因素的影响。孟德斯鸠承认气候和土壤是重要的影响因素，但是与气候和土壤不可改变或难以改变的物理性质不同，习俗、风尚和法律是可以改变，进而民族的普遍精神是可以改变和塑造的。一个民族的伟大立法者应该善于用法律来克服诸多不利因素的影响，进而塑造自由的民族精神，因此一个民族是自由还是受奴役的，不只取决于气候和土壤，更取决于这个民族的普遍精神，伟大立法者的伟大之处，就在于对民族的普遍精神的塑造。奴役不是天生的，自由才是天生的，这才是一个民族的普遍精神应该追求的。

贸易、宗教与法律

在讲完气候、土壤与法律的关系之后，孟德斯鸠开始讲贸易、宗教与法律的关系，为什么先讲气候和土壤呢？因为这是自然条件，是不可改变的。而贸易和宗教是可以人为改变的。那么为什么先讲贸易再讲宗教呢？这就是个大问题了。照例来说，那个时代应该先讲宗教才对啊，毕竟整个欧洲尚未从教会的控制中走出来，但孟德斯鸠却把宗教放在全书最后讲，不是因为孟德斯鸠认为宗教最重要，而是他认为，商业将取代宗教，成为现代社会的基础。这在当时也算是石破天惊的判断。

先来说说贸易与法律的关系。在孟德斯鸠看来，贸易的作用不仅仅是获取利益，更重要的是促进和平与宽容。作为启蒙时代的人文主义者，和平与宽容是孟德斯鸠一直念兹在兹的。孟德斯鸠认为，贸易的自然效应就是趋向和平，因为只有在和平的环境下，商人才可以安全地进行贸易，而且通过贸易获取的利益要远远大于战争与掠夺。理性人更倾向于贸易而非战争，康德在《永久和平论》中也表达了类似的观点，认为贸易是抑制战争的重要手段。

此外，贸易还可以医治破坏性的偏见，实现对人的启蒙。人们在贸易交往中认识彼此，学会尊重对方的习俗，因此孟德斯鸠认为，凡是习俗温良的地方，必定有贸易，凡是有贸易的地方，习俗必定温良。贸易可以使人柔化，变得宽容。当然，孟德斯鸠的讲法会受到质疑，因为地理大发现后的很多贸易是伴随战争开始的，殖民者发动战争的一大借口就是贸易自由，但这是孟德斯鸠所反对的。我们从大历史的角度看，全球范围内的贸易，确实有助于消除偏见，促进彼此的宽容和尊重。孟德斯鸠说，我们的习俗不像往昔那样凶残，对此丝毫不必感到惊奇。贸易使得各国的习俗得到了人们的广泛了解，而且人们还将它们进行对比，从而获得巨大的裨益。

贸易在医治破坏性偏见的同时，还能促使人拥有一种精确的公道观念。一方面贸易与劫掠针锋相对，贸易讲究的是平等交换、对等有偿；另一方面贸易与某些伦理道德背道而驰，这些伦理道德要求人们不要斤斤计较自己的利益，为了他人的利益可以舍弃自己的利益，但贸易是建立在互利共赢基础之上的，谁也不做亏本买卖。孟德斯鸠反对战争掠夺这些暴力行径，同时也反宗教道德严苛的利他主义要求，在他看来这些都不符合人性和社会的本质。

孟德斯鸠认为一个社会商业匮乏，就容易产生掠夺，而美德往往与掠夺并行不悖，这听起来有点出乎意料，不过听听孟德斯鸠举的例子就会发现他讲的有点道理。孟德斯鸠说，你看"好客"这种美德，在商业国家比较罕见，因为人们要斤斤计较利益得失，不会无缘无故慷慨解囊。但"好客"这种美德在掠夺的民族中却达到了令人钦佩的程度，掠夺者往往将掠夺来的战利品赏赐给身边的人，对于陌生人，往往也是豪气冲天。所以孟德斯鸠说，如果没有重大理由，就不要排斥与任何一个国家通商，这是一条至理名言。

既然贸易有如此的好处，就来看看贸易与法律的关系。孟德斯鸠区分了两种类型的贸易，一种是奢侈性的贸易，目的是不计成本地满足人的奢侈性需求；一种是节俭性的贸易，目的是精打细算地满足人的日常基本需求。在一人主政的政体下，贸易通常建立在奢华之上，是为了满足一人的奢华要求。虽然那里的贸易也基于实际需要，但主要目的却是满足一人的奢华要求。在多人执政党政体下，贸易通常建立在节俭的基础之上，贸易满足了人的基本的日常需求。正因为如此，孟德斯鸠反对君主和贵族经商，一方面君主和贵族经商容易走向奢侈性的贸易，另一方面也破坏商业的平等精神。而节俭性贸易培养一种恰如其分的贸易精神，有助于促进公共事业的发展，是共和国的社会基础。

孟德斯鸠最后讲到宗教。其实在某种意义上，贸易和宗教是不相容的。贸易是世俗的，利己主义的；宗教是超越的，利他主义的。中世纪的思想家都将宗教置于非常重要的位置，政治从属于宗教，从宗教中发展出一套自然法，主宰着整个法律领域。但孟德斯鸠却将宗教放在贸易之后，并且放在全书的最后来讲，可见宗教在他的思想体系中的位置并不高。

孟德斯鸠说，我对世界上各种宗教的审视，仅仅着眼于它们能为生活在尘世中的人带来什么福祉，无论它们源自天上还是来自人间。即使是最真实和最圣洁的教义，如果不与社会原则相结合，也会产生非常恶劣的后果；反之，即使是最虚假的教义，如果能与社会原则相结合，也能产生美妙的后果。如印度佛教相信灵魂不死，却被错误理解，诱使一些人走上自杀之路，这就不是好宗教。而勃固人信奉的宗教的主要教义是不杀、不偷、不做下流无耻的事，即便没有神，也是一种好宗教。甚至斯多葛学派，因为把人世间的显赫、痛苦、忧愁视为虚无，全力以赴谋求人类福利，因此也是一种好宗教。

在孟德斯鸠眼中，好像无论什么宗教，只要有助于培养好公民，就是好宗教。对于主张一神教的神学家来说，这简直是离经叛道，更让神学家难以接受的是，孟德斯鸠竟然用气候来解释宗教教义，例如他说印度教禁止杀牛吃牛肉，是因为印度天气炎热，牛的繁殖力弱，必须保证足够的牛用来耕种。神圣的教义在孟德斯鸠眼里，完全没有神圣性，只不过是气候等外在自然因素造成的。难怪《论法的精神》出版后，教会对其进行了严厉的审查，并最终将其列为禁书。

那么宗教与法律有什么关系？孟德斯鸠认为一国的宗教与政体紧密相连，例如宽和政体宜于基督教。在宽和政体内部，天主教宜于南方的君主政体，新教宜于北方的共和政体。这是因为，北方民族不但现在而且将永远具备一种独立和自由的精神，而南方民族则不具备这种精神。再者，领袖地位不突出的宗教，比较适合因气候条件而养成的独立精神，而对于领袖地位突出的宗教来说，独立精神就不那么合适了。在这里，孟德斯鸠再次用气候因素来解释宗教的地理分布及其与政体的关系。

此外孟德斯鸠还强调了政教分离的重要性，他认为即便在君主政体下，也不应让所有权力集中在一个人手里，所以宗教领袖应该与国家分开。而对于专制主义者，为了把一切权力集中在一个人手里，通常都要自己充当宗教领袖，当伟大导师。前面谈过，在孟德斯鸠看来，政体的性质与原则是最高的法律，所以宗教与法律的关系，主要体现在宗教与政体的关系上。

那么宗教与具体的公民法之间的关系如何呢？人类的法律是用来指导行为的，所以法律应该给予人们以戒律而不是劝导。宗教是用来指导心灵的，所以宗教给人们的劝导应该很多，戒律则应该很少。宗教和世俗法律的主要目标都应当是使人成为好公民。如果其中一个偏离了这个目标，另一个更应该坚持。凡是宗教较少加以约束的地方，世俗法律就应严加约束，而当法律软弱无力时，宗教可以发挥支撑国家的作用。甚至在专制国家，宗教也能在一定程度上限制专制权力，特别是当宗教有神圣典籍时，专制者也无法完全垄断对宗教典籍的解释权。在这个问题上，孟德斯鸠还特别提到中国，认为中国的儒家典籍，对于皇帝来说构成了一种制约。

除了政教分离，宗教宽容也是孟德斯鸠所重视的。在孟德斯鸠看来，国家的法律如果允许各种宗教同时并存，就应该强化这几种宗教彼此宽容。法律有必要要求各种宗教不但不扰乱国家，也就是政教分离，而且也不彼此相扰，宗教之间必须彼此宽容。就拿孟德斯鸠来说，他本人是天主教徒，但并不影响他娶了一位信奉新教的妻子。

总之，孟德斯鸠对贸易的重视，实际上意味着他已经认识到，现代社会是以商业社会作为基础的，人类的思想观念和政治体制都会因商业社会的到来而发生重大变化，孟德斯鸠心目中理想的国家英国，正是最先走上商业社会的。商业社会的到来也就意味着宗教的隐退，宗教将从政治领域退缩到生活领域，成为个人日常生活中的精神归属，同时孟德斯鸠确定了现代政治与宗教关系的两大核心原则，即政教分离与宗教宽容。

对于这本书的价值，当时瑞士哲学家和科学家博内的一个评价堪称精到，他说孟德斯鸠"发现了精神世界的法则"，恰如牛顿"提出了物质世界的法则"。孟德斯鸠将自然科学的观察和实验的研究方法应用到法律的研究之中，而且将法律置于历史、地理、政治、气候、贸易、人口、宗教、风俗等各种与法律有关的事物之中，在各种关系之中揭示法律的精神。这种研究方法和广博的研究内容，不仅开创了法律的历史和社会研究传统，而且开创了社会学、人口学、经济学、人类学、民族学的研究先河。现代社会科学的诸学科，大多都能从这本书中发现最初的思想资源。也正是在这个意义上，这本书是启蒙时代的百科全书，孟德斯鸠是启蒙时代的百科全书式的学者。

思考题：

1. 你如何理解法的精神？它是一种形而上学的抽象理念，还是法与各种事物之间的关系？
2. 是什么决定了一个国家政体的性质和原则？
3. 混合政体与权力分立之间的区别是什么？混合政体今天还有生命力吗？
4. 气候、地理等自然条件对一个国家的法律是否有影响？有多大影响？
5. 你认为贸易是否有助于促进和平？

一三
《人性论》

［英］大卫·休谟著　关文运译　商务印书馆　2016 年

主题词◎人性论　道德学　休谟难题　情感　德行

经典之处

《人性论》是休谟最重要的哲学著作之一，出版于 1739 年，当时休谟年仅 28 岁。休谟试图在社会科学领域，建立一个具有全新基础的、完整的体系，这是对人类思想史具有独创性的理论贡献。书中阐述了他的怀疑论和经验主义认识论，以及他的伦理学和政治学理论，同时提出了情感而非理性是善和美的基础。

作者简介

大卫·休谟（David Hume，1711—1776），苏格兰哲学家，与约翰·洛克及贝克莱并称英国三大经验主义者。虽然现代人对休谟的研究主要聚焦在他的哲学思想上，但他最先是以历史学家的身份成名的，所著的《英格兰史》在长达 60 余年间都是英格兰历史学的基础著作。随着西方哲学的发展，休谟的哲学也得到了人们更广泛的重视。他提出的许多问题实际是现代的问题，尤其在经验哲学方面。休谟对后来的实证主义、实用主义、新实在论等各类哲学的发展都有深远影响。

导语｜人性的尊严

刘苏里

上面的标题，来自一本近 80 万字的休谟传记。这本传记共 40 章，"人性的尊严"是最后一章的标题。这一章的最后一段，作者模拟碑文，为休谟写下这样的话："就总体而言，谁也无法否认，唯有最显著的仁慈之心才能赋予人类更高的价值；而仁慈之心的价值至少部分地源于其增进人类福祉和促进人类社会幸福的倾向。"

这段模拟的碑文，部分意思来自休谟的夫子自道。他在《我的自传》的最后一段这样评价自己："我的为人，和平而能自制，坦白而又和蔼，愉快而善与人亲昵，最不易发生仇恨……不曾被诽谤的毒齿所啮、所触。"

休谟一生潜心著述，却活得惊涛骇浪，因《人性论》等著述，被人攻击怀疑和诋毁基督教。事实上，他不仅"脾性看上去有一种完美的平衡"，而且是"非常虔诚"的基督徒。他 11 岁进大学就开始关于人性的思考，直到去世。他的著述与人生实践，可以说树立了一个哲学家知行合一的典范。

休谟是苏格兰启蒙运动最重要的旗手之一。一般认为，法国是启蒙运动的中心，围绕咖啡馆这个公共空间，形成了以伏尔泰、孟德斯鸠、卢梭、狄德罗为代表的知识分子群体。但实际上，苏格兰是启蒙运动的另一个中心，象征公共空间的，是爱丁堡、格拉斯哥等大学和各种学术团体，最重要的代表人物是哈奇森、亚当·斯密、弗格森和大卫·休谟。苏格兰的启蒙运动形成了著名的"文人共和国"，用文化学家盖伊的话说，文人共和国"面对的是一个寡头统治的世界，寡头统治集团为了维护特权地位和权力，大肆钳制新思想的流动，压制发表批评言论的自由"。

对以法国为中心的欧洲启蒙运动，康德有一个精彩的定义，他说："启蒙运动就是人类脱离自己所加之于自己的不成熟状态。不成熟状态是指不经别人的引导，对运用自己的理智就无能为力。当其原因不在于缺乏理智，而在于不经别人的引导就缺乏勇气与决心去加以运用时，那么这种不成熟状态就是自己所加之于自己的了。要有勇气运用你自己的理智！这就是以法国为中心的启蒙运动的口号。"

与法国启蒙运动高扬理性，批判君主专制、等级社会，以及宗教迫害和狂热不同，苏格兰启蒙运动强调理性的有限性，重视社会习俗和惯例，因而强调法律、市场和道德才是未来社会构建的基础要素。休谟的《人性论》第三卷有关道德的研究，为这一基础要素提供了坚定的理论支持。休谟关于人性的假设，对自私和同理心的研究，以及基于上述研究对社会秩序和制度正义的论断，可以说，都具有独创和开先河之功。

高全喜，政治哲学家和政治宪法学家，目前在上海交通大学法学院任教。高全喜先后在南京师范大学、吉林大学和中国社会科学院求学，是著名哲学家贺麟先生的关门弟子。30多年来，研究横跨多个学科，包括文学、哲学、政治哲学和宪法学。很少有人知道，他还是非常有名的艺术评论家，甚至还创作过长篇小说。

高全喜不仅著作等身，还是非常活跃的学术活动组织家，主编过多种大型丛书，参与和支持各种学术研究活动，也是专业领域内重要的"对外"发言人。他对休谟有着精深的研究，发表过专著。

高全喜讲读《人性论》

> 高全喜
> 宪法学家，上海交通大学教授。著有《立宪时刻：论〈清帝逊位诏书〉》《何种政治？谁之现代性？》等书。曾发表《休谟的法学方法论转换及其内在机制》等数十篇论文。

休谟：活在现代的思想家

西方文学史上有句老话，"说不尽的莎士比亚"，其实在思想史中休谟也是说不尽的，他在西方思想史上具有举足轻重的地位。我们有时会问，如何分辨谁是伟大的思想家，他们的意义何在？我们看到，一些远古的思想家的很多理论总是被不同时代的学者或者理论家不断地咀嚼、重新阐释，这样的思想家无疑是非常伟大的，因为他们提出的是一些永恒性的问题，这些问题在不同的时代总会给人非常深的触动。尽管后来的思想家们在进行思考时所得出的答案与原创者的本意已经有所差别，但这个路径却是前人开辟的。在我看来，休谟就是这样一位活在现代的思想家。

关于休谟，美国保守主义思想家拉塞尔·柯克谈得非常到位，他说如果要寻找西方18世纪的精神化身的话，休谟就是最好的代表。我认为休谟的哲学集中体现了18世纪的保守主义、自由主义与古典主义三种因素的交集融合。在休谟身上有18世纪英国的苏格兰人在社会转型时期对于市民社会的钟情，休谟承认人的私利，但又强调德行，他喜欢美文，又好名气，主张法治秩序和自由经济，对于英国怀抱忠诚，等等，这一系列特质都体现得很充分。他重视德行美仪，是一个谦谦君子，不是那种极端偏颇之人。如果从英美社会主流的西方历史的视角看，18世纪的精神化身，不是卢梭，而是休谟，卢梭只是一面旗帜，休谟更能代表西方18世纪建设性的中庸化的精神气质。但是文学家和革命家，尤其是各色左派人物则喜欢卢梭，而不是休谟。休谟一辈子没结婚，没有多少浪漫的谈资和故事，很平庸，但是在平庸中有大智慧。

从思想史的角度看，休谟提出的几个重要的理论命题，特别是事实与价值、实然与应然的区分这个命题，在哲学思想领域具有革命性的意义。这个命题是说，一个东西的因果性事实是这样的，但这并不等于它应该就是这样的，这个应该具有价值层面的意义。自然事物的因果联系没有什么价值，比如天冷、下雨，诸如此类的物理上的事实联系都是实然的东西，可以通过自然科学的方法把它们内在的原理揭示出来。但是，应然的事情只有人类社会才有，这里面有人类社会的价值因素。那么应然的机制到底是什么，为什么会如此呢？休谟有一个理想，他认为牛顿的自然力学阐释了自然世界中一系列事物的构造原理，关于自然世界的法则牛顿似乎已经研究透了，休谟不用再做了，他要研究人类世界应然的东西。如果把人类世界的内在原理揭示出来了，那不就是一个通达之人了。但是，应然的东西不好研究，因为它的动因涉及人的内在情感，属于人性问题。由于人的情感的发动，才有了外部世界，当人性转化为外部世界的时候，就出现了社会秩序、经济生活、政体结构，出现了人类历史，所以，人性论是一个百科全书式的东西。

由于要研究人性原理，休谟成了一个综合性的思想家，按照我们今天的学科分类来说，休谟除了是哲学家、道德学家，还是法学家、政治经济学家、美学家和历史学家。例如，历史是怎么演变的，并不单纯是一个实然的东西，而是有很多的机运在里面，有很多人的主动因素在里面。休谟认为应该探讨人类社会的主动因素，但他又不赞成当时占据主导地位的唯理主义的决定论，他是一个温和的怀疑主义者。他认为，人的认识能力是有限的，是否存在着绝对必然性的东西，这些问题是人类认识不了的，人是在有限的知识范围之内来理解和把握道德世界的。他所谓的道德世界就是精神世界，在18世纪的西方思想界，道德（moral）这个词是一个含义非常丰富的词，不是我们现在一般的伦理学所说的那种狭隘的人与人之间的道德关系，它包含的是一个普遍的不同于自然世界的人类社会领域。道德世界的本性在于人性，休谟的核心思想体现在他的主要著作《人性论》

之中。后来他又写了一系列关于政治、经济、文化等方面的文章，并把他的《人性论》简化为两本书，即《人类理解研究》和《道德原则研究》。不过，在很多研究者看来，后面的著述都属于《人性论》的解说和普及，从原创性上看，休谟早年著作蕴含的思想深度和理论张力更有价值，更值得关注。

《人性论》的基本结构

休谟在 26 岁前后就大体完成了他的划时代著作——《人性论》。他写作这本书的直接动力，来自牛顿自然哲学的研究成果，休谟企图通过建立一种新的人性论来建立新的社会政治理论，从而取得牛顿那样的广泛影响。按照当时的学科分类，牛顿的科学原理被视为自然哲学，由于有了牛顿的建树，此前关于自然世界因果必然性以及相关真理的认识，便成了多余，因为牛顿已经建立起一个指导人类认识世界的最高的科学原理。然而在社会政治领域，牛顿意义上的科学却一直付之阙如，因此，休谟感到在社会政治领域建立一个普遍的哲学原理，不但是必要的也是可能的，他认为这门有关人的"完整的科学体系"就是人性学。

休谟基于自己对人性科学的理解，将《人性论》一书分成三卷，分别为论知性、论情感和道德学。第一卷讨论哲学认识论问题，第二卷讨论情感心理学问题，第三卷讨论道德学或社会政治哲学问题。道德学究竟在休谟的人性学中占有怎样的地位，这一点实际上从《人性论》的分类中就已经表明，知性论为道德学提供了一个哲学的认识论前提，情感论所探讨的是道德学的心理情感基础，而道德学则展开了一种以政治德行论和正义规则论为核心内容的政治哲学。休谟企图建立的牛顿式的科学理论，主要体现在他的后两卷，特别是第三卷"道德学"中，他把牛顿建立自然哲学的那种"经验和观察"的科学方法在社会政治领域加以运用。为了强调这一点，他刻意为这本书写了副标题"在精神科学中采取实验推理方法的一个尝试"。在他看来，道德学属于有别于牛顿自然科学的精神科学，他要在精神科学领域中通过实验推理的方式，像牛顿演义出一个自然科学体系那样，建立起一个社会政治理论的科学体系，从而在精神科学或社会政治科学中获得牛顿在自然科学中所达到的那种地位，这是休谟的梦想，也是他的哲学目的所在。

　　《人性论》与休谟后来改写的两部著作，特别是《道德原则研究》，在休谟的思想理论中分别处于怎样的地位，一直是英国思想史研究领域的一个有争议的话题。休谟自己把这本书说成是一个失败，一些学者就跟着休谟的看法，认为后一本书是对前一本书的改进和提高，其学术成果高于前一部著作，也有一些学者并不完全认同这个观点，他们认为休谟自己的看法是片面的。实际上，《人性论》就其涉及的领域，独创性的理论贡献，特别是对西方政治思想的影响等诸多方面，价值上都远远高于《道德原则研究》，是休谟思想的源头，也是其代表作。我认为，就思想本身来说，休谟的《人性论》是人类思想史上一部具有创造力的经典性作品，也是休谟一生中所创作的最重要的一部作品。休谟思想最核心的东西，例如他的有关事实与价值两分的看法，有关人性的三个预设，有关自私与同情的看法，基于共同的利益感觉之上的三个正义法则，以及有关社会秩序与制度正义的看法等等，这些在思想史中极其重要的具有深刻影响的理论观点，都是在《人性论》一书中首先被提出并加以理论阐释的。

　　然而休谟却把这本书说成是一个失败，为什么呢？休谟虽性情温和却非常爱好文名，与西方思想史上那些特立独行的思想家相比，休谟或许是个俗人，他很看重自己作品的社会反应，看重社会舆论对他的评价。一开始他对《人性论》在知识界和社交界的反响抱有很大奢望，书出版之后，却几乎毫无影响，并没有为他带来应有的名望和声誉。休谟究其原因，认为主要是因为他的文笔和写作技巧有问题，于是，他从文字修辞和思想简练上着手重新改写，这样就有了后来的两本书。令人欣慰的是，后两本书确实如他所愿为他带来了一定的名望，受到了社会的欢迎。但是，回过头来我们看后两本书的所谓"成功"，不过是在语言上更精巧，表达得更精练，风格上更简洁，文风更优雅，这些只是大致投合了当时英国上流社会的阅读习惯而已。

　　通观休谟的所有著作，可以说最重要、最能体现休谟的牛顿式企图的著作，不是后来的两部书，而是他的这部《人性论》，这也是对西方社会产生了巨大影响的一部伟大著作。特别是《人性论》的第三卷"道德学"，它是休谟政治哲学或社会政治理论，乃至休谟整个人性哲学思想最核心、最具有创造力的部分。哈耶克曾指出，休谟所关注的乃是一般意义上的人性，而且他的知识论也主要是为了理解作为一个道德存在和一个社会成员的人的行为而建构的一个理论基础。

休谟的成就中，最重要的就是他提出的有关人类制度生成发展的理论，而正是这个理论后来构成了他赞成自由的理据，而且还成了弗格森、斯密和斯图沃特这些伟大的苏格兰道德哲学家进行研究的基础。今天，这些伟大的苏格兰道德哲学家已经被公认为是现代进化人类学的主要创始者。此外，休谟的思想还为美国宪法的创制者提供了坚实的思想基础。当然，它也在某种程度上为柏克的政治哲学奠定了基础——实际上柏克的政治哲学要比人们所公认的更接近于休谟的思想，也更直接地源于休谟的思想。

休谟难题

哲学史中有一个著名的"休谟难题"，这个难题便是休谟在《人性论》中首先提出来的，这个难题影响深远，直到今天还没有被解决。《人性论》第三卷明确谈到了这一难题，即事实与价值冲突的问题。休谟写道："在我所遇到的每一个道德学体系中，我一向注意到，作者在一个时期中是照平常的推理方式进行的，确定了上帝的存在，或是对人事作了一番议论；可是突然之间，我却大吃一惊地发现，我所遇到的不再是命题中通常的'是'与'不是'等连系词，而是没有一个命题不是由一个'应该'或一个'不应该'联系起来的。这个变化虽是不知不觉的，却是有极其重大的关系的。因为这个应该或不应该既然表示一种新的关系或肯定，所以就必须加以论述和说明；同时对于这种似乎完全不可思议的事情，即这个新关系如何能由完全不同的另外一些关系推导出来的，也应当举出理由加以说明。"

这个问题的实质在于，道德问题不是一个科学上的事实问题，而变成了一个应该与否的价值问题。由此一来，基于理性的对于道德行为的科学推理就显得理据不足了。那种基于自然因果关系上的道德探讨无法说明应然层面的道德义务，人在怎样的义务下去从事道德行为，这才是道德哲学所探讨的不同于自然科学的关键问题。从休谟的论述来看，道德上的好坏善恶，不是基于理性，而是基于情感，这是休谟道德哲学的一个基本观点。在他看来，自然科学处理的是事实问题，例如，数学解决的是纯粹的数量关系，物理学解决的是自然世界物质运动的规律。它们探究的是对错和真伪，标准在于是否反映或符合客观事物的规律。但道德问题就不同了，它并不存在真伪对错，而是涉及善恶、好坏的价值选择与评价问题。究竟什么是善恶好坏并没有共同一致的像自然科学那样能够得到事实验证的客观标准，而是一个主观性的评价问题。对于这样一个建立在苦乐、利益、义务与责任等方面的应然的社会来说，人究竟如何从事道德行为，就必然涉及个人利益与公共利益、个人价值与普遍价值的关系问题。

对于上述问题，休谟认为首先要从区分理性与情感的作用来加以解决，为此他抛弃了传统理性主义的观念，而把决定道德善恶的关键交给了情感。他指出，凡是能够使得个人在情感上获得快乐的行为就是善的行为，痛苦的便是恶的行为。根据这个原则，他在《道德原则研究》一书中进一步提出了四种决定道德善恶的基本标准。那就是凡是对自己有用的，对他人有用的，直接令自己愉快的，直接令他人愉快的行为、品质和德行便都是善的、好的、有价值的东西；而与此相反的对自己有害、对他人有害、令自己痛苦和令他人痛苦的行为和品质便都是恶的、不具有价值的东西。赋予情感如此重要的地位与作用，是休谟道德思想的突出特征，为此他在《人性论》中特别列出第二卷"论情感"。

应该指出的是，在古代的古典哲学思想中，尤其是在古希腊柏拉图、亚里士多德的主流的主智主义道德哲学中，情感并不占有独立的地位，而是从属于理性主义的德行伦理。与古代的道德哲学有所不同，休谟的哲学强调情感的主导作用。他的哲学并没有按照传统的三分法分为知识论、道德论和意志论，因为这类划分并没有确立情感的独立地位。他的哲学基本上是以二分法展开的，一方面是以知识为主的知性认识论，另一方面是以情感为主的道德心理学，传统哲学中占据重要位置的意志部分，被休谟包含在情感的内容之中。

休谟难题的关键并不在于他指出了"是"与"应该"的分立，而在于"是"与"应该"的关系，即如何弥补事实与价值两者之间出现的巨大分裂和空隙，如何从事实问题过渡到价值问题。在此有一个问题值得特别注意，休谟之所以提出事实与价值的二分,实际上存在着一个方法论的深层原因。他的怀疑主义既不同于笛卡尔哲学的怀疑主义,也不同于彻底虚无主义的怀疑主义,而是一种基于人的认知能力有限而产生的怀疑主义。因此,休谟反对"过度的怀疑主义"(total scepticism),认为存在着一种"和缓的怀疑主义"(a mitigated scepticism)。这种怀疑主义是合理的,对人类是有益的,"它的用意在于用怀疑的眼光审视理性。为此,我们需要这种和缓的怀疑主义,它并非否定理性的作用,而是理解它的限度"。休谟在社会政治领域并非一个道德怀疑论者,而是一个常识道德主义者(commonsense moralist),他试图在理性主义和彻头彻尾的怀疑主义之间开辟一条中间道路。

应该承认,对休谟难题的道德主义理解是西方伦理思想的主流观点。它首先在19世纪的康德哲学中得到变相的阐释,康德通过实践理性的道德律令建立起他的反休谟主义的道德哲学。康德的纯粹理性与实践理性的二元分立,从某种意义上说就是从对休谟事实与价值二分思想的先验理性主义的改造而来的,他的先验道德主义对后世的思想产生了重大影响。20世纪的新康德主义就是从实践理性的角度进一步发挥了康德的道德哲学,认为哲学问题就是价值问题,它解决的是有关事实与价值的统一关系中的意义问题,例如巴登学派的文德尔班和李凯尔特就把康德哲学中作为应然的"道德律令",推广到整个伦理学、美学、文化和历史领域。与此相应,20世纪以来的分析哲学和语言哲学,对休谟思想中是然与应然的二元划分,给予了高度重视,他们从语言的能指和所指,从语言所具有的事实与喻意等问题,对休谟问题展开了一系列深刻的论述。关于这个层面或维度的研究,基本上用的是语言哲学的方法,并且把原先属于道德哲学的内容置入语意学的框架之内,通过分析道德语言与自然语言的不同揭示人的道德生活中的独特性。从这个维度对休谟是然与应然问题的研究无疑具有开创性的意义,为20世纪的语言分析哲学开辟了一个新的天地,成为英美哲学中的一个主流。

不过,在上述对休谟难题的道德主义研究的路径之外,再换一个视角,我们又可以说它们只是对休谟难题的一种理解,并不意味着休谟难题的全部内容,甚至还存在着某种程度的偏差,至少它们并不完全符合休谟提出这个问题时所包含的另外一个层面的意义。应该指出，对于休谟难题的道德主义解读是有局限性的，它们只是理解了休谟道德哲学中的狭义道德层面，却忽略了"道德"在休谟思想中的多方面意义，特别是《人性论》第三卷"论道德"所包含的核心内容乃是一个政治哲学以及一整套社会政治理论的问题。

当然，对休谟难题，还有从政治哲学、法律制度和社会共同体角度的解读。这样一来，事实与价值的分立与关联性问题，就不再单纯是一个涉及情感、动机与意志等因素的善恶好坏问题，更进一步说还是一个有关公共政治的正义问题。其实，正像我们已经言明的，休谟的道德哲学，特别是他的《人性论》第三卷"论道德"，从根本上说是一部政治哲学。因此，从政治正义而不是从道德善恶的角度来理解休谟难题，可以说是开启了一个新的研究休谟难题的维度。

休谟的道德学、斯密的道德情操论，乃至整个英国17、18世纪思想中的道德哲学，迥异于19世纪以来经过康德哲学的分解所形成的，以动机和良知为主要内容的狭义道德学。休谟意义上的道德学与现代意义上的道德学有根本不同，它集中地表现为与斯密的道德情操论一致的德行论或者说政治德行论。这种政治德行论原本也就是所谓的亚里士多德主义，只不过英国思想中的这个基于事实与价值两分前提下的政治德行论与亚里士多德的理性主义有所不同，它是一种情感主义或自然主义的德行论或公共政治论。因此，休谟对于道德学的理解不同于后来的康德哲学的理解。在英国思想中道德学包含着丰富的政治哲学的内容，在此，休谟与斯密的看法是完全一致的，他们建立的道德学或道德情操论，并不是为个人的动机、意志、情感等提供一个远离社会公共事务的象牙塔，一个道德上独善其身的修炼场所，而是能够开辟出公共政治事务并为其提供规则和制度及其正义美德的道德学。因此，又可以称之为政治的德行论，是一种正义规则论和政治经济学论。从这个意义上来审视休谟难题，便能够不再局限于狭义道德领域中的是与应该之间的差别，动机与行为之间的差别，从而发现它是包含着广阔社会政治内容的重大问题。可以说，休谟难题既是道德难题，从根本上说更是个社会难题，一个政治正义论的难题。

对休谟难题中社会政治哲学方面的意义，近年来也有一些理论家给予了充分重视。哈贝马斯的名著《在事实与规范之间》所探讨的，正是休谟难题所展开的政治和法律层面上的问题。尽管哈贝马斯直接汲取的思想资源并非来自休谟，而是康德，但是康德伦理思想的基本前提来自休谟，休谟事实与价值的两分思想启发了康德两种理性的划分。哈贝马斯有关事实与规范的区分，可以上溯到休谟。他的 Fakzitität（真实性）等同于 facts，与休谟的"是"的事实领域直接相关；他的 Geltung（有效性）的含义，不仅含有 norm（规范）的意义，而且也有 value（价值）的意义。因此，哈贝马斯的事实与规范的关系从某种意义上说与休谟的事实与价值的关系大体一致。当然，哈贝马斯更多地吸收了康德之后德语世界的思想资源，以及现代英美学界以弗莱格和皮尔斯为代表的语用学和符号学的学术成果，编织起他庞大的有关法律和民主法治的理论。哈贝马斯为我们审视休谟提供了一个现代政治哲学的新视角，道德学固然也包含规范问题，但狭义道德学意义上的规范只涉及个体行为的善恶问题，而非正义问题。休谟社会政治思想的真正蕴涵，特别是他提出的私有财产权的确立与稳定、同意的转让、许诺的履行三个基本的正义规则，对于建构一个社会共同体，建构一个政治的社会制度及其所具有的正义德行的意义来说，已超出了单纯的道德动机与善恶观念。与此相应，斯密随后开辟出的旁观者的正义和看不见的手的市场机制，以及国民经济赖以建立的法律制度等，也都不是狭义的道德学问题，而是进入社会政治、经济和法律制度的领域，或者说虽然都属于古典思想中的道德学，但实际上触及政治正义的法律规则论、经济制度论以及政治德行论。

人性论的预设

休谟的人性论，实质上为他的政治哲学提供了一个人性学的预设，他企图通过这种预设解决事实与价值两分的难题。至于斯密，虽然没有像休谟那样建立一整套系统的人性哲学，但他的政治哲学也是以休谟的人性哲学为前提的，斯密的道德情操论从某种意义上说也是休谟意义上的人性论，为他的政治经济学和法学奠定了人性论的基础。休谟早在写作《人性论》之初，就清楚地意识到他要建立的哲学实际是一种人性的哲学，或者说他只有在提出了一个新的人性原理之后，才有可能建立所谓的哲学体系。"人性研究是关于人的唯一科学，可是一向却最被人忽视。我如果能使这门科学稍为流行些，就心满意足了。"休谟认为一切科学与人性都或多或少有关系。例如，逻辑的唯一目的在于说明人类推理能力的原理和作用，以及人类观念的性质；道德学和批评学研究人类的鉴别力和情绪；政治学研究结合在社会里并且互相依存的人类。不过，他在《人性论》中采取的方法抛开了过去的"迂回曲折的老方法，不再在边界上一会儿攻取一个城堡，一会儿占领一个村落，而是直捣这些科学的首都或心脏，即人性本身"。

究竟什么是休谟理解的人性呢？休谟不同于黑格尔，他并不认为人性是一种铁的规律，体现着绝对的普遍意志。正如柯林伍德指出的，休谟与启蒙时代的其他思想家一样，认为不变的人性蕴含在变化的历史过程中。休谟在《英国史》中曾这样说："每个世纪都有其促进商业的特殊方式，人们更多地是受习惯引导，而不是受理性引导，不经探讨地就遵循着在他们各自时代普遍流行的生活形态。"休谟对人性的解释包含两个层面的意义：一方面人性是具体的，因人而异的，随着时代和环境的变化而随时变化，它们构成了人性的丰富内容；另一方面，人性又具有一定的稳固性和规律性，在历史和现实中遵循着一定的规则，具有人格的同一性特征。所以，休谟的人性论体现了社会政治领域中并不存在二元对立的矛盾。他一方面承认人类社会需要一种持久稳固的政治与法律制度，另一方面又认为这种社会机制的发生并非理性的先验产物，而是在历史的变迁中逐渐形成的；一方面他认为人的情感因环境因素的不同而时常发生变化，甚至是剧烈的变异，另一方面又指出了人的情感活动所要遵循的一些基本规律，并不否认一种恒长的人类本性的存在。这些观点看上去多少有些矛盾，但正体现了休谟人性观念的丰富性。

具体地说，休谟的人性学预设包含外部预设与内部预设两个方面。他的外部预设是指自然资源相对匮乏的人类处境。休谟政治哲学的第一个出发点或前提是人类社会所处的自然环境。他认为人异于自然动物而形成一个群体，组成政治社会，建立规则与制度，其中一个主要原因是外部自然资源相对匮乏。休谟写道："人只有依赖社会，才能弥补他的缺陷，才可以和其他动物势均力敌，甚至对其他动物取得优势。社会使个人的这些弱点都得到了补偿；在社会状态中，他的欲望虽然时刻在增多，可是他的才能却也更加增长，使他在各个方面都比他在野蛮和孤立状态中所能达到的境地更加满意，更加幸福。当个人单独地并且只为了自己而劳动时，他的力量过于单薄，不能完成任何重大的工作；他的劳动因为用于满足他的各种不同的需要，所以在任何特殊技艺方面都不可能达到出色的成就；由于他的力量和成功并不是在一切时候都相等的，所以不论哪一方面遭到挫折，都不可避免地要招来毁灭和苦难。社会给这三种不利情形提供了补救。借着协作，我们的能力提高了；借着分工，我们的才能增长了；借着互助，我们就较少遭到意外和偶然事件的袭击。社会就借这种附加的力量、能力和安全，才对人类成为有利的。"

我们知道，在17、18世纪的欧洲思想中，有关自然状态的理论预设是思想家们的一个基本想法。尽管各派观点有所不同，但把各自假设的自然状态视为理论的出发点却是共同的。这一流风余韵直到今天仍未终结，罗尔斯的无知之幕下的原初状态就是一个例证。不过相比之下，休谟的相对匮乏的外部预设与罗尔斯的那个复杂精致的原初状态或许更符合实际的情况。罗尔斯的那种通过无知之幕所设定出来的原初状态是一个高度抽象和理性化的假设，与休谟直接的基于自然主义的预设相比，并不高明，因为在他那里问题还没有展开，理性的独断论就暴露无遗了。休谟的外部预设并没有理性独断的色彩，也无须通过无知之幕去删除所有的内容，只不过是非常实际的对生活经验的描绘。而且休谟的外部预设，并不是他人性论预设的核心内容，也不是他政治哲学的关键，外部预设的意义只在于为政治社会的形成及其制度设施的建立提供了一个外部的自然主义的前提。

自然资源的匮乏固然提供了使人结成社会的外部条件，但并不等于是充要条件。相比之下，休谟更强调另外两个内部的预设，它们是有关人性的两个最为真实也最为深刻的假定，即人性的自私和有限的慷慨。在休谟看来正是这两个内部的预设，才是人性论的真正出发点，才构成了政治社会内在的人性基础。休谟认为，即便外部资源的匮乏使人们迫于生存需要而结合在一起，但究竟怎样结合才具有现实的可能性，并产生一个正当的政治社会秩序，这就需要预设两个内在的前提，那就是人性的自私与有限的慷慨。在自然资源相对匮乏的状况下，正是上述人的本性使人们结合在一起，组成社会群体，并在合作中产生个人与个人、个人与公共社会之间的利益分化、关联以及协调，进而形成一定的规则与制度，最终构成一个社会的政治共同体，实现人为的正义的美德。

休谟在《人性论》里有关"自私"与"有限的慷慨"的人性论预设，与他在写《道德原则研究》时有关"自爱"与"仁爱"的论述，尽管并不存在根本区别，但仍有一些不同，在倾向性上发生了某种值得注意的变化。在后者的论述中，休谟强调的重心从原先自私的方面转向仁爱的方面，尽管他仍然反对完全的利他主义，但仁爱情感中的无私部分成了道德情感的主要内容。相比之下，在《人性论》一书中所强调的重心却不是慷慨或仁爱，而是人性的自私。那时的休谟认为完全的慷慨或仁慈对于建立一个政治社会是不利的，它将导致市民社会的解体。他主张的只是十分有限的慷慨与仁爱，是附属于人的自私本性之上的情感，并与人的同情相联系，或者说它是这样一种同情的美德。休谟认为人的自私本性并不是狭隘的、绝对的、以自我为中心的，人还有着对于他人处境感同身受的同情感（sympathy）。这样的一种共通的情感，在写作《人性论》时的休谟看来，并不等同于他后来所说的仁爱之心（benevolence）或人道的本性（humanity），而是一种有限的在自己的利益得到了确认和保障时，在自己的生活和生命得到维系后，而产生的对他人情况的一种同情的感受，一种共通的情感。所以，这种同情或慷慨不同于完全的毫不利己专门利他的博爱精神，它不是绝对的，是有限度的，仍然基于私利之上的。

从休谟有关自私与有限慷慨的人性论预设中所产生的，既不是古代非主流的反社会的自我享乐主义，也不是超越了利益之争的博爱的共产主义，而是一个基于共同利益感的近代市民社会。对于这样一个政治社会来说，至关重要的并不是道德上的善恶之辨，或古代的基于目的论的至善原则，而是基本的正义规则。在休谟看来，政治正义优先于道德至善，因此他才把《人性论》中以私人财产权的确立为核心所支撑起来的法律规则与社会制度称为正义的法则或制度正义。对于休谟来说，从自然到社会的演变所要弥合的"是"与"应该"的分裂，乃是一个政治正义和法律正义的问题，而不是道德良知和善良动机的问题，所以，他的道德学不是康德意义上的道德学，而是一种政治哲学。

麦金太尔曾指出，在 16、17 世纪的英国道德思想中一直存在着两个伟大的传统，一个是以亚里士多德主义为主的古希腊的德行传统，另一个是以中世纪的基督教神学为主的德行传统。自启蒙运动以来，英国主流的道德思想随着市民社会的商业化进程而逐步失去了固有的社会基础，西方古典伦理的精神已经不复存在。麦金太尔认为，导致这一可悲结果的关键是休谟和斯密等人用功利主义的近代市民阶级的道德观念取代了古希腊和中世纪的美德传统。为了克服对古典思想的这种颠覆，麦金太尔提出了重塑传统伦理精神的理论。麦金太尔所谓的休谟和斯密所代表的道德哲学是对传统美德伦理的颠覆这样一种观点值得讨论。应该看到，休谟和斯密建立起来的道德哲学是以新的市民精神整合了当时英国社会的两种思想传统，即把古希腊的道德思想与基督教的伦理调和在一个以市民社会为理论基础的思想源流之中，并且通过财产权的维护、经济自由的保障，以同情、习俗、惯例与共同的利益感为纽带，把古代的德行传统与近代社会的利益原则、法治精神和正义标准结合在一起，这确实是进行了一场政治哲学的实质性的改造。但是这种改造不是破坏，不是抛弃古代的传统，相反，他们是在一个新的市民社会的基础上重新整合古代的伦理精神，认为由于社会现实的变化，传统的道德原则也应该随之调整。

在休谟看来，人性并不是固定不变的，而是在社会的演变中逐渐地由人"设计"出来的，人性基于政治制度和法律制度，正义基于法律规则。但是这种重建并没有破坏传统的优良品质，反而使得传统在新的市民社会得到延续、转型和尊重，使人们感到传统的现实力量。在这一点上，英国的古典自由主义与法国的启蒙思想大不相同。如果说麦金太尔的指责和批判是针对法国的启蒙思想家，针对英国后来的边沁、穆勒等人的功利主义伦理学，还颇有道理的话，那么针对休谟和斯密则是找错了对象，他忽视了休谟和斯密思想中被后来的自由主义所严重遗忘的另一层深刻的思想，那就是有关同情、仁爱的道德理论。应该看到这种建立在共同利益感之上的道德情操和仁爱思想是休谟和斯密哲学中与英国传统思想中的两大渊源共同一致的地方。在希腊城邦社会已成历史陈迹，中世纪的神权社会崩溃瓦解之后，休谟把古代古典的德行理论和基督教的传统仁爱思想巧妙地嫁接到近代市民社会的道德生活之中，这不但不是失误，反而是他最伟大的贡献之一。

自然资源的匮乏、人的自私和有限的慷慨，休谟认为正是基于上述三个前提，人类社会才在共同的生活中形成了基本的正义规则、道德原则与政治制度。它们不但能够有效地促进每个人自己的利益，同时也能够促进他人的利益，并且使得共同的利益对每个人都同样地必不可少，也同样有益。因此，这样一个正义的政治社会才是一个个人利益与公共利益、自利与仁爱共同协调一致的社会。我们看到，休谟在三个人性论预设的前提下，试图通过对于事实与价值之分离的弥合而建立起一种新的社会政治理论。这套理论与古代的政治思想形似而实异，其关键就在于它看上去把亚里士多德的古典城邦政治论或美德政治论在英国的思想中再次表述出来，然而就其真正的实质来说，它是完全不同于亚里士多德主义的社会政治理论的，属于近代市民阶级的产物，是以近代英国为代表的市民社会的政治哲学。正像拉塞尔·柯克所指出的，如果18世纪的精神与特性可以由一个伟大的人物来代表的话，那么这个人就是大卫·休谟。

知性论与情感论

休谟作为英国思想的一个代表人物，他的理论无疑具有多方面的意义。他开创的新的人性科学，其方法论来自英国的经验主义，与中世纪的唯名论哲学，乃至古希腊的感觉主义，都有深厚的历史渊源。因此，研究休谟的哲学思想首先需要探讨他的经验主义的人性论，特别是他对于人的情感经验的分析。

休谟的《人性论》旨在探讨"人类心灵的本性与原则"。在他看来，心灵的全部知觉不过分为两类，即印象与观念；而就其最终来源看，心灵的知觉只能是印象，因为观念不过是强烈程度和生动程度不同的印象而已。所以，休谟又按照印象程度的不同把印象分为直接的印象和间接的印象，原始的印象和次生的印象。休谟的上述观点在思想史上具有重大的意义，它表明休谟哲学的出发点是人的基本经验事实，"除了心灵的知觉或印象和观念以外，没有任何东西实际上存在于心中，外界对象只是借着它们所引起的那些知觉才被我们认识。恨、爱、思维、触、视：这一切都只是知觉"。按照休谟《人性论》的结构，人的知觉意识在起点上有两个维度：一个是认识论的，它表现为印象与观念的事实性的联系，由此产生了第一卷"论知性"所探讨的知识问题;另一个是情感论的,它涉及人的内在情感以及相互之间的关系,由此构成了第二卷"论情感"所探讨的自然善恶问题。无论就经验意义上的知性知识,还是就情感意义上的道德判断,感性印象都是先于理性而存在的,理性在观念起源上并不具有优先性。

在休谟看来,人类知觉在原始起点上虽然并不明确,却蕴含了现实展开的两个不同的维度,即作为原始印象的感官印象和原初的苦乐感。康德后来提出的外直观与内直观理论,显然就受到休谟这一思想的影响。休谟在论述原始苦乐感时说:"身体的苦乐是心灵所感觉和考虑的许多情感的来源,但是这些苦乐是不经先前的思想或知觉而原始发生于灵魂中或身体中的。一阵痛风症产生一系列的情感,如悲伤、希望、恐惧,但痛风症并不是直接由任何感情或观念发生的。"由此可见,原始的苦乐感属于自然生物学意义上的痛苦或愉快的直接感觉,其中没有经过任何的反省的心灵作用,也不包含任何社会的内容。如痛风症之类的疼痛感觉,它们是"自然给予身体以某些欲望和倾向,并依照(身体上)各种液体和固体的情况而增减或改变这些欲望和倾向"。如何看待原始苦乐感呢?休谟认为它们表明人首先是一种自然生命的存在,来自身体器官的苦乐感是随时随地的,即便是再伟大的人物,也要患病,也有来自疾病的痛苦,也有饮食男女的要求,等等。休谟说:"对它们进行考察,就会使我远远离开本题,进入解剖学和自然哲学中。因为这个缘故,我在这里将只限于讨论我所称为次生的和反省的那些其他的印象,这些印象或是发生于原始的印象,或是发生于原始印象的观念。"从某种意义上说,直接情感是休谟情感主义道德学的起点,也是其政治哲学的出发点。

在此把休谟的看法与霍布斯等人的观点对比一下也许颇有意味。在霍布斯看来,恐惧问题是一个根本性的问题,对死亡的恐惧构成了霍布斯的政治哲学和国家理论的实质。霍布斯谈到了人本性中的恐惧感与焦灼感,对命运的关切导致了人的恐惧,这种恐惧就像一直在黑暗中行路,始终伴随着人类。恐惧显然属于休谟所说的直接情感,不过,它对于以休谟和斯密为代表的苏格兰道德哲学却并不重要,休谟强调的是间接情感,他的政治哲学和政府理论是建立在间接情感之上的。相比之下,17、18世纪欧洲大陆的社会政治思想状况与英国有所不同,整个大陆哲学实际上呈现出两个相反相成的极端化扩展：一方面强化理性的作用，唯理性主义的倾向日渐突出；另一方面强调直接情感，内在主观心灵世界的隐匿本质被一层层剥开。黑格尔在《精神现象学》中，对大陆思想中的理性与欲望的深层张力关系给予了淋漓尽致的德国式的揭示，它在绝对理性的框架内包含着绝对情感的滚滚岩浆，并迟早会爆发，不可收拾。我们看到，19世纪以来，欧洲大陆的理性主义倾向逐渐式微，生命哲学、意志论、存在主义等反理性主义的思想潮流兴盛，究其原因，与它们强调欲望、恐惧、怨恨等休谟意义上的直接情感不无密切的关系。

休谟在《人性论》第二卷一开始分别从不同的角度讨论了情感问题。首先，他把情感区分为直接情感和间接情感。他写道："当我们观察各种情感时，又发现了直接情感和间接情感的那种划分。我所谓的直接情感。是指直接起于善、恶、苦、乐的那些情感。所谓的间接情感是指由同样的一些原则所发生，但是有其他性质与之结合的那些情感。"前者包括了欲望、厌恶、悲伤、喜悦、希望、恐惧、绝望、安心，后者包括骄傲、谦卑、野心、虚荣、爱、恨、妒忌、怜悯、恶意、慷慨和它们的附属情感。其次，休谟又提出了另外一种划分，即通过一定强度和活跃性来考察情感，这样又可以分为平静的情感与猛烈的情感。前者包括对于行为、著作或外界对象的美和丑所有的感觉，后者包括"爱和恨，悲伤和喜悦，骄傲与谦卑等情感"。这样一来，休谟对于情感就有了直接的、间接的与平静的、猛烈的四种区分。特别值得说明的是，上述两类四种区分并不是相互对应的，也就是说平静的情感并不等于直接的情感，猛烈的情感也不等于间接的情感。四种区分属于两个层面的分类，直接与间接的区分是从情感的来源上讲的，而平静与猛烈的区分是从情感的程度上说的，前者涉及情感的性质，后者涉及情感的程度。所以，直接的情感也有平静与猛烈两种程度，间接的情感同样也有平静与猛烈两种程度，反过来，平静的情感有些是直接的，有些是间接的，猛烈的情感也是如此。不过总的来说，休谟情感论的要点是情感的性质，程度问题虽然也很重要，但并不构成主要的问题。

间接情感无疑是休谟《人性论》"论情感"的中心内容。什么是间接情感？按照休谟的定义，它"是指由同样的一些原则所发生，但是有其他性质与之结合的那些情感"。所谓"同样的一些原则"指的是有关苦乐情感的道德评价原则，对此我们将在下面专门讨论，现在我们先讨论那些其他因素与直接情感相结合的方式。休谟认为结合的方式有四种，它们分别是类似关系、因果关系、相近关系和程度关系。在休谟看来，间接情感固然有很多，但主要的有两组四种，第一组是骄傲与谦卑，第二组是爱与恨。它们的区别在于：后者有一个指向的对象，爱与恨总是对于一个外在对象的爱和恨；前者的对象不是外人而是自身，骄傲和谦卑是立足于自己的两种情感。休谟在《人性论》中分两章重点讨论了上述四种间接情感。我们看到，休谟的间接情感实际上是一种情感主义的道德心理学，它提供了一种有关道德学的心理发生机制的系统描述，包含着大量的社会性内容。因此，它不是认知心理学，也不是情绪心理学，而是社会心理学。

综合分析休谟的情感理论，可以发现如下几个方面的重要特征：

第一，休谟提出了一种新的道德原则，即凡是产生快乐的，都是好的、善的、值得肯定的，因此也都是一种德；与之相反，凡是导致痛苦的，都是恶的、不好的、应该舍弃的东西。休谟的这一原则，显示了他的情感主义的基本倾向，是与古希腊以来的理性主义主流道德传统相违背的。由于他的理论重心不在理性，而在情感，特别是在情感的苦乐标准上，这样一来，主流传统的那种以理性来区分善恶的标准就被休谟"颠覆"了。休谟认为理性只能区分真假，不能区分善恶："道德准则刺激情感，产生或制止行为。理性自身在这一点上是完全无力的，因此道德规则并不是我们理性的结论。"

第二，休谟的情感理论是一种反目的论的自然主义情感理论，即他不同意亚里士多德主义的目的论的情感学说，并不认为万事万物都有一种内在的目的，更不认为自然向人的演变是一种目的论的实现过程。在休谟看来，直接和间接情感都属于心灵的一种自然的情感，人作为自然的生命，并不存在先在的目的，目的论在休谟的道德论中是没有地位的。由此可见，这种情感的推移所依据的并不是理性的逻辑，而是休谟一再强调的想象力和同情。休谟虽然反对目的论，但他并不排斥人与人之间的内在心灵的联系，只不过他用一种共通的情感联系取代了理性论的目的联系。

第三，休谟通过上述的同情原则，提出了一种社会性联系的思想。在他看来，同情与人的社会性密切相关，如果脱离了社会生活，那么同情也就不存在。只有在同情的作用下，才能理解人的间接情感。"不论我们可以被其他任何情感所推动，如骄傲、野心、贪婪、好奇心、复仇心或性欲等，这些情感的灵魂或鼓动原则，都只是同情作用；如果我们完全除去了别人的思想和情绪，这些情感便都毫无力量。"我们看到，同情的这种社会性特征在他后来的《道德原则研究》中得到了进一步加强。休谟写道："对公共利益的趋向，和对促进社会和平、和谐和秩序的趋向，总是通过影响我们本性结构中的仁爱原则而使我们站在社会性的德行一边。看来，作为一个额外的确证，这些人道和同情的原则如此深刻地进入我们所有的情感中，并具有如此强大的影响力，以至可以使它们有能力激起最强烈的责难和赞许。"

总之，休谟的情感理论虽是感觉主义的，但与希腊非主流思想的反社会倾向相反，实际上涉及广泛的社会内容，属于社会性的情感，其中有对于财富、幸福、权力、优雅、音乐、体育等人生内容的追求与享受，也有同情和仁爱之心。秉有如此情感的人，他们虽不无自私，但也乐于助人，承担责任，追求美德。因此，我们考察休谟以及斯密的情感理论，就会发现他们把希腊传统思想中的德行论问题导入了感觉主义情感论。本来在希腊的非主流思想那里，情感论是排斥德行论的，或者说情感的非社会化乃至反社会化是其重要的特征，这一特征在中世纪的基督教神学那里又以一种新的面目出现，并表现为心灵的救赎问题。休谟和斯密的情感论却相反，它们基于情感主义却开辟出一种公共社会的道德哲学。在斯密那里，这种道德哲学被表述为"道德情操"，并与国民财富的性质与原因发生着内在的关联，所谓的"斯密问题"实际上是一个伪问题。而在休谟那里，他的情感理论在路径上与斯密完全一致，展开的也是一种政治德行论与政治经济学，它们分别在《人性论》的第三卷和后来论述道德、政治、经济与历史的相关著作中得到了进一步的深化和丰富。

德行论

休谟《人性论》的核心内容是与人为德行相关联的正义规则问题。他的情感论旨在为他的政治哲学提供一种情感主义的心理学基础，就休谟思想的真正含义来讲，他企图建立的是一种基于情感主义的社会政治理论。因此，《人性论》从第二卷"论情感"进入第三卷"道德学"是顺理成章的。

需要特别指出的是，休谟的德行思想远不是简单地重复古代的感觉主义道德哲学，他在其基本原则之上所建立的并非反社会的道德逃避，而是一种面向公共社会的政治德行论，这不能不说是以休谟为代表的英国政治哲学对于思想史的一个创造性贡献。休谟从苦乐感中首先推出了有关道德的两个基本分类，他发现"我们的某些道德感是人为的，而另外一些道德感则是自然的"。由此，休谟提出了两种德行的观点，他认为自然的情感所产生的是一种自然德行，人为情感所产生的是人为德行。仔细考察《人性论》，我们将发现其中并列存在着两条有关德行正义的逻辑线索：一条是隐含的线索，直接感情——自然善恶——自然法——自然正义；另外一条是明显的线索，间接情感——社会善恶——基本规则——人为正义。而休谟强调的是基于人为德行的政治正义，着重论述的是一种基于正义规则的社会政治理论，涉及政治德行论、正义规则论、政治经济学和政体论等多个领域，它们是休谟思想的重点。

休谟的道德哲学实际上是一种政治哲学，他的德行论就其实质来说是一种休谟哲学的政治德行论，他的《人性论》第三卷第三章"道德学"、《道德原则研究》和《道德、政治与文学论文集》着重探讨的是政治社会的道德原则问题。一般说来，休谟的政治哲学包含两个方面的内容，一方面是他的政治德行论，另一方面是他的正义规则论。从道德学的角度来看，他所说的正义问题实质上也包含着上述两个方面的内容，即正义是如何体现在德行之中的和正义是如何体现在规则之中的，前者可以称为德行的正义，后者可以称为制度的正义。

谈到这个问题，有必要对西方的古典学科分类做一番简单的交代。按照传统的西方学科分类，古希腊基本上是自然哲学和道德哲学两分，道德哲学又包含着一般的伦理学和政治学两部分，至于经济学在古希腊只是一种家政学，并不具有今天的地位。到了中世纪西学大体有三大类，神学、医学，还有法学。启蒙时代之后，西学虽发生了一些变化，但总的来说基本上是把中世纪与古希腊罗马时期的学科混合在一起而形成了一种新的分类，大致包含神学、哲学（含自然哲学，后来又从中衍生出数学、天文学、物理学等自然科学）、道德学、法学这几大块，政治学和经济学一般是包含在道德学之内的。因此，休谟的《人性论》所讨论的问题并不是随意的，而是沿袭着传统的学科分类，第一卷属于哲学，后两卷属于道德学。这一情况在斯密那里表现得更为明显，斯密作为一位伦理学教授，他的名副其实的教职论文可以说是《道德情操论》，但他教授的道德学，既包括了法学，也包括经济学。

因此，休谟的道德学包含着广阔的社会政治内容，从间接情感产生的并不是单纯的德行问题，更重要的是正义问题。我们看到，休谟在《人性论》第三卷和《道德、政治与文学论文集》里，集中讨论的与其说是人为德行问题，不如说是正义问题。他说，与其他的各种人为德行相比，正义是最重要的一种人为的德行，对于文明社会具有至关重要的核心意义。按照康德以降的道德学，善恶问题而不是正义问题才是道德学的首要问题。休谟之所以突出正义之德行，并使善恶问题最终从属于正义问题，这实际上遵循的是政治德行论的古典传统路线。正义之德是最重要的一种德行，它涉及公共秩序和社会共同体问题，因此，以正义为核心的人为德行就不再是一般心理学上的道德情感了，而具有了公共政治的意义。在休谟看来，各种各样的人为德行，都脱离不开社会共同体，脱离不开社会共同体中的公共利益问题，脱离不开社会的规则与秩序问题，从这个意义上来说，这些德行便都是社会性的，或者说都是政治性的。当然，我们这里所说的政治并不是法国大革命之后产生的那种意识形态化了的政治，而是一种古典哲学意义上的政治，即人们对于社会公共事务的共同参与。正像孟德斯鸠在《论法的精神》一书开篇中的"几点说明"所一再强调的，"我所谓品德，在共和国的场合，就是爱祖国，也就是说爱平等。这不是道德上的品德，也不是基督教上的品德，而是政治上的品德。它是推动共和政体的动力，正如荣誉是推动君主政体的动力一样。因此，我把爱祖国、爱平等叫作政治的品德。我有些新的思想，很需要找些新的词汇或是给旧的词汇一些新的含义"。休谟有关政治德行的观点与孟德斯鸠是一致的，他也是在社会公益和社会制度的前提下，考察了骄傲、自尊、平庸、勇敢、无畏、荣誉心、仁善、慈善、慷慨、仁爱、怜悯、感恩、友谊、忠贞、热忱、无私、好施等各种德行，并进一步划分了四种不同的种类。

现在的问题在于，休谟虽然继承了古典政治学的传统，把政治社会与政治德行放在了一个重要位置，并以此克服了原先确立的情感主义的德行原则，但是，休谟并没有完全接受古典的理性主义，而是在间接情感的框架之内展开了政治社会的广泛内容。休谟之所以能够在经验主义的哲学基础之上，建立起一个与古希腊非主流的反政治社会思想相反的政治理论，在我看来，关键在于休谟虽然在形式上接受了古希腊主流思想对于公共政治的重视，并且置于首要的位置，但他对于政治社会的理解和政治共同体的把握，对于政府起源与本性的看法，以及对公民德行的认识等，与古希腊罗马的政治理论，乃至近代以来的大陆政治思想有本质性的区别。他所展示的政治社会早已不是古希腊的城邦国家，不是那种建立在奴隶制基础上的古代国家制度，其公民也不是古代那种缺乏个人权利的国家公民，而是一个建立在近代商业社会基础之上的近代国家。无论是有限的自由君主制，还是民主共和制，在休谟看来，都是新型的与古代国家本质不同的政治社会或近代以来的市民社会。正是这种基于私人财产权之上的近代市民社会，才是休谟《人性论》的社会基础，才是他的政治德行论和正义规则论的现实背景。因此，理解休谟的政治哲学必须把握它的时代环境，他的情感主义之所以不同于古代各种各样的非主流的社会思想，不是逃避社会的、反文明的，而是拥抱社会的、开创文明新篇的，关键点在于，休谟思想中所谓的社会是一个近代市民阶级蓬勃发展的商业社会，它所呼唤的政治乃是一种文明的新秩序。尽管休谟等18世纪的思想家是以保守的姿态接续着英国传统的政治形式和法治技艺，持守着积习久远的道德习惯、规则程序和礼仪制度等，但在实质上却是革命性的，当然它们不是法国式的政治大革命，而是光荣革命，是旧瓶装新酒的真正富有成果的革命。

《人性论》的价值与影响

勾勒完休谟《人性论》的基本内容，来谈一谈这部经典之作的价值与影响，可以从如下几个方面做概述。

第一，休谟的《人性论》在哲学思想史中，建立了一个基于经验主义的人性哲学体系，在英美的经验主义思想谱系中，具有重大的理论意义。这个哲学体系不仅包括认识论（知识论）、道德学，还包括情感论、德行论、正义论乃至社会政治理论，因此是具有百科全书性质的思想体系，这就超越了以前的17、18世纪英国的经验论思想家，展示了苏格兰启蒙思想的理论厚度。

第二，《人性论》提出的"休谟难题"是哲学史中最为著名的一个理论难题，它把认识论与价值哲学（德行论）之间的张力凸显出来，由此激发了思想史上的一系列思想的创造性探究。例如，康德哲学就深受休谟难题的影响，乃至现代语言哲学和人工智能的开发，都与休谟难题有着密切的关系，可以说，整个后休谟时代的思想规划，无不受到休谟难题的刺激，并在这个问题的笼罩之下。所以，休谟的《人性论》具有原创性的思想价值。

第三，在西方哲学史经久不衰的理性主义和经验主义的二元对峙中，休谟的《人性论》旗帜鲜明地树起情感主义的人旗，首次系统深入地揭示了人性情感的内部机制，提出了情感高于理性的哲学主张，这对于人类的认知科学、道德哲学和正义理论，乃至经济学、政治学以及历史学等诸多社会科学领域，都产生了重大的影响。这个影响直到今天，对于神经科学、智能科学和互联网等高新科技，以及现代经济学、政治学，依然具有重大的启发性意义。

第四，休谟的《人性论》接续英国政治思想传统，并发扬苏格兰思想，开辟了独特而正宗的古典自由主义的思想理论，被哈耶克等思想家视为真正的自由主义的精髓。通过人性论，休谟以及亚当·斯密等苏格兰思想家，创建了不同于欧陆传统的英美自由主义政治哲学、法理学、经济学、政体论、政治学和历史学，乃至文明演进论，这些都有助于我们深入理解何为现代政治思想的谱系，何为真正的自由主义，何为人类文明的未来图景以及人性基础。

上述四个方面只是个简单的概括，休谟《人性论》的价值、意义与影响远不止这些。如果要深入细致地把握休谟的思想，最好的方法是阅读原著，把它视为一本活生生的著作，与它对话和交流，由此洞开思想，激发思想力。

思考题：

1. 休谟写作《人性论》的动机和目的是什么？
2. 休谟说，任何"应该"都不能起源于"是"，究竟是什么意思？是不是可以举个例子来讨论。
3. 把你的道德法则与休谟的人性预设对比一下，你是否同意他的观点？
4. 休谟有句常被误解的名言"理性是情感的奴隶"，通过这一讲，谈谈你对这句话的理解。
5. 按照休谟的人性论，尊重个人财产的正义原则，是出于对人类的爱，还是出于私利呢？

一四
《国富论》

[英]亚当·斯密著　郭大力　王亚南译　商务印书馆　2015年

主题词◎古典资产阶级政治经济学　财富　分工　市场

经典之处

《国富论》于1776年出版时，正值资本主义发展初期，该书及时地总结了近代初期各国资本主义发展的经验，批判地吸收了当时的重要经济理论，提出了一套系统全面的经济学说。从作为国富基础的劳动，到提高劳动生产力的分工，再到分工带来的交换，交换带来的媒介——货币，再到商品的价格，以及构成价格的基本要素——工资、地租和利润，文中都有详细精辟的论述。该书反对政府干涉商业和自由市场，提倡降低关税，主张自由贸易，奠定了资本主义自由经济的理论基础，至今在世界上仍有着广泛的影响。

作者简介

亚当·斯密（Adam Smith, 1723—1790），经济学的主要创立者。1723年出生在苏格兰的克科底，青年时就读于牛津大学。1751—1764年在格拉斯哥大学担任哲学教授，在此期间他出版了第一部著作《道德情操论》，确立了他在知识界的威望。他的不朽声名则源于他1776年出版的伟大著作《国家财富的性质和原因的研究》（即《国富论》）。该书一经出版便一举成功，使他在余生享受了荣誉和爱戴。1790年，亚当·斯密在克科底去世。他一生未娶，没有子女。

导语｜亚当·斯密和杨小凯：200年的思想接力

刘苏里

《国富论》出版至今已有240多年，是公认的现代经济学的奠基之作，作者本人也享有"现代经济学之父"的美誉。在谈斯密和他的《国富论》之前，先讲一个巧合的故事。

在录完讲稿的最后一刻，孙广振告诉我："明日为小凯70周年诞辰。冥冥之中，将小文献给小凯，祝他天堂里生日快乐！"我随即回复："巧哉！明日开讲！"孙广振回我："小凯天堂里定会开怀一笑。"

孙广振说的"小凯"，是杨小凯，1948年10月6日出生，56岁时英年早逝。1999年孙广振在澳大利亚师从杨小凯。

关于杨小凯，坊间流传甚广的一句话是，"他是离诺贝尔奖最近的华人经济学家"。在小凯生命的最后一段日子里，布莱克维尔出版公司出版了他最后一部专著《经济学：新兴古典经济学与新古典经济学》。一位匿名评审人说，这部著作对经济学根基重新进行了梳理，正在建立起一个全新的领域，它将使人们迅速兴起对新古典经济学的兴趣。

杨小凯辞世后，诺贝尔奖得主布坎南著文纪念，盛赞他对于复兴斯密分工理论的重要贡献。布坎南认为，杨小凯的工作胜过卢卡斯、克鲁格曼和罗默，这三位都是诺贝尔经济学奖得主。另一位诺贝尔经济学奖得主，斯坦福大学的阿罗也称赞说，杨小凯的研究使斯密的劳动分工论与科斯的交易费用理论浑然一体。

布坎南和阿罗高度评价了杨小凯复兴古典经济学的卓越之功。他们同时提到了杨小凯对斯密分工理论的发展。斯密的《国富论》，开篇讲的就是分工。斯密认为，分工使得生产流程更加合理，提高了生产效率，因而是国富之本。斯密经济学体系的建构，就是围绕分工理论展开的。另外，斯密时代，竞争是以国家为单位的，斯密当然要谈国富之道，但他并没忘记国富的根本首先在于富民。一百多年前，严复将《国富论》翻译成《原富》，或许更接近斯密的原意。讨论财富是怎么来的，斯密首先强调的是国民如何发财致富。

借此要多讲几句杨小凯。这位 2002、2003 两年连续被诺贝尔奖提名的经济学家，从 1978 年便开始了他在中国社会科学院、武汉大学、普林斯顿大学、路易斯维尔大学、台湾大学、哈佛大学和莫纳什大学的求学、从教生涯。他 1993 年入选澳大利亚社会科学院院士，2000 年成为莫纳什大学首席经济学家。杨小凯早年不仅自学英语、数学、机械和经济学，还推导出了包括纳什议价和劳动分工的多种模型和理论。

有学者指出，杨小凯有着强烈的"处境意识"。他的理论和思想，从未脱离"中国历史和现实的真实背景"。他的言说，"透露着政治智慧，渗透着他对中国命运的深切关注"。就变迁中的中国政治和经济，杨小凯对开放户籍制度、破除行业垄断、允许土地自由流转等问题，提供过很多洞见。还有评论说，"对中国的政治变迁和经济改革有切身体验和真知灼见者，是少数；能对现代经济学做出理论性贡献或挑战现有理论体系者，是极少数；而同时两者兼备者，更是凤毛麟角。杨小凯，就是这样一个人"。这一评价，也印证了休克疗法之父萨克斯所说的："杨小凯是研究中国社会转型问题最深刻而无畏的分析家之一。"

回到亚当·斯密。理解斯密和他的思想，建议从以下两个方面入手。

第一，斯密首先是哲学家或伦理学家，其次才是经济学家，再次他差点成为那个时代伟大的政治学家。斯密是经济学家，这不难理解，《国富论》是他经济学的奠基作品。但斯密的第一本书是《道德情操论》，出版时间比《国富论》早 17 年。这里的道德情操，不是我们今天讲的德行和操守，而是伦理学意义上的人的自制能力。

斯密生于 1723 年，36 岁出版《道德情操论》。这本书修订过五次，总共出过六个版本，可见斯密多么看重它。在这本书中，斯密首先提出了今天叫作"共情"或"同理心"的概念，大意是，面对同样一件事，大多数人会感同身受，做出同样反应，这种心理机制使社会凝聚、合作互助成为可能，也就是"人性中的善良天使"的那一面。但人还有自利、竞争甚至互害的一面，

《国富论》比较注重的，就是人性中的这一阴暗面，但斯密强调的是经济和市场层面的自利和竞争。

斯密又因何差点成为政治学家呢？他在出版《道德情操论》时就预告过，要写一本与道德、经济环境有关的著作，主题是何为法治和优良政府。事实上，他有很多积累，但没能完成写作。

第二，斯密理论和思想的小环境、中环境和大环境。所谓小环境，指的是他的大学教书生涯和隐居生活。斯密先后就读于格拉斯哥大学和牛津大学，毕业后，在格拉斯哥大学和爱丁堡大学教过书。斯密是学院派思想家，用今天的话说，斯密是体制内的学者。这跟法国思想家有很大不同。启蒙时代的法国思想家，主要活动的地方是家庭沙龙。这个差异，首先体现在各自言说的风格的不同，学院派比较严谨，沙龙派比较散淡宏阔。

所谓中环境，指的是当时欧洲的学术思想景象，以及这一景象跟社会经济、政治、宗教和教育等的关系。当时的欧洲，主要是西欧，正处在启蒙运动的高潮期。用一位文化史家的说法，启蒙哲人们，通过通信、访友和聚谈，营造了一个跨国"文人共和国"。但启蒙在不同的国家，有着非常不一样的关切和面相。斯密身处苏格兰，是苏格兰启蒙运动的主将，强调人的理性的有限性，注重经验；法国的启蒙运动，高扬的是人的理性，一切都得拿到理性的审判席上过一遍。这种差异表现在当时的社会关系上就是，苏格兰派比较偏向保守主义，学说和理论常常与日常建制联系得更加紧密，而法国代表的欧陆派就以批判见长。斯密理论的拥趸，不乏当政的掌权者，他书中的论述，常成为政策制定者的参考。

所谓大环境，下面的讲读中，已经涉及不少，我只提三次革命跟斯密理论的关系这一条线索，但不展开叙述。三次革命分别是1688年的英国光荣革命、1776年的美国革命和1789年的法国革命。《国富论》出版的年份，正是美国革命开始的1776年。种种材料显示，这本书的确跟美国革命有关。而斯密在世时，法国革命爆发。他在法国有很多好友，肯定能够了解到革命的情况。事实上，《道德情操论》的第五次修订，就有他对法国革命的看法的痕迹。而光荣革命，既是斯密成长和学术研究的背景，又因法国爆发革命，引起英国的骚动，再次被谈论，被思考。总之，这三次革命，是理解斯密思想的背景因素。

斯密当然不可能预料后世变迁，但他的"门徒"杨小凯，继承了斯密的衣钵，将他的理论援引到对后世变迁的思考，并结出了丰硕的成果。斯人已去，我们借此向两位先贤致敬！而由杨小凯的弟子孙广振讲读斯密，也算冥冥之中的天意吧。

孙广振，20世纪70年代生人。1999年获得莫纳什大学经济学博士学位。毕业后在德国马克斯—普朗克经济研究所、莫纳什大学、台湾大学履职，现在澳门大学任教。在马克斯-普朗克经济研究所工作期间，从事演化经济学的理论分析与应用研究。他此后的研究，主要围绕分工与市场过程学说、演化经济学展开。2012年出版英文著作《劳动分工经济学说史》，2015年由上海格致出版社、上海三联书店、上海人民出版社联合出版中文简体字版，是国际学术界第一部系统论述分工经济学说史的著作。

孙广振曾与杨小凯、周林等人合作，为竞争性市场分工结构自发形成建立理论。2005年开始，与布坎南、黄有光联合主编"报酬递增"专著系列。2013年开始，担任罗纳德·科斯晚年创办的跨学科期刊《人与经济》(*Man and the Economy*)副主编。

孙广振讲读《国富论》

> 孙广振
> 1999年就读于澳大利亚莫纳什大学,师从杨小凯教授获得经济学博士学位。现在澳门大学任教,研究领域为微观经济学、政治经济学与经济思想史。

引言

斯密的《国富论》1776年一经问世,即赢得休谟、罗伯逊等英伦学界巨子的盛赞,名声远播。直到今天,这本书依然是古往今来引用率最高的经济学著作。细加审视,不难发现,这实际上是阅读命运十分奇妙的一本书。它行文平易,但凡能断文识字的,若用心阅读,很容易从中受益,难怪国会议员与大众媒体时常引用书中的丽句清辞,褒贬一些事关百姓柴米油盐的经贸政策。另一边厢,一些学究天人的经济学高手,拜赏之余,反而感慨此书高深莫测。阅读命运的奇妙,部分源自《国富论》的论述风格。《红楼梦》里说,"世事洞明皆学问,人情练达即文章",《国富论》动辄从一些家长里短的寻常话题入手,人性世情洞幽烛微之论,比比皆是,转眼间却又天宽地阔,上下千年,纵横万里,文思细密、宏阔而高远,提供了足够广阔的解读空间,不同的读者群体尽可各取所需。另外,《国富论》作为古典政治经济学奠基之作,为一门新学科确立基本的概念与分析框架,势必头绪繁杂,轻重拿捏众口难调,更兼论战色彩鲜明,政策含义丰富,读者自然会依个人口味取舍。行文风格,也可圈可点。早于此书17年刊行的《道德情操论》一书,文采飞扬,已令斯密跻身英伦与欧陆的文人雅士之列,名满天下。《国富论》行文风格大异其趣,斯密有意采用平易文体,修辞手法丰富异常,却往往不事张扬,老到克制,就连斯密超迈群伦的讽刺才华也只是偶尔露峥嵘,务求广泛影响世人。英语世界的饱学风雅之士将斯密此书的写作风格，俏皮地概括为"带有欺骗性的简易"（deceptive simplicity），或说是言近旨远，倒也传神。

尽管内容包罗万象，议论风发，才气横放，纵贯全书的一个核心观念依然清晰可辨。这个观念，便是斯密二十几岁于爱丁堡大学初执教鞭之际悟出的自然自由体系，或说是自然自由学说（the system of natural liberty）。在斯密那里，这个观念并不限于经济学这门关于财富的新学科，在发展相对成熟的伦理学与法理学中，同样重要。换句话说，在斯密自成一体的宏大构思中，自然自由原理处于主导性地位，宛若太阳，其引力与光芒辐射开来，整个太阳系围绕这个轴心运转不息，井然有序。斯密视个人自由为神圣不可侵犯的天赋权利，认为在政治修明的社会里，个人的自由选择可以自发形成一套经济、社会与伦理秩序，带来进步与繁荣。就经济生活而言，支配个人劳动权与财产权的自由，构成了商业繁荣与经济进步的基石，有限政府的正当职能仅限于为市场运作提供必要的司法正义、和平环境及一些公共设施。自由竞争的市场借此即可有效协调商业社会里的生产与贸易活动，造福于民。围绕自然自由这个观念，系统交代商业社会里财富的实质、创生、交换与分配便是《国富论》一书的旨趣所在。不难理解，斯密极其看重自己的自然自由学说。回头去看，发展到今天，经济科学早已根深叶茂，分支众多，形形色色的观念与分析方法更是灿若星辰。就重要性而论，正如一代思想大家詹姆斯·布坎南等人所强调的那样，斯密揭橥的自然自由原理依然无可置疑首屈一指。事实上，看似高深，究其精髓不过是这一原理的变相表述、简单应用或精致提炼的华丽理论，不知凡几。

但是，以自然自由原理为主导，构建起政治经济学这门新科学的宏伟大厦，谈何容易！1764年初至1766年底，刚过不惑之年的斯密陪伴年轻的巴克勒公爵游学法国。1764年初夏，抵达偏僻小城图卢兹不久，斯密即致信老友休谟，大抒羁旅落寞，略带调侃，声称"已着手写一本书以消磨时光"。真正的消磨时光，却始自两年半以后返回苏格兰故乡克科底小镇，离群索居，黄卷青灯，潜心创作《国富论》，达六年之久。苦役般的漫长耕耘，令斯密身心俱疲，以至于大病，仿佛永无走出隧道之日。特别值得强调的是，斯密文才超群，目无余子，却自律甚严，写东西至少要六易其稿。此后又去伦敦苦心经营三年，才终于定稿，1776

年3月拆分成两卷出版，厚达千页，堪称鸿篇巨制。结构上，全书分为五篇。首篇篇幅宏大，从容交代生产与价值理论，紧接着是简短的资本理论篇。这两篇构建起斯密的经济学体系的基本框架。作为过渡，第三篇扼要追溯欧洲商业社会兴起的历史，顺势引入火药味十足的第四篇，系统清算重商主义。第五篇处理公共财政。

在19世纪与20世纪的许多经济学家看来，《国富论》一个格外引人注目之处，在于将劳动分工及其与市场的关系放在核心地位。另外一个在后世的经济学文献里应者寥寥，对于斯密却十分重要的思路，则是时隐时现，贯穿全书的历史法学学说。斯密晚年多次向朋友提起，已经经营有年，打算写本大部头的法理学著作，系统论述他本人的历史法理学思想，后来因精力衰退及丧母之痛，未毕其功。虽然后人已无缘拜赏斯密完备成熟的历史法理学说，这套学说也不宜在以国民财富为主题的《国富论》中喧宾夺主，其基本洞见还是赋予斯密的分工与市场理论极其宏大的历史视野与广阔的论述空间，高屋建瓴，雄辩闳辩。如此宏伟深邃的经济学著作，古往今来，再也找不出第二本了。《国富论》开篇即开宗明义，指明经济发展源于分工，进而洋洋洒洒，罗列专业化的种种好处，提纲挈领点明分工深化与市场扩张的深刻联系，渐次引入生产、价值、分配与资本理论，将整个经济学理论体系建立在分工理论的基石之上。然后，作者仿佛忽逞放浪之笔，旁逸斜出，插入一个仅占全书5%篇幅的历史短篇，以城乡分工与市场深化的互动为轴线，大开大合，讲述罗马帝国衰落之后西欧封建庄园制之兴衰与近代工商社会的风生水起。有了这段宏大的历史背景作为铺垫，作者在第四、第五两篇纵笔挥毫，从理论与历史双重角度，系统清算重商主义，从容梳理优良税制与政体何为的重要议题。

财富与分工

《国富论》之前的不少论述财富的作品，相当重视劳动分工。举例言之，就在斯密出生的1723年，旅居巴黎的德国人恩斯特·卡尔，匿名出齐了1500页的三卷本大部头作品《财富专论》，将专业化和分工置于经济活动的核心地位。《国富论》以分工开笔立论，与其说是开创性的，不如说是集大成者。不少学者，包括博学宏识的熊彼特，在此有误。熊氏在其流布甚广的名作《经济分析史》中，语带嘲弄，声称《国富论》将经济学建立在分工理论之上，为空前绝后之举。此论既不空前，也不绝后，只是熊氏失于寡陋。《国富论》开宗明义，第一篇第一章第一句话即明言，生产效率的提高来源于劳动分工，紧接着便以制作缝衣针的作坊内部的垂直分工为例，形象说明专业化的好处：如果制针生产分为18个环节，每个环节各有一名作坊伙计专职负责，与分开单干，每个人打理整个流程相比，人均产针量就可以提高至少数百倍。什么原因呢？斯密罗列出专业化的三大好处：熟能生巧；每个专业工人不必花时间转换工种；因长期专注个别工种，专业工人遂有机会改良工艺机械。这些想法，实在是卑之无甚高论；更何况，早在《国富论》印行二三十年前，类似表述已经出现于英国和法国的百科全书有关条目中。

接下来，斯密顺延思路，追踪分工的起源，归结到人类互通有无、相互合作的天性，进而推进一步：如果市场太小，缝衣针生产多了就只能滞销，因此劳动分工受制于市场规模，或者反过来讲，市场扩张会引发分工与专业化的深化。这层推断，看似平淡无奇，其实是平地起惊雷，非同小可。生产领域的劳动分工和交易领域的市场机制之间就此建立起联系，货币与价格，以及资本与土地这两项基本的生产要素，作为生产与价值理论的题中之意，自自然然，依次纳入视野，关于生产、定价和生产要素的所得分配的结构性分析一步步构建起来。大约两百年后，借重于斯密辞世逾百年后陆续发现的格拉斯哥大学学生的听课笔记，经济思想史学家们才考证出，斯密大约是在赴法前一年前后，于格拉斯哥大学讲授法理学这门课程时，想到了分工受制于市场规模这个重要的命题。自愿交易令交易双方受益，算是常识。但是，斯密将市场交易互惠互利的根源归结到分工收益上，则是革命性的想法，含意丰富，影响也极为深远。可以推想，一旦发现了这个核心命题，斯密便能够从容运思，将无以数计的观念与素材，精心组织成一套严密自洽的分析体系，系统考察市场秩序如何引导财富的创生与分配。首篇第四、第五两章引入货币以便利交换与定价这个思想。这是《国富论》开篇三章交代完分工收益之后，逐步构建起经济学理论架构的第一步，也是重要一步。对于这个思想的处理，从论述内容，到行文措辞，斯密颇用心思。一方面，由此顺势带入商品的价格与价值理论。另一方面，开始悄悄引入推测史学的处理手法。这个手法贯穿全书，后文碰到重要的议题，斯密通常会纳入人类社会从野蛮阶段到商业文明阶段渐次演进的历史视野分析考察。事实上，推测史学是斯密大放异彩的历史法理学极其重要的一环。引入货币化市场交换之后，《国富论》的理论分析开始复杂起来。简而言之，斯密的价值理论，深受洛克等人的财富来源于人类劳动这个观念的影响，大体是劳动价值论，但也糅杂了不少市场供需等其他因素。这些混乱成了百年之后边际主义革命的重要起点之一。

对于《国富论》后文展开的分析更加重要的，则是他的价格构成理论。依照生产活动的要素投入，斯密将价格分解成劳动工资、地租与资本利润三个部分，然后依次考察三个要素各自的定价机制，以及伴随而来的在社会各个阶层之间的财富分配。斯密不但从理论上深入探讨劳动工资与资本利润率在不同产业的结构性差异，也追踪历史，研判欧洲几国的一系列相关法令行规，认为它们实在是妨碍劳工与资本自由流动的不当之举。一个突出的例子，是伊丽莎白五年（1563年）制定的适用于英格兰各地所有工种的至少七年的学徒年限法令。斯密认为，这种规定，实质上是保护同业的排外特权，不但低效愚蠢，而且有违每个人神圣不可侵犯的劳动所有权。法国的长期学徒制，其恶劣不相上下。相比之下，苏格兰地区宽缓许多，包括亚麻布纺织工在内的各色技工，从中受益匪浅。引人注目的是，地租论在《国富论》的经济理论部分占去大量篇幅，对于欧洲近世国际贸易、银价、谷物价格与地租的历史变迁的考察，更是翔实而深入。这些分析，也为后文彻底清算重商主义，做了很好的铺垫与准备。

斯密的生产与分配理论丰富多面。其中一个从洛克等前辈学者那里发展而来的论点，意味深长，格外值得留意。与同时代的不少聪敏之士一样，斯密也面对这样一个看似令人困惑的现象：文明发达的商业社会里，财富分配的不平等，要比野蛮社会里严重得多；与此同时，文明社会里的一个穷人，其日常生活却比野蛮社会里的富裕显达人士舒适许多。事实上，《国富论》发表七八十年前，有些杰出作家已经注意到这个现象。洛克于1690年发表的《政府论》里形象地描述，在美洲拥有广大沃土的未开化部落的国王，若论日常生活物品的丰裕，连英国一名普通日工也不如。大约10年后，亨利·马廷顿匿名发表的一本颇具影响的重商主义小册子《关于东印度贸易的一些思考》里，也有类似的观察。

简略地讲，在发达的商业社会里，往往会出现所谓"昂贵劳动，低廉物品"现象。何以如此呢？斯密赴法前两年，已经觉察到社会分工在其中扮演的核心角色。他在1762年创作的几页手稿里，明确写道："在一个文明社会里，即便最低等、最卑贱的社会成员，所能享受到的丰裕和富足，也远非最尊崇、最勤勉的野蛮人所能企及，尽管文明社会里的不平等十分严重。对此，我们应该如何解释呢？把每个人限定在特定的工种上的劳动分工，足以解释文明社会不仅异乎寻常地富裕，而且这种富足足以超越财富分配上的不平等，扩展到社会中的最底层居民身上。"在《国富论》里，斯密提供的完整解释，涉及隐藏在价值与分配理论背后的另外一个思想资源，这便是他生前未能成书的历史法理学说。这个学说与他影响深远的自由市场理论关系重大。我们有必要大致梳理一下这个学说，顺势引入《国富论》大力弘扬的市场自发秩序思想，再回头欣赏斯密对于商业社会里底层人民也可享有富裕生活的透彻解释。

历史法理学与市场自发秩序

斯密的历史法理学说，真是说来话长。十分简略地讲，斯密步孟德斯鸠之后，将17世纪格劳秀斯、普芬道夫、洛克等自然法权理论家关于私有产权起源和政府职能的学说，与推测史学的解释框架结合在一起，另铸新辞，发展出历史法理学一套新学说。推测史学主张，人类社会依生产方式之变化，历经狩猎、游牧、农耕、商业阶段，所谓达尔文前的达尔文主义（pre-Darwin Darwinism）色彩相当浓厚。这个学说影响深远，18世纪的不少英法思想家对于当时蛮荒未开的美洲殖民地深切关注，将其视作此学说的自然实验的上佳之选。其中，民政与产权制度又是关注的焦点所在。《国富论》第四篇浓墨重彩，翔实论证，与西班牙、葡萄牙和法国这些欧洲大陆国家的殖民地区相比，英属殖民地提供了更加可靠的个人自由与私有产权保护，因此发达繁荣许多，尽管欧洲大陆国家的殖民属地的自然条件占优。

斯密对于自然法理学做了重要拓展，这大约可以从他对于洛克的政府理论的发展上，一窥究竟。洛克的自然法理学中，社会发展到一定程度，财产方面就会出现不平等，遂有必要引入民政政府，解决社会成员或群体之间的冲突。斯密将此学说放进人类社会多阶段依次演进的推测史学框架进行阐发，清晰界定商业社会中政府职能的正当范围，从而对洛克的政府理论大加拓展。商业社会阶段，就发达程度来说，远远超过农业社会，更不要说蛮荒社会，国家在维持和平与社会秩序、保护私有产权以及公共项目上的职能也相应增加。与此同时，对于国家行政力量所能染指的范围加以界定、分割与约束，也变得空前重要。斯密的有限政府理论中的一个重要论点是作为社会大分工的一环，司法权会从行政权中独立出来，与之分庭抗礼。政府有所为，更重要的是，要有所不为。只有这样，自然自由秩序才能够顺畅运行与扩展，通过促进竞争，诱发社会分工上的收益，带来效率、繁荣与公平。《国富论》第四篇收尾处有一段话，十分精彩地概括了斯密的这个思想，也难怪后世引用者无数。

> 一切特惠或限制的制度，一旦完全废除，简单明了的自然自由秩序就会自发涌现。每一个人，只要不违法，不伤害正义，就应听任其人完全自由，采用自己的方法，追求自己的利益，以其劳动和资本与其他个人或群体相竞争。这样，行政当局就被完全解除了督导私人产业的运作、指点私人产业的资源配置职能，使之最适合于社会利益的职责。若履行这种职责，行政当局很容易陷入不计其数的失误。人世间也永远不会拥有足够的知识与智慧，可供行政当局使用，胜任这份工作。

正是基于对自然自由体系的威力的深刻洞见与坚定信念，斯密极力弘扬自由放任主义，对于重商主义学说实施摧毁性的打击。

作为商业社会里自然自由秩序的一个惊人后果，《国富论》开篇第一章即已明确指出："在一个政治修明的社会里，各个产业的产量由于分工而大增，普遍性的富裕惠及最下层人民。"对此解释透彻，却需要花上一本厚书，铺陈扬厉。斯密论证的要点是，自由开放的商业社会里，分工高度发达，产品、工种、职业繁多，生活必需品，甚至奢侈品，也极其丰富而廉价。各个阶层民众施展其勤勉与技能，不仅可以找到渠道参与创造财富，拜专业化收益之赐，劳动投入还会超比例地转化为财富，故有"昂贵劳动，低廉物品"之说。《国富论》第五篇里，有两句社会观察，轻描淡写，却饶有趣味："时至今日，在欧洲大部分地区，普通日工也会穿上亚麻衬衫，才出现在公众场所。……在英国，哪怕是最贫寒的体面男女，在公众场合，也会穿上皮鞋才不觉得丢脸。"顺提一句，斯密落笔之际，工业革命不过是初露端倪，后人经常当作工业革命基本标志的大规模机器生产与工厂体系，还要等上几十年，才会登上历史舞台。240多年后的今天，重温斯密这段闲笔，彼时彼地已经惠及社会各阶层人民的富裕状况和文明气派，令人感慨不已。

基于斯密的自然自由原理与分工学说，不难做出如下的推断。财富创生的奥妙来自专业化，而后者有赖于市场交换的空间，或说是市场规模。因此，市场交换与贸易体系越是自由广阔，越有利于催生和引导财富的创造与交换，造福于民。依照斯密的思路，所谓国际贸易，与国内贸易并无本质上的不同，服从同样的逻辑，令自愿交易的双方从中受益。自由市场，不论是国内的还是国际的，不仅引导有效率的交易，也由此引导有效率的生产活动，惠及各个阶层的人民。形形色色的各种交易密织而成的市场与分工网络如此错综复杂，只有散布在网络各个节点上的局中人清楚各自的利益诉求与约束条件，拥有弥足珍贵的有关市场局部环境的知识。市场越广阔，可资利用的机会与信息越丰富，个人的利益诉求空间就会越大，自由市场秩序的内在需求也就越发强大。毫不奇怪，损害国际市场的出口补贴和贸易独占等重商主义外贸政策，与阻碍国内市场运行的行政干预与通行捐税，同样在斯密笔下遭到无情的剖析与痛贬。

说起斯密的自由市场学说，人们很容易想起他的"看不见的手"这个出了大名的比喻。古今中外，恐怕没有哪位美人的纤纤玉手或伟大人物之手，知名度堪与此手一争高下。与其知名度相称，相当可观的文献即围绕斯密的这个比喻铺开，代有名家卷入，深究其是非功过。事实上，直到今天，相关研究还会不断涌现。交代斯密对于重商主义的彻底清算之前，也许有必要在这个有趣的比喻上花点笔墨。

斯密一生留下的文字里，有三处运用了"看不见的手"的比喻，《国富论》

里只有一处，出现在清算重商主义的第四篇。斯密论述资本持有人，纯粹出于自利，主动将资本用于国内的生产活动，强调"如同在许多其他场合一样"，冥冥之中，资本家"受着一只看不见的手的牵引"，对于社会利益的增进也有所贡献。在成名作《道德情操论》里，斯密也运用了"看不见的手"这个比喻，意思类似，但强调的是"傲慢而无情的地主"虚荣心作祟，追逐珠宝首饰，无意之中，通过拉动市场需求，令无数手工艺人受益。斯密也在生前未刊稿《天文学说史》中，使用过"看不见的手"这个比喻，与市场无关，在此略过。两相对比，《道德情操论》里"看不见的手"故事讲述的是消费的意外之功，《国富论》里运用这个比喻讲述的是生产层面的活动，意涵丰富许多，相关学理铺陈，也更加深入丰富。在此，值得强调的是，全社会一年的总收入依赖于资本所能雇佣的生产性劳动总量、所能支撑的社会分工结构与深度这个想法，贯穿斯密的资本理论篇。20世纪最杰出的经济学理论家之一的约翰·希克斯，立足于《国富论》中心意图在于揭示经济增长的动力学机制的学术立场，甚至铁口直断此篇为全书之冠冕。不难看出，《国富论》中"看不见的手"引导资本持有人将资本投放国内生产，与地主穿金戴银相比，意涵与机理均有所不同。从修辞学的角度去看，把《国富论》中"看不见的手"看作是斯密一时兴起的闲笔，倒也无妨。事实上，《国富论》有好几个场合，也可以恰如其分地运用这个比喻，自然不限于地主与资本家的利己亦利人之举。顺带指出，斯密之前的不少作家已经使用过这个比喻，重在其神学意涵。不少作者在斯密妙喻的所谓独创性上泛滥辞章，令人莞尔。

重商主义的谬误与祸害

对英国的经济与贸易政策，甚至对世界历史进程产生深远影响的，是集中于《国富论》第四篇以及散见于其他篇章的对于重商主义的清算。这部分处理的议题十分广博，内容异常丰富，也尽显斯密渊博深厚的学识和轻松驾驭浩繁史料的非凡功底。对外贸易的国策，事关民生国运的方方面面，后世作家与斯密意见相左者不乏其人，也在所难免。篇幅受限，我们在此只能就《国富论》贸易篇里的若干核心论点，略作述评。

开展国际贸易的基本动机，本来是突破国内市场的狭隘性，贸易双方各自为国内产业扩大市场，令各国货物流布天下、生产专业化的报酬递增由此获得进一步提升的空间。斯密此论，迥然不同于后世大为流行的李嘉图的贸易理论。后者主张，国家之间的相对比较优势导致国际贸易。斯密并不否认，国家之间生产成本先天的结构性差异会创造贸易空间，在讨论苏格兰从葡萄牙进口葡萄酒的一个段落里，甚至还明确指出，究竟这些差异来自自然禀赋，还是后天习得的生产技术，无关宏旨，都会增加贸易带来的收益。但他认为，国际贸易真正重要的功能是为参与国家的产品提供更加广阔的市场，由此激发社会分工与专业化的潜力。

斯密广泛援引历史掌故，推断先进富裕国家之间的贸易空间远远大于文明富裕之邦与落后穷国之间的贸易。与先进富裕国家成为贸易伙伴，会令市场规模大幅度扩大，并且引发国内外制造商之间竞争加剧，民众从中获利颇为丰厚。与富裕之邦为邻，实在是国民致富的天赐良机。斯密因此极力主张，英法这对冤家对头，应该挣脱民族主义与重商主义观念的双重束缚，放手自由贸易，纵然彼此贸易额失衡，也无伤大雅。归根结底，贸易不是零和博弈，而是双赢的游戏。过去两百多年间，国际贸易时顺时逆，人们还是不时回到《国富论》这部经典寻找启迪。

《国富论》成书之际，流行于世的国际贸易观念，却是重商主义。在斯密看来，重商主义学理上的根本性失误，在于其理论起点即大谬，认为财富由金银货币构成。基于此等观念，重商主义主张少进口，多出口。设置关税壁垒抑制进口，与运用奖励金刺激出口，成了重商主义常用的手法。斯密首先正本清源，力辩真实的财富是国民的收入，或说是可以用来购买的等量价值的可消费货物，而不是累积的某种金属库存。斯密进而长篇大论，依次穷究细考重商主义的各种表现形式，揭示隐藏在各种重商主义政策背后恒久不变的主题。这个主题便是，极少数商人或制造业者，独占贸易权或经营权，以严重损害众多消费者为代价，获取巨额利润。用现代经济学术语来表述，重商主义的实质是，特殊利益集团通过寻租，侵蚀广大消费者的消费者剩余与潜在营业对手的生产者剩余，以榨取超额利润。

以关税壁垒限制从外国输入本国可以生产的商品，国内制造者便可以或多或少增加垄断国内市场的程度与利润，利益受损的是作为消费者的众多国民。饶有趣味的是，《国富论》花费数页，详细分析贸易国之间会时常出现的报复性关税之战。斯密语带嘲弄，形容这些以战逼和、以战求和的惩罚性关税，多为狡猾政客的弄巧之技，受暂时性利益考量的支配成分居多，与政治经济学这门学问的一般性原则关系不大。这类贸易手段，若能成功迫使拥有巨大消费市场的贸易伙伴就范，开放市场，算总账，其长期收益足以弥补一时之困扰。若无把握以战逼和，只能令个别产业部门或一小部分制造商得利，无数国民却要承受价格上扬之苦。

重商主义经常采用的另一个手法是奖励出口。对此，斯密在《国富论》中重炮轰击。斯密一针见血，指出奖励出口无非是付钱给外国人购买国产货。17、18世纪的英国，风头最劲、影响最为深远的奖励出口之举是补贴谷物出口的《谷物条例》。对于《谷物条例》，斯密不仅在《国富论》第四篇密集清算，在其他篇章也不乏挞伐之辞。理清《谷物条例》以及重商主义的其他相关政策的危害，首先面临的困难是，17世纪后期引入《谷物条例》在前，英格兰繁荣于后，看似这些条例不但无过，反而有大功。斯密只好不惜笔墨，援引大量史料，令人信服地论证了英格兰繁荣有赖于英格兰源远流长的自耕农习俗法以及对于个人自由与安全的尊重与保护。它不是拜《谷物条例》之赐，而是尽管有《谷物条例》的干扰，英格兰近世仍然呈现出引人注目的进步与繁荣景象。若没有这些重商主义的破坏性措施，英格兰的表现只会更加突出。斯密十分擅长穿过纷繁复杂的历史表象，条分缕析，深入剖析隐藏在表象背后的真相。不必说，精湛的分析头脑之外，这种工作对于学养的广度与深度，驾驭浩繁文献史料的功底，乃至通达人情世故，均有极高的要求。斯密力辩，谷物出口奖励相当于向国民双重征税：一重是奖励金本身，毕竟这些奖励金归根结底来自赋税；另一重是针对谷物这种生活必需品征税所引发的所有相关消费品价格上扬。斯密论证，后一重税负尤其沉重。对于英国乡绅阶层，斯密下笔多温情克制，与他对于独占贸易权从中渔利的工商集团动辄辛辣嘲弄的态度，判然有别。但他对于1688年光荣革命后威廉王政权未稳之际，由乡绅主导引入议会的谷物奖励金，还是毫不留情，严加痛贬。到了《公共财政》篇，专门讨论消费品税种时，斯密也许是余愤未平，在《谷物条例》上再补一刀，说它不但与一般的生活必需品的消费商品税一样令国民利益受损，还无助于补充国家财政收入，反而还要另外花去一大笔公帑。残民又祸国，真是罪过莫此为甚了。斯密此论，是否有失偏狭？还是剑锋精准，击中带有普遍性的一大公害的要害？这不仅是个理论问题，更是一个有赖经验判断的重要议题。个别超大企业风光无限，其实是躲在国家补贴的羽翼下做大做强的。这种事情，不限于一时一地，各国人民都会有机会见识一番，评判其功过是非。

斯密将美洲的发现与绕过好望角开辟东印度贸易之路，看作是世界历史的两件大事，预言其影响将极其深远。欧洲以外的世界各地人民，也将会从商业文明与知识技能的扩散中受益，与欧洲人民一样地拥有尊严，步入繁荣佳境。不幸的是，寻租者如蝇逐臭，以其敏锐的嗅觉，旋踵而至，在北美与东印度两个殖民地区通过贸易独占，获取巨额利润。容易理解，在这个重大议题上，《国富论》着墨甚多，甚至远多于出口奖励金部分，大量论点可圈可点。我们仅就其核心观点，略作交代。独占个别地区或产业的贸易或经营权，一向是重商主义的不二法门。后果也从无二致，牺牲人数众多的消费者，以满足极少数独占经营者逐利的私欲。但是，斯密认为，就带给民众的伤害而论，东印度公司更甚于独占北美贸易的商人团伙，因为广大国民不得染指东印度地区的贸易业务之余，还要以高价购买来自这个地区的进口货物。作为可堪莞尔的花絮，《国富论》有一个长得出奇的段落，一扫克制的文风，竟漫延开来，超过六页，揭露东印度公司自从都铎王朝末年成立以来，接近两百年间的一系列丑行。这六页雄文，算是斯密激情难耐，献给东印度公司的一份特殊礼物吧。

结束述评《国富论》重商主义篇之前，也许值得上一句，斯密对于重商主义各种举措的深入批判，除了经济学上的考量，还有一个政治哲学的维度，不容忽视。深受洛克、孟德斯鸠等思想前辈的自由主义政治学说的影响，斯密认为，个人自由神圣不可侵犯，对于个人自由与私有产权的充分尊重与有力保护，既是促成国民经济与商业繁荣的有效手段，也是公民的个人尊严与幸福所系。多少年后，哈耶克在他名噪一时的《通往奴役之路》小册子里，严词警告行政当局过度集权的灾难性后果时，也采取了类似的双管齐下的分析手法。坦率地讲，哈氏的处理手段，远没有斯密来得高明。

优良司法与税制

　　物尽其用、人尽其才的自由市场秩序，绝非空中楼阁，需要优良的法律、行政与财税制度来支撑与维持。这些制度性设施复杂而微妙，不但耗资巨大，而且容易受到权贵的自私与贪婪，以及朝野上下错误观念与陋习的双重伤害。优良的税制与善政，因此值得深入研讨。《国富论》第五篇针对公共财政立论，分别针对国家的公共开支，也就是国家如何花钱，与国家从民众手里征税，亦即如何收钱两个方面详加铺陈。

　　公共开支部分，斯密还是顺延四个社会发展阶段的推测史学的思路，论述何以伴随人类社会从狩猎放牧的落后阶段向农耕，特别是商业社会的递进，国防、司法、公共设施与公众教育的需求相应攀升。对于保障斯密念兹在兹的自然自由市场秩序，在商业社会阶段自由舒展，蓬勃发育，给民众带去富裕安康，以公正司法与优质的公共设施为核心的治理体系至关重要。关于公正司法，斯密继承并且拓展了普芬道夫、洛克等前辈的自然法理学说。自然法理学说论证，正是出于保护正当手段获取的私有财产不受侵犯，才需要引入政府，建立民政。在这里，也许有必要强调一下"民政"二字。军政依赖于武力，俗称"枪杆子"，维持统治权威，也往往只在历史上昙花一现，不在讨论之列。狩猎社会阶段，自然不需要像样的民政与司法。斯密论证，发展到农耕，特别是商业社会，民间财富与私有财产的分布不均剧增，需要错综复杂的合约体系作为支撑，市场才能高效而稳健地运行，造福于民。在这一点上，斯密举重若轻，引入一个极其重要的思想：商业扩张导致民商冲突纠纷的审判事务日趋繁杂，进而迫使司法权从行政权中独立出来。与政、法权力与职能的分化相辅相成的是，司法费用也不应听命于行政当局，自有其独立的财源。何以司法独立对于正义、自由与繁荣至关重要，《国富论》第五篇第一章第二节里的几句原话措辞简雅、磅礴有力，值得引用一下：

　　　　历史上看，司法权从行政权独立出来，源自社会进步所导致的社会事务之繁杂。……若无此分权，正义不屈从于世俗所谓的政治势力，近乎无望。身负国家重任的人，纵然公正纯良，有时也会认为，为了国家利益，有必要牺牲个别公民的权利。殊不知所有个人的自由与安全感，端赖于公正无偏的司法。为使每一位国民切实感到个人的全部应有权利得到充分的保障，司法不但有必要独立于行政，而且有必要最大限度地独立于行政。法官不得由行政随意罢免，其报酬也不随行政当局的意愿或经济状况而变动。

权力的分割与制衡，特别是司法从行政中独立出来，乃至与之分庭抗礼，不仅构成社会分工的一种表现形式，而且对于商业社会的健康运作具有基本的重要性。学理上去看，社会治理权力的大分化，与斯密喜欢援引的制作缝衣针的工艺流程分成十来个程序的有趣故事，并无本质上的不同，只是专业化得益于市场扩张、社会分工与社会进步联袂而行这个一般性原理的又一个例子罢了。顺延这个逻辑，斯密进而指出，司法体系内部的竞争，如同其他市场内部的竞争一样，将会带来效率与公正。但是，就重要性而言，缝衣针的制作工艺纵深专业化与司法独立显然不可同日而语。

十分可惜的是，在司法独立与司法公正这个重大议题上，斯密未能尽显其深厚学养与卓越见解，《国富论》相关行文时有刻意从简甚至含混之嫌。斯密晚年苦心经营数年，却没能如愿写出的大部头法理学著作的大量创作笔记，也随着他1790年7月的临终焚稿，化为乌有，留给后人无数悬想。直到20世纪50年代末期，斯密旅法前所授修辞学与法理学课程的学生听课笔记被意外发现，思想史学者才能勉强拼凑出斯密的法理学思想，特别是司法独立作为分工演进重要一环的想法的雏形。不难推断，以斯密的个性与治学风格，其成熟时期的法理学思考应该远为宏阔深邃。多少奇思妙想，竟是落花飘零无寻处了。

关于公共项目，斯密特别强调交通方面的基础设施与一些软性的制度性安排，认为这些因素对于市场整合与发育至关重要。这个想法看似平易，实则意味深长。两百年后，经济史与经济理论界，涌现出了大量分析严密、考证坚实的文献，论证漕运、陆运、厘金之类捐税的废除，透过市场的整合与扩张，对于经济增长产生深远影响。《国富论》在这些文献中被广泛引用，所来有自。对于一些事关公共事务的制度性设置的处理，斯密匠心独具，进一步严词痛砭从贸易独占获取暴利的东印度公司残民祸国，令公众直接及间接地承受沉重负担。不仅如此，东印度公司独占印度地区贸易之余，也操持当地的司法行政，统治人口众多的当地居民。商人的目标在于追逐商业利益，不会把当地人民的福祉放在心上，也罔顾英格兰长远的政治声誉与政治利益。斯密综合考察东印度公司的商人滥政与行政主权染指商务之际委托代理关系的陈年痼疾，明快直陈："商人气质与政治家气质水火难容，商人以其职业性格弄权，必是最坏的政客，政治家以其职业性格经商，必是最坏的商人。"这句总结，言简意赅，醒人耳目，难怪直到今天，不少有识之士还是颇有共鸣。

斯密把政治经济学看作是一门立法者的科学，研究如何增进国民的财富与福祉。如何设计与稽征税赋以应付公共开支，又不伤民，便成为重要又艰深的大学问。斯密先是提纲挈领，陈述心目中优良税制的四个基本原则：量能课税以求公平，税赋是确定的而不是由行政当局随时、随意变更，应给予纳税人以最大便利，以及节约稽税的行政成本。基于历史经验，斯密认为，赋税的确定性远比公平性来得重要。这个观察，初看起来，也许容易引起争议。《国富论》发表后的240多年间，不幸饱受过行政当局言而无信、突袭性大幅度调整税率与税种的各国民众，一定会高度认同老先生的练达之论。

依据优良税制的四项基本原则，斯密详尽考察英国与欧陆诸国地租税、资本收入税、劳动工资税以及消费商品税的流变与得失。斯密再次拿英法这对宿敌冤家开刀，巨细靡遗地深入剖析两国税制在各个税种、各个环节上的长短优劣。斯密令人信服地论证，虽然英国税制远远未臻佳境，在量能课税的公平性上颇有过失，但在确定性、便民、节约稽征成本诸方面，要比法国税制优良许多。消费品税收体系的齐整划一，对于英国国内市场的整合与发达，更是厥功至伟，斯密直截了当地视之为英国经济繁荣的主要因素之一。相比之下，法国税制体系繁杂，包税制度更是令稽税耗资巨大，弊端丛生。发人深思的是，《国富论》成书的18世纪六七十年代，法国人口约为英国的三倍，其国家税收却不及英国的一倍半。换句话说，法国的人均税负不及英国人的一半。尽管如此，法国人深为税负所困扰，英国人却安之若素，不以为苦。指陈法国税制远劣于英国之余，斯密不露声色，顺带点明：环顾欧洲大国，英国之外，法国实在算得上是温和宽大之邦。税制既是民生所系，也关乎命运，实在是国家治理体系中的头等大事。

不妨顺带强调一下，所谓适宜税赋或说是适宜税制这个想法，在斯密的政治经济学分析框架里，对于维护公民自由和经济繁荣至关重要，是构成由市镇自治发展而来的优良治理，或简称为善政的一个核心环节。

结语

掩卷沉思，《国富论》通篇对于英国体制不吝赞美之词，令人难以忘怀。虽然远远称不上完善，英格兰毕竟距离斯密心目中的自然自由体系，比欧陆邻邦接近许多。英国之繁荣，以及以自由交换为核心的古典政治经济学，能够在斯密等英伦杰出学人笔下呱呱坠地，蔚为大观，得益于英格兰独特而深厚的自由主义政治传统甚多。这个重要的历史与政治背景，值得再三回味。

> 思考题：
> 1. 怎么看待斯密的论述风格和经济学体系搭建之间的关系？
> 2. 你觉得斯密为什么更强调生产，包括分工与分配的关系，而不是市场交换等经济现象与分配的关系？
> 3. 结合这一讲的内容和你的经验，谈谈对"看不见的手"的理解。
> 4. 在国际经贸活动中，从来不乏重商主义的成分，时轻时重。试举一两个熟悉的例子，并与《国富论》中的有关论述相互参照。
> 5. 斯密认为，赋税是否是确定的比税负的轻重来得重要。你觉得斯密此论是否妥当？

一五
《纯粹理性批判》

［德］康德著　邓晓芒译　杨祖陶校　人民出版社　2004年

主题词◎认识论　先验论

经典之处

《纯粹理性批判》是康德"三大批判"之首，也是他意义最为特殊和重大的巨著。在这本书中，康德通过对人的理性和认识能力进行批判性考察，确定理性能够和不能认识什么，以及理性是如何认识事物的，并在此基础上为真正的、作为科学的形而上学提供坚实可靠的基础。《纯粹理性批判》的中译本，是由邓晓芒直接从德文原本翻译而来，译文精良，堪称佳作。

作者简介

康德（Immanuel Kant，1724—1804），德国哲学家、天文学家，"星云说"的创立者之一，与柏拉图、奥古斯丁并称为三大"永不休止的哲学奠基人"。康德的研究涉及伦理学、神学、宇宙哲学、美学、逻辑学和知识理论等领域，著述颇丰。其中"三大批判"哲学著作——《纯粹理性批判》《实践理性批判》和《判断力批判》是康德意义最为特殊和重大的巨著，改变了整个西方哲学发展的方向和进程。

导语｜大转型时代的哲学方案

刘苏里

《纯粹理性批判》整部著作50多万字，对普通读者来说艰涩难懂，除非专业人士，把它从头到尾读完的人不会很多。我的体会是，要读进去，得先了解康德的时代和他的问题意识。除了这本《纯粹理性批判》，康德还写了《实践理性批判》和《判断力批判》，同样难读。但为什么普通读者有必要了解他的三部"批判"呢？

至少有这么几点理由。第一，康德哲学是整个西方哲学从古典到当代的枢纽。作为哲学史上的一座里程碑，我们应该明了康德的时刻和康德的位置。第二，康德哲学的问题意识，即使在两百多年后的今天，也会时常反射当下，对我们获得有智慧的生活仍然颇有启发，而哲学的目标之一正是要用纯粹的人类理性应对生活的挑战。第三，康德生活在德国社会巨变的转型时代，他的思考和方法，应对时局的策略，对所有转型中的社会以及处于转型中的人，都有启发。

我们知道，西方文明是从歌颂英雄开蒙的。史诗里的英雄很神，但基本上还是人。到了古希腊罗马时期，神占据了重要位置，而"神人"英雄，退居到了神的后面。至西罗马陷落，西方进入中世纪，神彻底取得了对人的胜利，教会成为统治西方最强大的力量。

但在中世纪千年的历史进程中，哲学一直在场。从神话走向逻辑，从故事走向抽象，哲学一直试图解释万物起源、宇宙的动静、世界的本质，试图给出人类的命运被谁主宰和规定，人该怎样与世界恰当相处，该有怎样的行为和道德世界才不会被毁灭的答案。

把人类放到一幅大的宇宙图景中发问，反复推翻前人解释，不断探究和标新立异的，正是那些历史上的沉思者，他们留下了一门令世代痴迷的学问——哲学。

说来让人感叹，西方世界好像从来不缺这类人：他们全然忘我，乐此不疲，甚至自我牺牲地追求真理——求真是他们最高尊严与荣耀的体现。在强大的神、上帝和无边的宇宙面前，他们一直反反复复地考问，什么是什么，什么该是什么。即使明知一些思想非常不合时宜，也无人能让他们停止思考和书写。当然，为了避开政治或宗教迫害，包括内心的焦虑，他们经常以求知为掩护，推进求真之旅。西人求真的历程，写在哲学史的画卷上，真也是一路艰辛血泪。

回到近代，即康德之前。文艺复兴是启蒙运动的预演，表现为对知识确定性的追求，背后隐藏的是对上帝统领一切的怀疑和反对。上帝真是理性能力的来源吗？人获得真理，真的必须通过认识上帝吗？到了启蒙运动，就是文艺复兴开启的与上帝、与神授权力之战的胜负局。这场争战在四条线上几乎同时拉开：一条哲学，一条科学，一条宗教改革，最后一条是革命。持续之久，卷进人数之众，牺牲之多，在人类史上未曾有过。同时登场并留传于世的思想家繁如星斗，如哥白尼、霍布斯、布鲁诺、蒙田、马基雅维利、笛卡尔、斯宾诺莎、洛克、牛顿、伏尔泰、孟德斯鸠、休谟、卢梭等。他们用各种实验和论辩证明，真正的知识是可以被认识的，所有关于自然的理论，没有必要拿到宗教法庭前去证明。他们忽视甚至无视教会的权威和神授的王权，坚持这种主观性、这种人的意志，强调自然的意义——在上帝面前人人平等以及每个人都可以认识真理，这样一种"知识就是力量"的价值观。表现在政治理念上，就是自然权利、社会契约理论。

进一步说，启蒙运动就是对"真理—知识"的探究和辩护，证明人的普遍的理性能力。这在今天看来是常识，在当时可是革命性的。把人们的目光从上帝何以可能，转向知识何以可能，不就是把上帝推远、架空了吗？但勇敢的思想家们做的就是这件事儿。

具体到认识论，有人顺着以往哲学家的思路重新解释，有人强烈质疑，不时发出惊人之语，并因此形成旷日持久的争论。争论主要分化成两派：一派是理性主义，主张以推理探究知识；另一派是经验主义，主张必须经由经验证实理性。争论的核心，是理性与经验这两种密切相关的官能，哪一种是天生的。为什么这样的论题引发了一场现代西方哲学的大争论？我同意一种说法：这是技术性的策略。

总之，这个时刻，"康德来了"。

康德生于1724年。他创作的高峰期，是18世纪80年代初到90年代初的10年。这10年，西方世界上演了两幕大剧，一是北美独立战争，二是法国大革命。两幕大剧是启蒙运动的结果，也将启蒙运动推向巅峰，将世界历史引向了不同的发展轨道。

这时候的康德，从几重意义上，成了哲学史上的终结与开端人物，他的研究成了理解西方转型的枢纽性思想文献。最具代表性的是"三大批判"。这里的"批判"一词，源于希腊语，意思是"拣选"或"筛出"。康德采用的正是这种筛选的方法，阐明认识论上的合理主张，滤掉那些无根基的论说。

康德哲学的起点，也是追问"什么是知识"，这是近代理性主义和经验主义者的共同问题。后来人们说，这是启蒙派内部的"家庭之争"。康德哲学的伟大之处，是综合两派的优点，结束两派的缠斗，使欧洲思想的力量能够集中火力捍卫启蒙成果。

康德哲学，给经验主义留足了空间，为理性主义设定了边界，已然站在了思想的制高点，这是很了不起的成就。康德哲学还为结束欧洲乱局提供了知识解决方案。三十年战争（1618—1648）非常残酷，无数人为之丧命，宗教改革引发的战争，亦是死伤枕藉，即便康德为之辩护的法国大革命，他在私下也认为杀人太多。经过宗教改革和启蒙运动的欧洲思想界，借着人的解放和科学昌明，公开怀疑上帝，直到一个世纪后，尼采喊出"上帝死了"，他们已经走得太过太远了。

康德是否信上帝，各有说法，但这不重要。重要的是，康德在为科学和知识提供论证的同时，没忘给信仰留个位置。有他的名言为证："有两样东西，越是经常持久地对之凝神思索，它们就越使内心充满常新而日增的惊奇和敬畏，那就是头顶的星空和我心中的道德法则。"康德将"上帝、自由和不朽"的观念，贴在了人类生死的门槛上。

他是怎么做到的呢？天知道！不过，我有个猜想，是从猜他为什么不离开哥尼斯堡开始的。他生在哥尼斯堡，葬在哥尼斯堡，一生从未离开。看一下地图就知道，位于波罗的海正南岸的哥尼斯堡，简直是思考哲学问题、观察欧洲局势，不远不近，不上不下的优选之地。今天不怎么出名的哥尼斯堡，在当时却是远近闻名的商业、法律、军事中心，还曾是普鲁士王国的首都。它还有一所大学，不缺书籍和杂志，师资丰厚，无所不教，康德也无所不学，因而他也就无所不知。

哥尼斯堡成就了康德。康德的例子也说明，一个恰当的地方，对思想者具有非常重要的意义，后世哲学家维特根斯坦的瑞典小屋，和海德格尔的德国黑森林中的"林中路"，都是很好的例子。

邓晓芒研究康德，中外驰名，连德国的康德专家，都佩服他的研究。《纯粹理性批判》中文简体版译本有四个，人民出版社2004年出了邓晓芒的译本。邓晓芒在大学讲读这门课，要用几个学期，据说只有两三名学生听完了全部讲读。这门课的讲义也出版了，厚厚两大卷，近200万字。

邓晓芒是了不起的教师，他著有《哲学起步》，是他大半生研究的总结。

邓晓芒讲读《纯粹理性批判》

> 邓晓芒
>
> 现为中华外国哲学史学会常务理事,《德国哲学》主编,华中科技大学德国哲学研究中心主任。长期从事德国古典哲学的翻译和研究,又旁及现代西方哲学、马克思主义哲学、美学、中西哲学和文化比较、文艺理论和文学评论等,并积极介入社会批判和热点问题,创立了"新实践美学"和"新批判主义"。已出版著作 45 部,译著 8 部。

康德的哲学

《纯粹理性批判》是康德的主要著作,虽然康德有三大批判和其他的一系列论著,但是所有康德哲学的基础都建立在《纯粹理性批判》之上。

《纯粹理性批判》的意义首先在于它是德国古典哲学的开端,因为康德是德国古典哲学的创始人,而他的第一部成名作就是《纯粹理性批判》。另一方面,康德哲学也是西方哲学史上的一个转折,仅从《纯粹理性批判》的风格就可以看出。康德之前的那些哲学家的思想,好像都比较好理解、好进入。他们大多数都是业余哲学家,比如笛卡尔、斯宾诺莎等。据说有人邀请斯宾诺莎去当教授,他不去,宁可做业余哲学家。他一边以磨镜片为生,一边把大量时间用来思考自己的哲学。莱布尼茨也是业余哲学家,其他的更不用说了,像培根、洛克等。但是康德是大学教授,而且康德以后的哲学家大多数都是哲学教授。

因此,我们读哲学史读到康德时,会发现我们开始读不懂了。康德之前的哲学家,笛卡尔和培根最通俗,虽然他们的逻辑也很严谨,却好像是在拉家常。到斯宾诺莎就有一点费事了,他用几何学来证明自己的哲学体系,但也只是技术上的复杂，并不难懂。莱布尼茨也是，他有很多很美、很有意思的设想，譬如单子论、前定和谐论，这些都很通俗。然而到了康德，大家都读不懂了。所以自康德开始，西方哲学上了一个台阶，从康德以后，一般来说哲学不再是业余哲学家可以染指的了。哲学成了大学教授的学问，成了一门专业。这种格局一直延续到今天，即真正进入哲学，必须受教于大学教授，必须听专业课。哲学开始有专业的术语和技巧，人们必须按部就班地接受一定的训练，才能够搞哲学。这一重要的转变是哲学史上的一个飞跃。

日本哲学家安倍能成曾经说过："康德哲学就像一个蓄水池，前面所有的哲学都流向康德，后面所有的哲学都从康德流出来。"康德哲学起了中间蓄水的作用。最主要的是他积蓄了一些问题，他把前面的问题在他这里集中起来做了解答，同时又带出一系列问题，为近代哲学留下了思考的话题。现代哲学如果不追溯到康德，也是不可能的。现代哲学通常被划分为科学哲学和人文哲学，这种划分就来自康德。现代哲学的诸多问题也都是康德提出的，比如科学哲学里面，科学如何可能，逻辑起到什么作用，各种认识之间的关系等；人文哲学中道德、信仰和知识的关系，和宗教的关系等，都是康德讨论过的。所以研究现代哲学往往给人这样一种感觉，那就是研究来研究去，发现还是要回到康德。对一些最基本的东西如果不知道康德怎么说的，就不知道现代哲学的思想渊源。其原因就在于，康德哲学是蓄水池。他的伟大之处不在于他提出了多少绝对正确的命题，而在于他提出了一些几乎是永恒的问题，让后人不断地思考。

方法

要进入康德和他的《纯粹理性批判》，首先要把握的就是康德为了调和当时的两大哲学流派而提出的一系列解决问题的办法。当我们读康德时，心中要有当时哲学思想的背景，一个是唯理论，一个是经验论，康德哲学就是调和唯理论和经验论的。要从当时的两个重要哲学流派——唯理论表现的独断论和经验论表现的休谟的怀疑论——来考察康德的论述和命题，以及他所反驳的和他所主张的。既然是调和，他就不偏于任何一方，他对双方既有批判也有吸收。

《纯粹理性批判》非常晦涩，这与康德的行文有很大关系。人们经常说康德的行文非常笨拙，为了说明一个问题，反反复复纠缠，虽然逻辑非常严密，但表述得相当烦琐，以至于行文很不流畅。因此在读《纯粹理性批判》时，切忌断章取义。康德自己也提醒读者千万不要抓住一句话而当成全部，而是要在全部读完后，再回过头来思考阅读中感到困难的地方。如果只是把他的某几句话挑出来，就以为康德是这样说的，随后一定能挑出他另外的不同说法。很多人说康德充满着矛盾，特别是英语世界的一些康德研究者，他们习惯运用逻辑实证主义，凭形式逻辑来判断康德的意思，并找到很多矛盾的不一致的地方。但是充满矛盾并不意味着他行文表述上有矛盾，那些表面，特别是在形式逻辑标准之下显得是矛盾的地方，其实不矛盾。康德的矛盾主要是思想本身的矛盾，而不是行文和句子的矛盾，在行文方面他非常严谨。阅读这部著作就是要尽量地理解他的矛盾，理解他为什么会有这么一些字面上的矛盾，在康德笨拙的表述里发现他一贯的思想。总之，必须运用帮助康德"自圆其说"的同情的理解的方法，而不是仅仅用语言分析哲学的态度，才能进入这部著作。

"批判"的背景

这本书的背景可以从三个层面来讲。第一是政治背景，即法国大革命。《纯粹理性批判》第一版印行于1781年，1793年是法国大革命高潮的时候，在此之前，是法国大革命的酝酿期，同时影响了德国的启蒙运动。法国大革命和德国启蒙运动的思潮对《纯粹理性批判》有影响，有人甚至说，康德的哲学是法国革命的德国理论。法国人在那里忙着推翻专制王朝，来不及从理论上对自己的行动做总结，德国人帮他做了，因为德国人从旁经历了一场思想的风暴。所以康德在《纯粹理性批判》的序言里说："我们的时代，是真正批判的时代，一切都需要经过批判。"批判是理论上的革命，而法国革命是现实中的革命，这两个革命并行不悖，互相呼应。康德赞扬法国革命的原则，但对其实践方法有所保留，认为法国人太血腥了。所以康德在他的哲学里弘扬法国革命的原则，并首先在《纯粹理性批判》里弘扬了法国革命的批判精神。

第二是科学背景，即当时自然科学领域诞生的牛顿力学。在《纯粹理性批判》里，几乎到处可以看到牛顿力学的影响。比如说"分析论"，通过分析经验，把问题分解成一些部分，分别加以考察。在《纯粹理性批判》第二版序言里，康德还以伽利略和牛顿的力学为例，说明科学、哲学、形而上学应该走一条什么样的道路。

还有卢梭，相当于第二个牛顿。当时，在关于人的人文科学中，卢梭起了类似牛顿在自然科学里的作用。康德对卢梭推崇备至，在他的客厅里面没有任何装饰，只有一幅卢梭的画像。他曾因通宵读卢梭的《爱弥儿》，第二天下午没能出门散步，而他长年都有每天下午三点钟必定出门散步的习惯。邻居们都按他出门的时间对表，只要康德出来，就是下午3点钟了。但是那天他没出来，许多人都注意到了。

第三是哲学背景。当时的哲学思潮主要是唯理论和经验论。以唯物论和唯心论来看待唯理论和经验论是可以的，但是这不太准确，因为唯理论里既有唯物论，也有唯心论，经验论里也一样。康德主要是调和唯理论和经验论，顺便把唯物主义和唯心主义也调和了。他更重视的是唯理论和经验论里面的独断论和怀疑论。在当时，独断论是唯理论走到了尽头，代表人物是斯宾诺莎。莱布尼茨曾经想把唯理论和经验论稍微加以调和，但他仍然是独断的。经验论到了休谟那里也走到了尽头，休谟提出怀疑论，几乎要取消一切科学，一切自然科学都被动摇了。这是康德写《纯粹理性批判》时哲学界的大背景。康德本人主张唯理论，属于大陆理性派。第一位使哲学在德国本地化的启蒙思想家克里斯蒂安·沃尔夫对康德影响非常大，同时康德也吸收了莱布尼茨思想中能动性的因素，比如"统觉"的概念。这个概念体现了人的思维具有一种统觉能力，能够把所有经验的东西统摄起来，这是人所特有的能力。同时，身为大陆理性派的传人，康德遇到了休谟的挑战，对他的震动非常之大。用康德自己的话来说，"是休谟第一次打断了他独断论的迷梦"。他曾经一直沉浸在独断论的迷梦之中，认为有一些先天的知识，是不需要证明的，但是休谟从怀疑论的角度，对它们一个个给予怀疑、挑战，并加以推翻，使整个科学以及形而上学都被解构了。所以，如何重建形而上学就成了康德要考虑的问题。

批判的主题

康德《纯粹理性批判》的主题与他的时代同步，那就是批判，一切都要经过批判。批判什么呢？批判纯粹理性。

在康德之前，理性已经成为至高无上的法庭。法国革命、启蒙运动就是以理性的法庭，裁决一切问题，理性的法庭不可置疑。而康德要对理性本身加以批判，对理性法庭进行推敲，这当然是个了不起的变革。

《纯粹理性批判》的主题是对理性本身进行批判，原因为何？康德认为形而上学最终的目的，应该是两个：一是为人的认识，为人的科学奠定基础；另一个是为人的幸福和道德奠定基础。因此，哲学的目的一方面是掌握自然的必然性，另一方面是发扬人的自由。必然和自由是哲学的两个重要话题，而这两个重要的话题，都必须建立在理性的基础之上。但是以往的理性未经批判，承担不了这种使命。所以，由以往的理性建立起来的形而上学，一个个都失败了。要承担起这两方面的使命，首先是要建立起自然的形而上学，把科学的规律建立起来，为自然界立法。以往，理性是一个法庭，用来裁断一切，但康德认为，只有经过批判，理性才能为自然界立法。其次，要为自由立法，这就是道德法，自由一旦被立法，便成了道德法则。这就是《纯粹理性批判》面临的科学主题，因为以往的形而上学都是建立在沙滩上的，都被击垮了，以后的形而上学要牢固地建立在科学的基础上。把这个基础打牢了后，才能进一步建立道德的形而上学，建立起实践理性的法规，也就是康德的第二批判，即《实践理性批判》所要解决的问题。

因此，康德在《纯粹理性批判》中先提出了四个问题，他认为这四个问题是一切哲学，无论是思辨哲学还是实践哲学，都必须面对的问题。

第一个问题：我能够知道什么？这是认识论的问题，《纯粹理性批判》首先要解决这个问题。我们知识的界限和范围是什么，建立起知识的大厦，需要选用哪些材料，这些材料能够建一座什么样的大厦，首先要把这个搞清楚。知性、感性、直观、范畴、时间、空间等都是建起知识大厦的一整套构件，要把这些构件摸清楚，清楚它们的使用方法，这些构件要应用在经验范围。

第二个问题：我应当做什么？这是道德问题，并且不是外在的，而应当是建立在自由意志之上的。根据自由意志，我要做一个自由的人，我应当怎么做？这个问题属于康德第二批判要解决的道德问题。

第三个问题：我可以希望什么？当我按照我应当的那样去做了的时候，我能希望什么？我可以得到什么？这就是宗教问题了，它要解决的是自然和道德之间的相互统一。道德和自然的统一，在自然一方就是人的幸福。人们对知识的追求，归根结底是为了实现人的幸福。正如培根所讲的"知识就是力量"，力量带给人幸福，并能够提高人的物质生活水平，满足人的需要。但是它不是道德，我可以希望什么是建立在道德之上，来考察人的幸福，能不能做到德福一致，幸福要符合人的德行。我们常讲善有善报，恶有恶报，你所获得的幸福要配得上你的德行。你有德行，你才配得幸福。若你作恶，就不配得幸福，那就不是完满的。完满，即至善所说的最高的道德，也就是所要得的最大的幸福。至善、完满都属于宗教问题。康德在他的《单纯理性范围内的宗教》一书中，解决了他的这个问题。他认为德福一致，就是自然的必然性和人的自由达到一致。

第四个问题：认识什么？前面三个问题都是关于人的问题，在《纯粹理性批判》里康德并没有提出第四个问题，他是在后来提出的。后来他认识到，认识、道德、宗教问题都属于人的问题，都表达了人的本质，是一种先验的人类学，即先验地讲人的本质，人是什么。

在这四个问题里面，认识论是根本的问题，如果人能够认识什么的问题没有解决，其他问题都无从谈起。尽管康德把知识和道德统一起来了，但他的立足点还是认识论，认识论是首要的，最根本的。只有先提供了认识的原则，道德才有根基，也就是说《纯粹理性批判》是首要的问题，是最重要的主题。

《纯粹理性批判》的总问题

理解康德的第一部批判，首先要理解他提出的哥白尼式的革命，在西方哲学史上，特别是在认识论的历史上，是一个划时代的提法。康德颠倒了西方自古希腊以来在认识论方面的整体思路。以往是认识的对象在对面，我们的知识要符合对象，我们是被动的。康德颠倒为对象要符合我们的知识，就是说，所谓对象的知识实际上是由我们的主体建立起来的,这里就有了一种能动性,而不是被动地去认识。自从康德以后,人们才认识到人类的知识是主动的,这是康德认识论很重要的特点。

其次是他将认识划分为三个阶段:感性、知性、理性。这三个阶段构成了康德认识论的大体构架,三者都有自己的先天原则,它们的根源都是先天的,这也是康德的一个重要的思想。人们历来认为感性是后天的,从康德以后人们才认识到,感性里面也可能包含某些先天的东西。

再次是现象和自在之物的划分。康德指出,那些超出现象的自在之物的超验的知识是不可能的,由此便反驳了以往流行的独断论,即那种主张我们的认识可以把握自在之物,可以把握绝对真理的学说,这种学说自康德以后就被人们抛弃了。但是康德又指出,虽然我们不能把握自在之物的超验知识,但是关于现象的某些知识仍然具有某种确定性、必然性和普遍性,这样就反驳了休谟式的怀疑论。休谟认为既然我们不能把握绝对真理,我们就不可能把握一切真理,任何知识,任何真理本身就都值得怀疑。康德抵御了怀疑主义的消极性,他认为在现象界的范围以内,我们可以建立确实可靠的知识,这种知识要求我们建立一种内在的形而上学,一种经验的形而上学。

最后,康德区分现象和自在之物的最终目的是为道德留下地盘,正如康德在第二版序言中所说:"我必须悬置知识,为道德留下位置。"悬置不等于否定,把科学知识悬置起来,并不是要否定它们,而是把它们放到一边,为信仰腾出位置,为道德留下位置。道德归根结底属于信仰问题,而不是科学知识的问题。康德否定了古希腊以来美德即知识的观点,指出道德本身不是知识的问题而是信仰的问题,而信仰问题可以归结为实践的问题。康德看到了实践的根本性,实践可以涉及我们的本体、自在之物。但是它不能认识,一旦认识,就失去了自由意志,一旦被认识所规定,自由意志就不是自由意志了。

康德哲学最大的优点就是他善于抓住问题,并加以展开。他对很多问题给出的解决方式可能早已过时,但提出问题本身就是了不起的。康德在《纯粹理性批判》中的问题主要是认识论方面的,其中最重要的问题,也就是《纯粹理性批判》的总问题:先天综合判断如何可能?这个表述非常专业,非常学术化,其实它非常简单，不像想象的那么神秘。康德就是根据这个问题，展开《纯粹理性批判》的整体思路，从这个问题扩展开去，形成了《纯粹理性批判》的各个部分。

什么是先天综合判断？我们首先要清楚先天这个概念，然后我们就可以明白经验知识和先天知识这两者的不同。

经验知识与先天知识

先天这个概念是与经验这一概念相对而言的。我们常讲"先天认定"某个东西，就是指我们没有经验就把认识的对象断言了。

康德认为，凡是真正的知识，都是经验知识。科学知识是经验的，数学知识是经验的形式，也属于经验知识。像牛顿的《自然哲学的数学原理》，数学知识是属于自然哲学的原理，它抓住了自然哲学的规律。所以康德在导论里就提出了这个问题，"一切知识，都开始于经验"，离开了经验我们谈不上知识，这与大陆理性派的传统背道而驰。大陆理性派认为有一些知识不是从经验开始的，比如说先天的知识、先验的知识、先验的观念论。从柏拉图开始，许多哲学家就主张有些知识是先天而来的，是人生而有之的。每个人从小就有一些这样的知识，只不过是它那时还没有发展起来，但那是人天生就带来的。一直到莱布尼茨的大陆理性派，都是这样认为的。莱布尼茨认为，人虽然没有与生俱来的一些先天的观念，但确实有一些先天的理性的能力。理性的能力在经验的刺激之下可以发挥出来，使人们能看清经验的对象，所以它其实先天地是属于我们的。这是莱布尼茨著名的"大理石纹路"的比喻。我们的知识就像是一块大理石，上面有一些纹路，根据这些纹路，有经验的画家就能描绘出适合的优美的风景，但是大理石里面那些基本的线条和底色是先天带来的，只不过是加上了经验的色彩。这就是说我们的知识有先天的因素在里面，如果没有经验的刺激，那些知识仍然在里面，这是理性派认识论的前提。

康德推翻了理性派的这一前提，指出一切知识都开始于经验，没有从娘胎里带来的知识。从婴儿的第一声啼哭，就带来了他的经验，在后来的成长中逐渐积累知识，在这方面，康德吸收了经验派的基本原则。

康德的认识论是经验派和理性派认识论的综合，从经验派吸收的就是一切知识都开始于经验。要注意"开始"这个词，因为康德接着就说，一切知识并非都来源于经验。

所谓"开始于经验"，是指一切现实的知识，都从经验开始。从时间上观察，没有经验在先，一切知识都形成不了。而一切知识并非都来源于经验，是从逻辑上讲的。我们一旦拥有了经验知识，对其稍加分析就会发现，在同一个经验知识里，包含有不同的成分，这些成分来源于不同的地方。比如先天的知识也包含在经验的知识里，康德对理性派和经验派的调和就体现在这里。经验知识并不像经验派理解的那样，是纯粹的经验知识，而是在经验知识里，有一些先天的成分。而且这些先天成分，不是作为外来因素夹杂在经验知识里，而是作为整个经验知识的一个构架。没有这个先天的构架，无法形成经验知识。但是这构架是先天的，不是经验的和后天的。构架本身，很像莱布尼茨所讲的"大理石纹路"，即我们天生具有一些能力，但是如果没有经验的因素，这些能力就什么也不是。一切知识都从经验开始，一旦开始，我们就会发现，里面包含我们的先天能力，先天能力中固有的结构和形式。凭借这套结构和形式，我们才接收到后天的经验材料，才构成了经验的知识。但是在构成经验知识前，那套结构和形式是否已经独立存在了呢？康德认为不见得。没有经验的材料，那些先天的能力是空的，毫无意义。我们从里面不能得出任何知识，只有当经验的材料给予我们，先天的框架才有用武之地，才算是进入到经验知识里，成为经验知识的构架。这就是康德吸收了经验论和唯理论两方面的原则，形成的基本观点。

康德指出，一切知识都具有判断的形式，譬如"A 是 B"就是一个基本的判断形式。你只说 A 或者只说 B，都不是知识，只有形成判断，说"这个就是那个"才是知识。这符合经验派的观点，一切知识都开始于经验，所以一切知识都是经验判断。但是在经验判断中有一些成分是先天的，有一些成分是后天的，先天和后天结合起来，才形成了经验判断。那些后天的成分就叫作经验性判断。经验的德文词是 erfahrung，指我经历过的东西，是名词。经验性是 empirisch，来自拉丁文，是形容词。"经验性的"完全是后天的，不包含先天的成分。后天的东西是一种感觉判断或者叫知觉判断。知觉判断严格说来不是真正的知识，而只是知识的材料，像休谟所讲的知觉、印象等。譬如，"我觉得今天天气很热"，就是一个知觉判断。我觉得天气很热，我有天气很热的印象，这很可能不是知识，只是我的一种感觉。各人对天气是不是热的感觉是不一样的，南方人和北方人对今天是不是很热的感觉就很可能不一样。当然，今天是不是很热有客观标准，比如25摄氏度大概是人体体感最舒适的温度，我们可以用温度计来测量。当我们由测量数据得出今天天气很热，就形成了一个经验判断。人体适合多高的温度，有它先天的标准，但是"我觉得今天天气很热"只是休谟所指的印象，还不能成为知识，它可以成为知识的材料。所以，经验性的和经验判断之间是有区别的，经验判断里面包含经验性的判断，包含经验性的后天的成分，但是它里面也包含一些先天的东西。

康德使用的apriori这个概念来自拉丁语，有人把它译作"先天的"，也有人把它译作"先验的"，韦卓民先生把它译作"验前的"。严格说来，译成"验前的"比较好，更有逻辑性，但是没有流行开来，大家都不习惯。而"先天的"比较好理解，也和"先验的"关系拉得更近了一些。但"先天的"会产生歧义，拉丁文的本意是从逻辑上讲的，但中文可能会从"天生的"意义上理解，把"与生俱来的"的意思带到"先天的"里面。因为汉语的"天"就是自然，就是"自然先带来的"。但是apriori指的是逻辑上在先的，理解了这一点，才能理解"经验里面有先天的东西，但是一切知识又开始于经验"。"开始"是从时间上说的，而"先天的"则是先于经验的，是逻辑上的"先"，两者并不冲突。时间上在先的东西，并非逻辑上在先，要分析经验知识的结构，就会发现逻辑是使经验得以可能的前提条件，如果没有先天的东西，后天的经验也可能发生。所以要从逻辑上在先，来理解"先天的"，就是独立于经验或先于经验的。

康德举了一个例子。一个人在挖一所房子的墙脚，另外一个人看到了就说，你别再挖了，再挖房子就倒了。那人就问，你怎么知道这所房子就要倒了？后来房子果然倒了，挖房子的人就问，你是不是先天就知道。康德的这个例子是要说明，虽然倒房子这个经验还没发生，那人就先于这个经验预见到这个经验会发生。但这种意义上的先天，是日常意义上的，而不是逻辑意义上的先天，因为这样一种先天归根结底还是一种后天。那人为什么会知道这所房子会倒，还是根据以往的或别人的经验得出的，或者根据牛顿物理学等学说经验得来的。而且这种先天归根结底还是后天的。

康德把真正意义上的先天做了两个规定。第一是它具有普遍性，放之四海而皆准。这个先天的普遍性，是绝对的普遍性，不以经验为转移，在任何地方都是如此的普遍。如果只是预测到某个经验事件会怎么发生，可能不具有普遍性。在一种情况下做出了正确的预测，在另外的情况下则可能是错误的。譬如，一所缺了墙脚的房子，在地球上可能会塌，到太空中就不一定。事件的发生有一定的时间、地点、条件的，就没有普遍性。第二是它的必然性。它不可能是别的样子，先天的知识不可能有它的反面，一加一只能等于二，而不可能等于三。数学中的先天知识，都具有这个特点，而且没有偶然性，不是今天等于二，明天等于三，它具有必然性。

根据先天的两个必要属性，经验的知识和先天的知识具有了这样的区别，经验的知识总是后天的，它里面的先天成分是放之四海而皆准的，但是从它的内容上来看，都是后天的。比如感觉、知觉、印象等，这些东西都是偶然的。用先天知识的框架，塞进一些什么样的知识内容，这是偶然的。但是，先天的知识框架是放之四海而皆准的，是必然的。

在《纯粹理性批判》中，康德的任务就是针对这些先天知识的来源。前面我们谈了一切知识都开始于经验，但并非都来源于经验，那么来源于先天的知识，作为经验知识里面的要素，它们又是从何而来的？这些先天知识本身又是从何而来的？既然经验知识一部分来源于经验，一部分来源于先天，那么这些先天的知识又来源于何处？这就要对先天知识的来源、范围加以研究。前面还谈到，先天知识具有普遍性，放之四海而皆准，但是放之四海而皆准也有自身的范围，比如说放在自在之物身上就不准。所谓的"四海"指的是现象界，凡是能够呈现出来的万物都是适用的，但是它有它的范围，要对这个范围加以研究。这就是康德讲的，我们要悬置知识，为信仰留下地盘。在信仰的领域里面，就让知识暂时沉默，不要多说了。

直到今天，科学也无法替代信仰问题。信仰是另外一个问题，如果能完全用科学来解决，那就没有信仰了。康德时代已经意识到两点：首先是科学的知识有自身的范围，信仰、宗教、审美这些问题，不是单纯的科学就能够解决的。所以，要对先天知识的范围加以研究。其次是对先天知识的种类加以研究，种类包括它的等级和成分。先天知识的种类，譬如说感性，感性里面也有先天知识，知性也有先天知识，理性也有先天知识。康德把知识分为三个层次：感性、知性和理性。它们都依赖于它们的先天知识，先天的感性、先天的知性和先天的理性。而所有这些知识，都叫作"先验（transzendental）的知识"。

先天的知识和先验的知识，在某种意义上是可以打通的。但是，先天的知识不仅仅是先验的知识，比如形式逻辑是先天的知识，但它不是先验的知识，形式逻辑只是为先验逻辑做准备的。先验的知识和先天的知识的区别在于：先验知识是对先天知识本身加以研究的，或者我们可以把它叫作"先天知识的先天知识"。我们要对先天知识的来源、范围和种类加以研究，这一番研究所获得的就是先验的知识，它也是先天的。所以我们讲：凡是先验的知识，都是先天的知识；但并非所有先天的知识，都是先验的知识。譬如，形式逻辑之所以是先天的而不是先验的，是因为它没有对自身的来源和范围加以研究，形式逻辑没有自觉性，仅仅是一套摆在那里的用来思维的工具，它没有专属于自己的使用范围，只要应用概念，就必须要有形式逻辑。只有那种对先天的知识反过来再加以研究的知识才是先验的知识。这是先天和先验的区别之一。

分析判断和综合判断

分析判断和综合判断又是一对概念。"综合"要与"分析"相对照才能够加以确切的规定。对康德来说，一切知识采取的都是判断的形式。譬如"S 是 P"，判断中总有一个连词"是"，"是"的两边是主语和谓语，"是"把两者联结起来就构成了一个判断。没有判断就没有知识。譬如"这朵玫瑰花是红的"是知识，但是只说"这朵玫瑰花"不叫知识。这只是一个表象，只是一个概念，而不叫知识。正如"张三"不叫知识，你说"张三是人"就是知识了。"张三是乐观的""张三是努力的"，这都是知识，通过这些知识，我们对张三就有了解了。谓语也是这样，你说"红的"不是知识，只有把主语和谓语联结起来，形成一个判断，才能构成知识。这不是到康德才提出的观点，经验派和理性派都持这样的主张。知识的基本构件，它的细胞就是判断。所有的科学知识，都是由一个个判断积累起来的。当然还有推理，推理就是判断之间的关系。如何判断一个判断和另一个判断之间的关系，就是推理。所以从根本上说，还是判断。

判断有两种：分析判断和综合判断。分析判断就是判断的主语和谓语，有一种分析的关系，即可以把谓语从主语中分析出来，谓语本来就包含在主语之中。康德举的例子是"一切物体都是有广延的"，这是分析判断，因为物体的概念本来就包含着广延的概念，没有广延的概念，物体的概念是不成立的。说一个物体，却说它没有广延，这是自相矛盾的。在形成物体的概念时，必须借助广延的概念。形状、大小、占有一定的空间，都是形成物体必需的概念。离开哲学概念，物体的概念就成空的了，就垮掉了。说"一切物体都是有广延的"，不过是把构成物体的概念的东西说出来而已。这样一种判断是一种分析判断，康德说这里面有一种同一性，因为广延和物体具有同一性，物体概念就是有广延构成的。也许还包含其他概念，譬如形状、体积等，但是广延的概念是避免不了的。

另外一种判断是综合判断。综合判断就是谓语本来没有包含在主语里，而是外来的。"这朵玫瑰花是红的"是一个综合判断，因为玫瑰花不一定都是红的，这里只是把"红"的概念，结合到"玫瑰花"的概念里面去，而"玫瑰花"里面不包含红的概念，离开"红"的概念，完全可以建立起"玫瑰花"的概念。玫瑰花可能是别的颜色，白的、红的、黄的等，而不一定是红的。康德举的例子是"一切物体都是有重量的"，这与"一切物体都是有广延的"看起来并没有什么区别，但实际上是有区别的。在牛顿力学之后，"重量"的概念被归结到万有引力上，它并不是物体所固有的，一旦脱离了地球的吸引力，物体就没有了重量。这说明，重量的概念结合到物体上，是偶然的。物体在失重的时候也仍然是有广延的。所以，认为物体是有重量的，也是一个综合判断。

综合判断不是必然的，而分析判断是必然的。就是说，否定一个分析判断会自相矛盾，但是否定一个综合判断，并不会产生自相矛盾。说物体没有重力，是不会有任何矛盾的。因为这带有偶然性，碰巧这个主语和那个谓语结合在一起了。

分析判断和综合判断对形成知识来说，各有利弊。分析判断的利在于它具有普遍必然性。因为一旦确立了概念之间的关系是分析关系，这种关系就不可能是别样的。一切物体都是有广延的，在任何情况下都是这样。甚至我们不举一个现实的具体的例子，我们举一个概念，哪怕是不存在的概念，譬如"金山是金的"，尽管我们不知道有没有金山，但这个判断仍然是成立的。所以，分析命题都具有必然性。但是，毛病在于，它都是现成的，没有给我们带来新的知识，只不过是把已有的知识扩展开来罢了，把知识所包含的一些东西说得更明确罢了，所以分析判断虽然可以使概念变得更加明确，但是不能够带来新的知识。

但是，综合判断可以带来知识，这是它的长处。譬如"这朵玫瑰花是红的"，"那朵玫瑰花是黄的"，现在甚至发现了蓝色的玫瑰花，这又是一种新的知识。但是综合判断的问题在于它没有普遍必然性，缺乏普遍必然性就不能称之为真正的科学知识。按照康德对科学知识的定义，一方面它具有普遍必然性，另一方面它能带给我们新知。同语反复，把一个概念说了又说，这在逻辑上叫作重言式，不叫知识，只是游戏。真正的知识，必须带来新的知识，同时它还必须是具有普遍必然性的知识。所以，对知识而言，分析判断和综合判断各有利弊。在康德看来，只有把这两者结合起来，构成先天综合判断，才能有真正的科学知识，即那种既有普遍必然性，又有新内容的知识，这就是先天综合判断的由来。搞清楚了经验知识和先天知识，分析判断和综合判断，什么叫先天综合判断就好理解了，真正的科学知识就是这样的。

思考题：

1. 为什么说康德哲学是蓄水池？
2. 康德哲学产生的时代背景都有哪些？
3. 为什么可以把康德的知识论和哥白尼革命相提并论？
4. 怎么区分先天的知识和先验的知识？
5. 请试举分析判断和综合判断的例子。

一六
《法国革命论》

[英] 柏克 著　何兆武　许振洲　彭刚 译　商务印书馆　1998 年

主题词◎法国大革命

经典之处

《法国革命论》是柏克最负盛名的作品。1789 年法国大革命的爆发,对欧洲社会产生极大震动,几乎迫使当时的每一个知识分子,都要站在它面前表明自己的态度。第二年,《法国革命论》随即问世,柏克在书中以充满激情又酣畅淋漓的笔触,猛烈攻击了法国大革命的原则,是研究法国大革命重要的历史文献。

作者简介

埃德蒙·柏克（Edmund Burke, 1729—1797）,生于爱尔兰的政治家、作家、演说家,曾多年在英国下议院担任辉格党（自由党前身）议员。他支持英国殖民地人民的反抗以及美国独立,批判法国大革命,被视为保守自由主义的奠基者。

导语｜没有哪个国家能逃掉柏克定律

刘苏里

英国人柏克是政治家，当议员很多年。他的武器，就是那张铁嘴，能说。他还特能写，比嘴更厉害，发表过巨量时评。但他不是人们熟悉的那种理论家、作家或评论家，他的所有文字都有极强的针对性，直面具体问题展开雄辩，甚至给人口无遮拦的感觉，自然杀伤力大，包括这本《法国革命论》。

这本书最早是一封信，写了约一万字，已经不算短了，但柏克没有寄出。未曾想后来形势越来越令人激愤，柏克就把没寄出的信，一口气扩了20倍，《法国革命论》就诞生了。

18世纪下半叶发生过两场影响世界的革命，1776年的美国革命和1789年的法国大革命。对比一下这两场革命的某些方面，就能够说明为什么要读柏克。一是两国都有人参加完这场革命，又赶场参加另一场。我举两个大家熟悉的例子。一是年轻的法国贵族拉法耶特，美国发生革命时，偷着跑到美国，气得国王路易十六下令捉拿他。等他回国时，却又受到国王英雄般的欢迎。拉法耶特帮着美国人打仗，有胆有识，颇得华盛顿将军赏识。另一位是发明了"美利坚合众国"几个字的托马斯·潘恩。潘恩本是英国人，因为反政府，被囚禁，之后被卖到北美当奴隶。美国革命前夜，潘恩发表了著名的小册子《常识》，号召十三个殖民地的人民推翻母国统治。等法国人民上街了，他又跑到法国鼓动革命。二是两场革命都使用了暴力。美国跟母国打了八年仗，而法国大革命仅头几年惨死街头的人，保守估计也有两万，后来死伤的人数更是没法统计。

为什么看上去孪生兄弟般的两场革命，最后却结出完全不同的果子？法国大革命高唱平等，却打垮了自由；奉革新改造之名，却颠覆了千年根基；以反专制开始，却建立了一个更加强大的集权政府；把团结一致视为最高准则，最后却折腾了170年，国家才走上比较稳定的政治道路。反观美国革命，打败了母国，却全面继承了母国的习俗、法律和乡镇精神；制度设计上，以"分裂"国家开始，权力却被上下左右分散，受到制约、监督，最后达到政治和社会的平衡。关于"分裂"，有两层含义，一是复兴共和制。不仅政府权力相互制约，而且联邦和各州权力也是相互分立的。二是政党政治的发明。多党或两党政治，说穿了是在议会"打架斗殴"的政治，看上去很不雅，被当时的法国人认为是可忍孰不可忍，但这种制度的优劣，早已被时间证明了。

关于法国大革命，事后的研究不计其数，但第一时间出现的不多。柏克写作《法国革命论》，正在大革命后的第一时间。柏克的文章最早、最有力、最具洞察力，也最为出名。法国革命结出的果子长什么样，其实柏克在第一时间几乎都预见到了。

革命期间，革命派建立了革命法庭。有位评论家说，革命法庭对反对派的审判，唯一的目的就是"谋杀"。而在这位评论家看来，杀死反对派，也就同时杀死了革命，杀死了自己。针对这位评论家的说法，另一位评论家评论说，"政治是劝说的艺术，而不是歼灭……法国的政治家没有领会的是，政治的多数是不断发生变化的，新的联合总是取代旧的联合……在政治领域，政治的敌手就是潜在的朋友，政治联盟是潜在的背叛者，政治很大程度上是交易的艺术"。法国的革命者疏于建设，在革命、反革命、建立共和、僭主篡权、王朝复辟中反复折腾。

很大程度上，托克维尔的《论美国的民主》，是另一个版本的《法国革命论》，他们的认识具有一致性。托克维尔后来有个锐利的见解，那就是，没有制约政府的力量，也就没有帮助政府的力量。当统治遇到危机，政府号召人们帮助它时，发现这些力量已经死了，而且是被政府杀死的。还有一种意见很流行，就是把法国革命的失败归结为法国文学之士只会舞文弄墨，法国的思想家、文学家只会指点江山，坏了革命大业。但我总是想，文学之士在君主专制的法国，何时有过参政议政的机会？你怎么能指望知识分子靠书本得到治国经验？英国人不同，英国读书人是学而优则仕，有大量知识分子步入政坛，柏克就是一例。

柏克写这本书的动机之一，就是他发现，法国革命的火焰，有可能烧到他的祖国，因为在他看来，英国有脑子糊涂甚至坏掉的人，他们曲解英国光荣革命，试图将法国革命的原则套在光荣革命的头上，有可能在英国引发如法国一样对传统的颠覆。在柏克看来，这是十恶不赦的亵渎。他的很大一部分怒气就是冲着这股邪气来的。

柏克的担心不是没有道理，岂止是有道理，简直就是先见之明。事实上，即使在刚刚获得独立的美国，对法国革命的看法，也截然分成两派，这可不是普通思想家、时评家的两派，而是国父杰斐逊和麦迪逊等人代表的两派。对法国大革命，一派支持，一派谴责。法国人支持美国，打赢了独立战争，如果支持法国大革命一派占了上风，那还了得。柏克的信写得早，越写越长，美国人的态度也越来越明显，参加过两场革命的人都还健在，精神上也有相通的地方，柏克怎么能不为此焦虑？即使只有他一人成军，杀得头破血流，也在所不惜了。

这才是柏克把一封信写成一本书，并急于发表的真正原因。由于柏克的急切甚至气急败坏，我们今天才得以看到这篇充满智慧和洞见的文章。柏克《法国革命论》所阐发的诸多论题，与天壤而同久，共三光而永光。

讲读这本书的冯克利是著名保守主义政治哲学家，目前就职于山东大学。他是国内最重要的翻译家之一，阿克顿的《自由与权力》、勒庞的《乌合之众》、哈耶克的《致命的自负》、萨托利的《民主新论》，还有傅高义的《邓小平时代》等几十种翻译作品，都出自他的译笔。他还主编几套文丛，其中非常有名的是"西方保守主义经典译丛"。冯克利身在高校，但更像是个思想的游仙。他是有风骨的学者，更是立论持中、有着浓厚保守主义色彩的知识分子。

冯克利讲读《法国革命论》

> 冯克利
> 政治学家，翻译家，山东大学研究员。译有《民主新论》《邓小平时代》《二十世纪的政治哲学家》《论公民》等西方政治学著作。

柏克其人

18世纪英国政治家兼思想家埃德蒙·柏克的《法国革命论》，写于1789年法国爆发大革命后的第二年，从它问世到今天已经过去了两百多年，柏克本人去世（1797年）也220多年了，可是这本书仍然是人们议论的对象，不但在狭小的政治学研究领域如此，时政界也不时有人拿它做文章。例如，美国的《国家事务》主编尤瓦尔·列文2017年就写了一本《大争论》，讨论柏克和潘恩这两个冤家与当代左右意识形态之争的关系。有意思的是，此书在美国出版的同一年，中译本便面世了。从这件小事可以看出，无论在美国或中国，柏克仍是一个能进入当下政治话题的人物。

柏克当年是响当当的政坛名流，人称"辉格党文胆"，也是大众讽刺漫画里的常客。不过，与洛克或霍布斯不同，他并不是专门的理论家，写下的文字也无明确的理论意图。柏克能在政治学说史上占有牢固的一席之地，多半是因为《法国革命论》。不然他很可能像他的同僚，例如辉格党巨头罗金汉和诺斯一样，早被一般人所遗忘。柏克自我认同的身份是政治家，他的文字也大多与这个身份有关，所以在读这本书之前，我们有必要了解一下他的生平。

埃德蒙·柏克一生大部分时间在伦敦度过，但严格说来他并不是英国人。1729年他出生在爱尔兰都柏林的一个殷实之家，父亲是律师，为方便执业入了英国国教，母亲则是罗马天主教徒。1749年柏克从都柏林三一学院毕业后，遵从父命去了伦敦，就读于著名的英国普通法教育机构中殿律师会所。但年轻的柏克似乎无心于枯燥的法律学习，两年后便抛弃学业过起了自由文人的生活。1756年，他写了第一本书《为自然社会辩护》，模仿已故托利党大佬博林布鲁克子爵的语气，以反讽笔法嘲笑其返璞归真的政治理念，颇得评论界好评。翌年，他又推出至今仍是美学经典的《崇高与美观念起源的哲学研究》，由此奠定了自己在文坛的地位。

同年，柏克应出版商罗伯特·多兹利之邀，开始主编《年鉴》。这是一本报道过去一年欧洲（包括英国）政治和思想文化动态的年刊。柏克进入英国下院之前，《年鉴》里的文章大多是他亲自撰写，这为他赢得了广泛的读者群。为完成这项工作，柏克需要全面跟踪和观察当时的欧洲社会，这对他开阔眼界、了解世情想必助力甚大。进入议会后，柏克很少再亲自撰稿，但担任主编直到1789年。

1763年，柏克结识了英国驻爱尔兰总督威廉·汉密尔顿，受聘为他的私人秘书，从此步入政界。两年后，辉格党党魁罗金汉侯爵将柏克收入麾下，并与他结下深厚的友情。1765年，经侯爵举荐，柏克代表温多弗选区，一个所谓的"朽镇"——几乎没有选民，贵族可以拿议席送人情的选区——进入英国下院，由此开始了近30年的议员生涯。

柏克甫一进入议会便立刻崭露头角，他在下院第一次演讲后，辉格党大佬威廉·皮特说，此人"能让整个欧洲屏息倾听，下院应为得此一员而庆贺"。同时，柏克也属于萨缪尔·约翰逊博士著名的文人圈中的一员，这些人经常聚在一起高谈阔论。英国史学家爱德华·吉本听过柏克的谈话后，把他称为"我平生所见最雄辩、最讲理的疯子"。

1782年罗金汉第二次组阁时，曾任命柏克为军队总会计长，这个官职要低于内阁正式阁员，却常能提供未来首相的人选。可惜罗金汉只当了四个月首相便突然离世，柏克的仕途也戛然而止。他后来盛赞英国统治阶层是由"自然贵族"组成，意思是说这是个开放的团体，唯贤能是举，并不设身份血统的门槛。他为能跻身其中而倍感荣幸，并且身体力行，买了一份靠自己的财力几乎难以维持的地产。柏克这种做法，既是他和罗金汉侯爵近20年友情的反映，也是他后来对法国革命持激烈批判态度的原因之一。

在议会的岁月里,柏克成了"罗金汉辉格党"的头号辩手。这一派人时时警惕王权扩张死灰复燃的趋势,坚信反对派在保持宪制平衡中的重要作用。柏克这种思想集中体现在他的小册子《关于当前不满的思考》中,它是西方第一份深入阐述党争对政体健康非但无害反而有益的文献。柏克还是议会中宗教宽容的鼓吹者,这多少与英国对他的家乡爱尔兰的宗教和政治歧视有关。在经济政策方面,亚当·斯密把柏克称为议会里领会他思想最出色的人。

晚年的柏克还做过一件大事,即提出对英国驻印度总督哈斯廷斯的弹劾案。此案从柏克提出动议到结束,耗时近10年(1786—1795年),主要针对东印度公司在印度的恶政和对社会风俗的破坏。哈斯廷斯最终因上院的袒护而脱罪,但柏克的努力也并非毫无意义。一是它多少改进了英国当局对印度的治理,二是我们也可以从中看出柏克如何看待和尊重一个有悠久的、深厚传统的异域文明,这对中国读者来说也许别有一番意味。

哈斯廷斯弹劾案是18世纪英国政治史上的一件大事,但时间上距今遥远,况且只能算大英帝国的家务事,很难说具有世界史意义。虽然柏克在这件事上不乏精彩言论,但多不为人所熟悉。他能受到后世的持续关注,还是因为他对两场震撼世界的大革命的反应。

18世纪60年代末美洲殖民地跟英当局的关系日趋紧张时,柏克作为纽约殖民地在英国议会的代理人,坚定地站在殖民地一边维护其"英国臣民的自由",痛诋政府打着主权的幌子对美洲肆意行使征税权和立法权。柏克在美洲危机期间的言论,也很值得阅读,它更能彰显柏克在英美自由传统中的地位。但是,如果没有法国大革命的发生,柏克没有为此写下《法国革命论》,不管他在英国统治精英中地位多高,都不太可能被后世封为"政治思想家"。柏克一向不以理论家自居,却能在政治思想史上彪炳后世,这是一件非常不寻常的事情。从一定意义上可以说,是《法国革命论》成就了柏克的历史地位。

这本书的诞生也并非偶然。柏克能对法国革命做出迅速而深刻的回应,首先是因为他对英国政体数百年的演革史及其特点了如指掌,这为他深入思考和比较英法两国的政治发展路径提供了基础。他是光荣革命以后形成的君主立宪体制和开明寡头统治的坚定维护者,毕生对其忠心不二,倾力呵护。因此毫不奇怪,对于它受到的任何威胁，柏克会毫不犹豫地予以反击。

1789年7月14日巴黎人攻陷巴士底狱后，柏克看到了这种巨大的威胁就在眼前。

《法国革命论》的诞生

今天能看到的柏克对法国革命的第一反应，是1789年8月初他写给查尔蒙特勋爵的一封信。彼时的法国是大英帝国的头号宿敌，这让很多英国人乐见那里的政局陷入混乱。但柏克最初的反应比较复杂，他感到对"这个敌对国家"貌似争取自由的斗争"不知是该谴责还是叫好"。在他看来，巴黎人固然精神可嘉，但其凶残也着实惊人。如果他们只是一时泄愤也就罢了，但柏克担心这是性情使然。他们的表现"并不适合自由"，只能靠另一只铁腕才能管住他们。要建立稳固的政治制度，"仅有自由精神是不够的，还需要智慧"，法国人是否具备，仍然有待观察。柏克已经意识到法国正在展开的事件"极为怪诞，值得深思"，但他当时是否动了写书的念头，我们不得而知。

两个多月后，巴黎的年轻贵族杜邦致信柏克，向他请教对法国事态的看法。1785年杜邦随父亲一起游历英国时，曾受到柏克一家人款待。柏克在10月底提笔给他写了回信，后来《法国革命论》出版时，便是以致杜邦信的面貌出现的。不过柏克最初的信只有五千单词，作为一封信篇幅已经不小了，但离成书还相去甚远。柏克作为长辈，只是想打消杜邦对法国革命不切实际的热情，信中丝毫未提它可能给英国造成的影响。真正让柏克产生警觉的信号来自英国国内。

就在柏克给杜邦写信的同一个月，非国教牧师普赖斯在伦敦革命学社纪念光荣革命101周年的集会上，发表了题为"论爱我们的祖国"的布道。柏克知道普赖斯是个政治上的书呆子，但这个书呆子并非等闲之辈，他在伦理学、经济学和数学方面都造诣颇高，主持的教堂经常信众盈门。十几年前，普赖斯曾像柏克一样大力支持美洲的反抗，为此写下的小册子《论公民自由》几天之内就卖出了六万册。美国国父富兰克林、杰斐逊、亚当斯和"人权斗士"托马斯·潘恩都曾是他的座上客。

普赖斯在布道中呼吁公众抛弃偏见，拥抱法国革命者的"普遍仁爱"精神，并建议革命学社致信法国国民议会支持革命，与雅各宾俱乐部携手推进"启蒙观念"的传播。在普赖斯看来，法国革命者的自由理想属于全人类，基督徒的爱国主义也应当无远弗届，以普天下人类的解放为指归。对于熟知欧洲思想状况的柏克来说，这些观点并不新鲜。但普赖斯认为法国人的自由事业是英国自由的继续，把法国革命与英国光荣革命相提并论，将其视为实现千禧年过程中更宏大的一环，这就触动了柏克敏感的神经。在他看来，英国的光荣革命只是为了恢复"我们古老的法律与自由"，与形而上学的自由观完全无关。

因为担心给杜邦带来麻烦，柏克在10月份写的信并未寄出。读过普赖斯的布道词后，他随即在这封信的基础上开始撰写《法国革命论》。其间刺激柏克奋笔疾书的另一个因素，是柏克的老友托马斯·潘恩。1790年1月他从巴黎致信柏克，想当然地以为柏克也会像他一样为巴黎民众的壮举而欢呼，希望革命的火焰很快燃遍整个欧洲。这使柏克感到更有必要对法国事件的意义做出全面的回应。

在柏克那个时代，欧洲大陆的现代化进程并非以追求自由为特点，而是专制君主日趋集权化。所以自1766年以来，柏克在议会里一直致力抑制乔治国王的君权扩张倾向，过去他对美洲殖民地的支持，其实也是这种努力的一部分。但是，1789年夏天巴黎发生的事情使他看到了新的危险。法国人提出的问题，已不是如何约束君权，而是民权单方面的野蛮膨胀，而在柏克看来，"绝对的民主制就像绝对的君主制一样，都不能算是政府的合法形式"。

柏克于当年秋天完成了《法国革命论》的写作。最初的体例未变，11月上市的著作，仍然是以书信体的形式出现，只是最初的五千单词变成了近十万单词，译成中文大约是20万字的样子。就我目力所及，这可能是天下最长的一封信了。

柏克对书信体的写作并不陌生，他过去就写过这种体裁的小册子，如美洲危机期间著名的《致布里斯托郡长书》，其中关于议员应如何代表民意才算称职的言论，至今仍然脍炙人口。《法国革命论》既然采用了书信体，自然不会分出章节，这大概是它让人觉得不好读的原因之一，读者往往找不到论说的头绪。但这种体裁也有其优点，作者可以避免论证，无须拘泥于表述的严谨和连贯，各种感情化的修辞手段都可以派上用场，任意挥洒感想，直抒胸臆。言及珍爱的东西，他可以做最深情的表白，说到痛恨处甚至不惮谩骂。这些风格特点，我们在《法国革命论》中都能一一看到。

其实，西方过去的学问家，从柏拉图以降，并不拘泥于今天所谓的学术规范，在体裁的运用上要自由得多。像对话体和书信体，独白式的沉思录或忏悔录，都是很常见的学术文体。今天做学问的人，一下笔不是论文就是专著，这或许是为了避免给人留下主观的印象。因为主观性如今已被视为科学研究的大忌，所以这些文体如今在学术界也几乎绝迹了。我觉得这是件很令人遗憾的事情。科学研究，尤其是人文科学，所谓主观取向是免不了的，单靠写作形式并不能消除，反而可能只是对主观性的巧妙包装。无学问功底的支持，主观性可能流于臆断，但若有足够的学养，也可能意味着真知灼见。在这一点上，文体大师柏克为我们提供了一个很好的范例。

指定给我们阅读的这个译本，是清华大学的何兆武老先生和他的弟子彭刚先生翻译的。他们两人一为我十分敬重的老前辈，一为我的好友。但我反复考虑之后，还是以为不如把书名径译为《思考法国革命》。柏克从未写过政治学理论著作，这显然不是因为他才具不逮。读柏克的人都会留下一个印象，他很少论述什么主题，大多数时候他是在谈什么事情。我甚至推测，柏克不会接受"保守主义"这个19世纪初才出现的概念，如果他知道后人把他尊为"保守主义理论的开创者"，甚至"政治哲学家"，他对这样的名头可能会非常不屑。

柏克是学养甚高之人，他在讨论问题时当然会调动广泛的思想资源，借助其中的很多概念，举凡神学、自然法、英国法、欧洲史和经济学的知识，他都可以信手拈来，运用娴熟。但他的言论多是针对眼前的议会政治有感而发，很少从理论角度讨论那些概念本身。从运用这些知识的方式中也看不出他有明确的理论师传。《法国革命论》同样清晰地反映出他这种思想风格。

光荣革命与法国革命

对柏克有以上了解，就不难理解为何《法国革命论》开头很大一部分内容，讨论的并不是法国的事态，而是英国体制的特点。对于柏克来说，最重要的事情是把光荣革命和法国革命做一切割。他关心法国的事态，主要是因为他"担心自己国家的和平"。从这个角度来看，《法国革命论》首先应被看作一份有关国内的政治文献。柏克写这本书主要是给自己同胞看的，他要让英国人明白自己的"革命传统"究竟是什么，对普赖斯篡改光荣革命含义的煽动性言论保持警惕。

柏克承认，在光荣革命中，议会请来荷兰的威廉和玛丽（詹姆斯国王的女儿）夫妇继承王位，确实是"偏离了严格的世袭继承顺序"。但柏克强调说，这次废旧立新并不具有"一般原则"的含义，它与普赖斯的主张——人民有权选择自己的统治者——无关。议会前辈出于很现实的考虑，不想让国家因改制而重蹈内战覆辙，危及"他们的宗教、法律和自由"。为此，柏克在文中特别提到了萨默斯勋爵（1651—1716年），此人是光荣革命最重要的成果1689年《权利法案》的起草人，后来被麦考莱称为"那个时代最了不起的辉格党人"，是英国历史上类似于美国国父级的人物。

在柏克眼中，"这位伟大人物"的高明之处是，他避免让人们过分关注王位断裂的事实，尽量从世袭继承的角度解释光荣革命，以求与过去重新衔接。萨默斯生前曾是约翰·洛克的庇护人，对其学说并不陌生，但他在处理政治危机时丝毫不提"人民的权利"。他的《权利法案》使用的语言让人觉得并不曾发生过革命。柏克用类似于权谋的语言告诉读者，光荣革命的执行者为暂时摆脱连续性而采取的办法，是"巧妙地避开人们的耳目……把支持世袭继承观念的一切东西提出来讨论和培育"。柏克特意提到萨默斯是有原因的。他们两人同属于辉格党历史解释传统的一分子，此一传统直到麦考莱的《英国史》始终牢不可破，它的特点之一是从不以主权在民的观念解释英国政治变革史。就像麦考莱后来讲述英国光荣革命一样，柏克在《法国革命论》中也同样不提洛克。对于遵循这种传统的人来说，洛克的自然权利学说过于形而上学了，接受它可能意味着无视历史，而在辉格党的史学传统中，这是像道德沦丧一样可怕的罪恶。

在柏克看来，废黜国王的问题无关人民是否享有选择统治者的"自然权利"，而是涉及一些具体问题："这是如何处置的问题，采取什么手段的问题，可能有什么后果的问题，而不是一个成文权利的问题。"处理这样的问题需要高超的政治判断力："究竟在什么地方服从应该告终，抵抗必须开始，这条思想上的分界线微妙而模糊，颇不易界定。"做出这种事关重大的决定，不能依靠"单独一项行动或单独一桩事件"，而要对局势有纵深的通盘考虑：政府是否确实在不断滥用职权，未来的前景是否会像以往的经验一样糟糕。"无论有没有权利，革命都是有思想的和善良的人们最后不得已的办法。"柏克承认革命的必要性，但它仅仅是解决特定问题的手段，他不相信革命可以只因信念而具有神圣性。

柏克认为，英国人能有今天，是因为他们遵循了"保存"与"纠正"两条原则，这在王政复辟和光荣革命这两个关键时期分别得到了充分体现。英国人两次失去了"与团结他们的那座古代大厦的联系"，但他们都用"没有受到损害的部分再造了古老宪法有缺陷的部分"。只要不执着于"形而上学诡辩的迷宫"，遵守固定规则与偶然的偏离就并非不可调和，光荣革命的先贤们既坚持世袭原则的神圣性，在极端紧急的情况下又能改变其应用，同时"对英国宪法基本原则甚至表现出更为亲切的关怀"，使王位继承世系的变更"不至于引起整个公民群体和政治群体的解体"。

反观法国革命，柏克看到的则是完全不同的情况。如果我们回顾一下柏克列举的那些法国革命爆发后的事情，今天即使不是保守主义者，大概也会站到柏克一边。新政权对贵族和教会的掠夺，不过是在"重复原有专制主义的残暴"。他们阿谀奉承人民，就像阿谀奉承君主一样恶劣。法国人愚蠢地以为他们仿佛从未进入过文明社会，一切都可以从头开始，于是国民议会变成了无所不能的"全权议会"。在新的司法机构中，法官是由选举产生的，也必然被选民所左右，这会让公正的司法——柏克称为"最讲规矩的仁慈"——荡然无存。在军队中，国民议会破坏了服从原则和等级制，赋予普通士兵以"人权"，民选军官就像新式法官一样，权威变得可疑，极有可能沦为谄媚者或煽动家。柏克预言，这种体制终会导致"某个讨好民意的将军变成你们共和国的主子"。他似乎已经看到了九年后拿破仑的出场。

柏克承认，法国的旧制度确有许多可改进之处。贵族制是"使短暂的尊敬得以化为永恒的制度"，但法国贵族既疏于律己，又把财富新贵拒之门外，阻断了精英流动的通道。他们拿启蒙思想家"放肆的哲学"当娱乐，殊不知这是在自掘坟墓。法国的君主制也是个"无规格或规格很差的"制度，充斥着权力的滥用。

但柏克的问题是，旧制度是不是真的无法改造或不值得改造，以至于绝对需要立刻把整个组织推翻，"为建立一座理论和实验的大厦扫清地盘"？

法国人选择了后者。他们颠覆了君主制，但并没有真正获得自由。给人以自由很容易，"放开缰绳即可"。但是想建立一个"自由的政府"，就要把"自由和限制这两种相反的因素调和到一起"，这需要深思熟虑，需要"一颗睿智、坚强而兼容并包的心灵"。柏克从那些在国民议会的领袖们身上看不到这种素质。那里既没有智慧也没有美德，所以他们得到的只能是"放荡的自由"，是不知教养和节制为何物的"愚蠢、邪恶和疯狂"。表现在立法上，它是任性、反复无常和前后不一的，这对于政治治理"比固执和最盲目的偏见还坏上一千倍"。法国人"喜欢堕落性的好走捷径和喜欢虚假的便利"，智力不够，"就用充裕的暴力来补充"。权力结构的平衡被彻底打破，致使罪恶层出不穷，世界上许多专制政府，就是这么建立起来的。面对这种局面，柏克表示，直到他获悉法国人的自由"怎样与政府结合在一起，与公共力量、与军队的纪律和服从、与一种有效的而分配良好的征税制度、与道德和宗教、与财产的稳定、与和平的秩序、与政治和社会的风尚结合在一起"，他绝不会送上自己的祝贺。

变革的技艺

无须讳言，面对法国革命党的激进行为，柏克为国家和教会的辩护有时未免用力过猛。为凸显法国人破坏行为的恶劣，他把国家说成来自"造物主的意志"，教会应"庄严地永远献身于国家"；要"以适度的华贵和真诚的形式，以温和的庄严和肃穆的场面"来装点政府，为此花费的公共财富"是被圣洁化了的"，它可以给公众带来慰藉，"培育公众的希望，最穷苦的人也能从中发现自己的重要性和尊严"。故也难怪，潘恩把柏克这些言论斥为"肉麻的撒野"（pathless wilderness of rhapsodies）。

不过，只揪住柏克这些言论不放，有可能丢掉更可贵的东西。柏克如果仅仅是在维护旧制度，他很可能早就被今天的人忘记了。

理解柏克的思想，有一点需要始终记在心上。柏克虽然不是启蒙时代的进步主义信徒，但这并不意味着他不欣赏科学和商业的进步。相反，柏克把它们视为文明最可贵的成果。与启蒙哲学家不同的是，他从古老的风俗和宗教中看到的不是不平等和愚昧，而是社会进步的源头。工商业的成长固然是分工的结果，但在柏克看来，导致分工的社会环境却是分工本身不能提供的，"商业、贸易和制造业是古老风俗的产物"。

更为重要的是，我们仔细读一下《法国革命论》，很容易得出一个判断：从他为旧制度的辩护中，丝毫看不出有旧制度不可改变的意思。《法国革命论》并非满篇痛批法国人，柏克也讲了许多如何革除政治和社会弊病的话。他最关注的不是能不能变革，而是如何变革。柏克有一句治国名言："国家没有某种改变的办法，也就没有保全它自身的办法。"此话适足使保守主义——如果以柏克作为其源头的话——与原教旨式的传统主义划清界限。柏克确实悉心呵护传统，但他总是提着变革的工具箱。

在柏克心目中，政治家无论有何改革计划，放在第一位的应是"永恒的社会"，或者用我们中国人的说法，是社稷。他坚信这是一个有内生适应能力的结构，它所形成的习俗就是自然法的一部分。国家无论多么重要，它存在的必要性是要由社会来证成的，所以政治家的价值首先体现在它对社会的尊重上。用柏克的话说，政治家"首先应当扪心自问的问题是，你是怎样并在什么情况下发现社会并据以采取行动的"。在这个社会里，各种既有的行为方式"广泛而深入地扎根于社会，衍生出许多比习俗更有价值的事物"，它们交织在一起，"以至于人们很难摧毁其一而不明显损害其二"。我们从中已可隐约看到后来哈耶克提出的"自生自发秩序"概念的雏形。

面对这样一个复杂的结构，柏克给合格的政治家提出了一些标准。他不应"把公民之间的利益对立起来，而是把这些人的利益根据平等公正的原则统一起来"。"真正的政治家"要思考如何"最好地利用他的国家的现实物质状况"，兼具"保护现存事物的意愿和改进它的能力"。他要"有敏感的心"，"热爱和尊重他的同类而戒惧他自己"。在涉及除旧布新的任务时，需要"富于朝气的心灵、坚定不移的注意力"，对"各种进步的比较与组合的能力以及在灵活性方面富有成效的理解力"。他没有自己的目标，他的职责是"为社会目标"而工作，其最佳成果是让公民做到"心灵同心灵协同合作",用今天的话说,也就是取得广泛的社会共识。政治家也许凭直觉就能把握最终目标,但在行动上应慎断熟虑。对于在实践中合理有效的东西,应当接受它与原则不符带来的种种不便,"不可以仅仅因为取得理论上更完美的状态而改变它"这个准则应该"永远为诚实的改革家牢记在心"。力倡改革的人,甚至主张革命的人,也有必要明白社会中有哪些值得保留也必须保留,而且一定要有明确的说明,以免引起不必要的恐慌。对人的困苦抱以同情没什么不好,但以狭隘的头脑理解它却是危险的。评价人类的幸福或苦难,应当根据他们的感觉和情感,而不是他们的权利理论。英国人享有的权利是由"宪法"决定的,而这个宪法体制的完善属于"极为精细而复杂的技巧"。

柏克相信,任何政治伟人所成就的改革计划,随着时间的推移,都会"被那些理解力要比领导他们事业的人低得多的人们的观察加以修正"。常有人讥讽柏克对"古老宪法"的推崇是要把今人束缚于一张发霉的羊皮纸上,显然是没有注意到,柏克虽是好古之人,但他并非泥古不化,他将那张羊皮纸视为一种能生长的结构。如果《大宪章》可以被视为一份"原初契约"的话,其价值也不完全是由它本身决定的,在它的基础上形成的"德行的习惯"甚至比原初的契约更重要。只有长期的因袭"能够赋予某一既定社会秩序以神圣性"。对于柏克来说,理想的改革是"一个缓慢而维持得良好的过程,每一步骤的效果都被人注意到;第一步的成功照亮第二步,这样我们就在整个的系列中安全地被引导着"。柏克这种思想,后来常以"零打碎敲的改革方式"(piecemeal approaches)为人们所知。

这里我们遇到了柏克思想的又一个特点。至少从制度成长的角度看,柏克并非如人们所说的"功利主义者"。他坚决反对把国家视为一项"为了诸如胡椒或咖啡、布匹或烟草的生意而缔结的合伙协定"。在他看来,政治共同体是"一切科学的合伙关系,一切艺术的合伙关系,一切道德的和一切完美性的合伙关系",这种关系的目标"甚至许多代人都无法达成"。对于这样一个人,与功利主义者相反,当代人看不见的东西——既往的经验,未来改进的可能——更为珍贵,也更为重要。所以他反对"巴黎流行的意见",那里的人急于用冷酷的理性去改造世界，只是摧毁了爱、信仰、敬慕和偏见，却没有能力用理性取而代之。理性只有穿上习俗的外衣才会举止得体，而习俗的形成绝非一日功。

基于这样的改革观，柏克明确表示自己"不是卢梭的信徒，也不是伏尔泰的门生"，他不会允许无神论者充当"我们的传道师"，让疯子成为"我们的立法者"。柏克不相信今人在道德和政治原理上能发明什么："许多关于政府的伟大原则，许多关于自由的思想，在我们出生之前很久就已经为人所理解了"。法国人试图把人们的头脑挖空，塞进去的只能是一些"关于人权的肮脏废纸，就像博物馆里填充了谷壳和破布的鸟类标本一样"。他又把法国革命形容为"地狱的蒸馏器"，蒸出的酒精只会导致迷醉狂乱。那里从事的伟业不过是在摧毁和推翻，这种事"最浅薄的理智、最粗笨的双手"也足以胜任。指出旧制度的缺点和错误并不需要才能，"有绝对权力，只消一句话就可以整个扫除这些弊病和制度"。但他们用半小时就能毁掉的东西，审慎、深思熟虑和远见可能一百年也建不起来。

其实，柏克写作《法国革命论》的大半年时间里，巴黎的局势还是相对平静的，但他从那里传出的喧嚣声中，似乎已经嗅出了一年半以后断头台的血腥味。

柏克的意义

不必否认，柏克对法国革命做出的反应，很大程度上与光荣革命后英国的政治背景有关。所以有人认为，他对革命的批判是出自他的"内部知识"，离开这种知识，柏克的保守主义便成了无根之谈。因此不断会有人提出一个问题：柏克是不是一个"特殊主义者"——他是不是"特别英国"？确实，只要把他看作自由主义者，便会有意无意地导出这种结论。在英国之外缺少自由传统可以"保守"的地方，他的保守主义也会失去自由主义的价值，失去与英国以外社会的相关性。

如果我们着眼于柏克不断申说的"古代宪法"，世代英国人——不仅活着的人，还有已死的祖先和未出生的后代——培育的制度，那么柏克确实是在维护"英国人的自由"。美国人闹独立之初也是在维护自己作为英国臣民的自由，所以得到了柏克的支持。但是，只盯着柏克对英式自由的呵护，未免过于观念主导了，而这正是柏克所反对的事情。柏克并不专属于英国，他的思想中也有"普遍主义"的成分。

19世纪以来，以启蒙观念武装起来的革命手段改造社会，是一场声势浩大的世界性运动，柏克的思想则可视为抵抗这场运动的最初努力，其突出特点便是他否认观念启蒙与自由和社会进步有着必然的联系，拒绝接受不同的时代是光明与黑暗的交替。从这个角度来看柏克，他的审慎观和秩序观，他对社会的尊重，对形而上学的厌恶，便具有明显的普遍意义。柏克据以思考问题的背景是英国，他所思考的问题却是世界性的。他由英国这种地域性制度漫长而曲折的特殊成长史，推衍出好制度的成长需要付出时间和智慧的一般结论。

柏克的政治智慧，当首推"审慎"（prudence）二字，柏克把它尊为"政治的第一美德"。不过他对审慎并无严格的界定。他说，"审慎的原则和定义鲜有准确的，也绝无可能普遍适用"。原因无它，审慎不是一个理论概念，而是政治场景中的操作技术。它易于被人理解为一般意义上的"谨慎"，但柏克在《法国革命论》中表示，"上帝禁止用审慎服务于任何罪恶"。可见柏克的审慎包含着明确的道德要求。审慎者，应是守道与权变兼通之人。

像柏克这样一个人，你不能指望他会在理论上严谨一致，他也从不以为这是公共实践中的优点。但他对世事人情有细致入微的洞察，对特定场景中善恶是非的性质有敏锐的判断力，这也正是审慎的优势所在。在他看来，善恶分明的人不适合在这种环境中工作，就像法国的革命党一样，他们满眼都是邪恶，会"变得不太热爱人类"。

以柏克的理解，在复杂的世俗场景中权衡运作的审慎，可以充当上帝或自然法在人间的机敏助手。审慎处于普遍原则与总在变化的环境之间，将两者综合为行之有效的政治行动。柏克十分看重民众中的传统道德和习俗，将其视为"人的第二天性"。在他看来，社会的存在，不仅是保护个人之间互不伤害，也是为他们愉快有益的交往提供方便。这种交往中既孕育着权利和自由的种子，各种罪恶也从不会绝迹。这就需要由一代又一代人——主要是政治家和法律人——去芜存菁，用公平而稳定的制度加以规范。用柏克的话说，制度是"历代理智的综合，把原始正义的原则和人类所关注的问题的多样性结合在一起"。如果打个比方的话，这就像大理石之于雕塑家，在动手之前，雕塑家必须尊重自己的石料，以它的材质和纹理来判断自己能做些什么，然后才能匠心独运，成就佳作，但他并未改变石头的性质。

所以，柏克不但抨击法国革命中那些旧制度的野蛮颠覆者，他也严厉谴责英印总督哈斯廷斯对印度习俗的破坏。这至少可以说明他要保守的不只是自由，还有社会本身。因为在柏克看来，即使在有自由的地方，它也不是来自玄学家的头脑，而是源于社会习俗。以此而论，说柏克的保守主义仅因保守自由而有价值，就成了对其思想没有必要的限制。保守主义因柏克而与自由制度相联系，但在他对自由的捍卫背后，有对自由的历史发生学认识。一个共同体的成员每天都在发生的权利义务关系，久而久之变成被普遍视为正当的习俗，能够便利和平而有益的交往，如果它被强权所破坏，柏克就会认为自由受到了践踏。其实，英国人的自由，就是由建立在这些习俗上的法治提供了坚实的保障。

现代社会标榜自由的价值，但自由之成立，首先要解决自由与秩序的关系问题。没有自由的秩序和没有秩序的自由是同样令人恐怖的，就如柏克所说，"一个疯子逃出精神病院，你是不能祝贺他获得自由的"。能将秩序和自由调和为一的力量，唯习俗、宗教和法治的效果最著，此三者的形成与完善皆须漫长的时间，而柏克看到的是，法国革命对此三者为害最烈。

由于柏克十分看重制度的古老起源与延续，他的思想也十分容易混同于传统主义。对于这种误解，我们有必要再一次记住，他是辉格党所建立的现代商业社会的一员，这个社会是以顺应变化而著称的。看看他在《法国革命论》中有关现代财政、信用、货币和产权的精当言论，即可明白他与一般的文化或宗教传统主义者是多么不同。他赞赏"繁荣的商业"，他自豪于英国人"为照亮并装扮了近代世界的科学、艺术和文学的进步做出的贡献"。另外，除了推崇骑士精神外，他也缺少后来很多传统主义者的浪漫想象，例如对中世纪的理想化，对农人的崇拜和对田园生活的怀旧。

柏克在《法国革命论》的结尾处有一段深情表白。大概他已预感到此书一出，自己会受到许多误解。他说，他能奉献读者的，只有他本人的长期观察和公正无私的精神，他从来不曾充当"权力的工具或伟业的谄媚者"，他在公共生活中所做的全部努力，"都是为别人的自由而斗争"，只有暴政能在他心中"点燃持久的愤怒和激情"。柏克接着说，他既不鄙视名声，也不害怕责骂……他期望保持一贯，但是要通过变换他能确保他的目的一致性的手段来保持一贯。当他航行的船只的平衡可能由于一边超载而有危险时，他愿意把他的理性的轻微重量移到可以维持船只平衡的另一边。

这些话只能来自一个勇于担当的政治家。驾驶这条船的人，必须把个人荣辱置之度外，也无法进行哲学思考。这条航行中的船，就像后来奥克肖特所说，你不能把它拆掉重建，只能边开边修。柏克也知道，这条老船并不是他的发明，所以他关心的不是理论的正确，而是船上乘客的安全。他最害怕的是权力失衡导致船只倾覆。为此，他随时愿意为了他们的生存调整自己的立场。

拉斯基曾说，像埃德蒙·柏克这样的才子误入政坛虚掷年华，实在是一大不幸。但我们也可以反过来说，政坛能得到柏克这样的才子，是它的大幸。

思考题：

1. 《法国革命论》由一封短信发展到一部专著，其中有何内在逻辑？
2. 柏克批评法国大革命的出发点是什么？
3. 柏克变革的观念是如何体现保守主义立场的？
4. 柏克与托克维尔对法国大革命的认识有何不同？
5. 柏克的思想有什么现实意义？

一七
《联邦论》

［美］亚历山大·汉密尔顿　［美］詹姆斯·麦迪逊　［美］约翰·杰伊著
尹宣译　译林出版社　2010年

主题词◎宪法　美国　政体　民主共和　联邦主义　三权分立　共和主义

经典之处

《联邦论》是关于美国建国和民主共和政体最重要的经典著作之一，具有很强的辩论色彩，是不可多得的理论结合实践的政论集。这本书在美国，乃至全世界的声名与日俱增，被多次重印，长年畅销，至今不衰。美国第一任总统华盛顿说："危机消失、环境安定后，这本书将得到后世的瞩目。因为，这本书对自由的原理，对政治问题提出了坦率精湛的讨论。凡有公民社会存在的地方，人们永远会对这些问题发生兴趣。"

作者简介

亚历山大·汉密尔顿（Alexander Hamilton，1755—1804），美国开国元勋，美国宪法的起草人之一，首任财政部部长。他是美国政党制度的创建人，在金融、财政和工业发展史上都占有重要地位。

詹姆斯·麦迪逊（James Madison，1751—1836），美国第四任总统。他提出的"弗吉尼亚方案"成为美国联邦宪法的基本框架，因此被后人称为"宪法之父"，他也是民主共和党的创办人。

约翰·杰伊（John Jay，1745—1829），美国著名政治家、外交家和法学家。曾担任驻法大使、纽约州长、国务卿。1789—1795年担任美国首席大法官，为美国历史上第一位联邦最高法院首席大法官。

导语 | 了解美国政体的必读书

刘苏里

《联邦论》是由起初发表在报纸上的犀利文章结集而成的政论集,所以有很强的辩论色彩,却是不可多得的理论结合实践的论证文章。它详细分析和论证了美国共和政体,是遵循什么原则搭建起来的,以及为什么要建立这种政体,而不是其他政体。

历史上,最著名的理论和思想作品,绝大多数出自一人之笔,而《联邦论》的作者有三位,汉密尔顿、麦迪逊和杰伊。此外,这些著作绝大多数出自书斋学者,而《联邦论》的三位作者,都是美国历史上伟大的政治家:汉密尔顿,是开国元勋(独立战争期间任华盛顿的副官),是建国之父(宪法最重要的起草人之一),首任财政部部长,美国政党制度的创始人;麦迪逊,宪法草案"弗吉尼亚方案"的起草人,联邦众议员、国务卿、第四任美国总统,也是民主共和党的创办人;杰伊,驻法大使、纽约州长、最高法院首席大法官、国务卿。人类历史上,再也没有另一部作品,它的理论品质、政治智慧,与它的作者担任的角色,如此天造地设、匹配无双的了。

这部伟大的作品,有一个更著名的汉译名,叫作"联邦党人文集"。两个译名都对,都很传神。它的俗译叫作"联邦党人的作业"(The Federalist Papers)。它确实是一本作业,一份答卷,作业是写给全体美国人民的,答卷是交给历史的。历史实践证明,它们取得了超过满分的成绩。今天我们温习这份珍贵的历史文献,所得到的,远不止在特定历史时段,这些人物展现出的惊世骇俗的勇气和智慧,更是这种勇气、智慧的光芒,予以我们今天的启示和鼓舞。

《联邦论》自1980年汉译全文出版以来,中国大陆先后出过六个译本。商务版译本,全书85篇,正文502页,具有开创之功;译林版译本,正文608页,译品精到,注释谨严。《联邦论》不仅是政治学、法学专业学习者的必读书，也几乎是全体知识人的必读书。它声誉如此卓著，与它严谨的逻辑，现实的关怀，优美的文字和力透纸背的智慧闪光，有着密切关系。

一般研究者认为，有关美国民主和共和政体的必读书有两本，一本是托克维尔的《论美国的民主》，一本就是《联邦论》。其实还有一本，重要程度不亚于前两本，叫作《辩论：美国制宪会议记录》，记录者也是詹姆斯·麦迪逊。《辩论：美国制宪会议记录》是《联邦论》的导言，是现场版的《联邦论》，它用实例证明，面对建立国家这样伟大的事业，何谓担当，为何担当，何以担当。因此，结合《辩论：美国制宪会议记录》读《联邦论》，会收事半功倍之效。

过去三百年，是人类文明加速发展的三百年，大事无数。我认为，第一件大事就是美国制宪。而这一创举提供的纸上文本，不仅成为美国人构建共和政体的路线图，还成为美国人政治生活百代不易的《圣经》，人造的"绝对"。每当美国遇到重大挑战、重大困境时，当年的文本都会成为美国矫正方向的指南针。美国宪法之所以担起了这一角色，是因为在它之上，还有一个更大的绝对，就是神启。但神启落地不易，践行更难。《联邦论》的任务，就是为践行神启下的宪法，如何落地生根，开辟道路，指引航向。它对正襟危坐的宪法条文，做了通俗易懂、精辟绝伦的理论论证，而论证不仅借鉴无数历史经验和教训，还结合美国的现实处境，对预见到的未来，做了洪钟大吕式的提醒。

王建勋的解读，激情澎湃，条理清晰。这得益于他的学识和洞察力。王建勋是我国年轻一代的政治理论家。他先后在兰州大学法律系、北京大学法学院就读。2000年前往美国印第安纳大学学习政治学，师从诺贝尔奖得主奥斯特罗姆夫妇，六年拿下博士学位。回国后，一直在中国政法大学任教，教书育人的同时，勤奋著述、翻译了多部重要作品。王建勋也是声情并茂的演讲家，经常出现在各种经典讲习场所，为大家答疑解惑，深受听众喜爱。

王建勋讲读《联邦论》

王建勋
政治学家，中国政法大学副教授。编著《大家西学：自治二十讲》。译有《美国联邦主义》。

文本诞生的背景

《联邦论》这部书，起源于1787年美国制宪会议。那年自5月起，55位美国国父陆续赶往费城，开了四个多月的闭门会议。经过激烈的争辩与妥协，制订了《美利坚合众国宪法》草案。9月17日完成正式的誊写稿，代表们都签了字，但这个文本还需要经各邦批准才能生效。代表们同意，13个邦中有9个赞同就算通过。

在交付各邦批准的过程中，社会上出现反对的声音，很多人不理解它的制度架构。一些参加制宪会议的人，尤其是汉密尔顿、麦迪逊等人担心这部艰苦达成的新宪法在各邦投票中夭折，于是决定在报刊上撰写文章，以争取民众的支持。据说汉密尔顿找了不少支持这部宪法或参加过制宪会议的人，请他们写文章，但是要么被拒绝，要么推说没有时间，总之不少人错过了这一载入历史的参与机会。最后，他只找到两位搭档：一位是麦迪逊，他也参加了制宪会议，特别是他做了完整的会议记录；另一位是杰伊，他虽然没去费城参会，但非常支持新宪法，对这个文本也了如指掌。

汉密尔顿在独立战争期间做过华盛顿的助手，战争的艰难让他很早就希望有一个更强有力的，或者说更有活力的联邦政府。麦迪逊是出色的政治理论家，参加制宪会议时虽然只有36岁，但因为有丰富的政治经验，发表过不少著名的政论文章，在北美早已大名鼎鼎。汉密尔顿比麦迪逊还年轻，杰伊稍微年长一点，但也只有 42 岁。汉密尔顿与杰伊当时都已经是纽约州有名的律师。

汉密尔顿邀请两位和他一起，用一个笔名在纽约的报纸上发表文章。文章除了评论，还带有辩论色彩，主要是反驳那些不赞成联邦拥有更大权力的反联邦党人。那些人担心一个统一的中央政府会走向集权，危害各州的自治和地方利益。汉密尔顿、麦迪逊和杰伊他们就试图通过写一系列的评论文章来说明，这个新宪法的目的是什么，它的制度架构是怎么组织起来的，它到底赋予了联邦哪些权力，这些权力与各州的利益关系。通过论述和辨析，一方面要说服那些反对新宪法的人，另一方面要阐述建立一个有限政府的基本原则。这些辩论，实际上是制宪会议会场外的一场更大的辩论。因为，在制宪会议上，虽然大家对软弱无力的邦联政府不满，但如何改变，却各有想法，分歧很大。对于美国向何处走，它到底需要一个什么样的政府，人们早已吵得一塌糊涂。

分歧最终归结为两派，一派是联邦党人，另外一派是反联邦党人。只是反联邦党人并没有比较一致的看法，各自反对的内容也不一样。而联邦党人都比较认同应该建立一个更强有力的全国性政府，只在原来邦联的框架下进行修补，无法解决当时的困境。反联邦党人则认为，仍然应当让州政府占主导地位，不主张对原有的《邦联条例》有大的改动。

需要注意的是，那些被称为联邦党的人，跟美国联邦政府成立之后出现的"联邦党"是两回事。汉密尔顿他们撰写《联邦论》时，美国还没有政党，那些比较支持建立更强的联邦政府的人，都被称为联邦党人。准确地说，他们是一群联邦主义者。中国历史上也有"党人"这种说法，比如"东林党人"，也不是一个政党。党人只是具有共同偏好或信念的一群人。华盛顿成为联邦政府第一任总统后，任命汉密尔顿为第一任财政部部长。在当财政部长期间，汉密尔顿制定了很多财政经济方面的政策，被认为扩大了联邦政府的权力，遭到杰斐逊、麦迪逊等人的反对，此后就逐渐形成了两个政治派别，被认为是美国早期的两个政党。一个是联邦党，以汉密尔顿、华盛顿、约翰·亚当斯等人为首；另一个是民主共和党，以杰斐逊和麦迪逊为代表，他们也有很多追随者。但民主共和党与今天的民主党和共和党都没有什么关系，现在的美国两党是 1790 年代以后才出现的。

《联邦论》由汉密尔顿发起，汉密尔顿最投入，写得最多，至今被鉴别出来的有 51 篇。麦迪逊写了 29 篇，杰伊写了 5 篇，因为他开始写后不久就生病了。汉密尔顿律师出身，他的文章思辨力非常强，表达很严谨。麦迪逊的文章被公认为政治理论水准最高，因为他阅读过大量的相关著作。早在制宪会召开之前的几年里，麦迪逊就已经在做准备了。他收集了古希腊古罗马以来许多重要的政治学著作。杰斐逊当时是驻法国大使，欧洲大陆一出版什么书，麦迪逊就请杰斐逊尽快寄给他。麦迪逊在买书上花了很多的钱，在阅读和思考上花了许多时间，为制宪会议及之后的理论工作做了充分的准备。麦迪逊 20 岁时已经掌握了七门外语，他的个人图书馆里有七种语言的著作，包括政治学的重要经典，他对历史上存在过的共和国都没有成功的原因有深入研究。

　　对制宪有贡献的历史可以追溯到更早，比如约翰·亚当斯虽然没有参加制宪会议，但他早已经写过关于政府的著名著作，传播很广。还有乔治·梅森，他非常博学，制宪会议结束时他虽然没有签字，但他敦促麦迪逊一定要起草一部权利法案，这是乔治·梅森的卓越贡献。准备最充分的还是麦迪逊，以他为首的弗吉尼亚代表团因为靠近宾州的费城，第一个到达了会议召开地。在马车时代，在辽阔的北美十三州，离费城远的要走很久。在等待其他代表团到达的过程当中，麦迪逊自己在旅馆里起草了"弗吉尼亚方案"，新宪法基本上是以这个方案为蓝本展开的。从这个意义上说，麦迪逊是美国宪法之父，他在制宪会议当中发挥了相当重要的作用。

　　制宪会议于 1787 年 9 月 17 日结束，从 10 月开始，报纸上就开始刊登汉密尔顿他们的文章了。三人一直写到了 1788 年的 8 月，共写了 85 篇。写到一半时曾把前部分结集成册，后来，又把后面的文章一起结集，这就是今天我们看到的《联邦论》。

　　《联邦论》有三个最重要的价值。

　　一、它是一部政论集，目的是要说服那些不支持新宪法或者批评它的人。尤其是在纽约州，当时的州长叫乔治·克林顿，在纽约州的影响力非常大，他就坚决反对新宪法。制宪会议纽约州去了三名代表，两个人反对，只有汉密尔顿一人支持。当时普遍认为，新宪法很有可能在纽约州通不过。所以汉密尔顿写作的直接目的非常明确，就是要说服当时纽约州的反对者，让他们能够支持新宪法。当然，没有确切的证据证明他们说服了多少人，因为在他们刊载文章的同时，很多州已经投票，等到纽约州投票时，已有九个州投票通过了新宪法，大局已定。但是，至少我们可以想象文章对当时的政治精英们的影响，因为这些人每天关注形势，尤其是那些反对者，他们要看看对方发出了什么样的声音，搜罗论据，思考反驳的对策。

二、作为政治文献，它具有非常重要的价值。美国人通常认为它是仅次于《独立宣言》和《美利坚合众国宪法》的第三个重要的政治文件。说它是政治文献是因为一直以来，它被政治家、法官们不断地引用，用来说明或者支持自己的主张，论证观点的合理性。比如美国最高法院在2000年之前一共引用过这本书291次，作为判决的依据。所以它在很大程度上还具有权威性，就像文献。

三、从学术价值的角度看，它是一部优秀的政治理论经典，很多人甚至认为它是美国历史上出现过的最重要的政治学经典，至今还没有哪部著作超过它。无论是美国的国父们还是后来的理论家，对它的评价都很高。乔治·华盛顿就认为它值得任何一个研究政府理论、研究自由政体的人阅读。如果人们想要生活在一个公民社会里，就必须研究它。托马斯·杰斐逊认为，它是研究政体原理的最佳评论。美国历史上赫赫有名的，1810年代担任纽约州最高法院首席大法官的肯特说，《联邦论》具有最高的学术价值，即便算上亚里士多德、西塞罗、孟德斯鸠、洛克，甚至柏克，没有谁的著作能够超过它。再到后来，法国政治学家托克维尔对这本著作评价也非常高，认为它是一部不朽的经典。而我个人认为，虽然孟德斯鸠、洛克的著作都非常重要，但是从构建一个有限政府、一个自由政体的原理这个角度看，这部文集更出色。从政治智慧这个角度看，几乎没有什么著作超越它。

联邦主义

1787年的美国为什么要从邦联走向联邦？为什么要召开制宪会议？最主要的原因是，大家普遍对当时的邦联政府不满意。无论内政、外交，邦联议会都不能有效地应对。美国脱离英殖民地统治宣布独立后，依据1777年后通过的《邦联条例》成立了一个邦联国会，但同时各邦仍保有自己的主权。邦联国会只有一个议会，既没有行政机构，也没有司法机构，所以，当时的美国实际上是13个主权国家组成的松散联盟。《联邦论》开篇第一句话就是，"目前还在残喘的邦联政府，已经施政乏力"。内政上，各邦之间，为贸易是否平等、边界是否合理等，时常产生纠纷甚至冲突。冲突不断的结果，在当时的国父们看来，一定会给一些大的帝国，如英国、法国、西班牙等制造机会，乘虚而入，它们围在13个邦外面虎视眈眈，南部、北部和西部都有。面对这样的内政外交危机，一些人就提出应该从根本上改造邦联。

汉密尔顿和麦迪逊已经认识到，邦联在制度设计上存在着根本性缺陷，邦联国会是建立在主权国家基础之上，一个个邦的联合。邦联的管控对象是每一个邦（state），如果某个邦违反了邦联的决议或者邦联法律，制裁对象只能是这个邦。比如邦联国会向各邦征税，但如果某个邦拒不缴税，邦联政府手中没有和平的制裁方法，不可能把一个邦关进监狱。其实，中文把state翻译为"邦"是有问题的，一个state其实就是一个国家。这种情况很像今天的联合国，它的各种决定往往缺乏执行力。邦联政府向每个邦征税，就像是摊派，如果哪个邦不交税，对它最终的制裁办法只能是发动战争。邦联不能以和平的方式进行治理，没办法执行它的法律和决议，也无法像一个主权国家那样，发挥对外保护整个邦联安全的功能。

汉密尔顿和麦迪逊等人认为，当时的邦联是个不正常的怪物，是在一个主权之上又加一个主权。从政治理论上讲，它背离了只能有一个主权的基本原理，所以邦联不是一个正常的政府，也不是一个正常的国家，没有办法持久存在，随时可能分崩离析。正是在这样的背景之下，他们提议，应该从邦联走向联邦。邦联和联邦是两种完全不同的政体，它们之间的根本区别在于，邦联世界治辖的对象是一个邦（一个国或州），是一个集体，而联邦统一治辖的对象是每个个人，是公民。制定联邦宪法正是完成这一转变的重要一步。

从邦联政体走向联邦政体或叫联邦主体，这样的主张在当时遭到很多人的反对。反联邦党人认为，这改变了他们建立邦联的初衷，是非常危险的改变。有人甚至认为这种改变其实是要建立一个中央集权政府，这令他们无法接受。他们担心这个中央集权政府有一天会变成大英帝国那样的强大政府，变成一个利维坦、一个无限政府，而夺走他们来之不易的自由。

汉密尔顿和麦迪逊的主要工作，是阐释这个新的联邦政府究竟是什么性质，它和单一制的中央集权政府的根本性区别是什么。

在单一制共和国或者中央集权政体下，所有的权力都掌握在一个政府手里，而美国独立时设立的邦联政体，权力是在多个政府手里，所以一些反联邦党人认为联邦体制会剥夺各邦的主权。汉密尔顿和麦迪逊试图说明，新的联邦政体并不是这样，联邦政府不过是与各邦政府之间实行了主权分权。即联邦政府享有一部分主权，各邦政府享有一部分主权，谁都没有全部主权，联邦政府和各邦政府之间的关系不是一种等级的隶属关系。邦政府并不由中央政府派生，两者是平起平坐的关系。它们之间最重要的区分在于管辖权，联邦政府负责管辖那些全国性的事务，尤其是战争和外交，各邦政府管辖跟老百姓日常生活密切相关的事务，例如财产、契约、婚姻、交通、治安、教育等，两者分工不同，管辖对象都是美利坚合众国公民。在政治理论上它被称作重叠性管辖权（Overlapping jurisdiction），就是管辖的对象是重叠性的，管辖的事务有区分，这也正是它与单一制政体或中央集权政体的不同之处。

主权的观念出现于中世纪晚期，到近代早期，让·博丹（于1576年出版《国家六论》）等一些理论家明确提出主权观念，认为主权是单一的、不可分割的、不可让渡的，主权只能在一个机构或者一个人手里。美国的国父们打破了这种观念，在他们看来，主权可以被分割，可以被分享，联邦政府和各邦政府分别享有一部分主权。新宪法明确列举了联邦政府的管辖范围，例如招募军队、印刷货币等。凡在宪法中没有列举的管理决定权，都归各邦所享。联邦宪法按照这样一个基本原则进行主权分享，而这些主权合在一起，仍然是一个完整的主权。重要的是，这种分享不是主权在不同政府部门之间分割，那就真的变成各享主权了。当我们谈联邦和各邦分享主权时，并不是从最终意义上讲的。从最终意义上讲，主权在民，新宪法规定美利坚合众国是一个主权在民的国家，是一个共和国。它的主权分享指的是管辖权，并不意味着联邦政府和各邦政府高于美利坚合众国的人民。只是因为麦迪逊、杰伊和汉密尔顿在《联邦论》中都谈到联邦政府和各邦政府之间是各享一部分主权的关系，所以我们还可以从一般意义上讲这样一种主权分享。但是这与单一制和中央集权国家完全不同，在单一制即中央集权国家，人们通常认为主权只在中央政府手里，地方政府是中央政府的派生物。中央政府想撤销合并任何一个地方政府，都不需要与地方政府商量。在单一制的国家，看上去也有很多地方政府，但是因为地方政府的所有权力都来自中央政府，所以实际上只存在一个政府。

美国有很多的政府，有很多的宪法，除了美利坚合众国有宪法，每个邦也有自己的宪法，甚至每个市每个县每个镇都有自己的宪法。美国是一个宪法多元主义的国家，甚至可以叫法律多元主义。每一个政治共同体都有自己的宪法，不管它是不是被叫作宪法。如果追根溯源，那些乡镇的宪法，地方性的宪法比美利坚合众国宪法要古老，可以追溯到1620年的《五月花号公约》、1639年的《康涅狄格基本法》、1641年的《马萨诸塞自由宪章》等，远比各州宪法都古老。而新宪法正是建立在过去那一百五六十年的殖民地的实践和经验基础之上的。到今天没有人能够数得清美国大概有多少部宪法。反观单一制的国家，通常只有一部宪法，或者说只有一部宪法被认为是合法的，其他的都没有合法性。

联邦制和中央集权国家的最终区别在于公民身份。联邦制的国家通常都承认双重甚至多重的公民身份，比如在美国，你首先是一个州的公民，其次才是合众国的公民。在瑞士那样的地方，每个公民都有三重身份，首先你是某个市镇的公民，其次你是某个州的公民，最后才是瑞士联邦的公民。而在单一制的国家，只承认公民的一种身份。这里的区别在于：在联邦制国家，承认多重忠诚，因为它是多中央的，或者说是无中央的，公民并不忠诚单一一个对象；而在单一制国家，公民只应忠诚一个整体、一个政府、一个机构，不承认双重或多重忠诚。

《联邦论》中还谈到对本邦的忠诚与对合众国的忠诚是否会发生冲突的问题。当时很多人担心成立联邦政府后，公民的忠诚会转向联邦政府，就不再热爱自己的州了。为了打消这一顾虑，汉密尔顿用了大量篇幅来阐述。他指出，与人们密切相关的事务都在他生活的地方，参与政治事务最多的也都在地方。每个人都是生活在一个特定的地方，不能同时生活在整个国家。这就意味着他的利益，永远首先是地方性的，这一点非常重要。麦迪逊则指出，联邦政府若能赢得人民更多的忠诚，最可能的理由是联邦政府治理得比州政府要好，只有在这一情况下，人们才可能更爱联邦，而不是爱自己的邦（州）政府、市政府或者镇。联邦政府离人们很遥远，它处理的事务和人们没有直接关联，人民的日常生活，可以不与之交集，不与之发生关系。同时联邦国会议员，也都来自地方，是人民选举的，所以，地方仍然是人们生活的中心。

当时的联邦政府和今天完全不一样。19世纪末20世纪初以来，联邦政府权力已经扩张得非常多，特别是经过两次世界大战、罗斯福新政等，联邦政府管辖的事务范围越来越广。这在美国国父们看来是不可思议的事情，他们无法想象今天联邦政府会管医保和社会救济等。以当时国父们的标准，这根本不是一个有限政府，绝对是政府权力过度扩张。他们当时设计的联邦政府，权力的范围非常小。除了战争和外交，绝大多数事务和联邦政府没有关系。事实上，美国宪法产生一百多年之内，基本上都是这样的状况，联邦政府没有什么事可做，管辖的边界非常有限。

美国的国父们为什么没有选择单一制的共和国呢？在麦迪逊看来，中央集权无法实现纵向的分权制衡，没有办法在全国政府和地方政府之间，实现权力制约。而联邦主义最重要的政治功能，就在于联邦与各方之间形成的制衡局面。麦迪逊说，之所以需要这种纵向的分权制衡，是因为要让它给自由多一层保障，即双重保障。一方面有三权分立的横向分权制衡，另一方面还要有纵向的分权制衡，以确保地方自治，不能让联邦政府做大，侵犯地方的权力。他指出，这种联邦主义让自由更加安全，使建立一个大的共和国成为可能。

17、18世纪的政治理论家们认为，一个大国不可能建立共和政体，共和国只能在比较小的国土范围内，比如日内瓦这样的地方实现。孟德斯鸠曾说，如果一个共和国太小，就容易被外部的力量消灭；如果一个共和国太大，又容易被内部结构腐化。比如罗马共和国一扩张，就变成大帝国。人类历史上从来没有出现过一个大的共和国。

所以美国国父们的设计是一个创举，通过联邦主义和代议制，可以建立一个大的共和国，麦迪逊花了很多篇幅讨论如何能够做到这一点。他说首先，因为联邦制就意味着政体可以分为多个权力中心，既有联邦这个权力中心，还有许多个邦政府，每个地方高度自治。这样的话，联邦便可以不断扩大，扩大得再大，联邦政府仍力有所及，因为它管理的事务非常有限，只管理那些全国性的、与每一个邦都有关的事务。而要在一个大国范围内建立单一制的集权国家，中央政府事必躬亲管理地方具体事务，一定会破坏共和政体，最终带来专制。很重要的原因在于，中央政府没有办法根据地方差别的多样性来制定法律和制度。托克维尔曾说，整齐划一本身就是一种专制。中央集权会忽视地方性差异，而联邦制可以很好地解决多样性和统一性之间的矛盾。联邦主义是一个很好地解决了一和多之间关系的政治架构，只有解决了一和多之间的矛盾，让它们和平共处，政体才有可能延续下去。

今天我们看到欧盟比美国还要大，它也是实践了联邦的思路。人类历史已经证明，解决超大地域不同地方之间的冲突，联邦是个现实选项。联邦是一个超越民族国家的观念，它弥补了民族国家的政治缺陷。一个国家只能在特定的范围内，在有限的地域实行统一治辖，而一旦组成联邦，就可以促成超越民族国家的发展。

美国国父们正是凭借这样的一种政治理论与观念，构建了一个大的共和国。麦迪逊说，我们通过这种联邦制建立起共和国，不仅是可行的，而且更有利于自治。他的理由是，共和国越大，在共和国里的利益群体就越多，利益诉求就越分散，任何人想要构成一个多数，并且以多数的名义欺压少数的可能性就会降低，多数暴政发生的可能性就会降低。

共和主义

美国宪法另外一个重要特征就是共和，它是共和主义的。这一点在《联邦论》中也体现得非常明显。麦迪逊和汉密尔顿不断强调，要建立一个真正的共和国。

美国国父们的目标，第一就是要与英国有区别，不要一个君主国家。当然，英国事实上也是虚君共和，从实质上讲也是共和国。但是对美国国父们来说，即使是这样一个虚君，他们也不要，他们要建立一个真正的共和国。在这个意义上，他们与英国政体有根本的区别，改变了路径选择，不再走有一个国王的政体道路。虽然独立战争结束后，有人鼓动华盛顿当国王，但这些提议很快就被否决了。制宪会议上大家有一个非常明确的共识，那就是不要一个君主的政体，要一个真正的共和国，一个没有国王、人民可以自治的国家。

为什么美国人或者代表美国人民的那些建国之父们如此反对甚至厌恶一个君主制的国家，哪怕是虚君共和国，这在很大程度上取决于他们对英国的认识，尤其是对18世纪中期之后英国政体的了解。放在一个大历史的背景下来看英国的政体，它是长期斗争的产物。从1215年到1688年，一直到美国独立战争时，斗争仍不能说已经结束，这一斗争是指议会和国王间的矛盾和冲突。

在历史上相当长的时间里，英国议会被认为是英国人的自由堡垒，通过与国王的斗争，捍卫着自由。1688年的光荣革命，被很多人认为是一劳永逸地解决了国王和议会间的纷争，但这在很大程度上是一个误解。1688年之后，甚至到了18世纪，国王的特权依然很大。比如18世纪中期，英国国王依然可以随意罢免一个法官，撤掉一个官员。到了美国建国时，国父们看得非常清楚，殖民地民众的很多权利都被国王践踏了。例如，当时北美殖民地的民众认为他们享有的最重要的权利之一是陪审团审判权，但这一权利经常受到国王的侵犯，国王剥夺陪审团审判的权利，或者是操纵陪审团审判，操纵法官。所以，光荣革命并没有彻底解决国王权力滥用的问题，英国也没有彻底走上宪政民主的道路。我们可以看一下《独立宣言》，其中列举了几十条英国国王的罪状。美国的国父们害怕有一个国王后，这个国王会享有特权，滥用自己的权力。英国的教训告诉他们，不需要一个国王，他们照样可以统辖自己。

这种自治的理念从何而来呢？从"五月花号"出发时，他们就开始懂得了。那些英国普通人一下船，踏上了蛮荒之地，远离家乡，怎么在这里自己统治自己，怎么防止一些人侵犯另外一些人的权利和自由？就是要定规、立宪、自治。独立战争刚刚打响时，英国的上层人士还非常自信，以为殖民地的民众肯定不是他们的对手，反叛很快会被镇压下去。到什么时候他们开始意识到错了呢？是当英国的国王宣布马萨诸塞州州政府没有合法性，要取缔时。此后，差不多有一年的时间,马萨诸塞州没有所谓的政府,但是社会运行良好,秩序井然。在一百五六十年的时间里,殖民地的民众学会了自治,这也给了美国的建国先驱们足够的信心,使他们放弃了需要国王的念头。

另一方面,从政治理论上看,麦迪逊说,我们要建立的这个联邦政府是一个共和国而不是一个民主国,不是一个民主政体。在18世纪,民主和共和之间有严格的区分。那时所说的民主政体,还是古希腊的直接民主制,所有的人都亲自参与公共事务的治理。而美国国父们认为那种政体不能确保人民的自由:第一会导致多数的暴政;第二它无法过滤掉民众的激情。所以,他们选择了代议制,而代议制的政体在那时的别称就是共和国。

麦迪逊说共和国有两个基本特征:一个特征是共和国的所有权力来自人民,也就是主权在民;另一个特征是行使权力的所有人,在这个共和国当中都是由民众选举产生的,并且是定期选举,这样就使选民可以控制,以保证权力行使人的命运掌握在选民手里。这两个特征确保了美利坚合众国是一个共和国,而不是一个民主国,也不是一个专制国。从这个意义上讲,美利坚合众国宪法贯穿了共和主义的精神。

从思想史的角度讲,共和主义有古典共和主义和现代共和主义。古典共和主义的特征是强调美德的重要性;现代共和主义一方面不否认美德,另外一方面更强调制度的价值。美国的国父们建立的共和国秉承的是现代共和主义。在他们看来只有美德是远远不够的,只强调美德,不能够避免像佛罗伦萨这样的共和国的衰败,甚至转变为专制。

可以说,美国是人类历史上第一个超大规模的共和国,并且是第一个联邦制的共和国,这些都具有开创性。今天当我们讨论共和国这一概念时,对共和有很多误解。如果追溯到古罗马的西塞罗等思想家那里,共和的本意就是政治乃公共事务,不单属于一个人、一个家族或一个党派,不能被垄断。只要是共和国,就意味着民众都可以参与政治和公共事务。

到了现代共和国,形式上未必是民众直接参与所有的政治事务,而是通过选举代表,用代议制的方式。代议制的好处在于它可以扩大共同体的规模,美国建国时已经是有300万人的大国,就选择了代议制,以便过滤掉民众的激情,削弱、避免多数人的暴政。所以，从这个意义上讲，美国是一个真正的共和国，甚至是第一个现代共和国，创造了现代共和的范式，不仅创造了共和的原则，而且实施了这些原则。事实证明，这些原则至今还有运转价值，依然有着强大的生命力。

美利坚合众国成立时，世界上大多数国家还是君主国家，它像一个异类，对整个世界产生了很大影响。自那以后，世界各地区的人们逐渐建立了更多的共和政体，脱离君主政体渐成世界潮流，这在人类历史上、人类文明史上是非常重大的事件。美国国父们能够成功建立这样一个复合共和国，即共和国里套着共和国，每个邦都是一个小的共和国，整个联邦是一个大的共和国，原因在于美国的这些国父们不仅是一流的政治理论家，而且是具有丰富经验的政治家，或称他们为政治实践家。像麦迪逊这些人，已经充分地研究了人类历史上存在的所有共和国失败的原因。他们对美国的创造性设计、构想是建立在对人类历史、人类经验的充分了解和认识的基础之上的，不是空想。不像法国大革命之后，或者欧洲大陆启蒙运动后的那些思想家，构想出一个政体，在理论上很漂亮，但与人类的经验相去甚远。

如果说美国国父们的构想在当时也是一种乌托邦，那也是基于经验主义的。同时，它又是保守主义的。保守主义者们并不试图和历史上所有东西割裂，而是借鉴，把那些好的东西保存下来，同时有革新。所有革新都是建立在遵循那些既有的政治智慧和政治实践基础之上的，这也是非常伟大的创举。仔细观察美国政体，无论是联邦主义、三权分立、两院制、司法独立等，都不是全新的创造，在人类历史上都有过设想或实践，只不过从来没有形成完整的构架。所以说美国宪法，一方面是精心设计的产物，另一方面这个设计并非凭空而来，比如他们对英国政体有很多借鉴，如两院制、代议制，甚至可以追溯到三权分立。英国虽然不是严格的三权分立，但有一定的分权。孟德斯鸠犯了一个美丽的错误，说他依据英国政体构建了一个三权分立学说，但是英国政体并不是严格意义上的三权分立。而他的三权分立理论，却给了美国国父们很重要的指导。其实联邦主义也可以追溯到基督教的圣约传统，教会之间订立圣约，彼此盟誓联合在一起，就是一种联邦的架构。在早期殖民地历史中，也能看到联邦的雏形，几个镇联合起来构建一个更大的共同体。

总之，美国的建国设计根本上是创新，创新中体现出重视经验，熟悉理论，结合丰富的政治实践，又采取了保守主义而不是激进主义的态度。例如，并不因为跟英国发生过战争，就废除掉英国的所有法律，与母国决裂。美国依然采用英国的普通法，使用了英国的议会制度，他们不像法国大革命那样要建立一个全新的国家，美国的国父们从来没有这样的设想。所以美国的政体既是传统的也是现代的，既是保守的又是革新的，是非常好的一种结合，这是它能够成功的根本原因。

参加制宪会议的那些人真可谓半神半人，从《联邦论》中可以读到很多深奥的政治原理。不要说在200多年前的那个时代，即便在今天，它依然有一流的政治理论水平。

三权分立

美国宪法的基本特征之一是三权分立，通常称之为"横向的分权制度"，它是立法、行政、司法间的分离，同时又相互制约、平衡。但三权分立的观念不是美国国父们的首创，至少可以追溯到洛克和孟德斯鸠，有人甚至认为比洛克更早。从思想史的角度讲，三权分立是由洛克明确提出来的，由孟德斯鸠发展和完善。然而，无论是洛克还是孟德斯鸠，他们的三权分立理论都有重大的缺陷，比如，他们都没有认识到司法权的重要性。洛克基本上没有讨论司法权，孟德斯鸠说司法权几乎可以忽略。

美国国父们丰富了三权分立理论。他们很重要的一个贡献是，为了制衡，要视三权为平起平坐的关系。他们的贡献还在于，为三种权力之间的相互制约和平衡找到了一系列有效的机制。比如，国会享有立法权，总统有权否决，最终若国会达到三分之二的多数支持，又可以把总统的否决给否决掉。虽然国会在绝大多数情况下很难获得三分之二多数的支持，但这在事实上就对立法权构成有效制约。司法权也可以制约国会和立法权，即运用司法审查的方式。司法审查是指，司法机关有权认定国会通过的法律是否违宪，如果违宪，法院有权宣布它无效。行政权在总统手里，但是国会有权弹劾总统。如果总统滥用权力或行为不端，国会可以弹劾，法院可以审判，最高法院还可以裁量总统的命令是否违宪，可见行政权也同样受另两种权力的制约。司法权也是同样的，最受制约的是法官的提名和任命，必须经由总统提名，国会批准，这是预先的制约；还有事后制约，如果法官枉法裁判，滥用权力，国会同样可以启动弹劾。这种复杂的构造，可以确保每种权力都受到另外两种权力的制约，避免了任何一种权力高于另外两种权力的可能，因为每个机构都有手段对付另外两个权力机构。这种设计可以从孟德斯鸠关于三权分立的基本原理——利用权力制约权力——中找到依据。人类在过去两三千年中，对构建有限政府的最重要的智慧之一就是限权，最重要的措施或者手段就是分权制衡——把权力交给不同的机构、部门，让它们之间相互牵制、相互掣肘，甚至互相打架。用麦迪逊的话说，就是用野心来对抗野心。

麦迪逊在《联邦论》第五十一篇中讲得非常清楚："人不是天使，人会犯错误。如果人是天使，我们将不需要政府，如果天使统治我们，我们将不需要对它进行限制。"我们面临的难题就在于，一方面我们要设立一个政府，赋予它权力，但另一方面我们必须防止它滥用权力，必须想办法约束它。麦迪逊还说，一方面我们得让这个政府能够控制被统治者，另外一方面它要能够控制自身，即它自身的权力必须受到约束。虽然从最终意义上讲，控制政府的权力来自人民，但是经验表明，我们必须找到辅助措施，而我们找到了，那就是分权制衡。权力虽然掌握在人民手中，但并不意味着人民天天去监督政府，也不可能天天去推翻政府，那将没有秩序，也没有自由可言。所以我们要让三种权力互相监督，互相质疑，这就是三权分立的基本前提。

在这个三权分立里面，还有几点值得强调。

第一，在三权分立的框架下，他们又设计了进一步的分权制衡。比如在国会中实行两院制，国会由相互制约的参议院和众议院两院组成，两院均负责立法，但每部法案必须同时经两院同意，要经过这两道关，才能生效。这种两院制还有一个重大好处，那就是它可以在一定程度上防止多数的暴政。众议院根据各邦人口数量产生代表，参议院根据地域原则，每个州都同样有两名参议员。一个邦的人数众多，它在众议院的代表席位就多，拥有的众议员就多。参议院则是席位均等，可以平衡众议院里代表多的邦。这种两院设计是开创性的，它跟英国的两院制很不一样，英国分为上议院、下议院，上议院议员根据身份和地位产生，大多数是贵族。美国则创造性地折中了人口和地域，使之得以平衡。这种机制也同样运用在总统选举中，美国总统不是直接选举，而是以间接选举——选举人团——的方式进行。选举人团的人数与每个州参众两院议员的人数相等。这样也是既考虑了人口数量，又考虑了地域均衡。这是美国制度中非常特殊的地方，是对建立一个有限政府的重要贡献。

第二，三权分立的另外一个贡献在于其司法制度，尤其是司法独立和司法审查。在英国，一直到18世纪中期，国王还可以随意地罢免、撤销法官。美国国父们，尤其是汉密尔顿，认为要确保法官独立，必须有两个制度安排。一是终身任职，就是法官可以干到死，可以永不退休。今天我们还能看到美国有不少超龄法官，得克萨斯州有个法官105岁了，办公室里放着氧气瓶，还在任上。另一个制度的保障是，法官任职期间薪水可以增加，不得减少，确保法官不为生计而忧。法官既不怕没有工作，又无须担心被降低薪酬，腰杆就可以彻底挺直了，司法独立就有了保障。与此同时，还有司法审查。很多学者认为美国宪法中并没有规定法院有司法审查的权力，所以司法审查其实是法院篡权，虽然是伟大的篡权，但仍是篡权。这种看法是错误的，司法审查不需要写在宪法里，它是一个必然的法理。从法理上可以推论出法官一定享有这种权力。法官对案件进行裁决，必须适用宪法，就是要判决是否违反了宪法，这是一个必然的结果，一个司法审查的过程。法院一定拥有司法审查权，不然的话，宪法就是一纸空文。哈耶克曾说，司法审查的观念像宪法观念本身一样古老，在没有司法审查的地方也根本没有宪法可言，这个说法非常值得回味。

总之，美国的国父们把三权分立和联邦主义有效地结合在一起，建立了双重分权制衡政体，以保证对自由、对个人权利的有效保护。

有限政府

美国国父们设计的美利坚合众国宪法，最终目的是要建立一个有限政府，即政府的权力受到限制，它的权力是有边界的，它不能行使所有权力，也不能任意地、无边际地行使权力。

我们从美利坚合众国的宪法看到，对于联邦政府的权力，是列举式的。比如，规定了国会的权力有18项，可以发行货币，可以招募军队，管理州际贸易等，非常清楚，除了这些，国会不能染指其他权力。宪法中列举的总统权力有6项，他是三军总司令，可以提名大法官，可以对外签订条约等。联邦法院的权力只有一项，就是裁判、裁决案件。可见，有限政府意味着政府的权力是被非常清晰地列举出来的。这种列举式，既使权力机构的权力范围清晰明了，也让普通民众一目了然。权力的清单也使民众，以及不同的政府机构间相互起诉的时候，可以很容易找到法律上的依据。这样明确的列举，在很大程度上起到了约束政府权力的作用。在美国国父们看来，拥有一部成文宪法非常关键，这部成文宪法必须很清晰地表明政府享有哪些权力，不享有哪些权力。美国宪法被认为是第一部具有现代意义的成文宪法，它以成文的形式，将政府权力固定、规定下来。

理解这个有限政府的另一个角度是，政府权力受到的限制来自分权制衡的基本架构，通过纵向和横向的分权制衡，让每个机构的权力都受到制约。如果没有这种分权制衡的机制，即使宪法中列明权力清单，也很难防止权力滥用。从这个意义上来讲，分权制衡必然导致一个有限政府的出现，或者说，有限政府是作为分权制衡的一个结果体现出来的。

这种有限政府的基本前提是否认至高无上的权力和至高无上的政府。在美国国父们看来，任何机构或者任何政府都不能享有至高无上的权力，不管它是如何产生的，哪怕它是选举产生的，也要制衡。18世纪时，很多人以为英国已经是一个议会至上的政体了，人们高兴地看到，经过与国王的长期斗争，议会的权力越来越大。但是，他们没有认识到即使是议会这个自由的堡垒，也绝不能赋予它至高无上的权力，即使它是通过选民、以自由竞争的方式选举产生的，也绝不能允许它为所欲为。在18世纪，一些理论家认为，英国的议会拥有主权，或者说英国议会的权力是不受任何约束的。当时有个流行说法是，英国议会可以做任何事情，除了不能把一个女人变成一个男人，或者把一个男人变成一个女人。美国的国父们看到了英国议会权力膨胀所带来的威胁，尤其是独立战争时期，他们注意到英国议会不断向殖民地征税，但议会里却没有一个殖民地的代表。所以，在设计美利坚合众国宪法时,最让众人担心的,其实是国会权力的膨胀。麦迪逊就反复强调,在一个共和国当中,议会的权力是最容易扩张的,因为议会人数众多,跟选民之间关系密切,所以非常有可能得到民众的强大支持。人们不担心总统权力,因为那时候总统权力还非常小,并且总统在很大程度上要依赖议会。如果国会不立法,总统就没有法律可以执行。只有国会行动了之后,总统才有行动的可能。麦迪逊就说,在君主制国家,我们最怕的是国王行使行政权力,而在共和国制国家,最怕的、最令人担忧的是立法机构权力的扩张,所以要想方设法对立法机构的权力进行制约。像赋予总统否决权以及法院对立法机构的权力行使违宪审查,这些都是非常重要的制约机制。

总之,美国的国父们充分地认识到英国议会的权力扩张,并且没有成文宪法的约束,可能会造成一些漏洞。所以,他们第一次通过成文宪法把各个机构的权力给确定下来。美国宪法不承认任何的最高权力,它的产生就是为了防止任何至高无上的权力。

美国的国父们要建立的是一个多中心的社会,一种多中心的秩序,通过双重的分权制衡,把权力高度分散,没有任何一个部门或者机构,拥有全部的权力。这也就意味着,在一个社会当中有无数个权力中心,无数个决策中心,它可以被称作多中心的权力格局,甚至是没有中心的权力格局。在美国,通常情况下不把联邦政府称为中央政府,因为那里没有中央,美国人对联邦政府的一个比喻性的表达是,联邦政府就是第五十一个州政府。在这样一个多中心的格局下,有限政府得以有效地维持或者被保障,因为没有任何一个权力中心能够统治或者控制其他的权力中心。围绕着无数的权力中心,形成了各种各样的政治共同体、非政治类的共同体,它们都在这一格局中,高度地自治,自己管理自己的事务。无论是乡镇、县市、大学、教会、医院等,每一个机构都在这种多中心格局中高度自治。这和大一统或者单一中心的权力格局形成鲜明的对比,在单一中心的格局下,自治是很难实现的,而结果就是他治。这也是美利坚的开创之举,它最大程度上确保了美国是一个自治的社会,确保了每一个人都能成为自己的主人。

思考题：

1. 联邦党人与反联邦党人争论的焦点是什么？
2. 制宪会议投票表决美国实行联邦制，其中有两个重要创举，它们的重要特征有哪些？又有哪些重大意义？
3. 民主制和共和制有什么区别？单一制共和政体与复合制共和政体又有什么区别？
4. 政府权力的分立和相互制约，分为几种情况，各自的情形是怎样的？
5. 为什么说权力的分散更有利于自治？

一八
《古代人的自由与现代人的自由》

[法]邦雅曼·贡斯当著　阎克文　刘满贵　李强译　上海人民出版社　2017年3月

主题词◎政治理论　政体　法国大革命

经典之处

对自由的阐释，对法国大革命的反思（革命的两个阶段）和对极权主义的预见（对卢梭的反对），是《古代人的自由与现代人的自由》极为重要、影响极为深远的三方面内容。这是国内翻译出版的唯一一本贡斯当的政论集，是十分经典的学术著作。

作者简介

邦雅曼·贡斯当（Benjamin Constant，1767—1830），法国文学家和政治思想家，近代自由主义的奠基者之一。贡斯当受到了亚当·斯密、亚当·弗格森等著名苏格兰启蒙思想家的影响，在苏格兰所受的教育奠定了他自由主义思想的基础，也坚定了他对英国文化与政治制度终生不渝的推崇。他与孟德斯鸠是法国思想家中难得的两位在思想气质上偏向英美思想的人。

导语 | 商业取代战争的时代

刘苏里

维基百科介绍说,"贡斯当是瑞士籍法国政治活动家,政治、宗教类作品的写手"。这个评价与我们对贡斯当的认知相比,显得太四平八稳了。如果你对西方政治思想的脉络已经有了一定了解,当我说,贡斯当在理论和实践两方面继承了柏克的衣钵,150年后又深刻影响了伯林对自由做出的消极和积极的区分,你一定也会对贡斯当有更加积极的评价。当然维基百科的这句概括性评价,也透露了一些重要信息。

关于贡斯当的身世,他在自传中说:"我1767年10月25日生于瑞士洛桑,出身于法国古老的亨利埃特·德·尚迪厄家族,他们由于宗教原因来到沃州地区寻求避难。"

10月下旬生人,如果你相信星座,他属天蝎座。不过我看贡斯当的确是很典型的天蝎座:豪迈奔放,有时放浪形骸,却不失审慎周到,以至于老成圆滑。贡斯当的个性,常常表现在他的政治思考和实践中,比如,他反对拿破仑,但又替拿破仑起草宪法。

贡斯当出身法国的贵族阶层。宗教改革时,欧洲一片乱象,到处杀杀打打,死伤无数。他的母系属新教,为躲避宗教迫害,逃到了新教中心——瑞士的沃州。贡斯当的出身和家族经历,在他的政治思考中留下颇深印记。比如,他对法国贵族阶层有同情,有期待,他设计的政改方案,就给贵族留了一席之地。但他又不像一些顽固的老贵族,一味维护贵族的阶级利益。

沃州位于瑞士西部,坐落于日内瓦湖畔,紧邻法国,当地人大多讲法语,首府是洛桑。沃州是新教徒的聚集地,贡斯当祖上都是新教徒。新教信仰,使得他在思考法国政治体制时,思虑周密,持有比较包容的姿态。在自传中他还说,"父亲贡斯当·勒贝克是瑞士军队的一名上校,在荷兰服役。我的母亲在我出生八天后在产床上去世"。在我看来,军人子弟和生下来就成了半个孤儿这件事，对他政治上行事谨慎、尊重历史传统，产生了直接影响。

贡斯当是政治活动家，年轻时就介入政治，先是作为记者、时政评论家，后来步入政坛当议员，曾做过瑞典王储的私人秘书，晚年出任国家法院的大法官，跟政治结下不解之缘。他的几次流亡，也都是作为政治人流亡的。

贡斯当还是个写手。说他擅长政治理论的写作，这好理解，比如这本《古代人的自由与现代人的自由》就是例证。其实，贡斯当一生倾力而为的是对宗教的研究，他计划写一部相关的鸿篇巨制，可惜几十年下来，直到去世都没能如愿完成。当然，这与宗教改革有关。

1789年法国大革命爆发时，贡斯当已经成年。大革命暴露出的、遗留的问题，几乎是贡斯当后来几十年政治生涯中最重要的思考和行动坐标。有位研究者就说："贡斯当像大多数同时代的人一样，整个一生都要同革命带来的实际后果打交道。"这个实际后果是什么呢？按照贡斯当的说法，就是发动革命的人，"没有能力面对现实"。他们缺少政治见识，却要"在现代商业国家中那些并不情愿的人们中间强行贯彻古代美德"，并且为达目的，不惜使用暴力和恐怖手段。

有两句话可以为我们解释上面的说法。一句是"生活在现时代是一件无可选择的事"；另一句是"商业已经取代了战争"。后一句是对前一句"现时代"特征的精确概括，意即贡斯当所处的时代，是一个商业为重的时代，因此大革命面临的任务，应该是商业取代战争。贡斯当批评革命者不识时务，目光短浅，指的就是他们试图在现代人中间强行推行古代美德。贡斯当说的古代美德指的是维护共同体利益至上的意志。需要指出的是，贡斯当并不否定共同体的利益和价值。他批评的是通过强调共同体的利益和价值，而遮蔽、损害个体利益和价值的情况。贡斯当的担忧与其说是担忧，不如说是对历史事实的总结。这个事实，正是法国大革命的实践造成的。

这就带出了贡斯当这部著作最为核心的贡献，即对自由做出的古代人的和现代人的严格区分。古代人的自由，强调的是公民参与共同体事务的意志，而现代人的自由，强调的是公民照顾自身利益的意志。贡斯当透彻地洞察到，他生活的时代，强调的是个体价值，不论你喜不喜欢，愿不愿意，它都是一个"无可选择的事情"。"任何形式的政府,都必须承认和尊重现代社会的这种特征,以及维系这一特征必不可少的自由。对这一自由的任何侵犯,都会削弱乃至摧毁整座现代大厦的基石。"

贡斯当对大革命多有批评,但还是接受了大革命提出的一些原则,比如自由。1799年拿破仑出任第一执政官,是对大革命的一次反动。贡斯当对拿破仑的专制也有批评,认为他限制了法国人的自由。但对他复辟后坚持大革命的一些价值,比如强调理性和公平,又表现出拥护的姿态,并担负起草《帝国宪法补充条例》的任务。贡斯当跟拿破仑当局的关系,为后人所诟病。其实,这正表现了贡斯当政治上的成熟,以及是非分明的政治品质。

拨开围绕贡斯当的层层迷雾,我们看到的是法国面对英国现代化表现出的种种困惑,也是各种(国)现代化困惑的法国版本。正如本书导言所说,大革命"并不意味着革命后的法国社会与旧制度下的法国社会相比发生了脱胎换骨的变化。从一个社会到另一个社会的转换是个缓慢而复杂的过程,很难毕其功于一役"。法国人试图通过激烈手段,弯道超车,迎头赶上英国,甚至别出心裁地"企图彻底改变法国人民的社会关系和公众及个人的道德信仰"。法国现代化的大革命道路,注定了它的暗淡前景。贡斯当的忧虑,岂止在彼时的当下?有评论家说:"贡斯当对人性和政治的洞察力,真是清明到可怕。"是的,他看透了法国人和法国人的焦虑,并不止于法国。这也是贡斯当的思想至今仍闪着光芒的原因。

贡斯当是19世纪初重要的政治思想家,但他不是书斋型的,而是实战型的。他的思想波及19世纪西班牙的波里尼奥自由运动、葡萄牙1820年的自由主义革命、19世纪希腊的独立战争、波兰1830—1831年的起义、比利时1830年的革命,并对19世纪30年代巴西和墨西哥的自由主义思潮产生过重要影响。他下面的这句话,将永远被世人铭记:"我将始终不懈地劝告掌握权力的人们,要主持正义。不管发生什么事情都要主持正义。因为如果你不能主持正义,你连非正义都主持不了多久。"

解读这部著作的萧瀚,祖籍浙江,1969年生人。他先后毕业于华东政法大学和北京大学,学的是民商法,毕业后将治学领域转到社会理论上来。据萧瀚说，"小时候，家无长物，唯书而已，家父除了读书买书别无爱好，导致我也一定程度上复制了他的人生。父子间的差别只在于他可以悠游于文学和艺术上的阅读，其乐融融，而我的主要精力只能放在啃干涩的社会科学著作，思考一些我虽然感兴趣但其实未必有能力把握的历史、现实、未来问题，对我来说，读历史已经是日常阅读中比较奢侈的事情了"。这段夫子自道，我觉得，是萧瀚人生的真实写照。

萧瀚还是这个时代著名的知识分子，他的研究和写作，跟他的个性一样，狷介独立，曾经产生过持久的影响，而他的言说背后，却深藏一颗赤子之心。

萧瀚讲读《古代人的自由与现代人的自由》

> 萧瀚
> 法政学家，中国政法大学副教授。教授宪法与社会理论等课程，研究范围涉及社会理论等领域。代表作有《法槌十七声：西方名案沉思录》《闲思录》等。

贡斯当是谁

邦雅曼·贡斯当是法国19世纪初的政论家、作家，因其政治思想之创造力和预言性已被越来越多的政治思想家所重视，他的一些重要著作日渐进入经典的行列。他关于"古代人的自由和现代人的自由"这一著名的重要命题，经伯林"两种自由概念"这一政治哲学化的阐述和传播，在自由主义学说史上已成为近代自由主义的重要源头之一。

贡斯当的思想其实并不复杂，甚至可以说很清晰、简明，或许正是因为这样的原因，贡斯当一度遭到冷落。学术思想界也是个江湖，过于清晰的思想总是让人怀疑它是浅薄的。人们更习惯于杂耍，他们希望思想家们的思想更炫一点，更酷一点，仿佛那样才是深刻的——急于探幽的冲动常常让探险家们忽视了近旁的深渊而一脚踩空。贡斯当则属于那种不细读其文，不了解其对日常生活的看重、对具体政治实践的参与、其思想与生活之间的逻辑关联，则易于将他看作平淡无奇的思想家。

《古代人的自由与现代人的自由》一书翻译自"剑桥政治思想史原著"系列中的《贡斯当政治著作选》（1988年首版）。贡斯当的著作当然不只这些，但他成形的主要政治思想已基本上体现在这本书中，可以说是浓缩的精华本。其中主要体现贡斯当三方面的思想：一是古代人的自由与现代人的自由之比较；二是政体论,尤其是其中的君主立宪制的权力结构论;三是他对于僭主政治,即20世纪30年代以来被称为极权主义的剖析。

在了解贡斯当这些思想的同时,还应注意他的社会史观、政治生涯和感情生活,以及他对其他政治思想家比如卢梭的批判。所以我会谈贡斯当的生平以及他的生活经历与他思想之间的关联、他的思想对于后世的意义与价值,详细介绍他的思想精髓、他的思想的方法论,或者说他的思想方法。

要理解贡斯当的政治思想,需要回到贡斯当一生所处的时代。这位生于1767年死于1830年的政治思想家,成年后赶上了法国最动荡的半个世纪。1789年,法国大革命开始时,贡斯当22岁。第二年,即1790年,23岁的贡斯当结识了路易十六的财政大臣瑞士银行家内克尔之女斯塔尔夫人,斯塔尔夫人比他大一岁,两人从此开始了14年的恋情。由于这一段恋情,这位来自瑞士洛桑的年轻人从法国大革命的旁观者逐渐成为参与者。1795年,贡斯当随斯塔尔夫人来到巴黎,后者迅速成为巴黎最著名的沙龙女主人,而贡斯当也由此开始步入法国政坛。贡斯当和斯塔尔夫人的政见十分一致,他们支持热月党人,反对极右保王党和极左雅各宾党。这一时期,贡斯当极力鼓吹结束革命。因此,当拿破仑1799年发动雾月政变上台后,贡斯当对他寄予厚望,将其视为共和国护国主,并任职立法院委员。随着拿破仑独裁面目的显露,贡斯当以自由主义立场反对他,因此于1802年被拿破仑轰出立法院。第二年,斯塔尔夫人也被拿破仑勒令离开巴黎,两人开始了流亡之路。在1803年到1814年这11年的流亡之旅期间,贡斯当完成了他最重要的几部政治学著作,包括《适用于所有代议制政府的政治原则》《征服的精神和僭主政治及其与欧洲文明的关系》。1814年,贡斯当因波旁王朝复辟而回到巴黎,结束了11年的流亡生涯,为他心仪的君主立宪制而奋斗,并且再度迅速成为政坛明星。1815年,拿破仑短暂回归建立百日王朝,贡斯当先是出逃,而后应邀进入拿破仑政府,成为议员,为拿破仑制定宪法。拿破仑败于滑铁卢后,波旁王朝再次复辟,但已经不再有原先的气局,充斥着大量极端保王党,旨在剥夺法国人自大革命以来已经获得的自由和权利。贡斯当再次成为反对派,除了作为议员在议会里演讲,他还办刊物,出版小册子,发表文章,到社会上演讲,阐发自由派主张。《古代人的自由与现代人的自由》这篇演讲,就是1818年的作品。从

1815年到1830年去世，贡斯当一直都是法国政坛上自由派里少数几位最重要的精神领袖之一。贡斯当亲历了波旁王朝1830年的覆灭，之后他为路易·菲利普的上台效力。同年11月，在获得路易·菲利普回报后不久，贡斯当因病去世，法国政府为他举行了国葬。

从上述贡斯当一生政治活动的概要中，可以看到贡斯当的关怀和思考。应该说，贡斯当政治思想的发生源，就是对法国大革命的思考。由于法国大革命的波澜壮阔以及血腥动荡，贡斯当的思考基础也就变得十分复杂，而他早年（17—19岁，即1783—1785年）在苏格兰学派重镇爱丁堡大学所受的亚当·斯密、亚当·弗格森等人的自由主义思想的影响，成为他一生政治思想的源头活水。哈耶克在《自有秩序原理》一书中将贡斯当与孟德斯鸠、托克维尔并举，认为他们都属于英国经验主义传统的政治思想家，这确实是显而易见的。

正如有人说过，天才常常是一齐涌现的，贡斯当生活的时代，确是才俊辈出的时代。贡斯当曾于1804年陪伴被拿破仑放逐的斯塔尔夫人到德国魏玛，在那里他享受了短暂却宁静安逸的写作生活，其间他结识了歌德、席勒等德国文学大师。歌德、席勒，包括与贡斯当熟稔的夏多布里昂，都是后世公认的大师级人物。而作为19世纪法国自由主义的代表性人物之一，贡斯当直到20世纪人类饱受极权主义之苦后，才与柏克、托克维尔等人作为政治先知重新获得人们的重视。

自法国大革命以来，人类因哈耶克命名的"建构理性"在政治实践中命途多舛，到了20世纪随着科技进步更是直接发展为新时代最恐怖的政治地狱：极权主义。自由主义政治思想家们梳理出来的现代极权主义的思想渊源，卢梭是个重要源头。虽然柏拉图当年的"理想国"是最早的源头，但卢梭的思想显然更切近，也更激动人心，为祸也更烈。除了约瑟夫·迈斯特最早以反对大革命的立场批判卢梭之外，批判卢梭的还有通常被视为英国保守主义领袖的柏克。但在《法国大革命反思录》里，柏克对卢梭基本上未有任何正面的直接批评，柏克对他很客气，只说了几句皮里阳秋的微词。真正严厉的批判是柏克写于1791年的一封《致法国国民议会某议员》的信。贡斯当才是最早公开撰文批判卢梭的自由主义者，第二次世界大战后贡斯当颇受推重，就与此相关。但任何单纯的批判价值都有限，一个杰出的学说不可能通过批判别人而建立。贡斯当思想的价值远远高于他对卢梭思想的批判，因为他有自己更为深厚和宽广的政治思想，才会产生批判卢梭的内容，而这更为深广的思想，便是其对政体设计与法治关系的思考，以及对政体设计与个人自由和权利的法权思考，还有在此基础上产生的对"僭主政治"即后来的极权主义的批判。

贡斯当对卢梭和极权主义的批判可能十分吸引人，但与贡斯当的整个思想体系相比，这些更像是浮华的思想泡沫，虽然这些思想泡沫因时过境迁反倒显得尤有预言价值。

两种自由与政治生活的现代化

《古代人的自由与现代人的自由》是作者在皇家中学进行的一系列有关英国政治制度演讲中的一讲，发表于该校1818年12月2日的成立典礼上。当时并未引起特别大的反响，但第二次世界大战后，几乎成为所有西方自由主义史研究中必提的作品。已故自由主义大师伯林在其与贾汉贝格鲁的访谈录里曾对贡斯当不吝赞词："邦雅曼·贡斯当是我非常钦佩的思想家，他的论文《古代人的自由与现代人的自由》是我所了解的讨论两种自由的最好的作品。"

贡斯当一开场就做出说明，所做的两种自由的区分，是受了法国大革命的刺激。如美国自由主义思想家艾伦·沃尔夫所赞赏的："贡斯当太了解那位最嗜杀的法国革命者罗伯斯庇尔了，他不会被共和美德的诉求诱入歧途。"在贡斯当看来，大革命中进行政治实验的人们混淆了两种不同的自由，"在著名的大革命时期，它是许多罪恶的肇因"。不过，他也承认，追求代议制是大革命的重要成果，因此他认为这场革命是幸运的。贡斯当由此切入主题，他以古代斯巴达和古代罗马的政体为例。前者是禁欲主义的贵族制，后者则是带有一点代议制痕迹的贵族寡头制，它们都不是代议制。贡斯当指出，"在古代人那里，个人在公共事务中几乎永远是主权者，但在所有私人关系中却都是奴隶"。常常表现为在公共事务中，参与决策的人权力很大，对他人具有生死予夺之权，而另一方面，在私生活中却处于被监控状态。现代人则正好相反，参政权很有限，甚至被大量消减，但私人生活却要自由得多，尤其是隐私权的出现，使得在法律范围内个人自身就足以成为一座堡垒。贡斯当的这部分相关论述被艾伦·沃尔夫评价为是"有案可查的对程序主义的自由主义承诺的最雄辩陈述之一，它预示了政治权力在集中和使用问题上的争议，该问题在21世纪变得极其重要"。并且贡斯当强调，即便是古代雅典，可能是古代共和国里个体自由人最享有自由的地方，它是与现代共和国最近似的古代共和国，其个体所享有的自由也与现代人的自由无法相提并论。贡斯当的这些概括，很明显是从英国法治下安宁的个人自由和法国1793年的雅各宾暴政这正反两面镜子里看到的景象。断头台无法治国，砍的人头越多，离自由越远，直到彻底的奴役。

随后，贡斯当分析古代人自由产生的自然、历史、制度和文化土壤，他指出古代共和国与现代共和国分别在下述四个方面存在根本差异，即国家规模大小、战争立国还是商业立国、是否保有奴隶制、商业与战争所促成的不同社会生活形态。古代共和国通常领土狭小，人口有限，并且易于陷入与周边其他族群的战争中，贸易仅仅处于次要地位，因此，特别需要集合集体的力量来对抗外部世界，为此，形成了个人生活必须依附于集体生活的社会惯性，个体自由因此依附于族群的安全存在。奴隶制使得自由人有闲暇参与公共事务的讨论，直接行使他们的公民权，即政治自由和权利，以定国是。而现代共和国，由于技术发展，人类活动半径大大增大，国家规模要比古代大很多，商业贸易逐渐取代以前战争的地位，而成为立国根本。即便不是立国之本，至少也在经济生活中占有极大比重。另外商业带来的个体独立性大大增加，人们的个人生活离政治生活越来越远。在政治上的后果是，像古人那样的直接参政已经基本上不可能，代议制变成必需，绝大部分个体对政治容易丧失兴趣，公民权、政治自由、政治权利被冷落。贡斯当概括说，"古代人的目标是在有共同祖国的公民中间分享社会权力：这就是他们所称谓的自由。而现代人的目标则是享受有保障的私人快乐：他们把对这些私人快乐的制度保障称作自由"。

贡斯当批评卢梭硬要将古代人的自由移植到当代，从而造成严重的灾难。比如卢梭推崇的小共和国、直接民主制等，都被贡斯当认为是刻舟求剑之举。贡斯当也严厉批评了在法国大革命之前不久去世的法国著名天主教思想家马布利神父，因为他和卢梭一样（他们都推崇斯巴达），竟然将权力机构视为自由的来源，从而认为法律应该监管人们的一切,包括思想。随后,贡斯当以法国一度打算恢复古代雅典的贝壳流放制度为例,严厉批评了其政治上的食古不化可能带来的严重危害。

最后,贡斯当总结:古代人的自由与现代人的自由是两种不同的自由,但它们在现代社会具有内在的关联性。他说:

> 个人自由是真正的现代自由。政治自由是个人自由的保障,因而也是不可或缺的。但是,要求我们时代的人民像古代人那样为了政治自由而牺牲所有个人自由,则必然会剥夺他们的个人自由。而一旦实现了这一结果,剥夺他们的政治自由也就是轻而易举的了。

这段话概括、简洁地说出了个人自由与政治自由之间唇齿相依的关系。一方面,政治自由是个人自由必不可少的护城河,任何一种权力,无论是政府权力,还是社会权力,一旦剥夺了人们的政治自由,便能迅速长驱直入个人自由的领地,自由至此灭亡;另一方面,无论政府权力还是社会权力,任何一种权力倘若逼迫人们行使政治自由,为了行使政治自由而牺牲个人自由,那么在个人主义灭亡的同时,政治自由也将灭亡。

总之,贡斯当区分了古代人的自由和现代人的自由,是个十分重要的发现。贡斯当认为古人不知个人自由为何物(哈耶克认为贡斯当这个观点是误解了古希腊),而对现代人来说,人们未必会去行使政治自由,但个人自由却是瞬息不可离开。但贡斯当也指出,倘若人们因政治自由离日常生活较为遥远而蔑视它的话,政治自由的丧失,也会导致个人主义的灭亡。

我建议朋友们读一读修昔底德的《伯罗奔尼撒战争史》,可以感受一下古代希腊人的生活方式,若细读其中伯里克利的演讲,就可以印证贡斯当所讲的古代人的自由是什么了。

是否存在最好的政体

据说,贡斯当的许多文章里都有一句口头禅:"本质上万物融合。"就像许多英系政治思想家一样，贡斯当并不轻易将国体和政体混为一谈，并不认为君主制就一定是奴役制，共和国就一定是自由政体，他更看重具体的制度如何限权与分权，如何保护个人自由与权利。出版于 1815 年的《适用于所有代议制政府的政治原则》，就是探讨这一主题的。从书名可以知道，贡斯当在探寻一些最低限度的元素，有了这些元素，一个政体才有可能是自由政体，才能够保护人们的个人自由与权利，以确保人们理应享有的政治自由。贡斯当的这部书，有个重要的出版背景，就是拿破仑百日王朝期间，贡斯当为他草拟了《帝国宪法补充条例》，这是贡斯当的观点与拿破仑的要求相互妥协的产物，《适用于所有代议制政府的政治原则》很大程度上就是对条例的说明。如《贡斯当政治著作选》英译本的序言中方塔纳所说的，《适用于所有代议制政府的政治原则》一书，"使他以往在政治理论方面的思考有了一种对现行宪法进一步改进的建议形式"。因此，贡斯当的这部《适用于所有代议制政府的政治原则》，不是抽象的理论著作，而是他思考多年的政治理论直接应用于现实政治的作品。

贡斯当分述了 20 个主题，从其标题中就可以窥见他是以英国君主立宪的议会制为心中的体制蓝本，但也并非完全一笔照抄。这 20 个主题大致可以按贡斯当文本本身的逻辑划分为四个版块，分属于主权、立法权、行政权、公民权四个范畴。1—4 是讨论主权范畴内的问题，包括有限主权原则、王权中立原则、王权内容；5—8 是讨论与立法权相关的主题，包括选举问题、立法创制权问题；9—14 是讨论行政权及其相关问题，包括行政官员（大臣）和公务员（下属）的责任问题、联邦制问题、外交问题以及国防问题；15—19 讨论人民的个人自由和政治自由，包括财产权、出版自由、宗教自由、个人自由以及司法保障；20 结语。

在 1—4 讨论主权及其相关问题部分中，有限主权原则是首要原则。贡斯当一向以批评卢梭著称，在人民主权问题上，他也是毫无疑问地反对卢梭的人民主权绝对论。贡斯当认为人民主权当然是有限权力，而不是无限权力："如果你确信人民主权不受限制，你等于是随意创造并向人类社会抛出了一个本身过度庞大的权力，不管它落到什么人手里，它必定构成一项罪恶。"应该说，这恐怕也是贡斯当亲眼所见雅各宾断头台治国所受的最深刺激之一，卢梭的主权绝对论和公意论都是抽象标签杀人的经典例证。贡斯当认为，抽象的主权就像抽象的公意一样，毕竟要落地，由非常具体的人去掌握，所以不能给予任何一种权力以绝对和无限的力量。人民拥有人人平等的权利和自由，任何权力都不能肆意去侵犯，主权也不例外，这就是主权的限度。并且贡斯当寻求分权制衡和舆论力量来保证这种权力与权利之间的均衡。贡斯当认为有限主权原则是一项永恒的原则。

接下来是王权中立原则。贡斯当认为君主立宪制下，存在着五种权力，即王权、行政权、长期代议权、舆论代议权、司法权，其中长期代议权和舆论代议权分属于上议院和下议院，而王权则应当高居于其他四权之上。"立宪君主制在国家元首身上建立起了这种中立的权力。国家元首所真正关心的不是让这三种权能的任何一种推翻其他两种，而是让它们互相支持，互相理解，协调行动。"为此，王权必须排除过于具体的权能，比如行政权。贡斯当甚至认为，王权从行政权中分离是树立其权威的基础。很公允地说，贡斯当的这一思想是杰出的政体设计思路，英国和日本的君主立宪制很大程度上实现了这一理想，当代德国的议会制体制架构，也在事实上遵循了上述权力分立与制衡原则。贡斯当特地强调归属于王权的解散议会权的重要性。他认为，当下议院中出现与其代表行为相悖，并且难以获得其他制约时，解散议会就是唯一选择，而这一项权力应该交给王权。英国的体制中，解散议会权看似属于国王，但国王行使的是一种仪式性、程序性的权力。真正行使解散议会权的是首相，这是1783年小威廉·皮特第一次就任首相时创立的制度。贡斯当认为上议院人数应当不受控制，如贡斯当所言，是因为这个议院所拥有的是荣誉性和道义性权力，不像下议院那样拥有广泛的世俗实权，它难以为祸国务。但增加它的人数却可以增加其力量，以便在整个权力架构中对其他拥有实权者构成道义性和荣誉性的制衡。

5—8主题是讨论与立法权相关的问题，分别讨论议员的选举、选民的财产条件以及议会辩论问题。贡斯当反对卢梭式的行政领袖直选，因为他支持代议制，支持议员直选，并且支持议员连选连任不受任期限制，以维持政治家从政以及人民意愿的连续性；贡斯当认为选民应当有财产条件限制，因为无产者易于为了获得财产而丧失公心；贡斯当认为议会应当可以进行公开辩论，除了要有一些必不可少的程序规范之外，应当禁止书面发言，必须即兴发言，以此激发真正的讨论。贡斯当认为立法创制权应当公开地归于两院，而不能让大臣与国王秘密制定法律。

9—13 主题是讨论行政权领域的问题。贡斯当认为，应该对政府官员（大臣）们的行为进行区分，政治性的职务行为应当承担政治责任——贡斯当恰如其分地阐述了倒阁权在议会中的运用，但不能追究民事、刑事责任，而其他的私人民事行为或刑事犯罪，则应当依照民法与刑法与普通公民一样平等接受司法；而下属们的行为，则应当依照法律来衡量，并不能以上级命令为显而易见的违法与犯罪行为为自己辩解；贡斯当支持联邦制，认为这是国家所有地区保持各自个性与活力的保障；贡斯当认为在宣战与媾和问题上应该学习英国的制度，由大臣们具体办理，但由国会进行程序性审查，以防止出现任职大臣不称职损害国家利益的情况；贡斯当也支持常备军，认为这是保卫国家免受侵略的重要保证。

第 14—19 主题是讨论人民个人生活上的自由。贡斯当罗列了几项最主要的自由和权利，包括私有产权不受侵犯、出版自由、宗教自由、个人生活的自主权以及司法对这些自由与权利的保障。贡斯当强调了司法独立和程序正义的重要性。

在结语部分，贡斯当重申了变革渐进性的思路，他认为宪法的缺陷需要循序渐进地弥补，而不是动辄推倒重来，这显然也是对法国大革命及其后果的一个概括性反思。

贡斯当将上述 20 个主题定为代议制政体的最低限度原则，它包含了一个分权和限权基础上权力有限的代议制均衡政体，以及该政体保护下的法治。这些原则确保每个人的人权保障被纳入一个完备的规则框架之中，确保人民的个人自由得以保障的同时，可以在法治框架内行使政治自由，以保卫自己的自由与权利。

总之，贡斯当对现代代议制民主政治进行了全面论述，他涉及了该领域的所有重要内容，举凡政府组织形式、选举、各个权力分支如何运作、权力应该进行怎样划分才合理、政府官员如何选拔、职责如何划定，以及权力之间的均衡与制约如何达成等，都进行了精心的思考。

研究政体设计问题是很有意思的，我建议大家阅读麦迪逊的《辩论：美国制宪会议记录》，尤其是其中讨论君主制的相关内容，看看历史上最杰出的政治精英们是如何思考这个问题的。

揭开一块恐怖的政治面纱

1813年，随着拿破仑远征俄国的失败，拿破仑帝国也随之面临崩溃，这一重大事件促使贡斯当在汉诺威旅行期间就匆忙写下《征服的精神和僭主政治及其与欧洲文明的关系》，并立即（1814年初）以单行本形式出版。

《征服的精神和僭主政治及其与欧洲文明的关系》猛烈抨击拿破仑帝国的专制统治，和贡斯当的其他作品一样，这本书常存古今比较的思维方式，有着虽偶感疑惑其实依然是进步主义的观念。这本小册子比较分析了他眼中的古代好战及征服社会与现代和平及商业社会的差异。贡斯当认为拿破仑帝国注定会灭亡，因为帝国不合时宜地试图将古代的军事征服强加给已成为商业社会的法国。法兰西民族对于征服已经毫无兴趣，他们更喜欢和平、友善、温情脉脉的商业精神。这是一种历史错位。贡斯当认为，这种历史错位只有在混乱的革命时期才会发生，这是因为革命时期破坏一切的野蛮习俗能够容纳甚至完全吸纳征服所带来的野蛮习性。一旦革命结束，征服精神、好战的民众情绪就会偃旗息鼓，成为过去。

贡斯当这一论述，很大程度上可以说被后来的历史证明是错误的。略显历史主义的分析路径导致了贡斯当在分析许多问题时被他自己绊倒，这是他和托克维尔的一个很大区别。托克维尔在时间与进步之间的关系问题上远比他更为悲观，以至于托克维尔在对未来进行预测时几乎百发百中。而贡斯当则因其进步主义的观念，在预测未来时就易出错。例如，他对商业过分的信心，使他无法更加深刻地注意到商业本身带来的市场野蛮与市场冲突，也无从察觉民族国家时代的征服精神，不但依然有其市场，甚至可能市场会更为广阔，而这是基于人性本身——狂热的国族主义、民族情感所酿制的民众情绪巨流，不但不会干涸，反倒会从民族国家这一源头活水长期奔流，也是民族国家时代更易引发国际战争的重要来源。拿破仑帝国不但不是一种旧现象衰亡的征兆，反而是一种新现象正在兴起的警告。

不过据说维也纳会议以后，希腊等国民族独立运动刺激了贡斯当修正他对未来商业世界过于乐观的和平信念。但正是这一进步主义的失误，使得他随后对僭主政治的批判缺乏了时间的纵深，至少在他自己那里仅仅成为单纯的暂时性现象批判。

在抨击了征服精神之后，贡斯当开始着手剖析和批判僭主政治。将拿破仑视为僭主，时常被认为是隐含着承认波旁王朝具有政治合法性之意，方塔纳认为这"也与他基本的共和主义情感相抵触"。但这不符合事实，因为贡斯当最心仪的不是共和主义，而是君主立宪制。他对波旁王朝的心情是复杂和矛盾的，他承认法国大革命的合法性与正当性，这是基于他略显僵化的进步主义观念，而出于善治的目的，他显然并不反对波旁王朝继续充当法国的王室——只要王室的权力被框限在合理范围内。而几年后贡斯当为拿破仑当顾问、追随路易十八等政治活动，充分验证了其上述思想。

贡斯当将对僭主政治的批判，集中于对专横权力的剖析和批判。贡斯当因其对专横权力的批判，而被视为对20世纪弥漫全球并且给半个世界造成巨大灾难的极权主义批判的先驱人物。

在对君主制和僭主政治进行对比后，贡斯当得出结论说："尽管僭主政治和君主制存在着容易使人受骗的相似外貌，以为两者都是权力掌握在一人手中的统治方式，但没有什么东西能比这两者更为不同。一切强化后者的事物都在威胁前者；一切在君主制下导致团结、和睦与和平的事物，在僭主政治中都会导致对抗、仇恨与颠覆。"可以想见，贡斯当在写这些话时，一边在想象着良好运行着的英国国会，一边想到自己正在经历的拿破仑时代的法国。比较而言，虽然乔治三世并非贡斯当意义上的理想国王，但他至少是个合法的君主，而不是拿破仑这样的僭主。

贡斯当归纳了所谓僭主政治的若干特征，比如利用伪装的合法性进行非法的奴役统治："僭主政治需要的背叛、暴力和背信弃义竟是如此之多！僭主当然会乞灵于原则，但只是为了践踏它们；当然会签订合约，但只是为了撕毁它们；他会骗得一些人的忠诚，从另一些人的软弱中捞取便宜，他要唤醒蛰伏的贪欲，鼓励隐藏的不义和担惊受怕的腐败……"僭主政治以十分精致的暴力末梢和巨细靡遗的谎言来维护奴役性统治，并且迫使人们因彻底丧失私生活而无时无刻不被奴役。所有这些都随着强大的专横权力侵入人们私生活的所有领域，不给人留下个人生活的丝毫缝隙。

贡斯当发现僭主政治在作伪方面是人类统治史的巅峰，而这恰是 20 世纪极权主义最根本的特征之一。贡斯当敏锐地指出僭主政治所具有的强烈的表演性。他举例点出各种滑稽的场景，比如虚假的义愤填膺、对着空气表达对并不存在的敌人的愤怒。这很容易让人想起奥威尔《1984》里人们对果尔德斯坦因的愤怒控诉。程序看似十分严肃的虚假审判、极其虔诚的诽谤，这很容易让人想到所有极权主义国家那种托尼·朱特所谓的"摆样子公审"。而另一方面，还有那些极其虚伪的感人场面，对领袖人为制造的邪教式崇拜，如苏联作家巴别尔那句招来杀身之祸的"拿着麦克风说情话"。

贡斯当又说，"专制政治靠沉默的手段统治，并且它留给了人们沉默的权利；僭主政治则强迫人们讲话，它一直追查到他们思想最隐秘的栖身之处，迫使他们对自己的良心撒谎，从而剥夺了被压迫者最后这一点安慰"。

贡斯当的这些深刻观察，在当时少有人注意到，而这些正是 20 世纪极权主义的重要特征之一，即国家恐怖主义的专横权力对私生活无孔不入地入侵，从而形成制造恐怖方面的无穷潜力。

贡斯当如此切中肯綮、富有洞察力批判的对象，与 20 世纪的极权主义可谓严丝合缝地对应。贡斯当并且预言，僭主政治导致了人们品德的败坏、善的力量不断退却，其结果就是造成了全社会的普遍堕落，而这正是极权主义最显著的恶果之一。

虽然贡斯当对僭主政治或专横权力的批判如此具有前瞻性，但贡斯当自己却否定了他的预见性。他认为这种专横权力是与正在到来的商业社会格格不入的，这样的僭主政治在未来无法成活，它只是暂时的，无法持续，因为不是时代所需要的。

这是贡斯当的深刻思想让人遗憾之处，这可能也是贡斯当未能再进一步深入研究他所谓的僭主政治或曰专横权力被后人称之为极权主义的新型专制政体的原因。贡斯当不是从人性与制度关系入手，而是错误地从一种机械的历史进步主义入手，导致他错将一个可能是永恒的深刻话题当作一个速朽的暂时性浅薄论题处理了。严酷的极权主义确实不具备持久的续航能力，尤其在锁国体制下，但贡斯当误将任何特定僭主政治缺乏续航能力视为僭主政治本身在未来时代不可能存在。事实恰恰相反，只要人性本身没有太大的变化，无论被称为僭主政治也好，叫作极权主义也罢，它们会在历史上不断以或新或旧的形式出现。一时一朝的特定僭主政治会随着统治能力的衰退而崩溃，但历史永远不缺极权独裁之心勃发的政治恶棍，也不会缺少崇拜他们的脆弱灵魂。随着科技的发展和政治制度的变迁，特定僭主政治的随时灭亡只会激发这些极权僭主们千方百计地试图完善这架政治永动机，从而给人类不断制造大规模的新罪恶与新痛苦。贡斯当的机械进步主义桎梏了他思想之翼的展开，蒙蔽了他原本可以登高望远的双眼。

总之，贡斯当有一双慧眼，发现了当时尚未全面展开的僭主政治形式，它要到20世纪才发扬光大，但19世纪才有雏形时，贡斯当就已经发现了。贡斯当以他政治思想家的天才画笔，将这种20世纪下半叶红遍半个地球的政治形式，提前画了一幅照相术般准确的素描肖像。

我建议朋友们读一读哈耶克的《通往奴役之路》的第10、11、13章，可以跟贡斯当所述的僭主政治相对照。

思想的最要者在于方法

对任何一个思想家，唯有追溯其思考的方法本身时，才可能更深刻地理解他。无论赞同其观点，还是批评其观点，对其方法论的深究才是追根溯源的研究。

前文谈及17—19岁（1783—1785年）贡斯当在爱丁堡大学受亚当·斯密和亚当·弗格森等人影响颇深，这对早熟的思想家的方法论形成相当重要。关键是随后而来的法国大革命，贡斯当拥有思考所需要的近乎完美的观察距离。离法国很近却并没有实际参与，基本上可以算是剧场前五排的正中位置，可以看得既真切又全面。而且先前所学对路，再加天资聪慧，于是创见迭出。

贡斯当思想的方法论主要体现在两个方面，即渐变论的社会进步史观和个人主义与法权主义的自由观，统摄两者的是政治与社会理论上的英国经验主义认识论传统，尤其是由苏格兰启蒙运动所代表的精神气质。

渐变论的社会进步史观

贡斯当的社会变迁史观，既是进步主义的，又是渐变论的，这是利弊互见的。进步主义使得贡斯当对未来充满信心，他相信未来的时代是商业社会的天下，因此战争与征服的古典特征会被和平与贸易的现代特征所替代。进步主义也使得贡斯当看待问题时常常流于机械与僵硬，以至于在分析大量社会政治问题时，会获得极其深刻的思想，同时也显出简单化和幼稚的一面。对僭主政治的批判尽显其深刻的洞察力，而进步主义使他误以为恐怖政治将来会消失。进步主义的方法论也使得贡斯当在接受法国大革命时略显轻率，因缺乏对法国大革命成因更为细致的考察而缺乏托克维尔那种在接受革命时更多的谨慎和复杂性展示。甚至在分析两种自由时，也因其进步主义的内在理路，出现了对古代雅典所呈现的现代自由的一面缺乏更为深刻与宽广的肯定，而仅仅将其作为一个受历史进程局限的例外来考察，这导致其对两种自由的命名上存在时间偏见，虽然后来受其启发的伯林的积极自由、消极自由两种自由概念也受到一些政治哲学家的质疑，但伯林的两种自由概念并无历史限制，可谓修补了贡斯当的缺陷。

除了进步主义这把双刃剑，贡斯当的社会变迁史观中渐变论的方法论在总体上则是健康的。贡斯当不接受暴民政治，不接受雅各宾暴政，除了理论上反对卢梭的主权绝对论、主权无限论、主权抽象论，以及显而易见的血腥，还因为他完全不相信社会变迁的突变论，虽然他并没有像泰纳或托克维尔那样对旧制度和大革命进行全面的具体研究，但无论是自己的直觉还是从爱丁堡大学所受的影响，都不可能让他接受那种一夜走进天堂的政治呓语。渐变论的方法论也使得贡斯当在政体设计上显出高度的兼容性，在接受共和主义原理的同时，并不追求纯粹的共和政体，反而是从渐变论出发对君主立宪政体给予最大的尊重，并且在关于该政体的法国体制设计中，既兼顾了应有的政治原则，又尊重了具体国家的历史传统。渐变论的方法论，也使得贡斯当在参与具体政治过程中，既能长期不懈地坚持自由主义精神，又能在不同政体间穿梭，朝着一个最低目标的自由努力。共和潮流浩浩荡荡、君主制不合时宜的时代，贡斯当反对拿破仑之后又迅速被"招安"，当他的政治顾问，并且为他起草宪法补充条例。这件事虽然时常被人诟病，以贬低贡斯当的政治人格，但若以一个政治学行家的眼光看，他的这一行为并没有违背他追求自由主义的初衷。贡斯当的渐变论方法论使得他在讨论改革问题时，通常总是赞赏渐进的局部的缓慢的变革，而反对激变的全局的快速的革命，因为他认为后者将无法确保人权处于安全地带。拆掉房子固然容易，但重建房子未必容易，而修葺房子总是相对容易一些。正如他自己比喻的，他担心的是为了重建而拆掉房子后人们会流离失所。

个人主义与法权主义的自由与权利观

个人主义和法权主义的自由与权利观，是贡斯当另一个特别重要的方法论基础。罗列自由与权利的表单，是贡斯当讨论政治时十分重要的一个方法，而这些自由与权利，都是必须落实到每个人的个人主义的自由与权利。在贡斯当这里，绝对不存在卢梭那种所谓为了获得主权下的自由而交出所有个体自由的荒谬逻辑，贡斯当所念兹在兹的便是个体的自由与权利必须得到保障，否则不存在现代人的自由。结合两种自由的区分，贡斯当认为作为商业文明的现代社会，个体的自由与权利是与这种时代精神相匹配的现代人的自由——"无论多么微小的个人利益，与整体利益相比也是同样神圣的，因为它们包含着无辜者的生命、自由和安全。"

在贡斯当罗列的个人自由和权利中，最重要的是财产权、宗教自由、出版自由、个人自主生活的自由以及保障这些自由和权利的司法独立，同时贡斯当特别强调了程序正义的重要性，这几乎隐含了对法国大革命后期以及卢梭思想针锋相对的批判。

贡斯当的这种个人主义和法权主义思路，显然是受了英国普通法传统、司法中心主义历史路径的影响。这种经验主义的政治思想方法论，通常是欧洲大陆思想家并不青睐和欣赏的。但孟德斯鸠开创的古典社会理论对英国的赞赏深刻影响了苏格兰启蒙运动中包括政治学在内的社会理论研究，并且经由大卫·休谟、亚当·斯密、亚当·弗格森传回欧洲大陆，成为贡斯当思想的重要源头。换个视角可以看到，贡斯当赋予了法治极高的价值，没有法治，就没有个人的自由和权利。贡斯当向来是要讨论可实现的自由和权利，而不是虚空中唱高调吹牛的自由与权利，因此，他在讨论保护具体的自由与权利时会重视司法独立和程序正义，这正是英国司法中心主义法治的精髓之一。

很大程度上说，贡斯当的思想可以被概括为是对个体自由和权利的法权主义追求，他的政体论便是围绕着这一目标展开的。因此，他的政体论才可能建立在一个扎实而具体、细致入微的基础上，而不是像卢梭那样建立在整体主义、抽象并且虚幻的空中楼阁的基础上。也正因为如此，才能理解贡斯当何以对各种政体设计都抱着兼容并包甚至是杂拌混合的态度，对国体则无要求。不但没有要求，经过全面考察各种政体后的思考，他得出结论认为，显然只有君主立宪制才能设计出一个最佳政体，而过往的政治历史似乎很大程度上验证了他这一超越时代的思考。对于贡斯当来讲，政体设计的目的是让法治得以安全、顺利、合理地展开，它是为法治保驾护航的，一个无法保障法治的政体设计就是个失败的政体设计。政体并不直接面对个人的自由和权利，而是会经过法治这个中间物。因此，法律制度必须能够保障每个人的自由和权利，而政体就是要保护这样的法治的展开。政体设计之所以与法律制度密切相关，是因为权力一旦不受限制，无制衡无分权，那么专横权力就会篡改和扭曲法律制度，从而消灭法治，直接践踏人权——每个人的自由与权利。

理解了贡斯当的这个思路，才能理解他为什么在阐述人民主权理论时，先是赞成人民主权学说——这种随大溜的赞成简直是一种敷衍——继而立刻强调人民主权有限原则，猛烈批判卢梭的人民主权抽象绝对论。他认为，卢梭的学说使得不管谁手中掌握权力都会成为巨大的祸害，这贯彻了贡斯当"权力必须受到限制"这一无所不在的主张，因为要保护每个人的自由和权利，势必要限制权力。权力必须有边界，主权也不能例外，个体的自由和权利才有法治保护其存在的生存空间，否则任何人手握主权，就没有什么力量可以制约他了。

理解贡斯当的个人主义和法权主义方法论，也是理解贡斯当王权中立论以及君权论的钥匙。共和论者也许很容易将君主与个人自由和权利对立起来，以为那是一种不平等的等级制，而事实上，贡斯当通过他清晰而坚定的个人主义法权思路，严密地论证了王权中立论及其相关君权论对于个体自由保障的重要性。这里的根本在于限权与分权制衡，包括政治思想家们在内，即使人们会十分关注限权和分权制约，却往往易于忽视限权和分权制约同时的权力平衡问题。

除了在所有经典政治思想家们通常所热衷于讨论的限权和分权制约问题之外，贡斯当独辟蹊径地在如何保持权力平衡问题上下了极大功夫，并在政体设计意义上进行了虽然并未引起应有关注却极为重要的非凡努力。贡斯当将孟德斯鸠当年对英国体制的创造性误解，即后来被美国联邦宪法实践的"三权分立"，分解为四权，并且在四权之上另加一权，即王权。按贡斯当的设计，王权是在仪式上并且仅仅是仪式上高于四种权能的权力，它是一项安静、被动并且具有威严和尊荣的权力，但它不能主动干涉其他四权的行使，它只有在其他四权之间出现纷争难以平息并且投诉到它时，才能按照宪法行使王权，以恢复权力的平衡。因此，它必须是中立无偏的，当四种权能出现纠纷时，他具有居中调停的权力。这一思想虽然后来被施米特、凯尔森转化为议会制下民选总统和宪法法院的理论与实践，但其实远不如贡斯当的设计精妙与高效。以当代最经典的德国议会制体制而论，其权力安排的原理与贡斯当所设想的君主立宪制相似，但议会制下的民选总统，其实来自个人的卡里斯玛显然无法与传统君主相提并论，因此，其权威及其稳定权力的效能与通过历史传承获得的王权也就无法相提并论。当年胡安·卡洛斯一世国王在粉碎军事政变时的权威，恐怕不是一般的民选总统能够具备的。英国公法学家白芝浩通过英美两种体制的比较，认为英国的议会制是一种比美国僵硬的三权分立总统制更好的体制，而那已是贡斯当去世后整整半个世纪的事了。即便在20世纪90年代，美国政治学家胡安·林茨在全球政治学界挑起一场政治体制优劣论战后，贡斯当的这一政治体制设计也没有得到应有的重视。这种缺乏重视的现状，一方面是因为君主制常常是历史传统的产物，可遇不可求，另一方面是因为过于相信现行制度设计在复杂局势中的稳定能力，即使事实上并非如此。

贡斯当的上述杰出政体设计，依然离不开他的根本目标：保障每个人的自由和权利。在限权和分权制约基础上，权力整体越稳定，法治就越具有稳定性，个体的自由和权利就越能够得到保障。正如贡斯当的政体设计中，会给予上议院以无限扩充人数的优待，他的理由是，上议院并不掌握实权，它更多是一个荣誉性的权威，扩充人数并没有危害，却能够获得更多好处。王权其实也一样，被拔掉利爪和牙齿的老虎，危害全无，特殊情况下却能显示虎威。

贡斯当思想中最有价值的应该是他的方法论以及政体设计中那种周全的均衡感。例如，他在政治哲学上最杰出的贡献之一，人民主权有限论、王权中立论，显然既是个人主义的产物，也是思维均衡感的产物，至于他对君主立宪制这一政治体制的权力安排，同样显出这一特性。

德国宪法学家施米特在《宪法的守护者》中说到，贡斯当的王权学说是现代欧洲大陆所有研究国家元首中立性问题的思想源头，实际上，施米特和奥地利政法学家凯尔森都是从他那里获得的这一宪政思想精粹。德国议会制的宪政思想依据，显而易见也是从贡斯当拟制的体制而来的。但贡斯当的杰出思想，在现代政治哲学和政治科学中，并未得到应有的重视。

在国际政治学界比较宪政体制的论战中，议会制优于总统制、半总统制已被越来越多学者认可，但君主立宪制是否更优却几乎无人问津，它在政治学上已经被视为仅存的几个活化石之一了。这是一个很大的遗憾，因为即使君主已经过时，但君主立宪制的原理，尤其是其中的贡斯当体制所体现出来的政治智慧未必过时，反倒是迄今都缺乏深入的挖掘，这或许是将来的政治学界重要的思想资源之一。

英国、日本、西班牙等君主立宪制国家的宪政体制十分稳定，与贡斯当所说的诸如王权中立、国王不掌行政权之类的优点是密切相关的。如何使得现行的议会制、总统制、半总统制都尽可能具备类似优点，不仅是个十分有价值的学术课题，也是非常严肃的政治实践课题。随着对贡斯当体制的理论和实践挖掘，它或许可以为解决胡安·林茨所谓的"总统制危机"或者达尔所谓的"美国总统制是一种伪民主制"等问题提供思想资源。从这个意义上说，贡斯当思想最重要部分的开掘，也许尚未开始。

总之，不理解贡斯当的思想方法，就很难进入他的各种思想结论及其推理过程。他的方法论主要是渐变论的社会进步史观和个人主义与法权主义的自由与权利观，前者保证了他时刻警惕乌托邦幻觉带来的暴政，后者保证了他的思考始终能够考虑到构成社会的每个人。因此，他的思想中不存在手段和目的的紧张关系，在他那个时代，能像贡斯当那样将个人"微末"的自由和权利与国家利益、公共利益视为同等重要，是非常不容易的。

我建议朋友们阅读《通往奴役之路》的第三章，或者米塞斯的《自由与繁荣的国度》，来与贡斯当的思想方法做些比较。

思考题：

1. 写过《墓畔回忆录》的夏多布里昂说过："从本性上讲，我是个共和派；从理智上讲，我是个保王党；从道义上讲，我是个波旁派。"如果把这话套在贡斯当身上，你觉得适合吗？通过这句话，你能理解贡斯当看似多变的政治立场吗？
2. 贡斯当说："在古代人那里，个人在公共事务中几乎永远是主权者，但在所有私人关系中却都是奴隶。"你怎么理解这句话？结合此前我们讲过的相关主题的课程，你觉得他这一发现的意义在哪里？
3. 贡斯当说，议会应当公开辩论，"只有当演说者不得不大发议论时，才能产生真正的辩论"。你怎么看这个问题？
4. 为什么贡斯当说君主政体比僭主政治好？
5. 你觉得贡斯当的思想，哪些是过时的，又有哪些是我们仍然需要理解和思考的？

一九
《论立法与法学的当代使命》

[德] 弗里德里希·卡尔·冯·萨维尼著　许章润译　中国法制出版社　2001年

主题词◎立法　历史法学　罗马法　民族精神

―――― 经典之处 ――――

1814 年，法学家蒂堡（Thibaut，1772—1840）发表了《论统一民法对于德国的必要性》，呼吁制定德国统一民法典，希望通过法典化运动促进德国文化和经济的统一。萨维尼随即发表了论战文章《论立法和法学的当代使命》，批判蒂堡的法典化建议。《论立法与法学的当代使命》被称为历史法学派的纲领和宣言，是萨维尼法律思想的集中体现。

―――― 作者简介 ――――

弗里德里希·卡尔·冯·萨维尼（Friedrich Carl von Savigny，1779—1861），生于美因河畔法兰克福市，德国著名法学家和国王顾问，历史法学派创始人。曾任政府立法部门的部长，是当时反对德国制定统一民法典的急先锋，依靠自己在政界和学界的巨大影响力，他将德国民法典的编订工作，推迟了整整 90 年。萨维尼的代表作有《中世纪罗马法史》《论立法与法学的当代使命》《当代罗马法体系》等。

导语 | 立法是一个民族的生命之根

刘苏里

萨维尼生于1779年,是他那个时代德国最重要的法学家。他还在政府的立法部门担任过部长,却是反对当时的德国制定统一的民法典的急先锋,靠着自己在政界和学界的巨大影响力,他将德国民法典的编订工作,推迟了90年,而发表于1814年的《论立法与法学的当代使命》,正是萨维尼射向支持德国订立统一民法典的第一枪。

萨维尼为什么要这么做?身为立法最高行政长官,任内完成最重要的民法立法工作,不仅是分内职责,更是巨大的荣誉诱惑,处在这个位置上的人,谁能经受得住这种诱惑呢?整个世界立法史上,恐怕只有萨维尼一例。理解萨维尼的选择,正是我们选读《论立法与法学的当代使命》的原因,他的选择对我们思考当今的立法有着重要启发。

首先来看萨维尼的学术角色。18世纪末19世纪初,德国兴起了一个法学学派,叫作历史法学派。这个学派的主要主张是,一个民族或国家的法律,主要源于习惯,而不是立法工作本身。习惯跟一个民族或国家的民族精神有关,而立法工作更多的是靠理性。习惯跟植物一样,是从一个民族一代代人的日常生活中生长出来的,而立法体现了具有普遍意义的自然法原则,是立法者对这种普遍意义的总结。总之,在历史法学派看来,法律来源于经验或常识,而不是人的大脑。这也是这个学派冠以"历史"的原因。既然法律是从一个民族或国家的土地里生长出来的庄稼,那就必须仔细考察这块土地是怎么回事,以及庄稼在生长中,从种子到发芽、成长、成熟的过程。这个过程在时间中展开,经过数百年的风雨,它就叫作历史了。

萨维尼是这个学派的开山鼻祖之一,是集大成者,更是这个学派延续近百年、不可撼动的大旗。《论立法与法学的当代使命》这本书,既是萨维尼反对德国民法典立法的宣言书,也是历史法学派历久不衰的学术思想指南。

说《论立法与法学的当代使命》是宣言书，是因为它是一场关于德国民法立法争论的产物，反方主将是萨维尼，正方的领衔者是法学名将蒂堡。这场争论，有一个大的历史背景。我们知道拿破仑崛起的背景，是法国大革命。拿破仑不仅恢复了帝制，还将法国革命的普遍原则——自由平等博爱——写进了《拿破仑法典》，也就是法国民法典。法国也曾是当年罗马帝国统治的地区之一，罗马帝国统治的基础之一，就是罗马法。《拿破仑法典》自然也有罗马法的影子，但更主要的，是体现了法国革命主张的理性主义原则。随着拿破仑对欧洲征服的战马铁蹄，法典被带到了欧洲各国，特别是德国。拿破仑败走，却留下了法国民法典。令德国人尴尬的是，拿破仑虽然撤了，德国却没有走出分裂。彼时的德国，涌起强烈的民族主义大潮，其中蒂堡代表的一派就认为，应当结束分裂局面，而走向统一就必须制定一部统一适用的民法典。蒂堡不断这样呼吁，是因为他从法国民法典中，看到了德国统一的曙光。

此时站出来反对蒂堡的正是萨维尼，他重磅抛出的就是《论立法与法学的当代使命》。萨维尼不是反对立法，而是反对蒂堡一派急于立法的主张，他认为立法的时机未到。萨维尼的意思是，德国连自己是怎么回事都没搞清楚，就急于立法，只能适得其反。因为立法原则和条款一旦确立，就具有约束性，影响人们对德国法律传统的认知。如果立法缺少对传统的认知，免不了堆积各种原则、理念和教条，最终扼杀深厚的历史和鲜活的生活。正是历史和生活为立法提供了动力资源。所以，萨维尼坚决主张，德国的立法工作，要从对本民族的法律传统资源的梳理开始，在彻底搞清楚自己是谁之后，再立法也不迟。

其实，历史法学派内部也分两派，我们可以粗略称它们为日耳曼派和罗马派。日耳曼派更主张"原教旨主义"，认为德国立法，要不折不扣地以德国本民族传统为基础，这个传统就是延续两千多年的日耳曼习惯法；罗马派认为，德国不仅继承了罗马帝国的名号，称自己为神圣罗马帝国，同时也是罗马法的继承人，立法的前期工作重点，应当是对罗马法的整理、研究和总结。

萨维尼正是罗马派的关键人物。萨维尼退出政坛后，几乎将所有精力都用于罗马法的研究。他的三部重要代表作，有两部都是关于罗马法的。萨维尼坚守罗马法传统，反对日耳曼派，有着重大意义。这也是今天我们重温他的论战文章的理由之一。日耳曼派坚持的传统，来自德国黑森林的部族政治实践，跟延续千年的罗马帝国法治文明相比，更加原始、条理杂乱。在萨维尼一派看来，德国民法典如果与之接轨，无疑是个倒退。

更重要的理由是，作为神圣罗马帝国血缘相继的德国，采行罗马帝国的法治原则，不仅政治上具有天然的正当性，且道统上无懈可击，对德国走向统一，更是法理上的不二之选。由此我们看到，比起蒂堡的立法激情、日耳曼派的守旧，萨维尼的选择在政治上显得更加成熟。因为激情下的选择，会因法典的固化，遮蔽日常生活的复杂，使得法律失去生命；而坚持日耳曼传统，会让法典粗陋原始，跟已经取得的法治文明渐行渐远。

萨维尼的学说和立场，深刻影响了德国民法的立法进程。直到20世纪初，德国民法典才得以出台，该法典不仅具有罗马法的精致，也不失德国法律传统的精髓，可以说成为西方立法的典范。萨维尼的影响，也因此越出德国，远及欧美及世界各地。

萨维尼的核心思想是，"所有的法律……首先通过习俗，然后通过法律科学而产生，总之是通过内在的潜移默化的力量，而不是立法者的强制而产生的"。法律的本质，"从某种意义上来讲就是生活着的人本身"。

活着的法律是一种看不见的精神上的东西，它产生于无形之中，并通过其自身潜移默化的力量，在无形之中发生变化。有位中国法学家说："如果我们今天用日耳曼法学派那种理解民族和历史的眼光思考我们的民族和历史问题的话，或许萨维尼坦诚而实在的历史观能把我们从这样的漩涡中解救出来：清末的修律，民国时期的法律，尤其是民法典，已经在中国法律发展史上牢牢地占据了一席之位，成为中国历史的一部分，无法再给它们贴上'外国制造'的标签而予以排斥了。也就是说，我们不能总是回到过去、站在过去的某个时刻回顾历史，而应该站在当下这一时刻回顾过去。如此，我们的历史便能展现出更为宽广的景象，我们也大可如萨维尼一样理直气壮地将原初属于罗马法的某些内容视为中国法的一部分而省却'中外之争'的纷扰和消耗。"

讲读这本书的翟志勇之前我们已经介绍过，是一位十分优秀的法学家。

如果光看志勇的学术简历，会觉得跟他的人生一样，工整而有序，其实呢，他是学术行政左右开弓，校内校外兼职，家里家外一身挑的硬手。在讲坛上，他既能通篇讲读法理学和宪法学，也能带领学生细读西方经典，还可以开授法学前沿课程。他在校外的兼职和活动，为他的教学和研究，提供了现场和情境感，使他的学术更贴近现实生活。他跟我说，他是"误打误撞进了法政领域"，正是在学生时代参与学术社团奠定了他后来的学术研究基础。由于精心研读过西方法哲学和政治哲学经典，他讲读萨维尼，学理和法律实践并重，犹如夫子自道。

翟志勇讲读《论立法与法学的当代使命》

> **翟志勇**
> 北京航空航天大学法学院教授，曾任北京航空航天大学人文社会科学高等研究院副院长。中国政法大学法学学士，清华大学硕士、博士，哈佛大学法学院东亚法律研究中心访问学者。研究方向为宪政与行政法、法理学、民族与国家理论。

萨维尼及其时代

约翰·麦克唐奈尔爵士1913年编纂出版《历世伟大法学家》一书，赞誉弗里德里希·卡尔·冯·萨维尼为"欧洲所孕育的最伟大法学家"，请注意，他并没有说"最伟大法学家之一"，那就意味着是第一或者说最顶级的；法国人历来不屑德国学者，但萨维尼尚在人世间，法国就为这位"仇法者"出版了两部传记；而在其祖国德意志，萨维尼被尊为"圣人"，任何对于萨维尼的攻击，无论多么振振有词，都会被视为别有用心，其心可诛。萨维尼何德何能能够尊享如此殊荣？

萨维尼出生于1779年，时处神圣罗马帝国风雨飘摇的晚期。1806年，萨维尼27岁时，拿破仑率军征服普鲁士，逼迫神圣罗马帝国皇帝弗朗茨二世退位，自此神圣罗马帝国大部分地区处在拿破仑的统治之下。1813年，反法联盟在莱比锡战役中打败拿破仑大军。1814年3月攻入巴黎，4月6日拿破仑被迫退位，流放到地中海中的厄尔巴岛，原处于神圣罗马帝国版图内的德意志诸邦终获解放。1814—1815年在维也纳召开的反法同盟大会上，原神圣罗马帝国版图内的34个领土大小不等的主权独立邦国和四个自由城市组成松散联盟，史称德意志邦联。这些邦国实行不同的法律制度，当时至少有三大不同的法律体系和适用区域：《普鲁士通用邦法典》适用区域、《法国民法典》适用区域和德意志习惯法适用区域。更为严重的是，上述每个区域内，法律也不完全统一，又有大小不同的差异。拿破仑的入侵，点燃了德意志的民族主义情绪，原来松散的邦联现在有了联合起来的诉求。在法学界，希望通过法律的统一来实现德意志邦联的统一的呼声日益高涨，有人建议以《法国民法典》为蓝本，通过编纂德意志民法典来实现统一，也有人建议直接采用奥地利1811年颁布的民法典。

这些主张乍听起来是合理的，但立即遭到保守派政治学家雷贝格的抨击。雷贝格1814年出版《论〈拿破仑法典〉及其在德国的引进》，认为人人完全自由平等是一种哲学狂热。至少在当时的德国尚存在着贵族与平民的区分，企图在德意志依照人人完全自由平等的理性法原则制定民法典，无异于在市民生活关系领域人为地发动一场革命。针对雷贝格的保守思想，时任海德堡大学罗马法教授的蒂堡即刻发表《论统一民法对于德国的必要性》，以满腔热情论证德国民法统一化即制定统一民法典的必要性，蒂堡声称，"我们的民法需要一个彻底的、迅速的转变，只有所有的德意志政府团结一致，努力完成排除单个政府的恣意而适用于全德意志的法典的编纂，德意志人在市民关系上才有幸福可言"。蒂堡花费大量笔墨来论述统一民法典对于德意志的好处，即便放在今天，以普通读者的角度来看，蒂堡的主张也是合情合理的。因此蒂堡的主张在当时产生巨大影响，受到广泛关注。

不过，蒂堡的文章甫一发表，立刻有人站出来反对。此人不是别人，正是我们之后要谈论的主人公萨维尼。萨维尼当时还是个学术青年，时年35岁，正在埋头撰写《中世纪罗马法史》。他迅速将为此书撰写的导论整理成一本同蒂堡论战的小册子，也就是我们将要重点讲述的人类法学文献史上的经典名篇《论立法与法学的当代使命》。萨维尼对蒂堡的主张进行猛烈还击，引发法学史上一场持续半个多世纪的论战，就连哲学家黑格尔、马克思都不同程度地有所参与。萨维尼的这本小册子，再加上次年创办的《历史法学杂志》，宣扬了历史法学理念，凝聚了一大批同道，共同致力于罗马法与德意志法的历史性与体系性研究，拖延了《德国民法典》颁行将近百年，但最终却成就了《德国民法典》的伟大。这场论战也催生出一个伟大的学派，即历史法学派，历史法学派的核心主张是法律乃民族精神的展现，并据此形成法律的起源、本质、功能等一整套学说。整个19世纪，欧洲法学的版图应该说是历史法学派的天下。直至今日，历史法学仍位于重要法学流派之列。

萨维尼祖上曾是神圣罗马帝国的骑士，祖父官拜威尔堡行政长官，可谓出身名门世家。不幸的是萨维尼12岁后，三年内痛失双亲和唯一的兄弟。作为一笔巨额财富的唯一继承人，萨维尼在时任帝国法院"助理法官"、以通晓德国国家法而著称的诺依拉特监护下，于1795年（16岁时）开始在马尔堡大学学习法律。专攻中世纪罗马法的魏斯教授对萨维尼的评价是，"表现出了在罗马法方面的极好的天赋、敏锐的判断力和扎实的知识"。1796—1797年冬季学期，萨维尼在哥廷根大学学习一个学期，深受历史学家施皮特勒的世界史课程影响，得到了考古式人文主义和哥廷根大学著名的实用主义历史描述的熏陶。据说萨维尼在哥廷根大学旁听过后来被视为历史法学派精神鼻祖的古斯塔夫·胡果的一次讲座，不过时长只有一个多小时。尽管如此，胡果仍是那个时代对萨维尼影响最大的法学家。胡果也因为萨维尼曾到过他的教室而倍感荣幸，经常对学生指点萨维尼曾经坐过的位置。两位历史法学奠基人的学术渊源如此之浅，但精神气质却高度契合。1799年1月至1800年8月，萨维尼前往图林根和萨克森开始为期一年的游学，在魏玛拜见过大文豪歌德。后世之人经常将萨维尼与歌德相媲美。他们的人生具有不可思议的相似性，而且歌德的教女勃伦塔诺是萨维尼的小姨子，两个人也算沾亲带故。萨维尼在耶拿旁听哲学家谢林、历史学家施莱格尔、法学家费尔巴哈的课。那时的学生多自由啊，可以到处游学听课。1800年10月萨维尼回到马尔堡，为了获得母校刑法学教职而完成一篇刑法学博士论文《论犯罪的竞合形式》，毕业后在母校担任刑法学讲师。不过，萨维尼从1801年开始转向讲授罗马法，从此罗马法的教学与研究成为其终生志业。

1803年，年仅24岁的萨维尼出版第一部罗马法研究专著《论占有》，一时间洛阳纸贵，不仅在德国，甚至在整个欧洲引发广泛赞誉。1810年萨维尼应邀担任正在筹建中的柏林大学的罗马法与民法教授，并于1812—1813年继哲学家费希特之后担任柏林大学校长。1814年萨维尼出版了我们将要重点讲述的《论立法与法学的当代使命》。1815、1816年相继出版扛鼎之作《中世纪罗马法史》前两卷，

1817 年出任普鲁士枢密院议员，1819 年出任柏林上诉法院法官，1831 年《中世纪罗马法史》最后一卷第六卷出版，1840 年开始陆续出版规模更为宏大的八卷本《当代罗马法体系》，1842 年出任国务与司法大臣，1847 年任枢密院和内阁主席，1848 年革命后退守书斋，潜心著书立说。1861 年 10 月在庆祝获颁博士学位 60 年后的第四日，萨维尼在"平静而满怀希望中"魂归道山，享年 82 岁。

如果在人类法学发展的历史中每个时代选择一个代表性人物，19 世纪无疑属于萨维尼。萨维尼参与的这场论战催生了历史法学派，几乎主导了整个 19 世纪的法学，并成就了《德国民法典》的伟大。《论立法与法学的当代使命》是历史法学派的"圣经"，那么这本小册子究竟讲了什么，竟能够在法律思想史上引发如此大的波澜。下面我从中抽取四个主题，即"法律的双重生命""萨维尼与蒂堡的法典之争""历史法学派与德国民法典""法律与民族精神"，为大家讲解这一经典名篇。

法律的双重生命

这本小册子从实在法的起源开始谈起。在谈到实在法的起源时萨维尼有一段经典论述："在人类信史展开的最为远古的时代，可以看出，法律已然秉有自身确定的特征，其为一定民族所特有，如同其语言、行为方式和基本的社会组织体制。不仅如此，凡此现象并非各自孤立存在，它们实际乃为一个独特的民族所特有的根本不可分割的禀赋和取向，而向我们展现出一幅特立独行的景貌。将其联结一体的，乃是排除了一切偶然的与任意的意图的这个民族的共同信念，对其内在必然性的共同意识。"这段话很长，读起来也有些拗口，但意思还是很明确的：法律就像语言一样，从其产生伊始，便具有自身的特性，这种特性是与民族特性联系在一起的，其核心就是这个民族的共同信念和共同意识。由此形成萨维尼晚年的经典论断："法律乃民族精神的展现。"

不过，如果认为这就是萨维尼有关实在法起源思想的全部，那就错了。这只是萨维尼有关实在法起源的一种论述，是法律的第一重生命。法律在发展进化的过程中，还获得了第二重生命。萨维尼认为，在人类文明演进过程中，法学家越来越成为一个特殊的阶层——"法律以前存在于社会意识之中，现在则被交给了法学家，法学家因而在此领域代表着社会"。亦如语言一样。语言是人类社会自生自发的。据说全世界有五千多种语言，一些很小的部落都有自己的语言。这些语言是怎么产生的呢？是自生自发的，只有当语言学家掌握了语言的基本规则，语言学才产生，并进而赋予语言新的生命。所以在萨维尼看来，法律实际上具有双重生命："首先，法律是社会存在整体中的一部分，并将始终为其一部分；其次，法律乃是掌握于法学家之手的独立的知识分支。"萨维尼将法律作为社会存在的一部分，也就是法律的第一重生命称为法律的"政治因素"，将法律独特的科学性存在，也就是法律的第二重生命称为法律的"技术因素"，并认为所有后续的各种现象，均可由法律的这两种存在形式间的依存合作关系而获得解释。萨维尼有关法律的双重生命的论述非常重要，这是我们理解这本书并打开萨维尼思想府库的钥匙，也是我们今天要讲述的核心问题。

先来看看法律的第一重生命。萨维尼认为，法律是民族文化的有机组成部分，是在人类历史中自生自发地成长起来的；一切法律均缘起于行为方式——在日复一日的行为方式之中，习惯法渐次形成。也就是说法律首先产生于习俗和人民的信仰。法律的这种自生自发状态是法律最本真的第一重生命。但是人类文明的发展要求法律必须逐步明确化、规则化、体系化，以便于民众共同遵守。这是法律自身无法自发完成的，必须通过法学家之手。因此，法学家对于法律的历史性和体系性研究便赋予法律第二重生命。法律呈现为法学家所创造的概念、规则、原则，并被建构为一个完整的体系，法律从自发状态进入到自觉状态。法律的第一重生命为法律提供了质料。所谓质料，也就是法律的原始内容，通常表现为人们习以为常的行为方式和思想意识，习惯法是最重要的表现形式。法律的第二重生命为法律提供了形式。所谓形式，也就是由法律概念、规则、原则及其构成的法律体系，将法律质料用法言法语体系化地表达出来。质料与形式完美结合，才能造就人类最完善的法律。不知大家有没有注意到，在萨维尼所阐述的法律的双重生命中，似乎缺少了一个重要的主体。那就是我们当代人所熟知的立法者。在法律的创制过程中，似乎完全没有立法者的地位。萨维尼认为立法者受制于各种利益团体，常常是专断和任意的，为了实现某些特定的目的，常常扭曲甚至败坏法律，因此是法学家而非立法者赋予了法律第二重生命。不过萨维尼并非完全否定立法，而是要求立法服从法学，立法者服从于法学家，或者说法学家直接参与立法。这就不难理解萨维尼先后出任枢密院议员、柏林上诉法院法官，最后官拜枢密院和内阁主席。这才是真正的学者型官员。

在这本论战的小册子中，萨维尼尚未使用民族精神这个概念，仅仅说法律存在于民族的共同意识、共同信念之中。如果说法律是民族精神或者说民族共同意识、共同信念的展现，那么按常理，萨维尼最应该致力于德意志法律传统的研究，并在此基础上建构出具有德意志民族特性的法律体系，但萨维尼终其一生均研究罗马法。六卷本的《中世纪罗马法史》和八卷本的《当代罗马法体系》是其一生罗马法研究的学术结晶。对于德意志法律，萨维尼基本上从未深入研究过，这是后世之人经常诟病萨维尼的地方。那么如何来理解萨维尼的这种研究取向呢？实际上萨维尼在这本小册子的第四和第五章中已经给出了答案。

萨维尼的上述理论要成立，需要一个国家有悠久且连续的历史，并且有一群卓越的法学家，如此法律才能够自生自发地生长并通过法学家之手成熟起来。罗马是这方面的典范，而德意志两者均无。先说说罗马法。今天所谓罗马法，主要是指罗马王政时期、共和时期以及帝制早期逐步形成的融合了习惯法、制定法、元老院决议、长官告示、皇帝敕令、法学家问答等各种法律渊源于一体的法律汇编。公元6世纪，东罗马皇帝查士丁尼为重振罗马帝国，成立了法典编纂委员会，先后完成了三部法律汇编：第一部是《查士丁尼法典》，收集整理了历代罗马皇帝颁布的敕令；第二部是《查士丁尼法学总论》，也称为《法学阶梯》，是阐述罗马法原理的简明读本，官方指定的法学教科书，具有法律效力；第三部是《查士丁尼学说汇纂》，也称为《法学汇编》，将历代罗马著名法学家的学说著作和法律解答分门别类地编辑整理，进行摘录，凡收入的内容均具有法律效力。查士丁尼皇帝去世之后，法学家又编辑整理了查士丁尼皇帝在位时颁布的敕令168条，称为《查士丁尼新律》。不过这项工作只发生在东罗马帝国，西罗马帝国早在公元476年就分崩离析了，后来一直处在所谓蛮族国王和贵族的统治之下。但是1135年在意大利北部发现《学说汇纂》原稿，从此在原西罗马帝国的疆域内揭开了罗马法复兴运动的大幕，一直持续到16世纪，形成中世纪罗马法及罗马法学。

在萨维尼看来，罗马法的发展史是最符合他的理论预设的。罗马民族的历史悠长且从未中断过，迄至古典时代，罗马法的历史展现出一个渐进而有机的全面发展过程，罗马法如同习惯法，几乎全然是从自身内部圆融自洽地发展起来的，而罗马民族的法律天赋极其卓越，产生了一大批伟大的法学家，罗马法的理论和实践因此是同一的，他们的理论建构是为了法律实践，而他们的法律实践因为受到理论的指引而全然升华。萨维尼认为："罗马法的根本价值在于，以其特有的纯粹形式，蕴涵了永恒的正义规则，因而赋予自身以自然法的秉性，而其具有的实际惩罚功能，则又使其具备实在法的功能。"因此，萨维尼终其一生研究罗马法，实际上是要寻找罗马法自生自发历史中所造就的基本概念、规则和原则，以及罗马法学家发展罗马法的法学方法。正是这些基本概念、规则和原则，造就了罗马法学家们的伟伦不群。法学家们创造出的概念、规则和原则，绝非任意妄断的产物，实为罗马法中的真实存在，经由长期而精深的探求，罗马法学家们洞悉其存在与谱系。

再来看看德意志法律。萨维尼的时代，德意志尚未实现统一，德意志各邦之间是松散的联盟关系。就法律体系而言，每个邦都有自己的法律，同时也有以罗马法为基础的普通法或者叫共通法、通用法。普通法主要的渊源便是查士丁尼时期的各种法律汇编，经过适当的修改，为德意志各邦共同遵守。德意志境内法律非常庞杂，这也正是蒂堡主张通过制定统一的民法典来统一德意志法律的原因。萨维尼认为，任何一个国族的发展都不可避免地受到外族的影响，宗教不一定是本土的，文化也可能是外来的，因此德意志继受罗马法实属自然之事。即便没有罗马法的掺入，德意志也不可能有一个不受外来因素扰乱的德意志法律的连续发展过程。德意志民族从一开始就经历了诸多狂飙突进的革命，几乎很少有古老民族的独特事务得以传承下来。因此罗马法对于德意志的重要性不言而喻。除了前述的共通法，德意志诸邦中的法律也含有大量的罗马法，新制定的法律更是主要借鉴罗马法。因此脱离了罗马法，德意志法律根本就无法存活。这既可以解释萨维尼为何不去研究德意志法律传统，也从反面说明，萨维尼为什么终其一生研究罗马法。

萨维尼与蒂堡的法典之争

萨维尼在小册子的结尾处，对主张即刻制定统一德国民法典的蒂堡做了点名批评，但是萨维尼坦言，他与蒂堡所追求的目标是一致的：他们都渴望拥有一套坚实的法律制度，以抵御任意专断与伪善兮兮的法律对德意志民族的伤害；同时，他们都寻求国族的统一与团结。但是，对于实现这些目标的手段，他与蒂堡的看法大相径庭：蒂堡急切地渴望一部法典，并认为可以在短时间内举全国之力一举完成，但萨维尼却认为德意志民族尚不具备制定一部法典的能力。萨维尼因为主张历史法学研究中的民族精神，经常被后世之人污蔑为德意志民族主义者，可就是这样一个人，却认为德意志民族尚不具备制定一部法典的能力。这又是为什么？

这就要先谈谈什么是法典以及法典的特征了。萨维尼认为，法典是对全部现有法律的系统性整理与编纂，并且具有由国家赋予的排他性效力。当蒂堡说要制定一部统一的民法典时，事实上他讲的是市民法典，内容包含私法、刑法和诉讼法，这实际上几乎要将德意志所有的法律通盘考察一遍，使其变成系统的书面形式，而一旦法典编纂完成，迄今为止有效施行的其他法律将被法典取代，将不再实施。因此，与一般的法律相比较，法典具有如下三个特征。法典的第一个特征是完备性。法典要将某一领域内的全部法律囊括其中。蒂堡主张制定统一的民法典，是要将市民生活领域中的一切法律全部编纂到一部法典之中。法典的第二个特征是体系性。法典并非将某一领域内的法律简单地汇总起来，那只能称为法律的汇编，而非法典。法典要求将其所囊括的所有内容进行体系化处理，体系化如同织网一样，不但要将全部可能涉及的法律问题囊括其中，而且要求条分缕析地编排起来。这要求非常高超的法典编纂技术，需要有一群学术造诣高超的法学家群体和立法者。法典的第三个特征是权威性，也就是所谓的排他性效力。法典一旦颁行了，就成为此一领域最高甚至唯一的法律。如果法典颁布了，还要再制定其他的法律，那么法典的完备性和体系性就大打折扣了，制定法典的意义也就大打折扣了。因此法典实际上具有很强的专断性，一旦制定，就排斥同领域内的其他法律。现代的研究者早已指出，罗马法原本具有浓重的群众自治特色，但一经查士丁尼编纂，就带上了拜占庭国家专制的特点，因为它堵死了其他法律形式的生存空间。

以上所述法典的特征，仍然只是形式上的要求，尚未谈及法典的内容。萨维尼质问，如果我们要编纂一部法典，那么法典的内容从何而来呢？内容无非两种来源：其一是整理现行的法律，其二是创造新的法律。但是无论哪种来源，都逃脱不了罗马法的影响，因为德意志现行法律大多是参照罗马法制定的，而如果创造新法律，也要不可避免地借鉴罗马法的内容。可是德意志法学家对于罗马法尚未进行系统深入地研究，在这种情况下制定法典，无异于将立法者的专断意志变成法律。因此萨维尼警告说，法学研究中最大的难题在于，对于基本的公理和原理进行厘清和辨别，从中推导出存在于一切法律概念和规则中的内在联系及其确切的亲合程度。如果在尚未达到此一技术的时刻编纂法典，那么不但立法者会将其专断意志掺入到法典之中，司法者也会在法典之外寻求其他的权威资源，法典的权威性就会大打折扣。萨维尼这一警告，对于我们现在的民法典编纂，也是一种警醒。

萨维尼借用培根的话说，应当制定一部法典的时代，必当在智慧上超越此前的一切时代，因此一个必然的结论是，其立法能力必定为其他时代所不及。不幸的是，整个18世纪德国不曾诞生过什么伟大的法学家，因为伟大的"法学家必当具备两种不可或缺之素养，此即历史素养，以确凿把握每一时代与每一法律形式的特性；系统眼光，在与事物整体的紧密联系与合作中，即是说，仅在其真实而自然的关系中，省察每一概念和规则"。也就是说，法学家必须同时是历史学家和哲学家，或者兼具历史学家和哲学家的素养，而在德国的法学家中，根本找不到兼具这两种素养的法学家，因此在这样一个时代制定一部优秀的法典是不现实的。

萨维尼认为，对于制定法典的必要性和可行性问题，罗马法的历史也给我们很多启发。在罗马古典法学家的时代，制定一部优秀的法典并不困难。三位最为卓越的法学家帕比尼安、乌尔比安和保罗均为大执法官，如果他们认为制定法典有利或者必需，他们完全有能力制定出一部优秀的法典。但他们并未制定法典，因为罗马法在生机勃勃地发展中，毫无制定法典的必要。反倒是公元6世纪，罗马帝国衰落时期，开始了罗马法的编纂运动。很显然，只要法律处于生机勃勃的进步状态，则无须制定法典，大可放手让法律茁壮成长，只有在罗马法极度衰败之时，才会出现编纂法典的念头。萨维尼打了个比喻，编纂法典就像我们为冬季储存物资一样，是在为一个不幸的后继时代做准备。

那么如何来证明那个时代的法学家尚不具备编纂一部优秀法典的能力呢？萨维尼在这本小册子中，花费了非常大的篇幅认真检讨了新近制定的三部新法典，即1794年《普鲁士通用邦法典》、1804年《法国民法典》和1811年《奥地利民法典》。这里提到的《普鲁士通用邦法典》是指适用于整个普鲁士邦的法典，因为在此之前普鲁士邦内部法律也是不统一的，"通用"的意思是共同适用。在萨维尼看来，这三部法典无论在内容的完备性上，结构的体系化上，还是法典制定者的素养上，均存在很大的缺陷，对于罗马法的肤浅的乃至错误的理解是其中最为严重的问题。如果德意志制定的法典无法超越这三部法典，不能避免这些法典的缺陷，那么德意志法学家最好还是老老实实做些基础性法学研究吧。

在萨维尼看来，历史法学研究的目标，"在于追溯每一既定的制度直至其源头，从而发现一个根本的原理原则，借此依然具有生命力的原理原则，或可将那些毫无生命、仅仅属于历史的部分剥离开来"。萨维尼坚信，法律内在地蕴含着一些基本的原理原则，潜藏在历史累积形成的法律材料中，这些原理原则并非任何人任意妄断之物，实乃真实的存在，法学家的职责就是发现这些原理原则，并在此基础上发掘出这套精密的概念 - 规则体系，从而建立具有普遍联系性的法律规范体系。

萨维尼赋予法学研究以科学性，罗马法是法学家科学劳作的模式和典范，其方法论意义是无与伦比的。萨维尼认为法学是一门历史性科学，同时也是一门哲学性科学，法学完整的品性是将历史性科学与哲学性科学统一起来。这里颇为吊诡的是，看似非理性的浪漫主义的历史法学，其实孜孜以求的是法学研究的科学性。在那个时代，所谓的科学性也就是一种哲学化的处理，特别是根据康德哲学所做的研究——"'哲学化的'处理，是把这些素材组成一个'内在体系'，这个体系……不再是法律规范的单纯'堆砌'，而应建构出法律素材的普遍精神关联。这一形式与素材的方法论关系，正好适合当时那种追求从康德的精神出发革新各种精神科学的理想"。也就是说,哲学是精神科学的最高形式。因此法律的历史研究实际上服务于法律的哲学研究,历史是实现法律哲学研究的一份素材。在萨维尼的方法论中,对法律的历史处理与哲学处理要具体地结合起来。这或许也是终身以法律为业的萨维尼能位列欧洲最伟大哲学家榜单的原因吧。

萨维尼寄希望于通过对罗马法的科学研究,发掘出一套科学的方法论和精密的概念-规则体系,进而赋予部分自生自发、部分继受于罗马法的德意志法律以坚实的逻辑形式,从而摆脱社会与政治领域的不确定性与专断,以技术因素驯服政治因素,保障市民社会的私法自治。萨维尼一直认为立法者是专断的,法学家要通过法律内在的原理原则以及法学家赋予法律的规范形式,来抵御各种专断意志的侵袭,捍卫法律的正义品质,进而保护市民社会的正义生活。正是这一论战,拖延了《德国民法典》编纂半个多世纪,但确最终成就了《德国民法典》的伟大。

历史法学派与《德国民法典》

1815年夏季,为了阐明历史法学宗旨,推动历史法学深入研究,萨维尼与柏林大学同事、法律史教授卡尔·弗里德里希·艾希霍恩、约翰·弗里德里希·路德维希·戈申共同创办历史法学派的机关刊物《历史法学杂志》。在创刊号的发刊词中,萨维尼写道:"对于此项共同事业,编者所确定的是,风格和方法的完全一致,法学必须以这种方式被考虑和讨论。"法学家自身可以分为两个学派,一个学派通过历史学派这个名称就足以描述,而对于另外一个学派而言,不可能找到一个明确的名称,因为它在本质上只是在对立于第一个学派的意义上才是一个学派,它们有着最为不同的和最为矛盾的形式,时而是哲学和自然法,时而是健全的人类理性。因为缺乏其他表达,我们就称呼它们为"非历史"学派,比如当时的沃尔夫学派、优雅学派、哥廷根学派、历史-哲理法学派。

萨维尼强调历史法学派内部在风格和方法上的一致,而非内容上的一致,因此历史法学派内部实际上形成两个支派:一个是罗马派,一个是日耳曼派。罗马派以萨维尼、普赫塔、温德沙伊德等人为代表,他们主要致力于研究查士丁尼的《学说汇纂》，探究实在的法律公理以及相应的概念和规则，提炼法学研究的方法，锤炼德语的法律表达方式。以萨维尼为例，除了《论立法与法学的当代使命》外，萨维尼有三部可以流芳百世的巨著：1803年出版的《论占有》，1815—1831年陆续出版的六卷本《中世纪罗马法史》，1840—1849年陆续出版的八卷本《当代罗马法体系》。《论占有》一书以精湛且细腻的文字，梳理了古代罗马法以及中世纪注释法学派的法学文献中各种各样的占有权概念及其演变，据此构建出占有权的理论体系，兼具历史性与哲学性，被著名法律史学家维亚克尔称为"历史法学派专著的范本"，被法社会学家埃利希称为"历史法学派为实用法学所作的真正纲领性著作"。有趣的是，萨维尼日后的论敌，时任耶拿大学罗马法教授的蒂堡盛赞萨维尼这本书"极有启发、极富才智"，称萨维尼为"我们的第一流民法学家"。

萨维尼在广泛搜罗欧洲各大图书馆原始资料的基础之上，1815—1831年陆续出版的六卷本皇皇巨著《中世纪罗马法史》，发掘了尘封久远的"古罗马法的晦涩文献"，梳理了西罗马帝国灭亡之后罗马法在公元5—15世纪流传的过程，第一次开创了"法律史的现代学科"，所取得的学术成就至今无人超越。1840—1849年萨维尼陆续出版规模更为宏大的八卷本《当代罗马法体系》，核心内容是基于罗马法研究而建构的当代私法的体系。萨维尼原计划写七编，包括法律渊源、法律关系、法律规则对法律关系的适用、物权法、债法、亲属法、继承法。八卷本《当代罗马法体系》事实上只涵盖了前三编，相当于总则部分，因公务繁忙和年事已高，后面的分则部分即物权法、债法、亲属法、继承法均未来得及撰写。可以预计，如果全部七编均撰写完，可能要有二三十卷本。在《当代罗马法体系》中，萨维尼在语言和写作方式上尽显古典平衡感，对流传下来的罗马法进行体系性与历史性的全新统一，提炼了一般法学原理。书中的诸多概念和论述，成为现代民法教义学的典范。而第八卷有关解决法律规则适用冲突的"法律关系本座说"，竟成为国际私法发展史上的里程碑，被誉为国际私法史上的哥白尼革命，萨维尼因此被公认为现代国际私法的奠基人之一。

普赫塔被誉为"历史学派第二首脑"，终身致力于罗马法的德国化和罗马法的现代化，其主要贡献是创造概念的金字塔和概念法学。所谓的概念法学，强调对法律概念的分析以及构建法律概念之间的关联，从而利用法律概念，构建出一套金字塔形状的概念体系。著名法律史学者维亚克尔这样评价普赫塔："虽然在精神层次和观照能力上，普赫塔与萨维尼尚不可相提并论，但自19世纪30年代起，普赫塔在体系和概念建构上，显示出的逻辑力和民法学方法论上的影响力均超越了萨维尼。"温德沙伊德则以普赫塔的形式-概念方法为榜样，致力于学说汇纂法学的理论建构，三卷本的《学说汇纂法教科书》成为学说汇纂学派的典范，温德沙伊德是《德国民法典》的起草人之一，为《德国民法典》的编纂做出巨大贡献。

再来看看日耳曼派。以艾希霍恩、格林、贝勒斯和吉尔克等为代表，日耳曼派对罗马法没有好感，他们集中研究德意志的法律传统与法律文化。艾希霍恩早在1808年就出版了《德国法律史与国家史》，成为德意志法律史研究的典范，艾希霍恩也因此被誉为"德国法律史之父"。雅各布·格林，也就是著名的《格林童话》编纂者之一的格林，是萨维尼的学生，比萨维尼小七岁，两人亦师亦友，他却走了一条跟萨维尼截然不同的道路。格林对日耳曼人的传统保持着极其虔敬之心，不仅与弟弟威廉·格林搜集整理了《格林童话》，而且合编《德语大辞典》，其撰写的《德语语法》在德国语言学上具有举足轻重的地位；格林也是法学家，出版《论法中的诗意》《德意志法律遗产》、四卷本《判例汇编》，在当时产生重大影响。罗马派和日耳曼派早期在《历史法学杂志》的麾下一直和平共处，双方研究的内容虽然不同，但风格和方法一致，但日耳曼派的贝勒斯1843年出版的《民族的法与法律人的法》则将历史法学派内部两个支派彻底分裂。贝勒斯批评德国继受罗马法是"国家民族的不幸"，导致"法律人的法律"主宰德国人，他高举民族精神说，提出民族法理论。吉尔克则注重从社会经济的角度考察德意志法律传统，他的口号是"德国法是社会性的法律"，他那本数千页巨著《德国合作社法》被其弟子马克斯·韦伯誉为伟大的作品，为日后的法律社会学研究预先铺路。

1871年俾斯麦统一德国，民法典编纂有了现实的政治基础，1874年民法典编纂工作正式启动，历时22年于1896年完成，1900年1月1日开始实施。《德国民法典》的编纂者主要是实务家，如高等法官和部会官员。委员会中只允许两名教授参加，一位是罗马派的温德沙伊德，一位是日耳曼法学派的罗特，他们实际上代表了历史法学派的两个支派。虽然编纂者主要是实务家，但由于历史法学派在罗马法和日耳曼法研究上取得的丰硕成果和巨大成就，《德国民法典》事实上以罗马派的后期形态即学说汇纂学派的学理为基础，并融合了德意志法律传统，因此历史法学派的两个支派共同成就了《德国民法典》的伟大。

前面讲过，19世纪是历史法学派所主导的世纪，萨维尼与德国历史法学派的思想漂洋过海，对英美以及其他地方的法律思想也产生巨大影响。在英国，影响所及首推亨利·梅因，他1861年出版的《古代法》奠定了英国历史法学的基础，另外保罗·维诺格拉道夫、詹姆斯·布莱斯以及梅特兰等都深受历史法学派思想的影响。在美国首推挫败纽约州法典化运动的詹姆斯·库利奇·卡特，卡特的《法律的起源、发展与功能》接续了历史法学派的思想，是19世纪最后25年主流法律思想的顶峰。无论是萨维尼的民族精神说还是罗马法研究和法学方法论，直至今天仍是大学课堂中必讲的内容，历经百年，历久弥新。萨维尼和历史法学派的思想魅力，集中体现在颇受争议的民族精神说中。

法律与民族精神

萨维尼与蒂堡的论战，表面上是关于是否即刻制定德国民法典，实际上涉及法律的起源、本质与功用，涉及法理学的根本性问题，正因为如此，这一学术论战才历久弥新，至今仍具有学术和思想意义。

历史法学派这一名称就昭示了历史在这一学派中的重要性。萨维尼之所以重视历史特别是罗马法的历史，是因为在他看来，任何时代都不是独立地和任意地创造出来的，而是在与整个过往的不可分割的联系中成长起来的。在萨维尼看来，历史，即便是一个民族的幼年，都永远是一位值得敬重的导师。只有通过历史，我们才能与民族的初始状态保持有机的联系，而丧失了这一联系，也就丧失了每一民族的精神生活中最为宝贵的部分。我们不可能将当下依然在世的法学家们的各种影响和思想模式全然泯灭或消除，也不可能完全改变现有的各种法律关系，正是因为这两种不可能性，代与代之间总是存在着不可斩断的有机联系。在不同代之间，既非绝对的终结，亦非绝对的开始，而仅仅是连续不断的发展。当然了，这并不意味着过往的法律是至高无上之物，更不意味着历史对当下和未来的永恒主宰，历史的意义毋宁是提供当下与过往的有机联系，在这种有机联系中，我们才能拨开外在现象，把握其内在本质。历史是真正值得敬重的导师，回溯历史，是为了认识当下，从而面向未来。

就此而言，就像法律具有双重生命一样，历史对于萨维尼和历史法学派同样具有双重意义：一方面，历史只是一份有待处理的杂乱无章的素材，是法学研究不得不去处理的历史材料；另一方面，历史本真地存在着，蕴含着一套有待发掘的充满必然性的规范体系。无论是德意志的习惯法，还是古往今来的罗马法，作为历史素材，它们或许大异其趣，但作为历史之本真，它们实则内在一致，因为历史必然展现出人类的某种普遍性的精神结构。因此，在萨维尼看来，历史法学研究旨在"赋予法律素材一种精神-逻辑的形式。这一学术目标必须是一个'真实的体系'，即法律规范的内在关联，以代替描述'外在体系'的纯'素材堆积'"。这句话听起来比较拗口，但我们可以注意到内在的"精神-逻辑的形式"与外在的"素材堆积"的对立。是的，历史法学研究就是要从杂乱无章的法律素材堆积之中发现法律内在的"精神-逻辑的形式"。

与这种双重历史观相伴而来的，是萨维尼的民族精神说。法律乃民族精神的展现，常常被视为萨维尼和历史法学派的标志性论断，但据卡尔·曼海姆研究，直到1840年，可能受到著名法学家普赫塔的影响，萨维尼才开始使用"民族精神"一词，在《论立法与法学的当代使命》这本小册子里，萨维尼只是用了民族的共同信念、共同意识。读者往往习惯将萨维尼和历史法学派的精神源头归属于德国浪漫派。德国浪漫派反对启蒙哲学的世界观，反对超验的、普世的理性标准，认为所有民族都有自己独特的生活方式，超民族的普世价值并不存在，他们以历史反对理性，认为历史不是理性的，相反理性则是历史的。但是正如著名的法律史家维亚克尔所言："把萨维尼指派给浪漫派完全失去其意义……毋宁是，必须从其自身出发，把他理解成一个在那场德国精神的普遍运动中，独立的、具有万有引力的中心。"也就是说，不能简单地将萨维尼归属于文化上的浪漫派，如果一定要在这场精神运动中定义萨维尼，则萨维尼开创了浪漫派中独特的一脉，这体现在他对民族精神的独特理解上。事实上，萨维尼的著作中并没有直接阐述何为民族精神，对具有类似含义的民族信念、民族意识也是一笔带过，但从他对法律的历史渊源、双重生命以及法学研究的科学使命的论述中，可以合理地推断，萨维尼所谓的民族精神，蕴含在法律发展的历史中，在罗马法发展的历史中体现得尤为明显。萨维尼在意的民族精神主要不是神秘莫测、无可名状的文化和历史的生命轨迹，而是在民族历史文化中孕育成长的、且被法学家的科学劳作所提炼出来的那套法律的原理原则和概念规则体系，以及由此形成的具有普遍联系性的法律规范体系。亦如法律具有双重生命一样，民族精神也具有双重生命：第一重生命是原生态的、自生自发的、浪漫主义的民族精神，诗人、文学家往往对这重民族精神津津乐道；第二重生命是经由法学家之手发掘出来的具有普遍联系性的法律规范体系呈现出来的民族精神。法律乃是民族精神的展现，但民族精神经由法律展现出来的形象是法律化的民族精神，体现在一套法律的原理原则和概念规则体系之中。法律的双重生命对应着双重民族精神。因此，萨维尼的民族精神不是浪漫主义的，而是理性化的，当然你也可以说，这样一种理性化的民族精神也是浪漫主义的。

萨维尼理解的历史和民族精神都具有双重性，但萨维尼理解历史和民族精神的法学视角却是单一的，那就是私法学或者说民法学的视角。在萨维尼看来，"法学只有两个主要部分：私法学与刑法学。国家法是对国家宪制进行的体系化阐述，无论如何也不能被纳入法学范畴，因为它只是以现实存在的国家为基础，而法学则是把国家看作一个行动者"。也就是说，在萨维尼看来，法学研究的对象仅限于私法和刑法，这里讲的"私法"的"私"是"私人"的"私"，指处理私人之间民商事关系的法律。萨维尼将国家法，也就是我们现在通常所说的宪法，排除在法学研究对象之外，因为萨维尼将国家视为一种事实状态，国家法被视为对这种事实状态的描述，无法进行规范性研究。萨维尼的这一认识是有问题的，国家法或者说宪法不但可以成为法学研究的对象，而且必须成为法学研究的对象，否则后患无穷。遗憾的是，正因为萨维尼有如此认识，萨维尼和他所开创的德国历史法学主要专注于私法规则的提炼和私法体系的建构，萨维尼对整个罗马法的研究实际上仅限于罗马法的私法部分，对于同样发达的罗马公法，基本上没有涉及。这样一种以私法为核心的历史法学研究，实际上是建立在国家与社会二分的思维结构之上的，借用著名法律史学者维亚克尔的评价，"这在当时具有法政治学的贡献，它使19世纪的市民社会的解放成为可能，因为它用其形式的手段保障了法治国，并因此保障了这一社会反对旧的专制国家的自由空间。当然，这一使命，当在争得了市民的自由之后，提出了市民法律秩序的社会正义问题之时，就终结了"。也就是说，仅仅解决了市民社会的正义问题，而尚未触及国家的政体结构问题，政体结构问题不解决，社会正义问题无法得到根本解决。

萨维尼虽然反对在他那个时代立刻制定德国民法典，但萨维尼和历史法学派的徒子徒孙们事实上成为《德国民法典》制定的重要参与者。德国民法典颁布之后，私法规则体系建构完毕，历史法学迅速地衰落，让位于对于《德国民法典》具体条文的规范分析和解释，民法典几乎成为主宰民事法律领域的唯一法律渊源，民事法律研究基本上围绕着民法典打转。萨维尼曾有一论断，即只有在罗马法衰败之时，才出现编撰法典的念头，这个论断似乎同样适用于德国法。与历史法学派衰落相伴随，各种探究法律之目的的学说骤然兴起，比如强调法官应该平衡各种利益的利益法学，再比如强调法官可以根据正义原则自由创制法律的自由法学，形式主义的实证法成为实现社会目的的一种手段，因此它有可能同各种政治体制结合在一起。而德国公法秩序的建构，要到魏玛时期才真正兴盛起来，围绕魏玛共和制和魏玛宪法而展开的国家学和公法学大争论，一波三折，直到第二次世界大战之后方才砥定成形，建立起现代国家的法律制度，完成德国从传统到现代的整个法律秩序的重构。因此，德国历史法学派留给后人的一个教训就是它对公法问题的漠视，缺乏政治意识和政治成熟，认为形式主义的技术因素能够驯服政治因素。但事后看来，精致的私法概念和规则体系可以在一定程度上保障市民社会的正义生活，但无法抵挡公权力的任意专断，一个公平正义社会的建立，最终有赖于政体的完善。德国历史法学的失败之处就在于对国家法学或者说公法学的漠视。其实罗马法有非常发达的公法制度，罗马所开创的共和体制曾经启发美国建国者，今天依然是值得参考的重要历史资源。因此中国历史法学的研究应该从浪漫主义的民族文化诉求转向历史之为公器的普遍主义反思，从私法概念与规则体系的提炼转向现代国家的法理建构。德国历史法学的失败之处，恰恰是中国历史法学研究的新起点。

思考题：

1. 这一讲中，德意志邦联成立后，关于制定民法典的争论有几位人士出场了，他们的论点是什么？
2. 萨维尼认为法律是民族精神的展现，但自己终其一生却研究罗马法，你认为萨维尼的理论和他的工作是内在一致的吗？
3. 萨维尼质疑德意志制定法典的能力的主要主张是什么？
4. 一个社会有常习（指人们对一种规律的遵从和沿用），也有规矩（指虽然对人不完全有约束力，但被视为高尚行为）。当常习和规矩成功地转为习惯，成为低度开发社会中运行的规范后，就是早期的习惯法了。结合《文明的进程》，举例说明什么是常习？什么是规矩？
5. 你怎么理解历史法学派的民族精神说？今天还有什么价值？

二〇
《论美国的民主》

[法] 托克维尔 著　董果良 译　商务印书馆　2009 年

主题词◎民主　自治　自由　民情　多数人暴政

经典之处

直到今天,《论美国的民主》仍然是美国大学很多专业的必读书。托克维尔对美国的政治法律制度、社会习俗民情、精神文化状态细致入微的观察,为了解美国社会提供了丰富的素材和富有洞见的启发,而更为惊人的是,托克维尔在书中的很多预言最终得以应验,席卷了整个人类社会。

作者简介

托克维尔(Tocqueville,1805—1859),法国历史学家、政治家,政治社会学的奠基人。托克维尔出身贵族世家,但思想上倾向自由主义,热心政治,曾出任众议院议员、外交部部长,1841 年被选为法兰西院士。后来对政治日益失望,转而从事历史研究,主要代表作有《论美国的民主》《旧制度与大革命》。

导语｜法国青年的美国情怀

刘苏里

1835 年,《论美国的民主》上卷出版,至今已过去 180 多年。我检索了中文翻译情况,没有查到 1980 年代以前的译本。看来这部名著出版后的 150 年里,它跟中国没有缘分。一本有关美国民主、重要到不能再重要的作品,中国第一个译本,却姗姗来迟了一个半世纪。这或许反映了中国一百年的学术状况,折射了中国近现代转型的真实面貌。我总是本能地观察一本重要著作的汉译本传播史,里面常常藏着历史和社会的心理脉动,当然也藏着人们的期待。

这本书中国首个译本的译者是董果良先生。这个译本先收在商务印书馆"美国丛书"里,同年又被收进了"汉译世界名著"丛书,两个版本都出版于 1988 年。那个时候,董果良的工作单位是吉林省社会科学院日本研究所,挺稀奇的——研究日本,却翻译了法国人的著作,这与美国的民主却由法国人托克维尔首先详加报道和研究,真是异曲同工。

中译本来得晚,却来势凶猛,一发不可收。凡读书的,不论学什么,说自己没有这本书,好像都说不过去。这一迟来的盛况,在世界翻译出版史上,恐怕也是少见。

托克维尔解释他为什么写这本书时说:"我在写作本书时,既未想为任何政党服务,也未想攻击它们;我并不想标新立异,只是想比各政党看得远一些;当各政党只为明天而忙碌时,我已驰想于未来。"这句"我已驰想于未来",在我第一次读这本书时,很打动我,那时我的年龄与托克维尔写这本书时大体相当。我认为他想表达的是,自古希腊的民主实践两千多年来,人们厌恶甚至恐惧的民主,终有一天会成为阻挡不住的浪潮。他说:"民主将以统治力量的身份出现在世界事务中,那么广泛而且势不可当。"

从托克维尔的出身来说,他好像不该喜欢平等和民主。他出身贵族世家,先祖的遗迹可追溯到 1066 年。他的父系，是佩剑贵族，为国出征，母系是穿袍贵族，专司断案，都是高等级贵族。法国大革命，打倒的就是这种贵族。事实上，大革命的断头台，不仅要了路易十六的脑袋，托克维尔家族中的几位先辈也罹难，不是被砍头，就是被送进大狱。但他对大革命的起因有反省，对革命后的形势有担忧。

托克维尔生于 1805 年，是在大革命的余波中成长起来的。大革命进行到高潮时，巴黎街头尸横遍野。革命后虽然建立了第一共和国，但没能阻挡拿破仑借着共和称帝。拿破仑虽然制定了《法国民法典》，确立了自由平等原则、财产保护以及自治原则，却也没能阻挡专制的波旁王朝复辟。复辟的王朝，根本无力应对法国的经济问题，最终引发"七月革命"。革命、共和、专制、王权，都解决不了法国的难题。法国大革命彻底砸烂了所谓旧世界，新世界却没那么容易建立好。

但法国革命，确实让大部分欧洲地区换了天地，往昔不再，其中人人平等、自由民主的理念像初春化冻的冰雪浸润着欧洲大地，而此时大洋彼岸的美国民主实践的讯息，也传到了欧洲。

欧洲世界新旧交替，前面的道路晦暗不明，好在有爱国者、思想的探索者。出身贵族的托克维尔，心中有严格的道德律令，愿意"为法国牺牲一切"。他"驰想"的是法国未来的命运。这是法国当年"贵二代"的情怀。

礼失求诸野。托克维尔一只眼盯着英国的民主进程，更对美国的民主实践抱有好奇。这是他前往美国的真正动机，表面上的缘由却是考察美国的监狱管理制度。

有人建议将《论美国的民主》翻译成《民主在美国》，这个说法有道理，更显持论客观。世界上没有什么"照搬"这回事，托克维尔也不会只想着照搬，他想对美国的民主有褒扬、有检讨、有批判。

这本书出版后，英国思想家密尔评论说，托克维尔的书"完整而准确地展现出作品的主要论题"，即以平等和自我治理为核心的美国民主，将横扫整个世界。托克维尔对民主也有顾虑，他说，"在我们这一代，领导社会的人肩负的首要任务是对民主加以引导；如有可能，重新唤起民主的宗教信仰，洁化民主的风尚，规制民主的行动……使民主的政策适合时间和地点，并根据环境和人事修正政策"。他的意思是，民主潮流不可阻挡，但要善加引导。托克维尔担心，如果表面的平等与专制相结合，就会不断拉低人的心灵和精神境界。《论美国的民主》出版以来，多少人打着人人平等的幌子搞专制，给共同体带来无尽的灾难。

  讲读这本书的王建勋，是中国政法大学的副教授，年轻一代的政治理论家。他讲读的《联邦论》，使我们系统了解了美国的共和政体——这是托克维尔当时也没搞清楚的问题。讲读《论美国的民主》，是王建勋的看家本领之一。他在很多场合系统讲过这本传世之作。我再次强调，他的专业训练，使得他讲读经典，重论理、思辨。

王建勋讲读《论美国的民主》

王建勋
政治学家，中国政法大学副教授。编著《大家西学：自治二十讲》。译有《美国联邦主义》。

一次极有价值的美国考察

《论美国的民主》这本经典著作的缘起是托克维尔在1831年5月到1832年2月和他的好友博蒙去美国访问了大约九个月的时间。这趟旅行本来是去考察美国的监狱制度，但事实上，他悄悄地考察了整个美国社会，特别是美国的民主。回到法国后，托克维尔于1835年完成了《论美国的民主》上卷。五年之后，也就是1840年，又出版了下卷。

阿历克西·德·托克维尔于1805年出生在一个没落的贵族家庭，那时候，法国大革命刚刚结束不久。他的祖上都是显赫人物，特别是他祖父母、外祖父母都曾很有地位。在法国大革命期间，他家很多人受到了牵连，他的祖父母都被砍了头，他的父母也被关进监狱。如果不是罗伯斯庇尔倒台，他父母也会被砍头，他的母亲因为这段关押精神失常。这些对托克维尔影响非常大。

小时候，一位年纪比较大的神父负责教育他。一方面，这位神父给他很大自由，让他可以随便看书。另一方面，这位神父对宗教非常虔诚，对托克维尔的影响也很大。后来，他父亲去梅茨当省长，他随同前往。他父亲没时间管他，他就经常一个人跑到省图书馆去看书，生活比较自由。

后来他在巴黎大学学习法律，毕业后当了地区法院的法官。没多久，他便觉得法官如同一部机器，每天按部就班地生产产品。这就像马克斯·韦伯说的一样，在大陆法系国家，法官判决案件类似于机器制造产品，一边把原材料放进去，一边吐出成品。托克维尔觉得这样的工作枯燥乏味，没有创造性。他说，也许我能做一个好法官，但我没有能力预测一场大革命的发生，不了解整个人类的大事件。于是，他放弃了法官的职务，开始从政，当了议员，后来还当过外交部部长。从政使他能够比较近距离地观察政治的运作，对他后来的写作也很有帮助。

1831年，托克维尔26岁。当时是七月王朝统治时期，政府有意要改革法国的监狱制度，听说美国的监狱制度比较先进，就决定派人去考察。托克维尔和他的好友博蒙争取到了这个机会，前往美国考察监狱管理制度。其实，托克维尔在此行之前早就下定决心要了解美国的民主，他发现，虽然当时美国、法国以及欧洲很多国家都已经在走向民主，或者已经在一定程度上实现了民主，但是它们的结果却完全不同。在美国，民主和自由很好地结合在一起，而在法国和其他很多地方却无法做到。法国大革命的目标也是自由，但他们并没有得到自由。在这样的时代背景下，托克维尔到美国考察了九个月。他访问了很多人，上至高官下至普通老百姓，走访了很多地方。美国让他非常吃惊，他发现美国这个社会与众不同，比如，在那里看不见政府，但社会秩序井然，这跟他在旧欧洲看到的景象完全不一样。

考察结束后，托克维尔用三年左右的时间，写出了《论美国的民主》上卷，书出版之后引起巨大轰动，被迅速翻译成英文。约翰·密尔专门写书评，高度称赞这本书。密尔的一些思想受到托克维尔的影响，尤其是多数人暴政的思想，就是从托克维尔那里借鉴来的。

《论美国的民主》上卷其实把问题已经基本上讨论完了。出版后托克维尔看到反响非常好，就决定接着写下去。于是，五年之后，下卷出版，但并没有上卷那样轰动，也没有那么多好评。然而，今天当我们回首看这个两卷本时，会发现下卷的很多内容甚至比上卷还要出色，因为观察更加细致。书的上卷主要讨论他的分析框架，讨论美国的政治制度、法律制度以及它背后的民情问题。下卷讨论了民主对人们智力活动的影响，对人们的情感、思维方式、习俗、民情、政治的影响。下卷涉及的主题远比上卷要庞杂得多。

今天，《论美国的民主》被认为是研究民主的经典，研究美国社会的经典，在美国大学里是必读书,尤其是在政治学和社会学专业。这本书已经出版了180多年,但至今一点都没有过时。

托克维尔的出色在于极富洞察力。虽然美国有位名学者写了一本《第一个社会科学家》,写的就是托克维尔,但他并不是现代意义上的社会科学家。他没有用到今天社会科学界流行的研究方法、分析工具,比如统计、定量分析等,他更多的是靠自己敏锐的观察和超强的判断力。上卷出版时他只有30岁,一个这样年轻的人,能写出不朽的经典著作,足见其出类拔萃。

他出身贵族,受了良好的教育,对世事有非凡的洞察力。年轻时受到一些重要人物的影响,比如基佐。1820年代法国有一场自由派和反动派之间的大辩论,基佐是领袖人物。基佐还成立了一个基督教道德协会,托克维尔是其成员。基佐做过一系列欧洲文明史和法国文明史的演讲,托克维尔有机会就去聆听。贵族制和民主制的区分,托克维尔就是从基佐那里学来的。

托克维尔有大量的预测,很多都应验了。比如,他预测有一天美国和俄罗斯将成为争霸天下的两个超级大国,果然在百年后应验了。再如,他预测美国的奴隶制可能会引发一场战争,果然美国很快就爆发了内战。他说最有可能威胁美国联邦的因素就是奴隶制,奴隶制肯定要废除,而且废除奴隶制的同时很可能给美国带来一场灾难。他甚至还预测到,废除奴隶制之后,种族歧视依然会长期存在。他反复强调,人类社会在不断地走向平等,就是身份地位的平等,他的表述是条件或者社会条件的平等,贵族越来越少,最终会消失,世界将变成一个高度平等的社会,同时他预测,等到人们过分追求平等时,人类也将面临危机。托克维尔还预测到了民主可能导致多数人的暴政,甚至还预测到了福利国家的出现以及社会主义可能带来的影响等。

就思想脉络而言,托克维尔属于古典自由主义或者保守主义,其思想更接近英美的经验理性主义或者进化理性主义,而不是欧陆的唯理主义或者建构理性主义。这是两种完全不同的思想传统,大致可以追溯到法国大革命前后,甚至更早。这两种自由的传统,一种建立在经验基础之上,建立在理性有限基础之上;一种建立在抽象观念之上,建立在理性至上的基础之上。这两种不同的思想传统源自16、17世纪之后,英国和欧洲大陆走了两条不同道路,英国更多地保留了封建制、贵族制，保留了封建自由，而欧洲大陆则摧毁了这些。英国人认为，自由不是从白纸开始的，必须建立在封建的自由基础之上，封建的自由奠定了后来个人自由的基础。没有封建的自由，就没有后来的自由。

封建的自由就是封建时代的贵族们，从国王那里争取来的自由。比如，贵族有陪审团审判的权利，不经过同等地位的贵族审判，贵族不能被逮捕。还有，比如地方性的自由、城市的自由，这些都是封建的自由。一座城市，如果从国王那里获得了一份特许状，获得了一部宪章，那么，国王就不能再干预这个城市的治理。托克维尔经常用一个很少有人用的词，那就是"地方自由"（local liberty）。没有这种封建自由的传统，就没有后来的自由，必须保有这些曾经有的自由才能积累自由。而欧洲大陆的人却认为，打碎一切才能获得自由。在他们看来，如果旧制度、旧体制本身是罪恶的话，便没有任何东西值得保留，一切都要废除。所以，从这个意义上讲，托克维尔是保守的自由主义者，或者说，是个自由的保守主义者。他跟柏克一样，认为贵族制当然有缺陷，但是不应该把整个贵族制都废除掉，贵族制有很多东西值得继承，值得保留，而这些东西恰恰可以在很大程度上校正民主制的弊端和缺陷。法国人则认为，只有建立一个全新的法国，才能得到自由。同时，从法国的《人权宣言》可以看出，他们要的是人的权利，不包括每一个个人的权利。

在这本著作的分析框架中，有三个因素是分析的核心。托克维尔发现，有三个因素影响了，或者说帮助维持了美国的民主。第一是自然条件，第二是法律制度，第三是民情。他认为，这三个因素一个比一个重要，自然条件对维持美国的民主制度很重要，但更重要的是法律制度，而没有民情，法律制度也不能发挥作用，所以民情最重要。

托克维尔首先探讨了美国的自然条件。新大陆远离欧洲，在军事上没有那些君主制大国的威胁，可以放心搞共和。美国的自然资源非常丰富，可耕种土地很多，人们不用为生计担心，只要勤劳人人都可以过上衣食无忧的生活。美国还有一个突出的特点，没有能够成为整个国家中心的特大城市。不像法国，巴黎是法国的中心，统治整个法国，法国就是巴黎，巴黎就是法国。美国虽然有大城市，但没有任何一个大城市成为美国的政治、经济、文化中心。美国绝大多数州的州府都不是本州最大的城市。它是一个多中心的社会，有无数个中心，其实就是没有中心。托克维尔比任何人都更好地揭示出了美国社会的这种特征。英国实质上也是一个多中心的社会，一个地方自治传统浓厚的社会，一个联邦制国家。

托克维尔讨论了美国的法律制度，包括美国的宪法，它的联邦制、两院制、总统的选举方式、司法审查等。他认为这些都是伟大的发明和设计，对于维系美国的民主，起到了重要的作用。通常，大部分理论家讨论到制度层面就不再追究了，会简单地给出结论，指出是这些制度决定了美国的伟大，决定了美国社会的性质。但托克维尔认为这还不够，这些不是根本性的，根本性的因素是民情。美国的法律制度当然起了非常重要的作用，但是如果没有相应的民情，这套法律制度便不能发挥作用。他以墨西哥为例，19世纪墨西哥基本照抄了美国宪法，但是它在墨西哥完全不发挥作用，原因就在于墨西哥没有美国的民情。

民情是相当复杂的一个概念或者因素。简单地说，就是人们的"心智习惯"（habits of heart and mind），包括宗教、思维方式、教育、习俗等。托克维尔观察到，当时的欧洲，尤其是法国，人们把宗教视为自由的敌人，认为要想得到自由，就得先推翻教会，把教士阶层消灭。但是，美国人却能把自由和宗教完美地结合在一起，在托克维尔看来，没有宗教，根本就没有美国的自由。他还注意到，美国的教育非常特别，他们接受教育是为了参与公共事务，而欧洲人接受教育是为了改善私人生活，目的完全不一样；教育方式也不一样，美国的教育里面充满了共和精神，欧洲的教育缺乏这些。美国和欧洲大陆国家，在习俗和思维方式方面也存在着重大差别。托克维尔说，这些东西才是最关键、最重要的，决定了美国民主的未来。如果不是这些非常特殊的民情，在美国实行民主的结果和在欧洲不会有什么区别。正是这种民情决定了美国社会的现状，决定了民主在那里可以和自由完美地结合在一起。

《论美国的民主》就是围绕着这样一个分析框架展开的。尤其在上卷中，讨论完这几个因素本应结束了，但托克维尔增加了关于美国的三个种族——白人、黑人、印第安人一章，这一章与前面的内容整体上似乎无关，但他认为这对理解美国社会以及美国的未来非常重要。他指出，印第安人将来很可能没有出路，因为印第安人非常特殊，他们爱好自由却桀骜不驯，不会妥协。而黑人最大的问题在于他们被白人用暴力变为了奴隶，但是他们习惯了被奴役。而且，因为肤色上的差别，现代奴隶制跟古代奴隶制的解决方案不一样。古希腊罗马的时候，奴隶制建立在同一肤色的基础之上，当消除了这种制度性差别之后，其他的歧视慢慢就消失了。但是对于肤色不同的奴隶制，即使从形式上消灭了奴隶制，也很难从文化上、心理上永久性地消除歧视。他指出，黑人的问题非常难办，黑人和白人几乎很难融合在一起。他非常担忧美国的未来，认为这有可能成为分裂联邦最主要的因素，后来的美国内战也确实验证了这一点。到今天为止，虽然从制度上讲，奴隶制已经废除150多年了，但是，种族歧视在美国依然存在，而且会长期存在。

自治精神和地方自治

托克维尔在书中用大量篇幅描述和分析了美国的自治精神和地方自治。他刚到美国时，令他印象最深刻的、让他最吃惊的是，看不到政府，不知道政府在哪里，但整个社会井然有序。他说，美国这个社会在自己管理自己，为了它自身而自主治理（govern itself for itself）。这在欧洲是他没见过的，所以他非常吃惊。无论是在这本著作，还是后来的《旧制度与大革命》中，人的自治、地方自治都是托克维尔讨论的核心问题。

在《论美国的民主》上卷讨论美国的政治制度时，托克维尔首先从乡镇开始，先讨论乡镇，然后讨论县，再讨论州，最后才讨论联邦。他认为，美国社会是自下而上的产物，是建立在地方自治基础之上的，尤其是乡镇自治、乡镇集会。在托克维尔看来，乡镇蕴含着美国的民主精神和自治精神。他说，乡镇会议对于自由来说，相当于小学对于大学一般，是自由的摇篮、民主的摇篮，要学习自由就要到乡镇去，乡镇会议把自由带到了人们身边，教给人们如何享用自由。一个国家可以确立一个自由的政府，但是，没有乡镇自治制度，就不可能具有自由的精神。托克维尔看到了新英格兰乡镇的独立和自由，他指出，乡镇正是美国精神的发源地。

新英格兰的乡镇自治精神，至少可以追溯到殖民地时期。从北美被殖民者开拓起，自 1620 年《五月花号公约》开始，那里的人们就开始学习并实践自治。这些殖民者到达北美后，远离国王、远离政府，一下船他们就面临着如何管理的问题，如果有人杀人、盗窃、抢劫怎么办？于是在下船之前，他们就先订立了"公约"，盟誓下船之后要按照这个公约来自己管理自己。所以，北美殖民者从开始殖民的第一天，就已经开始学习立宪。《五月花号公约》里面有一句话："我们要形成一个公民自治体，自己统治自己，制定法律、选举官员等，都秉承着这样一种我们自己是这里主人的精神。"此后，美国历史上开启了 150 多年的殖民地自治和殖民地立宪的传统。在这一过程中出现了很多值得纪念的宪法性文献，例如 1639 年的《康涅狄格基本法》、1641 年的《马萨诸塞自由宪章》等，还有成百上千个大大小小的宪法性地方文件。1775 年，当英国和北美殖民地间即将发生战争时，英国人一开始还非常自信，认为自己有世界上最强大的军队，镇压殖民地的反叛不成问题。直到他们看到，马萨诸塞地方殖民地政府被废除了一年后，那里居然没发生任何事变，秩序井然，人们有能力自主治理，英国人才开始明白，殖民地的自治精神是不可战胜的。

美国这种深厚的地方自治传统，实际上部分来自英国，甚至是欧洲中世纪国家的自治传统。中世纪的欧洲是封建社会，也是一个多中心的社会，没有中央集权。每个地方都是一个独立王国，都是高度自治的，包括城市的自治，有大量的宪法性文件确保它们自治。美国人正是继承了欧洲这种悠久的地方自治传统，并且发扬光大。虽然他们借鉴了英国的制度，但自己来管理，在统治上不依赖英国。有人因此赞扬英国人的殖民方式是一种间接统治，并不直接插手殖民地的事务，而是让人们自己管理自己，而且尊重当地的法律和习惯，只要能和普通法的思维方式、程序正义良好地结合，英国就不再具体统辖。这也是英国的殖民地绝大部分成功转变成为民主国家的一个重要原因。美国在这方面是一个典范，因为早期去北美的是一批非常特殊的人，他们在英国受过不错的教育，他们到北美是想确立一种新的生活方式，尤其是在宗教方面，他们要实现自己的宗教信仰。

今天当我们说到美国的政治制度时，通常会从 1787 年的《美利坚合众国宪法》开始，甚至从 1776 年的《独立宣言》开始，但这些都远远不够，可以追溯到更早，至少 150 多年的殖民地经验非常关键。《美利坚合众国宪法》里大部分制度都不是全新的,很多都建立在过去殖民地的政治传统和立宪经验基础之上。比如,两院制在殖民地时期就有,某种意义上的联邦制也曾经在康涅狄格等地尝试过,这种分权制衡他们早已有过体会,只是早期还没有完善和成熟。从这个意义上讲,美国的政治传统至少有400年的历史。

在1830年代,当托克维尔到达美国时,这种自治精神在新英格兰依然表现得非常强劲。托克维尔也去了其他一些地方,他发现,南部及中西部的一些地方,乡镇自治精神就不如新英格兰地区。很重要的一个原因是新英格兰地区早期殖民地是清教徒确立的,他们从《圣经》中学习了圣约传统,每个人都直接跟上帝订一个圣约。这种圣约关系扩展到世俗事务、世俗政治当中,就是人人都依据圣约,人与人之间都是平等的关系。这样的一种对政治共同体的理解,造就了美国后来整个的政制历史。

要从两个层面理解自治。一个是个体的自治,即每个人的独立和自由得到保障;在此基础之上,是共同体的自治,是指共同体的事务每个人都可以参与,是一种公共的事务。它其实是一种个人对私人事务的自治(self-rule)和所有人对公共事务的共治(shared rule)的结合。对于私人事务我们每个人有完全的权利来处理,但是对于公共事务,整个共同体的成员都有权利参与和处理。首先,托克维尔在乡镇发现了这种精神:每个乡镇首先像个人一样,是高度独立的共同体,每个乡镇,并不在行政上隶属于任何其他共同体。他们并不把联邦政府看作是一个高高在上的政府,联邦政府只不过是"第51个州政府"。

其次,托克维尔发现,乡镇非常自由,人们在乡镇中能真正地体会到自由。在乡镇,人们有机会参与各种公共事务,那里的事务可能跟每个人都有关系,征税、修路、建学校等,人们从中体会到自由的滋味,体会到自由和秩序之间的平衡,自由和权威之间的平衡。比如,在乡镇中大家都有权利选举乡镇官员,也都有权利被选举,也有权利监督这些被选举出来的人,乡镇的事务不是任何单个人、一个党派或一个家族的事务,而是大家共同的事务。所以,所有人都认为我有义务管理好乡镇,因为它与我密切相关,关系到我和每个人的利益,每个人都跟这个乡镇的繁荣和自由密切关联,因此他们非常热爱自己的乡镇,热爱自己的家乡。不像很多中央集权的国家,人们爱国家胜过了爱地方,认为国家比地方更重要。美国人认为国家利益离他们非常遥远，而乡镇的事务每天都在他们的视野之内，这使得美国人有一种特殊的爱国主义、爱地方主义的情结。美国人认为，乡镇的一切其实都是自己的作品。在托克维尔看来，美国民主真正的精神在乡镇，如果没有这种乡镇自治的话，美国民主的命运大概会与法国或者欧洲大陆很多国家一样。

托克维尔赞赏地方自治，反对中央集权。他区分了两种不同的集权：一种叫政府集权，或称集权政府；另一种叫行政集权，或称集权行政。政府集权或集权政府，是指在一个国家需要一个全国性的政府，由它处理战争、外交等事关全局的事务。而行政集权或集权行政，是指不管大事小事都集中在中央，都由最高政府集中掌控，只有一个决策中心，即中央集权。他说，这两种集权经常会相互吸引相互促进，但是这并不意味着它们之间不可分割。也就是说，在一个国家可能有政府集权但是没有行政集权。比如在美国，政府集权相当严重，但是没有行政集权。他认为，对于一个大国来讲没有政府集权是不可思议的，但是行政集权对任何一个国家都很危险，尤其对一个大国而言。大小事务都揽在全国性政府手里，势必会摧毁地方的多样性和差异性，破坏地方自治。这种行政集权也许可以迅速地完成一件"伟业"，却无法确保一个国家的持久繁荣。行政集权很容易调动资源，但也很容易把资源榨干，使资源不可再生。他认为，任何一个统治者，任何一个大国，都没有能力统治地方的一切。除了全能的上帝，人世间还没有任何人或者政府有能力处理所有地方上的事务，只能交给地方民众处理，只有他们自己最了解他们的利益所在，只有他们自己最了解地方的条件、环境和需要。

他进一步指出，如果一个大国既有政府集权，也有行政集权，那一定是灾难，最终结果一定是专制。他非常担心的是，民主的发展会导致行政集权。美国的地方自治精神和制度安排，在一定程度上阻碍了中央集权的倾向，而在欧洲大陆就没有这么幸运。在讨论中央集权的时候，他举了清朝的例子说："旅行家告诉我们，清人有安宁而无幸福，有勤劳而无进步，有稳定而无活力，有公序而无良俗，那里的社会条件总是可以容忍的，但绝不是极好的，一旦他们的大门对欧洲人开放，欧洲人将会发现，大清帝国是世界上中央集权的最佳典范。"在他的眼里，法国的中央集权已经是非常严重了，但是与大清国比，还是小巫见大巫。的确，中国从秦以后就废封建、改郡县，走上了长达两千年的高度中央集权的道路。中国的学者们也同意这种看法，像钱穆这样的新儒家都认为，中国从唐以后就开始集权，地方一天天衰落。到了宋明清三代，集权发展到顶峰，地方完全衰落。

托克维尔发现，美国的优越之处就在于有政府集权而没有行政集权，这是使民主的副作用在很大程度上受到抑制的一个重要原因。而在法国大革命之后，法国的中央集权比以往任何时候都更加严重。他举例说，法国曾经有很多知名的出版商在地方，在省里，不在巴黎，但到了路易十六统治时期，在大革命前夕，几乎所有的出版商都集中在巴黎，地方上已经找不到出版商了。还有，人们要修一座教堂，几十元钱的审批费也必须到巴黎去审批。这些都表明，法国在旧体制下的晚期，已经走向中央集权。

托克维尔的视角非常独特。大多数人讨论美国的民主，关心的是它的选举，它的总统等，而托克维尔关心的是自治精神以及那里特有的民情。他说，美国人正在进行一场伟大的实验，一场独特的实验，而这需要一门新的政治科学来解释。

民主的利弊得失

托克维尔对民主有非常特殊而复杂的看法，也因此很可能有人会误解他。有人会认为他只赞扬民主，有人却认为他只批判民主，而这两种看法都是错误的。他表示，一方面，民主的潮流不可阻挡，平等是人类总的趋势。另一方面，民主可能产生两种后果，一种后果是它和自由可以很好地结合在一起，另一种后果是它会摧毁自由。会产生哪一种后果，取决于一个社会当中的三种因素：自然条件、法律制度以及民情。这三种因素是托克维尔极其强调的，特别是不同的民情会导致民主产生不同的结果。这是他在本书中给人们的最重要的警告。他不断比较美国和法国，指出人为地抵挡民主，像欧洲很多贵族一样，完全没有用处，因为抵挡不住，应该做的是让民主发挥好的而不是坏的作用。表面上他在论述美国的民主，其实，他无时无刻不在与法国、与贵族制和欧洲大陆的体制进行对比，有时候甚至还与英国体制做对比。他试图从这种比较中告诉人们，应该做出什么样的选择。

在全书结尾处，托克维尔表示，他反对任何意义上的宿命论或者决定论，他并不认为民主一定会带来什么样的结果。他认为，民主会带来什么结果，完全取决于生活在一个特定社会当中人们的努力。民主并不必然是好或者是坏的，我们并不必然收获美国的成果，也不必然得到法国的结果。虽然很多重大的历史事件不是单个人的力量能够决定的，但最终是由社会当中所有的成员决定的。从这个意义上讲，他肯定人为的作用或者人为的努力。

有学者发现托克维尔在很多意义上使用"民主"这个概念。需要强调的是，他更多地是在平等的意义上，从身份地位平等或者社会条件平等的意义上来讨论的。托克维尔的一个重要贡献是，第一次让民主这个概念正面化或者至少是个中性词。民主在18世纪时，是一个完全负面的概念，无论在孟德斯鸠还是美国国父们那里，民主就意味着古希腊的那种直接民主，是一种糟糕的政体，会导致专制和暴政。今天人们讨论民主，更多是从自由民主（liberal democracy）的意义上来说的，通常指的是在欧美国家那种受到自由及法律制度约束的民主。

托克维尔是从一般意义上讲民主这个概念的。而民主包括直接民主和代议制民主（间接民主）。今天各国实行的都是代议制民主，而在18世纪，人们把代议制民主称为共和，像美国的国父们、孟德斯鸠就在这个意义上使用代议制民主。美国国父们主张，他们建立的是一个共和国，不是一个民主国，因为民主国是建立在所有人直接参与政治的基础之上的。跟直接民主相比，代议制民主的好处是，它可以扩大共同体的规模，因为通过选举代表，就不仅仅局限于雅典或者日内瓦这样的城邦。另外一个好处是，它可以过滤掉民众的激情，不是每个人直接参与政治。

托克维尔经常交替使用民主和平等这两个概念，在很多场合说民主的时候，其实说的是平等，在很多场合说平等的时候，其实说的是民主。在《论美国的民主》中，他几乎无时无刻不在讨论民主的好处和坏处，优点和缺点。

他认为民主有以下几个优势。第一，民主国家的法律比较人性化。在民主国家，人与人之间平等，每个人都高度独立，每个人都能够设身处地地为其他人着想。在贵族制国家，法律的制定可能比民主国家要高明，因为法律是由一些非常高明的人、受过良好教育的精英制定的，法律可能非常出色、非常优秀，但是不够人性化，而且只照顾到了贵族阶层，没有照顾到平民，大量的法律对平民构成歧视或者剥夺了他们的权利和自由。而在民主制下，法律可能很平庸，但是比较人性化，比较温和，比如说，法律不再有那么多的酷刑，因为人们能够将心比心。而且，因为法律是每个人或者其代表参与制定的，能比较容易反映出来民众的利益和诉求。所以，在民主时代，法律普遍会走向人性化。

第二，民主国家的公民具有公共精神。在贵族制国家，公共精神通常只存在于贵族群体，因为大部分平民受制于贵族，或者在贵族的带领下才可以参与某些公共事务。贵族是发起人，平民只是跟随者。在大部分情况下，根本都不需要平民参与，公共事务只是少数人的事。在民主社会中，人们是平等的，同时每个人又是孤立的，任何单个人的力量都非常有限，需要联合起来。托克维尔说，民主社会尤其需要联合，需要集体行动，需要结社。所以，民主社会需要发达的公共精神，需要有自治精神的地方社会，人们会把公共事务当成自己的事务来对待。托克维尔区分了两种爱国主义，一种是本能的爱国主义，仅仅因为出生在某个地方而爱那里；另一种叫反思性爱国主义，或者叫理性爱国主义。理性爱国主义的基础不仅是出生地，更是因为生活所在地的一切都与个人相关，都是自己参与创造的。"我"是这个共同体的主人，有权利参与制定法律，选举代表、选举官员。托克维尔指出，在没有自治精神，没有参与公共事务习惯的地方，人们对公共事务会较为漠然，凡事都呼吁由国家或者政府负责。

第三，人们权利意识强，珍惜自己的权利。在贵族制社会中，很多平民从来没有尝到过行使权利的滋味，或者，根本不认为自己享有权利。权利只是少数人的事情，大部分人的任务就是为自己的主人提供服务，没有个人权利观念。而在民主社会，每个人是平等的，人人享有天赋的权利。托克维尔发现，在美国即使最贫穷的人、地位最低的人也非常在意自己的权利，在任何时候都不会放弃自己应当享有的权利，无法接受他人随意侵犯或者践踏自己的权利。在民主社会中，如果没有个人权利，简直无法生存，因为没有任何人可以依赖。在贵族体制下，平民的一切都由贵族提供，贵族像平民的保护伞。但在民主社会中，没有任何人保护任何人，只有每个人的权利能够保护每个人。所以，民主社会中人们的权利意识非常强烈。托克维尔说，在欧洲，经常听到人们谴责这样的权利、那样的权利，尤其是财产权，这在美国闻所未闻。在美国，私有财产权神圣不可侵犯。没有财产的权利，就没有个人的独立和自由，也就没有个人的尊严和人格。人们珍惜的言论自由、结社自由和出版自由等，正是人们重视自己权利的结果。这些权利在很大程度也矫正了平等带来的负面作用，尤其言论自由和结社自由。

第四，有守法观念。托克维尔发现，美国人尊重法律，哪怕一条法律在某个人看来不可思议，他也要尊重。这不仅是因为法律是多数人的产物，而且是因为法律简直就是他自己的作品，是自己选举代表和立法的产物，所以他当然尊重自己的选择，尊重自己的意志。美国人认为，如果没有对法律的尊重，就没有秩序和权威可言，没有秩序，自由也不可能存在。毫无疑问，美国人非常热爱自由，但是美国人又在法律上为自己设定了很多的义务。比如在当时的新英格兰，如果有人几次三番饮酒而醉，就可以把他的名字贴在墙上公示，让任何人都知道这人经常喝醉。美国的一些法律，在欧洲人看来有点不可思议，在现代人看来甚至是侵犯人权的。当时清教徒或者说新英格兰人的理解是，自由不是为所欲为，自由和履行特定的义务并不矛盾，和服从权威并不矛盾。今天，美国一些州还有很多奇怪的法律，但人们并不认为这些法律侵犯和剥夺了自己的自由。比如，美国的很多州至今还禁止星期天卖酒，美国人并不认为这是侵犯了自由，这跟宗教、习俗、传统有密切关系。他们认为，自由离不开宗教、习俗、传统。但是，法国人却认为凡是阻碍自由的，凡是阻碍人们随心所欲的，都是对自由的侵犯。从这当中我们也可以看出左翼和右翼、保守主义和现代自由主义的分野，在保守主义或者古典自由主义看来，自由和权威是并存的，自由和义务是并存的。自由意味着责任，自由绝不意味着为所欲为，也不意味着我们不受制于任何宗教、习俗或者传统。托克维尔发现，美国人可以很完美地把这两者结合在一起。一方面他们对自由的热爱无与伦比，另外一方面，他们给自己施加了许多的义务。他们愿意履行这些义务，这些义务就出自他们的内心，出自他们自己的选择，并不是其他外来者强加给他们的。美国人的守法观念给了托克维尔非常强烈的震撼，他甚至说，美国人尊重法律像尊重自己的父母一样，他们赋予了法律一种不可违抗的权威，他们认为，没有这样一种权威的存在，自由将会沦为放肆。

第五，民主能造就活跃的公民。托克维尔发现，在贵族制的国家，平民百姓都比较消极，因为公共事务和自己没有多大关系，自己只是被动地接受主人的领导，那里只有臣民，没有公民。而在民主社会，每个人都是自己的主人，要对自己的一切负责。人们必须积极介入公共事务中以维护自己的权利，所以整个社会的氛围就是积极和活跃的。当他看到在美国每个人都忙忙碌碌，无论是为了自己的事务还是为了公共事务，都不怠慢，托克维尔甚至觉得有点太过分了。这跟他在欧洲看到的景象完全不一样，那里死气沉沉，没有任何活力，如果没有贵族推动社会的变革，社会便如一潭死水。他在美国看到人们每天都有新想法、新计划、新安排和新动作，整个社会无比繁荣。他说，与贵族制相比，民主社会未必能够完成贵族制国家的一些宏伟事业，但民主社会所产生的结果要远远优于贵族社会，也会更加繁荣。

托克维尔集中讨论了民主的五个优势，同时，他也警告人们，民主除了有这些优势之外，也有很多弊端，很多危险。

民主最大的弊端就是多数人暴政。这个看法是托克维尔的首创。在此之前，没有人把它当作一种理论，当作民主社会所特有的一种现象进行研究。这是他对政治理论、民主理论的一个重大贡献。民主社会的一个重要特点就是多数人至上、多数人决定。无论是法律还是政策，统统都是多数人说了算。所以，"多数人"无时无刻不在影响着社会，影响着法律制度、习惯和舆论，影响着人们的看法。当多数人不顾少数人的反对而压制少数人或者侵犯少数人的权利和利益时，多数人暴政就出现了。因为在共和制度下决策的方式采用的是多数决，除非有有效防范这种多数决的制度安排，否则多数人暴政几乎是个不可避免的后果。

托克维尔总结说，对多数至上的迷恋主要有两个方面的原因：第一，人们假定多数人比少数人更有智慧，应该更多地相信和依赖多数人，认为多数人掌握了更多的真理，掌握了更多的知识，所以多数人的决定比少数人的决定更优越。在民主时代，人们普遍有这样一种观念或者这样一种想象。第二，在民主社会中，人们总是假定多数人的利益优于少数人的利益，多数人的利益比少数人的利益更重要。多数人成了人们崇拜的对象，凡是多数人的决定都应赞成，这样对社会是有益的，多数人的偏好在道德上更具有优越性。这种对多数人的迷信，对多数人决策的过分自信，很容易出现多数人的暴政。在民主时代，每个人都是独立的，但同时每个人又都是弱小的，人们赋予了多数人一种至高无上的理念。它不仅体现在法律和政策中，还体现在社会的方方面面。如果有人在公共舆论当中反对多数人，会遭到围攻，所以公开挑战多数人需要勇气。政客们更是要依赖多数人当选，时刻都要对多数人保持高度的尊重。

多数人暴政的危险如此之高，意味着在民主社会中需要一些专门的机制来校正、防止多数人暴政。美国宪法里有一些特殊的制度安排，就是用来阻止多数人总是占上风，美国两院制的设置就是如此。虽然众议院是完全按照人数来选的代表，但是参议院却是每个州产生两名代表，与州人口多少没关系，给多数人暴政一个抑制力。1787 年制宪的时候，参议院的选举是间接选举，每个州的议会来选举参议员，但到了 20 世纪，到了大众民主的时代，这种选举方式被认为不够民主，美国通过修宪把参议院选举的方式变成了直选，现在参众两院选举议员的方式没有区别。美国的国父们在制宪时设计了两院不同的选举方式，一定程度上就是为了防止多数人暴政。而 20 世纪的美国人忘记了国父们的智慧，破坏了参议院的选举方式，助长了多数人暴政。

民主的第二个弊端是，法律和政策的不稳定性。民主社会的决策者大都是由选举产生的，并且是定期选举，而且任期都不长，二年、四年，最长的任期是六年。这样，立法者和决策者都会频繁更换。另一方面，由于民主制采取多数决，而多数是不断变化的，多数都是暂时的多数。这样，政策和法律就会不断地波动，随着频繁的选举，随着多数的种种变化，法律和政策就可能朝令夕改。去年制定的法律，今年可能被新的议员们废除，总统发布的命令同样如此。与贵族社会相比，民主社会的法律和政策也许更加亲近人民，更能够反映民众的意志，但是变化太快。而贵族社会通常比较稳定，因为社会结构比较稳定，很多官员不是通过选举产生，所以，在那里可能几十年、上百年都实行同样的法律。但是在民主社会，法律和政策有可能每几年就要换一次。托克维尔担忧，这种朝令夕改会破坏法治，让人们无所适从。

民主的第三个弊端是，民主制国家官员的任意性权力很大。这一点与流行的看法相反。人们通常认为，民主制国家官员受到更多的限制，实际上，在民主制国家，官员是选举出来的，人们比较信任他们，天然地赋予了他们更大的自由裁量权。托克维尔发现，他们比贵族制国家、君主制国家官员的任意性权力还大。在贵族制或君主制国家，会有更多的防范，因为官员不是选出来的，人们自然会担心他们可能滥用权力，会对他们有更多条条框框的制约。但在民主制国家，人们相信人民主权，而这些行使权力的人就反映了人民主权，或者说是人民主权的产物。人们过分地依赖和信任，会赋予官员过大的自由裁量权。

民主的第四个弊端是，民主制国家的公共开支会不断扩大。流行的看法认为，君主制、贵族制国家会不顾平民的反对，扩大开支。托克维尔说，其实相反，在君主制、贵族制国家，由于是有钱人决定公共开支，钱就从他们那里来，他们缺乏为自己谋取好处的动机，因而会有所节制。而民主社会由大多数平民决定公共开支。当穷人决定公共开支时，他们就会让它不断地变大，因为他们可以从中争取到好处。这其实就是现在福利国家的一个写照。为什么会有过多的福利？因为绝大多数人不是比尔·盖茨，大多数人是穷人、是中下等收入的人，他们更希望通过公共开支把少数人的财富剥夺过来，为自己提供福利。

同时，托克维尔也注意到，在美国，有一些特殊的因素，可以缓和或者矫正这些弊端。他重点强调了三个因素。第一，那里没有行政集权，没有中央集权。在20世纪之前，联邦政府管辖的事务非常有限，大部分与老百姓日常生活密切相关的事务都在地方上。今天我们看到，联邦政府几乎什么事都揽到自己手里，在当时则完全不是。地方自治，在一定程度上能够缓和多数人暴政。在地方上更容易体会到自由的精神，如果没有这种地方自治，不在这个地方上操练公共事务，很有可能人口多的地区会压制人口少的地区。如果没有联邦制、两院制，没有对总统的间接选举等，多数暴政就容易出现。

第二，法律人群体。托克维尔说，在美国，法律人是非常独特的一个群体，这个群体保守、理性、遵守既定的规则程序，爱好秩序胜过爱好其他，相当于一个贵族群体。这个贵族群体不轻易迷信多数人的决定，尊重每个人的权利，尊重每个人的自由。法院行使的司法审查权在一定程度上可以矫正或者抑制多数人暴政。当议会根据多数人的意志订立了一个法，如果这个法侵犯了少数人的权利和自由，法院就可以因为它违宪而宣布无效。这是非常重要的一个防止多数人暴政的武器。抑制多数人决可能带来的潜在危险，一个是通过总统的否决权，另外一个就是司法审查，法律人群体起到了特别关键的作用。

第三，陪审团制度。托克维尔说，陪审团不仅是一种法律制度，而且是一种政治安排，它体现了共和的精神。在陪审团审判中，每个人不仅参与了公共事务，参与了审判和主持正义，在参与过程当中，还学会了尊重每个人的权利。正是在陪审团审判过程中，人们不过分地相信多数人的决定和立法，而对个人的权利和自由充满了尊重。

民主对市民社会的影响

《论美国的民主》下卷的主题非常庞杂，涉及民主对社会的每个方面的影响，包括对智力活动、情感、民情和政治社会等的影响。

在谈民主对于智力活动、思维方式以及人们情感的影响时，托克维尔指出，在民主时代，人们有一个天然倾向，就是喜欢抽象的观念和理念。因为民主的时代，人与人平等，既然人与人之间没有差别，就要总结出所有人都具有的特点，所有人都具有的共性，忽略每个人生活的特定的社会环境、特定的种族、特定的社会经济背景、文化、传统、语言等，总结出一些抽象的东西来。这在法国和其他欧陆国家尤其明显，在那里，人们喜欢讨论抽象的人的权利，而不喜欢讨论具体的个人的权利。托克维尔指出，美国当然也会受影响，也有这样的趋势。但是，好在美国人比较讲求实用，不像法国人那么喜欢空洞、抽象的理念，所以在一定程度上缓解了这种影响。

托克维尔还强调了民主对宗教的影响。宗教是一个核心问题，在托克维尔的著作中，他反复强调宗教在美国人的自由和共和精神中的重要地位。宗教之所以在美国能和自由完美地结合在一起，是因为美国人实行了政教分离。为什么欧洲人、法国人那么痛恨宗教，并认为宗教是自由的敌人？是因为在欧洲政教不分，国家介入宗教，宗教与政治经济纠缠在一起，当政治腐败、官员腐败的时候，人们便会认为是教会腐败，很容易将败坏与教会联系起来。但是在美国没有这个问题，美国人一开始就认识到，他们离不开宗教，但是他们可以把宗教和政治区分开来，不让宗教干预政治、介入政府、介入政治事务。在美国，宗教与自由之间有高度的亲和性，没有宗教精神，根本就没有美国的自由。人人生而自由平等的观念就来自基督教。没有这种超验的观念，人们不可能建立自由的制度，还有圣约传统也来自基督教，没有这种传统，人们也不会通过社会契约构建一个政治共同体。

反过来，民主对宗教的影响是什么呢？在民主时代，人们会倾向于泛神论、多神论，甚至无神论。在民主时代，每个人都过分地相信了理性的力量，相信了我们每个人通过理性能够实现自己的目标或者实现自己的追求，并且认为这是无限制的，我们可以完成任何任务，不再受到宗教的约束或者是制约。在今天的美国和很多欧洲国家，随着平等时代的到来，科学主义、理性主义的兴起，随着大众民主时代的到来，宗教都在走向世俗化。人们相信人定胜天，没有什么通过科学、通过理性是不能达到、不能实现的，人们不再有任何敬畏。在托克维尔看来，这是非常危险的。

托克维尔还发现，在民主时代，人们会爱平等超过爱自由，为什么会这样呢？因为在民主时代，每个人都获得了独立和解放，不再受任何人的奴役，不再受任何束缚，不再受任何控制，无法容忍人与人之间有任何差别或者是被区别对待，任何微不足道的不平等都让人们无法接受。而且，人们很容易从一个社会的平等中看到它的好处，这就是，平等了就没有人再高高在上。但是自由不一定，人们很难认识到自由的好处，除非长期享有自由，不然，人们无法对自由有深刻的认识，无法对它所产生的长期益处有深刻的认识。自由意味着责任，意味着一个人得对自己的行为负责，意味着需要付出代价，甚至是沉重的代价，而这会让很多人退却。在民主时代，人们尤其无法接受的是，在一个社会中，虽然有自由或者有一定程度的自由，但是存在着等级，存在着不平等。人们宁可要一个完全平等而没有自由的社会，也不愿意接受一个一些人享有自由，另一些没有或者更少地享有自由的社会。人们总是渴望所有的人都应该被拉平，所有的人都应该一样，如果不能平等地享有自由，那就平等地享受奴役。

托克维尔谈到，如果一个社会是先得到平等后得到自由的话，这种热爱平等的精神会尤其强烈。因为在这样的社会中，人们长期以来没有享受过自由的好处，或者已经忘记了自由的好处，对平等有着无与伦比的热爱，甚至认为，追求平等到极致，就能获得自由。其实，结果往往恰恰相反，而且，在这样的社会中，人们已经不懂得如何享受自由，如何保卫自由，所以，自由也无法立足，无法扎根。反过来，如果一个社会先得到自由后得到平等，比如美国，人们热爱自由的精神就会抑制住热爱平等的精神，或者说，平等和自由可以比较好地在这个社会中共存。而在法国，托克维尔说，在旧体制晚期，人们就已经丧失了自由，经历了大革命之后，人们只崇尚平等，根本不知道自由是什么，也不知道怎么享用。托克维尔说过一句很有意思的话，他说，一个人要想享受平等是非常容易的事情，只需要什么也不做，等着时间流逝即可，社会会不断地走向平等；而一个人要想享受自由的话，需要付出很大的努力和代价，你光等是等不来的。平等这个大势是人类无法阻挡的，一个人只要活着就可以了；但是，要获得自由的话，一个人需要去争取。

西方人经常讲 freedom is not free，意思就是，人们需要付出沉重的代价，甚至牺牲，才可能得到自由。今天我们看到世界上得到自由的地方没有一个没有付出代价，而且是付出了巨大代价的。包括美国这样的社会，虽然上帝很眷顾，但是仍然付出了相当大的代价才得到了自由。并且，自由不是一劳永逸的，得到了之后并非就可以高枕无忧，什么事也不做了，人们永远需要为自由而战，永远需要对侵犯自由的任何举动保持高度的警惕。所以，托克维尔说，自由是人世间最令人惊奇的事物之一，它能给一个社会带来最丰硕的成果，但是保有自由的技艺是最难的、最复杂的。

接下来，托克维尔谈到，民主会导致个人主义。托克维尔说的个人主义与我们今天推崇的个人主义不太一样，那是一种原子化的个人主义，是一种孤立主义。在民主时代，人与人之间都变得平等了，人与人之间也是疏离的，各种纽带都被打破了，每个人都把自己孤立起来。在贵族时代，平民对贵族有天生的依赖、服务的情感，遵从他的领导。民主时代没有，每个人只关心自己的事务，而且过分地关注物质，这就会造成一种人与人之间的疏离，结果造成一种高度原子化的社会。有必要强调一下，他所批评的这种个人主义，在某种程度上可以说是哈耶克所批判的伪个人主义。哈耶克写过一篇有名的文章，就是关于真假个人主义或者叫真伪个人主义的。真个人主义并不是孤立的个人，并不是人与人之间不发生关联，并不是不强调这个共同体的价值，并不是不强调权威，并不是不强调法律、习俗、传统等；而伪个人主义恰恰是这种原子化的，人与人之间没有关联，每个人都是上帝，每个人都不服从任何权威，都不服从其他人。

在美国，为什么没有出现法国或者欧洲国家出现的原子化个人主义？托克维尔说，在美国有两个因素起了作用：一个是美国人对于自利的理解，他称为恰当理解或者正确理解的自利观念，一方面，每个人都有权利追求自己的利益，但另一方面，每个人都认识到自己的利益和他人的利益必须是共存的，不能够损害他人的利益，不能够不考虑公共利益，不考虑社会的利益，不考虑共同体的利益，美国人能够很好地平衡个人利益和公共利益；还有一个因素防止了原子化的个人主义，那就是地方自治，虽然每个人都在追求自己的利益，但是每个人都积极参与到地方的公共事务当中，以至于他们无时无刻不和他人联系在一起，不会只生活在自己的世界里，不关心他人，他们有一个无时无刻不存在的这种共同体网络，所有的人都连接在一起。

因为民主会导致个人过分地追求自我独立，这就需要人们时刻有一种结社的愿望和需求。其他时代也需要结社，但民主时代尤其需要结社。在贵族制时代，贵族天然地就构成了一些社团，一个贵族、一个庄园，所有生活在那里的人就是一个社团。还有，在贵族制时代，有大量的中间组织，比如行会、教会等。在民主时代这些东西可能慢慢地就退化了甚至没有了，所以，人们尤其需要结社来防止个人过分地孤立。他发现在美国，结社极为发达，不仅政治结社，而且普通的结社、民间的结社到处都是，人们为了各种各样的目的而结社。托克维尔说了一句非常有名的话："结社的学问是一切学问之母，或者，结社的技艺是一切技艺之母。"因为任何一个共同体都需要公共生活，而公共生活就需要联合，需要各种各样的联合，小到一个兴趣小组，大到一个行业协会或者政党等，人必须生活在一种网络中，才能不完全自我孤立，通过结社来训练和实践公共精神。

托克维尔还讲到，在民主时代，人们有一个天然的倾向，就是会过分地追逐物质享受，崇尚物质主义或者唯物主义。在贵族社会中，人们不会过分地追逐物质，原因在于，平民不可能获得很多财富，根本没有这样的通道，他们的出身就决定了自己的命运，所以就接受了现状，不会去追求物质财富。同时，贵族没有必要去追求物质财富，如果去追逐，大家会看不起你。贵族的生活依赖于继承或者分享的家族财产，他们不会为了蝇头小利去努力，认为那是低下的事情，不体面。但民主时代不一样，到了民主时代，每个人都要对自己负责，每个人要养活自己，也要养活自己的家人。这样，每个人都努力追求物质财富，而且容易走向过度。除了关心物质之外，没什么需要关心的，没什么对一个人更重要。他发现，美国的物质主义非常严重，每个人都介入工商业，都谋求发财致富，而且在这种社会中也很容易发财，每个人都可以通过发财改变自己的命运。富人阶层这扇大门对所有人打开，以至于人们的欲望没有办法满足，永远为了更多的物质而努力，每天都在奔波，没有时间停下来思考，没有时间想那些伟大的事情。

但是，在美国，也有一些因素会缓和这种倾向。一个是宗教。一个人获得再多的物质，也只是满足了部分需求，人们同时还有精神上的需求，还有心理上的需求。美国强烈的清教徒精神，让他们对于过分地追求财富有一定的节制，在他们看来，他们所做的一切都不过是为上帝服务，他们的命运就掌握在上帝手里，他们不能背离上帝的意志为所欲为，诸如为了实现财富的积累而不择手段。宗教为他们设定了边界，不仅为追求物质，也为其他任何的过分理性或者理性的狂妄设定了边界，让人们的想象力有一个限度。

另一个缓和物质主义的因素就是对自由的热爱。美国人对自由有独特的热情，当追求物质财富和自由存在冲突的时候，他们会选择自由而不会选择物质财富，因为在他们看来，没有自由就没有物质财富，自由是更根本的东西。

民主对民情和政治生活的影响

第一，从整体上讲，民主会让民情变得更加温和。在贵族时代，因为那里分成不同的阶层，一个阶层跟另一个阶层没有共同的关注点和利益，所以法律政策比较严酷，有很多歧视性的内容，而且，人们对此没有感受，或者习以为然。但是，到了民主时代，所有人的身份地位都一样，人们更容易设身处地地替他人着想，任何歧视性的、严酷的法律和政策都让人难以接受，所以整个民情会趋向于温和。在民主社会中，阶层的区分已经不明显，通常情况下存在着富裕的、中产阶级和贫穷的阶层，但不断流动，随时都在变化。今天一个人属于穷人这一群体，明天可能就会成为中产阶级的一员，甚至成为富人，阶层不是固化不变的。而且，法律反映了社会中大多数人，尤其是普通人的利益或者诉求，这也同样会导致整个的法律和制度以及民情变得更加温和。

第二，民主让人与人之间的交往变得更加简单，更加容易。在贵族时代有各种仪式、各种礼节、各种限制，贵族不可能和平民建立朋友关系，不可能有密切的关系，贵族只可能和贵族结成朋友或者是有更深入的交流。到了民主时代，这种身份等级不存在了，人与人之间交往的各种限制不存在了，交往变得异常简单。托克维尔在美国考察的时候发现，穷人和富人、当官的和平民之间很容易成为朋友。因为他们之间身份的转化、地位的转化非常容易，不再是固定不变的，所以人与人之间没有很强的戒备之心。托克维尔曾举过一个例子说，两个英国人在第三国碰面的话，他们不容易交往，每个人先得打量一下对方，猜测对方是什么阶层的人，对方如果跟我不是一个阶层，不会轻易地跟他说话，不会轻易地和他接近，当确定处于同一个阶层，地位相当的时候，才可能进行交流。但是，美国人在欧洲任何一个地方，一见面两个人马上就谈天说地，因为他们之间不存在壁垒，没有阶层之分。

第三，民主也会影响到主人和仆人之间的关系。在贵族时代，主人和仆人之间的关系是非常严格的，是不可逾越的。但在民主时代，主人和仆人之间的关系趋于平等化，主人和仆人之间仅仅在他们一方给另一方提供服务的时候存在着主仆关系，但在日常生活当中，他们是平等的人，是两个平等的公民。美国人把主仆关系仅仅看作一种工作上的关系，事务上的关系，而不是一种永久性的、固定不变的关系。不过，托克维尔发现，虽然主仆关系变得更加平等，但主人和仆人的心未必会在一起。这一点很有意思。在贵族社会中，贵族和他的仆人之间，心是密切联系在一起的。不管这个贵族对他的仆人多么不好，仆人生活的目标就是要为他的主人提供服务，并且主人会不惜代价捍卫仆人的生命。贵族时代非常特殊，人与人之间这种纽带非常紧密。仆人为主人服务是天经地义的，主人为仆献身被认为是主人的义务。但在民主社会中，主仆关系永远不可能如此紧密，离开了他们之间的服务关系，他们之间没有其他的纽带或者关联，他们之间一个不会为另一个付出生命的代价。

第四，托克维尔还提到，在民主国家，房租、地租、工资等都会升高。为什么会这样呢？因为在民主时代，一切都在流动、都在变化，人们没有长期考虑，而且，追求物质享受的风气让所有人都想短期内获得更多的利益和好处，所以合同关系通常都是短期的。在贵族时代，土地契约都是长期的，几十年甚至几百年不变。工资也是如此，在民主时代，工人们更倾向于联合在一起给雇主施加压力，要求提高工资，改善自己的待遇，并且在很多情况下，他们往往能够成功。为什么呢？因为工人获得的工资越多，他们在短时间内就可以不工作，迫使雇主提高工资。所以，在民主社会中，工资会不断地提升。托克维尔甚至在一定程度上预见到了工会的力量。今天我们看到，在民主国家工会力量很大，他们讨价还价的能力很强，雇主经常迫于这种压力来提高工人的工资；工会经常滥用它们的权力，强制工人罢工等，带来很大的问题。

第五，民主让家庭关系也变得平等。在贵族体制下，家庭关系是有等级和权威的存在，比如说父母和子女之间的关系，子女通常要严格地服从父母，接受父母的教导甚至是命令，子女不能挑战父母的权威。但是，到了民主时代，父母和子女之间的关系变得平等，甚至拥有同样多的财富，相互独立。在贵族社会中，土地所有权掌握在家长手里，家长去世之后，孩子才能得到财富，孩子的财富依赖于家长。但在民主社会里，每个人都有财富，父母和成年子女，同时拥有一块土地，谁也不依赖谁生活，他们的关系就趋向平等。父母仍然有权威教育自己的孩子，尤其是在孩子未成年的时候，但是成年之后，孩子立马与家长平等起来。但在贵族社会中，即使一个贵族成年了，他与父母之间也有着相当大的距离，时刻要尊重父母的权威。在贵族社会中，长子的权威要远远高于其他的兄弟姐妹，尤其在奉行长子继承制的社会中。托克维尔反复强调，在历史上，继承法的改变对于平等有很大的影响，改长子继承制为平均继承制之后，人与人之间的关系和地位发生了很大的变化，每个人都继承一部分，长子就不再具有优势，兄弟之间就变成了一种平起平坐的关系，导致他们之间更加平等。兄弟姐妹小时候的伙伴关系使他们仍然能够保持联系，不至于因为财产的分割而变得相互疏离，但他们之间不再有身份地位的差别。

还有，民主让年轻的女性变得更加独立。在贵族社会，人们很难想象一个年轻的妇女会在家庭中甚至在公共生活当中扮演一种独立的角色。但民主时代的年轻女性从小就学会了独立，不再完全受制于自己的父母，或者是受制于男性，年轻妇女都敢表达自己的想法，表达自己的观念，她们认为自己跟男性没有什么区别，在表达自己的思想观念甚至情感方面，不再过于谨慎或者胆小。

同时，男女之间的关系变得更加平等。在贵族制时代，女性的地位天然地低于男性，需要依附于男性或者是接受男性的权威。在民主时代，男女平等随着整个社会和身份的平等，同样得到了更好地展现。托克维尔举了一个例子，在美国，男女之间如果有情感的话，可以自由地结合，可以决定自己的命运。在美国，人们无法想象一个人爱另外一个人，仅仅因为身份地位不同而不能结合，这是不可思议的事情。但在贵族制社会，身份等级为这一切都设置了障碍，一个贵族很难跟一个平民结合。从家庭道德伦理的角度来讲，在民主时代，道德变得更加纯真，人们不再受制于身份地位，不再为此而被迫做出不道德的选择。

第六，民主时代还有一个倾向，就是人们会分成很多个小圈子。这是民主带来的一个普遍性问题，人与人之间变得疏远，社会中不同的人群又形成各种各样的小圈子，比如说，富人有自己的小圈子，穷人有自己的小圈子，虽然他们之间的地位很容易发生转变，但是富人在私人生活当中并不愿意和穷人搅和在一起，反过来穷人也是如此。不仅因财富多少不同会形成小圈子，因职业或其他的因素，也会形成各种各样的小圈子。托克维尔在《旧制度与大革命》中也强调了这一点。在没有自由的地方，它带来的后果是每一个小圈子都想要更多的特权，而不是自由，每一个小圈子都试图阻止其他的人、其他的圈子获得与自己同样多的特权。虽然他也不满那些特权者有更多的特权享受那些好处，但他的目标就是成为这些特权者，得到更多的特权，而不是让所有人都得到同样多的自由。也就是说，人们并不是热爱自由，而是热爱特权。

第七，托克维尔说，民主会让社会中有雄心的人、有抱负的人增加，但是有远大抱负的人减少。平等让每个人都拥有一定的物质，都可以通过自己的努力实现自己的目标。但是恰恰因为这一点，每个人都过分关注自己的小追求，过分关注自己的物质享受，过分关注自己眼前的利益而忽视整个社会长远的利益。在贵族社会中，贵族不用操心自己的生计，甚至从来不过问自己享受的这些物质来自哪里，他们天天可以遥想人类的未来，想整个社会的命运，所以有远大抱负的人很多。但是在民主时代，每个人都有点雄心，但雄心都非常有限。

第八，托克维尔还说，民主时代大革命会越来越少。原因之一是，在民主时代，人与人之间都变得平等了，而爆发大革命很重要的一个原因就是要消除不平等。在人类历史上，要么是穷人想消灭富人，要么是富人想消灭穷人，或者地位低的人消灭地位高的人，大革命总是由这样的原因引发。但是在平等的时代，这样的因素不再存在，因为谁都会富有，谁都会贫穷，没有永久的富有者和永远的贫穷者，也没有身份地位的严格划分，所以大革命发生的原因不存在了。而且，还有一个重要的原因是，在民主社会中，每个人都拥有一些财产，而任何革命都会对财产造成破坏，都会破坏财产权，不管是穷人抢富人，还是富人抢穷人，都会动摇私有财产。所以在民主社会中，人们没有革命的动机。因为担心自己好不容易获得的财富会失去，所以每个人都希望安于现状，只在现状的基础之上做出一些改良，而不是要发生翻天覆地的革命。

第九，托克维尔指出，在民主时代或者民主国家，普通民众会更加热爱和平，但是军队会更加喜欢战争。在民主时代，人与人之间变得如此相似，以至于每个人都对他人富有同情心，都担心他人受到伤害，不希望任何人遭受苦难，因而喜欢和平。但是，军队喜欢战争，原因就在于，军人只有通过战争才能获得晋升，没有战争就没有晋升的机会。所以，军人总是希望通过战争让自己脱颖而出，在军队中升职。军队中高等级的职位永远都是有限的，中下层的军官都会为自己的晋升而努力奔波，一直当一个中下层军官是没有前途的，而唯一获得晋升的办法就是打仗。中下层的军官最喜欢战争，高层的将领对战争没有太多兴趣，因为他们有地位，而且他们也有一定的财富。托克维尔对战争有很多的警告，他说，任何持久的战争对自由都是伤害，因为战争需要命令和服从，需要牺牲人民的权利和自由。战争需要在短时间内集中人力、物力、财力，持久的战争会给中央政府，尤其是三军总司令以更大的权力，所以，战争，尤其是持久的战争总有危险，容易带来暴政。需要让热爱自由与和平的精神扎根，让士兵把这种精神带到军队中，让他们放弃对战争的热爱。

最后，托克维尔讨论了民主对于政治生活、政治社会的影响。他说，民主会导致中央集权越来越严重。在民主社会中，人们会更加喜欢一个单一的、至高无上的中央政府，原因在于，每个人都是独立的，但同时每个人又都是渺小的，人们总是期待着一个政府来做个人所无法完成的事情，尤其是在自治精神缺乏的地方。对于那些宏大的计划和安排，比如修建大运河、基础设施建设等，人们总觉得个人没有能力来完成，期望政府站出来。而且，在民主社会中，一切都是流动变化的，只有中央政府永远在那里不变，人们对它充满了热爱和依赖。虽然在一般意义上人们不希望政府扩张权力，但是每一个群体都有自己关心的领域，都希望有一些例外，希望政府在自己关心的领域挺身而出，结果是，政府的权力会朝四面八方扩展。人们希望政府像一个监护人一样，来帮助自己，来完成自己的心愿，做所有我们想要做的事情，有一天人们甚至都不用思考，让政府代劳。这非常像我们今天看到的福利国家，人们希望政府提供各种各样的好处，各种各样的福利，让自己免受痛苦，让自己不再承担责任。

在民主时代，人们无法接受法律的多样性和差别对待，因为人与人之间都是一样的，只能接受整齐划一的法律，只能接受整齐划一的权力，在他们看来，只有这样才是公平的。这是导致人们喜爱一个单一的、至高无上的中央政府的原因。这种对中央权力和中央集权的迷恋，会造成一种新型的、历史上没出现过的暴政。以前的暴政是国王或者贵族因滥用自己的权力所带来的对于多数人的压迫。民主时代的暴政是多数人自愿要求的，根据多数人的意志建立起来的，是人们自愿的选择。与历史上或者古代的暴政比较，这种新型的暴政看起来不那么残酷，不直接处死人，不直接消灭某个群体，而是更加温和，更加细致入微，侵入人们的日常生活，但是，这种温和的暴政更加可怕，因为人们没有感觉，就像温水煮青蛙一样，慢慢地就被煮死了。这种新型暴政造成的奴役比历史上存在过的任何暴政都更加可怕。历史上的暴政主要是少数人对多数人的暴政，其合法性存在问题，人们很容易识破它，并且去反抗。但是，民主时代的暴政反映了多数人的意见，任何少数人都是很难抵抗它和阻止它的。这种温和的暴政，是人类历史上最危险的，让人们不知不觉进入奴役状态，丧失了自由。

在这种局面下，我们应该怎么办？托克维尔说，在民主大趋势不可逆转的情况下，目标不应当是消灭民主，阻碍平等，而应当引导民主和平等朝向自由的方向发展，或者说，让它和自由相容。这需要人们培育热爱自由的精神，需要人们时刻对多数人至上所带来的危险保持警惕，需要人们认识到平等的限度，认识到自治的重要性，积极参与公共生活等。人们必须为此而努力，为此而付出代价，只有这样，我们才能收获民主的益处，消除它的弊端。托克维尔反对任何宿命论，他认为，命运掌握在我们自己手里。

托克维尔并不天然地支持民主或者反对民主，他只是指出民主的复杂性，指出民主在不同的民情中会结出不同的果实。他只是想告诉世人，通过什么样的方式，人们可以有效地避免，或者抑制民主所带来的弊端而享受它的好处。这是他给我们的忠告。

思考题：

1. 请你试着比较一下 1830 年代法国和美国民间的生活状况。
2. 为什么说美国的乡镇精神是美国民主制度的基石？
3. 美国为了防止民主的弊端，采取了哪些应对的办法？如果你对美国民主的实际运行有所观察，请举一个例子来说明以上情况。
4. 为什么宗教在美国和法国社会中的角色有这么大的区别？
5. 为什么说要保持民主的健康，民主必须与自由相结合？

二一
《代议制政府》

[英] J. S. 密尔著　汪瑄译　商务印书馆　2011 年

主题词◎议会制　政体论　民主　政府形式

经典之处

《代议制政府》发表于 1861 年，是西方讨论议会民主制的经典著作。这本书的特点在于，它不是论述政治理论的抽象原则，而是论证代议制政府具体实践的各种问题，有很强的现实意义，对欧美各国的政治制度产生了很大影响。

作者简介

约翰·斯图亚特·密尔（John Stuart Mill，1806—1873），19 世纪英国杰出的哲学家、经济学家、法学家，近代自由主义的先驱。他是英国功利主义哲学家詹姆斯·密尔之子，曾在英国东印度公司任职。著有《论自由》《政治经济学原理》等书。

导语 | 代议制：漫长的探索与选择

刘苏里

约翰·斯图亚特·密尔，1806年生于伦敦，1873年死于法国阿维尼翁。他是19世纪著名的哲学家、政治经济学家。他著有一系列名作：《逻辑学》《功利主义》《论自由》《政治经济学原理》，还有这本《代议制政府》。

从大的学术分类上讲，《代议制政府》属于政治哲学中的政体论。政体论关心政府的组织形式和背后的观念问题。人类历史上政府的组织形式有世袭的（君主制）、民选的（如美国的总统共和制）、议会制的（如英国的议会共和制），区别在于政府的权力从哪里来。这是我们理解《代议制政府》这本书，首先需要了解的知识。

密尔生活在19世纪初到19世纪中末期。19世纪是人类历史上的"英国世纪"。日不落帝国英国，在这段时期达到了鼎盛。它主导建立起了纵横交错的海上通道，殖民地遍布五大洲，有世界近四分之一的人口和陆地面积，香港就是在这段时间被清政府割让给英国的，印度更是成为它的"掌上明珠"。1822年，16岁的小密尔跟父亲到印度任职，在那里生活了至少36年，正是英帝国"日不落"的一个实例。

从政体上看，英国是最早尝试限制君主权力的国家。早在1215年，主要由贵族组成的英国议会，逼着国王签署了限制国王权力的《大宪章》。《大宪章》签署后，国王不服气，为到底谁说了算，同议会角力了450多年，直到1688年"光荣革命"，议会通过了《权利法案》，制定了君主统而不治的原则，最终确立了议会权力为大的政府形式，奠定了英国君主立宪制的基础。在与国王争夺权力的过程中，金融资本家们出钱出力，由此他们也在议会中争取到了一席之地。

第一次工业革命，机器取代了手工，工厂取代了作坊，机器和技术引领经济发展。商业资本家和城市自由职业者，不仅在经济领域，在政治上也做出很大贡献，他们顺势要求选举权，挤进政治舞台，在议会有了举足轻重的发言权。制造业的迅猛发展，还造就了一支产业工人队伍。他们不仅在经济上要求改善工作条件，拿到更多收入，在政治上也要求选举权，争取议会中有自己的代理人、发言人。

总之，简单回顾19世纪英国的政体演变历史，一条清晰的轨迹是，选举权不断扩大，政府权力的来源越来越广泛，越来越多的阶层、阶级在议会有了或者要求有自己的代表和代言人，而这就是密尔思考、讨论代议制政府形式的历史背景。

所谓代议，就是有投票权的公民，选举代表，在议会议政。代表议政，并不是近代的发明。这种政治形式，在古希腊就能找到雏形。中世纪欧洲的许多地方都实行这种议政形式。但事实上，直到近代，特别是英国工业革命后，它才作为一种可选择的政治制度模式，被正式提了出来。在密尔之前，他的长辈、功利主义的发明人边沁，还有他父亲詹姆斯·密尔，都对代议制有过论述。密尔丰富了长辈们的论述，将代议制理论系统化。他几乎考虑到了代议制政府形式的所有方面，从比例代表制、选区划分，到精英与民众的权力的平衡，等等。密尔认为，最好的政府形式，就是代议制，虽然当时还没有哪一个国家实现了这种政府形式。

密尔是近代自由主义思想的奠基人，也是现代自由主义思想的先驱，他是为民主制度辩护的。但与其说他多么喜欢和赞同民主制，不如说他受托克维尔的影响，认为民主是不可阻挡的大趋势。还可以说，在密尔那里，民主制是实现功利主义学说——最大多数人的最大福祉——不可避免的途径。这里暗含了两层意思。第一层意思是，民主是不得不的。"不得不"意味着不一定是最好，有可能是次好。与托克维尔一样，密尔对因选举权扩大带来更多人参与政治是有怀疑的。他认为，一个公民必须通过若干过程，才能取得参政的能力，而未经训练的民主制酝酿出来的多数，也可能走向专制。所以，密尔设计代议制的用心所在，就是如何既能适应公民参与政治的诉求，又能防止扩大的权力被滥用。第二层意思是，代议制是过滤民众激情的安全阀，但精英治国，也可能出现因精英与民众信息和能力的不对称，走向精英、专家专制。所以，密尔的代议制里，公民选出议会代表，代表选任政府官员，之后的职责，是监督政府行政。

由此可见，代议制同时训练了精英和普通民众。民主制度，就在这两种力量的相互激荡中，慢慢成熟起来。后来的实践证明，代议制有许多尚需克服的弊端，但的确是最现实可行的政府形式。而密尔的代议制理论，不仅为民主制奠定了基础，也为实行这种制度的国家，提供了有力的辩护。

密尔除了以写书见长，还是非常有名的政治改革家。他从印度回国时已年过半百，他当选了议员，从政议政，参与推动英国的政制改革。他20多岁时写过一篇文章，叫《时代的精神》，批评整个国家没有一个知识阶层，知识分子缺乏坚定的信心、思虑周全的道德和政治理想。他大半生思考英国的改革方案，老年奋发，推动政治改革，践行了一个知识分子知行合一的理想。

讲读这本书的张笑宇还讲读了《利维坦》。那本书奠定了我们认识西方近代政治哲学的基础，即国家的性质和它的功能，也为我们思考什么是好的国家坏的国家，提供了线索。从霍布斯的《利维坦》到小密尔的《代议制政府》，时间又过去了200年。在张笑宇的解读中，我们可以看出经过200年的狂风暴雨，西方自由主义理论和政制实践，从当务之急建立国家，到三权分立，到公民议政的代表制，走得多么艰难，却又走了有多远。现代国家的建立，政制的确立和发展，绝非一蹴而就的事情，其中不仅要有理论的建构及其不断升级，还要有艰苦的奋斗和牺牲。

张笑宇讲读《代议制政府》

> 张笑宇
> 政治哲学博士。毕业于北京大学和柏林自由大学。华东师范大学特聘研究员。著有《重建大陆：反思五百年的世界秩序》。

饱读诗书、爱情永恒的哲学家

《代议制政府》这本书的作者全名叫约翰·斯图亚特·密尔，民国时期被严复先生译作穆勒，穆勒是他名字的德语形式。他生于1806年的伦敦，1873年去世，生活的年代离今天不到两百年。

他的人生有两个方面值得细谈，一是他受的教育。密尔从来没有上过正规学校。他的老师就是他的父亲詹姆斯·密尔，也是一位功利主义哲学家。老密尔的出身非常贫苦，靠着好学念完了大学，实现了社会阶级的流动，跻身上层知识分子。所以他一生非常信奉苏格兰启蒙学说，认为人就是一张白纸，要想有成就，就得往白纸上尽可能多地灌输知识，白纸才会斑斓。于是，他把这样的哲学理念严格地落实在小密尔身上。小密尔也确实是天才，他三岁开始学习希腊语，八岁前已熟读《伊索寓言》，色诺芬的《长征记》，希罗多德的《历史》，卢西安、拉尔修、伊索克拉底、柏拉图等人的著作，以及英国史。八岁始学拉丁语、几何、算术，12岁研究经院哲学，阅读亚里士多德的原著。小密尔十几岁间的所学，无论从范围还是深度上，恐怕都超过了今天一个古典学专业本科生的水平。

小密尔11岁时，就帮父亲编订他撰写的《印度史》。父子俩天天在书房里，老密尔做自己的研究，并给儿子指定阅读材料，然后父子俩要讨论当天的收获是什么。老密尔还请功利主义哲学家边沁、古典经济学家李嘉图等英国优秀的学者帮助指点、训练小密尔。

天才少年密尔就这样按照父亲的哲学和教育理念成长，20岁时他的精神几乎崩溃了，或者说终于开始叛逆。他认为"功利主义是冷冰冰的计算、硬心肠的政治经济学、违背人类天性的反人民的教义"。这种纯粹吸收知识、没有人际关系和情感培养的生活令他非常痛苦。最终，他的阅读习惯和过人的思考格局救了他，把他从精神失常的深渊拉了回来。他读了很多华兹华斯的浪漫主义诗歌，开始思考一个人活着的真正价值，也越来越多地与普通人打交道。他体会到了在知识之外还有很多有价值的情感，日常的交流、友谊、爱情和亲情对一个人来说是多么重要。这段经历对他的哲学观念有重大影响，后来他虽然还是以功利主义哲学家自居，但他对这套哲学做了重要的修正，给它增加了很多有人情味的东西。

他的人生另一个值得细谈的是他的爱情。在一般人的印象里，哲学家基本与美满爱情无缘，事实上似乎也确实如此。苏格拉底的老婆是知名的悍妇，康德一辈子单身，叔本华与妻子分手后痛恨人类更热爱狗，克尔凯郭尔觉得不能给妻子幸福，于是离了婚，尼采则是个受虐狂。当然也有例外，比如古罗马斯多葛派哲学家塞涅卡，就与妻子非常恩爱，他是皇帝的老师，他被学生处死时，妻子要给他殉情，还有就是这位小密尔。

1830年前后，24岁的小密尔渐渐从精神崩溃中恢复，他认识了一位有夫之妇，他朋友的妻子哈里耶特·泰勒。泰勒才貌双全，文采飞扬，个性独立自主。两人一见倾心，互为知己，然而泰勒的丈夫宁可接受分居也不愿意离婚。他们一直相爱了20年，直到泰勒的丈夫去世后两年，两个人才正式结婚。

小密尔觉得，泰勒是自己的灵魂伴侣，他认为自己著作中的见解，有一半来自与泰勒的讨论。他说如果两个人的见解如此一致，如此心有灵犀，著作权就应该是两人共享，写作的时候谁来执笔并不重要，所以他一直坚持与泰勒共同署名出版著作。不幸的是，两人相恋20多年，泰勒却在与密尔婚后六年去世了。后来，密尔在自己最著名的著作《论自由》的卷首语中，给妻子写的献词是"我的全部著作都有赖于你的才智和品行"。

从密尔的教育和爱情这两方面能看到，密尔从小受到的教育，使他成为一个高度理性的人，一个很年轻时就能在议会中发表观点讨论国策，参与殖民地治理、擅长计算成本收益的人；同时，诗歌和爱情又使他成为一个心地善良的人，一个对女性、贫民，以及世界充满爱意的人。

其实，这本《代议制政府》是专业性很强的小册子，谈政府该怎么建立、权力该怎么制约、决策该怎么产生，等等，命题都很宏大，技术细节很多。政治哲学家们在讨论国家机器、帝国的命运、人类未来时，往往心中有八荒四海国土万里，眼前是上下千年民族兴衰。然而其中又有多少人考虑过庞大的国家机器从普通人身上碾过时，那些个体的感受呢？

比较起来就可以看出密尔的可贵。他读过很多关于国家兴衰存亡的大政治的书，对人类社会有冷眼旁观的智慧，但骨子里为贫弱群体说话的热血并没有消退。他知道精英的可贵，也知道民众的不易，并试图找到一种原则，在两者之间取得平衡。他的这种思考和努力，就凝结在《代议制政府》这本书里。

代议制民主

早几年，国内出版了一本《民主是个好东西》，影响非常大。民主是好的，在20世纪基本上是共识。但在19世纪以前，西方学者一般不认为民主是个好东西。因为中古和近代早期的政治哲学，基本还是把古希腊经典著作奉为圭臬，而在古希腊哲学家的观念中，民主是不好的。这首先与古希腊时代民主制度本身有关。古希腊雅典城的民主有两个特点。一是直接民主，城邦里有什么事儿，所有公民都集中到广场上讨论，谁想说什么就轮流上去说，说得好人们就欢呼，最后谁赢得的欢呼声大，他的主张就直接被公民们接受。可以想象，除了卢梭这样比较激进的思想家之外，大部分人不会认为这是个很好的制度。二是重视平等高于重视其他一切。在讲读霍布斯时我们介绍过，古代民主选举执政官不是投票制，而是抽签制。他们认为如果搞投票，很可能是有钱人才能当选，因为有钱人会利用他们的财力影响选举。那就不平等，就是贵族制了，只有直接搞抽签才机会均等。雅典甚至还搞过陶片放逐法，这个法律很特别，谁的影响力最大，谁最受欢迎，就有可能被驱逐，因为这种人最有可能变成独裁领袖。古希腊人认为，民主制跟独裁制，或者说僭主制的联系最紧密。如果城邦实行的是民主制度，是一种人人平等的制度，它转变为独裁制的可能性最大。因为很容易出现一个有非凡才能的领袖，同时会讨好民众。而民主制度本身鼓励大家宣讲自己不同的观点，所以无法阻止蛊惑者贩卖自己，实现野心。

但是古代雅典人还是很为自己的民主制度自豪的。曾有位执政官叫作伯里克利，他有非凡的政治才能，大权独揽，但是他一心为公，威望极高。他曾为纪念雅典阵亡将士发表过一篇非常著名的演讲，他说："我们这个制度一直被别人羡慕和效仿，但从未被超越。我们这个制度不宣传勇敢，不宣传爱国，不宣传牺牲和奉献，但是每当外敌入侵之时，我们的公民都会拿起武器为我们自己奋斗，我们总能战胜敌人，因为我们最明白自由可贵的滋味。"

但是这种对民主制的自豪很快就被伯罗奔尼撒战争击碎了。那是一场为争夺巴尔干半岛霸权的战争，交战双方是雅典和斯巴达。在这场战争中，伯里克利染上瘟疫去世了，缺乏明主的雅典也很快就衰落了。

雅典在伯罗奔尼撒战争期间有过几次重大的决策失误，导致它后来败给斯巴达。有一个例子最能说明它民主制度的弊端，在与斯巴达交战的关键时刻，只因为民众的恐慌情绪，就要缺席审判部队主将亚西比德，结果把亚西比德逼到了对手斯巴达那边。主将都被逼叛变，雅典因此节节败退。因此后来的古代哲学家对民主制度有诸多批判。他们的结论是，最好是有一个全知全能的君主，或者说哲学王来统治。

这些批判被近代很多思想家继承下来，所以近代许多政治哲学家认为，民主制度不是一个理想的制度。比如美国国父们，如果你问他们是不是想搞民主，他们一定会否认，他们说我们要搞共和制。

共和制吸收了君主制、贵族制和民主制等政体的共同优点，这一制度设计的理论认为，一个国家不同性质的重大决策，要采用不同的方式来决定。比如打仗，只能有一个统帅；要制定一部法律，先要由有经验、有智慧的人共聚一堂讨论；要讨论一件涉及很多人利益的公共事务，就该把大家都召集来讨论这个政策。所以近代大部分政治哲学家的态度都很明确：结合了多种制度优点的共和制，是最好的制度。美国国父们建国初期想要的就是这种制度，比如参议院对应的就是贵族制，众议院对应的是民主制，总统是三军总司令，对应着君主制。

因此，19世纪以前，在大部分哲学家看来，民主制度是一项很危险的制度，它会把人民的民粹激情释放出来，做出很多不理性的决策。对民主制的这个坏印象是经过美国革命，再到 19 世纪上半叶时，才慢慢转变过来的。美国革命应用了一个很重要的实践，即间接民主。古希腊的直接民主是把城邦里的公民都叫到一个广场，讨论城邦事务。但是国家领土扩大，人人平等以后，不可能让成千上万的人都聚集到一个广场，于是就由公众选举出一些人，代表民意来讨论国家大事，这就叫作间接民主，也叫代议制民主。经过现代政治的发展，代议制民主形式替代了直接民主，成为一种主流的民主形式。密尔这本《代议制政府》讲的就是这种民主，他甚至断言，代议制政府是人类所能想象的最好的一种政府形式。

密尔说，自古以来，人们都期望一位明白一切又一心向善的明君，他了解人性的优劣，洞悉社会的弊病，制定最为明智的法律来管理国家，录取最优秀的人担任官员……若是有这样一位明君，那人们大概会觉得，君主专制实在是一种最好的制度了。但密尔的意见是，即使这世上真有这样一位明君，这也不是一种好制度。因为在这样一个国家里，整个民族都被绝对权力照料起来，如同被父母完全照料起来的孩子。在这么一个最聪明的君主面前，民众不需要去思考自由、正义和公平这些根本的重大问题，久而久之，他们会习惯听从命令而不会思考，长此以往，民众将不再有能力为他们的国家贡献任何才智，因此即使在开明君主治理下的专制国家，也只有一个爱国者，就是君主本身。故此，我们需要民主制度，不在于它必定能胜过最明智的君主专制，而在于它能锻炼国民，使其获得一种改善现实的能力与智慧。而代议制又足以消除因民众参与过多带来的民粹倾向与政治情绪，应该说是一种理想的政治制度。

历史上中西方有没有明智的君主？有。这些君主能不能给国家带来富强？可以。但西方民主制中有一个很简单的道理，即政治关系到每个人的切身利益。如果一国臣民习惯了一切事都交给君主代劳，那么这个国家的臣民还有希望成为公民吗？当西方经典著作还在批判民主时，在 19 世纪上半叶民主政治还没有在世界推开时，密尔说他还是相信普通人的力量，相信民主的力量，他为民主制度在 19 世纪的正名做了巨大贡献。

民主是个好东西吗

谈到密尔为民主正名，或者说找到一种好的民主形式，在那个时代背景下，并不那么简单。

19世纪以前，西方政治哲学的主流不认为民主是个好东西。改变这种观念的，在政治实践上有法国大革命和美国革命。改变这种观点的思想家，密尔是其中之一。与此同时，还有一位同时代的思想家也做了很重要的工作，密尔受他的影响也很多。这位思想家就是法国政治哲学家托克维尔。

比密尔大一岁的托克维尔生于1805年，少年时经历过拿破仑战败和波旁王朝复辟。30岁时去美国考察了一圈，回到法国后写下了传世之作《论美国的民主》。他深入观察美国的民主，得出了许多今天看来也非常深刻而有价值的结论。

首先，托克维尔观察到，人们习惯于把民主看作一种制度，但实际上，它还是一种社会精神，这是一种从经济到政治再到文化都讲求平等的精神。美国社会能够提倡这种平等精神，并不仅仅是制度保障的结果，而有它的特殊性。首先，那个新大陆，或者说新世界是真正的沃土，像我们的东三省，黑土地肥得插根筷子就能发芽。美国密西西比河的黑土地，面积比东三省大很多。地大物博和地广人稀，能够确保当时几乎每个公民都可以获得一片土地，只要辛勤耕作就能获得收成。这样的经济结构导致的结果就是大多数人的收入是平等的，没有暴富也没有赤贫。其次，托克维尔特别指出，人类有一种法律从长远来看最能影响整个社会的公平程度，那就是继承法。如果继承法制定得好，规定的遗产税高，而且继承顺序搞清楚，就能确保不出现积累几代后就有暴富阶层和赤贫阶层，保障社会阶级流动的公平性，在这方面美国是典范。

托克维尔在对美国民主精神高度赞扬之后，转而指出了民主社会的两个问题。首先，民主社会会导致"拉平化"，就是它可能不喜欢高度精英的人才，不喜欢特立独行的贵族和不接地气的艺术家，而是尽力把人拉到一个大多数人都能接受的水平线上，这个水平可能是庸俗的，难以为脱俗的精英和深邃的思想留出足够的空间。其次，民主社会很有可能会导致多数人的暴政，会出现一个经过大多数人认可的主流思想，这个主流思想会以大众认可的正统自居，无形中压迫那些不同意和不认可其观点的思想。

托克维尔担忧的问题，其实是历史上所有民主制度的支持者都要面对的问题，它归根结底是精英和大众的关系问题。哲学家说过，真理往往掌握在少数人手中。尤其是现代社会，科技高速发展，法治不断完善，社会制度越来越复杂，很多问题其实只有专门研究这个领域的精英才懂，比如转基因、雾霾、医疗改革，普通人确实不了解。如果这样的事让大家来投票决定，后果将是很危险的。可是如果一切都交给专家，民众的利益又如何得到保障？

密尔非常佩服托克维尔。托克维尔担忧的问题，密尔无疑也注意到了。在《代议制政府》里，他论述了两个原则，为这个问题做了解答。

密尔论述的第一个原则，叫作参政权利平等。我们可能都承认，人和人之间的能力是非常不平等的。那么，这个世界是不是就该让精英说了算？密尔说，不是。每个人生存的权利是平等的，维护自己利益的权利是平等的。而且最重要的一点是，在智商情商都正常的情况下，每个人都比其他人更知道自己的利益在哪儿，也更有动机去维护自己的利益。因此，必须允许每个人都能够去参与政治，参与讨论那些与自己利益息息相关的事情，不能因为他不是精英就剥夺他的这一权利，这叫作参政权利平等，是现代政治必须维护的一个基本原则。

密尔论述的第二个原则，叫作代表独立性。代议制下，每个人参政权利平等，就意味着人人都有权去投票，选出一个人在议会中替自己说话。那么，选民跟他投票选出来的代表之间应该是一种什么关系呢？有人可能会认为，既然代表是我选出来的，那就应该听我的，一切按照我的意志来传达：人民代表听人民的。但密尔说，如果你选择他不是因为他比你优秀，比你有经验，比你有智慧，因而你相信他能够把政治事务处理好，你选他做什么呢？如果他只是你利益的传声筒，你选择他的唯一原因就是为了自己的私欲。所以民选代表应该是有独立性的，他应该独立思考，独立判断，自主地决定怎样做才能最有利于民众的利益。他要有独立自由的空间，不能为民意左右。

还可能会有人认为这两个原则是矛盾的。密尔指出，这恰恰不矛盾。你选厨师是因为他做菜做得好，请教老师是因为他比你学问多，选代表如果只是因为他会恭维你，你选他对你有什么益处呢？

有人可能又会问，如果代表以独立性为幌子，不兑现选举时的承诺，我的利益无法得到保障，又该怎么做？

密尔说，你判断一个代表的标准，不能只是听他说什么，还要看他干了哪些事情。一个代表能不能兑现承诺，取决于他过往的信用记录和他的办事能力。如果他的履历表现出很强的能力、很好的记录，那就该尽可能地相信他。当然，还有另外一种情况，就是某个参选代表很年轻，但是很有才华。他可能发表过非常有深度的作品来证明自己的能力，但是还没有得到实际验证。密尔认为，这个年轻人如果被选上代表了，就应该有一份自觉。他还没有通过实践来证明自己的能力，此时他应该遵循对选民的承诺，并以此证明自己的能力和信用。

密尔提出，要将参政权利平等原则和代表独立性原则应用到实际中，去建立起一个比较理想的代议民主制度。然后他分析了实践这两个原则的条件和限制。

民主的条件

密尔认为最理想的制度就是代议制，因为它能够锻炼一个民族的心智，让人们习惯于对自己负责而掌握自己的命运。同时，鉴于民主制度可能会出现的民粹等问题，密尔提出了参政权利平等和代表独立性两大原则，试图平衡精英与民众之间的关系。当然，在这些原则之下，为了确保一个代议制民主政府得到有效运作，密尔还讨论了许多技术性问题，例如跨选区投票、两院制、复票制等，他还谈了一个很重要的问题，就是民主的条件。

研究历史可能会发现，成功而稳定的民主国家，只有英美两个国家。那些从专制向民主转型的国家，在转型过程中大部分会出问题。比如法国大革命之后，先是恐怖专政，再是拿破仑帝制，然后又是王朝复辟，政治动荡一百年，到现在还有民粹基因。少部分没出大问题的，比如德国和日本，都是被人打败了变成了殖民地或者附庸国。所以民主不是难题，民主化才是难题。有志于研究民主的人，得牢牢记清这一点。

密尔从一开始就关注到了这个问题。他认为，民主既然是人民当家作主，那人民就得有个主人的样子，不能只讲权利不讲义务，不能有想法没担当。他指出民主政府能够存续，必须要满足三个条件：第一，人民必须愿意接受民主政府；第二，人民必须愿意，并且有能力做一些工作维持它的存在；第三，人民必须愿意，并且有能力履行民主政府要求他们履行的义务和职能。

人民必须愿意接受民主政府的意思很直白，但完全可能有很多人不一定愿意接受这个制度。可能有人认为专制更好，经济发展快，社会安定，等等。更有可能的是民众的搭便车心态，就是说，有人在前面争取，我跟着享受他的成果就行了，没必要出力。比如自家小区附近有个工地扰民了，正常情况下该去维权，可有人懒得出头，一心等着别人去维权，自己最终享受好处。小到业主维权，大到民主政府，都是一个道理。

人民有意愿和能力来维持民主政府，这个能力指的是什么？相信在职场和社会上摸爬滚打过几年的读者，都会有一个感悟，就是能做事、会做事，不是人人都具备的素质，这是很重要的能力，甚至是天赋。民主选举应当是任贤选能，可有些人选代表，却老是愿意强调一些能力之外的东西。比如觉得候选人对老婆不好，或者他形象不好，他出身是某个我不喜欢的民族，或者宗教信仰跟我不一样。这些人也不是不愿意参与民主制，但他们意识不到，应该把对一个人公德心与能力的评判和对他私德的评判区别开来，否则就是没有能力参与民主政府。

最后，人民还得愿意并且能够履行民主政府要求他们的义务和职责。一切政府都是要管理人民的，不存在只讨好人民、不要求人民服从的政府。密尔说，学会服从，这是文明的第一课。人民服从政府，有利于实现公共利益。如果人民不是为了公共利益去参与民主政府，那么他们一定会利用选举权为自己谋私利，这个时候，民主政府就败坏了。

还有另外一种情况也不适合采取代议民主制，那就是这个国家里的民族很多，地区分裂主义很强，民众还不习惯在一个中央集权政府下生活，这种时候如果贸然搞民主制，很容易造成族群和社会的分裂。比密尔稍晚一点的一位学者，叫作约翰·西利，他曾说，英国那么小，为什么能征服印度那么大一片地方呢？因为印度在英国人到来之前，是四分五裂的。它既不是一个国家，也不是一个民族，包括莫卧儿帝国对它的统治，都没有真正把它统一起来。所以英国人到来后，很容易就把这个地方变成了殖民地。而印度也是在被英国殖民以后，才习惯了生活在统一的集权政府下。密尔指出，如果没有这个阶段，印度是不适合采纳代议民主制的。

可能有人会觉得不舒服，难道采取民主制还要看资格？难道还得满足了一定条件后才能享有民主吗？密尔说，就是要有资格。这就像鱼好吃，但是你要注意它有刺，要学会不被刺卡住喉咙。

密尔理论对后世的贡献

密尔被许多西方思想家奉为民主理论最重要的先驱之一。但他所处的年代，英国基本上还是一个贵族社会，普选民主在当时是不存在的。人们普遍认为，政治权利的分配就应该是不平等的，有些人就不配享有投票权，有些人应该享有更多投票权。密尔甚至也认为可以实行复票制。比如牛津大学、剑桥大学毕业的人，或者特别有成就的人就可以有两票。

但是密尔对民主抱有的是一种很负责任的态度。从政治哲学的脉络来说，民主理论有两种流派。一种以卢梭为代表，主张民主就是一种天赋人权，不可争辩；另一种则以密尔为代表，主张民主是一种工具，它不是评判一个政府好坏的根本标准，评判政府好坏的根本标准是民众的幸福。如果民主起不到这个作用，密尔会很干脆地回答说：还是先不要民主比较好。

此外，政治哲学对精英和民众的关系，也历来分为两派：一派更多站在精英的角度，比如英国19世纪历史学家卡莱尔就认为，历史就是英雄书写的，我们这个世界就是那些伟大人物缔造的结果；另一派则更多站在民众的角度，比如像我们比较熟悉的马克思。密尔是尽可能希望参照古典共和制的模式，给精英和民众一种平衡：精英来决定事情怎么做，民众来审核这件事是不是损害了他们自身的利益。这种互动平衡的方式，是密尔的方式。

密尔的这些想法和观点，看起来很持中公正，也很简单易懂。但是我们看看今天的世界，西方主流国家虽然普遍采取了代议制民主政府，但好像离密尔的理想状态还有一些差距。美国已经不是当年托克维尔分析记录的那个新大陆，而欧洲普遍陷入了高福利、低增长、难民问题大的怪圈。西方民主到底出了什么问题？

其实问题恰恰就出在密尔讲的那几点上——民主社会的运行是有条件的：第一，人民要有意愿接受民主；第二，人民要有能力维持民主；第三，人民要履行政府要求的义务和职责。而20世纪的西方社会，尤其是经过冷战以后，民主制度在这几个方面出现了很大问题。第一，西方在冷战的过程中，为了跟苏联抢夺意识形态地盘，把民主原教旨化了。第二，19世纪到21世纪将近两百年，世界的变化太大了。密尔那个时代想象不到登月、发射原子弹、互联网和机器人，也想象不到在今天，每个领域都是极为复杂的，都需要极为专业的知识。比如像转基因这种话题，没有相关科学素养的普通民众，基本就讨论不出来什么有用的东西，只能被某些媒体人牵着鼻子走。在这种情况下，人民参与民主治理，需要的能力越来越高，难度也越来越大。长此以往，人民就会丧失维持民主的能力，精英讨论的问题人民根本就听不懂。这也引申出第三个问题：当人民既听不懂精英在讨论什么，又不再信任精英的时候，他们就不会服从政府对他们的要求。比较典型的是几年前的"占领华尔街"运动，普通人既搞不清楚华尔街的金融精英在干吗，又看到这么一个现实，那就是金融寡头拿走了那么多利益，收入不平等扩大到那么厉害的程度，他们当然要起来反抗。

美国理论家约翰·邓恩，写过一本《民主的历程》，他说19世纪的美国，大概最接近人类历史上理想的民主社会。为什么这么说呢？19世纪的美国整体还是个农业社会，西部那么多土地还没有开发，你只要是个健壮的青年，你就去开垦，自己种地，自己盖房子，自己扛枪去赶跑土匪和印第安土著。政府除了给你建一些公共设施，比如邮局，还有什么作用呢？那个时候，自己家的庄园真的是风能进，雨能进，国王不能进，政府真是不敢不尊重人民的选票。今天，就算你是个华尔街的白领精英，西装革履去上班，进门却要像进监狱一样刷指纹，出了门手机和邮箱还有可能被公司监控，公司让你去哪儿出差就得去哪儿出差，让你去什么岗位你就得去什么岗位，一旦离职，代价很大。你看似赚很多钱，实际对自己的人生没有什么掌控权。这种情况下，你的那张选票，作用越来越小。

这时候，我们再看密尔当年的智慧。他说为什么需要民主制度？因为我们要激发人民为自己思考、为自己负责的能力。如果整个民族都被资本寡头的权力照料起来，那他们的这些能力还能得到锻炼吗？久而久之，他们会习惯于听从命令而懒得思考，反正思考也改变不了任何事情。这个国家的民众将不再有能力为他们的国家贡献任何才智。这些都是今天西方社会确确实实存在的问题。当然，西方的一些有识之士，也提出了改进方案，其中一条就是多实行协商民主制度，让普通人定期参与政府举行的协商会，讨论具体的政府政策，比如减税、建学校、修路等等这些。然后将整个协商流程，通过电视和网络直播，在更大范围内对民众起到教育作用。这些都是很有意义的尝试，也是对今天西方民主社会弊端的补救。在这个关头，密尔两百年前的智慧，也显得越发深刻。

思考题：

1. 密尔的政治哲学观有什么特点？
2. 在生活中我们对于直接民主一点儿也不陌生，家庭里的投票，学校中的选举，实际上很多地方都会看到直接民主的影子，你是否能结合自己的经历来谈谈直接民主呢？
3. 你认为在美国的现实政治中，密尔设计的这两个原则，有没有得到充分运用呢？
4. 你认为一个国家的政府形式是人民可以选择的吗？你能举出并分析世界上民主转型成功的例子吗？
5. 一种政府制度应当经过不断的权宜手段变化发展，还是不可变动的？评判政府形式的根本标准是什么？

二二
《非此即彼》

[丹麦] 索伦·克尔凯郭尔 著　京不特 译　中国社会科学出版社　2009年

主题词◎思辨哲学　选择　审美感性生活观　伦理生活观

经典之处

《非此即彼》是克尔凯郭尔作为自由思想家的起步之作，由他的散文和日记书信体小说组成。本书出版后曾在丹麦引起轰动，但直到20世纪才为欧洲，乃至世界所熟知。克尔凯郭尔一反欧洲从概念到概念的思辨哲学，创造性地采用上卷论述美学、下卷探讨伦理的结构安排全书，为读者提供了"审美的"和"伦理的"两种不同生活样态。正是在这本书中，他提出了著名的"生存三境界论"。因此，要理解克尔凯郭尔，必须从《非此即彼》开始。

作者简介

索伦·克尔凯郭尔（Soren Kierkegaard，1813—1855），19世纪丹麦神秘主义哲学家、基督教思想家、现代存在主义哲学的先驱。克尔凯郭尔的作品种类繁多，充满思辨和个性，代表作有《非此即彼》《恐惧与战栗》《重复》《哲学性片段》等。克尔凯郭尔一生没有谋求任何职业，靠巨额遗产生活，在自己创办的期刊上公开反抗丹麦的国家教会，去世时年仅42岁。

导语｜失恋和死亡造就的哲学家

刘苏里

克尔凯郭尔是我非常不熟悉的哲学家，但是为了这篇导语，我阅读了关于他的许多著作。导语的题目，我认为是进入克尔凯郭尔的一个门径。

有评论说，克尔凯郭尔的写作就是他真实生活的记录，《非此即彼》是他给失恋情人的暗码通信。说"失恋情人"并不准确，准确地说克尔凯郭尔美丽的"失恋情人"雷吉娜·奥尔森，是他未婚的妻子。他们已经订下婚约，但是第二天克尔凯郭尔就在日记中写道："我在内心中明白自己走错了一步。"后来的退婚不仅影响了克尔凯郭尔的一生，很大程度上也成就了一位伟大的哲学家。与雷吉娜解除婚约后，克尔凯郭尔痛苦万分，他说"我在床上哭了整整一夜"，雷吉娜在他生命中已经死了。但是，克尔凯郭尔难以忘怀对雷吉娜的爱，整日为她祈祷，为她创作了大量文字，包括这本150万言的鸿篇巨制《非此即彼》。当他得知雷吉娜即将出嫁时，做过最后一次努力，想挽救他们的爱情，却没有成功。随后，他便创作了倾诉衷肠的《重复》和名篇《恐惧与战栗》。直到这个时候，他心中的雷吉娜，才真的死了。不是雷吉娜死了，是克尔凯郭尔心中的爱情死了。他终生未娶，与其说是在纪念雷吉娜，不如说是用极端的方式，践行自己的诺言——把雷吉娜跟自己"一起带进历史"。

在克尔凯郭尔短暂的一生中——他总共活了42年——他因爱情死过两次，你可以把这种死亡看作精神上的。但家人的死亡，让他深感人生无常、随生随灭，充满绝望，因而强烈主张个体的人才是世间最重要的存在——是激发他的哲学思考，成就他"存在主义哲学之父"的重要因素之一。

他的父亲，也是他人生重要的导师老迈克，有七个孩子，克尔凯郭尔是最小的一个。在他25岁那年，老迈克去世，九口之家到那时候只剩下他和一个哥哥。此前，三个姐姐、两个哥哥和母亲，相继离世，而死去的五个孩子，都没能活过33岁。耶稣就死于33岁。克尔凯郭尔认为，这是他们家的宿命。

他拼命写作，跟他觉得自己也活不过33岁有关。当他活过这道鬼门关时，克尔凯郭尔的哲学，也因此划了一道界限。此后，他进入他的"生存三境界论"的第三个境界的写作。很大程度上，他是在等待死亡的过程中，完成了他哲学"体系"最后的收官工作。我给"体系"打了引号，是因为克尔凯郭尔的哲学，一上来就以反对黑格尔哲学为目标，第一个目标就是反对体系的哲学。

克尔凯郭尔的存在主义哲学，跟他真实的生命有着密切关系，其中的关键词就是失恋（或者爱情）和死亡。抓住了这两个词，就可以不那么费力地走近克尔凯郭尔。

我认为，读克尔凯郭尔有两个理由。第一个理由，他的思想具有划时代意义。读霍布斯时我们说他划时代，是因为他的国家理论第一次把国家建立在了个人基础之上。说康德划时代，是因为他开创了德国古典哲学，并为人生留下信仰的一席之地。那么，克尔凯郭尔开启了什么时代呢？

克尔凯郭尔打破了人类有史以来的哲学传统，特别是近代思辨哲学传统，将个体的人、他的生存状况，放在了哲学思考的中心位置加以考察。此前，第一个把个体的人，从神、从集合概念的人中拽出来的，是古希腊哲学家苏格拉底。他用个人精神代替神谕，认为作为主体的个人应当自己决定自己的事务。但在克尔凯郭尔看来，苏格拉底主张中的个人，自主的程度还不充分，还有外在的力量起作用。到了文艺复兴和启蒙运动时期，个人解放成了时代主题，但早期个人仍然受神的约束，后期则被国家、民族、集体绑架。而克尔凯郭尔哲学中的个人，第一次成了人世间所有存在的主角。换句话说，人的存在，是一切存在的根本，关注人的存在状况是哲学的中心任务。读克尔凯郭尔，使我们清楚地知道，到了什么时候，个人的解放、个人的自由才具有了现代的意义，人类到了什么时候，才真正走出了童年，开始成熟起来。

第二个理由是，克尔凯郭尔的人生三个境界哲学，对规划人生道路富有启发意义。人生的三个境界分别是审美的、伦理的和宗教的生活。审美的人，活在感觉、冲动和情绪中，生活的特征是快乐和无聊。快乐有时，曲终人散终究还是内心空虚。进入伦理阶段的人，他必须过有道德约束的生活，有善恶是非观念，有责任伦理意识。但生活在这个境界的人，他最多是一个跟其他好人一样的好人，永远不可能获得自足自洽，最终将陷于绝望。而只有过宗教信仰的生活，才能让一个人在神的面前获得真实的自我认知，"我是谁"这个问题才能获得圆满答案。

在克尔凯郭尔那里，三境界不是递进关系，它们可能有重合，但有高低之分，这还牵扯克尔凯郭尔哲学的另一个重要概念"选择"。说到底，"非此即彼"就是选择。一个个体的人生，就是一系列选择的结果，而一个人选择什么样的人生，就将会获得什么样的人生境界。在人类思想史上，正是克尔凯郭尔给了我们"自己的人生自己做主"以哲学上的支持。我认为，这是读克尔凯郭尔最重要的理由。

还有一些不成其为理由的理由。克尔凯郭尔在告别爱人后最难熬的日子，去了柏林大学听哲学家谢林的讲座。一同听讲的，还有巴枯宁和恩格斯。革命理论家恩格斯我们都很熟悉。巴枯宁是俄国的无政府主义者。我很好奇，一同听讲的人，后来怎么选择了如此不同的人生道路？但他们是有一个共同点的，就是"造反"。我想，其中的道理，除了个人境遇，恐怕还得从历史中寻找。

再一个是，克尔凯郭尔生前和身后半个世纪，影响不出哥本哈根，怎么就在20世纪两次掀起了世界范围内的关注热潮？他不仅影响了发明人类文明轴心说的雅斯贝尔斯，还有海德格尔、萨特和加缪，甚至还影响到当代的很多思想家和文学家，比如法国哲学家德里达，写"兔子三部曲"的美国作家厄普代克，大名鼎鼎的英国作家洛奇在他的《小世界》中，多处引用过克尔凯郭尔的文字。克尔凯郭尔被介绍到中国，超过一百年了，鲁迅不止一次提到他，还引用过《非此即彼》。最近几十年，克尔凯郭尔的作品出了各种中文译本，只是声名没海德格尔和加缪那么大。

讲读这本书的王齐先后就读于西北大学、中国社会科学院研究生院和哥本哈根大学，也是国内第一个系统介绍克尔凯郭尔的汝信的女弟子。目前在中国社会科学院哲学所任职，是国内研究克尔凯郭尔的顶尖专家。差不多20年前，她在丹麦做博士后研究时，就作为"来自东方的女性"，被国际克尔凯郭尔研究界所知。2008年，首尔举行世界哲学大会期间，因为王齐不是基督徒，有人质疑她研究克尔凯郭尔的"合法性"，会上发生激辩，会后她写了5000多字长文《谁有资格研究克尔凯郭尔？》回应质疑，非常精彩。她著述勤奋，还参与组织了克尔凯郭尔10卷本文集的翻译工作。2013年，参加完国际纪念克尔凯郭尔200周年诞辰会后，留下了感人的文字《二百年后的克尔凯郭尔》。

王齐的讲读精细绵密，像江南女子（她祖籍浙江），又如庖丁解牛，像西北来的女汉子（她出生在西安），1万多字下来，150万字的作品瞬间现出精髓。

王齐讲读《非此即彼》

> 王齐
> 中国社会科学院研究员。主攻西方哲学史,研究方向为存在哲学、基督教哲学。著有《生命与信仰:克尔凯郭尔假名写作时期基督教哲学研究》等专著。

"那个个体":克尔凯郭尔的人生节点

黑格尔在《哲学史讲演录》中指出,哲学家的人格和个性不会渗入到哲学史上的事实和活动之中。这个看法应该适用于绝大多数思辨哲学家。斯宾诺莎曾以磨镜片为生,康德在哥尼斯堡按部就班地生活若干年,这些事实我们知道与否,都不会从根本上影响我们对其哲学思想的理解。但是,对于以"这个个体"为墓志铭的19世纪丹麦哲学家、宗教思想家和作家克尔凯郭尔来说,如果不了解他短暂一生中的关键性事件,我们将无法深入理解他的写作动机,并将错失他开显出来的与欧洲思辨哲学传统不同的现代哲学之路。

克尔凯郭尔1813年出生在丹麦哥本哈根的一个富商家庭,是七个孩子当中最小的一个。他的父亲老迈克曾是日德兰半岛上的穷苦牧童,后凭借机遇和精明实干跻身哥本哈根的富商之列。他笃信基督教,性格忧郁,在事业鼎盛之时突然宣布放弃经商,转入对宗教和哲学的研习之中,很快就连哥本哈根所在的西兰岛的大主教都成为他家的座上宾。作为家中最年幼的孩子,克尔凯郭尔从小就受到父亲严苛的基督教教育和阴郁性格的影响。1821年,克尔凯郭尔进入以教授拉丁语、希腊语等古典课程著称的贵族学校"公民美德学校"读书,1830年升入哥本哈根大学神学系。只是他当时的兴趣并不在神学,他花大量时间阅读柏拉图、莎士比亚、德国浪漫派文学以及现代哲学著作,对于华服美食也颇有兴趣。1832—

1833 年间，克尔凯郭尔的家庭遭遇了悲剧性的变故：母亲和哥哥、姐姐相继病逝，哥哥、姐姐的寿命都没有超过 33 岁，家中只剩下年迈的父亲、大哥彼得和他自己。从此克尔凯郭尔坚信自己也活不过 33 岁，因为那也是耶稣离世时的年纪。在 1836 年的日记中，克尔凯郭尔称这场变故为"大地震"，怀疑父亲的高龄并不是上帝的恩赐，而是诅咒；他甚至怀疑整个家族犯了什么罪要遭上帝的惩罚。在 1846 年的日记中，克尔凯郭尔暗示父亲少年时代犯下渎神罪。他写道："在孩提时代，他在日德兰半岛的石南荒地上牧羊，由于忍饥挨饿、贫困交加，他站在一座山丘上，诅咒了上帝——当他 82 岁时，他仍然无法忘怀此事。"

对于没有基督教信仰传统和文化背景且讲究实用理性的中国人来说，这种对上帝惩罚的忧惧和不安似乎有些不可理喻，对此我们不求共感，只求以理性寻求理解。事实上，克尔凯郭尔作品中浓厚的宗教情绪正是我们中国人阅读他的作品时的最大障碍。克尔凯郭尔对自己童年所受的严苛基督教教育也有反思。在他死后才出版的《关于我的写作生涯的观点》一书中，他认为这段教育是"疯狂的"，认为父亲把一个老人的忧郁强加到了一个孩子的头上。不过，他的回忆中也有温情的一面。他曾回忆父亲拉着他的手在屋里踱步，边走边设想各种情境，并练习用语言加以描述。或许正是这种活动培养了克尔凯郭尔丰富的想象力和洞察力，使他在日后的哲学写作中透露出对人生和人的深层心理的体察和感悟。

或许是因为窥探到了父亲虔敬外表下的秘密，克尔凯郭尔于 1837 年离家在外独自居住，父子关系一度非常紧张。这种紧张关系最后以 1838 年老迈克以 82 岁的高龄离世而告终。克尔凯郭尔猛然意识到自己对父亲的爱，他重新转向神学学习，两年后即以优异成绩通过结业课程考试，1841 年以论文《论反讽的概念》获得哥本哈根大学神学博士学位。

那个年代的神学博士一般有两条出路：到大学当教授，或者在教会中担任圣职。克尔凯郭尔凭借从父亲那里继承的巨额遗产，选择成为"富贵闲人"，成了一名自由作家。

如果说克尔凯郭尔顺利完成学业是受了父亲去世的刺激的话，那么，他最终走上自由写作道路则全靠他与美丽的雷吉娜·奥尔森之间的不幸婚约的刺激。本来不想讲这个为传记作家所钟爱的故事，怕有"抖八卦"之嫌，但是如果不了解这次婚约事件，我们将丧失解读《非此即彼》及其他作品的重要线索。因此，我决定用简洁的语言概述这次事件。

1837年，克尔凯郭尔在友人家中初遇年仅15岁的雷吉娜。

1840年夏，克尔凯郭尔在通过神学结业考试后前往父亲故乡日德兰半岛旅行，之后与雷吉娜频繁接触。

1840年9月8日，克尔凯郭尔突然向雷吉娜求婚，说自己两年来一直在追求她，但雷吉娜未应允。10号，在雷吉娜父亲的同意和安排下，两人再度会面，这一次雷吉娜答应了克尔凯郭尔的求婚。

11日，也就是求婚成功的次日，克尔凯郭尔深感后悔，认为他以前犯下的"罪"和他的"忧郁"使他不会为他所爱的女孩带来幸福。

经过13个月的痛苦折磨，1841年10月11日，克尔凯郭尔主动解除了与雷吉娜的婚约。当晚克尔凯郭尔痛哭了一夜。

1841年10月25日，克尔凯郭尔乘船前往柏林，既为躲避婚约事件造成的不良影响，也为聆听哲学家谢林在柏林大学开设的"启示哲学"讲座。值得玩味的是，与克尔凯郭尔同堂聆听演讲的还有亚历山大·冯·洪堡，他当时已是知名的教授，还有恩格斯和俄国无政府主义者巴枯宁。柏林期间克尔凯郭尔日日想念雷吉娜，并为她祈祷。他在日记中写道："对我来说，只有两个人有如此重要的意义，那就是我已故的父亲和我们亲爱的小雷吉娜。在某种意义上，她对我来说已经死了。"三年后，雷吉娜嫁与他人为妇，克尔凯郭尔在日记中表达了他痛苦的心情。后来他在遗嘱中指定雷吉娜为自己财产的继承人，但遭到了对方的婉拒。

克尔凯郭尔为什么会选择放弃他的"小雷吉娜"，是潜存于性格中的忧郁，还是萦绕在心头的罪感，还是另有隐情，具体原因我们无从查考。唯一能够肯定的是，放弃雷吉娜一方面成了克尔凯郭尔终生的痛，另一方面直接促使他成为一名作家，为中国古代诗论中"物不平则鸣"和"悲愤出诗人"的论题提供了完美的例证。克尔凯郭尔在柏林期间就开始构思《非此即彼》，正是为了完成这部作品的写作，他才于1842年3月6日提前返回哥本哈根。1843年出版首部假名作品《非此即彼》，从此一发不可收。在他1855年11月英年早逝之前，他以惊人的速度写作并出版了涉及哲学、心理学、宗教以及基督教问题的著作40部，跟安徒生一起成为享誉世界的丹麦语作家。

在欧洲哲学已经建立起一套自己的概念范畴和话语体系的19世纪，克尔凯郭尔的写作是"非专业"的，他生时从未受到丹麦学界的认真对待，甚至被其同时代的人视为"怪人"，但死后却两次掀起了世界性的关注热潮。一次是20世纪四五十年代，他被奉为存在主义的先驱，他的作品引入中国也是在存在主义思潮兴盛的20世纪80年代。另一次关注热潮始于20世纪70年代以来西方后现代主义对克尔凯郭尔"间接沟通"的写作方式的重新发现。若要探寻一个19世纪丹麦语写作的人物对今人仍有吸引力的原因，我认为摆在我们面前的这部《非此即彼》就是一个极佳的切入点。

《非此即彼》总纲：一部颠覆之作

《非此即彼》洋洋洒洒百余万言，是一部具有多重动机和主题的复调式作品，其中不少独立篇章都具有多种阅读可能性。这里提供的是一个基于传记资料和哲学史发展的阅读框架，我认为从青年克尔凯郭尔个人情感生活的受难史和他的哲学创造的双重动机入手，有助于我们厘清全书庞杂难解的内容。

就前者而言，克尔凯郭尔在日记中不止一次宣称，他所有的作品都只为雷吉娜一人而写，他要把自己和他的小雷吉娜"一起带进历史"。克尔凯郭尔毫不掩饰地把《非此即彼》视为他与雷吉娜之间的"暗码通信"。倘若缺失了这条线索，我们将会对书中的某些篇章和论题感到费解。比如上卷中的《诱惑者日记》，下卷中对婚姻关系的长篇大论，这些讨论毫无疑问地折射出了婚约事件对克尔凯郭尔的影响。除本书外，克尔凯郭尔在其他假名著作如《重复》和《人生道路诸阶段》中，都对婚约事件进行了直接表述。

但是，如果《非此即彼》仅仅是克尔凯郭尔与心上人的"暗码通信"，那么它绝对不会在快二百年后的今天仍然拥有大批读者。正如克尔凯郭尔在写给友人的信中所说，《非此即彼》是"纯粹的创造"，是一部"诗人之作"，是克尔凯郭尔反思和批判19世纪欧洲思辨哲学的产物，是他尝试着使哲学思考的重心和哲学的写作方式从传统走向现代的第一步。

凡是对以概念构造和逻辑论证见长的西方哲学有所了解的朋友，初读《非此即彼》时多半会发出这样的疑问："这，也是哲学？"没错，我可以负责任地说，这就是哲学，哲学从来就不只是一个面相。不夸张地说，无论是运思还是哲学叙事方式，《非此即彼》都颠覆并增补了我们对于传统意义上的西方哲学的认识。

《非此即彼》采用了彻底的假名策略。克尔凯郭尔的名字根本没有出现在书中，他假托维克多·艾莱米塔作为书的出版者。这个名字并不是随意起的，它是拉丁语"胜利的隐士"的意思。构成全书的独立篇章都是这位出版者不经意间在一张旧桌子的抽屉里发现的，真实作者无从查考，出版者（胜利的隐士）只能根据文稿的内容和风格将其分为上下两卷，并把上卷作者称为 A，下卷作者称为 B，又名威廉法官，他们是克尔凯郭尔提出的审美感性、伦理和宗教的"生存三境界论"中审美感性境界和伦理境界的代言人。表面看，这三种生存方式似乎遵循黑格尔辩证法式的发展路径，即从审美感性生活起步，经伦理生活方式，最终达到宗教生活方式。但实际上，对于克尔凯郭尔本人而言，虽然宗教生活于他是至上的生活方式，但审美感性生活从未远离他的左右。如果我们把他关于"选择"的思想视为生存原则，那么克尔凯郭尔想表达的是，一方面个体有权选择适合自己的生活方式；另一方面，你有权选择，并不意味着我无权批判这些不同的生活样态。因而在《非此即彼》的上下卷分别集中展现审美感性生活方式和伦理生活方式之后，下卷还包含着对审美感性生活方式的批判。"审美"的原初意思就是"感性的"，因而审美感性生活指的就是那种"直接性的"、非反思性的、并且能够与艺术作品相互比照的生活方式。因为没有反思，这种生活缺乏定性，缺乏一种内在的连贯性。正因为如此，审美感性生活代言人无法成为一个真正的人物，我们也无法描绘出一幅连贯的、系统的审美生活图景，而只能表现出一系列的情绪——痛苦、享乐、伤心、厌烦、忧惧、空虚、虚无。与此相呼应，构成上卷的八篇独立成章的作品虽风格各异，但文字生动感人，呈现出了一种零散的非体系的特点。

与上卷风格形成鲜明对照的是，下卷展现伦理生活观的三篇作品在内容和风格上保持着惊人的一致性。它们风格沉郁、冗长乏味，甚至带有说教的味道，但它们却传达出了多种声音，其中既有重视"职责"、义务的新教伦理，又有强调个体生存和个体自由选择意义的现代伦理观。正如维克多·艾莱米塔在前言中所说的，《非此即彼》就像一个中国盒子，呈现出作品套作品、观点之间相互叠压的形态，给人以扑朔迷离之感。

我们还可以从《非此即彼》的标题中看到克尔凯郭尔对传统哲学的颠覆。克尔凯郭尔在写给友人的信中曾说："非此即彼的的确确是一个绝妙的标题。它既刺激，又具有思辨的意味。"熟悉黑格尔哲学的朋友一定知道，黑格尔从辩证逻辑的立场出发，批判"非此即彼"是传统逻辑学和旧的形而上学的思维方式，后者认为两个相互矛盾的命题不可能同时为真，只能肯定其一必真，另一必假；而从辩证逻辑看来，矛盾是可以被"调和"的。克尔凯郭尔站在个体生存的立场上指出，"非此即彼"当中才蕴含着人生的真谛——选择。面对诸如"结婚还是不结婚"，或者莎士比亚笔下的丹麦王子哈姆雷特提出的"生存还是死亡"的问题，你只能通过选择才能解答，而不能依靠辩证的调和来解决。至于选择什么，如何选择，在克尔凯郭尔看来则是个体自己要承担责任的事，在这个意义上，"非此即彼"也可以解作"或此或彼"。

如果说"非此即彼"这个标题多少会让人联想到思辨哲学的命题，那么，该书的副标题"一个生命的残片"则会彻底颠覆我们对西方哲学传统的认识，它比"非此即彼"更鲜明地标识出克尔凯郭尔的思想出发点。为了更好地理解这一点，我们需要回看一段克尔凯郭尔写于1835年的日记，这则日记生动地传达出了处于"人生十字路口"的克尔凯郭尔的心声。在日记中，年仅22岁的克尔凯郭尔对其时居欧洲哲学主流地位的黑格尔哲学及其客观真理体系的意义表示怀疑，他认为，"关键在于寻找一种为我的真理，找到那种我将为之生、为之死的观念"，包括基督教对于个人生活的意义。他反问："如果真理站在那里，冷冰冰的、赤裸裸的，对于我是否能够认出它来漠不关心，很快地，它将成为一阵令人焦虑的颤抖，而非令人信服的屈从，这一切对我何用之有呢。"克尔凯郭尔一度寄厚望于曾经批判过黑格尔的谢林，希望谢林能帮助自己澄清哲学上的困惑和烦恼。在柏林初听谢林"启示哲学"讲座后，克尔凯郭尔曾激动地在日记中写道："我真高兴听到了谢林的第二场演讲——真是不可思议。很久以来我一直在痛苦着、思索着。思想的胚胎在我体内跳跃……当他就哲学与现实的关系提到'现实性'一词的时候,我几乎记住了他随后所说的每一个词。也许,就在这里,一切都可以清楚明晰了。这个词令我回想起我在哲学方面所有的痛苦和折磨。"

但是很快,他的希望落空了,他发现谢林所说的"现实性"仍然是一个囿于思辨哲学传统的抽象的逻辑范畴,一种超越实际存在者的形而上的存在,跟黑格尔那句惨遭误解的名言"凡合理的都是现实的,凡现实的都是合理的"中的"现实性"的意义相同。克尔凯郭尔并非不理解思辨哲学的意图,只是他拒绝认同思辨哲学的努力。在他看来,"现实性"不应是一个抽象的逻辑概念,而应是一个存在论概念,它应反映人类真实的生活世界,且与个体的生存息息相关。由此他认为,思辨哲学混淆了逻辑的、思想的世界与人类真实的生存世界,前者依必然性运行,后者则是一个充满偶然性的自由世界。如果硬把这两种不同质的东西拉在一处,其结果是对逻辑学和"现实性"概念的双重损害——逻辑学僭越了自己的职能范围,而"现实性"则因被必然性统领而丧失了更本真的偶然性的维度。

于是,"一个生命的残片"的副标题最终指示着,克尔凯郭尔把"现实性"拉回到了真实的"生活世界"当中,拉回到了一个生动活泼的交织着矛盾困惑的错综复杂的人的世界之上,而展现这个世界的样态就成了年轻的克尔凯郭尔的哲学使命。

上卷:审美感性生活观

在概括了《非此即彼》的思想主旨后,接下来我们要来看看,克尔凯郭尔是如何完成他哲学创造的使命的。

首先看上卷对审美感性生活观的表现。这一部分内容最能体现克尔凯郭尔敏锐深邃的洞察力和超凡的文学才华,这无疑也是很多人阅读并且喜爱克尔凯郭尔的首要动因。

上卷由八篇独立成章、风格不完全相同的作品组成。为理解之便,我根据这八篇作品的内容和主旨,姑且将其划分为三类:

第一类包括《间奏曲》《剪影》和《最不幸的人》三篇,它们集中表达了审美感性者对人生的有限性和虚无性所做的观察和感喟。这些作品文字优美,极具抒情性和艺术感染力，完全可以被视为文学作品。尤其是《间奏曲》中那些诗化的格言式作品，充分表现出了审美感性者的生存体验。例如，"在根本上缺乏活着的耐性"的无聊情绪；"生活对于我来说成了一种苦涩的饮品"的痛苦情绪；"生命中最高和最辉煌的享乐时刻与死亡同行"的空虚情绪；更有与20世纪存在哲学所说的人的"被抛"的生存状态近似的荒谬情绪："没有人从死者那里返回，没有人不哭着进入世界；在你想要进入的时候，没有人问你，在你想要出去的时候，没有人问你。"除捕捉和定格个体的生存状态外，《间奏曲》当中也有直接讨论哲学问题的片段。如下面这段话："哲学家们就'现实'所谈论的东西，常常在同样的程度上带着欺骗性，就像你去一家旧货店，在那里读到一块牌子：本地熨衣。如果你拿着自己的衣服来熨，那么你就上当了；因为那块牌子只是放在那里卖的。"这无疑是克尔凯郭尔对思辨哲学中的"现实性"概念的讽刺。

再比如，在题名为"非此即彼：一个心醉神迷的演说"的段落中，A抛出了"结婚还是不结婚，你都会后悔"的论调，这其实就是审美感性者对生活中矛盾普遍存在的承认，以及对思辨哲学"调和"态度的否定。只是审美感性者屈服于矛盾，认为无论行动还是不行动，矛盾都不会因此而消解，人根本就无力走出矛盾的怪圈，从而陷入了虚无主义的泥淖。

第二类作品是审美感性者直接面对经典艺术作品时的审美经验和哲理思考。其中，《那些直接的爱欲的阶段或者那音乐性的-爱欲的》讨论的是莫扎特的歌剧《唐璜》，而《古典悲剧元素在现代悲剧内容中的反映》顾名思义，是对古代悲剧的现代命运的讨论。我们重点来看A对莫扎特歌剧《唐璜》的解读，其原因之一是克尔凯郭尔酷爱这部歌剧，一段时间当中每逢该剧在丹麦皇家剧院上演，他几乎场场必到，虽然有时会中途退场。另一个原因则是，唐璜这个西方传说中的登徒子受到了多位艺术家和哲学家的关注，这个现象本身就是一个值得探究的话题。在所有对唐璜的艺术和哲学诠释中，比较有名的有莫里哀的喜剧《石客记》，在那里唐璜被塑造成一个被判罚入地狱的登徒子和骗子。而拜伦在长诗《唐璜》中则令唐璜以反抗现有秩序、追求自由和个性解放的浪漫主义英雄的形象出现。克尔凯郭尔借助A，把以莫扎特歌剧音乐为媒介的唐璜解读为一个"直接性的感性天才"，一个"肉体的化身"，他以穷尽人生可能性为目标，但他的行动只是为行动而行动的"重复",因而其人生注定堕入虚无的深渊。克尔凯郭尔的这一解读遭到了 20 世纪法国存在主义哲学家和文学家加缪的批判。在把"荒谬"作为个体生存的基础和真实境遇的前提下,加缪在《西西弗斯神话》中把唐璜解读为一个以行动和"数量伦理学"反抗荒谬的英雄。

除了对唐璜做出了新的解读外,A 还以莫扎特的经典歌剧为契机,以反讽的口吻对"何谓经典艺术作品"的美学话题展开了讨论。A 显然不满黑格尔提出的"美是理念的感性显现"的命题,认为在艺术领域中,真正"言之有物"的不是构筑关于"美学"和"艺术"的"体系",不是用"理念"和"感性形式"的"辩证运动"来解说艺术作品,而是以恋人般的激情亲身感受和体味每一件艺术作品。仅举一例,A 建议读者听唐璜在歌剧中的出场。他用充满想象力的语言层层剥离歌剧序曲的意象,最终向读者发出呼吁:"听那激情狂放不羁的欲求,听那情欲之爱的瑟瑟声,听那引诱的低语,听那诱惑的回旋,听那瞬间的宁静,听啊,听,听莫扎特的《唐璜》。"这个呼吁直指艺术欣赏的真谛。

最后,上卷中还有两篇不易归类且具有多种阅读可能性的作品——《轮作》和《诱惑者日记》。《轮作》完全可以被解读成审美感性者游戏人生的宣言书——"厌烦"是所有人,甚至神都不可逃避的命运,"厌烦"是万恶之源,而唯一能够消除"厌烦"的途径是追求快乐。审美感性者鄙视对快乐的粗俗追求,主张以艺术化的方式追求快乐,即有限制地集中地寻求快乐,相当于农耕中的轮作原则。但是,轮作并不能从根本上使审美感性者摆脱厌烦,虽然他们不会像那些追求庸俗享乐的人一样令他人厌烦,但审美感性者最终会厌烦自己。

如果说《轮作》一文尚能使我们看出审美感性生活的特点和问题之所在,那么,对于《诱惑者日记》这部中外出版商都乐于将之作为单行本发行的作品,除了猎奇阅读之外,人们多半会感到不知所云。更由于婚约事件的影响,很多人倾向于把诱惑者约翰纳斯等同于克尔凯郭尔本人,而我宁愿将之解读为展现诱惑者复杂内心世界,且揭示出审美感性者心底难以排遣的"绝望"的心理小说。这里,我们很自然地把唐璜与诱惑者进行比较。对于以追求女性为目标的唐璜来说,见到一个女人和爱一个女人是一回事,他没有时间反思,却可以借助高度的想象力,从每个女性身上看到其不可替代性。于是唐璜一直都在行动,哪怕这行动终将因其缺乏意义而走向虚无。对于以追求"诗意地生存"为目标的诱惑者来说，见到一个女人是用眼睛欣赏她的美，而爱一个女人则是用心灵去享受她的灵魂。诱惑者在生活中的目标是撷取"有趣的"东西，然后再去诗化地再现他的发现和感受，天真纯洁的考尔德丽娅对他而言就是这么一个"有趣"的对象。诱惑者以审美的态度享受他的对象，然后再以审美的态度享受自己的人格。问题是，诱惑者的生活只停留在反思层面，他无力采取行动，而对自己的无力行动的清醒认识又导致他根本无法享受自己的人格，只能感受自己的"绝望"——那种反思者的深沉的"绝望"。

通过上面的概要性分析我们可以看到，克尔凯郭尔笔下的审美感性生活表面看绚丽多姿，有声有色，但其内里却隐含着单调乏味的"重复"和挥之不去的"厌倦"，这种生活终将走向"虚无"和"绝望"的深渊。不过，由于审美感性者缺乏反思，对于这种生活观的清醒认识还有待下卷的伦理代言人的观察和批判。

下卷：伦理生活观

我们从文采斐然、令人心绪起伏的上卷，来到了絮叨乏味的下卷。不过请各位朋友小心了，我们一定要克服这个印象，牢记全书开首处所说的，"内在的"与"外在的"可能并不一致。所以无论如何，都请朋友们耐心读下去。

下卷由三个既独立又有所联系的篇章组成，它们是伦理代言人B，即威廉法官，写给审美感性者A的两封长信《婚姻在审美上的有效性》和《"那审美的"和"那伦理的"两者在人格修养中的平衡》以及《最后的话》。有趣的是，从这些书信中我们可以勾勒出威廉法官的形象：一个公务员、丈夫和父亲，他热爱家庭生活，且善于从平凡的家庭生活中发现美感。他之所以选择书信体裁，一是因为他认为自己是哲学的门外汉，书信能够使他避免按论文的要求做痛苦的展开和论证；二是因为他喜欢书信所具有的"训诫的迫切的"语气，而他的"训诫"皆出自他对A的爱。从书信标题来看，下卷讨论的问题看似单一，但实际情形却并非如此，克尔凯郭尔恰恰借助威廉法官传达出了非常有力度的思想。

威廉法官的首要任务是向审美感性者讲述自己关于初恋、浪漫爱情和婚姻的观点，批评理性算计的掺杂实际目的的权宜的婚姻，驳斥"爱情是天堂，婚姻是地狱"的浪漫派论调。他提出"婚姻是被建立在天堂里的"观点，视"诚实、坦白、公开、理解"为婚姻中的生命原则。正因为如此，他坚信婚姻生活中不仅有美感，而且这美感不会轻易为时间所消磨。我不禁要问，克尔凯郭尔是在说服自己接受婚姻生活吗？作家就是这样一类人，他们的写作或许可以治愈无数受伤的心灵，却治愈不了自己。

既然是写给 A 的书信，威廉法官还承担着另一个任务，即作为审美感性生活的旁观者和见证人，以爱为出发点，对 A 的生活进行批判。正是通过威廉法官冷峻的双眼，我们才得以清楚地看到审美感性生活光彩夺目的外表下的空虚和绝望本性。在威廉法官眼中，A 能言善辩、智慧风趣，但情绪变化多端，行为难以捉摸，虽满腹才华，但却无力行动。究其根源，主要是因为 A 沉溺于享乐的瞬间，不操心过去和未来，其生活缺乏连续性，缺乏真正的人生观，因而也缺少信心和动力。

虽然威廉法官开口闭口就说自己只是一个普通的公务员、丈夫和父亲，而非哲学家，但他对其同时代哲学却有清醒的认识。面对生活中不可避免的矛盾，A 选择"结婚还是不结婚，你都会后悔"的虚无主义态度，而威廉法官则细致辨析了思辨哲学层面的"调和"与生存领域中的"非此即彼"，认为二者应各司其职，不可有丝毫僭越。他认为哲学的领域是思想和逻辑的天地，它由"必然性"所统领，因此"调和"的原则是有效的；但人的生存领域是一个行动的自由的领域，其间起决定作用的将是"非此即彼"的原则。他说："哲学是面向过去的，面向已被经历的世界历史的整体。它所显示的是所有要素如何进入一种更高的统一当中。它不断地在调和。"这个总结令人想起黑格尔"密涅瓦的猫头鹰只有在黄昏时才起飞"的著名隐喻，可见威廉法官颇得思辨哲学之三昧。问题是，作为一个已婚的需要养家的成年男子，威廉法官的首要任务是面向未来，他必须有所行动，回应生活每时每刻提出的要求。于是，对学问及学者十分尊敬的威廉法官不得不承认，哲学家们根本就没有回答他所提出的问题。在这一点上哲学家甚至还不如 A，A 至少还回答了生活所提出的问题，尽管有明显的虚无主义倾向。正是在生活领域这个切入点上，威廉法官才提出了"非此即彼"的原则，认为凡有矛盾存在之处，非此即彼的原则都行之有效。

不仅如此，威廉法官还把非此即彼视为绝对的伦理原则，认为只有通过非此即彼的选择，A才能摆脱那种结婚或不结婚都会后悔的矛盾困境。一般我们说到选择都认为应该选择善而否弃恶，但是在威廉法官看来，伦理的重心就是选择，一个人只要选择了，他就选择了善，选择行为本身的意义远远超过了选择的内容。当然，这个论断之所以能够成立，还因为威廉法官将责任与选择的伦理意义紧密联系在一起。他指出，伦理个体应敢于宣布自己是自己的主人，敢于承担伴随选择的全部责任，这责任包括了三个方面：对自己的责任，对自己栖身其间的"事之序"的责任，最后就是对上帝的责任。

接下来，我们再往前推一步：确立了非此即彼的选择原则就等于同时确立起了关于可能性的思想。于是乎，人生摆脱了必然性的统治，成为一个充满多样可能性的动态过程，人是自由的。在人不断的生成过程中，关于人的本质的神话被打破了。人之所以成为他现在的样子完全在于他的主动选择，而这种主动选择在一定意义上意味着，个体完全可以成为他自己的塑造者。

不过请等一下，这个合理的推论并不是克尔凯郭尔在19世纪所能做出的，它其实是20世纪无神论存在主义者萨特和加缪的思路，之所以做出这个假设式的推论是为了把我们导向对威廉法官身上的宗教性的认识，他的思想中带有新教路德宗的鲜明印记。他只承认选择自我的可能性，却否认创造自我的可能性。他说过一段非常具有启示性的话："每个人，不管多么具有原创性，他都是上帝的孩子，是他的时代、民族、家庭、友人的孩子，只有这样他才是真的自己。"至此，我们已经可以清楚地看到克尔凯郭尔会被奉为"存在主义先驱"的原因，也明确了他与萨特、加缪等人的思想分歧，即是否承认上帝作为人的生存的背景，是否以这一背景作为个体自由选择的条件，这是存在主义阵营被划分为有神论和无神论两大派别的重要标志。

看吧，内在的真的不同于外在的，威廉法官哪里像他自己所说的是个凡夫俗子啊，他身上其实蕴藏着丰富的哲学和宗教的宝藏。在他的视域中，人是具有"双重性生存"的存在者，人是肉体与灵魂、感性与精神、时间与永恒、世俗与超越的综合体。在这个前提下，中世纪遁入修道院的行为因为把宗教性与人性极端对立起来，因而是错误的。威廉法官认为，人的宗教性首先应该体现为他对日常伦理职责的履行，包括结婚和工作。更为重要的是，对职责的履行不应出于对外在权威的屈从，而应出于对内心的职责和爱的服从，并且个体不应算计这些努力是否会使他有所成就，因为那不在个人的掌控范围之内。

至此，我们的伦理代言人已经完全成为新教伦理的代言人了，所幸他并没有堕入马克斯·韦伯所总结的以获得最大利益为目的的资本主义精神之中，而这只能是因为他时刻牢记《马太福音》第十六章第二十六节中关于"灵魂"的训诫。"如果一个人赢得了整个世界却损坏了自己的灵魂，这对他又有什么助益呢？"这句话无疑就是威廉法官的灵魂清醒剂。

克尔凯郭尔的陷阱

《非此即彼》因结构新颖、文风独特、观点具有争议性，一经出版即引起轰动。年长克尔凯郭尔八岁的安徒生是通过友人信件得知《非此即彼》出版的消息的。朋友告诉他，自卢梭的《忏悔录》之后，没有任何一本书能像这本书一样在读者当中引起巨大反响。尽管当时很多读者对《非此即彼》的思想主旨感到困惑不解甚至厌恶，但无人能够否认作者的才华。

前面说过，《非此即彼》是一部颠覆之作，克尔凯郭尔放弃了那种从概念到概念的、注重分析和推理的哲学论文的写法，转而采用文学手法，他虚构出审美感性和伦理生活的代言人，让他们亲自出场，直接面对读者展现各自的人生观。此举并非简单的写作手法的更新，而是蕴含着克尔凯郭尔对哲学的全新理解。在新的哲学叙事之下，人与世界不再构成简单的主体与客体的关系，哲学也不再承载追求全体性的客观真理体系的任务，而是回归到人的生活世界，并向人在这个世界生存下去的意义敞开。传统西方哲学著作呈现给我们的是一个"无人"的世界，它自在自足，不以人的意志为转移，哲学家能够客观地对这个世界进行概念化的思考。但现在呢，传统意义上的作者不见了，全书不再具有一个鸟瞰式的全知视角，有的只是不同生活样态的代言人，他们自己就是人生大舞台上的演员，尽情将自己真实而芜杂的生活世界呈现给观众。作为这一切的真正策划者的克尔凯郭尔却隐身幕后，把传统意义上作为一名作者所享有的叙述和评判的声音压到了最低限度，他最终也没有向读者提供问题的答案。这个做法无疑与威廉法官所提出的"选择之为绝对伦理原则"的看法是一致的。也就是说，个体面对人生何去何从，将是个体自己终其一生要发现的任务。在这个方面，《非此即彼》达到了内容与形式的统一。

《非此即彼》在表现手法上的另一个亮点就是反讽思想策略的运用。克尔凯郭尔的博士学位论文即以"反讽"为题。"反讽"是一个取自浪漫派的概念，就像我们通常说的说反话。根据论文中的解释，反讽的首要含义是所说的与所指的存在着不一致的现象，有时不仅不一致，甚至还南辕北辙。在《非此即彼》中，反讽突出表现在上下卷的风格差异及其引发的错觉上。

通读全书，我们会很自然地发现，上卷文采斐然，文字生动形象且极具艺术感染力，下卷枯燥乏味、冗长沉闷。审美感性生活代言人具有一种敏感的艺术家气质，你可以不同意他的观点和虚无主义倾向，却不得不赞叹他对生活的细腻感受以及对语言的掌控力。相反，伦理生活代言人威廉法官就像一位老成持重甚至有些循规蹈矩的中年中产阶级男士，他竭力宣扬的是以职责，尤其是一个中产阶级男人在家庭和社会所承担的职责为主体的伦理观，其人格和说话方式毫无魅力可言。循着这个印象，我们很容易产生一种错觉，以为克尔凯郭尔认为，审美感性的生活方式比伦理生活方式更可取。不过，倘若我们结合克尔凯郭尔思想的整体而深入到《非此即彼》的内里，我们就会看到，克尔凯郭尔本人虽然钟爱审美感性生活方式，认为一个笃信宗教的作者必须从审美感性的成就起步，甚至认为审美感性的因素从未远离自己半步。但是，克尔凯郭尔也从未放弃过对审美感性生活方式的批判。事实上，对审美感性生活的批判是与其代言人同时出场的。在A展示审美感性生活的绚丽多彩的外表的同时，他就已经暴露出了潜存于其内心深处的"致死之疾病"。审美感性者过着一种内外不一致的双重性生活，他们貌似是自己的主人，能够以一种审美静观的态度远离生活中的喧哗与骚动，仿佛生活就是他们手中一件尚未完工的艺术品。但是在内心深处，他们体会最深的却是生活的无意义感和虚无本性（《轮作》）。他们缺乏活着的耐心（《间奏曲》），宣称世界上最幸福的事莫过于不要出生（《最不幸的人》）。然而他们却不得不活下去，因为他们连自杀的决断和勇气都没有，他们从根本上缺乏行动的力量（《间奏曲》），只能以美丽的言辞掩盖对生活的厌倦和绝望。

这个批判通过威廉法官的观察表现得更鲜明。作为伦理生活代言人，威廉法官的身上既有中产阶级平凡庸碌的一面，又有提倡个体自由选择的先进性的一面。恰恰是借助这个貌似平庸的威廉法官，克尔凯郭尔得以为我们开显出其思想中关于个体的自由选择及其责任的现代性维度。所有这一切都在提醒我们，内在的与外在的并不一致，永远不要为表面现象所迷惑。在阅读克尔凯郭尔的假名著作时不要轻易下结论，要时刻警惕，别落入克尔凯郭尔的反讽为我们设置的陷阱之中。

对于《非此即彼》这样的原创性的"诗人之作"，我们最好放弃满足我们的好奇心，放弃对"哪种观点是真正的克尔凯郭尔的观点"的问题的探究。克尔凯郭尔既不能完全代表 A，亦不能完全代表 B；同时，在 A 的感喟和 B 的论证推理中，又不时透射出克尔凯郭尔自己的声音。克尔凯郭尔要做的就是为读者提供各种不同的，乃至彼此对立的观点，不是为了让读者简单地认同其中的某一种观点，而是希望他们通过思考做出自己的人生抉择。克尔凯郭尔放弃了传统意义上的作者所享有的权威，将评判的权利交还给作为独立个体而存在的读者。正是在这个方面，克尔凯郭尔才为后现代主义者重新发现，而他的写作也为后现代主义提供了一种"无权威写作"范例，它足以与德里达所开创的"无权威阅读"相提并论，从而也使《非此即彼》比以往更加理直气壮地步入了哲学的殿堂。

最后还想强调一点，我们的解读更多是从克尔凯郭尔个人情感生活和他对 19 世纪思辨哲学的批判的框架出发的，这个框架能够帮助我们最大限度地把握克尔凯郭尔写作的特点和思想主旨。但是由于《非此即彼》的复调式结构，其文本的开放性还为我们提供了多种阅读的可能性，比如文学阅读的可能性。我们应该以一种开放的态度不断与文本展开对话，通过我们的阅读和思考增补克尔凯郭尔"无权威写作"的意义。

一直都很喜欢著名德语文学专家和诗人冯至先生取材《搜神记》的叙事长诗《蚕马》中的两句诗："只要你听着我的歌声落了泪 / 就不必打开窗门问我'你是谁'？"我把这种情思看成那些视写作为生命的作者们的心声。对于克尔凯郭尔来说更是如此,他的全部写作不就是为了能够打动你、抚慰你,激发你对人生意义的思索吗?

思考题:

1. 黑格尔说,"哲学家的人格和个性不会带入到他的哲学思考中"。为什么这句话对克尔凯郭尔来说并不适用?

2. 你怎么理解"非此即彼"这个词?把它翻译成英文或许对你的理解会有帮助。

3. 克尔凯郭尔认为,重要的是你要试验自己,来判断哪种生活层面适合你。假如让你选择,你选择哪种试验:(1)在审美和伦理的层面之间;(2)在伦理和信仰的层面之间;(3)在审美和信仰或者说宗教的层面之间。

4. 克尔凯郭尔认为每个人都该有的选择生活道路的自由,不仅令人振奋,也包含着让人恐惧的责任。你同意这个观点吗?能不能像克尔凯郭尔那样坦白地谈谈你自己的情况呢?

5. 克尔凯郭尔一方面说,"人已被保证拥有的最好最美妙的东西是选择自由";另一方面又说,"非此即彼如同具有魔力的咒语影响着我,我的灵魂由此变得极度严肃认真,有时近乎悲伤痛苦"。请结合今天所讲的内容,谈谈你对他这两句话的看法。

二三
《瓦尔登湖》

［美］亨利·戴维·梭罗著　杰弗里·S.克莱默 注　杜先菊译
华东师范大学出版社　2015 年

主题词◎游记　瓦尔登湖　简朴生活　思想实验　超验主义

经典之处

《瓦尔登湖》是美国自然文学的发端、超验主义的经典作品，被公认为是美国文学中最受读者欢迎的非虚构作品。作为人类历史上极富个性、诗意和哲理的一场生活实验，梭罗在瓦尔登湖畔的生活，在现代社会回归自然的风尚下更被奉为圭臬。书中记述了梭罗在简单的生活中，深入思考、重塑自我的心路历程，文笔宁静恬淡、引人深思，具有一种使人沉静的力量。

作者简介

亨利·戴维·梭罗（Henry David Thoreau，1817—1862），美国作家、哲学家、超验主义代表。梭罗的思想受爱默生影响，提倡回归本心，亲近自然。1845 年在瓦尔登湖畔隐居两年，体验简朴和接近自然的生活，并写就著名的《瓦尔登湖》，被称为自然随笔的创始者，在美国 19 世纪散文中独树一帜。他的代表作有：政论《论公民的不服从义务》《没有规则的生活》，游记《马萨诸塞自然史》《康科德及梅里马克河畔一周》《缅因森林》等。

导语 | 不世出的英雄

刘苏里

结合梭罗的生平，我想谈谈结识一位远离我们的思想家的方法。我把它叫坐标法，即建立起认识思想家的坐标。比如，认识梭罗有五个坐标。

第一个坐标，是他的出身。他的祖籍根特岛靠近法国，却是英国属地。他的父亲老梭罗是法国籍，法国是天主教国家，老梭罗却信仰新教。他带着家人移民美国，到梭罗这辈，算是美国人了。三个国家的文化和意识，流淌在梭罗的血液中。

第二个坐标，是梭罗的思想底色。他是超验主义的集大成者。超验主义的特点是超越经验和理性，凭借直觉认识世界、认识真理，强调人的主观能动性。超验主义发源于美国，创始人是早梭罗半代的忘年交爱默生。爱默生有一句名言："世界将其自身缩小成为一滴露水。"要理解这句话的含义，有更早的一句名言可以参考，就是"一滴水看见整个大海"。爱默生的这句话，跟佛教的"一沙一世界"和儒家的"天人合一"有异曲同工之妙。这也是梭罗自认佛陀、孔子是他两位导师的原因。梭罗四大导师中的另外两位，是苏格拉底和耶稣。

第三个坐标就是瓦尔登湖。瓦尔登湖位于马萨诸塞的康科德镇，湖面不算大，据梭罗勘测约60英亩。正是瓦尔登湖成就了梭罗的名声——瓦尔登湖不仅成为梭罗理想生活的实验平台，还使梭罗的主张超越时空，被更多的人知道、体会、赞同、传颂，历经160多年而不失光辉。当然，没有梭罗，瓦尔登湖也未必那么有名。

第四个坐标，是梭罗的哥哥约翰。约翰在梭罗25岁那年突然离世。这件事对梭罗震动极大，梭罗后来生活方式的选择，我认为与此有很大关系。约翰去世三年后，梭罗搬到瓦尔登湖，想把他和哥哥漂流康科德河的经历写下来，以纪念哥俩儿的友谊。约翰的死亡，让他感到时不我待，必须将有关人应该怎样生活，以及关于爱、友谊、激情、精神、社会和自然等酝酿已久的思考，付诸实践。

第五个坐标是前面提到的爱默生。爱默生因文学闻名，却是公认的美国精神的代表人物。林肯评价他是"美国文明之父"，因为从他开始，独立的美国有了自己可以与欧洲媲美的思想家。爱默生不仅影响了后来美国文学的创作，更奠定了美国立国后的思想底色，就是实践出真知，从经验中提炼真理。梭罗大学毕业后直到离世，都与爱默生来往密切。梭罗深受爱默生影响，包括他去瓦尔登湖。

当你决心细读梭罗，或有人跟你谈起梭罗时，可以利用这五个坐标。很多人读梭罗觉得他啰唆，《瓦尔登湖》很多章节像流水账，比如造小屋花了多少钱，记到几角几分。梭罗的"啰唆"是有原因的。这是他亲近瓦尔登湖的一个表征。他在独立的劳作和巡游中，通过手和脚延伸到他的大脑，再反过来凭借大脑的直觉，创造自己独特的生存方式，完成他的思想实验。在这个层面上，你完全可以把他的写作理解成在做学问。这个学问的实验室是他的生活方式，这个学问的报告是他的作品，他要回答人该如何生活这个大问题。

一般读者首先会注意到梭罗倡导的"简朴生活"。在消费主义大行其道的今天，要是不幸登上追求物质生活这辆战车，你将无法摆脱疯狂的老鼠的命运，劳累一生，很可能悔不当初。

还有人会看重梭罗"一生放纵不羁爱自由"的生活态度。梭罗就读于哈佛大学，毕业后却去教小学；他的父亲经营着当地最大的铅笔厂，他帮助父亲改进了铅笔生产工艺，成功后却拂袖而去；他评论所有新近发生的时事，却对跟人扎堆不屑一顾；他喜欢年轻人，却毫不留情批评他们轻慢浮夸的作风……总之，他活得像他自己期望的那样。

更多的人，欣赏甚至羡慕他亲近自然的理念，想着有一天自己也能像梭罗一样，在某个湖边盖间小屋，耕几亩地，读几本书，写几行字，与动物朝夕相处，物我两忘。

比起上面的理由，我有三个更重要的选这本书的理由。这三个理由，都与我们生活的世界有着极其密切的关系。

第一，梭罗不同于他那个时代的乌托邦主义者的伟大思想。乌托邦主义者，是想通过改天换地，甚至改造每一个人，来建设一个新世界。而梭罗认为，应该"通过对一个人的改革，实现对众多人的改革"。"他并不是通过重新设计一个社区来重新设计社会。"他更感兴趣的是个人应当如何生活，如何与邻居交往。

梭罗的这个思想，是乌托邦主义历史上的一次精神转向，意义非同小可。他通过思想实验向世人展示个人的自我改造，这远比动不动宣称改造社会、改造他人对一个社会的演化更有价值。

第二，他与苏格拉底精神上的联系。有评论说梭罗是愤世嫉俗的人，还有人说他是天生的叛逆者。这些看法都有些流于表面。我看梭罗，更像是再生的苏格拉底，他来到这个俗世的使命，就是跟这个走偏了的世界拔河、掰手腕。他用亲身实践提醒人们，有千百种生活方式，全看你如何选择，而最不可取的就是人云亦云。跟苏格拉底一样，他像牛虻，死盯着人们生活中的缺陷。不同的是，苏格拉底选择了街市，梭罗选择了大自然；苏格拉底和人交谈，梭罗则是孤独面对自己。但他们的结论是一致的，就是人最重要的任务是"认识自己"。认识自己，才能确立自己的生活坐标，才不至于在喧闹中失去生活方向。

第三，与英雄有关。我非常认同有人对梭罗思想实验的评价，说他的思想实验是一次英雄壮举，他的书是一部关于英雄的篇章。苏格兰哲学家、历史学家卡莱尔，是爱默生的好友，曾在给爱默生的一封信中，向爱默生，也间接地向美国人发出"挑战"。卡莱尔说："我希望你能找到一个美国英雄……（然后）给我们讲述他的故事。"梭罗在爱默生家读过这封信，他选择在瓦尔登湖独居，很大程度上是对卡莱尔"挑战"的回应。古今中外，很少有思想家能够做到这一点，而梭罗不仅承担起了这个英雄的角色，还用自己的实践，讲述了一个美国英雄的故事，并且重新定义了什么是真英雄。

这个真英雄，生活在大地上，在大地上劳动，基于大地思考，在大地上书写，生命归于大地。重读《瓦尔登湖》，我们可以重新认识什么是真英雄，以及我们自己，有没有可能也成为这样的英雄。

讲读这本书的杜先菊，在梭罗的家乡康科德已经住了很多年，她家离瓦尔登湖只有 10 分钟车程。杜先菊先后求学于北京大学、牛津大学，最后在美国布兰代斯大学获得博士学位。她的专业是国际政治，对中国和以色列关系有精深研究，出版过专著。她的希伯来语老师，还是以色列有名的小说家阿莫斯·奥兹的女儿。

毕业后，杜先菊进入一家高科技公司，工作之余，从事与以色列文化、历史作品有关的翻译和著述活动。她对文学情有独钟。翻译《瓦尔登湖》，是她与梭罗的一次对话，成为她人生中的一次精神之旅。她的讲读，不仅带来瓦尔登湖的气息，还能一下子拉近读者跟梭罗的距离。

杜先菊讲读《瓦尔登湖》

> 杜先菊
> 北京大学国际政治系学士、硕士，美国布兰代斯大学政治学博士，中东政治与外交史学者。译有《瓦尔登湖》《以色列现代史》，著有《新英格兰人文之旅》等。

走近梭罗和他的《瓦尔登湖》

很多人认为《瓦尔登湖》难读，甚至有读者说，他是参加一个读书会时，因为每个人需要评选一本自己认为最难读的书，于是他就选择了《瓦尔登湖》。其实，梭罗是一个很简朴的人，《瓦尔登湖》也是一本简单的书，完全可以轻松阅读。

2017年7月12日是梭罗二百周年诞辰，美国各地，尤其是梭罗的诞生地——马萨诸塞州的康科德镇，举行了隆重的纪念活动。梭罗在美国乃至世界文学、自然科学和思想史上都有着重要的地位。

他是作家，一位世界知名的散文学家。

他是自然科学家。梭罗给我们留下了富有诗意的自然科学文献。

他是社会活动家和自然保护主义者。梭罗为了实现人类共同的善，为弱者提供了反抗强权的最强有力的手段。在政治观点上，他反对蓄奴，反对政府控制，甚至因抗税入狱。他的《论公民的不服从义务》一书，开了甘地、曼德拉等非暴力不合作运动的先河。而在自然观上，他提倡与自然融合，保护环境，反对对自然不计后果的索取，这种思想很有现代意义。梭罗在很大程度上超越了他的时代。

他是精神导师。在人生观上，他主张简朴生活，反对奢靡，注重精神追求，鼓励每一个人都积极参与生活，丰富自己的精神世界。

《瓦尔登湖》于1854年第一次出版时反响就很好，随着时间的推移，人们对梭罗的兴趣只增不减。1945年，考古学家罗兰·罗宾斯发现了梭罗小屋的旧址。第二次世界大战结束以后，随着反战和保护环境运动的兴起，《瓦尔登湖》也成为家喻户晓的经典。

不少作家都为梭罗写过传记，还为他的著作添加注解。按照一位梭罗传记作家的说法，每一代美国人都要写一部关于梭罗的传记。我讲读的杰弗里·克莱默的这个注疏本，2004年由耶鲁大学出版社出版，是纪念《瓦尔登湖》出版150周年的力作。由于出版年份最近，有集前人之大成的优势。克莱默吸收了多年来梭罗学的研究成果，对很多以前有争议、误解甚至错误的议题都做了十分详尽的考证和勘误。此外，注疏中又参考了梭罗的日记和其他著作，以及梭罗同时代其他人的回忆录，与正文互补，又比正文更加生动有趣。克莱默先生目前在梭罗研究所任所长一职，这个机构还在继续着梭罗的实验。

《瓦尔登湖》是梭罗最重要的著作。梭罗在瓦尔登湖畔独居了两年多，他详细记载了这期间对环境的观察、对世间的思考和日常生活。天文、地理、植物、动物、哲学玄想、古希腊罗马和北欧及印度的各种宗教文化、神话典故等，都被博学的梭罗信手拈来，繁杂地交织在一起，读起来常令人眼花缭乱。然而，静下心来认真捧读，你就会发现，它其实是一个非常朴素平实的人写下的朴素平实的文字。这个坦诚的人口才不太好，是爱默生告诉他：你写日记吧，把你看到的想到的，都用笔记下来，于是就有了《瓦尔登湖》。

《瓦尔登湖》是一部自然笔记。梭罗在瓦尔登湖居住了两年两个月零两天。这段时间里，他很认真地进行观察，记录了这个湖泊和周围的时令变化：他从夏天开始，忙过秋天，细描冬天，然后带着风格迥然不同的欣喜的笔触，描写姗姗来迟的春天。

瓦尔登湖位于波士顿近郊的康科德，离城里40分钟车程。绕湖走一圈大约也是40分钟。康科德在美国历史上有特殊的地位：美国独立战争就是在康科德和附近的莱克星敦打起来的，所以它是美国革命的摇篮；爱默生的《美国学者》被称为美国思想史上的《独立宣言》，所以康科德也是美国思想的摇篮。再加上梭罗、作家霍桑和路易莎·梅·奥尔科特都在这里生活过，而他们在美国文学史上都占有极为重要的地位，所以，康科德也是美国文学的摇篮。

1922年，爱默生的女儿伊迪斯·爱默生·福布斯，将瓦尔登湖和周围大约80英亩地捐给马萨诸塞州州政府，当时捐赠的条件是要将这个湖作为公园对公众开放。一年四季都有很多人前往瓦尔登湖，在这里享受自然——散步、划船、游泳、钓鱼。

注意到爱默生女儿的名字了吧，福布斯。这不是《财富》杂志那个福布斯，但在当时也是马萨诸塞州一个十分富裕的家族。这个福布斯家族是怎么致富的呢？首先是和中国的贸易，然后是铁路。爱默生本人还在欢迎中国大使的晚宴上做过演讲。

梭罗有一个哥哥、两个姐妹，四人都终身未婚，没有留下后代。

1965年，瓦尔登湖正式成为国家历史名胜。在瓦尔登湖畔，我们能够看到记述爱默生女儿捐赠瓦尔登湖和它成为国家历史名胜的石碑。两座纪念碑上面刻着文字，也都保留着石头的原状，风格非常梭罗。

湖边还有一家书店，原来很小，2016年9月翻盖扩建后重新开放。书店为木质结构，非常古朴，与梭罗小木屋的风格相呼应。书店出售跟瓦尔登湖以及超验学派有关的著作和纪念品，还有中文版的《瓦尔登湖》，旁边是游客中心。

离书店不远处，有一座梭罗小木屋的复制品，和原件同样大小，来不及绕湖一周的人，可以在这里看一看。屋子非常简陋，有梭罗最基本的生活用品：一张床、一张桌子、两把椅子、一座壁炉，屋后是柴火堆。逢重大节日或梭罗纪念日，比如梭罗二百周年诞辰，梭罗研究所的工作人员会在这里举办活动。住在附近的人还经常会碰到一位穿着、谈吐与众不同的人，他就是扮演梭罗的理查德·史密斯。他和梭罗是校友，平时研究梭罗，在瓦尔登湖书店里上班，定期穿着古装，以梭罗的口气和游人对话，或者是坐在附近的石头或树桩上思考。

如果时间充裕，绕湖散步中途，会走到梭罗小木屋的旧址。这个地方自从1945年被考古学家罗宾斯发现以后，朝拜的人络绎不绝。旧址旁边竖着一个牌子，上面是梭罗的语录：

> 我到森林中居住，是因为我想活得有意义，只面对生活中至关重要的事实，看我能不能学到生活可以教给我的东西，而不是在我行将离世的时候，发现我根本就没有生活过。

前来拜访的人，往旁边的小石堆上再添上一颗小石头，向梭罗表达敬意。

每次梭罗年会，除了大会演讲、小会讨论以外，也会组织大家寻访镇上著名文人爱默生、霍桑和路易莎·梅·奥尔科特的故居或安葬他们的"睡谷"上的"作家岭"，梭罗也长眠在那里。

《瓦尔登湖》的第一章最长，详细地阐述了梭罗崇尚简朴生活的生命哲学，他还详细地列举了自己盖房子和平日开销的账目。

第二章是"生活在何处，生活的目的"，梭罗明确地告诉我们，他是在1845年7月4日搬到瓦尔登湖的，也就是说，他是从夏天开始在那里居住的。还有一点很重要，他把两年的经历压缩在一个四季里，并按季节叙述。比如写夏天的经历，有一些可能是1845年的，另外一些又可能是1846年的。

下面几章的标题有些对仗，分别是"阅读·声籁""独处·访客""豆圃·村庄""湖泊·贝克农场"和"更高的法则·动物邻居"。

在"豆圃·村庄"一章里，他详细描写了自己的耕作和收获。新英格兰的秋天，是四季中最灿烂的季节，过往的旅人会着力描写天高云淡和秋叶璀璨的自然风光，但梭罗记载的是一个农夫的秋天。

收获之后，地窖里储存下冬天的食粮，农夫梭罗有了闲暇，于是花了整整四章的篇幅描写瓦尔登湖的冬天：室内取暖、从前的居民、冬天的访客、冬天的动物、天寒地冻的瓦尔登湖。梭罗记下了他如何在湖畔度过新英格兰漫长而严酷的冬天，与他做伴的是寂静，偶尔有来访的友人和过客，以及没有冬眠也没有迁徙到南方的那些动物。动物偶尔还来分享梭罗藏在地窖的板栗。

写完了冬天，就准备迎接春天了。瓦尔登湖的春天，似乎是在瓦尔登湖冰面开冻的碎裂声中开始的。冰面轰响着开化以后，梭罗写到天气变暖，白天变长，花儿开放，鸟儿归来……这个非常谦恭而安静的人，春天来临前难以抑制的狂喜，都充盈在字里行间。四季都写完后，梭罗准确地记下了他离开瓦尔登湖的日期：1847年9月6日。

简朴生活

《瓦尔登湖》最重要的思想之一，就是提倡简朴的生活。这里我们看看梭罗的生活到底有多简朴，以及他是怎么证明简朴的重要性和必要性的。

《瓦尔登湖》全书包括结语共18章，第一章的题目就是"简朴生活"，字数上占了全书的大约四分之一。梭罗记下了他的"简朴"。

首先给自己盖房子，总共花了28美元12.5美分。这里面大部分是材料费，他买的二手木板8美元多一点儿，房顶和外墙用的旧木板4美元，1000块旧砖头4美元，加起来就是16美元。

这28美元是什么概念呢？梭罗在此前的日记中提到过，当时一所房子的造价"约为1500美元"，而在"简朴生活"这一章前面他也提到过，一所房子造价是800美元，大约这所房子要小一些。相比之下，梭罗的小房子耗费非常低。这里有几个原因。第一，这座房子要小得多，10英尺宽，15英尺长，8英尺高，也就是大约3米宽，4.6米长，2.4米高，只够一人居住。第二，这里的房价不包括地价。地是爱默生的，爱默生建议梭罗去湖边居住，免费让他使用土地，允许他盖房、耕种。第三，这里也没有人工费。梭罗只列了请帮工花费的1.4美元，他自己的劳务，包括他房子上梁那天朋友们来帮忙，都没有被计入工本。

现在，康科德一座普通的房子平均价格是85万美元，以800兑换85万来计算，梭罗小房子的造价在今天也就是2.9万多美元。

梭罗还列出了其中八个月的生活费，除了盖房的28美元外，还有农场的开支和伙食、服装、油等费用，合计约62美元。这段时间，他务农收入23美元，打零工赚了13美元，总收入约37美元。算下来他有约25美元的赤字，大约等于房子的花费。也就是说，他一年的忙碌基本上没有赚到钱。好在梭罗是单身，不用养家。其实他常到母亲或朋友家吃饭，还带衣服到家里洗，他耕作的土地也是免费的。

梭罗这么计算并不完全是为了统计自己的生活成本，他主要是要表达，生活中的必需品其实很少，人们认定的日常用品其实很多是不必要甚至有害的。他这一年虽然毫无进账甚至还有欠债，但他获得了"闲暇、独立和健康"。

梭罗认为财产是负担，他反对世俗的忙碌，认为人们潜心改善自己的衣、食、住、行，在谋生上花去一生光阴，实在是本末倒置。实际上，这一切都可以大大精简。

关于服装，梭罗认为其主要功能应该是保暖，衣服只是身外之物，与生命毫不相干。他对时尚也并不是一无所知，只是不屑而已，他说："制衣业的主要目的不是给人类提供优质和朴实的穿着，而是毫无疑问地，让公司发财致富。"至于食，梭罗基本吃素，并且认为素食可以节省时间，也更有利于身体健康。

梭罗花了很大篇幅论证人的生活必需品其实可以很少，也就是食物、住所、衣物和燃料。而他自己的生活用品，不过是"几种工具，一把刀、一把斧子、一支铁锹、一辆手推车，等等，就够了。或者对好学的人来说，一盏灯、文具、几本书，这些算是必需品吧，而且用很小的代价就能得到"。相形之下，"大部分奢侈品，以及许多所谓生活中的舒适品，非但不是不可缺少的，而且必定阻碍着人类的崇高向上。就奢侈和舒适而言，智者过着比穷人更为简朴和节俭的生活。中国、印度、波斯、希腊的古代哲学家们，独成一个阶层，在身外物质财富上他们最贫穷，而内心世界他们最富有"。

至于住，梭罗说，人的一生中最好的光阴都要花在买房子上，实在是得不偿失。康科德的农夫们，大部分都要辛勤劳作二三十甚至四十年，才能成为农场的真正主人，而他们的下一代继承农场时，往往仍附带着抵押或者贷款，农场本身也因此变成沉重的债务。根据他通过估税员对镇上居民的了解，整个康科德镇上没有债务、完全拥有自己农场的人不足12人，而无债一身轻的人恐怕都不到三人。梭罗认为有资产同时背着沉重债务的人是贫困的人，他们的贫困不仅是物质的，还是精神的，因为他们的道德品质也破产了。

关于出行，梭罗说，为了攒足旅费而拼命劳作，然后乘车前往，还不如干脆步行而去。他是这么计算的：从康科德到火车终点站费奇伯格是30英里，火车票是90美分，差不多是一天多的工钱。他计算过，在这条铁路上工人每天的工资是60美分。如果他步行出发，夜幕降临之前就到了。而如果你先挣钱后坐火车，那么明天或者今天晚上也会到达。但问题是，今天你并没有往费奇伯格走，而是花了大半天的时间在这里工作。他觉得自己的选择合算得多，一是他可以提前到达，二是他还可以沿路欣赏乡村风光而不必受一份工作的约束。

梭罗推崇美国自然学家威廉·巴特拉姆描述的马克拉斯印第安人的习俗，他们在庆祝巴斯克节的时候，清扫房舍、广场和整个城镇，还把自己穿坏了的衣物和其他污秽物品搜集到一起，然后把它们和剩余的粮食全部扔进火堆，付之一炬，这样新生活就能毫无负担地开始。

虽然梭罗在湖边纯粹依靠自己的双手维持生计，但他的目标是一年只工作六个星期，就可以支付所有生活费用。然后，整个冬天，加上夏天的大部分日子，他都可以用来学习。虽然梭罗去瓦尔登湖独自生活只是一个实验，但梭罗的生活态度和他提倡的生活哲学，就是简朴和独立。

简朴，就是通过简化物质生活，丰富精神生活，获得和保持心灵的自由。至于独立，他满足于用很少的钱建造住所，并尽量自己动手，也不排斥朋友的帮助。对他来说，独立自主不仅仅是付清自己的账单，没有债务，而且是一种精神的愉悦，强调的是能够主宰自己的生活方式，而不为外部世界所左右。

梭罗先于他的同时代人成为美国环境保护主义的先驱。他反对人类毫无节制地开发、不负责任地利用自然资源，反对浪费。他甚至说："感谢上帝，我们不能飞翔，不然我们不仅浪费了地面，还会浪费天空。"他的理论强调环境和社会责任、资源的有效利用、简朴生活，为当代环境保护主义奠定了理论基础。

神话与思想实验

梭罗已经成了一个神话，关于他为什么去湖边居住，也成了一个神话。其实，这里面的故事很简单。梭罗并没有预计到他在湖边会写出《瓦尔登湖》，也没有料到《瓦尔登湖》会成为神话一般的经典，他就是很平淡地从爱默生家搬到湖边居住，然后又很平淡地搬回爱默生家。

从广义上说，梭罗是在回应社会的挑战。19世纪40年代初，空想社会主义、乌托邦主义在欧洲流行，在美国也形成了一些乌托邦团体，其中有两个与梭罗的朋友有关：布鲁克农场和弗鲁特兰兹果树园。同时期也住在康科德的作家霍桑就加入过布鲁克农场，路易莎·梅·奥尔科特也在弗鲁特兰兹果树园住过。这些人去这样的社区居住，是想通过一个社区实验重新设计社会。梭罗和他们的实验有相似之处，也有区别。相似之处在于通过自己的生活实践向传统的社会规则和生活方式发起挑战，区别在于梭罗的目的不是重新设计社会，而只是质疑个人的角色和义务：个人应当如何生活，如何和邻居交往，如何遵从（或者消极抵抗）社会法则。在他看来，只有通过对单独的个人的改革，才能实现对众多人的改革。

从理论上说，梭罗是在实践他的导师爱默生的理论，也就是爱默生在《美国学者》里提倡的精神。超验主义的核心就是人和自然在本质上是善的，而社会及其组织会腐化个人的纯洁，但是如果人能够保持自主和独立，就能够抵制社会的侵害，成为最纯洁最优秀的自己。超验主义强调个人的天性，认为它比客观经验更为重要。个人能够产生全新的思想，而不必盲从过去的大师、先贤。在这种思想背景下，回到大自然、亲身体验、独立思考，是取得真理的最好途径。

具体到梭罗本人，他搬往瓦尔登湖的一个主要动机，是完成他的一个写作计划。1839 年 8 月和 9 月，他和哥哥约翰一起在新英格兰的康科德河和梅里马克河这两条河上漂流。梭罗和哥哥形影不离，甚至心仪的也是同一个女子艾伦·西韦尔，而且还同时失恋。1842 年，约翰在刮脸时伤了手指头，结果伤口发炎导致破伤风，当时抗生素还没有发明，一个小小的伤口就使梭罗失去了与他关系非常亲密的哥哥。梭罗想到湖边去记录他和哥哥的那次漂流，以及他们兄弟的情谊。这本书就是《康科德及梅里马克河畔一周》。在记录这次旅行的同时，梭罗也开始思考友谊、精神、社会和自然，于是这些主题都被融进书中。

但是，梭罗能够前往瓦尔登湖是因为爱默生。那片土地是爱默生买下的，他允许梭罗去那里建造房子、开垦田地。爱默生购买那片土地也是一段趣事。1844 年 9 月底，爱默生完成了他的第二部论文集的校订稿，为了庆祝，决定去瓦尔登湖散散步。没走多久就碰上有人在拍卖瓦尔登湖畔的一块地，有那么几个人犹犹豫豫地在掂量，爱默生也走上前跟着凑热闹，一来二去，等大家分手时，爱默生已经买下了那里的 11 英亩地，每一英亩 8.1 美元。

三个月后，就在 1845 年初，梭罗和爱默生达成协议：梭罗在瓦尔登湖边盖一座房子，开垦土地耕作；爱默生则在土地边的悬崖顶上盖自己的居所，梭罗为他画设计图。

可见，如果爱默生没有买下那片地，就没有《瓦尔登湖》。当然，在搬往瓦尔登湖之前，梭罗已经和他的一个朋友查尔斯·斯登·惠勒在离瓦尔登湖不远的弗林特湖边度过一段时间。惠勒是梭罗的朋友，是他在哈佛大学的室友，他在弗林特湖附近盖了一个小棚子，1836—1842年间，惠勒在那里居住过几次。梭罗在小棚子里居住的时间大约是1837年。这可以算是梭罗思想实验的实习。

梭罗搬到瓦尔登湖，并不是归隐、逃离社会。他为小屋选址，正好是在人们经常光顾的前往瓦尔登湖的路上，旁边就是铁路，可以和路过的人随意攀谈。他的家人常在星期六下午来湖边看他，他也会在星期天回访他们；他还经常光顾爱默生和其他几位朋友家的餐桌。这些记述都证明，当时的瓦尔登湖并不是荒野，而是康科德日常生活的一个部分，搬往瓦尔登湖并没有将梭罗和家人、朋友分开。瓦尔登湖与康科德镇正好有一定距离，却又不远离，这样就给梭罗提供了一个观察的角度，使他能够以一个旁人的眼光观察那个社会。

因为独自一人完全可以自己安排时间，梭罗在瓦尔登湖提前完成了写作计划。1845年秋天《康科德及梅里马克河畔一周》的第一稿已经诞生。

梭罗自己都没有想到会在湖边写出第二本书。1845年7月5日，也就是在他搬到湖边后的第一个清晨，他开始写一部新的"日记"——《瓦尔登湖》，他向世人宣布自己到瓦尔登湖来居住了。梭罗在《瓦尔登湖》中的声音是全新的：大胆、抒情、渴望、带着预言家的风采。从此以后，有两个梭罗，一个安静、内向、害羞、自卑，偶尔会抑郁，身体羸弱，而另一个则热忱、狂傲、笃定、高声大气，像清晨迎接黎明到来的骄傲的公鸡。梭罗在往日的演讲中总是无法吸引听众，常常令人尴尬，但是通过《瓦尔登湖》，通过顺滑的笔尖，他终于找到了向世界倾诉的语言，直到今天整个世界还在聆听他的声音。

梭罗在瓦尔登湖，成就了一部经典，他本人也成为一个神话。梭罗承认，《瓦尔登湖》本身并不是完全纪实的，就像《康科德及梅里马克河畔一周》一书将两周的经历压缩为一周一样，《瓦尔登湖》也将两年的经历压缩成了一年，其中还加入了很多他的哲学思考和诗意的想象。

不过，梭罗带出瓦尔登湖的"日记"只是117页的手稿。他离开瓦尔登湖的原因很简单：爱默生要出国讲学，他的妻子利蒂安·爱默生请求梭罗去帮助照顾爱默生的家庭和家务。当时，欧洲对爱默生和他的超验主义兴趣盎然，爱默生打算去欧洲讲学一年。梭罗在接到邀请一个星期后，即 9 月 6 日搬回爱默生家。9 月 17 日，爱默生买下了梭罗的小屋，又把它卖给了自己的园丁。1847 年 10 月 5 日，梭罗和利蒂安到波士顿港为爱默生送行，然后一同回到康科德爱默生的家。此后，梭罗再也不曾独居过。

有一段插曲必须要讲，梭罗在瓦尔登湖期间，曾被抓去蹲了一夜监狱。这一夜开启了他的"公民不服从"的思想，使他成为一个社会活动家，对后世也产生了极大的影响。

"第一个夏天快结束时，一天下午，我去村子里的鞋匠那里取鞋，我被抓住投进了监狱，因为……我没有向政府纳税，也不承认它的权威，这个政府在它的议会门口像买卖牲口一样买卖男人、妇女和儿童。"

梭罗被捕发生在 1846 年 7 月，正好是他在瓦尔登湖居住期间的中段。被捕的原因是他没有交人头税。1849 年，他写了《论公民的不服从义务》。这篇论文的主旨是，公民如果支持压迫者，那么他们应当为此承担道德责任，尽管法律要求他们支持压迫者。也就是说，尽管法律要求他们支持暴政，他们却有反对暴政的道德责任。他本人拒绝交税，是为了抗议奴隶制和反对美国对墨西哥的战争。

到了 19 世纪 50 年代，美国很多少数族裔或团体——黑人、犹太人、天主教徒、反禁酒令主义者或其他种种团体——都用"公民不合作"方式来反对带有种族或宗教歧视色彩的法律手段和政府行为。从此以后，美国现代少数族裔和团体的民权运动经常采用这种方式，公开和平地反对公共权力。而这种抗议方式，直接起源于梭罗居住在瓦尔登湖期间在监狱中度过的那一个夜晚。

《瓦尔登湖》中的中国经典

梭罗熟悉经典，懂多种欧洲语言，这一点并不稀奇，古希腊罗马神话、哲学经典和《圣经》都是当时英美知识界的基本功。难得的是，梭罗在大学四年级时读到了印度、中国和其他东方哲学。他在写作中经常引用印度、波斯的神话和哲学经典，最有意思的是，他还引用过很多孔孟圣贤之言。

《瓦尔登湖》第一章"简朴生活"最长，独成一体，梭罗在其中阐述了他最重要的哲学思想。其中，梭罗引用了孔子的名言："知之为知之，不知为不知，是知也""己所不欲，勿施于人"等。梭罗不懂中文，他的孔孟引文都是从法国人让-皮埃尔-纪尧姆·鲍狄埃的《孔子与孟子：中国道德哲学与政治文选》自己翻译过来的。

梭罗在描写清晨的美丽时，很自然地引用了"苟日新，日日新，又日新"。这句话出自"汤之盘铭"。这里的盘指成汤王的洗澡盆，盘铭就是他刻在洗澡盆上的箴言。梭罗沐浴之后，人也焕发一新，就像美丽的清晨，他写道："每一个清晨都快乐地对我发出邀请，要我开始像自然本身一样简单、纯洁地生活。我像希腊人一样虔诚地崇拜黎明女神欧若拉。我早早起床，在湖中沐浴；那是一种宗教体验，也是我做过的最好的事情之一。据说，成汤王的浴盆上刻着这样的字眼：'苟日新，日日新，又日新。'"中国古代典籍中朴素的哲理，超越了历史、时代和文化背景，居然在《瓦尔登湖》中被运用得如此天衣无缝，不得不令人称奇。

《瓦尔登湖》第二章"生活在何处，生活的目的"，如题目所言，梭罗讨论的是他的生命哲学。他讲述自己迁往瓦尔登湖居住的情况，记录了一些琐碎的日常生活。然而，在他眼里，人们需要超越忙碌的俗世生活而专注于自己的精神生活。他虽然关注新闻，但是，"新闻算什么啊！了解永远不会过时的东西，重要多了"。他就非常自然地引用了《论语·宪问》中的这一段："（魏国大夫）蘧伯玉使人于孔子。孔子与之坐而问焉，曰：'夫子何为？'对曰：'夫子欲寡其过而未能也。'使者出。子曰：'使乎！使乎！'"蘧伯玉的使者没有提到蘧伯玉手头忙碌的项目，而是强调他"每天想减少错误而没有做到"，令孔子击节赞赏，梭罗也非常认同这样的生活态度。

在"独处"一章中，梭罗描写了许多独处的好处，非常顺理成章地就引用了孔子的名言"德不孤，必有邻""鬼神之为德，其盛矣乎""视之而弗见，听之而弗闻；体物而不可遗""使天下之人，齐明盛服，以承祭祀。洋洋乎，如在其上，如在其左右"。

梭罗既引用古人的经典，又用自己朴素的语言，描写了他在大自然中独处时如鱼得水的感受："即使是可怜的愤世嫉俗的人和最忧郁的人，也能在任何自然物体中找到最甜蜜、最温柔、最纯真、最激励人心的陪伴。……我突然感受到，大自然是如此甜蜜和慈爱，在雨点的淅淅沥沥中，在我房子周围每一个声音和景色中，一种广博无垠、无法衡算的友谊，像大气层一样环绕着我……每一根细小的松针都带着同情展开和膨胀，成为我的朋友。"

梭罗在《论公民的不服从义务》中反对暴政，但他也反对用暴力反对暴政，他坚信，"如果人们都生活得像我那时那样简朴，就不会有偷窃和抢劫。偷窃和抢劫只有在一些人所得过多，而另一些人所得不足的社会中才会出现"。此处，他又引用了一段《论语·颜渊》："子为政，焉用杀？子欲善，而民善矣。君子之德风，小人之德草，草上之风，必偃。"可见梭罗不是在文字上简单地引经据典，而是他的人生和政治哲学与孔子的儒家思想有内在的相通之处。

《瓦尔登湖》最后一章将结束时，梭罗饱含感情地描写了春天的美丽："一场细雨，就能让草地添上好几层绿意。新思想不断涌现，也使我们的前景更加光明。如果我们能够永远生活在当下，有效地利用所有发生在我们身上的一切偶然，就像青草坦然承受落在它身上的最轻微的露水的滋润，而不是把时间荒废在未来因失去机会而悔恨的话，那我们就有福了。……在一个宜人的春天的早晨，人的一切罪恶都得到了宽恕。"然后，梭罗就翻译了《孟子·告子上》中的这一段文字：

是其日夜之所息，雨露之所润，非无萌蘖之生焉，牛羊又从而牧之，是以若彼濯濯也。人见其濯濯也，以为未尝有材焉，此岂山之性也哉？虽存乎人者，岂无仁义之心哉？其所以放其良心者，亦犹斧斤之于木也，旦旦而伐之，可以为美乎？

自然百科全书：《瓦尔登湖》中的花草动物和自然科学

梭罗非常喜欢自然和科学，甚至可以说他是站在当时科技最前沿的人。

梭罗的传记作者劳拉·达索·沃尔斯在梭罗二百周年诞辰纪念大会上，提到了梭罗对科学的态度：一方面，梭罗认为科学和技术使人类生活过分复杂化，而另一方面，他观察、研究和描述各种自然现象，又充分利用了他的自然科学知识和当时科技发展最前沿的理论和发现。梭罗研究者们越来越认识到梭罗在科学方面的造诣和贡献，因而 2019 年梭罗年会的主题就是"作为工程师的梭罗：自然，技术和互相关联的生命"。

在梭罗的时代，康科德并不是一个绿色田园，而是一个工业中心。镇上有磨坊、商店、工厂。梭罗父亲就开着铅笔厂。火车已经延伸到康科德，梭罗就常常描述火车从湖边轰鸣而过的情景。梭罗本人是哈佛大学毕业生，除了希腊语、拉丁语以及与之相关的希腊罗马历史、政治、哲学，他还学习了数学、物理、化学、地质、地理和其他自然科学，做过很多科学实验。尽管梭罗从来不以哈佛大学毕业生自居，还经常揶揄和讥讽学院教育，但是他在生活中每每以科学研究的方式观察和记录自然现象和物质原理，也没有间断过对科学和技术的探究和实验。

梭罗观察自然的方式，也与当时科技的发展分不开。梭罗之前，人们普遍使用鹅毛笔，不得不蘸着墨水写字。而铅笔取代鹅毛笔后，梭罗才能怀揣铅笔到户外，随时随地记下他的观察和思考，以及他的科学研究。

梭罗研究地质学，他阅读的第一本现代科学书籍是查尔斯·莱尔的《地质学原理》。他是 1840 年从爱默生的书架上看到这本书的。《瓦尔登湖》中随处可见梭罗的地质学知识。梭罗描写春天化冻时山坡上形成的花纹，那文字既是优美的充满诗意的散文，又是地质学的精确描述。研究梭罗的地质学家罗伯特·索森认为，人们认可的是梭罗在植物学方面的知识，其实他在地质学方面的描绘也很精确。

梭罗还擅长土木测量。梭罗的讲课收入有限，打短工挣的钱也不多，而做土木测量的收入最高。1850 年起，梭罗成了专业的土木测量家。他自己买测量工具，包括图纸、丈量尺、圆规、量线等，还有当时最新最酷的指南针。他甚至还设计了一张广告，谁要是请他测量的话，他将保证测量的精确性。这一点梭罗没有夸张，他去世以后，康科德图书馆收藏了他的测量记录。这些记录是了解镇上地产分界线的重要资料。经过他测量绘制的房屋建筑图很精美，木结构与砖石结合得科学而实用。

梭罗也研究动物学和植物学。《瓦尔登湖》中有很多对植物动物的描写，角度科学而专业。梭罗的植物学老师是哈佛大学一流的植物学教授阿萨·格雷。梭罗与一位来自瑞士的自然学家路易斯·阿加西斯也有很多来往，他经常搜集一些动物样本，送给阿加西斯用于研究，他说："我给一位杰出的自然学家送去过一只（本地野老鼠），他对此十分感兴趣。"

1851年，梭罗阅读了达尔文的《小猎犬号之旅》，从中了解到了火地岛的生态，在"简朴生活"一章中，还引用达尔文的资料来证明人对食物和衣着的需求可以降低到最低限度。

梭罗对动植物的描写十分详尽，《瓦尔登湖》中的例子不胜枚举。最难得的是，梭罗的记载在今天仍很有价值，他用文字保留了当时的植物和动物的许多珍贵数据。当代生物学家能够用梭罗当年搜集的数据，研究160多年来这个地区的植被变化。

梭罗详细地记载了350多种花草，不仅记录它们的名称、种类和特性，还标出了它们开花的时间。这为现在的科学家研究气候变化以及动植物对气候变化的反应，提供了难得的历史资料。对比出版《瓦尔登湖》的1854年，2019年康科德的平均气温升高了2.4℃。梭罗记录的物种，有四分之一在瓦尔登湖边已经看不到了，其他三分之一也几近灭绝。

从梭罗同时代人的一些回忆文字中可以知道，梭罗个性孤僻，与人打交道时要么沉默寡言，要么说出来的话很突兀，显得非常笨拙。相比之下，他在大自然中就很放松自在。顽皮的松鼠、贪吃的老鼠、顽强的蚂蚁，还有调皮捣蛋的潜鸟，在他笔下都充满了生机。梭罗最喜欢的鸟儿是隐士鸫，如今也是来到瓦尔登湖的人们最喜欢观赏的鸟儿。

爱默生鼓励梭罗的科学探索，对他的活动给予极高的评价。他认为梭罗为康科德提供了十分有价值的服务，每一个镇子都需要自己的医生和律师，当然也需要自己的自然学家。梭罗的博学也名声在外。1853年，华盛顿特区的美国科学促进会选举他为会员。在他的朋友们看来，他既是科学家中的诗人，又是诗人中的科学家。

作为科学家的梭罗，他在著作中不断强调，人类生存的目的不仅是物质的，更是精神的，并且生存质量有赖于自然环境对我们精神的滋养。

最后，我想再引用一段文字，来说明梭罗在今天美国的影响。

1998年6月5日，瓦尔登湖畔成立了梭罗研究所，在成立仪式上当时的美国总统比尔·克林顿作了主题发言。克林顿说，爱默生曾经说全世界都听到了美国革命打响的一枪，而梭罗在瓦尔登湖畔居住，全世界也听到了这一声枪响，而且今天还能听见它的回声……我们应该从梭罗这里学习以下几点。第一，我们必须和自然和谐相处。第二，当代世界，能够选择自己政府的人口第一次超过不能选择自己政府的人口，全世界大部分人能够生活在自己选择的政府之下，但是，我们千万不能忘记，在面对不公正时，公民非暴力不合作的力量和道德优势，远远超过暴力。第三，我们不仅与自然密切相连，我们彼此之间也密切相连，一个人群的发展，不能以牺牲别的人群为代价，这样的行动是错误的，其代价也是十分高昂的。

如今梭罗研究所的馆藏越来越丰富，我们讲读的这个注疏本的作者克莱默先生就供职于该研究所，如果你能来到康科德，可以去那里和他谈谈你的阅读感受。

思考题：

1. 你觉得成就梭罗的除了物理的瓦尔登湖，还有什么？
2. 你怎么理解梭罗独自去湖边生活这件事？
3. 朗读《瓦尔登湖》的一个片段，和大家一起分享你的感受和思考。
4. 你觉得为什么梭罗一定要自己盖房子、自己种地？
5. 你是否还能从世界文学史上，或者是中国文学史上找出类似的作家，像梭罗一样，用实践来展示对生活的思考，用文学来表现对自然的观察？

二四

《悲剧的诞生》

[德]弗里德里希·尼采著　周国平译　译林出版社　2014年

主题词◎尼采　悲剧　艺术　哲学　日神　酒神

经典之处

美学家们历来对希腊艺术有极大兴趣。在尼采之前,德国启蒙运动的代表人物歌德、席勒、温克尔曼均以人与自然、感情与理性的和谐来说明希腊艺术繁荣的原因。在《悲剧的诞生》中,尼采一反传统,认为希腊艺术的繁荣不是源于希腊人内心的和谐,而是源于他们内心的痛苦和冲突:因为希腊人过于看清人生的悲剧性质,所以产生日神和酒神两种艺术冲动,要用艺术来拯救人生。

作者简介

弗里德里希·尼采(Friedrich Nietzsche,1844—1900),德国著名哲学家,西方现代哲学的开创者,同时也是卓越的诗人和散文家。他最早开始批判西方现代社会,然而他的学说在他的时代却没有引起人们重视,直到20世纪,才激起深远的调门各异的回声。后来的生命哲学、存在主义、弗洛伊德主义、后现代主义,都以各自的形式回应尼采的哲学思想。

导语 | 尼采的悲剧与喜剧

刘苏里

尼采1844年出生，1900年去世。他是德国哲学家、古典学家、文学家。尼采不到五岁丧父，弟弟出生不到一岁早夭。他是在一群女人身边长大的。尼采很小的时候开始写诗、写小说。大学读的是波恩和莱比锡大学，专业是神学和语言学。大学还没毕业，他就受聘瑞士巴塞尔大学，担任古典学教授。1889年，44岁时精神失常，直到1897年，九年里都是母亲照料他的起居。母亲去世后，妹妹把他接走，控制了他的一切，包括手稿的编辑和出版。

尼采祖上两代都是牧师，本人学的又是神学，令人惊讶的是，第一个喊出"上帝已死"的，正是尼采自己。但尼采的葬礼，却是在教堂里举行的。教区的日志上写着这样一句话：按照他的著作，他是"敌基督教"的。

什么叫敌基督教？就是对基督教不友好，反对基督教信仰。

5世纪，奥古斯丁为毁灭中的罗马人指出了脱离苦海、救赎的道路，那就是迈向上帝之城、神的国度，寻找灵魂得以安家、永世幸福的理想国。经过13世纪阿奎那的丰富和弘扬，奥古斯丁指引的道路，深刻影响了西方人1400年，直到19世纪下半叶。尼采喊出"上帝已死"的口号，打破了奥古斯丁开辟的西方信仰的思想传统。由此看，尼采确实是敌基督者。

尼采的一生，有很多思想创造和理论发明，比如"超人哲学""权力意志"等，但最为出名、被后人记住的，正是作为哲学家第一个喊出了"上帝已死"。

西罗马帝国陷落后，直到启蒙运动之前，执掌西方生杀大权的，是基督教和它地上的代表，教皇和教会。所以，尼采是个"反叛者"，思想的"反叛者"。读尼采，第一个要记住的，就是尼采是个"反叛者"。

尼采不光反基督教，还反别的。但他为什么反基督教？底气怎么来的？其实，尼采反对的，是他所处时代的思想观念和精神风貌，以及由此造成的各种问题。尼采是信奉观念主导世界原则的人。

那么，尼采所处的19世纪中晚期，是怎样的观念和精神世界呢？通过文艺复兴和启蒙运动，人们的思想从基督教教义的统摄中走了出来，人性受到尊重，人的世俗欲望得到肯定，随之，科学技术和工业以前所未有的速度发展。可在尼采看来，哲学家和思想家们在反对基督教教义的过程中，召唤回来的，却是古希腊以苏格拉底和柏拉图为代表的形而上学，这还不算，以理性为核心的近代精神笼罩了人们生活的几乎所有方面，形成了新的教条。换句话说，人们刚从一种束缚中走出来，又走进一种新的束缚。而工业化、城市化，带给生活其中的人越来越多的疏离感，造成无望的焦虑，泯灭了人的活力和创造力，使得人们的生活再次失去方向感。尼采认为，这不仅是德国的问题，而且是整个欧洲的问题。今天看来，它甚至还是整个人类面临的问题。

跟历史上大多数思想家一样，尼采的核心关切，是人的幸福和尊严，总之人要像人一样活着，要有理性，还要有活力、创造力。但19世纪的欧洲并没有提供这样的条件，在尼采看来，情况可能更糟，而过往的各种哲学应对此负责。

他要战斗，以一己之力，为人类摆脱困厄和绝望的生活境遇而战斗。那么，这一仗怎么打呢？尼采从三个层面摆出姿态，提供"作战方案"：

第一，作为战士，尼采用永不停歇的大脑，用手中的笔做刀枪，几乎一刻不停地写作和发表各种作品。

第二，他强烈呼吁人们回望、咀嚼古希腊人的精神内核，也就是古希腊人的竞赛文化和悲剧文化。

在古希腊，竞赛文化典型的表现，就是定期举行奥林匹克竞赛，在竞争中取胜。悲剧文化稍微复杂一些，它的中心意思是，人类的生活根本上是无望的，永远处在黑暗之中，但这也是人类超越自己、追求美好生活的动力之源，尽管这样的奋斗、挣扎很可能是徒劳的。正是在明知徒劳又努力为之奋斗的过程中，才放射出人性不屈不挠的光辉，幸福或许就蕴含其中。

第三，针对走向衰败、腐朽、令人绝望的现实，以及支撑这种状况的当代哲学和文化，尼采捧出了他最著名的超人哲学、强力意志论。不知什么原因，尼采的超人哲学和强力意志论，长期被人有意无意地误解。历史上，甚至被纳粹和很多独裁者所利用。

尼采概念中的"超人",不是无法无天之人,不是把所有人踩在脚下的强人,更不是什么独往独来、半人半神的人间神人,而是摆脱了一切既有条条框框束缚、说出真相并引导人们走向个人精神独立的人。

而"强力意志"——Will to power 这个概念,国内有翻译成"权力意志"的,也有译成"强力意志"的。下面,我做个并非无意义的词源讨论,因为它是理解全部尼采哲学的关键词。

Power 这个词来源于拉丁语,是力、功率、能量的意思,演变为中古英语,意思是实力、力量和权力。结合前面讲的尼采对古希腊竞赛精神的推崇,把它理解成来自物体-身体内部的爆发力,可能更为准确。而这层意义的 power,很像化用了的汉语的"蛮力"。尼采早年迷恋叔本华。叔本华哲学中有个支撑概念,叫生存意志——Live-to-will,实际上指的是人活着的愿望,乃至求生本能。当我们把 Live-to-will 合到 Will to power 一起理解时,尼采哲学中 power 的真正意思,就比较清晰地呈现出来了。它非常接近网上流行的那个"洪荒之力"。

有学者认为,叔本华是德国古典哲学向现代哲学转向的关键人物。他不仅第一个站出来反对启蒙运动以来的理性主义传统,还"反对任何宗教信仰",尤其对占统治地位的基督教神学"嗤之以鼻"。叔本华主张意志哲学,认为任何事物都有意志,而人的生命意志才是世界的主宰力量。尼采的强力意志哲学,正是来源于叔本华的意志哲学。也可以理解成"我的事情我做主"。

所谓(生命)意志,让我说,跟海德格尔概念中的"此在"差不多,即为生存而表现出来的那种冲动,就是"我想活着,我要活着"那样一股子劲头。所以,意志哲学强调人的感性、现实的力量,而人的活力、创造力,正来自这种感性、现实的力量。意志哲学的主张,除了针对基督教神学一千多年来对人的精神的束缚,还有一个批判的对象,就是自笛卡尔以来,经过康德,到黑格尔推向巅峰的理性主义。这也是尼采所反对的。尼采反对从苏格拉底一直到黑格尔的一切西方哲学。

意志哲学褒扬的创造性力量,具有强烈的非理性性质,但它的主张却始终没有离开过理性,"是将理性的反省思维作为认识世界本质的一种可能方式"。这里的"反省思维",英文是 reflective thinking,也叫自反性思维,即 self-reflective thinking,就是"对某个问题进行反复地、严肃地、持续不断地深思、沉思"。

叔本华崇尚浪漫主义,认为人活着这件事,很痛苦,也很无聊,因而人要过有情感、有美感的生活。对欧洲社会现实和人的精神状况,尼采跟叔本华的认识是一致的,但应对的方法却完全不同。他跟叔本华分道扬镳,也就不奇怪了。

说到"分道扬镳",就回到导语的主题上来了:尼采的悲剧与喜剧。尼采一生的悲剧,归纳起来有两个:一是他的病情,再一个就是他跟朋友和世界的"分道扬镳"。跟世界分道扬镳,前面说过了。尼采很爱跟志趣相投的人交朋友,但一生下来,他是一边广交朋友一边与朋友分道扬镳。最著名的,就是和音乐家瓦格纳以及美丽聪慧的莎乐美绝交。尼采的病情,是从娘胎里带来的,直到他 44 岁彻底疯掉。但尼采的病情跟他的哲学生涯有什么关系?各家有各家的说法。在我看来,应该有,但不宜夸大。

尼采的喜剧,可以用一句话归纳,就是在他疯掉的前夜,思想才被"发现",广为传播。他讨厌在大庭广众露脸。尼采很幸运,在他意识还算清醒的时候,没看到这一幕。更大的喜剧,是在尼采身后发生的。1900 年去世后,他的思想影响,贯穿整个 20 世纪。范围极为广泛,凡人们能想到的领域,都有尼采的影子,深受他思想影响的著名人物,完全可以写出几卷书来。

讲读这本书的周国平,1945 年出生于上海,先后在北京大学和中国社会科学院研究生院求学,是著名的哲学家、作家,尼采研究专家,《悲剧的诞生》就是他翻译的。他还写过有关尼采的不止一部专著,比如《尼采:在世纪的转折点上》《尼采与形而上学》。周国平创作过多部有影响的散文、随笔集,包括《妞妞:一个父亲的札记》《各自的朝圣路》等。

周国平把尼采和他的思想讲得活了过来,读起来是享受。他有一句名言"信仰是对人生根本目标的确信",无论修辞还是意境,都很尼采。

周国平讲读《悲剧的诞生》

> 周国平
> 中国社会科学院哲学研究所研究员,中国当代著名学者、作家。
> 著有《尼采:在世纪的转折点上》《守望的距离》《人与永恒》等。

尼采的生平和个性

尼采于1844年10月15日生于德国东部吕采恩镇附近的勒肯村,他的一生可以分为四个阶段:24岁前,童年和上学;24—34岁,在瑞士巴塞尔大学当教授;34—44岁,在欧洲各地过漂泊的生活,这是他写作的高峰期;44岁,疯了,直到56岁去世。

尼采是一个个性鲜明的哲学家。结合他的经历,重点讲一讲他的个性特点。

第一个特点是,敏感、忧郁,富有艺术气质。

尼采五岁丧父,他的父亲生前是一位牧师。父亲死后不久,他做了一个梦,梦见在哀乐声中,父亲的坟墓打开了,父亲穿着牧师衣服从坟墓中走出来,到教堂里抱回一个孩子,然后坟墓又合上了。做这个梦之后几天,他的弟弟真的死了,家里只剩下了他和母亲、妹妹。亲人的接连死亡,使这个天性敏感的孩子过早地领略了人生的阴暗面,形成了忧郁内倾的性格。后来他自己回忆说:"在我早年的生涯里,我已经见过许多悲痛和苦难,所以完全不像孩子那样天真烂漫、无忧无虑。从童年起,我就寻求孤独,喜欢躲在无人打扰的地方。"

从10岁开始,尼采就喜欢写诗。在德国文学史上,他的诗也很有地位,是海涅之后、里尔克和黑塞之前写得最好的。我翻译过一本《尼采诗集》,收了296首,其中有17首是他少年时的诗作。那些少年时的诗作,主题是父亲的坟墓、晚祷的钟声、生命的无常、幸福的虚幻。我举两首为例。一首是这样写的:"树叶从树上飘零，终被秋风扫走。生命和它的美梦，终成灰土尘垢。"还有一首是这样写的："当钟声悠悠回响，我不禁悄悄思忖，我们全体都滚滚，奔向永恒的故乡。"读中学时，他还构思过一部题为"死亡与毁灭"的中篇小说。总之，在童年时代，他的心灵中就扎下了悲观主义的根子。既然终有一死，那么生命有什么意义？这个问题始终折磨着尼采。让我们记住这一点，因为这为理解尼采后来的哲学思想提供了一条重要线索。

尼采富有艺术气质，不但是个诗人，而且是个音乐家。他在童年时代就酷爱德国古典音乐，不但爱听，而且尝试自己创作。10岁时他创作了一支圣歌，后来也经常作曲。在1983年世界哲学大会举办的音乐会上，演奏了他的音乐作品，是一支题为"赞美生活"的管弦乐合唱曲。他自己很重视这个作品，曾经表示，他期待在他死后，人们会以这首歌纪念他。他为什么这样重视这个作品？因为这首歌是他作的曲，他的梦中情人莎乐美写的词。

尼采的第二个特点是真诚。

尼采在莱比锡大学主攻古典语文学，成绩优异，用他的导师李契尔的话来说，他是"莱比锡青年语文学界的偶像"。大学刚毕业，在李契尔的推荐下，他就破格当上了瑞士巴塞尔大学的古典语文学教授。在推荐信中，李契尔不无夸耀之情地写道："39年来，我目睹了那么多的新秀，却还不曾看到一个年轻人像尼采这样，如此年纪轻轻就如此成熟。我预言，只要上天赐他长寿，他将在德国古典语文学界名列前茅。"尼采倒也不负所望，走马上任，发表题为"荷马和古典语文学"的就职演说，文质并茂，立即使新同事们叹服。根据他业已发表的论文和大学教授资格，莱比锡大学免试授予了他博士学位。这时候的尼采年仅24岁，却几乎得到了学院生涯中值得争取的一切，在人们心目中，他是一个才华横溢、前程无量的青年学者。

可是，尼采是一个命中注定不能过平稳学者生活的人，他从心底里鄙视学院生活。在他眼里，多数同事充满了市侩气，满足于过安稳的日子，同时又热衷于名利之争和无聊的社交。他受不了这种氛围。同时，他的志向也不在古典语文学，不愿意把自己的生命浪费在钻故纸堆上。进巴塞尔大学不久，哲学教授的位置出现空缺，他马上申请补缺，可惜未能成功。在当教授三年后，他出版了

《悲剧的诞生》这本处女作，这本书成为当时的一个事件，可以说毁了他的学术前途。

《悲剧的诞生》出版于1872年1月，尼采那年27岁，他自己恐怕也没有料到，他为这部处女作精心准备了三年，投入了巨大的热情，结果却几乎是自绝于学术界。按照不成文的传统学术规范，一个古典语文学者的职责是对古希腊罗马文献进行学术性地考订和诠释。然而，这本书完全不是这样，相反是越出专业轨道对希腊精神发表了一通惊世骇俗的宏大新论。书出版后，学术界被激怒了，在一段时间里对之保持死一样的沉默，同行们一致认为他不务正业，搞的不是学术，是歪门邪道。恩师李契尔一向把他视为最得意的弟子，此时也不置一词，而在一封信中哀叹"这真是一个可悲的事件"，并且表示："最使我气愤的是他对哺育他的亲生母亲的不敬，这个母亲就是古典语文学。"

书出版三个月后，沉默终于被打破。过去在尼采面前毕恭毕敬的年轻人维拉莫维茨出版了小册子，以激烈的语气抨击尼采不配做学者，劝他离开大学的讲台。他的理由与李契尔如出一辙，就是尼采"亵渎"了古典语文学这位"母亲"。虽然当时维氏只是一个小人物，但他以捍卫学术的名义发起这场攻击，代表了整个古典语文学界的共同立场，有足够的杀伤力。一个直接的结果是，尼采虽然暂时没有离开讲台，但学生们却离开了他的教室，在随后的那个学年中，他只剩下了两名学生，并且都是来自外系的旁听生。在这之后，他实际上成了一个闲人，加上身体很差，患有严重的神经衰弱，在34岁的时候提出了辞职，从此告别学院生涯。

第三个特点是孤独。

从巴塞尔大学辞职后，尼采在欧洲各地过了10年漂泊生活，辗转在意大利、法国、瑞士、德国的一些地方，为他多病的身体寻找合适的气候。他没有职业，没有家室，没有友伴，孑然一身。也许没有人比尼采更深地领略孤独的滋味了。他常年租一间简陋的农舍，在酒精灯上煮一点简单的食物充饥，一连几个月见不到一个可以说说话的熟人。在极度的孤寂中，他一次次发出绝望的悲叹："我期待一个人，我寻找一个人，我找到的始终是我自己，而我不再期待我自己了！""现在再没有人爱我了，我如何还能爱这生命！""如今我孤单极了，不可思议地孤单，成年累月没有振奋人心的事，没有一丝人间气息，没有一丁点儿爱。""在那种突然疯狂的时刻，寂寞的人想要拥抱随便哪个人！"

后来他真这样做了。有一天早晨，他在意大利都灵的街上，看见一个马车夫在用鞭子抽打马，他大叫一声扑上去，抱着马的脖子痛哭，然后昏了过去。醒来以后，他的神智再也没有清醒过，一直到死。病历记载，这个病人喜欢拥抱街上的任何一个行人。孤独使他疯狂，他终于在疯狂中摆脱了孤独。在这以后，尼采在精神的黑夜中苟延了10余年无用的生命，于1900年8月25日在魏玛去世。

尼采的孤独，绝不是他自己的选择。他一生未婚，但他是想要恋爱和结婚的，有过两三次单相思和求爱，可惜运气不好都没有成功。有一次是真正坠入了情网，就是和前面提到的莎乐美。尼采是在38岁时遇到21岁的莎乐美的，她是俄罗斯人。尼采狂热地爱上了她。莎乐美是个极有灵性的女子，一生中与三个天才有亲密的交往。少女时代，她是尼采的梦中情人。年届中年，她做了比她小15岁的大诗人里尔克的情妇和老师。知天命之年，她成为比她年长6岁的精神分析大师弗洛伊德的得意门生。少女时的莎乐美非常欣赏尼采，后来她这样描述对尼采的印象：孤独、内向、风度优雅，具有一种近于女性的温柔。尼采患精神病之后，她还出版了研究尼采的专著，批判人们对尼采的误解，她说："没有人像尼采那样，外在的精神作品与内在的生命图像如此完整地融为一体，他的全部经历是一种最深刻的内在经历，只有明白这一点，才能理解他的哲学。"两人结伴旅行有五个月之久，其间尼采向她娓娓讲述往事，谈论哲学，感受到一种被理解的快乐。尼采是一个羞怯的人，自己不好意思说，请一个朋友替他求婚，没想到这个朋友也爱上了莎乐美。两份求婚申请同时递到了莎乐美面前，都被拒绝了。她敬爱尼采，把他看作自己的人生导师，但她觉得自己的感情还不是爱情。这是尼采一辈子的伤心事。

尼采的孤独，不但体现在作为一个人，享受不到人间的爱和温暖，更体现在作为一个思想家，得不到同时代人的理解。在他的全部著作中，《悲剧的诞生》这本书算是卖得最好的，但出版六年半也只卖出了600多册。他后来的著作，包括《查拉图斯特拉如是说》这本奇书，基本上都是自费出版，无人购买。而仅是我翻译的《悲剧的诞生》，到现在至少卖出了几十万册，两相对比，真叫人感叹。

《悲剧的诞生》是一本怎样的书

应该怎么给《悲剧的诞生》这本书定位呢？

前面讲到，尼采因为这本处女作倒了霉，德国古典语文学界一致认为它不是一本学术著作。他们说对了，它的确不是，古典语文学是做古典文献的注释和考证的，与这本书完全不搭界。天下学术界都一个德行，你即使写了一本伟大的书，他们仍然要用所谓学术规范的尺子来量一量，如果不符合，就说这本书毫无价值。

那么，它是一本美学著作吗？由于这本书的标题和许多内容是指向希腊悲剧艺术的，人们通常是这样认为的。但是，这样看就太表面了。在这本书里，实际上存在着两个层次。它的表层，是关于希腊艺术的美学讨论，要解决一个美学难题：希腊悲剧艺术的起源和本质是什么？关于这个问题，以前有许多不同说法，尼采认为这些解释都是错的，提出了自己的新解释。它的深层，是关于生命意义的哲学思考，要解决一个人生难题：人生本质上就是悲剧。那么，应该怎样来肯定这个悲剧性的人生，赋予它积极的意义呢？这后一个层次，构成了前一个层次的动机和谜底。所以，在这本书里，尼采是在借艺术谈人生，借悲剧艺术谈人生悲剧，它表面上是一本美学著作，实质上是一本哲学著作。

但是，这本书也不同于一般的哲学著作，它是一本很特别的哲学著作。说它很特别，因为它不是用概念推演出一个体系，而是用象征讲述个人最内在的体验。尼采自己特别强调，他是凭借他最内在的体验来写这本书的。所以，新版《尼采全集》的编者说，这本书是尼采著作中最神秘也最难懂的。

尼采在酝酿和写作这本书的那个时期，有两个重要的情况不可忽视：一个是他对叔本华哲学的接受，另一个是他与瓦格纳的亲密友谊。当时的尼采，既是叔本华哲学的信徒，又是瓦格纳的密友和追随者。这两个情况作用于他自身的精神气质，成了他写作《悲剧的诞生》的最重要动机。所以，要理解这本书，就有必要了解一下他和这两位大师的关系。

在德国哲学界，叔本华也是一个另类。尼采是在 21 岁时读到叔本华的主要著作《作为意志和表象的世界》的，那时他上大学二年级，在莱比锡一家旧书店里发现了这本书。叔本华去世刚五年，看来名气还不大，这个思想活跃的大学生在这之前竟然不知道这部经典之作的存在。他从来慎于买书，这次却鬼使神差似的立即买下了。拿回去一读，如同中了蛊一样，连续许多天陷入神经质的亢奋，内心受到前所未有的震撼。尼采生性敏感忧郁，叔本华的悲观哲学特别契合他的心情。后来他说这本书当时给他的最强烈印象是，在这本书里，"我看到了一面镜子，上面无与伦比地映现了世界、人生的真相和我自己的心境"。

叔本华对尼采的影响有两个方面。一方面，使他明确了哲学的使命是要关注人生，解释人生之画的全景和含义。关于这个方面，在他的《作为教育家的叔本华》中体现得更清楚。尼采写《悲剧的诞生》，也正是贯彻了这个使命，要给人生之画的全景和含义一个解释。另一方面，叔本华是一个旗帜鲜明的悲观主义者，公开主张人生毫无意义。尼采从小就悲观，叔本华大大加重了他的悲观。

叔本华给人生描绘了一幅怎样的图景呢？按照形而上学的框架，他把世界分成本质和表象两个方面。首先，世界的本质是生命意志，这个意志是一种盲目求生存的冲动。其次，自然界的一切生命，包括人类，都是生命意志的表象，是生命意志盲目冲动的产物。生命意志体现在人身上，就是欲望。欲望意味着欠缺，而欠缺就是痛苦。可是，欲望满足了，你感到的也不是快乐，而是无聊和空虚。人生就像钟摆一样，在痛苦和无聊之间摆动。在经受了痛苦和无聊的折磨之后，等候着我们的最终结局则是死亡，是生命之梦的彻底破灭。人生的这种悲惨状况，是由生命意志的盲目性质决定的，所以，唯一的出路是和生命意志决裂，彻底戒除欲望，求得解脱。叔本华提出的最极端的办法是，全人类都戒除性欲，放弃生育，这样天下就太平了。

我们完全可以想象，面对叔本华描绘的这样一幅人生图画，尼采的心灵受到了怎样的震撼。由于早年丧父的经历和从小多愁善感的性格，他很早就对人生的意义发生了怀疑，这种悲观的倾向因为叔本华哲学而得到了印证和加强。周围的人们都浑浑噩噩地活着，对生命意义这个根本问题无所用心，这使他备感孤独，而现在他发现在他之前已经有人受同一问题折磨，并且用哲学的语言给出了悲观的答案，顿时感到觅得了知音。

但是，和叔本华不同，尼采不甘心悲观，他要对抗悲观。他想，我还这么年轻，如果人生毫无意义，我怎么活下去啊，我一定要给人生找到一种意义。叔本华停留于悲观主义，尼采却由悲观主义出发走向对悲观主义的反抗，这一分歧导致了他后来与叔本华哲学决裂。他写过一段话，大意是：对生命的信任已经丧失，生命成了一个问题，但不要以为一个人就一定要变成一个悲观者；对生命的爱仍然是可能的，只不过是用另一种方式爱，就像爱一个已经让我们怀疑的不贞的女人一样。这个比喻很生动，生命是一个不贞的女人，她戏弄我们，迟早会抛弃我们，可是没有办法，她太可爱了，我们仍然不得不爱她。

那么，能够用什么方式去爱生命这个不贞的女人呢？怎样给本来没有意义的人生创造出一种最有说服力的意义呢？这就是尼采在《悲剧的诞生》中要解决的问题。

除了叔本华，还有瓦格纳。在尼采的人际交往中，与瓦格纳的友谊和反目是最触动他心弦的一幕。他是在读大学时结识瓦格纳的，瓦格纳比他大31岁，当时已是名扬四海的音乐大师。尼采对瓦格纳倾慕已久，而且由于那时他们都是叔本华悲观哲学的狂热信徒，更有一见如故之感，两人刚见面就兴奋地大谈叔本华。

尼采到巴塞尔的头三年，是两人友谊的蜜月期。当时，瓦格纳和情妇（后来结婚）、李斯特的女儿柯西玛侨居瑞士的卢采恩湖畔，尼采很快就成了柯西玛沙龙的座上宾，府上有两个房间是专为他准备的，可见关系之亲密。瓦格纳正踌躇满志，要在音乐革新事业上大干一番，他把尼采的出现视为命运赐给他的最大恩惠，称尼采是唯一懂得他的心愿的人。从尼采这方面说，他写作《悲剧的诞生》的重要动机，就是受了瓦格纳音乐事业的鼓舞，而把德国文化复兴的希望寄托在了瓦格纳身上，这本书的前言就是献给瓦格纳的。

可是，好景不长。瓦格纳是一个十足的自我中心者，在他的心目中，尼采只是命运安排来为他的艺术服务的。从1872年起，他移居拜罗伊特，热衷于他的音乐节的筹备工作。每次见面，他言必谈音乐节，而对尼采试图与他讨论的哲学问题毫无兴趣。这使自尊心极强的尼采深感压抑，产生了对抗心理，开始有意地疏远。音乐节举办时，他往往托故谢绝瓦格纳的邀请。最后，他没有做任何宣布，断绝了和瓦格纳的来往。

即使在绝交以后，尼采对这位大师仍然怀着诚挚的爱。在他晚期的著作和书信里，充满着对瓦格纳以及他们之间的友情的怀念。他一再说，没有什么东西能够补偿他所失掉的瓦格纳的友情，他不曾像爱瓦格纳那样爱过任何人，与瓦格纳的交往是他一生中唯一的一次幸遇，其余的交往不过是可有可无的"零头"罢了。

但是，尼采是主动与瓦格纳决裂的，后来他骂了瓦格纳一辈子。尼采生平中的这一情结常常使研究者们感到困惑，有的说是出于嫉妒，因为他爱上了柯西玛，有的认为这是尼采疯病的先兆。其实，细读尼采的著作就可以明白，他的批判是有实质性内容的。用他自己的话说，瓦格纳是他解剖现代病患的"难得的案例"。在他看来，瓦格纳第一喜欢做戏，第二喜欢制造激情，这两个特征都反映了现代文化的内在空虚。

但无论如何，在写作《悲剧的诞生》时，尼采受了瓦格纳音乐事业的极大鼓舞。这本书的全名是"悲剧从音乐精神中的诞生"，这个书名既表达了他对希腊悲剧从酒神颂音乐中诞生的崭新见解，也寄托了他对悲剧文化从瓦格纳音乐中重生的殷切期待。

日神和酒神

日神和酒神的概念

在《悲剧的诞生》中，日神和酒神是一对核心概念，尼采把它们当作两种不同的艺术冲动的象征，用来解释艺术，也解释人生。日神阿波罗，就是太阳神。在希腊神话中，阿波罗是最正宗的一个神，它是希腊的开国之神，日神崇拜是希腊最正宗的信仰。希腊宗教的主要圣地是德尔斐，那里的神庙里供奉的就是阿波罗，神巫以阿波罗的名义宣说神谕，解答疑难。日神祭也是希腊最正宗的宗教活动，在这一天，手持月桂枝的少女们载歌载舞，秩序井然，向神殿翩翩移动，场面优美而典雅。

阿波罗是太阳神，光明之神，在太阳照耀下，万物显得美丽。尼采就用日神来象征美，用他的话说，是象征"美的外观的幻觉"。这里你要注意，对于美，尼采用了两个词，一个是"外观"，一个是"幻觉"。首先，美是外观，外观就是看上去的样子，不是本来的面目。一个美女，你觉得她美，可是深入进去看，看她的五脏六腑，你就不觉得她美了。一切事物都是这样，美只是外观，事物本身无所谓美不美。人生也是这样，你停留在人生的表面，才会觉得人生很美好。你不能深入去看，深入去看，人生是很可怕的。其次，美不但是外观，而且是幻觉。你觉得一个美女看上去很美，这只是你的幻觉，是你的力比多在起作用。任何事物都是这样，如果你觉得它美，是你的幻觉，与事物本身无关。

在解释尼采的美学思想时，许多人说，日神代表理性，酒神代表非理性。这完全是误解。尼采明明说，日神象征美的幻觉，幻觉这个东西，当然是非理性的。无论是日神还是酒神，都是非理性的，理解这一点很重要。

在希腊神话中，酒神狄俄尼索斯是一个草根神，登不得大雅之堂的。它是宙斯与女儿乱伦的产儿，不过很得宙斯的宠爱。尼采用酒神象征另一种艺术冲动，根据的不是正统的奥林匹斯神话，而是民间酒神节日的传说。在古代社会，普遍存在一种类似于狂欢节的民间节日，在这个日子，人们涌上街头，狂饮烂醉，放纵性欲，打破一切日常的规矩，打破人和人之间、人和自然之间的界限，借此获得一种解放的快感。按照传说，酒神节就是这样的节日，从色雷斯传入希腊，一度呈泛滥之势。

根据酒神节的这种现象，尼采就用酒神来象征情绪放纵的冲动。他从酒神现象中发现，希腊人不只是一个迷恋于美的外观的日神民族，他们的天性中还隐藏着另一种更强烈的冲动，就是打破外观的幻觉，破除日常生活的一切界限，摆脱个体化的束缚，回归众生一体的原始状态，回归自然之母的怀抱。在酒神状态中，人的小我好像解体了，和宇宙的大我合为一体了。尼采解释说，这实际上就是一种否定现象回归宇宙本体的冲动。

在解释希腊艺术时，重视酒神现象，尼采是第一人，他为此感到很自豪。历来讲艺术、讲美学，是只讲美这个方面，不讲打破美的外观、深入世界和人生的本质这个更根本的方面，在他看来都是皮毛之论。日神和酒神是完全不同的两种艺术冲动，缺一不可。希腊人正因为这两种冲动都非常强烈，所以创造了辉煌的艺术。

二元冲动的三个层次

日神和酒神作为两种基本的艺术冲动，表现在不同的层次上，尼采大致是从三个层次来分析的。我把它称作二元冲动的三个层次。

首先，在世界的层次上，日神冲动和酒神冲动是大自然本身的两种冲动。按照叔本华的哲学，尼采也把世界分为意志和表象两个方面：世界的本体是生命意志，个体生命是生命意志的表象或者说现象。一方面，生命意志要体现为现象，因此不断地产生个体生命，它要肯定现象，肯定个体生命，这是大自然本身的日神冲动。另一方面，现象必须回归本体，所以生命意志又要否定现象，不断把产生出的个体生命毁掉，这是大自然本身的酒神冲动。总之，在世界的层次上，日神冲动与现象相关，酒神冲动与本质相关。

其次，在日常生活的层次上，日神冲动体现为梦，酒神冲动体现为醉。梦是日常生活中的日神现象。你做梦的时候，你就是一个艺术家，有奇妙的幻觉，有天马行空的想象力。有时候，你知道自己是在做梦，但是这个梦做得太愉快了，你会自我暗示，对自己说，把这个梦做下去吧。尼采说，这说明做梦出自人的最内在的需要，是人固有的艺术冲动。说到底，人本身也是大自然的一个现象、一个梦，飘忽而来，飘忽而去，没有什么实质的。所以，你要肯定人生，就必须沉浸在人生这个大梦中，享受它的美好和愉快。

醉是日常生活中的酒神现象。醉有种种形式，比如饮酒，比如做爱。你喝醉酒的时候，你会成为一个悲剧艺术家，看破人生，说出平时说不出的深刻的话。性癫狂是最典型的醉的状态，所谓欲仙欲死，仙和死都是小我的解体，不但男女合为一体了，而且好像和大自然合为一体了，回到了某种原始的状态。人都很看重自己的小我，如果要把小我否定掉，会是最大的痛苦。但是，小我又是人生一切痛苦的根源，因为是小我，才会经历生老病死之苦。所以，尼采说，小我的解体，实际上是解除了痛苦的最大根源，所以你又会感到一种极乐。在酒神状态中，人体验到的就是痛苦和极乐交织的感觉。你回想一下，喝醉酒的时候，性癫狂的时候，是不是这种感觉？

最后，在艺术创作的层次上，造型艺术（绘画、雕塑）和史诗（例如希腊神话）是日神艺术，表现的是形象和美；音乐是典型的酒神艺术，是情绪的抒发，完全没有形象，有形象就不是纯粹的音乐；悲剧和抒情诗在形式上是日神艺术，在本质上是酒神艺术，都是由情绪唤起了形象。

艺术拯救人生

艺术形而上学

在《悲剧的诞生》中，除了日神和酒神这一对概念，尼采还提出了一个重要的概念，叫作"艺术形而上学"。这是一个更高的概念，可以说是统率日神和酒神这两个概念的，指明了无论是日神艺术还是酒神艺术在人生中的根本意义。

艺术形而上学可以用两个互相关联的命题来表述。第一个命题："艺术是生命的最高使命和生命本来的形而上活动。"第二个命题："只有作为一种审美现象，人生和世界才显得是有充足理由的。"在这里，第二个命题实际上隐含着一个前提，就是人生和世界是有缺陷的、不圆满的，就它本身来说是没有充足理由的，而且从任何别的方面都不能为它辩护。因此，审美的辩护成了唯一可取的选择。第一个命题中的"最高使命"和"形而上活动"，就是指要为世界和人生做根本的辩护，为它提供充足理由。这个命题强调，艺术能够承担这一使命，因为生命原本就是把艺术作为自己的形而上活动产生出来的。

所以，艺术形而上学的提出，是基于一个事实，就是人生和世界没有形而上的意义。叔本华认为，世界是盲目的意志，人生是这个意志的现象，二者均无意义，他得出了否定世界和人生的结论。尼采也承认世界和人生本无意义，但他认为，我们可以通过艺术赋予它们一种意义，借此来肯定世界和人生。

后来，在《作为教育家的叔本华》一文中，尼采把这个意思说得更加清楚。他说，世界和人类生存本无意义，这是大自然的巨大苦恼，它之所以要产生哲学家、艺术家，是为了一个形而上的目的，就是把自己从无意义中拯救出来，给世界和人类生存一种解释和意义。

世界和人类生存本身是没有意义的，人生本质上是虚无的，尼采指出，认识到了这一点，人们就很容易走向两个极端。一个极端是禁欲和厌世，就像佛教徒那样。另一个极端是彻底世俗化，政治冲动横行，或沉湎于官能享乐，帝国时期的罗马人就是这样的。希腊人避免了这两种危险，发明了第三种方式，就是用艺术的伟大力量激发全民族的生机，"艺术拯救他们，生命则通过艺术拯救他们而自救"。这是人类历史上独一无二的榜样。

希腊人树立了艺术拯救人生的伟大榜样，具体的表现是，无论是日神艺术，还是酒神艺术，在希腊都达到了最辉煌的程度。希腊的日神艺术，集中的体现是奥林匹斯神话，通过史诗和雕塑展示出来。尼采强调，希腊人对于人生在本质上的痛苦和悲剧性质有深刻的体会，正因为这样，他们才会创造出如此光辉的神话。希腊的神话，其显著特点是富有人性和生命的情趣，众神都充满七情六欲，过着和人同样的生活，通过这种方式，希腊神话为人的生活做了最有力的辩护。和别的宗教都不同，希腊神话是肯定人生、美化人生的，是神化生命的，鼓励人们热爱生命，对生命产生一种信仰，所以尼采把它称为生命宗教。这是艺术形而上学的一个方面。希腊的酒神艺术，集中的体现是希腊悲剧。《悲剧的诞生》这本书的重点，是对希腊悲剧艺术进行分析，尼采从中提炼出了一种哲学，他称之为酒神世界观或悲剧世界观。

悲剧世界观

关于希腊悲剧，尼采着重讨论了两个有争论的问题。一个问题是，希腊悲剧是怎样起源的。他的结论是，希腊悲剧是从早期的酒神颂音乐中诞生的。另一个问题是，悲剧快感的实质是什么。悲剧所表演的是苦难和毁灭，为什么还能够让人产生快感？这是美学史上的一个难题。亚里士多德说，快感来自怜悯和恐惧的情绪得到了宣泄，这个著名论点被美学家们广泛接受。但是，尼采认为，这个解释是非审美性质的，所谓宣泄是心理学和医学的解释。他自认为提出了一种真正审美性质的解释，他的论点归结为一句话，就是悲剧快感来自形而上的安慰。

那么，悲剧怎么给人形而上的安慰呢？所谓形而上的安慰是什么意思？根据尼采的论述，主要包含三层意思。

第一，悲剧把个体的苦难和毁灭表演给我们看，让我们认识到，个体生命只是现象，借此破除了我们对个体生命也就是现象的迷恋，产生了一种回归本体、与世界意志合为一体的体验。所以，悲剧快感实质上是酒神冲动的满足。

第二，世界意志是永不枯竭的生命源泉，通过和它合为一体，我们领悟到了它的永远创造的快乐。正是在这个意义上，尼采说："每部真正的悲剧都用一种形而上的安慰来解脱我们：不管现象如何变化，事物基础之中的生命仍是坚不可摧和充满欢乐的。"

第三，再进一步用审美的眼光去看世界意志，把它想象为一位宇宙艺术家，它不断地创造和毁灭个体生命，这是它"借以自娱的一种审美游戏"，它从中获得了极大的乐趣。对于它来说，一切都是欢乐，连我们的痛苦和毁灭也是它的欢乐。如果我们站在这位宇宙艺术家的立场上来看世界和人生，也就能够把痛苦和毁灭当作创造的必有部分加以接受了。

通过对悲剧快感做这样一种解释，尼采提出了他引以自豪的悲剧世界观。悲剧世界观要解决的问题，是如何对待悲剧性的人生。人生充满苦难，最后的结局是毁灭，那么，要肯定人生，关键就是要把人生必然包含的苦难和毁灭也加以肯定。为了肯定苦难和毁灭，悲剧世界观对世界做出了一种新的解释：第一是把世界意志解释为永不枯竭的生命源泉，永远在创造着也在毁灭着；第二是进一步把它审美化，看作一位宇宙艺术家，创造和毁灭都是它的审美游戏。通过这样的解释，世界就有了一种审美的意义，用这样一种世界观来看人生，人生——包括人生必然包含的痛苦和毁灭——也就有了一种审美的意义。

这里要注意，尼采在解释世界的时候，实际上延续了叔本华的一个基本说法，就是把生命意志当作世界的本体。但是，有一个重大改变。在叔本华那里，生命意志是盲目求生存的冲动，是徒劳的挣扎，因此得出了否定世界和人生的结论。在尼采这里，生命意志变成了充满欢乐的永恒生命，生生不息的创造力量。这个改变非常关键。尼采强调，生命意志无比丰盛，因为丰盛而不在乎个体生命的毁灭，因为它还能不断地重新创造。事实上，叔本华和尼采用的意志这个概念所指的是同一个东西，就是宇宙中那个永恒的变化过程，大自然不断产生又毁灭个体生命的过程。真正改变了的是对这个过程的评价，是看这个过程的眼光和立场。因为产生了又毁灭掉，叔本华就视之为生命意志虚幻的证据。因为毁灭了又不断重新产生出来，尼采就视之为生命意志丰盛的证据。由于这个眼光的改变，痛苦的性质也改变了。在叔本华那里，痛苦源自意志自身的盲目、徒劳和虚幻，因而是不可救赎的。尼采把这个关系颠倒了过来，痛苦被看成了意志在快乐的创造活动中的必要条件和副产品，因而本身就是应该予以肯定的。所以，在叔本华和尼采之间，同一个世界解释模式却包含着相反的世界评价：叔本华是从古印度悲观主义哲学出发，意志和表象都是要被否定的；尼采是从神化生命的希腊精神出发，既用日神肯定了表象，又用酒神肯定了意志。在《悲剧的诞生》中，酒神和日神是作为人生的两位救主登上尼采的美学舞台的。日神冲动和酒神冲动是人的两种基本的艺术冲动，它们都源自大自然本身，都是大自然放到人性里去的。大自然要肯定个体生命，所以你不得不梦；大自然要否定个体生命，所以你不得不醉。人要活下去，是离不开梦和醉的，没有梦和醉，人生就没法过了。那么，好好地梦一场，好好地醉一场，也就不枉到人世间来走一趟了。

从艺术形而上学的角度来看，二元冲动理论真正要解决的是人生问题。日神和酒神，两种相反的艺术冲动，其实是亲密合作，从相反方向来肯定人生。日神冲动沉湎于外观的幻觉，反对追究本体，酒神冲动却要破除外观的幻觉，与本体沟通融合。日神迷恋瞬时，酒神向往永恒。日神用美的面纱遮盖人生的悲剧面目，酒神揭开面纱，直视人生悲剧。日神教人不放弃人生的欢乐，酒神教人不回避人生的痛苦。日神执着人生，酒神超脱人生。日神精神的潜台词是，就算人生是个梦，我们要有滋有味地做这个梦，不要失掉了梦的情致和乐趣。酒神精神的潜台词是，就算人生是幕悲剧，我们要有声有色地演这幕悲剧，不要失掉了悲剧的壮丽和快慰。二者综合起来，就是尼采所提倡的审美人生态度。

艺术比真理更有价值

"为了生存，我们需要谎言"

用宇宙永恒变化的眼光看，世界和人生本无意义，如何为它们赋予意义，是尼采美学要解决的核心问题。在《悲剧的诞生》中，尼采以日神和酒神二元艺术冲动为基础，建构了一种艺术形而上学，借此赋予了世界和人生以一种审美的意义。

现在有一个问题要问：尼采自己相信他的这一套理论吗？他真的认为艺术能够执行形而上的使命，赋予世界和人生一种可靠的意义吗？其实，就在《悲剧的诞生》中，我们可以找到一些证据，证明尼采自己不是真正相信的。我只举出三个证据。其一，他说直视真理会使人成为化石，人怎么能够靠真理生活呢？日神文化最深刻的目的就是要掩盖真理。其二，他说贪婪的意志总是能找到一种手段，用幻象把它的造物拘留在人生中，迫使他们生存下去，日神艺术、酒神艺术、形而上的安慰（即相信在现象的旋涡下存在着川流不息的永恒生命）都是这样的手段。其三，关于艺术形而上学的第二个命题，尼采是这样说的："只有作为一种审美现象，人生和世界才显得是有充足理由的。"注意，他说的是"显得"有充足理由，而不是确实有充足理由，可见他认为世界和人生的审美意义其实只是假象。

后来，尼采在谈到《悲剧的诞生》的时候，把这个意思说得更加清楚了。他说，这本书的背景是一种最阴郁的悲观主义，"这里缺少一个真实的世界与一个虚假的世界的对比，只有一个世界，这个世界虚伪、残酷、矛盾、有诱惑力、无意义……这样一个世界是真实的世界。为了战胜这样的现实和这样的'真理'，也就是说，为了生存，我们需要谎言……为了生存而需要谎言，这本身是人生的一个可怕又可疑的特征"。"形而上学、道德、宗教、科学，这一切在这本书中都仅仅被看作谎言的不同形式，人们借助于它们而相信生命。"值得注意的是两点：一、在《悲剧的诞生》中，尼采把世界分为本体和现象两个方面，并且用日神肯定了现象，用酒神肯定了本体，而现在他强调，这本书实际上认为只存在一个世界，也就是那个永恒变化的无意义的宇宙过程，这是一个残酷的"真理"；二、在这本书里，艺术其实是被看作"谎言"的，靠了艺术的"谎言"，我们得以战胜这个残酷"真理"，维护对生命的信仰。

"为了生存，我们需要谎言"，这是尼采后期提出的一个重要命题。和"谎言"相对立的概念是"真理"。"真理"是什么？世界和人生本无意义，这就是

"真理"。这是一个可怕的、残酷的真理，为了不被这个真理毁灭，我们必须有谎言，而艺术赋予了世界和人生一种审美的意义，甚至一种貌似形而上的意义，这正是我们为了生存所需要的谎言。

根据这样的解释，尼采后期还提出了另一个重要命题："艺术比真理更有价值。"

艺术比真理更有价值

艺术与真理之间是怎样的关系？这是许多哲学家讨论过的问题。在哲学史上，柏拉图最早提出艺术与真理相对立的论点，但是立足点恰好与尼采相反。柏拉图是西方传统形而上学的奠基人，他确立的世界二分模式影响了两千多年的西方哲学。所谓世界二分模式，就是把世界分为本体和现象两个方面。柏拉图认为，永恒不变的理念世界才是世界的本体，它是真正存在的世界，是真理，现象世界只是它的影子和对它的模仿，艺术又是影子的影子、模仿的模仿。所以，与理念世界这个真理相比，艺术是最没有价值的。

尼采彻底否认了永恒不变的理念世界的存在，在他看来，只存在一个世界，虽然他沿用了叔本华的术语，把它称为本体或者世界意志，但实际上指的就是那个永恒变化的宇宙过程，这个过程本身是绝对无意义的。人类和个人的生存是这个过程中完全偶然的现象，也是绝对无意义的。他所说的真理，就是指宇宙过程以及我们的生存毫无意义这样一种悲观主义、虚无主义的意识。在这种意识支配下，我们当然是没法活下去的，所以需要艺术的拯救。

尼采后期正是从这个角度来解释《悲剧的诞生》中提出的艺术形而上学的。他说："人们看到，在这本书里，悲观主义，我们更明确的表述叫虚无主义，是被看作'真理'的。但是，真理并非被看作最高的价值标准，更不用说最高的权力了。求外观、求幻想、求欺骗、求生成和变化（求客观的欺骗）的意志，在这里被看得比求真理、求现实、求存在的意志更深刻，更本原，'更形而上学'，后者纯粹是求幻想的意志的一个形式。""这样，这本书甚至是反悲观主义的，即在这个意义上。它教导了某种比悲观主义更有力、比真理'更神圣'的东西——艺术……艺术比真理更有价值。"

悲观主义是真理，艺术能够抵抗悲观主义，所以比真理更有价值。生命是根本的立场，站在生命的立场上看，艺术的冲动，也就是求"谎言"的冲动，比求"真理"的冲动更深刻、更本原、更"形而上学"。所以，在这里，《悲剧的诞生》中构建的艺术形而上学现出了原形，它其实是站在生命的立场上提出的一种价值观点。

人生本无意义，意义是人创造的

关于《悲剧的诞生》这本书本身就讲到这里。最后说一说由这本书引发的我的一点思考。

经常有人说，人和动物的根本区别，在于人的生存是有意义的，动物的生存是没有意义的。我认为这个说法不准确。事实上，人的生存和动物的生存一样是没有意义的。人和动物的真正区别在于，对于生存的无意义，动物是不在乎的，因为它根本不知道这一点；但是人不能忍受生存的无意义，他不满足于仅仅活着，一定要为活着寻求一个比活着更高的意义。找不到这个意义，人就会觉得自己是一个盲目的存在，就会感到不安。在这个意义上，叔本华把人定义为形而上学的动物。通俗地说，就是人是寻求意义的动物。

事实上，正是在寻找意义的过程中，人类形成了精神生活的三种主要形式，即哲学、宗教和艺术。这样一来，事情发生了奇妙的变化，因为有了哲学、宗教和艺术，人就觉得人的生存是有意义的了。

这里有三个环节。第一个环节：寻找人生的意义。第二个环节：在寻找意义的过程中形成了精神生活。第三个环节：精神生活赋予了人生以意义。所以，人生本无意义，意义是人自己创造出来的。

其实，个人也是这样。只要你是在乎意义的，你就不会甘心日子一天天单调地过，每天上班下班，买菜做饭，你会觉得很没有意思。你会发动你的精神能力，阅读、思考、体验、感悟，这个过程本身让你有了充实的精神生活，你就觉得人生是有意义的了。你对为什么活着这个问题有答案了吗？不一定有。但是，这不妨碍你感到活着是有意义的。由此可见，生活意义的问题，在很大程度上不是一个理论问题，而是一个实践问题。

思考题：

1. 很多人说哲人是孤独的，你怎么看待哲人的孤独和普通人的孤独呢？
2. 尼采说他对生命的信任已经丧失，但对生命的爱仍然是可能的，只不过是用另一种方式去爱，就像爱一个已经让我们怀疑的"不贞"的女人一样。你怎么理解他的这个说法？你同意吗？
3. 尼采把梦（日神）和醉（酒神）看作两种基本的艺术冲动，你认为有道理吗？你肯定做过梦，也可能醉过酒，你是什么感觉？
4. 如果让你为人生寻找一种可靠的意义，在科学、艺术、宗教三者中，你选择哪一个？
5. 尼采认为，世界的真相，或者说真理是可怕的，我们需要用艺术的谎言来遮盖真理，拯救自己，你同意这个观点吗？为什么？

二五
《作为教育家的叔本华》

[德] 弗里德里希·尼采著　周国平译　译林出版社　2014 年

主题词◎叔本华　哲学家　伪文化　国家　政治

经典之处

本书是尼采 30 岁时发表的一部充满激情的著作,以叔本华为范例,阐述了他对哲学家的品格、哲学的使命、哲学与人生及时代的关系等重大问题的看法。他指出,每个独立的人都应该承担起"成为你自己"的责任,获得一个"更高的自我"。青年人之所以需要教育家即人生导师,原因在此。哲学的使命是完整地解释生命的意义,为此哲学家必须拥有独立的人格,在自己的身上战胜时代弊病。尼采认为,用这个标准衡量,国家应取消对哲学的庇护,以此来捍卫哲学的纯洁性。

作者简介

弗里德里希·尼采(Friedrich Nietzsche, 1844—1900),德国著名哲学家,西方现代哲学的开创者,同时也是卓越的诗人和散文家。他最早开始批判西方现代社会,然而他的学说在他的时代却没有引起人们重视,直到 20 世纪,才激起深远的、调门各异的回声。后来的生命哲学、存在主义、弗洛伊德主义、后现代主义,都以各自的形式回应尼采的哲学思想。

导语 | 尼采的警钟

刘苏里

尼采这本书只有不到 90 页，跟一篇论文差不多，写得流畅易懂，极其好读。周国平为它写了长达 16 页的讲读稿，已经详尽周到地解析了书的内容。但我还是有几句话要说，希望所有读完这本书的人，能记住尼采的告诫，他让我们在纷繁复杂的世界，面对不得不应付的人生，尽量走好每一步。

尼采 21 岁上大二的时候，读了《作为意志和表象的世界》，从此把叔本华引为人生精神导师。九年后，他写了《作为教育家的叔本华》。后来，尼采与叔本华分道扬镳，并在他哲学生涯的最后 15 年，把叔本华当成靶子，批判了 15 年，但叔本华的确是尼采的哲学引路人，直到尼采清醒的最后时刻，心里还是念念不忘叔本华。尼采的哲学，奠基在叔本华哲学截止的地方，即人生的无意义，只是尼采向前大大推进了一步。尼采想用哲学和艺术武装人的意志，让悲苦的人生活出精彩来。

在这本写于而立之年的《作为教育家的叔本华》中，我们能读到尼采对叔本华的赞扬，还能读到尼采自己的人生哲学，听到他向当世哲学发起冲击的呐喊。

尼采对古往今来，尤其是当世的哲学家很失望，呼吁把哲学从学院里驱逐出去。尼采觉得叔本华难得，是哲学家的楷模，不负使命，诚实地告诉人们人生的真相。尼采不是说世上不需要哲学家，而是认为缺少像叔本华这样的哲学家。

尼采甚至批评苏格拉底，认为他扭转了古希腊哲学的方向，使得形而上学离开了对人生的关注。而苏格拉底之后的哲学家，尤其是发展到黑格尔、费尔巴哈、谢林的德国古典哲学，更是对人生的真相视而不见。有人评论尼采说的"世上唯有叔本华"是"偏激"，但我们对尼采的"偏激"却不能视而不见。

尼采写作《作为教育家的叔本华》时，对德国人、欧洲人，乃至对整个人类的生存状态，下了诊断书，那就是人类病了。为了发财焦躁不安，拿肤浅、喧嚣的艺术和文化遮掩自己的虚弱，把责任抛诸脑后以粉饰自己的懒惰……总之，人们喊着自由，却避之唯恐不及。自由意味着责任，意味着不假任何他人和团体，意味着刻苦耐劳，意味着一生不得休息，意味着自己做自己的主人……事实上，只要我们对尼采以来的人类历史稍有了解，就会同意，尼采的诊断书不仅是下给当时的人和社会的，也是下给今天的甚至永世的人类的。人类只要还沿着过往的道路一路狂奔，尼采的诊断就永远有效，而尼采开出的药方，也就永远是人类无法回避的救命箴言。

尼采对世人的告诫，用一句话来概括，就是除了稍纵即逝的今天，我们一无所有。所以，人生最大的课题、难题，就是"成为你自己"——这五个字，也是《作为教育家的叔本华》第一篇的标题。那么，怎样成为你自己呢？

尼采说，"回归简单和诚实""负着人的形象上升"，而"现代文化"跟人的这一"自然目标"是"背道而驰"的，哲学家应负很大的责任。每一个时代的文化，都跟哲学家们的追求和探索，息息相关。

我们必须看看尼采生活的时代，看看他的哲学产生的时代背景到底是怎样的。这一点，常常被阅读尼采的人们所忽略。

从1789年法国大革命算起，到1914年第一次世界大战，在这100多年时间里，欧洲经常处在战争、革命和动荡之中。1792—1793年，法国大革命露出嗜血的面目，1804年拿破仑称帝，随后征战欧洲。1815年，拿破仑兵败滑铁卢，1830年法国爆发"七月革命"，揭开了欧洲革命的序幕，1848年达到巅峰。1870年，普法战争爆发，俾斯麦趁机武力统一了德国，德国登上现代历史舞台。刚刚喘口气的欧洲，1914年爆发了第一次世界大战。

在思想领域，这100多年是德国哲学家主导的时代，尼采的出现绝非偶然。1781—1790年间，康德先后发表"三大批判"，随后发表了《论永久和平》。1804年，康德去世，同年费尔巴哈出生。1841年后，费尔巴哈陆续发表多部作品，包括《基督教的本质》，到《神统》（1857）发表的时候，哲学家谢林已辞世三年。跟费希特一样，谢林受到人们的忽视，但他的哲学不仅影响了同时代的黑格尔，还影响了克尔凯郭尔和海德格尔。谢林比克尔凯郭尔年长近40岁，1854年谢林辞世，第二年，克尔凯郭尔也告别了人世。五年后，也就是1860年，叔本华撒手人寰。1807年，黑格尔发表《精神现象学》，1821年发表《法哲学原理》，1829年担任柏林大学校长，两年后死在任上。1867年，即叔本华去世七年后，马克思发表了《资本论》第一卷。这一年，现象学鼻祖胡塞尔8岁。两年后，尼采24岁，已就任巴塞尔大学古典语文学教授，开始他的哲学生涯。以上，就是尼采哲学所处的时代和思想背景。

　　正是这一背景催生了尼采对于人生的思考。德国伟大的哲学家们和他们极为丰富的作品，既是尼采的思想底色，也成了他批判的靶子。在那个政局动荡、思想活跃的年代，尼采试图为人应该怎样活着找到一条出路。尼采的思考是超越时代的，为世人永远怀念。而尼采敲响的警钟，或将在人类的天空永世回荡。

周国平讲读《作为教育家的叔本华》

> 周国平
> 中国社会科学院哲学研究所研究员，中国当代著名学者、作家。
> 著有《尼采：在世纪的转折点上》《守望的距离》《人与永恒》等。

一个青年哲学家的自勉

《作为教育家的叔本华》发表于 1874 年 10 月，是系列文章《不合时宜的考察》（共四篇）中的第三篇。标题中的"教育家"，是从根本的含义上说的，指的是传道授业解惑之人，即人生的教导者、人生导师。在尼采的青年时代，叔本华就起了这样的作用。

尼采是在上大学时读到叔本华的《作为意志和表象的世界》这本书的，他当时非常兴奋，对叔本华的悲观哲学产生了强烈的共鸣。但是，这只是叔本华给他的影响的一个方面。还有更重要的一个方面，就是叔本华的真诚感染了他，把他引上了一条独特的哲学之路。在本书中，尼采热情地回顾了当时的感受：

> 当我幻想自己能找到一个真正的哲学家做老师时，我简直是异想天开：我想象他能够使我超越时代的不足，教我在思想上和生活中回归简单和诚实，也就是不合时宜……
> 正是在这样的困苦、需要和渴求中，我结识了叔本华。
> 我属于叔本华的那样一些读者之列，他们一旦读了他的书的第一页，就确知自己会读完整本书，倾听他说的每一句话。我一下子就信任了他，现在这信任仍像九年前一样坚定。我理解他，就像他是为我写的一样……

在这里，尼采对叔本华给予他的影响持非常积极的评价，明确承认叔本华是他的哲学家导师。事实上，也的确是叔本华引领尼采走上了真诚探究人生意义的哲学之路。

青年尼采最爱两个人：叔本华和瓦格纳。可是，这两个人后来也成了他一辈子的冤家，被他当作批判时代弊病的靶子骂了一辈子。他骂叔本华，恰恰集中于当年使他受到巨大震撼的悲观哲学，痛斥它是颓废和虚无主义。叔本华的悲观哲学把尼采领进了哲学之门，但尼采没有停留在这里，他不甘心悲观，努力要寻找一条思路，在承认人生本无意义这个悲观主义的前提之下仍能肯定人生，给人生创造一种意义。正是沿着这条思路，他建立了他自己有别于叔本华的哲学。尼采对此有清醒的认识，知道自己在何种程度上深化了叔本华的悲观主义，又为什么站到了这种悲观哲学的对立面。

事实上，在自己的第一本著作《悲剧的诞生》中，尼采的这个努力就已经开始了，他阐释了一种用艺术战胜悲观主义的人生哲学。那本书虽然没有点叔本华的名，但实际上把叔本华的悲观哲学当作了要克服的对手。不过，我们看到，在《悲剧的诞生》出版三年之后，在《作为教育家的叔本华》这篇长文中，尼采对叔本华仍然是充满感情的，在他眼中，叔本华远远高于其他哲学家，为他树立了一个怎样做哲学家的榜样。

这本书看起来是把叔本华当作范例，实际上是一个青年哲学家的自勉。写作本书时，尼采30岁，哲学活动刚开始，但已阻碍重重。这之前正式出版的三本书，无论是《悲剧的诞生》，还是《不合时宜的考察》的前两篇《告白者和作家大卫·施特劳斯》和《历史对于生命的利弊》，遭遇的都是学术界的愤怒和沉默。在这种情况下，他需要寻找一个榜样来勉励自己，坚定走所选定的哲学之路的信心，他把目光投向了遭遇过相似命运的叔本华。在本书中，他把叔本华当作范例，阐述了他对哲学与人生、与时代、与政治的关系的思考。在尼采的著作中，只有本书是系统地论述这个主题的，而且文章写得极好，既充满青年的激情，又贯穿成熟的思考，行文流畅。即使到了今天，仍然应该是每一个关心生命意义的青年，以及心灵依然年轻的非青年的必读书。当然，今天的哲学家也不妨读一读，如果它使你们感到了惭愧，那也是不错的结果。

本书以叔本华为范例，但实际上更多的是尼采的自勉。在《看哪这人》中，尼采告诉我们，他在这本书里不过是像柏拉图利用苏格拉底一样，利用了叔本华作为表达思想的工具。他强调："写入该书的是我的最内在的经历、我的成长，尤其是我的志愿！"其中"每一个字都源自深刻的、内在的体验，不乏最痛苦的体验，有一些字甚至是用血写的"。最后他干脆说："不妨认为，在这里说话的根本不是'作为教育家的叔本华'，而是他的对立面，即'作为教育家的尼采'。"难道他否认叔本华曾经是他的哲学家导师了？叔本华对于他的哲学志业的形成完全没有起作用？我认为，对这个问题不应该做非此即彼的判断。有一点是清楚的：在叔本华的著作里，你找不到对于哲学与人生如此热情、饱满、有力的论述。一切有效的阅读不只是接受，更是自我发现，是阅读者既有的内在经历的被唤醒和继续生长。尼采对叔本华的阅读更是如此。从本书的内容看，谈得多的还真不是叔本华的教诲，而是哲学家以及有理想青年的自我教育。说到底，一切有效的教育也都是自我教育，只有当你的灵魂足以成为你自己的导师之时，你才是真正走在自己的路上了。

站在生命之画面前

人生的使命是成为你自己

每个人的自我都是独一无二、不可重复的，每个人都理应在唯一的一次人生中实现这个自我的价值。谈论人生的意义，这应该是一个基本出发点。尼采也是这样看的。在本书中，他一再指出："每个人都是一个一次性的奇迹"，"每个人自身都负载着一种具有创造力的独特性，以作为他的生存的核心"。因此，珍惜这个独特的自我，把它实现，是每个人的人生使命。

可是，我们看到的现实是，人们都在逃避自我，宁愿躲藏在习俗和舆论背后。尼采就从分析这个现象入手，他问道："其实每个人心里都明白，作为一个独一无二的事物，他在世上只存在一次，不会再有第二次这样的巧合，能把如此极其纷繁的许多元素又凑到一起，组合成一个像他现在所是的个体。他明白这一点，可是他把它像亏心事一样地隐瞒着——为什么呢？"原因之一："因为惧怕邻人，邻人要维护习俗，用习俗包裹自己。"这是怯懦，怕舆论。"然而，是什么东西迫使一个人惧怕邻人，随大流地思考和行动，而不是快快乐乐地做他自己呢？"原因之二：因为懒惰，贪图安逸，怕承担起对自己人生的责任。"人们的懒惰甚于怯懦，他们恰恰最惧怕绝对的真诚和坦白可能加于他们的负担。"二者之中，懒惰是更初始的原因，正是大多数人的懒惰造成了普遍的平庸，使得少数特立独行之人生活在人言可畏的环境中，而这就使得怯懦好像有了理由。

一个人不论天赋高低，只要能够意识到自我的独特性，并且勇于承担起对它的责任，就可以活得不平庸。然而，这个责任是极其沉重的，自我的独特性上"系着一副劳苦和重任的锁链"，戴上这副锁链，"生命就丧失了一个人在年轻时对它梦想的几乎一切，包括快乐、安全、轻松、名声等；孤独的命运就是周围人们给他的赠礼"。所以，大多数人避之唯恐不及，宁可随大溜、混日子，于是成为平庸之辈。一方面，人们都作为大众而不是作为个人活着，"狂热地向政治舞台上演出的离奇闹剧鼓掌欢呼"。另一方面，人们都作为角色而不是作为自己活着，"戴着形形色色的面具，扮演成少年、丈夫、老翁、父亲、市民、牧师、官员、商人等，踌躇满志地走来，一心惦记着他们同演的喜剧，从不想一想自己"。尼采遗憾地问道："他们为什么是这样的呢？唉，为什么不是更好呢？"尼采真正是哀其不幸，怒其不争。在他看来，逃避自我是最大的不争，由此导致的丧失自我是最大的不幸。

如此作为一个空壳活着，人们真的安心吗？其实并不。现代人生活的典型特征是匆忙和热闹，这恰恰暴露了现代人内在的焦虑和空虚。匆忙是为了掩盖焦虑，热闹是为了掩盖空虚，但欲盖弥彰。人们憎恨安静，害怕独处，无休止地用事务和交际来麻痹自己，因为一旦安静独处，耳边就会响起一个声音，搅得人心烦意乱。可是，那个声音恰恰是我们应该认真倾听的，它叮咛我们："成为你自己！你现在所做、所想、所追求的一切，都不是你自己。"这是我们的良知在呼唤，我们为什么不听从它，从虚假的生活中挣脱出来，做回真实的自己呢？

那么，怎样才是成为自己呢？我们真正的自我在哪里，我们怎样才能认识它？对于这个困难的问题，尼采在本书中大致做出了两个层次上的回答。

第一个层次是经验的、教育学的，就是认识和发展自己最好的禀赋。尼采指出，我们可以从自己的经验中寻找那些显示了我们的本质的证据，比如我们的友谊和敌对、阅读和笔录、记忆和遗忘，尤其是爱和珍惜。"年轻的心灵在回顾生活时不妨自问：迄今为止你真正爱过什么，什么东西曾使得你的灵魂振奋，什么东西占据过它同时又赐福予它？你不妨给自己列举这一系列受珍爱的对象，而通过其特性和顺序，它们也许就向你显示了一种法则，你的真正自我的基本法则。"出自真心的喜爱，自发的不可遏制的兴趣，是一个人的禀赋的可靠征兆，这一点不但在教育学上是成立的，在人生道路的定向上也具有指导作用。

第二个层次是超验的、哲学的，就是寻找和获得一个"更高的自我"。那些曾使得你的灵魂振奋和幸福的对象，所显示的其实是你的超越肉身的精神本质，它们会引导你朝你的这个真正的自我攀升。尼采说："你的真正的本质并非深藏在你里面，而是无比地高于你，至少高于你一向看作你的自我的那种东西。"因此，我们应该"渴望超越自己，全力寻求一个尚在某处隐藏着的更高的自我"。这个"更高的自我"，超越于个体的生存，不妨说是人类生存的形而上意义在个体身上的体现。哲学的使命，就是帮助你上升到这个"更高的自我"。

自然产生哲学家的用意，是给人类生存一种解释和意义

用宇宙的眼光看，个人和人类的生存都是永恒生成中稍纵即逝的现象，没有任何意义。但是，站在人的立场上，我们理应拒绝做永恒生成的玩物，为个人和人类的生存寻找一种意义。通过自己的存在来对抗自然的盲目和无意义，来赋予本无意义的自然以一种形而上的意义，这是人的使命，也不妨视为天地生人的目的之所在。那么，我们怎样才能够实现这个使命，上升到那个意识到和体现出生命的形而上意义的"更高的自我"呢？单靠自己的力量做不到，"我们必须被举起——谁是那举起我们的力量呢？是那些真诚的人，那些不复是动物的人，即哲学家、艺术家和圣人"。青年人需要人生导师，原因在此。

哲学家、艺术家、圣人身上，集中体现了人类的形而上追求。我们在广义上可以把他们都看作哲学家，因为他们只是在用不同的方式做哲学要做的事情，即阐释人生的意义。尼采说，通过他们的出现，"从不跳跃的自然完成了它唯一的

一次跳跃，并且是一次快乐的跳跃，因为它第一回感到自己到达了目的地"，即实现了"对于存在的伟大解释"。自然产生他们的用意，乃是为了它的自我认识、自我完成、自我神化这样一个"形而上的目标"。自然本身没有给它的最高产物——人类的生存指明意义，这使得它自身的意义也落空了，"这是它的大苦恼"，而"它之所以产生哲学家和艺术家，是想借此使人的生存变得有道理和有意义，这无疑是出自它本身需要拯救的冲动"。

在尼采的这些把自然拟人化的表述中，所表达的当然是人的感受。自然对意义是冷漠的，但人不能忍受自己在一个无意义的宇宙中度过无意义的生命。不过，既然人是自然的产物，我们也就可以把人的追求看作自然本身的要求的一种间接表达。

自然产生哲学家的用意是要阐释人的生存之意义，哲学家应当不辜负自然的重托，负起这个使命。尼采发现，在他的时代中，只有叔本华负起了这个使命。

哲学的使命，是站在生命之画面前，解释它的完整意义

尼采说，叔本华的伟大之处是"站在整幅生命之画面前，解释它的完整意义"。每种伟大哲学都应如此，即"作为整体始终只是说，这是生命之画的全景，从中学知你的生命的意义吧。以及反过来，仅仅阅读你的生命，从中理解普遍生命的象形文字吧"。

对于生命之画的完整意义的阐释，不能靠抽象的逻辑推理，而必须凭借个人真实的生命体验。尼采认为，叔本华的哲学就是这样，它是"个体化的，由个人仅仅为了自己而建立，以求获得对自己的不幸和需要、自己的局限之洞察，并探究克服和安慰的手段"。这样建立的哲学，"尽管一开始也只是为了自己，但通过自己最终是为了一切人"。一个哲学家唯有自己对人生有真切的体验，他的感悟才可能对世人有所启示。相反，那种空洞说教或抽象演绎的哲学，在人生启迪上对任何人都不会有价值。叔本华最后找到的拯救之道是弃绝自我、听天由命，尼采对此并不赞同，后来还不断地予以猛烈抨击。但是，他始终赞赏并坚持作为活生生的个人真诚面对人生整体问题这样的哲学立场。

与叔本华形成对照的是那些"冒牌哲学家",他们舍本求末,致力于详尽地研究生命之画所用的画布和颜料,而不是理解画本身。"其成果也许是指出,面前有一块纵横交错编织成的亚麻画布,上面有一些无法弄清其化学成分的颜料。"人们看到,"在哲学的大厦中,他们立刻就陷在那样一些地方了,在那里他们得以博学地赞同和反对,得以苦思、怀疑和辩驳",而对大厦的整体状况却毫无了解的兴趣。

哲学家首先必须是真实的人

哲学家首先必须是真实的人

哲学家要负起解释人生意义的使命,自己首先必须是一个真实的人。在本书中,尼采把学者当作对立面,再三强调这个论点。他指出:"一个学者决不可能成为一个哲学家……哲学家不仅是一个大思想家,而且也是一个真实的人;而一个真实的人何尝脱胎于一个学者呢?"真实的人,即是对世界和人生有丰富而深刻的体验的活生生的个人。因此,他仿佛成了"整个世界的原型和缩本",能够"从自己身上获取大多数教导"。

哲学上的独创性,根源在于一个哲学家的独特的内在体验,在于这种体验的力度和深度。如果没有,脑袋再聪明,工作再勤奋,也不过是搜罗更多别人的意见,对之做一番整理和转述罢了。

真实地生活和体验,这是一个前提。在这个前提下,哲学家还必须诚实地思考和写作。尼采认为,在这一点上,叔本华也是楷模。他是在"对自己说话""为自己写作",一个这样的作者必定是诚实的,因为他不能欺骗自己。他的作品有两个特点。一是明白,从不做似是而非之论。所谓似是而非之论是那样一些意见:作者自己并不真正相信它们,只是用来哗众取宠,它们充斥在出版物之中。二是质朴,甚至排斥诗意的或修辞的辅助手段。这倒好理解,一个人在对自己说话时当然是不会用美文的。正因为此,叔本华"善于质朴地说出深刻的真理,没有华丽辞藻却抓住了听众,不带学究气却表达了严密的科学理论"。相比之下,尼采感叹说:"诚实的作家如此之少,因而人们的确应该对一切搞写作的人报以不信任。"

哲学家与学者的对比

写作本书时,尼采自己已经做了六年学者。以前做学生,现在做教授,他从老师和同事身上对学者有近距离的观察。这个有着一个哲学家灵魂的学者以解剖学者为乐,在本书中列举了学者的十三个特征,和哲学家比较,可以归纳为以下四个不同。

第一,天性的健康或扭曲。哲学家天性健康,在辽阔的天空下生活和思考。相反,学者长年生活在书斋沉重的天花板下,"过早盲目地为科学献身,因此以一个驼背为其特征"。学者在占有了一门学问之后,就被这门学问占有了,在一个小角落里畸形地生长,成为他的专业的牺牲品。

第二,态度的热诚或冷漠。哲学家生活在最高问题的风云和最严重的责任中,对待哲学问题就如同对待决定着自己的生死存亡的问题一样。相反,学者态度冷漠,没有爱和热情,"他的本性在好恶两方面都平庸而且乏味",感情贫乏而枯燥,"这使他适合于从事活体解剖"。

第三,创造性的有无。哲学家既有独特的见识,用全新的眼光看世界上的事物,又有独特的个性,自己就是世界上的一个全新的事物。相反,学者资质平庸,他在被推上某一条路之后,就在这条路上做惯性运动。他让概念、意见、掌故、书本横插在自己和事物之间,总是借助别人的意见来看自己和事物,因此在自己身上和事物上面都只看见别人的意见。学者一方面靠别人的思想过日子,非常多产,另一方面没有自己的思想,在本质上是不孕的。

第四,心性的纯净或龌龊。哲学家追求真理,拥有独立人格,独立于国家和社会。相反,学者在"谋生的动机"支配下,仅仅为"有利可图的真理"效劳,因为"它能够直接带来薪金和职位,或者至少能够讨好那些分发面包和荣誉的人"。"学者还相当大量地怀着想要发现某一些'真理'的冲动,目的是向权贵、金钱、舆论、教会、政府献媚,因为他相信,如果主张'真理'在他们那里,对他自己是有好处的。"有些学者"想尽可能拥有一个完全属于自己的地盘,于是就选择冷僻古怪的项目，最好这些项目还需要异乎寻常的经费开支、旅行、发掘以及大量的国际联系"。"如今，当老师的只要善于开辟一块地盘，让庸才们在它上面也能做出一些成绩，他就准会一举成名，求学者立刻蜂拥而至。"一方面是师生之间互相利用，另一方面则是提防同行，"所有同行之间都满怀嫉妒，互相监视"。总之，大学成了十足的名利场。

在自己身上战胜时代

现时代的特征

哲学家以探究生命的意义为己任，这也就给了他一个评判自己所处时代的根本标准。尼采据此来观察他的时代，他看到的是什么？最触目惊心的是一种没头脑的匆忙，它确证了生命意义的迷失。尼采对现代人的匆忙深恶痛绝，一再指出："普遍的匆忙和越来越快的生活节奏""一切悠闲和单纯的消失"，乃是"文化整个被连根拔起的征兆"。"那种匆忙，那种令人不得喘息的分秒必争，那种不等成熟便采摘一切果实的急躁，那种你追我赶的竞争，它在人们脸上刻下了深沟……仿佛有一种药剂在他们体内作怪，使他们不再能平静地呼吸，他们心怀鬼胎地向前猛冲，就像烙着三 M——Moment（即刻），Meinung（舆论），Moden（时尚）——印记的奴隶。"

匆忙的根源，则是信仰的丧失，各个阶层连同国家都"被极其卑鄙的金钱交易拖着走"。"世界从来不曾如此世俗化，如此缺乏爱和善良。"人们"忙碌而又专心地替自己打算……为他们的日常生活惨淡经营，而追逐起幸福来绝不会像今天与明天之间所可见到的这样急切，因为到了后天，也许一切追逐的时机都将告终"。这种"充满焦虑的期待和贪婪的攫取引发了灵魂中的全部卑鄙和私欲"。

伪文化的盛行

对于正在德国蔓延的急切追逐财富的趋势，常常有人向尼采辩解说，德国人一直太贫困也太自卑了，只要让我们的同胞变得富裕而自信，他们就会变得有文化的。想必我们对这种财富造就文化的论调也十分熟悉，而尼采对此回答道："这些人相信终会到来的那种德国文化——财产、虚荣和附庸风雅的文化——恰恰与我所信仰的德国文化截然相反。"很显然，在他看来，财富能够造就的那种所谓文化，只会是没有精神内涵的伪文化，与真正的文化风马牛不相及。

现代人需要这种伪文化，正是为了掩饰自己的没文化。人们忙于逐利，内心空虚，彼此厌倦得要命，因此不惜一切代价要"把自己弄得有趣一些"，于是浑身上下撒满了文化的作料，这样就可以"把自己当作诱人的美餐端上桌"了。匆忙使人的尊严和体面丧失殆尽，"因而非常需要一种骗人的优雅，用来掩盖那种斯文扫地的匆忙病"，"教养就意味着使自己对于人的可怜和卑劣、竞争的残忍、聚敛的贪婪、享乐的自私和无耻都视而不见"。

在当时的德国，向法国人学习美化生活的技艺和礼仪成为时尚，掀起了一股热衷于"美的形式"的潮流。尼采指出，德国人诚然一向因为晦涩、迟钝、沉闷、笨拙而遭人诟病，但这股潮流真正要掩饰的还不是这些旧弱点，而是一种新毛病："现在最让人难受的是又加上了那种狂热的不安，那种对成功和获利的渴望，那种对当下时刻的过分看重，我们不由得要想，这一切疾病和弱点也许已经完全不可救药了，只能不断地加以粉饰——就用这种'令人觉得有趣的形式的文化'！"

粗俗而要装得优雅，空虚而要装得心满意足，在语言表达上就会虚伪和夸张。"现在人们已经变得如此复杂，以至于只要他们想说话、发表意见和据之行动时，他们便必然会不诚实。"时代的疾病必然会反映在语言上，而我们通过语言的品质也可以相当准确地判断一个时代的品质。在健康的时代，人们往往朴实地说话，相反，社会上流行的无论是意识形态式的套话，还是广告式的大话，我们都可以有把握地断定这是一个病态的时代。

学者的堕落

最使尼采愤恨的是学者的堕落。学者不但没有承担起批评时代的责任，反而盛行"对时代的谄媚"。他评论说:"这真是莫大的耻辱——它表明人们已经不再懂得,哲学的严肃距离一份报纸的严肃有多么遥远。"这样的学者把哲学和宗教的观念都丧失殆尽了,取而代之的是"新闻主义",是"日常生活和日报的精神和精神之缺乏"。"学者阶层不再是这整个动荡不宁的世俗化潮流中的灯塔或避难所;他们自己也一天天变得不安,越来越没有思想和爱心……有教养人士已经蜕化为教育的头号敌人,因为他们讳疾忌医。这些软弱可怜的无赖,一旦有人议论他们的弱点,反对他们那有害的自欺欺人,他们就暴跳如雷。"

哲学应该站得比时代高

在对时代做了淋漓尽致的描述之后,尼采问道,面对"今日人性的猥琐",面对我们时代"人性所遭受的危险","谁将为了人性,为了由无数世代苦心积累的这神圣不可侵犯的庙堂珍宝,而奉献出他的卫士和骑士的忠诚呢?当所有人在自己身上只感觉到私欲的蠕动和卑劣的焦虑,就这样从人的形象堕落,堕落为禽兽甚至僵死的机械之时,谁将负着人的形象上升呢?"当然,这个守护人性的责任义不容辞地落在了哲学家的肩上。

人们常说,哲学是时代精神的集中体现。这种说法完全歪曲了哲学与时代的关系。哲学追问生命整体的意义,所要寻求和坚持的是某些超越于个别时代的永恒的精神价值。因此,恰恰相反,哲学应该站得比时代精神高,立足于永恒,对时代精神进行审视和批判。

哲学家是时代的养子,应该在自己身上战胜时代

但是,当哲学家要履行上述职责时,会遭遇极大的困难。哲学家也是人,虽然心系永恒,却仍然不得不生活在某一个具体的时代,与这个时代有千丝万缕的联系。如同尼采所说:"这些逃到内心中寻求其自由的人也仍然必须在外部世界中生活,因而露其形迹,为人所见;由于出生、居留、教育、祖国、偶然性以及他人纠缠,他们身处无数的人际关系之中。"这种情况类似于耶稣所说的本乡人眼中无先

知。因此，"当他们一心追求真理和真诚之时，误解之网包围着他们"。

比误解更严重的是，作为时代的一员，哲学家也会感染时代的疾患。比如说，尼采自己就为生命意义的迷失而痛苦。和普通人不同的是，哲学家对时代的疾患有更强烈和敏锐的感受，因而更加痛苦。尼采描述这种情形说："如果每一个伟人都宁愿被视为他的时代的嫡子，始终比一切普通人更加强烈和敏感地因时代的种种缺陷而痛苦，那么，这样一个伟人反对其时代的斗争似乎只是反对他自己的一场荒唐的自杀性斗争。"然而，他紧接着分析说："不过，仅仅似乎如此，因为在时代之中，他反对的是那阻碍他成其伟大的东西。对他来说，成其伟大也就是自由地、完全地成为他自己。因此，他的矛头所指正是那种虽然在他身上、却并不真正属于他的东西，所谓时代之子终于显出原形，原来只是时代的养子。"时代的养子——这才是哲学家与时代的真实关系。哲学家仿佛是直接由天地精神所生，只是偶然地寄养在这个时代罢了。时代是他的养母，他反对这个养母的坏品性，反对这个养母在他身上造成的坏品性，乃是为了捍卫源自天地精神的他的纯洁的天性，亦即捍卫天地精神本身。

正因为此，哲学家不能就时代论时代，他必须站得更高，眼界更宽。"做事物之尺度、货币、重量的立法者，乃是一切伟大思想家的真正使命。"到哪里去寻找立法的参照呢？一个重要途径是对不同时代进行比较，看哪个时代人们生活得真正有意义。哲学家"要给整个人类命运下一个正确的判断，因而不只是平均的命运，而首先是个人或整个民族可能获得的最高命运。然而，现在种种现代事物近在眼前，影响和支配着眼睛，哪怕这位哲学家并不愿意；于是在算总账时，它们就被不由自主地高估了。所以，哲学家必须在与别的时代的区别中估价他的时代"。当然，在尼采看来，古希腊是最伟大的参照，证明了人性和生命价值所能达到的高度。当哲学家获得了对人性和生命价值的坚定信念之后，他也就"在自己身上战胜了时代"，不再会依据身处的这个糟糕的时代来判断生命的价值。"他胸有成竹，知道在这个世界上能够找到并且实现比这种时行生活更高尚纯洁的生活，而凡是仅仅依据这种丑恶的形态认识和评价存在的人，都对存在做了极不公正的事。"于是，即使在一个糟糕的时代，他仍会百折不挠地为实现生命所能达到的最高价值而战斗。

取消国家对哲学的庇护

哲学与政治的关系

哲学家生活在某个时代之中,同时也不可避免地生活在某个国家之中。哲学与国家、政治的关系是怎样的?这是哲学家不得不面对的另一个重大问题。尼采的基本观点是,哲学与政治是两回事,哲学必须坚守完全不受国家支配的独立立场。

哲学着眼于永恒,要解决的是生命意义问题,政治着眼于一时一地,要解决的是国家利益以及社会各阶层之间利益关系的问题,二者的目标和任务截然不同。因此,一方面,不可试图用政治的方式来取消或解决本来属于哲学的问题。"任何一种相信靠政治事件可以排除甚至解决存在问题的哲学,都是开玩笑的和耍猴戏的哲学。"在尼采看来,当时十分走红的"宣称国家是人类的最高目的"的黑格尔哲学,就是这样的哲学。另一方面,哲学家也不可过于关注和参与政治事务。"从现在起,如果一个人懂得简单地看待国家和他对国家的责任,这很可能始终是精神上优秀的标志;因为一个身上有哲学的狂热的人,不会再有余暇留给政治的狂热,将明智地拒绝每天读报,更不必说替一个政党效劳了:尽管不排斥在某个时刻,当他的祖国面临现实的危急之时,他会坚守在他的岗位上。"后面这句话,尼采自己用行动做了证明,他在普法战争期间曾自愿担任一名战地护士。哲学家可以关心政治,但要用哲学的方式来关心,作为对人类最基本价值的坚守和思考,哲学对政治发生的影响虽然是间接的,然而是根本性的。

国家对哲学的态度

国家对哲学和哲学家的态度大致有两种情况。一种是敌视。这是专制国家对独立思考的真正的哲学家的态度。"何处存在着强大的社会、政府、宗教、舆论,简言之,何处有专制,则它必仇恨孤独的哲学家,因为哲学为个人开设了一个任何专制不能进入的避难所、一个内在的洞穴、一个心灵的迷宫，而这便激怒了暴君们。"另一种是控制和利用。尼采认为，国家出自其本性总是置国家利益于真理之上的，"国家从来不关心真理，只关心对它有用的真理，更确切地说，只关心一切对它有用的东西，不管这东西是真理、半真理还是谬误"。国家当然希望有真理来为它服务，替它卖命，但"真理在本质上是绝不服务和绝不卖命的"。因此，如果国家利用哲学，所利用的就只能是那种宣扬假真理的伪哲学。事实上，这种情况在专制国家格外严重，只有专制国家才会以国家的名义把一种哲学宣布为官方哲学，例如当年黑格尔哲学之在普鲁士。所以，敌视真哲学，利用伪哲学，往往是同一件事情的两面。

在尼采看来，近代以降，国家控制和利用哲学的基本方式是养活一批学院哲学家，使一定数量的人能够把哲学当作谋生手段。古希腊的哲人是不从国家领取薪水的，最多是像芝诺那样，获得一顶金冠和克拉美科斯山上一块墓碑的荣耀。尼采承认，如果国家肯把像柏拉图、叔本华这样的真正的哲学家养起来，使他们得以专心从事哲学，那当然是好事。但是，问题在于，国家不会这样做，"因为任何国家都害怕他们，永远只会重用它不怕的哲学家"。所以，实际情况是，国家只是养活了一批"它的哲学奴仆"，以求造成仿佛哲学是站在它这一边的假象。

哲学被弄成了一种可笑的东西

先来看一看国家所养活的学院哲学家的可悲状况。首先，由于他们并无哲学的慧根，因此只能把哲学当作学术来搞，哲学成了一种知识，特别是哲学史知识。其次，和具体学科的学者相比，他们又缺乏科学训练，搞学术也不行。总之，这些哲学教员既体会不到哲学思考的乐趣，又不具备学术研究的能力，因此，即使在学院里，也是一群找不到自己位置的可怜虫。

在学生们身上，学院哲学的主要效果也几乎是使他们"学会彻底憎恨和蔑视哲学"。为了对付哲学考试，他们备受折磨，不得不把人类精神产生过的最疯狂最尖锐的想法，连同最伟大最难懂的想法一起，统统塞进可怜的头脑。"事实上，这种教育与哲学毫无关系,仅仅是为了哲学考试,其众所周知的通常的结果是,考生——唉,被考得筋疲力尽的考生——深深叹一口气,对自己说:'感谢上帝,我不是哲学家,而是一个基督徒和普通国民!'"强迫性的哲学课程和哲学考试所产生的不外两种结果:"对于那些愚钝的脑瓜来说,把哲学变成一个考试的鬼魂不失为一种吓退他们的办法,可以使他们不敢从事哲学的研究";可是,"大胆活泼的学生"却因此撇开了学院哲学而自助,"学会了阅读禁书,开始批判他们的老师",走上了独立思考的道路。多数学生因为讨厌哲学课而逃离一切哲学,少数学生因为讨厌哲学课而开始寻求真正的哲学,其间有天赋高低之别,但讨厌哲学课却是一致的。

总而言之,因为学院哲学,"哲学暂时成了一种可笑的东西"。当然,哲学本来不该是这样的。尼采引用爱默生的话说:"当伟大的上帝让一个思想家来到我们的星球上时,你们要小心。那时候,万物都有危险了。"相反,今天的学院思想家却不会造成丝毫危险,尼采用第欧根尼的一句话来说明其所作所为。第欧根尼在听人称赞一个哲学家时反驳道:"他究竟有什么伟绩可炫耀,既然他搞了这么久哲学,却没有伤害过任何人?"尼采接着评论道:"是的,应该在学院哲学的墓碑上刻写:'它没有伤害过任何人。'这诚然更像是对一个老妇的称赞,而不像是对一位真理女神的赞美。"

所以,不是哲学本身可笑,是那些坏哲学家可笑,是他们把哲学弄成了一个可笑的东西。正因为此,他们又是有害的,使哲学的尊严遭到了践踏。"他们在多大程度上也是有害的?简短地回答:看他们在多大程度上把哲学弄成了一个可笑的东西。"这就赋予了真正爱哲学的人一种责任,就是重建哲学的尊严,用行动证明"唯有哲学的那些假仆人和不够格的从事者才是可笑的",而"对真理的爱乃是一种可怕的和强有力的东西"。

取消国家对哲学的庇护

通过上述分析,尼采得出结论:权力和职业是败坏哲学的两大因素。他由此提出了一个大胆的建议:把哲学从学院里驱逐出去!他写道:"我认为这是文化的要求：取消对哲学的一切国家的和学院的认可，从根本上废除国家和学院所不能胜任的甄别真伪哲学的任务。让哲学家们始终自发地生长，不给他们以任何获取公职的希望，不再用薪金鼓励他们，甚至更进一步，迫害他们，歧视他们——你们便会目睹一种奇景！他们这些可怜的假哲学家将作鸟兽散，四处寻找一片屋顶；这里显出了一个牧师的原形，那里显出了一个中学教员的原形，有人钻进报纸编辑部，有人给女子高中编写教科书，他们中最理智的人握起了犁铧，最虚荣的人向宫廷投奔。转瞬间万物皆空，鸟雀俱飞，因为要摆脱坏哲学家是很容易的，只消不再优待他们就可以了。比起以国家的名义公开庇护任何一种哲学来，不管它自以为是怎样的哲学，这无论如何是一个更好的建议。"

尼采一再强调，对哲学毫不关心，听之任之，视同可有可无，这对哲学是更有益的。哲学从国家那里所能得到的最好待遇，是一种冷淡的态度和中立的立场。取消由国家扶植的哲学界，这是使哲学世界纯洁化的最有效办法。恰恰因为这样一个哲学界的存在，哲学世界才变得浑浊不清。在哲学民族古希腊人那里，哪里有什么哲学界，只有一个个独立的哲学巨人和他们的弟子。一旦不再能靠哲学获利了，寄居在哲学领域的假哲学家、坏哲学家就作鸟兽散了。真正爱哲学的人会留下来，但不是作为顶着教授头衔的受雇佣者，而是作为独立的个人，对世界、人生、时代、社会的根本问题进行思考。

尼采提出的这个设想也许太理想主义了，不可能被任何现代国家接受。促使他如此设想的一个重要因素是对大学堕落的愤慨，他期待有朝一日在大学之外产生一个更高的法庭，将对堕落的大学精神进行监视和审判，而"只要哲学被大学驱逐，从而清除了一切猥琐的顾虑和阴影，那么，它绝不会变成别的什么，恰好就是这样一个法庭"。当然，哲学始终未被大学驱逐，尼采的期待似乎落空了。不过，即使如此，这样的法庭事实上仍然是存在的，比如说在尼采自己的哲学之中。我们应该相信，在任何时代、任何国家，始终都存在着真诚寻求生命意义的灵魂，它们组成了审判无论是大学里还是整个社会上精神堕落的无形的法庭。

思考题：

1. 在你的阅读经历中，有没有过像青年尼采这样自我发现，内在经历被唤醒，继而生长的情况呢？什么书让你有这样的感受？
2. 苏格拉底说："认识你自己。"尼采说："成为你自己。"请你比较他们的异同。
3. 尼采对哲学家和学者进行比较，厚此薄彼，爱憎分明，你觉得他是公平的吗？你怎么看这个问题？
4. 谈谈你对当今时代的看法。在自己身上战胜时代，今天精神高尚的人是否仍有这个使命？
5. 谈谈你对哲学与政治的关系的看法，你认为知识分子应该用什么方式关心政治？

图书在版编目（CIP）数据

思想照亮旅程：得到名家大课 / 刘苏里主编 . --
上海：上海三联书店，2023.7（2024.12 重印）
 ISBN 978-7-5426-8135-5

Ⅰ．①思… Ⅱ．①刘… Ⅲ．①思想史—著作—介绍—
西方国家 Ⅳ．① B5

中国国家版本馆 CIP 数据核字 (2023) 第 107838 号

思想照亮旅程：得到名家大课
刘苏里 主编

责任编辑 / 殷亚平　　　　　　　选题策划 / 后浪出版公司
出版统筹 / 吴兴元　　　　　　　编辑统筹 / 郝明慧
特约编辑 / 汤来先　　　　　　　装帧制造 / 张萌 mobai@hinabook.com
内文制作 / 张宝英　　　　　　　责任校对 / 张大伟
责任印制 / 姚　军
出版发行 / 上海三联书店
　　　　（200030）上海市漕溪北路 331 号 A 座 6 楼
邮购电话 / 021-22895540
印　　刷 / 北京盛通印刷股份有限公司
版　　次 / 2023 年 9 月第 1 版
印　　次 / 2024 年 12 月第 2 次印刷
开　　本 / 690mm×960mm　1/16
字　　数 / 1206 千字　　　　　　印　张 / 75.75
书　　号 / ISBN 978-7-5426-8135-5/B・5　定　价 / 168.00 元（全 2 册）

后浪出版咨询（北京）有限责任公司　版权所有，侵权必究
投诉信箱：editor@hinabook.com　　fawu@hinabook.com
未经许可，不得以任何方式复制或抄袭本书部分或全部内容
本书若有印、装质量问题，请与本公司联系调换，电话：010-64072833

补　记

后记草于两年多前，"好事多磨"是这期间跟编辑说得最多的一句话，果然好事多磨。可我心里总有一种隐忧：自 2018 年"大课"结束至今，坊间出版的类似读物不胜枚举，这部作品对读者还有多少价值？仔细想，我不仅多虑了，且有些自私。事实上，这部讲稿，各位老师们才是主角，要相信他们的水准和能力，此外，保不齐还有个后发优势呢。

后浪公司的小伙伴们，在此期间承担的繁杂工作，难以言表。封面设计稿出来后，我又一次确认：选择后浪是正确的。

还要特别感谢上海三联书店接纳了这部书稿，并高效率地推进出版。

2017 年 1 月到今天，5 年多过去了，沧海桑田，我们能相信的是，明天太阳照常升起，经典要继续读下去。思想作为一种生活方式，其美丽与收获，一仍其旧。

刘苏里
2022 年 8 月 10 日

后 记

体力、脑力和热情的"浩劫"。

我谈"大课"生产过程，是想说明一个浅显的道理：任何看似平常的事功，背后都付出太多不为人知的努力。做事不易。

"大课"成功播出，文本顺利呈现，我只是牵线人，主角是下面这些人：

罗振宇和脱不花——没有你们的眼力和勇气，断不会有这出剧目。大鹏和格格，我的两位转述老师，酷暑中对我严苛培训，终生难忘。大鹏还监督了转述全程。西佐和筱影，两位优秀编辑和品控专家，一丝不苟地参与了音频稿录播、转述全程。

文字稿编辑和出版环节，后浪出版公司的吴兴元和郝明慧，都是关键角色。我对兴元做事和出品的把握能力，百分百放心。明慧的耐心超出想象，文本编辑出色，读者一望便知。

后浪后台诸君，是文本以当前面貌呈现给读者的可靠支援。

由衷感谢你们！

无须多言，最重要的主角是 38 位讲课老师，他们来自四面八方、国内国外。永远感念他们对万圣书园的信任和支援，并对他们投身此项工作，表达深切谢意！

从音频稿到书籍出版，焕萍都担起了后台指挥的角色。她参与了所有可想象和不可想象的工作，一天不落地修改、编辑音频稿、书稿，落实每一项具体事务，显示了超强的行政才干和迅速进入陌生领域的学术能力。两件事玉成，她功不可没。感谢她！

最后我要感谢每一位购买音频的听者和购买本书的读者。是你们，给这件事画上圆满的句号。谢谢你们！

刘苏里

2020 年 6 月

后　记

"得到"App"刘苏里·名家大课"从启动到出版文字稿杀青，用时整整三年半。它于2017年初春启动，在当时是个不大不小的文化事件——远大的抱负，宏伟的目标，强大的教师阵容……自然引起关注。如今结下这个果实，彼时想达到的目标到底实现了多少，成色几何，留给读者评判。

解读经典，自经典诞生之日起，就从未中断过。"得到"App"刘苏里·名家大课"是这一解释传统中的一股溪流，38位老师参与，涉及51部作品，仍可谓沧海一粟。

经典作品的选择，是与每一位讲课老师碰撞出来的。约稿的一个要求是，老师们讲读自己擅长的作品。这一点，保证了讲读的基本水准。至于作品本身的经典性，则见仁见智。系统性是考虑了的，但不是重点。这样做至少有一个好处，即读者可随意翻开喜欢的一篇，免去上钩下不连之虞。

"大课"是这样生产出来的：除个别篇什，绝大多数约稿，其构思、解说和修辞，更偏向学术思想面貌，因此必须加以处理，才适合音频受众接收。这是一项超出预想的庞大工程，对所有参与者都是个考验。如何既不打断老师们的思路，又能让听者顺利收听，稿件往复还是小事，达到品控要求——令听者满意才是大事。毕竟老师们讲读的是普通读者不那么熟悉的经典，要尽量保持经典在时在地的原貌和庄严，是更大的事情。音频稿在这样错综复杂的考量中反复磨砺，意在尽善尽美。音频稿出来后，还要进行一次口头转述，力图恢复老师们的行文节奏、讲解语气……每部作品一周5天连续转述，连同每部作品一期导语，每周转述6天，一年310天不间断。细心的读者会发现，不止310天，计330天左右。

2018年深秋"大课"结束。春种秋收，只是过去的是两个春天两个秋天。又是两个春天两个秋天，"大课"才以文本方式呈现给读者，其间经历了从音频稿返回文字稿，对文字稿再次加工，Word字数91万字，编辑过程近乎另一场寻找答案的可能性。换言之，一本书的价值就在于它具有多大程度的启发性，而不在它提供了多少资料性的知识。历史还是那段历史，材料还是那些材料，但这本书的作者把历史材料这样的面粉揉在一起，加入了思想的酵母，做出了富含营养的面包，而不再是零散的面粉。

大凡能被称为经典的书，往往很难简单地定位到某一学科或者某一领域，因为这样的书势必触到超出了单一学科或领域的问题意识和理解，把社会现实和个人生活中的重大问题包含在内并勾连起来，以一种你无法想象的方式将其呈现出来。《自由的基因：我们现代世界的未来》就做到了这一点。这本书开启了未被探索过的思想新领域，在我们很熟悉的议题中投下了一柱新光：自由是人类向上提升的最终动力源泉，它值得我们追求；当你敢于追求自由，你才能得到自由。

思考题：

1. 请试着谈谈英语与汉南所说的"盎格鲁圈"的关系。
2. 请谈谈汉南划分盎格鲁圈的主要标准。
3. 请谈谈英国个人财产权的特点。
4. 请你谈谈《大宪章》与政治的关系。
5. 你对这本书的哪个观点更赞同？有没有你不能接受的观点？请说说为什么。

英美一家亲

英式自由、英式制度随着拓殖者的脚步，被带到了大西洋彼岸，在北美新大陆上开花结果，这就是美国。虽然美利坚不惜打了一仗，把自己从母国统治中独立出来，但实际上，英美一家亲，从来都是如此。英国始终认为自己的价值观和制度与隔海相望的美国及英国殖民过的英语国家更为接近，与越来越官僚化的欧盟倒是日益同床异梦。所以英国要和欧洲划清界限。

作者认为，英国和美国是跨洋联盟，而远在北美新大陆上的同胞，不过是"被隔离的不列颠的孤儿"。作者在书中还提到一个有趣的观点，他说我们经常讲的美国建国的"独立战争"这个名字本身就存在相当的误导性。这不是通常所理解的殖民地独立于宗主国的战争，这顶多是兄弟阋于墙的内战，作者把它叫作"第二次盎格鲁圈内战"，是英语民族内部的"家事"。作者对美国一往情深的这种特殊关系论和大西洋主义，其实在英国一以贯之的外交政策中可以看得非常分明。毫无疑问，英国已经交棒给美国了。在盎格鲁圈，英国是一代盟主，美国是圈内二代盟主。

当一个帝国强大时，它总是肮脏和残忍，出人意料的是当它们江河日下时，反倒表现出一种生趣。英国失去了"日不落帝国"的光环以后，却赢得了新生，它的语言、艺术、体育，甚至生活方式和品位都成为受人欢迎的英国形象的重要元素。英国现在，可以说是放弃挣扎，享受衰落，它也正重新在国际舞台上寻找自己的位置。

关于这本书的热议

有些人可能会觉得这本书的立论有点古怪，明明是写英国历史的书，为什么偏偏要说这是一个有关自由的故事。把一个国家、一个民族的漫长历史和自由联系在一起，看上去似乎有点玄。实际上，作者独特的视角和他打破常规的跨领域性正是这本书的价值所在。评判一本书好不好的标准有两条：对你心中疑惑的解答程度；对余下问题的延伸能力。也就是说，它是否为你从这儿出发，提供继续表着这个国家的自由与活力。16、17世纪一些著名的大作家——本·琼森、托马斯·加鲁、安德鲁·马维尔——都被称为"乡村别墅诗人"，因为他们常把乡间花园用作一个政治隐喻，一剂政治解毒剂。在他们的诗行间，皇室往往娘娘腔、矫揉造作、犹疑而诡计多端，而乡村则质朴率真、天然无瑕、忠诚而且坦率。在他们的后代眼中，高大的乡村别墅成了辉格党政治哲学物化的象征。

以上是我们选取的书中的一段，这一段谈到了英国独特的土地制度对英国地貌、景观和社会的影响，让我们感受到财产权对个人生活的自由，甚至对塑造乡村景观有何影响。同时，也让我们想到哈耶克论财产权和自由的关系："财产权是自由的最重要的保障，这不单是对有产者，而且对无产者也是一样。只是由于生产资料掌握在许多个独立行动的人的手里，我们才能够以个人的身份来决定我们要做的事情。"

通过作者这样的描述，我们也可以理解为什么英国人在他们的权利和自由中如此强调财产权，为什么要把对财产所有权的绝对程度提得这么高。至此，我们可以明白，为什么总是会有人提到"英国例外论"或者"英美例外论"，我们也可以明白，英国的"例外"到底"例外"在哪儿？独特在哪儿？事实上，保卫个人自由的价值观念以及在由此基础上形成的各种机制被视为不列颠民族的独特特性，甚至是将英国以及作为英国升级版的美国和世界其他地区区别开来的"例外"之处。

英国的"例外"表现在其种族、地理、制度、文化、思想、精神方面的特质，正是这些特质使英国注定主导近代以来的世界。放眼漫长的世界史，始料未及的历史机缘、欧洲和东亚的形势同时有利于英国人大展身手，英人因而有机会创造帝国。衰弱顺服的东亚、对立大国相持不下且均势岌岌可危的欧洲，加上内向闭塞的美洲和混乱的伊斯兰世界，为其扩张提供了绝佳环境。海军称雄和煤为后盾的蒸汽动力，助长英人善加利用意料之外的良机。以上种种，终于把英国推向了近代帝国世界中的领头羊地位。

假设你正乘飞机旅行，比方说从布达佩斯到英国的伯明翰，当你打个盹醒来，只消从舷窗往外看一眼，便知有没有飞过英吉利海峡了。英国土地法在乡间是有清晰可辨的形象的。欧洲大陆的土地基本都是直线切割的，有时也划分成条状。为了不浪费空间，地界通常用铁丝栅栏圈出，以便其他兄弟继承时可以迅速移动。

英国的情况则相反。土地往往是不规则的，呈波浪形的，随形就势。有时候某条溪流就是界线，不见得非划出条直线来不可。土地往往被更趋永久性的篱笆圈起来，比如乡下常见的树篱，或者英国西北部常见的干石墙。

英国的法律塑造了英国的风景。因为财产不得被分割或共享，自然的边界因此保持了原貌。

一片被树篱标界出来的乡间土地就是一个产权得到长久安全保障的世界。不像铁丝栅栏，树篱不能轻易移动。古老的英国树篱是一道致密扎人的厚墙，由多种植物杂生而成，有矮橡树、枫树、金银花、紫丁香、野玫瑰、黄花柳、黑刺李、金缕梅，还有桤木。有个简便的小窍门可以估算树篱的年纪：数出30码宽的树篱中的植物种类，不包括常青藤或者黑莓，然后把这数乘以110。

这样自古就有的篱墙，有些甚至从撒克逊时代起就立在那里。这些竖着的边界告诉我们，土地不可在兄弟间进行分割。财运如水涌，时弱时刚强。家庭可以买卖整块地产。土地市场由确定的产权期限支撑，始终在运转。

由此，大地产便成了英国乡村最显著的标志。今天，当我们走在前人的土地上，想到18世纪时这片土地的主人正是沿着这条路植下了幼苗，而今，数百年后，它们已经臻于完美，这是多么奇妙的感觉！使早先那些营造这片风景的园艺师们如此笃定的，正是这个国家及其政治制度的稳定。他们期望他们的花园在繁盛之时，能被孙辈的孙辈的孙辈代代享用。与此同时，他们也非常自信，自己的家园不会被独裁者夺走，被强盗洗掠，或者被外国入侵者征用为兵营。

这些大地产不仅仅是房子和花园。对世世代代的英国人来说，它们代些英国佬：

> 撒克逊人可不像我们诺曼人。他们的举止可没那么斯文。但是，如果谈到公正和权利，那他们的态度就不能更严肃了。如果有个撒克逊人站在那儿，像站在犁沟里的公牛，阴沉着脸，两眼直直地盯着你，嘴里嘟囔着"这可不公平"，我的儿，这时候，你千万得离他远点。

英国人对待公正和权利，比起在其南部的欧洲大陆上的法国人来说，更加较真儿，也更理性。同样，比起在他们北边的维京人，更看重规则也服从规则。可以说，英国人重视权利和自由与英国人守法是同一回事儿，平民权利和自由的具体化与守法内化是同一过程。世界上没有哪个民族像英国人一样，法律能够这么深度地参与到对其民族性格的塑造中，造就了英国人引以为豪的"英国人的自由"。苏格兰启蒙运动代表人物、《英国史》的作者大卫·休谟这样描写英国人，他说：

> 这些北方民族（指北欧民族）不明白：任何人若未经他本人的同意而要受其他人绝对意志的统治，皆会不惜诉诸武力，为荣誉而战；或者是司法官员按其一己之好不征求其他人的意见就下判决，必然会招致专断不公之声讨。因此，但凡国王对他的主要封臣提出任何约定期限之外的服役，也不得不召集他们，以便得到他们的同意；或者在贵族内部出现任何争议时，必须经由他们共同讨论，按照他们的意见或者忠告做出决定。这些事关同意和忠告的活动，构成了古代贵族的主要政务，同时也预示了日后政府可能发生的所有重大事件。

休谟的这几句话，把英国人爱自由、守法，封建时期的贵族和国王，都说得清清楚楚了。而爱自由、守法、君主与议会共治，这些英国特性又是融合在一起的，很难截然地切割开。以至于，在《自由的基因：我们现代世界的未来》一书中，作者有这样一个有趣的论断——英国独特的地貌，都是由"法律打造的风景"。

国王的权力差距不大，教会贵族更是多了一分"神品"优越感，因此贵族具有较强的自立精神和平等意识。他们占有大片土地，所谓国家就是由他们的一片片领地构成的，或者说国家是国王和贵族的联盟。贵族们争立《大宪章》，原本完全为自私的动机所驱使。但后来，加入反抗国王、维护自身利益的阶层越来越多，"自由人"的范围也逐渐扩展，贵族所领导的全国各阶层可降服国王，而有权左右法律的国王忽而自身亦受法律的约束。法律渐渐被看作自身能生存的一种事物，而不必和王权混在一起，国王亦不能离法律而治理。围绕着《大宪章》，国王和贵族反复博弈。贵族用《大宪章》为国王戴上紧箍咒；而国王一旦实力有所壮大，就会伺机撕毁宪章。从1215年颁布，到15世纪为止，《大宪章》为历代国王重新颁布不下40次。如此，经过国王和贵族，也就是国王和议会反反复复的斗争，国王必须服从法律的原则终于确立下来。这使得法治的观念慢慢地发展起来。逐渐地，《大宪章》竟成了英国全部宪法精神的象征，这个国家也就成了国王和议会共治的国家。

时至今日，《大宪章》依然有效的只有三条：一是英国教会的自由，一是承认伦敦金融城和其他市镇的特权，一是所有人都需同侪审判方能定罪。别看这简单的三条，条条对塑造英国都至关重要。教会自由，保证英国的宗教信仰和良心自由，维持英国人精神世界永活而不坠。城市特权，保证的是地方自治。这使得盎格鲁-撒克逊世界找到了一种政体形式来维持其自身的秩序。地方自治使大部分社会功能和实力都分散到了地方和基层，人口中绝大部分人都过着本乡本土的和谐生活，而大批有抱负的社会精英也不必一窝蜂地背井离乡涌到大都市里，投身于利益集团的撕咬缠斗。最后，经审判方能定罪。这一条维持住了依法审判和陪审团制度，通过独特的普通法传统来保护英国人不成文的权利。所以，《大宪章》保留下来的生效条款虽然很少，但条条管用，构成了打造今日不列颠的"现代三纲"。《大宪章》所形成的法治原则不光塑造了英国，还影响了很多国家的宪法和法律。

接下来，我们再回到英国人的自由。英国人对自己的权利和自由相当认真。英国著名作家兼桂冠诗人吉卜林曾经借来自海峡对岸的诺曼男爵之口描述英国人，他说诺曼男爵临终前向即将继位的儿子传授统治之道，特别告诫儿子注意这普通中国人对财产所有权的理解。而且，英国人早已将绝对所有权视为理所当然。相比较而言，我们经常在网上看到发生在英国抗拆的例子，在我们看这让人拍案惊奇，在英美人看来则是天经地义。这就是英式自由。

这里就有一个文化差异、一个整体意识的差异在里面。中国自古以来就是一个立足于集体的文明，个人不大可能独立于其他人之外，人际关系是个人身份认同的要素，个人只有同其他人结合起来才能变得完整。所以中国政治文化的基本单位是人际关系，是集体。有了一些他山之石作为镜子，可以照见我们自己的不同，更可以知道这个全球化世界中的多样化存在。

在一个社会当中，个人如果要保有前述这些自由，是需要具备社会条件的。在作者看来，这些条件包括制定法律的人必须直接从选票箱中产生并对之负责；行政部门受立法机关制约；没有公众同意且法律授权，不得征税；人人免于任意处罚，个人财产不得充公；决策的制定必须尽可能为受此影响的民众考虑；权力必须分散；没有人，甚至包括国王，可以凌驾于法律之上；财产安全受保障；争议必须由独立的地方法官裁决；保护言论、宗教、集会自由。

把这些条件和原则组合起来，慢慢拧成一套制度，这套制度就是英国的宪制。作者认为，英国的这套宪制、政治构架和法律体系，正是英式自由的制度保证。当然，这一套制度，其形成演化，经历了漫长的历史过程，并且在制度形成过程中表现出了很强的连贯性。

作者在书中讲，英国的法律（普通法）、政治制度、英语语言的演进，都是层累推进的。作者谈到英国的普通法时说："普通法的形成，一个案例接着一个案例，如珊瑚礁一样缓慢长成，没有一个所谓的中央最高权威。"这样的社会演化方式，与欧洲大陆国家的社会演化方式明显是不一样的。当然，在这样"自然"演化的过程中，也还是可以找到一些标志性的里程碑，比如1215年的《大宪章》。

《大宪章》被视为英式自由的基本宪章，这是一份"王需守法"原则的正式书面合同。前面已经讲过，英国是普通法国家，它的法律大多是法官在长期的司法审判中积累下来的个案、先例。在这种普通法环境中，采用订立宪章的方式来表明国王必须守法，这一做法的意义就非比寻常了。

《大宪章》是议会中的贵族用来约束国王的一纸文件。英国封建时代，贵族与完整缩影，都有内在的权利和自由。这些个人自由包括说任何想说的话的自由，和同气相求者进行集会的自由，不受阻碍地做买卖的自由，自主处置个人资产的自由，选择工作和雇主的自由，雇佣及解雇人员的自由。这是我们通常所理解的个人自由和权利的内容。而英国人把这一套自由和权利发展得更典型或者说更极端化。英国人在这一套自由和权利中，尤其注重的是人身自由和财产权的保障，这是典型的洛克式自由。

英国史学家艾伦·麦克法兰对英式自由曾有过一段非常精辟的概括：

> 在英格兰，大部分普通人最晚从13世纪开始就已经是奔放的个人主义者了。他们具有很高的地理和社会流动性，经济上很理性，以市场为导向，有求必吁，在家族和社会生活中以自我为中心。这对于现代英国人来说，也许一点也不奇怪，因为他们世世代代都是这样。

通过这样的刻画，我们可以得到一个独立、自主、理性的现代人的形象，然而麦克法兰说的可是13世纪英格兰的大部分普通人啊。所以个人自由是英国人之为英国人的一个特质，这也是他们总是很骄傲地说起"我们英国人的自由"的原因。他们把这种自由根深蒂固地保存下来，保护它的意识也非常强烈，甚至发展到非常极端。这一点，在财产权上表现得尤为突出。英国的财产所有权，是一种绝对所有权，强调的是所有权人对物的绝对的排他性占有和处置。比如在继承问题上，英国继承法在整个欧洲都是非常独特的。

大多数欧洲国家的继承法，从立法指导思想来说，偏重于保护生者的利益和生活需求。比如，有的欧洲国家法律会将死者财产的一定份额保留给配偶、子女。有的国家立遗嘱人只能对他财产的三分之一有自由处置权。

相反，英国的继承法看重的是当事人的意愿，而不是生者的需求。只要你交完遗产税，其余的部分基本完全可以按你的心意来处置。作者在书里还开了个玩笑，说你想把财产都交给信托人，让他来照看你的宠物猫，这完全取决于你。或者你改变了心意，只想讨好你新交的十几岁小女友或者小男友，那你的子女可就不走运了。

从这个例子可以看出，英国的财产所有权，绝对化程度非常高，超出了我们在前述这些文化圈构成的版图当中，盎格鲁圈是很强势的一个圈。当然，盎格鲁圈这个概念，还不仅仅限于文化圈，它毋宁说是一个文明体的概念。这个圈内的主要国家除了共同继承政治文化遗产，使用相同的语言之外，同时保持着密切的军事、经济合作关系。目前，盎格鲁圈五国占领了全球科技的制高点，控制了大西洋、太平洋的主要航道节点。澳大利亚前总理霍华德在2010年说，世界上最紧密的情报共享系统就是由盎格鲁圈五国组成的。作者对此很骄傲，他认为盎格鲁圈成员国之间的高度互信和军事合作保证了全球的安全，尤其是在反恐形式日益严峻的今天，这个重要性就更加凸显了。

盎格鲁圈的边界究竟在哪里？盎格鲁圈的边界，最终还是要取决于使用这个词的人为它设定的参数，或者说入围标准。如果采用共同的语言为标准，也就是说用使用英语为本地主要语言作为界定盎格鲁圈的标准的话，那么印度就可以归属盎格鲁圈，并且因为这头印度"大象"的加盟，盎格鲁圈的体量也会迅速膨胀。

不管采用哪种划分标准，作者在本书中所说的盎格鲁圈，重点还是放在圈内国家共同信守的政治文化传统上。汉南是这样给他的盎格鲁圈下定义的：

> 要成为盎格鲁圈的成员，需要遵循那些构成英语文化核心的基本习俗和价值观，它们包括个人自由、法律之治、注重合同与契约、自由是政治及文化价值的第一追求。组成盎格鲁圈的国家分享着共同的历史记忆：《大宪章》，英国和美国《权利法案》，陪审制、无罪推定以及"一人之家即他的城堡"等普通法原则。

何为英式自由

英式自由其实是建立在个人基础上的自由。强烈的个人主义、自由主义一直是英国政治文化的独有风格。个人是英国社会和其政治文明的基本单位。英国政治乃至英国社会的立足之本是个人，凭着一个个的个体，串联起来各个相互分立的领域，进而形成了整个社会。自由个体凝聚成自由社会。每个个体都是社会的

（Anglosphere）的概念。

盎格鲁圈是英文世界中新造的一个词，最早出现在 1995 年美国一部科幻小说中，大概类似于刘慈欣的"三体"，最近这些年逐渐开始流行起来。从盎格鲁圈存在的地理空间范围来看，它的边界线并不是很清晰，主要用来指以英语为主要本地语言、核心人口血缘可以上溯到不列颠群岛、具有相似的文化传统的国家组成的集团。在这本书中，作者用盎格鲁圈来指英语民族创造出的文明共同体，主要包括英国、美国、加拿大、澳大利亚、新西兰五大国。当然，作者作为英国人，毫无疑问，他认为不列颠岛正是盎格鲁圈的发源地和核心区。

盎格鲁圈这个概念脱胎于一种社会学、人类文化学的分类，这种分类就是文化圈的分类。现在存在的文化圈，有人说五大，有人说九大。

首先，当然是盎格鲁圈，覆盖美国、英国、加拿大、澳大利亚、新西兰等国，先以英国为核心，后以美国为核心。

其次，有北欧日耳曼圈，包括北欧四国（挪威、瑞典、芬兰、丹麦）、荷兰、卢森堡等国。在本书中，作者把北欧国家、低地国家，也算成是"盎格鲁圈的荣誉成员"，因为这些国家中的人口大多拥有日耳曼-撒克逊血统，更重要的是，他们国内一直长期保有议会政体，这个是汉南认为的盎格鲁圈成员国的重要标志。

作者说了一个很有趣的现象，打开世界地图，你会惊奇地发现，世界上真正实行议会政体和法治的国家大多分布在大陆边缘的岛上，这是一种得天独厚的地缘优势。因为对岛国来说，面朝大海，海洋成为阻御外敌的天然屏障，这也意味着国家不需要维持一支常备军。如果没有常备军或者常备军规模很小，那就无法轻易用来镇压国民。这样一来，政府发现自己和民众相比处在劣势。当它希望通过法令时，他必须依靠代理人来确保民众的同意。当它需要预算时，必须和声和气地向国会请求。说不定，国会骄傲地拒绝了政府的拨款要求，政府就得面临关门的窘境。这样，法治和自由之花就容易在这片土地上绽放（孟德斯鸠也是这样一位地缘决定论者）。所以，丹尼尔·汉南把北欧国家、荷兰、卢森堡也纳入他的盎格鲁圈。

欧洲大陆上，还有法语圈、西班牙语圈，东欧、中欧有斯拉夫圈。中东地区有伊斯兰世界。在亚洲，有以中国为代表的儒家文化圈。

权，进而征服了整个世界。所以，欧洲称霸世界可以说是欧洲均势的溢出效应。

欧洲均势也罢，欧洲在全球各地不同程度的影响力也罢，这个局面都是靠打出来的。15世纪中叶后，西班牙、葡萄牙首开大航海时代，在非洲、中南美洲和远东殖民，阔了一把；荷兰紧随其后，击败葡萄牙、西班牙，成为欧洲金融和帝国的引擎。但荷兰的国土和人口规模毕竟抵不过欧洲两大国英法，英法出场后，荷兰就此黯然退场了。英法之间为争夺欧洲领导权的战争，延续了数百年。起初法国赢面更大，但最终偏居于欧洲西部海岛上的英国奇迹般地把自己打造成了日不落帝国。英国一方面成为近代以来第一个全球性帝国，在全世界各个重要地区享有它的全球性利益；另一方面，它成功地保持了与欧洲的离岸均势格局。就像地震学家密切监测地壳运动一样，英国时时关注欧洲的均势格局，它可以联合欧洲其他国家，可以容忍欧洲大陆国家势均力敌，但始终提防任何强权称霸欧洲，比如法国、德国以及俄国。只要一发现欧洲均势被打破的苗头，英国就立马要采取行动，不会坐视不管。这几乎成了英国长期以来的外交潜意识。

所以在欧洲称霸世界的这一派言论中，始终有一股强劲的声音认为英国是超然于欧洲之上的，英国不同于欧洲其他部分，它甚至是一个与欧洲相对的共同体。与其说是欧洲主宰着世界，不如说是英国把世界带入了现代时空。在这股声音中调门最高的，就是丹尼尔·汉南。这位才华横溢的前历史系高才生、现反欧派干将可以说是继承丘吉尔"大英优越论"的旗手。他把英国昔日的辉煌和成功归结到"自由"二字。他认为，基于自由以及追求自由，正是海岛民族寻求独立，建立民族国家，进而实现富强的原动力，也正是基于自由以及追求自由，英国社会逐渐演化出一套政治、经济、法律、社会制度及文化传统、民族特质，并且成功地输出了这一套制度和文化，缔造出了独特的盎格鲁圈。按照这样一种观点，汉南写出了有关"自由"的故事。

什么是盎格鲁圈

作者汉南认为，自由不光是英国这个国家自孕育之时就被植入的文化基因，还是整个盎格鲁圈国家共同的外部特征。这里就引入了一个盎格鲁圈运输技术的迅猛发展所带来的。今天我们所生活的世界，其空间半径不仅仅是我们作为生物人所能达到的物理距离，而且是通过网络和其他通信工具大大延伸的平行空间的距离。40多年前，英特尔公司的创始人之一戈登·摩尔提出过一个有名的摩尔定律，他说半导体制造领域中，集成电路上可容纳的晶体管数目，约每隔18个月便会增加一倍，性能也将提升一倍。40多年以来，信息技术进步的速度证明了摩尔的预言，并且我们还惊讶地发现，摩尔定律不光适用于技术发展很快的信息产业，还蔓延到其他各个领域。如今我们知道，人类知识以每18个月翻倍的速度在增长。在这种个体生活的时间、空间维度都被大大拉长的情况下，我们再也回不到过去那个不需要太多知识就能活得很好的时代。每个人生活所需要的知识，我们对自己、对外部世界的认知都需要重新调整，这样才能保证我们有可能"正确"地活在这个急剧变化了的世界中。当然，你也可以说，我不想做什么调整或者更新，我也不需要知道外部世界，我只要像以往一样活在我自己的世界中就可以了。你要这样想这样生活，当然人畜无害，但想想以这样自我封闭的状态活在这个急剧变化的世界中，而且还要活得越来越久，那就有点"老而不死是为贼"了。

所以如果我们想要正确地活着，必要条件是得先知道我们在世界中的位置。也就是说，我们心里要有一个对应于"世界是什么样"的坐标系。在这个坐标系上，我们得知道我们在哪儿，别人在哪儿，中国在哪儿，欧美又在哪儿。从1850年开始，欧洲称霸世界。在欧洲的主导下，出现了一个新的全球秩序。尽管有些人嘴上在抨击欧洲，但几乎所有人都是用欧洲观点看政治、医学、战争和经济，听着欧洲风格的音乐，写着来自欧洲的文字。欧洲原本就像处在世界的一个偏远角落，气温还冻到让人手指僵硬，但这些离我们很远的人，他们是怎么想的，在全球一体化的今天，很可能影响我们自己的生活。所以，我们特别需要了解他们是怎么认识他们自身的历史的，他们又是怎样看待这个世界的。

欧洲人当然认为他们是近500年来的世界霸主，欧洲是把全球带入现代世界的领导性力量，然而欧洲本身也并非铁板一块。欧洲内部的激烈竞争首先把欧洲各国带着跨过了现代门槛，其后欧洲国家不满足于欧洲内部的竞争和争霸，将这种竞争扩展到欧洲之外，在他们发现的各处新大陆上大打出手，争夺资源和统治

徐爽讲读《自由的基因：我们现代世界的由来》

> **徐爽**
>
> 先后在西南政法大学、中国政法大学和中国社会科学院求学，博士和博士后师从王仁博和吴玉章教授。曾在美国顶尖大学做访问学者。目前在中央民族大学法学院教书，讲授宪法和人权法。代表作品有《旧王朝与新制度：清末立宪改革纪事》《公民基本权利的宪法和法律保障》，代表译著有《言论的边界：美国宪法第一修正案简史》《权利的新生：美国宪法中的人权》《司法审查的起源》。

自由的故事

2017年5月26日，世界经济论坛发布了一份报告称，2017年出生的人，活到100岁已经不是问题。自从20世纪中叶开始，人类的寿命开始加速延长，平均每五年寿命就会延长一年。按这种速度发展，2017年出生的婴儿的寿命将会超过100岁，也就是说，他们大都能看到2117年的景象。当然，相比起越来越年轻的一代新人，我们没有这么幸运。君生我已老，我们中的大多数大概不指望长命百岁。但无论如何，随着日常营养和医疗技术的进步，我们比起我们之前的一代人来说，无疑会拥有更长的寿命。那么，这就给我们提出了一个新的问题：面对比前人更长的生命周期，我们要怎么活？我们该如何规划我们的人生？很显然，我们不能像前代人一样，把我们的生命活跃期就定到60岁退休之前。我们活得足够长，这就要求我们要足够清醒，因为在这么长的时间里世界总在变化，我们就需要不断跟上。

这里还需要我们注意，我们生活的世界正在经历的另一个改变是全球深度的一体化趋势。全球一体化的进程，早在500年前，葡萄牙、西班牙探险家们的船队寻找新大陆时就拉开了帷幕。但是真正的深度的一体化，却是由互联网及交通

如果把以上国家在世界地图中标出来，可以清晰看出它们对世界的"包围"态势。如果再绘出政治经济、科学技术、教育文化、军事，甚至资源禀赋等概貌图，我们大体也可以得出这样的结论：几乎所有方面，它们都处在世界的前沿。这个秘密其实一直都摆在那里，却由汉南第一次清晰地揭示出来。盎格鲁圈国家很大程度影响了当今世界的格局，对它们了解到什么程度，是我们未来前景形成的决定性因素之一。

此前，我请冯克利先生讲读过柏克。柏克离我们很远了，但他的声音的最新回响，正是汉南《自由的基因：我们现代世界的由来》。可以说汉南是不折不扣的当代版柏克，加上活跃在20世纪初、中期的丘吉尔，这三位英国人是200年英国保守主义脉络的三个醒目的坐标。

讲读这本书的徐爽迅速将本书介绍给中国读者，对我们了解保守主义的思想历史，可以说功莫大焉。

徐爽是杰出的学者和知识人，先后在西南政法大学、中国政法大学，以及中国社会科学院求学，博士和博士后的导师是王仁博和吴玉章。她曾到美国大学做过访问学者，目前在中央民族大学讲授宪法和人权法。她是多部作品的作者和译者。代表作有《旧王朝与新制度：清末立宪改革纪事》《公民基本权利的宪法和法律保障》，代表译著有《自由的边界》《权利的新生》《司法审查的起源》。严格说，徐爽是外国法哲学专家，她的讲读，有理论思辨，也有历史铺垫，还非常注重细节描述。

经。其实，《投票脱欧的理由》的母本正是《自由的基因》。

英国脱欧必将对世界产生深远的影响，包括中英关系、中欧关系，甚至中国与世界的关系。影响中国，当然也会影响到你我。想了解英国脱欧怎么回事，自然要听汉南的说法。从英国版书名《我们如何发明自由，以及它为什么如此重要》，到美国版《发明自由：英语民族如何缔造世界》这一改动，将汉南这本书的主题，一下子凸显了出来，它强调的是我们生活在其中的现代世界的源头，来自英美两国，核心是自由的观念，以及承载这一观念的典章制度。比如，美国人贡献了复合共和制，使得大国实现共和成为可能，还设计出了制度性的权力平衡和制约机制。英国贡献了代议制、法治，以及由法律塑造并严格保护的财产所有权制度。所有这些制度、保障措施，都是围绕对自由价值的捍卫一点点展开的。

如果我们对现代世界的构成要素缺乏理解，或理解有误，我们与现代世界的往来，就一定会出现偏差，更不要说融入现代世界，把自己建设成现代社会了。不论我们是否同意汉南的结论，至少我们不能轻易忽视他的解释。他的解释，是我们了解、认识这个世界的门径之一。

汉南在书中提出了"英美一家亲"，并提出了划分盎格鲁圈的标准。如果我们对英美特殊关系认识不足，就很难认清现代国际关系的格局，而这一点又跟盎格鲁圈的划分有关。这是全书的关键。

盎格鲁圈的成员国最显著的特征有这么几个：一是以英语为主；二是因袭了英国的传统，包括观念、制度、文化；三是社会建立的基础是个人自由，而保障个人自由的制度包括财产所有权、法治和代议制等。汉南详细列举了这个圈子的核心成员和荣誉成员。核心成员有英国、美国、加拿大、澳大利亚、新西兰五国，荣誉成员有丹麦、挪威、瑞典、芬兰北欧四国，以及低地国家荷兰和卢森堡，汉南还小心翼翼提到了印度。我认为还有三类国家是汉南没有说出来的，我把它们称作盎格鲁圈外围成员国。一是以新加坡、南非等国为代表的原英联邦成员，总共54个国家，主要分布在世界几大洋沿岸；二是德日两国，英美的铁杆盟友；三是以色列——以色列英语的通用程度超过官方语言希伯来语和阿拉伯语，而法治和代议制的水平在所谓后发国家中是最高的。

导语｜为现代英国立命的两栖人

刘苏里

这本书 2013 年在英国出版（原书名是 *Inventing Freedom: How the English-Speaking Peoples Made the Modern World*），同年就在美国出版，但改了原书名（*How We Invented Freedom & Why It Matters*）。2015 年出了简体中文版，2019 年修订重印。这么新的书，怎么就成了经典呢？要说清楚这个问题，就要先谈谈作者。

作者丹尼尔·汉南，英国保守党政治家、欧洲议会（欧盟三大机构之一）议员，还是历史学家和专栏作家，1971 年出生于秘鲁的一个农场。母亲是苏格兰人，父亲是爱尔兰人，有犹太血统，家境殷实。汉南小时候常去巡视他家在秘鲁的另一个棉花农场，他的西班牙语水平很高，能用其发表演说。

跟早期拓殖者的后代一样，到了受教育年龄，父母把汉南送回英国，读的都是好学校。大学先后读过马堡学院和牛津大学的国王学院，学的是现代历史专业。汉南本可以当个好学者，但他的志向在政治上。上大学时就涉足"政坛"，担任过隶属于英国保守党的学生社团的副主席和主席。

政治立场上，汉南是保守主义者。保守主义者不是反对进步，而是反对特别激进的变革和对传统的彻底颠覆。他们尊重传统，更愿意采用稳妥的方式对现有的制度缺陷对症下药。

汉南 20 岁时就以欧洲怀疑主义者闻名，在校园发动"独立不列颠运动"。当初很多人认为，这根本就是场闹剧，但最后发展成声势浩大的英国脱欧运动，震动了世界。即使在英国保守党内部，也争议极大。汉南的同僚就有人认为他的行为是在分裂保守党。汉南不仅是这场运动的发起人、理论家、精神领袖，还是实际操盘人。2016 年 6 月，脱欧公投成功，汉南奋斗了 28 年的事业，终于如愿以偿。英国议会上下两院就公投进行了表决，都以多数票通过了脱欧决议，给了脱欧公投法律上的依据。

2016 年，汉南又发表了《投票脱欧的理由》，被看作是主张脱欧者的圣

五一
《自由的基因：我们现代世界的由来》

[英] 丹尼尔·汉南 著　徐爽 译　广西师范大学出版社　2015 年

主题词◎自由观　近代史　盎格鲁圈　英国脱欧　文化圈　英式自由

经典之处

《自由的基因：我们现代世界的由来》讲述的是"自由的故事"。汉南在书中解释了为什么自由与其说是"西方的"，毋宁说是"英国的"独特发明，向我们揭示了在欧亚大陆西端，湿冷的英格兰孤岛上，如何产生了国家是个人的公仆而非主人的观念，并伴随英帝国的崛起，将自由的基因传到世界，影响了全世界政治文明的发展。

作者简介

丹尼尔·汉南（Daniel Hannan, 1971— ），牛津大学毕业，英国当代著名的历史学者、保守党议员、专栏作家，欧洲议会保守与改革党团秘书长。他在英国政界是重量级的本地主义与坚定的反欧洲派倡导者。

家各有各的失败呢？

答案总体来看是否定的：所有可以保持长期繁荣发展的成功国家，都建立了一个包容性的政治与经济体制，在发挥政府提供有效公共产品这个积极作用的同时，有效地约束政府与特殊利益集团的攫取之手，不断拓展国家内部更多人口的政治与经济参与，激发全社会的创富能力与创新激励；与此相反，所有发展失败的国家，都是因为没有建立包容性的政治与经济制度，既无法改变政府在公共产品提供上的不为，也难以约束政府在产业政策、财政汲取等方面的乱为，难以激发全社会的创富与创新活力。

全世界大部分国家，都是发展意义上的"后发国家"。在其现代化的过程中，可以选择只学习先发国家的技术，还可以进一步借鉴人类社会近几百年发展出来的市场经济制度，也完全可以通过这些学习取得短期乃至中期的较快增长，但如果最终无法建立一个包容性的政治制度，统治精英仍然会有各种办法垄断一些关键性行业并为自己牟利，压制持续的产业升级与技术进步，政府也无法通过财政收入与支出行为实现有效的二次分配，并为国家可持续增长提供有效的公共产品与人力资本。对这些国家而言，中等收入陷阱是其最可能的归宿。

思考题：

1. 为什么领导人的短视，或者治理理念，不是决定国家中长期经济的根本因素？
2. 如果包容性的政治制度是决定长期增长的关键，那么这种制度是哪里来的？
3. 英国和西班牙都参与了大西洋贸易，为什么一个成了人类明灯，另一个却变成"欧洲病夫"？
4. 中国近代以来有哪些历史关键时期的关键选择影响了国家的走向？
5. 你认为所谓长期增长的长期是多长？请举例说明为什么。

水平，但最后几乎毫无例外地陷入经济发展的停滞乃至倒退。20 世纪前半叶，德国及日本都是全世界最富裕、工业化程度最高的国家，人民的教育水平也非常高，但这一切却无法阻止德国法西斯的兴起，也挡不住日本军国主义通过战争扩张领土的野心。这两国的政治与经济制度都因此出现了一百八十度转弯，给本国人民乃至全世界带来了巨大灾难。

在人类过去几百年的历史中，还有不少国家也因各种原因实现过一定时期的高增长，但由于其初始的制度包容性不强，经济增长并没有实现全民共享，收入与财富差距反而进一步扩大，经济发展最终也难以为继。比如，19 世纪后半期到 20 世纪 20 年代，因为世界农产品市场需求旺盛，阿根廷曾经有一段相当长时期的经济增长，并曾经是世界上最富有的国家之一，教育水平也是拉美最高的，但因其政治与经济制度的压榨性，该国强劲的经济增长只被少数精英所享受。

不平等的增长让阿根廷过去一百年不断在国家发展上走弯路，即使推动政治民主化也无济于事。在 20 世纪 20 年代，阿根廷已经开始启动旨在缓解政治压力，缩小贫富差距的政治民主化进程，但选举很快就被庇隆这样的民粹主义政客所利用。民选的庇隆政府为了赢得选票和持续执政，选择对富人过度抽税来为劳工提供高福利，并把外资企业收归国有。这样的民粹主义经济政策很快导致增长放缓，让富人叫苦不迭，后者再勾结军方发动政变并建立极右翼专制政权，但这种政权再因缺乏合法性而难以持续。于是，与很多拉美国家一样，阿根廷过去 100 年历史，就是一个民粹主义民主，富人与军方勾结政变建立极右翼专制，专制政府缺乏群众支持而垮台并重新民主化，再度建立民粹主义民主的钟摆式恶性循环。

阿根廷近百年的发展历程，以及近期委内瑞拉因石油致富后推动民粹主义民主而迅速衰败的案例，确实给很多发展中国家敲响了警钟：如果在经济增长的早期阶段没有实现增长果实的合理分配，即使一国可以突破"贫困陷阱"，也会因为收入分配高度不平等而难以实现持续增长。这样的国家，即使后来推动了政治民主化，也往往难以建立高质量的、稳固的民主体制，最终很容易坠入经济发展中的"中等收入陷阱"。

回到开始时我们问过的一个问题：国家的繁荣与贫困问题，是否可以与家庭的幸福与否问题进行类比？我们是否可以说：成功的国家都是相似的，失败的国适用于先进科技，也适用于开放性的市场经济体制，甚至还适用于包容性的政治体制。

国内学术界曾经有所谓"后发优势"与"后发劣势"的争论。当时辩论一方所提出的"后发劣势"，是指一些国家，学习别国的技术，甚至部分学习别国的市场经济制度，但技术引进到一半，甚至是经济改革改到一半，带来了一定程度的经济增长后，就没有积极性进一步学习先进的政治制度了。

显然，用"后发劣势"这个名词来描述一些后发国家改革改到一半停住的情况，如果不是误导的，至少从概念上讲是不严谨的。因为这种情况，不过是后发国家统治精英为维持统治而采取的自利行为，并不是任何意义上的"劣势"。学习与改革走到一半不再继续，不是因为统治精英产生了自满，而是因为这种半截子学习与改革所带来的利益格局，对既有统治精英维系其政治、经济利益是最为有利的，即使这样做会损害国家的长期发展与社会的共同富裕。

正是因为存在后发优势，一些后发国家的统治精英完全可能通过引进技术，乃至推动建立一定程度的市场经济体制，实现短期乃至中期的经济成长。但这些技术与部分制度引进的目的，可能更多的是让统治精英有机会榨取更多的经济资源，并帮助其实现长期的少数人统治。

本书作者认为，如果没有在技术引进与经济体制市场化的过程中，进一步推动包容性政治体制的建立，榨取式制度下的成长终究无法持久。这里有两个关键的原因。首先，持久的经济成长需要不断地创新，创新又与创造性破坏不可分。后者是指经济上以新代旧，以及政治上既有权力关系的改变。一国中的精英阶层选择抓着榨取式制度不放，主要还是害怕这种创造性破坏。其次，榨取式制度下，精英有政治权力，牺牲多数人的利益来图利，结果是政治权力成为各方垂涎并争相夺取的目标，而这往往会带来政治、经济乃至社会不稳定，扼杀国家长期增长的机会。

如本书作者所言，历史是一面明镜。在利用后发优势取得短期乃至中期增长的榨取式政治体制下，即使一些国家可能跳出"贫困陷阱"，但几乎没有什么国家可以在不建立包容性政治制度的情况下迈入发达经济体的行列。事实上，那些维持榨取式政治制度的国家，即使曾经通过一段时期的可观增长达到了中等收入预备立宪、皇族内阁重新集权、辛亥革命与民国建立，以及袁世凯上台与称帝等创造了条件。在这些关键性历史节点，不能说中国完全没有建立一个更具包容性的政治体制的机会，毕竟民国是整个亚洲建立的第一个共和政体。不幸的是，中国长期皇权专制所负载的历史不可承受之重，以及关键历史时期关键人物因为知识结构缺陷而做出的错误选择，却每每让中国在历史的重大节点与包容性制度的建立失之交臂。

后发优势、威权下的经济增长与中等收入陷阱

政治、经济制度与国富国贫的关系是《国家为什么会失败》这本著作的核心内容。作者一再强调，政治制度要比经济制度更为基础：只有在政治上实现了一定的中央集权，同时在中央层面培育出相互制衡的多元化政治力量，才能在全社会中真正实现法治，而法治是一个包容性市场经济制度的基石，它可以通过建立公平的经济游戏规则，真正保护财产权，切实鼓励社会对于新科技与新技术的投资，最终实现可持续增长。与此相反，如果权力只集中于少数人手中，这些人就有动机为谋取私利维持榨取式经济制度，并运用所得的资源巩固自己的政治权力。

作者也指出，虽然包容性的政治制度是决定中长期经济增长与国家繁荣的根本条件，但在榨取式的政治制度下，一个后发国家却未必不能取得短期乃至中期的经济成长。在榨取式政治制度下，有些国家完全可以通过模仿先发国家的技术乃至于部分经济制度，成功地摆脱"贫困陷阱"，进入中等收入国家的行列。

上述情况的出现，与经济学里面的所谓"后发优势"概念有关。虽然没有政治上的革命，不可能出现英国的工业革命，但一旦英美这样的先发国家因其包容性政治与经济制度诱发了新技术革命后，所有后发国家就有机会学习与利用先发国家的新技术，甚至是政治与经济制度，实现本国经济的追赶乃至反超。

在探索制度和技术创新的过程中，先发国家付出了大量的研发与探索成本，而一旦这些成本已经支付后，所有后发国家都有机会去低成本地学习与模仿，这就是"后发优势"。别国先发明、发展出来的技术与制度，只要符合科技、经济与政治发展的一般规律，理论上都完全可以基于本国国情为我所用。这一点不仅

就是为什么在 17 世纪早期，英国、西班牙两国之间看起来相当小的初始制度差异，会因为大西洋贸易带来的国内经济、政治变化，让两国在制度包容性上渐行渐远，并最终引导两国走上根本不同的发展道路。

换句话说，即使国家间的制度差异开始很小，但如果某些"历史关键时期"冲击了既有的政治与经济的平衡，就可能在不同国家开始累积并制造出一个制度漂移的过程。这就像两个孤立的物种群体，会因为随机的遗传突变而在一个遗传漂移过程中不断累积而渐行渐远。类似地，两个原本类似的社会，也会因为重大事件的发生在制度上逐渐漂离。当然，这些制度漂移并没有预设的道路，甚至不见得是累积的；但经过几个世纪的时间，它就可能导致明显的，有时候甚至是关键的差异，并影响社会在关键时期对经济和政治环境改变的反应方式。

上述初始制度差异与关键时期两者互动带来国家发展道路分歧的逻辑，还可以从中日 19 世纪后半期遭遇西方后的反应模式差别上看出端倪。当时中国与日本对待西方的坚船利炮与工业文明的态度有别，也跟两国初始体制的专制程度差异有关。日本在明治维新之前的天皇—幕府体制虽然也是一个专制的制度，但仍然保留了不少传统封建体制的特点。在天皇权力虚化，幕府实控中央，但对地方封建主的控制度不如清政府对地方控制度的情况下，部分封建藩主为了突破幕府对其经济发展与对外贸易的限制，就谋划与天皇合作，发动以恢复天皇权威为名的倒幕运动。成功地推翻了幕府统治之后，这些政治力量与天皇合作，实现了中央集权后的君主立宪，并进一步实现了经济改革与对外开放。日本也就在明治维新后迅速实现了"脱亚入欧"，并一跃成为亚洲最强大的工业化国家。与此相反，当时的清政府，帝制过于强大，很难催生日本明治维新时期那种政治变革的力量，也就难以建立一个更具包容性的政治体制。

需要指出的是，19 世纪中后期以来的中国，其制度演变路径也并不是完全被锁定的。1851 年后太平天国兴起，清政府为剿灭这场运动不得不与地方进行相当程度的政治与军事分权。这在很大程度上也削弱了原有清朝皇权的中央专制。此后，清政府在内外压力之下进行的洋务运动，更进一步强化了当时各地地方政经联盟的力量。这时候的清朝政府，其专制程度要比太平天国之前大幅下降。也正是这个变化，为后来几十年间出现的各种关键性历史节点，比如戊戌变法、君主船,其威力比当时的西班牙海军差很多。尽管如此,大西洋贸易的获利机会却吸引了这些私人武装船,与英国王室一起去挑战西班牙独霸的海权。

让我们回到16世纪末西班牙和英国为争夺海上控制权进行的一场惊心动魄的海上大战。无论是经济实力还是军事实力,当时的西班牙都要比英国强出很多,西班牙输掉了这场志在必得的战争,其实是出于非常偶然的原因。1588年,西班牙国王菲利普二世派遣强大的无敌舰队与英国交战。各方原本预期西班牙会彻底打败英国,巩固他们在大西洋上的霸权,甚至完全可能推翻伊丽莎白一世的统治,最终控制不列颠群岛。然而形势的发展大出所料,恶劣的天气以及指挥官西多尼亚错误的策略——他是在一位更有经验的指挥官过世后,临时被指派接任的——导致西班牙无敌舰队丧失优势,而背水一战的英国人却非常幸运地击沉了强大对手的许多舰船。

换句话说,导致西班牙军事失败的两个主要原因,都事出偶然:其一是西班牙舰队非常厉害的统帅在战争开始之前突然去世;其二是战争期间,英吉利海峡的天气突然变得非常糟糕,对西班牙不利。可以合理地预测,这两个情况只要有一个不发生,英国就很难侥幸地赢得这场战争。而如果英国没有赢得这场原本不可能赢得的胜利,就不可能出现之后1688年的光荣革命,也不可能建立后来的政治体制,人类就有可能继续在专制社会的阴影下徘徊几百年。也正是因为如此,英国打败西班牙,从此开启政治革命与工业革命,乃至最后发展出代议制的民主,是人类的一个历史幸运。

上述英国与西班牙在17世纪后出现的制度演进路径,以及其后两国的财富逆转,进一步说明了"历史关键时期"与"初始微小制度差异"两者之间的相互作用。在历史的关键时期,一个重大事件的发生,往往是许多偶然因素共同作用的结果,它可能带来国内原有的政治或经济平衡被突然冲击,并导致原来不可想象的重大制度调整以及之后的经济发展。这种"历史关键时期"之所以重要,是因为没有这个重大事件带来的冲击,任何制度改革都会因原来榨取式制度下既有利益集团的强力阻碍而无法实现。那些从现状得利的精英不仅更加富裕,还更有组织,完全可以有效扼杀那些削弱其经济、政治特权的重大变革。而一旦因缘际会带来的关键时期出现,初始的微小制度差异就可能引发国家重大的走向差别。这观察工业革命在英国的兴起，可以说地处大西洋沿岸并可以参与大西洋贸易的地理位置，仍然会影响国家的发展，但地理条件这个变量要对经济增长产生像对英国那样的持续正向影响，就必须借助大西洋贸易在特定初始制度条件下催生的良性制度变迁。而那些初始制度过于专制的国家，如西班牙、法国，大西洋贸易所提供的机会不仅没有削弱，反而强化了王权，即使短期王室可以利用垄断贸易致富，但这种财富并没有在社会中实现政治与经济的广泛共享，更无助于这些国家建立包容性的政治与经济体制，最终反而把国家带入落后的境地。

初始制度差异与关键历史时期的互动：国富国穷中的制度漂流与路径依赖

观察人类几千年的历史可以毫不夸张地说，我们所生活的现代世界，包括其政治与经济文明，在很大程度上就是英国的光荣革命及其后的工业革命所带来的。如果没有英国的政治革命，人类不会逐步从专制体制的压迫下解放出来，也无法发展出更具包容性的政治体制。而没有这个政治体制作为保障，更具包容性的市场经济制度也无从谈起，更不会出现之后的第二次工业革命，以及目前正方兴未艾的新技术革命。也正是因为这些变化，人类的物质生活才可以在过去三四百年中取得之前几千年完全无法比拟的改善。可以毫不夸张地说，英国为人类现在可以享受到的政治与经济文明做出了最伟大的历史贡献。

更有意思的是，英国的工业革命并不是必然要发生的。也正是从这个意义上讲，我们过去经常接受的所谓"决定论的历史观"，如果不是错误的，至少也是片面的。应该说，英国能够发生政制革命及后来的工业革命，其实还是存在着相当的偶然性。

在英国，那些希望节制王室权力并争取更多元制度的群体，能在1688年光荣革命中获胜，不是历史注定的，而是由许多偶发事件促成的。英国议会及其支持者的胜利，无疑与大西洋贸易兴起并让许多商贾致富，且敢于与王室对抗相关。但在一个世纪前，英王伊丽莎白一世，或在她之前的其他都铎王朝君主，都没有建立一支强大而统一的海军。当时，英国海军不得不仰赖私人武装船和独立的商激励的经济制度，坚决保护全社会财产权，包括赋予创新以专利权，从而刺激英国出现了一波又一波重大的技术创新。英国的法律开始史无前例地适用于所有公民，原来王室任意独断的征税减少了，独占权也几乎全部取消。英国政府不仅积极促进商业活动，致力推动国内工业发展，甚至还动用海军军力去保护本国的商业利益。在光荣革命之后，英国政府还大力推动了国内的基础设施建设，特别是道路、运河和后来的铁路，为英国出现工业革命创造了良好的基础设施条件。

正是上述变化，彻底地改变了全社会的激励制度，为英国引领人类社会的第一次工业革命奠定了坚实的制度基础。君主立宪后带来的经济制度调整，让英国人可以在工业革命前几个世纪欧洲积累的知识基础上，全力推动可以运用于产业发展并牟利的重大科技进步。也正是英国建立的包容性市场经济制度，有效地激励了人们把才能投入到各种依赖教育与技术的新发明与新产业中去，大批的创新型英国企业家才得以崛起，在各类产业中采纳新的科技并雇用有技术的工人来应用这些新科技。英国工业革命起源于光荣革命后数十年的英国，关键在于其政治与经济制度变得更有包容性。英国伟大的发明家，如改良蒸汽机的瓦特、建造第一辆蒸汽火车头的特里维西克、发明纺织机的阿克莱特，以及发明数种革命性蒸汽船的布鲁内尔，都是因为他们的创意能够带来财富，才投入到这些发明创造的伟大事业中。比如，1775年，当瓦特重新申请的蒸汽机专利获准后，他写信给父亲：

> 亲爱的父亲，经过一连串来自各方的反对，我终于获得一项国会法案授予新火机的财产权给我和我的让渡者，范围及于整个大不列颠及其殖民地未来25年期间，我希望这将带给我很大的利益，因为目前已经有可观的需求。

显然，瓦特的发明工作受到市场机会的激励，即大不列颠及其海外殖民地的"可观需求"，而且正是因为英国的国会支持发明家的专利，才可以保证瓦特这样的创新者可以获得其发明的收益。

总体来说，英国的工业革命是因为英国率先发展出包容性的政治制度，而这些政治制度又催生了包容性经济制度，而这些变化没有发生在西班牙、法国等其他可以参与大西洋贸易的国家，也就不可能在这些国家产生改变人类命运的工业革命。

出口，西班牙与葡萄牙在欧洲殖民早期成为当时欧洲最强盛的国家。但历史却让工业革命在英国发生。

为了解释这个问题，本书作者提出了一整套论述大西洋贸易影响制度变迁，再由制度变迁带动工业革命以及长期增长的强大理论，来说明工业革命为何会发生在英国，而不是在西班牙。这里的关键是，英国与西班牙的初始制度并不存在显著的差异，但这个制度差异却被大西洋贸易迅速放大，在催生英国工业革命的同时，导致了西班牙的迅速衰落，正所谓"失之毫厘，谬之千里"。

具体而言，西班牙在参与大西洋贸易的时候，王权比英国更为强大，结果西班牙的国际贸易基本以王权为驱动力，西班牙的王室及其小圈子完全垄断了利润丰厚的贸易机会，并在此过程中强化了王权，进一步压制了民间的商业与政治力量。而通过贸易致富之后，西班牙的统治者还利用贸易获得的巨大财富在欧洲大肆扩张，王室也更加腐败堕落，这些都迅速消耗了贸易带来的财富，让西班牙离包容性制度渐行渐远，最后堕落成为"欧洲的病夫"。

与此相反，由于历史的原因，特别是中世纪《大宪章》以来建立的分权传统，虽然英国王室仍然是专制的，但相比于西班牙，英国代表地方贵族与商人利益的议会力量更强一些，这样英国王室就无法完全垄断大西洋贸易，结果是王室圈子之外的贵族、商人乃至海盗都能够参与大西洋贸易并致富，并在此过程中逐步加强了对代表其利益的议会政治力量的财力乃至武力支持。

实际上，英国的内战和光荣革命都与进入大西洋贸易的商人有关。多数与美洲和亚洲贸易的商人支持内战中的议会。在光荣革命早期的几个月，商人为从荷兰来的客君威廉国王的入主提供了关键的财务资助。1688年光荣革命之后，英国议会完全限制了国王在财政和税收方面的权力。

应该说，在光荣革命之前，也就是17世纪初的英国，王室仍然是相当专制的，老百姓能从事的经济活动，仍然会受到王室各种垄断权的扼制。英王在很大程度上仍然可以恣意征税并操纵法律，大部分土地也受到古老的财产权形态的束缚，几乎不可能出售，因此有极高的投资风险。但光荣革命却让这些情况出现了根本性的改变。

也正是光荣革命之后，英国政府开始采取一套为投资、贸易和创新提供有效

回到欧洲：工业革命为什么在英国首先出现

道格拉斯·诺思等制度经济学家早就论证，英国在全世界率先实现工业革命，关键在于其政治制度出现的重大变化。具体而言，工业革命开始之前，英国发生了两个具有里程碑意义的事件——1642—1651年的英国内战，以及更重要的1688年的光荣革命——使得这个欧洲边陲岛国在人类历史上第一次实现了君主立宪。虽然这个制度与现代的民主政治还存在巨大的差距，但只要英国议会跟国王之间出现了一定的权力平衡，而支持议会的贵族和商人要做生意与投资，就必须限制国王随意征税与开支的权力。正是由于这个政治制度上的变化，英国才开始出现了一个更有问责性的政府，提供了民间投资与企业家创新的强大激励，也才引发了带领人类走向新纪元的工业革命。

本书作者进一步指出，工业革命诞生在英国这样一个位于欧洲边陲的国家，不仅与英国特殊的历史发展轨迹所给定的初始制度安排有关，更与英国在地理大发现后可以参与大西洋贸易的地理条件有关。尤其值得指出的是，英国独特的历史轨迹，配合其地处西欧的有利地理条件，之所以可以催生工业革命与英国的长期繁荣，是因为它们帮助英国创造出了全世界第一套广纳式的政治制度。

实际上，地理大发现后几个世纪日益繁荣的跨大西洋长距离贸易，是英国工业革命的一个关键条件。正是大西洋航线的发现、开拓与整个大西洋贸易的兴起，以及南美洲和北美洲的相继开发，欧洲的贸易中心才慢慢走出了地中海，开始逐步转移到了大西洋海岸。

但是，大西洋贸易并不是工业革命发端于西欧的一个充分条件。为什么这么说？因为大西洋贸易的先行者并不是英国，而是同处西欧的西班牙和葡萄牙，后面两个国家从大西洋贸易中的直接获益，甚至比英国还要大得多。首先，西班牙、葡萄牙早于英国从事大西洋长距离航海探险，较早掌握并拥有了相对优良的航海技术和经验，是整个大西洋贸易的先行者，并在相当时间内主导了大西洋贸易。其次，由于西班牙、葡萄牙早于英国从事航海贸易，它们率先占领了当时自然条件优于北美的南美洲，所以西葡比英国有更好的矿产、土地与劳动力资源进行开发与贸易。也正是通过在南美洲的经营与殖民，特别是银矿与金矿的开发与果是这些国家大都无法搭上工业化发展的快车，开始从领先走向落后。

很多曾经富裕的拉美国家，即使后来不得不被动推进工业化，往往也是少数利益集团垄断与把持的工业化。而在收入高度不平等的情况下，一些国家即使后来不得不推动民主化，往往很容易演变为民粹主义的政治，非常不利于经济的可持续增长与社会稳定。到如今，这些曾经非常富裕的拉美经济体，大部分都落入中等收入陷阱。更糟糕的，如海地，已经坠入贫困陷阱，成为各国经济发展最失败的案例之一。

与此相反，在原来气候条件更温和、农业不发达、本地人口非常稀少的温带地区殖民地，比如美国北部、加拿大、澳大利亚与新西兰，本地没有多少土著可以被殖民者驱使并进行强制劳动。结果，新迁入的欧洲人只能通过自己的努力劳动去谋生。也正是由于这些地区没有热带病的困扰，欧洲殖民者才可以实现较大规模迁移。为了激励大批迁入的欧洲殖民者努力工作，就必须尊重所有迁入者的私有产权，在政治制度上保证所有欧洲移民在殖民地政府较高的代表性。于是，这些原来经济相对落后的温带殖民地，反而建立了更具有包容性的政治与经济制度。在工业革命到来之前，也就是在农业与手工业主导的时代，这些包容性制度的优势并不明显。而一旦18世纪欧洲开启了第一次工业革命之后，这些建立了包容性制度的殖民地就很快抓住了工业化的机会，甚至美国还逐步成为第二次工业革命与技术突破的新基地，经济水平迅速超过原来因强制劳工型矿业与奴隶制农业而致富的中美洲地区，并在其后一两个世纪因其制度优势不断拉开与热带拉美地区的经济差距。

上述不同欧洲殖民地之间出现的财富大逆转，更进一步说明了是人造的制度，而不是天造的地理环境与资源禀赋，决定了一国经济能否实现长期增长与繁荣共享。虽然前面关于欧洲殖民地的财富逆转的讨论，也说明地理环境对国家增长可以发挥重要影响，但这个影响是间接的，是通过殖民地的疾病与本土人口密度去影响殖民者的定居模式，进而影响殖民地政治与经济制度质量，并最终影响国家的长期经济增长与收入分配状况。也正是从这个意义上讲，制度的包容性才是国富国贫的关键所在。地理环境、资源禀赋对国家发展所起的作用，也主要是通过影响制度质量这个变量来实现的。

是欧洲殖民地，但被殖民的不同地区之间，却出现了惊人的"财富逆转"。在公元后1500年的时间内，印度的莫卧儿王朝，美洲的阿兹特克、安第斯地区，都是当时世界最富裕的地区，而北美洲、大洋洲等地则是当时全球最不发达的地区。但从今天的情况看，这些地理大发现后被欧洲殖民的不同地区，国民财富却出现了重大的逆转：原来那些富裕的经济体，大都出现了相对的衰败，而原来最穷的北美与大洋洲却成为当今世界经济最为繁荣的地区。

基于翔实的历史资料，并通过严格的计量经济学分析，本书的作者发现，上述逆转主要是因为欧洲殖民者在不同殖民地建立了具有不同质量的制度体系。更进一步说，这些殖民地是否可以实现持续发展，取决于该地是否建立了具有包容性的政治与经济制度。而是否建立包容性制度，又取决于殖民者在该殖民地所面临的卫生环境与本地人口密度。

具体而言，在那些地处热带的殖民地，比如中美洲与热带非洲，诸如疟疾、黄热病之类的热带疾病盛行，本地的土生人口密度也较高，但那些去殖民的欧洲人却缺乏对抗这些疾病的抗体，结果是殖民者死亡率极高，难以实现大规模迁移定居。与此同时，这些地区相对丰富的本土劳动力却可以被武力征服，欧洲殖民者强制这些本地劳工去开采当地丰富的黄金、白银等矿产，或者通过建立大规模的奴隶制庄园，种植欧洲大陆所需要的各类高附加值经济作物，比如蔗糖、咖啡、棉花、烟草等。结果，这些热带殖民地就建立了高度榨取型的经济与政治制度，甚至在相当一段时间内也带来了这类殖民地相当快速的经济增长。

在这些热带拉美地区的欧洲殖民地，当地精英虽然在殖民早期因金银开发、奴隶制庄园的建设致富，但这些增长是高度不平等的增长。与此配套，这些国家也建立了压制型的政治与经济制度，不仅剥夺了本土印第安人及来自非洲的黑奴的政治权利，更剥夺了后者接受平等教育与发财致富的机会。伴随这些早期经济增长的，是这些热带殖民地高度的收入、财富不平等，而这又进一步强化了少数政治、经济精英压制全社会大部分穷人的能力，于是制度设计进一步偏向有钱有权的精英。显然，这样的增长无法持续，尤其是欧洲工业革命的冲击到来时，这些国家的政治精英为了防止工业发展竞争抢走自己控制的劳动力，也为了防止工业资本家在经济壮大后挑战自己的政治与经济特权，往往倾向于抵制工业化，结高比例人口的经济与政治利益。理由有三：首先，在一个包容性的政治与经济制度下，少数人的政治权力受到制度化的约束，就可以防止因少数精英任意掠夺大众，而带来全社会产权保护不力，投资与创新不足的局面。其次，包容性的制度安排能有效防止在任何行业出现由国家力量加持的行政性垄断，从而有助于产业的升级与新技术的研发，推动全社会涌现出更多的创新型企业家。再次，在一个包容性的政治制度下，政府会更多地从富人那里抽税，并向全社会提供足额的公共产品，尤其是加大对老百姓教育与医疗等方面的投入，为国民经济长期增长所需要的产业升级与技术进步提供足够数量与质量的人力资本。

与包容性制度所带来的上述良性效应相反，压榨性或汲取性制度安排却为国家发展制造一连串恶果。首先，一小群精英很容易控制整个国家，并以有利自己的方式来组织其政治与经济体系。这些精英虽然也保护产权，但主要保护的是他们自己的产权，他们对精英圈子外大部分民众的发展机会和收入提升漠不关心，甚至还会对后者的财产与投资过度抽税乃至掠夺。其次，当政治权力集中在少数人手中时，那些关键性产业往往会建立精英主导的行政性垄断，为精英群体创造庞大财富并用于享受，而不是鼓励企业家在这些行业实现充分竞争，从而难以实现持续的产业升级与技术创新。最后，主要代表少数精英利益的政府，根本没有意愿为全社会提供足够的公共产品，尤其是不愿意对大众教育与健康进行足够的投资。在这样一个不公平的竞争环境下，大部分民众的发展机会被剥夺，全社会的聪明才智难以充分被发掘出来。结果是国家的经济增长业绩不彰，收入与财富的分配高度不平等，社会更难以实现长治久安。

很多人会问，既然经济学家总体上来说都支持制度决定论，值得追问的问题是，一个国家的制度归根结底又是从哪里来的？换句话说，什么条件会给一个国家带来更有利于增长的包容性制度？什么条件又会使得一个国家建立不利于长期增长的汲取性制度？这显然是一个非常复杂的问题，如果非要给出一个简单的答案，那么我们只能大而化之地说，该国的历史轨迹、地理条件，甚至是一些偶然的因素，都会影响一国制度的包容性程度。

自2000年开始，本书作者通过一系列在经济学界产生了重大学术影响的政治经济学研究，考察了欧洲前殖民地不同地区之间出现的一个重要现象，即虽然都国著名经济学家基立克担任加纳总统恩克鲁玛的顾问。基立克发现，加纳当时建立了大量低效率的国营企业，他回忆说：

> 某家鞋子工厂……准备与北部一家肉品工厂结盟，由后者把兽皮运送到南方（距离超过 500 英里）的皮革厂（现在已停工）；皮革再运回位于该国中部的库马西，距离皮革厂约 200 英里。由于主要的鞋子市场是在阿克拉都市区，鞋子必须再运送 200 英里回到南方。

显然，这是一家"因为设厂位置不良而危及其生存"的企业，而且这家鞋厂只是加纳许多类似的计划之一，另外有一家杧果罐头工厂设在加纳不生产杧果的地区，它的产能却超过全世界对这种产品的需求。

实际上，加纳政府推动的一连串非理性的经济发展，并不是因为恩克鲁玛总统或其顾问的信息不足，或他们不了解什么是正确的经济政策。他们有像基立克这样的专家帮忙，甚至诺贝尔经济学奖得主、二元经济理论的提出者亚瑟·刘易斯也担任过加纳总统的经济顾问。加纳政府与其领导人其实非常清楚这些政策和项目效率低下，但之所以一直推行这些项目，是因为该国总统恩克鲁玛必须用这些浪费性项目去收买政治支持，从而维系其政权。换句话说，有些政策虽然从经济学上看可以改善效率，甚至还同时有利于收入分配，但从政治上来看，却不利于统治者稳固其政治权力，也不利于他们攫取巨大的经济利益。虽然这些经济政策效率非常低下，却是非常好的政治收买策略。这才是很多国家的不良政策可以长久持续，并带来长期衰败的关键所在。

制度决定论以及决定制度质量的历史、地理因素

国家的失败，根本上源于其失败的制度，是因为该国的经济与政治制度不具备足够的包容性，无法在社会中创造良好的经济激励，从而不仅难以推动经济持续增长，更无法实现经济发展成果的全社会共享。

具体而言，一个国家持续贫穷或者能够走向富裕，是因为它们建立了不同质量的政治与经济制度。制度质量是高还是低，关键看制度是否能够包容社会中更

其次，在这些文化决定论中，一些西方学者认为伊斯兰教不适合经济发展，但历史上伊斯兰地区的经济曾经一度相当发达，而经济领先时期的伊斯兰文化，也表现出很强开放性。

最后一个"文化决定论"的反例是我们熟悉的东亚地区。第二次世界大战之后从低收入走向高收入的经济体有 10 个左右，东亚占了一半以上。但仔细观察却不难发现，除了韩国以外，基督教在成功的东亚经济体的影响并不大。甚至可以说，其他条件的变化，让这些经济体中出现了更好的致富机会，才使得约束人们发财致富的那些儒家价值观念开始被抑制，而另外一些强调工作伦理的儒家价值观念被发扬光大。

总体而言，文化与经济增长不能说没有一点关系。比如，广义的文化会影响人们交往，尤其是经济交往中彼此信任的程度，而高度的社会信任确实有助于降低交易成本，并助推经济增长。但我们从欧洲、伊斯兰文化圈与东亚文化圈的历史兴衰来看，任何文化都具有多面性的价值观念，既有鼓励人们遏制物质欲望、追求精神财富的面向，也完全可以因时、因势而做出调整，转而鼓励人们追求物质利益，强化工作伦理，实现"义利并举"的面向。换句话说，各国不同的文化，完全可以在其他条件改变后也实现所谓的"创造性转换"，它们更可能是制度变化及经济发展带来的一个结果，而不是推动经济增长的主要原因。

与制度决定论竞争的最后一个广为接受的假说，是所谓的"政策决定论"或"领导人决定论"，它是指很多国家的政府或者其领导人，或者是不理解经济学，误读了经济规律，或者是领导人的短视，在制定经济政策上错误百出，由此带来了国民经济的长期衰败。

对这个观点的最有力量的反驳是，如果经济失败主要来自政府的政策失误或领导人短视，那么只要改正这些失误，或者实现了领导人的更替，就可以实现政策调整并带来经济的成功。但我们在各国发展的实践中，却经常看到很多政策的失误长期也没有得到改正，为什么会出现这样的情况？

在《国家为什么会失败》这本书中，作者给出了一个很好的例子，来说明长期错误的经济政策本质上不是因为政府的短视，而是特定体制下领导人为增加政治支持而有意为之。这个案例就是独立后很快陷入长期经济衰退的加纳。当时英再来看现在总体而言非常贫穷的中东地区，它们曾在新石器革命中引领世界，并在今日伊拉克所在地区发展出历史上的第一批城镇。直到中古世纪，中东的经济与技术都曾经相当发达。但自从人类步入工业革命之后，除少数几个石油国家，现在大都成了落后的经济体。而那少数几个中东石油国，以及过去几十年因石油资源而实现一段时期可观增长的国家，比如俄罗斯和委内瑞拉，也都随着20世纪新能源革命的展开、石油价格显著下滑，经济开始出现大规模衰退，有些国家还陷入了严重的经济灾难，未来的发展前景更令人堪忧。

有大量经济学的研究表明，那些自然资源丰富的国家，如果无法通过有效的政治与经济制度安排实现资源收益的全民共享，那么资源丰富与价格上涨带来的收益，往往会带来本国制造业发展乏力、政府腐败、收入差距扩大等多方面的"资源诅咒"，甚至还很容易在国际经济周期低谷阶段，因为资源价格快速下滑而陷入经济危机与社会动乱。而少数自然资源丰富但初始制度良好的经济体，比如加拿大、澳大利亚、新西兰以及非洲的发展明星博茨瓦纳，甚至不需要工业化，也完全可以成为发达国家，或者至少保持长期可持续的经济增长与繁荣共享。

再来看所谓的"文化决定论"。这个理论最有名的提出者，是德国伟大的社会学家马克斯·韦伯。韦伯宣称，欧洲中世纪之后的宗教改革及其所激发的新教伦理，在西欧现代工业社会的崛起中起到了非常关键的作用。韦伯之后，还有更多学者提出了扩展版"文化决定论"。这些扩展版理论，不再以宗教，尤其是基督教为基础，也强调其他种类的信仰、价值和伦理。比如，曾经一度被认为不利于经济成长的儒家伦理，因为亚洲四小龙和日本在第二次世界大战后的快速发展，得到了一些新儒家学者的大声宣扬。

首先，韦伯提出的"新教伦理"，对欧洲的经济增长与工业化到底产生了什么影响？这个问题在学术界的争议其实非常之大。近年来，更多的社会科学研究倾向于对新教伦理的作用给出一个否定的回答。虽然新教徒占优势的国家，比如荷兰和英国，确实是全世界最早获得经济成功的国家，但这些国家的宗教与其经济成功却未必有很大的直接关系。法国是天主教占优势的国家，但也很快在19世纪有荷兰和英国一样的经济表现，同样天主教主导的意大利今日也和其他西欧国家一样繁荣富裕。

列夫托尔斯泰在《安娜·卡列尼娜》里曾经说过："幸福的家庭都是相似的，不幸的家庭各有各的不幸。"如果把这句话引申到国家发展上，我们是否可以说，成功的国家都是相似的，失败的国家各有各的失败呢？这显然不是一个简单的问题，让我们来看看由阿西莫格鲁与罗宾逊两位经济学家在《国家为什么会失败》一书中给出的回答。

"国富国贫"这个问题实在太重要了，以至于各个学科的学者都希望给出好的回答，在学术界早就积累了汗牛充栋的文献。《国家为什么会失败》这本科普型著作，则是由两位享有盛誉的经济学家为大众读者撰写的，出版后还很快排到了全球畅销书排行榜的前列。在这本书中，两位经济学家使用了一个简单但强大的理论分析框架，以上下五千年、纵横两万里的跨时空证据，论证了一个核心观点：国家发展的失败，不是因为国家人种的劣等，不是因为国家的地理条件与资源禀赋差，也不是因为国民性与文化问题，甚至都不是因为领导人短视或政策的失误，而是根本上缘于其失败的制度，是该国的经济与政治制度不具备足够的包容性，无法在全社会创造良好的经济激励，无法在推动持续经济增长的同时实现发展成果在全社会的共享。

很多人会问，难道一国的地理环境与资源禀赋、主流文化特征，以及政府领导人的远见与政策选择这些因素对国家发展就不重要吗？对这些关于国富国贫的竞争性理论，包括地理决定论、文化决定论以及政策决定论，本书逐一进行了非常有力的反驳。

先来看地理决定论，就是用各国的地理环境、资源禀赋来解释国富国贫。作者提出，地理与资源决定论的解释，之所以存在重大问题，本质上是因为人在面对自然环境乃至地理约束的时候并不是被动的，而是具有很大的能动性。所以，地理环境，包括自然资源禀赋，不会完全限制，甚至可以说越来越少地限制经济的增长。比如，在1492年欧洲人发现新大陆之前，墨西哥中部谷地、中美洲和安第斯山的文明，是伟大的阿兹特克和印加文明的所在地，人们都有比北美与南美温带地区更高的农业技术和生活水平。虽然地理条件与资源禀赋没有改变，但经过几百年的发展，与美国、加拿大相比，甚至与阿根廷相比，这些中美洲地区却落后了，出现了惊人的"财富逆转"现象。

陶然讲读《国家为什么会失败》

> 陶然
> 中国年轻一代经济学家的代表人物，中国人民大学经济学院教授，中国人民大学汉青经济与金融高级研究院副院长。主要研究领域为公共财政、政治经济学、经济增长与发展。

国家为什么会失败？地理、文化、政策抑或是其他

我们当今生活的世界，是一个从收入分配角度看高度不平等的世界，而在全球收入不平等的构成中，相当大的比例来自国家之间的收入差距。全世界约25个发达经济体，主要分布在西欧、北美、澳洲以及东亚。其中主要是分布在西欧的十来个老牌资本主义国家。另外几个发达国家则是15—18世纪地理大发现后，被欧洲强权殖民而建立的以欧洲移民为主体的国家，如美国、加拿大、澳大利亚与新西兰。最后，还有几个东亚经济体，包括日本和所谓的"亚洲四小龙"。它们虽然在早期也因欧洲的冲击成为殖民地或半殖民地，但人口结构上仍然以本土人口为主，利用第二次世界大战之后的发展机会在短短四五十年就一举实现了从低收入到中等收入，最后冲向高收入经济体的华丽跨越。

与此形成鲜明对照的是，在全世界其他地区，包括非洲、拉丁美洲、南亚、中东，绝大部分国家大都有被西方殖民的历史，第二次世界大战之后也逐步走向独立。这些国家中的一小部分，大约30个，一直停留在贫困国家的行列。而剩下的其他100多个国家则要更幸运一些，经过一段时间的经济增长达到了中等收入水平，但此后原地踏步，更糟糕的是还有不少国家和地区出现了经济倒退，而没有像日本与"亚洲四小龙"那样一举实现向发达经济体的跨越。按照经济学的术语，这些国家和地区小部分落入了"贫困陷阱"无法自拔，大部分则停留在所谓的"中等收入陷阱"中。

经济学，获得博士学位。2002年毕业后回国，入职中国社会科学院7年，其中4年在剑桥大学中国研究中心做博士后研究。2009年受聘中国人民大学，晋升教授。他说，经济学相对来说是年轻人的职业。

个诺加利斯原本拥有相同的地理、气候、人种、文化、制度和风俗习惯，1853年美墨战争之后，美国人通过购买，将国境线延伸到了诺加利斯。一个半世纪后，栅栏两边，出现了两座完全不同的城市，形成了两个完全不同的世界。索诺拉的诺加利斯，大多数居民未受过教育，孩子辍学严重，婴儿死亡率高，犯罪率高，公共设施和法律环境都非常差，而亚利桑那的诺加利斯正好相反。

这是为什么呢？在作者们看来，显然不是地理和气候因素，也不是人种和饮食习惯，更不是别的什么因素，比如文化和艺术，导致的这些差别。很显然，就是栅栏两边实行了不同的经济制度。就拿办企业来说，在索诺拉它是个高危行业，而在亚利桑那它却受到制度的鼓励。

在两位作者看来，经济制度的背后，是政治制度。其中的关键，是政治制度能否提供民选官员的机制。好的制度，使得掌握权力的精英集团，很难倚靠权力长时间谋取私利，而坏的制度正好相反。

有趣儿的是，"五月花号"登陆普利茅斯之前，另一批英国殖民者先期定居普利茅斯南边一点的詹姆斯敦。他们起初学习西班牙人的方式统治那个领地。能靠掠夺积累财富，谁愿意吭哧吭哧刨土呢？但他们遇到了巨大的障碍——严酷的地理和气候条件、印第安人的抵抗及内部分裂——使抵达詹姆斯敦的英国人很快减少了三分之二，殖民者们不得不改变生存策略。他们走向自治，建立利益均沾、权力制衡机制，选举领导人等，其实都是被地理和人文环境给逼出来的。

这个故事的肌理，给我们很大的启发。阿西莫格鲁和罗宾逊的论证，也颠覆了我们的认知。布罗代尔的长时段理论强调地理因素的重要性。阿西莫格鲁和罗宾逊颠覆了布罗代尔的理论，两位作者还建立了一对儿概念——汲取和分享——用来分析两个诺加利斯实行的不同制度及其原理。汲取也可以翻译成"榨取"。意思是，两种制度，一个是以利益汲取为统治目的，一个是以利益分享为治理目标。利益汲取，必然是权力集中才能达到目的，而利益分享只能通过政治权力的众人参与达成目标。

讲读这本书的陶然，1972年出生，湖南人。1989年到兰州大学学习经济地理，之后考取北京大学，学习城市与区域规划。1996年到芝加哥大学攻读

导语｜制度决定竞争的国家间的成败

刘苏里

《国家为什么会失败》非常重要，也好读。两位作者就是为大众撰写的。这本书打破了有关国家贫富的许多成见，写得通俗，论证却很强大。我先后读过两个版本，也写过简短的介绍。

1967年，德隆·阿西莫格鲁出生于土耳其一个书香世家。25岁拿到伦敦经济学院博士学位。1993年移民美国，受聘麻省理工学院，31岁获得该校终身教职，33岁任全职教授。2005年，38岁的阿西莫格鲁获得约翰·贝茨·克拉克奖。约翰·贝茨·克拉克奖每两年一评，奖励对象为40岁以下、对经济学有突出贡献的美国经济学家。1947年设立以来，有三分之一的获奖者后来得过诺贝尔奖。

阿西莫格鲁39岁时，与罗宾逊共同撰写了《民主和专制的经济起源》，41岁发表《现代经济成长引论》。《国家为什么会失败》，是他迄今最重要的作品，合作者还是罗宾逊。阿西莫格鲁还是美国多个学术机构的会员和研究员。由于杰出贡献，他在美国和土耳其都赢得了巨大声望。

詹姆斯·A.罗宾逊，比阿西莫格鲁大8岁，也是伦敦经济学院的校友。罗宾逊是英国经济学家和政治学家，先后在英国伦敦经济学院、沃里克大学和美国耶鲁大学攻读学位。毕业后在加州大学伯克利分校、南加州大学和澳大利亚墨尔本大学任教。2004年起，任哈佛大学教授，直到2015年加盟芝加哥大学。罗宾逊还是世界著名的拉美和非洲问题专家，有很长一段时间在撒哈拉以南非洲从事研究工作。

看两位作者的履历，就知道为什么他们能写出这本名著了。展开论证时，五大洲一百几十个国家的案例两位作者如数家珍、信手拈来。这本书的核心思想，很大程度是靠这些案例支撑的，好像全书满篇都在讲故事。

书的第一页有两幅照片：一道栅栏的两边，一边是美国亚利桑那州的诺加利斯，一边是墨西哥索诺拉州的诺加利斯。这就是第一章的故事背景。两

五〇
《国家为什么会失败》

［美］德隆·阿西莫格鲁　［美］詹姆斯·A.罗宾逊著　李增刚译
湖南科学技术出版社　2015年

主题词◎制度决定论

经典之处

德隆·阿西莫格鲁和詹姆斯·A.罗宾逊令人信服地表明，经济制度的背后是政治制度。在好的制度里，掌握权力的精英集团很难靠权力长时间谋取私利，而坏的制度正好相反。在15年原创性研究的基础上，作者整理了罗马帝国、玛雅城市国家、中世纪威尼斯、苏联、拉美、英国、欧洲、美国和非洲的大量历史证据，建立了一个跟社会重大问题高度相关的新政治经济学理论。

作者简介

德隆·阿西莫格鲁（Daron Acemoglu，1967—　），麻省理工学院的基利安经济学教授。2005年获得了奖给40岁以下对经济学思想和知识做出重大贡献的经济学家的约翰·贝茨·克拉克奖。

詹姆斯·A.罗宾逊（James Alan Robinson，1960—　），英国经济学家和政治学家。先后在英国伦敦经济学院、沃里克大学和美国耶鲁大学攻读学位。在加州大学伯克利分校、南加州大学和澳大利亚墨尔本大学任教。2004年起，他任哈佛大学教授。2015年，他加盟芝加哥大学，在该校哈里斯公共政策学院任教。

思考题：

1. 学术探讨通常是在主流范式内进行，所谓范式就是规矩和方法。你认为在我们读经典时，是不是也该既尊重主流的范式，又对主流有所反思和揣摩呢？
2. 纳斯鲍姆认为社会合作不应该指独立的强者之间的互相利用，而应该是弱者之间的互相协助。换言之，她认为契约论对于个人、对于社会生活的想象都是失真的。你觉得呢？
3. 谈谈你对能力论的看法。
4. 结合你的经验，谈谈能力论的正义观与契约论的正义观差别的实际意义。
5. 康德认为人类与动物无法缔约，你觉得呢？

不正义。这个思路，在契约论的传统里，根本无法存身。

一旦将能力论应用到动物身上，动物的道德地位就大为明朗了。既然动物跟人类一样，都是活的生命，于是原先适用于人的运作与能力两组概念，对动物也一样适用。这个想法，在动物伦理学关于动物生命的想象中，是很重要的贡献。由此开始，一如纳斯鲍姆原先针对人类开出的能力清单，如今针对动物，她也可以开列出动物应该获得的一张能力清单。由于运作与能力都是从属于"物种"的概念，也就是说，动物与人类的运作会有一些自然的差异，因此，动物的能力清单与人类会有不同。但是让动物获得基本的能力，生命的运作能够达到门槛的水平，已经构成了一种明确的正义原则。

结论

毕竟，《正义的前沿》是一本长达500页的大书，内容丰富，议题庞杂，纳斯鲍姆的分析与论证也相当细致、繁复。不完整阅读，很难领略它的全貌。但是我还要补充一点。阅读哲学著作，书里的立场与结论属于次要。更重要的是书里所提出的问题，以及作者在处理问题时所展现的批评、分析过程。一本书的价值首先取决于它的问题意识，以及作者针对该一问题意识所做的铺陈、发展。在这两方面，纳斯鲍姆的这本书，都称得上有其价值。罗尔斯说过，"正义"是一套社会体制的首要优点，一如"真实"是一套知识系统的首要优点。正义的重要性，于此可见一斑。但也因为如此，我们所提出的正义观是不是妥当，就是极为重要的问题。至于是不是妥当，首先当然要看该正义观是不是有其盲点，有所遗漏与疏忽，以致于令一些人、一些物种无法获得合于正义的待遇。

纳斯鲍姆的《正义的前沿》是献给罗尔斯的，书前的献词说明"我最终的目标，是拓展罗尔斯理论中的核心概念，来处理新的议题"。罗尔斯在2002年去世，作者表示，"谨以莫大的敬意、友谊与悲痛，献上此书，缅怀斯人"。本书延续了罗尔斯对于正义的关注，将正义的思考延伸到愈来愈广的领域。这是本书的问题意识之所在。掌握住这个问题意识，把它转化成你自己的问题意识，开始你自己的思考，便是你阅读此书时应该追求的最大收获。

或者"身为生活的主体"。

能力论的这个优点，与契约论的层层限制正好构成对比。如前面说过的，契约论对于缔约者的理性思考能力，与他人互惠互利的能力，以及本身与他人力量的对称，都设下了重重要求。动物不可能符合这些条件，因此动物也就当然不可能进入契约，也不会成为契约论式的正义所理会的对象。

但这是不是说，正义跟动物没有关系？我们如何对待动物，难道不会构成正义的问题吗？

契约论的确会导致这样的消极结论。康德认为人类无法与动物缔约，因此人类对动物至多负有"间接的责任"。罗尔斯认为人类与动物的关系无法谈到正义，不过人类对于动物还是负有一些责任，但这种责任并不是根据正义而来的责任，而是"出自怜悯与人道的责任"。确实，当我们看到一只动物受到了伤害，并且责任不在他本身，我们会生出同情与不忍的感情，似乎是很自然的事。那么这种自然的感情，与正义的考虑，差别在哪里？

单纯的同情与怜悯，里面并没有追究责任的成分。一只动物受到病痛的折磨，与一只动物受到残酷的虐待，都会引起我们的同情。不过面对人类虐待动物，我们不会止于同情，还会进一步认为，动物并不应该受到这种残酷的待遇。我们的理由何在？

纳斯鲍姆指出，正义这个概念，逻辑上联系到了"应得的权益"这个概念。一个行为如果伤害、剥夺了应得的权益，便构成了不正义的行为，或者违反了正义。所以动物能不能成为正义的适用对象，取决于动物是不是拥有什么"应得的权益"，是我们必须尊重、维护的。那么虐待动物，在什么意义上伤害了动物应该拥有的权益呢？

在绝大多数的伦理学体系中，由于所考虑的对象都是人，都用人的道德能力画出道德原则适用的界线，所以很难承认动物拥有什么应得的权益。但是能力论不同，上面说到的它的优点，在这里发挥了作用。把动物看成正在活的生命，承认生命如何运作具有规范的含意，也就是承认让一个生命善用足够的能力，活出他这个物种所应该达到的运作状态，对这个生命来说，构成了他应得的权益。如果人类的暴虐与自私，让它的运作遭受严重的伤害，甚至被迫终止，当然构成了到达应有运作门槛，也是重要的正义问题。

动物

在一本探讨正义概念的书中，动物这个主题赫然作为专章进入讨论，可能会令多数读者感到意外。把正义的适用范围延伸到残障人，绝大多数人应该会认同；要把异邦人列为正义的对象，虽然会引起一些争议，不过并不背离常识；但是主张对待动物的方式也有正义与否的问题，大家就难免愕然。毕竟，动物并不是人类。

其实，动物有没有道德地位，原本就是一个充满挑战性的课题。传统上，动物并没有道德地位，也就是无从成为道德考虑的对象。这当然不是说人类可以对动物为所欲为。人类可以使用动物，不过怎么使用，仍然受到一些限制。罗尔斯指出，动物并不在他的正义论关照的范围之内，但是人类仍然应该用"怜悯与人道"的方式对待动物。这可能是在人类中心论范围之内比较宽厚的一种看动物的态度。

从彼得·辛格的《动物解放》一书1975年出版以来，至少在西方世界，动物伦理学开始发展，已经形成了一个生机蓬勃的领域。动物伦理学为了证明动物有其道德地位，通常采取的论证策略是，在人类身上指出一种特色，这种特色乃是人类拥有道德地位的根据，然后指出动物身上也有同样的特色，因此动物与人类一样都具有道德地位，也就是对待它们的方式一样都受道德规则的管辖，都有道德上的是非对错可言。辛格作为效益主义者，他举出来的人兽共通的特色是能够感觉疼痛；另一位动物伦理学者里根是康德主义者，他举出来的人与动物的共通特色是"作为一场生活的主体"。在我看来，纳斯鲍姆的动物伦理学与辛格、里根的理论属于同一种逻辑，都是从人与动物的共通之处，建立动物的道德地位。

从能力论出发，进入动物伦理学是很自然的一步。能力论着眼于个体的生命，也就是他的运作状况与可以施展的能力。至于这个生命属于人还是属于动物，能力论本身并没有设定限制。这是能力论的优点，使得它适用于人类，也适用于多数的动物，并且可以照顾到这些生命的多个面向，不受限于"感知痛苦的能力"，日常的实践理性,是人作为一种动物的各种生存能力之一,不仅其作用的方式不可能脱离肉体,同时会跟肉体一样,也有其从儿时开始发育、成长,最后逐渐衰弱、退化的历程。

一旦承认人类只能在肉体之中运作、生活,我们就必须正视肉体所带来的脆弱、依赖与需求。肉体人从生到死的过程,至少头尾两段均需要他人的照料与保护,在其他时段,由于生病或者情绪的需求,也不时需要他人的协助与支持。这种与生俱来的脆弱状态,显然必须是正义原则的着眼点。换言之,肉体应该是道德思考的关键一环。正视这一环,方能提醒我们必须把关怀与照护列入正义的原则之中。正常人如此,残障人更是如此。残障人的需求,以及照护者应该获得的支持,理所当然地构成了正义的一个部分。契约论关于人的理性主义假定,使它无法处理残障者,能力论却毫无困难。

再次,由于能力论强调人的脆弱,特别是人在生命的一些关键阶段的依赖性,"照护"乃是能力论的一个核心概念。在需要的时候获得照护,应该是公民的一种首要需求,可是在各种契约论的正义理论中,由于"人"被假定为自主、独立,而且有能力设法互利,照护从来没有被列为正义所要求的项目之一。

不过纳斯鲍姆强调,获得照护并不构成一种与其他能力并列的能力。照护其实渗透在各种能力之中。对幼儿、老人、病患、失能者,尤其是对智能退化或者丧失的人提供照护,焦点集中在他们的生命、健康,以及身体的完好。不过照护也须为被照护者的感官、想象力,以及思维能力提供刺激,维护它们的运作。照护包括了情绪,需要设法消除脆弱状态所带来的焦虑与恐惧。照护也协助各种实践理性的能力,包括做各种选择,以及理解、设想事物的意义。在照护的范围中,还应该包括社交生活、游戏,以及接触大自然。

在另一方面,照护的提供者,经常是社会中被忽视的一群人。在许多社会中,普遍把照护家庭化、私人化,照护的责任经常落在一两位家人的身上,并且通常是女性成员。这些照护者的工作以及付出缺乏社会的承认,不仅是无偿的劳动,她们自己的生活往往也被迫牺牲。一旦把照护看成正义的一个项目,照护者自己的运作与能力也应该受到正义的对待。社会的各种支持、社会文化对他们的承认、他们应有的选择权利,都应该成为公共议题。总之,他们的生活是不是能互有利为原则，在公平的条件之下进行社会合作，以便获得自己的利益。这种"公平的条件"构成了正义。但是残障者不可能像一般人一样独立自主，不可能与一般人一样在互利的原则之下缔结契约。换言之，他们要求于别人的比较多，提供给别人的却比较少，势必会扭曲互利原则。所以传统的契约论通常把残障者排除在缔约过程之外。多数的契约论者，如果考虑到了残障人，通常会采取延迟的策略，也就是看成特殊的群体，留到立法或者行政的层次再谈，或者作为慈善救济的对象。但是在缔约建立社会的基本制度时，并不会将残障者列入，以免破坏了缔约所要求的缔约者的对等性。

但是能力论所考虑的是个人生命的运作状态，因此它对"人"的想象，不止于利益，而是必须包含社会性、道德性的一面。针对"健全的生命运作"这个目标而言，个人是不是能照顾自己，能够对别人带来什么利益贡献，并不在优先考虑的范围，社会合作可望产生的利益，也不是从每个人的私利着眼。相反，由于社会合作是为了让人们获得最好的运作状态，所以社会合作的动机包括了对于正义的向往，重视同情心与相互之间的善意，也会推崇爱心的价值。换言之，能力论所理解的社会合作，在内容上要比契约论多样、丰富，而且更具有道德含义。

从这种观点出发，在考虑正义的要求时，残障者的生命运作状态不会被排除，反而与一般人一样，在同一个层面上受到正义原则的考虑。

其次，契约论为了强调缔约过程的公平与合理，对于"人"必须坚持一种高度理性主义的理解，假定缔约者具备充分的理性认知，以及判断与选择的能力，否则没有理由赋予他们缔结契约的权利。这种理性主义推到极致，就是康德所谓的理性人，认为只有理性才能让人摆脱自身的特殊性以及非理性因素的干扰，施展自由的意志，才有道德地位可言。人的尊严因此完全来自理性。至于人身上的动物成分或者肉体成分，只堪与禽兽草木同朽，无所谓尊严，也就缺乏道德意义。

契约论的这个设定不仅误解了什么是理性，也误解了肉体的道德意义，结果会产生高度偏颇的道德思考。但是能力论不同。由于能力论把"人"想象成由各种运作所构成的生命，而运作涵盖了身、心、灵多个方面，乃至周围的生活环境，所以能力论根本不能接受一个脱离了肉体与动物之身的理性概念。在能力论看来，理性诚然是生命运作的一面，并且是关键的一面，但是它所指的不过就是法，其实很符合我们的直观感受：如果我们知道理想的生活应该是什么面貌，那么正义当然应该设法促成这种生活。近代的自由主义者、多元主义者担心，由于人们对于什么构成理想的生活，没有一致的看法，所以正义不能假定实质的理想生活作为目标，只能要求资源分配的公平。契约论在近代的多元主义氛围中思考，自然也放弃这种公认的理想状态，改而选择了程序的进路。但是纳斯鲍姆认为，由于能力论所设定的生命的各种运作，以及相应的各种能力，是根据素朴的人性观列出人的生活应该具备的起码标准，应该是没有太大争议的。检视她所列出来的运作项目，情形也应该是如此。

那么能力论的正义观，与契约论的正义观实质的差别何在？纳斯鲍姆认为，虽然能力论正义原则的着眼点是生命运作所需要的起码的能力，而契约论的正义原则通常只涵盖资源与机会，但是两者所需要的具体正义原则，并不会直接抵触。两者的真正差异其实在于，契约论的程序正义观与能力论的结果正义观，彼此的预设大不相同。如上面所言，契约论的正义观，默认的正义对象是独立、自主、理性的个人，为了自己的利益，在正义的条件之下与他人合作。可是能力论的正义观，所默认的对象却是个体的生命过程，所考虑的是生命的运作状态，所涵盖的范围当然要比契约论广泛得多，不会局限在理性、独立、只关心自身利益的自由个人身上。

在这样的对比之下，契约论无法列入正义范围的残障者、外国人，以及动物，都有可能成为正义原则的适用对象。契约论无法理会他们，能力论却可以充分照顾到这三个范畴。这是能力论的胜出之处。在下面，我们只针对残障人以及动物两个范畴，看看纳斯鲍姆如何把他们列入正义的考虑范围。

残障者

面对残障者，契约论关于缔约条件的预设几乎均无法适用。我们先指出契约论的不足，再考察能力论如何想象残障者，就能看出，能力论是比较理想的一种正义理论。

首先，如前面所言，契约论所想象的缔约者，必须是能力相近的个人，以相公共卫生、基本教育，以及宽容、平等、多元的社会风气，等等，不一而足。关键在于，少了这中间任何一项能力，当事人的生活就会遭受严重的剥夺，在很真实的意义上，你可以说他并没有活出人类应该有的生活。他的生活"不像人"。

能力论的核心论点就是，要追问每个人获得了什么待遇，应该着眼在这些能力上，而不是满足与否的感受，也不是手里有多少资源。有了这些能力，各种资源与机会才能发挥作用，让当事人使用，去进行各种运作，设法体现一个人所应该表现出来的运作状态。纳斯鲍姆认为，一个人要活得像人，必须在起码的程度上，拥有她所列出的能力清单上的每一项能力。如果短少于此，那就表示这个人的生命运作，低于人类所应该到达的起码标准。这就是一种剥夺，违反了正义的基本要求。

能力论的正义观

能力论怎么处理正义的问题呢？一般而言，要使用正义这个概念，显然需要先找到某种标准，以便判断一个状态（或者一个结果）是不是符合正义。前面我们说过，契约论是一种从程序上给正义下定义的学说，也就是依赖缔约状态的公平，找出正义的原则。在这个关键的方法论问题上，能力论与契约论正好相反。

根据纳斯鲍姆的诠释，能力论所设定的理想状态是"作为人的尊严"。什么叫作为人的尊严？一个人必须进行"真正属于人的运作"，也就是活得像人应该活出的样子，这样的生活才能表现人的内在价值。纳斯鲍姆强调，能力论的这个出发点，与青年马克思的想法高度呼应。马克思用的字眼是"人的生命活动"，强调的是生活中的各种状态与活动需要达到作为人的门槛；若达不到这个门槛，就不是在过人的生活，也就糟蹋了人这种生命应有的内在价值。换言之，这种理想状态具有规范的意义，来自人性，因此它可以对社会的体制有所规约，有所要求。社会若是剥夺了此一状态，就是剥夺了人的应得权利。

能力论的正义理论，就是用这样的一种关于生活的理想作为规范，从而推导出正义的内容。契约论是一种程序主义，能力论正好相反，是一种结果主义：根据一种在道德上应该追求的结果，可以推知正义的原则需要有什么内容。这个说牵涉就愈来愈广。纳斯鲍姆的一个贡献，就是发展它背后默认的人的图像。能力论背后有一套人性观，其源头可以追溯到亚里士多德与马克思，与近代通行的人性观大异其趣。这套人性观，把人类个体的生活想象成生命所进行的各种"运作"，也就是各种"状态"与"活动"。这个说法听起来挺玄的，其实意思不难理解。生活是什么？就是你每一刻的静态与动态，包括了身体的健康、心情的感受、脑子在想事情、手脚在干各种活、与周围的人与物互动打交道、在从事各种职业、在休闲或者游戏、在别人眼里有个身份、在社会上有个位置，等等。生活就是这些"运作"的总和。

各位听来可能有点纳闷：这想法有什么值得说的？谁不知道生命涵盖着各种状态与活动？但是从亚里士多德、马克思，到纳斯鲍姆，他们提出这种对生命的理解，目的在于将生活转化成一个具有规范意义的概念，也就是生活本身就有应该活出什么样子的要求。不同的物种，各自拥有属于该物种的运作方式，例如上面所做的简单描述，显然是属于人的运作。进一步而言，我们一般都能判断，一个个体的生命运作状态是好还是不好。每个物种的运作状况，有其大致的标准。我们会说："他的生活潦倒得不像个人"，或者"这只马戏班的狮子憔悴到不像狮子"。换言之，我们对于一个人（或者一只动物）的运作状态应该包含哪些方面，应该达到什么水平，是有大致的期待的。不错，在不同的时代，或者在不同的地区、国家，这些标准会有很大的差异。但是即使如此，我们在面对赤贫国家过高的婴儿死亡率、过低的识字率、过短的平均寿命，或者女性受压迫的状况，仍然可以根据人类应该达到的运作标准，感到难过，提出批评，要求改善。这表明，我们对于人的生活应该是什么样子，已经有了大致的评价标准。

可是运作需要条件，也就是需要有"能力"去运作。在这里，能力论提出了它的核心概念，也就是"能力"。纳斯鲍姆列出了一份能力清单，包括能够活着，能够维持身体的健康，能够保障身体的自主，能够使用感官，能够想象、思考、推理，能够抒发感情，能够形成自己的价值观，能够与他人合作生活，能够维系自尊，能够与自然界共存，能够游戏休闲，能够参与公共生活，能够拥有财产，能够从事生产活动。这些"能够"，其实涵盖很广，包括个人身心两方面的状态，物质资源，文化资源，社会与政治各方面的机会与权利，政府所提供的安全保护、政治哲学巨擘罗尔斯为代表。为了避开效益主义的漏洞，罗尔斯提议，在什么事情上获得满足，如何追求满足，只能留给当事者自己去考虑与判断。要比较人们所享受到的待遇，应该考虑的是每个人追求自己的理想时，所需要的最根本而不可或缺的机会与资源。这些"根本而不可或缺的机会与资源"，罗尔斯称为"基本资源"：无论你的幸福来自什么目标，你都需要这些资源，才能达成这些目标，获得幸福。他举出来的基本资源包括健康、智力、体能等"自然基本资源"，以及"社会基本资源"，例如基本的权利、自由、机会、所得与财富，以及"自尊的社会基础"。罗尔斯的基本想法是，社会制度并没有义务去保证每个人获得什么样的快乐与幸福。毕竟，一个人的快乐与幸福只能由个人自己去界定，去追求，去承担应付的代价。不过，社会如果要平等地对待每一个人，就应该保障每个人都拥有足够的基本资源，以便去追寻他的快乐与幸福。一个社会能保障成员有合适的基本资源，就保障了成员生活质量的所需条件。这样的社会，称得上是一个理想的社会。

能力论，是对于资源论的反思与推进。在能力论者看来，资源论有一个基本的疏漏，就是没有考虑到个人除了需要资源，还需要使用与转换资源，也就是在实际的日常生活中，把资源转换成为生活中的各种状态与活动。但是因为每个人的自身条件以及社会条件并不一样，这种转换的能力并不相同。结果，同样的资源，在不同的人手中，可能带来迥异的结局。这种例子俯拾皆是：在同样的物质条件之下，一个残障者出门处处遇到障碍，一个正常人却可以上山下海四处探险；在实施全民教育的社会里，女孩子虽然拥有平等的受教育权，仍然可能因为家庭重男轻女的习俗，被剥夺受教育的机会。资源的平等，受制于中间转换机制的影响，往往对个人的生活造成不公平的结果。这是能力论想要弥补的一个缺失。

什么是能力

那么，能力是指什么？

能力论虽然起源于发展经济学中的一个技术问题，但溢出到政治哲学之后，这套理论的伦理学含义。阿马提雅森提出能力论,起因于对 GDP、效益主义,以及罗尔斯的资源论这三种理论的不满,我们先说明这三种理论与能力论的差别。

社会政治制度需要满足的基本要求之一,就是以正义作为目标,希望尽量公平地对待每一位成员,因此研究者需要找到一个指标或者尺度,以资衡量与比较每个人的处境,从而判断大家有没有获得平等、公平的待遇。经济学家习惯用 GDP 去比较各个国家里人民的处境,这背后有一个假定,就是国民生产总值按人口平均之后,可以呈现每个人的生活状况。这个假定虽然简单明了,却显然是不成立的。每个人所能享用的财富,跟国民所得的平均值,往往相去极远;何况个人的生活所需包罗万象,从营养、医疗,到教育、技能,到政治与社会的权利,乃至于法律的保障、人身的安全等,几乎都跟 GDP 所呈现的平均财富毫无关系。因此,GDP 或许能够呈现国民经济的大致状况,却完全无法测量国民个人的生活质量,也就无法说明个人所获得的待遇是不是公平,处境是不是符合正义的要求。

政治哲学的视野要比经济学全面一点,也更抽象一些。它的思考方式,不会只用 GDP 这样的概念;它要衡量个人所获得的"待遇",首先需要问这里所谓的"待遇"落在什么层次。让我们想象一下:这里有两个人,如果要比较他们获得的待遇,我们应该拿什么做比较?政治哲学提出来的说法大致有三种。

第一是比较他们各自的满足程度,看看他们生活里面快乐与痛苦的比例,快乐程度高、比较满足的那一位,受到的待遇比较好。这是效益主义的思路,认为评比待遇的标准在于满足感。这个想法是多数公共政策的基础,不过显然漏洞很多。一个漏洞就是没有区分生活里面各种需求的轻重先后,例如受教育所带来的快乐可能远远不如打电动玩具,不过放到一种同质的"满足"的层次谈,这些不同项目之间的轻重差别就被泯灭了。换言之,用满足程度的高低比较生活的好坏,其实非常容易产生误导。另外一个漏洞就是不公平。每个人获得满足的方式不会一样,因此也就需要不同的成本。例如,张三喝红酒、吃鱼子酱所获得的满足,可能跟李四吃花生米配啤酒的满足感一样,但是为了给他们两个人同样的满足,所需要的成本却很悬殊。从满足程度比较待遇,显然不公平。

第二种想法所关注的不是满足程度,而是拥有的资源,这个观点以 20 世纪的每个国家的独立自主，说白了也就是自求多福。出于善意或者同情，富裕的国家可以援助穷国家，但那不是正义所要求的义务。同时各国发展程度不一样，穷国对于富国所能做的贡献极其有限，从富国自利的角度来说，并没有理由与动机去跟穷国合作。最后，人类与动物之间，并没有相通的理性与沟通可能，当然没有可能去缔结契约；而人类处于绝对的优势，尽可以随意使用动物，也就没有必要去思考如何与动物利益互补。换言之，根据契约论，人类与动物的关系根本无所谓正义或者公平。

但是纳斯鲍姆反对这些态度。她认为这三个范畴里的个体具有完整的道德意，对我们构成了清晰的道德义务，因此我们必须发展出合适的正义理论对待这三类对象。我们之所以认为对这三类对象无所谓正义，那是因为契约论背后所使用的道德理论本身有一些盲点，我们却习焉不察，以致从契约论所产生出来的正义原则，也被这些盲点局限住了。

如果契约论不合适，那么要如何找到合适的正义原则呢？纳斯鲍姆认为，必须用能力论取代契约论；能力论才是一种妥当的正义理论。因此她铺展她自己的能力论，证明不仅就以上四项预设而言，能力论更高明，并且只有能力论可以克服契约论的缺陷，完整地照顾到这三个范畴中的对象。

引入能力论

纳斯鲍姆全书的理论部分，就是说明如何用能力论取代契约论。在纳斯鲍姆看来，契约论固然是循程序途径提出正义观念的最好理论，可是契约论的问题也正在于缔约的"程序"需要假设缔约者拥有一些特色，从而对于正义的适用范围造成了不合理的限制，结果就是程序性的正义观，在上述三类对象身上无计可施。纳斯鲍姆因此提出她自己的能力论，认为能力论舍弃"程序"的角度，从"结果"的角度着眼，经营出合理的正义理论，比契约论涵盖的范围更广，也就是能带着正义理论进入"正义的前沿"。

能力论最早由印度裔的美国经济学家阿马蒂亚·森提出。他是1998年诺贝尔经济学奖得主。不过纳斯鲍姆对能力论的发展也有独特的贡献，特别是着意经营因素。纳斯鲍姆指出，在契约论的大传统中，这些因素大致可以从四个方面看：

一、订定契约的环境：缔约之所以有必要，是因为周围可用的资源相对有限，人们相互之间的善意也有限。在这双重的限制之下，如何分配资源，如何和平相处，如何互通有无，只能靠缔约来安排与保证其正义性。这一点，说明了订立契约乃是出于不得已。若是资源无限，又或者人们都有利他的善心，又何必谈契约，又何必要求正义？

二、订定契约的各方：缔约者都是自由之身，都有自由的意志，能够做出理性的选择与判断。他们的能力以及贡献大致相同，每个人都不需要别人单向的恩赐与帮助，也就是都有条件与别人互利互惠。这一点说明，他们都是理性、独立的个体，合作有利可图，但是彼此都无须对方来协助、照护。

三、订定契约的目的：订定契约，目的是进行社会合作。这种合作的原则是互利互惠，在我满足自己的利益之余，别人也可以满足他们的利益。这一点说明，社会合作的目标是满足每一个人的私利。

四、订定契约的动机：个人在缔约的时候，所关心的仅仅是自己的利益。至于社会正义、利他心以及慈善助人等，并不是参与契约时的考虑。这一点说明，个人参与契约，正义、善心等道德性的理由都不在考虑之列。

这四项预设，共同呈现了订立契约论者眼中的个人：这是一群独立自主的理性人，出于必要而参与社会合作，借着互相有利的合作，每个人都满足了自己的需求，也就是所有人的利益都能实现，至于正义、慈善、助人、利他等，都不是他们所需要考虑的。这四项预设的具体内容及含意，需要大篇幅地说明与铺陈才能完整地呈现。

纳斯鲍姆对契约论的这四个预设，都提出了批评。具体而言，她指出正是由于这四项预设的阻挡，契约论所经营出来的正义原则，先天就排除了残障（特别是智障）人士、异邦人，以及动物。为什么？很明显的，用上述四个预设来对照，这三类对象都没有资格参与社会契约。就残障者来说，他们的能力不如"正常"人，贡献不如"正常"人，需要帮助，带给常人的利益却几乎是零，我为什么要跟他们缔约合作？不错，出于慈善或者同情，大家或许愿意帮助他们，但那不是正义的要求，也不能用契约来把别人绑住。就异国人来说，主权的观念强调然秩序，一般称为自然法或者天理。这类超越、客观的权威，当然具有强大的规范力量，不容统治者根据一己的好恶去评断，去质疑。在古典时期，政治哲学的任务便在于解读这类权威原则的含义，了解它们所要求的是什么样的状态，然后铺陈为明确的政治、社会原则，进而说明理想的政治秩序应该具有怎样的面貌与内容。

但是进入现代之后，所谓"世界的祛魅"过程，破坏了前现代在超越的层面上为政治秩序提供规范的各种源头。从此，秩序回到人间，国家、政府、社会的基本制度，都必须满足人民的意愿，必须符合人民自己制定的规范，才能取得正当性。在这样的背景之下，契约论成为政治哲学最强大的思考方向，其实是理所当然的。

顾名思义，契约论就是把一个社会基本秩序的缔造，想象成缔结一个契约。这个想法有什么吸引人的地方呢？契约论有一个关键的假定，就是缔约者乃是在为自己缔约，缔约者是人民，所缔造的秩序与制度的适用对象，也正是人民自己。如果说此前的各种政治秩序来自超越的源头，或者来自传统礼法，或者只是由君王、贵族、教士、豪强武人所强行施加于平民的，人民只能被动地接受，契约论却高举自我立法的旗帜，认为只有自己参与其缔造过程的秩序，才具有足够的正当性，自己才会服从。用俗话说，契约论强调只有让人民"自作自受"，契约的正当性才确保无疑。契约论在现代政治生活里所蕴含的强大力量，在此表露无遗。

但是"自己立约"只涉及形式上意愿的来源。契约论还有深的一层意义，就是对于缔结出来的契约是不是符合公平或者正义的要求，发展出了一种程序性的诠释：只要订立契约的程序符合公平的要件，所订定的契约的内容就是公平的。换句话说，只要谨慎限制住订立契约的情境，排除各种可能造成不公正结果的因素，那么所得到的政治原则，其内容便对于所有的人都公平，从而也就界定了正义。基于这个想法，契约论各家都费心描述缔约的情境：几乎每一位契约论者都会想象"自然状态"，或者罗尔斯精心设计的"原初情境"，用来说明他们心目中的缔约情景何以是公平的。

什么叫作"订立契约时的情境"？简单说，就是订立契约时所牵涉的几方面的较新颖、特殊的观点思考正义问题,并且扩及残障者、异邦人,以及动物这几个通常被忽略的对象,相信各位也觉得新鲜。我们在读哲学著作的时候,往往把重点放在哲学家所提出的结论,也就是关心她的主张与立场是什么。不过真要了解一种哲学理论的含义,评价它的长短得失的话,挖掘理论背后的假定,是更为重要的一步。这是从事哲学批评的不二法门,也正好是纳斯鲍姆这本争论性的著作的重点所在。契约论的正义理论对于"正义"原则的适用对象,有一些预先的设定。这些设定来自契约论的逻辑结构,并不是哲学家有意识的选择,可是这些设定并不合理。为了暴露它们的不合理,最好的办法就是提出反例,例如残障人和动物。

契约论的基本预设

接触过西方政治思想史的人,应该都熟悉契约论或者社会契约论。在近代西方,契约论可以说是居于主流的一种政治理论。我们耳熟能详的政治哲学家,例如格劳秀斯、霍布斯、洛克、卢梭、康德,都是典型的契约论者。20世纪最重要的政治哲学家罗尔斯,对古典契约论进行了精密的重新叙述,赋予契约论新的生命,也让他的正义理论摆脱了效益主义的局限,找到了更稳固的基础。

契约论为什么会有这么大的影响力?我们知道,政治哲学的核心问题,就是要说明政府凭什么统治人民,或者人民为什么要服从政府。就现实而论,国家当然以武力作为其后盾,不过土匪强盗也拥有武力,我们却完全没有义务服从土匪强盗。赤裸裸的武力不可能带来正当性,也不会获得人民的服从与支持,因此,国家如果只凭借武力,它的体制一定缺乏稳定性,也就不可能长久。说到最后,国家的政治制度与法律一定要符合一些具有道德意义的基本原则,才能产生合法的政府,管治人民,通过法律强迫人民做某些事(例如纳税),或者禁止做某些事(例如走私)。也只有根据这些原则,人民才有道德上的义务去服从国家的要求。

在进入现代之前,也就是"前现代"的古典时期,政治权力所依据的政治原则,通常来自超越性的源头,例如西方的神、中国的天,或者某种独立自存的自纳斯鲍姆本人兴趣广泛，对于歌剧尤其浸淫深入。她也是一个高度自律的人。据她说，她自己每天要跑步 90 分钟，周日则要跑 12 英里，每天还要练唱一小时的歌剧。

全书鸟瞰

《正义的前沿》出版于 2006 年，它的副标题是"残障、国籍与动物"。顾名思义，所谓"正义的前沿"，就是现有的主流正义理论尚无法触及，但是亟待开拓的领域。纳斯鲍姆认为，现有以契约论为基本架构的正义理论，无法照顾到身心残障者、不同国籍的人，以及动物这三类对象。在纳斯鲍姆看来，这是极大的缺陷，需要设法弥补。

这件工作乍看之下似乎单纯，好像只是扩充适用的领域就可以，实际上这牵涉一些复杂的理论预设，对正义及其相关问题的思考需要另起炉灶。纳斯鲍姆指出，主流的正义理论所依循的理论范式，乃是近代政治哲学普遍套用的契约论。但是纳斯鲍姆认为，契约论有一些基本的预设，在它处理正义问题的时候，构成了先天的限制，结果各种依循契约论范式的正义理论，注定无法直接把身心残障者等几类对象纳入考虑。但是残障者、异邦人，以及动物等群体属于弱势者，岂不是最需要受到正义原则的保障吗？由于契约论乃是从霍布斯、洛克、卢梭、康德一直到 20 世纪的罗尔斯所使用的论证模型，对于当代罗尔斯所开创的自由主义正义理论影响也很大，纳斯鲍姆对它的检视，显然值得参考。

既然契约论有其内在的问题，于是纳斯鲍姆提出了一种替代它的理论，一般称为"能力论"。能力论是 1999 年诺贝尔经济学奖得主阿马蒂亚·森与纳斯鲍姆共同发展出来的一套观点，影响很大，在发展经济学、所得分配研究、生命质量评价等领域的应用都很广。移转到政治哲学上，能力论构成了一种别具特色的正义理论，我个人也特别认同、欣赏。

从能力论的角度来思考，残障人、异邦人，以及人类以外的其他物种，应该获得什么样的对待，才算是符合正义的要求？各位对于"正义"是什么，应该都有大致的想法。对于自己社会中的正义问题，也高度关心。不过用能力论这种比现实关怀，特别值得读者重视。我们不用接受她们的结论，可是很有必要借用她们的批评，来对照检讨自己的成见、认知与思考。

这是我选择纳斯鲍姆这本书来加以介绍的主要理由。

纳斯鲍姆与《正义的前沿》

马莎·C.纳斯鲍姆是美国人，生于1947年，目前担任芝加哥大学佛洛因德法律与伦理学杰出讲座教授。她毕业于哈佛大学，专攻古典学与哲学，出版的第一本书是翻译并编辑的亚里士多德《动物运动》。1985年，她的第一本专著《善的脆弱性》出版，探讨古代希腊的悲剧与哲学家如何应对"机运"对人生幸福的捉弄，确立了她在古典哲学领域的学术地位。这本书，在2006年已经译为中文出版，2018年又有一个修订版。此后，她陆续出版了20余本著作，其主题涵盖了古典哲学、伦理学、政治哲学、女性主义、法学、心理学、文学，以及人文教育等多个领域。由于著作丰富，涉及的领域广泛，同时她本人的观点也构成了独特、完整的体系，她在美国的哲学界以及人文学界有相当高的地位。

这位女性学者有两项特色。第一，她的专业虽然是古典学和哲学，是那种属于深垒高墙、孤芳自赏的传统气质的学问，但是纳斯鲍姆的思考与写作却完全不受古今分隔或者学科界线的拘束，不仅放手引用希腊、罗马古典哲学家的观点，吸取西方近代哲学各家的贡献，更广泛利用当前社会科学的理论与个案，充实她的哲学论述。在当代学院哲学中，能像她这样自如地出入于多个领域——女性主义、心理学、法学、文学、音乐、印度研究等——的哲学家并不多见。第二，由于纳斯鲍姆具有强烈的公民介入意识，她的著作中所探讨的主题，与当下社会与文化中的争议密切相关。她称自己的立场是"亚里士多德式的社会民主主义"，在美国知识界的语境中属于旗帜鲜明的自由派，经常介入各种争论，加上她辩才无碍，落笔犀利，因此她的公共影响力，也超出了一般学院哲学家。

纳斯鲍姆获得过许多奖项与荣誉。2014年，她受邀出席牛津大学的年度洛克讲座；2016年，她获得了日本的京都哲学奖；2017年，她受邀出席美国人文学界最尊崇的杰斐逊讲座。她的著作已经有好几种译成了中文。

钱永祥讲读《正义的前沿》

> 钱永祥
>
> 台湾著名学者，台湾"中央研究院"研究员，《思想》杂志总编辑，台湾动物保护学院校长。代表作有《纵欲与虚无之上：现代情境里的政治伦理》《动情的理性：政治哲学作为道德实践》等。

首先我想说明一下，为什么我会挑选这本书。

值得我们精读的好书非常多，粗略加以区分，大致可以分成两类。一类是已经列入学术主流的经典著作，这类书当然必须精读，它会引领你进入学术的堂奥。还有一类书，作者的论述脉络虽然出自主流，但是对于主流却提出严谨深入的批评。这类经典虽然属于"另类"，但其价值不能忽略。这类书让我们与学术主流中的观点拉开距离，既能欣赏其堂皇深奥，同时也能看出其背后可能存在的问题。读书而能既见其长又知其短，往往才有最大的收获。

纳斯鲍姆的多数著作，可以归到这种"另类"的范畴。她的写作一般带有争论的性格，企图对主流的理论有所挑战，同时发展对立的观点。但是这并不代表她对主流只是简单地全盘否定，相反，她本人立足于西方道德哲学与政治哲学的主流之中，对当代的学院流行观点十分熟悉，也高度珍惜其中所积累下来的丰富资源。但是，她倾向于检讨主流思想的一些前提，因为她担心，这些前提造成了遮蔽的效应，让主流的理论不自觉地产生了盲点。在政治哲学领域，由于这种盲点的影响，很可能就是忽视了一些人、一些生灵，忽视了一些严重的不公不义的事情，其影响是很严重的。各位去读纳斯鲍姆的书，多少会注意到这种关怀现实效应的心情贯穿在她的字里行间。

我认为，这种挑战主流理论而进行建构的思想家，对于我们的刺激与启发最大。不错，他们的挑战不一定成立，但是她们的问题意识，以及问题意识背后的

何安顿。

在这个背景下诞生的斯多亚主义，被纳斯鲍姆干净利索地跟当代接上了头。芝诺问"人如何幸福度过一生"，纳斯鲍姆回答"扩大正义的边界"。

纳斯鲍姆思考正义问题，可以追溯到20世纪60年代她上大学的时候。彼时第二次世界大战结束已20年，20年休养生息后，人们过上了好日子，自然思变。彼时越战正酣，冷战方兴未艾，处在核战阴影下，人们感到恐惧、绝望。

罗尔斯是纳斯鲍姆的老师，两位都曾在哈佛大学教书，讲的课也差不多。1971年罗尔斯出版《正义论》，1986年纳斯鲍姆出版《善的脆弱性》，都不是偶然现象。它们的诞生，跟那个时代有着密切而深刻的关系。

《正义的前沿》2005年出版，它的主题，特别是外国人（"异邦人"）的权利，几乎可以看作10年后美国新移民政策的反对性预言。纳斯鲍姆提前11年给出的问题解决方案，就是将正义的边界，扩大到无远弗届，至少覆盖美国的每一个角落，每一个人。

讲读这本书的钱永祥是著名的政治哲学家。1949年生于兰州，襁褓中随家人移居台湾。20世纪60年代末就读台湾大学，攻读哲学，毕业后入伍当兵，后来赴英留学，回到台湾后，一直在"中研院"从事研究。目前担任"中研院"人文社科中心兼职研究员、《思想》杂志总编辑和台湾动物保护学院的校长。

读高中时，钱永祥受启蒙刊物《文星》和殷海光的影响，开始关注各种思想、文化议题。留学期间，他不仅接触了英国政治文化、社会议题，同时吸收了西方自由主义政治传统理念。他的思考和研究，从来就没脱离过对现实政治的关切。

他的代表作，包括《纵欲与虚无之上：现代情境里的政治伦理》《动情的理性：政治哲学作为道德实践》，以及编译的韦伯的《学术与政治》、彼得·辛格的《动物解放》。

姆是怎么复兴斯多亚学说的呢？我们一起来看看纳斯鲍姆《正义的前沿》中的主要观点。

先看书名。"前沿"这个词，英文是 fronters，原意是边疆、边界、边境，军事上是前线的意思。纳斯鲍姆用"正义的前沿"作书名，想表达的是，我们究竟应该把正义的边界、疆界划在哪儿。

从斯多亚主义鼻祖芝诺，经过康德再到罗尔斯，都认为正义适用的范围，是理性健全的人，即我们通常理解的"正常人"。虽然纳斯鲍姆对罗尔斯崇敬有加，用作品纪念罗尔斯，但她对罗尔斯正义原则的施行范围却是不满意的。

纳斯鲍姆将正义适用的边界，扩展到了残障人、外国人（"异邦人"）和动物。如果我们把 fronters 做军事用语的"前线"理解，纳斯鲍姆的主张就带着战斗性格，或者说具有了强烈的挑战意味，因为前线就是"战争的前沿阵地"，意味着"为了什么而战斗"。《正义的前沿》正是纳斯鲍姆为残障人、外国人（"异邦人"）、动物，获得跟正常人一样的权益发出的呐喊。

纳斯鲍姆的思想是有源头的。斯多亚主义的核心思想，是个人幸福，而个人幸福的真谛是"顺从自然"，动植物也是大自然的产物，因此，由正义演化而来的"义务"，即合乎自然理性的事物，当然也就包括动植物了。也就是说，早在两千多年前，古希腊人就把正义适用的范围，不仅划到了动物，还划到了植物。

我们常说，历史给人启发和教益，今天看不懂的事儿，去看看历史能告诉我们什么。回头看看斯多亚学派诞生的背景，也许对你理解纳斯鲍姆正义理论有多一层的启发。

公元前 404 年伯罗奔尼撒战争结束后，希腊发生过两件大事。一是科林斯战争打了八年，希腊又一次山河破碎；二是马其顿的崛起。亚历山大对希腊全境和东方的征服，宣告了城邦时代的结束和帝国时代的到来。其后第 15 年，即公元前 308 年，芝诺在雅典创立了斯多亚学派。

希波战争、伯罗奔尼撒战争、科林斯战争和亚历山大的征服战争，导致古希腊民生凋敝，但最终迎来了和平。与城邦世界垮塌同时的，是斯多亚主义对个体存在意义的强调。战争让人厌烦，和平带来了工商业的繁荣，个体价值陡然突起，这时哲人思考的重心自然而然不再是城邦，而是个人的幸福如

导语｜古典时代的当代回声

刘苏里

纳斯鲍姆 1947 年出生在纽约，父亲是律师，母亲是宅在家里的设计师。有个关于美国的说法，说世间有两个美国，一个是美国，一个是纽约，纽约是另一个美国。我引这个说法，其实是想说明，纳斯鲍姆在《正义的前沿》中的理论，恐怕只有纽约中产家庭养育的后代，才"想"得出来。纳斯鲍姆属于第二次世界大战后婴儿潮一代，这代人成了 20 世纪 60 年代西方嬉皮士、平权、反战、街头革命的主力。

纳斯鲍姆从韦尔斯利女子学院转到纽约大学时，赶上如火如荼的美国平权运动，而她选择的却是古典学专业。就在她从纽约大学毕业，转读哈佛大学的 1971 年，罗尔斯发表了轰动学术思想界的《正义论》。纳斯鲍姆《正义的前沿》的题献词是"纪念约翰·罗尔斯"。纳斯鲍姆的思想根植于那个时代，她讨论的命题受到罗尔斯的影响，她的古典学专业背景又为她提供了思想的素材。

在《正义的前沿》出版前，纳斯鲍姆最重要的作品是出版于 1986 年的《善的脆弱性》。出版者介绍这本书的第一句话说，纳斯鲍姆是"'新斯多亚派'的政治学家和道德哲学家"。

林国华讲读格劳秀斯《战争与和平法》时，专门讲到了斯多亚学派。林国华对斯多亚学派的主张，是持负面评价的。他说，"斯多亚主义"是一套关于"自由"的理论，但不是"积极自由"，而是一种内在于个体心灵的自足品性和沉静智慧，这种生活道德，是对尘世价值的贬低，是在世俗事功中看到虚空的道德。斯多亚主义者宣布，城邦不再是人的价值的尺度，人属于"世界城邦"或者"宇宙城邦"；人不是城邦政治的动物，而是"世界公民"或者"宇宙公民"，公民身份的确认不再依赖先前的血气、德行，而与宇宙神秘合一。

林国华这段对斯多亚主义者的评价很经典。斯多亚主义诞生后的 2500 年里，从来就没断过香火，直到纳斯鲍姆对斯多亚学说"新"的复兴。纳斯鲍

四九
《正义的前沿》

[美]玛莎·C.纳斯鲍姆著　陈文娟　谢惠媛　朱慧玲译
中国人民大学出版社　2016年

主题词◎正义　契约论　能力论

经典之处

《正义的前沿》基于对现有社会契约理论三个方面局限性的反思,发展出一种基于"能力"的替代理论,这一理论有助于我们更清楚地思考政治合作的目的和政治原则的本质,以及期待一种适应于所有物种,包括非人类动物的更大正义。

作者简介

玛莎·C.纳斯鲍姆(Martha C. Nussbaum, 1947—　),美国哲学家、人文与科学院院士,当前美国最杰出、最活跃的学者之一。现为芝加哥大学法学、伦理学佛罗因德杰出贡献教授,同时受聘于该校七个院(系)。2003年荣列英国《新政治家》杂志评出的"我们时代的十二位伟大思想家";2012年获西班牙阿斯图里亚斯王子奖,被称为"当代哲学界最具创新力和最有影响力的声音之一";她已经出版的17部专著涉及古典学、政治哲学、法学、博雅教育、女性与人类发展等众多领域。

新放在宪法和基本权利的视野下来处理。封闭运行的自我扩张的社会系统，不仅有可能威胁到现代社会的各种自治空间，也会威胁到各种区域文化传统的完整性。宪法应该给这些区域文化提供更多的自我保护的渠道，提供给它们发动社会运动的机会，迫使各种现代性的超级系统能够限制自己的无限扩张，迫使它们自我约束。

所以，托依布纳认为，应当把传统文化也视作一个宪法基本权利的主体，将基本权利概念去个人化，承认文化以及这种文化所代表的社会过程也可以是基本权利的主体和享有者。只有在这种新的宪法视角下，将文化过程上升为基本权利主体，才能更好地解决西方和非西方的法律文化冲突问题，进而超越传统和现代这样僵硬的二分法。

思考题：

1. 托依布纳说，当今世界的"经济沟通是全球性的，但经济宪法以国家为基础"。你怎么理解这句话？
2. 在你看来，金融危机发生的根本原因是什么？有无可能杜绝金融危机的再次发生？
3. 你认为，互联网世界的未来生态会进一步走向控制和集中，还是会带来更多自由？
4. 你认为在政治（国家）宪法之外，是否应当把宪法概念扩展到其他社会领域，比如金融、互联网、贸易、科学等？
5. 你认为传统的个人基本权利，是否足以形成对我们今天生活状态的充分保护？

的是权力，在经济系统针对的是货币，在法律系统针对的是法律，在科学系统针对的是真理，在大众传媒系统针对的是信息，以此类推。在政治系统中，基本权利通过法律化的形式，把权力媒介分化成各种制度化的形式，通过主观权利和人权这些法律工具，权力媒介获得了一种去中心化的形式。托依布纳说得很精彩，"致密的权力媒介被分解成各种权利，作为相互独立的组成部分，然后在权力形成过程中用作建筑原料"。

也就是说，基本权利实际上就是社会系统功能媒介的一种法律化形式，它是这些社会系统能够运行起来的基础原料，是社会系统的大厦能够建成的钢筋水泥基石。托依布纳再次提出一个与众不同的观点，在他看来，在政治系统中，基本权利的首要功能实际不是去对抗国家，而是对构成国家的权力媒介的一种分布式的分解，它实现了对参与政治系统的各个行动者的赋权，使得他们能在进入政治系统的同时，也同时保持了一种自治的空间。托依布纳将它概括为基本权利的社会涵括和社会排除功能，正是通过基本权利的帮助，现代社会真正实现了社会系统的功能分化。基本权利既能将一个社会的全部人口都涵括到特定的功能系统之中，又能将个人和制度的自治领域，排除出这些功能系统。

所以，托依布纳也为我们进一步澄清了，在传统宪法研究中，对于基本权利和主观权利（个人权利）概念形成的误解。在他看来，基本权利首先不是去对付来自个人的威胁，无关个人对个人的侵害行为，相反，基本权利所要捍卫的，首先是各种匿名的社会系统和社会权力，对其他社会制度、抽象的个体和人的身心完整性的伤害。前面我们已经介绍过，托依布纳为此区分了三种基本权利类型：制度的基本权利（如艺术自由和财产权）、抽象个体的基本权利（如言论自由、出版自由）和人权（如良心自由）。

托依布纳在他的著作当中，也对我们经常说的西方和非西方的法律冲突问题，做出了一个新的解释。在他看来，这种法律文化冲突，本质上其实是各种全球化的现代性制度和嵌入在当地社会的区域文化的冲突，宪法不应当仅限于保护个人，也要保护这些区域文化所代表的自治社会空间。我们既要防止政治权力的无限扩张，也要警惕来自经济、金融、科技、媒体这些社会系统的破坏力。所以，现代性的全球社会系统和嵌入在当地社会的区域文化之间的冲突，也应当重制度、匿名的矩阵对人的伤害。

托依布纳提出了一个新的基本权利理论，他将基本权利区分为三种类型：第一，是制度的基本权利。这种权利保护各类社会制度的自治性，比如，为了抵御科技、资本或娱乐媒体的过度扩张，为了保护艺术、家庭或者宗教的完整性，需要一种制度的基本权利。艺术自由和财产权，就属于这种"制度的基本权利"。第二，是抽象个体的基本权利。这种权利不是去保护制度，而是保护抽象的个体自治，比如言论自由、出版自由就是。第三，是人权。不是通常所说的人权，而是对人的身心完整性的保护，比如，良心自由就属于这种人权。

托依布纳认为，今天的基本权利理论，首先需要回答两个重要的问题：第一，基本权利只应该有一个统一的版本，还是可以根据不同的社会系统分化出不同的版本？第二，超国家层面的基本权利，它的有效性和正当性基础到底是什么？因为在超国家层面并没有一个世界国家或统一的政治机构作为基本权利实证化的基础。而所谓人权是普世主义这样的说法，对于有些人来说，也没有很强的说服力。对于这个问题，托依布纳认为，首先要将基本权利与国家概念进行剥离，要把基本权利概念抽象为一种更一般化的宪法概念。

在他看来，超国家的基本权利的演化动力，实际正是各种跨国体制的司法实践活动，正是这些跨国体制在各种争端解决过程中，在各个社会领域发展出了它们自己版本的基本权利。也就是说，在超国家的基本权利的发展过程中，最大的推动力不是国家之间的外交谈判或签订的国际公约，也不存在一个世界政府在进行统一的立法，而是各种跨国机构，在它们自己内部演化出了各种具有英美普通法特征的争端解决机制。托依布纳更为深刻的地方，是他没有将超国家基本权利的动力机制，单一归结于这些超国家组织本身，而是将它纳入到了一个包括仲裁机构、国家法院、私人契约、社会运动和国际丑闻曝光在内的全球性网络。

托依布纳运用最新的社会理论工具，重新回答了一个非常重要的问题：基本权利究竟是什么？它在宪法中发挥的功能到底是什么？为了回答这个问题，托依布纳再次以政治系统作为例子。首先，他说，政治系统的基本权利，它所要针对的，其实就是政治系统的沟通媒介，即权力。所以，如果我们把基本权利概念一般化，那么它实际就是针对各大社会系统的运作媒介而存在。它在政治系统针对会系统，特别是跨国的金融和互联网体系，包括其他社会体制，它们的运行，实际已经获得了越来越大的政治影响力，而国家宪法已经没有办法对它们产生实质性的影响力。今天我们很难想象孤零零的个体能够单独去改变这些系统运作的逻辑。所以，托依布纳的社会宪法学，实际不是反对自由主义所强调的个人自由和平等，而是要在一种更加具有理论和历史穿透力的分析框架中，将当代历史背景下更为复杂且具张力的个体、社会、国家与世界的关系呈现出来，并找到真正有效的解决之道。

在这个意义上，托依布纳的社会宪法学，可能恰恰为我们还原了宪法的古典含义。宪法最初所代表的，并非民族国家或者政治组织的最高法，而是有关宇宙、身体、社会秩序的构成性原理与组织性原则，有关人、社会、权力与世界运行的根本性原则和规律。这恰恰与托依布纳的分析不谋而合。

社会宪法学的基本权利观

我们过去谈宪法的基本权利，都会不假思索地想到生命权、自由权、财产权等等。但是，托依布纳认为，在今天迫切需要创设一些新的基本权利。首先，就是前面说到过的"进入权"。什么意思呢？比如，强制性的全民社会保险、医疗保险，以及互联网的准入权，都属于这类进入权。因为它所针对的，不是传统基本权利保护的个人自治空间，而是要保障整个社会人群可以不受阻碍和不受干扰地进入到各种现代社会制度，而不是被排除在外。社会医疗保险是保障所有人能够进入医疗健康系统，互联网准入权是保障所有人都能够进入互联网系统。这些目标是很难通过传统的生命权、财产权和自由权得到保障和救济的。

在托依布纳看来，在今天的时代条件下，基本权利不能再局限于国家和个人之间的关系，不能再局限于狭义的政治领域，因为今天对人的自由、平等和权利的伤害，不只来自政治，也来自各种已经形成的自我扩张和封闭运行趋势的社会系统。不只是政治和个人之间的边界，还有经济和个人、法律和个人、科技和个人、宗教和个人之间的边界问题，都应该被关注。所以，基本权利不应该只针对国家对个人，且只关注个人对个人的侵害，还应当针对各种匿名的系统、匿名的仍然主要在民族国家的范围内发挥作用。

面对这样一些变化，托依布纳提出了一个重要的判断：如果说18—19世纪宪法问题的焦点在于释放民族国家政治权力的能量，同时又有效限制这种能量，那么当前宪法问题新的焦点，就是如何释放各种超越国家主权控制的不同社会能量（如经济、金融、科技、宗教和网络传媒），同时又有效限制它们的破坏性。

一方面，宪法问题已经跨越了制度化的政治领域，开始出现在各种"私人部门"之中，所以，宪法不应再局限于纵向的"政治宪法"，而应当扩展为更多元的横向的"社会宪法"；另一方面，基本权利概念不能再被简单地等同于个体权利，为了更好地保护公民，甚至保护各种社会体制，就应当通过新的而非个体主义的保护渠道进行。

托依布纳观察到了一个非常重要的现象。大量的证据和研究表明，尽管缺乏国家政治和法律层面的支撑，但是各种全球秩序，已经开始在没有世界国家的情况下出现了自我宪法化的迹象。经济、金融、互联网、科技、环境保护这些全球体制，已经取得了自我宪法化的动力。比如，WTO就通过冲突解决的法律化、贸易规则优先于政治等核心原则，突破了最早创设这个机构时设定的制度框架，演化出一种世界贸易宪法的雏形。而ICANN（互联网名称与数字地址分配机构）则通过功能代表制、地域代表制、各种分权形式以及针对域名分配的"司法权"，发展出不同于国家宪法的具有自主性的基本权利标准。除此之外，包括跨国公司、国际标准化组织等超国家机构，也都开始作为主体推动了相关领域的宪法化进程。跨国公司、投资股东、消费者、非政府组织、供应商与经销商，开始形成一个庞大的跨越国界的经济宪法空间。它们从民族国家的束缚中解放出来，发展出具有自主性的宪法性法律。

这有点像美国法学家伯尔曼笔下的中世纪西方的图景，尽管罗马帝国崩溃之后，欧洲社会再也没有恢复政治与法律层面的大一统局面，没有一个统一的主权、民族国家与权力中心去承担欧洲社会宪法化的重任，但在教会、封建庄园、城市、商人、王室这些不同的社会领域，却陆续演化出具有自主性的宪法传统。

托依布纳批评传统宪法过于狭隘地把视野聚焦在国家、政治和个人身上，而他的理论洞见，可能更符合我们今天的生活感受，因为今天已经有越来越多的社纳每一个成员作为全体之不可分割的一部分"。换句话说，卢梭希望全体公民进行集体性的社会契约授权，铸造一个统一的国家主权，形成一种具有压倒性的公意，从而解决中世纪社会的各种弊端与腐败。

卢梭的方案，成为此后所有宪法模式的基础，就是要通过国家主权，形成统一的国家政治空间。在国家与市民社会之间，不再有任何其他中间性和多元性宪法空间存在的可能与必要。既然封建的中世纪是黑暗的，那么一劳永逸的解决之道，就是干脆取消一切社会中间领域和权力，把所有权力都交给唯一的最高主权。这样发展的结果，托克维尔看得很清楚，它"将从前分散在大量从属权力机构、等级、阶级、职业、家庭、个人，亦即散布于整个社会中的一切零散权力和影响，全部吸引过来，吞没在它的统一体"。

换言之，在卢梭的宪法方案中，建构国家的基石只能由单独的公民个体构成，经由全体公民的社会契约授权，生成统一的主权，再由这一政治主权来保护进行了授权的个体权利。在这种观念下，宪法就只能被创制于一个中心化的国家主权者，而社会领域则是众多的个体的集合。这样，宪法就主要是处理国家和政治这样的问题，而市民社会的交往则交由民法去规范。也就是说，这基本清除了在国家和政治之外去想象宪法的可能性。

但是，在托依布纳看来，这种18世纪的宪法观其实大有问题。因为，法国大革命虽然抛弃了中世纪的等级社会观念，但它没有同时提出一种新的现代社会概念，这造成了法国大革命宪法一开始就被局限在狭义的政治领域。它虽然推动了中世纪等级社会结构的毁灭，但它没有真正去理解现代社会的组织特性和结构特征，没有去描绘和定位一种新的社会现实。而这种宪法模式，一直影响到后来的宪法发展路径。由于受到各种传统观念的束缚，宪法理论一直没有得到突破性的进展。

但是，在冷战结束之后，全球化迅速扩张给传统宪法带来了很大的冲击。伴随着世界贸易组织、世界银行和国际货币基金组织等全球化机构的推动，特别是1990年代之后信息化技术的快速发展，彻底将世界变为"地球村"，这深刻地将传统宪法的短板暴露出来。今天，经济活动是全球性的，但宪法却以主权国家为基础。各种社会系统早已不局限于领土国家的空间，但是政治和法律的维度，却影响力，以及市场机制对企业决策发挥的影响力。也就是说，我们既要有议会的民主、制度化的民主，也要有大众的民主、社会的民主；我们既要有企业的经济，也要有市场的经济。那么，至于互联网系统，既要有代码的技术逻辑，也要有不同于代码的社会逻辑。只有形成这两个互联网空间的分离和对抗，才能释放出互联网系统的民主潜力。

波兰尼在他的名著《大转型》中提出了一个重要的命题，即经济力量在自我发展的过程中，会形成由它无限扩张所带来的毁灭趋势，面对这种挑战，就需要形成社会自我保护的机制，防止经济资本吞噬一切其他社会空间。这种历史的"双重运动"，反映在互联网系统，就是要防止它的代码和大数据逻辑的无限扩张带来吞噬其他一切社会空间的可能性。

托依布纳指出，近代政治在发展过程中，有一个"政教分离"的历史时刻，它实现了政治系统与宗教系统的分离，由此政治系统不断获得扩张。而伴随着政治权力扩张带来的专制问题，历史开始出现反向运动，比如三权分立、基本权利、司法审查、议会民主、政党政治的出现，都构成了政治系统"自我限制"的宪法化形式。"自我构成"和"自我限制"，这样一个"双重运动"，推动了社会系统的宪法化进程。因此，互联网系统，未来也很有可能会出现同样的"双重运动"。而这种历史运动的机制，将由哪些社会力量和结构来发动，应当是互联网宪法讨论中需要关注的核心问题。

法国大革命：宪法困境的观念根源

在18世纪的法国大革命中，为了总体性地解决中世纪封建社会的弊端，卢梭、西耶斯这些激进的思想家，希望拆除和取缔一切中间性的社会权力、制度和等级，把包括教会、封建庄园、行会、城市在内的一系列"封建主义"因素全部排除在法兰西新宪法之外。托克维尔说得很准确："法国革命的目的不仅是要变革旧政府，而且要废除旧社会结构，因此，它必须同时攻击一切现存权力，摧毁一切公认的势力，除去各种传统，更新风俗习惯。"在卢梭看来，"我们每个人都以其自身及其全部的力量共同置于公意的最高指导之下，并且我们在共同体中接利，它可以保障所有人都自由平等地进入网络。

和金融危机一样，如果我们只是简单站在国家监管的角度，或者简单地去进行道德批判，都无助于问题的解决，而必须根据互联网系统自身发展的特点和趋势，根据互联网自身的技术结构特征，有针对性地创造新的政治和法律权利。网络中立性原则，在当代如果要继续坚持，就必须根据互联网系统的运作和演化逻辑来进行重新设计。传统的国家宪法和基本权利的框架，已经不能有效回应互联网系统发展带来的挑战，如果继续停留在传统的宪法框架，把已经自主封闭运行的互联网简单视为一个非政治的技术应用平台，就没有办法去干预新的社会排斥和不公正的行为。

互联网系统和金融系统一样，也是一个具有高度封闭性的系统，它也是一个巨大的黑箱，国家和法律很难在外部形成对它的有效干预。在托依布纳看来：

首先，立法、行政、司法这三种权力，在互联网电子代码的自我执行这里是三位一体的。我们都知道，所有古典政治哲学家都发现了三权合一会带来专制结果的规律。所以，必须通过联邦制、三权分立以及司法独立等手段来加以制衡。如果互联网系统借助代码的"三权合一"，加上与商业资本、政府利益的结合，再配合现在各种新的大数据、云计算和人工智能技术，就会形成一种新的技术专制。互联网的发展，最初是一种无政府状态，而未来则有可能转变为一种新的1984。对于这样的挑战，托依布纳认为，必须在互联网系统内部，创设一种新的宪法，进行一些先锋性的政治探索，也应当模仿政治系统，建立起一种类似于三权分立制衡、联邦制、司法独立、司法审查的框架，建立互联网系统内部的治理权力和基本权利的制衡结构。托依布纳认为，这些也都可以从近代国家宪法的发展经验中寻找灵感。

在托依布纳看来，到今天为止，实际上只有政治系统和经济系统演化出了两种空间的分离，即组织化空间与自发性空间的分离。什么意思呢？比如，政治系统是建立在国家的制度化政治（如立法、行政、司法、外交）与社会的自发政治（如选举、参与、审议、运动）的分离之上；经济系统是建立在"企业"（看得见的手）与"市场"（看不见的手）的分离之上。所以，互联网系统也应当形成它自己的自发空间，要对组织化的空间形成反制，就像社会运动对国家政治产生的

互联网系统宪法的生成和演化

从表面来看,"金融危机"属于经济议题,不应当是作为"公法"的宪法操心的对象。但实际上,传统宪法假定了它具有能力在其主权范围之内,通过政治和法律系统的介入来整合整个金融体系。而现在,由于宪法对"金融危机"问题束手无策,所推出的各种政治法律措施,只能在表面上触及却无法真正解决金融系统自身的问题,而危机所触发的社会动荡,又会形成民众对宪法所代表的整体政制秩序的质疑。而且,金融危机,仅仅还只是所有正在摆脱民族国家控制的众多社会系统的之一。

再以互联网发展作为例子。过去,我们也往往希望对互联网系统进行外围的监管或者希望对互联网中的个体从业者进行法律控制,不管是传统的审查许可或者分类许可,都是希望通过国家和法律的介入,对互联网从业者进行规制,但相关研究表明,这些规制措施的效果往往都不理想。而实际上,这样一种困境的发生逻辑,和前面说的国家宪法难以处理金融危机的问题是一致的。

在互联网的讨论中,有一个非常重要的概念,就是互联网中立性原则。所谓中立性,是指所有人都应具有自由、平等的权利来进入和使用网络,互联网作为信息基础设施,应该保证所有主体都能平等地进入其中。在互联网诞生之初,这样一个原则是通过互联网自身的技术架构设计来实现的。互联网架构最初的设计,就在技术上保证了所有人都可以自由平等地使用,你只要有一根网线和一台电脑,交付一定的费用,就可以和其他人一样平等使用网络。

但是,随着互联网商业力量的扩张,我们发现,这样一个中立性原则已经受到了很大的挑战。新的数字工具可以区分出不同的应用等级,对不同等级提供不同的互联网服务,网络运营商可以根据不同的用户等级,向付费最多的用户授予最高等级优先权("接入排名")。在这一发展趋势下,网络中立性原则已经受到了破坏,包括谷歌操纵搜索算法,网络运营商切断用户网络,以及百度的垃圾广告行为,等等。因此,在托依布纳看来,原先由技术保障的网络中立性原则,现在已经不够用了,迫切需要一种新的权利,一种有关互联网"进入权"的保障,来提供额外的法律保护和救济。这种进入权,可以视为互联网系统宪法的基本权问题。

金融决策不能再只由国家和企业说了算，不能再只是由资本盈利的逻辑主导，而是应当通过金融内部的公共制度，实现金融系统与全社会整体利益的协调。中央银行的宪法地位因此变得非常特殊。一方面，中央银行是金融系统的最高机构，它的货币决策具有高度的政治性；另一方面，中央银行又不是政治系统的组成部分。就像"最高法院"，是法律系统的最高机构，它经常要裁决各种政治性的问题，但它本身却不是政治系统的组成部分。所以，如果说议会和最高法院是政治宪法的守护者，那么中央银行和最高法院就是经济宪法的守护者。

我们以前总是希望把中央银行理解为一个技术性的金融机构，决策由各位专家说了算。但是，托依布纳告诉我们，它做出的实际是政治性的决定，具有非常大的政治裁量空间，在政治上会带来高度不确定的风险，所以它必须要向公众做出说明，并且要对它的决定承担责任。这种责任不同于政治系统的责任，它首先要保持对政治系统的独立性，才能更好地做出金融决策。但是同时，它必须在金融系统的范围内承担新的意义的政治责任。

托依布纳认为，我们以前说三权分立，其实范围太小了，它只是政治系统内部的权力分化。更重要的是在全社会层面实现权力分化，不能再让政治系统一股独大，要认识到当代社会的多权力中心的特征。他使用了一个很有意思的概念，把国家政治称为"阳性政治"，把金融系统这样的政治称为"阴性政治"。

这也是托依布纳提出的对社会宪法的洞见。他认为，不能再把所有的社会政治问题都放到政治系统的中心去处理，处理不了，也处理不好。更重要的，是要增加社会中的政治性辩论和解决问题的场所。所以，这是一种去中心化和分布式的宪法观，要把社会政治问题分散和化解到不同的场所，增加对各种决策进行观察和辩论的场所，从而可以试验各种不同的处理方案，而不是把各种决策最后都压缩到一个中心去。在这种去中心化的宪法的演化中，各个节点的连接，创造了一种网络化的架构，各个节点一方面以中心化的方式进行决断，同时这些节点又经由各种外部压力和自我的反思学习，将其他节点的规范以及整体秩序的规范吸纳进自己的内部视角。

币更是占到流通货币总量的92%。这些银行，在用存款货币进行放贷的时候，几乎不受它吸收的存款数量的限制，完全可以根据自己的风险评估来决定发放多少贷款。在托依布纳看来，这一私人化的货币创造，是今天金融投机空前增长的根本原因。而这些导致金融泡沫和全球资产价格虚高的机构，虽然造成了严重的社会问题，但几乎不担负任何政治或者社会责任。面对这样一种现状，简单的金融紧缩，不是解决问题的办法，全球经济发展已经不可能叫停金融运行的列车。那么怎么办？托依布纳认为，必须首先进入到金融系统的内部运作体系，根据"中央银行"无法垄断货币创造的现实，针对金融系统货币创造的结构，去设计相应的政治和法律方案，才能解决这个问题。

既然最重要的问题是商业银行无限制地创造货币，那么，对于存款货币这样一种让人上瘾的毒品，就应该彻底把它逐出商业银行体系，禁止商业银行利用经常账户信贷来创造新的货币。它们只能基于现有的存款来安排贷款。货币创造权，应当重新收回到国家中央银行和国际中央银行手中。因为金融系统已经超出民族国家的范围，变得高度全球化，那么金融改革也必须通过一种全球性的宪法改革来实现。托依布纳的这个倡议，很快在欧盟得到推广，欧盟各国中央银行开始合作，形成一种区域性的金融宪法体系。

把托依布纳的思路简单做个类比，在他看来，"中央银行"的地位实际相当于政治宪法中的"最高法院"，也就是说，要介入到金融系统的运作，就必须通过一个类似"最高法院"的"中央银行"的管道进行，而要做到这一点，首先就要把货币创造权从商业银行收回到中央银行手中。"中央银行"是金融系统和法律系统的结构耦合地带，正如"最高法院"是法律系统和政治系统的结构耦合地带。

托依布纳意识到，金融和经济系统，在今天已经具有非常深刻的政治影响力，非常有必要对它进行政治上的定位和反思。比如，到底是由中央银行垄断，还是商业银行也可以分享货币创造权，到底是扩大还是收缩货币供给，选择不同会带来完全不同的政治后果。在托依布纳看来，这些问题不能再简单交由政府部门或银行内部机构，而是必须在金融宪法内以金融的政治视角来处理，必须通过消费者、金融企业和中央银行的新的政治和宪法关系的建立，来处理各种新的本、征收托宾税、加强国家或跨国层面的金融监管、更严格的资本控制、更完善的会计制度，等等。但是，这一系列制度设计，最后都不能解决根本问题。首先，你制定法律的速度，总是赶不上设计规避手段的速度。西方有句谚语，"每条法律都有空子可钻"，中国人对这句话可能更感同身受。既然人们有能力去规避法律，那么任何事先的立法最后都不能奏效。其次，这些制度的设计，基本上都是希望去约束资本家个人的贪婪或者进行道义上的谴责，无论是政府立法还是道德谴责，都只能在金融运行体系的外围，而无法真正进入金融系统这个黑箱当中，去有效改变和影响它的运行逻辑。你在外面叫得再响，它作为一个黑箱，可能也是无动于衷、置之不理。

那么，怎么办？既然立法和道德呼吁都无能为力，是不是就任由金融危机发生？或者，只能寄希望于市场这双看不见的手的调控？托依布纳在这里提出了一个全新的概念，"金融宪法"。什么意思呢？就是希望在全球金融系统内部演化出一个类似于民族国家宪法的宪法体系。

也就是说，我们过去假设国家内部的一切事务，包括金融事务，都发生在主权领土的范围内，具有国家最高代表性的"宪法"，可以保证金融系统的发展不会脱离国家意志和社会公意，一切尽在掌握中。但是现在，金融系统已经高度全球化，脱离主权国家的领土逻辑，呈现为全球范围的运作。因此，传统的宪法和法律监管措施，已经越来越难以处理金融系统的问题，它已很难介入到一个逐渐在全球范围封闭运作的金融体系。

托依布纳的金融宪法的思路，开辟了一个非常有想象力的方向。他首先认为，要解决金融系统的问题，必须先要搞清楚，今天金融系统的运作逻辑，和它的核心问题是什么？首先，要意识到在全球经济和资本快速膨胀和流动的条件下，原来由中央银行来垄断货币的认识已经过时了。中央银行不再是货币创造的唯一主体，大量的商业银行、影子银行，借助各类经常账户的跨境操作、各类非现金交易、新的实时通信技术，包括外汇交易和资本交易的全球化，已经获得了事实上的货币创造权。各类全球性的商业银行已经独立于中央银行，获得了实际的货币创造权。它们虽然不发行货币，但可以创造货币。据统计，在欧洲，这些所谓的"存款货币"和中央银行发行的"纸币"，比例是80%：20%，而在英国，存款货控范围，超出宪法的规范化轨道。也就是说，现在即使宪法制定得再完美，宪法解释做得再好，但是社会问题已经超出传统的政治轨道，各种政治危机和病症在陆续爆发。

在经济层面，全球性的量化宽松、房价飞涨、贫富分化，导致了法国经济学家皮克提所说的 21 世纪资本主义。而在托依布纳看来，这背后是因为全球化的经济、贸易、金融系统的力量，将各国社会大众重新抛入了一个没有社会保护的潮流之中。面对这些经济问题，宪法显得束手无策。过去，经济问题被认为最好只由市场机制来解决，国家介入到经济系统，最后往往都会失败。但是，宪法和经济或金融之间的关系，究竟应该如何重新设计？

所以，我们看到，在宗教、政治、经济，包括教育、医疗、科技、网络等各个领域，今天这些社会系统的运作范围，已经超越和摆脱了民族国家的领土边界，开始形成一种自我封闭运作的发展趋势。传统宪法继续通过传统的立法、行政和司法手段，已经越来越难以解决当前爆发的各种问题。

托依布纳认为，当前最关键的，是传统的政治和宪法如何应对三种主要发展趋势——数字化、资本化和全球化——所带来的挑战？由这三个发展趋势带来的空间变化、生产方式和生产关系的变化、时间观念的变化、社会结构的变化，使得我们已经不能像霍布斯和洛克那样的时代，通过民族国家宪法解决一切权力和权利冲突的问题。或者说，如果想通过民族国家的宪法平台，通过一个固定的领土国家内部的议会政治、民主政治、党派政治，通过政治领袖和政治强人，通过政治系统的统一输出，来解决各大社会领域出现的不同问题，经济也想管一下，金融也想管一下，教育也想管一下，互联网也想管一下，这种想法已经有点行不通了。不同的社会系统已经形成它们自己封闭运行的功能逻辑，事实证明，政治权力和国家宪法的渗透，在很多情况下都失效了。

民族国家宪法的时代不适症：以金融宪法为例

这里可以举一个例子。在 2008 年金融危机发生后，欧美国家的不少学者和政治家提出了很多解决方案。比如说，要求取消投资银行家的奖金、提高银行股有关过去、现在和未来一种非常灵活的、多重转换的时间概念，带来了当代社会在时间体验上对未来的高度不确定性，一种普遍的焦虑感弥漫于全社会，整个社会都弥散着未来的"风险"意识。而且，空间结构和时间结构的变化，还进一步形成了相互激荡之势。

第三个方面是社会秩序的基本单元的变化。社会秩序的基本单元开始从过去的个人和主体，转向匿名的社会系统。在霍布斯、洛克和卢梭的时代，宪法秩序是建立在国家和个人主体之上的。但是现在，我们开始发现不同的社会系统，已经逐渐成为一个自成一体的封闭运作体系。对于这些封闭运行的系统来说，个人心理的感受、个人的情感、个人物质的需要，只是偶尔被系统所考虑，人只是作为系统的环境而存在。这些匿名的母体、匿名的系统、匿名矩阵，构成了当代社会的基本秩序单元。无论是互联网系统、金融系统、贸易系统、宗教系统、医疗系统、科学系统，它们都只是在各自封闭运作的基础上，去认知个体的感受、个人的利益和价值需求，这些认知都不会直接转化为系统自身运作逻辑的改变。

上述三个变化，对我们今天的宪法秩序构成了非常严峻的挑战，传统的宪法理论在这些变化面前遭遇到普遍的困境。首要的危机表现，就是民族国家开始变得步履蹒跚、尾大不掉、举步维艰，过去由民族国家来统一整合宗教、政治和经济各领域问题的局面受到了挑战，由宪法来承担的国家整合功能也不再那么有效。我们可以看到以下三个结果：

第一，在宗教层面，出现了全球的激进化趋势，出现了伊斯兰国和基地组织这样跨国传播的恐怖主义现象。而在托依布纳看来，这首先是因为民族国家对宗教事务的垄断能力在逐步丧失，近代国家宪法奠定的政教分离条款，不再像过去那么有效，宗教力量不再能够被有效地控制在民族国家范围内。所以，今天的世界似乎再次回到了15世纪、16世纪宗教改革时期，各种宗教力量复兴和冲突，带来了区域性和全球性的动荡。也就是说，近代宪法实现政教分离的宪法成果受到了挑战。

第二，在政治层面，传统的议会民主、政党政治、行政科层体制、宪法审查制度，都不能非常有效地回应新的社会问题。大量的社会问题超出国家政治的管议题，都被垄断在民族国家范围内解决；第二，在民族国家内部，政治权力变得一股独大，政治问题成为国家的首要问题，政治权力可以介入和渗透到其他所有的社会领域。所以，在过去，政治学讨论中最重要的一个经典命题，就是所谓的政体问题。也就是说，一个国家只要把它的政治系统设计好，把所谓的政体问题解决好，把政治宪法制定好，通过政治、国家、主权和宪法制度，就可以把所有其他社会领域的问题和矛盾解决好。无论是宗教、经济、教育、医疗、科学、体育，在理论上，都能够通过政治和国家以及宪法，来有序地治理、规范、干预和引导。所有社会问题，都可以在民族国家的宪法蓝图下进行控制和疏导。

所以，在以往的宪法学中，最重要的问题，除了如何去保护个人的基本权利，就是如何去设计好国家权力、设计好政治组织的问题，包括三权分立、选举制度、央地关系处理，还有比如是实行总统制还是议会制的问题，等等。总之，宪法的核心任务，就是设计好政治系统和宪法体系，处理好所谓的"政体"问题。只要政治问题解决好了，社会其他领域的矛盾，就有希望通过这个良好的政体和宪法，把它们最后都处理好。

但是，托依布纳认为，进入20世纪后半叶特别是21世纪以来，不断加速的全球化运动，大量新的全球化力量，包括新科技因素的影响，大大改变了国际格局，也改变了民族国家的运行逻辑。这带来了三个方面的变化：

第一个方面是空间结构的变化。今天，贸易、投资、金融、网络通信和人员的高速全球流动，已经大大突破了原来的领土分化的逻辑，17世纪建立的威斯特伐利亚民族国家体系受到了很大的冲击。以主权国家为平台的宪法机制，开始被各种新的跨国家、超国家、亚国家、区域性、平台性、私人性的法律机制取代。在一个多元化的世界中，不再有一个权威性的政治空间拥有最终的决断权，这给法律秩序带来很大的挑战。因为失去了一个统一的政治和法律空间，我们很难再对不同空间的秩序做出一致的协调和安排，从而开始陷入一种"碎片化"的治理。

第二个方面是时间结构的变化。过去的社会，时间的预期相对来说比较静态，比较稳定。但是当代时间的概念已经发生了很大变化，不确定性、动态性，以及

余盛峰讲读《宪法的碎片：全球社会宪治》

> 余盛峰
> 清华大学法学博士，北京航空航天大学副教授，美国康奈尔大学访问学者，并担任《文化纵横》杂志执行主编多年。主要研究领域有比较法、法律社会理论及网络信息法。

《宪法的碎片：全球社会宪治》是一本很有可能成为新经典的法学著作。这本书的作者，是今天在欧洲和美国法学界享有盛誉的德国学者贡塔·托依布纳。他横跨了法学、社会学、经济学、政治学等多个学科领域，同时也是德国已故著名社会学家尼古拉斯·卢曼优秀理论的继承者和诠释者。他在借鉴卢曼社会系统论的基础上，吸收了最新的社会理论成果，将它们成功地运用到法学研究领域，特别是在最近的宪法学研究中，他提出了一系列具有原创性的观点，论述了他对宪法和基本权利问题的全新理解，以及法学和全球化理论的最新前沿成果。这本书，可以说是他相关研究的一本集大成之作，也是他本人的巅峰之作。

变化、结果与趋势：宪法的碎片化

托依布纳首先对我们今天的时代处境做了一个大历史视野的分析。在他看来，今天的全球乱局和世界危机，是1648年《威斯特伐利亚和约》建立的民族国家体系，遭遇了一个"四百年未有之变局"。也就是说，从17世纪一直到20世纪后半叶，民族国家都一直能够成功地实现对宗教、经济、政治、军事、社会各领域的控制和管理，国家的暴力机器、行政制度、官僚科层机构、法律体系，形成了对社会的全覆盖和全方位治理。这带来了两种结果：

第一，除了极少数事务需要通过外交谈判和国际法处理，几乎所有的社会而托依布纳给我们提供了应付局面的某些线索，比如制度设计和政策制定如何成为维护和稳定社会的"对预期的预期"的机制，而不是在向前、向后或者原地踏步的选择上，显得如此地茫然不知所措。"对预期的预期"指的是，我们原本对行走的轨道通向那里，虽看不到底，但有个大概的期待，而对这个期待，我们保持着某种期待。

社会理论关切的核心议题是现代社会如何可能。这个议题，人类已经思考、讨论、实践了几百年。而今天，人类非常可能再次面临一次重大的全球宪法时刻。正是在这个意义上，我非常感谢讲读这本书的余盛峰把托依布纳带给我们。

余盛峰，1982年生于浙江平阳，是非常年轻的法学家。他先后在华中科技大学和清华大学求学，现在北京航空航天大学人文与社会科学高等研究院和法学院任副教授。他在离校多年后，又重返清华大学攻读法学，获得博士学位。他还是美国康奈尔大学的访问学者，并担任《文化纵横》杂志执行主编多年。盛峰老师的主要研究领域，是比较法、法律社会理论，以及网络信息法。他的学术研究，以及参与创办和编辑《文化纵横》的经历，使得他对中国思想学术和媒体生态有了比同行更为切近的认识，对各大人文社科领域和文化议题有了比同行更为全面的理解。

而再次聚合已经跟我们熟悉的那种集中统一完全不同了。

托依布纳指出，全球化给民族-国家模式带来挑战，确实需要整合、重新建立规矩。但思路可能有两个，而不是一个。一个是托依布纳的"社会宪法"和全球宪治方案；而另一个是今天已经徐徐展开，但未来前景不明的方案，其特征恰恰是去全球化，大规模地向传统模式回归。

必须承认，全球化带来各种好处的时候，参与这一进程的各种非国家力量，托依布纳管它们叫作"封闭运行"的系统，在显示其分离性质的同时，确实有成为利维坦的趋势，在它们面前，民族、国家以及个人，都有成为弱势者的可能。托依布纳方案的难点在于：如何既发挥这些系统的长处，不至于毁掉它们，又规训它们，防止其在各自领域一权独大。

事实上，托依布纳的"封闭运行"的系统，恐怕也要分为两种情况：一种是跨国资本和全球金融网络组织；另一种是各种非政府组织和志愿者联盟。而后一种情况不恰好是网络条件下被人们称为部落化或再部落化的事物吗？这些再部落化的事物，更加关心的是部落内部的利益，是组成部落成员的利益，而不仅是部落本身的利益。换句话说，维护部落内部成员的利益，才是它们生存的根本。它们对政治宪法传统的挑战，更倾向于正向的，而不是负面的。

在托依布纳写作《宪法的碎片：全球社会宪治》，提出他的全球宪治方案时，他万万没想到的是，去全球化思潮对全球化提出了空前挑战，也就是我上面说的第二种方案渐成趋势。如果我们再用心一点会发现，这个去全球化的趋势，更可能的是一种再全球化进程，它完全不同于上一个不分青红皂白、粗糙乏味的全球化，而且我们似乎已经听到了再全球化轰鸣的脚步声，同时这个脚步声离我们过往理解的全球化渐行渐远。

如果我们的感觉没有出大错，再全球化的深度和意义，要远远超过上一个全球化。如此，"托依布纳问题"，以及他的解决方案，是不是又回来了？而且很可能，人类将迎来一次托依布纳先生念兹在兹的全球宪治时刻。

托依布纳是法律系统理论的重要代表，是后自由主义时代最重要的法律理论家之一。在全球化可能出现重大转折的当口，了解、理解他的学说，就是理解法律如何应对急剧变化的现实，具有更加紧迫的意义。当然，不只是法律，几乎在所有方面，包括我们的情感，恐怕都面临急剧变化带来的调整，累托、涂尔干和韦伯，以及经济学家马歇尔。

我为什么要捋出这条思想史线索呢？因为从涂尔干、韦伯到帕森斯，到卢曼，再到托依布纳，我们可以温习一些道理。

一个重要的思想成果，从来都是其来有自，这是其一；其二，西方的思想家和学者们进行思考时，面对的从来都是社会实际问题，都背负着解决问题的重任；其三，社会在演化，问题也层出不穷，思想家们的思考，也是不断地迭代更新的。更重要的是，一个实际政策的出台，或者政策转向，它们的背后都有着深厚的理论、观念和思想的支撑，哪里是一个主政者任性所为、说来就来的即兴演出？这个道理，是读经典首先应该记住的最重要的一条"定理"。

卢曼一生写过很多书，翻译过来的已经不少。他的主要工作，是试图建立一种一般社会理论（a universal theory of society），也叫普遍社会理论。卢曼认为，现代社会的特征，是功能分化，比如存在着政治、经济、法律、教育、宗教等各个功能系统，它们处在复杂、多变的社会环境中，而为了生存，各功能系统必须建立一种内部机制，以应对各种外部的压力和挑战。卢曼的理论，是对西方源自中世纪晚期的现代性经验的一次大规模的总结和反思。

而托依布纳的学说，正是脱胎于卢曼的一般社会理论，并向前大大推进了一步，提出了解决问题的"社会宪法"和"全球宪治"的理论方案。托依布纳的方案涉及各个要素，它们之间的关系，以及实施中必须小心处理的方面。

社会宪法，对应的是政治宪法，也就是跟我们生活密切相关、人人能说上几句的"宪法"，比如中国宪法、美国宪法。托依布纳认为，20世纪后半叶，人类社会各个子系统演变得越来越复杂，尤其是跨越国境的"私人"系统，比如跨国公司、非政府组织、金融网络等，已经让建立在民族-国家基础上的政治宪法显得捉襟见肘，甚至无能为力了。

如何应对这种局面呢？托依布纳给出的方案，是根据社会各个功能系统和各种跨国"私人"系统的特性，将政治宪法中的权力，分布到上述各系统中，形成各自的"宪法"，并在此基础上，制定该系统或领域的全球性宪法。托依布纳的方案，几乎要在同一个时空中，完成权力的分化、分离与聚合，难度之大，可以想象。但究其实质，他方案的核心，是传统政治权力的去中心化，

导语｜人类是否再次面临全球性的"宪法时刻"？

刘苏里

这本书原版 2012 年问世，中译本 2016 年就与中国读者见面了。一本刚出版不久的书，怎么就成了经典了呢？托依布纳是谁？我也曾有类似的疑问，不过，我的疑问，跟这本书的核心议题有关，用八个字概括，就是"社会宪法"和"全球宪治"。

托依布纳是谁，对为什么要读《宪法的碎片：全球社会宪治》是非常重要的说明。托依布纳 1944 年生于德国萨克森州。他先后在哥廷根大学、图宾根大学和美国加州大学伯克利分校求学，攻读法律和法律社会学。之后，在德国不莱梅大学、法兰克福大学、意大利欧洲大学、都灵国际大学、英国伦敦经济学院、美国斯坦福大学等地任教，讲授私法、比较法学、法律社会学等课程。

大约在 20 多年前，托依布纳被介绍到中国。此后，他还到中国讲学、参与学术交流，中国学者有跟他的长篇对话，他的作品也陆续被翻译过来，但他从来没走出过法学圈子。说到这儿，聊个小故事。中国一位年轻的法学家，迷上了德国著名的社会理论家卢曼，想把卢曼的书全都翻译过来。不曾想，卢曼作品的版权都被某个大出版机构买走了，失望之余他说，拿卢曼的弟子托依布纳来替补，也是个不错的选择。

尼古拉斯·卢曼是当代最杰出的社会理论家之一。作为思想家的卢曼，他的经历很奇特，第二次世界大战时参军，1945 年被盟军俘虏。战后他在弗莱堡大学学习法律，毕业后到地方搞法律行政事务。1960 年去美国深造，师从社会学大师帕森斯。帕森斯是埃利亚斯的学术对手，第二次世界大战后兴起的结构功能主义的代表人物。帕森斯醉心于宏大的社会理论建构，他的核心主张是："社会系统是一种行动者互动过程的系统，行动者之间的关系结构是社会系统的一种基本结构。"而帕森斯的理论来源，可以上溯到社会思想家帕

四八

《宪法的碎片：全球社会宪治》

［德］贡塔·托依布纳 著　陆宇峰 译　中央编译出版社　2016 年

主题词◎社会宪法学

―――― 经典之处 ――――

《宪法的碎片：全球社会宪治》是对全球多元主义社会宪法观的首次阐述。作者论述了对宪法和基本权利问题的全新理解，以及法学和全球化理论的前沿成果；针对全球一系列超越国家边界的现象，对全球宪治的可能性做了全方位的探索，探讨了超国家的全球宪治的权力、范围和问题等。

―――― 作者简介 ――――

贡塔·托依布纳（Gunther Teubner, 1944—　），德国法兰克福大学私法与法律社会学教授，当代德国及西方著名法律社会学家。曾在哥廷根大学、图宾根大学及加州大学伯克利分校学习法律与法律社会学，并曾任教于法兰克福大学、不莱梅大学、加州大学伯克利分校、斯坦福大学等院校。托依布纳是继卢曼之后，当代关于法律系统理论最重要的代表性人物。

我比米哈里更为乐观地看待瘾。在拙作《后物欲时代的来临》中我说过这样的话：

> 有了瘾就不会空虚了。没有上瘾，不仅仍然有可能陷落到空虚之中，甚至难于与一种行为模式系结到一起。现代人大规模地义无反顾地陷入"瘾"当中，是有深刻的原因和功能的。我们实际上面临的很可能是三种选择：空虚无聊、寻找肤浅的刺激因而不能真正摆脱空虚，对某种活动上瘾。或许瘾是帮助现代人解决这一尖端问题的归宿。如是，问题的关键就不是从一般的意义上将瘾看作病症，而是比较和区分各种可以上瘾的活动，择其善者而从之。

思考题：

1. 一个人是怎么获得幸福的？对于这个问题你有什么想法？
2. 对照自身，你是否体验过沉浸在某个活动中而产生心流？
3. 一个人怎样确立自己的生活目标？
4. 怎样在工作中获得心流？不同历史阶段，人类获得心流的方式有什么不同？
5. 如何看待游戏在人类获得心流中的位置？

游戏如此有趣，2000多年前先哲就告诫人们无聊了去下棋，那么为什么当代人的休闲生活甚至没有工作时有更多的最优体验呢？

两大原因。其一，大把大把的闲暇的来临，是当代的事情。从前是六天工作制，每天八小时以上的工时。这种强度之下，休闲主要用于放松和休息。其二，游戏是需要学习的。没有青少年时代五年以上的时光沉浸在篮球、乒乓球、提琴上面，就很难终身保持这习惯，在闲暇无聊时信手拈来。

相反，没有这些游戏的储备，当代人遇到闲暇无聊，便饥不择食地打开电视，奔向商厦或网上购物。这种应对无聊的策略一旦建立，就很难改变。如果处在狂飙的年龄，还可能选择毒品和暴力。因其不需要学习，是没有复杂游戏储备的无聊者们的便餐。

闲暇必须与游戏结合，复杂的游戏必须经过学习，所以学习游戏就是学习如何应对更多的闲暇。

一个人愿意投身哪一种游戏，是高度个性化的事情。当代人，特别是未来的人们的生活目标将落在游戏上面。这也再次说明，今天和未来的人的生活目标，不可能是权威和他人指派的，而是自己接触和尝试后的选择。

我和米哈里的一个共识是，我们都看到了与游戏、与当代人的刺激需求密切关联的瘾。

> 精神熵暂时消失的感觉，是产生心流的活动会令人上瘾的一大原因。……很多棋界天才，包括美国第一任棋王墨菲和最近一任棋王费舍在内，都因太习惯条理分明的棋局世界，毅然弃绝了现实世界的纷扰混乱。……任何有乐趣的活动几乎都会上瘾，变成不再是发乎意识的选择，而是会干扰其他活动。……当一个人沉溺于某种有乐趣的活动，不能再顾及其他事时，他就丧失了最终的控制权，亦即决定意识内涵的自由。这么一来，产生心流的活动就有可能导致负面的效果：虽然它还能创造心灵的秩序，提升生活的品质，但由于上瘾，自我便沦为某种特定秩序的俘虏，不愿再去适应生活中的暧昧和模糊。……我们必须认清心流有使人上瘾的魔力，我们也应该承认"世上没有绝对的好"这个事实。如果人类因为火会把东西烧光就禁止用火，我们可能就跟猴子相差无几。

做不到专注每一个回合，结果满盘皆输。

瑜伽的精髓也在于控制自己，从身体到精神。"第五实修是进入正式瑜伽修行门户的预备动作，称作'制感'。它主要是学习从外界事物上撤回注意力，控制感觉的出入——能够只看、听和感知准许进入知觉的东西。在这个阶段，我们已经可以看出，瑜伽的目标与本书所描述的心流活动多么接近——控制内心所发生的一切。"

球类常常更吸引人，因为比分此起彼伏，那是即时的高度刺激的回馈。相比之下，游泳似乎显得沉闷，如果每天一次能不枯燥吗？这其实和有些工作相似，必须在过程中为自己设定新的挑战及指标，在迎接挑战中获得成长的乐趣。我本人差不多一天游一次泳。我排遣枯燥、保持兴趣的方法是学习、完善和创造多种泳姿。我会10种游泳姿势，光是仰泳就会反自由泳式、反蛙泳式、反蝶泳式。我游海豚泳双手并拢只用两腿，那才真正像海豚。学习乐器也一样，不持续练习不会提高，持续下去主要不是靠耐心，而是靠不断发现技巧上的微妙差异，靠持续存在的关注点。

在中西方古代贵族那里，音乐和体育是并重的。孔子说："立于礼，成于乐。"近代西方哲人席勒说："美育先于道德，没有美育的道德是强制性说教。"这是对孔子"立于礼，成于乐"的最好注解。美育可以让一个人在其精神世界中，愉快地领受一种秩序。有了这第一个秩序，才好顺利地接受第二个秩序，即道德伦理的秩序。非如此，道德就是强制。而音乐是精神世界中最神秘和美妙的秩序。米哈里说："柏拉图就是因为警觉到这种关系的存在，所以才强调教育儿童首先就该教他们音乐；学习把精神专注于优美的节奏与和谐之中，意识的秩序才得以建立。我们的文化似乎越来越不重视儿童的音乐技能，学校预算每有删减，最先遭殃的就是音乐课程，还有美术和体育。这三种对于改善生活品质极为重要的技能，在当前的教育环境中竟被视为多余，着实令人扼腕。"他还说："虽然学习乐器从小开始最好，但永远不会嫌太晚。有些音乐老师的专长是教导已成年，甚或上了年纪的学生，很多成功的企业家甚至年逾五十才决定学钢琴。尝试与别人合作发挥自己的技巧，最愉快的经验莫过于参加合唱团或加入业余演奏团。"他还提倡学习作曲，他说电脑中先进的软件，使作曲变得更简易，普通人也可以尝试。

主的时间大幅度增加。而米哈里的问题也将转化，获得更多心流的主战场，将从工作转向休闲。

凯恩斯在1920年就发出了伟大的预言，经济问题将在百年内终结，"人类自从出现以来，第一次遇到了她真正的永恒的问题——当从紧迫的经济束缚中解放出来以后，应该怎样来利用它的自由？科学和复利的力量将为他赢得闲暇，而他又该如何来消磨这段光阴，生活得更明智而惬意呢？"

好在历史上的贵族阶层已经做出了尝试，积累了经验。贵族阶层脱离了生产，率先面临生命不能承受之轻的挑战。一部分贵族陷入物欲不能自拔，另一部分选择体育、音乐、诗词歌赋的艺术化生活方式。中西方在此高度一致。

一方面，米哈里认为工作而非休闲可以造就更多的心流。但另一方面，他讨论心流的生动案例中，休闲中的活动不在少数，比如他不断说到的攀岩、舞蹈、下棋。这些狭义的游戏，正是我们要讨论的内容。

机器人驱赶我们去游戏

工作可以产生心流，游戏也可以产生心流。游戏与心流的关系更好理解。这不仅因为游戏的特征——下棋、打球、唱歌显然是有趣的，还因为人类创造出游戏，目的就是为了调整心情，变低迷为亢奋，变涣散为专注。孔子说："饱食终日，无所用心，难矣哉！不有博弈者乎？为之犹贤乎已。"

我认为游戏王国中的第一重镇是体育。米哈里没这么说，但其专门讨论游戏的第五章，是从体育开始的。体育具备造就心流的最佳条件：明确的目标，即时的回馈，易学难精带来的上不封顶的挑战性。体育的最大功能是帮助人控制自己。既学习控制自己的身体——这很好理解，体操、田径、游泳、球类，都要在控制身体上下大功夫——又要学习控制自己的精神，控制自己的注意力。爱看网球的人都知道纳达尔。他的身体条件其实并不突出，爆发力不好是其致命的弱项，而爆发力几乎是一切竞技体育项目不可缺乏的。那他靠什么制胜，靠专注。他可以在四五小时中一直集中精力。俗话说老虎也有打盹儿的时候。对手领先纳达尔时会很自然地放松一小会儿，不想一下就逆转了。在专注上你比不过他，你论。我试做这样的解释。正如米哈里所说："工作可以残酷而无聊，但也可能充满乐趣和刺激。"最好的体验和最坏的体验都在工作中，而非休闲中。工作中好的体验与个人性格密切关联，故常常存留和藏匿在私人的内心，当事人未必有广而告之的愿望。而工作中的紧张、单调、劳累过度和低收入，则因劳工的利益诉求和他们伟大代言人振聋发聩的言论而进入公共领域，传染众生。工作虽然有内在的挑战，有造成心流的可能性，但工作对雇主与管理者之外的员工还有其他的重要维度。最大的两项是自由度和收入。感觉收入上不公正会抱怨。一个可以从工作中找到心流的工人，工作效率多半不低，而如果其收入没有相应提升，则其抱怨的可能多半高于效率较低、无心流体验的工人。所以上述悖论的解释空间甚大。"现在我宁可做别的事情"，未必是要从有心流体验的当下工作转移到无心流的休闲，有可能是从有心流体验但工资低的工作，换到有心流且工资较高的岗位上。缺乏自由度，正是青年马克思一针见血地指出的资本主义生产方式下劳动的异化。这批评雄辩且持久不衰。

米哈里从心流的角度触及这一问题，他的思路是改良的。他说："通过工作提升生活品质，需要两项辅助策略。一方面要重新设计工作，使它尽可能接近心流活动，诸如打猎、家庭式纺织、外科手术等。另一方面，还得培养像莎拉菲娜、柯拉玛、庖丁那样自得其乐的性格，加强技巧，选择可行的目标。这两项策略若单独使用，都不可能使工作乐趣增加太多，但两者双管齐下，却能产生意想不到的最优体验。……但目前的状况却是，那些有能力改变特定工作性质的人，并不重视工作能否带来乐趣。管理者的首要考虑是生产力，工会领袖满脑子也都是安全、保险与工资。短期看来，这些前提跟产生心流的条件可能有冲突。这实在很可惜，因为如果工人真正喜爱他们的工作，不但自己受益，他们的效率也会提高，届时所有其他目标都能水到渠成。"

米哈里改革的建议不易实现。连工会领袖都不致力于此，说明劳资双方其实共享资本主义价值观：货币收益。

但是随着时代的发展，突破口有望呈现。那就是伴随机器人的大规模问世，人们的工作时间将越来越少，闲暇将越来越多。这样，缺乏自由、自主的问题将缓解。工人虽然未能在工作中获得更多的自由和自主，但其整体生存中自由和自里的解释是，很多人屈从主流文化，认为工作是强制的，不去理性地比较自己工作与休闲的状态。对此我不完全同意。

调查中更多的心流出现在工作，而不是休闲中。这符合米哈里的一贯认识。他引用弗洛伊德的话："快乐的秘诀在于工作与爱。"

他在书中动情而生动地讲述东西方两个劳动者工作中的心流体验。

"里柯·麦德林在一条装配线上工作。完成一个单元，规定的时间是43秒，每个工作日约需重复600次。大多数人很快就对这样的工作感到厌倦，但里柯做同样的工作已经五年多了，还是觉得很愉快，因为他对待工作的态度跟一名奥运选手差不多，训练自己创造装配线上的新纪录。经过五年的努力，他最好的成绩是28秒就装配完一个单元。最高速度工作时会产生一种快感，里柯说：'这比什么都好，比看电视有意思多了。'里柯知道，他很快就会达到在同样工作上求进步的极限，所以他每周固定抽两个晚上去进修电子学的课程。拿到文凭后，他打算找一份更复杂的工作。我相信他会用同样的热忱，努力做好任何一份工作。"

这个案例中工作的挑战能造就心流是足够生动的。我倒想做一点笔走偏锋的评论。我常对学生们说，你们要选择一份与你自己智商相匹配的工作。不要干了10年后发现你已经穷尽了这份工作中的全部奥秘，索然无味了。中年后能否找到和重新学做一份具有挑战性的工作是存疑的。借弈棋作比喻。智商高的不要选择跳棋，要选择围棋，它能长久地吸引你。

令中国读者惊异的是，米哈里的第二个案例是《庄子》中的"庖丁解牛"。这很让我感动，因为我一向认为这是中国文字中最美的一篇。庖丁无疑在劳作中进入了心流的状态，从庄子对全过程的描写中可以清楚地看到。米哈里却有更多的期待。庖丁回答文惠君："臣以神遇而不以目视，官知止而神欲行。"米哈里引用的英文翻译是："Perception and understanding have come to a stop and spirit moves where it wants"。笔者以为，"以神遇"的意思是"以直觉应对"，译为"spirit moves"不妥。这个翻译误导了米哈里。遇——moves——flow。中英文字转化后的对比，令米哈里痴迷东方的"遇"与西方的"flow"可以"融会贯通"。瑕不掩瑜，庖丁解牛确乎符合心流。但"庖丁解牛"没有说出米哈里的理论。

为什么对工作的不满成为社会主流舆论的组成部分，且出现上述调查中的悖的外在手段，诸如药物、娱乐、刺激等任何能麻痹心灵或转移注意力的东西。英国哲学家培根引用一句俗语说，'喜欢独居的人，不是野兽就是神'。倒不一定是神，但一个人若能从独处中找到乐趣，必须有一套自己的心灵程序，不需要靠文明生活的支持，亦即不需要借助他人、工作、电视、剧场规划他的注意力，就能达到心流状态。"

一方面，独处是建立自己的内心系统的必要经历。另一方面，有了自己内心的系统，更能够适应因偶然原因陷入的孤独的处境。葛兰西、索尔仁尼琴、曼德拉等人的经历就是证明。米哈里说："一个能记住故事、诗词歌赋、球赛统计数字、化学方程式、数学运算、历史日期、《圣经》章节、名人格言的人，比不懂得培养这种能力的人占了更大的便宜。前者的意识不受环境产生的秩序限制，他总有办法自娱，从自己的心灵内涵中寻求意义。尽管别人都需要外来刺激——电视、阅读、谈话或药物——才能保持心灵不陷于混沌，但记忆中储存足够信息的人却是独立自足的。"

适当的独处有利于形成自我。我一直有一个感觉，国人的自我弱于其他一些民族。表情反映性格。国人的典型表情是嬉皮笑脸。相比而言有些民族的人要严肃得多。我特别喜欢非洲木雕中的一脸肃穆。何以有如此差异？我的分析是，中国人社会性太强，打压了自我，使我们每每逢迎他人。缺少独处就缺少自我，而无个性的人组成的社会是缺少美感的。

心流与庖丁解牛

时下一些学者从事的社会调查，其结果和调查前的判断如出一辙。此种调查属于无聊的勾当。好的调查一定是调查前对结果毫无把握，有时调查后还发现了令人惊讶的事实。

米哈里的调查就是好的调查。其一，该调查发现，心流的体验，工作时（54%）大大高于休闲时（18%）。其二，面对"我现在是否宁可做别的事情"这一问题时，回答"是"，即愿意停止现在正做的事情的回答者中，工作的人大大高于休闲的人，即使工作者正处于心流的状态。这真是个值得思考的悖论。米哈自我',大多数人的目标都受生理需要或社会传统的制约,亦即来自外界。自得其乐的人,主要目标都从意识评估过的体验中涌现,并以自我为依据。"

外界向你提供目标时,往往以某种奖励吸引你追随它。世上大多数奖励的动机是控制你。不做外部目标的奴隶,就要拒绝它们的奖励。拒绝外部奖励最有效的方法是建立内奖,即选定你的目标,在追随目标的努力中,获得内心的秩序和成长的乐趣。

在讨论心流与目标时,米哈里还提出了"自成目标"的概念。即目标是做你喜欢做的事情,而非做这件事情的报酬,尽管有时也存在报酬,有时也有社会效益。也就是为艺术而艺术,为科学而科学,为你喜欢的劳作而劳作。米哈里说:"开始时靠目标证明努力的必要,到后来却变成靠努力证明目标的重要性。……登上山顶之所以重要,只因它证明了我们爬过山,爬山的过程才是真正的目标。"

以上说的是在设置人生目标上个人与社会的关系。接下来说生活中的群己关系。

灵长目动物中有选择以群体为生存单位的物种,也有选择以小家庭为生存单位的物种。同为群体生存的黑猩猩、大猩猩与人类曾经是一个物种,在200万年前分手。就是说人类群体生存的历史远远长于200万年。这经历结结实实地确定了我们的群体性。我们最大的痛苦常常不是来自大自然,而是来自伙伴,甚至亲人。所以哲学家说:"他人是地狱。"如果每个普通人可以彻底离开他人,这句话就不会从哲人口中说出。并且,其实你的很多快乐,甚至最大的快乐,也是来自与他人的交往。乃至,如何和他人交往,成为你的内心秩序的组成部分。

现代社会与传统社会的一大差别是,社会成员们的巨大流动性。于是你的合作伙伴和亲密朋友,都不再是生来注定,不再限于乡亲,而是可以自己选择。择友是从少年时代开始,就要学习的一门至关重要的技能。当然在这之前,首先要力争学会,并长久保持亲属间的和睦。再说下去就是老生常谈了。我们转向去讨论与群体生活对峙的"独处"。

米哈里在此处妙语连珠。他说:"学习运用独处的时间在童年时期就很重要。十来岁的孩子若不能忍受孤单,成年后就没有资格担负需要郑重其事准备的工作。……如果一个人不能在独处时控制注意力,就不可避免地要求助于比较简单在传统社会中，为百姓们提供人生目标的是社会权威们：国王、主教、政府等。他们提供的目标有：宗教、道德、阶级、习俗、爱国主义等。最后到来的一个目标提供者是商人，他们宣扬的是消费。这些目标渐渐失效，不再吸引众生。

原因之一是，这些目标设置的动机或者是社会秩序的维护，或者是鼓吹者自身的利益。社会秩序的考虑在古代是成立的，没了社会秩序大家都要遭殃。但现代社会秩序的基础已经改变，不是同仇敌忾，而是越来越大范围的分工合作，是以市场竞争为主要渠道的上下流动。商人们宣扬购买，但购物不包含复杂的身心投入，不能真正造就内心的秩序，更不会带来成长的乐趣。购物从根本上说有利于商人，而非顾客。自上而下的其他几种目标，其实异曲同工，都是更有利于宣讲者或统治阶层。原因之二是，人类的兴趣、潜能大不相同。单一的目标，即使很好，也只能吸引一个群体中十分之一的人去追求。能吸引群体中大多数成员，必是多个目标。提供目标的他人，必有其主观偏好和私利，长官的意志当然是这样，即使是父母也很难豁免。因此，在现代社会，目标要个人自己去寻找。

积极的、能为自己建立兴趣的性格，有先天的成分，不是所有人都能如此。但是也与一个人早期的成长关系密切。这就涉及孩子成长的家庭环境。米哈里认为，好的家庭环境就是不替孩子设立目标；家长当然不可以什么都不管，但家长设定的不可以做的界线要清晰，界线之内的空间是孩子的，即给他留下较大的自选空间；并且家长对孩子当下的兴趣、所做的事情和感受要留心和重视。用米哈里的话说，这样"孩子知道什么事可以做，什么事不可以做，不必老是为规制与控制权而争吵；父母对他们未来成就的期望也不会像一片阴影，永远笼罩在他们头上；同时不受混乱家庭分散注意力的因素所干扰，可以自由发展有助于扩充自我的兴趣与活动。在秩序不佳的家庭里，孩子的大部分能量都浪费在层出不穷的谈判与争执，以及不让脆弱的自我被别人的目标所吞噬的自我保护上"。

人生目标需要自己寻找，并且人生目标的获得不能抄袭，没有捷径。米哈里说，获得最优体验的手段，"不能浓缩成一个秘诀，也不能背诵下来重复使用。每个人必须自行从不断的尝试与错误中学习"。

米哈里问读者，什么是自得其乐？他自己的回答是："就是'拥有自足目标的第一个案例是爱因斯坦，他说："进入科学殿堂的有几种人。第一种人智力超群，来这里为了出人头地。第二种人做科学研究是享受。但科学的殿堂之所以存在不是因为他们，而是因为第三种人，后者走进科学是出于对世俗生活的厌倦。"

第二个案例是陈景润，他暴得大名后，荣任全国政协委员，少不了出席两会。陈委员常常逃会，且避开室友，躲到厕所中思考他的数学。

我猜想二位的行径中，可能既有热爱科学的成分，也有避开烦恼的常人心理。他们沉浸于科学，但也经历过世俗，知道专心科学更省心，回到世俗费神。

第三个案例是我本人。我的经验是，在写一篇较大作品的时候，通常是几个月，身体总是很好。相反，不做"大活儿"的时候，身体常有这样那样的不自在。

这个实验太关键了，即使进一步实验的结果不是一边倒。

专注是心流的关键。于是问题来了，中国的高中生在应试的压力下不是也很专注吗，他们体会到心流了吗？我的判断是否定的。爱因斯坦就抱怨过他的一次应试经历，他说过后很长时间都不能复原。为什么如此？第一，那活动不是他心向往之，而是被迫的。第二，反复无数次的复习中，没有任何新的刺激，完全是乏味的重复。故高考结束之日，就是全体考生背叛这一活动之时。上述造成心流的活动，比如攀岩、写诗、思考哥德巴赫猜想，哪能如此。一句话，能造就心流的活动，大多还需要当事者自觉自愿，乐在其中。

可以造就心流的活动中必有挑战，且挑战应该是动态的，即当挑战与你的技能匹配时，有了心流。当挑战的目标大大高过你的技能时，将产生焦虑，此时应降低挑战目标。当你的技能高过设定目标，继续持续这种活动将产生厌倦，便要提升目标，以求挑战和心流的持续。正是在技巧提高、目标上调的过程中，当事者感受到了成长的乐趣。此为幸福之真谛。

自寻目标的时代

集中注意力是造就心流的关键，而凝聚注意力需要一个目标，所以对目标的讨论也是心流理论的重要内容。那目标从何而来呢？

他举出一些典型的角色及其行为，诸如攀岩选手、外科医生、诗人、剧作家，来说明心流。

一位攀岩选手描述自己的感受："越来越完美的自我控制，产生一种痛快的感觉。你不断逼身体发挥所有的极限，直到全身隐隐作痛；然后你会满怀敬畏地回顾自我，回顾你所做的一切，那种佩服的感觉简直无法形容。它带给你一种狂喜，一种自我满足。只要在这种战役中战胜过自己，人生其他战场的挑战，也就变得容易多了。"

外科医疗的性质决定了它是最能集中注意力的。很多外科医生表示给多少钱也不干医院其他科的工作。他们认为，内科治疗常常看不清目标。神经科的目标更模糊，常常10年才能治好一个病人。除了目标清晰，外科的诊断与手术中会不断得到回馈，以评估进展。明确已获得的进展，与全神贯注地继续工作密切关联。

他说："近年来有很多人指出，诗人与剧作家往往是一群严重沮丧或情绪失调的人，或许他们投身写作这一行，就是因为他们的意识受精神熵干扰的程度远超一般人；写作是在情绪紊乱中塑造秩序的一种治疗法。作家体验心流的唯一方法，很可能就是创造一个可以全身心投入的文字世界，把现实的烦恼从心灵中抹去。"喜欢科学的王小波一定知道熵，不知道他读过本书没有。但他说过，他的写作是反熵行为，倒是与米哈里的看法如出一辙。

全神贯注于某项活动，精神消耗一定更大，好在当事者心甘情愿。这似乎是常识。但米哈里告诉我们：不对。有实验证明全神贯注减轻了脑力负担。"最合理的解释似乎是，心流较强的那组人能关闭其他信息的管道，只把注意力集中在接收闪光的刺激上。这使我们联想到，在各种情况下都能找到乐趣的人，有能力对外来刺激进行筛选，只注意与这一刻有关的事物。虽然一般认为，注意力集中时会增加处理信息的负担，但对于懂得如何控制意识的人而言，集中注意力反而更轻松，因为他们可以把其他不相关的信息都抛在一旁。他们的注意力同时极具弹性，跟精神分裂症患者完全不由自主地注意到所有刺激，恰成强烈对比。这种现象称为'自得其乐的性格'，或许能提供神经学上的解释。"

我当下能想到的三个案例，似乎可以旁证这个判断。

负熵与精神熵

大自然中的大多数运动包含能量转换，所以热力学的两个定理是最基础的理论。第一定律是能量守恒，即发生的只是转移，总能量不增不减。若一个中间被隔开的容器中，一边装有热水，另一边装有凉水。发生的只能是热水的温度下降，凉水的温度上升，不可能相反。这就是热力学第二定律所关注的。其主要内容有三：一、凉的物体不可能向热的物体传递热量；二、能量转化中必有损耗；三、在自发过程中，浓度趋于扩散，结构趋于消失，有序趋于无序。无序的量度被称作熵。一切自发的物理过程，都是熵的增加的过程。

生命现象是个奇迹。它们将太阳能转化成生物能，并从无序中发展出有序。薛定谔以物理学家的眼光看到了大自然中的这个反例，称之为负熵。负熵就是从无序走向有序的趋势。

米哈里借鉴上述思想提出了精神熵。他说，信息对人们意识中的目标和结构的威胁，将导致内心失去秩序，就是精神熵。米哈里说"精神熵是常态"，好可怕呀。在他看来精神熵的反面就是最优体验，他称之为心流。

我称这本书为奇书，因为内容新奇，还因为它很难归类。既有科学的成分，似乎也有哲学，乃至形而上学的味道。可能是因为作者讨论了一些本质的、科学还难于进入的问题。但是本书中的奇思妙论，不是基于玄想，而是调查。

作者和他的小组访问了4800位职业、学历各异的男女老少，让每个对象佩戴一个电子呼叫器，为期一周。呼叫器每天不定时呼叫8次。呼叫器一响，受测者就要按照满意度的等级，记录当时自己的感觉，并记录下当时从事的活动。故最优体验发生于何种活动中，是大规模调查的结果。甚至"心流"一词也非作者自创，而是多数被调查者描述他们最优体验时所用的词："一股洪流带领着我"。

米哈里这样概括心流的成因和特征。一、注意力。他说，体验过心流的人都知道，那份深沉的快乐是严格的自律、集中注意力换来的。二、有一个他愿意为之付出的目标。那目标是什么不要紧，只要那目标将他的注意力集中于此。三、有即时的回馈。四、因全神贯注于此，日常恼人的琐事被忘却和屏蔽。五、达到了忘我的状态。

的信息，你必须找到一项能长久地凝聚自己注意力的活动。这样，你面对众多信息时便有了轻重之别，乃至屏蔽了若干信息。二位的共同性是强调个体的主观能动性。

金钱是否能让人幸福呢？米哈里做了断然的否定。今天越来越多的学者也认同这个看法。但其中一部分人立即将幸福置换到昨天金钱占据的位置上，他们认为幸福才是人生理当直奔的主题。米哈里与笔者对此大不以为然。米哈里引用了笔者也曾引用过的弗兰克的话："事实上，幸福感通常根本不是作为目标而浮现于人们的追求面前，而只不过表现为目标既达的某种副产品。然而在神经官能症患者那里，这种原初的追求似乎都被扭曲到对幸福的一种直接性追求，扭曲为快乐意志。……快乐成了注意力的唯一内容和对象。然而，神经官能症患者在多大程度上纠缠于快乐之中，他便在多大程度上让快乐的根据从眼皮底下跑掉，而快乐效应也不会再出现。"米哈里在本书中的全部研讨都是在证明幸福不是人生主题，而是副产品。幸福是你全身心地投入一桩事物，达到忘我的程度，并由此获得内心秩序和安宁时的状态。

在人们认识幸福的误区中，比金钱更本质的是感官享乐。米哈里一言蔽之："享乐的片刻转瞬即逝。""寻求快乐是基因为物种延续而设的一种即时反射，其目的非关个人利益。进食的快乐是为确保身体得到充足营养，性爱的快乐则是鼓励生殖的手段，它们实用的价值凌驾于一切之上。但实际上，他的性趣只不过是肉眼看不见的基因的一招布局，完全在操纵之中。如果无法抗拒食物或酒精的诱惑，或无时无刻不欲念缠身的人，就无法自由控制内在的心灵。跟随基因的反应，享受自然的乐趣，并没有什么不好，但我们应该认清事实真相。"

人类有一个超大的意识系统。意识系统需要秩序，其无序时人们会焦虑、烦躁。生理欲望需要满足。但无论欲望满足上欠缺、适当，还是过度，都与意识系统中的秩序较少关联。而"好的生存状态"，直译为英文 wellbeing，就是幸福的意思，"好的生存状态"要兼括生理满足与精神系统中的秩序。后者如何获得，是米哈里写作本书的目的所在。米哈里不是从寻常视角去讨论内心的秩序，而是从大自然的秩序之起点开讲，即熵与反熵。

连母体的生命都要牺牲，快乐在其中怎么能算得上重要的追求呢？他们又说，人类性交为何这么短促？完成配种就够了，沉溺其中极可能成为天敌的点心。

米哈里认为，他所看重的学术风格兼具基础研究和实践应用的贡献。他认为能为幸福研究做出重大贡献的三个学科是——生物学、心理学、社会学——而非当下的一些显学。作为心理学家，生物学与社会学是他的第二只、第三只眼睛。

在论述人类幸福难以追求上，他独具慧眼地比较了人类与动物的差异。他说："动物的技巧总是能配合实际的需要，因为它们的心灵只容纳环境中确实存在的，并与它们切身相关、靠直觉判断的信息。饥饿的狮子只注意能帮助它猎到羚羊的信息，吃饱的狮子注意力则完全集中在温暖的阳光上。……动物中除了人以外，都不会自作自受，它们的进化程度还不足以感受沮丧和绝望，只要没有外来的冲突干扰，它们就能保持和谐，体验到人类称之为心流的那种圆满与和谐。"人类与动物的最大差别在于神经系统过于发达。感知和摄取更多的信息，无疑有利于人类生存。对外部情况不感知，当然更危险。但感知更多往往也更苦恼。常言说"无知者无畏"，反之，多知多畏，多知多忧。于是焦虑增长。刚巧一切平安的时候呢，神经系统过于发达的人类偏偏又会感到枯燥无聊。进化为什么导致人类这种极难伺候的身心配置呢？自然选择出的生理机制只是服务于人类生存繁衍，没有增加幸福快乐的考虑。

人类成员中最不堪大量信息闯入的是精神分裂患者。米哈里说："精神分裂症患者会不由自主地注意到所有不相干的刺激，接收所有信息。而很悲惨的是，他们并没有控制任何事物进出意识的能力。有些病人把这种现象描述得很生动：'事情太快地涌进来，我失去控制，终于迷失了。'"我认为，人类看似不同的性格其实是连续谱，而不是割裂为正常人与病人两大类别。病态常常以其凸显的特征，帮助我们认识常态。多数人未因信息过多而致残，但未尝不是信息过多的困扰者。在如何面对外部的悲观信息上，米哈里与塞利格曼给出了两种解答。塞利格曼的看法是，不同的解释方式决定了不同的生命状态。我们继承了祖先的悲观与审慎的解释方式，在远古残酷的生存竞争中需要如此，但现在的生活已经远离零和博弈，没有那么残酷，因此解释可以向乐观的方向调整。轻度悲观使我们在做事前三思后行，但大部分时间乐观更好。米哈里的方法是，面对太多的包括负面

郑也夫讲读《心流》

> 郑也夫
>
> 中国著名社会学家。曾任中国人民大学、北京大学社会学系教授。著有《代价论》《信任论》《后物欲时代的来临》《神似祖先》《吾国教育病理》《文明是副产品》等。

我要讲的这本书，出版于1990年。台湾1993年有了张定绮先生的译本。中信出版集团2009年购买和出版了这个版本。我2000年读到台湾的译本时，当即惊为"奇书"。在我讲授"消费社会学"与"幸福导论"时推荐给同学们，他们读后争着汇报他们的喜悦。

《心流》作者米哈里·契克森米哈赖，1934年生于当时的南斯拉夫，今天的克罗地亚。笔者早已是他精神上的密友，故下文不见外地称他米哈里。米哈里1965年获得芝加哥大学博士学位，1969—2000年在芝加哥大学任教。小他八岁的塞利格曼，晚于本书一年即1991年出版了《学习乐观》。二人志趣相投。2000年联手写作出版了《积极心理学导论》。这几本书标志着积极心理学的问世。

米哈里这本书中有三个核心词：幸福、最优体验（他称之为心流）、精神熵。我们就从这三个核心词说起。

幸福是今天通吃世俗与学界的热门话题。而米哈里和塞利格曼无疑是当代幸福研究的先驱。

米哈里从探讨幸福为什么难以得到开端。他说："幸福如此难能可贵，主要是因为宇宙初创之时，就没有以人类的安逸舒适为念。它广袤无边，充斥着威胁人类生存的空洞与寒漠，它更是个充满危险的地方。"

对幸福的这种认识被后来的生物学家展开，指向动物与人类的身体机制。他们说，大马哈鱼溯江而上，产卵后便死去，自然选择筛选出的这种机制为了繁衍是在母校完成的。待他到加州克莱蒙特大学，出任德鲁克管理学院生活质量研究中心主任时，已是誉满天下的学术明星了。

米哈里·契克森米哈赖的故事，是一个再典型不过的"美国梦"故事。他的研究取向，也非常美国。但他的心流概念却不怎么美国，带有些许东方色彩——他的出生地，历史上就是东西方争夺的战略要地，尽管边缘了点儿。他在作品中引用《庄子》，试图说明他的理论，也是个旁证，可惜引错了，好在他歪打正着。

社会学家郑也夫讲读这本书，是剑走偏锋。他偏得有理由，偏得精彩。这与他的"边缘人"经历，有很大关系。郑也夫18岁到黑龙江插队，一去八年半。接近而立之年，他考取首都师范大学，读的是历史，后来去中国社会科学院读研究生，专业是宗教，直到去美国丹佛大学，才读上他今天的专业社会学。郑也夫还很认真地研究过生物学。他先后在中国人民大学和北京大学社会学系任教，是中国最著名的社会学家之一，也是誉满京城的"杂家"。所以，他写出什么大作，都不会让人觉得奇怪。说起他的作品，有多少呢？从地上摞过书桌富富有余。他的作品干货多，不掺水。这很像他的脾气，火爆但讲逻辑。

郑也夫将米哈里·契克森米哈赖这本书称为奇书，评价甚高。对米哈里·契克森米哈赖不吝美誉的，当然不止郑也夫，因为米哈里·契克森米哈赖的理论和心法，影响了包括布莱尔、克林顿等一大批英美精英，更走进了多个我们非常熟悉的领域，包括教育、运动、游戏、医疗、工商管理，乃至互联网。而郑也夫的讲读也有他的特点，就是学以致用，冷不丁地通过自己的体验，来佐证《心流》作者的理论。

导语｜积极心理学之父的"通俗"作品

刘苏里

《心流》看上去很像流行作品，原书名 *Flow*，中文译成"心流"，非常贴切。其实，《心流》是一本研究某种心理现象的心理学著作，这种心理现象的特征是，当一个人全神贯注、身心两忘地做一件事时，会获得一种极其美好的体验。作者把这种心理特征称作"心流"。

不过，这本书因为它的研究主题和写法，还真成了畅销书。《心流》1990年出版，至今已被翻译成三十几种文字，全球到底卖出去多少册，恐怕难以计数。"心流"这一概念，是1975年作者出版第一本书时提出的。好事多磨，一个概念从学术殿堂走向公众，花了二三十年，也算是天道酬勤的例子——正是作者几十年的努力，研究不断深化，才有了今天的硕果。

与我们熟悉的经典比较，《心流》是一本新书，"心流"也是一个新的学术名词。作为一种技法的心流，两千多年前，就在佛教和道教中广为流行，经过日本禅宗的发展，早已成了道中人修行的法门。但把它上升到一门学问，运用科学方法，通过海量调查、广泛测试来研究这种心理现象的，是契米哈里·契克森米哈赖，他也因此被誉为"积极心理学之父"。他的"心流"理论也随之走遍世界，走向各个实践领域，成为理论联系实际的范例。

米哈里·契克森米哈赖的身世和经历，在中文世界并不广为人知。首先是作者的名字，长而拗口，曾有多种中文译法。这个奇怪的名字，看上去像是隐藏着不为人知的秘密，事实也是这样。他的出生地，曾经属于意大利，后来划归南斯拉夫，今天则在克罗地亚境内。你说他是哪里人？他的父母都是匈牙利人，而他今天是美国学者，却又是南斯拉夫移民——在他22岁的时候，随家从当时的南斯拉夫迁往美国。

幸运的是，米哈里·契克森米哈赖一到美国，就进入顶尖学堂芝加哥大学，从学士读到博士。1965年毕业后，在一所学院打了个旋儿，1970年又回到母校，担任心理学系主任，为母校效力了29年。他的成名研究和成名作都

四七
《心流》

[美] 米哈里·契克森米哈赖著　张定绮译　中信出版集团　2017年

主题词◎心理学　幸福　精神熵　心流　目标　游戏

经典之处

作者在对大量案例研究的基础上，开创性地提出了"心流"的概念，即指人们在做某些事情时，那种全神贯注、投入忘我的状态——在这种状态下，人们甚至感觉不到时间的存在，在这件事情完成之后，人会有一种充满能量并且非常满足的感受。本书系统阐述了心流理论，进入心流状态的条件，从日常生活、休闲娱乐、工作、人际关系等各方面，阐述如何进入心流状态。

作者简介

米哈里·契克森米哈赖（Mihaly Csikszentmihalyi, 1934—2021），曾任芝加哥大学心理学系主任，积极心理学奠基人之一，提出并发展了心流理论。还著有《创造力》等畅销书。

题。进一步说，随着民众新诉求的激活和新技术带动的经济社会变迁，新问题一定会层出不穷。那么，民主能否恰当地应付这些新事物的挑战呢？抑或，民主是否会经历又一次的重新进化，进而形塑一种新的更为高级的政治文明呢？

看起来，唯有时间才能回答这些问题。

思考题：

1. 你是否读过亨廷顿的作品？比较起来，你更喜欢他的哪部著作，或是其中的哪个观点？
2. 试着总结一下亨廷顿第三波出场的关键步骤。
3. 亨廷顿提出了三个类型的民主化转型，即变革、置换和转移，你认为哪种转型成本最低，或者说更有利于那个国家人民的福祉？
4. 亨廷顿认为民主政体制度化的一个标志就是实现两次政治权力的和平交接。你能找出一个符合这个指标的新兴民主国家吗？请举例。
5. 对于如何理解第三波的未来，这一讲中提供了三个视角，你认为哪个最重要？为什么呢？

的全球格局，首要的是全球体系中民主政体与威权政体的力量平衡。对今天的发达工业民主国家来说，它们在大政府模式与公债危机、贫富分化与阶级分歧、族群—宗教多样性上升方面遭遇了很多新的挑战，甚至面临着民主治理绩效可能降低的困境。发达工业民主国家能否解决好这些问题，既关系到这些国家民主政体本身的治理能力与政治生命力，又关系到它们对其他发展中国家的示范作用与影响力，还关系到国际体系中民主政体与威权政体之间的力量对比。

第二，民主化的世界潮流与民主化的实际困难之间的关系也很重要。从今天看未来，有理由相信，民主化仍然是人类社会在政治上的大趋势。对今天的转型中国家和尚未启动民主转型的国家来说，民主的深化仍然是一种可以预见的潮流。但是，这种较为乐观的估计，并不意味着就可以无视或忽略民主化的很多实际困难。对于新兴民主政体来说，无论是能否运转起来，还是能否产生基本的治理绩效，抑或能否实现民主巩固，都可能面临着重大的挑战。就概率而言，相当比例的新兴民主政体仍然会遇到转型方面的困难。有的民主政体可能根本无法运转起来，有的民主政体只能拥有低治理绩效，有的民主政体则难以实现真正的巩固。这些都是新兴民主政体可能会遭遇的实际问题或困境。

第三，民主从长远来看还是一个政治习得或"政治学习"的过程。这里既包括了政治精英们如何操作民主，又包括了普通民众如何参与民主，两者都需要有一个政治上习得的过程。一个不那么恰当的比喻是，人无法一次就学会游泳，而是需要经历一个下水、学习、呛水、再提高的过程。这种对于民主化的认知，一方面意味着任何转型都需要相当的时间，绝不意味着民主化能够靠一部新宪法就在一夜之间完成；另一方面意味着民主转型完全有可能遭遇困难甚至是挫败，而政治精英与普通民众正是在挫折中学习实践民主的。

从更宏大的时空视角来看，这种起源于英国、完善于欧美国家的，融合了直接民主因素、共和传统、法治、代议制和政治平等逻辑的现代复合型民主政体，为19到20世纪末的人类社会提供了相对优良的政治解决方案。从逻辑上讲，这种政体模式既有着历史上的君主政体、军人统治或个人独裁所不具有的优点，又有着自身与生俱来的弱点。毫无疑问，历史地看，民主政体解决了人类政治生活中的很多关键问题，从而实现了人类政治史的进化，但民主并不能解决人类政治生活的所有问民主化已经面临严重挫败的观点缺少足够依据，他们要么更多地关注少数失败的转型个案，而忽视了第三波民主化的整体表现；要么着眼于少数年份或极短时段的政治趋势，而没有把第三波民主化放到一个较长时段中给予公允的评价。

另一方面，第三波国家内部在转型过程和结果上呈现出显著的分化。有的国家转型比较成功，像西班牙、韩国、智利、捷克等；有的国家转型处在最好和最坏之间，这样的国家数量巨大；还有的国家转型比较失败。从数量上看，在所有第三波民主化国家中，实现民主巩固的国家、处在最好和最坏之间的转型中国家以及遭遇民主受挫的国家，比重分别约为三成、四成和三成，总体上呈现正态分布的趋势。拿 2010 年底开始的"阿拉伯之春"来说，除了突尼斯这样的个别国家，中东北非地区此次启动的政治转型几乎全部遭遇了困境或挫败。由此可见，第三波民主化并非全然都是好消息。就单个国家而论，民主转型遭遇困境甚至遭遇挫败的概率其实并不低。

除此之外，"两不像政体"的崛起也证明了第三波国家要想实现民主转型与民主巩固绝非易事。两不像政体，顾名思义，是既非民主政体，又非威权政体，而是处在两者之间的灰色区域。两不像政体的国家，往往维系着起码的竞争性选举，但选举又无法做到自由而公正。特别是，当执政团体可能面临丧失政治权力的威胁时，它就会倾向于对投票选举和政治竞争过程实施干预。执政者一旦"当选"，在政治上压制反对派、控制媒体和操纵选举的做法更是家常便饭。所以，有学者认为，两不像政体在施政过程中的威权主义色彩浓厚，其实是更偏向于威权政体的类型。但跟传统威权政体不同的是，两不像政体确实维系着最低限度的竞争性选举。过去，有人认为，两不像政体只是民主化过程中的一种过渡性现象。但是，20 世纪 90 年代以来的经验显示，两不像政体可能不再是一种过渡状态，而是一种趋向于常态化的政体类型，它既不会退回到完全的封闭的威权政体，又丧失了继续转向完全的民主政体的动力。

如今，民主化第三波启动已超过了 40 年时间，亨廷顿辞世也已将近 10 年，站在 2020 年的新起点上，我们又该如何正确理解第三波的未来呢？考察这个问题有三个重要的视角。

第一，第三波民主化的后续进展，将会受到全球格局的重要影响。这里所指乐观情绪的一种呈现。苏联解体之后，美国洋溢着一种庆祝胜利的氛围，而欧洲则开始了新一轮更为激进的欧盟一体化运动。

然而，正如世界历史反复昭示的一条定律，过分乐观局面往往预示着危机已经不远。仅仅五年之后的1996年，美国政治学者拉里·戴蒙德就撰文提出了这样的疑问："第三波终结了吗？"他认为，第三波民主化可能将迎来一个"停滞的时期"。特别是，最近10年左右，第三波民主化在全球范围内的进展似乎并不乐观，甚至可以说困难重重。2014年3月，英国著名时政周刊《经济学人》刊发题为"民主出了什么问题以及如何修复它？"的封面文章，讨论了全球新兴民主政体面临的挑战。

2015年，著名的《民主》杂志在第一期也刊发了以"民主是否正在衰退"为主题的大讨论，刊出了多位重量级学者的论文。拉里·戴蒙德再次撰文指出，2006年以来，全球已经出现民主衰退现象，主要表现为第三波民主化国家民主崩溃的加速、新兴民主政体的稳定性不高、全球威权主义力量得到了极大的强化以及老牌民主国家治理绩效欠佳等。而美国学者斯蒂文·列维茨基等人则观点相反，他们这样说："泰国、委内瑞拉，或许还有匈牙利，正在遭受民主衰退。但是，全球民主下滑的论点则缺少经验证据的基础。"亦即关于全球民主衰退的说法，在整体上是站不住脚的。所以，国际学术界关于第三波民主化的判断可谓众说纷纭，莫衷一是。

笔者最近的一项研究，从政体转型和治理绩效两个方面评估了第三波民主化在全球范围内的进展，形成了两个主要的发现。

一方面，第三波民主化在过去40余年间已经在全球范围内取得了重大进展。按照政体研究项目的统计，自1974年以来，全球范围内190余个政体中，威权政体的比重已经从超过五成五降至仅略高于一成；民主政体的比重从四分之一上升至超过五成五；介于威权和民主之间的中间政体比重则从略高于一成五上升至超过三成。在第三波民主化启动之时，民主政体数量尚不及威权政体数量的一半，如今民主政体数量已是威权政体数量的四倍多。无论是波及国家的数量，还是覆盖的地理范围，第三波民主化都是一场迄今为止影响最为广泛而深远的全球民主革命，人类政治生活的版图由于第三波民主化而发生了彻底的改变。因此，关于第三波每一波民主化浪潮都比前一波前进得更远，而倒退得更少。

实际上，民主化正是以"进两步，退一步"的方式行进的。

第三波之后 40 年的新问题与新议程

塞缪尔·亨廷顿《第三波：20 世纪后期的民主化浪潮》1991 年出版，从 1974 年算起，第三波民主化仅仅行进了 16 年时间，而今又是四分之一个世纪过去了，第三波民主化已经行进了超过 40 年时间。我们今天应该更有把握来对第三波民主化进行评价，并在此基础上展望人类民主的未来。

正值亨廷顿出版《第三波：20 世纪后期的民主化浪潮》之时，西方世界弥漫着一种非常乐观的情绪。在该书出版后几个月，苏联轰然解体，这意味着冷战体系的结束。第二年，亨廷顿最著名的学生弗朗西斯·福山出版了学术畅销书《历史的终结及最后之人》。福山在该书序言中说：

> 自由民主制度也许是"人类意识形态发展的终点"和"人类最后一种统治形式"，并因此构成了"历史的终结"。换句话说，在此之前的种种政体，具有严重的缺陷及不合理的特征从而导致其衰落，而自由民主制度却正如人们所证明的那样，不存在这种根本性的内在矛盾。
>
> 这并不是说当今美国、法国或瑞士等国家的稳定的民主体制已不存在不公正或严重的社会问题，但这些问题则是因构建现代民主制度的两大基石——自由和平等的原理——尚未得到完全实现所造成的，并非原理本身的缺陷。或许当代有些国家能够实现稳定的自由民主制度，而且有些国家可能会倒退回其他更原始的统治方式，如神权政治或军人独裁，但我们却找不出比自由民主理念更好的意识形态。

福山这部宣言式论著的出版，似乎标志着自由民主加市场经济模式成为毋庸置疑的方向，似乎标志着民主成为唯一合法政体选择的时代的到来。但是，福山是否过分乐观了呢？实际上，福山的这种过分乐观情绪不过是当时西方世界整体权力的交接。这也就是说，在民主化的过程中，政党 A 在一场选举失利后将政治权力移交给政党 B，政党 B 在下一次选举失利后又将政治权力移交给政党 C 或重新移交给政党 A，并且这个政治权力的移交过程都是以选举结果为依据的，其方式是由宪法、法律或程序规定的，其过程是和平有序的。这就意味着该国实现了两次政治权力的和平交接。亨廷顿认为，这一标志性的事件，一方面意味着主要政治集团都忠于民主政体和民主宪法，另一方面意味着精英和大众都愿意在民主政体的框架内活动，而非打破民主的规则。这才意味着民主实践已经成为惯例，以及民主政体已经巩固。

最后是上文亨廷顿提到的诸多结构性条件对民主化的影响。影响民主转型和民主巩固的诸多结构性条件包括：一个国家的民主或威权的历史传统，民主实践与经验的累积程度，经济发展水平与现代化程度，经济模式与类型，国际格局和外部行为者的影响，民主文化与民主共识的养成，政治领导人和政治精英的民主信念与价值观，特定的宗教传统与政教关系，"背景性问题"的数量与严重性等。对不同国家来说，这诸多结构性条件既可能有着相当的有利因素，又可能有着相当的不利因素。如果抛开对具体民主转型过程的政治考察，对一个第三波民主化国家来说，正是这诸多结构性条件中有利因素与不利因素的平衡，决定着民主转型的未来。

那么，亨廷顿究竟怎样看待人类民主化的前景呢？他这样说：

> 历史已经证明，无论是乐观主义者，还是悲观主义者都在民主问题上犯下了错误，而未来的事情很可能会继续证明这一点。在许多社会，都存在着民主扩张的可怕障碍。第三波，这场 20 世纪晚期的"全球性的民主革命"，将不会永远继续下去。随之而来的，很可能是威权主义的沉渣泛起，从而形成第三波回潮。然而，这并不能排除在 21 世纪的某个时候出现第四波民主化的可能。

从这段文字的字面意思来看，亨廷顿既不是乐观派，也不是悲观派，而是中庸派。但归根到底，亨廷顿对人类民主的长期前景保有着乐观态度，他这样说：

可能会遭遇来自重大叛乱、族群冲突、极端贫困、严重不平等、恶性通货膨胀、高额外债、恐怖主义以及过去统制经济模式的挑战。当然，那些基础性条件较为优越的新兴民主国家较少遭遇这些问题，但不能排除的是，部分基础性条件不佳的新兴民主国家可能会遭遇其中的一个或几个类似的问题。

亨廷顿不无担忧地问道：

> 那些面临严重背景性问题的新兴第三波民主化国家，能够成功解决这些问题吗？

如果不能解决这些政治经济上的难题，那么"对于第三波民主化国家而言，这是否必然意味着一个黯淡的未来"？就各国经验而言，如果新兴民主政体不能解决这些棘手的问题，民主政体就会陷入难以治理的危机，新政体就会变得脆弱，人民也更容易患上"威权怀旧症"，威权政体的卷土重来就更有可能发生。亨廷顿甚至这样说：

> 问题的难以解决以及公众的理想破灭是新兴民主国家的普遍特征。

由此，两个因素就变得非常重要：一是新兴民主政体解决问题或实现有效治理的能力；二是无论新政体的治理能力如何，人们是否认同以民主方式产生解决问题的政治领导人已经成为唯一的选择。

其次是如何巩固新兴民主政体的问题。亨廷顿认为，这主要是新的民主文化的培育和新兴民主政体的制度化。对发展中世界的新兴民主国家来说，民主不稳定的重要原因是"较低的合法性与较低的绩效两者的结合及互相影响"。因此，在尽可能多的社会公众中塑造关于民主的共识非常重要。或许正如耶鲁大学教授胡安·林茨所言，只有政治精英和社会公众从政治行为到政治心理上都能认同，无论政治绩效怎样，民主都是"唯一的政治游戏"，此时民主才算实现了巩固。亨廷顿的观点也是相似的，即新兴民主政体下的民众需要将对民主政体合法性的认知，跟对民主政体的治理能力和治理绩效的认知相剥离，此时民主政体更有可能实现巩固，而这意味着民主文化的深入和公民观念的转型。

民主政体制度化程度显著提高的标志，按照亨廷顿的说法，是实现两次政治在《第三波：20世纪后期的民主化浪潮》中，亨廷顿分析了第三波民主化过程中的很多实际困难，他从来不认为民主化可以不依赖人力而自动完成。实际上，在亨廷顿看来，第三波民主化将不得不面临三个方面的严峻问题，能否应付好这些问题将决定民主化的前景。

首先是棘手的新旧体制转换问题。这是指从旧的威权体制转向新的民主体制过程中，如何处理好旧政体的遗留问题。

最有挑战性的是，民主转型不仅需要处理政体变革问题，而且还需要处理大量跟人有关的问题。比如，在民主化过程中，旧制度需要退出历史舞台，但旧制度下的政治家、高级官僚、高级军官、武装力量呢？亨廷顿特别注意到，转型过程中或新政体下应该如何对待旧政体下曾经公然践踏人权的官员呢？究竟应该惩罚还是应该宽恕他们呢？如果说惩罚是为了揭示真相和寻求正义，那么宽恕则是为了忘记过去和减少政治转型的阻力。亨廷顿提醒转型国家，这是具有高度敏感性的重要问题，每一种选择都相当艰难，而且对应着不同的收益与风险。

另一个类似的高度敏感性问题则是如何处理好新政体下的军政关系。在旧的威权体制下，军队往往居于特殊的政治地位，甚至军方领导人本身就是政治领袖，比如，无论是西班牙的佛朗哥，还是智利的皮诺切特，都是如此。新兴民主政体面临的一个最大挑战是，如何在最低限度上赢得军方的支持？或者退一步说，至少要保证军方不会采取政治行动来反对或推翻新政体？实际上，部分新兴民主国家就发生了军方有人试图用军事政变来挫败民主化的尝试。有时，这个问题还跟上一个问题相关联，即如何处理旧制度下军人独裁者或高级军官们的"历史错误"。

从根本上说，新兴民主政体需要"控制军方统治集团的组织权力，并且把武装部队改造成一个致力于为国家提供外部安全的职业化机构"。这里既包括要把对新政体不忠诚的高级军官清除出去，又涉及最终要实现军队的职业化和"文官控制"。这一问题恰好关系到亨廷顿的第一项重要研究《军人与国家》，该书主题就是军政关系。

除了棘手的旧政体遗留问题与军政关系，民主转型过程中还可能要处理很多"背景性问题"。按照亨廷顿的说法，最具挑战性的背景性问题是，新兴民主政体以说这项研究还存在一个缺憾，即亨廷顿基本上没有讨论政治制度在第三波民主化过程中扮演的重要角色。按照其他的主流研究，宪法设计与政治制度安排的不同，可能会在很大程度上影响一个国家民主转型的结果，甚至还会影响民主治理的绩效。

跟亨廷顿同时代的政治学家罗伯特·达尔认为：

> 如果国家的基础条件同时存在有利与不利的情况，一个好的宪法设计就会有利于民主制度的生存；反之，一个坏的宪法设计可能导致民主制度的崩溃。

无疑，达尔这句话凸显了宪法设计与政治制度安排对于民主化的重要性。

在亨廷顿出版《第三波：20世纪后期的民主化浪潮》之后，学术界关于议会制与总统制的大论战、选举制度中多数制与比例代表制之争、央地关系上的联邦制与单一制较量，以及共识民主模式与多数民主模式的交锋、离心型民主制与向心型民主制之辩，已经蔚然成风。当然，类似的议题主要是20世纪90年代以后才陆续兴起的，这是后话。

在《第三波：20世纪后期的民主化浪潮》的最后部分，亨廷顿关注的是第三波民主化的未来。他这样问：

> 这场（民主）革命最终又将把世界上所有国家裹挟进来吗？……或者，它们不过是民主制度的有限扩张？……如果第三波开始停止前进，那么，随之而来的会是……第三波回潮吗？

这一问题既关系到第三波民主化最终所能波及的范围，又关系到第三波民主化能够持续的时间，还关系到第三波民主化的最终命运。

毫无疑问，民主的乐观派和悲观派向来政见不一。前者预见的是全球民主革命必将高歌猛进，终将取代其他各种类型的非民主政体；而后者思考的更多是民主运转的实际困难和有效治理的难题，以及各种反民主力量集结所产生的政治效应，由此，民主将不可避免地遭遇衰退。那么，亨廷顿怎么看待民主化的前景呢？

廷顿甚至超越了社会科学家的角色，开始扮演民主转型的"国策顾问"，提供了三份针对不同转型路径的"民主化人士的行动指南"。这足以证明，亨廷顿并非一位书斋型的顶级学究，而是一位有着强烈现实关怀的知识分子。考虑到他曾经在美国卡特政府时期出任过国家安全事务委员会的安全规划协调官，这就更不足为奇了。

此外，基于对经验的考察，亨廷顿还注意到，第三波民主化国家的转型过程还呈现出若干重要的特点，包括：更多的妥协与政治交易，而非剧烈对抗或冲突；选举扮演更重要的角色，而非革命或政权断裂扮演更重要的角色；更少的政治暴力水平，而非总是以流血事件定输赢。当然，这只是一种总体特征，并非每一个国家都是如此。

所以，亨廷顿重视的不仅是转型过程之外的结构性因素，他同样重视第三波民主化的政治精英行为与互动模式对转型结果的影响。综合来看，在所有的结构性因素中，亨廷顿认为，经济发展是第一位的、决定性的因素；在所有的过程性变量中，亨廷顿认为，政治领导或政治领导力是成功民主转型的关键。他这样总结道：

> 根据过去的记录来判断，影响到民主在未来之稳定性和扩张的两个关键因素，是经济发展与政治领导。……经济发展使民主成为可能，政治领导则使民主成为现实。
>
> 要成为民主国家，未来的政治精英至少必须坚信，对他们的社会及其自身而言，民主是一种最不能作恶的政府形式。要实现民主转型，那么未来政治精英在同激进派和保守派的斗争中，就还必须掌握高超的政治技艺，因为这些人必将一直存在，并且还会一直试图破坏他们的努力。

第三波的前景：高歌猛进还是民主回潮

关于第三波民主化的成因，亨廷顿的分析框架既考虑了结构因素，又考虑了过程因素，应该说是一项非常完备的解释了。但是，如果我们吹毛求疵，仍然可统，亨廷顿把民主化过程中的政治精英区分为执政派政治精英和反对派政治精英，前者又可以分为改革派和保守派，后者又可以分为温和派与激进派。在具体的政治过程中，正是这两大阵营四派政治精英的不同互动模式，决定了一个国家的民主化方式以及相应的转型结果。

亨廷顿认为，不同的政治转型类型呈现出不同的特点；同时，如果一种特定类型的政治转型想要成功，则需遵守相应的准则。

第一种转型类型是改革派主导的民主化，被称为变革或转型（transformation）。这种模型的民主化大致有五个前后相继的阶段：改革派的出现、改革派获得权力、自由化的失败（亦即仅仅自由化已经无法维系政权稳定）、驯服保守派以及拉拢反对派。这种转型模式的典型国家是西班牙、巴西、匈牙利和智利等。总体上，在35个第三波转型国家中有16个国家属于变革或转型。

第二种转型类型是威权政体垮台后由反对派主导的民主化，被称为置换或取代（replacement）。这种模式的民主化需要某种特定的情境条件，即执政集团不仅没有强有力的改革派，而且总体力量比较脆弱，与此同时反对集团的力量日益强大。这种模式的民主化一般分为三个阶段：为威权政体的崩溃而斗争、威权政体的崩溃以及威权崩溃后的民主化斗争。这种转型模式的典型国家是葡萄牙、菲律宾、罗马尼亚和希腊等。总体上，截至1990年，有6个第三波转型国家属于置换或取代。

第三种转型类型是执政联盟被迫与反对派谈判启动的民主化，被称为移转（transplacement）。这种模式的民主化需要的条件是，执政阵营愿意就转型发起谈判但又不愿意启动主动的转型，反对阵营力量足够强大但又不足以推翻现有威权政体。这种模式的民主化一般遵循这样的路径：政府权威的丧失、反对派力量的壮大、政府试图镇压反对派但不能成功、政府与反对派陷入政治僵局、双方被迫经由谈判启动政治转型。这种转型模式的典型国家是韩国、波兰和南非等。总体上，在35个第三波转型国家中有11个国家属于变革或转型。

上述简要分析揭示，不同民主转型过程以及不同的政治精英互动模式会塑造不同的民主化结果。按照亨廷顿的见解，不同的民主化路径想要获得成功，则须遵循不同的政治准则。在《第三波：20世纪后期的民主化浪潮》的这个环节，亨越来越没有合法性了，因而只能依赖于治理绩效，但当这种绩效合法性因为军事失败或经济危机而严重削弱时，整个威权政体就面临合法性的困境。

第二，长期经济增长的积极效应。20世纪五六十年代的经济增长，产生了三个直接效应——生活水平的改善、教育水平的提高和中产阶级的扩张——这些因素都有利于民主转型的启动与民主政体的巩固。

第三，宗教政治立场的转变。特别是，位于梵蒂冈的天主教教廷在20世纪60年代之前更支持威权政体，更支持现状，但在此之后，由于世界潮流的变化和教廷内部的改革，梵蒂冈开始更支持民主政体，更支持社会经济变革。

第四，大国力量及其新政策。这里最主要的变化包括欧共体吸引新成员的新政策、美国启动民主外交政策以及苏联自戈尔巴乔夫以来对东欧控制的放松。此外，世界银行、国际货币基金组织以及很多地区性国际组织也对部分国家的民主化产生了积极影响。

第五，邻近国家之间的示范效应，亦即亨廷顿所谓的"滚雪球效应"。无论在欧洲还是在拉丁美洲，一个国家启动民主转型，就会对其相邻国家产生重要的冲击。亨廷顿在书中甚至有非常生动形象的描写："既然他们（邻近国家）可以，为什么我们（自己国家）不可以？"

当然，对一个特定的第三波民主化国家来说，上述五种因素影响力的比重是不同的。以西班牙为例，该国1975—1977年间的民主化或许得益于五种因素的共同作用：一是佛朗哥威权体制合法性的削弱，二是佛朗哥时代长期经济增长的积极效应，三是天主教教廷政治立场转变的有益影响，四是欧共体吸纳新成员的吸引力，五是葡萄牙作为邻国率先启动民主化的示范效应。然而，西班牙很可能是一个较为特殊的案例，很多第三波民主化国家不会如此明显地同时受到这五种因素的重大影响。对多数第三波国家来说，其中的一两个或两三个因素往往更具有决定性影响。

到此为止，读者朋友们会觉得亨廷顿研究第三波主要关注的是一个国家的结构性条件，但实际上《第三波：20世纪后期的民主化浪潮》又用了专门的两章来研究第三波民主化是如何发生的，以及不同的转型过程又如何影响转型的结果。既然分析转型过程，政治精英的角色就变得非常重要。延续奥唐纳等人的研究传年佛朗哥在西班牙内战中击败了共和政府，等等。

从 1943 年开始至 1962 年，人类社会又迎来了第二波民主化的短波，两个主要的驱动力量是，盟军在第二次世界大战中的胜利，以及随后兴起的以亚洲和非洲国家为主的去殖民化运动。前者包括德国、日本这样再民主化的著名案例，后者则涵盖了印度、巴基斯坦、马来西亚、菲律宾、尼日利亚一系列新兴国家。

但接踵而至的是第二波民主化回潮，时间被亨廷顿界定为 1958—1975 年，这正是我们上文提到的西方政治学界对这一时期的民主状况感到忧伤的原因。这里的著名案例包括巴基斯坦、韩国和印度尼西亚的威权化，巴西 1964 年、尼日利亚 1966 年和希腊 1967 年的军事政变等。按照亨廷顿的说法，1958 年 32 个基本达到民主标准的国家到 20 世纪 70 年代中期已有三分之一成为威权主义国家。

就在学术界为这种民主衰退感到不安时，从南欧国家葡萄牙 1974 年青年军官的反独裁政变开始，民主化第三波启动了。从 1974 年到 1990 年——亨廷顿出版《第三波：20 世纪后期的民主化浪潮》的前一年——全球范围内有 30 个左右的国家卷入了这一波新的民主化浪潮，这样就使得全球民主政体的数量实现了翻番。截至亨廷顿书稿付梓时，第三波民主化已经席卷了南欧和拉丁美洲，并影响到了东欧、亚洲和非洲的不少国家，包括葡萄牙、西班牙、希腊、巴西、玻利维亚、厄瓜多尔、罗马尼亚、韩国、土耳其等。到了如今，国际学术界普遍认为已经超过 100 个国家卷入了第三波民主化。由此，第三波构成了人类历史上迄今为止最大规模的全球性民主革命。

在《第三波：20 世纪后期的民主化浪潮》序言中，亨廷顿就指出，这不是一部理论性著作，而是一部解释性著作。换句话说，他并不企图为第三波提供一项基于单一因果机制的理论假说，而且希望就若干主要方面来解读第三波兴起的诸种原因。在他看来，民主化并没有什么"普遍真理"，因为民主化的原因总是因时因地而异。尽管如此，亨廷顿仍然希望能够为第三波提供可能的理论解读。

他关心的是两个理论问题：第一，为什么是这 30 个左右的国家卷入了第三波民主化，而不是别的国家？第二，为什么是 20 世纪七八十年代出现了第三波民主化，而不是别的时间？亨廷顿认为，主要有五种理论解释。

第一，威权政体合法性的削弱。在民主意识形态支配全球的时代，威权政体民主将是未来一个时期人类社会在政治上的趋势与潮流。他这样说：

> 身份平等的逐渐发展，是事所必至，天意使然。这种发展具有的主要特征是它是普遍的和持久的，它每时每刻都能摆脱人力的阻挠，所有的事和所有的人都在帮助它前进。

他甚至认为，人类社会中的各种力量和事件都在促进民主——而无论它们的本意是支持民主或是反对民主。然而，就在托克维尔出版这部作品上卷之时，世界上或许仅有美国符合亨廷顿界定的民主政体标准，即便是被视为现代立宪民主政体源头的英国仅有不到10%的成年男性拥有投票权。但正如托克维尔所预言的，民主化成了人类社会此后的主要政治趋势。

亨廷顿则巧妙地将自托克维尔时代以来到20世纪末民主在全球的进展视为一个民主化浪潮与退潮交替进行的政治过程。在亨廷顿看来，民主化浪潮或一波民主化是指——

> 在一个特定的时间期间内发生的一组由非民主政体向民主政体的转型，并且在这一时段内，这种转型在数量上明显超过反向转型的数量。

相反，民主化退潮，是指一个特定时间内民主衰退国家的数量远超民主转型国家的数量。

基于这样的概念，亨廷顿当时指出，人类社会自19世纪早期以来的民主历程可以被区分为三波民主化浪潮。第一波民主化长波发生在1828—1926年，几乎长达一个世纪。这一时期诞生了人类历史上第一批民主化国家，包括美国、英国、瑞典、澳大利亚等。而1828年的美国被亨廷顿视为第一个民主政体，原因是该国在人类历史上首次达到了民主政体的两个基本标准，一是半数以上的白人成年男子拥有投票权，二是政府首脑要么由定期普选产生，要么受到议会多数支持并需要对议会负责。

按照亨廷顿的界定标准，约有29个国家卷入了第一波民主化，但随后的1922—1942年，很多国家就遭遇了第一波民主化回潮。最著名的民主衰退案例包括1922年墨索里尼在意大利的上台，1933年希特勒逐渐控制了德国，以及1939

个普通的发展中国家,在政治发展过程中可能会遭遇若干类型的政治危机,包括认同危机、合法性危机、贯彻危机、参与危机、整合危机及分配危机等。实际上,20世纪60年代中期到70年代中期,很多发展中国家都面临着不同类型的政治发展危机。按照亨廷顿后来的说法,1962年全球有13个政府是政变的产物,而1975年这一数量跃升至38个。这种政治上的困境,使得当时的西方政治学界笼罩在一种悲观、失落甚至迷茫的氛围之中。尤其是对起初笃信民主化范式和主流政治发展理论的学术圈来说,他们几乎无法正视这种惨淡的政治现实。

然而,正如证券市场的一条隐秘规律——"行情总是在绝望中产生"——所揭示的,以1974年4月25日葡萄牙反对独裁者的一场青年军官运动为起点,从南欧到拉丁美洲的少数国家开始了新的民主化尝试,此后10年间卷入新的民主革命的国家还包括希腊、西班牙、厄瓜多尔、秘鲁、玻利维亚、阿根廷、乌拉圭、巴西、洪都拉斯、萨尔瓦多和土耳其等国。但跟1958—1975年发生的大规模民主衰退相比,这少许的民主化新案例并不足以开创让政治学界感到振奋人心的局面。但此时的亨廷顿却敏锐地意识到,这或许是一波新的民主化浪潮的开端。1984年,亨廷顿在《政治科学季刊》上刊发了一篇题为"会有更多国家变得民主吗?"的论文,该文认为:"截至20世纪70年代晚期与80年代早期,对民主的希望看起来已经再次被点燃。"这似乎再次佐证了亨廷顿惊人的洞察力。

此时的亨廷顿尽管足够敏锐,却缺少一个标志性的概念来统领他关于民主化的最新研究。这使得他的研究有可能被淹没在随后逐渐增加的大量民主化文献之中。到了1991年,1974年以来的民主化国家数量增加到了接近30个,这就使得全球民主政体的数量实现了翻番。或许受到新事实的激励和新数据的刺激,亨廷顿关于民主化浪潮的概念终于应运而生。1991年,他先后在《民主》杂志发表了《民主的第三波》一文,并出版了专著《第三波:20世纪后期的民主化浪潮》。这样,支配随后四分之一世纪的民主化研究的招牌概念——第三波——终于登场了。

第三波为什么发生?如何发生?

早在1835年,法国思想家托克维尔出版《论美国的民主》(上卷)时就预言,正是在这样的背景下，亨廷顿基于对发展中国家政治经验的实证研究，突破了传统的民主化范式和政治发展理论，提出了一整套自己的理论解释，其成果便是1968年出版的《变化社会中的政治秩序》。亨廷顿开篇就公开挑战了理解政治发展的民主化范式。他说：

> 各国之间最重要的政治分野，不在于它们政府的形式，而在于它们政府的有效程度。

对于很多发展中国家，他甚至进一步说：

> 首要的问题不是自由，而是建立一个合法的公共秩序。人当然可以有秩序而无自由，但不能有自由而无秩序。必须先存在权威，而后才谈得上限制权威。

亨廷顿此处关于自由与秩序关系的论述，若使用政治哲学的手术刀进行精致解剖，恐怕还存有逻辑上的瑕疵，但在当时，亨廷顿的观点无疑是独树一帜的。

《社会变化中的政治秩序》的出版，或许意味着那个时代盛行的"现代化导致民主化理论"的寿终正寝。亨廷顿发现，在发展中世界，一个国家的现代化程度越高，其政治参与程度就越高，但倘若政治制度化程度较低，不足以容纳或吸纳这种高度的政治参与，那么就容易走向政治衰朽或政治衰败。因此，现代化程度较高，并不意味着民主程度高或政治稳定，反而可能意味着更容易导致政治不稳定或民主衰退。

《社会变化中的政治秩序》一书令41岁的亨廷顿声名鹊起的同时，也引发了学术界的巨大争议。因为从民主化范式到主流政治发展理论，亨廷顿挑战了太多的东西。综合来看，跟当时西方政治学界的很多同行相比，亨廷顿在政治态度上显得更为保守，其研究主题就是政治稳定和政治秩序，而非政治民主与个人自由。从研究路径上说，亨廷顿更关注发展中国家实际的政治经验，更重视政治现实的新变化与新趋势并探究其中的原因，更敢于在理论上标新立异而不迷信传统的理论范式。所有这些都造就了亨廷顿与众不同的思考与特立独行的主张。

按照美国政治学者白鲁恂的看法，无论是一个去殖民化的新兴国家，还是一突与世界秩序的重建》，以及 2004 年出版的《我们是谁？美国国家特性面临的挑战》。拥有其中的任何一部作品，一位学者都可以跻身优秀政治学家之列了，但所有这五部作品都属于同一个名字——塞缪尔·亨廷顿。在亨廷顿同时代的杰出政治学者中，或许还有少数几位有着与亨廷顿相当的学术贡献，但他们几乎不可能获得亨廷顿这样的对美国政治和全球事务的重大影响力。

在亨廷顿的所有作品中，与民主有关的主要作品是《第三波：20 世纪后期的民主化浪潮》。如今，"第三波"已经成为亨廷顿提出的跟"文明的冲突"旗鼓相当的学术概念，这也足以证明这部作品的影响力。那么，亨廷顿为什么会撰写《第三波：20 世纪后期的民主化浪潮》？什么是民主化的第三波？第三波的原因是什么？40 多年过去之后，今天又该怎样评价第三波民主化和《第三波：20 世纪后期的民主化浪潮》这部作品？这正是我们要讨论的问题。

突如其来的第三波

自 1950 年获得博士学位、执教哈佛大学开始，塞缪尔·亨廷顿早期的学术关注主要是发展中国家的政治发展。20 世纪 60 年代，随着第三世界去殖民化运动的兴起，亚洲和非洲的很多新兴国家都模仿其宗主国的政治模式，试图建立自己的民主政体。与此同时，拉丁美洲的很多国家也在这一时期通过放宽选民资格限制等，进行着新一轮的民主化尝试。

亨廷顿后来说：

> 20 世纪 50 年代与 60 年代，关注这一议题的学者们通常乐观地认为，去殖民化和经济发展将会导致（发展中世界）民主政体的大量增加。但下一个 10 年的历史将这些期望击得粉碎。

在这一时期，很多发展中国家不仅没有实现民主政体下的自由、发展与繁荣，而且难以维系民主政体本身的稳定，甚至走向了民主崩溃、政治冲突，甚至是全面内战。发展中世界这种始料未及的政治变局，后来被称为政治发展的危机，学术上则表现为"政治发展理论的贫困"。

亨廷顿却认为，对第三世界来说，现代化未必能导致民主化，反而可能导致政治衰朽，其代表作是1968年出版的《变化社会中的政治秩序》。20世纪80年代，当西方政治学界普遍因为第三世界的军事政变和民主挫败而感慨"政治发展理论的贫困"时，亨廷顿却注意到，一波新的民主化浪潮已经从南欧发端，并可能会席卷整个世界，其代表作是1991年出版的《第三波：20世纪后期的民主化浪潮》。20世纪90年代初，当西方政治学界普遍因为苏联解体而洋溢着一种过度乐观的情绪时，亨廷顿却指出，冷战固然结束了，但政治冲突并没有消逝，文明的冲突将取代意识形态的冲突，成为主宰人类社会的关键议题，其代表作是1993年的论文《文明的冲突？》和1996年的专著《文明的冲突与世界秩序的重建》。

自20世纪下半叶以来，在几乎每一个世界政治转型的关头，亨廷顿几乎都不同于绝大多数的西方政治学同行；但是，几乎每一次，亨廷顿都展示了更准确的判断力与预见力。如果人类社会是一艘巨型航船，那么塞缪尔·亨廷顿就是那个站在航船桅杆上的瞭望者。他随时在评估这艘航船的方向以及远方可能的风险，并据此为船长和船员们提供必要的建议。

2008年12月24日，81岁的塞缪尔·亨廷顿辞世。亨廷顿的好友、哈佛大学经济学教授亨利·罗索夫斯基这样评价：

> 正是塞缪尔这样的学者使哈佛大学成为一所伟大的大学。世界各地的人们研究和争论他的观点。我想，他无疑是最近50年最有影响力的政治科学家之一。

美国著名媒体《纽约时报》刊发的报道称，亨廷顿博士是一位多产的作家，他的作品帮助塑造了美国人在军政关系、政治发展、比较政治和全球文化冲突上的观念。

在亨廷顿长达半个多世纪的学术生涯中，大概有五部重量级作品可以称为代表作，也在很大程度上勾勒了亨廷顿作为杰出政治学家的一生。这五部作品分别是1957年出版的《军人与国家》、1968年出版的《变化社会中的政治秩序》、1991年出版的《第三波：20世纪后期的民主化浪潮》、1996年出版的《文明的冲

包刚升讲读《第三波：20世纪后期的民主化浪潮》

> 包刚升
> 博士，毕业于北京大学，曾赴伦敦政治经济学院、哈佛大学从事访问研究，现任教于复旦大学，著有《民主崩溃的政治学》《政治学通识》等。

2017年7月18日，美国著名媒体《华盛顿邮报》刊发了题为"塞缪尔·亨廷顿：特朗普时代的预言家"的文章，文章作者模仿英国经济学家凯恩斯的口吻写道："特朗普或许相信自己是一位实用主义者，不受任何知识分子的影响，但是他其实是一位已故的政治科学家的奴隶。""一位已故的政治科学家"，指的就是2008年辞世的哈佛大学政治学教授塞缪尔·亨廷顿。

无独有偶，在这篇文章面世之前一年，"美国利益"网站刊登了一篇题为"塞缪尔·亨廷顿如何预测我们的政治时刻"的文章。文章声称，早在"这位天赋过人的纽约煽动家"——意指当时的候选人唐纳德·特朗普——宣布竞选总统10年前，亨廷顿早已预见到了，美国社会的核心地带将会兴起民族主义者与世界主义者之间的政治分裂。

为什么一位2008年就已经辞世的政治学家在特朗普时代依然会引起美国政界、学界和媒体的广泛讨论呢？这主要是因为亨廷顿2004年出版的最后一部专著《我们是谁？美国国家特性面临的挑战》，该书剖析了美国国内社会族群—宗教多样性上升可能带来的一系列政治问题。作为"特朗普时代的预言家"，这位美国最近半个世纪最重要的政治学者展现了非凡的洞察力和惊人的预见力。

对塞缪尔·亨廷顿来说，展现与众不同的前瞻性已经不是第一次了。20世纪60年代，当西方政治学界普遍信奉现代化理论，即认为现代化导致民主化时，

宪法工程学——对 1974 年到 2013 年 70 多个民主转型国家，它们的宪法设计和制度安排如何影响转型绩效，进行跨学科的评价，很多人期待着他的研究结论。

舞了拉美国家。他还举了菲律宾、韩国等国家和地区的例子，说这些国家和地区相邻，相互间也有示范效应。

亨廷顿谈民主的"示范效应"，侧重点在它们对各国和地区民主实践较为正面的影响。亨廷顿也谈到了负面的影响，但不多。他的着眼点在未来，对未来的预测，既有希望，也有担心。

其实，世界性的民主实践，出现倒退是常有的事儿。第一次世界大战后的一些民主国家，到第二次世界大战前，倒退回去了，有些国家，比如匈牙利和意大利，还倒退回了个人独裁的法西斯统治，德国的纳粹走得更加极端。但历史事实表明，这种倒退都是暂时的，最长不过十几二十年。

民主化的潮流还在向前推进，它遇到一些曲折，并不能说反常。人类的历史经验告诉我们，从没有一条道路是笔直的。经验还告诉我们，即使存在负面的示范效应，也只会是暂时的。所以，路直的时候，不必得意忘形，大呼"历史的终结"，路弯的时候，也不必悲观绝望，哀叹"生不逢时"。人的解放，每个人要求有尊严地活着，寻求生命和机会的平等，这不只是近现代的主题，也是人类进化的主题。有时你想倒退，机会都不多。

讲读这本书的包刚升是中国新生代的民主转型研究专家，1976年出生，先后在北京大学经济学院和政府管理学院就读，师从傅军教授，获得博士学位。目前，他在复旦大学国际关系与公共事务学院担任副教授，同时还兼任华东师范大学世界政治研究中心的研究员。他的主要研究领域，是比较政治和政治理论。

2011年，他去了伦敦政治经济学院做访问研究，一年后回国，出版了他学术生涯中第一部代表作《民主崩溃的政治学》。这本书是以经验研究为基础的理论著作，是公开出版的中国大陆学者研究民主转型的第一部系统论著。该书出版后获得广泛好评，当年还拿到了几个奖项，包刚升也一战成名，成了中国年轻的民主理论家。

2015年，北京大学出版社出版了他的《政治学通识》。我读过，并评价过这本书，认为是政治学专业恢复30多年来，颇具总结性和前沿性的政治学教科书。到了2016年，他的论文集《被误解的民主》出版，再次受到关注并获奖，也就不奇怪了。目前，他主持着一项带有开创性的学术课题——

导语 | 民主化大船桅杆上的瞭望者

刘苏里

《第三波》1991年出版，那一年，苏联解体。这本书有个副标题："20世纪后期的民主化"，中文译本加了个"浪潮"，也很传神，因为这一波民主化了的国家，从1974年的葡萄牙算起，到20世纪90年代的东欧各国，有30多个国家，时间持续了将近20年，真可谓"浪潮"了。

1997年，本书首版6年后，塞缪尔·亨廷顿写了新版序言，题目叫作"二十年之后看未来"，并单独刊载在美国的《民主》杂志上。亨廷顿在序言的结尾处这样写道，"根植在个人自由、个人尊严思想中的自由民主是一个西方的产物"，但三个波次的民主化历史表明，"自由民主并非内在地与其他主要的非西方文化不相容"。他特别强调了第三波民主化的意义，并指出第三波民主化的一个成就，"就是使西方文明中的民主获得了普遍性"。亨廷顿的表述，有两层意思很明显，一是民主是西方文明的产物，一是它具有普遍性。这两层意思，此前没有人提出来，亨廷顿敢这么下结论，是因为他的研究是实证的，他的论据都是从各国的实践，以及数据统计中得来的，很有说服力。

亨廷顿1997年写新版序言的时候，普选领导人的国家，已经从1991年的六十几个，增加到了将近120个。到今天，联合国注册的二百零几个国家，有一百九十多个走上了选举的道路。1997年时，亨廷顿还要预测"未来"，因为有了选举民主，并不意味着民主就巩固了，甚至还会有倒退现象。而今天再做预测，已显得非常不合时宜，因为在1974年葡萄牙开启的第三波民主化浪潮之前，世界上才有30多个民主选举国家。

这本书的第三章是"民主化的过程"。亨廷顿在这一章里提出了一个重要的概念，就是民主化的"示范效应"。在民主化进程中，相同类型国家间、相邻国家间，以及拥有相同历史文化背景的国家间，都具有示范效应。亨廷顿举了拉丁美洲的例子，还举了葡萄牙、西班牙的例子，因为葡西两国曾经是许多拉美国家的宗主国，文化相近，葡西两国从个人独裁转向民主选举，鼓

四六

《第三波：20 世纪后期的民主化浪潮》

[美]塞缪尔·P. 亨廷顿著　欧阳景根译　中国人民大学出版社　2013 年

主题词 ◎ 民主运动

经典之处

本书探讨的是 20 世纪后期一项最重要的全球性政治发展：即大约有 30 个国家由非民主政治体制过渡到民主政治体制。亨廷顿把 20 世纪后期（主要是 1974—1990 年间）的民主化浪潮置于美国革命和法国革命以来民主和专制的扭结交替过程中间，对这次他之所谓民主化"第三波"的实质、原因、过程、特征和趋向进行条分缕析。亨廷顿还为威权体制下民主派的行为提出五项重要准则，更使本书成为 21 世纪全球民主化新浪潮中行动的教科书。

作者简介

塞缪尔·P. 亨廷顿（Samuel P. Huntington，1927—2008），美国当代极负盛名却又颇有争议的保守派政治学家。以文明冲突论闻名于世，认为 21 世纪国际政治角力的核心单位不再是国家，而是文明，即不同文明间的冲突。亨廷顿早年是文武关系研究（civil-military relations）的奠基者。后来，他对美国移民问题的看法亦广受学界关注。亨廷顿的代表作包括《军人与国家》《变化社会中的政治秩序》《第三波：20 世纪后期民主化浪潮》等。

释者,而不是什么立法者。这样的社会学不是强加什么是人性的定义,而是促进人性可能性的自由实现。人永远不应当被当成自然的客体对象来探察。人能自由、自主地担负责任,也因此始终面临着伦理选择。社会学因此成为一种本质上的对立姿态,对抗那些系统的理性机器,对抗当权者,对抗界定何为"不言自明""理当如此"的意识形态。而所谓的价值中立,是彻底的非人性的自欺欺人,只能造成伦理选择中的道德冷漠。

所以最后,时至今日,这部著作留给我们的问题,不是"我们今天如何纪念大屠杀",而更应该是"我们今天如何反思现代性"。经历过大屠杀的民众必然被打上深刻烙印乃至早已离开人世,而没有亲身经历的人们是否已经遗忘,是否有权遗忘?每一位犹太人都认定大屠杀是他们的集体创伤,而非犹太人的我们是否与此无关?我们不忍直视奥斯维辛纪念馆的冰冷血迹,又是否自得于科学和理性的凯歌前行?

思考题:

1. 鲍曼认为,有关大屠杀的传统解释主要有哪些?你怎么看这个问题?
2. 你认为从历史上的反犹思潮发展成现代反犹主义,哪些因素起了作用?
3. 大屠杀中体现了现代社会生产和管理机制的哪些特点?
4. 你认为在官僚体制中,当人像机器一样认真工作,是道德中立吗?你同意鲍曼说的在适当的条件下,我们每个人都可能成为屠杀者吗?
5. 鲍曼说:"大屠杀的可能性深植于现代文明的某些普遍特征之中。"你怎么理解这句话?

始终被深深掩藏的人的丰富可能性。因此，学者需要穿透那些不言自明的壁垒，壁垒之内盛行着各种意识形态时尚，它们无非是以让人习以为常来证明自身的意义。

影响鲍曼的还有一位文学大师——米兰·昆德拉。鲍曼赞扬昆德拉秉承了艺术自由的天职，以讽刺性的、不虔敬的反文化，对抗着现代性的科技文化，也就是对抗严谨有序、分隔齐整、纪律严明。这正是鲍曼笔下的园艺文化。昆德拉曾经回应德国现象学大师胡塞尔所说的欧洲人性危机，认为欧洲历史存在双重进程：一方面，人的生存被逐渐忘却，而技术、组织和大写历史逐渐占据主宰地位；另一方面，小说试图从必然性中拯救出可能性，不断开启新的世界。昆德拉甚至在《小说的艺术》里直言，写小说如果不揭启迄今未知的存在领域，就是不道德的。而极权主义的真理排斥相对性，拒绝质疑，无法容纳这样的小说精神。

鲍曼就是要在现代性的科技理性中、园艺文化中，拯救可能性，让被遮蔽的声音能够发声并被听见，让难以精确归类的人与物能够继续生存。揭示反犹主义的社会起源，只是其中一个具体的实例。现代社会世界中有一类人注定是暧昧的，那就是陌生人。在前现代，陌生人今日来明日去，比如货郎，比如旅人；到了现代，今日来了，明日还在。比邻而居，贸易往来，难免形成威胁，乃至文化渗透，陌生人就这样扰乱了物理距离与心理距离，给亲密熟悉的生活世界带来了差异和恐慌。

在大屠杀期间，欧洲的犹太人、同性恋、吉卜赛人等就成了这样的难以归类的人群，只有被排斥、被灭绝的命运。现代性注重有序的分类，尊崇科学的处置，导致人类自由的僵化、暧昧的丧失，这就是通往奥斯维辛之路。所以鲍曼分析大屠杀的成因，并不首先诉诸反犹主义的怨恨，而是去揭示人们对于无序的恐慌、对于暧昧的烦扰，分析人们为何会注重日常生活的单调重复和可以预测，一旦被破坏会产生何等的愤怒。奥斯维辛不是破坏，而正是有条不紊的创造，维护工具理性，解决暧昧无序。

总之，只有重新找出看似自然、必需的东西的社会起源，才有可能探求人类解放的可能性。就像鲍曼在《现代性与大屠杀》一书几乎同时推出的另一本书《解释学与社会学》的书名所言，社会学家，或者说当代的知识分子，只是解也正是在苏东剧变前后,鲍曼出版了包括《现代性与大屠杀》在内的一批书,讨论现代性、科层制、理性与社会排斥之间的关系;而从20世纪90年代中期开始,鲍曼全面探讨后现代性下的社会,认为现代社会到了20世纪下半叶,已经从生产社会转为消费社会,鲍曼起初称这种转变为从现代性到后现代性,新千年后他转而采用"固化的"现代性和"流变的"现代性这样的讲法,或者译成固态的现代性与液态的现代性。

从后现代性"退回"现代性,原因之一,我想是鲍曼毕竟不属于始终生活在巴黎、伦敦或纽约的西方知识分子,而是有着东方体制和犹太烙印的复杂背景。早在利兹大学的就职演说中,鲍曼就明确宣示,"社会学要领会人类世界,要么是给无力者以力量,要么允许自己保持无力,以领会自身的存在"。这句话当初听来或许有些奇怪,立场指向暧昧不清,但正是处在多种力量交错之中的他的真实写照。这种暧昧不清,是在东方与西方之间、在基督教和无神论之间的夹缝中生存,是对自信满满的启蒙理性和科学进步,对无所虔敬的后现代虚无主义,同时抱有疑虑乃至恐惧,恰恰是一位渡劫重生的东欧犹太知识分子,面对这样的世界、这样的时代,所能做出的最明确的姿态。

鲍曼认为,流亡并不专属于部分知识分子,而是众生男女的共同体验。无论处于哪种情境、哪个共同体,我们都只是,都只能把自己的一部分交付出去。这并不是因为我们心存疑虑、孤芳自赏、厌恶投入、害怕担当,而是一种必然的选择,因为世界已经碎片化,没有中心,没有任何足以自称神圣的权威。置身这种流亡情境,并不是我们只能消极承受的自然命运,而应当积极直面,看作是一种机会,能够践行真正作为人在此世的生存,不沦为被强权无情处理的客体对象。至于作为社会学家的天职,就是不断揭示外在结构、制度和意识形态的限制,拒绝接受被强加的必然性。

这样的立场,不仅是鲍曼思考问题的姿态,也是他呈现问题的姿态。他的作品完全不拘泥于社会科学写作规范,仿佛流变的文字笔法最能呈现流变的当代社会,也最能展示人的生存境况。没错,他受到了几位文学大师的深刻影响,但显然鲍曼不是什么风花雪月的文学青年。他在《流变的现代性》一书中展现了与博尔赫斯之间的深层关联,指出社会学工作者必须像真正的诗人那样,尽可能贴近

1945—1953 年，鲍曼曾经担任内务安全部队的政治教官，而组建这个军事单位的宗旨，就是为了对抗乌克兰民族主义反叛分子和波兰本土军的残余力量。在此期间，鲍曼开始在华沙社会科学院学习社会学，此后，因为当时社会学被波兰政府看作是资产阶级学科，从课程体系中取消，所以鲍曼又跑到华沙大学学习哲学。

为什么会在军队里长期任事呢？鲍曼的解释是出于一种激情：可以随军回归，解放祖国。祖国战前苦难重重，停滞落后，又饱受战争摧残。让它在战后不再积贫积弱，这使命让人激动。他相信，新的政权能够为波兰带来"有尊严的生命的平等"，创造就业，让人民丰衣足食。但这是一种人类大同的梦想，显然会与波兰历史上长期存在、忽隐忽现的反犹主义发生冲突。当局一旦陷入政治动荡，就很可能利用反犹主义来克服危机。借用波兰著名导演基耶斯洛夫斯基的话，在波兰反犹主义与爱国主义如影相随，难以指望有朝一日能摆脱这样的局面。

1953 年，鲍曼晋升为少校，正在此时他父亲和以色列驻华沙使馆联系，试图移民以色列。尽管鲍曼并没有父亲那种犹太复国主义的倾向，说实话还是一个坚定的反复国主义者，但依然被革除了军职。失业后，他坚持完成了硕士学业，当上了华沙大学的讲师。一开始他还算接近正统的马克思主义学说，但受到意大利的葛兰西和德国的齐美尔这两位社会思想家的影响，开始对波兰共产党政府持批判态度。不难理解，后来十来年鲍曼一直没能升上教授。

到了 1968 年 1 月，由于波兰共产党秘密警察头子领导的反犹运动，也由于政治压力日益增大，鲍曼终于放弃了自己的执政党党员资格。3 月，这场反犹运动最终发展成大清洗，绝大多数幸存的波兰犹太人被驱逐出国。至于鲍曼，更加了一层罪名，被视为学生运动背后的几位知识分子领袖之一，丢掉了华沙大学的职位。他不得不又放弃了波兰公民的身份，才被允许再一次离开国境，踏上流亡生涯。

他先是去以色列的两所大学当社会学教授，1971 年接受了英国利兹大学社会学系的邀请，此后一直居住在英国。他是举世最杰出的社会理论家之一，出版了 50 多本书，甚至在 2017 年初以 93 岁高龄去世后至今，又出了几本书。

按照鲍曼的学术主旨，这些书基本上可以分为几个阶段。20 世纪 80 年代早期之前，主题是阶级和社会冲突；从 20 世纪 80 年代后期到 20 世纪 90 年代早期，恕，哪怕是片刻的延缓。

早在20世纪50年代晚期，鲍曼就读到了法国作家加缪的《反叛者》。加缪开篇就指出，当一个人说不，不仅意味着拒绝，也意味着肯定，一旦开始为自己考虑，也就成为一个"人"。在否定一项命令的同时，也就在确认一条界线。可能这界线并不显著，但一旦被逾越，也就凸显出来了：不能再接受继续碾压人的尊严。"我反抗，故我在。"

是的，在米尔格拉姆的实验中，的确存在着少数人，在听到具体的实验要求，也就是权威者的命令之后，马上选择退出了实验。换句话说，依然存在着一些平凡的勇士，敢于反对暴力和权威，在某种意义上，也敢于反对自己的同类。谁是这样的勇士？是曾经充当社会良知和精神向导的神职人员或知识分子吗？在《现代性与大屠杀》中，鲍曼确实提到了德国学者和教会，很遗憾，他们保持了沉默，甚至为虎作伥。所以，从普通大众，到所谓精神中坚的高知群体，现代文明的防卫体系在现代国家和政党的强大机器面前，统统被打败了。

是文明的社会、良善的个人输给了极权的国家、邪恶的政党吗？

经典社会学家涂尔干认为，社会是积极的道德教化力量。当社会的力量减弱，人的自然状态显露，残忍、贪婪等种种的恶也会滋长。但大屠杀的恶是因为现代社会的功能失调吗？集中营内外，难道不是一切井然有序吗？鲍曼发现，大屠杀的恶正是来自涂尔干自信的社会状态。正是现代社会的道德权威性，造就了大屠杀。涂尔干认为社会是道德的唯一来源，鼓励个人对于社会的顺从。但借用阿伦特的话，大屠杀的普通参与者之所以具有"平庸之恶"，不就是因为他们屈服于众人的压力、上级的权威、利益的诱惑吗？

书写大屠杀：流亡是一种姿态

鲍曼是一位个人生平跌宕传奇，在学术思想上有别致风格的人。他生平中许多看似八卦的细节，有助于我们理解这本书的整体宗旨、分析角度和具体结论。

1925年，齐格蒙·鲍曼出生于波兰，父母都是犹太人。1939年，纳粹德国入侵波兰，鲍曼全家逃往苏联。此后，鲍曼加入了苏联控制下的波兰第一军。

了任务。

最令人哭笑不得，或许也会引起争议的，是鲍曼分析了作为受害者一方的犹太人也同样表现出的不堪，分析了犹太人的理性如何助长了大屠杀的顺利进行，却葬送了他们自己。

实现种族灭绝的目标需要满足两点。第一，暴力足够强大，能够摧垮受害者的意志，使其屈服于上层权力，接受权力强加的秩序。第二，身份被污名化的群体被剥夺了进行抗争所必需的资源，丧失一切反抗和改变命运的可能性。纳粹正是为了实现这一目标设计出了极其精巧的与受害者合作的策略。

首先，封锁受害者，把犹太人完全纳入纳粹统辖的职权范围，将他们彻底孤立。其次，将犹太社区中的犹太人区别对待，犹太精英进入纳粹科层机构下辖的委员会，负责管理犹太民众。大屠杀中，犹太精英选择与军政府合作，他们知道这是生死游戏，但只要有一线希望，能够多一分机会存活，或是少一分风险赴死，他们都愿意尝试。他们情愿牺牲少数，因为他们坚信这样可以拯救大多数。事后看来，犹太人为了生存所做的每件事情，每一件合乎理性的策略计算，都是在把纳粹"最终解决"的目标又推进了一步，都等于是在自掘坟墓。但不管怎么说，引导他们行为的是经过理性解释的目标，选择与纳粹合作是出于犹太人自己的理性衡量。

就是基于这样的理性衡量，当纳粹将犹太人封闭在专门的隔离区，作为精英代表的犹太委员们并不反对，认为这有助于自我管理和避免屠杀。犹太委员会甚至发起劳动运动，主动为德国工程建设源源不断地提供犹太人劳动力。除了集体理性，当然还有个人自我保全的理性。犹太人会产生内部斗争，争夺特权，奉承压迫者。犹太委员和犹太警察们会出卖同胞，保全自己的妻儿老小；犹太人区内的富人争相贿赂压迫者；西欧的犹太人会拒绝接受东欧的同族，如此等等。不错，大环境已经陷入非理性的疯狂，自我保全确实是理性的选择，却使理性原则内在的道德冷漠暴露无遗。

他们不知道这一切只是徒劳的自慰，终究难免一死吗？他们难道真的抱有被赦免的幻想，不知道自己是命运棋局中被任意操纵的棋子吗？或许后人这样的追问过于冷血。置身那样的情境，犹太人相信，也只能相信，努力能够换来某种宽回答错误而应该施加的惩罚，即建立了某种虚假却能提供正当性的因果联系。

如此一来，道德责任就转变成履行岗位职责的责任，并且必然会被相互推诿。下级的执行人员认为这样的行为是上级的命令，每个成员都有理由将责任推诿给别人。米尔格拉姆的实验深深地震撼了世人，让人们不仅看到了作为普通人的被试者完全有可能服从权威的指令，实施罪恶的侵害，而且仿佛陷入道德上的麻木，保持心安理得。

与此同时，鲍曼在书中还汲取了另一位德国犹太思想家关于极权主义起源的论述，特别是她关于"平庸之恶"的观点。这位与鲍曼同属于流亡者的人就是汉娜·阿伦特。1961年，耶路撒冷法庭对屠杀犹太人的著名刽子手之一艾希曼进行审判，阿伦特作为《纽约客》的特派记者前往报道。面对艾希曼在法庭上的辩护，阿伦特并不认为他是人们所描绘的十恶不赦的恶魔，认为他仅仅是平庸无奇、缺乏个性的普通人，然而就是千千万万个这样的普通刽子手，参与战争机器，变成了恶魔。在恐怖和权威之下，民众的道德知觉钝化，变成仅仅执行命令的麻木的机器人。1963年，阿伦特出版《艾希曼在耶路撒冷》一书，提出著名的"平庸之恶"概念。

鲍曼借鉴了米尔格拉姆和阿伦特的观点，指出我们不能简单地指责这些德国民众有着灭绝人性的丑恶内心。他深入分析大屠杀发生时社会的道德冷漠，包括迫害者、旁观者和作为受害者的道德冷漠，揭示出这些冷漠情感与现代性内在的共生关系。

大屠杀中，普通人参与屠杀行动，并不是出于对受害者的仇恨，而是一种道德上的冷漠。科层体系造成技术与道德的脱节。细致的劳动分工模糊了行为与结果之间的因果关系，使组织中的人们在心理上与受害者拉开了距离；技术责任替代了道德责任，做一个讲道德的好人与当一名有效率的工人或专家成了一回事情。科层组织并不助长恶，它只是制造道德真空，或者说新的道德，鲍曼写道，"行动者的良知告诉他要好好执行，要根据是否一丝不苟地遵照组织规章，投身上级规定的任务，来衡量自己是否正义"。如果你没参与直接屠杀，只是做做报表，你会认为自己只是完成上级赋予的任务，体现了爱国的忠诚，履行了岗位的责任。而如果你参与了直接屠杀，你同样可以认为自己只是一个齿轮，圆满执行人性？他们和奥斯维辛集中营里那些纳粹刽子手之间，有着怎样的隐秘关联？

大屠杀中的施害与受害者

为了讨论大屠杀得以高效实施的要素之一，即摧毁人们的道德感、羞耻心和愧疚感，鲍曼详细援引了米尔格拉姆实验。而米尔格拉姆认为，我们每个人在社会化的过程中，都会逐渐习得对于权威的盲目遵从，这种心态会使行为实施者对于行为后果的感知逐渐麻木。具体来说，即使后果很严重，实施者会将罪责归因于发令者，就是上级指挥官，从而转移了行为责任，减轻了自己的道德负担。这个服从实验证明，残暴的行为并不是由生性残暴的特殊异类实施的，道德正常的普通人也能实施。

当然，这项研究存在研究伦理的争议，对于不知情的实验参与者很可能造成心理伤害。但更关键的是，它并不是要探究人性本善还是人性本恶，而是要测试个人的选择，哪怕是看似自由的人做出的选择。如果结果令人后怕，那么极有可能每个普通人都会变得跟纳粹刽子手一样。

鲍曼通过援引讨论米尔格拉姆的实验，验证了自己提出的一个问题：人与人之间的距离，对道德感的激发或抑制有什么影响？如果被试者能够目睹受害人的体验，能够亲手操纵痛苦，那么绝大部分人是不能接受折磨人的命令的。而当人们通过遥控，不亲眼得见，通过揿按钮，拉开距离之后，许多行为就变得可以接受了。

人们一旦走出了第一步，接下去就好走了。被试者的行动是一系列渐进的行动，按过了15伏的电击，为什么不能按30伏的？连250伏都按了，350伏也就无所谓了。那么，如此累加下去，真正的界限在哪里？其实这条界线早就名存实亡，被试者只是出于一种心理安慰，告诉自己还没有从人变成野兽。

被试者置身于现代科层体系，对于道德责任的关注被替换，转而关注是否能出色完成某个任务。技术不是不讲道德，只是其道德性恰恰在于，能不能、有没有准确而高效地实施任务。这样一来，被试者的行动与受害者遭到的伤害之间就没有了因果联系，被试者的行动只是符合指令的操作，甚至只是"因为"受害者常运转。因此鲍曼告诉我们：正是科层体系制造了大屠杀，用它自己的形象制造了它。

第三个要素，就是科学技术和计算精神。上面已经讲了种族主义是怎样从貌似价值中立的科学中为自己寻找正当性。更宽泛地说，科学技术的发展，或者不如说是科学技术作为新时代信仰的心态的扩散，还带来了理性的计算精神，人们逐渐养成现代社会特有的计算性格，一切都用效率和成本来考量。大屠杀就是一项清除犹太民族的社会工程，经过理性的考虑、精心的构思，与工厂接单展开流水线生产没什么两样，从"原材料"的获取、运输的成本、操作的工具，直到具体的操作流程，都按照最为经济、最具效率的方式加以计算和规划，上级只需将任务分配给下面一级官员，如此逐级下达，浩大的工程就能被分解得非常明晰。

如此的理性和精于计算，可以让社会组织高速运转，创造出可观的经济利益，却也潜伏着莫大的隐忧：它能腐蚀人格，败坏道德，剥夺人们自我判断的能力，甚至是做出自我判断的欲望，让人变得讲求功利，安于无知，麻木不仁。所以鲍曼指出，在使大屠杀得以持续的过程中，科学既直接又间接地扮演了黑暗而不光彩的角色。

第四个要素，现代文明防卫机制的破产。所谓现代文明的防卫机制，说白了就是道德感的崩坏、羞耻心的丧失、愧疚感的泯灭。为了追究这些变化的心理根源，鲍曼援引了著名的米尔格拉姆实验。1963年，在美国耶鲁大学，社会心理学家米尔格拉姆设计了一项实验，来研究人们对于权威的服从。在实验过程中，不知情的参与者被要求扮演教师，而知情的研究者同谋来扮演学生。教师对学生进行一些简单机械的测试，学生故意犯错，教师被要求通过揿按钮，对犯错的学生实施电击，以示惩罚。并且，随着学生故意出错的频率增大，教师电击的强度也逐步加大。当然，按钮上的标示是真的，假学生的惨叫也是真的，但电流是根本不存在的。

这项实验设计简单精巧，但结果让许多人难以接受：有的参与者一开始就选择退出，而有将近70%的"教师"，也就是蒙在鼓里的被试者，实施了350伏以上的电击强度，其中更有30%的教师最终实施了最高强度的电击，即450伏。那么，这些随机选择的被试者，这些本性良善的普通人，为什么会表现得近乎泯灭生，这完全是追求效率的理性产物。而在工具理性的追求过程中，并没有更高的价值介入来防止类似大屠杀的事件发生。

第一个要素，民主制度在当时德国趋于崩溃，是造成大屠杀的罪魁祸首。在名存实亡的魏玛共和国的土地上，社会发生了剧变，政治力量凌驾于经济和社会力量之上。希特勒上台后，建立起强大的极权主义和专制主义国家，民主制度全盘崩溃，种族主义成为这个国家和执政党的强硬政策。每个人在日常生活中都学会盲目服从邪恶的权威，在高度集权化的环境下，人们的道德良知逐渐钝化，变成执行上级口令的机器人。党的权威和个体的服从相互支撑，形成在当时人看来自然属于良性的循环。

第二个要素，就是现代科层体系的建立。现代科层体系的形成，一方面体现为现代社会中的劳动等级和功能划分。分工越来越专门化，形成庞大的科层金字塔，自下而上等级森严。对于大屠杀而言，这等于拉大了实际执行者与被屠杀的对象之间在生理上和心理上的距离。被侵害的目标是匿名的，或者更准确地说，是非人的，不是自己的同类，这样就将自己的侵害行为合法化，等于没有违背正常的非暴力规范，也就减轻了自己的羞耻感和罪恶感。

而且，执行大屠杀的刽子手可不是法国大革命时断头台上的刽子手，不是鲁迅笔下制造人血馒头的康大叔。奥斯维辛集中营隔绝于世，其中的毒气室密不透风，没有人听得到犹太人凄厉的惨叫，没有人看得见他们绝望的面容；刽子手们没有挥刀，没有举枪，只是按下了按钮，拧开了开关。他们仿佛失去了自己的自由意志，只不过是在听从上级的命令，"把工作做得更好"。无论是当时，还是事后，他们都尽可能将道德责任推卸给科层机构的上层权威，从而执行好任务，并且心安理得，可以在"下班后"继续欣赏古典音乐，赏玩猫狗宠物。

科层机构里的人也不是不负责任，只是负的是技术上、效率上的责任，不是道德上、伦理上的责任。行动的手段成为实际的目标，行动者只是在履行作为工人的本能。整个科层体制就像一台巨大但精密的机器，按部就班地寻找最佳的解决方案，重要的只是降低成本，提高效率。对犹太人的"清洗"就是庞大的科层体系的产物，精心设计，合乎理性，一切的成本和利润都事先有所计算。只要科层机构中的每个人都做好自己的本职工作，就能维持整个庞大的官僚体系的正

大屠杀的动作与现代组织体系

与大屠杀相比,过去的种族灭绝缺乏效率,浪费资源。那是基于种族仇恨一时愤怒的疯狂爆发,不具有可持续性。而纳粹的大屠杀是一整套高效的消灭机制,是能够持续运行的。纳粹的大屠杀典型地体现出现代的技术官僚的行为模式,或者说现代科层制的特点,具体表现为以下三个方面。

首先,执行者考虑问题时,完全从科层制的、技术性的角度出发,使用起暴力来也就把它当成一种技术问题,不受感情的影响,提高了执行效率,降低了执行成本,几乎不浪费和闲置任何资源。

其次,现代科层体系往往会忽略最初的目标,转而关注什么手段最具效率,因此,大屠杀一旦启动,其继续运转靠的往往不是理性的判断,而是自身的惯性和动力,作为执行者的专家们甚至会为了避免自己已经掌握的专业技能变得没用,不断创造新的合用的目标(注意,不是合用的手段,而是合用的目标)。

再次,现代科层组织的权力,会充分激发并利用受害人的理性化的思维方式,从而有能力制造某种特殊情境,使受害人与自己合作。犹太人被这样的权力赋予了选择的自由,哪怕是极其有限的选择,于是出于自我保全的动机,经过理性选择,自愿配合屠杀者,从而进一步提升了大屠杀的效率。这当然会反过来导致被害者在道德上的自我归咎,愈发感到堕落和无力。这一点我们在下面谈道德问题时还会详细说说。

总之,对于犹太人的大屠杀不是秩序的崩坏,而恰恰是追求完美秩序的结果,不是失去理性的混乱,而恰恰是严格遵照理性的管理,是系统地利用科学的思维方式和现代性的技术手段进行的一次大型操作。

以上说的是大屠杀的操作特点,那么,现代社会,特别是当时的德国,有哪些要素为大屠杀的实施提供了可能性呢?其实一开始,希特勒说的除掉犹太人,也只是要制造出没有犹太人的德国疆域,没有规定目标之下的手段,没有任何涉及大屠杀的字眼。事实上,当时的纳粹只是想用迁移的方式实施所谓清洗。不过,一旦确立终极目标,行政人员或技术专家就开始履行他们的职责,直到1941年最终证明迁移在操作上不可行,大屠杀作为所谓"最终解决"的替代方案诞识形态，却与现代世界的许多基本预设相抵触。这就使得现代种族主义在寻求意识形态方面的根基时，不能再诉求宗教或文化，而要诉求现代世界中更加无可置疑的权威，一种表面上最远离意识形态的意识形态，那就是科学。

启蒙运动之后，科学仿佛取代了宗教，成了不容置疑的新的唯一信仰，作为技术专家的科学家成为新时代的先知和神父。在他们的信念中，所谓真、善、美，所谓实然与应然，所谓理智与情感，一切都是可知的，一切都可以进行客观的研究和探察，一切都是可控的，一切都可以进行完美的控制和治理。而从19世纪开始，"物竞天择，适者生存"的生物进化论法则，医学上对于人体研究的重大突破，各种各样的优生学、颅相学，都为种族主义提供着合法证据。人的气质、个性、智力、美学天赋，甚至政治倾向，都被认为是由大自然决定的。如果犹太人在"血统"上有着不可根除的邪恶，那么这种邪恶就无法通过教化来改善。人类文明所能做的，只能是将血统上不洁净的种族从社会中清除出去。就这样，这个强大的自称现代的社会，具备强大的文化规训能力，却又分离出某一种群的人，不容分说地施加预设，拒绝任何争论，放弃任何教化，永久保持该种群的异质性，从而合理而正当地清除它。

不难想见，只要社会工程的理想仍然存在，人们仍然相信可以通过客观的测量，将人（具备精神和灵魂的人）在社会秩序中进行定位，实现对人的最佳控制，从而实现所谓的完美社会，就像据说是科幻剧的美剧《使女的故事》里面的场景，那么优生学与种族清洗的理想也就不会轻易消亡。启蒙运动赋予人类自信，也等于避免了自身的逻辑遭到反思和质疑。人们"改善现实"的野心极度膨胀，相信人类整体有能力设计一个更为理想的社会，并在现代权力资源的加持下，最有效率地实现它。当历史前进的车轮隆隆驶过，疯狂的念头也就变成了合法正当的毁灭。

但以上只是涉及大屠杀的意图的产生。关于大屠杀的产生机制，鲍曼的论述是从三个方面展开的，除了以上第一个方面，还包括：第二，大屠杀为什么能够高效地实施；第三，人心如何沦入道德冷漠，使大屠杀不受阻碍。

会运动，是他们破坏了国民经济的独立，他们甚至要为德国在第一次世界大战中的战败负责。

就这样，在现代性来临之时，在宗教信仰、社会交往和政治认同上，对异类的恐惧症达到了前所未有的强度，并注定落在犹太人身上。而这种恐惧还必须通过外表公正的形式，包装成合理正当的行动。种族主义不仅仅是异类恐惧症在程度上的加强，它又结合了一个现代性独有的观念，就是社会工程。从启蒙运动开始，现代社会突出地表现了对于外在自然乃至自身的积极管理态度。这种管理以日益增长的技术和知识为手段，遵照一套人为设定的完美计划，井然有序，不断前行，希望最终达到设定的"完美社会"的目标。这样的社会理想是实用主义和浪漫主义的结合，是以一种工程学的方式对社会进行管治。

而在工程的蓝图，也就是完美社会的构想中，包含了一种特殊的审美尺度。社会秩序必须透明，界限清晰，就像法国古典主义园林一样，容不得一点暧昧和杂乱。那些不可分类、无法定位的存在，比如犹太人，当然还有吉卜赛人、同性恋者，就会被界定为"混在美丽中间的丑恶，混在安定秩序中间的杂乱"。

而所谓的"种族主义"，就是通过工程学的运作，切除社会中的暧昧性的部分，就像园丁铲除杂草，医生切除肿瘤。"切除"可以采取多种形式，有排斥、隔离，有审判、放逐，而最极端的形式，自然就是大屠杀。所以说大屠杀并不是什么希特勒之类恶魔的"突然的自我"，它只不过是为了某个终极的社会理想所采取的可能手段之一。

鲍曼就此提出著名的"园丁隐喻"，以此解释德国为了建立纯正的雅利安血统的国家，对异族展开清洗，在宏大而完美的社会工程的蓝图中，社会应该成为一座精致有序的花园，而社会的管理者就是这座花园的园丁，犹太人成为园丁眼中的杂草。为了优化德国人的种族，纯净后代的体质，就必须将犹太人这种遗传不良的种族，这种有缺陷、会遗传犯罪的种族，从肉体上彻底消灭掉，而不单单是进行社会空间上的物理隔离。这难道不是科学逻辑可以推出的进行大屠杀的正当理由吗？基于园艺文化的主旨，纳粹认为对犹太人的屠杀不是毁灭，而是创造，不是人类文明的污点，而恰恰是清除污点。

尽管种族主义作为一项社会工程，是合乎理性的现代产物，但它作为一种意恶的敌人，并且也无法满足于暂时的安宁，是注定永世漂泊的无家可归者。

有了这三点原因，犹太民族就有了被隔离乃至被驱逐的理由，但还只是部分理由。从传统社会到现代社会，加入了其他一些重要的影响因素。

在前现代的欧洲，传统社会里的人们通过社会隔离，比如身体的分离，通过特定的仪式，比如打上污名化的标记，划分并维护彼此之间一定程度上的界限，保持相对安全的距离，这样保证大家共同生活在一种微妙的环境中，虽然潜伏着冲突，并随时可能爆发，但还能维持表面上相对的和平。这也算是一种社会整合的手段。

随着现代社会的到来，人群的流动性增加，固有的差异发生变动，或者趋于消解，传统的界限越来越难以维持。与此同时，旧的政治制度和道德秩序松动乃至瓦解，现代的内在规范和外在秩序尚未定型，人们必然产生各种各样的焦虑和紧张，迫切需要重新获得安全感。划分界限的现代办法逐渐抬头，那就是种族主义。

而这种种族主义又特别容易和反犹主义相汇合。随着现代性的兴起，随着世俗化的推进，金钱越来越成为生活的中心，犹太人此前一向被视为可鄙却富有的，此时也开始要求得到社会的尊重。道德上可敬与可鄙的界限开始混淆，而犹太人向上的社会流动也混淆了等级的界限。按照中世纪以及现代早期的理想分类标准，人要么是基督徒，要么是堕落的异端，或尚未改变信仰的异教徒。这种越界在基督徒心中所引起的不适，鲍曼称之为异类恐惧症；不难想见，那些反对现代主义的抵抗，会把这些"贪婪""渎神""不纯"的犹太人作为首要对象。当心中的不适转化为愤怒时，当然可能引起通常意义上的种族屠杀。

还有政治上的原因。犹太人历史上长期没有自己的政权，但又非常抱团，因此一方面寻求政治强权的庇护，一方面寻求民主自治，这使其在政治上左右为难。更有甚者，当以民族为核心构建政治共同体的浪潮席卷欧洲时，犹太人却始终在给其他民族制造着焦虑，制造着自我认同的危机。这些犹太人既不是我族之外的"他者"，因为就生活在隔壁，却又不是能够同化的"自己人"。他们成为不可归类之物，其暧昧性始终引发人们的不适。在极端情况下，犹太人很容易被怀疑为"我族"中的背叛者和煽动者。在纳粹主义的宣传中，正是犹太人煽动了工的岁月，好在噩梦醒来已是一片光明；人们会标明人群，致敬犹太人高贵的坚持，铭刻这个民族深重的苦难。大屠杀仿佛成为一件用来祭奠的艺术品，带给世人悲痛和感动，带来恐惧和厌恶，或许还有一丝自我安慰，然后我们转身拥抱当下文明生活的岁月静好，人与人之间的和睦宽容。

包括社会学家在内的学者们也大多否认大屠杀与当今文明社会之间的可能关联。他们界定独特的时空对象，探究犯罪者的人格特质，或者说非人的本质，对未来的社会历史走向充满道路自信和理论自信。对他们来说，大屠杀不过是文明进步史中的一次偏离，纵然残暴，却属偶然。文明社会要做的不是反思自身，而是为了防止此类惨剧的再发生，进一步完善自身，更充分地驯服来自前现代、属于野蛮人的那些非理性。

果真如此吗？反犹主义和种族屠杀真的只是一种现代的失控吗？

大屠杀意图的产生与现代反犹主义

鲍曼通过这部书驳斥了对大屠杀的一些认识偏差，那么历史上的反犹主义究竟是怎样一步步发展成纳粹集中营的？

首先要搞清楚，反犹主义绝不是纳粹的新鲜发明，而是西方两千年来一直存在的一种思潮，那么它为何会在现代性的条件下，又是在现代性的哪些条件下，转化为残忍的种族主义，不仅有极端的实践行动，并且在德国民众的头脑中成为不可磨灭的信条？

首先，犹太人的社会身份很特殊，与周遭环境难以协调。相对于上层阶级的贵族和乡绅，犹太人是奴仆，没有自己的社会地位和政治地位，只能寄希望于经济地位的打拼。而相对于更底层的阶级，犹太人却成了敌人，是剥削者。

其次，犹太人的宗教信仰也很特殊。犹太人居住在基督教世界的土地上，基督教群体自恃为这片土地的主人，对他们来说，犹太人既是日常交往的对象，又是严格隔离的对象。

再次，犹太人是没有自己的国家的民族。希特勒明确认为，犹太民族由于没有自己的领主国，就无法参与土地权力斗争，所以会采取下流手段，成为特别邪继续追问：现代性与大屠杀之间到底存在着怎样的隐秘关联？究竟现代性的哪些特点酿就了大屠杀的恶果？

《现代性与大屠杀》这部著作，诚如其名，揭示了现代性和大屠杀这两个范畴之间的亲和关系：现代性中的一些普遍存在的因素，像是庞大而高效的官僚机器、资源的高度集中、对严谨纯净的社会分类秩序的追求、对宏大壮阔的社会工程的执迷、社会的普遍理性、人际的普遍冷漠，如此等等，结合在一起，加剧了反犹主义，最终促成了以奥斯维辛集中营为巅峰体现的大屠杀。概而言之，大屠杀并不是什么前现代的野蛮摆脱了现代的理性控制而造成的结果，而恰恰是现代性的逻辑本身发展的顶点；并不是时代逻辑的倒退或偏差，而恰恰是时代逻辑自然发展的结果。现代性的文明，与大屠杀的残暴，是一体两面的存在。

鲍曼犀利地指出，大屠杀不只是命运坎坷的犹太人遭遇到的一桩悲惨的历史事件，也不只是理性内省的德意志民族爆发出的一次极端的反常行为，而是现代性本身固有的可能结果。从均衡的理性，到失衡的极端，从温和的文明，到残暴的野蛮，看似十分悖谬，却是逻辑发展的必然。鲍曼甚至冒着相当的风险，在分析中俨然流露出这样的结论：在一定程度上，大屠杀可以说是各方合力而成的产物，而参与合谋的各方当中，不仅有千夫所指的罪大恶极的设计者，还有学者分析中平庸无奇的执行者，甚至包括那些被视为纯洁无辜的受害者。

如果只是从前认识上有偏差，现在纠正认识，倒也罢了。但在鲍曼看来，恐怕这种认识偏差会成为推卸责任的借口，甚至成为继续作恶的温床。在我们的大众文化中，大屠杀或者成为轻描淡写乃至博人眼球的历史插曲，或者成为新的教条化、仪式化的说教与典礼，而公众安然面对这看似矛盾实则一致的两端，不会费心思去琢磨"为什么会发生大屠杀""大屠杀对于当今社会的教训"之类的问题。就算真的被这么问，人们也能自信满满地做出符合流俗之见的回答。他们根据从大众影视和通俗历史中得到的浮光掠影的、耸人听闻的片段印象，结合自己对人性自以为是的判断，来想象出自己有关大屠杀的认识。

人们会清楚地区分出两类人：一类是作恶者，那些人格扭曲、心理变态，或者至少具有所谓"权威人格"的纳粹分子；一类是无力反抗的无辜者。人们会标明地点，提醒别忘了德国的特殊性；人们会标明时间，提醒别忘了那是一段疯狂的起因，因为那起因不单是尚未一清二楚，也不能简单地说扑朔迷离，而是在某种程度上，恰恰有可能就隐藏在自以为是的我们对于那场悲剧的判定之中。

毫无疑问，大屠杀是人类历史上的一场浩劫和悲剧。但它的起因为何，教训何在，人们却未必有明确的认识、统一的结论。从历史学家、政治学家，到社会学家、心理学家，都一直在努力搞清楚它的意涵，但往往首先面对的障碍就是我们的刻板印象，甚至学术的解释也和大众的偏见彼此融合，形成了新的思维定式。

鲍曼指出，对于大屠杀的传统解释有两种倾向。一是关注大屠杀的犹太特性和德国特性。也就是说，把大屠杀仅仅看成是犹太人历史的一章，即便是痛彻心扉的一章，将大屠杀简化为一种局部的不幸、一个民族的灾难，是文明的一种损伤、一种偏误、一种疾病，而不是文明自然发展的产物，恐怖但却合理。这样的理解不仅会导致自我辩解，以求道德上的安慰，而且潜伏着巨大的危险，在道德上和政治上失去戒备。无论是作为幸存者的我们，还是作为后来者的我们，甚至是作为旁观者的我们，都不必追究自身，因为大屠杀只属于特定时期、特定国度，罪责只是德国纳粹犯下的，与我们无关。我们只希望时间能够冲淡血迹，只祈祷战争不再来，听任记忆在表面的纪念之中渐渐模糊，乃至彻底褪去。

二是强调大屠杀的野蛮和极端。就是认为大屠杀属于常见的一类社会现象，类似于普遍存在的人种、文化或者种族之间的压迫与迫害，只不过是其中的某种极端。每当时代发生剧变，社会规范失控，道德遭受践踏，人类长期压抑的生物攻击与侵犯本能就会爆发，造成血腥的大屠杀。

如果说第一种倾向是要把大屠杀局部化、特殊化，那么第二种倾向就是要把大屠杀普遍化，甚至正常化。但这两种传统认识有一点是共同的，就是都认为大屠杀是现代文明的失败，而不是文明化进程合理的产物。换言之，我们至今还不够文明，大屠杀的教训就在于，如果要防止未来再次出现这种野蛮行为，就需要更加文明，更加理性。显然我们有自信通过目前道路的发展，有效地避免类似的不幸在未来重演。

然而鲍曼打破传统信条，逆向提出：必须把大屠杀看成是文明化趋势的合理产物，只要理性化、文明化的进程不变，就始终无法避免。那么接下来就势必要

李康讲读《现代性与大屠杀》

> 李康
> 社会学家、翻译家、北京大学教授,著有《身体视角:重返"具体"的社会学》《革命常规化过程前后的精英转换与组织机制变迁:以冀东西村为例》等,译有《社会学的想象力》《埃利亚斯与现代社会理论》等。

大屠杀与现代文明的内在逻辑

谈起七八十年前的第二次世界大战,我们知道那是人类历史上的巨大浩劫,会了解一系列的死伤数字、一系列的国族存亡,乃至于正义终将战胜邪恶、老兵引领纪念游行。至于那场浩劫留下的集中营,我们虽然早已不再茫然不知,或者也不再避而不谈,却也只有几个模模糊糊的印象碎片:奥斯维辛、毒气室、《辛德勒的名单》、对犹太人的种族灭绝,等等。这些事件即便不再是人类历史上不可触碰的伤疤,也仿佛只不过是人类偶然步入的歧途。

鲍曼的《现代性与大屠杀》,完成于1989年,离第二次世界大战结束已经半个多世纪。当时正值苏东剧变,多国政权风雨飘摇,人们普遍处于焦虑之中。而出生于波兰、1968年才离开故土的鲍曼,无疑会对这样的时局事态更加敏感。他受到另两位犹太社会思想家阿伦特和阿多诺的启发,写下这部著作,并因此被授予该年度社会理论领域的国际大奖——阿马尔菲奖。

这部著作并不只是简单地翻寻历史的尘埃,打捞那一段不堪回首的往事,让我们记住所谓"历史的教训",而恰恰是要我们这些后人,这些只是通过电影、电视、画册,乃至亲身参观大屠杀纪念遗址来体验大屠杀的人们,透过阴森与黑暗,透过生命的烛光,不仅去缅怀逝者,不再让悲剧重演,也要真正搞清楚悲剧在不断失望中继续睁大眼睛、保持清醒状态的思想家。

  鲍曼的书不太好读。问题意识的"级差"和非常不同的问题语境，都给翻译带来无穷无尽的麻烦。读比较现代的经典，这是个难题。

鲍曼说，整个过程的每一步都荒谬绝伦，可是导出的下一步却显得非常合理。打掉公众的同情心，让他们的道德冷漠可以自圆其说，是纳粹实施大屠杀关键的一环。但是鲍曼又指出，没有犹太人的配合这一环，高效率地完成大屠杀，也几乎是不可能的。纳粹采取了以犹制犹的办法，走完了大屠杀的最后一步。纳粹利用人人自我保全的弱点，让犹太人感觉，眼下杀的是别人，只要我"遵纪守法"，就可以躲过一劫，对同类惨遭杀害做选择性失明，更想不到逃亡和反抗。

鲍曼的上述洞见揭示给我们，纳粹正是利用人性的弱点，使得主流人群处于道德冷漠、犹太人处于自我保全状态，整个社会每一个个体都丧失了道德选择能力，让纳粹针对犹太人的最后解决方案得以实施，大屠杀的悲剧，就这样不可避免。

为什么是鲍曼而不是别的人，得出大屠杀是现代性的特征这一结论的。除此前面谈到的原因之外，鲍曼的个人经历与他的研究结论也有一层关联。

在两重意义上，鲍曼是比较罕见的思想家。其一，他跨越了东西欧两个世界；其二，他跨越了两个时代。战后的波兰，被并入冷战的苏联阵营。直到 1968 年，鲍曼都是顶尖的波兰社会学家。1968 年后，他先后在加拿大、美国和澳大利亚等国游历，最后流亡英国。鲍曼生于 1925 年，流亡时已到中年。

鲍曼有奇特的经历。第二次世界大战期间，他加入苏联红军。战后，他成了波兰军队的高级指挥官。1953 年波兰掀起反犹浪潮，身为犹太人的鲍曼遭到整肃，被迫弃军从学，入职华沙大学社会学系。直到流亡，鲍曼一直都是波兰一线的社会学家，对各种社会政策和现象，既做专业研究，也在媒体上发表评论。

鲍曼被迫流亡，起因是他被指责毒害年轻人，这样的指责背后仍有波兰反犹主义的影子。他在战后的遭遇，以及对现代性的研究，都将他的视野引向现代性的对抗—解构力量，也就是后现代性上来。有一部关于他的学术传记，书名就是《后现代性的预言家》。他从对现代性的研究、推崇现代化到批评现代性，从妻子的《晨冬》到反思现代性中的大屠杀，这其中恐怕都贯穿着他跨越两个世界、两个时代这条人生脉络。鲍曼是站在人类转折路口的思想家，件中被杀害。鲍曼说，妻子的书对他的影响也很深，他"决定努力去理解大屠杀"。

鲍曼对大屠杀的研究，跟别人有什么不同呢？概括说有两点。第一，鲍曼认为，此前有关大屠杀原因的研究，都没说到点子上。在鲍曼之前，比较一致的看法是，大屠杀是西方反犹传统的一次集中爆发，是德国人跟犹太人之间的恩怨，是人类文明进程中一个很特殊的例外现象。直到今天，还有不少人在重复这个论点。一位中国学者总结得比较到位，他说参加讨论的学者们认为，大屠杀是犹太人历史中的事件，是近代愈演愈烈的反犹太主义的一个极端后果，也是前现代社会人类原始的、在文化上无法磨灭的"自然情感"，比如攻击、动物性本能作用的结果。选中犹太民族这样一个无辜的群体，是因为他们身后没有强有力的国家力量的保护。第二，鲍曼认为，大屠杀固然有学者们所说的历史渊源，但主要是现代性的后果之一。换句话说，现代性造成了大屠杀，因而它是人类共同面临的问题。这本书的书名正好反映了鲍曼的这一核心思想。

鲍曼的论证，有三个关键环节，对认识大屠杀的发生缺一不可。它们是"科学的理性计算精神、技术的道德中立地位、社会管理的工程化趋势"。现代性"最正确"的三个方面集合在一起，既可能给人类造成恐怖，也可能带来和平，全靠人类在什么方向上运用它们。在这个意义上讲，大屠杀是现代文明可能的必然产物之一。比如鲍曼指出的"公众的同情心与道德冷漠"以及"犹太人的配合"两个洞见。

鲍曼认为，使大屠杀成为可能，最重要的是要打掉主流人群对犹太人的同情心和道德亏欠感。纳粹是怎么做到的呢？在欧洲各国，犹太人通常或主动或被动地生活在固定的社区，跟主流人群隔离，成了物理意义上的"另类"。纳粹成功地利用了人人都有的"异类恐惧症"，使主流人群对明显可见的迫害行径保持沉默。而对那些生活在普通社区的犹太人，纳粹采用了"定义—剥夺和没收—集中—饥饿—灭绝"的模式。这个模式的要害是，一旦谁被定义为犹太人，公众就会对他的存在保持警觉。那么剥夺其工作的权利，没收他们的财产，集中起来并造成饥饿，在濒死状态再对其进行屠杀，就成为自然而然的，甚至是"人道"的选择。

导语｜在失望中继续睁大眼睛

刘苏里

鲍曼讲的大屠杀，特指发生在第二次世界大战期间希特勒的纳粹党对犹太人的种族灭绝行径。《现代性与大屠杀》出版于1989年，大屠杀已经过去半个多世纪了，时年64岁的鲍曼为什么还要写这么一本书呢？

从第二次世界大战结束到今天，在思虑现代人类的处境时，欧美学者和思想家们从来没有停止过反思大屠杀。甚至可以说，大屠杀是反思现代性的一个起点。他们试图解开大屠杀之谜，追问在德国这样一个艺术、文化和科技如此发达的国度，怎么会发生这样一场浩劫？在一长串反思者名单中，波兰裔英国社会思想家鲍曼是最出名的一位。汉娜·阿伦特和埃里克·沃格林也是重要的反思者。阿伦特除了《极权主义的起源》，还写过一本研究大屠杀的专著《艾希曼在耶路撒冷》。1964—1965年沃格林在慕尼黑大学举办过一个著名的系列讲座，后来整理出版为《希特勒与德国人》，书里有对造成大屠杀深层原因的分析。中国学者也加入了反思行列，2015年，单世联出版了110万字、两卷本的《黑暗时刻：希特勒、大屠杀与纳粹文化》。

1957年，《安妮日记》出版，有关大屠杀的讨论和反思进入公众视野。此后60余年，各国出版了大量与大屠杀有关的回忆录、采访录、传记，以及通俗性的研究作品，举办的相关活动不计其数。包括以色列、美国在内的国家，建起了大屠杀纪念馆和各种纪念性建筑。在学术思想界大屠杀成为显学，在民间大屠杀成为流行话题。

鲍曼的《现代性与大屠杀》，就是在这个大背景下出现的。其实，作为社会思想家的鲍曼，很长时间以来并没有把精力放在纳粹的"恐怖和非人道的世界"，也没计划研究大屠杀。是一件看似偶然的事情，触动了鲍曼的神经，让他决心撰写此书。他的妻子雅丽娜1986年出版了回忆录《晨冬》，书中描写了雅丽娜一家人和身边的人在纳粹恐怖下的各种生活遭遇，包括死亡集中营的威胁。雅丽娜的父亲，在第二次世界大战期间著名的卡廷事

四五

《现代性与大屠杀》

[英]齐格蒙·鲍曼著　杨渝东　史建华译　译林出版社　2011年

主题词 ◎米尔格拉姆实验　园丁隐喻　现代组织体系　现代性　大屠杀
　　　　反犹主义　种族主义　异类恐惧症　社会工程

经典之处

《现代性与大屠杀》是一部反思现代性的力作。齐格蒙·鲍曼认为,大屠杀不只是犹太人历史上的一个悲惨事件,也并非德意志民族的一次反常行为,而是现代性本身的固有可能。正是现代性的本质要素,使得像大屠杀这样灭绝人性的惨剧成为设计者、执行者和受害者密切合作的社会集体行动。从极端的理性走向极端的不理性,从高度的文明走向高度的野蛮,看似悖谬,实则有着逻辑的必然。而拯救之途也许就在于:在任何情况下,个体都应当无条件地承担起他的道德责任。

作者简介

齐格蒙·鲍曼(Zygmunt Bauman,1925—2017),当代最著名的社会学家与哲学家之一,是"后现代主义"概念的主要创造者。他出生于波兰,曾任华沙大学社会系教授,1968年离开波兰,1969—1971年在特拉维夫大学和海法大学任教,后前往英国,任利兹大学终身教授,同时也在加州大学伯克利分校、耶鲁大学、堪培拉大学等大学任客座教授。主要著作有《阐释学与社会科学》(1987)、《现代性与大屠杀》(1989)、《现代性与矛盾》(1991)、《后现代性及其不满》(1997)、《全球化:人类后果》(1998)。

思考题：

1. 为什么罗尔斯将合作作为他正义理论的出发点？
2. 试着为罗尔斯完美的程序正义和不完美的程序正义这两个概念，举出两个实例。
3. 有人认为，应当根据各人能力或贡献来决定分配，你同意吗？
4. 你怎么看罗尔斯提出的"生产时自由竞争，分配时公平合理"的经济制度？
5. 你的常识中关于社会分配的正当性，与罗尔斯的正义原则有什么区别？罗尔斯强调在必要时正义必须优先，你同意吗？

此外，由于罗尔斯只以社会基本物品界定最弱势阶层，而完全不考虑自然基本物品（例如健康、智慧）的分别，结果同样达不到他原初的理想。例如，如果丙和丁两人有同样收入，差异原则便会视他们属同一分配组别，却不考虑丙可能是身残智障又或健康状况极差。但在此情况下，要达到机会平等，丙显然应较丁得到更多的援助。换言之，如果人们有极为不同的需要，单以收入和财富作衡量的标准便会极为不足。

除了平等，罗尔斯对自由人的理解同样引起很多争议。《正义论》修订版中最重要的修改是对自由优先性的论证及对基本物品的说明，而两者又同时扣紧一种对道德人的特定理解，即人具有一种形成、修改及理性追求自己的人生观的最高序关怀。任何政治理论都预设了一种对人的理解，如罗尔斯所称，"正义原则植根于一种人的理想，它为判断社会基本结构提供了一个阿基米德支点。"问题是如何证成这种理想。例如为什么发展这种道德能力优先于发展个人特定的宗教及哲学信仰？一个虔诚的宗教徒，便不见得会视自律是他人生中最重要的价值。这种对人的理解，会否已预设了一种自由主义的世界观，因此不是在各种人生观之间保持中立？

最后，或许有人投诉罗尔斯的理论过于抽象或脱离历史时代，但这显然是一种误解。罗尔斯的理论无疑充满理想色彩，即使今日西方先进的福利社会，依然和他的正义原则有相当大的距离。但罗尔斯深信，他的理论是一个务实的乌托邦，通过人类不断的努力，一个更加正义的社会总有可能实现。再者，他的正义论充满对现实世界的批判。他拒斥效益主义，指出不能以多数之名，牺牲个人权利；他反对放任自由主义，对现代资本主义造成的贫富不均做出强烈批判；他肯定多元主义的合理性，致力寻求人们可以合理接受的政治原则，从而使得持不同宗教及人生观的人可以好好地活在一起。更重要的是，通过严谨的哲学论证，罗尔斯向我们显示，启蒙运动及自由主义的传统，仍然有丰富的理论资源，帮助我们建立实质的道德原则，反思社会的种种不足，并指向一个更美好更公正的未来。

性选择给出。"这似乎表示，他理论的最后基础，在于他的正义原则能在原初立场中被理性自利者一致同意。契约以外的道德考虑，最多是令读者对契约中得出的原则感到不太怪异而已。罗尔斯甚至说过，理性选择理论是他的正义原则证成中最为重要的部分。但这种说法颇为误导。如我上面一再指出，他的契约论的关键是在对原初立场合理的描述，这些描述限制了立约者的理性选择，因此"合理性"优先于"工具理性"。换言之，他的正义理论的最后基础，是那些先于契约而决定契约条件的理由，也即他对自由平等的道德人的基本理解。原初立场是一个有效的论证方法，却不是整个理论的核心。即使证明立约者最后不能理性地推导出那两条原则，亦不表示原则背后的道德理据不成立。我们大可以修改原初立场的设计，又或寻求别的更好的方法，证成同样的原则。这种对原初立场的理解，在《正义论》中或有含糊之处，但只要我们稍为细心，便会很易发觉罗尔斯的真正意图。再者，严格来说，原初立场并不是一个契约式的理论，因为无知之幕背后的立约者，身份都变成一模一样，并没有任何讨价还价的余地，形同只有一个立约者在进行理性计算，而不真是众多立约者在进行对话和选择。而原初立场的这种性质，亦令罗尔斯面对类似效益主义的难题，即不重视个体的差异与独立，犹如有个公正的旁观者在帮所有人做决定一样。

　　罗尔斯的两条原则中，最多争议的是差异原则。例如，有人便批评，如果一个人与生俱来的天资不是他应得的，为什么便应属于社会的共同资产呢？这样一来，他岂非不再是一个独立的道德主体，而成为满足社群利益的工具？罗尔斯这里似乎面对效益主义同样的问题。再者，如果我的能力、性格、天分等都不构成"我"的身份，那么还剩下什么构成"我"呢？这是社群主义常常提出的批评。此外，差异原则似乎并不符合罗尔斯对平等的基本理解。罗尔斯希望消除人与人之间先天的不平等，最大程度上保证真正的机会平等，然后每人便应对自己的选择负责。例如，假设甲和乙两人拥有相同的天资及资源开始各自的人生。如果最后甲由于勤奋工作和生活节俭而致富，乙却因选择了昂贵的生活方式而贫穷潦倒，那么甲并没有责任津贴乙，因为乙的境况是他自己选择的结果。但差异原则却没有做出这种区分，结果便会出现甲的选择津贴乙的选择这类不公平的情况。

罗尔斯接着论证，在他两条原则规范的社会中成长的人，将能培养出有效的正义感。罗尔斯在这里借用了道德心理学的知识，指出人们会经过三个不同的道德发展阶段，包括"权威的道德""社团的道德"到最后的"原则的道德"阶段。在这个发展过程中，当成熟的道德主体意识到自己及关心的人都是社会安排的受惠者时，便会获得相应的正义感，主动遵从及捍卫正义的制度，而不再视原则为外加于己的约束，而理解为在公平条件下自愿接受的道德律则。

最后去到正义感与人们所持的人生观能否一致的问题。我们得留意，罗尔斯在这里并非要说服自利主义者，服从正义原则对他们的个人利益更有好处。他关心的是，正义感是否能和道德人的人生观相一致，从而确保前者的优先性。罗尔斯在这里主要诉诸一个对正义感的康德式诠释。按康德的说法，人的本质是作为自由平等的理性主体。而体现这种本质的最好方法，便是服从那些能被自由平等的理性主体一致同意的原则。只有如此，人的真我与自律才能得到彻底实现。罗尔斯认为，原初立场的设计正体现了这种康德式的人性观。因此，"公正行事的欲望和表达我们作为自由道德人的欲望，结果显示实际上是同一个欲望。当一个人具有真实的信念和对正义理论的一种正确理解时，这两种欲望以同样的方式推动他。"换言之，正义感本身便成了人们价值系统中最高的价值，因为它是表现我们真我的充要条件。当正义感和其他动机发生冲突时，前者具有绝对的优先性，因为"为实现我们的本性，除了设法保持我们的正义感作为指导我们其他的目标外，别无他选。如果正义感只是作为众多欲望的其中一种，并与其他目的妥协或平衡，它便不可能被真正实现"。至此，罗尔斯声称稳定性问题得到圆满解决，《正义论》全书的论证亦告完成。

关于《正义论》的争论

《正义论》出版后，在学术界引起了极为广泛的讨论，主要集中在以下几个问题。

首先是原初立场的角色。罗尔斯在书中一直强调他主要应用契约论进行论证工作。如他所称："在契约论中，严格而言，所有论证都要通过原初立场中的理追求。当这些追求和正义原则发生冲突时，人们并不必然会给予正义感优先性。这既视乎正义原则的内容，亦视乎人们所持人生观的结构，更得视乎两者的关系。如果一原则和社会中大部分的人生观不兼容，人们便极难有充分的动机遵从该原则的要求。最理想的状态，当然是德福合一。那么，从道德的观点看是正当的事情，便和从个人理性的观点看是好的事情变得一致。罗尔斯认为，只有如此，正义感才能得到充分确认。"最稳定的正义观念，也许是一个对我们的理性来说是明晰的、和我们的价值一致的，并且植根于对自我的肯定而非否定的观念。"

从此观点看，罗尔斯整个理论便有两个阶段。原初立场是第一阶段，无知之幕确保了一个公正无偏的观点，证成两条正义原则。在第二阶段，我们则探究第一阶段所选原则规范的良序社会，是否能够稳定。由于在此阶段，人们已完全知悉各自的人生计划，实现稳定性的关键，便得视乎从人们理性的观点看，正义感能否与他们的人生观相一致。"这两种观点是否一致，可能是决定稳定性的一个关键因素。但即使在一个良序社会，这种一致性并非一个可以预料的必然结果。我们必须证实它。"至此，我们可以清楚看到，正义感的优先性是稳定性的必要条件。而要做到这一点，正义感必须和人们的人生观保持一致。罗尔斯希望证明，他的正义原则是达到稳定性的最佳选择。

让我们逐一看其论证。公平式的正义较效益主义稳定，并不难理解，只要将本文第三节中两者的理论结构稍做对比，便能明白。例如，公平式的正义中的自由原则及其优先性，便确保每个人的人生观得到他人及制度无条件的尊重，而差异原则更体现了一种公平合作的互惠精神，并由此增强人们的自尊感，从而肯定一己的价值追求。更进一步，差异原则亦体现了康德所称的视人为目的自身，而非仅为工具的观点。凡此种种，均能令人们产生有效的正义感。相反，效益原则却没有这些优点，因为在极大化社会整体效益的目标下，个人的价值往往会受到忽略甚至牺牲，亦无从保证每一参与者都能从合作中得益，弱势者往往要为整体利益而承受苛刻的对待。而为求稳定，效益主义更必须要求人们有很强的同情心及牺牲精神。两者相较，立约者在原初立场中当然不会选择效益主义。

往往可以用不同方法操纵民主选举和影响各种政治决策，从而使政治平等徒具虚名。

再来看书中第三部分有关稳定性的讨论。稳定性是罗尔斯理论中一个很重要，却长期受人忽略的概念。什么是稳定性呢？稳定性是判断一个正义原则能否得到公民真心服从的标准。如果一个规范良序社会的正义观念，能够令生活在其中的公民产生足够的正义感，从而能自动服从正义原则的要求，并在必要时给予正义优先性，那么该正义体系便是稳定的。所谓正义感，是指一种应用及依从正义原则行事的有效欲望。

罗尔斯认为，稳定性绝非可有可无，而是所有正义理论必须重视的一个道德考虑。因此，"其他情况相同，原初立场中的人们会采纳一个较为稳定的原则体系。无论一个正义观念在其他方面多么吸引人，如果它的道德心理学原则不能令人们产生按其行动的必要欲望，那么它便有严重的缺陷。"稳定性的重要，似乎相当明显。政治哲学有其理想性，也有其实践性的一面。我们总希望在人类有限的历史条件之下，寻求一个最为合理同时又可行的政治制度。一个政治理想，无论说得多么动听，如果难以令人们有足够动机遵从其道德要求，那么终究是一乌托邦而已。而稳定性端赖人们道德动机的强弱。尽管人们有正义感的能力及潜质，却不表示他们在任何情况下，都能产生很强的道德动机。活在不同的政治制度之下，正义感的强弱及其表达的方式便有不同，因为不同制度对我们有不同的要求和限制，亦直接影响我们的道德动机。因此，罗尔斯要做两个工作。第一，他要在原初立场中证明他的两条原则较效益主义更为稳定。第二，他同时要证明，按他的原则规范的良序社会，人们确实能培养出有效的正义感，并在必要时给予正义原则优先性。优先性是指当正义感和其他动机有冲突时，前者能够凌驾后者。

读者或许会问，既然公平式的正义的特点是"正当优先于好"，为何这里还有优先性的问题？原因是两者各有所指。"正当优先于好"是指正义原则将限制可容许的人生观内容的范围，后者不能逾越前者的要求。但这却是义务论式理论的一个形式要求，和人们是否有充足的道德动机无关。而优先性在稳定性讨论中出现，则因为在人们的人生计划中，还有不同的信仰、承担及各种特殊的面，公民享有平等的政治权利，包括第一原则保障的各种自由。但罗尔斯亦指出，由于贫穷而令部分人不能有效实践其权利，却不表示他们的自由受到限制，只是自由的价值对各人有所不同。因此，政府有责任采取各种措施，防止经济及社会的不平等导致政治自由的不平等。例如，政党发展独立于私人财团，政府津贴各种政治活动等。而普选权、权力分立及互相制衡、人权法、司法复核以至法治等，都是保障自由的必要安排。政府主要的角色，是保障公民有平等的自由及必要的经济资源，追求及发展他们的道德能力及多元的人生目标。

在经济方面，最重要的是保证一个纯粹程序正义的背景制度，并有效贯彻第二条正义原则。为保障机会平等，政府可以通过津贴的方式，确保人人有平等受教育及训练的机会，以及职业的自由流动及选择等。为实行差异原则，可以用收入的相对多寡或社会职位的高低，定出社会上最为弱势的群体的界线，然后规定一个社会最低保障，通过财富再分配，资助这些弱势阶层。这似乎和今日的福利国家制度没有多大分别。但在修订版序言中，罗尔斯却指出，我们必须将他所称的财产所有民主制和福利国家区分开来。虽然两者都容许私有产权，但"财产所有民主制的背景制度，连同它的（可行的）竞争性市场，是尝试分散财产和资本的所有，并因而试图阻止社会的一小部分人控制经济并间接控制政治生活本身"。但对福利国家来说，只要在某一合作阶段的最后，给予那些由于意外或不幸而陷于苦况的人一定的保障便已足够（例如失业补偿或医疗津贴），却容许相当大的贫富悬殊及政治权力的不平等。罗尔斯的理想，是所有公民在每一阶段的开始，便应尽可能有平等的起步点。因此，除了实质的机会平等，更要通过遗产法等，分散资本和资源的所有权。而要有效达到此目的，虽然经济体系中的生产部分必须是竞争性市场，但在产出分配及生产工具的所有权方面，既可以是财产所有民主制，亦可以是自由社会主义制，何者较为可取则由该社会特定的历史条件和传统决定。

一直以来，很多人认为罗尔斯的理论是替福利国家寻找一个伦理基础。但由上可见，他不仅要和放任自由主义划清界限，甚至要求一个较福利国家更为平等的社会。罗尔斯深深体会到，资本主义的贫富悬殊，不仅令弱者没有平等的机会，更令第一原则保障的平等的政治自由亦变得岌岌可危，因为有财势者是最能满足反思的均衡的一组最为合理的条件。

至此，我们可以清楚看到原初立场和反思均衡的关系。后者是一个有效的方法，帮助我们测试和检验对原初立场的描述的合理程度，确保得出的原则合乎我们深思熟虑的判断。反思均衡才是决定罗尔斯的正义原则合理性的关键，而不是原初立场中立约者的讨价还价。正如罗尔斯自己所称，我们可以对原初立场有很多不同的描述。描述不同，最后得出的原则亦会不同。因此，在知道何种原则被选择之前，我们须先决定何种对原初立场的描述最为合理。"通过说明一种对原初状态的诠释，该诠释能够最好地表达被广泛视为加诸原则选择的合理条件，而同时导向一个在反思的均衡中体现我们深思熟虑的判断的（正义）观念，证成的问题将得到解决。"这是罗尔斯的道德方法学至为关键所在。

正义原则的应用

《正义论》全书有三大部分，上面所谈主要是第一部分《理论》中的工作。在称为《制度》的第二部分，罗尔斯开始尝试将两条抽象的正义原则应用到政治及经济的基本制度中，并说明其能与众多深思熟虑的判断保持一致。在最后一部分《目的》中，罗尔斯则致力显示公平式的正义是个十分稳定的正义体系。

来看看制度部分。在将正义原则逐步落实到社会基本结构的过程中，罗尔斯认为有四个阶段。在第一阶段，即在前述的原初立场中，两条原则会被一致选取；第二阶段，立约代表将举行一个立宪大会，决定该社会的基本宪法及政治组织形式。在此阶段，部分无知之幕会被揭开，代表知道该社会自然资源的多寡、经济的发展程度及政治文化等。第一原则保障的基本自由在此亦会被清晰界定，并在宪法中得到明确保障。确立宪法后，则进入具体的立法及制定各种政策的第三阶段，代表们知道该社会更多的资料，而差异原则亦会在此阶段得到落实。最后，则进入个别的司法裁判及行政管理的阶段。至此，无知之幕被完全移走，所有人都知道有关他们的个别资料，一个良序社会的基本结构，亦得到清楚确定。

在罗尔斯心目中，这样的良序社会是一个立宪民主制的自由社会。在政治方为正义的原则；相反，由于该原则本身符合了某些道德要求，所以才会被立约者选择。原初立场扮演的是启发性而非定义性的角色，只作为一代表性的手段，将种种有关社会正义的判断及要求有机地组合起来，并得出一组能帮助我们对所持的道德信念有更一致、更深入及更系统性理解的正义原则。

问题是，我们该凭什么判断罗尔斯对原初立场的描述最为合理？为什么他对社会及人的理解，最符合正义的要求？即使我们同意公平是正义的必要条件，但何谓公平，人人却可以有极为不同的理解。例如不少人便认为，根据各人的能力或贡献来决定分配，才是真正的公平。我们在此显然不能诉诸契约，因为这是先于契约，同时决定契约条件的实质性问题。

面对此种诘难，传统伦理学一个主要做法是无穷向后追问，直至找到一个自明的道德真理作为基础为止。罗尔斯并不接受这种笛卡尔式的基础论进路，因为该真理是否存在，又或如何找到一个必真的道德命题，本身便是一个争辩不休的问题。罗尔斯转而采取一种叫"反思均衡"的方法，证成他对原初立场的描述以至整个理论的合理性。他的想法是这样：一方面，在日常生活中，我们总有能力做出一些深思熟虑的判断，例如我们会视奴隶制、宗教迫害及种族歧视等为不义的行为。作这些判断时，我们并非基于个人狭隘的利益或一己的偏见，亦非受到外在的威胁或误导所致。相反，这些是我们在一个客观环境下，经过深思熟虑才做出的可靠判断。我们视这些判断为暂时的定点。另一方面，我们尽可能用较弱及能被普遍接受的前提，界定原初立场的环境，以期能引导出一组正义原则。然后，我们便观察这组原则能否和我们的深思熟虑的判断相符。如果能够，固然好。如果不能，则有两个选择：我们要么修饰对立约环境的描述，要么修改或放弃那些与正义原则不一致的判断。通过不断来回对照，我们希望最后能找到一个最合理的立约条件，并因此使得出的原则和我们深思熟虑的判断一致。罗尔斯称这种状态为反思的均衡。"它之所以是一种均衡，是因为最终我们的原则与判断是一致的；而它之所以是反思的，是因为我们知道我们的判断与什么原则相符并知道它们产生的前提。"可以见到，在这样的反思过程中，"正义观念不可能从原则的自明前提或条件中演绎出来。相反，其证成乃是一个众多考虑互相支持的问题"。因此，对于前面的诘难，罗尔斯便可以回应，声称他对原初立场的描述，由之间难免会发生冲突，所以没有任何一种自由是绝对的，必须互相做出调整均衡。最后，自由原则及其优先性只适用于经济发展达到一定水平，基本自由能够被有效实践的社会。对于那些极度贫困的社会，两条正义原则词典式的优先次序并不适用。从立约者的观点看，自由的重要性是毋庸置疑的，因为它对实践每个人的人生计划都有利。问题在于，既然自由只是众多基本物品之一，为什么自由原则可以绝对优先于效率及福利原则？例如，立约者为何不会为了换取较大的物质享受，而自愿放弃一部分政治自由，接受一个较为独裁的政府？这是罗尔斯理论的一个关键，因为如果自由的优先性没有足够支持，他对效益主义的批评便会大为削弱。

罗尔斯在《正义论》初版认为，随着文明的进步，人们对经济利益的追求，便会出现边际效用递减的情况。人们对自由的重视，将较物质享受的进一步增加为强。当物质条件达到某一点后，用较少自由换取较大的经济利益及社会地位，是非理性的做法。但他后来发觉，这个心理学及经济学式的解释，说服力并不足够。因为如果自由和其他基本物品处于同一阶序，且纯是满足不同人生计划的手段，那么并没有充分理由保证立约者不会在自由与经济利益之间做出权衡交换。他们当然不会因此而选择奴隶制，但却可能暂时放弃部分政治自由，换取更大的物质利益或经济效率。

面对这种困难，罗尔斯在修订版中于是完全放弃这个论证，转而诉诸一个自由人的理念。即如前述，自由人具有发展他们两种道德能力的最高序关怀。立约者在原初立场中不仅重视自己特定的宗教及人生目标（虽然尚未知道），更重视发展及培养自己形成、修改及追求不同人生观的能力，而基本自由正是保证这种最高序关怀的必要条件。以信仰自由为例。立约者意识到，如果不保证这种自由，离开无知之幕后，他们固然难以放心信奉当下的信仰，亦难以充分保证他们日后改信他种宗教的自由。因此，自由较其他基本物品有高序的重要性，两者之间没有妥协交换的余地。

讨论至此，我们可以清楚见到，罗尔斯的两条正义原则，其实正反映了他对自由及平等的理解。他对自由人的诠释，推导出自由原则及其优先性；对平等的理解，则引导出差异原则。确切地说，并非由于得到立约者的同意，某原则才成成功，罗尔斯依然可以直接从他对平等的理解中推出差异原则。理由如下：既然从道德观点看，个人天资禀赋的优越及出生环境的有利位置，都是不应得的，那么具优势者便没有权利声称他们较弱势者应得更多。人人均应受到平等的对待，享有同样的资源。尽管如此，我们却无法也无须刻意消除这种先天才能的差异，追求绝对的结果平等，因为还有更好的选择：社会可以善用优势者的才能，更有效地改善所有人的处境。因此，差异原则实际上代表一种共识：即在某些方面视自然才能的分配为共同资产，并分享由于这种分配的互相补足而可能达致的更大的社会及经济利益。那些已受上天眷顾的人，无论是谁，只有在改善那些不幸者的处境的条件下，才可以享受好运带来的得益。……因此，如果我们希望建立一个社会体系，使得任何人都不会因为其在自然资质分配中的偶然位置，又或社会中的最初地位得益或受损，而不同时给出或收到某些补偿利益，我们就被引导到差异原则。

这是罗尔斯支持差异原则的最主要理由，也是引起最多争议的一个论证。有人或许认为，这依然是一种妥协，因为罗尔斯仍然容许幸运者享有不平等的待遇。但不要忘记，这种不平等是在改善最弱势者前景的条件下达致的。假如不让幸运者有较好的地位，不幸者的情况会比他现在的处境更差，因为幸运者将会欠缺足够的经济诱因去努力工作。另一方面，具优势者亦不应抱怨差异原则偏帮弱势者，因为他们的自然优势本身已经是一种补偿。而且社会作为一个合作体系，得不到弱势者的忠诚合作，他们亦不可能活得更好。差异原则体现了这种合理的互惠关系。罗尔斯曾称这只是一个独立于契约的直觉性考虑，真正的论证是立约者在原初立场的理性选择。但没有这种对平等的理解，便不会有无知之幕的设计，立约者也不会因此选择差异原则。因此，这两个论证不仅不是互相独立，而且后者依赖于前者的合理性。换言之，如果我们不接受罗尔斯对平等的理解，原初状态的设计便会是另一个样子，差异原则也便不可能会被立约者一致接受。

差异原则讨论完，我们转到自由原则及其优先性的论证。首先得留意，自由原则所指的基本自由，是一张具体的自由清单，包括思想信仰自由、政治参与自由及拥有个人财产的自由等。这些自由构成一个自由的体系。其次，由于不同自的，只是将经过一定的反思，并在交互的行为中准备承认为合理的整体条件，结合为一个（正义）观念。"

对原初立场的性质有了基本了解，现在便让我们看看立约者如何在其中进行理性选择。原则上，平等的立约者可以提出任何建议，亦可以否决别人的意见。但实际上，他们的选择却受到无知之幕的限制。例如，他们无法提出只对自己有利的方案，因为谁都不知道自己在社会中的真实身份。至善主义同样不会被考虑，因为立约者知道回到真实社会，各人都有不同的宗教及哲学信仰，任何形式的至善主义都可能和自己的人生目标有所冲突，从而对自己不利。罗尔斯假定立约者只会在几种主要的正义观中进行选择，包括他的正义原则、平均及古典效益主义、直觉主义等。

立约刚开始的时候，最合理的选择，当然是平等分配所有的基本物品，包括自由、平等机会、收入及财富等，因为这样最能保障自己。但他们似乎并不应停在这里，因为倘若在最初平等的基础上，一个不平等的分配对所有人都有利，立约者便有理由接受这种安排。假设每人最初同样分得10个单位的物品，但如果某些人由于较为聪明能干，从合作中可以赚取20个单位，同时又令其他人所得多于10个单位，立约者基于自利考虑，便会接受这种不平等的分配。尽管如此，为什么立约者最后会同意差异原则——即只有在对社会中最弱势的人最为有利的情况下，不平等分配才被允许？罗尔斯认为，在无知之幕导致的不确定的选择环境中，由于立约者无法做任何概率计算，亦不知个人性格喜欢冒险的程度，同时知道所做决定会对一己人生计划影响深远，因此会倾向一种审慎保守的态度，采取一种"小中取大"的方法，即在一组最坏结果的可能性当中，选取一种最为有利的结果。换言之，为求得到最基本的保障，立约者会设想自己是社会中最弱势的一群，然后观察何种安排对自己最为有利。在这种理性计算下，差异原则是最安全的选择。他们不会选择效益主义，因为万一在真实社会中自己属于弱势或少数派，便可能成为满足别人利益的牺牲品，基本自由、财产以至人生前景都会受到威胁。

不少论者质疑立约者根本不会采取这种保守的理性选择方式。如果有些人天生喜欢冒险，他便不会选择差异原则。这是一个合理的质疑。但即使这个论证不是用一种更为抽象的方式,反映这种自由人的理想。原因很简单,因为在这种"无知"的境况下,立约者自然只会考虑那些最能保障及实践他们最高序关怀的原则。自由人的另一面向,在于个体不是任何人的附庸或臣服于某一集体的意志之下(例如奴隶便不是自由人),而能够自发地对社会安排提出独立的诉求。在原初立场中,立约者可以不受任何既定的义务、角色及他人的限制,自由地提出自己的观点,正体现这种精神。

由此可见,原初立场和无知之幕的目的,是将罗尔斯对社会合作及自由平等的道德人的基本理念模塑进去,构成一个合理公平的立约条件。这些条件不是任意的,每一部分都反映了罗尔斯对于正义的信念。他的契约论,绝非一群自利的人在自然状态中,互相议价妥协的结果。原初状态本身是一个道德构想,约束了正义原则的内容及范围。"这些约束表达了我们视之为社会合作的公平条款的限制。因此,观察原初立场这个理念的一种方式,是视其为一个说明性的设计,统合这些条件的意义并协助我们引导出它们的后果。"严格来说,公平式的正义的证成基础不是在理性自利者的同意,而是在规定原初立场的合理的条件上。这些条件背后的理由,才是支持得出两条原则的最后根据。"他们同意的基础,已由对立约环境的描述及他们对基本物品的偏好所设定。"因此,罗尔斯称由原初立场到推出两条正义原则,是一种严格的演绎关系。"我们也必须留意,这些原则的被接受,并不是一种心理学定律或概率的猜测。理想而言,我希望显示,接受它们是符合原初立场的全面描述的唯一选择。"说得清楚一点,立约者在无知之幕底下,并没有进行任何讨价还价,因为每一个人的身份其实都是一样,只能进行类似的理性计算。所以,任何一个立约者作的理性选择,便如同所有人作的一样。

因此,我们可以看到契约在罗尔斯的理论中,并不如想象中扮演那么重要的角色。我们甚至可以说,他的理论并非严格意义上的契约论。无论如何,罗尔斯对此解释得十分清楚。所以,对于我们为何要重视一个没有约束力的假然契约,罗尔斯直到书中的最后一页,仍然不忘提醒我们:"包含在对这种状态的描述中的那些条件,是我们实际上接受的条件。即或不,我们亦会为间或引入的哲学考虑所说服。原初立场的每一方面,都能给出一个支持性的解释。因此,我们所做同理由支持。最重要的一点，是它能够保证一个公平的环境，使所有立约者在平等的条件下进行选择。公平的基础，是视所有合作者均为自由平等的道德人这个基本信念。因此，在无知之幕下，每个人都有相同的议价能力，没有人可以基于先天及后天的优势，提出只对自己有利的方案。每个人也有均等的权利，自由提出建议及否决别人的提案。为何我们接受这样的前提？罗尔斯认为，人类种种不平等的最深刻起源，来自个人自然禀赋及阶级、家庭背景造成的不平等。一个天生聪敏或成长于富裕家庭的人，在出发点上必然较那些残疾或家境贫困的人，在竞争上占有更大优势及享有更多机会。但这些不平等，从道德的观点看，却是任意及不应得的。它既非我们的选择，亦非我们努力的结果，而只是纯运气使然，就像上天的自然博彩一样。因此，在考虑正义原则的时候，罗尔斯乃利用无知之幕的设计，将这些不相干因素排除出去，保证立约者在一个平等的立足点上进行选择。"我们必须透过调整原初立约的环境，将世界的任意性改变过来。"罗尔斯认为，这样的设计体现了一个公平的立约环境，使最后得出的原则，必然是一个公平协议的结果。他因此给他的理论起了一个很特别的名称：公平式的正义。

但立约者的人生观为什么也应被排除出去？我们也许会同意，我们并不应得由天资及出身带来的优势。但一个人的宗教及价值信念，却是我们深思熟虑的选择，亦和应得与否无关。如果一个人深信他的宗教或道德信念是最真、最有价值的，为什么他不应视此为正义原则的基础？这里最少有两重考虑。第一是和价值多元主义有关。由于我们持有不同的宗教观及人生观，而正义原则必须能为合作者一致接受，如果容许立约者知道他们的人生观，他们便不可能达成任何共识。这其实意味着，在一个多元社会中，社会合作及统一的基础不可能建基在任何形式的至善主义或宗教信仰之上。第二重考虑则和罗尔斯对自由人的理解有关。自由人最大的特点，是具有一种实践人生观的道德能力，能够独立于任何既定的人生目标，对当下的欲望、目标以至最基本的信仰做出理性反省，并在必要时进行修改，甚至放弃原来的信条。因此，正义原则最重要的不是保障某种特定的人生观，而是确保一个实践自由的条件。人对自由选择的重视，优先于他们任何特定的人生观。无知之幕遮去了立约者的人生观，正作体系，那么通过什么方法，可以得出一组最能符合这种要求的正义原则？很显然，我们不会认同这组原则源于上帝的旨意，亦难以接受它由一外在权威强加于我们身上。最理想的情况，当然是该组原则能够被所有合作者共同接受。罗尔斯正希望论证他的正义原则将会在一个公平的契约环境下，得到立约者一致同意。

但契约论却得面对几个困难。第一，所谓的契约，是否真的存在过？如果不是，我们为什么要接受它的约束？罗尔斯对此说得很清楚，它的契约论是非历史的及假设性的。它并未真的存在过。契约只是一个方法，又或一个思想实验，将与正义原则相关的道德考虑模塑进立约环境中，从而帮助我们找出最为合理一致的原则。第二，我们怎么可能保证立约环境是公平的呢？毕竟现实生活中，由于先天及后天的因素影响，人与人之间总有各种的不平等。如果立约各方强弱悬殊，得出的原则必然有利于强势的一方。第三，即使在一个公平的环境下，根据什么方法，某组特定的原则会被一致选取？换言之，即使假然契约论是个可取的方法，罗尔斯依然要设计一个公平的立约环境，同时使得特定的原则能被立约者一致同意。

为解答第二个问题，罗尔斯遂提出以下构思：设想在一个模拟的契约环境中，即他所称的原初状态，立约者被一层无知之幕遮去了所有有关他们的个人资料，包括他们的天赋能力、所属的阶级及社会地位、各自特定的人生观等。他们亦不知道所属社会的特定环境，包括政治经济的发展情况及文化文明的程度。但立约者却容许知道有关社会运作的一般性事实，例如政治及经济的运作规律，心理学的一般法则，亦了解良序社会的基本特点及稳定性的重要等。更重要的是，立约者虽然不知道他们人生目标的内容，却知道离开无知之幕后，各人都会有特定的人生理想，亦知道社会基本物品（自由、机会、财富）是发展他们的两种道德能力（正义感的能力及追求人生观的能力）及人生目标的必要条件。在这个环境中，立约者同时被假定为理性的自利主义者，既不妒忌亦不关心其他立约者的境况，只是理性计算什么原则能使他们得到最多的基本物品。

为何要这样的一个设计？罗尔斯的论证相当复杂，每一项规定都可给出不确保了弱势者的机会和权益，不会被忽略或被牺牲，因为任何不平等分配均须对社会最为弱势的人有利。

这两条原则亦和放任自由主义，又或罗尔斯所称的自然自由体系的观点不同。放任自由主义认为，只要保障人人有基本的自由及形式上的机会平等，经济分配便应任由市场交易来决定。这种体系的弱点，必然导致极大的贫富悬殊，因为它一开始便容许个人的自然天赋及家庭出身等因素影响人们的所得及社会地位。罗尔斯并不接受这种观点，因为他的机会平等原则是实质性的，例如保证人人有同样受教育和训练的机会。而差异原则亦为经济不平等设下了严格的限制：只有在对弱势者有利的情况下，个人才被允许运用他先天及后天的优势赚取更大财富。因此，罗尔斯的两条原则，强烈表现出一种平等主义的精神。

最后，它亦和至善主义不兼容。至善主义是一目的论式的理论，先设定某种人类的卓越目标，然后以实现此目标作为规定社会基本制度的标准。罗尔斯的自由原则明显否定了这种想法。只要不违反正义原则，人们有同等自由去追求各自的人生目标，政府对各种人生观保持中立，不会以某种卓越活动的内在价值为标准来分配社会资源。"在已知的正义原则底下，国家必须被理解为平等公民组成的社团。国家本身不会关心任何哲学及宗教的学说，而是按照处在平等的最初状态所同意的原则，规范个人对道德及精神的兴趣的追求。政府以这种方式运用其权力，扮演公民代理人的角色。"

由以上的对照可见，罗尔斯心目中的正义社会，一方面肯定个人权利的优先性，另一方面强调社会财富再分配，确保每个公民均享有公平的平等机会，并人人享受到社会合作带来的好处。他既不接受市场至上，亦反对计划经济。有人认为罗尔斯主张的是福利国家，但他却指出他的差异原则，较今日的西方福利社会，更为重视经济和社会平等。他真正拥抱的，是一种建基于自由平等之上的互惠式的社会合作。

正义原则的推导

先重温一下他的基本问题：如果我们视社会为自由平等的公民之间的公平合

正义原则

罗尔斯声称，他要沿用自洛克、卢梭及康德以来的社会契约论传统，并将其提升到一个更为抽象的层次，证成他的正义原则。

罗尔斯提出的两条正义原则如下：

（1）每个人都有平等的权利，在与所有人相类似的自由体系兼容的情况下，享有最广泛的总体自由体系所赋予的相同的基本自由。

（2）社会和经济的不平等应这样安排：(a) 在和正义的储蓄原则一致的前提下，对社会中最弱势的人最为有利；(b) 在公平的平等机会的条件下，职位与工作向所有人开放。

这两条原则具有一种词典式的优先次序，即在第一原则未被完全满足的情况下，我们不能去到第二原则，原则之间没有交易折中的可能。因此，第一原则（最大的均等自由原则）绝对优先于第二原则，基本自由只会为了自由本身而受到限制，这包括两种情况，即要么一种不够广泛的自由必须能加强由所有人分享的整个自由体系，要么一种不够平等的自由必须可以被那些拥有较少自由的公民所接受。而整个正义原则优先于效率及福利原则。经济效率及利益极大化不得与正义原则有任何抵触。例如社会不可以整体利益之名，牺牲部分人的平等机会。而在第二原则之中，2（b）的平等机会原则优先于2（a）的差异原则。

只要我们将这两条原则和其他理论略做对比，便可看出它的主要特点。首先，它和效益主义针锋相对。效益主义认为，当一个社会的基本制度及政策，能在该社会所有人中间产生最大的效益净值（效益可以指快乐、喜好或欲望的满足）时，它便是正当和公正的。由于效益主义只考虑整体效益的增加，却不理会这些效益如何在公民之间进行分配，在某些情况下，个人基本自由和权利会被政府以整体利益之名而牺牲。因为在其论证结构中，效益主义并不重视个体的独立与分离。个体只是满足社会总体效益的工具。罗尔斯的正义原则，却可避免这种情况，因为任何违反两条原则的制度，无论产生多大效益，都不会被接受。一方面，自由原则的优先性保证了个人权利不会受到任何侵犯；另一方面，差异原则会、收入与财富、自尊等。它们被视为社会分配的参考指数。但如何证明这种说法合理？在《正义论》初版中，罗尔斯假定这是一个经验事实，透过心理学、统计学又或历史调查，便可以证明其普遍有效性。但他后来发觉，这个解释难以成立，并且和书中其他论证不一致。因此，在修订版中，他对此做了重要修改，将对社会基本物品的说明和一个"道德人的观念"联系起来。

他的新想法是，既然我们理解社会为一个公平的合作体系，便须对参与合作的人的能力有相应的规定。罗尔斯因此假定合作者必须具备两种基本的道德能力。第一是具有一种正义感的能力，即一种能够了解、应用并依正义原则行事的能力。欠缺这种能力，人们便无法做出自主的道德判断，并拥有足够的道德动机，尊重正义原则规定的公平合作条件。第二是具有一种实现某种人生观的能力，此指一种形成、修改及理性地追求不同人生计划的能力。欠缺这种能力，人们便无法理性安排及调整自己的人生计划，并对自己的选择负责，更遑论参与社会合作了。罗尔斯进一步设定，当人们最低限度地拥有这两种能力时，他们便被视为自由平等的道德主体，而此亦是参与社会合作的充分条件。而在良序社会中，公民有两种相应的最高序的关怀去发展这两种道德能力，同时亦有一较高序的关怀去追求他们特定的人生观。伴随着这种对道德人的理解，对基本物品的论证亦跟着改变。社会基本物品之所以重要，是因为它们是实现公民两种最高序关怀的必要条件及较高序关怀（即不同的人生目标）的必要工具。例如思想及信仰自由便是追求及修正某种人生观的必要条件。罗尔斯做出这种修正，和证成自由的优先性有密切关系，因为相应于这两种道德关怀，自由便较其他基本物品有较高序的重要性。

上述《正义论》中最基本的几组概念，它们的关系可以如此表述：在一个满足正义环境的情况下，我们视社会为自由平等的公民之间互利的公平合作体系；而合作者在两种最高序的道德关怀推动下，共同寻求证成一组人人接受并满足良序社会要求的正义原则，并将其应用到社会基本结构，从而令每个合作者得到他们所应得的社会基本物品。接下来的问题是：通过什么方法，得出一组怎样的原则，才能满足这一系列要求？

不属于社会基本结构的个别社团的分配原则（例如大学招生便可有异于正义原则的标准），亦不评估个人的人生观的好坏优劣。但正义原则却为社团及个人的行为设了一重基本限制，即它们绝对不可以逾越正义原则设下的框架。例如，大学招生不可以违反机会平等，教会必须尊重信徒的脱教自由等。在不违反正义原则的前提下，个人可以自由追求各自的人生计划。这便自然联结到罗尔斯视社会基本结构为一满足"纯粹的程序正义"的构想。要了解这个概念，最好和另外两种程序观作一对照。第一种是"完美的程序正义"，意指我们既有一个决定正义分配的独立标准，同时又有可行的程序达到该标准。例如，我们要五个人均分一个蛋糕，只需让负责切的人最后一个拿，便可达到预期的结果。第二种是"不完美的程序正义"，即虽有独立的标准，却没有可行的程序绝对保证得到预期的结果。司法审判便是一例。我们希望所有犯罪者受罚，无辜者获释，却没有一个绝对的程序能够做到这点。至于纯粹的程序正义，则是没有独立的标准决定何者是正确的结果，但有一个公平的程序，保证无论得出什么结果，都是合理公正的。赌博是一个明显例子。只要赌博规则公平，最后无论得出什么结果都是公平的。

罗尔斯希望，他的正义原则规范的社会基本结构，亦能保证一个公平的程序，使得社会分配的结果，最后总是公正的。但这却须视乎两个条件，第一是正义原则本身必须公平公正，第二是基本结构必须能充分实现该原则的要求。纯粹程序正义的最大好处，是达到一种社会分工的效果，大大减低分配正义的复杂程度。我们只要保证政治及经济制度符合正义原则的要求，便无须评估、计算社会合作中出现的无数可能情况，并容许社团及个人能自由发展各自的目标。

分配正义另一个必须回答的问题是分配什么？什么物品应作为人际间比较的标准？很明显，如果没有一个共同接受的标准，社会便难以进行合理而有效的分配，因为我们无法衡量、比较公民的不同诉求。但在一个价值多元的社会中，如果不接受效益主义将所有价值都化约为欲望或偏好，有何东西既能和不同的人生观兼容，同时又获得全体成员的接受？为解决此问题，罗尔斯乃提出"社会基本物品"的概念。这些物品被界定为对所有理性人生计划都有用的价值，拥有愈多，对实践特定的人生计划便愈有利。这些社会基本物品包括：权利与自由、机视为自由平等的参与者都能从中得益的公平合作体系。正义原则必须体现一种公平的精神,并能够得到自由平等的参与者的合理接受。这种社会观是罗尔斯整个理论的出发点。

这样一个合作体系,是罗尔斯所称的"良序社会"。良序社会有三个特点。第一,每一个成员都接受,并知道其他人也接受同样的正义原则;第二,社会基本结构公开地满足正义原则的要求;第三,合作成员普遍具备有效的正义感,能自愿遵从正义原则的要求。良序社会是一个理想的合作模式,目的是帮助我们比较及判断不同正义观念的优劣。例如,如果某一原则只是由外在权威强加于公民身上,又或只得到某部分人的认同,此原则便不值得追求。良序社会的优点,是所有人都能公开地接受同样的原则,亦清楚原则背后的证成理据。当彼此出现纷争,便可有一共同标准做出裁定,因此能成为多元社会统一的基础。而这个公共的原则亦能有效培养人们的正义感,从而确保社会稳定。罗尔斯最终希望论证,他提出的正义原则,较效益主义及其他理论,更能建立一个良序社会。

既然正义问题关心的是社会分配,我们便要界定社会的界限,否则难以确定原则的适用范围。罗尔斯假定,正义原则只适用于一个封闭的社会体系,和其他社会没有任何联系。即使在此封闭体系内,正义原则也不是应用到社会各个领域,而只适用于"社会基本结构"。这个社会基本结构,包括主要的政治、经济及社会制度。这些制度互相调和交织成一个系统,决定公民的权利、责任及利益分配。例如宪法、竞争性市场、法律上所承认的财产形式,以至一夫一妻等都属于社会基本结构的一部分。为何社会基本结构是社会正义的首要对象?主要因为这些制度,极为深远地影响每个人的人生。我们一出生,便无可选择地活在某种制度下,这些制度很大程度上影响我们的生活前景、社会地位以及追求各种计划成功的机会。再者,我们无法抽离社会基本结构,判断某一个别的行为是否正义。一个人应得多少,必须视乎他活在哪种分配制度之下。最后,即使我们对正义原则已有共识,在长期复杂的社会运作当中,缺乏社会基本结构居中执行及调整,亦难以维持一个背景的正义制度。

读者或会问,既然正义原则只应用于社会基本结构,那么对社会中众多的社团及个人有何约束力?一方面,正义原则的适用范围是有限的,它并不直接规定方面能继承传统政治哲学的精神，另一方面又能充分利用当代社会科学的新概念，系统地论证出一套自由主义的政治原则。正如德国著名哲学家哈贝马斯所言："在最近的实践哲学史上，约翰·罗尔斯的《正义论》标志着一个重要的转折点，因为他将长期受到压制的道德问题，重新恢复到严肃的哲学研究的对象的地位。"

《正义论》的基本概念

《正义论》的主要目的，是要建构一套在道德上值得追求，同时在实践上可行的道德原则，以此规范社会的基本制度，决定公民的权利与义务，及分配社会合作中的个人应得的利益。这样一套原则，便是所谓的正义原则。在政治光谱上，罗尔斯的理论常被界定为自由左派又或自由平等主义。它的最大特点是，一方面强调个人权利的优先性，容许公民有极大的基本自由，追求自己的人生理想；另一方面重视社会资源的平等分配。他认为，一个正义的社会，必须充分保障每个人都有平等权利享有一系列的基本自由和权利，同时保证每个人有平等机会追求自己的事业和人生计划，而在经济分配上，则强调任何不平等的分配，必须在对社会中最为弱势的人最为有利的情况下，才被允许。

《正义论》的基本概念，包括罗尔斯对社会的理解、良序社会的理念、正义原则应用的范围以及被分配的物品等。《正义论》的主题，是寻找一套合理的分配原则，协调人们的合作，解决可能出现的冲突。这便牵涉罗尔斯对社会及人与人之间关系的理解。罗尔斯认为，社会应被理解为一个自由与平等的公民之间为了相互利益的合作计划。这种合作同时具有利益一致和利益冲突的特点。一方面，我们活在一个自然及其他资源适度匮乏的世界中，彼此合作较独自生存，对所有人均有更大好处。另一方面，合作者却有不同的人生计划，总希望从合作所得中多分一些，因此有可能发生冲突。在这种正义环境下，社会合作既有必要亦有可能，从而需要一组合理的政治原则规范彼此的合作。但这并不意味着人人都是理性的自利主义者，得出的原则是各方讨价还价的结果。罗尔斯认为，人们除了重视自己的利益，同时亦有正义感，能够做出道德判断及自愿服从道德原则的要求。社会合作不是一场优胜劣败的零和游戏，而是每个被书一出，瞬即又成为学术界讨论的焦点，并为政治哲学设定新的议题及研究方向，可谓罗尔斯学术生涯的第二高峰。1999年他的《万民法》面世，专门讨论国际正义问题。他在哈佛大学教书用的《道德哲学史讲义》在2000年出版。而另一本对《正义论》做出补充说明的《公平式的正义：一个重申》则于2001年出版。迄今为止，他最后一本著作，是在死后由学生整理出版的《政治哲学史讲义》。

哲学思考，离不开哲学家所处的时代及学术传统。《正义论》的成功，相当程度上在于它对这两方面均能做出积极回应，并提出原创性及系统性的见解。《正义论》酝酿的20世纪60年代，是自由主义受到最大挑战的时代。尤其在美国，民权及黑人解放运动、新左派及嬉皮运动、反越战运动等，都对当时的政府及其制度提出了严重挑战。社会正义、基本人权、公民抗命以至贫富悬殊问题，成为各种运动最关心的议题。当时很多人认为，自由主义只是一种落伍而肤浅的意识形态，根本不足以应付时代挑战。《正义论》透过严谨的论证，对这些问题作了直接的回应，显示出自由主义传统仍有足够的理论资源建构一个更为公正理想的社会。

《正义论》的重要性，也和当时英美的学术氛围有莫大关系。20世纪上半叶的显学是逻辑实证主义。这种理论认为，任何规范性命题，都只是表达我们的感觉或情绪而已，不能增加任何实质性的知识。有意义的命题，要么是分析性的恒真命题，例如数学或逻辑，要么是可以被证实的经验性命题。既然哲学并非经验性学科（那是自然科学及社会科学的工作），唯一可做的便是逻辑及概念分析。

在这种环境下，规范政治哲学被推到一个极为边缘的位置，渐渐从现实世界中退隐，对各种具体的道德及政治问题保持沉默，只从事道德语言分析的"后设伦理学"工作。所谓"政治哲学已死"，描述的便是这种境况。罗尔斯却认为，仅靠逻辑及语言界说，根本无法建立任何实质性的正义理论。政治哲学最主要的工作，是要发展出一套有效的方法论，运用我们的道德直觉及各种经验性知识，建构出一套最能符合我们深思熟虑的判断的正义体系，并以此回应民主社会出现的各种根本的政治问题。《正义论》被视为复活政治哲学的扛鼎之作，正因为它一女性主义者。罗尔斯自小体弱多病，两个弟弟更先后受他传染而病逝，这段经历对他一生有难以磨灭的影响。罗尔斯虽家境富裕，但年少时已感受到社会种族及阶级的不平等，例如他观察到黑人孩子不能和白人就读同一学校，并被禁止互相交友，黑人生活环境恶劣等。

罗尔斯 1939 年进入普林斯顿大学，他的启蒙老师是当时著名的哲学教授马尔科姆。马尔科姆是维特根斯坦的学生兼朋友，并将维特根斯坦的哲学在美国发扬光大。罗尔斯 1943 年以最优等成绩取得哲学学位。毕业后，旋即加入军队，参加对日战争。1945 年美国投掷原子弹于广岛时，罗尔斯仍留在太平洋。对于他的战争经历，罗尔斯从来没有公开谈论过。但在 1995 年美国《异议者》杂志的《纪念广岛五十年》专题上，罗尔斯却毫不犹豫地批评美国当年投掷原子弹，杀害大量无辜日本平民生命的决定是犯了道德上的大错，并毫不留情地批评杜鲁门总统的决定，令他丧失成为政治家的资格。

1946 年战争结束后，罗尔斯重回普林斯顿攻读道德哲学博士，师从效益主义哲学家斯泰思。1950 年递交论文，题目为《一个伦理学知识基础的探究：对于品格的道德价值的判断的有关考察》。1952 年他获奖学金前往牛津大学修学一年。在牛津他认识了伯林、哈特等当代著名哲学家，而运用假然契约论证道德原则的构想亦于当时成形。从牛津大学返美后，罗尔斯先后在康奈尔大学（1953—1959）、麻省理工（1960—1962）等大学任教。1962 年转到哈佛大学，1979 年接替诺贝尔经济学奖获得者阿罗担任"大学教授"职位。此职级是哈佛的最高荣誉，当时全哈佛只有 8 人享此待遇。罗尔斯在哈佛大学培养了大批杰出的博士生，其中不少在当今伦理学和政治哲学上各有建树。

罗尔斯虽然广受各方尊崇，为人却极为低调，既不接受媒体采访，亦不喜交际，生活简朴而有规律。他治学极为严谨，每篇文章都经过反复修改、千锤百炼后才愿意出版。例如《正义论》中很多基本概念，罗尔斯早在 20 世纪 50 年代已经形成，并先后出版了多篇重要论文。而到 20 世纪 60 年代，他已开始用《正义论》第一稿作为上课讲义，前后三易其稿，直至 1971 年才正式出版。而《正义论》出版后，罗尔斯谦虚听取各方批评，继续修正及发展他的理论，直到 1993 年才出版他的第二本书《政治自由主义》，并对原来的理论作了相当大的修正。此

周保松讲读《正义论》

> 周保松
> 政治哲学家、香港中文大学副教授、英国伦敦政治经济学院博士。
> 著有《自由人的平等政治》《走进生命的学问》《相遇》等。

罗尔斯的生平与《正义论》的出版

美国当代哲学家罗尔斯1971年出版的《正义论》是20世纪划时代的政治哲学著作。它复活了规范政治哲学的传统，打破了20世纪五六十年代"政治哲学已死"的困局，并主导了过去30年道德及社会政治哲学的讨论。罗尔斯的同事，放任自由主义代表人物诺奇克早在1974年便预言，《正义论》后的政治哲学家，要么在罗尔斯的理论框架内工作，要么便必须解释为何不如此做。事实的确如此。《正义论》出版后蓬勃发展的政治哲学，从强调私有产权至上的放任自由主义到左派的平等主义，从效益主义到社群主义，从文化多元主义、女性主义到环保主义及国际正义理论，林林总总，无论所持立场为何，都无法不回应罗尔斯的理论。《正义论》被公认为20世纪最重要的政治哲学著作。

学术性的哲学书籍，一般只能卖1000本左右。但此书出版至今，单在美国已售出逾30万本，并被译成27种语言，成为哲学、政治及法律本科生的基本读物。罗尔斯逝世后（2002年11月24日），英美各大报章纷纷发表悼念文章，高度评价他的贡献。《金融时报》称他改变了整个学科的发展，《泰晤士报》则誉他为继19世纪的穆勒之后最伟大的政治哲学家。要了解当代政治哲学，《正义论》是最好的一个出发点。

罗尔斯1921年生于美国马里兰州巴尔的摩一个富裕家庭，五兄弟中排行第二。父亲是成功的税务律师及宪法专家，母亲生于一个德国家庭，是一位活跃的

解释成，一个人所具备的正当拥有某物或做某事的道德资格。在这个意义上，Jus 与现代的正义概念一致起来，换句话说，权利和正义，渊源上不可分割，凡符合个人权利的，都是正义的。

其实，更早给正义下定义的是柏拉图，他说正义就是各守本分。到了罗尔斯的正义概念，与柏拉图已风马牛不相及了。

罗尔斯的正义观，是与权利概念紧密联系在一起的。每个人都有与生俱来得到某物或做某事的权利，谁让他实现不了，谁就是不正义的。而罗尔斯的全部工作，就是找到一条实现人的这种权利，也就是实现正义的道路。《正义论》的开篇是：正义是社会制度的第一德行……在一个正义的社会里，由正义保障的权利绝不受制于政治的交易或社会利益的权衡。我认为，这是罗尔斯正义观政治表达的核心意思。他的现实解决方案，就是从这段宣言般的话语开始设计的。你可以以任何理由表示不同意见，但你不能不感佩罗尔斯的勇气，这种勇气不只是道德的，更是战士的。

跟讲读这本书的周保松老师一样理解罗尔斯的人也许不少，但如他一样践行罗尔斯的知识人，恐怕不多。

也算一个奇迹。1992 年，又打磨了 20 年的《正义论》修订版出版。在这本书中，罗尔斯提出了一个极其重要的观念，即"作为公平的正义"的正义观念，意思是，在公平的条件下，符合理性的正义原则，会得到人们的一致同意。1985 年，罗尔斯写过一篇《作为公平的正义：政治的而非形而上学的》，要注意这篇文章副标题中的三个字"政治的"。罗尔斯终于显露了他正义观的本来意图，即它与道德的、宗教的观念不是一回事，也不是一种哲学理论，而是一种政治的观念。八年后，他出版了《政治自由主义》，系统阐述了这一核心思想，并据此对《正义论》进行了全面修订，重新论证了他的正义观的两大原则：第一，每个人都平等地享有一系列基本自由的权利；第二，由两个小原则组成，一是社会、经济的不平等，只有在对弱势群体有利的情况下才被允许，二是在机会平等的条件下，工作和职位向所有人开放。

《正义论》出版后，罗尔斯一直在哈佛大学课堂上讲他的"作为公平的正义"，为下一次修订他的正义观做准备。事实上，有一份讲稿，到 1989 年差不多成熟了，但他并不急于发表，继续打磨。春去秋来，一晃 10 年。1998 年他患病，还继续修订这份讲稿，2000 年，他实在改不动了，感觉去日无多，才拿出来发表。这部讲稿，就是他去世前发表的最后一部作品《作为公平的正义：正义新论》。严格说，这是一部未完成稿，虽然早已接近成熟。

常人难以想象，罗尔斯以《正义论》红遍世界，以《作为公平的正义证义新论》残美收官，给这个世界留下一份公平、正义问题的解决方案，难道就是为了学术抱负？我不太相信。

我们不妨先放下罗尔斯，看看关于权利、正义的观念，在西方提出和展开的情况。西方"权利"的词源是拉丁语的 Jus 和派生词 Justus，是个多义词，除权利，还有正义的意思。Jus 的原意是"政治的或宪法意义的法"，引申含义有自然权利、权利、正义、公正、平等，还有合法的、合法性等意思，再派生，还有合理的、应得的意思。由此看出，罗马人的正义、权利概念具有内在一致的地方，但没有今天人权的意思。思想史上第一次在现代人权概念上使用 Jus 的，是那个发明奥卡姆剃刀定律的威廉。又过了 200 年，西班牙神学家苏亚雷斯发表文章说，Jus 的恰当含义，应该是"每个人所拥有的对自己财产或所有应得事物的一种道德权力"。后来，国际法学家格劳秀斯把 Jus

导语｜罗尔斯的正义观

刘苏里

罗尔斯非常重要。在政治哲学领域里的原创作品，20世纪排第一的，差不多就是《正义论》了。有人说，一百年后若有人想选读20世纪的两本政治哲学著作的话，一本就是《正义论》，另一本是诺奇克的《无政府、国家和乌托邦》。

罗尔斯是比较谦和的人，甚至挺讨喜，不与人争，学生找他，他从来不烦，认真解答学生的问题，还招待人家吃饭。他做学问，像个种地的老农民，勤勤恳恳，早起晚归，非常自律，把全部精力，放在最重要的事情上，不像诺奇克，天马行空，从不在一处久留。罗尔斯也很渊博，但他不是罗伯特·西蒙"复刻达·芬奇传奇的天才"的那种渊博。

我接触《正义论》，大约在1987年或1988年，当时不知道他是谁。后来知道他本来有两个兄弟，他小时候先得了白喉转肺炎，并传染给了兄弟。他康复了，他的两个兄弟都在小小年纪就病逝了。这件事给他的印象和打击，和他一生的正义研究有关联吗？

罗尔斯家境好，住大房子，上好学校，看到黑人孩子被隔离，觉得不公，感到难受，小小年纪就意识到了不平等。罗尔斯大学读的是普林斯顿大学，1943年1月，刚刚拿到本科学位就报名参军，被派到太平洋战区当通信兵。他服役的最后四个月，是在日本度过的。他坐的军车，曾经路过彼时刚刚被摧毁的广岛。后来，他一直不谈他的战争经历，直到1995年。半个世纪过去了，他第一次就太平洋战争说话，批评美国投放原子弹，是不仁不义之举。还有一件比较隐秘的事儿。罗尔斯原本想当神父，但参军的经历，彻底粉碎了他的基督教信仰，他甚至痛斥神意的邪恶。这些发生在罗尔斯身上的事情，在战争中他看到的事情，是不是他向左的方向越走越远的原因？他放弃信仰神，而穷其一生，把正义这件事吃透，难道不是一种自我救赎？

1971年他50岁，发表了酝酿20年的《正义论》，一本书写20年才发表，

四四
《正义论》

[美] 约翰·罗尔斯著　何怀宏　何包钢　廖申白译　中国社会科学出版社　2009 年

主题词◎良序社会　社会基本结构　正义原则　自由　平等　稳定性　原初立场　公平式的正义　社会基本物品　道德人　契约　无知之幕

经典之处

《正义论》在1971年横空出世，打破了20世纪西方政治学万马齐喑的局面，"如石击水"般立刻引起热烈讨论，被不少美国大学列为必读书。罗尔斯在书中提出关于正义的原则，利益的分配应该向处于最不利地位的人倾斜等思想，对西方政治哲学的理论发展，以及西方国家福利政策的制定，都产生了决定性影响。

作者简介

约翰·罗尔斯（John Rawls, 1921—2002），美国当代著名政治哲学家、伦理学家、普林斯顿大学博士、哈佛大学教授，是20世纪最重要的政治哲学家之一，在西方学术界影响巨大。除了著名的《正义论》，罗尔斯还著有《政治自由主义：正义新论》《作为公平的正义》《万民法》等书。

师、广义法律人也算是进入到当时的支配集团中，这应该算是代表着入口限制与开放之秩序浮动的符号。

> **思考题：**
>
> 1. 诺思对人类史的划分依据了哪些标准？觅食秩序里有个系数在起着作用，是什么系数？
> 2. 在从觅食秩序到入口限制秩序的人类史转变中，支配集团是如何形成的？
> 3. 如何理解成熟原发国家在制度和组织方面的"成熟"？工业化是不是自然地会把一个初级原发国家直接改造为成熟原发国家？
> 4. 请你谈谈发展各种形式的持久的社会组织与减少暴力之间的关系。
> 5. 如何用诺思的入口限制秩序理论理解从秦汉到隋唐期间的精英遴选机制的变化？

的制度与组织特征也打上了中央集权的印记。本来，按照诺思的分析，这个时期，私人规范和民事、商事社会组织都可以在支配集团的允许下发展起来，而中国呈现的是我所归纳的"社会不彰"的模式。我将其归纳为"修身齐家治国平天下"四者当中缺了社会。"修身齐家治国平天下"，在这句耳熟能详的话语中，一个人从家直接过渡到国，不需要经过社会历练的阶段。这指的是周代入口遴选强调血统的初级原发国家的模式，与此相应的是社会与民间系统可能不够发达。但是，进入到秦汉之后，社会本应随着成熟或中度原发国家模式的确立而发展，然而却并未得到深化。私人性规范、私人性组织，得不到中央集权层面的正式回应。重农抑商主义盛行之下，商业组织和社会组织既不发达，也不够正式。作为组织的家和家族相对发达，但是家和国之间的社会，始终没有重组发展。一个书生，为国效力是其愿望，若不得为国效力，可做一个富家翁，却难以构成鲜活商业与社会组织的一员。由此来看，这一时期的中国还不是成熟原发国家的典型状态。

清末立宪时刻，意味着政府和公民契约关系、中央和地方权力关系的确立。立宪时刻迎来了"古国立宪"。以往攻入中国的文明，皆落后于中国，唯有这次，是新的法政文明和国家想象兵临城下。古国立宪，古国坚硬，立宪脆弱。但一切终将在骤变、缓变中大变。这是四千年未有之变局，也是两千年未有之变局。结合诺思理论，立宪时刻是面向入口开放秩序的一支号角。入口开放秩序是一片江河流入的大海，是入口限制秩序理想的流向。

清末开始出现的早期律师，是我们所能见到的入口开放秩序雏形模式之下社会组织崛起的最典型事例之一。春秋时代作为初级原发国家的晚期，作为支配集团的世家大族以血统来论执政，入口限制极严。被认为律师先驱的郑国邓析，自然没有引领出一种职业。到了立教时刻的中央集权成熟或中度原发国家之后，中国的儒家式法律体系逐步形成，但如前所述，私人性规范与私人性组织不彰，社会性组织不强，使作为"讼师"的律师相当委屈而执着地存在于社会中，更不可能进入到入口限制秩序的遴选范围中。直到立宪时刻，早期律师随着各种制度变革和社会崛起的因素而逐步振兴，在补正了修齐治平模式的同时，以法律人之姿或失败或成功地影响着清末与民国初年的时代。在清末与民国初年，少数早期律开始固化。无立教时刻，则中国在几次北方游牧民族的进攻面前，未必能守住自己的文明并同化对方。事实证明，游牧民族数次入主中原建立帝国之后，最终依然是按照既有中央帝国的模式来运行。立教时刻带来了文化中国和政治集权中国的形成。结合诺思理论，秦汉立教时刻或近于成熟原发国家的形成之时，其特点是，以深度的儒家意识形态信念共识来拱卫中央政权，形成了稳固中央集权的成熟原发国家模式。依据我们对诺思理论的调整，秦汉立教时刻或近于中度原发国家的形成之时。黑格尔在《历史哲学》中这样写此种中央集权模式下的中国皇帝："天子实在就是中心，各事都由他来决断，国家和人民的福利因此都听命于他。"

秦汉立教时刻形成的成熟原发国家或中度原发国家模式，或者说成熟入口限制秩序或中度入口限制模式，有两个方向的重要特征。

一个方向表现在"入口"上。清代史学家赵翼的一段话值得注意："汉初诸臣，惟张良出身最贵，韩相之子也。……陈平……等皆白徒。樊哙则屠狗者……盖秦汉间为天地一大变局。自古皆封建诸侯，各君其国，卿大夫亦世其官，成例相沿，视为固然。……天之变局，至是始定。"赵翼生于 1727 年，诺思生于 1920 年，赵翼比诺思早了 200 年，但是二人在入口限制秩序上有共同的敏感性。赵翼注意到，秦汉立教之时，上层支配集团的顶尖人才选拔，也就是所谓的秦汉将相人物的选拔，与此前相比发生了大变化，构成"天地一大变局"，这意味着入口限制秩序正在完成一次从血缘和贵族阶层到超越血缘和贵族阶层的转变，为中国的成熟原发国家的支配集团获得生机和稳定性提供了优质人力资源的基础。此后，所谓的士族和庶族的反复纠葛，进一步深化着这个方向的转变。这当然不意味着入口限制的放开，但意味着入口遴选的转变，口子多少向普通人有所倾斜。到了科举制时，入口遴选机制进一步发生积极变革。经过科举选拔，支配集团对血统的强调转换为对知识和能力的强调，支配集团的遴选范围进一步扩大到中产阶级。也就是说，结合诺思的理论来看，从秦汉建立的刚性儒家式中央集权体制，到这种遴选上的转变，可视为成熟或中度原发国家模式形成的标志。尤其是科举制，可视为中国史上入口限制秩序的技术性创造。

另一个方向表现在，刚性儒家式中央集权。诺思给成熟或中度原发国家订立展开的。所谓"董氏划分法",就是把中国历史以 2000 年为一个时段,划分为立国、立教、立宪三个时段。

中国历史上当然有无数的转折时刻,仅公认的大的转折时刻就非常多,在我看来,有三个时刻,影响至为深远,称之为最大的转折时刻也不过分。这三个转折时刻是:立国时刻、立教时刻和立宪时刻。这三个时刻,相隔时间大约都是 2000 年。约公元前 22 世纪,为立国时刻;公元前 3 世纪,为立教时刻;20 世纪初,开始进入立宪时刻。

炎黄尧舜立国时刻是《尚书》的起点。立国时刻,意味着从中央部落的权威形成开始,国族得以形成,国家体制得以初建。无立国时刻,则后来的中国未必就是统一的中国。各个部落完全可以各自立国并形成各自的文化和政治传统,或许会形成欧洲那样国家林立的局面。立国时刻带来了国族意义上的中国的形成,中国的基本体制也开始奠基。

觅食秩序远早于这里所说的立国时刻。文字在中国起源于何时不易考,中国何时形成酋长式部落也不易考。可以确信的是,诺思所讲的 200 人觅食秩序中的激怒系数,于远古中国也不会有例外。从少数文献与大量考古信息来看,应用诺思理论时,中国史更易从强人酋长式统治晚期的觅食秩序状态说起。经过漫长的部落演进后,进入小型邦国式的脆弱原发国家状态,进而演进到炎黄尧舜之时。炎黄尧舜的立国时刻,或近于大型脆弱原发国家的形成之时。当时中国的优异之处是,从小型脆弱原发国家到大型脆弱原发国家,形成了一种以邦为基础的古典联邦制模式,这让中国从脆弱原发国家到初级原发国家的演化较为稳定。诺思所认为的脆弱原发国家当中的制度、组织和信任的脆弱,在炎黄尧舜立国时刻没有显得太脆弱。在这个意义上,中国早期的入口限制秩序是一种早熟的制度文明。魏特夫曾提出含中国在内的东方社会因"治水"而引发专制的理论,假如这个理论具有些许的解释力,那么炎黄尧舜到大禹,这个立国时刻固化了当时形态下的央地关系,推动了从脆弱到初级原发国家的转化。至少到周代,初级原发国家的模式已然相当成熟。西周、东周和战国的世家大族,构成了当时支配集团的基础,而周代的宗法制是固化了的制度与组织的综合体。

秦汉立教时刻,意味着以儒家作为教化依据、作为意识形态的中央帝国体制核心是宪法之治和法律之治，要害是权力在横向和纵向的分工与制衡，基础是尊重每个人的尊严与自由。对于入口开放秩序，人们关心的问题有四个。

第一，入口开放到底具有什么样的根本意义？入口开放作为由诺思提出来的概念，总体是指政治与社会的综合表现。入口的打开是社会发展的结果，没有成熟原发国家公私并重的制度与组织的积累，就难以形成一种分散力、压力和替代支配集团的力量。在入口开放秩序中，决策者、资源分配者不再是那个小圈子支配集团，支配系统向每个人开放。支配集团成员不再是天生的、继承的、高高在上的、少数人垄断的。告别垄断的支配权分散在社会中。普通人通过奋斗和来自民众的遴选，可以成为民间的经济与社会组织的领袖，也可以成为政治人物。

第二，对一个超级成熟的原发国家来说，怎么过渡到入口开放秩序？为何常常迟迟不来且走三步退两步？常态化的入口开放秩序为何仍在姗姗来迟的路上？诺思指出，从入口限制秩序转向入口开放秩序的时间，通常是50年左右，但是催动转型的时间，可能是几个世纪。对入口限制秩序国家的人来说，绝不应迷信诺思，但可以将其视为一个参考。当一代人难以完成使命时，这代人能做的是充分地接受共识和参与到社会崛起当中。

第三，到底要怎么样才能跨过大桥，到达彼岸？诺思提出了三个转型条件：对精英的法治；公共或私人领域内的永久性组织；对军队的统一控制。

第四，人们应该以什么样的姿态来度过等待期？超成熟入口限制秩序的人们，仍应以温和自由主义的姿态来面对。提出"温和自由理念"或"温和自由主义"这个概念，大致是一种中右的立场。温和自由理念不激进、不悲观，且有信心，而以入口限制秩序两百年结晶出的宪法基本原则作为面对眼前这个世界的基本理念。

中国历史作为诺思案例

诺思既然雄心勃勃地提出"诠释有文字记载的人类历史的一个概念性框架"，把人类史总括为"两大时段、两次革命、三种秩序"，那么中国史自然也可以应用诺思理论来划分。要强调的是，这种划分法是诺思理论结合"董氏划分法"而第三个命题：法律系统的起源，在于对精英们特权的界定。《管子》曾说到法律的四个功能：定分、止争、兴功、惧暴。其见解与诺思有异曲同工之妙。这里讲的定分的"分"，第一个含义是份额和分配，支配集团的精英们首先进行圈内分配并确定份额。"分"的第二个含义是确定支配集团成员特权的资格。第三个含义是划定特权和市民的普通权利的边界。"分"的三种含义，核心在于支配集团先照顾自己的特权。

第四个命题：入口限制秩序致力于控制暴力，但仍陷于暴力循环。关于暴力，学者们使用时的侧重点不一样。使用"暴力"一词时，有的学者指的是暴力革命，有的学者指的是军事武装，有的学者指的是普遍的暴力行为。诺思使用"暴力"一词，主要指组织型的暴力行为和民众普遍的暴力行为。关于制暴之法，一种是单纯镇压，以暴制暴，另一种是泛化控制。诺思倾向于后者，提出"设租制暴论"。诺思说，制止暴力必须是所有社会运转的核心所在。形成日益强大的社会群体的一个先决条件，就是找到有效的控制暴力的方法。简单地通过集中手段来应对和控制暴力，最多算是短期做法。从入口限制秩序模式趋于稳定时始，支配集团的有效方案就是利用暴力在人群中的分散，创造了一个互锁的、互相制约的经济、宗教、政治和社会利益模式。诺思这里讲的，当然是制暴的理想图景。事实上，他所说的"综合管理型制暴模式"或"互锁型制暴模式"总是陷于暴力的此起彼伏中。

第五个命题：支配集团奉行人际化入口限制，强调内外有别。这种人际化入口限制，是支配集团抱团取暖的必然逻辑，是黏合型组织自我认同的应有之义，是身份社会等级森严的奥秘所在。这种人际化入口限制符合支配集团成员的本性、行事风格和利益考量。马基雅维利时代的一位深谙原发国家之道的意大利政客曾说，当你想要获得君王的欣赏，你必须出现在他的视线里，因为君王能想到的往往是他能见到的人。这种投机取巧，靠的就是悟出了支配集团强调内外有别的道理。从功能来说，支配集团必须做到有效巩固围绕在统治者周围的同心圆。统治者的小圈子和同心圆的大圈子，都有边界，同时有着基于信任的人际关系的黏合。人际化入口限制是支配集团的特征，也是技术和秘诀。

其实诺思所讲的入口开放秩序，差不多就是立宪政治所期待的政治秩序，其身的发展，在组织方面也呈现特色，有管制，有放开，但是组织本身已然不是诺思所讲的"数量较少"的情形。

限制的五个命题与开放的四个问题

正如前述，原发国家皆为入口限制秩序。横亘人类成千上万年的此类国家与此种秩序类型存在五个命题。

第一个命题：所有的原发国家都对创建组织的权利进行限制。组织的种类繁多，政治类、经济类、宗教类、教育类、军事类、社会服务类，功能各异。而支配集团本身极可能以一种松散或紧密的组织形式出现。从脆弱原发国家到初级原发国家再到成熟原发国家，组织不断增多，实为社会进步，但是公共组织既有公益性，也有支配集团用以控制社会的功能。各类私人组织兴起时，支配集团也随之而发明控制私人组织的方法。组织是双刃剑。没有有效的组织形式，社会难以发展，支配集团恐也自身难保或统治低效；有了有效的组织形式，又会以其利益与组织化力量而形成某种对支配集团的挑战。正如诺思所言："组织协调成员的行动，这样组织的行动便胜于所有个体行动的总和。"也正因此，支配集团试图做到对创建组织的权利进行控制。与此同时，正因入口限制，尽管血缘血统、利益交换起作用，但支配集团的自我优化、扩张也需要通过一定的组织中的优选来实现。诺思把组织分为契约型组织和黏合型组织，后者为身份型组织。在他来看，原发国家多为后者，皆在于便于控制。

第二个命题：所有的原发国家都控制交易。控制交易是支配集团于公于私的生财之道。限制集团的入口是支配集团的手段，限制的目的是满足支配集团中的个体与小集团。当支配集团通过国家来控制交易时，往往形成税收。当其成员亲自上阵控制交易时，则可能是为了本人的财富扩张，以控制的手段代替竞争的手段。尽管从脆弱原发国家到成熟原发国家的大趋势是放松，但是禁止交易、垄断贸易、强制交易、诡谲交易，都属于权贵支配集团的日常。说到底，控制交易属于强势者的本性，只不过原发国家作为支配集团权贵所支配的入口限制秩序，总是在维持着他们控制交易的能力。

秩序和自命的正当性，一边说"我们就是最好的入口开放秩序"。

限制的尽头是解开。漫长的入口限制秩序之后，在200年前的第二次社会革命即工业革命之后，人类迎来入口开放秩序。入口开放的本质是支配国家与社会的集团入口向每个人开放，打破了支配集团的少数权贵对国家、社会、优质资源和优质活动的垄断。入口开放秩序自然不仅仅为口子的放开，新的秩序是其根本。如诺思所言，从入口限制秩序到入口开放秩序的转型，"使政体发生了一系列的变革，扩大了公民的参与权，保障非人际化的政治权利，决策过程更加透明，能够为大量的组织——包括政党和经济组织——提供法律支持等。转型也使经济发生了一系列变革，包括：人们被允许自由地进入更多市场并参与竞争，物品和个人在空间和时间上自由流动，允许创建组织以追逐经济机会，产权的保护，禁止使用暴力来获取资源和物品，禁止强迫他人"。

诺思归纳了两种秩序的基本对比。（1）经济增长方面：原发国家经济增长缓慢且易受冲击；入口开放秩序国家则经济持续增长，经济负增长较少。（2）政治发展方面：原发国家政治未获被统治者的普遍认同；入口开放秩序国家则政治大为发展。（3）组织方面：原发国家总体组织数量较少；入口开放秩序国家则存在着组织众多而充满活力的公民社会。（4）政府规模与政府权力方面：原发国家的政府较小且较集权；入口开放秩序国家为庞大的、较为分权的政府。（5）社会关系方面：原发国家主要的社会关系是沿着人际关系这条线路展开的，存在着包括特权、社会等级、法律实施上的不平等，产权缺乏保护，其共识是人并非生而平等；入口开放秩序国家则表现为普遍的非人际化的社会关系，包括法治、产权保护、公正和平等——平等对待所有人的一切方面。（6）在控制暴力方面：原发国家通过支配集团内部精英之间的激励共容和制衡来限制暴力；入口开放秩序国家由政治系统控制军事和警察，以一系列制度约束限制暴力使用。

我们要说，诺思的归纳未必十分准确，例如，有的非入口开放秩序国家做到了经济保持增长。经济增长缓慢的原发国家自然面临压力，但不错的经济增速却可以成为这种入口限制秩序的新支撑。这样的国家不一定表现为诺思所讲的小政府，而是表现为更大的政府，其大政府远远超越了传统原发国家和入口开放秩序国家的各自政府职能，管控力度大，政府规模大。同样，这样的国家因为社会自动，支配集团会允许一定程度的民事、商事私人组织。但是，非民事、商事的社会组织是否被允许，则依成熟原发国家的不同情况而有所不同。若支配集团对社会组织怀着深刻的不信任，则社会组织不易获得自治。组织的复杂性也被诺思视为区分脆弱、初级和成熟的标准。

诺思把原发国家简化为脆弱、初级和成熟，或许从初级到成熟之间还隔了一到两个层级。工业革命以来，随着工商社会的兴旺，一部分原发国家过渡为入口开放秩序，另一部分原发国家也发生了一种现代化式的巨大转变。当此之时，成熟原发国家的转变是明显的，从统治技术到国家与社会的状态都发生了巨大变革，但还没有到达入口开放秩序。这种状态，应当在诺思的划分中得到体现。

我们可以把诺思的脆弱、初级和成熟三分法细分为脆弱、初级、中度、成熟四分法。诺思的成熟原发国家可以重新划分为中度原发国家和成熟原发国家，这是以工业革命为刻度来做划分的，根据的是工业革命与入口开放秩序这二者对原发国家形成冲击之后所带来的变化。双重冲击之前，是中度原发国家；双重冲击之后，是成熟原发国家。这样来看，我们前面讲到的罗马法复兴的早期意大利贸易兴起的事例，可以看成属于中度原发国家。工业革命后，这些国家过渡为成熟原发国家和入口开放秩序国家。事实上，即使是入口限制秩序类型的国家，在工业革命和入口开放秩序的理念兴起后，也同样更新了统治技术。科技的进步同样帮助了新型成熟原发国家的支配集团对于入口的坚守。

诺思有一个观点，强调入口限制秩序才是世界终局。他的这个观点，可视为从支配集团贪婪自私的人性出发的。支配集团在守住入口的同时，也守着一堵坚固的壁垒，他们并不是彻底把集团之外的人拦在壁垒之外，而是择优和择其有用者，故而社会精英也参与到维护壁垒的举动中。但是正如诺思把农业革命和工业革命作为人类的两次社会革命一样，随工业革命而来的变化催动着入口限制秩序的变化。

尽管诺思强调入口限制秩序才是人类社会的大结局，尽管入口开放秩序在世界的展开一波三折，在数量比例上并无绝对优势，但在观念上，入口开放秩序深入人心。这样，各种原发国家也以好听的入口开放为表面话语。当入口开放秩序的知识和理念传布于世，连坚硬的入口限制秩序国家也会一边坚守着自己固有的强,并试图部分解决接班、精英选拔、税收、央地关系、战利品分配等敏感棘手的问题。这些问题处理不当,可能引起其内部崩塌。

支配集团还试图建立一些理性的共同信念与理念,用以凝聚支配集团的内部共识。初级原发国家也发展了精英化、国家化的组织,由支配集团的强势人物把控。主流宗教组织便是这样一种重要组织。宗教组织初起时可能是一种民间组织,但是一旦壮大,则此宗教组织与初级原发国家及其支配集团就形成一种深度的相互依存关系。在人类史上,有些地方的宗教组织俨然控制了政治权力,宗教组织的层级与国家政权的层级形成了对应、配合或控制关系。教育组织与这样的政治与宗教权力相对应。教育组织旨在完成对支配集团极端有用的精英的培养,产生身份确认,设置进身之阶,并在此过程中塑造前述的共识。

从成熟原发国家到入口开放秩序

成熟原发国家比初级原发国家深化了公私制度和公私组织。随着社会规模的扩大和社会活力的增强,民间崛起,制度和组织在适应着民间崛起的社会需求,成熟原发国家把制度和组织拓展到了私的领域。

在制度方面,关注私人权利和规范民间行为的私法规范崛起。我们知道,私法规范与理论当然早在古罗马的罗马法时就已然成熟,这是古罗马的早熟,但不代表原发国家的普遍状况。民法、商法是私法,私法强调自治。私法规范维护着市民社会的平等相处与公平贸易的秩序。中世纪的欧洲,实际上可视为从准成熟的原发国家向初级原发国家的回流,私法规范也随之而沉睡,直到11世纪之后,随着意大利诸地水上贸易的兴起,罗马法复兴。罗马法基于需要而复兴,它的故事就是诺思对成熟原发国家私人规范崛起的典型事例。复兴之后的罗马法,让古罗马的罗马法承载了助推成熟原发国家制度发展的使命,在此风潮影响下,法国民法典与德国民法典得以诞生。

在组织方面,各类民间性组织扩大。民间性组织从前述民法理论上获得了"法人"的称呼,构成了民事和商事行为的主体。民事、商事主体在兴起时,往往具有天然的市场经济和私人产权的属性。如果不是被一种狂热和狭隘理念所驱紧密，彼此熟悉，从觅食到自卫，小团体或小组徒以自保而已。当内部因激怒系数而出现争夺和冲突时，其影响及于本小组，于人类整体规模影响并不大。进入原发国家后，共同体范围扩大，整个国家被政权与支配集团掌控，不能不进入磨合期。群体人数增大，不信任所带来的影响自然也就增大，新生的实验型的脆弱原发国家，遭遇从紧密熟人社会的血缘部落转换到陌生人合作共同体的不信任难题。支配集团的成员们不易形成有效承诺并实现这个承诺，旧的信任模式被打破而新的信任形式不能确立，支配集团内部后院起火也就是常态。

二为组织脆弱。其组织高度个人化，新状态下探索不出组织更大社会的有效方法，更难形成固化组织。

三为制度脆弱。脆弱原发国家的立法技术往往不高，法律驳杂，制度的确立往往与身份有关。与此同时，脆弱原发国家往往有着强烈的巫术色彩，巫术固然也能有理性化色彩，但是更多表现为随意而不是理性制度与理性秩序。

信任、组织、制度脆弱，综合表现为稳定性的脆弱。这里讲的脆弱，不是轻易被打败的脆弱和软弱，不是指支配集团领袖软弱，有时候脆弱原发国家越脆弱，其强人可能越强悍、任性。这里讲的脆弱是指支配集团内部与外部纠纷频繁，却无法有效应对，这样的脆弱带来的可能是某个支配集团的速朽，也可能是支配集团或支配集团强人的强悍统治。只是这种强悍统治或许只会带来新的动荡与脆弱状态。

初级原发国家是脆弱原发国家向前演进而形成的，但这样的演进不是以直线的方式，可能经过多次反复。并非每个国家都能顺顺当当、自自然然地从脆弱原发国家过渡到初级原发国家。所谓历史不是涅瓦河上的人行道之说，的确讲出了历史前行中的跌宕和往复。诺思关注初级原发国家当中的制度与组织的稳定性，陷于不稳定时国家将会倒退。事实上，在诺思看来，今天世界上仍然存在一些仅仅优于觅食秩序的脆弱原发国家。初级原发国家逐步兴起占据主流，很大程度上在于初级原发国家进化的制度和组织形式，以及随之而来的相对稳定性，胜过了脆弱原发国家。

初级原发国家创建的公共制度和形成的惯例，使国家组织内部构成一种稳定性加强的持久协作关系。据此，支配集团与国家机构之间的信任关系因制度而加史上无例外的情形是，这个入口不能随便开放给社会全体，而以限制为常态。在诺思看来，距今10000年或者5000年的第一次社会革命以来的历史，直到200年前，毫无例外都是入口限制秩序。在一个支配集团掌控社会、掌控优质资源的条件下，普通人想要打入或渗入支配集团，难乎其难。入口限制，绳子扎得很紧。诺思把这种入口限制秩序称为"原发国家"。所谓原发国家，是指从酋长部落的数百人、千人规模过渡到国家之后，国家就是这种能够保障秩序并应对暴力的唯一的社会形态，就是这种被支配集团控制的样子。在原发国家，秩序在优化细化，国家规模在扩大，但入口限制的基本面没什么大变。

入口限制秩序持续时间漫长，自然也有逐步的递进，诺思分为脆弱原发国家、初级原发国家、成熟原发国家三个阶段。脆弱、初级、成熟是原发国家的三部曲。

脆弱原发国家从觅食秩序中逐步发展出了支配集团。觅食秩序当然是分层次的，正如前述，人的多寡就是一种判断标准。觅食既然是标准的靠天吃饭，就有难易之分。在那些最容易觅食的地方，人口繁殖多而存活率高，既增加了觅食的竞争，深化了觅食的智慧，也扩大了社会规模，刺激了觅食管理的理性化。农业革命本身是高层次觅食秩序的产物，又因其对人类生存的革命作用而催动觅食秩序向脆弱原发国家转换。酋长部落正跨在觅食秩序与原发国家之间。越高层次的觅食秩序越服从强人。当共同体人群不断扩大时，强人领导下的一批觅食者成了受强人指挥的不同管理人，这群管理人听命于强人，行使一定分配权。对于被兼并的其他觅食小组而言，强人派来的管理人比自己原来的土著强人更强势。这些围绕强人的管理人或小组负责人构成支配群体，支配着远大于单个觅食小组的共同体。高层次觅食秩序已然是支配集团，既表现为酋长部落，也具有准政权的性质。这个过程听起来容易，其时长却可能超过农业革命以来的历史，是更漫长的时间。进一步的农业生产催动了共同体人数倍增，强人以体制化的暴力来捍卫自己的强势统治，支配集团与体制化暴力融合，进一步成为政权，原发国家就这样"原发"出来了。

太初有脆弱，脆弱原发国家的脆弱表现在三个方面：

一为信任脆弱。较早的觅食秩序是小规模作业，环境艰苦，寿命短暂，血缘结伴而行，这就构成了第一种组织形式和秩序模式。25人是觅食秩序的基本数字，他们基于居住或血缘而构成一个基本组织单元。这个25人单元是一个高度熟悉的、熟人化的团伙，容易互动，容易抱团。从25人规模扩大时，差不多可达200人，但500—1000的数字就属于天花板。从25人到200人，内部冲突层出不穷，诺思使用了"激怒系数"的概念。激怒系数越高，暴力就越多，组织系统就越混乱。25人可谓熟人型社会，接近于200人的规模则已成为强人型社会，为了制止内部冲突和暴力，必须有一个强人予以维持，或者在强人的控制之下，规模逐步扩大。在诺思看来，到1000人时，觅食秩序已经近似于酋长部落或酋长邦，这意味着新秩序呼之欲出或呼之已出。

觅食秩序并非短短一瞬，其时日之久远、个中之冲突，虽无"文字记载"，却能令人想见。在觅食、狩猎之时，人类生活艰辛亦可想见。从25人的小规模熟人社会到200人的强人社会，再到500人左右规模、千人酋长部落规模，暴力冲突多有，终于迎来了人类的第一次社会革命，即农业革命。生活从"找吃的"型过渡到"种吃的"型，秩序亦随之而变，这就是入口限制秩序。

从脆弱原发国家到初级原发国家

入口限制秩序、入口开放秩序皆围绕入口而命名。何谓入口？入口就是通向社会中的那个支配集团的大门，少数人能挤进去，大多数人不得其门而入。掌握社会支配权的支配集团是一个群体，其人员需要新陈代谢，他们通过这个被诺思关注的入口，遴选和吸纳少数可以信任、传承、指挥的新人加入。

我们知道，在觅食秩序中，超过25人后，已经诞生了强人，进而强人变为酋长。在人群与社会规模逐步扩大的过程中，强人、酋长式的人物从单个人变成一个基于血缘、妥协、联合、兼并、功劳等各种因素的集团，这个支配集团具有强大的甚至于全面的决定力量，也可以说就是权贵支配集团，拥有超量特权。少数统治者必须依靠这个集团，才可维持统治。这个支配集团内部当然矛盾重重，但是他们对支配集团本身生生不息地持续统治下去有着强烈共识。总需代代相传，总需新的掌门人，总需新的执行者，总需新的干活的，于是入口极其重要。人类基础。农业革命（文明）与工业革命（文明）本是常用话语，既然诺思有一个自己的认识系统，则从头开始以此替代古代和现代，不算多此一举。农业与工业引发的社会革命由产业而起，产业令人群、组织、制度、观念发生变革，秩序模式亦随之而巨变，至于秩序在两次社会革命之后会发生什么具体变化，这恰是诺思关注的重点。社会革命不是重点，秩序模式是重点。

需要说明的是，本书的四个关键词——"原发国家""支配集团""入口限制秩序""入口开放秩序"，中译本分别用"自然国家""支配联盟""权利受限秩序"和"权利开放秩序"表示。

用"原发国家"替换"自然国家"，是因为在我看来，"自然法"和"自然权利"等相关词汇中的"自然"，都表达一种高于现实的优良味道的价值，这与《暴力与社会秩序：诠释有文字记载的人类历史的一个概念性框架》里所讲的从国家初兴到特权支配的"原发国家"语言色彩不同。

用"支配集团"替换"支配联盟"，主要考虑作者想表达的社会支配者之紧密联系，更接近中文的"集团"概念。集团是人与人的集合，联盟在中文中更多是组织与组织的联合。本书中，作者表达的是人与人的集合，故用集团。

用"入口限制秩序"和"入口开放秩序"替换"权利受限秩序"和"权利开放秩序"，一是因为作者本来没提到"权利"二字，是中译本译者加的——这种增加未必合适。如果说要加一个表达类似意思的词，"权利"不如"资格"。能否进入支配集团的入口，表现为资格，未到权利的层面。二是因为作者原本使用的"入口"或"通道"，已比较准确或清楚，不需要另用中文。事实上，"入口"一词恰好是诺思在本书中的核心概念，由入口而形成秩序，划分秩序类型，构成了诺思对人类万年史的整体观察支撑点，其重要性远远超过了诺思本想强调的"暴力"。在这个意义上，如果说我们在摩尔的《专制与民主的社会起源》中是抓住近代，抓住农民，站在断代看通史，找到的是通古今之变的"农民"钥匙，那么诺思直奔"有文字记载的人类历史"而去，找到的是通古今之变的"入口"钥匙。

觅食秩序发生在第一次社会革命之前，也就是发生在农业革命之前。在人类能自行种植食物之前，必须去找寻现成的食物，例如狩猎。为了找寻食物，必须大体而言，诺思以文字记载为界把人类社会分为两段，文字记载之前为社会革命前阶段，文字记载之后是两次社会革命阶段。文字记载前的社会革命前阶段，其社会秩序总体表现为觅食秩序；第一次社会革命，其社会秩序总体表现为觅食秩序后期及入口限制秩序；第二次社会革命为工业革命，其社会秩序总体表现为入口限制秩序晚期与入口开放秩序。入口限制秩序与入口开放秩序的"入口"，指的是社会的支配集团的入口。总括以上划分，诺思对人类史的概括是："两大时段、两次革命、三种秩序"。其中，三种秩序当中的入口限制秩序，诺思又称为"原发国家"。针对两大时段的根本分界点，也就是诺思放在副标题当中的"文字记载"，他没有进行解释，没有讨论文字记载对人类社会的影响。我们可以视之为诺思的疏漏，也可以理解为这是他留给后来者去琢磨的一个问题。或许诺思只是为了表述上的周延，表示自己触碰和讨论的主要是文字记载以来的历史。

诺思所讲的第一次社会革命，时间是5000—10000年前，是为农业革命，在我们看来，可以说是人类社会正式形成的革命；第二次社会革命，时间是200年前，是为工业革命，这可以说是人类社会新秩序逐步形成的革命。诺思的这个划分，大体上也对应着我们常说的古代社会和现代社会。如果拿诺思这里的第一次社会革命和第二次社会革命对应古代和现代，那么，我们可以问，这样是否简单、多余？

历史划分以必要、需求和合理为原则，在第一次和第二次社会革命之间固然还有许多可以细分的时段，但是，从宏观上，与古代和现代一样做个大的框架式划分，反而更能看出农业革命与工业革命对人类社会影响的本质性，实则并不简单。

两次革命的划分比古代和现代的划分多了一些内涵。古代和现代以时间为依据划分。尤其是古代，其意思近于"前现代"。事实上，任何一个时代都可以宣称自己以往的年代是"古代"。正如我们在阅读两千年前的古籍时，一样会看到"古者"如何、"上古"如何。仅以时间为度，任何时代都处于"现代""现在"，而此前皆为古代。当我们赋予"现代性"以及"古代性"时，那已经是将时间赋予了我们想要探究的意义。所以，诺思的两次社会革命划分，便是一种替代古代和现代划分的内涵式做法，古代为农业文明，现代为工业文明，由此构成认识的

董彦斌讲读《暴力与社会秩序：诠释有文字记载的人类历史的一个概念性框架》

> 董彦斌
> 法政学家，任职于西南政法大学，《现代法学》杂志常务副主编。代表作有《现代法政的起源：1900—1919》等，"依法治国"丛书（执行主编）。

两次革命与觅食秩序

诺贝尔经济学奖得主道格拉斯·诺思和他的两位合作者的《暴力与社会秩序：诠释有文字记载的人类历史的一个概念性框架》一书，顾名思义，就是专门用来"通古今之变"的。读书如大禹治水，当治天下之脉络，这是读书人认识历史的雄心。这部书作者的雄心，不仅想通古今，穿透时间，还想通学科，打破壁垒。该书中译本列于上海三家出版社的"当代经济学系列丛书"，作者获诺贝尔经济学奖，译者为经济学专业，中译本作序者韦森先生是优秀经济学人，序言题目还是"人类社会历史演变的经济学分析"，好像经济学色彩浓得化不开，但究其实，本书实在远远超越经济学范畴。

我们可把通古今之变的著作分为立法型和案例型两类。立法型大刀阔斧，直接宣布概念和划分方法，表示这就是人类社会演变的规律概括或合理划分。案例型小心翼翼，从具体案例里提炼理论，注重从史实中找寻线索，其划分与归纳十分谨慎。立法型是一种上帝、国王的视角，我行我素，我说我判；案例型是一种医生、侦探的视角，根据对象归纳病理、案情、事实。本书无疑是前者。涵盖东西方的五千年史或者万年史已经摆在那里，诺思的任务是用二十来万字抽取出他看见的隐形河流并划分河段。

无效率的产权制度？诺思在这句话里抛弃了"制度是有效率的"这个假设后，用反问句式说的。正是为了回答这个反问，诺思走向了人类认知理论。

这也是诺思晚年下决心写作《暴力与社会秩序：诠释有文字记载的人类历史的一个概念性框架》的原因之一。某种意义上讲，这本书是诺思制度变迁理论的集大成之作，诺思在书中的抱负是试图回答大规模的社会是如何实现制度变迁的。尽管声称只负责提供概念性框架，事实上，整部书的理论框架，不仅可以回答一个社会是什么，还回答了这个社会将会发生怎样的变化。其中，最重要的一对概念，是"权利受限秩序"和"权利开放秩序"。这对概念将人类最近一万年的历史划分成两个发展阶段：第一个阶段包括最近200年以前人类的全部历史，在这个漫长的阶段人类处在权利受到限制的秩序当中；第二阶段是最近200年来人类的历史，在这个阶段人类的一部分社会建立起了尊重、保护人的权利的秩序，另一部分社会正在向权利开放秩序演变。书中分析了两种秩序的特征，以及它们之间的差异。

暴力控制的方式，是诺思论证大规模社会变革理论的起点。概括说就是：暴力垄断固然能保证一个社会一个时期的稳定，但长此以往，它将阻碍一个社会的和平变革，而暴力的社会性掌握，不仅会为化解社会危机带来机会，还会导致社会的动态性稳定，并为一个社会走向权利开放提供保障。

讲读这本书的董彦斌，1974年生于山西汾阳，先后在山西大学、中国政法大学求学，获得博士学位。代表作有《现代法政的起源》等。

董彦斌颇有传奇色彩。他有在司法机构、民间学术机构、出版机构任职的经历，还是某驻港机构驻京的首席代表。他创办过《中国法律评论》，还担任过《中国法律》的总编辑。他曾在西南政法大学博士后流动站做研究，出站后留校，在该校法学研究所任研究员。他还在东京大学综合文化研究所担任客座研究员，还获得过首届中国影响性诉讼杰出贡献奖。

董彦斌对四个学术领域保持着持久的学术兴趣：一是中国近代宪法与法律；二是中国古代法和古代思想；三是法政与社会理论；四是中国版的自然法。可谓博古通今，学贯中西。董彦斌身上，既保持着士大夫的古风，又有现代知识人的情怀。他精研中国书法、碑帖，钟情古诗词，坐拥重庆名斋"隐泉书房"。

年轻的时候，诺思是个马克思主义者，他的转变，并不是因为某些简单的事件，而是与他涉足认知科学有关。所谓认知科学，就是探究人脑，或者说人的心智是如何工作的科学。在诺思成长的20世纪40年代，认知科学刚刚诞生，诺思学术生涯成熟的60年代，这个学科已经取得了丰硕的成果。诺思的经济学研究，怎么会跟认知科学搞到一起去呢？诺思说他立志从事经济学研究后，一开始就想研究"是什么造成经济的富裕和贫困"。不把这件事搞清楚，是无法回答"如何改善经济绩效"问题的。

为了解开这个谜题，诺思走向了历史深处，决心向历史要答案。看一看诺思的代表作：1961年出版《1790—1860年美国的经济成长》，1971年出版《制度变迁与美国经济成长》，1973年出版《西方世界的兴起：新经济史》，1981年出版《经济史的结构与变迁》，1989年出版《宪制与承诺：支配19世纪英格兰公共选择的制度变迁》，1990年出版《制度、制度变革与经济绩效》，2005年出版《理解制度变革进程》，2009年出版《暴力与社会秩序：诠释有文字记载的人类历史的一个概念性框架》。

这份书单表明，诺思一生关切的问题，是制度及其变迁、变革。"制度变迁"涉及历史维度，而制度变革才是诺思关切的重中之重。诺贝尔奖在授奖词中说，诺思"为了解释经济和制度变革，运用经济理论和定量方法，使得经济史的研究得以复兴"。用诺思自己的话说，"我研究的重点放在制度理论上，这一理论的基石是描述一个体制中激励个人和集团的产权理论、界定实施产权的国家理论、影响人们对'客观'存在的变化不同反应的意识形态理论，这种理论解释为何人们对现实有不同的理解"。

诺思还有两句话，对理解《暴力与社会秩序：诠释有文字记载的人类历史的一个概念性框架》有很大的帮助。其一，"制度是社会的游戏规则"。意思是说，在一个不确定的世界，最紧要的事情是处理人与人的关系，而制度就是处理这种关系的一整套规则，它包括正式的规则（像宪法、法律和规定）和非正式的规则（像惯例、行事准则、行为规范等）。它们共同塑造了一个社会的经济、政治和组织面貌。其二，在1981年出版的《经济史的结构与变迁》中他说，"无效率"的统治为何会产生甚至长久存在？换句话说，既然有效率的产权制度可以提高综合所得并且增加统治收入，为什么仍有统治者制造出

导语｜走向权利开放的社会秩序

刘苏里

　　这部著作的第一作者是著名经济学家、新制度学派的创始人、诺贝尔经济学奖获得者道格拉斯·诺思，书于2009年出版，是诺思在世时出版的最后一部著作。书的副标题"诠释有文字记载的人类历史的一个概念性框架"，透露了三个关键性信息：一是"有文字记载的人类历史"，说明这个研究在时间上涉及有文字记载以来人类的全部历史；二是"概念性框架"，说明这个研究仅提供了一个宏观解释，书中的理论是一个概念框架，提供了一组认识问题的方法，还有进一步改进和完善的空间；三是"诠释"，说明作者先行对其中的重点问题做个扫描式说明。在我看来，这个副标题是低调、谦虚和审慎的。

　　诺思的低调、谦虚和审慎，其来有自。诺思是得过诺贝尔奖的大师级人物，可他在伯克利读书时的平均成绩，满打满算就是个中等。他自己说，这个成绩单是因为参加学运耽搁的。可就是成绩这样一般的学生，却走上了摘取经济学皇冠上明珠的道路。在一篇短小的自传的开篇，诺思说："从立志成为经济学家的那一天起，我就清楚自己要走向哪里。"原来低调、谦虚和审慎的背后，也藏着雄心和抱负。

　　1920年，诺思出生在马萨诸塞州的剑桥。他的父亲是人寿保险公司的经理，经常往来于世界各地，诺思也跟着家人在世界各地转来转去。诺思到欧洲旅行过，在瑞士和加拿大上过学，最后在普林斯顿大学旁边读完高中。诺思说，母亲崇尚多元化教育，恐怕也是无可奈何的事情。这产生了两个结果：一是诺思年少时就爱上了摄影，兴趣保持一生；二是在扩展他的知识视野上，母亲起了"非常重要的作用"。诺思的兴趣不止摄影，他还迷上了音乐，还是个垂钓发烧友。晚年他最惬意的事情，就是上午搞研究、写作，下午钓鱼、打猎，晚上欣赏音乐。诺思很早就有了自己的飞机，是驾驶高手。可以看出来，诺思不是个书呆子。他的学术生涯从经济史入手，研究领域不仅涉及美国、欧洲，触角还伸到全世界主要国家，可能跟他的早年经历有些关系。

四三

《暴力与社会秩序：诠释有文字记载的人类历史的一个概念性框架》

［美］道格拉斯·C.诺思　［美］约翰·约瑟夫·瓦利斯　［美］巴里·R.韦格斯特 著
杭行 王亮 译　格致出版社　上海三联书店　上海人民出版社　2013 年

主题词 ◎ 暴力　社会秩序　支配集团　觅食秩序　入口限制秩序
入口开放秩序　农业革命　工业革命

经典之处

《暴力与社会秩序》研究暴力问题，揭示经济行为与政治行为是怎样紧密地联结在一起的。在自然国家的社会里，暴力的限制是通过对经济的政治操控而产生的特权利益来达成的。特权使暴力不至于被强势的个人滥用，但这么做无疑又会阻碍经济和政治的发展。反之，现代社会则是通过开放经济与政治组织的权利，培育政治与经济的竞争，来限制暴力的。本书为我们理解这两种类型的社会秩序，以及为何开放的社会无论是政治还是经济都较为发达、何以有 25 个国家由一种社会秩序转型为了另一种，提供了一个框架。

作者简介

道格拉斯·诺思（Douglass C. North, 1920—2015），美国经济学家、历史学家。1920 年出生于美国马萨诸塞州剑桥市。1942 年、1952 年先后获加州大学伯克利分校学士学位和博士学位。诺思是新经济史的先驱者、开拓者和抗议者。因建立了包括产权理论、国家理论和意识形态理论在内的"制度变迁理论"而获得 1993 年诺贝尔经济学奖。

思考题：

1. 你怎么评价芝加哥大学不仅允许西蒙担任加州大学伯克利分校研究项目的领导，还允许西蒙邮寄博士资格考的答卷？
2. 西蒙认为以往的管理理论有什么缺陷？
3. 结合你的真实经历，或者举个实例，谈谈你认为一个组织或者个人在决策时，是该追求理想中的最优，还是在有限的选择中做出一个务实的决策？依据西蒙的"有限理性"假设，请你谈谈他们两者间的关系。
4. 根据西蒙的价值与事实有必要分开的理论，你认为政府的行政能否脱开政治只谈行政管理？
5. 西蒙为什么不同意瓦尔多的观点？你认为他们俩的根本分歧在哪里？

在数字计算方面的功能会非常强大,并且随着计算能力日益增强,我们还会发现新的功能。第二,计算机的发展将使存储于网络的数据日益庞大,怎么样才能利用大型数据库,以成本较低的方式获取与特定任务相关的信息,是需要探索的议题。这些话换成现在时髦的说法,就是大数据分析。第三,计算机会是专家,像医疗诊断、工程设计、下棋和法律搜索等应用领域,计算机都能达到人类的专业水准。这也算是对2017年阿尔法狗连续战胜顶尖的围棋高手的一个预言。第四,计算机让每个人都能几乎在瞬间和任何人通信。虽然西蒙没有看到推特、Facebook、微博和微信等应用的出现,但其前瞻了即时通信会随着网络的发展而出现。第五,计算机是一个巨型的头脑,能够思考和解决问题,还能做出决策。西蒙当时举的例子包括信用风险评估、基金投资、生产安排和公司财务风险诊断等,毫无意外,这些领域早就广泛应用了计算机决策,至少是利用计算机来辅助决策。

西蒙准确预见了人工智能的发展,而他的警示现在看来也没有过时。西蒙说计算机的发展带给我们的教训是,信息极其丰富,数据量很大,但人对信息的关注时间是稀缺的,并且人的理性是有限的。因此对管理来说,最重要的是要考虑怎么能让人在浩瀚如海的信息中迅速找到与任务相关的信息,并进行处理。这才是网络信息时代的组织要考虑的最重要的问题。

总之,谈到赫伯特·西蒙这本《管理行为》的影响,可以说至少影响了六大学科,包括管理学、经济学、心理学、政治学、公共管理和计算机科学。所以对于《管理行为》这样的经典,不管怎么介绍,都难免挂一漏万。

蒙最后说，如果要攻击实证主义，最好先了解一下什么是实证主义以及实证主义者所用的技术。这样，我也好把你们认为是追求真理的道路上的同行者，而不是敌人。

也许是意识到自己把判断和决策弄混了，瓦尔多后面的回应没有像西蒙那样咄咄逼人，甚至还非常有风度，只在最后回击了一下。瓦尔多说的确是自己弄错了并公开道歉，并且还说更糟的可能是自己完全误解了西蒙。然后瓦尔多客客气气地重复了两件事：第一是指出逻辑实证主义只是众多方法中的一种而已，逻辑实证主义不等于科学；第二是指出价值和事实不能分离，选特定事实就蕴含着价值判断。不过瓦尔多不认为关于事实和价值的争议是他的文章的核心。

瓦尔多称自己可能是错的，自己常常是错的；自己可能会改变想法，有时候的确会改变自己的想法。他称西蒙是政治理论家，绝不希望是羞辱西蒙，因为明摆着西蒙就是个政治理论家。而且他认为只要西蒙抵制住不断为自己的第一本书《管理行为》辩护的诱惑，西蒙会成为一个重要的政治理论家。

虽然看起来瓦尔多在论战中处于下风，但最终还是非常聪明地一招制胜，瓦尔多在美国公共管理学会设了个"瓦尔多奖"，在1995年把这一奖项颁发给了西蒙。五年后，也就是2000年，瓦尔多去世。第二年，西蒙也走了。这一长达半个世纪的争论，变成了政治学和公共行政领域的瓦尔多—西蒙论战。这场论战关系到事实与价值能不能两分，关系到行政和政治能不能两分，估计还会通过各自的徒子徒孙延续下去。但追根溯源，还是《管理行为》带出来的影响。

《管理行为》的深远影响

回过头来看，谁能说西蒙不是一个重要的政治理论家呢？西蒙没有像瓦尔多说的那样放弃为自己的第一本书《管理行为》辩护，实际上他后续横跨各个领域的工作，或多或少都与《管理行为》这本书的思想方法相关。

比如，西蒙作为人工智能领域的奠基人之一，在《管理行为》一书第一版中就谈及计算机对决策和管理的影响。在第四版的扩展评论中，西蒙不仅对计算机的作用提出了展望，也警示了可能存在的问题。西蒙指出，第一，计算机尔多说，如果我们一方面说效率是价值中立的，一方面又说效率是行政科学的核心概念，就会陷入虚无主义。如果说"效率"这一概念是行政的核心概念，那么必然是对"效率"做了重要的价值判断，所以不能说这个"效率"概念是价值中立的。瓦尔多还在这段话后面写了一个脚注，正是这个脚注引发了瓦尔多与西蒙的论战。

这个脚注是瓦尔多文章里的第 40 个脚注，里面有两点很重要：第一点是瓦尔多写道"我根本不相信存在所谓没有价值的事实决策"，这是瓦尔多对"事实价值两分论"本身的"价值判断"；第二点是他说西蒙尽管对管理理论做出了卓绝的贡献，但这些贡献并不是按照西蒙自己所说的方法得出来的。

1952 年 6 月，也就是瓦尔多的文章发表一个月后，《美国政治学评论》刊登了西蒙对瓦尔多文章的评论。西蒙一开头就说也许回应瓦尔多对他的谬赞的最好办法是沉默，但还是忍不住写了点对瓦尔多教授文章的评论。他说，我为什么要写呢？因为，你爱我，就要爱我的逻辑。说什么我对管理科学有大贡献，但大贡献并不是按照我的逻辑实证主义方法得出来的，这根本不是赞美，而是赤裸裸的谴责。

在西蒙看来，瓦尔多的意思无非是你的结论是对的，但方法是错的。这相当于指着西蒙的鼻子说他没有逻辑。但对于西蒙具体有什么逻辑漏洞，瓦尔多却又语焉不详，没有说清楚。

西蒙咄咄逼人地说，我在写《管理行为》的时候，推理是极其严格的。我希望有一天瓦尔多先生在做研究的时候，能够遵循和我的《管理行为》一样的标准。因为瓦尔多先生不仅弄错了我对"事实和价值判断"的说法，说成了"事实和价值决策"，而且我在瓦尔多先生的文章里不仅没有发现他对核心概念的清晰定义，更无法像用瓦尔多先生那样一会儿谈哲学、一会儿谈心理学、一会儿又扯到历史的方法进行论证，最后居然还得出了结论。

西蒙绵里藏针地说，尽管我已经在《管理行为》一书里清楚写过事实和价值的问题，这里只能略做解释，但这个解释是给那些熟悉英语语法基础和逻辑论证实质的人的。因为我们先不论瓦尔多先生的结论是对是错，单单从他和其他一些政治哲学家不严谨的写作来说，怕是连最基本的逻辑课都不能及格。西讨论什么是好的行政这个问题上，西蒙并不是不讨论价值判断，因为决策必然涉及价值和事实。西蒙的意思是，要区分价值判断和事实判断，这样能帮助我们更好地决策。

瓦尔多、西蒙论战

不过西蒙关于区分事实判断和价值判断的思想被很多人误解。其中误会最大、误解最深的，是政治学家瓦尔多，以至于后来引发一场学术史上的争论来。瓦尔多是赫赫有名的政治学家，在耶鲁大学拿到博士学位，基于博士论文写了《行政国家》，这本书后来成为公共管理领域的必读之作。瓦尔多与那些一心想把行政从政治中分离出来的学者完全不同，根本就是反其道而行之，因为他一生的努力都是把行政绑在政治过程中，认为行政和政治完全不能分离。其背后的方法论基础就是事实和价值无法分离。

1952年，瓦尔多在政治学界的顶级期刊《美国政治学评论》上发表了《民主行政理论的发展》，回顾和评述了当时围绕行政问题的一些讨论和进展，其中就评论了西蒙的《管理行为》一书。瓦尔多认为西蒙所谓的将事实判断和价值判断区分开来有助于有效的决策，从方法论角度看是站不住脚的，因为西蒙只不过是服从了逻辑实证主义这一哲学分支对方法论的看法。

瓦尔多进一步直言，事实和价值根本不能分开来。一旦选择一个特定的事实，这个"选择特定事实"本身就包含了价值判断。瓦尔多就此认为，政治和行政是自然缠绕在一起而分不开的。一旦选择了政治问责性或者有效性的方向，继而提出行政改善建议，就已经受到了特定的政治价值观念的影响。

那些试图将政府行政从政治中区分出来的学者，所期盼的无非是从政治中分出行政后，行政可以更加有效率。按照瓦尔多对西蒙的理解，西蒙眼里的效率是价值中立的。但瓦尔多沿着"事实和价值不能两分，行政和政治不能两分"的观念一条道走下去，对"让政府更加有效率"这样的说法不以为然。因为对瓦尔多来说，首先，"效率"根本不可能是价值中立的；其次，"效率"无非是众多"价值"中的一种而已，而且对政府来说，甚至不一定是最重要的价值。瓦成功的重要因素，有人却不以为然。但如果突袭的目标已经确定，那么接下来为实现突袭所采用的措施是不是合适，这就是一个事实判断了。在这个具体的例子中，就是要对突袭的时间、地点和兵力部署等情况进行保密。

也就是说，虽然决策同时包括价值判断和事实判断，但不意味着我们不能对决策进行评价。尽管我们不能从事实层面推导出一个价值是不是正确，但是我们总能从相对的意义上，例如在目标既定的情况下观察手段是否合适。而评价手段是不是合适完全可以是一个事实判断。一个事实判断，就能够用经验证据来看到底是对的还是错的。

西蒙说，这样一来，我们就能够把公共管理中争论不休的"政策问题"和"管理问题"区分开来。

在公共管理中，到底行政能不能从政治中分离出来，是一个历史悠久但也从来没有得到解决的问题。早在1887年，公共管理的创始人威尔逊就在公共管理的开山之作《行政研究》中说过："立宪难，行宪更不易。"威尔逊说行政管理就好比做生意或者搞管理，要将行政从"政治"中分离出来。行政研究有两个目的：第一个目的是弄清楚什么是政府合宜且能做的事；第二个目的是用什么样的手段能最有效地做成这些事。

但深入行政机构内部研究组织如何运行，其实并不是当时的主流。就好比之前经济学与管理学的关系一样，尽管企业是如此"耀眼"的经济现象和经济活动主体，但经济学家们并不关心企业内部的事情，认为老板和工人自会有办法解决生产问题。所以在很长时间里，企业都被经济学当成黑箱来处理。

同样地，尽管当时学者们已经意识到行政组织或官僚机构是政治的核心部分，但不管是政治学家还是公共政策研究者，都没有真正关注于此。相反，学者们当初更关心原则问题，例如什么是国家、什么是政府等。威尔逊敏锐地意识到政治学要发展就不能将行政组织当成黑箱来处理。而且研究者真正的挑战就是要去研究这个"行宪"难题。因此，有学者就沿着威尔逊的行政从政治中分离的思路往下探索。

西蒙已经指出，政治难免会涉及不同价值的讨论，但价值讨论很难有一个大家都接受的定论，因为价值讨论往往并不是基于严格的逻辑推断和经验证据。在完全按照地区专业化来分配的问题是，有时候这个地区可能缺乏相应的技术人员；而完全按照职能专业化来分配的话，有些专业人员就可能要在各个地区疲于奔命。这两种情况都不太可能提升管理效率，甚至还可能帮倒忙，给企业添乱。可见，单一的专业化原则，并不能为管理提供准确的依据。所以西蒙指出，要真正提高组织效率，首先要破除这些管理成见。

之后，西蒙提到一个重要的观点，那就是要用数据来证明到底什么才是对的，这样才能真正帮助组织的领导者做决策，到底应该采用何种方式来进行专业化。西蒙的意思是把管理的状况描述清楚，才是建立管理理论的重中之重。

这第一步说起来容易，做起来难。西蒙提醒说："我们在谈论其他后续步骤时，千万注意，不要低估这第一步的重要性和必要性。"这里的第一步是指描述管理的状况，并且要描述清楚。这就意味着要把管理的事实描述清楚，还意味着要把管理中的价值判断与事实区分开来。西蒙认为把价值和事实分开，在管理上是"一种非常基本的区分"。而背后支撑这种区分的是逻辑实证主义。

对西蒙采用的逻辑实证主义来说，要验证一个命题是不是正确，就要把这个命题与实际经验相比较，或者通过逻辑推理把这个命题引导到能够和经验相比较的路子上来。但因为基于价值判断的命题，通常都涉及"应该如何"，是道德命题，而并不是"事实上如何"的事实命题。所以"应该如何"一般无法通过经验或者理性的方式来检验到底正确与否。一般说来，价值观相近的人容易做出相同的价值判断，而价值观不同的人，对同一件事的判断可能完全不同，只能公说公有理，婆说婆有理。

西蒙当然知道对任何一项决策来说，事实判断总是或多或少夹杂着价值判断，所以我们固然可以声称某一项决策是好的，但要说一项决策是正确的或者说真实的，就需要进一步用证据证明。

西蒙引用了美国陆军《步兵野战手册》中的一段话："突袭是攻击取得成功的主要因素。无论战役大小，都应该力争达到突袭效果。步兵要营造突袭的效果，必须对袭击时间、地点以及兵力部署的情况保密，采取迅捷行动、欺敌战术以及超越陈规的方法。"

西蒙说"要不要突袭"，这个包含了价值判断，因为一定是有人觉得突袭是西蒙指出，要让纳税人分摊修路费用，涉及价值判断，并与修街道的目的连在一起；而要决定怎么分摊修路费用，就要从事实上比较不同融资手段的成本，找一个成本低的分摊办法。

然而，任何一个公共政策或者公共项目，目标往往都是多重的，所以最终的决策要取决于不同目标对组织的重要程度，重要性高的，组织就更倾向于去实现。而当目标确定下来之后，决策还要考虑诸种备选方案中哪个方案能实现目标。

也正是在这里，西蒙首次描述了"满意"行为。西蒙把决策的过程看作一个选择的过程。比如说任何一个决策者，不管是高层的管理者还是基层的工作人员，其实时时刻刻都面临选择。一般来说，一个人在特定的时间点上，总是面临着多种选择，但一个人往往不能鱼和熊掌兼得，只能选择其中的一种。而通过逐渐缩小备选的方案，最终实际采纳一个方案。这个方案往往并不是最优的，但一般来说，是一个当时让人满意的方案。

《管理行为》总是不断突破成见

西蒙关于满意的思想，突破了传统经济学关于"最大化"的假设。如果人的目的是达到一个满意而不是最优的状态，那么人的行为就不会像传统经济学假设的那样"理性"。当然西蒙之所以认为人的行为是求满意，而不是求最大化，是因为其背后还有一个比经济学上的理性人更加切合实际的假设，那就是"有限理性"。

西蒙认为，以前的研究者说的都不对，他们只是接受了关于管理准则的成见，但没有反思。对任何一项管理准则来说，其实都是福祸两相依。比如，依据什么就确认专业化一定可以提高效率呢？

大部分人都相信，分工导致专业化，使得效率提高，产生更多的利润，这一逻辑看起来似乎没有什么问题。久而久之，大家就接受了专业化导致高效率。但西蒙说这明显与实际情况不符，比如说一个公司是应该按照地区专业化来分配工作人员呢，还是应该按照职能专业化来分配工作人员？

《管理行为》的主要内容

西蒙说管理主要分成两大部分：第一个部分是决策，第二个部分是执行，而且执行过程中又时时都有决策。早期的管理学讨论中，大部分只研究怎么执行到位并有效，却很少有人围绕决策讨论问题。而实际上，如果决策方向出错，那么执行越到位、越有效率，就意味着在错误的方向上走得越远。

例如，泰勒的科学管理中，研究的案例是怎么搬砖搬得快，甚至把动作分解到怎么弯下腰再直起腰速度快，还不会造成腰肌劳损，每一次应该搬几块为最佳等，却忘记问一句为什么要搬砖。而西蒙说，没有目的的管理没有意义。

与目的相关的决策，通常涉及为什么要做，应不应该做等，西蒙把这一类决策叫作价值判断；而一旦决定要做一件事，怎么样能把这件事快速高效地做好，西蒙称为事实判断。这一事实与价值的两分，虽然接续了韦伯关于价值中立的原则，但也有很大的不同。而且这个不同之处常常被其他社会科学家误解，以至于后来闹出与政治学家瓦尔多之间的一场大争论来。

西蒙在书中举了一个修建新街道的例子，来说明事实判断和价值判断在具体事例中的表现。要修建新街道，必须先决策确定：一、街道的设计方案；二、街道设计方案与地区总规划的合理关系；三、项目融资手段；四、是采用外包项目方式还是由官方组织完成；五、修建的新街道与后续维护的关系；六、与自然环境有关的其他问题。西蒙说，这六个问题里，都夹杂着价值要素和事实要素。而将修街道这一工程的目的与施工的具体程序区分开，可以部分地区分事实和价值。这句话很重要，西蒙没有说过事实和价值在实际中可以完全区分开来。

修新街道必须考虑它的目的以及影响到的社会价值，西蒙罗列的目标和价值包括：一、交通运输的速度和便利程度；二、交通安全；三、新街道布局对房地产价值的影响；四、修路的费用；五、纳税人分摊修路的费用。同时，要实现这些目标价值，修新街道必须考虑一些具体的事实，例如各种材料的相对平整度、持久性和价格；从费用和交通便利的角度看，备选路线的相对优缺点；不同融资手段的成本和费用分摊等将发生的事实情况。

传统的经济学理论也是不管的。因为传统经济学更关心宏观市场的效率，那么只要假设企业是最大化利润的，价格机制能起作用，市场就是有效率的。

诺贝尔奖委员会说西蒙的思想与传统经济学完全不同，是把企业当成一个不断根据资源、人员和社会环境进行调整的系统。而把企业组织起来的，则是由内部沟通编织起来的一张密密麻麻的网。企业内的员工是不同的决策者，靠这张沟通交流的网相互协调。这张沟通交流的网把员工联系在一起，使得他们愿意为了企业的共同目标而付出努力，而不是单纯依靠价格机制，也不是单纯靠权威命令。

更重要的是，西蒙在《管理行为》一书里彻底拒绝了企业利润最大化的假设。诺贝尔奖委员会对这一点非常看重。传统经济学利润最大化的假设，背后是理性人假设，只有完全理性的人才能综合各种信息做出最优的选择。而西蒙认为人的理性是有限的，他的假设叫有限理性假设。这也是西蒙理论的微观基础。西蒙认为人不可能全知全能，也没法做到完全理性，所以不可能找到一个最优选择，只能找到一个相对满意的选择。而选择一个相对满意的方案，的确也是现实中常见的选择。

这样对企业来说，也意味着没有办法每时每刻都找到最大化利润的方案，有时候差不多满意就可以了。但恰恰是因为差不多满意就可以了，反而能够协调企业内部相互冲突的利益，让大家能相对满意，而不是每个人都去争取获得利益最大化。比如找到一个相对满意的分配方案，而不是每个人都想得到最多，才能协调经理与员工之间的冲突。

追求满意而不是追求最大化，是西蒙为决策要达到的结果设定的调子。西蒙认为人的有限理性在发挥基础性的作用：人的理性有限度，所以不可能追求利润最大化，只好选一个差不多满意的结果。但20世纪四五十年代，传统经济学理性人假设在学界占上风，假设人都是追求利润最大化的。西蒙从有限理性推导出人只是追求满意的行为，真是石破天惊。现在火爆的行为和实验经济学，思想来源都可以追溯到西蒙这里。

除了韦伯，还有一个人不得不提，那就是科学管理之父泰勒，他写过一本很有名的书——《科学管理原理》。泰勒从提高生产率的角度出发，探索科学管理的方法和理论，他认为，如果一个工人做得又快又好，那么就能够通过分解这个工人的动作，分析其又快又好的诀窍，然后让其他工人仿效学习，这样大家的生产率就都提高了，企业也能生产更多的产品。

早期的管理学理论都是把人往机器的方向去管理，在韦伯那里是"去人格化"，在泰勒那里是科学化和标准化。

但人毕竟不是机器，有血有肉，有时候勤快，有时候会偷懒。而且每个人加入一个组织，有自己的目的，不可能让每个人都一心一意为组织谋发展。

西蒙的《管理行为》就是站在对以往思维定式的批判之上。他指出，如果对组织的描述不清楚、不准确，如何谈管理准则？只有精确描述管理组织的面貌和运转情况，才能提出组织管理的理论。

在西蒙之前，关于组织的理论的重要缺陷是没有把组织里的人描述清楚，例如人是怎么做决策的，人和组织的关系是什么，组织对人又会产生什么影响，组织中的人会因此而做出什么样的决策。"人的决策"这样一个如此显而易见又重要无比的现象，居然没有得到精确的描述。

于是，西蒙提出了一个最基本的假定：决策制定过程是理解组织的关键。不理解人的决策就不能理解组织。

西蒙凭借对组织内个人决策的一系列研究，获得了1978年的诺贝尔经济学奖。诺贝尔奖委员会的颁奖公告中对《管理行为》一书不吝赞美之词，表彰西蒙不断突破之前的经济学成见，把新的理论和见解带入了经济学关于人的决策的研究，也为理解经济组织的运行提供了新的洞见。

获得诺贝尔经济学奖

传统经济学把企业当成一个黑箱，反正企业的最终目标就是利润最大化，至于企业家怎么做决策，多少资源用于生产，多少资源用于营销，如果用于营销，要用什么策略等，没有被考虑。具体的利润最大化的决策和策略到底是怎样的，

《管理行为》是不能错过的经典

要理解西蒙关于决策的思想，《管理行为》是无论如何都不能错过的经典。这本书最初的底子是西蒙的博士论文。正式成书在1947年，1957年出第二版，第三版原计划在1977年付印，以纪念这部著作出版30年，但出版商动作快，提前了一年，1976年就出第三版了。又过了20年，1997年，《管理行为》第四版出版，西蒙在每一章后面都添加了评论，不仅回顾过去的发展，对批评意见进行回应，也提出了后续可供跟进的方向。其语言平实，但掩不住思想的深邃。

西蒙在第四版的前言中说："《管理行为》对于我来说，就像一个可靠的起航港口，让我可以远航去探索人类决策行为的真相，这个探索组织结构和决策行为之间的关系，运筹学和管理科学的形式化决策行为，以及近年来人类思维和问题求解行为的航程，让我大受裨益。"

西蒙这本书距离最初出版已经过去了70余年，但内容毫不过时。经典之所以是经典，正因为它历久弥新。西蒙研究的是组织决策的议题，而人类组织的历史长达4000多年。尽管组织的形式发生了很多变化，但核心议题依旧是人如何做决策。他认为，虽然管理中的具体问题和碰到的约束会因时代变化而变化，但人类行为和决策的基础议题没有大的变化。

当然，经常有人一谈管理学就直奔古希腊的色诺芬而去，这未免太过牵强，毕竟色诺芬讲的是奴隶主管理奴隶的问题，并不适用于现代管理。但从马克斯·韦伯的官僚制谈起，学者们还是普遍赞成的。韦伯的想法不复杂，他认为官僚制可以非常高效。所以他设定了一个官僚制的理想类型，也就是说，理想中一个高度有效率的官僚制是什么样子的。

韦伯说官僚制要有效，就要有分工，在一个组织里，你干什么，他干什么，要说清楚；领导和下属要上下有序，要有权威等级，不能一个事领导说往东，下属却往西；要有成文的规定和档案记录，规章制度、奖赏惩罚、晋升制度都要写明白；要有专业培训；人际关系要"非人格化"，就是说人际关系要基于工作，同事间不要称兄道弟、搞姐妹淘之类的；最后，要根据能力选拔人才，不能提拔那些只会拍领导马屁的。韦伯认为，这样的官僚制就会非常有效。

年。总之，当时芝加哥聚集了这样一群经济学人，他们高手过招，相互砥砺，像一颗颗璀璨的新星。

参加考尔斯委员会的活动，促使西蒙将研究重心从政治学和公共管理逐渐转向经济学和心理学，让他有机会重新思考经济学。这一转变对西蒙意义重大。一方面，正是这个变化，让西蒙凭他的研究成就最终获得诺贝尔经济学奖；另一方面，从那时起西蒙开始思考他的"有限理性"思想，西蒙的这一原创思想从微观的个人行为和心理层面，为研究政治学和公共管理奠定了基础。

1949年，卡内基理工学院，也就是现在的卡内基-梅隆大学，收到一大笔捐款，并用这笔捐款设立了工业管理系，西蒙应邀加盟并担任系主任。他和他的新同事想把经济学和行为科学作为工商管理教育的基础。在西蒙看来，如果不深刻理解个人行为和决策，就不能推行有效的管理学教育，因为管理最终是要依靠一个个具体的人。这样，西蒙就从政治学教授转而担任管理学教授，后来还教过心理学和计算机科学。

就在那个时间点上，工业管理理论和科学技术都有了飞跃式的发展。西蒙敏锐地意识到，应该借助计算机技术研究人如何进行决策。西蒙先是想用计算机程序模拟人如何解决问题，后来，他将研究重心直接转到了利用计算机来模拟人类的认知，通过对认知过程的研究，研究人类的行为和决策。那时他就发现并坚信计算机技术可以为研究人类认知提供有效的方法。可以说，这就是人工智能思想的起源。而西蒙认识到这一点，是在70年前。如今人工智能的诸多进展，都得益于当初西蒙"用计算机模拟人类认知"的想法。比如由机器识别与分类，他的这一想法启发后来的学者从模拟认知的角度思考这个问题，让机器像人一样，先学习一部分数据，利用学到的东西再去识别、分类和推断。所以，有人说西蒙是人工智能之父。

从在芝加哥大学学习政治学和公共管理，到在伊利诺伊理工大学教政治学和公共管理，再到卡内基-梅隆大学教管理学、经济学和心理学，以及后来的计算机科学和人工智能，西蒙的研究始终围绕人怎么决策，人在不同的组织里怎么决策，个人决策又如何影响组织行为，以及用什么样的方法才能更好地研究决策。他以对"决策"的研究横跨了六大学科，并且对每个学科都产生了重大影响。

政府绩效的方法不满。师徒两人教学相长，于 1938 年共同撰写了《测量基层政府行为》，这一研究成果也成了西蒙后来研究组织决策行为的前期工作。这个研究助理的经历把西蒙引上了研究组织决策行为的路，最终决策行为成了他终身的研究对象。

差不多同一时期，加利福尼亚大学伯克利分校的一群人也加入进来，开始研究如何测量政府绩效。西蒙因为能力强，又和雷德利一起写过书，就到伯克利去做这个小组的领导。从 1939 年到 1942 年这 3 年西蒙都在伯克利。与此同时，他通过了博士资格考试，当然这要感谢母校。芝加哥大学当时不仅允许西蒙担任伯克利项目的领导，还允许西蒙邮寄资格考试的答卷，免得他两地奔波。世界一流大学之所以为世界一流，不是没有道理的。

1942 年，伯克利研究项目的经费用完了。即便是像西蒙这样的人才，想留下也不容易。按照他在自传里的说法，工作机会不多。恰好芝加哥的伊利诺伊理工大学有个职位，他应聘成功，就回到了芝加哥。尽管是 1943 年才正式拿到博士学位，但 1942 年西蒙已经在伊利诺伊理工学院政治学系任教，主讲公共管理和组织管理课程。

更宽阔的学术之海

对西蒙来说，在那个时候回到芝加哥意义重大，他的这个选择决定了他后来的一切，甚至对整个管理科学的后续发展都意义重大。为什么这样说呢？因为考尔斯经济研究委员会当时就设在芝加哥大学。这个经济研究机构是由美国的一位经济学家兼企业家阿尔弗雷德·考尔斯在 1932 年创建的，后来改名为考尔斯基金会。它支持用数学和统计学进行经济学研究，对经济学的发展影响深远。那时考尔斯委员会经常组织研讨，西蒙也去参加。

常去考尔斯研讨会的还有库普曼斯和他的学生阿罗、霍维茨、克莱因等人，弗里德曼、莫迪格里亚尼也去。这些人在几十年后依次获得了诺贝尔经济学奖，阿罗是在 1972 年，库普曼斯是在 1975 年，弗里德曼在 1976 年，西蒙是在 1978 年，克莱因是在 1980 年，莫迪格里亚尼是在 1985 年，霍维茨比较晚，是在 2007

本名叫赫伯特·西蒙。他的这本书是《管理行为》。

西蒙的求学之路

西蒙 1916 年 6 月 15 日出生在美国威斯康星州。他的父亲亚瑟·西蒙是电器工程师，1903 年从德国移民到美国。西蒙的妈妈叫爱德娜·默克。西蒙从小就对科学很感兴趣，曾经一度还想学习生物学。他很早就接触到了研究人类行为的社会科学。西蒙在自传里曾经提到，他们一家人吃晚饭的时候，经常在餐桌上讨论时局和政治，也讨论科学问题。家人，特别是西蒙的舅舅，对西蒙影响极大。西蒙年少时舅舅正在威斯康星大学麦迪逊分校学习经济学，所以家里有很多经济学和心理学的书籍。小西蒙就是通过这些书籍，接触到了社会科学。

1933 年，西蒙进入芝加哥大学学习，选专业的时候，他想过选社会科学和数学，还想选生物学。他没有选择生物学的理由，说起来也是天意，据西蒙自己说，因为他是色盲。这个先天缺陷就限制了他对生物学的探索。最后，西蒙选择了政治科学和经济学。

在芝加哥大学，西蒙遇到了亨利·舒尔茨。舒尔茨是计量经济学家，也是赫赫有名的计量经济学会的创始人之一。亨利·舒尔茨门下著名的学生除了西蒙，还有弥尔顿·弗里德曼。

从 1933 年到 1943 年，西蒙在芝加哥大学从本科一直读到取得博士学位。《管理行为》一书就是西蒙以自己的博士论文为底本写成的。

初探管理行为

西蒙研究管理行为始于他读博士期间的一项工作，担任克拉伦斯·雷德利的研究助手。雷德利尝试用多种办法测量政府部门的工作到底有没有效率，西蒙辅助雷德利做一些相应的助研工作。

20 世纪 30 年代，大量测量政府绩效的研究基本是说政府这样做或那样做就能提高效率，却没有相应的证据，也讲不出个所以然来。师徒两人都对那时测量

李华芳讲读《管理行为》

> 李华芳
> 经济学家，美国罗格斯大学经济学博士，现为上海金融与法律研究院研究员。在经济分析中，用"看不见的手，内心的观众和体面生活"对抗反知反智的言行。

你也许不知道这样一个人

如果我说有这么一个人，写了一本书，却至少影响了六大学科，包括心理学、经济学、管理学、政治学、公共管理和计算机科学，你会信吗？

世界上还真有这么一位绝顶聪明的人，一生获奖无数：

1969年，他获得美国心理学学会颁发的心理科学杰出贡献奖。

1975年，他获得图灵奖，这个奖对获奖者的要求极高，是计算机科学领域的最高奖项。

1978年，他获得了诺贝尔经济学奖。

1986年，他获得美国国家科学奖章，这个奖也称总统科学奖章，一般都是由美国总统亲自颁奖。

1993年，美国心理学学会又授予他终身成就奖。

1995年，他获得美国公共管理学会的德怀特·沃尔多奖。

此外，他还被公认为人工智能之父，是20世纪最伟大的学者之一。

在谷歌学术的引用数据里，这个人写的这本书被引用了26853次，而另一位大名鼎鼎的诺贝尔经济学奖得主弥尔顿·弗里德曼的《资本主义与自由》，是他所有作品中被引用次数最高的，引用了17972次，不到2万次。

他是谁呢？说来有意思，这个人还会点中文，有个中文名字叫司马贺。他的

物，产生了很大影响。这一切，都开始于东海的一个小岛，那是李华芳的出生地。他说，上高中时，朋友向他介绍经济学家顾准先生的作品，他才决心考取经济系。

是走到尽头，还能出来，再找下一个入口。科学求索如此，工作如此，人生亦复如此。

西蒙认为，科学真相不可得，"没有任何一种解释是确定的"，那我们"为什么不对事件多提供几种解释呢"？他用他的实践，彻底否定了人生"只有一个中心主题、一种统一思想"的成见。他要使自己的人生主题，看上去"更加明朗厚重"。西蒙不仅做到了，甚至可以说接近完美。

西蒙还认为，身为科学家和教师，他工作的中心是"找到人类决策过程中真理的圣杯"。西蒙一边说科学难得真相，一边又说他的工作就是力图找到真理的圣杯。怎么理解他的矛盾呢？在我看来，西蒙是在说，我们每个人的心中，都应该有这样一只圣杯，虽然一生寻觅也未必能有所得，但寻找圣杯的过程，却可能是支撑我们活好每一天的动力。

讲读这部著作的李华芳不仅细致地讲解了《管理行为》这本书，也讲了产生西蒙奇观背后的故事。在西蒙的发现和创造之旅中，有一片深不见底的大海，那就是在他思考、研究和探索之外，另一个丰富无比的人生面相，它们关乎西蒙的成长、爱情、交往和社会责任。这片大海连着一个人成长的那片土地。

李华芳是年轻一辈的经济学人。他1981年出生，三十几岁就已经在英文顶级期刊上发表了数篇学术论文。他的博士论文《信息与捐赠：一项关于非营利组织在线交流的研究》，获得了美国公共管理研究学会的最佳博士论文奖。从他的博士论文可以看出，他的研究方向是个人为什么以及如何通过公共组织有效提供公共物品——非常前沿和尖端。

1999年，李华芳考入浙江大学经济学院，毕业后进入初创时期的浙江大学跨学科研究中心，一年后去了上海金融与法律研究院，一干就是七年。2010年以后，他先是考入华盛顿的美利坚大学，又考进新泽西的罗格斯大学，攻读公共管理学硕士和博士学位，差不多跟西蒙是同行。一毕业他就找到了一份教职，在密歇根州的伟谷州立大学当起了老师。

李华芳还以自己的知识和见识，对公共事务发言，在各大媒体发表了大量时评，在时评界以"救火队员"闻名，出手稳准狠。2006年，25岁那年，他跟一群小伙伴创办了《读品》，以阅读为主题，一做四年，还出了连续出版

导语｜每个发现背后，都有一片深不见底的大海

刘苏里

可以说赫伯特·西蒙是人工智能（简称 AI）的开山鼻祖。人工智能是计算机科学的分支，西蒙是计算机科学的奠基人之一，而认知心理学又是计算机科学的基础，西蒙也是认知心理学的创始人之一。西蒙在上述领域的建树，都跟一项研究有关，这项研究发生在 1939—1942 年的加州大学，1947 年，这项研究结晶成了更为系统的《管理行为》这本书。

《管理行为》这本书的雏形，是西蒙在 1935 年读本科时写的一篇习作《市政管理的技巧》。再向前推，我们还可以在少年西蒙身上，找到他后来一系列发现和创造的轨迹。12 岁时，他懂得了"通情达理之人，常有处理世事独到的见解"；14 岁时，他悟出了"你无法依靠逻辑来改变人们的观点"。这一连串的思考、体悟、研究，其实都跟一件事有关，那就是如何理解和解决"人类问题"。

我想说的是，读西蒙，会有多方面的收获，而不只是增加一点有关管理和人工智能的知识和见解。如果说人工智能是人类发现之旅皇冠上的宝石，那么，在这个发现的背后，是一片广阔而深不见底的大海。西蒙有一本自传，写他自己"在迷宫里寻寻觅觅的人生"。西蒙认为，科学探索的过程，像是一次次走入迷宫，走到尽头时折回来，再重新寻找另一个入口的行为。任何重大的发现和创造，都不是一个早晨的激情，或某个晚上的决心所能完成的。西蒙进进出出多个学科，从政治学到管理学，从经济学到认知心理学，再到计算机科学，都是为了这一个目标：解决人类问题。

西蒙在多个重大学科中，都有惊人的创造。一个人在很多个学科中，都占有国际级的一席之地，简直难以想象。西蒙做到了。怎么做到的呢？就是进进出出各个迷宫。进进出出迷宫，得具备很多条件，比如，得其门而入，得敢入，入门后得敢于往前走，还得知道什么时候算是走到了尽头，更重要的

四二

《管理行为》

[美]赫伯特·A.西蒙 著 詹正茂 译 机械工业出版社 2013年

主题词 ◎ 行政 价值判断 事实判断 决策

经典之处

《管理行为》是赫伯特·A.西蒙最重要的著作。西蒙提出,现实生活中个人和组织的决策需要一定程度的主观判断,并且都是在有限理性的条件下进行的。理想中的完全理性会导致人们寻求决策的最优解,而现实生活中的有限理性则导致人们寻求满意解。西蒙将组织内部的活动分为经常性和非经常性两类。前者的决策为程序化决策,后者的决策为非程序化决策。所有的程序化决策过程都可以概括为:界定问题,明确目标,寻找为达到目标可供选择的各种方案,比较并评价这些方案;做出决策,在执行决策中进行检查和控制,以保证实现预定的目标。

作者简介

赫伯特·A.西蒙(Herbert Alexander Simon,司马贺,1916—2001),曾任美国伊利诺伊理工学院教授,自1949年开始,在卡内基·梅隆大学担任计算机科学与心理学教授。西蒙在管理学、经济学、组织行为学、心理学、政治学、社会学、计算机科学等方面都有较深的造诣。主要著作有《管理行为》《公共管理》《组织》《经济学和行为科学中的决策理论》《管理决策的新科学》等。

但是，另一方面，如果七个支流中的绝大多数都水量不足，那么大河抵达大海的概率就会大大降低。从这个角度来说，民主的运行的确是有条件的。尽管这些条件在不同情景下内容未必相同，但是那种"只要扔到河里自然就会学会游泳"的唯意志论缺乏历史的依据。正如达尔在书的尾声所提到的，18世纪末19世纪初西方世界兴起了一股民主革命浪潮，但是当时除了美国革命，其他新兴民主政权纷纷垮台，可见当相关条件匮乏时，民主就成了无水之鱼。近年几乎全军覆没式的阿拉伯之春同样说明了这个道理。

但是，建立多元政体过程虽然艰险，在过去200年里却成为历史大势。18世纪末19世纪初，美国确立了全球近代化以来的第一个多元政体，200年过去，这一政体形式已经遍及全球，成为主流。在这一过程中，很多国家经历了最初的跌跌撞撞后最终走向了稳固的多元政体。至于今天那些尚处于风暴中心的国家最终会走向何方，只能拭目以待了。

思考题：

1. 你认为区别"多元政体"和"代议制民主"这两个概念，有什么意义？
2. 试着谈一谈达尔关于民主的八条标准的关系。
3. 你认为一个现代国家的经济发达主要表现在哪些方面呢？
4. 谈谈你对平等的理解。
5. 读几本英法美三国的历史书，比较一下这三个国家是如何走上民主道路的。

最后一点是国际因素。他国的直接行动如何影响多元政体的发展，很难一概而论。一个超级大国可以通过占领他国来推行民主，就像战后美国在日本那样，但是类似的努力也可能引发剧烈的民族主义反弹，成了帮倒忙，今天阿富汗和伊拉克的遭遇正是例证。一个超级大国可能破坏他国的多元政体，但是它也可能通过其压迫性政策而使其更加向往自由。如果说直接行动对他国政体的影响非常难以预测，国际体系的影响则相对清晰：当国际体系中自由国家居于霸权地位时，多元政体更倾向于出现和传播，而威权国家获得霸权时，多元政体则倾向于覆灭或萎缩。简单而言，在一个大家庭中，大家会怎么想怎么做，与老大是谁、他怎么做息息相关。认识这一点，我们只需要问自己一个问题：如果第二次世界大战是德国取得了胜利，今天的世界民主化仍然会是一个主流趋势吗？或许还可以追问另一个类似的问题，如果冷战是苏联取得了胜利，发展中国家还会出现民主化浪潮吗？这种假想的情境，或许能够帮助我们理解国际体系对于多元政体的重大影响力。

现在，我们回顾和总结一下达尔对多元政体的分析。什么样的因素促进多元政体的出现和稳固？什么样的因素不利于它的生成？总结前面的讨论，我们可以列出七条：经济水平、经济模式、经济平等状况、政治观念、历史路径、社会裂痕状况以及国际因素。大体而言，当一个国家经济水平高、经济资源向民间分散、贫富差距小、人们信奉多元政体的合法性并相互信任、历经一种演进式的民主化道路、人口相对同质、国际格局由自由国家所主导，多元政体的生命力就强劲，反之则否。

需要指出的是，在这个七个因素中，不同国家所历经的组合可能非常不同，有些或许七个条件都很好，有些也许七个条件中三个占据优势，而另一些则在另外四个条件中占有优势。也就是说，民主化进程并没有统一的模式和道路，各国民主所依赖的支点也不尽相同。这就是为什么有些非常贫穷的国家也会保持民主，而另一些非常富有的国家民主会崩溃，或者有些社会结构非常两极化的国家能支撑民主，而另一些同质性社会会经历民主倒退。不妨把民主的动力视为拥有七个支流的大河，如果七个支流都水流充沛，大河自然会奔流入海，但是如果其中一支或几支水量不足，整个河流也未必就会断流。这正是政治的参差多态之处。

首先是历史路径的重要性。即，那些已经建成多元政体的国家是如何建成多元政体的？过程可能对结果有很大的影响。这就像盖房子，你是怎么盖的，直接决定了它是否牢固。那么，对于建设多元政体来说，什么样的历史路径更有利？达尔强调转型顺序和转型速度这两个因素。

为什么转型顺序很重要？多元政体的建构包含两个维度：一个是竞争，一个是参与。某种意义上，政治竞争的出现是实现从零到一的突破，而政治参与的扩大是"从一到一千、一万、一百万"的变化。达尔认为，当竞争先于参与出现，并且这一过程以一种演化而不是革命的方式发生时，民主更容易走向稳固。英国是这种演进式民主的典型：1689年就发生了光荣革命，实现了议会主权，但是直到20世纪普选权才得以实现。在这漫长的几百年时间里，精英之间通过斗争逐渐学会了分权和宽容，然后再把民众一层一层地卷入这个多元政体。虽然这个过程也充满斗争，但是每一次震荡都不至于令多元政体脱轨。相比之下，法国革命则一开始就强调全民参与，但是对异议分子却绝不手软，这种"参与优先，漠视竞争"的民主化模式，以及它爆炸式的发展速度，使得法国的民主努力很快夭折。用更通俗的语言来说，要想革命成功，细嚼慢咽比狼吞虎咽效果更好。

其次，达尔分析了社会裂痕对多元政体的影响。简单来说，人口相对同质的社会有利于多元政体，而滋生碎片化或者两极化裂痕的社会最危险。裂痕未必只发生在阶级之间，宗教、语言、民族、种族、地区等都可能成为矛盾焦点。尽管我们今天都把"文化多元主义"作为一个政治正确的词来看待，但是文化多元主义作为一种社会条件，客观而言常常使得民主变得更加脆弱。如果说在20世纪70年代这一点还不甚清楚，今天则很突出。宗教冲突、种族仇杀、地区分离主义等已经成为发展中国家民主稳固的最大挑战。即使是发达国家，由于大量移民、难民的涌入，政治撕裂也开始加剧，民主的韧性受到挑战。

当然，并不是说在一个文化多元主义的国家，民主实验会注定失败。美国、比利时、加拿大，甚至印度、南非这样的发展中国家都存在着文化多元主义格局，但是其民主政体也并没有由此崩溃。达尔认为，如果一个多元政体能够体现出一定的包容性，有制度化的分权安排，最重要的是，各亚文化群体对多元政体的正当性存有信念，那么多元政体依然可能在这种社会结构中存活。

题在于，无论是自我的边界，还是利益的边界，都是含糊不清的。自我是指我个人，还是我的家庭、我的社区、我的民族、我的种族？同样，什么叫利益？纯粹的经济利益，还是也包括成就感、情感满足、个人地位？人并非纯粹的经济动物，人还追求尊严、归属感、正义等"利益"难以概括的东西。

那么，观念来自哪儿？达尔认为，最重要的是人的社会化过程，尤其是人20岁以前的早期社会化过程。一个人在这个阶段能够接触到什么样的思想资源、哪种思想资源享有声誉、哪种思想资源能够和个人经历相互印证等因素塑造着一个人的头脑。在这里，我想格外强调两点。

一是思想资源的重要性。达尔描述了美国制宪会议这个事件对法国人的震撼。在此之前，极少有法国人意识到宪法是可以由民意代表制定，并交由民众投票通过的，而美国1787的制宪会议像是从天井上方投下来一束光，令法国人意识到：啊，原来还可以这样！这就是所谓新的思想资源的力量。它往往成为推动社会变革的巨大力量。

二是早期社会化的重要性。现在已经有不少研究显示，人生早期的经历对于观念的影响远远大于中后期，大约是因为人们在童年和青少年时期，头脑像一块海绵，具有极强的吸收能力，而后来这种吸收能力逐渐衰退。这就能很大程度上解释，当人到达一定年龄之后，哪怕接触多元信息，也常常会固守成见，因为这个时候头脑越来越封闭，对信息的吸收已经非常具有选择性了。

总结一下就是，多元政体的形成和发展需要一定的观念支撑。哪些观念？达尔认为，人们越认同民主、越实践平等、对政府能力的评估越积极、越信任他人、越善于合作，多元政体就越有生命力。至于这些观念从何而来，达尔强调，一定的思想资源是否存在，这些思想资源是否具有声誉、是否印证经验，非常重要。这些因素是否在人们的早期社会化过程中存在，尤为关键。

还有哪些因素促进多元政体的发展

在这本书中，达尔在经济和观念两个维度上花的篇幅最多，但他同时还论及了三点：历史路径、社会裂痕以及国际影响。

第二是对权力结构的看法与实践。简单来说，人们越奉行等级观念，推进多元政体的希望就越渺茫；越具有平等意识，多元政体就越有希望。在这个问题上，达尔格外强调政治秩序和生活秩序的吻合度。也就是说，只有人们不断在学校、家庭、社区、社团、教会等生活场所中实践平等，政治上的平等才有根基，否则即使一个国家选择了宪法意义上的民主，其民主也会因为缺乏社会实践的滋养而很快枯萎。直观地说，如果一个国家的大多数人动不动在餐馆呵斥服务员、在家训孩子、在工作单位对下属颐指气使，就很难想象这个国家能够建立真正稳固的民主体制。

第三是对政府效能的评估。如果人们对本国政府执政能力有积极的评估，那么多元政体就容易维持；如果人们普遍认为本国政府无能低效，那么多元政体就岌岌可危。这一点并不奇怪。如果政府不能提供基本的秩序和公共服务，那么管你民主、专制，人们只想通过政治改变来获得一线希望。很多国家的民主崩溃都发生于经济危机之际，正是这个道理。

达尔强调的第四个方面是信任，第五个方面是合作。这两点相互关联，因为信任是合作的基础。如果一个社会人与人之间充满信任、频繁合作，民主的运行成本就会大大降低，否则它随时可能倾覆。比如，很多国家走向民主都要经历一个内战双方的交易过程：叛军承诺放下武器，而政府承诺分享权力。但是，在一个缺乏信任的环境下，叛军自然会想：如果我放下武器，他们不肯分权呢？而政府方面也会想：如果我分权了，他们重新拿起武器呢？相互猜忌之下，民主所需要的秩序就很难形成。可以说，信任本质上是解决信息不对称的一种机制——在缺乏明确信息的情况下，你对对方做什么样的假定，是一种心灵的习性，而这个习性将直接影响民主运行的成本。

从上面的分析可以看出，达尔认为，人们对民主的看法、对权力结构的看法、对政府能力的评估、人与人之间的信任和合作水平，构成多元政体的观念支撑。那么，接下来的一个问题显而易见：观念从何而来？为什么一些人的观念和另一些人的观念相差会很大？

达尔不同意那种完全的"理性人"视角。根据这种视角，似乎人的一切观念都是个人利益的体现，所谓信念不过是自私自利的道德外衣而已。这种看法的问

哪些观念因素促进多元政体的发展

影响多元政体出现和发展的因素很多，除了经济因素，达尔格外强调的是观念。为什么观念会影响一个国家的政体性质？哪些观念能够发挥这种影响？观念又是从何而来？

观念能够影响政体，这一点似乎不言而喻。政体是行动的结果，而行动又很大程度上是观念的产物，因此，观念可以说是政体形态的源头。对这一点，最大的注脚或许是启蒙运动对美国和法国革命的影响。以美国革命为例，很难想象如果没有社会契约和自然权利的观念，美国革命会发生。《独立宣言》有段最经典的话：

> 我们认为下述真理是不言而喻的：人人生而平等，造物主赋予他们若干不可让与的权利，其中包括生存权、自由权和追求幸福的权利。为了保障这些权利，人们才在他们中间建立政府，而政府的正当权利，则是经被统治者同意授予的。任何形式的政府一旦对这些目标的实现起破坏作用时，人民便有权予以更换或废除，以建立一个新的政府。

这是多么革命性的话语，直到今天还可以说非常具有先锋性。如果没有这种"统治者的权力来自被统治者的同意"的观念，即使爆发了美国革命，也很可能不过是推翻了一个专制政府，又重新建立另一个专制政府，正如各国历史上的王朝更替那样。只有一个全新的观念才会带来一个全新的政体形式。

那么，哪些政治观念会促进多元政体的发展？它们又是如何促进多元政体的发展？达尔认为，有五种观念对于推动多元政体非常重要。

第一是对多元政体的认同程度。一个国家越多的人，尤其是越多的政治精英，认同多元政体的合法性，多元政体就越稳固，反之则否。这听上去几乎是一句废话，但是非常重要。如果一个国家大多数人普遍抱着一种"吃饱穿暖就行，管它什么政治权利"的心态，或者持有"民主决策效率太低""民主不利于经济发展""民主带来动荡"等观点，那么这个国家出现和维系多元政体的概率自然会大大下降。

也很合理的回答是，因为民主的出现不仅仅依赖经济因素，还有很多其他因素，比如文化、历史、社会结构等。当其他因素格外有利时，即使经济落后，也可能出现民主，而当这些"其他因素"格外不利时，即使经济发达，也无力推动民主。这个说法非常有道理，不过，在我们进入对其他因素的讨论之前，不妨思考一下，在经济因素内部还能不能找到一些解释？

达尔在书中，从经济系统内部对这些所谓特例进行了解释。简单来说，经济水平固然重要，还有两个经济因素也同样重要：经济模式和贫富差距。

先来看经济模式。如果一个国家的经济资源大量地集中在政府手里，而民间社会相对贫穷，也就是所谓的国富民穷，那么发达的经济水平就未必能转化为多元政体的动力。很多石油国家是这方面的典型案例。在这些国家，政府掌握了大量石油收入，并用这些收入做两件事。第一，扩大军队和警察力量，实行高压统治。第二，提高福利水平，收买人心，造成民众对政府的制度性依赖。也就是说，在国富民穷的国家，通常政府的镇压能力和收买能力都很强，从两个方向上瓦解了民众对政府的挑战。

再来看贫富悬殊。那些在较低的经济水平上走向多元政体的国家，通常而言经济相对平等。比如18世纪末的美国，虽然是一个小农社会，但是一个土地所有权相对分散的自耕农社会，这一点和欧洲的经济结构迥然不同。贫富悬殊之所以不利于民主转型，是因为两极分化的经济结构下，金字塔顶端的经济精英会格外激烈地抵抗政治分权，而社会底层一旦得势，也会有格外激烈的复仇心态。极端的保守和极端的激进相互碰撞，很容易扼杀民主出现的希望，或者民主化之后出现民主的崩溃。法国大革命的悲剧性结局正是这一逻辑的演示。

所以我们说，《多元政体》一书的最核心问题是：到底是什么因素促进了多元政体的出现和稳固。达尔试图提供一个多视角的、综合性的分析，而在这一分析框架中，经济视角至关重要。什么样的经济状况最有利于多元政体的发展？达尔分析了三个因素：经济水平、经济模式和收入结构。如果一个国家越富有、财富越向民间分散、收入越平等，就越容易推动多元政体的出现和存活。如果一个国家相对贫穷、国富民穷、贫富悬殊，多元政体就越难维系。

首先我们来谈谈经济因素。哪些经济因素会促进多元政体的出现和延续？乍一看这个问题似乎很容易回答。根据常识，我们会推断，经济越发达，多元政体越有生命力。穷国忙着解决温饱，负担不起自由民主这样的奢侈品。国家富强了，才谈得上政治权利。对这个常识性的判断，达尔表示认同，事实上他也列举了一系列数据，显示经济水平和政治民主的相关性。在这本书出版之后的近半个世纪，尽管"经济发展带来民主"这一点受到一些挑战，但是"经济发展促进民主稳固"这一点，却被越来越多的研究所证实。这一点并不难理解。政治很大程度上涉及如何分配蛋糕的问题，民主意味着参与分配的人很多，而贫穷则意味着蛋糕很小，很多的人加上很小的蛋糕，结果就是很容易出现冲突，冲突到达一定程度，就是民主的崩溃。

不过，经济与民主的关系，却不是这样简单。如果经济发展必然促进民主的形成和稳定，那么有两个重要问题就需要回答。第一，为什么有些国家在相对贫穷的时候就走向了民主并维系了它？第二，为什么有些国家已经相对富裕，却始终没有走向民主，或者民主出现了崩溃？

先来看第一个问题，这方面最具代表性的一个例子就是美国。美国18世纪末开始实行代议民主制时，它并非一个发达国家，甚至不是一个工业国家，不过是个所谓的小农社会，人均GDP恐怕不会比今天很多非洲国家高多少，甚至有可能更低，但是代议民主制在当时的美国不但存活了，而且此后不断向纵深发展。当然，有人可能会说，一开始美国的黑人和女性并没有投票权，不算真正的民主。但是，19世纪30年代前后，美国的成年白人男子就几乎全部拥有了投票权，在当时横向比较来说，已经是世界上最民主的国家。另一个例子是印度。印度1947年独立后就采取了民主制，而那时候印度可以说极度贫困。不管印度此后的治理绩效如何，除了20世纪70年代中期短暂的两年，印度的民主政体本身并没有崩溃。如果富裕是民主维系的前提，也很难解释这个印度之谜。

再来看第二个问题，为什么有些国家已经相对富裕，却始终没有走向民主，或者民主出现了崩溃？这方面同样有一些直观的例子。比如中东一些国家，其中有些人均GDP已经很高，但是除了极个别的走向了准民主政体，大多要么没有民主化，要么民主化了之后出现了民主的崩溃。如何解释这两个现象？一个很简单民意？

由此可见，即使一个政治代表对民意忠心耿耿，很多时候他仍然不知道应该如何决策：忠实于谁的民意？什么时间的民意？从什么渠道了解民意？他往往不得不依靠自己的判断去选择决策方向。

正是因为民选代表完全以民意指导决策，对于任何国家都非常困难，达尔建议放弃民主这个概念，转而使用多元政体。如果说民主的标准是"自由公正的选举以及民选代表以民意主导决策"，那么多元政体的标准则是给民主的标准打个折扣，变成"相对自由公正的选举，以及民选代表相当程度上以民意主导决策"。加上"相对""相当程度上"这样的限定语，虽然使得定义变得更加模糊，但是也更合乎现实。

总之，达尔在本书中对民主的标准做了一个明确的界定，并且这一标准目前在学界深入人心。这就是："当一个国家举行自由、公正的选举并且民意主导决策时，即为民主。"在这个定义中，选举是民主的程序落脚点，政治自由和选举公正是前提，而民意主导决策则是目标。给达尔的民主定义打个折扣：当一个国家举行相对自由、公正的选举，并且民选代表相当程度上用民意主导决策时，即为多元政体。

哪些经济因素促进多元政体的发展

《多元政体》这本书的主要目的不是澄清多元政体的概念，而是分析它的支撑条件，即什么样的因素会促进多元政体的出现和稳固？什么样的因素会阻碍它？我们知道，在人类绝大部分地区的绝大部分历史中，不同形态的威权政府才是常态，但是今天选举式民主俨然已经成了各国政体的主流形态。这一变化后面到底有什么推动力？哪些因素起到了关键性作用？

如果你期待这本书像侦探小说一样，出现一个"原来是他"的终极答案，你可能会感到失望。理解政治，从来需要复杂的综合的视角，而达尔对这个问题给出的回答同样涉及多个维度：第一，经济因素；第二，观念因素；第三历史、社会结构、国际等其他因素。

在一些国家，谁有资格参选议员，得由宗教机构"监护委员会"来审查过滤，如果意识形态不过关就不能参选，这样的选举也是不公正的，很难通过达尔的民主及格线。

达尔八条中的最后一条，是民选代表以民意决定政府政策，这一点至关重要。严格来说，选举的目的是产生民意的搬运工，让他们把民意从民众当中搬运到政策当中。如果民选政治家上台后立刻过河拆桥，把民意抛之脑后，那么这个民主过程最后也是竹篮打水一场空。

但是，这个环节也是最难的。我们在第一节中就已经讲过，由于投票率低下，又由于政治代表们往往受到选票之外的其他力量影响，代议民主制往往具有相当的精英主义成分。同样重要的是，即使一个政治代表试图在所有议题上严格遵从民意，只想当一个老老实实的搬运工，不在决策中夹带任何"私货"，忠实搬运民意也是极其困难的。原因很多，试举几例。

首先，要了解在每一项具体政策上，主流民意到底是什么，并不容易。别说历史上并没有大规模的民意调查，即使有了民意调查，不同的政治派别调查的结果也往往很不同。同一个议题，可能纽约时报社和福克斯新闻频道的调查结果相差很大。民意调查的不准确，在2016年美国大选中体现得最为清楚，几乎所有主流媒体的民调都预测希拉里会赢得大选，结果却相反。

其次，民意是不断流动变化的。比如，美国越战刚开始时民意支持度比较高，但是随着伤亡人数的增加，支持度变得越来越低。那么，卷入越战的约翰逊政府到底民主还是不民主？很难说。的确，它卷入越战有违后来的民意，但是并不违背起初的民意。民众可以一夜之间就改变想法，但是已经派出去的军队不可能一夜之间撤回。那么，当我们说决策应当合乎民意时，指的是哪个时刻的民意？

再次，民意有不同的范围。比如，美国参议员都是某个州选民选举产生的，而某个州的主流民意未必和全国民众的主流民意吻合。比如，汽车工业州可能赞成贸易保护，而其他多数州都反对，那么，对于来自那个州的议员来说，他到底是应该因为家乡人民选举了他而听从家乡人民，还是应该因为自己是全国人民的议员而听从全国人民？当我们说决策应该符合民意时，又指的是符合哪个范围的我们不妨把这八条归纳为四块：（1）结社自由，（2）言论自由，（3）多元信息自由，可以被归纳为政治自由，（4）投票权，（5）竞选公职的权利，（6）参选人的宣传权利，则涉及选举的公正性，（7）是选举程序本身，（8）则涉及选举之后，民选代表以民意主导决策。因此把这八条连接起来，就是"当一个国家举行自由、公正的选举并且民选代表以民意主导决策时，即为民主"。

在这四块中，选举是最核心的程序落脚点。这一点并不难理解，选举是代议民主制中的一个轴心事件，选举之前的竞选活动和选举之后的施政都依赖于选举这个支点才能展开。可能会有人说，为什么民主要落脚于选举？人民不能直接当家做主吗，为什么要依靠民选代表？我们知道，现代国家少则几百万人，多则十几亿人，这个规模的人口，聚在一起商讨所有的国家大事，技术上极其困难。这就是为什么几乎所有现代国家都有不同名称的代议机构。可能又有人会说，就算代议不可避免，为什么要通过选举产生代表，不能用别的方法吗，比如抽签？抽签是不是理想的政治代表产生方式暂且不说，关键是当代世界里几乎不存在这种政治模式，那么用这种几乎不存在的政治模式来衡量各国政体，结果是什么？那就是所有国家都不是民主政体，而且都一样不民主。但是，各国政体千差万别又是一个事实，而且是一个重要的值得研究的事实，如果一把尺子完全无法测量出这种差异，它作为一个分析工具的意义就变得极低。所以，我们还是要回到选举。

好，选举是民主的核心程序。接下来的问题是，为什么政治自由，也就是达尔所说的结社自由、言论自由和信息自由这三条，对于民主也必不可少？稍作思考，这一点也非常重要。既然人民当家做主是民主的基本含义，那么，如果人民无法自由形成、表达、传播自己的观点，他们如何当家做主？这就像一桌人点菜，如果有人号召大家"每个人点一个，点你自己爱吃的"，然后又立刻把每个人的嘴巴都给捂上不让说话，每个人怎么可能点上自己爱吃的菜？尽管一些独裁者也会组织选举，但是人们通常不会把其政体称为民主，正是因为在他们的统治下，并没有政治自由。

选举的公正性对于民主的重要性几乎不言而喻。在20世纪60年代的民权运动之前，美国黑人长期没有真正的投票权，这样的选举显然是不公正的。至今，的民主，那么我们了解了完善的民主，再打个折，它就成了"多元政体"。这就像我们先了解了什么叫"蛋糕"，也就了解了什么叫"三分之二个蛋糕""五分之三个蛋糕""二分之一个蛋糕"一样。

那么，什么样的政体可以被称为民主政体？我们知道，进入现代社会之后，由于"民主"这个词所具有的合法性，几乎所有的政体都自称是民主政体，连一些出了名的独裁者都称自己在本国搞的是"民主"。但是，显然，不是所有的政体都是民主政体。那么，到底一个政体应该具有哪些特征，才能被视为民主政体呢？这个问题在历史上曾引发了持续、激烈的争论，至今争论还在继续，将来争论很可能也不会结束，因为这是一个学术问题，更是一个政治问题，不同的政治力量都试图争夺对民主的解释权。那么，达尔的看法是什么？

在解释达尔的看法之前，需要强调一点，达尔在这本书里对民主标准的界定，可以说是目前比较政治学界最通行的民主定义。我从开始学习比较政治学以来，就发现那些研究当代民主的实证型作品，尤其是进行跨国比较的作品，大多都会以达尔对民主标准的界定为起点。正是因此，了解达尔在这个问题上的看法，尤为重要。

简单而言，达尔的民主标准可以被缩写为："当一个国家举行自由、公正的选举，并且民选代表以民意主导决策时，即为民主。"为什么说是缩写？因为达尔实际上列举了八条标准，为了方便大家记忆，我对这八条进行了缩写。我们来看一下：

(1) 结社或者加入社团的自由

(2) 表达自由

(3) 多元信息渠道

(4) 投票权

(5) 竞选公职的权利

(6) 政治领导人争取支持和选票的权利

(7) 自由和公正的选举

(8) 选票或其他民意表达能够左右政府决策

实中的代议民主制意味着人民当家做主，但是他同样不认可这种少数专制的判断。他认为，正如不存在一个稳定的边界清晰的在所有重大政策上看法都一致的所谓多数，也并不存在一个稳定的少数可以在所有政策议题上所向披靡。真实的代议民主制既不是多数统治，也不是少数统治，而是"少数们"的统治。英语存在复数形式，这一点用英文表述可能会更清晰：在达尔看来，真实世界中的代议民主制既不是 rule by majority，也不是 rule by minority，而是 rule by minorities。

"少数们的统治"是什么意思？它的含义是，代议民主制下很多政策都是少数在起主导作用，但是不同政策领域的"少数"却未必是重合的，甚至可能非常不同。比如，现在美国农民只占人口总数的1%左右，但是他们可能成为决定美国农业政策的关键少数。犹太人占人口总数的2%左右，但是他们可能成为决定美国中东政策的关键少数。教师工会可能对教育政策的影响力远大于普通民众；华尔街对金融政策的影响力远大于普通股民；环保组织对环境政策的影响力大于普通民众，等等。那么，用什么概念能够精确地描述这种"不同关键少数影响不同决策"的现象？于是，达尔发明了多元政体这个概念。这个概念既不同于民主，也不同于专制。可以说它比民主更少，但比专制更多。

到这里我们就可以回答为什么达尔发明了多元政体这个概念，因为在他看来，民主制这个概念过于理想化，而专制或者寡头制的看法则是另一种武断。现实的选举代议政治中，平等参与很难实现，但是多元竞争却真实存在，"多元政体"这个概念既摆脱了理想主义的重负，也避开了简化主义的阴谋论，最准确地表述了现实中的竞争性选举政体。

什么样的政体可以被称为多元政体

我们已经解释了多元政体这个概念，达尔用它来描述现实中的代议民主制。他认为，就现实运行中的民主而言，"民主"这个词过于理想化，而"专制"这个词又过于武断，只有"多元政体"这个词最为准确。

那么，什么样的政体可以被称为多元政体？在这里，达尔并没有直接界定"多元政体"，而是给出了"民主"的标准，因为既然"多元政体"是不那么完善简单而言，达尔之所以发明这个概念，是因为他认为多元政体比民主更贴近民主的现实，而民主这个概念本身描绘的是一种不切实际的理想。很多人愿意接受和使用多元政体，也是因为他们认为，用这个概念描述"现实中的民主"更加准确。

我们知道，"民主"这个词的英语是 democracy，来自古希腊文，其中 demo 是指民众，而 cracy 则是指权力，合起来，"democracy"的意思就是民众治理。用中国的俗话来说，就是人民当家做主。达尔认为，人民当家做主这个标准实在太高了，现实世界中被我们称为代议民主的世界里，即使那些发达的西方国家，也没有达到这个标准。因此，"民主"这个词具有极强的误导性。

达尔列举了很多例子说明，为什么人民当家做主在现实中极难，甚至不可能实现。这里只举两个直观的例子。

第一，选民并不直接等同于人民。我们知道，并不是所有具有选民资格的人都会去投票。近年美国总统选举的民众投票率只有60%左右，而议员选举、地方议员选举，尤其是非选举年的地方性选举，投票率可以低至10%—20%。尤其需要指出的是，投票率高的人群相对富裕、受教育程度比较高，而投票率低的人群则倾向于出现在底层，那么10%—60%选民选举产生的领导人，是否能够代表全体人民，这是可疑的。

第二，民主社会中选举影响决策，但影响决策的不仅仅是选举。除了选举，还有很多影响决策的渠道：游说集团、媒体舆论、街头政治、智库、股市波动等，甚至资本外逃都可以被看作一种用脚投票的政治行为。那么，所有这些其他参政渠道都需要一定的经济、组织、话语权资源，而这些资源并非均匀分布。简单来说，比尔·盖茨的政治影响力肯定远远大于一个路人甲，《纽约时报》的知名专栏作家的政治影响力肯定也大于一个普通读者。换言之，现实中的代议民主制往往具有一定的精英主义色彩。当然，这是好事坏事，我们暂时不予讨论。

既然代议民主制不能保证人民当家做主，是否意味着它只是一个"披着民主外衣"的寡头制，甚至专制？这样的说法屡见不鲜，同类的说法还包括"虚伪的资产阶级民主""民主表象下的金钱政治"等。有趣的是，虽然达尔并不认为现撑民主的运转？经济、文化、社会结构？达尔在此书中做了全面深入的分析。之后，他越来越重视经济平等对于民主的意义，1985 年出版的《经济民主的导言》则是对这一观点的阐述。1989 年出版的《民主及其批评者》，则试图总结、回应对民主体制最常见的那些批评，并在此基础上阐释民主的价值。当然，达尔还有很多其他作品，我就不一一介绍了。

从上面简要的介绍可以看出，达尔的民主理论体系中，一个最关键的词是"多元政体"，而 1971 年出版的这本《多元政体》，在他整个的思想链条中起到了承上启下的作用——在此之前，他思考的重心是"到底什么是民主"，在此之后，他侧重的是"民主运行的条件是什么"，而在这本书中，他对这两个问题同时进行了分析。

为了帮助大家理解这本书，我将分为五节来介绍它，这五节分别试图讨论五个问题：第一，为什么达尔要发明"多元政体"这个概念？第二，什么样的政体可以被称为"多元政体"？第三，什么样的经济条件有利于多元政体？第四，什么样的观念条件有利于多元政体？第五，还有什么条件有利于多元政体的发展？

为什么达尔要发明多元政体这个概念

刚才我已经说到，多元政体是达尔思想体系里的核心概念。那么，多元政体到底是什么意思？其实，这个概念的含义很简单，就是代议民主制，也就是今天我们在欧洲各国和美国、印度、智利、南非等诸多国家看到的政治制度。很多时候，我们把它简称为民主。当然，在中国，我们常常把它称为西方民主制。

那么，一个很简单的问题出现了：既然已经有了代议民主制这个概念来描述这种政体，为什么还要再发明多元政体这个概念？这个新概念被发明出来之后，为什么又被广泛传播和认可？我们知道，学者热衷于制造概念，几乎每个学者都试图以自己的概念定义现象，但是概念要获得通行却是极难的事情，这就像每个国家都会发行自己的货币，但是一个国家的货币要获得全世界广泛的认可和使用，却需要强大的实力支撑。那么达尔的多元政体概念何以成为民主研究者的"流通性货币"？

刘瑜讲读《多元政体》

> 刘瑜
> 学者，作家，美国哥伦比亚大学政治学博士，清华大学政治学系副教授。著有《民主的细节：当代美国政治观察》《观念的水位》《送你一颗子弹》等。

这本书在2003年商务印书馆出版时被译作《多头政体：参与和反对》，我一直把它译作《多元政体》。它是美国政治学家罗伯特·达尔出版于1971年的一本著作。达尔是第二次世界大战后美国政治学界影响最大的学者之一，生前常年在耶鲁大学任教，曾经担任美国政治学会主席。他出生于1915年，到2014年去世，在长达一百年的生命中，可以说著作等身、影响力长青。直到2005年，他90岁之后，还出版了两本书，可见其创作力之旺盛。

要理解《多元政体》这本书，就必须大致了解达尔一生的学术工作。像很多资深的学者一样，达尔一生的学术工作可以说环环相扣，看到整个链条，才能清楚其中一环的功能和意义。那么，达尔一生主要是研究什么的？很简单，民主。他一生都在从不同角度思考民主体制，就像一个画家一生都在画同一棵树，但是角度不同，总是能画出很多新意，而把他所有的画组合起来，我们就能看到一棵立体生动的树。

达尔学术生涯中第一部里程碑式的作品，是出版于1956年的《民主理论的导言》。在这本书里，他第一次系统阐述了多元政体理论，认为它比之前的其他民主理论都更准确地概括了"现实中的民主"。1961年，他出版了《谁统治：一个美国城市的民主和权力》，将耶鲁大学所在的纽黑文作为一个实际案例，来分析美国民主到底是谁在掌控，并认为这个案例支持了他的多元政体理论。10年后出版的这本《多元政体》，则是试图分析民主运行的条件。到底是什么条件在支他被戴上诸如"当代首席民主理论家""民主制度的首席分析师"等桂冠，也是实至名归。刚才提到的亨廷顿，他的晚期代表作《第三波：20世纪后期民主化浪潮》，分析的概念框架，正来自达尔。许多英美重量级政治理论家，像派伊、萨托利、斯卡拉皮诺、赫尔德，都不吝修辞，盛赞达尔的理论，以及他捍卫民主（制度）的功绩。此外，达尔被誉为现代政治科学的奠基人，担任美国政治学会主席，跟他亲手创办耶鲁大学政治学系、开创政治学研究的经验论路径有直接关系。

达尔最重要的贡献之一，是对民主模式的分类，他划分了民主的麦迪逊式和平民式。达尔认为，麦迪逊式的民主，本质上具有共和精神，重点在防范多数人对少数人的暴政，尤其要对假借民主名义多数人剥夺少数人的财产保持警惕；而平民式民主，关心的是人民主权和政治平等，实现多数统治。达尔通过纽黑文案例，分析和描述了美国民主政治的实际运行状况，提出了民主实现的条件，进而提出了多元民主（政体）理论。这正是刘瑜讲述的重点。

刘瑜是秀外慧中的奇女子，也是读者非常熟悉、喜爱的学者和作家。我知道，她出名，不是因为专业，而是她灵气、俊美的散文，以及机智、尖锐，有时让人心惊肉跳的评论。她几乎在任何一个方面都是左右开弓的能手，上得厅堂下得厨房，一手著专著一手写小说，大脑备课小脑养娃……她先后在三个国家五所大学待过，或学习，或工作，几年前从剑桥回到清华。在公众眼里，很少有人知道，她的专业能力，跟她的履历一样闪闪发光。这里，她把达尔的《多元政体》讲得如此条理分明、清晰易懂，从一个侧面也能感受得到她的专业能力。

导语｜民主理论家达尔

刘苏里

对于普通读者，罗伯特·达尔很难算上经典著作家，即便在知识大众圈内，他的知名度，远不如亨廷顿、福山师徒二人。可中国大陆很难精确统计，到底出版了他多少部作品。换句话说，他的主要作品，都有中译本，有些还一版再版。当然，达尔在政治学专业领域的名声，一点都不比亨廷顿、福山师徒差。选择达尔和他的代表作《多元政体》，让他从专家的讲坛走入中国公众视野，肯定不是为了和亨廷顿、福山对比，而是他的研究、他的民主理论对处于转型中的国家具有启发作用。

关于达尔民主理论的精髓，刘瑜在讲稿中给了简洁、悉心的解读。这里补充说说达尔其人及他的贡献。

达尔生于美国中部的艾奥瓦州，少年时期随家迁往阿拉斯加。1936年华盛顿大学毕业，考上耶鲁大学，攻读博士学位。太平洋战争爆发后，他为国效力7年。1946年重返耶鲁大学，1986年荣休，2014年去世。将近70年，他一直生活在耶鲁大学所在的康涅狄格州。达尔有过两次婚姻，第二任妻子跟他同年离世。达尔一生写过三十几本著作，一百多篇论文。这不仅得益于他的高寿，还跟他从学术起步到退休的40年间，民主制度运行面临各种挑战，西方普世价值受到质疑有关。离开这个背景，就不易理解为什么达尔既是民主理论家，又是民主制度的卫道士。所以，他的多种作品，用词表述都带有明显的论辩色彩。

达尔生于1915年，神奇地活到2014年。稍有历史知识的人都知道，这一百年，对人类意味着什么。除了几次热冷大战，过去的一百年，人类最惊心动魄的事件，莫过于法西斯主义、极权主义的兴起和衰败。虽然兴衰忽焉，但其中仍有规律可循：极权主义、法西斯主义兴起之时，必是民主受到攻击，乃至倒退的时刻；而伴随前者衰败的，一定是民主的兴起，而且规模越来越大。如此背景下，产生达尔这样坚定地为民主辩护的理论家，并不奇怪。而

四一
《多元政体》

［美］罗伯特·达尔 著　刘惠荣　谭君久 译　商务印书馆　2003 年《多头政体》

主题词 ◎ 多元政体　民主　代议民主制　政体

经典之处

《多元政体》通过对一百多个国家和地区的分析，指出多元政体是通往民主制度的唯一道路，进而提出多元政体存在的前提条件。要了解民主的历史、现实和未来，达尔的这部著作是最好的选择之一。

作者简介

罗伯特·达尔（Robert Dahl, 1915—2014），美国政治学家。1940 年获耶鲁大学哲学博士学位。1946 年起在耶鲁大学执教直到去世。

在《西西弗神话》的最后一章，加缪以西西弗的形象，用诗人的语言展现了一幅惊心动魄的人生图画：这位神话英雄被诸神判处无休止地把巨石推向山顶，石头由于自身重量又重新滚落山脚，面对诸神认为是最严厉的惩罚，而"西西弗的无声的全部快乐就在于此。他的命运是属于他的。他的岩石是他的事情"。他是"自己生活的主人……他的命运是他自己创造的……"。加缪眼中的荒谬英雄西西弗并不悲叹，他仇恨死亡，藐视神明，热爱生活，他不屈服于荒谬的命运，而是坚定地不断地走向山顶，永不停歇……加缪的人生哲理就在于此：为了无限的爱，应该付出必需的代价，哪怕没有结果——那就是诸神中的无产者西西弗所从事的事业，"他爬上山顶的斗争本身就足以使一个人心里感到充实"。所以，西西弗应该是幸福的。加缪描绘的西西弗的形象至今仍然具有旺盛的生命力，就像加缪的名字和加缪的作品那样长留人间而不朽。应该说，加缪也是幸福的。

思考题：

1. 加缪认为真正的勇气就是坚持与正面和反面共同生存，也就是在他所在的土地上与命运抗争。请谈谈你怎么理解这句话？
2. 关于阅读，有一个可能被问过了千百次的问题，那就是为什么要读经典。这里也要再问你一下，你觉得为什么呢？
3. 你理解加缪说的荒谬是"在非人性因素面前产生的不适感"吗？试着谈谈你的看法。
4. 请你简单地谈谈你怎么理解加缪的荒谬的激情？
5. 你认为加缪在《西西弗神话》中寄托的最重要的思想是什么？对于今天的你又有什么启发？

义从不把人当作目的，因为人总是在造就中的。""我们现在的人的牺牲是为着明天的人，因为现在是一种事实性，必须向着自由超越它。"而加缪则明确指出："……人就是他自己的目的，而且是他唯一的目的。人要成为某种东西，就是在他现在的生活中成为某种东西，他不应该为将来牺牲现在。"可以说，萨特关心的是将来的人，加缪关心的是现在的人。征服者就是实践加缪这种理论的人，他的伟大在于他在某一瞬间清楚地意识到人类精神的力量，坚定地尽其所能去生活。加缪的征服者有着对荒谬的清醒意识，他是有理性的人，加缪认为他的清醒意识和穷尽现在的行动更加具有阳刚之气。如果说荒谬的人中，唐璜属于认识型，演员属于理智型，那征服者则属于精神型。他们都是在这个荒谬的、没有上帝的世界里进行清醒思考但又不再抱任何希望的人。

好人加缪

阿伦特认为加缪是当时法国最好的人，这个"好"意味深长。首先是在那个充满暴力、仇恨、血腥的动乱时代（这种气氛甚至蔓延到知识界），加缪从他的"荒谬"出发，提出了与革命相对的"反抗"思想，他的很多看法在今天看来都是很有道理的，具有深刻的预见性。托尼·朱特称他为"一个不光彩时代的最高贵的见证人"。加缪的反抗不是非理性的，而且带有自身的节制和均衡，他坚定地对历史说"不"，但对生活、美好的自然，对心中的激情说"是"。因为加缪是地中海的儿子，他和古希腊的哲人一样在大自然中生活，从中产生充满智慧的思想：把理性和非理性的对立矛盾平衡起来，把享乐和修行协调起来。加缪这个"阳光兄弟"（加缪的一位阿尔及利亚朋友语）始终反对任何形式的极端主义，用最好的表达方式阐明了他对极权主义、暴力罪恶的深刻思考。他的反抗思想在社会政治范围内也是同样的："既不当牺牲者，也不做刽子手。"正如他在《西西弗神话》中明确指出的："荒谬只是平衡了其行为的诸种结果。它并不让人作恶。"可以说，加缪的《西西弗神话》比以往任何时候都更值得我们再读，因为本书实际上表达的是对大地、阳光、心灵、世人的"善意"。这是否就是阿伦特说的"好"的意义呢？可能远不止这些，还需要我们再读加缪的书。

是清醒意识到世界是荒谬的人。从这个意义上讲，荒谬的人是有理性的，只不过他的理性不是上帝，不是彼世，不是希望，不是永恒，他的主宰是荒谬。加缪列举了几个例证加以说明："我选择的是这样的人：即只追求自我穷尽或者是我意识到他们在自我穷尽的人……"

荒谬的人的第一个例证是唐璜。唐璜是加缪称颂的一位荒谬英雄。加缪认为，这位几百年来在欧洲文学中不断重复出现的人物不像许多人认为的那样是疯狂的非理性主义者，而是具有清醒认识的伟大智者。唐璜和那些拼命追逐肥皂泡沫一般的未来财富的人完全相反，他认为转瞬即逝的时光才是他最好的朋友，他的王国就是"今天"，他要穷尽"现在"。这可以解释他追求女人的深层原因：他并不是要"收集""占有"、得到这些女人，而是要穷尽无数的女人，征服她们，并且与这些女人一起穷尽生活的机遇。实际上，穷尽、爱、征服就是唐璜的认识方式。在加缪看来，唐璜这种狂热的追求体现了完全沉浸在荒谬之中的生活的逻辑结果。当唐璜年老力衰，没有"及时"死去而孤身居于西班牙荒凉的修道院里的时候，他孤独远望。如果他看到了什么，"那绝不是流逝的爱情的幽灵，也许他透过太阳炙烤的墙上的裂缝看到的是西班牙宁静的田野，看到的是美丽、没有灵魂、他在其中认识自己的土地。是的，正是应该在这幅忧郁而光彩的图画上中止。在前面等着我们的最终结局：永远不是我们所要的结局，是可以藐视的"。

荒谬的人的第二个例证是演员。加缪认为，演员在扮演一个个角色的过程中，实践了荒谬的人的命运。他的荣耀是短暂的，却证明了荒谬的人的生活准则。因为演员在台上扮演的是最终要消亡的人，他在短暂的时间内穷尽的是角色一生经历的生活。两小时之后，一切结束，演员又准备扮演下一个角色："就这样，演员不知横跨多少世纪，不知遍及多少生灵，模仿着人们可能之所是和人们所是的……演员就像荒谬的人那样穷尽着某种东西而且永不停息地前进。演员明知不能完全成为角色，却不顾一切地要穷尽他的角色。演员满怀激情地去经历、去穷尽，对于预料之中的惩罚永远视而不顾。

荒谬的人的第三个例证是征服者。加缪在论述中强调了他的论述中的人道主义因素。这里，同样可以看到加缪与萨特之间的差异，虽然他们都非常关心人的问题。萨特从存在主义立场出发，强调向着未来超越自身，超越世界："存在主所以"自杀并不体现反抗的逻辑结果，由于自杀采取的是默许的态度，它就恰恰是反抗的反面"。清醒觉悟到荒谬而坚持"义无反顾地生活并满足于他现在拥有的东西""带着这些破碎"生活的人是勇敢的。在此想到中国的一句老话"活着要比死难多了"，其难的原因可能就在于此吧？

其次是荒谬的自由。加缪对自由的论述是在对"形而上学的反抗"和"历史的反抗"批判的背景下展开的。这两种反抗都是认定一个确定的目的，对于未来充满希望，加缪认为这样的反抗设定的是对自由的信仰，人于是适应了一种要达到目的希望，结果反而成为自由的奴隶。所以加缪与这样得出的自由针锋相对，他提出"不存在什么明天，从此这就成为我的自由的原因"。于是，"荒谬和死亡成了自由的原则，这是人的心灵能够体验和经历的自由……荒谬的人隐约看见一个燃烧的而又冰冷的世界，透明而又有限的世界……荒谬的人于是能够决定在这样一个世界中生活，并从中获得自己的力量"。

最后是荒谬的激情。加缪并不是第一个论证荒谬的人。荒谬是现代西方许多思想家谈论的主题。加缪和他的许多同代人一样把人间的丑恶、世界的荒谬揭示得淋漓尽致。但不同的，或他的优胜之处，在于他还满怀诗人般的激情讴歌了美与善，情与爱。加缪是地中海的儿子，他说过："热爱生活的人总会得益于生活……首先，贫穷对我来讲从不是一种痛苦……我置身于贫穷和阳光之间，贫穷使我不相信阳光下的一切都是美好的，而在历史中，阳光告诉我历史并不是一切。"加缪相信，一个清醒意识到荒谬，进行反抗而获得自由的人，应该以同样的激情去尽可能地感受经验，尽可能地去生活，这是一个不断意识着的灵魂，面对着现在和现在的延续，畅饮"荒谬"美酒，美餐"冷漠"面包，"从一个对非人的焦虑的意识出发，通过对荒谬的沉思最后回到人类反抗的熊熊火焰之中"。

荒谬的人

加缪从荒谬中推导出的三个结果使我们能够确定"荒谬的人"的概念。荒谬的人是忠实实践加缪的"反抗"原则的人，"荒谬的人实际上就是绝不拔一毛以利永恒的人，虽则他不否认永恒的存在"。这个概念并不意味着无意义的人，而的，是自由的。萨特认为人只有将自己抛离自身才存在，也就是只有在超越中存在。而加缪却一直坚持人就是自身的目的……所以，罗歇·格勒尼埃说："加缪的荒谬与萨特的荒谬（厌恶）之间的全部差别，正是笛卡尔主义的'我思'（世界存在于自我意识中）和存在主义者的'我思'之间的差别。在存在主义者们的意识中，不仅可以自我发现，而且是面对他人自我发现，他人的存在和他们一样是确定无疑的。"所以，法国人格主义代表 E. 穆尼埃说得有道理，加缪的早期作品表现出的是"非理性的理性主义，一种充满光明的阴郁哲学"。

荒谬的人：反抗、自由、激情

反抗、自由、激情

首先是荒谬的反抗。在《西西弗神话》中，反抗是加缪批评"自杀"行为的重要论据。加缪认为从荒谬导出必然自杀的结论是错误的逻辑。意识到在这个世界里的生活没有意义、是荒谬时，是否就意味着生活不再值得经历，是否就应该结束自己的生命呢？加缪的回答是否定的。他认为，如果生活是荒谬的，无意义的，那就应该更好地去经历它。荒谬不但是压在人身上的、人要排斥的痛苦，而且还是人要维系的最基本的生活境况，这种维系既保证人正常存在，同时也是人从其内部反抗荒谬的处境。这也是我们上面提到的荒谬是维系人与世界关系的唯一纽带的意义之所在，也是加缪的"反抗"的深刻意义之所在。清醒地意识到在这个世界中生活是荒谬的，于是就放弃生命，不再去经历生活，在加缪看来，这表面上似乎是对荒谬世界和生活的反抗，实则是取消了意识的反抗。因为，如果取消人所经历的对立中的任何一项，都意味着一种逃避。一个人活着，就意味着让荒谬活着，自杀从本质上讲就是取消荒谬的主体项，就是荒谬的死亡。所以，表面看来自杀是反抗、消除荒谬的行为，实则是反抗的对立面。"生活从来就没容易过……"反抗并不是要消除荒谬，荒谬是消除不了的，而是要在这荒谬的世界里和荒谬共存，在这危险的生活钢丝上坚持。唯有这样的反抗，才能"赋予生命以价值，它贯穿生存的整个过程，给生存以尊严"。这才是真正意义上的反抗。

"本书的宗旨就是要讨论荒谬与自杀的关系，讨论在什么确定的范围内自杀成为荒谬的结果。"加缪在题铭中提到的荒谬的情感和所谓的荒谬哲学没有关系，是因为它是作为起点而不是作为结果提出来的，是人生的唯一一个已知数。在《荒谬的推理》一章，加缪指出，荒谬产生于人对他所在的世界提出质疑而又得不到任何答案的现实。所以，人不得不承受这荒谬的处境。在荒谬中，人看到的是在纯粹状态下对精神痛苦的描述、对存在状态的怀疑："起床、公共汽车、四小时工作、吃饭、睡觉、星期一二三四五、总是一个节奏……"一旦有一天，人们对这"平淡""庸常"的生活感到有问题，想要拒绝这种生活，提出"为什么"的问题，那就是开始觉悟到荒谬。

在加缪看来，这种荒谬感产生的根本原因是因为我以外的世界和他人中存在着非人因素。"这种面对人本身的非人性所感到的不适，这种面对我们所是的形象感到的巨大失败，这种被我们时代的某个作家（萨特）称作'厌恶'的感情，同样也是荒谬。"萨特的"厌恶"是人在与外在世界接触时的体验，是人的主观意识对于外部世界的非正题的领悟，也就是对"自在"的非正题领悟。因为外部世界是完全非理性的，独立于我而且丑恶万分，所以在外与内的遭遇中就会产生各种存在的悲剧。但是，加缪的"荒谬"与萨特的"厌恶"还是有着很大的差别，甚至可以说有根本性的差异。萨特过于强调世界的丑恶，以确立存在的悲剧。而加缪认为，外部世界是荒谬的，但它还包含有理性因素；它含有非人因素，也含有美好的因素。加缪的荒谬不是产生于人和世界二者之间的遭遇，而是产生于"人的呼唤和世界不合理的沉默之间的冲突，引起人的质疑与对沉默世界的失望的情感"。这种荒谬并不产生于对行为状态或某种印象的简单考察，而是从一个行动和超越这个行动的世界所进行的较量中爆发出来的。"荒谬在于人，同样也在于世界。它是目前为止人与世界的唯一联系。"从根本上讲，荒谬是一种离异，产生于比较成分之间的较量："非理性因素、人（对美好）的怀念以及分别与这二者一起涌现的荒谬，就是这场悲剧的三位主角，而这场悲剧必然会与一个存在可能拥有的所有逻辑一起结束。"

存在主义哲学家萨特认为，存在先于本质，人在自我规定和自我造就之前已经存在。而诸物（外部世界）则是在存在之前得到规定。所以只有人是有责任西西弗为象征，分析、解释荒谬的人及其处境的论著，讲述这个世界上生活着的人的境遇。通过这样的写作，加缪要在他生活着的、长期被意识形态控制的社会中开辟一条心路。他要指出，"服从"并非引导人走向幸福的可靠方式，他要我们睁开眼睛仔细看这个世界，用心去反思。

加缪的文字是用心写成的，所以我们应该用心去阅读他的文字。

荒谬的推理

加缪在《西西弗神话》一书的题铭中这样说："本书要论述的是本世纪到处存在的荒谬的情感，而不是严格意义上的我们时代还没有认识到的荒谬哲学……首先应该明确指出，这些论述得益于某些现代思想的是什么。我对这个意图没有丝毫隐瞒，以至人们在读本书时将自始至终看到对这些现代思想的论述。"这就需要我们在具体分析加缪的"荒谬"思想之前对此作两点简要说明。（1）加缪在这本书里要论述的是人面对人类条件的荒谬所持的态度。这里应该指出，加缪的经历和他的思考使他意识到，他面对的20世纪，因战争和专制而充满暴力和血腥，这已经成为荒谬的现实。"荒谬三部曲"写于阿尔及利亚，完成于被纳粹占领的法国，加缪本来计划开始写自由问题，但他看到生命的脆弱、战争的残酷、纳粹主义——也就是历史——再加上恐怖、自由的丧失和各种形态的压迫，面对这个荒谬的世界，面对这个完全投入历史，经常制造仇恨的知识界持有的特殊的立场，加缪自始至终坚持看到另外的一面，除了历史，还有单纯的幸福、温暖的友情、激情的生命、自然的美和人间的爱……这在与他同代的知识分子中是稀少的，是需要勇气的。（2）《西西弗神话》立足现代论述荒谬，加缪并没有进行传统哲学意义上的哲学思辨，他描述的是他看到和经历过的"恶"。所以在这部著作中，我们可以清楚地感觉到现代哲学家、作家、艺术家等对他的深刻影响。

《西西弗神话》开篇第一句话可谓惊世骇俗："真正严肃的哲学问题只有一个：自杀。"这是对传统和现代意义上的哲学的质疑，实际上表明加缪的感性哲学所关心的哲学问题。加缪认为，最先要解决的是"生命意义"的问题。加缪是在"富于悲怆情调"的经验领域里论述问题，而不是依靠"玄妙经典的辩证法"。

之所以用这个神话来叙述自己的思想，是因为在他看来，希腊神话折射的是人间世相，人和神是相似的，这恰好和加缪不关心观念而只对人感兴趣的思想不谋而合：在他看来，人就是自身的目的。比如，西西弗和普罗米修斯都可被称作"荒谬的人"的象征。加缪记得格勒尼埃在谈到被爱神惩罚的人时所说的话："人们总说普罗米修斯，而忘记说他作为主要部分的结局，人们从来不提西西弗。"西西弗和普罗米修斯一样，是战神式的人物。普罗米修斯给人间带来火，西西弗则为科林斯城带来泉水。他死后被罚入地狱，却通过良知获得可称之为快乐的内心自由，他立足大地主宰自己的命运，承载大地之美，但与人并不分离。在加缪看来，神话和象征彼此说明并且互相依靠，而艺术家和德尔斐的神一样："他既不指明，也不隐藏，而是意指。"加缪在《西西弗神话》的末尾也指出："创造这些神话是为了让人的想象使西西弗的形象栩栩如生（激活）。"

《西西弗神话》的出版在法国引起的反响，和几个月前出版的《局外人》问世的巨大成功引起的轰动相比，有较大的反差。当然，大多评论没有否认这是一部出色的作品。但很遗憾，很多评论都以为《西西弗神话》是小说《局外人》的注释。很可惜，《西西弗神话》初版时，很少有哲学家、批评家、散文家集中扣紧《西西弗神话》本身的"言说"进行评论。有的评论甚至居高临下，对这位因肺病错过高师和大中教师学衔考试的年轻作家，这位来自地中海沿岸的非巴黎高等师范学院毕业的学者颇为轻视。萨特的评论最为典型："加缪先生卖弄地引用了雅斯贝尔斯、海德格尔、克尔凯郭尔等的文本，而他似乎并不总是很明白。"在表面赞扬的词句下，哲学圈子在《西西弗神话》的作者面前关上了大门："……加缪因为他论述的主题，可置身那些法国道德主义者的伟大传统之列……"加缪不是通常意义上的哲学家，面对这各式各样的误解和指责，并没有极力辩解和澄清，他坚持自己心中的信念，他拒绝被列入任何哲学流派之中："我不是'哲学家'。我对理性的相信不足以让我相信一种体系。我感兴趣的，是要知道应该怎样去做。更确切地说，是要知道，在既不相信上帝，也不相信理性时应该如何作为。"加缪本来就不承认自己是哲学家，也不希求建立什么宏大的哲学体系，他只是用文字表达自己对人生和世界的感受和体验，诉说自己心中的痛苦、欢乐和爱。其实，《西西弗神话》并不完全是对《局外人》的哲学解读，而是一部以神话人物经典作品内涵的"秘密"。"任何经典的重读都如同第一次阅读那样成为一次新的发现。"经典永远经得起重读,也必须不断重读方能成为人们心中的经典,也只有对经典的再读,读者才能在文字下面看到作者的身影,才能听到作者的心声,才能不断在发现中得到新的感受和体会。加缪的《西西弗神话》就是这样的经典之作。加缪传记作者、法国当代著名作家奥利维尔·托德和《一颗智慧的心》的作者芬基尔克劳都并不是在第一次读到加缪的书时立刻喜欢上加缪的,他们最初接触加缪及其作品时,都不理解,甚至反感,而经过20世纪的风雨,经过自身从幼稚到成熟的成长过程,他们不断重读加缪的作品,成为加缪忠实的读者和挚友,成为加缪思想和著作的可靠解读者和研究者。他们对加缪作品及其个人的欣赏和热爱在21世纪的今天比以往任何时刻都要强烈。其实,很多时候对一些经典作品中的名句最初的理解和多年后重读的理解会相差很远。加缪写作《西西弗神话》的意愿由来已久。早在1936年,加缪就开始酝酿写一部以荒谬为主题的论著。他在1940年春天致让·格勒尼埃的信中表示他对这个系列作品的构思、策划由来已久:"……要延续几年,以不同形式出现……今天可能还没有达到目的,但无论对错,有所接近了……(一部剧本已经完成,一部小说完成四分之三,一部论著完成了一半)"此时他在巴黎,同时写作《局外人》和《西西弗神话》。据加缪1941年2月21日所记:"《西西弗神话》脱稿,'荒谬三部曲'完成……"

1942年10月,《西西弗神话》在伽利马出版社以"论文"系列第12号排序发表。这部论著明显带着加缪个人经历的印记。在以隐晦的方式进行论述的过程中,读者可以看到加缪在其生命中面对的各种不同形式的荒谬:他的感觉、他的观念、疾病、婚姻失败、慈爱而痛苦的母亲的失明、对政治的绝望……

正如罗歇·格勒尼埃所说,《西西弗神话》是一部渊源深远的作品。首先应该提到加缪对希腊思想传统的热爱和感应。加缪的老师让·格勒尼埃的《岛》和《论正统思想》对加缪影响很大:前者启发了加缪有关地中海思想的认知,后者则预示加缪要用解读希腊神话诉说自己的计划。早在1937年,加缪就写过关于神话的笔记。1950年,他明确地说过:他所感觉到的"更加惬意的世界"是"希腊神话"。在《地狱中的普罗米修斯》中,加缪意味深长地说:"神话自己是没有生命的,它期待我们使之道成肉身。应该有一个人回应神话的召唤……"其实,加缪是把自己的座椅安放在历史的方向上。加缪的居高临下的态度大大激怒了萨特，他在《现代》杂志上发表了《答加缪》长文，随后让松也发表了一篇长文反击加缪。加缪和萨特彻底决裂，从此不再往来。

1957年10月，因为"他的作品透彻认真地阐明了当代人良知所面临的问题"，加缪荣获诺贝尔文学奖。他是法国获得这个荣誉的第九位作家，也是最年轻的一位。美国小说家福克纳发给加缪的贺词是"向探寻和质疑自身的灵魂致敬"。

加缪用所获奖金在南方鲁尔马兰村买了一栋房屋，其时他的身体状况愈加恶化。1959年他住到鲁尔马兰村，并在那里完成了《第一个人》的部分篇章。1960年1月3日，加缪和朋友米歇尔·伽利马等四人同车回巴黎，伽利马开车超速，在维尔伯勒文村附近撞上一棵梧桐树，加缪身体被卡在后车窗的玻璃中，头颅破碎，颈部断裂，当场死亡。伽利马也在几天后不治身亡。在车祸现场，人们发现了146页写得密密麻麻的《第一个人》的手稿……加缪被安葬在他鲁尔马兰村的家……法国诗人勒内·夏尔在加缪去世后写了一首诗，至今重读仍触动人心：

我们同我们爱的人，

终止了对话，

但这并非是沉默。

他又怎么啦？

我们知道，

我们自以为知道——

但只有当意味深长的过去，

敞开为他让路之时。

他就在那里正视着我们，

很远，很远，

在前面……

用心写出的文字

加缪的《西西弗神话》是经典作品。

为什么要读经典？因为经典之作是需要一读再读的作品，读者永远难以穷尽思想的由来和发展以及他的创作理念的深层内涵留下了宝贵的依据：加缪认为地中海沿岸是他唯一能生活的地方，他的家乡贫穷，这是事实，但他始终热爱生活和阳光，对地中海更是满怀深情。在这个世界的反面与正面之间，他决不做任何选择，伟大的勇气在于接受自我，连同身处的环境和自身的矛盾。这就是说，真正的勇气就是坚持与正面和反面共同生存，也就是决心在他所在的土地上与命运抗争。

第二次世界大战爆发后，加缪任《共和国晚报》主编。后由于他拒绝官方新闻检查而使报纸遭到查封。加缪于是离开阿尔及尔前往巴黎，由朋友帮助进入巴黎晚报社。后由于政治观点不同，与这家报社产生分裂，又回到奥兰。在奥兰的两年中，他完成了《局外人》《西西弗神话》和剧本《卡利古拉》的写作。1941年12月，加缪在法国养病，在得知法共党员加布里埃尔·贝里被纳粹枪杀的消息后毅然决定投身抵抗运动。他通过朋友的介绍，加入了北方解放运动组织"战斗"，负责情报和地下报纸的工作。

1942年和1943年，《局外人》和《西西弗神话》相继出版，加缪一举成名。

1943年，战斗报社迁入巴黎。一年后，加缪担任《战斗报》驻全国抵抗运动的代表。也是在这一年的6月，他在《苍蝇》一剧的彩排现场与萨特和西蒙娜·波伏娃相遇，从此成为好友，后来友谊破裂，又成为对手。而他们互相发现要早一些，加缪是在1938年、萨特是在1942年知道对方的。他们的友谊从大战中期延续到战后，直至1951年加缪的《反抗的人》的发表引起了风波而中断。《反抗的人》的发表在法国思想文化界引起比1948年发表的《鼠疫》更加强烈的反响。加缪在这部论著中所持的反斯大林主义的立场赢得保守派和右派的好感。《费加罗文学报》认为这部著作不仅是加缪最重要的作品，也是当代最伟大的作品之一。《世界报》的评论则指出，第二次世界大战以来，没有一本书的价值堪与《反抗的人》相比……《反抗的人》导致加缪和萨特之间的决裂，也挑起了加缪与以萨特为首的《现代》杂志编辑部的激烈论战。萨特的学生、朋友F.让松在《现代》杂志上发表《阿尔贝·加缪还是反抗的灵魂?》一文，用激烈、尖刻的语词谴责加缪"反历史"的立场。加缪没有答复让松，而是直接致信萨特，以嘲讽不恭的口气称萨特为"主编先生"，并表示他对批评者的训斥感到厌倦，他们只我们的历史，从此就未曾断过屠杀、不幸和暴力。"父亲的死使加缪一家的生活陷入困境。加缪的母亲于是带着两个年幼的孩子迁居阿尔及尔，在贫民区安身，过着清苦的生活。加缪进入他所在街区的小学，他的聪慧天资引起了他的老师的注意，路易·日耳曼对他特别关照，推荐他去参加公立和初级中学奖学金的会考，并义务为他授课。加缪顺利通过考试，获得一笔奖学金进入公立中学。加缪一生都对老师路易·日耳曼心存感激，念念不忘。30多年后的1957年，加缪获诺贝尔文学奖，一年后他在颁奖典礼上宣读的获奖致辞《在瑞典的演讲》公开发表，书的扉页题铭是献给路易·日耳曼的。

1930年，在通过中学会考第一阶段考试后，加缪进入文科哲学班。他的哲学老师是让·格勒尼埃。这位当时还非常年轻的哲学家、作家从各方面关心他钟爱的学生，堪称加缪的思想领路人。在让·格勒尼埃的指引下，加缪发现安德烈·德·里肖的《痛苦》，为之倾倒："……我不认识里肖，但我永远不曾忘记那本美妙的书，这是第一本讲述我所熟悉的事情的书：母亲、贫穷、天空下美好的夜晚……我产生了一种新鲜而奇特的自由感……它解开了我心灵深处隐秘的结，清除了我为之困惑的莫名障碍。"（《纪念纪德》）在格勒尼埃指引下，加缪读了柏拉图和切斯托夫的作品。而格勒尼埃本人的作品《岛》也深深地打动了加缪的心。加缪在老师的著作中发现了一片荒凉的岛屿，人们在其中感到自己被遗弃，孤立无援。加缪感到，人应该能够自救，但不能靠永恒，而需要依靠人自身的意志力量。加缪后来的许多作品（如《反与正》等）都受到格勒尼埃这本书的影响。可以说，加缪的志向正是在这个时期确定的："17岁时，我产生了当作家的想法，同时我隐约感到自己会成为作家。"

1935年，加缪获得哲学学士学位，1936年完成了他的毕业论文《基督教形而上学和新柏拉图主义》。由于数年来受到肺部疾病的困扰，他不得不放弃参加大中教师学衔考试，开始了他的记者生涯，为具有进步倾向的法国知识分子报纸《阿尔及尔共和报》工作。

加缪1937年发表他的第一部作品《反与正》。实际上加缪自1932年起就开始写作。他在《南方》杂志上发表过四篇习作，并且还留下大量手稿。这些青年时代的作品，对我们了解他成长的最初阶段很有意义，也为我们更加深入理解他的

杜小真讲读《西西弗神话》

> **杜小真**
> 比较文化理论家和法国哲学研究专家。退休前担任北京大学教授、法国哲学研究中心主任。主要著作有《一个绝望者的希望：萨特引论》《勒维纳斯》《存在和自由的重负：解读萨特〈存在与虚无〉》《遥远的目光》等，是萨特《存在与时间》和加缪《西西弗神话》的译者。

读过加缪的《西西弗神话》，不同的读者会有不同的反应和感受，而且在不同的年龄段重读这本书，又会不断有新的感悟和意会。在这部经典之作发表70多年后再一次读它，心中出现的加缪形象，用汉娜·阿伦特的话形容似乎最准确：好人。这个"好"字，意味深长……

不一般的经历

萨特在《存在与虚无》中提出"存在精神分析法"，也就是后来在《辩证理性批判》中出现的前进—逆溯的方法。萨特认为，一个人的生活计划是在童年时期形成的，所以对个体的研究必须回溯到他的童年时代及其当时的各种关系中去。我们现在读加缪的作品，评述加缪，要更深入地理解和把握加缪及其作品内涵，也应该从回溯他的生平经历开始。

阿尔贝·加缪1913年出生于阿尔及利亚小镇蒙多维。母亲是西班牙人，父亲祖籍法国阿尔萨斯，1871年迁居阿尔及利亚。第一次世界大战爆发后，他父亲应征入伍，在马恩河战役中身负重伤，后死于战地医院，那时加缪还不满周岁。加缪在后来说过："我和我的同龄人一样，是在第一次世界大战的鼓声中长大的，而位，包括中国现代西方哲学会理事、总部设在巴黎的国际哲学学院通讯教授、法国巴黎第七大学葛兰言中心成员、加拿大魁北克哲学会《哲学》杂志学术委员会成员，以及巴黎高等师范法国当代哲学研究所成员。她先后在法国、瑞士、加拿大、意大利等国做访问学者、客座教授。

杜小真著述、译作等身，除了若干部代表作外，还是萨特《存在与时间》的译者。她还担任多套丛书的主编，包括"法兰西思想文化"丛书、"法国思想文化"译丛、"法国著名思想家评传"丛书和"西方思想家评传"丛书等。

争中,加缪是站在主张阿尔及利亚独立一边的。

阿尔及利亚是法国殖民地。加缪出生在阿尔及利亚小镇蒙多维,但离有名的港口城市波尼不远。加缪的父亲是法国人,母亲是西班牙人,父母两系,都是三代前从欧洲移民到阿尔及利亚的穷苦农民。加缪出生后,看到了前两代人的贫穷,他自己同样经历了甩不掉的贫穷。

比较幸运的是,他不仅读完了高中,读了大学,还完成了古典学和哲学两个专业的学业。《西西弗神话》的书名和主题,反映了他在两个学科上的造诣,他拿古希腊神话中的人物西西弗当主角,对世界和人生的荒谬,做哲学的思考。

据加缪的传记作者说,他觉悟人生始于1930年,17岁。青年的加缪,参与各种文化、社会和政治活动,直到1935年加入法共阿尔及利亚分部。1937年被法共开除后,加缪开始构思《西西弗神话》,1943年发表。这一写作背景并不隐秘,但多被研究者忽略或有意遮蔽。1951年,加缪又发表了《反抗者》,两本书对照读,可以加深对加缪思想的理解。

1960年初,加缪在从自己一生唯一的住宅回巴黎的路上,死于车祸,公文包里有他自认为更重要的作品《第一个人》不足两百页的手稿。世界失去了加缪,也永远无法挽回地失去了加缪未完成的作品和其中承载的思想。加缪的生命丰富立体,命运跌宕起伏,他是思想和行动紧密结合的人。我辈不能至,但心向往之。

讲读这本书的杜小真,福建霞浦人,1946年生于书香门第,是著名的比较文化理论家和法国哲学研究专家。她的经历却非常奇特。她中学读的是北师大女附中,"文化大革命"前最后一年考上大学,旋即被派到法国留学,不满两年又被召回。杜小真是萨特研究专家,她说,留学法国期间,萨特风头无两,但她们却不知道谁是萨特。

回国后,留学生活被中断,继续大学学习的梦想也被彻底断掉,她被分配到北外教法语,直到1978年调入北京大学外国哲学研究所,也算是圆了她豆蔻年华的半个北大梦。杜小真说,她一生最大的遗憾是没能在北大读书。

1993年,年仅47岁的杜小真被破格提升为教授。退休前,她担任北京大学教授、法国哲学研究中心主任。在漫长的学术生涯中,她还出任过各种职有自杀的味道?

那么,加缪的答案呢?他从荒诞哲理出发,将人对生命的态度归为三种:一是生理上自杀;二是哲学上的自杀;三是坚持奋斗,努力抗争。这三种态度给出的是两种选择:一是当一个人判断生命不值得一活时,就该自杀;二是尽管人生而处在荒诞、荒谬之中,人生还得过。

加缪这部作品的价值就在于,通过揭示人生处境的荒谬而提醒人们,不管这个世界多么荒诞离奇,都要选择活下去,但决不是苟活,而要活过荒诞、超越荒诞,尽管这一选择本身可能就非常荒诞。

这个世界,人的生活处境,注定是荒诞的。加缪不仅在《西西弗神话》中,还在同一时间撰写的另外两部作品——小说《局外人》和戏剧剧本《卡利古拉》——里反复论证这个命题。后两部作品以不同方式再现了这个荒诞主题:人从出生,就注定了一生将在荒诞中度过,这大概就是活着的特质或者生命的本质。

海德格尔研究此在,他所面对的,也是这样的状况。加缪和海德格尔的结论很相近,但应对的方法非常不同,海德格尔的"林中路"最后通向了爱,而加缪却向往战斗。加缪有比海德格尔深刻的地方,更是超过了萨特。加缪揭示了生命的真相,人生的荒谬、荒诞无可逃遁,但他独特的贡献在于:人要在想好了"不自杀,要活下去"这个前提下,怎么才可能活下去,活出精彩来,活得如你所是。

加缪指出,人无可选择地要与本质上就是荒诞的世界同处,而自杀和哲学(信仰),都是可以逃遁荒诞的方式。但是,在不能完全理解并确认逃遁是最好的选择时,最好的办法是先冷静观察,然后采取行动。加缪的思想,其实暗含了这样一个逻辑,当你想明白了自杀和哲学的逃避方式后,也就明白了如何面对命运的捉弄,那就是:坚持奋斗、抗争到底。理解加缪开篇第一句话的这个逻辑,就抓到了通向加缪的钥匙。

加缪生于1913年,第二年第一次世界大战爆发。第二次世界大战结束的1945年,加缪32岁。加缪与战争有不解之缘。襁褓中的加缪,父亲丧生马恩河战役。长大成人,他自己又卷进第二次世界大战期间的法国地下抵抗运动。此外,加缪还经历了阿尔及利亚脱离法国的独立战争。在这场旷日持久的战

导语 | 加缪的馈赠:"坚持奋斗,抗争到底"

刘苏里

加缪被归类到法国文学家、哲学家的行列。他1957年获得诺贝尔文学奖时,才44岁。《西西弗神话》第一个简体中文版的译者是杜小真,她也是加缪研究专家。

读懂《西西弗神话》并不容易。加缪是思想和行动的战士。他的存在,为这个时代人的存在,标出了新的高度。我们需要读懂这个存在的高度,它的起始刻度在哪里,为什么是加缪而不是别的思想家达到了这个令人惊讶的高度。我认为这些构成了我们今天仍然要读加缪的理由。

《西西弗神话》是一部哲学随笔集,研究世界和人生的荒谬、荒诞。它的全部哲思和论证,都跟开篇的第一句话有关:

> 真正严肃的哲学问题只有一个:自杀。判断人生值不值得活,就等于在回答哲学的根本问题。其他所有问题,都取决于对这个(根本)问题的回答。

这恐怕是加缪被引用最多的句子。

苏格拉底有句名言:"未经省察的人生不值得过。"而"判断人生值不值得活,就等于在回答哲学的根本问题",就是苏格拉底这句名言的加缪版。遥隔两千年的两位思想家关心的是同一个问题,人为什么要活着,怎样活着。

"其他所有问题,都取决于对这个(根本)问题的回答。"这句话并非不重要,有些中译本却给略去了。我认为,这句话为前一句话筑起了一道高墙,那就是在对人生值不值得过做出判断前,其他问题免谈。加缪的"哲学的根本问题"与只有一个"真正严肃的哲学问题"到底是什么关系。难道他是说,觉得日子不值一过的人,都该自杀?

苏格拉底以行动给出了答案。他本有选择的余地,朋友还可以帮他出逃,但他却因为"浑浑噩噩的日子不值得过",从容赴死。苏格拉底的选择,有没

四〇

《西西弗神话》

[法] 加缪 著　杜小真 译　人民文学出版社　2012 年

主题词 ◎ 存在主义　荒诞　自杀

经典之处

《西西弗神话》是一部哲学随笔集。原书的副标题是"论荒诞"。在加缪的哲学思想中，荒诞不是作为结果，而是作为起点来提出的，他从荒诞这个前提出发，对人的存在进行探索。既然我们面对的是荒谬的世界和人生，那么荒谬是否就必然要引出自杀的结果呢？在加缪看来，没有任何一种命运是对人的惩罚，只要竭尽全力去穷尽它就应该是幸福的。加缪认为自杀实质上是一种逃避，它是反抗的对立面，它想消除荒谬，但荒谬却永远不会被消除。这正如西西弗的命运，他受到诸神的惩罚，要不断将滚下山的巨石一次次推上山顶，西西弗明知自己是徒劳的，但依然推巨石上山。他的行动本身就是对荒谬的反抗，他清醒的意识就是对自己幸福的感知。

作者简介

阿尔贝·加缪（Albert Camus，1913—1960），法国小说家、哲学家、戏剧家、评论家，是荒诞哲学的代表。主要领域：伦理学、人性、正义、政治。1957 年因"热情而冷静地阐明了当代向人类良知提出的种种问题"而获诺贝尔文学奖，是有史以来最年轻的诺奖获奖作家之一。

思考题：

1. 现代化进程的明显结果是农民数量减少，你觉得这是一个国家现代化的决定因素吗？
2. 英国的土地贵族很早就适应了商业世界，对英国很重要。请你谈谈为什么？
3. 所谓革命通常指普通群众对压迫者的反抗。那你认为美国内战是这样的革命吗？摩尔为什么说它是最后的资本主义革命呢？
4. 摩尔为什么说对于古代中国来说封建主义的描述不如官僚主义更适当？
5. 摩尔为什么认为英国王室在近代没有与农民合流，对英国是好事呢？你怎么看这个问题？

（摩尔称之为"渐进主义神话"）时，他致力于驳斥对于暴力的"压倒性偏见"。例如，就近代英国来说，尽管圈地运动为英国带来了后来的好局面，但圈地运动中的暴力似乎不可避免，则英国的转型应当是受惠于此暴力的。所以摩尔似乎在描述他对于人类社会的巨大发现——他不赞成渐进神话。当人们普遍认同和平、宁静是英国的政治特质时，摩尔反其道而论。摩尔觉得，存在一种值得肯定的暴力，存在一种绕不开暴力的积极的社会变革。如果不是暴力，英国的农民仍将是一个影响英国进程的力量，英国的民主和中央层面的权力格局都会不同。假如英国农民与英国国王形成一种强大的合流，则议会能否形成强势都是问题。进一步说，在摩尔看来，民主不会轻易来临，是多种因素的角力和合力的结果，英国的暴力已经算是少了，但暴力的因素却不能被研究者忽略。正如前述，摩尔觉得，没有暴力，就不能摧毁一种旧结构，缺少暴力型革命恰好是近代若干国家不能改变旧结构的原因，例如20世纪上半叶的日本。

可以说，摩尔对暴力的认同，来自他的结果主义。这里所说的结果主义，就是以结果论价值——因为一件事带来了好结果，就说这件事是对的、好的；因为一件事失败了、无效果，就说这件事无意义。在摩尔看来，近代暴力革命中的暴力手段，如果带来的是好结果，则这种暴力值得肯定，就像美国和法国各自的战争与革命，也基本上是带来近代法政秩序的必要手段。摩尔说："法国大革命粉碎了土地精英群体的权力，这一群体主体上还具有前商业时代的特征。""美国内战同样粉碎了土地精英的权力，该群体掌握的权力是推进民主的障碍，但是在这一情形中，该群体最终发展成了资本主义的一部分。"

我们确信，摩尔对暴力的崇尚，是一种对历史的解释，而我们对温和自由理念的阐发，是一种对行为的倡导。在这个意义上，摩尔的确更像历史学家和社会学家，历史学家和社会学家讲的是"为什么"和"发生了什么"，而我们更像法学家和伦理学家，我们更强调"对不对"。无论摩尔是不是反对，我们还是要倡导"温和自由主义"。温和自由理念，外在是温和的姿态，内在是一种平和而不柔软的信念。

第二个悖论是农民与地主的正向价值与负向价值的悖论。在本书中，摩尔对近代地主没有什么积极评价，对近代农民怀着关切，却也怀着警惕。摩尔把农民和地主看成一种影响历史的变量，其正向价值在于作为两个集团或阶层的这两个人群，是否可以在历史变局中实现一种权力改造和身份转换。地主是保守的，只是谋求从简单收租行为中谋求财富；农民则是多面的，既是难被摧毁的保守农业与地主收租行为的农业共同体成员，又是转换身份后的工业参与者，还是可能危及秩序的革命参与者。更重要的是，在这种叙事里边，地主和农民本身似乎不能主导自身对于历史进程的正向和负向作用的发挥，尤其是农民。所以，摩尔把农民和地主当成本书的"主角"，当成钥匙，同时又当成近代前的那个时代的旧力量。他们显得重要，似乎不在于主动推进什么，而在于本身被历史进程带到了什么样的状态。

第三个悖论是民主目标与专制环境悖论。摩尔在本书中讨论的是专制与民主，他所称的民主是一种宽泛概念，指的实际上是我们通常所讲的宪法之治的体制，这种体制包含着民主、分工制衡、法治和对人权的尊重。只是专制与民主更能构成一组对应概念，而善治状态的民主往往也伴随了前面所讲的这些要素，故以民主称之。民主作为一种制度设计和观念，从19世纪以来逐步蔚为大观，有的成为制度实践，有的则停留在口号层面。摩尔当然不会认为口号的民主就是民主，但是又可以看到，在一些国家口号民主或者把民主设定为目标，与专制环境是可以并行不悖的。这种并行不悖，可谓一种悖论，与摩尔所讲的经典的专制与民主的状况还是不同的，历史越向前发展就越明显。摩尔当然看到了这种悖论，相信到21世纪他的暮年时更能清楚地看到。这种情况下的专制环境成因复杂，有的是近代新观念的产物，有的属于历史包袱，摩尔试图归因于后者。摩尔懂得这种状态下人们的焦虑，但是正如前述，他后来的一部部著作大体属于解释之作，而非变革之作。

第四个悖论是暴力与温和悖论。我们重点讲讲这个悖论，因为认同暴力是本书的一个非常高调和鲜明的观点："是时候开始重新辩证地看待事物，并提醒大家革命暴力在其中所扮演的角色了。这一暴力有很大一部分特征，也许是其中最重要的特征，都起源于西方民主道路上的农业问题。"当人们趋向认同渐进方式就中国而言，一方面，改革开放以来尤其是20世纪90年代以来，摩尔的影响不够大，远不及韦伯、哈耶克等；另一方面，《专制与民主的社会起源：现代世界形成过程中的地主和农民》又是一部人们不会绕过的书架常备书。两方面皆在于中国需求与摩尔供给的关系上。中国的需求是，要么需要一种解释力更强或更新的社会学理论，要么需要一种对于自由和善治的理论梳理和指引。韦伯、福柯等属于前者，哈耶克、罗尔斯属于后者。摩尔的著作以阶级入手分析，其方法不是不好，而仅仅是因为中国读者相对较熟悉，以为震撼不足。但摩尔的这本书的问题意识，又让其总归要出现在中国读者的视线中。但是，中国读者看到相关主题，总是怀着某种期待，而摩尔的答案关注的是历史是怎么发生的，却少有对未来的关怀。

摩尔青年时生逢战乱，历经第二次世界大战战火；了解美英，查其民主今古；研究苏联，掌握苏联政情；关心亚洲，对两个人口大国——中国和印度怀着兴趣。不同国家的不同走向呈现在他眼前，摩尔试图从农村找到民主与专制不同走向的原因，这就是所谓的"社会起源"。这是一本回溯和解释型的著作，它旨在梳理过往，却没有试图去发挥指南针般的作用。正因如此，在摩尔这里，更多显示了历史走向中的冷酷，却没有揭示通向未来的温暖与希望。摩尔没有告诉人们改变的秘方，反而隐藏了一些悖论。

第一个悖论是农业商品化有效与否的悖论。农业商品化是摩尔观察重点国家的核心词。如果说农村、农民和地主是摩尔观察历史的一把钥匙，那么农村商品化是他观察农村、农民与地主变迁的一把钥匙。有没有发生一场农业商品化，简直成了摩尔在进行一些叙述时的不二法门。但是，我们又看到，农业商品化似乎只是原生型民主国家在近代早期的重要影响因素，至于晚了一个世纪以上的输入型民主的国家，即便实现了相当程度的农业商品化，比封闭的传统农业状态增加了人与商品的流动性，也并未催生与民主相关的历史进程。从第一个农业商品化过程开始，农业商品化在二三百年里注定是一个潮流，民主的确没有与之形成正比例关系。农业商品化早来和晚来的效果不一样，这是摩尔藏着的一个悖论。至于在后者的情况下，什么可以构成一种变革的巨大变量，正如我们所说的，摩尔没有提供指南针。

看得出来，摩尔对各国走向民主的叙述更像是"成功学"。当所谓的成功学的研究者研究所谓成功人士时，会把他的各种行为都归纳为成功经验；反之，对一个失败者，成功学也会说你这样就是错了，所以你的失败是必然的。更残酷的是，摩尔还像巫师一样断言，你本来就很难成功，或你本来也不易失败。摩尔的归纳就像表达一种看法：打破一个旧世界才能建起一个新世界，而这个新世界能达到何种新境界，要看旧世界被打破到何种巧妙的程度。但我们必须看到，恰好是因为摩尔始终在他把握的要素中叙述，才出现了这种"刚刚好"。或许我们可以说，摩尔对民主成功和不成功的阐述，是从看山是山，走向了看山不是山。看山是山，就是讲各国的成或不成；看山不是山，就是讲民主形成中的农村和农民因素。因为我们把摩尔的几十万字的书里的许多细致的历史叙述精简了，所以在我们这里，农村问题在近代的重要性更凸显了。

我们大致可将摩尔的列国故事分出两类民主来，以此讲述两类民主各自与农村和农民的关系。一类是原生型民主，英国、美国和法国大致如此，三者的共同点是消解了农民问题。原生型民主的民主程度深，社会结构合理，当封闭的农村共同体社区被打破时，也就意味着民主机制不会被农民革命打破。旧的皇权在新社会结构面前权力受限，皇权向议会低头。第二类民主是输入型民主。输入型民主之下，社会结构与民主不匹配，要么是农民革命足以打破民主，要么是无农民革命而乡村如故，地主和农民关系如故。民主即使有，也只是飘在上层，或者并不稳固，随时被新的政治事件改变走向；或者不能穿透身份制度，渗透到乡村基层。输入型民主之下，皇权和官僚集团往往势力强大，议会即使有，也难以约束皇权和官僚集团。

不看工商，而看农民；锁定近代，瞻前顾后；观察民主，立足农村；列举各国，究其特征——这就是摩尔通古今之变的方式。

四个悖论

摩尔此书出版后很快成为名著，一时洛阳纸贵，坊间出现以同样的句式命名的著作，例如《专制与民主的经济起源》《专制与民主的意识形态起源》等。

义大于朝代意义，朝代更替多由农民革命而来，如果不是外来条件的变化，清末必将发生旧模式的改朝换代。（4）日本和中国的共同根本点在于，两国完全不存在原生的从农业商品化开始自然过渡到民主化的问题。这个共同点，从摩尔以英国为中心的观察法来看，或许是当时的中、日皆未走向欧美模式的核心。独特的日本道路和独特的中国道路，都没有独特的英国道路的关键元素。正因为农村依然是旧的农村，农民依然是旧的农民，所以当时的中国随时有倒回到改革之前的可能。根据民国学者黄濬的读书笔记，以守旧派知名大儒倭仁为师的年轻的同治皇帝，对于当时"同治中兴"中的欧风盛行颇不满意，他更想回归开放前的闭锁风格的典型中国体制。年轻的同治皇帝的想法，自然有着浓烈的乡村支持的基础。

中国和印度也可以形成比较。（1）在摩尔看来，两国都是典型的农业官僚制，而不是人们常说的所谓封建制。农业官僚制之下，商业空间被大大挤压，皇帝、官僚集团的权力难以被限制，地主对农民地租的收取完全固化。（2）中国和印度各有一个典型的身份制度，中国是宗法制度，印度是种姓制度。但种姓制度在印度的影响远较中国的身份制度为大。（3）中国农民战争频发，印度则由于种姓制度的原因，农民战争相当少。对法国、中国和印度，摩尔是不是有点"此亦一是非，彼亦一是非"呢？法国之所以能建成民主，是因为有法国大革命打破了旧世界，那么中国的农民革命为什么不能打破旧世界而迎来法国式局面呢？为什么印度没有农民革命成了印度社会的问题呢？在摩尔看来，还是革命的条件与风格不同。法国可以说是改变型革命，改变的是社会结构，削弱的是土地贵族。中国则是回归式革命，反对压迫之后，回归的无非是不那么压迫的地租状态。印度却是因为缺少革命而缺少基层震撼。（4）印度建立了西方意义上的民主体制，但由于种姓制度的影响，其基层社会结构不能匹配上层的民主制度。表面上看，摩尔选取印度和日本的样本时间似乎不统一，因为印度在英国的影响下建立了民主体制，而第二次世界大战后的日本在美国的影响下也建立了民主体制。为什么摩尔不选取结束了军国主义的日本为样本？原因就在于，摩尔想表达的是，日本战后的民主，大体上还是工商业社会形态下的民主，而印度的民主或可归纳为板结社会下的种姓制度型民主和农业文明型民主。

主们倾向于支持一个强有力的高压政府，强制推行不利于自由政治与舆论的整体气候，鼓励着乡村占据超越城市的优势。

亚洲故事与通向民主之路

同样的问题上，日本和中国也可以形成比较。日本的特质是，有一场看上去成功的明治维新，有一个工业化的历程，却转向军国主义；中国的特质是农民革命频发。比较起来，（1）日本和中国的近代化历程与英法迥异，日本和中国都是输入型近代化，而英法是原发型近代化。在近代文明输入之前，日本和中国维持着本来的社会结构和古典社会样貌。所不同的是，日本是一次输入，中国是两次输入。日本以明治维新的方式一次输入工商业和民主政体，以强君主小宪法的形式出现。但是短期的大正民主后，日本转向极端的军国主义之路，在这个意义上，日本虽未走向对古典政制的回流，但在那个时期表现出非民主的强烈样貌。中国的两次输入是在同治中兴推出官办企业之后，一次是清末移植宪政与法治，民初构建宪法政体，一次是孙中山与苏联牵手。（2）日本的央地关系是封建制，中国的央地关系是强悍的中央官僚制。日本以中国文化为师，但并不表明日本照搬中国的央地体制，而中国的央地体制也是在历史条件下逐步演变的。摩尔比喻日本的农村如同卫星，意指围绕中心，形成了一种包围圈，但这种包围圈并不似古代中国那样对中央呈现巨大的紧密性。摩尔同意，日本的封建制是一种介于中国与欧洲中世纪封建制之间的央地体制，其中央对地方的控制程度较中国为轻。若此，则日本相较中国的中央集权对于地方的传导会轻很多，而中国具有举国体制和一盘棋的特质。（3）日本的乡村较少农民革命，而中国的农民革命不绝如缕。摩尔在叙述时，引用了"芝麻籽一样多的农民"来形容日本的农民数量之多，但虽然如此，在有效的社会控制之下，日本却基本上没有出现大规模的农民革命。这是摩尔抓住的一个核心问题。在他看来，德国和日本走向法西斯和军国主义，原因就在于试图不改变社会结构而实现近代化。对中国，摩尔认为，如果清末没有近代工商业的引入和新政，基于人口形成的资源稀缺，同样会有一场农民革命引来社会和帝国的崩溃。摩尔和其他人都能看到，中国的中央集权帝国意法西斯主义苗头的迹象在当时一闪而过。特别值得注意的是摩尔给出的解释中的这两条：其一，其部分基础可能已经在农业生活中奠定了；其二，其部分原因是推动议会民主发展的力量微弱。

德国在本书中同样是一个与英国形成对比的典型，其原因当然在于德国的法西斯历程让摩尔无法无视。在摩尔所关注的农村，容克地主当然是德国的核心要素。（1）经济与政治生活中的容克地主：容克地主在乡村支配着农民和农产品，和农民小业主们一起形成了统一的农业战线，这是乡村结盟。当工业在德国兴起时，容克地主与大工业集团结为联盟，以1901年的"钢铁与黑麦的联姻"为其盛，这是乡村与城市的结盟。由此，当时的德国政府也就是这样一个被容克式力量深刻影响着的联合政府。容克地主利用国家政权来维持其经济地位，德国的民主空间严重缩小。（2）心态与精神层面的容克地主：容克地主有着作为统治阶级与生俱来的优越感，并对维护自身地位颇为敏感，20世纪初依然如此。这些观念逐渐平民化、庸俗化，发展出了一套种族优越感的主张，吸引了德国全体民众。在摩尔看来，这种观念恰是德国20世纪三四十年代观念的渊源。

关于美国：（1）在农业社会与农业商品化方面，美国与以上诸国的巨大不同就是它没有一个压力山大、尾大不掉的农业社会与农业官僚制支配的阶段，美国从建国革命开始就一步迈入较为成熟的农业商品化和民主状态。罗素曾有言，中国是一切规则的例外，这样的概括，恰恰适合摩尔重点关注的农业商品化问题之美国。（2）美国与法国适可形成对比的是内战与大革命。美国之无农业社会阶段于摩尔所讨论而言虽不切题，而内战却切题。法国大革命于法国是全局的，于美国则是半局的。内战解决了作为民主障碍的南方的农业奴隶制问题，极大推进了美国的民主与平等进程。在摩尔看来，尽管北方工业资本主义已经比较发达，但是，若无内战，则美国不无可能出现南方与北方的混搭。工业资本主义并不必然带来全面民主化，发展成专制或混合体制的可能性是存在的。（3）内战胜负难分，若非北方获胜，则有两种可能：一种是南方与北方妥协，另一种是南方获胜。若为前者，则南方种植园主与北方资本家或许会达成一个类似德国容克地主与大工业的联盟；若为后者，则南方影响力自然更大，依摩尔之见，美国就将出现"一个大庄园经济，一个占主导地位的反民主的贵族制度"。种植园奴隶制里的地村农民的支持和供给，当农民不再支持城市暴动，甚至当农民也感受到革命风暴的压力时，城市暴动应声而落。所以，摩尔说，决定法国大革命能走多远的，还是农民。从革命结果来看，大革命直接导致贵族和地主优势大减，法国大革命完成了类似农业商品化这样的社会改造。（3）地主与国王的关系问题。在英国，国王保护农民，地主反对国王；在法国，地主和国王之间冲突不像英国那么明显，由此议会在早期也没有成为一支抗衡国王的力量。这样来看，整个法国处在一种板结状态，这种板结也让法国的民主推进不似英国般静缓而行。这种板结使得社会似乎需要一场风暴才能改变。总体而言，法国与英国似乎是欧洲农民转变的硬币两面：一种靠圈地运动引起的社会结构和国家权力比例变化而改变；一种靠大革命而改变。

或许因为摩尔本人就在俄国研究中心工作有关，在本书中近代俄国没有被专门提及，而只是留下只言片语。（1）关于英俄政治结构差异带给双方的影响，摩尔颇为在意。当英国羊毛贸易早期拓展时，中央权力对其约束颇为有限。这种灵活性难以在俄国出现，俄国始终呈现皇权专制与农业官僚制帝国的特色，其强大的统治者颇能有效控制广阔的疆域。尽管摩尔也强调，当条件成熟时，一个强大的中央政府会有助于推动现代化，但他同时指出，像近代俄国以及古罗马、古代中国这样的强中央的国度，扩张的权力"船大难掉头"。（2）摩尔一再强调的时机恰当的早期农业商品化，在俄国显然呈现不足。不仅如此，众所周知，农奴制是俄国的显著特色，绵延数百年而不衰。康有为戊戌变法中建议光绪皇帝学习俄国模式，且称彼得大帝为"大彼得"，改革家大彼得在农奴制的问题上并无大的改革。农奴既然深深依附于地主，则地主的支配权与获得收益的机会都极大。"地主可以充分利用国家机器，又可以游手好闲地收着地租。"在摩尔笔下，这种依靠地租而生存的地主状态越占据主流，则其推动农业商品化，进而使得农村通过商品流动的形式动起来的局面越难出现。自耕农的变化是催化英国农村新结构的关键之一，整合土地，改变农业技术，向上则为新地主，向下亦流动在社会中。摩尔进行对比说，俄国富农像英国的自耕农，自耕农在英国是英雄，俄国富农在俄国却被视为恶棍，受着保守力量与革命力量双重打压的"夹板罪"。（3）摩尔注意到了俄国 1905 年革命前后出现的短暂的极端主义，这种极端主义被视为去，这为议会制民主的胜利创造了利好条件。这大致就是摩尔所讲的英国农村的"干货"。从全书来看，摩尔把英国当成了三农模范。除了美国本来就绕过了经典的农民革命问题，只剩下英国既恰如其分地消解了农民革命的可能性，又避免了缺少社会革命的乡村板结。

但我们也可以看到，英国虽然是摩尔眼中的模范，英国的去农民革命化实际上却是由圈地运动带来的，以农民无奈失地为前提，还遭遇了强拆强撵式的暴力。于是摩尔以他的发明家式的口吻宣告：人们对英国的经验，总是以和平渐进概括，而他看到的是"暴力对和平渐进的积极影响"。

法、俄、德、美及其相互比较

英国的农民模式是摩尔的分析母体，对其他国家的分析都是与英国相比较。和英国形成比较的首先是英国的邻邦法兰西。就摩尔著作的相关主题来说，法英差异表现在三方面：(1) 法国没有充分实现早期农业商品化。英国地主以交易为赚钱的手段，圈地为羊毛，买卖为羊毛，出租土地为羊毛。法国地主则把赚钱手段局限在地租，万变不离其宗，只要从农民手上取得地租，地主过上好日子，万事皆安，在此之上再来点佩剑荣誉，增添光彩。由此，英国地主收的是羊毛贸易型土地的地租，法国地主收的是粮食型土地的地租。英国的农民基于圈地运动发生了身份转化，法国农民还是稼穑农夫。尽管天助葡萄酒生意光临法国，带给法国巨大的商业化机会，但法国依然未按照羊毛贸易的模式来运营葡萄酒，地主仍然把农民固定在农产品种植上。(2) 法国大革命。法国大革命是近代法国的符号，迥异于英国。摩尔引用马克思的话，把由小农民业主组成的法国乡村比喻为一堆土豆。土豆型社会的关键是缺少一种合作型网络，由此法国的农民和地主问题就立基于这种土豆型社会之上，没有纽带和流动。即使在工商业逐步兴起之时，农民社会仍处在一种新型的保守稳定当中，贵族和地主对农民盘剥如故。在摩尔看来，打破稳定的是法国大革命，"法国大革命终止了所有改革的希望"。在革命过程方面，大革命现场的主力是所谓无套裤汉，农民在巴黎表现活跃，但非主力。而在场外，无套裤汉们在巴黎的暴动取决于乡面前步步失守，一部分转化为工人，另一部分转化为农村里挖渠修路的劳动力。而当地主们把控的议会做大之后，圈地运动进一步扩大战果，农民的转化趋势更加明显。

"天下大事，必作于细。"英国羊毛贸易推动的土地租金上涨，就是改变了天下格局的细小之事。归纳起来，依摩尔之见，英国的成功经验在于以下几条：(1)地主和农业商品化问题。农村的上层阶级，也就是土地绅士和土地贵族，简单说就是地主，不必依靠国王的庇护，不必生活在国王的统摄之下，不必借助国王和中央权力来维护其经济地位。这样一来，地主们不仅不会成为国王专制的帮凶或附庸，反而还敢于与国王对抗，从而形成一种结构上的社会对于国家的制衡。与此同时，新地主阶层的形成受益于羊毛贸易，当贸易和制造业阶层崛起时，地主更加推动农业商品化，所以英国的地主们既不反对资本主义，更不反对民主发展。也就是说，地主们没去充当新时代来临时的结构性阻力。(2)农民问题。英国农民阶级的根基，随着圈地运动而被破坏。农民迎来的是人群和职业的分化。当然，其实小地主和新地主也是农民，但是作为支配者的地主和支配权极小的农民还是有根本差异的，所以，人群和职业的分化是实实在在的。圈地运动后分化的农民其实是望新兴的民主政治之洋而兴叹，无力感很强。当工业越发庞大，商业化的力量又进一步摧毁了中世纪以来形成的农民社区。这样的英国农民，终究难以成为一场大革命的主角。(3)议会问题。在摩尔看来，议会的胜利就是新时代地主的胜利。议会是社会对抗政府在权力层面的表现。议会与国王权力的此消彼长，代表了民主、限权的力量与其对立面的实力较量。新地主们掌控了议会，又通过议会约束国王，这使得新地主们与国王政治权力的斗争总体较为和平。在摩尔的以上三点基础上，我想根据他讲的意思增加第四点。(4)中央与地方的关系问题。摩尔指出，英国既有的央地关系对英国议会壮大有明显的积极影响。看上去是羊毛贸易催生了英国的社会分化和议会民主，但似乎好事没让同样进行羊毛贸易的西班牙遇上。西班牙也有羊毛贸易，但在皇家管制之下，羊群和养羊人成为反对地方独立的工具，反而使得西班牙的皇家专制主义更加严重。而在英国，宽松的、国王较难够得到的地方管制，其乡村的商品贸易深化了圈地运动。英国国王的权力渗透不下有条件,更早觉醒,以及形成了学术的积累与传承。

摩尔在讲列国农村演义时,分了三种类型:资本主义、法西斯主义和共产主义。英国、法国和美国是前者,德国和日本是中者,苏联和中国是后者。但是,实际的情况是,德国和苏联,摩尔在书中没有专篇涉及,而美国在书中也并非典型的农村故事,正如摩尔所言,美国没有农民的传统和包袱。英国幸运而巧妙地所达到的农业商业化的状态,美国从一开始就是,故而其实摩尔的列国农村演义,主要表现为英、法、日、印、中五国。所以,与其用资本主义、法西斯主义等词来归纳摩尔讲的列国农民演义,还不如用消解农民革命(英国)、不存在农民革命根基(美国)、农民非革命主力(法国大革命)、少农民革命的军国主义之路(日本)、少农民革命但并不理想的民主政治(印度)、农民革命频发(中国)来描述这些被提到的国家。

英国的"羊毛幸运",是摩尔的重点和中心。摩尔的英国故事从农村土地租金的上涨讲起。据说有的画家在画一幅战争场面时,从一只马的眼睛画起,那么当摩尔试图"通古今之变"时,英国的土地租金上涨就是这只马眼睛。16世纪后期,都铎王朝时期,羊毛需求十分旺盛,英国农村的土地租金随之上涨,整个乡村弥漫着"羊大为美"的追逐感。如果在村里有一块地,养上一群羊,钱就来了,这是个最简单的算术问题和发财之道。地主们不能不盘算养羊和种地哪个更赚钱的问题,于是原来高冷的地主们钻到了钱眼里。没地的当然是盘算如何租地,于是一批人想租地养羊,有些地主把地租给承租人,扩大养羊范围。还有一批自耕农盘算着怎么把农民种粮食的公地用来养羊。羊毛刺激了英国农村人群的分化,这就是摩尔描述的圈地运动的肇始。从这里,历史的波纹一点点泛开。当此之时,地主、租客、发了财的自耕农成为主导性阶级力量,他们圈地、驱农、发财,获得话语权,其力量也逐步渗透到议会当中,形成与国王抗衡的势力。重要的是,这群人从一开始就不依赖国王的保护,英国的地方机制也没有给国王压制这群地主提供足够的支持。反过来说,失地的农民显得颇为落寞。显然,一块地以前需要一群农夫,现在只需要一个牧羊人;以前农民可在乡村公地上种庄稼,如今这块地全被圈走。当农民向国王寻求帮助时,国王对农民的保护措施便受到地主的抵制,双方发生冲突,结果却是议会做大,国王被限权。农民在圈地运动成的著作《道德洁化与历史中的迫害》中，他关注人类史上不同地域与时间里共同的道德洁化、道德污化以及相伴随的迫害，摩尔找到了他所认为的一把新钥匙，就是一神主义。农民之钥匙是偏社会经济的，而一神主义这把钥匙是偏文化的。

摩尔不谦虚，自视甚高，可谓自恋，他说阿伦特的《极权主义的起源》是他不太能看上的作品，又说阿伦特对他的作品评价很高。在阿伦特和他各自所著的《起源》里，他更欣赏自己的这部。

作为摩尔讨论中心的英国故事

摩尔著作等身，他本人对《专制与民主的社会起源：现代世界形成过程中的地主和农民》和《道德洁化与历史中的迫害》两书最为满意，两书皆采国别比较之法。所不同者，前者基本为同时期、同阶段的横向比较，讲近世之农村变迁，讲农村与城市、地主与农民、国王与地主、农业与商业；后者则选取史上不同地域的一神主义的典型片段，从《旧约》讲到法国大革命，又讲到亚洲文明中的一神主义。这种列国演义式的而非概论总论式、问题式的写法，总体来说是在历史情境中展示不同的状况，也揭示共同的问题。但反过来说，一旦处理不当，此种做法容易形成客观条件决定过程和结果的印象。也就是说，既然各地的条件都不同，其走向不同也就毫不奇怪，这恰恰又是摩尔想要进行国别比较的原因之一。在他看来，重要的恰好是不同，若说"哪里有反抗，哪里就有压迫"，那么为什么压迫最重的地方反抗不一定强烈？为什么有的地方反抗之后又没有制度创新？为了回答这些问题，摩尔进入各国情境中，拎出观察者的解读方法和线索。

把自己的问题意识放置在国别比较的历史叙事中，韦伯是这么做的，摩尔亦然。韦伯的国别比较更加宏大，一本书谈一种文明，摩尔则一书含数国，从不同国家的不同条件中找到各自的根源和共同的公约数。在古典之世，一国以自己为世界中心，而近世以来才知最多算是某一种文明类型的中心。比较国别首先是一种需求，并且存在一种可能；其次才成为一种方法，只是学术发达的欧洲大陆更数，也是特定时期一系列暴动的主力。农民还是军人和工人的重要来源。在近代工业化、商业化和政治民主化面前，农民以及生活在同一个共同体当中的地主是被动接受还是主动影响？他们和国家有什么关联？起什么作用？又如何影响历史走向？这就是摩尔关注的主题。

摩尔选择近代地主和农民为主题，当与马克思有关，表现在：（1）他阅读马克思和马克思主义学者的作品，同时反思对农民和地主关系的阶级斗争的发现、阐述可否超越单一化和简单化。单一化就是以提炼统一模式的方式，把各地的多元情形化整为零；简单化就是压迫和反抗似乎一律呈现正比例关系。摩尔要做的是区分不同的近代国家，来讨论不同的农民行动，以求与这些前辈学者不同。例如，针对农民革命，摩尔认为起因首先在于农村共同体中没有一场由土地贵族引导的农产品商业化运动，其次在于传统的农民被束缚于土地的模式未及改变，在新的压迫面前农民便揭竿而起。在他看来，农民革命的效果是多样化的：有的农民革命消解了民主障碍，改善了社会结构；有的农民革命只是一种治乱循环；有的农民革命冲击到工商业成果。（2）当马克思把产业工人和资本家当作近代革命的核心要素时，摩尔反观地主和农民。在摩尔看来，对于地主和农民的安顿，以及由此带来的社会结构变化，于一国至关重要。总体而言，地主和农民在摩尔这里都可谓保守力量。收地租的地主如果没有积极性推动农业商品化，则只会安于经济与政治的现状，成为中央层面专制主义的呼应者。即便工商业有所发展，则当城市上层与乡村地主上层合流时，整个地区的民主空间都会变小。农民则需要转换身份。解决不好农民问题的国度，就给专制留下了空间。在此基础上，不同国家的不同表现构成了所谓"专制与民主的社会起源"。关于民主，摩尔归纳了五个形成条件：一是均衡态势，既要避免国王的强势，又要避免地主的强势；二是农业商品化；三是地主阶层削弱；四是避免地主阶层与城市工商业阶级形成联盟，当二者基于共同利益形成联盟时，就会共同对付工人和农民；五是一次"与过去彻底决裂的革命"。做到了这五条，民主在以下三方面呈现亮点：制约专断的统治者；用公正合理的原则替代任意的原则；在制定规则时为底层民众争取到一定的份额。

在叙述了农民钥匙后，摩尔对个人标签的事继续孜孜以求，在其80多岁完来，越是专家，越容易陷入褊狭和自负。摩尔把自己看成社会科学家。他身在北美，承接的是19世纪欧洲大陆历史学家和社会学家雄心勃勃的学术传统。的确，摩尔生于1913年，逝于2005年，生命历程长达92载，在这个意义上，跨越整个20世纪的摩尔恰是18—19世纪欧洲大陆学说的传人。

18—19世纪，直至20世纪初的欧陆学人，仍是迄今为止的这一轮人类历史认知模式的塑造者。这群智慧的猫头鹰有古希腊、古罗马的学术继承人的使命感，也有工业化和公民社会兴起时人的尊严和自由信念的觉醒意识。他们重新认识历史，就是重新认识人类。为了通古今之变，摩尔的这些前辈选取了哲学视角、法政视角、社会学视角。大体而言，哲学视角强调宇宙系统与人的关系；法政和制度视角强调对权力的警惕与对人的悲悯和尊重；社会学视角强调社会结构、阶层与历史的互动，强调对事件和人物寻找社会经济动因。自然，这三个视角也都试图归纳人类社会中的规律性和独特性。摩尔便师承这种社会学视角。

人们通常认为"通古今之变"是历史学家的理想。但统观中西，我们会看到，通古今之变岂仅是历史学家的理想？凡有历史感和关注人类命运者，都想达此境界。对历史的认识，就是人类对自身命运的认识。"天意从来高难问"，通古今之变，就是对高不可问的天意的追问。通古今之变不一定是做一部人类简史那样的通论或通史，也可以是抓住某一个有意义的节点。社会科学家当然不认为通古今之变是由历史学家垄断的。傲慢的社会科学家把历史学家当成了他们的材料提供者，仿佛历史学家是切菜的，社会科学家是烹调的。社会科学家不是历史学家般的侦探，是对侦探的成果进行分析的律师或法官。社会科学家关注某一种理论视角之下的变迁、规律和重点。摩尔和他的《专制与民主的社会起源：现代世界形成过程中的地主和农民》，正是此类。

在探索古今之变的过程中，学术达人总是要找一把钥匙，以求成为永恒的学术招牌。于此，梅因找到的是"从身份到契约"，萨维尼找到的是历史法学，摩尔在《专制与民主的社会起源：现代世界形成过程中的地主和农民》里找到的就是近代地主和农民。人类早期以狩猎和采食为生，收获很少，寿命的延长和后代的繁衍都要求更多食物，农民的重要性由此凸显，此人群是农业文明国家的居民主体。作为人类最古老和最重要的职业之一，农民是辛勤的生产者、沉默的大多

董彦斌讲读《专制与民主的社会起源：现代世界形成过程中的地主和农民》

> 董彦斌
> 法政学家，任职于西南政法大学，《现代法学》杂志常务副主编。代表作有《现代法政的起源：1900—1919》等，"依法治国"丛书（执行主编）。

诸神序列里的摩尔

明末张岱曾说："天下学问，惟夜航船最难对付。"之所以夜航船最难对付，是因为夜航船是一座孤岛，没有藏书楼。但夜航船又最易对付，因为夜航于江湖，波心荡漾，心事沉寂，也最能神交古人。摩尔的《专制与民主的社会起源：现代世界形成过程中的地主和农民》就是一部夜航船中完成的著作。他的船上最多时放了300本参考书，搬来不少哈佛大学威德纳图书馆的好书。第二次世界大战时，摩尔曾住在船上，此后他常在船上阅读写作，可以说是半日看海，半日读书，累了就去看看港口。人在船上，书在身边，少了张岱所讲的夜航船之难对付，多了夜航船的沉静。在水上，思考大地，在逝者如斯夫中思考历史。北美的河流荡漾出了列国的农民志。在船上洞察历史，摩尔有心渡过这片茫茫史海，谁谓河广，一苇航之。

摩尔的本业应该是苏联研究。在耶鲁大学取得社会学博士学位的华盛顿人摩尔长期供职于哈佛大学的俄国研究中心。他4岁时苏联成立，78岁时苏联解体，其生命完整地覆盖了苏联及其体制大转轨后的变迁。当苏联解体时，苏联问题专家摩尔曾盛极一时。但他观察和研究苏联，志不在解读苏联，他不是一位典型意义上的苏联问题专家，他甚至不愿意承认自己是所谓苏联问题专家。在摩尔看

摩尔还有第四种模式，印度是这一模式的典型案例。在他看来，印度既没有发生大革命，商品化程度也非常低，走了一条三种模式之外的道路。摩尔花费不少篇幅研究印度模式，但他的结论却是模糊的，因为印度的现代化道路实践，确实不能说它到底是成功的还是失败的。

摩尔的现代化三种模式论，对西方人认识不同现代政治模式，可能有着不可估量的影响。而现代化追赶中一个极其普遍的现象，可以用"弯道超车"四个字来概括。弯道超车与走捷径差不多，要求极高的技巧和心理定力，搞不好就会出事故。事实上，从日常生活经验到国家发展，我们看到更多的情况是，弯道超车带来的巨大的、有时是不可承受的代价。这在各种现代化理论中是最被忽视的。

英国思想家吉登斯说过一句十分中肯的话，大意是"公民"的诞生是一个现代文明社会的有效保证。而解决农民问题，变农民为公民，是一个社会实现现代化的必经之路。

打动人心。第二，非殖民化进程，以及非殖民化后各后发国家的道路选择，如何才能赶上先进国家。当时兴起的现代化理论是很重要的背景。第三，第二次世界大战后百废待兴，美国成了全球资本主义发展的引擎，到60年代，西方迎来了好日子时代。好日子本该是普惠的，而强调效率原则优先，带来了财富分配的不均，公平和平等问题就凸显出来。这给左翼思潮大做文章提供了再好不过的内外部环境。

还有一些因素，比如，全球性的反现代化思潮的出现，跟今天的反全球化思潮虽然本质不同，但形式上多少有点类似。

全球的社会-政治实践，跟理论探索相互激荡，形成了20世纪60年代最为兴盛的、影响极大的正义理论和现代化理论。摩尔的《专制与民主的社会起源：现代世界形成过程中的地主和农民》，是现代化理论的一种。那个时代，很多人认为人类又走到一个十字路口，又进入了反思的年代。人类的一部分天性，就是过坏日子的时候会想着怎样过上好日子，而过上好日子还想着更好，自己好了，有时还会想着别人。现代化理论——至少其中的一部分——说的就是怎么让别人也过上好日子的理论。

摩尔就是想让更多的人，甚至让全世界的人，都过上好日子的学者。罗尔斯、阿伦特等也是。

摩尔最大的、同时也是遭到批评最多的理论贡献，就是现代化道路的三分模式论。在这部著作中，摩尔通过对几个典型国家的地主和农民的关系，以及这一对关系与其他各种社会角色的关系的梳理，提出了现代化的三种模式理论，即英法美的议会民主化模式、德意日的法西斯主义模式和苏联阵营的共产主义模式。三种模式的区别关键在以下两项进程：一是走向现代社会过程中农业的商品化程度，另一个是是否发生了大规模暴力（农民）革命。

摩尔认为，英法美模式两个进程都完成了，虽然它们也有巨大区别，比如法国大革命与英国光荣革命、美国内战，就有巨大区别。在摩尔看来，法西斯模式走的也是资本主义道路，但它在完成农业商品化的时候，内部却没有发生"大革命"，即使有革命，也是自上而下的，规模和惨烈程度都无法与其他两种模式相比。而共产主义模式在完成自下而上的暴力革命上，堪与英法美相比，但就农业的商品化程度而言，却相差很远。

导语 | 今天为什么读摩尔？

刘苏里

巴林顿·摩尔这部著作的副标题"现代世界形成过程中的地主和农民"，透露了本书核心议题的更多信息，那就是在现代社会专制与民主起源的过程中，地主和农民各自扮演了什么角色。摩尔比较了历史上英、法、美、德、意、日、苏俄、中国和印度等国家地主和农民不同的关系模式，以及如何影响各国现代化道路的选择，并造成了怎样的结果。

在学术界，一个比较流行的看法是，摩尔的研究可以跟韦伯的《新教伦理与资本主义精神》、涂尔干的《论自杀》相媲美，是20世纪社会学研究的三大顶峰中的一座。也有人认为，摩尔不仅是社会学家，也是历史学家，同时还是很棒的政治学家。但这并不意味着摩尔的研究是跨学科的，而是他的研究主题要求他既是社会学家，还是历史学家和政治学家。

但这些不重要。重要的是了解摩尔研究的时代背景。这对理解他的理论、认识他的理论的不足，都有帮助。在这层意义上，摩尔这本书是个意外的案例，就是一个理论的优点和欠缺如何受限于特定时代，但又能成为人们认识身边世界的资源。

摩尔算是大器晚成的思想家，他出生于1913年，1966年53岁时，《专制与民主的社会起源：现代世界形成过程中的地主和农民》让他登上学术殿堂。20世纪60年代，波及整个世界的是左翼思潮和运动。要理解那个时代人们关切的问题，就要对第二次世界大战后的全球问题有所了解。摩尔这部著作的理论资源之一是马克思主义，尽管摩尔对阶级斗争和经济决定论有所批评。

20世纪60年代出现全球性左翼思潮和运动，主要原因有：第一，1946年开始的冷战，以美苏两个霸权国家为核心，形成两个截然对立的世界，展开全方位的竞争，包括到处开打的"代理人战争"，即两霸支持的各个小国之间各种形式的热战。竞争的核心是争夺意识形态制高点，以证明两种制度哪一种更好。一说到"更好"，必然是左翼占据着道德高地，平等和自由原则更能

三九

《专制与民主的社会起源：现代世界形成过程中的地主和农民》

[美] 巴林顿·摩尔 著　王茁　顾洁 译　上海译文出版社　2013年

主题词◎专制　民主　地主　农民　农业商品

经典之处

本书与韦伯的《新教伦理与资本主义精神》、涂尔干的《论自杀》并列为20世纪社会科学的三大名著，虽然颇具争议，但是其里程碑的地位无法被否认。本书考察了20世纪世界各国进入现代化的三条不同政治道路：一是以英、法、美为代表的西方民主道路；二是以德、日、意为代表的法西斯主义道路；三是以苏联和中国为代表的共产主义道路。摩尔从历史角度揭示了专制和民主的起源，他认为各个社会农业商品化进程的彻底程度、商品化冲击下地主与农民的社会角色变化，决定了一国选择议会民主、法西斯还是共产主义道路。摩尔还在这本著作中强调了中产阶级的壮大是民主得以存在和发展的条件等观点。

作者简介

巴林顿·摩尔（Barrington Moore, Jr., 1913—2005），美国政治社会学家，耶鲁大学博士，美国战略情报局政策分析员。代表作有《专制与民主的社会起源：现代世界形成过程中的地主和农民》（1966）、《关于人类痛苦的反思》（1972）以及针对暴动而进行的分析《不公：顺从和反抗的社会基础》（1978）。

现实，意味着直面原则上无法根除的多元冲突，这要求我们弃绝一劳永逸的教条主义解决方案，总是保持对具体情景的敏感，积极介入道德与政治生活中不断冲突与调和的艰难实践。在20世纪的西方思想界，伯林不只是与众不同的，他是独一无二的。

思考题：

1. 伯林用"狐狸"和"刺猬"分别来比喻两类思想家的风格，他自己属于哪一类？在你看来，伯林身份多样性对他形成自己的思想风格有什么影响？

2. 因为值得追求的价值是多元的，所以就应该让人拥有自由来选择适合自己的生活目标。那么，相信价值多元论的人必定是自由主义者吗？对这个问题，伯林自己在早年与晚年的想法也是不同的。你怎么看呢？

3. 对于消极自由而言，自由的障碍必须是来自外部的，而且必须是人为（有意或无意）造成的。那么，如果一个人由于贫穷而无法支付学费，放弃了上大学的机会，我们能说贫穷损害了他的消极自由吗？你猜猜伯林会怎么看，你又会怎么看？

4. 假如你的孩子通宵达旦玩游戏，严重影响了健康和学业，你决定禁止他在晚上玩游戏，而他却说你压制了他的自由。你有两种说法来回应。第一种是说，他滥用了自由，所以他的自由应当受到限制。第二种是说，他误解了自由的意思，禁止他玩游戏上瘾，不是压制了他的自由，而是帮助他获得更高的自由，实现了真正的自由。你认为伯林会同意哪种说法？你自己更倾向于哪种说法？

5. 你从伯林思想中获得的最大的启发是什么？或者说你最欣赏他的什么观点？

> 每一次对公民自由与个人权利的呼吁，每一次反对剥夺和羞辱、反对公共权威的侵蚀，或者反对习惯或组织化的宣传给大众催眠的抗议，都起源于这种个人主义的且备受争议的人的观念。

很显然，在伯林的心目中，个人的自我意愿如此之重要，以至于我们因为尊重这种意愿所可能造成的错误，在通常的情况下，远远不及违背它所造成的恶果严重。因此，在某种特定情况下，限制自由甚至压制自由可能是必要的，但这种限制和压制不只需要理由，而且需要一个门槛很高的理由才可以得到正当的辩护。

伯林的思想贡献

伯林于1997年去世，在20多年后的今天，我们如何评价他的思想遗产呢？在我看来，伯林是20世纪西方思想界的"麻烦制造者"，这可能是他最为重要也最为独特的思想贡献。他对思想史有深刻的领悟，又有极为敏锐的现实感，这两者形成了一种罕见的综合，使伯林得以洞察启蒙现代性的复杂性与内在矛盾。

伯林被浪漫主义思想和文化多元论所吸引，极为警觉一元论与历史目的论的倾向，对启蒙理性主义思想及其实践提出了尖锐的质疑。但他又坚持了启蒙的自由主义理念，信奉"人是自由的主体"，认为放弃这种信念人类的道德生活将不复存在。伯林对自由选择之必要性的坚持，对宽容精神的强调，以及对审慎的实践理性的推崇，都是要抵制理性自负的幻觉，反对以教条或专断的方式来终结多元世界的复杂冲突。他主张价值多元论，但同时相信人类生活共享着一些最低的基本价值，因此拒绝了极端的相对主义和虚无主义。伯林的思想努力，是在启蒙思想传统内部做出鉴别，并试图开拓出一种批判性继承的视野。伯林是启蒙传统的批评者和继承者，这种无法"驯服"的内在紧张反映了启蒙传统自身的复杂性。

令人惊叹的是，伯林内在的思想张力从未使他在复杂的现实政治中茫然失措，因为他比同代人更早地放弃了我们今天称为"基础主义哲学"的幻想。面对非理性的冲动之中，必须通过强制才能使他免于灾难，那么我们就应该说，这是为了他的利益而对他实施了强制。但正当的强制也依然是强制，而不能被曲解为"顺应了他真正的意愿"，甚至曲解为就是他内心"真正的意愿"，只不过还没有被他自己意识到。我们也不能将剥夺自由的强制曲解为"在本质上"他没有受到强制，因此"在本质上"他就是自由的。诸如此类的概念戏法，在极端扭曲的情况下，甚至可以将强暴"阐释"为满足了受害者最深层而隐秘的愿望。

伯林看到，在20世纪的政治历史中，最为触目惊心的一幕就是以自由之名实施强制，并将强制的结果宣称为"实现真正的自由"。这些政治灾难在理论上源自种种背离经验世界的自由概念，以及对自由概念的扭曲和操纵，这正是伯林深恶痛绝的"概念的魔术或戏法"。积极自由的概念更容易陷入这种不幸的命运，很大程度上正是因为它比消极自由的概念离经验世界更远。祛除这些戏法的魔力，正是伯林执意要以否定性的方式来界定自由的用意之一。在这个意义上，我们可以说伯林的确更偏爱消极自由，更警惕积极自由，这种普遍的印象虽然不够确切，但并不是一个"流行的误解"。

自由并非至高无上，却非同一般

我们可以发现，伯林并不支持自由至上论。他反复指出，消极自由并不是人们追求的唯一价值，在许多情况下也不是最优先的价值。因为一个人获得了摆脱强制的自由，也未必就能拥有幸福的人生。他承认，在许多情况下，自由的价值需要与其他的价值目标来比较，做出审慎的权衡，有时不得不做出妥协。

但与此同时，他又一再强调，自由是非同一般的重要价值。因为缺乏基本的自由，一个人的生活就会陷入某种"不愿意"的境遇之中，他的生活在道德意义上是残缺的。无论外人的强制有多少正当的理由，"是否愿意"对一个人的生活仍然足具分量。无论是谁，无论出于何等高尚的动机，如果要根本抹去自由价值的分量，那么伯林会说，这就是"对如下真理的犯罪：他是一个人，一个要过他自己生活的存在者"。伯林很清楚，这种真理奠基于一种个人主义的观念，当然会备受争议。然而，他毫不犹豫地支持这种观念，写下这样一段激昂的文字：

关联，这种关联是否定性的，就是对强制的不满，是对奴役的反抗，常常表达为"我不愿意"或"不要强迫我"。这种否定性的愿望与遭受强制的苦难是共生的，也是一种跨文化和跨历史的普遍经验。伯林说，摆脱强制就是"自由的更加基本的意思"，区别于所谓"精神的自由"或者"道德的胜利"。而他所提出的消极自由最贴切地对应了这种否定性的经验。在此要注意，所谓"消极"是对"negative"一词的翻译，它的意思并不是消极无为，而是意味着否定性。

伯林说："自由的根本意义是摆脱枷锁、摆脱囚禁、摆脱他人奴役的自由。其余都是这个意义的延伸，如若不然，则是某种隐喻。"摆脱强制是一种真切和原初的人性愿望，在规范意义上直接关涉个人尊严的底线价值。如果需要为它命名，作一种概念化的表达，那么在伯林看来，将"自由"这个词保留给这种经验和价值，是最为恰当贴切的。

伯林说，自由不能被界定为"任何一种挫折的缺乏，这会让这个词的意义膨胀起来，直到最后它的含义不是太多就是太少"。将摆脱强制作为自由的原初经验，并以此为基础，将自由（以否定性的方式）界定为"外部人为干涉或强制的缺乏"，就赋予了自由明确而特定的意义。所以，以消极自由的概念来理解自由，其根本要义就是为自由正名，让我们始终保持对其原初含义的敏感，让我们避免在各种貌似合理却眼花缭乱的概念丛林中迷失。这在理论上可以避免概念笼统化所造成的混乱，同时在实践中也有助于辨识"假自由之名行反自由之实"的伪装欺骗。

祛除"概念戏法"魔力

伯林当然承认，在某些特定的情况下，强制可能是必要的，消极自由可能需要（或应当）向其他价值让步，甚至做出牺牲。但是他反复揭露并严厉抵制一种似是而非的修辞术，他称之为"概念魔术或戏法"，就是能够将牺牲"转译为"所谓"更高的实现"。他要强调的是，当自由必须被牺牲的时候，我们就应该说"这是牺牲了自由"换取了安全、秩序或别的什么。必要的牺牲仍然是牺牲，而不能被误作或谎称为获得了"更高的自由"。如果一个人因为幼稚、蒙昧或困于说，而且常常成为压迫的学说，并成为专制主义偏爱的武器，这种现象在我们自己的时代太过熟悉了。"

对两种自由被滥用的分析，是伯林自由论述的第二个层次。我们发现，伯林并不是像人们误传的那样，是消极自由的盲目鼓吹者。他明确意识到消极自由的局限，也没有否认积极自由的价值。但同时他又强调，虽然两种自由都有被歪曲和滥用的可能，但相比之下，积极自由的滥用更具有欺骗性，也更需要我们警惕防范。在这个意义上，伯林的确更倾向于消极自由的概念。接下来，我们会进入伯林自由论述的第三个层次，也是伯林偏爱消极自由的另一个理由，那就是消极自由更接近自由原初的含义与日常的含义。

自由的本义

要深入理解伯林的自由论述，还要注意一个重要的线索，就是伯林受到英国经验主义传统的深刻影响。因此，伯林对理论概念总是保持着审慎的怀疑。在他的思想视野中，政治理论离不开抽象的概念化建构，但其中总是蕴含着风险。正当的理论建构基于人类的生活经验，通过概念化的抽象，来帮助我们更有效地理解和解释经验世界。但不正当的理论建构，虽然起初也源自人类的经验，却在不恰当的抽象化过程中不断扭曲，最终背离了经验世界。伯林的经验主义取向奠定了其自由论述的基调，塑造了他的一个重要的问题意识，就是如何让自由的概念落地，最大限度地去贴近人们的日常生活经验。

自由的原初含义

"自由"这个名词被用来表达如此多样的个人或群体的经验、状态、愿望和理想，包括"自我主导""解放"或"道德胜利"等。但什么才是自由最恰当的含义和用法呢？伯林敏锐地指出，在与自由相关的许多种人类经验中，有一种非常普遍、深刻、强烈而朴素的体验，那就是强制，其极端形式就是奴役，这是不可化约为任何其他经验的苦难。这种经验与自由具有最根本、最切近、最直接的问题重重的消极自由概念呢？一个主要的原因在于，积极自由也可能被扭曲、被滥用，而且它的扭曲和滥用更具有欺骗性，更难以被识破。

伯林指出，积极自由"可以被转变成它的对立面，却仍然能利用与其纯真起源有关的有利联系"。也就是说，积极自由可以在被完全颠倒的同时仍然保有"自由"的纯真名号，并继续以自由之名犯罪行恶。他说："积极自由的观念确实发生了变态而走向其反面——对权威的尊崇神化，这长久以来已经成为我们这个时代最为熟悉、最具压制性的现象之一。"相比之下，消极自由造成的危害较为明显容易被人识破。他说："无论其各种放纵形态的后果多么具有灾难性，在历史上却未曾像其对应的'积极'观念那样，如此经常或有效地被它的理论家们扭曲，变成如此晦暗的形而上学之物，或如此社会性的险恶之物，或如此远离其原初意义的东西。"因此，伯林将批判的主要篇幅和着力点放到了积极自由的扭曲和滥用上。

积极自由有多种扭曲形态，而伯林特别关注对"真正自我"的扭曲，就是压制经验意义上的"实际自我"，将理想的、真正的自我作抽象化的提升，等同于集体的"大我"，上升到高于个人的"社会整体"——部落、种族、教会、国家等。同时，所谓"真正的自由"就体现为与国家意志、集体意志或某种规律的同一化。伯林说："一旦我采取这样的观点，我就处于这样一种位置——忽视人们或社会的实际愿望，以他们'真实的'自我之名，并代表他们的这种自我，去欺凌、压迫、折磨他们。"也就是说，我可以代表你，发现你真正的自我是什么，你真正的愿望是什么，虽然你自己还没有意识到，或者难以言说。但我可以驱使你，甚至强制你去实现你自己"真正的愿望"，这是为了让你走向真正自由的道路。伯林警告说，极权主义以及各种对人的奴役，往往就是通过这种积极自由的观念得到辩护。

积极自由的这种滥用，典型地体现为"自由即强制"。个人虽然在表面上受到了外部的干涉与强制，但这种强制"在本质上"迫使他避开虚假自我的诱惑和陷阱，使他能够遵循"真实"自我的意志去行动，从而在本质上达成自由。由此，积极自由就发生这样一种扭曲——强迫就变成了自由，这就是卢梭所谓"强迫人们自由"的含义。所以伯林说："起初作为自由学说的东西，结果转变为权威的学分析，因为他假定这一切早已为人所共知。他后来说："我原以为，今天已经不必去强调经济个体主义与无约束的资本主义竞争的那些血淋淋的故事。"因为这些问题已经被所有严肃的评论家说得足够多了。但无论前人的批判是否充分，伯林自己必须为此补刀，否则便涉嫌为消极自由作"空洞的背书"。于是，伯林在《自由论》新版的导论中，以相当大的篇幅历数消极自由的局限性以及对其滥用可能带来的各种弊端，主要包括三个方面。

首先，信奉消极自由可以兼容于各种严重与持久的社会之恶。倡导不干涉的自由曾被用来支持各种弱肉强食的"在政治和生活意义上具有毁灭性的政策"。因此，伯林与他的"思想盟友"哈耶克不同，在社会经济政策上伯林倾向于社会民主主义。他相信，我们有"压倒性的强有力的理由，来支持国家或其他有效机构的干预，以便保障个体（获得）积极自由以及至少最低限度之消极自由的条件"。在伯林看来，"过度的控制与干涉"是积极自由的扭曲形态，而完全"不受控制的'市场'经济"是消极自由的扭曲形态，这两者都是危险的。但在特定的历史时期，可能某一种危险更值得关注。

其次，消极自由并不总是"每个人的第一需要"。伯林在最初的演讲中已经指出："对于衣不蔽体、目不识丁、处于饥饿与疾病之中的人们，提供政治权利或保护他们不受国家的干涉，等于是在嘲笑他们的处境。在这些人有能力理解、运用和增进他们的自由权利之前，需要的是医疗救助或教育。"在后来的导言中，伯林再次重申，对这些穷苦和弱势者而言，让他们"享有如其所愿地花钱或选择教育的法律权利"，会变成一种"可恶的嘲讽"。如果无法对个人或群体提供行使消极自由的最低条件，那么消极自由便没有多少价值或毫无价值。

最后，伯林还提到了与托克维尔类似的忧患，就是消极自由的滥用有可能会损害自由权利本身。如果每个人都退回到自己的私人领域，只关心自己的消极自由，那么就会危及民主制度，最终会反过来瓦解保障消极自由的制度。

积极自由的滥用

既然消极自由有如此严重的局限，那么为什么敏锐智慧的伯林还会偏爱这个

自由的扭曲与滥用

伯林对两种自由的概念解说其实相当复杂。现在我们要转向一个更令人迷惑的问题,那就是在价值判断的意义上,伯林如何评价两种自由的地位。他在消极自由与积极自由之间做出了高下之分吗?这是一个相当有争议的问题。

的确,我们可以在《自由论》一书中找到明确的证据,表明伯林对两种自由抱有一视同仁的立场。他知道,许多人将《两种自由的概念》解读为"反对积极自由,为消极自由无条件地辩护"。他对这种解读表示不满,表示"这不是我的初衷",并强调自己不是要为消极自由概念"提供空洞的背书",因为这会陷入他自己批判的"那种不宽容的一元论"。因此,他明确表示,消极自由与积极自由"在历史和道德意义上,都有同等权利被归入人类最为深刻的利益之列",也就是同等有效和同等正当的终极价值,在原则上没有高下之分。但另一方面,大多数《自由论》的读者都会留下一个深刻的印象,就是伯林明显流露出偏爱消极自由的立场。那么,这是读者的误解,还是伯林陷入了自相矛盾?

破解这个问题的关键在于,要注意伯林的自由论述其实包含几个不同层次。伯林对两种自由的区分,只是他自由论述的第一个层次。更复杂的是,他还辨析了每一种自由都有的不同形态——确真(trust)形态和扭曲形态,这是他论述的第二个层次。伯林认为,积极自由与消极自由都有其"确真"形态,两种自由的确真形态在原则上没有高低之分,都是人类生活追求的真实价值,这与他信奉的价值多元主义是一致的。但是,两种自由都可能被扭曲,偏离其确真形态,也都可能被滥用。伯林敏锐地发现,两种自由在历史实践中导致了相当不同的后果,积极自由的扭曲更具有欺骗性,其滥用造成的后果也更具灾难性,因此就实践逻辑而言,我们更需要警惕积极自由的危险。

消极自由的滥用

伯林从未否认消极自由在实践中被滥用的大量事实,尤其在经济领域内,可能造成严重的非人道状况。当初在《两种自由的概念》一文中,他没有对此展开在这里，伯林所做的前两个限定，即"外部性限定"和"人为制造限定"，对理解消极自由的概念非常重要。在这种限定性下，许多让人感到"不自由"的状态都与消极自由无关。比如，你想要戒酒，但缺乏坚定的意志；你向往纯洁的宗教生活，但沉湎于声色犬马的诱惑，于是处在内心的冲突和挣扎之中；你想要独立行走，但你的身体有残疾；你想要成为钢琴家，但缺乏特殊的音乐才能。所有这些障碍，都阻碍了你实现自己的愿望，但都来自你自身，没有满足"外部性限定"，因此称不上是对消极自由的限制。再比如，你要出门散步，但正好遇到大暴雨；你想要和恋人随时相聚，但你们身处两地，远隔千山万水；你想要周游世界，但缺乏足够的财富。这些障碍虽然都来自外部，却不是"人为"制造的结果，也不能算作消极自由的障碍。

当然，所有这些不利因素，都会妨碍我们追求美好的生活，或者对我们造成了严重的挫折，在日常语言中我们甚至会用"不自由"来形容这些挫折的感受，而且伯林也从未否认这些问题的重要性和真实性，但他坚持认为，除非这些障碍是外在的、人为造成的，否则都不是与消极自由相关的障碍，尤其不是与政治自由相关的问题。

我们阐述了伯林对两种自由概念的区别，现在你会发现，这两种概念要比人们通常所说的"免于"的自由和"得以去做"的自由更为复杂。我借用了"三位一体"自由概念中的三个要素，进行了一番辨析，可以发现，两种自由的概念在自由的"目标"、自由的"主体"和自由需要摆脱的"障碍"这三个方面都存在重要的差异。

那么澄清这种差别的意义何在呢？我认为，伯林的基本用意之一，就是要限制"自由"这个词的笼统化使用。人类生活会面对各种各样的挫折，但如果把所有不合意的挫折状态都说成是"不自由"或"缺乏自由"，那么自由的概念就会过度膨胀而失去了针对性。缺乏自由是一种特定的状态，只是各种不合意的挫折状态中的一种，它并不是唯一的（有时也不是最重要的）挫折。而只有当我们澄清了自由（尤其是政治自由）的特定含义，才可能更有效地追求自由。

主体未必需要实施行动，其目标也未必是明确的。因此，两种自由在行动目标上具有非对称性：积极自由要求明确的肯定性目标，而消极自由可以仅仅以否定性的要求来反对干涉（虽然我还不知道我究竟要什么，但我知道我不要什么）。所以，就目标这一要素而言，两种自由具有明显的区别。

接下来，我们来分析作为主体的"自我"。对于这一要素，两种自由也存在差异。在积极自由的概念中，主体常常是二元分裂的：一面是"真实的""高级的""理性的"自我，一面是"虚假的""低级的""非理性的"自我。积极自由不是"屈从"低级和非理性的欲望，而是要克服这种欲望，去实现真正的、高级的或理性的愿望。而在消极自由的概念中，行为主体就是一个如其所是的"经验自我"，自我的愿望或欲求是多样的，彼此之间也可能冲突，但消极自由着眼于实现这些愿望的可能空间，而并不关心"实际的愿望"在道德或哲学意义上是不是"真正的愿望"。

最后，再来讨论自由需要免除或摆脱的障碍。从积极自由的角度来看，凡是阻碍或限制了实现"真正的愿望"的因素，都是自由的障碍。障碍可以来自主体自身，比如生理和心理的缺陷，或人本身的能力不足，也可以来自外部，无论是自然障碍还是人为的限制。尤其值得注意的是，对积极自由来说，强制未必是自由的障碍。如果强制是为了限制虚假、低级和非理性的欲望，那不仅不是实现自由的障碍，反而有益于实现自由。比如，强制一个酗酒者戒除酒瘾，虽然违背了他的实际欲望，却是在帮他满足自己真正的理性的愿望，因此是帮助他实现自由。但对消极自由来说，只要阻碍了人的欲望，无论是低级的还是高级的，都可能是自由的障碍。你可能会说，这样看来，消极自由对障碍的定义似乎比较宽泛，其实这只说对了一半。因为对于什么才能算作消极自由的障碍，伯林做出了一些特别的限定，包括以下四项限定：第一是外部性限定，就是说障碍必须来自外部，而不是来自人的内心；第二是人为制造限定，就是说障碍必须是人为造成的，可能有意，也可能无意，但自然发生的非人为因素不能算作障碍；第三是机会限定，就是说障碍不必对主体行动构成实际的阻碍，只要剥夺或限制了其行动的机会就可算作障碍；第四是重要性限定，被剥夺或严重限制的那些机会应当具有重要性，在当事人所处的文化社会环境中被视为重要。

段界定性文字，都不足以清晰地说明这两种自由的确切含义，以及它们之间的真正区别。实际上，阐明伯林的两种自由概念，远比人们通常预想的困难。

我们先来看最为流行的定义。在通常的解释中，所谓"消极自由"是从否定、消极或负面的角度来界定自由，是指"免除"或"摆脱"某种不可欲的障碍或干涉；而"积极自由"是以肯定、积极或正面的方式来理解自由，是指"得以"实现或达成某种可欲的目标或状态。

但这种流行的表述本身存在缺陷。一个明显的问题在于，伯林自己也常用积极（或正面）的方式来解释消极自由，他把消极自由的范围界定为"有多少可以打开的门"。而且，他也曾用消极（或负面）的方式同时解释两种自由，他说过："自由概念的本质，不论在其'积极'还是'消极'的意义上，都是抵挡某物或某人——抵挡试图闯入我的领地或对我施加权威的人，或者抵挡幻想、恐惧、焦虑、非理性的力量之类的入侵者或专制者。"显然，消极自由有积极的面向，而积极自由也有消极的面向。这就让两种自由的划分变得扑朔迷离了。

两种自由的深入辨析

1967 年，有位名叫麦卡勒姆的哲学家批评了伯林对两种自由的区别。麦卡勒姆认为，所有的自由都同时包含消极否定与积极肯定的要素，主张任何自由总是"行动主体"，通过否定性地摆脱"障碍"来肯定性地实现"目标"。因此，人、障碍和目标是所有自由的三种构成要素，进而提出了所谓"三位一体"的自由概念。

麦卡勒姆的批评曾经很有影响，但伯林并没有接受这种"三位一体"的自由概念。他反驳说，消极自由未必需要明确的"目标"这一要素，而只要求维持一个不受干涉的独立领域。伯林的意思是说，消极自由坚持要求一扇"可以打开的门"，但这个要求不需要以目标为前提。我不需要告诉你，甚至我自己都可能不知道，我会不会真的去打开这扇门，我打开门要去做什么，但我仍然可以坚持要求这扇门是可以打开的。在这个意义上，消极自由是一个机会概念，而不是实施的概念。也就是说，消极自由意味着行动主体能有足够大的自由领域或机会，但是一回事，根本没什么区别"，这种说法就变得完全不可理喻，让人感到你不是人类的一员。这种不可理喻的感觉，恰恰表明人类具有最低限度的共通性。因此，伯林主张的价值多元论不是相对主义。

伯林认为人类生活的世界存在着多种不同的终极价值，这些价值是客观的或真实的，但它们之间常常无法公度，不能彼此兼容，甚至可能发生严重的冲突，导致某种无可挽回的损失，这是深刻的人类困境。价值一元论试图克服这种困境，但这是一种概念错误。一元论对道德与政治生活提供的解决方案，不仅无法摆脱多元价值的冲突，反而造成了更严重的人类悲剧。20世纪极权主义所导致的灾难，为伯林的这一论断提供了有力的经验佐证。为了避免这样的人类悲剧，伯林反复告诫我们，应当抗拒形而上学一元论的诱惑，接受价值多元的人类处境。许多研究者认为，价值多元论是伯林最深层的理论信念，并塑造了他对自由的思考。而伯林之所以崇尚"选择的自由"，恰恰是因为这种自由能够让人们在多种多样的生活理想中发现适合于自己的目标。

两种自由的概念

在伯林的思想中，对自由的论述具有突出的重要性。收入这本《自由论》中的文章《两种自由的概念》，被称为20世纪政治哲学领域中影响最大的单篇论文（影响最大的专著则是罗尔斯的《正义论》），在1958年发表后引起了持久而广泛的讨论。在这篇文章中，伯林提出了消极自由与积极自由这两种自由的概念。这个观点非常有名，但理解起来并不容易。学术界一直在争论两个问题。首先，这两种自由的概念区别是否恰当？确切的含义究竟是什么？其次，伯林自己是不是推崇消极自由而反对积极自由？

伯林说，自由的概念极为含混而复杂，思想史上可能存在"两百多种定义"，但自由有两种核心的含义，深深地卷入了整个人类历史，因而就特别值得关注。他将这两种自由的概念分别称为"消极自由"和"积极自由"。

那么，这两种自由的定义是什么呢？在《自由论》的文本中，我们至少可以发现5个段落，用不同的说法来界定这两个概念。然而，单独选取其中的任何一牲真理与知识而促成幸福、忠诚与纯洁？我想提出的简单观点是，在终极价值无法调和的情况下，从原则上说，是不可能发现快捷的解决方法的。

伯林认为，多元价值当中有一些是完全无法共存的："我们要在同等终极的目的、同等绝对的要求之间做出选择，且某些目的之实现必然无可避免地导致其他目的的牺牲。"所以他说："选择的需要，为着一些终极价值而牺牲另一些终极价值的需要，就成为人类困境的永久特征。"虽然我们在具体的情景中，针对具体的案例总是应当努力去平衡不同价值的需求，去寻求尽可能恰当的解决方案，但是在原则上，我们不可能根本消除多元价值的冲突。在伯林看来，这是人类最为深刻的悲剧性困境。

第二，伯林的多元价值是客观的或真实的。伯林的价值多元论很容易与主观主义和相对主义混为一谈，但伯林自己一直在努力澄清，他的主张不是主观主义，也不是相对主义。的确，有些价值多元的观点来自主观主义。有人认为，物理世界有客观性，而人类重视和珍惜的价值并不客观存在，只是来自个人或特定文化的偏好。由于大家的偏好不同，所以价值自然是多元的。但这不是伯林的观点。伯林是一个价值客观论者，就是主张人类信奉的价值虽然是多元的，但确实客观存在，是人性的本质之所在，而不是人们主观想象的随意构造，也不取决于每个人的主观偏好。

同样，他的价值多元论也反对相对主义。相对主义主张，所有的价值都相对于特定的个人或文化才有效，比如"你喜欢番茄，我喜欢土豆"，除此之外没什么可说的。其实相对主义也常常是主观主义的一个变种。而伯林作为价值客观论者，至少在两个方面不同于相对主义。首先，伯林认为，价值虽然是多样的，却不是无限的。人类信奉的价值可能有几十种或者上百种，但无论如何也不能说，世界上有70亿人就有70亿种不同的价值。其次，伯林坚持认为，人类具有某种最低限度的共通性。因为价值是客观的，而且是有限的，那么不同的人们总是有可能相互理解。虽然你的价值追求与我不同，甚至是我反对的或者憎恨的，我可能会攻击你的这种价值，在极端的情况下我不得不向你开战，但我仍然可以想象也可以理解你为什么会追求这种价值。如果你说"杀死一个人就和踢开一块石头何别的信念相比，一元论这种思想"对于把个体放在伟大历史理想的祭坛上被屠杀，负有更大的责任"。

价值多元论的两个要点

那么，伯林主张的价值多元论，除了说价值是多种多样的之外，还有什么特点呢？我认为至少有两个要点值得展开讨论。

第一，伯林强调，多元价值之间的冲突往往不可避免。他对价值多元论有一个特别的阐释，叫作"多元价值的不可公度性"。所谓"不可公度"，就是说不存在一把共同的尺子，能够用来衡量多种不同的价值，把它们排列在同一个高低贵贱的序列中，最后确定哪一种价值在原则上更高，更具有优先性。人类生活追求的许多重要价值，比如说自由、平等、正义和仁慈等，都是所谓"终极价值"。这些价值中的任何一种都具有独立性，不能说实现了自由其实就实现了平等。也就是说，某一种价值并不是其他价值的派生物，不能被还原为其他的价值。多元价值之间具有不可公度性，这让我们往往无法同时实现多种价值。这就推出了伯林的一个重要论点——多元价值之间的冲突。

让我来举一个例子，这是一个真实的案例。几年前在中国的某所大学，一个学生在饮用水中投毒，把同寝室的一个同学给毒死了。死者的家属要求判投毒者死刑，这是遵循"杀人偿命"的正义原则。而投毒者的父母乞求宽恕，说死者已死，让另一个年轻人偿命也无济于事，他们在忏悔中希望获得被害者家人的宽恕，这是诉诸仁慈的价值。如果伯林面对这个问题，他会怎么说？他会说，原则上无法解决。正义与仁慈都是人类的终极价值，但这两种价值往往是不可调和的。如果实现了正义，就无法同时满足仁慈。如果相反，以仁慈来宽恕凶手，那么就必须以牺牲正义为代价。伯林在《自由论》中有这样一段话，说得相当明确：

> 在某一特定情形中，是不是要以牺牲个人自由为代价来促进民主？或者牺牲平等以成就艺术，牺牲公正以促成仁慈，牺牲效率以促成自发性，牺

们的直觉相反，认为表面上林林总总的价值在本质上是一致的或者统一的，这种观点就是价值一元论。而伯林恰恰是一元论最为著名的批判者。

对价值一元论的批判

反直觉的价值一元论，在西方思想中具有悠久的传统，在启蒙运动之后成为主流。我们知道启蒙运动的核心是推崇理性主义，由于在自然科学中显示出巨大的成就，理性主义具有越来越强大的吸引力，占据了西方思想的主导地位。在伯林看来，价值一元论就是启蒙理性主义导致的后果，因为启蒙理性主义的基本精神就是质疑所有未经理性检验的直觉印象，并试图在表象背后发现本质。价值一元论主张，在表面上丰富多样的价值背后，存在着统一和谐的更高价值，表面上多种多样的价值在本质上是和谐一致的，也就是一元的。

伯林认为这种主张是错误的，他说，相信"在原则上可以发现所有价值都能和谐相处的模式，这样一种观念，是建立在关于世界本质的一种错误的、先验的观念之上"。伯林将这种观念称作"形而上学的一元论"。所谓"形而上学"就是透过现象把握本质，听起来相当深刻，但在伯林看来却是一个"概念性错误"，就是用错误的抽象概念来理解人类经验。

如果一元论是错误的，为什么能够大行其道呢？伯林认为，一元论是一些思想家为克服多元价值的冲突而构想出来的解决方案，恰恰是因为它能提出一个单一的标准信念，让我们摆脱人类生活的不确定性，逃避根本的人类困境，所以"无论对于理智还是对于情绪，常常是个深刻的满足之源"。也就是说，一元论试图用某个特定的价值来统领所有生活的目标，求得社会的和谐与统一，这样就满足了我们寻求确定性的愿望，因此具有极大的吸引力。

但伯林认为，试图根本消除多元价值的冲突是一种幻觉，无论这种企图出于多么良好的意愿或以多么崇高的名义，都是极不可取的。我们曾提到，伯林特别重视思想理念对实践的巨大作用，错误的理念会造成严重的后果。如果执着于价值一元论这种错误的信念，就会削足适履地压制和毁灭多种多样的人生理想和生活方式，结果往往会在道德与政治实践中造成巨大的人性灾难。所以他说，与任朋云集的聚会，但同时也总有挥之不去的局外人意识。这使他总是能保持一个思想者的敏感性与洞察力，而这也是他的著作最独特、最意味深长的风格。

伯林的思想丰富而复杂，他的演讲和文章才华横溢，带有醒目的个人印记，他的论述旁征博引，充满深刻而睿智的见识，却没有形成完整的理论体系，这似乎印证了他对自己的认识。他曾说过，他是那种知道许多小事的狐狸，而不是建构大体系的刺猬。伯林的作品主题繁多，甚至显得有些杂乱，但他的思想中仍然有一个贯穿性的问题意识，就是探究观念对于社会与政治生活的影响。他在思想史研究中发现，历史上有许多政治实践原本是出于非常善良美好的愿望，但是在错误的理念指导下走向了事与愿违的道路，最终造成了灾难性的结果。在《两种自由的概念》这篇文章的开头，他引用了德国诗人海涅的话："不要轻视观念的影响力，教授在沉静的研究中所培育出来的哲学观念，可能会摧毁一个文明。"但伯林接着说，如果思想能够产生如此致命的力量，那么也只有通过其他思想家的努力才能化解。伯林一生都在做这种努力，去辨析观念的来龙去脉，揭示原本纯真的理念如何变异扭曲，告诫人们错误的思想何以会导致人间的悲剧。

价值多元论

价值多元论是柏林思想最为核心的立场。

什么是价值呢？简单地说，价值就是我们认为重要的东西。但这里说的"东西"并不是具体可见的事物，而是抽象的理念，比如爱、忠诚、正义、仁慈等，可以说价值就是我们在观念意义上所珍视的东西。价值构成了个人生活和公共生活的意义基础，是我们确立生活目标的依据。

我们生活的世界五光十色，人们追求着丰富多彩的理想和目标，从这种现象中，我们很容易得出"价值是多种多样的"这种直觉印象，这似乎是非常明显的常识。但问题在于朴素的常识或印象往往并不可靠，甚至是错误的。比如，直觉告诉你，地球是静止不动的，太阳围绕着地球转动，但这种直觉是错误的。那么，你怎么知道你对于价值多元的朴素直觉是正确的呢？所以，有一种观点和人了题为"两种自由的概念"的就职演讲，收录在《自由论》一书中，这是伯林最有名的文章。也是在1957年，伯林被授予爵士头衔，他的前女友写信祝贺，有点讥讽地说这是为表彰"他为高谈阔论所做的杰出贡献"。伯林一生实际上只写过一部研究专著，就是30岁时完成的《卡尔·马克思》，其余的著作都是由文章汇编结集而成。

伯林在1927年进入牛津大学学习，在此度过了70年的生涯。牛津大学就是他的家园。伯林的学业非常出色。他在23岁的时候，就被牛津大学的万灵学院录取为研究员。万灵学院是牛津大学最特殊的学院，它没有自己的学生，每年邀请牛津大学最优秀的学生参加考试，从中选拔最出色的两名学生成为万灵学院的研究员，获得优厚的奖学金专门从事研究，这是英国最高的学术荣誉之一。伯林是历史上第一个获得这项殊荣的犹太人。此后几年时间，伯林从事哲学研究，与奥斯丁和艾耶尔等几位分析学派的哲学家交往密切，介入了著名的"牛津日常语言哲学"学术运动。但他后来放弃了哲学专业，转向思想史的研究。伯林怎么会发生这个转向呢？这里有个有趣的故事。

1940年伯林应邀去剑桥大学的道德科学俱乐部做一个讲座，主题是如何理解他人的内在思想。剑桥大学有名的哲学家几乎都来参加这次活动，其中就有大名鼎鼎的维特根斯坦。伯林的报告还没有结束，就被维特根斯坦打断了。他认为伯林的思路是错误的，然后提出自己的想法和问题。全场鸦雀无声，伯林自己也尽可能避而不答。一小时后，维特根斯坦起身告辞，对伯林表达了礼貌的谢意，说"这是非常有意思的讨论"。其他人挤到伯林的身边，对他说能获得维特根斯坦这样的赞扬是多么难得。但伯林很清楚，自己的报告没有给维特根斯坦留下什么深刻的印象。这次经历实际上给伯林的哲学生涯画上了一个句号。他明白自己并不擅长纯粹的哲学研究。后来他转向了思想史研究领域，成为20世纪英语世界最重要的思想史家之一。

在第二次世界大战期间，伯林在英国的外交机构服务了几年，在纽约、华盛顿和莫斯科任职，这使他结识了很多政治人物。当时的英国首相丘吉尔非常欣赏伯林撰写的分析报告，与他结为好友。1945年伯林回到牛津大学工作，此后他的学术和社会声望日渐显赫，他的社交圈几乎是一部世界名人录。伯林非常享受高征，就是相信有一个回应人类困境的确定答案，存在一种真理，相信依据真理来推动激烈的社会变革，由此终结人间的苦难。然而，这种俄罗斯精神却有可能与暴政结缘。理想的追求为什么会导致灾难？这成为伯林心中挥之不去的问题。在这个意义上，对俄国经验的思考塑造了他的问题意识。

犹太意识

伯林常常说自己是出生在俄国的犹太人，他的犹太意识也影响了他的思想。以色列的首任总统哈伊姆·魏茨曼也是出生在俄国的犹太人，伯林与魏茨曼交往密切，虽然他谢绝了魏茨曼让他担任总统顾问的邀请，但他介入了犹太复国主义运动。伯林说过，全世界的犹太人都有一种共同的感受，就是"不在家"的感觉。"不在家"是一种无法全然沉浸于环境的"不自在"，这使得伯林常常会有一种抽身而出的局外人视角。另一位著名的犹太人爱因斯坦曾与伯林有一面之交，曾提到对伯林的印象，说他是"上帝的宏大剧场中的一名旁观者"。伯林以这种旁观者视角，洞察到被启蒙思想传统所忽视的那些边缘的和反潮流的思想观念和流派，包括德国浪漫主义思想家赫尔德，还有法国保守派思想家迈斯特，这成为他多元主义立场的一个思想渊源。伯林的犹太人身份使他对文化多样性格外敏感，这也是他研究民族主义问题的一个缘由。他能够同情地理解民族主义，也忧虑极端民族主义的毁灭性力量。因此，如何在自由主义与民族主义之间达成某种调和，也是伯林努力探索的问题。

英国生涯

1920年伯林随父母移居到英国，此后就一直在英国生活，直到1997年去世。他此前基本没学过英语，但到英国一年以后，他的英语已经非常流利，后来达到了口若悬河的地步，成为英语世界中最为著名的演说家之一。所有见过伯林的人都会惊叹他出色的口才。但这也在某种程度上影响了他的写作。伯林爱说，但不爱写。1957年伯林被聘为牛津大学社会与政治理论的齐切利讲席教授，他为此作

刘擎讲读《自由论》

> 刘擎
> 政治哲学家、华东师范大学教授,入选上海市"浦江人才计划"。教授政治意识形态、20世纪西方思想文化潮流等课程。

思想的力量

伯林是20世纪西方著名的思想史家、政治理论家和知识分子。《自由论》可能是伯林最有影响的著作,但要理解它并不容易。伯林的人生历程和思想生涯非常丰富和精彩,可以从中探寻他的思想踪迹,以及他根本的问题意识。他同时具有三重身份:俄国人、犹太人、英国人。这三种身份影响了他的思想发展。

俄罗斯精神

伯林生于1909年,出生地是拉脱维亚的里加,当时属于俄国。6岁的时候全家搬到了彼得格勒。他在俄国度过了童年,虽然只有11年,但那时俄国发生了二月革命和十月革命,这对他的一生有着深刻的影响。在1917年的二月革命期间,7岁的伯林目睹一名沙皇时代的警察被一群暴民私刑处死的场景,这是他对于暴力恐怖的最初记忆,给他留下了终生难忘的印象,也成为他成年之后思考自由问题的经验来源。

伯林的俄国人身份也是他探索俄罗斯思想家的重要缘由。他年轻的时候就开始阅读托尔斯泰等俄国作家和思想家的作品。他发现,这些作品具有强烈的道德关怀,关注人间的苦难与不公,以及社会的陈规陋习对人的禁锢,并努力探寻拯救人类苦难和摆脱人类困境的根本方法。在他看来,俄国思想家的一个共同特

本书使他一举成名。其他几十种著作，都是演讲集，纸条般的手稿。有人说他不是那种具有原创力的思想家。

我认为，伯林没有大的理论体系，跟他钟爱的生产方式有关，也跟他的追求有关。伯林经常待在书斋，但绝非书斋型思想家。他的思考乃至实践，几乎就是在人类现实生活这个大舞台完成的。韦伯和凯恩斯也是这种关注和介入现实类型的思想家。其实，伯林的生产方式并非独创，而是继承了苏格拉底传统，把思想的课堂搬到了市场、街头。伯林是富家子弟，思考的同时不耽享受，他思想的生产基地是狭义和广义的客厅。他是客厅里的苏格拉底。

伯林的思想对我们每个人的日常生活都有价值，他启示我们最该在意什么，那就是自由。没有自由，就没有了自己。你可能谁都属于，唯独不属于自己。在这个意义上，伯林区分消极自由和积极自由，为我们过好个人生活提供了强大的哲学辩护。伯林还为分辨谁可能是让人失去自由的蛊惑家提供了指南。他提醒说，积极自由经常假借各种名目，比如民族、阶级、集体和国家，或者某种理想、理论、意识形态，给个体造成伤害，从而摧毁消极自由。

最后我想说的是，伯林内心永远无法敉平的身为幸存者的罪恶感。伯林的传记作者说，伯林是个流亡者，不仅是拉脱维亚-俄国流亡者，也是犹太流亡者，他忘不掉生活中经历的种种黑暗，甚至黑暗就是他"自身的一部分"。在糟糕的20世纪，以纳粹为代表的野蛮势力披着理性的外衣，疯狂杀戮，毁坏了无数无辜者的生活。而"正是对包围着他的黑暗的这种认识，赋予了他的作品一种带着忧郁感的雄辩，并且使他对自己的学术生涯充满热情"。

很大意义上，这也是讲读这本书的刘擎作为知识人的写照。刘擎能把《自由论》讲活讲透，除了他扎实的学理功夫，对伯林感同身受的认识，是重要原因之一。有时我总不免猜想，刘擎像是生活在上海的伯林的传人，从日常生活偏好，到思想生产方式，乃至人的气质都像伯林。

斯捷尔纳克和阿赫玛托娃，近距离观察了苏联知识分子的生活和思想。他对俄国思想家情有独钟，研究过赫尔岑、陀思妥耶夫斯基、托尔斯泰、屠格涅夫等人，结集出版过《俄国思想家》。伯林身上那种对现实的深切关照，以及言说中的训诫意味，很多时候来自俄国思想家的传统。

三是英国人的身份认同。英国经验主义对他的影响，不仅体现在生活方式上，还体现在他看问题的角度上。英国塑造了他的政治信仰，就是他不断强调的"宽容、自由讨论和对他人意见的尊重"。

伯林一生关切的核心问题是自由。犹太人身份和犹太人的遭遇，以及对苏俄的观察，为他的自由主义理论提供了相当丰富的负向资源，而在英国的生活为他提供的多是正向经验。他最重要的理论贡献，是区分了消极自由和积极自由，以及从价值到文化的多元理论。伯林的多元论指的是，人所追求的价值是多元的，它们之间经常发生冲突，乃至互不相容。但任何唯我独尊的一元论都是危险的，唯有坚持多元主义，才能避免这种危险。它是自由主义和宽容的根本。这里的宽容，"不仅仅是那种等待错误被改正的不稳定的宽容，而且是那种深刻的、持久的宽容，这种宽容接受并欢迎那些与我们自己所奉行的生活见解根本不同的生活见解"。

伯林思想生产有其特殊方式，就是跟人谈话，包括发表公众演讲。《自由论》就是伯林几次演讲的合集。伯林发表演讲时事先准备一些纸条，坐下来便口若悬河。据说有一次发表关于自由的演说，靠着几张纸条，一说就是6小时，像在自家的客厅里。而那些小纸条，不知哪一张或许就是解开未知之谜的锦囊妙计。

说到伯林思想的生产方式，不能不提流传甚广的一个说法，就是他关于思想家的分类。他说，有些思想家像狐狸，知道很多事儿；另一些像刺猬，知道一件大事儿。按伯林自己的分类，他属于前者。伯林一见到纸条，就灵感迸发，激情四溢，可谓无所不知。但我以为，伯林看似像只狐狸，但他一生关切的大问题，其实只一个，就是个人的自由。他翻来覆去讲说的，就这一个主题，成就最高，贡献最大。当然，也可以说，伯林是罕见的天才，一生游走于狐狸和刺猬之间。伯林晚年对自己的这种角色定位并不满意，甚至流露出遗憾。他一生只写了一本专著，即三十来岁时出版的《卡尔·马克思》，这

导语｜伯林：思想客厅里的常青树

刘苏里

要很好地理解伯林以及他的《自由论》，需要注意以下几个方面：第一，伯林的问题意识产生的背景；第二，什么是伯林关切的核心问题，也就是他的主要思想贡献；第三，伯林思想生产的特殊方式；第四，伯林的思考对我们每个人的生活的价值。

伯林1909年生于拉脱维亚的里加，这个地方当时还属于俄国。他6岁跟家人移居彼得格勒，在那里经历了俄国十月革命。11岁随全家移民英国。伯林学术生涯的关键阶段是1939—1974年，他30岁到65岁之间，这期间他基本上是在英国度过的，先是作为英国外交部情报官，后来成为英国大学的客座教授。他的很多重要作品都发表于这段时间，包括《自由论》。1967年伯林曾回国帮助牛津大学创办沃尔夫森学院，但无论是他的学术思想还是个人声望，主要都是在美国确立的。

这35年中发生了很多大事件：1939年第二次世界大战爆发；1968年法国爆发"五月风暴"；最大的事件是美苏两大阵营的冷战。这意味着伯林的思想成熟于冷战的黑暗中。他一生关注的核心问题——自由，跟这个背景有密切关系。

理解伯林的问题意识，还有几点也很重要。一是他的犹太人出身，虽然他很少公开谈论。他还是犹太复国主义者，关注以色列建国，也关心巴勒斯坦人的处境。他去世前留下一份政治遗嘱，就是有关巴以未来地位问题的。以色列第一任总理本-古里安，曾发出邀请，请他出任外交部部长。以色列审判希特勒屠杀犹太人的"最后解决方案"最高执行人艾希曼时，他也在现场。伯林认为，犹太教为他的自由主义理论提供了思想资源，而他的自由主义为人类寻求归属的需要提供了广阔的空间。

二是他与苏联的关系。他出生在俄国，会讲俄语，这也是第二次世界大战前后他被派驻莫斯科的原因之一。他跟许多苏联文学家有密切来往，比如帕

三八
《自由论》

[英] 以赛亚·伯林 著　胡传胜 译　译林出版社　2011 年

主题词◎价值多元论　积极自由　消极自由

经典之处

伯林对自由主义理论的论述影响深远,他在1958年的演说《两种自由概念》中,区分了积极自由和消极自由,对此后关于自由和平等的关系的讨论产生了极大影响。伯林很少以大部头专著阐发他的思想,他写的更多的是一些长篇文章,这些文章也不直接阐述理论,而是旁征博引地评论哲学史、观念史和各色思想人物。

作者简介

以赛亚·伯林(Isaiah Berlin,1909—1997),英国哲学家、观念史学家和政治理论家,是20世纪杰出的自由思想家之一,以对政治和道德理论的贡献闻名。主要著作有《卡尔·马克思》《自由论》《概念与范畴》《反潮流》《现实感》等。

20世纪80年代之后，年鉴学派的大本营当然还在法国国家社会科学高等研究院，可是，严格意义上的年鉴学派已经不存在了。不存在不是因为它失败了，而是因为它的成功，它原来所具有的某些缺陷被后学不断纠正，以至于后来年鉴学派的传人们已经不可以再被简单地视为布罗代尔的信徒了。

1871—1914年，是西方的太平年代，是人们对于进步、科学和理性将会给新的时代带来更多的光明充满了信心的时代。布罗代尔说在这个时代，西方总算有了一个长长的喘息时间，但是这相对和平的、几乎无忧无虑的岁月使得历史学的抱负大打折扣。谁也没有想到，等待西方的是第一次世界大战，并且很快就进入了最血腥、最黑暗的世纪。

清朝赵翼有两句著名的诗句："国家不幸诗家幸，赋到沧桑句便工。"历史学好像也要对人类的苦难，对人类不太平有一种需求，才能够得到繁荣，才能够使历史意识有滋长的机会。

布罗代尔和他的年鉴学派前辈，无疑是经历了这样的时代，可以说，他们丰富和深化了我们对过往历史的理解，他们对历史学的贡献，配得上他们所经历的那个时代。

思考题：

1. 谈谈你对中国"文史不分家"的理解和看法。
2. 你同意年鉴学派对传统历史学的那些批评吗？
3. 举例说明你对布罗代尔的"事件的历史"的理解和看法。
4. 谈谈你对布罗代尔的"局势"这一概念的理解，能举例说明一下更好。
5. "布罗代尔和年鉴学派配得起他们所经历的时代。"对于这句话，你怎么理解？

就什么都不是。他早期有一本《丰收的年月，饥荒的年月》，研究的就是长时期内的气候变化对整个经济的影响。他还写了一本《朗格多克的农民》，用很丰富的材料研究14—18世纪法国一个区域的社会经济状况。其基本逻辑就是三个不同层次的历史时间的逻辑。而他得出的结论是，从14世纪到18世纪，农业生产、食物产出、食物价格、人口模式，在法国的这个区域，乃至于在西欧的大部分地方，没有发生过根本性的变化。他将这段时期称为"静止不变的年代"。在他考察的这五百年里，宗教改革、文艺复兴、民族国家的兴起、启蒙运动都没有了，有的只是一些轻微的、周期性的变化。这一惊人的盲点，让我们看到，布罗代尔和年鉴学派历史研究的范式，在提供深刻洞见的同时，也有它的重大缺陷。

布罗代尔曾经提到的一位历史学家叫阿里耶斯，阿里耶斯是儿童史这一史学研究领域的奠基者，深受年鉴学派的影响。他有一本很好看的名著《儿童的世纪》。阿里耶斯强调，历史学要关注意外和陌生。布罗代尔很赞同他这个说法，一方面过去和现在是相通的，过去的人有他们的喜怒哀乐，我们能够理解过去的喜怒哀乐，我们才能够了解历史。另一方面，过去和现在又有所不同，有所差异。

比如一位人类学家到了巴厘岛，发现那里的人对一种斗鸡游戏乐此不疲到了令人惊异的地步。正因为这种不解，说明我不是他，他不同于我，我要试图来理解他为什么会这样。出色的历史学家格尔茨就做了这样的研究。跟人类学家一样，历史学家也要对陌生和意外感兴趣。

总之，年鉴学派对人们习焉不察的人类生活，有强烈的兴趣，对于人类生活受其制约的长时段的条件和要素有深刻的体察，但对事件性的要素有所忽视。可以说年鉴学派与布罗代尔本人的所得和所失，是紧密联系在一起的。

年鉴学派在它的第四代或者勉强说第五代的时候，有了很大变化。在描述后来年鉴学派的变化时，人们经常谈到文化、政治和事件的回归，即被布罗代尔忽视的层面重新进入了视野，这实际上是年鉴学派的后学，在回头审视学派的研究纲领的得与失。

年鉴学派内部有一种说法，说这是"从地窖到阁楼"的变化。原来关注的是地下的基础，可是后来发现，阁楼里也自有天地，阁楼的很多特点，难以简单地用地窖说明。

不同的速度在流动。

第一层次的地理时间，是几乎静止的，或者说流动缓慢得难以察觉。布罗代尔对于长时段因素的关注，让他更多地感受到的是人类被束缚、被限制的那些层面。他曾经感慨说，只要把目光投向个人，就会发现人们陷入自身无能为力的命运之中。他晚年时甚至说，今日世界的90%是由过去造成的，人们只在一个极小的范围内摆动，还自以为是自由的、负责的。

这方面我们还可以举一个例子。费弗尔早年专门研究过马丁·路德，写过一本《马丁·路德的时运》。书中记录了马丁·路德晚年与他人的一段对话，有人对马丁·路德说，你是基督教的解放者。马丁·路德说，是，不过是以一匹盲马的方式，我不知道人们要把我带向何方。

盲马，就是瞎眼的马。马丁·路德的意思是，他完全是被人们推着，被人潮涌动所裹挟着，不知道最后去向何方。费弗尔这本书要讲的，就是马丁·路德是如何被那个时代、被不同的人群，根据他们的需要所塑造、所改变，以至于他最后得出结论说，真正的马丁·路德很难说是一个严格意义上的路德派。

即便是对心态史的研究，年鉴学派更关注的也是总体的社会、思想、文化、精神、宗教的条件对个体所施加的限制。在第一代那儿，费弗尔和布洛赫都擅长社会经济史，可是他们也都关注思想、文化，关注心态。而布罗代尔的特点在于，他的关注完全集中在物质生活和经济史方面，对长时段因素制约作用的强调，远远超过了他的两位老师。

布罗代尔长时段的历史观念，和他在历史学实践中所完成的经典性的研究，成就巨大，影响巨大，但也因为他清晰地区分了历史时间流动的三个不同层面，而常被人诟病。批评者认为他的三个层面之间缺乏互动关系。仿佛是第一层次决定着第二层次，第二层次决定着第三层次，而上面的层次对于下面的层次而言，仿佛完全是无能为力的。

这样一种欠缺，特别体现在布罗代尔的学生那里。年鉴学派第三代的代表性人物勒华拉杜里曾经强调，研究过往的历史，最重要的是研究结构，比如说物价、生产力和人口的变化，所以他主张尽可能使用刚刚开始进入其他行当的计算机技术。勒华拉杜里甚至预言，将来的历史学家如果不能首先成为一个程序员，过的情况，事件基本上被他抛开了。

对于布罗代尔来说，金戈铁马的战争、波诡云谲的政治风云、惊心动魄的个人命运和经历，传统的史学最关注的这样一些短时期内发生的事件，不是人类历史核心的内容，也不能反映人类历史最根本、最真实的面相。对他来说，事件是河流表面的泡沫，看起来很热闹，但并不能真正说明问题。

布罗代尔曾在巴西生活过一段时期，他讲过在巴西一个叫巴伊亚的地方，他曾在晚上观看萤火虫的"灯火表演"。萤火虫飞来飞去，微弱的荧光发亮，熄灭，再发亮，再熄灭，但是并没有发出任何真正的光明来刺破黑夜。布罗代尔感慨说，事件也是这样，好像会发出短暂的光亮，可是在它们的光辉之外，黑暗依然笼罩着。事件仿佛是萤火虫的光亮，可是对于我们洞悉暗夜所隐藏的整个历史过程来说，它只有表面上的象征意义，并未向我们揭示实质性的历史过程。

年鉴学派和布罗代尔的学术史意义

20 世纪 50 年代中后期到 70 年代中后期，是年鉴学派的布罗代尔时代。布罗代尔以其气势宏大的纲领性史学观念、快速成为经典的大部头的厚重研究以及卓有成效的学术组织和领导工作，成为年鉴学派第二代领军人物。在这一时期，除了自身的学术贡献，布罗代尔还以超出一般学者无数倍的学术组织能力，成就了年鉴学派在当时法国史学界的霸主地位，对整个国际史学界也产生了巨大的影响。

年鉴学派和布罗代尔本人对历史学的最大贡献，是改变了人们观察历史的时空观。空间我不再多说，再谈一下时间。剑桥大学著名的历史学家彼得·伯克写过一本小书《法国的史学革命》，副标题是"年鉴学派，1929—1989"。彼得·伯克在书中说，他去访谈布罗代尔时，布罗代尔说："我的大问题，不得不解决的唯一问题，就是要显示时间是以不同的速度移动的。"

每个人对时间的感受是不一样的，快乐的时光，悲伤的时候，少年时代，步入中年以后，对时间流动的感受是不一样的。可是，就历史时间而言，当然有可能在某段时期内事件发生得非常密集，也有可能太平盛世持续一段时期。传统历史学认为时间毕竟是单一的。但是布罗代尔指出，时间是在三个不同层次上，以者和无神论者。就拉伯雷的宗教观念而论，他当然不会是一个虔诚的信徒，可是他真的是一个怀疑论者，是一个像后世所认为的具有理性精神而不信神的人吗？费弗尔这本书的前半部分，通过丝丝入扣的史料分析，呈现拉伯雷的精神世界。后半部分则讨论了"16 世纪不信神的限度"。也就是说，在那个时代，各种各样的精神、文化、思想条件能够容许什么样的思想成为可能。更具体地说，即便不信教、不信神，这样的思想立场会不会具有今天我们所理解的理性主义和怀疑论的色彩。这是他最有创造性的部分。

费弗尔用了一个词，翻译成中文是思想装备或者精神装备。他指出，在 16 世纪，现代科学还没有兴起，现代思想的很多范畴，比如规律、因果、现实和可能的分野等都没有出现。那个时代，人们从摇篮到坟墓的人生旅程，都是在浓厚的宗教氛围中展开的。所以，那个时代不可能出现后世有些人所解释的这样一种充满理性主义和怀疑论色彩的不信神的立场。也就是说，不具备这样的精神装备。

这样一种精神装备，也属于布罗代尔所说的长时段的要素。尽管布罗代尔关注的重点在物质生活的、地理条件的、经济生活的层面，而他从来不擅长也不大关注思想、文化、心态方面的问题。

比长时段更低的层次是中时段。对于中时段，布罗代尔说，价格曲线、人口基数、工资的变化、利率的变动、生产力的研究、流通的严密分析等，都需要比短时间更大的一个尺度来衡量。比如 25 年、50 年，可能是人口结构变化的一个周期，或者是物价运动的一个周期。对这些周期性要素，布罗代尔称为局势。局势是和结构相对应的。相对长时段的因素而言，中时段是较短时期内有可能形成周期性地影响历史过程的一些兴衰起伏的因素。

还用河流来作比喻，如果说长时段结构或者地理时间仿佛是水下的河床，那么局势就相当于《地中海》这本书第二部分处理的深水暗流。长时段所处理的是地理时间，中时段对应的是社会时间。如果说长时段的因素决定了人类社会生活的面貌，那么中时段的周期性因素则直接影响了人类社会的面貌。

短时段要处理的就是传统历史学最擅长的事件。和短时段相对应的时间是个体的时间。在《地中海》这部书里，布罗代尔用差不多四分之一的篇幅，处理传统历史学所热衷的政治、外交和战争的题材。这是他后来的著作里再也没有出现布罗代尔把历史时间区分为长时段、中时段和短时段三种形式。

在《历史学和社会科学：长时段》里，布罗代尔明确地说，长时段指的是以一个世纪甚至更长的单位来度量的时期内制约着人类社会面貌的因素。这些因素，他称之为结构。这些结构，既是历史的基础，又是历史的障碍。

什么叫作历史的基础？人类的历史，其物质生活、文化创造、政治活动等，都是在一定的地理、气候条件下，一定的生物学背景和社会经济结构之下发生的，这是它的基础。历史的障碍指的又是什么？地理的条件、气候的条件、生物种群的分布等，也同样会制约人们生产、生活的方式和文化的诸多特点。这些要素，对于人类社会生活的面貌而言，既提供了基础，也做出了限制。与结构和长时段的因素相对应的时间，也被布罗代尔称为地理时间。

布罗代尔有一句话是人们经常引用的，他说："多少世纪以来，人类一直是气候、植物、动物种群、农作物，以及整个慢慢建立起来的生态平衡的囚徒。"通常来讲，人们会在不同程度上以为，虽然生活在某些既定的条件下，但还是可以有所选择。可是布罗代尔从长时段的角度出发，更多地看到的是人们受制约的成分，看到人类被一些给定的条件所囚禁，实际上拥有的自由远比通常人们所认为的少很多，少得可怜。

布罗代尔所讲到的结构，不只是气候、植物、动物种群、农作物慢慢建立起来的生态平衡，还包括在长时间内有变化，但变化非常之微小，因而也同样制约着人类社会的要素。比如他曾经谈到过，人类受到的某些思想构架的限制也是长时段的要素。这里可以举一个例子。年鉴学派第一代的两位宗师，同时也是心态史研究的杰出实践者。心态史研究的典范之一是布洛赫的《国王神迹》。国王神迹指的是中世纪后期以来，英国和法国流行的一种信仰，患有某种奇特的结核病的病人，只要在某个仪式上被国王触摸过，病症就会被治愈。当然，有人也许碰巧治愈了，很多人并没有治愈。而即便绝大部分人没有被治愈，也没有影响人们的这个信仰。布洛赫研究的就是这样的心态为什么会出现，它和当时王权的施行方式和民间的王权观念是什么关系。

费弗尔在心态史研究方面最重要的一部著作，是研究16世纪大文学家拉伯雷和16世纪的不信神问题。拉伯雷经常被人们解释为是一位具有理性精神的怀疑论常次要的因素。他说，事件的历史是一种表面上的骚动，是潮汐的强烈运动掀起的波浪，是由短暂、急促、紧张不安的波动构成的历史，真正的、更重要的潜流不是这些事件。在布罗代尔看来，虽然各种历史中，事件的历史最激动人心，但也是最危险的。它会吸引人们的关注点，但充满激情的历史，也是一个盲目的世界。

布罗代尔强调说，如果我们只看到历史表面的波涛，只关注事件，就会不注意，甚至看不到历史的潜流。而那些潜流的真正意义，只有当你更深入地观察时，才会呈现出来。惊天动地的事件常常发生在一瞬间，可它不过是一些更大命运的表征，所以事件本身不具备独立的意义，而是一些更重要的力量的反映。也只有依据对那些重大命运的分析，事件才能够得到解释。

所以不要误解《地中海》这部著作的书名，以为它讲的是菲利普二世时代，围绕地中海世界上演的政治、外交和军事的历史。它的主角不是西班牙或者土耳其这样的政治单位、这样的帝国，更不是菲利普二世这样的个人，而是地中海本身。

在这样的历史眼光下，一方面，空间在历史上的重要性以前所未有的程度和方式显现出来了；另一方面，历史时间并不像在传统史学中那样，单一而均匀地流逝。多元的、以不同速度流逝的历史时间，是年鉴学派最有原创性也最有影响的论点。

布罗代尔的三个时段理论（下）

1958年，布罗代尔发表了《历史学和社会科学：长时段》，在这篇论文里他更集中、凝练，也更准确地表述了三个时段的理论。《论历史》也收录了这篇集中反映布罗代尔历史观的文章，可以说，它是20世纪最有创造力的史学经典之一。若没有读过这篇论文，对20世纪历史学的了解，就是重大的空缺。

总体而言，传统的历史时间观念都把时间看作一元的、单一的。在布罗代尔看来，人类社会所经历的历史运动有不同的时间层次。历史时间是以不同速度在不同层次上流逝的，这是一种多元的时间观。

地理、气候、生物种群的分布等因素所决定的舞台上展开。这个舞台给人们的生活提供了基础，也做出了限制。

布罗代尔这部书的第二部分为"集体的命运和总的趋势"，描述的不再是静止的历史，是16世纪地中海世界的社会、经济的状况。它的内容极其广泛，涉及的还是在一定时间周期内起作用的那些因素。比如那个时候地中海世界的人们要相互交往，就要克服什么样的地理空间距离，这当然是一个非常重要的因素。其实，人类生活经常有大距离地理上的移动，是很晚近才发生的事。比如在中国，两三代人之前，绝大部分人的生活距离不会超过100千米的半径。

布罗代尔还考察了地中海世界的人口结构的变化、产业发展和劳动力状况；在地中海世界以及更广阔的外部世界的影响下，黄金白银这些货币的流通状况、物价变化，以及那时对地中海和外部世界影响都非常大的香料和谷物的贸易航运情况。再就是各个帝国的起源和力量，社会不同阶层的生活样貌。他们的文化大概是什么样，战争采取的是哪些不同的形式，技术条件的变化和制约使那时候的战争以什么样的方式发生，对人们又产生什么影响，等等。

布罗代尔说，在第一部分描述的那样一种几乎不变的历史层面上，"集体的命运和总的趋势"这一部分展现的仍然是节奏平缓的历史。它的社会经济状况，不是在短暂的时间里迅速发生变化的。

节奏平缓的历史，就是指在表面瞬息万变的海浪泡沫之下，更深层的暗流，那深水暗流如何激荡和推动整个地中海的生活，这是布罗代尔眼中历史的第二个层面。他依次考察了经济、国家、社会和文明，考察那些在一定时间周期、一个时间段内才会发生的变化，而且它们是整个结构中这样一些因素，即会对人类生活的面貌产生重要影响的变化，以及这些因素错综复杂的交互影响，如何使当时的战争呈现出特定的形态。

这部著作的第三部分考察事件、政治和人。这属于传统的政治史、军事史和外交史的范畴。重点是那一时期土耳其和西班牙两个帝国争霸地中海的过程。

需要说明的是，在这之后，在布罗代尔其他重要的史学著作里，比之在《地中海》，事件退隐到了更次要，甚至完全被取消的地位。

即便是讲述事件，布罗代尔也清晰地表明，他把事件看作人类历史过程中非地中海世界》，简称《地中海》。《论历史》的第一篇，就是这本书前言的节选，这个前言概述了《地中海》这本书的结构，同时简明扼要地呈现了长时段、中时段、短时段三个时段的理论。

布罗代尔年轻时，曾在当时法国的殖民地——非洲的阿尔及尔生活过十几年，在那里当中学教师。法国中学教师的水平是很不一般的，法国很多重要的学术人物，比如哲学家萨特，就做过中学教师。阿尔及尔是地中海边上的一座城市，地中海的风土人情，各种各样的物产，地中海世界自成一体的生活方式和人们相互的交往模式，都给布罗代尔留下了非常深刻的印象。

所以《地中海》这本书的主角，和传统的史学非常不一样，它不是某一个国家，不是某一个人物，也不是某一个事件。它的整个主角就是地中海。

这本书的主要部分是布罗代尔在五年战俘生涯中写的。第二次世界大战刚开始不久法国就被打败了，所以布罗代尔在法军当兵的主要经历就是做了五年战俘。战俘营里当然谈不上学术研究的条件，但布罗代尔有惊人的记忆力，他当年收集、积累、阅读过的许多史料，像照相机一样存在他脑子里。战俘生涯结束时，他的这部篇幅浩大的著作初稿已经基本完成了。

战后，这本书正式出版，马上受到了费弗尔的高度赞誉，毫不掩饰对自己爱徒的喜爱之情，他说："这本书开启了一个全新的而且是革命性的维度。"布罗代尔的工作的确配得上这样的评价。

《地中海》这部书由三个部分构成。第一个部分论述整个地中海的环境。地中海既是一个海洋世界，一片一片形状、条件、位置各异的海域，又有许多与这些海域结合在一起的半岛、陆地、岛屿。布罗代尔在这部分论述环境的作用，它的海洋、岛屿、气候、陆海两路交通、航运以及沿岸的贸易，在地中海政治、经济、生活当中发挥了各种各样作用的城市等。地中海的地理条件，被放在一个广袤而又宏伟的空间和时间框架内来加以考察。其主题是要考察人与环境的关系的历史。

布罗代尔说，这一部分所考察的是几乎没有变化，或者说几乎是静止的、难以觉察其变化的东西的历史。在这种历史中，一切变化都十分缓慢，即使它有什么周期，这种周期也是不断地重演，不断地反复再现。在这样一个层面，时间仿佛停止了，历史仿佛不受时间的影响。人们的生活、喜怒哀乐，在这样一个大的些特性。

历史理论和史学理论是两个不同层面的理论，但也不是截然分开的。信奉或者赞同一种理论，就会按照其历史观念和解释来写作历史。历史理论会渗透到史学研究中，历史理论和史学理论会相互重叠和交织。

从这个意义上也可以说，《论历史》反映的是布罗代尔在年鉴学派如日中天时的基本理论。它既是史学理论——就怎么研究历史、怎么写作历史进行阐发的理论——也是一套历史理论，因为它实际上包含了这样一些要素：要解释过往的历史过程为什么是这样，究竟哪些因素在决定人类的历史面貌当中扮演了更重要的角色，发挥了更重要的作用。

年鉴学派最重要的理论是它的时段理论，是它对历史时间的思考和分析。布罗代尔提出的三个时段理论，以及他在史学研究中对这一理论的实践，把该理论和他的气势磅礴的研究结合起来了。这一基本立场和学术特点，在很大程度上是从他的两位老师那儿继承而来，又有很大发展。我们需要做些简单交代。

费弗尔早年的成名作，是他的博士论文，题目是"菲利普二世时代的弗朗什孔德"，弗朗什孔德是法国的一个地区，是费弗尔的家乡。看题目，会觉得这本书写的是某一时代某个区域政治、经济、社会的变化，好像和当时盛行的叙事史没有什么分别。然而，后来很多研究者指出，这本书已经展现了布罗代尔时代年鉴学派纲领的雏形。遗憾的是这本书到现在为止还没有中文译本。费弗尔的这本书有三个层面：一是这个区域的情况，它的自然环境、地理条件，如气候、土壤、物产等；二是这一区域的社会结构和形态，分析它完整的经济结构和运作方式，是一种社会经济的分析；三是传统史学着墨最多的政治事件。这样一种三层结构的写法，仿佛是后来的布罗代尔最重要的著作的预演。

年鉴学派的另一位创始人布洛赫也有很多重要的原创性著作，其中对后世影响最大、学术地位最高的是鸿篇巨制《封建社会》。《封建社会》的研究路数，也与后来布罗代尔的长时段因素、结构性因素的特点若合符节。可以说，两位第一代宗师的研究路径预示了后来年鉴学派的纲领。

年鉴学派的纲领就是布罗代尔的三个时段理论。

布罗代尔最重要的著作，也是他的成名作，是《菲利普二世时代的地中海和乃至东亚的土地上，无论如何不可能再生产出足够多的粮食。也就是说，无论当时这幕戏的主演是不是多尔衮、皇太极、袁崇焕、李自成、吴三桂，崇祯皇帝是不是刻薄寡恩，这片土地都已经无力支撑原来那么多的人口，而必定要陷入一场大的变乱中。这似乎是不可改变的定局。

那么，个别人物的命运、性格和他们的选择，对于这样一幕巨变，乃至对于后来整个历史面貌的影响，和我们原来看到的相比，分量就大为不同了。

年鉴学派给整个历史学带来的一个巨大变化是，它关注的不是事件，而是更持久发挥作用的那些结构性因素。这很像我们观察一条河流的走势，我们很容易看到的是什么呢？是浪花和水面上的泡沫。浪花和泡沫看起来非常热闹，仿佛标示着河水的流速和流向。可是，真正对河流有了解的人会更在意什么呢？他们会关注河床的情况，知道水面下的深水暗流才更为重要，河床和深流才是支配着整个河流流速和流向的要素。

年鉴学派正是从这样的角度，使20世纪历史学和历史学家看待人类过往历史的眼光发生了巨大的变化。无论你赞成与否，人们都不可能再像过去那样，单纯从政治、军事或宗教来理解人类生活面貌的形成过程了。

布罗代尔的三个时段理论（上）

历史学离不开理论。历史学的理论有两种：一种是历史理论，一种是史学理论。历史这个词，或者说history这个词，它在中、英文里都有两种含义。一种讲的是过去发生了什么，常常表述为历史上人们怎么怎么样、历史表明了什么什么。另外一种含义是，我们之所以能对过去所发生的有了解、有解释，是因为人们把它记下来了，人们对它有研究、有解释，这相当于史学。

相应地，有一些理论是来解释历史过程的，比如黑格尔的历史哲学、汤因比的历史观、马克思的唯物史观，都是要解释整个历史过程，它有什么样的开端，经过了什么样的演化阶段，最后要达到什么样的结果或目标。这样一个过程，它内在的动力机制是什么。这些是历史理论。

再就是史学理论。讨论的是历史学家应该怎样研究和写作历史，历史学有哪史哲学是不同的。叙述史学是梳理和讲述特定人群或人物在某个特定过往的经历。历史哲学则是以哲学观念来贯通和解释人类历史过程。在很多历史学家看来，历史哲学是把丰富多彩、流变不居的历史过程纳入观念织就的鸽子笼中，他们对历史哲学经常很反感，或者至少是不以为然的。

布罗代尔认为，叙述史学以自己的史学写作方式反映了一种历史哲学观念。在叙述史学家看来，人们的生活经常屈从于戏剧性的偶然事件，经常服从于一些偶然出现的特殊人物的行为。这样一种叙述史学实际上反映了一种观念：历史上的重要人物不仅是他们自己的命运的主宰，而且是他人的命运的主宰。所以布罗代尔认为，叙述史学不是一种史学方法，尤其不是一种客观的看待历史的方式，而是一种历史哲学。如果按照叙述史学的方式来理解历史，就等于把人类历史看作个别的事件、个别人的作为、个别人的选择所叠加、积累起来的事件之流。

在年鉴学派，尤其在布罗代尔这里，传统史学所集中关注的事件，被高度边缘化了。怎么理解这一点？举例说明，中国17世纪是明清易代的大巨变时期，对于这一巨变，后世的人们总想给出解释：明朝的崩溃，李自成的农民起义，清朝的崛起直到最后入主中原，这些巨变是怎么发生的？传统历史学更多地聚焦于政治、军事层面，聚焦于个体的个性和抉择，或多或少充斥着偶然性的事件等。所以，对这段历史人们经常看到的是努尔哈赤、皇太极、多尔衮，是袁崇焕、李自成、吴三桂，或者是崇祯的刻薄寡恩、反复无常……我们看到的是林林总总的人物各式各样的表现。

如果换一个视角，也许会对这一幕历史巨变有非常不同的理解。比如，李伯重教授的著作《火枪与账簿》，把明清易代的巨变放到了西方学者说的17世纪危机的范畴下来考察。在17世纪差不多同一段时期，不仅中国出现了这样大的动荡，东南亚、中亚、欧洲、美洲很多地方都出现了各种各样的危机。中国出现的危机不过是其中的一部分。这样一个总体性的、全球性的危机出现的背景是什么？一个很重要的原因，是当时整个地球正处于又一次小冰河期，地球气候巨变，气温骤降。今天我们知道，气温升高一两度，就可能给整个人类带来灾难性的后果。气温降低几度，同样会如此。

如果从这样的角度来考虑就会看到，进入小冰河期，由于气温变化，在中国鉴学派第一代的两位宗师——费弗尔和布洛赫——都明确提出，历史学应该是一种问题史学，应该是提出问题并试图做出回答的学科。

布洛赫有一个定义，他说历史学是研究时间中的人类的科学。这个定义有两个要点，一个是"时间"，指的是一个变化的过程，是把人类放在时间中。有的学科，比如人类学，至少在很长的时期内，在最重要的一些学科范式内，时间的因素是无足轻重的，而历史学强调的是时间。另一个要点，历史学研究的是"人类"。古生物学也有时间要素，但研究的不是人类。历史学研究的是时间中的人类。

费弗尔说，我们需要的不是让史料说话，而是由历史学家提出问题，向史料来发问，拷问史料。

布洛赫在第二次世界大战期间写的一本小书《为历史学辩护》说："没有问题就没有历史学，一个人不知道自己所要寻找的是什么，他就不能够真正认识自己所找到的东西。"这句话看似平常，其实说得很精到。

历史学家大多要进档案馆查史料，然而同样是进档案馆，甚至是看同一批史料，每个人的收获会很不一样。为什么？区别是有没有带着问题去查看，看的东西可能具有哪方面的内涵。历史学家的准备不一样，能够看到和发现的东西就不一样。

年鉴学派深刻质疑传统历史学的写作方式。传统历史学，无论在西方还是在中国，都有相似的文史不分家的传统，都是要讲故事，可以说是一种叙述史学，或者说叙事史学。它把眼光放在一些重要的人物身上，看这些人物的经历、他们的选择；传统历史学也把眼光放在事件上，看事件的来龙去脉，怎么演化的，一个事件如何引发了别的事件，种种事件如何导致人类生活面貌的变化。

年鉴学派是以问题为导向的史学，他们显然认为叙述史学不是问题导向的。布罗代尔在《论历史》里对叙述史学有一些非常尖锐的批评。他说，叙述的历史看起来是在讲故事，讲人们的经历、事件的变化，实际上它以一种隐秘的方式成为一种解释，成为一种真正的历史哲学。

这个说法有点意思，布罗代尔是说，叙述史学是一种历史哲学。

寻常的看法会觉得，叙述史学、讲故事的历史学，与从黑格尔到汤因比的历可是年鉴学派布罗代尔的基本看法是，历史学离不开理论，离不开它的理论预设和研究方法，离不开特定的理论视野。

一个历史学家要研究过去，他所能够关注的只是过去非常小的一部分。他选定一个论题，总有他关注这样一个论题的理由。一般情况下，我们研究有关过去的某个论题，能够接触的史料总是很多的。我们最后选择用来描述过去这幅图景的史料，却总是有限的。因此，历史学家必须做出选择：什么样的史料应该受到高度关注，必须放在所要描画的历史图景的中心地位，什么样的历史材料即便有它的相关性，也可能被边缘化，甚至被排除在外。

另外，要深入地理解现实生活，需要由古知今。过去发生的什么事，过去人类社会演进中的哪些因素，在形成我们当今世界的面貌中发挥了更加重要的作用？不同因素之间的重要性该如何相互比较和衡量？这样一些问题，实际上是历史学永远不能够舍弃的。

可以举个例子，比如说有两本书都是讲公元1500年到现在的世界史。它们都是呈现所谓的史实，完全以客观、中立的姿态来堆积和排列各种各样的事实，我们也会看到，它们所选取的史实很可能完全不一样。也许在一本书里，我们看到的更多的是金戈铁马的战争、波诡云谲的政治风云、种种戏剧性的事件。而在另外一本中，会更多地看到科学发现、技术的变化、人类生活条件的重大变迁。比如电的发明以及它进入人类的日常生活，还有美洲的大量粮食作物，像玉米和土豆传入东亚后所产生的巨大影响等。在这些史实里，什么样的因素才在过往的历史中发挥了更为重要的作用？在形成当今人类生活面貌时，哪些因素真正扮演了重要的角色？对此，不同的历史学家有不同的考量。理论的一个很重要的作用，就在于它给我们衡量不同因素的重要性提供了一个参照系。

传统历史学认为，应该尽可能多地收集各种史料，如傅斯年所说，"上穷碧落下黄泉，动手动脚找材料"，精密周详地考订各种史料后，就能呈现过去是什么样。19世纪西方历史学者中，有一位可以说无人能出其右，他是传统史学泰斗式人物兰克。他的名言是"如实直书"，主张把历史写成实际发生的样子。这样一种说法强调的是什么？仿佛历史学家应该像一面镜子，忠实地呈现过去的样子。

20世纪初的史学潮流发生了变化，对兰克式的历史观念有了不同的看法。年在年鉴学派中的地位。他和费弗尔一起创办了当时的高等研究院第六部，也就是后来的法国国家社会科学高等研究院，是年鉴学派的大本营。

从1956年一直到70年代的大部分时期，布罗代尔都是年鉴学派的领军人物、灵魂人物，也可以说，这段时期是年鉴学派的布罗代尔时代。

布罗代尔一生著述很多。《论历史》篇幅并不大，是从布罗代尔的著作、论文里选出他讨论历史学基本问题的一些文章编辑而成的，而且是别人替他选编的。布罗代尔自己写了前言。它非常集中地展现了年鉴学派的基本理论，尤其是学派比较成熟的时期它的第二代领军人物的基本纲领。

这本书分为三个部分。第一部分讨论历史中的时间，这是年鉴学派，尤其是布罗代尔，在历史观方面最重要的贡献，即他的时间观念。第二部分是"历史学和其他人文科学"，篇幅较大。需要说明的是，布罗代尔所说的人文科学指的是研究人和社会的各种学科，它相当于现在中国语境下的社会科学，如经济学、地理学、心理学、社会学等。这部分讨论的是历史学和各门社会科学的关系。一方面强调，各门社会科学给历史学带来了启发，另一方面，历史学也给各社会科学提供了更深入地自我反思的契机和途径。书的第三部分是几个研究案例，实际上反映的是年鉴学派从布洛赫开始就秉持的观念：历史研究一方面要由今知古，另一方面要由古知今。只有更好地理解现在，才能够理解过去；也只有更好地理解过去，才能够对当下有更深刻的把握。

年鉴学派，史学观念的革命

历来有一种说法：历史学应该老老实实地收集、积累、考订各种各样的史料。史料积累得足够多，考订得足够精密，历史的模样自然会呈现出来。

在中国，受历史学训练的人经常会听到，或者习惯于一种说法：要坐冷板凳，要进档案馆。这些当然都没有问题。历史学是一门经验性的学科，它想了解的是人类在过往发生了什么，要对此进行描述和解释。可是历史学有时候也会有一种反理论的倾向，有的人会觉得，历史学应该摆脱各种各样的理论预设和理论框架，才能更好地、原原本本地呈现过去本身的样貌。

布洛赫有一段话说得非常好，令人印象很深刻。他说，我们的每一门学科把现实的生活分解成各个部分，这只是为了我们去研究它的时候便利一点。专业的眼光、专业化的思路，就像聚光灯。但不同专业聚光灯的光束应该不断地相互交叉、相互聚合。不要以为聚光灯的某一束光，就能让我们看到生活当中最重要的层面。他又说，假如每一个操作聚光灯的人都声称自己洞悉了一切，自己的这门学科、领域洞察的是至高无上的真理，那就太糟糕了。

每次读到他的这段话，都会让我想到钱锺书先生类似的话。钱先生说，宇宙、世界、人生本来是浑然一体的，我们要用不同的学科分门别类对它们做研究，是出于不得已的原因，是因为我们碰到了严峻的局限。什么样的严峻局限呢？一个是寿命的局限，我们活的时间太短，来不及研究太多。另外一方面是智力的局限，我们的智力不够发达，来不及掌握那么多不同的领域。分科来研究现实的宇宙人生，本来是不得已，千万不要把它作为自傲的理由。

20世纪初，在欧洲各国和美国发展起来的新史学，会和不同的学科结盟。可是具体情形又各不相同，甚至差异较大。比如在美国，强调的是社会学、心理学、经济学等。年鉴学派非常显著的特点，是它经常与经济学或地理学非常紧密地联系在一起。当然这与法国特殊的学术体制有关系。从19世纪开始，地理学，尤其是人文地理学，就是法国历史学学科训练必不可少的一部分。

直到今天，研究中国史的一些学者还在感慨，我们研究过往的历史，可是不太注意过往的生活、过往的事件是在什么样的空间和地理条件下发生的。可是在法国，特别是在年鉴学派这里，地理学，即历史发生于其上的空间因素，一直是他们高度重视的。

费弗尔曾经说过，为了更好地从总体上理解历史，历史学家必须同时成为地理学家、语言学家、社会学家、心理学家，必须对别的学科、别的领域也有所了解、有所观照，才有能力了解过往人类生活的不同部分。

1937年，费弗尔认识了当时35岁的布罗代尔，对其赏识有加。后来，法国史学界都知道，布罗代尔是费弗尔的精神之子。

第二次世界大战中，布罗代尔在战俘营里完成了他最重要的著作《菲利普二世时代的地中海和地中海世界》。这部著作出版后反响很大，也奠定了布罗代尔年鉴学派的第一代宗师是两位大人物——吕西安·费弗尔和马克·布洛赫。费弗尔和布洛赫都在20世纪初参加了法国当时叫作"历史综合"的运动,这一运动力图把历史学的范围扩展到包括整个人类的历史。

说起来非常有趣的是,年鉴学派的第二代领军人物布罗代尔,与这两位学派鼻祖一样,都当过兵、打过仗。第一次世界大战时,费弗尔和布洛赫都当了兵,费弗尔是机枪连的上尉,布洛赫是参谋本部的上尉。第一次世界大战结束后,这两位到了斯特拉斯堡大学。那时候斯特拉斯堡大学刚刚从德国人手中回到法国。虽然它是一所传统的大学,可是战后很多新人同时入学,让那里充满了鼓励创新的氛围。费弗尔和布洛赫志趣相投,相互切磋,在那里奠定了后来年鉴学派的一些基本宗旨。

到第二次世界大战时,费弗尔已经垂垂老矣,基本上过着退隐生活,间或做一些学术研究。布洛赫则再次投笔从戎,成了法国军队中最年长的上尉。只是法军还没来得及做什么,就战败了。布洛赫在1943年参加抵抗运动,不幸被俘,最终被纳粹枪杀在里昂郊外。

布洛赫是历史学家中令人十分敬重的一位。他留下了诸如《封建社会》《国王神迹》等极具原创性的研究,不愧是一代史学宗师,同时又是为人类正义事业奉献了自己生命的了不起的知识人。

布罗代尔第二次世界大战时也参军了,兵败后进了战俘营,一待就是5年,凭借自己惊人的、可以说是照相机式的记忆力,写出了他后来最重要的著作的草稿。

年鉴学派第一代的两大宗师,对传统史学非常不满的一点是,传统史学研究的是整个人类历史的一部分。而在他们看来,历史学应该关注人类整体的过往,他们希望对人类的过去有一个整体的观照。

年鉴学派之所以得名年鉴学派,是因为他们创办的杂志——《经济社会史年鉴》。他们在这份杂志的发刊词里专门讲到,说我们还用"社会"这个词,就因为这个词已经宽泛到几乎没有什么限制了。在他们看来,没有单纯的经济史、政治史,更没有单纯的社会史,所谓历史就是总体的历史。任何专门的、狭隘的史学发展思路都是他们高度警惕的。

20世纪之初，或者说梁启超在中国提倡"新史学"之时，整个西方到处都有新史学的说法，欧美历史学正在经历一场巨大的变化。19世纪之前传统的历史学，欧美和中国有些方面非常相像。一方面，历史学主要关注的是政治、军事和宗教的历史；另一方面，历史学的写作方式主要是叙事、讲故事。可是到了19世纪末，尤其是20世纪初，这样一种传统的史学出现了问题，碰到挑战，以至于人们提出要以新史学来取代传统史学。

其原因林林总总，最主要的首先是工业革命之后，人类社会越来越呈现出高度的复杂性。一方面个体自由选择的机会越来越多，自主发展空间越来越大；另一方面，社会变化的潮流、经济发展和技术演进加速，又使每个个体实际上被很多非个人的力量所支配，随波逐流。所以传统的史学方法，很难有效地给现代人的处境提供解释。

传统的政治史关注的是政治、军事、宗教，关注的是重要人物，聚焦的是大人物们的生平、他们所经历的事件、做出的选择。现代社会越来越是由普通人构成的世界，人们关注的是当下的生活，日常生活的喜怒哀乐。当他们把目光投向过去，当然也关注过往普通的人们是怎么生活的。他们好奇的是，生活在别的时代、别的国度、别的文化中是怎样的体验，但这种被关注和好奇是在传统历史学视野之外的。所以20世纪初的历史学，无论是在德国、法国、英国，还是美国，虽然有各自的不同形态，但它们的共同之处，是都在力图拓展历史学的研究范围，不仅研究过往人们所关注的政治史、军事史等，还要关注社会的历史、经济的历史、文化的历史，过往的人们怎样体验他们的生活的历史。与此相适应，历史学的研究方法也要发生变化。

因为要研究过往的社会、经济、文化，那么19世纪末开始出现、20世纪初逐渐繁荣起来的各种各样的人文和社会科学，它们的研究方法、对研究对象不同的处理路径，理所当然地受到历史学的高度重视。历史学要打开自己的门户，向新兴的社会科学学习，把各种各样的方法和路径引入史学研究中。

时至今日，这样一种趋势仍然在不断深化。观察20世纪以来西方史学流派的变化，一个非常重要的角度就是看他们跟哪一门、哪一个流派的社会科学有着更紧密的关联。

彭刚讲读《论历史》

> 彭刚
> 清华大学人文学院副院长，清华大学副校长。著有《叙事的转向：当代西方史学理论的考察》等，译有《自然权利与历史》《德国的历史观》等。

布罗代尔和法国年鉴学派

要讲述20世纪的历史学，和讲20世纪所有别的学科一样，都会碰到一个麻烦，就是每个学科里的大师、出现过的重要人物太多了。20世纪是思想大家频出的世纪。

有位重要的史学史家曾说，要写一本20世纪史学史，最大的麻烦是现在正在写作的历史学家，超过了从修昔底德到汤因比的总和——修昔底德是古希腊的大史学家，汤因比是20世纪初英国的大史学家。这听起来有些夸张，但要统计起来，大概真是这样。20世纪的历史学和其他学科一样大师云集，各种学派也是层出不穷。

但要说到20世纪哪个国家的历史学、哪一个学派，在这些群星璀璨的学派中最引人注目，产生的影响最大，我相信绝大部分历史学家都会首推法国的年鉴学派。该学派从创始人，到后来的第四代，甚至第五代，历经几乎整个20世纪。到如今，学派意义上的年鉴学派已经不存在了，但要说到以一己之力使年鉴学派的基本学术路线得以阐明，以自己创造性的学术研究工作、厚实的皇皇大著，最为典型地体现了年鉴学派的学术思路，而且以自己卓有成效的学术组织工作使这个学派持续兴盛多年，使其影响力超出了法国的范围，对整个世界史学都产生了重大影响，非布罗代尔莫属。

暗流，而这股暗流从历史中涌来，极其厚重，我们不必为泛起的沉渣而焦虑和绝望。历史这条大河是在时间中前行的，我们应该把眼光放在那些运动着的社会因素上，而不被当下眼花缭乱的表演和做派所迷惑。

布罗代尔对历史理论和哲学的思考，大都散落在他的几部鸿篇巨制中，犹如大大小小的玉珠，落在我们现实生活的盘子中，阅读时甚至能听到它们叮当作响，不能不为之震动。

另外，布罗代尔两部代表作的中译本，三大卷《十五至十八世纪的物质文明、经济和资本主义》和为法国中学生写的教材《文明史：人类五千年文明的传承与交流》，都有再版，值得收藏和阅读。商务印书馆也出了彭刚的《藤影荷声好读书》，让我说，也可以叫作《论历史》，只是比布罗代尔的好读些。

应着的分别是历史的地理时间、社会时间和个体时间。其中最重要的是历史长时段理论，也就是地理环境是决定历史演进的根本要素，尽管地理、环境因素变化极其缓慢，有时给人静止不动的感觉。无论制度、法律、习俗、惯例，还是每天发生的事件、亮相的人物，无一不是在这个舞台上展开的，布罗代尔把它叫作"历史的结构"。他的这一理论，影响了几代史学家，直到今天。

《论历史》是有关历史的理论、哲学，或者说是历史的历史。布罗代尔表述他的历史理论，以语言优美、比喻丰富著称。下面我引几段他的话，证明布罗代尔是一个多么值得重视的历史学巨人。

"历史学一直被生活本身带到潜伏着危险的海滩，正如我以前所说，生活是我们的学校。"

"我们并不想否认事件的现实性和个人的作用。但必须指出……所有的个人活动都植根于更复杂的现实之中……问题不在于用个人遭到偶然性的侵袭来否认个人，而是用某种方式来超越他，识别他与独立于他的力量。"

"作为'政治动物'的人的历史，多多少少是人的运动、行为、自由仲裁的历史，有时甚至是强权政治的历史。因此，它经常有走向传统历史的趋向……社会史则获益于静止和长时段，以致我们发现社会现实极其厚重，因而能抵抗一切险恶、危机和突如其来的冲突。社会变化很慢，具有强大的惯性。"

"时间的运动带着生活不停地前进，同时又偷走生活。它熄灭又重新点燃生活的火焰。历史学是时段的辩证法。通过时段，也因为有了时段，历史学才能研究社会，研究社会整体，从而研究过去，也研究现在。"

"所有的社会象征，或者说所有的象征，包括某些昨天我们会毫不犹豫地为之献身的东西，已经丧失意义。现在问题已不是我们能否生存，而是我们没有这些路标和指路灯能否平静地生存和思索科耶夫对此问题的回答：对形式美的单纯追求可以使人类免于完全陷入物欲的可怕境地。"

布罗代尔表达了一种积极的进取姿态：尽管现实不如人意，但人类没有理由因为历史上演过同样的悲剧，而放弃今天跨过它们的努力。我们身处其中的这条历史河流，虽然有时不免泛起沉渣，但它们永远抵不过现实更深沉的

导语｜一页历史胜似一卷逻辑

刘苏里

美国著名的大法官霍姆斯说过,"一页历史胜似一卷逻辑",我选这句话作为这篇导语的题目,它也是我们选读这部书的一个理由。逻辑很重要,但重要不过历史。

布罗代尔的《论历史》不是一部专著,而是从他诸种著述中选编的专题集,因为牵涉诸多历史哲学问题,并不那么容易读。布罗代尔在中国的遭遇有些奇特,他是当代外国史学家中,著述被翻译出版最全的,可公众知名度并不高,比不过史学家汤因比和李约瑟等。

20世纪三四十年代法国史学界产生了一个年鉴学派,它源自几个法国史学家编的一本杂志,其中有"年鉴"二字。年鉴学派到60年代达到了它的鼎盛时期,其最重要的代表人物正是布罗代尔。年鉴学派引发了西方史学的一场革命。在它出现以前,西方的历史研究主要集中在政治、军事和外交等事件,以及伟大历史人物身上,年鉴学派一反传统,把研究焦点集中到普通人,以及诸多被忽视的历史细节上面,非常注重史学研究中的社会史和整体史面向。所谓整体史,就是年鉴学派把关切的重点,几乎延伸到了跟人类生活有关的所有方面,经济的、政治的、地理的、社会的、心理的、人种的,等等,讲究历史的全景观叙述,问题当头,以及跨学科的研究方法。

布罗代尔曾说,学习历史是为了能够更好地生活。他甚至还说,一个人能否成功,能否把事情做好,与懂不懂历史有很大关系。他的理论告诉我们,对个体而言,历史的影响很大,规定了个人发展的框架,甚至每个人就是历史本身。

作为年鉴学派的集大成者,布罗代尔发明了观察、理解历史的三时段理论。布罗代尔的这一理论,不仅是个有用的工具,还是考察人类过往生活的哲学导引。思想加工具,力量大无边。读历史,怎么能错过布罗代尔呢?

所谓历史的三时段,就是人类的历史发展分长时段、中时段和短时段,对

三七
《论历史》

[法] 费尔南·布罗代尔著　刘北成　周立红译　北京大学出版社　2008年

主题词◎年鉴学派　布罗代尔　史学观念　三个时段理论

───── **经典之处** ─────

《论历史》分为三个部分，三个部分对应布罗代尔最关心的三个问题：一是历史的时间；二是历史学和其他人文科学的对话；三是历史写作与现实的关系。布罗代尔提出：历史学家应该穿透政治事件的历史表层，揭示那些隐蔽在下面的、影响集体存在的力量。他把历史的时间区分为地理时间、社会时间和个体时间，进而表述为长时段、中时段和短时段。长时段思想深刻改变了历史学的面貌。

───── **作者简介** ─────

费尔南·布罗代尔（Fernand Braudel，1902—1985），法国历史学家，年鉴学派第二代代表人物，提出了著名的长时段理论。主要著作有《菲利普二世时期的地中海和地中海地区》《法国经济社会史》《十五至十八世纪的物质文明、经济和资本主义》及《资本主义论丛》。

布罗代尔受到费弗尔等第一代年鉴学派史家的影响，在历史研究上主张从地理时间、社会时间、个体时间三个层次来探讨。他认为历史可区分为短时段、中时段和长时段。短时段是在短促的时间中发生的历史偶然事件，具有欺骗性的特点，处于历史的表层；中时段是一种社会时间，具有局势性的特点，如人口增长、利率波动等；长时段是一般以百年为段的地质学时间概念，在相当时间内起到作用的一些因素，如地理格局、气候变迁、社会组织等。

起来还很不一样的原因。

由于古典哲学没有涉及历史领域，所以沃格林在《秩序与历史》中对材料的分析和阐释远比古典哲学复杂。我的讲解任务就是为你提供理解《秩序与历史》的必要前提和原则，提供一幅沃格林哲思热图，让你装备妥当，再亲自深入《秩序与历史》这个奇妙的哲学森林，了解沃格林的深邃哲思，跟随沃格林去领略人类灵魂本身的渊深和博大。

总的来说，我所讲的是一些沉思主题，希望你在浮躁的时代，学会通过阅读和沉思来获得灵魂秩序。一起做过这些沉思后，建议你拿起原著，先读三本书的导言，再按三、二、一的顺序阅读正文。因为，读懂了沃格林阐释的古典哲学，沃格林就会变得透明。

思考题：

1. 结合我们已经学习过的哲学与历史课程，谈谈你认为人被发现为"主体"后，是不是"膨胀"了呢？
2. 谈谈你对人和历史的关系的理解。
3. 沃格林认为，宇宙由被经验到的四类实体——神、人、世界、社会——组成，它们是一个整体，包括了所有的参与者。谈谈你对此问题的看法。
4. 谈谈你对下面这句话的理解："即便是神话，也有它的真理；即便是哲学，也无法通过语言呈现所谓的'终极真理'。"
5. 从这两条线——从个人到社会，到历史中的人类；从意识到躯体——谈谈人向世界合拍与人向神合拍的区别，以及对人类秩序和历史的意义。

灵魂中的"事件",而不是发生在时空之中而可以被实证科学观测的"事实"。这种"跃入存在"的事件是划纪元的,所以经验此事件的人,把神之下的生存称作"现在",再通过这个坐标区分出"之前"和"之后",这样历史便建构起来。

要注意的是,历史不是时间的流动,它首先是一种生存形式。时间的流动本身毫无意义,"跃入存在"这类事件才能划分纪元,所以历史性生存,首先是"神"之下的生存,而不是时间中的实证史实。沃格林把以色列的生存称作历史形式,首先是因为一系列启示事件,不是因为犹太经典记载了"史实"。

上面说的是从个人到社会,再到历史。下面,我简要说说从意识到躯体这条线。

沿着躯体基础这条线推进时,我们就遇到亚里士多德所谓的"人具有复合本性"。人既拥有灵魂这种属于"神"的存在,也具有动物、植物、无机物这类属于世界的存在。在这个序列中,高层级存在要以低层级存在为基础,但各个低层级存在必须被更高层级存在统御。因此,一方面,如果没有躯体生命,人谈不上好的生活,但好的生活绝不仅仅是躯体的满足,而是来源于灵魂对躯体的统治。

在《以色列与启示》中,沃格林让以色列的"实际历史"和"模范历史"处于非常微妙的张力中。"实际历史"挺好懂,它就是权力政治领域,是我们所熟悉的实证历史、各种"史实",可类比为基督教语境中的"俗世历史";"模范历史"就是指以色列民族向"神"调谐的事件,也就是先知们不断地爆发,可类比为基督教语境中的"神圣历史"。前者关乎以色列人整体的躯体生存,后者关系到以色列人是否还是"神"的"选民";前者关系是否活得下去,后者关乎是否还值得活着。每个人,还有每个共同体,都会遇到这个问题。

我刚才对"人—社会—历史"和"意识—躯体"这两条线略做了介绍。因为人、社会、历史都需要躯体基础,所以这两条线划分出来的各个领域又能彼此交叠,形成一个秩序经验的阐释模型。

沃格林的阐释模型,大致上就是柏拉图的秩序阐释模型,只不过加入了历史维度。沃格林哲学的核心来自古典哲学,尤其是柏拉图哲学。但沃格林并没有简单学习古典哲学的"学说",而是回到古典哲学的理性经验本身,这也是为什么他能在具体历史语境中展开他的秩序哲学,而这种秩序哲学和古典哲学表面上看化的社会场域的秩序。最后是历史中的人类和社会生存秩序。需要注意，三者排序不能颠倒，另外这三个领域都不能被搞成独立于其他的领域，被单独摘离出来探究。

沃格林在《秩序与历史》前三卷中有个术语叫"跃入存在"，这种"跳跃"就是人经验到唯一的终极真实，经验到"神"。人从原初的宇宙经验，进入"神"之下的生存经验。人对实在的经验，从宇宙经验跳跃到对唯一真"神"的经验，这被沃格林称为秩序经验从紧敛到分殊。从紧敛到分殊的，不仅是经验本身，还有对经验的表达，也就是象征形式。象征形式用语言对实在进行类比，所以象征形式都是某种"真理"。那么，既然宇宙经验催生宇宙论的真理，那么"跃入存在"之后，以色列和希腊就分别发挥出启示真理和哲学真理。一定注意的是，"跃入存在"这种事件，首先总是发生在具体的人身上，比如以色列的先知、希腊的哲人。沃格林在第一、二卷中花很大篇幅阐释先知和前苏格拉底哲人，用第三卷来阐释古典哲学。因为这类人是新真理的承载者，他们是秩序的中心。

其次，新的真理不是关于新世界的新命题，而是对同一个实在的不同经验进行表达。也就是说，从原初宇宙经验到"神"之下的生存经验，变化的不是实在本身，而是人的经验方式。在绝对层面上，启示真理或哲学真理并不比宇宙论真理更"真"，因为古人今人经验着同一个实在。但在相对层面上，启示和哲学是更分殊的真理，它们对实在结构有更明晰化的洞见，而且人可以通过新真理更好地向存在秩序调谐。因此，当先知或哲人把新的真理传达给自己的族群时，这个社会可以运用这种洞见，在精神层面让自身生存在唯一真"神"之下，同时在政治体层面更有效地组织各等级的建制，于是社会场域得以建构起来。

最后，因为"神"是唯一的"神"，所以当具体的人经验到"神"之后，他也会把所有人经验为具有相同本性的人。发现唯一的"神"，会让人重新发现人本身。人本身因为受到同一个"神"的规定，从而具有了相同的本性。比如，在以色列，人被规定为"神的形象"，他分享神的"灵"；在希腊，人被规定为"有理性的动物"，他分享神圣努斯的理性。所以，"跃入存在"不仅是人的跳跃，开始去分享神性，也是永恒的"神"在向人显现自身，向世界下降，从而穿透进了时间。要注意的是，无论是人面向"神"的跳跃，还是"神"向世界的穿透，都是发生在人类反讽所包含的意义。

意识总是具体的人的意识，当一个人意识中的爱欲张力朝向他的生存根基时，它才能深刻理解自身的这种悖论处境，按照存在秩序调整自身生存，获得生存的秩序。当他意识中的爱欲张力朝向世界的荣耀和享乐，它就会强调主体决断的自由，忽视被运作的必然，他就因此失去了生存秩序。

社会由具体的人构成，所以广义的社会秩序，根基于每个具体的人的意识秩序。这看似复杂，其实容易理解：哪怕只是一个社区，当多数人是好人时，乱七八糟的事儿就少；反过来，如果人心坏了，制度再健全，惩罚力度再大，坏事儿并不会少。

社会与历史中的人类秩序问题，起源于具体的意识秩序问题。所以，具体的意识秩序，是沃格林分析秩序现象、秩序经验的起点。

总之，语言是对经验的表达，这种表达是对经验实在的类比象征，所以离开经验内容谈象征形式，等于离开实在本身来谈真理，是类同流氓的行为；其次，个人灵魂秩序是社会秩序的基础，因此沃格林对秩序经验的分析，总是从具体的意识开始。那么，沃格林又如何通过具体意识秩序的分析，到达社会、历史层面的呢？

沃格林阐释秩序经验的原则

在《秩序与历史》中，沃格林在处理不同的实在领域，针对不同问题的时候，总是采用不同的方法。他对方法的运用不仅严格，还灵活多变，令人感觉不可捉摸，我们不要指望在书中提炼出成某种世界观式的"政治哲学"或"历史哲学"，更不消说去总结一套庸俗的"历史规律"了。不过，沃格林在阐释秩序现象时，有一些核心原则可以把握。

一般来说，沃格林对秩序现象的阐释会遵循两条线：一是从人到社会，再到人类这条线；一是从意识到躯体这条线。

沿着人、社会、人类这条线，他区分出三个清晰可辨的领域：

首先是我们提到过的，具体的人的意识秩序。因为具体的意识秩序是人的秩序中心，它是阐释的起点。其次是组织化社会中的人类生存秩序，以及非组织的真理，即便是哲学，也无法通过语言呈现所谓的"终极真理"。

人们的言说，就是在语言中类比、模仿、重现整个复杂的实在，这种类比，被沃格林称作"象征化""象征行动"，那么通过文献流传下来的那些言说，就叫"象征"和"象征形式"。由于真理总涉及言说，所以人类的各种真理，都只可能是象征真理。《秩序与历史》所展现的，就是沃格林对古代各种象征和象征形式的分析，因此，沃格林也把自己的哲学称作关于象征形式的哲学。

哲学是对实在的观看和分析，而实在总是经验性的实在，所以哲学又是对经验的诠释和分析。因为象征形式承载着古人的经验，所以通过象征形式回溯到古人的秩序经验本身，再对这些秩序经验做出同情的理解和阐释，这就是《秩序与历史》的哲学内核。

那么，沃格林具体是从哪里开始他对秩序经验的阐释的呢？

实在总是经验性的实在，而那正在经验着的"主体"或"我"，也叫"意识"或"灵魂"。

说到"意识"或"灵魂"，一定要注意，人只能"从内部"经验到自身的意识，没法跳到意识之外去把意识搞成对象，所以，无论它叫什么名字，都只是对意识现象本身的类比象征，我们切忌把它实体化为时空中的客体，再来追问它在时空中是否有前世、今生或来生。这类问题尽管很有吸引力，也催生了好些个离奇的思辨现象，但在哲学上是不允许的。另外，用自然科学解释意识现象的做法也是本末倒置，因为自然科学恰恰以意识的主客经验模式为基础，但意识却不是人的客体。

意识首先是与周遭实在打成一片的意识。那么，忽视这个前提，想把意识从周遭实在中摘离出来，探究它的固定结构，为人类知识奠定永恒基础的做法，在哲学上也站不住脚。把意识从参与语境中剥离出来，得到的只是意识的一个影子。康德和胡塞尔的认识论，缺陷就在于忽视了意识的参与模式和具体性。

从以上两点我们可以看到，意识是整全实在中的一个显亮的中心，它参与着实在，又照向实在。意识首先被存在秩序所运作，其次它才是一个主体。作为主体，它拥有自由；作为被运作者，它又受限于必然。作为主体，它拥有一定的知识；作为被运作者，它只拥有很不完全的知识。这就是苏格拉底"无知识的知识"

子；也用语言指向"内在于"我们的实在，比如悲欢、爱恨；还用语言指向超越于我们却不在时空之内的实在，比如"神""永恒""天"。

第一类实在是人的客体，我们可以毫无歧义地指向它们；第二类和第三类实在不再是人的客体，我们只能以类比的方式去指向它们，比如我们用肉团心去类比人的心思，以道路去类比主宰宇宙运行的"道"。第二、三类实在就其本身来说是不可言说的，因为"痛苦"这个词和"痛苦"本身，"神"这个词和"神"本身，永远有一条鸿沟。这条鸿沟，就是人的经验内容。

我们可以想象，没有尝到过甜味的人即便认识"甜"字，也不会懂得"甜"的真正意义，这是因为他没有经验内容。同样，没有经验到"神"的人，即便认识"神"字，也不会懂得"神"的真正意义。可见，"甜""神"这类词仅仅是一个名字，它们不直接指向客体，而是唤起人对这类实在的经验。我们看到"甜"字，容易领会它的意义，因为我们经常吃甜的东西，但一看到"神"字，我们往往执着于主体对客体的经验模式，把"神"当成外在于我们的客体，一个神性实体。

超越于时空的神性实在，一落到文字上，就容易被字面化和实体化，成为时空之中的神性实体。这其中的道理很简单，但为何许多大人物都在这事儿上一再犯错而不自知呢？这背后仍然有个经验问题，而不光是道理的事儿。原因在于，人总是把自己经验为主体，执着于一个"我"，总是幻想着把自己排除在实在之外。说白了，人都有自我封神的倾向。这个倾向，被古典哲人称为"肆心"，被奥古斯丁称作"傲慢"，被印度人称作"我执"。

我们对于第二类和第三类实在，总是以类比的方式来指示。反过来想一下，虽然它们可以被类比地言说，但言说本身只能保留这两类实在的影子。因为是类比，言说只能保留某种相像、相似，所以呢，语言能传达的，不过是实在本身投下的具象化影子。这个洞见有两个重要后果，我们一起来看看：

第一个后果是，因为对这两类实在只能采取类比描述，所以同一种实在，可以用很多事物来类比。比如，超越实在本身没有任何名字，但张三用道路类比，李四用天类比，王二麻子用神类比，以至于它可以有无数个名字。

第二个后果是，因为对实在的言说都不过是实在本身的影子，所以，任何言说都只能或多或少地模拟真实，永远不会成为真实本身。即便是神话，也拥有它知道。因为这类人满脑子"研究对象",一看见"神",干瘪的脑髓中立马就浮现出神性实体,然后说沃格林是宗教徒。然而,神话的"神"、亚里士多德的"第一因"、中世纪哲人的"超越"、巴门尼德的"存在",还有我们所说的"根基",这类词都是诠释超越经验本身的象征,是那个超越实在本身留在世界上的影子,一旦离开产生这类词的经验本身,它们毫无意义。如果一个人非得字面化地把"神"当成客体,那无论他是相信还是拒绝"神",他面对的都只是一个鬼影。

总之,我们讲到经验是非主非客的实在,沃格林哲学的内核是观看实在本身。所以,不要从"经验是主观的"这个误解推断出沃格林是"唯心论者",或认为他对古人的阐释都是奇思妙想,天马行空。其次,沃格林的"神",是一种可能被人经验到的超越实在,不是教条中的神性实体。

那么,为何"神"在历史中一再成为神性实体?沃格林具体是从哪里展开他秩序分析的?

语言与实在之间的张力:意识秩序是社会秩序的中心

"神"这类词为何一再成为教条中的神性实体,以至于我们现代人一听到就怀疑呢?

一般人觉得神很远,其实咱们古人说的天、道之类的,也是用来象征这种超越实在的。这些词在《道德经》《论语》等原典中并不是指代时空中的事物,而是在类比超越实在。如果把这类词当作概念,认为他们是实存事物,那只会引起怀疑,比如我们都熟悉窦娥对"天"的控诉。她指责"天",是把"天"当作实存的了。我们说过神和人彼此参与的场所叫"灵魂",所以作为超越实在的"天"或"道",只会影响人的灵魂,让人知晓是非善恶,并不直接插手世界内的事务,来代替世间权力赏善罚恶。

被具体的人的灵魂经验到的"神",之所以成为神性实体,主要由于语言与实在之间的悖论关系。那就是,语言总是对象化地指向实在,但经验中的实在却不总是人的对象。

我们既用语言指向"外在于"我们而且在时空之中的实在,比如杯子、桌个词不指向客体，而是指向经验本身。一个具体的人，当他经验到某种超越于自身的非客体实在时，用"神"来象征这个超越实在。

那么，人凭什么领会非客体的超越实在的呢？人通过眼耳鼻等器官感知"世界"，那么人用来领会"神"的器官，就是古典哲人说的"灵魂"，也就是那个正在看、听、思想的"我"。

所以，人用感官感知到的实在领域，叫作"世界"；人用灵魂领会到的实在领域，叫作"神"。换个眼光看，世界和神从来不是固定的客体，而是被经验到的实在领域。人参与到世界，世界也参与到人，这个彼此参与的场所，叫"躯体"；同样，人与神彼此参与的场所，叫灵魂；神与世界彼此参与的场所，就叫作"人"。

在上面的分析中，"神""人""世界""灵魂"等词，都是用来诠释我们沉思经验的象征，不是外指实物的概念。如果把"神""灵魂"这类词从我们正在执行的沉思语境中剥离出来，当成指代实存客体的概念，在命题层面进行推演时，这类词就失去了意义。因为这些词的意义，和我们正在执行的沉思经验本身不可分离。

所以，沃格林的神不是宗教教条的神性实体，而是在具体的人的经验中被直接给予的，被经验为人最终根基的那种实在。它也不需要任何"存在论证明"，因为生命经验的真实性远比任何真命题都更真实。用命题证明神的存在，不仅不可能，也没有任何帮助。我们每个人都会情不自禁地说"天哪"，这个"天"显然不是指物理学的天空。我们之所以惊呼，是因为我们参与到了一个我们自己无法操控的实在过程中，以至于要用"天哪"表达这种参与经验。这个"天"不需要任何逻辑证明，也无法证明。

所以，神是在具体的经验中被给予的神，不是任何人都能凭借想象力、心思、逻辑去直接接近的客体。那么，神是"信则有不信则无"吗？你别忘了，经验是非主非客的，经验中的神，可不是人类意志的产物。

卷一《以色列与启示》以神开始，以耶稣结束，不是说沃格林既是犹太教徒又是基督教徒，而是说他回溯到了催生犹太教和基督教的那些原初经验中，和先知、圣徒结成了灵魂共同体。他可以毫不违和地把先知圣徒的神也当成自己的神，因为超越的神性实在是唯一的，它是所有人的神。

这个问题超级简单，但我们的哲学教授和世俗主义智识人既不知道，也不想主体必须要从另一个地方取得自身的存在，才能对象化他者。好比一个灯盏先要被点亮，才能发光把光照向四周，对吧？我们只说这盏灯"能照"，遗忘它"被点亮"这个事实，能行吗？

经验的非主非客性，在日常生活中到处是例子，只不过人们不留心，不去分析。如果一个人把金钱经验为至善，固然可以说是这人"认为"钱最重要，好像这是主观意见一样；如果这人对钱的经验仅仅是主观的，他完全能随心所欲地把其他任何事物经验为至善，但事实上，这人能放弃自身对金钱的渴望，为自己创造恨钱的经验吗？另外，如果经验仅仅是主观的，那么人就能凭意志力为自己创造快乐和排除苦痛了，这显然更不可能。所以，经验是被给予人的，人自身不能创造和消灭经验，只能被动地承受经验。

明确了这一点，让我们牢记：经验是发生在存在共同体中的一个事件，非主非客，被我们称作"人"的这种实在，不过是经验发生的"场所"。所以，人不用为自己是"主体""万物皆备于我"感到自豪，人的根本境况不是主动的自由，而是被动的必然。柏拉图在《法义》中有过充分的分析，在那里人被象征为诸神的玩偶。

经验是发生在存在共同体中的一个事件，而且事件责任者不是人。但事件好歹得有个责任者吧？这个责任者，就是"神"。

如果主客经验模式是唯一和绝对的，主体是如何知道自身的？主体难道还能同时把自己设置为对象，对象化地知道自身？这是不可能的。正在思着客体的思，思不到思本身，更思不到包括思本身的整个实在，这是最简单的事实。请注意是同时，你可以反思自己的思，但你反思的内容不是反思本身。所以，思本身和包含着思的整全实在，从来不是思的对象。对于这种"不可思议者"，主体只能作参与性的非对象化领会。因此，在阐释巴门尼德时，沃格林说巴门尼德对"存在"的知晓是一种"经验性把捉"。因为人对超越的知晓，只可能通过参与经验来把捉，而不是对象化地知晓。

正在经验的主体不能创造自身，它需要一个责任者。"责任者"是个希腊文词，有"原因"和"根基"的意思，这个原因或根基，就被称为"神"。

"神"这个词是诠释参与经验的象征，而不是诠释主客经验的概念，所以这一类所谓的哲学告诉你人在实在之外的阿基米德点上，说服你把自己经验为神，让你幻想着通过思辨或实践行动操控实在过程本身。

为了分析和诊断经验问题，沃格林发挥出了一些术语：比如他把古典哲人的经验叫"参与经验"，把先知以赛亚的经验叫"改天换地式经验"，把黑格尔式的经验叫"灵知经验"，把孔德、巴枯宁等革命先知的经验称为"启示录式经验"。一句话，健全的经验和哲学只有一种，扭曲的经验和哲学却有很多。

总之，沃格林的经验是古典哲学式的，指人的全部生存参与到整个实在中，它首先是参与模式，其次才是主客模式；近现代哲学中的扭曲经验，或是把参与的实在领域抹除一部分，或者干脆把主客模式上升为绝对，从而拒绝参与模式本身。

古典哲学既是对参与经验的诠释和分析，也是对扭曲经验的诊断。同样，沃格林在《秩序与历史》中发挥出来的政治和历史哲学，原则上仍是古典哲学式的，它也是对参与经验的诠释和分析，对扭曲经验的诊断。

沃格林的神

上一节用了不少篇幅谈参与经验，为的是破除我们平常最固执、最惯常的主客经验模式。

唯主客模式是人最大的思维定式，虽然在古代也有，但都是作为古典哲学的批判对象而出现的。你可能已经想到，唯主客模式在古代的代表就是智术师，智术师普罗塔哥拉就有句"人是万物尺度"的名言。这和启蒙哲学中那个阿基米德点上的主体，构想是一样的。把主客经验模式绝对化的启蒙哲学，虽然也自命哲学，其实整个儿就是智术。更糟的是，当智术夺取了"哲学"名字后，古典哲学和更早的神话反而成了智术的低级阶段了，因为智术刚好也是以智术为标准去评判其他象征形式。这也是许多启蒙哲人和哲学教授说古典哲学是"幼稚的哲学"的原因。我们可以问下自己，到底是谁幼稚和愚蠢。

主客经验模式被启蒙哲学绝对化，这种倾向渗透到了被我们称为"哲学"和"科学"的几乎所有领域。之所以费劲讲参与经验，就是为了恢复对经验的朴素领会：经验不是什么主观的，它是非主非客的。这听起来很怪，其实容易理解：

参与即人整个生存的实在性。

前面提到，沃格林对古典哲学的恢复不在学说层面，而是在经验层面。这等于说，沃格林对待前辈，不是按字面把前辈著作捡起来当信条当宝贝，而总是试图在他自身灵魂中重现产生这些著作的经验，通过生活在这些人所诠释和分析的经验中，去重现和印证前辈们的话。在沃格林看来，流淌在古代哲人著作根基处的，是被僵硬的学说所掩盖的参与经验。

沃格林对古代哲学的恢复，不是重提其学说，而是在他自己灵魂中重现催生这些学说的参与经验本身。在沃格林看来，古典哲人的经验是健全的参与经验，古典哲学就是对参与经验的理性诠释和分析。

参与经验和古典哲学是模范性的，沃格林通过这个标准，把近现代以来的一些经验以及相关的诠释诊断为"扭曲的"。

比如，英国经验论哲学、逻辑实证主义或科学主义也讲经验，但它们把经验简化为感官材料，心理学上的印象、观念，这种经验忽视人对社会的参与，抹除了人对神的参与。这类构建倾向于把自然科学方法运用到社会领域，把人参与到社会的特殊方式——道德伦理——宣布为主观价值。这种经验中没有了神，社会也被当成了自然界似的感官材料。

再比如，笛卡尔开启的近代形而上学、现象学以及心理分析也谈经验，但它们的经验特指主体对客体的经验。这种经验虽然不拒绝世界、社会和神，但它们把主体本身封为神，从而拒斥了参与模式本身。拒斥了参与的主体，在阿基米德点上顾盼自雄，俯视整个实在，在这类哲学中，实在过程被镶嵌进了主体的思辨过程。于是，各种终结历史的绝对真理得以出现。比如，康德要用他"谦虚的理性"为人类消除"幻觉"，黑格尔把历史放进了他的"科学体系"，之后更有一大堆能预测历史的先知，纷纷叫嚷着要为人类最终幸福提供"真正的开端"。可见，拒绝参与经验，其结果必然是人自己成为神，历史成为人的创造。19—20 世纪的各种意识形态、群众运动和血腥屠杀，就是在创造历史的名义下进行的。

智识构建对个人和社会的影响，不是庸俗的所谓"理论指导实践"。智识构建影响力，在于塑造人对实在的经验方式。一类哲学告诉你人在实在中的正确位置，说服你把世界、社会、神经验为参与伙伴，在能力范围内做正确的事情；另人通过躯体官能和某个实在领域打交道，并把这个实在领域区分为无机物、有机物、动物等层次，这是"世界"；人通过人格与某个实在领域打交道，并把这个实在领域区分为家庭、社区、城市、国家等层次，这就是"社会"或"共同体"；人通过灵魂与某个实在领域打交道，把这个实在领域区分为灵魂自身的根基，这就是"神"。经验就是被称作"人"的这个实在领域，与被称作"世界""社会""神"的实在领域打交道、发生关系。

上面大概解释了沃格林的经验，实际上他的经验基本沿用了古典哲学中的经验，也就是一种高于感觉，但低于科学或知识的智能状态或知晓状态。这是一种最原初的、未经反思的、没有距离的知晓，就像你和张三说话时，他直接被你"经验"为"人"，而无须关于人的科学来确认。

我们再审视一下人和世界、社会以及神的关系，问自己两个问题：人能选择和世界、社会、神是否发生关系吗？还有，世界、社会、神可以被人完全对象化吗？

你可能没想过这事儿的重要性。如果你说可以，那我提醒你，一个人决定完全不和世界打交道，那这人就得放弃躯体，因为人的躯体属于世界，属于自然。看来人没得选择，毕竟还是要身体的。所以，闭上眼睛不看，堵住耳朵不听，并不表示你与世界无关了，因为你通过拥有身体这个事实，预先就与世界成了一体。

既然人与世界关系如此，人与社会、与神的关系也是如此。也就是说，人之所能成为人，是因为他预先已经参与到世界、社会、神之中，与它们难离难分。所以，人与周遭实在，首先是参与关系。生活在其中，然后人才能把它们设置为对象，产生认知或实践关系。可见，人并不完全独立于世界、社会、神，他与这些实在领域首先是同伴关系，其次才是主客关系。人与周遭实在打成一片之后，他才能获得相对独立性。

我刚才提到，人与周遭实在打交道分参与模式和主客模式，还说明了两者孰轻孰重。沃格林的"经验"，是指"参与经验"，也就是人用它的整个生存参与到各个实在领域中去。人没法选择是否参与，因为能否选择，还得要先成为人，而要成为人，首先必须参与。人的生存本身就是在参与中才被给予的，所以经验首先是参与模式。参与赋予并调动着人的动物生命、社会生命、灵魂生命，所以，这些"幼稚的"思想看成是"生产力低下"或"科技水平落后"的产物。总之，我们是严格的"字面主义者"，是有着所谓"批判"眼光的"理性主义者"，是大度的"进步主义者"。"字面主义""理性主义""逻辑主义"以及"进步主义"这类智识倾向，成了我们的智识背景。这个背景，恰好是我们理解古人的障碍，是我们理解沃格林这类作者的障碍。所以，不要按照阅读时髦哲学家、政治科学家、社会学家、史学家的方式来阅读《秩序与历史》，按自己的思维定式给沃格林乱贴门派标签。

经验、参与经验、扭曲经验

上一节我们说到了《秩序与历史》和沃格林智识品格的特殊，还说过，我们获得的启蒙教化是理解他的障碍。话说回来，如果沃格林像其他人那样，也建造体系、提出学说，那我们倒都可以轻松地侃侃而谈沃格林了。

可惜沃格林是严肃的原创思想者，如果你努力走近他，你就理解得多点。至于我的任务，就是让沃格林往下走一点，你努力向上走一点，你和他在途中某处会面。

沃格林以启蒙甚至宗教改革为敌手，并不是想恢复中世纪神哲学或古典哲学的"学说"，沃格林对中世纪和古典哲学的学习和恢复不在"学说"层面，他追溯到了更本源的地方，这也是他原创性的所在。这个更本源的地方，就是人对实在的参与经验。我们要先清楚这一点，否则一翻开《秩序与历史》就会误解他。

"经验"是沃格林哲学的关键词。沃格林哲学活动的生命力，就在于他时刻准备回溯到经验，他的哲学和古典哲学一样，是对经验的诠释和分析。沃格林不搞体系，正是因为哲人必须随时向经验敞开。如果对"经验"这个词的哲学意蕴领会不充分，就无法明白他发挥出来的某些概念的内涵，比如"超越经验""原初的宇宙经验""张力经验"之类。

经验，也可理解为体验、经历或经受。我们日常说张三刷墙很有经验，这当然也是经验，但沃格林的经验，内涵要更朴素。简单说，经验就是生活的原真的实在性，也就是人和周遭的实在打交道、发生关系。

径庭。所以在进一步讲解之前，我还需要跟你解释下面两件事儿：沃格林是如何开始他与众不同的探究的？什么会阻碍我们理解沃格林和他的《秩序与历史》？

说到沃格林的智识品格的形成，就得说到他和现代学术潮流的分手，还有他和启蒙哲学以及启蒙哲学后遗症——也就是形形色色的意识形态——的搏斗。

沃格林开始他的政治科学生涯时，传统形而上学已经衰落，欧洲正流行新康德主义、现象学、实证主义、历史主义、描述性建制主义，以及各种意识形态的历史思辨。他在维也纳大学期间，就在新康德主义、胡塞尔现象学、韦伯社会学方面得到过严格的训练，但他认为这类构建都不充分，因此决定开辟自己的探究道路。他虽然摒弃了这些学派，但也不能忘了他对这些学派重要人物的学习。所以，即使是在成熟的沃格林那里，我们仍然能看到像柯亨、凯尔森、胡塞尔、卡西尔、韦伯、黑格尔等人的影响。沃格林所处的时代，社会领域中盛行的是意识形态的教条战，再就是意识形态支配的群众运动和血腥屠杀。在沃格林的诊断中，社会领域的失序根源于智识和精神领域的失序，追根溯源，这来源于笛卡尔式的"主体"形而上学。从笛卡尔的"我"，康德的"理性"，再到黑格尔那巨无霸的"精神"，是"主体"逐渐膨胀和取代"神"的过程。19世纪智识人反抗这类形而上学教条战，但反抗催生的是更激进智识形式，也就是各种意识形态教条战。你可能不太明白"意识形态"这个词到底有何不妥，但你可以想象一下，如果你身边突然冒出来一大堆先知，纷纷表示人类能到达某个完美王国，并拍胸脯说他们传授的哲学或科学是实现这个完美的灵药，你会怎么想？这就是意识形态，是启蒙哲学发展到后来的粗陋形态。

沃格林后来做的事儿，就是掀开启蒙的美好面孔，揭发启蒙廉价诺言背后的凶恶机关：如果人非得要取神而代之，那结果只能是连人都没得做。

来看看我们自己。我们现在仍然生活在启蒙之下，仍然受着启蒙的规定，我们关于知识和科学的概念来源于启蒙，我们所说的理性仍然是启蒙理性。我们相信"进步"，我们有自然科学和以自然科学为模型的社会科学来保证"进步"；我们有各色廉价的"体系""主义"和"方法"安顿我们的智力生活，并为之扬扬自得；我们以所谓"精确的"自然科学和社会科学为堡垒，傲慢地看着古人，就好像成年人在玩味儿童的幼稚；我们总是字面化地理解古代的各种象征形式，把演出普遍有效命题的哲学，对沃格林来讲只是次级哲学现象。而且我们也不能离开他的理论性透视，来谈论书中那些经验性的、事实性论断，因为这些判断不是通过某种外在的罗列、编排和比较得来，目的也不是为了表明意见或立场，它们经过了作者灵魂的内在消化和塑造。我们要很当心，除非我们在精神上和智识上有类似或相同的努力，否则我们不仅没资格拒斥他的结论，甚至也没资格赞同。

再次，《秩序与历史》探究的虽然是时间中的人类事务，但推动探究的是沃格林本人对永恒存在——也就是"神"——的爱欲经验。我们知道，《秩序与历史》的扉页上明白写着奥古斯丁《论真实的信仰》中的一句话："在对受造物进行考察时，不要逗无谓和易消逝的好奇，而应朝上迈向那不朽的和永驻的。"时间对应历史，秩序对应的是人类事务，但如果一个探究者取消了历史和政治中的永恒维度，那么对神性智慧的爱欲就会降格为对世界的爱欲，探究本身就成了追求名利的智术。沃格林是哲人，不是智术师，《秩序与历史》着眼于永恒来探究历史和政治，这个探究本身也是一个精神秩序，它既是历史哲学，也是政治哲学。

最后，沃格林的分析能力、对语言的敏感和运用能力、对文献作者意图的把握能力，还有他的博学，在同代人中鹤立鸡群。不过，相比于他对人类灵魂经验深广度的敏锐体察，这些能力只处于从属地位。我们知道，赫拉克利特处理过博学和洞察力之间的关系问题，他说，爱智慧的人应该博学，但博学多闻却未必能让人形成洞察力。因此，像沃格林这样兼具博学和洞察力的人，正是赫拉克利特所谓"以一当万"的"优秀之人"。此外我们还知道，古典哲学中的哲人首先是一个优秀的、样板式的人，他说服别人和自己一道去追求优秀品质，追求德行，所以，哲人不是嘴巴上说"真命题"的人，更不是两脚书橱或会说话的硬盘。沃格林是哲人，他不提供现成的命题真理，只要求读者和他一起观看真实，一起沉思，一起去达成生存的秩序，一起去做科学。通俗点说，沃格林不贩卖知识，而是说服读者好好做人，做追求智慧的人，做真正的科学家。在这个意义上，《秩序与历史》是一部模范的哲学著作，它抵得过几卡车自称哲学的书。如果我们只对《秩序与历史》中的博学感兴趣，这好比我们赏玩名家字画时只关心它有几斤几两。

《秩序与历史》的理论立场和阐释路径，与我们所熟悉的智识氛围有天壤之别。也就是说，它不仅和常见的学术文献不同，也与现代绝大多数哲学原典大相

朱成明讲读《秩序与历史》（前三卷）

> 朱成明
>
> 重庆大学高研院古典学中心副教授。研究兴趣为印度古代知识传统、印度古代政治秩序、印度西方比较哲学，兼治沃格林哲学。他翻译的沃格林的《记忆》，2017 年由华东师范大学出版社出版。他精通英文和德文，是年轻一代古典学的佼佼者。

对现代人来说，《秩序与历史》是一部极不寻常的书。所以，在进入主题之前，有必要预先做些说明。

首先，《秩序与历史》呈现给你的，不是关于以色列、希腊文明和古典哲学的信息性知识，或一些猜测性结论，而是通过对某些个人、共同体秩序经验及其象征形式的阐释，重现他们求索秩序的历程。

其次，虽然沃格林处理的材料在某种意义上是他的研究对象，但作者在书中随时提醒你：研究者不应该站在阿基米德点上，处理秩序现象还需要研究者在灵魂中再现文献中所描述的那些重要的人类经验，唯有如此，研究者才能真正明白古人在说什么。通过这种再现，研究者本人也生活在这类经验中，与古人一起参与到实在之中，成为求索真理的伙伴。同样地，你我作为沃格林的读者，又可以通过阅读和思考，追随沃格林参与到这个过程中。你看，灵魂经验和真理本身没有古今之分，在同一个求索过程中，古人和今人生活在同一个"现在"。虽然隔着时空的河流，但当你有所体悟时，你能和沃格林会心一笑，和先知、哲人心心相印。

再次，和沃格林其他著作一样，《秩序与历史》既然是沉思性和理论性的，又受到经验的调控，经验性材料和理论透视水乳交融，被沃格林编织成了一个通透明澈的哲思网络。我们不能离开经验性材料，去总结一种成条目的、系统的"沃格林政治哲学"或"沃格林历史哲学"，因为从抽象范畴或万有原理出发、推出版的《秩序与历史》后两卷。

讲读本书的朱成明，1984年生于湖北省西南边陲的恩施。2003考取吉林大学，学习英国语言文学。2008—2016年在北京大学学习印度古代语文，研究印度哲学。毕业至今，在重庆大学古典学中心任教。他的研究领域是印度-西方比较哲学，兼治沃格林。他翻译的沃格林的《记忆》，已于2017年出版。

朱成明讲沃格林，也是"剑走偏锋"，因为他并不专治西方政治哲学。他从小就是个淘气的角色，上大学时觉得课堂上学不到东西，就经常逃课去图书馆"肆意"阅读英文书籍，《申辩》《斐多》等名篇，给了他冲击，由此对哲学产生了极大兴趣，为了阅读原文，开始学习希腊文和拉丁文。

为了解决自己生活中的疑惑，搞清楚到底有没有轮回，他考进北京大学。师从段晴学习梵文，研究憍底利耶的《利论》时，接触到了沃格林，并和这位政治哲人结缘。在研习沃格林"存在—思—象征"之后，一直纠缠他的那些互相矛盾的问题突然变得透明、和谐了，让他搞清楚了轮回是怎么回事。他说，沃格林教会了他什么是真正的科学、分析，以及什么是追问。朱成明对沃格林评价很高，认为是可以和柏拉图、亚里士多德、奥古斯丁、商羯罗这类人站在一起的人物。他的治学也深受沃格林的意识哲学影响，强调以原文进入文本。朱成明还精通英文和德文，是年轻一代古典学的佼佼者。

识，以及他后来取得的全部学术和思想成就，都跟这一背景有关。在他最后不得不逃往瑞士，然后流亡美国之前，沃格林发表了五部作品，其中四部，都是批判纳粹极权主义的。

在沃格林看来，纳粹暴政的根本特征，就是试图控制一切，而这种权力的欲望，有其深厚的历史渊源。《秩序与历史》的写作，正是对纳粹统治进行观察和分析的直接产物。

正如书名所提示的，《秩序与历史》关注的核心问题是秩序——社会秩序、人们的生活秩序，以及道德和精神秩序。秩序之所以成为沃格林关切的最大问题，是因为他看到纳粹统治造成了社会失序，也就是混乱。而这种混乱的根源之一，与现代化走偏了路有关。现代化走偏的特征之一，是统治权力的膨胀和滥用。这种权力的膨胀和滥用在20世纪表现为以纳粹为代表的极权主义的兴起，对全民的暴虐和思想控制。

沃格林把对秩序的思考，拉回到了西方思想的源头。在旧石器时代的古迹中，沃格林指出了考古学家们发现的代表秩序的符号。他说，秩序指的是人们经验到的"实在结构"。所谓"实在结构"，就是人们日常经历的生活和信仰，真实而有序的状况。这种秩序来自造物主，与它协调是人能活好的根本。失序首先是对神圣理性的背叛：宣布上帝已死。宣布上帝死了的同时，人间的神却复活了，人间神挥舞权力意志的大棒，开始了他们征服世俗大众的旅程，试图再造新的秩序。在这一过程中，以经验为基础的实在结构被彻底抛弃，取而代之的只能是人为编织的有关未来新秩序的愿景，它们披上了意识形态的面纱。

在《秩序与历史》之前，沃格林写过一本4000页的《政治观念史稿》，《秩序与历史》脱胎于这部草稿。很大程度上，沃格林在《秩序与历史》中否定了自己此前对观念的认识。此前他认为，在历史和政治演进中观念扮演决定性的角色。但在这部著作中沃格林说，"我兴趣的焦点从观念转移到实在的经验"。

沃格林1938年流亡美国，从哈佛到路易斯安那，一直在美国各大学教书，生活和研究都很平静。1958年，他受聘德国慕尼黑大学直到退休。退休后，他又返回美国，力图完成永远完成不了的研究工作，其中就有去世后才得以沃格林产生了重要影响。是斯潘教授将沃格林引上了哲学的道路。

大学时期的沃格林，有一段被人有意无意忽略的经历，但对理解沃格林非常重要。他选修了奥地利经济学派重要传人米塞斯的经济学课，并跟米塞斯的大弟子哈耶克结下毕生友谊。

沃格林还有过跟诺奇克一模一样的经历，诺奇克的名著是《无政府、国家与乌托邦》。高中毕业临上大学前，沃格林读了《资本论》，对马克思主义非常崇拜。入维也纳大学后他就去听经济学的课程，那里有魏瑟教授，是米塞斯的老师。沃格林听了魏瑟和米塞斯的经济学课程后说："马克思主义对我就不再是问题了。"这一重要的转变，是理解沃格林思想底色的一把钥匙。

1922年沃格林拿到博士学位，1938年为躲避纳粹迫害逃离奥地利。仅考察他这16年间的学术生涯，就几乎可以找到沃格林关切问题的全部线索。其一，他与数个以维也纳大学为核心的学术圈子交往，这些圈子由当时许多世界级的学者、诗人、艺术家和思想家组成。最出名的除了他的导师凯尔森，还有哲学家维特根斯坦等人。跟这些圈子的交往，极大地扩大了沃格林的知识视野，并将研究重点慢慢集中在了哲学、政治学、历史学和社会学上。其二，他先后游历了英国、法国和美国。在美国的经历，为他日后批评纳粹的种族理论奠定了牢靠的生物学基础；在法国，他听了诗人马拉美的演讲，并将马拉美的诗歌引进了他的哲学思考。其三，他对韦伯系统研究。韦伯强调学术研究中的科学态度，即价值无涉、拒绝意识形态立场，这对沃格林产生了终身影响。最有名的说法是，政府不能因为目的的道德，而对行动的不道德提供辩护。沃格林还真诚地认同韦伯的另一种方法论，就是社会科学研究必须"获得对文明进行比较研究的"广博知识。其四，1929—1933年纳粹兴起和掌权对沃格林本人的影响，对我们理解沃格林的思想，远超过前述三项的总和。

沃格林一踏上学术道路，就对由康德自1870年代开辟的德语精致化遭受到的污染，保持着警惕，并予以严厉批评。纳粹兴起和上台，对德语的污染达到高潮。更严重的事件，是纳粹对德国文化毁灭性的破坏，以及加大迫害犹太人的力度。纳粹暴政，横亘在沃格林面前。沃格林没有躲避，而是以笔为刀枪，对纳粹宣扬的种种滥调，进行理论的清理和批评。沃格林的问题意

导语 | 探求人类思想的开端

刘苏里

经过半个世纪的淘洗，沃格林的《历史与秩序》已经成为20世纪最重要的政治哲学著作之一。而我这篇导语的重点是介绍一下沃格林的思想、写作的背景。

在介绍沃格林之前，先谈另外一位跟沃格林有很大关系的人。他叫埃利斯·桑多兹，追随沃格林30多年，直到沃格林1985年去世。桑多兹所著《沃格林革命：传记性引论》，为我们了解沃格林提供了重要线索。

这本思想传记的首页，是一张沃格林与桑多兹摄于1971年的照片，那一年沃格林70岁，桑多兹40岁。照片传达出的意象十分动人——知识和思想在两代人之间如何传承。沃格林，就如我这篇导语的题目，他是人类思想开端的探索者，而探索者的工作是要有人延续的，桑多兹就是这样的人。沃格林把一生贡献给了探索人怎样活着才是有价值的；桑多兹也几乎把一生贡献给了沃格林研究。桑多兹不仅担任沃格林研究所所长，领导着美国沃格林协会，同时还出任英文版《沃格林全集》的总主编。全集34卷，在沃格林生前就开始编辑，用了整整37年，在沃林格去世23年后才全部出齐，而彼时桑多兹已是77岁的老人。这位沃格林研究最权威的学者说，沃格林"是我们时代最伟大的哲学家"。

就在我为写这篇导语做准备时，简体中文版沃格林的《自传体反思录》上市了。这本成书于1973年的"自传"，是沃格林口述，桑多兹整理，沃格林校订后出版的。

沃格林的全名是埃里克·赫曼·威尔海姆·沃格林，1901年1月出生在德国的科隆。沃格林九岁时随全家迁往奥地利首都维也纳。1919年第一次世界大战结束，他高中毕业，随后考进维也纳大学，1922年，他21岁的时候，神奇地获得了博士学位。沃格林的导师凯尔森，是纯粹法理学的开山鼻祖，奥地利1920年宪法的起草人。他的另一位导师斯潘，没有凯尔森有名，却对

三六

《秩序与历史》（前三卷）

［美］埃里克·沃格林 著　霍伟岸　叶颖 译　译林出版社　2010 年（卷一）
　［美］埃里克·沃格林 著　陈周旺 译　译林出版社　2012 年（卷二）
　［美］埃里克·沃格林 著　刘署辉 译　译林出版社　2014 年（卷三）

主题词◎经验　神　秩序　语言　实在

经典之处

《秩序与历史》是沃格林的五卷本力作，20 世纪的重要思想成就之一；在纷繁复杂的历史事件中，梳理出人类秩序的变迁与走势，展现人性与神性在历史长河中的交织显现。全五卷包括《以色列与启示》《城邦的世界》《柏拉图与亚里士多德》《天下时代》和《追寻秩序》。

作者简介

埃里克·沃格林（Erich Vögelin，1901—1985），美籍德裔思想家，也是当代最著名的政治哲学家之一。沃格林出生在德国的科隆，9 岁时跟全家迁往奥地利首都维也纳。1919 年第一次世界大战结束，他高中毕业考进了维也纳大学，1922 年他 21 岁的时候，获得了博士学位。

风景。

和埃利亚斯一样,我们都是生活在这动荡世界中的坚定的旅人。

思考题:

1. 你是怎么理解文明与行为的关系的?说说你的思考和理由。
2. 请结合埃利亚斯的生平,谈谈个人与时代的关系?
3. 比较一下中西餐在吃肉上的历史区别,你能不能用埃利亚斯的思路,谈谈两者间文明的区别和成因?
4. 你能否举一个生活中观察到的例子,来佐证埃利亚斯所说的社会规范对个人行为的影响?
5. 请你简单谈谈"文明的发生"与"文明的进程"的区别与关系。请举个例子,说明社会强制如何转变成为自我约束?

出现了纳粹与极权主义，但这只是文明进程中的偏误，根源在于德国特殊的文化土壤。而阿伦特主张，纳粹德国不是偏误，是现代性的典型体现，警示着现代社会绝大多数人可能面临的黑暗未来。埃利亚斯眼中的现代性指向理性的社会，只是有时会发生像纳粹德国这样的"去文明化"或"逆文明化"现象。而阿伦特与福柯都认为，现代性使人了无生机、千篇一律，正是托克维尔笔下酝酿着专制极权的土壤。

法国思想家福柯与埃利亚斯都讨论了社会规范是如何产生的，文化上的习惯是如何养成的，芸芸众生的行为方式是如何规定的。再往深一层思考，文明化的进程究竟是束缚了人性，限制了人的发展可能，还是促进了人的理性人格。在福柯的理想中，个体应该把自我锻造成具有多元选择的艺术品，摆脱社会秩序的规训；而埃利亚斯认为社会秩序与人格秩序是相互建构的，并不是前者单方向压制后者。

面对这部问世40年后才被人重视的经典，面对这位活过70岁后才被人重视的奇特的人，我们表达敬意的最好态度，是通过阅读，冷静反观自身。毕竟，我们现在都承受着高度文明带来的幸福与重负，而且似乎还乐在其中，浑然不觉。而我们通过探寻文明在整个社会层面上、在长大成人的个体层面上的发生机制，可以了解自身行为和整个社会结构以及它们相互关系的变迁过程，了解"我们"如何成为现在的"我们"，这是一次真正具有探险意义的精神旅行。

终其一生，埃利亚斯从未参加过投票，也未参加过任何党派。他认为，自己从事的研究主要是摆脱政治意识形态的渗透，探寻长期历史过程的影响。作为一名德国犹太人，一名非主流学科里的非主流路数的流亡学者，他长期远离主流社会，却也得益于这般处境，以超然的态度敏锐地观察意识形态的扭曲，揭示社会权力关系的种种遮蔽。

无论如何，领略埃利亚斯对文明化过程的分析，必然有助于了解自己何以成为现在这个样子，至于究竟是由此明确自己该成为怎样的人，还是模模糊糊地觉得自己不希望成为怎样的人，答案始终是开放的。人类社会的探索将永无止境，因为文明还在不断的演化之中，对于自我生存的风格的探索也将永无止境，因为你并不知道，前方的道路上乃至道路两旁，会有什么样的东西成为你眼中的随着过程的发展，越往后，强制性也就越强，就是现在常说的路径依赖。回首悠悠千载的历史长河，确实能梳理出历史的发展规律。但埃利亚斯提醒道，这种规律既不是盘古开天辟地就注定的，也不是被哪位天纵英才设计好的。事实上，每个人能清楚看到的只是接下来有限的几步。社会的发展变化，是无数个人和群体或相同或相反的利益和意图相互纠结、合力而成的。

有许多人认为，埃利亚斯事先设定了人类的社会行为与心理性格具有长期一贯的趋势或方向，至少欧洲社会中世纪以来的历史潮流是这样。有人就此指责他的作品体现出进化论的乐观情绪，甚至有殖民主义的余波。但埃利亚斯认为，这种趋势或方向并不是理论预设，而是大量经验考据后的结论，他也承认，文明并不是一个直线发展的过程，存在着纵横交错的多层次发展，有时也会出现左右摇摆或上下波动。

而从历史事实的角度来说，埃利亚斯在以下两个方面之间建立了对应关系：一方面是国家更有效地垄断暴力，形成更为均衡的社会控制机制；一方面则是个体人格中形成的更为均衡的自我控制机制。打个比方，如果说中世纪随时预备拔刀相向的行路人就像随时准备喷发的烈火，那么现代社会"一看二慢三通过"的行路人则像一团始终如一的闷火。其实环境中同样危机四伏，只是风险爆发的形式和合理应对的手段变了。

暴烈的激情并不会就这么消失，人们会寻求间接的宣泄，或者在一些非常情境下直接表露出来，比如狂欢节，比如大革命还有集中营。当然，历史的正常阶段肯定多于非常情况，并且真正浮现出来的人也是少数，大多数人是隐蔽性的。埃利亚斯认为，克制、压抑在个体心理生成的过程中，造成了许多心理疾病，而在整个社会的层面上，危险减少了，但也变得无聊了。所以，令人兴奋、动情、愉悦的因素，只能通过做梦、小说、艺术、体育运动等文化创造，得到曲折的替代体现。俗话说的逗乐子、找刺激、寻开心，无非是些初级表现，也常常被视为是庸俗的。

我们还可以比较一下埃利亚斯与几位如今已被学界接受的大思想家，在许多重大的主题上，他们都有着密切的对话。

阿伦特与埃利亚斯都是流亡的德国犹太思想家。埃利亚斯认为，虽然20世纪温和、更细致的竞争：金钱财富面前，甚至地位声望面前，机会好像人人平等，但你得谨于礼仪，善于隐忍，工于心计。

埃利亚斯的文化史观

《文明的进程》这部厚重的大书，讲的虽然都是大问题，其实有趣好读。所以我们要谈谈这本书在方法上的一些特点，以及它的影响和一些评价。

这部大书的整体性是很强的。上卷貌似侧重微观，但在铺陈日常琐事时，始终以宏观进程为背景；下卷好像聚焦宏观，可那些政治经济机制的后果也都落实到人际交往和心理变化中。与此类似，虽然全书前后各有专章作为理论和方法的提炼概述，但埃利亚斯在进行具体的历史考察时，始终不忘方法论、认识论上的思考。

有关这部书在史料上的特点，我们之前已经谈过了。而在史观方面，埃利亚斯也有一些明确的立场，与主流的社会历史研究相对抗。他指出，我们要考察社会关系演变的动力机制，不能把国家形成过程中对暴力及征税手段的垄断过程直接还原为经济竞争，因为我们习以为常的政治、经济、军事之类的制度分化，只是近代以后的事情。如果想当然地区分出各种制度区域，然后寻求它们之间的因果关联，简单地推论谁决定谁，就会误入歧途。上述各种机制其实相互依赖，如果强行分离出所谓第一推动力，或者把历史看成一个等级序列，由一个个相对固定的阶段组成，就是一种静态的视角，无视社会现实的过程性。

在埃利亚斯眼里，发展的过程是一种流动，不断形成特定的塑型。你若站在历史的特定时点上，眼前会充满了偶然性，出于各种因素的合力作用，你自主也好，被裹挟也罢，最后走上了某一条道路。接下来也是如此。而如果站在历史后来者的位置回望，很容易将原本只是偶然的发展结果，理解为不可避免的结局，因为其他的道路以及走上其他道路的那些失败者，已经从历史的记载中、从你的记忆中消失了。

当然，我们也不能简单地说埃利亚斯反对历史具有必然性，更不能说他是历史虚无主义者。事实上，偶然与必然这样的简单两分，也是他反对的。他认为，一定会越来越少。与此同时，还有个内部的稳定过程：在特定地域内的个人或群体之间的冲突，会越来越不直接诉诸暴力。直白地说就是起义告一段落，不管从前怎样造反，现在要靠国家的法制、靠社会礼仪了。这样就形成了稳固的垄断机制。

王室机制则是指当时不断发展壮大的欧洲国家内部，各种社会力量的内部平衡机制。在这个过程中，权力越来越稳定集聚在国王手中，发展到极致，就是17世纪晚期至18世纪的绝对专制王权。为什么会这样？因为各个群体利益有别，彼此牵制。各方越来越需要形成某种中心，协调垄断权力。而不能让居于中心地位的统治者只是某个统治阶级利益的代言人。同时王权也需要维持现有的社会关系网络，需要各个集团之间保持紧张关系，维持协调的需求。说白了，他得能摆平事情，但也不能真把事儿全摆平。大家要都没有事儿了，他自己可就有事儿了。

所以，国王并不能为所欲为。他虽然可以利用统治地域内各方利益的冲突和各怀野心，纵横捭阖、扶弱压强，但坐收渔利的同时，自己也置身错综复杂的张力之中，也得依赖臣民提供的税赋劳役。依赖和制约的关系是相互的，暴力虽然被垄断，但斗争没有消失，只是以一种文明化的方式进行。这样的均衡态势自然会导致第三种机制，就是私垄断转向公垄断。私垄断就是以国王作为化身，你可以说是家天下。而公垄断的基础，不妨说是各种社会功能的民主化，各方都维持相互牵制的态势。即便是绝对专制王权的统治，也必须以多方的冲突竞争作为自身维持存在的前提。

当有了稳定的中央集权，可以确保国家安定，社会分工就不断细化，人际相互依赖的链条增长，市场扩大，商贸兴盛，市民工商阶层崛起，期望向上流动，获得更多的政治权利；而原本金戈铁马的骑士贵族，则卸甲归田，更多的是卸甲入宫，转化为声色犬马的宫廷贵族，但声色犬马也是一场战斗，不光是伴君如伴虎，而且无论是在白天的宫廷，还是夜晚的社交场上，都得谨慎践行礼仪，精心计算人心，以保护自己的地位并获得再上升的机会。

其实，无论是宫廷内的贵族，还是宫廷外的市民，都伴随着社会阶层的流动机会和流动愿望的提升，共同编织着日益紧密的社会关系网，行为越来越精致，心理越来越敏锐。体力上的暴力争斗已经被国家垄断，取而代之的是更持久、更致程度，导致普通民众又不断地去模仿。这个道理类似于"乡下农民刚学会在厕所用卫生纸，城里人已经开始用餐巾纸擦嘴了"这一类的段子。这种表面上看似笑话，其实却在整个社会构成了循环递进。好像有一种标准或样板，在各个社会单元之间传递扩散，埃利亚斯把这个过程称为标准化或塑型化。

他首先划分出两个封建时代。在第一封建时代，居于主导地位的是离心作用，是封建化的分化过程。11世纪前后进入第二封建时代，出现向心作用，是国家形成的集中过程。

首先来看离心阶段。罗马帝国衰亡后，人口骤减，市场萧条，商品供求链条缩短，货币使用的范围减少，越来越多的人生活在自给自足的农村小社区里。经济上提供不了足够的赋税，就无法维持大规模的官僚机构和常备军，从而不可能维持较大范围地域的统治。

从某个时期开始，人口逐渐明显表现出增长的态势。当人口的增长、土地的限制达到一定的拐点，就出现了向心的力量。埃利亚斯考察的关键于是落在：究竟是怎样的社会过程带动起新的社会关系，孕育出新型的整合和相互依赖，使得单子细胞式的小型社区结构逐渐瓦解，市场不断扩大，商品供求链条延长，对于货币经济的需求重新高涨。

在向心阶段的发展，背后有许多推动机制。除了通常谈到的市镇的兴旺，市民阶层的形成，货币经济上升，埃利亚斯还分析了以下三种主要机制：一是垄断机制，二是王室机制，三是从私垄断转向公垄断。

垄断机制其中又包括两个过程：一是暴力手段和征税手段不断集中到各块地域内的单个统治者及机构手中；二是通过与相邻的统治者之间的相互竞争，相互铲除，扩大自己的地域。

有关国家的定义，马克斯·韦伯的说法堪称经典：国家是一种特殊的组织，它通过垄断对暴力的合法使用权，成功宣称对特定的地域，也就是领土，拥有权利来制定具有约束力的规则。而埃利亚斯则更具体地说明这种垄断是怎样建立、怎样延伸扩展的，并且说明这是一种对于暴力手段和征税机制的双重垄断，就是军事经济两手抓，两手都很硬，国家的统治也就稳定强大了。

埃利亚斯还把国家形成的过程比作市场上各个厂商的竞争，参与竞争的数目服是人前体面，但如果是暑天一个人待在家里，窗帘也拉着，能不能脱光衣服读书写作？会不会觉得不自在？埃利亚斯说，人们会逐渐忘掉从外部约束到自我约束的转变过程，把原来的可能性当作一向如此的固定性。原本是社会需要的，却成为自发的；原本是被塑造出来的自我控制，却成了人的自由意志。

这还没完。不光是原先让人烦得要命的"都是为了你好"之类的唠叨，慢慢都变成了朋友圈热衷转发的养生健身、职场打拼的鸡汤文，而且那些曾经给人带来无尽愉悦的东西，后来不仅遭到禁止，而且会让人自己就觉得不愉快，让你做你也不做。原因就在于：有些本能与愉悦是社会不欢迎的，如果表现出来，会遭到某些威胁和惩罚，这会使人们对原先满足快感的方式感到焦虑而不悦，这种情绪不断巩固，在心里积淀成了厌恶甚至恐惧。上面说的手淫就是个很好的例子。

伴随这样的转变，人们的日常活动和思维方式越来越精致化，越来越隐秘化。大环境是什么？是社会分工越来越细化，社会关系越来越密集，人们就得遵循礼貌，越来越顾及别人的感受。同时不得不谨言慎行，眼光长远，精心考虑一举一动的后果。

与此同时，人也越来越敏感，越来越容易感受到羞耻和窘迫，不光是当众没忍住放个屁会这样，别人尴尬了，自己也会尴尬。就算忍不住爆笑，也是有点缺乏教养的表现。如果有人敢在拥挤的地铁里吃榴梿，一定会遭到排斥，起码是冷眼。这就是精神惩罚代替了身体惩罚。人们受到外部社会的强制，置身于人为制造的约束与恐惧，又无法摆脱人际关系网络，只好就范，强制自己的举止习惯更加符合文明。

社会结构的变化究竟如何在行为和心理层面上产生影响呢？社会结构本身的变迁又是如何发生的呢？这就过渡到了下卷的内容。

概括起来，埃利亚斯给我们呈现的总体画面是：中世纪以来，欧洲各社会阶层之间流动的机会增多，相互的联系也越来越紧密。正因为看到有些界限混乱了，人们渴望确立新的群体身份，找寻新的自我认同，便十分注意和别人的交往，行为方式越来越精细。

既然社会的竞争越来越激烈，社会上层人士有意无意地鼓励了下层模仿自身的行为方式，同时上层人士为了维护自身的竞争优势，又不断提高自身行为的精更有人认为，文明的进程也是情感逐渐由粗野暴躁转向细腻平和的过程。必须承认，从前人们满足情感的方式充满攻击性，社会行为充斥着暴力和残酷。这不仅体现在打仗上，在体育运动、惩罚行刑、对待动物的态度上都暴露无遗。但埃利亚斯认为，从野蛮残忍转向细腻温柔，包括这两者的区分本身，其实是文明化的结果，而不是文明化的动力。转变的关键，与其说是情感越来越温柔，不如说是越来越稳定。

埃利亚斯分析了许多细致有趣的实例，比如惩罚的执行方式，怎么从直接参与屠杀，如大伙儿一拥而上直接撕头皮，到观看公开行刑，再到退到监狱高墙之内，到今天改为电椅和注射药物，让罪犯也死得体面，最后到废除死刑。

还有体育运动，从直接捕猎、肉身搏击，到间接的竞技和游戏，再到专业化、规则化的现代体育运动。埃利亚斯还专门与人合编了一本体育社会学的书，在英国生活时，还写了长篇论文分析英国一方面诞生了大部分现代体育项目和比赛规则，一方面诞生了言辞激烈但并不会肉身厮打的议会辩论，这两者之间其实有着密切的联系。

再比如人类怎么吃肉，从直接撕咬活食，到点火加工，再到厨房的出现，到现代大规模屠宰场的专业化操作，最后肉类加工的大部分过程都从餐桌边退却。今天的一些小孩子从小就吃麦当劳、肯德基或者超市的半成品，不要说活鸡活鸭，可能连整鸡整鸭都快见不到了。

那么是不是暴烈的激情真的没了呢？人的所谓动物性真的被改造了呢？这种情感转变背后的原因是什么呢？

社会变迁对个人的影响

《文明的进程》的上卷，主要研究行为规范的表述方式，逐渐从直接的、命令式的、否定禁止的，转化为间接的、细致的、肯定诱导的。比如从"禁止踏入草坪"到"请爱护花草"。

但这只说了表述方式转变的一半，更关键的是，从结合具体情境的、他人在场情况下的"应该"，转为没人在场也主动遵循的"慎独"。举个例子，原本穿衣首先，早期的行为方式之所以简单粗朴，并不完全是由于物质匮乏，而后来逐渐变得精细，也不只是因为物质大大丰富，有了条件就不凑合了。人的需要本身并不是本质固定的，有着复杂的生成过程，并反过来刺激生产和发明。有人用手也可以抓饭，也有人没有烛台和红酒就没办法吃西餐。所谓贫困始终是相对的，富足的目标没有终点。抽象地说，各个社会群体的行为方式之所以不同，关键并不在于他们占有物质上的多与少，而在于他们对物质的控制程度和要求有强和弱的区别，而这背后又是每个群体塑造并维护自我认同的需求不同，维护与其他群体之间的区隔的需求不同。

其次，人们之所以改变了早期所谓"不合卫生"的行为方式，并不完全是因为认识到了健康的需要。恰恰相反，常常是先有了行为规范，再有人——比如今天我们熟悉的各种专家——从健康与卫生的角度，对新的行为规范做出解释。这样就把本来是要主观地解释一种规范的合法性，包装成了客观地说明这种规范的必要性。有屁得憋着，有痰要咽下，早先人们觉得这显然不利于自己的健康，但行为规范发展到今天，人人都自觉地在公共场合不放屁不吐痰。

还有手淫。开始是宗教戒律，后来是医学道理，都告诫人们不要手淫。但如果仔细比对，从"手淫本身有害健康"，到"对手淫的担忧会发展成有害健康的焦虑"，显然可以捕捉到，对于这件变成羞愧的事情，健康、道德、社会、教育各个方面的原因相互交织在一起，已经搞不清楚究竟什么是客观的什么是主观的了。

也有人认为，个体和社会越来越文明，是因为人们越来越理性。但埃利亚斯指出，理性化并不是文明化进程的推动力，某种程度上正好相反，正是文明化的过程，使人们越来越用理性化的方式思考或解释问题。

还有人认为，人们之所以越来越讲礼貌，是出于对别人尤其是贵人的尊重。埃利亚斯则说，这里反映出的其实是地位不平等。比如说，在贵人面前裸身或者宽衣是不礼貌的，甚至是大不敬，而贵人在仆人面前这么做，反而是表现出了平易近人。欧洲贵妇人在下人面前洗澡，不会觉得害臊，因为对方不是和自己同等的"人"。随着各社会阶层越来越平等，联系逐渐紧密，单方向的尊重也逐渐被普遍的羞耻心取代。

《文明的进程》开篇就比较了德国的"文化"与法国的"文明"。文化指的是个体层面的精神产品，不能用具有终极目标的"进步"阶梯来衡量。而文明指的是外在表现出来的物质产品、行为方式等，具有可以逐步接近的明确目标。为什么会存在这样的差异？这得追溯到德法两国宫廷向中产阶级开放的程度，以及两国不同的国家身份认同观念。

在法国，中央集权的历史悠久，文明代表着全民族的荣耀，普遍渗透于各个阶层。而德国迟迟未能统一建国，贵族排挤其他阶层的政治参与，极力维护自身的特权。市民阶层努力效仿贵族阶层的行为标准来塑造自己，渴望接近上层。贵族为了维持自身的独特尊严，把礼仪搞得越来越精致化，到了繁文缛节的地步。总之是又要让大众看得到，觉得好，很想学，又不能让人们都学了去，不能和贵族全一样了。这时不服气的知识分子为了显示自己精神上的高贵，宣泄怨愤，就在政治之外的文艺思想领域大显才能，他们鄙视宫廷贵族的文明，认为那些格调浮华肤浅、冷漠虚伪。他们尊奉的是深沉思考、真挚淳朴，是个性的培育，也就是今天我们常讲的"修养"。

埃利亚斯研究习俗礼仪，依据的主要是13—19世纪欧洲的一大堆行为手册和行为指南。其实就是那时通行的行为习俗，是普通大众在日常生活中最基本的行为方式。

这些手册的著者中有些很有名，比如伊拉斯谟，但埃利亚斯不做传统的思想史，不只是看精英思想家个人说了什么，而是关注背后反映出的集体传统。许多手册是反复再版，内容几经修订。埃利亚斯前后比对，重点看哪些内容被删去，哪些内容被添加。被删去的东西能反映什么是已经被普遍接受从而不需要再强调的，类似于现在不用再强调不要随地大小便，而被添加的内容则体现出文明逐步强化的过程。

如果只是挖掘和整理这些冷门材料，埃利亚斯无非是个善于猎奇的书虫而已。其实也有人早就注意到行为方式上的这些变化，也提出了许多原因的解释。但埃利亚斯妙就妙在，不仅一一列举并驳斥此前习惯上的解释，而且指出这些解释本身就属于变化过程，并且是推动这些变化的机制，正应该成为分析的对象，从而将我们的目光从琐碎的日常细节引向宏大的社会变迁。

啡的好友阿多诺，临终前请求联邦德国政府核准，授予埃利亚斯法兰克福大学荣誉教授称号。1977 年，埃利亚斯获得首届阿多诺奖，1986 年获得总统颁发的联邦十字大勋章，这是给予有杰出贡献的德国公民的最高荣誉。

晚年的埃利亚斯主要居住在德国比勒菲尔德和荷兰阿姆斯特丹。他终身未婚，每天都在充实的工作中度过。一般是早上 10 点游泳，然后清点、修改前一天的工作。午后两点助手会来他住处记录他的口述，一直工作到深夜 11 点，然后一起喝喝葡萄酒或者威士忌，或者和朋友聊上一小时。这几乎是典型的充满思想活力的学生生活。就在这样的节奏中，在一群忠实粉丝的积极协助下，八九十岁的埃利亚斯相继出版了一系列著作。

1990 年，埃利亚斯在阿姆斯特丹去世，享年 93 岁。他曾经在一次访谈中这样回顾自己的一生："我是一个旅人，我什么都是，又什么都不是。"

从日常生活细节到社会变迁

前面介绍了《文明的进程》这本书的主题框架和作者本人的生平。该谈谈它的基本内容了。

首先，文明的定义是，和别人共同生活在这样一个社会中，它公正有序，组织有素，人们彼此之间的行为和心理都可以预期、可以计算。

这个定义的前半部分谈的是宏观社会制度，后半部分讲的是微观人际关系，全书谈的是这两者之间的关系。无论你作为某个民族或国家自称的"文明人"，还是遇到难以预测说哭就哭说笑就笑的熊孩子毫无办法，其实你都抱有一种文明观，不仅是对某种特定的公正观、秩序感的自我肯定，也是间接在否定别人，两者相辅相成。所谓文明人对野蛮人，欧洲对亚非殖民地，上层精英对下层民众，成熟理性的男人对幼稚感性的所谓"女子与小人"，这些刻板印象被自然化、客观化，构筑起理直气壮的鄙视链，既是某些特权阶层刻意保持"局内人"优势的结果，也是这个局得以成局并长期维持的条件。换句话说，"文明"的局内人将自身作为历史发展、社会发展或者个人发展的高级阶段甚至目标，而"不文明"的局外人则成了对照的靶子。

貌的书呢？

于是埃利亚斯继续在英国苦熬。父亲在德国去世，母亲死于奥斯维辛的消息相继传来，他自责没能劝服父母早点逃离故土。不过他自己也被关进了英国的敌侨营，在英国人看来他还是个德国人。好不容易熬到战争结束，他居然被英国情报部门短期雇用，协助甄别战俘中的纳粹分子。这项不具有可持续性的工作完成后，他又陷入四处打零工的窘境。他到各大学客串讲座，去成人夜校当教师。战后初期的埃利亚斯晚上常常做噩梦，认为自己最大的问题是脑子里有许多东西却写不出来，经常感到被逼迫该出成果的焦虑。于是他去寻求心理治疗，可是不久为他咨询的医生就去世了，埃利亚斯很悲伤，把这看作是自己的过错。

1954 年，他终于被莱斯特大学社会学系聘用，这个系的系主任也是犹太移民。这时候的埃利亚斯已经 57 岁，离退休没几年了，才步入正规的学术生涯。但当时的社会学研究领域，美国的帕森斯和他代表的结构功能主义大行其道，埃利亚斯的过程性历史视角不招待见，只能苦守边缘。其实帕森斯本人曾在海德堡大学留学，并且和埃利亚斯同级。

1969 年，对埃利亚斯来说是决定性的一年。《文明的进程》出版 30 年后居然在德国再版。正好 1970 年召开第七届世界社会学大会，此刻已经 73 岁的埃利亚斯挑选比自己小五岁的帕森斯作为决斗对手。他利用大会发言的机会，咄咄逼人地直接点明：现有的研究模式，也就是帕森斯的体系，无法研究长期的国家建构和民族形成的历史进程，需要有真正发展视角的社会学范式。埃利亚斯在发言中甚至说："我很高兴地发现，当代社会系统学说的领军人物塔尔科特·帕森斯今天也在座。对于他建立的知识体系我持批判态度。在我看来，世界社会学大会的圆桌讨论是我陈明自己批判立场的某些理由的合适场合，但只能是某些理由，因为我有严格的时间限制。"很遗憾，帕森斯并没有公开回应，可能他觉得没有这个必要。

不过此时的埃利亚斯信心十足。经历了 60 年代的各种社会运动，帕森斯的理论早已不能令年轻一代学人信服。欧洲大陆新一代社会学者，渴望摆脱美国主流社会学一统天下的局面。《文明的进程》这部书便迅速成为范式革新的《圣经》，众多年轻人在广泛的经验研究领域应用他的方法，验证他的结论。当年一起喝咖阿尔弗雷德·韦伯教授，连同他嫂子，韦伯遗孀玛丽安妮，还在主持学术沙龙，继续维持江湖影响。而年轻一代中名气最响的要数卡尔·曼海姆。按惯例，埃利亚斯就找了阿尔弗雷德·韦伯作联系导师，还要给同门大师兄曼海姆作非正式助手。没办法，通过曼海姆，埃利亚斯才能进入韦伯家那个沙龙。

表面看来埃利亚斯是来拜江湖的，本该追随导师，但他们却没能在学术上合拍。阿尔弗雷德·韦伯认为，文化与经济、科学技术不同，后面这些都是不断发展、越来越进步的，但文化、宗教与艺术无所谓进步与倒退，而是人类灵魂的自我实现。埃利亚斯认为，这其实是重复了德国思想传统中属于精神的文化与属于物质的文明的对立。他只是想搞清楚，这两个观念是怎么被构建出来，并分别标志着彼此竞争的群体及其生活方式的。用通俗的例子解释，比如有的群体自认为有文化，讲求内在美、高雅，就断定比自己有钱的人精神空虚、粗鄙不堪。

1929 年，曼海姆终于被聘为法兰克福大学社会学教授，他就邀请埃利亚斯去当带薪助手。和社会学系同一栋楼的还有一个社会研究所，就是著名的法兰克福学派大本营，出现过霍克海默、阿多诺、马尔库塞、弗洛姆、本雅明等一大批思想大师。埃利亚斯虽然常常和阿多诺等人在咖啡馆中相谈甚欢，还是不得不给曼海姆做着助教。但他兢兢业业，尽心尽责地鼓励每个学生，结合各自的生活经历和职业背景，用社会学的眼光，重新审视曾经熟悉的世界。

1933 年希特勒上台，要知道，埃利亚斯、曼海姆以及那五位法兰克福学派的思想家，都是犹太人。靠着一贯的坦然和沉静，埃利亚斯留到最后一刻，赶在纳粹接管前，销毁了留在社会研究所的重要文件后，才踏上遥遥无期的流亡之路。他先去瑞士找工作，不成；然后流亡巴黎，和人合作小生意，失败。这位不懂英语、崇拜法国文化的德国犹太人，最终不得不离开欧洲大陆，落脚伦敦。幸好有个犹太流亡救济委员会愿意提供生活资助，可他唯一可以拿来交换的就是写书。据他自己说，当时并没有主意要写什么，但拿人钱总得有所交代，于是跑到大英博物馆浏览群书。只是"偶然"觉得馆藏的各种礼仪手册非常有趣。这一"偶然"便一发不可收拾，演变出来两大卷经典。

1939 年，《文明的进程》历尽磨难终于付梓，却迅速埋没在了故纸堆中。欧洲大战将临，谁会发思古幽情，去读一个德国犹太人写的两大卷关于文明还有礼为我们呈现这一路的风景变幻。"国家"和"社会"等新的概念渐渐融入人们的日常言谈,而传统的自然欲望却逐渐遁入后台,一旦流露,会让人羞愧难当……

总而言之,众多被我们视为理所应当的表象,背后都有它历史生成和文化建构的繁衍机制。

埃利亚斯颠沛流离的一生

前面介绍了《文明的进程》的奇特风格,对于这样的作者,你会有什么样的想象?能写这样作品的作者肯定不走寻常路,但他生前的一切都好像充满了不幸的偶然,又好像早就注定了毕生的漂泊。

诺贝特·埃利亚斯,犹太社会思想家——在德国出生,在荷兰去世,在英国生活了30年——70岁以后才扬名学界。这位学者见证了整个20世纪的进步、灾难与再生,而波澜起伏的20世纪也见证了这位学者不随时势而动的一生。

不了解埃利亚斯跌荡起伏的经历,就很难理解他别具风味的学术品格。他一生游离于学术主流之外,纵横在多门学科之间,拒绝顺从于任何看似不偏不倚的预设。他毕生抱定信念:社会学的任务,或者说自己工作的意义,就在于防止战争重演,开启民智,寻求社会运行过程中最根本的机制,以解决各种无谓的知识争吵和意识形态无法解决的问题。

1897年,埃利亚斯出生于德国布雷斯劳,这里当时是德国重要的工业城市和文化中心。第二次世界大战中这里是残酷的战场,死伤无数。第二次世界大战以后这里划归给波兰,现在叫弗罗茨瓦夫。埃利亚斯中学毕业后,被征入伍参加了第一次世界大战。回国后进入布雷斯劳大学,专业是医学,同时还修读哲学,但不久就放弃医学,专攻哲学。学医的经历使他对人的生命和自然科学有了感性的切实体会,日后他无论研究哲学还是历史学,都不是纯文科生的风格,而是力图从生物学角度深挖人类精神活动的独特性。对于当时流行的胡塞尔、海德格尔和雅斯贝斯等哲学家的思想,他都心存怀疑。

1924年,埃利亚斯获得博士学位后,就去当时的社会学中心海德堡大学寻找机会。马克斯·韦伯已在1920年过世,海德堡社会学中心里的重要人物是他弟弟如今听着就很不文明、不登大雅之堂的可不止这些"屎尿屁",还有好些人体必需的生理活动呢。比如鼻涕,该擤在袖子上还是手背上?有了痰该吐出来还是咽下去?擤鼻涕或吐痰时是否应该背过身去别冲着人?专门的手帕和痰盂什么时候出现的?

从欧洲贵族范儿老电影里绣着姓名首字母的精致手帕,到小时候妈妈给别在上衣上随时擦鼻涕的手帕,这里面的巨大差异和背后的象征意义是什么?还有痰盂,它曾经一度是欧洲贵族家里引以为傲的奢侈品,被"供"在客厅的显眼位置。

最敏感、最私密的,最不"文明"的当然还是男女之事,但大家也都知道,没有它,什么文明都会绝了。不过关于这件事儿书里并没有什么儿童不宜,事实上谈得光明正大,反而让人注意到:这事儿变成私密的话题禁忌本身,就是历史发展的某种特殊结果。仔细考察,原来男女睡觉是不是分床?是不是分房间?同性之间睡觉是不是分床?睡的时候是裸睡还是穿着衣服?专门的睡衣何时出现?怎样向儿童谈论性问题?事实上,这种儿童期、青春期的生命周期划分都是很晚才出现的事情。

总之,这本书的特别之处是,讨论的话题很宏大,着眼的领域很日常,征引的文献很别致,要吐槽的靶子,正是从社会理论到日常生活中最基础的预设。

前面说的这些看着琐屑、猎奇,其实是非常扎实的文化史素材,是整个论证体系的一个组成部分。全书贯穿着两条主线,一是人的行为、性格、心理变迁,二是社会发展或国家的形成。上卷偏重于宫廷礼仪、礼貌、文明的缓慢变化,行云流水地记述礼仪标准的变化;下卷聚焦这些变化的社会原因,探讨社会整体结构的变化,以及它如何导致自我约束的标准不断提升。但它们并不是分别落实在上下两卷中的两条平行线,而是相互交织,螺旋上升,共同编织出"文明的进程"这幅画卷,既波澜壮阔,又富有生动的细节。

随着画卷徐徐打开,这位脑洞清奇者的研究主题和大致框架也清晰地呈现出来。文明化的过程从中世纪向近现代逐渐延展,从封建庄园的土地税收,到国王寝宫的谈吐眼色;从贫穷粗犷的征战骑士,到文雅精致的浪漫诗人;从见血封喉的冰冷刀剑,到表面无聊的虚荣社交……各类史料仿佛时间长河的一层层断片,埃利亚斯的《文明的进程》，可以带我们去思考这些问题。在他眼里，所谓文明，既不只是图书馆里的皇皇巨著、博物馆里的灿烂器物、旅游景点的巍峨河山，也不单是墙上高挂的规章、嘴里唠叨的规矩，而是一种长期的演化过程，没有绝对的起点，也不存在明确的终点。它的推动力、它的落脚点，不仅在于社会结构变迁，也在于人的行为举止，既包括所谓客观的政经制度，也包括所谓主观的人的心理思维。

这本书之所以成为经典，是因它学术上有深意，读起来有味道，不是简单的面面俱到，而在于巧妙揭示了传统上划分的宏观与微观、客观外在与主观内在之间的关系。可能有人会以为这样的研究与后现代、反思和解构有点相像，但这本书恰恰反对玩弄文本和话语，不单单是从哲学的角度破除已有的二元对立，而是从历史学、社会学的角度，揭示这些区分和对立是怎么构成的，怎么演变的。

全书50多万字，分上下两卷，前后又加了长篇的理论梳理，交代了作者的论证逻辑。概括地说，该书先是呈现中世纪之后欧洲宫廷社会的行为发生了哪些变化，这些变化的背后又有着怎样的国家历史演变的背景，然后梳理推动社会变迁和国家建设的动力机制，结合人的心理思维变化的历程，提出有关"文明的进程"的一整套解释。

这是一本学术著作，但作者引用的史料和讨论问题的画风却是这样的：

首先，一起吃饭时，应该遵循哪些礼仪呢？比如，是在一个大盆里搅和还是各人分餐？吃到一块肉觉得很好吃，要不要直接从嘴里拿出来分给好友？碰到不爱吃的东西，是吐在地上免得别人看见，还是搁到桌上省得别人踩到？喝汤的时候是大声吸溜感谢做饭的做得好吃，还是避免出声省得别人犯恶心？桌布、餐巾、刀叉这些东西是什么时候出现的？如今西餐那些细分的左手几道右手几道餐具，其实原来就用随身佩带的刀。

还有毫无美感的拉撒。首先，能不能公开谈论大小便啊？那聊聊睡觉、洗脸和洗澡行不行呢？还是要改说就寝、洗漱和沐浴？干这些事情的时候是公开的还是私密的？有固定的甚或独立的场所和时间吗？干这些事儿的时候是否可以同时和人聊天？如果是，对那人是表示侮辱还是表示宠幸？被人撞见这些事儿或者公开聊这些事儿时，有没有羞耻感？会不会感到窘迫？

李康讲读《文明的进程》

> 李康
> 社会学家、翻译家，北京大学教授。著有《身体视角：重返"具体"的社会学》《革命常规化过程前后的精英转换与组织机制变迁：以冀东西村为例》等。译有《社会学的想象力》《埃利亚斯与现代社会理论》等。

一部讲述文明的奇怪的书

《文明的进程》是一本非常奇怪的书，并且出自一个非常奇怪的人。

天下奇怪的书很多，但出版 40 年一直默默无闻，然后又被正襟危坐的学界正儿八经地奉为经典，激发了众多理论争论和经验研究，这样的书可不多见。这本书还很厚，经典很厚不奇怪，奇怪的是它很好读，至少前半部分好读到让人会怀疑自己读了一本假经典。它讲的是文明，我们从小就知道这个词，有什么好讲的？可是翻开书，会读到许多非常不文明、不礼貌的场面，特别是在前半部分。

"文明"这个词很奇怪，看着很高大上，专家学者讲起来，上下五千年，纵横四万里。其实人人都用，戴袖章的罚你款，不戴袖章的罚你站，瞧的都是你讲不讲文明。但要是仔细琢磨它的含义，却很可能是谁都有一套，谁都说不明白。

我们平时常会讲到一些对比，比如从发达社会和不发达社会，成年人和毛小子，高雅和粗俗，城里和乡下，到男性与女性，异性恋与同性恋，人们往往会不自觉地划分出两个类别，高低有序分别对应着文明和不文明。我们好像已经很自然地接受了文明的成果，至于文明是怎么发生、怎样形成的，有没有绝对的起源，有没有单一的目标，很少有人去追问，更不用说去思考。不同的文化群体，不同的历史时期，对于这些问题会不会有不同的答案。

埃利亚斯的这一研究，是以西方社会日常生活各个方面的变化为核心的，但他发现的原理同样适用于其他社会，不仅适用于日常生活，也适用于制度设施。

二是关于工业革命造成的两大力量关系的思想。两大力量指的是工业资产阶级和产业工人阶级。事实上，这两大力量都是工业革命这一力量的结果。

理解这两个阶级的关系，要从下面几点入手。第一，工业革命不可避免地发生了，两大阶级也将不可避免地登上历史舞台。第二，两大阶级是"孪生兄弟"，而不是有你才有我、有我才有你的关系，它们是同时出现的，是共生的关系。第三，正因为它们同时存在，才使得此前主导文明进程的力量，比如专制君主和贵族，被彻底边缘化了。第四，它们之间的博弈，是近现代西方文明进程的主流线索。第五，如果它们之间是你死我活的关系，那么文明也必将是你死我活的文明，那将不是文明的进步，而将导致文明的倒退。第六，它们之间博弈的节奏和质量，决定了文明进程的节奏和质量。第七，100多年前，人们对西方资本主义发展的预测一错再错，到今天已经面目全非了，而其中的真正原因恐怕要从这对关系中才能找到。

埃利亚斯对工业革命产生的两大力量以及它们之间关系的论述，是他重要的思想贡献。这一贡献，在今天对于我们认识西方社会乃至整个世界，以及对于我们认识、应对自己今天的处境，都有着巨大的启示作用。

讲读这本书的李康，上初中时就得过百科知识竞赛的全校冠军，1989年，他以杭州文科状元的成绩考入复旦大学社会学系，还是复旦辩论队的最佳辩手。毕业后他选择北上读书深造，先后获得北京大学的硕士和博士学位。他一直在北京大学任教，其间还前往香港中文大学、哈佛大学和牛津大学访学、研究。

李康的主攻方向是社会学理论，特别是现当代偏文化、历史取向的社会理论，还有身体社会学、历史记忆等等。他还是翻译家，翻译出版的学术作品，多达令人难以置信的1200—1300万字。他热爱集邮、旅行，喜欢逛图书馆和旧书店。他最喜欢托克维尔和齐美尔等思想家，却也是流行歌曲发烧友，尤其喜爱苏格兰风笛。他对埃利亚斯的讲读，简洁风趣，妙语连珠，复活了埃利亚斯的形象，也复活了他的思想。

大变化，或者说出现了转折。埃利亚斯的这一思想里，隐含了文明演进的三个时间段，是时间段而不是时间点。第一个时间段是文明进程在其中发生了重大变化，发生转折，我们设它是A；第二个是转折前，这个时间段会持续很长很长，我们设它为B；第三个是转折后，时间段也很长，我们设它为C。

首先，从A到C，是一个连续的过程。其次，当我们确切地知道C时，也就知道A是怎么回事了，因为C和A非常不一样，同时才能确切知道发生过B，也就是说C与A的不一样是在哪个时间段里发生的。再次，我们可以分别描述三个时间段里事物各自的状态，以判断文明的进程发生了什么。例如吃饭，在A时还用脏手抓着吃，到C时用刀叉成了习惯，而在B时用刀叉吃饭的人会被指责为"大逆不道"。于是，我们发现，转折发生在B时，也可以说，第一个吃螃蟹的人的出现，是B阶段的重要特征。

埃利亚斯对文明进程的研究，并不是为了证明文明沿着直线在进步。他明确说了，文明的进程有时停滞，有时还会倒退。比如暴力的使用，在纳粹出现以前，西方已经进步到了大幅度减少暴力的程度，但希特勒的出现，使西方文明进程发生了倒退，甚至还差点毁灭。然而，如果埃利亚斯的思考仅止于此，在我看来，他顶多算一个不错的学者，谈不上伟大，更不能说是伟大的思想家。他的伟大表现在以下两点。

一是社会与人的关系的思想。人与社会的关系，是所有思想家关注的重点。多数思想家将两者对立起来，认为个体追求自由，而社会是束缚个人的因素。也有思想家认为，社会先于个人，因为每个个体生来就在一个社会里，所以社会是第一位的。还有思想家认为，社会是由每一个个体组成的，个人优先于社会。

埃利亚斯第一次指出，人与社会是一枚硬币的两面，两者本来就是一回事。我把他的这一思想解读为我就是你，你就是我。即如果从个体角度看，我是我，而你是社会。那么，我是你的一个部分，而你是我的全部。所谓文明的"心理发生"，指的就是文明在个体身上的表现，而"社会发生"，是文明在全体（或者大部分）个体身上的表现。如果大部分个体表现得不文明，社会不可能表现得文明；而社会整体表现得文明，那一定首先是大多数个体表现得文明了。

导语｜埃利亚斯："大器晚成"的思想家

刘苏里

诺贝特·埃利亚斯出生于1897年，1990年8月去世，终年93岁，可能是活得最长的学者之一。埃利亚斯是幸运的，否则他就看不到自己"名满天下"那一幕了。他获得巨大声誉的时候，已经整整70岁了。埃利亚斯又是不幸的，这位学界奇人是在流亡了31年才返回德国的故乡，又遭受了学术界几年白眼，才名满天下的。

埃利亚斯不幸的前大半生，和比较幸运的后小半生，几乎是他主要思想成就的一个隐喻。一般人对他的成名有两个错觉，一是说他"大器晚成"，二是只把他看作社会学家。其实，埃利亚斯最重要的作品《文明的进程》，完稿于1937年，当年还出了试印本，就是私人印刷、没有出版和发行的版本。那时埃利亚斯40岁，比起他的寿数，还算年轻。许多凑巧不凑巧的原因，使这本书没有得到应有的关注。当埃利亚斯登上思想的殿堂，终结了西方古典社会思想，开启了社会思想研究新局面时，人们还只是在社会学领域赞扬他的成就。直到20世纪末，有人还只是把他称作"21世纪的社会学家""百科全书式的人物"，似乎他的理论还是在社会学、人类学领地打转转。换句话说，他的思想贡献，直到20世纪末，都还没有被充分地认识到。

了解埃利亚斯的思想贡献，可以从《文明的进程》两个简体中文版本副标题的改动谈起。1998年生活·读书·新知三联书店出了第一个版本，副标题是"文明的社会起源和心理起源的研究"。2008年上海译文出版社出了新版，改成"文明的社会发生和心理发生的研究"。表面上只改动一个词，"起源"改成了"发生"，但这个改动，其实是理解埃利亚斯全部思想的入口。因为起源和发生的区别非常大。说一件事情"发生"，有发现这件事的意思在里面，是一个事实描述；而说"起源"，则是肯定某件事的发生有一个比较明确的起点，而这正是埃利亚斯极力反对的。在埃利亚斯看来，文明的进程是什么时候开始的，我们根本无从确定，能确定的是从什么时候开始文明的进程"发生"了重

三五
《文明的进程》

[德]诺贝特·埃利亚斯著　王佩莉　袁志英译　上海译文出版社　2013年

主题词◎文明　国家　社会　历史

经典之处

《文明的进程》是埃利亚斯的成名作，在他看来，文明不是摆在人们面前的现成财富，而是经过数百年逐步演变的过程和结果。埃利亚斯提出一种新的研究方法，从考察人的情绪、思维方式、行为举止等小处着手，颠覆了社会学中把人和社会分开的传统，考察宏观社会和微观个人的互动，融合政治学、社会学、经济学、心理学等多种学科，使这部作品成为20世纪不可多得的百科全书式的人文经典著作。

作者简介

诺贝特·埃利亚斯（Norbert Elias, 1897—1990），德国著名社会学家，一生致力于研究"人的科学"，横跨社会学、心理学、历史学等学科。很少有人像他一样，拥有横跨两个世纪的声誉，被誉为"20世纪百科全书式的人物""21世纪的社会学家"。埃利亚斯的成名作《文明的进程》，一出版立刻轰动西方世界，成为畅销书。他还著有《宫廷社会》《个体的社会》《圈内人与圈外人》等。

式。他们实际上已经像是新世界里的芸芸众生那样，在不知不觉中被操纵、被控制、被奴役。《重访美丽新世界》就是要告诉读者，这样的宣传是自由的头号敌人。要战胜这个敌人，需要每个人都能保持思想的警觉，让普通人都能够自由思考、独立判断，并与他人平等而尊重地相互交流。赫胥黎说，"如果普通百姓都学会了仔细分析他们的牧师和主人说的话，这就可能具有颠覆性。在目前的状况下，社会秩序的延续取决于人们无条件地接受权威人士进行的宣传，以及被当地传统神圣化的宣传"。抵御宣传，体现的是"智力的价值，没有了智力，爱就失去了力量，自由也会不可企及"。自由、爱、智力——美丽新世界里所缺少的那些属于人的意志、素质和情感——是人类保持意识清醒和神志健全所必不可少的，也承载着人类拒绝走上美丽新世界之路的希望。

思考题：

1. 福特对现代世界贡献非凡，而赫胥黎却批评福特的工业主义哲学。有人认为赫氏不过是多愁善感。你怎么看这个问题？
2. 你觉得赫胥黎的想象是杞人忧天吗？欢迎你写下自己的思考，或者做画线笔记，并分享给喜爱《美丽新世界》这本书的朋友们。
3. 你认为科学有道德吗？科学与自由精神有关系吗？
4. 你怎么理解《美丽新世界》里展示的"智力和工作是成年人，感情和欲望却是孩子"的情形？
5. 在《美丽新世界》里，野蛮人约翰说："我要的不是这样的舒服。我需要上帝！诗！真正的冒险！自由！善！甚至是罪恶！"总统却对他说："实际上你是在要求受苦受难的权利。"你怎么理解这一情景对话？

子,主要有三个原因:第一,知识分子吸收二手的、无法证实的信息神话比一般人来得多;第二,他们总觉得需要对一些重要的事情或问题发表自己的看法,所以格外需要借助宣传提供的一些现成看法;第三,他们会把不知不觉中接受的宣传误以为是自己的"独立判断",往往生吞活剥,食而不化,对宣传的说法添油加醋,标新立异。比起社会中许多别的阶层或行业的人来说,知识分子因为更需要与信息打交道,比一般人更积极地阅读报刊书籍,关注时事报道,所以更有机会受到宣传的影响。知识分子是与意识形态语言接触最多的一个阶层,他们自己的语言就往往不知不觉地成为统治意识形态语言的一部分。当这些知识分子有机会分享体制内的利益和特权时,他们接受宣传就更不是因为上当受骗,而是因为先已有了迎合的心理和利益需求,他们是呼吸肮脏空气而不在乎空气有多么肮脏的那一群人。

赫胥黎对知识分子的社会作用也许并非全无保留,因为他也提到科学家(他们也是知识分子),说他们可以在新世界的奴役工程中成为统治权力的共谋和共犯,"自由是美好的状态,宽容是至上的美德,组织化是天大的灾祸。出于实际或理论方面的原因,独裁者、组织人和某些科学家非常热切地想改变人们多样化的天性,使大家都归于某种便于管理的同一状态"。赫胥黎是个精英主义者,他似乎把改变这种不自由、不宽容现状的希望寄托于社会出现伟人上,伟人特别懂得和理解自由的价值,并能将其诉诸行动。

那么,在没有这样的伟人可以期待的今天,赫胥黎是不是也还给我们提出了某些有用的建议呢?我想还是有的,其中最重要的恐怕就是,为了警惕和抵御宣传的洗脑和欺骗,我们必须增强对它的识别能力。正如赫胥黎所说,"自由之敌用他们反理性的宣传,系统化地滥用语言,诱惑或威逼他们的受害者按照他们这些头脑操纵者的意愿来思考、感受和行动。以自由为目的的教育(也包括为了以获得爱和智慧为目的的教育,这些既是自由产生的条件,也是自由的产物)除了其他的任务外,必须是正确使用语言的教育"。

这样的语言教育包括了用语言说理的教育。说理是识别和抵御宣传欺骗和脑控唯一有效的教育手段,也是赫胥黎所关心的儿童和青少年教育的重要部分。赫胥黎说,宣传正在从四面八方渗透到社会语言里来,成为许多人思维和说话的方真的喜欢生活在笨蛋社会里，即使在笨蛋社会里，真正的笨蛋也只是极少数。就算是笨蛋，他们也盼望自己能聪明起来，不喜欢被人叫笨蛋。

笨蛋社会有自己的鸡和蛋的问题：是先有笨蛋，还是先有笨蛋社会？在赫胥黎看来，笨蛋社会的形成和对笨蛋社会的专制统治，都是在某些"非人为的力量"（尤其是人口过剩和过度组织）的驱动下自动完成的。这是一种命定论的社会发展观，我们很难认同它，因为不管什么形式的专制（开明专制也好，亚洲模式的强人政治也罢），都不是现代政治和社会组织化必然的和唯一的发展方向。政治和社会制度是人选择的结果，如果我们认同赫胥黎对人的自由的见解——人天生是自由的动物，任何形式的奴役不仅会将人变成奴隶，而且会把人变成僵尸——那么，我们就不能接受任何形式的命定论。我们必须强调自由选择，尤其是民主社会里的那种公民自由选择。

专制统治下的笨蛋是笨蛋社会弄笨的，先是不得不假装，后来便弄假成真，以至越来越多的人真的成了笨蛋。理性、思考、判断、与他人交流和说理是反对"笨蛋社会"，帮助"笨蛋"变得聪明起来，学会珍惜自由和痛恨奴役的教育和自我教育的手段。赫胥黎认为，知识分子应该，也可以担当起启蒙和教育普通群众的重责大任。他说，"和群众不同的是，知识分子爱好理性，对事实表现出极大的兴趣。他们的批判思想让他们排斥那种大多数人接受的宣传。对于群众来说，'本能是最重要的，信仰来自本能……健康的普通民众本能地凝聚在一起成为一个团体'。……'而知识分子则像一群养鸡场里的鸡，东跑跑西跑跑。他们无法被用来创造历史，无法成为某个团体的一分子'。知识分子需要证据，不能接受逻辑混乱和谬论。他们认为简单化是错误思维的根源，他们也不喜欢使用宣传者们惯用的那些伎俩，比如口号、未经证实的主张以及笼统的归纳"。

赫胥黎显然低估了美丽新世界能成功笼络、雇佣、收买、利用知识分子的手段和能力，也低估了知识分子为一己私利随时准备顺从、谄媚、投靠权力的那种机会主义和犬儒主义倾向。何况知识分子对宣传洗脑并不一定具备比群众更强的识辨和抵御能力。法国社会学家埃吕在他的经典之作《宣传：人的态度形成》中指出，许多人以为，一般大众的知识程度不如知识分子，所以比较容易受宣传影响。然而，情况可能恰恰相反。现代社会中最容易受宣传影响的其实是知识分生活中受到任何情绪的折磨，我们费尽了心思，只要有可能，就不让你们产生任何情绪。"听了这话，孵化室主任在一旁轻声念叨："福特保佑，天下太平。"人类所有的情绪都同时包含着睿智与愚蠢，都指导人的行为，情绪是行动的模式。了解一个人行为后面的情绪，不仅有助于了解他的行动倾向，也有助于了解他对周围环境的认知。控制了一个人的情绪就控制了他的行为，改变人的行为必须从改变人的情绪方式开始，这是许多其他反乌托邦作品的一个常见主题。宣传利用大众娱乐和大众文化操纵群众的情绪，艺术手法和技巧可以非常专业、精妙，让人以为是在欣赏艺术，对自己的艺术品位自鸣得意。

我们怎么办

在《重访美丽新世界》里，赫胥黎提出一个他认为非常紧迫的问题，"在这个人口过剩不断加速，过度组织不断加强，大众传媒手段越来越高效的时代，我们该怎样保持个体的神志健全，提高个体的价值呢？这个问题现在还可能被认真地提出并给出有效的回答。再过一代人，在未来令人窒息的丧失个性的氛围中，要想找出答案就太晚了，或者连提出这个问题都不可能了"。

该怎样保持个体的健全？该如何提高个体的价值？该如何珍视作为人的自己？如何反抗不管是暴政还是天鹅绒监狱的奴役？这些问题之所以迫切，是因为虽然我们的社会还没有变成《美丽新世界》里那样的僵尸社会，却已经变成了一个"笨蛋社会"。有人忧虑当今"低智商"的社会状态，总结出"笨蛋社会"的八大标志：自虐倾向（身处社会底层，利益每天都在被损害，却具有统治阶级的意识）、无脑娱乐（无文字阅读的图像消费）、词汇单一化（识字的文盲）、盲从专家（无条件信任）、弱智官员（不乏高学位者）、肮脏语言（脏字流行）、恶搞成风（无厘头文化）、拿无知当个性（愚笨而不自知）。

笨蛋社会是一个不思考、不说理、无信仰、没有未来理想，或者不知道怎么思考、说理、展望未来的社会。它的公共生活可以看上去色彩缤纷、幸福快乐、享受丰富、热闹非凡，却是无聊烦琐、浮躁浅薄、虚伪、犬儒、过一天算一天。笨蛋社会不是一个好的公共社会，它缺乏与好社会相一致的公共生活。没有人会更不具备批判能力，他们对那些发布命令的精英更加驯服。而且，他们的基因被标准化，他们的胚胎接受了执行服从指令的条件反射设置，所以他们的行为几乎可以和机器一样被准确预测。……这些国家不仅仅间接利用科学技术的发展，它们还直接作用于低层领导者的生理和心理，使他们的思想和身体都接受无情而高效的条件反射设置。"在苏联，对低层领导者洗脑，用的当然不是基因标准或胚胎接受服从指令的办法，而是通过组织控制、政治思想灌输、限制外来信息来实现。这样的低层领导者形成了从社会阶层开始控制人们各个生活领域的官吏网络，其有效性让希特勒的纳粹统治望尘莫及，"纳粹没有时间，也许也没有足够的聪明才智去给他们的低层领导者洗脑，对他们进行条件反射设置。这也许就是他们失败的原因之一。"

赫胥黎提出的第二个洞见是，宣传是利用语言在人非自觉意识的状况下，对他们进行操控。今天，控制思想的艺术已经日渐变成了科学，而思想控制的手段也日益艺术化和娱乐化。这二者的结合使宣传洗脑控制群众情绪并进而控制他们的社会行为发挥了很大作用，成为幸福工程的软实力。宣传的科学化不仅是指"广播、扩音器、移动摄像机和轮转印刷机"（当然还有电视和网络）这样的硬件部分，而且也包括关于群众心理和行为的专门知识。对此，赫胥黎写道，"宣传者、说教者和洗脑者在应用心理学和神经学领域都已开展了大量工作。过去，从事这类改变人们思维工作的专家都是经验主义者，他们通过反复试验的方法研究出一系列技术和程序，这些技术和程序可能很有效，但他们并不明确地知道为什么有效。今天，控制思维的艺术已经日渐变成了科学，实践者们不仅知道自己在做什么，而且也知道为什么要这么做。他们用于指导工作的理论和假说都是建立在大量实验数据的基础上的。由于他们的新发现，以及这些新发现带来的新技术，'在希特勒的极权统治中无法实现'的噩梦将很快成为现实"。

宣传借助大众娱乐和大众文化，包括电影、电视、歌舞晚会、各种纪念仪式、游行庆祝、节假购物、美食节、旅游和"圣地"崇拜、运动会等。这类活动寓政治宣传于大众娱乐，让人有欢愉、和谐、幸福、亢奋的冲动，身不由己地接受宣传的各种暗示。这种肤浅、简单、但可能颇为强烈的情绪，正是《美丽新世界》里人民的典型感受方式。统制官蒙德说："多么幸运的孩子们啊！为了不让你们在权力来统一规定,这便是社会需要自由和政治必须保护公民自由权利的理由,这也是民主与专制的根本分野。

每个人思考都需要信息,信息的传播就是宣传。赫胥黎认为,有两种宣传手段,一种起到正面作用,另一种起到负面作用。他说:"宣传手段有两种:一种是理性宣传,这种宣传提倡与宣传者和被宣传者的开明式自利一致的行为;另一种是非理性宣传,这种宣传和任何人的开明式自利都不一致,它听命于激情,并催发激情。"正面的宣传是理性的,它讲道理,诉诸被宣传者自己的独立思考和价值判断。负面的宣传是非理性的,它煽动情绪,借助暗示,利用受众自身的心理弱点和盲目欲望,它用欺骗的手段来达到宣传者一己的自私目的。

理性的宣传在民主社会中发挥作用,是民主社会所必不可少的,它让人们获得参与公民政治所必需的知识和信息。赫胥黎引述美国国父之一的杰斐逊的话说:"如果一个国家希望保持无知和自由,这样的愿望以前没有实现过,以后也永远不会实现……无知的人民是不可能获得安全的。只有在一个新闻自由,人人能阅读的地方,一切才可能安全。"在讨论非理性的宣传时,赫胥黎所用的例子是"历史上最伟大的煽动家"希特勒。理性宣传与非理性宣传为之所服务的不同政治——民主和独裁——在赫胥黎所举的例子里就已经判然有别了。

赫胥黎在《重访美丽新世界》里用两章("独裁统治下的宣传"和"洗脑术")来讨论极权统治所使用的宣传手段。以今天我们对洗脑宣传的认识来看,他为读者提供的只是一些提示,而不是系统的分析和总结。他所论及的一些群众心理,如情绪冲动、反复无常、意气用事、缺乏主见、容易接受暗示和传染、随众趋同等,早在19世纪末勒庞的《乌合之众》一书中就已经有了远为详细的论述。20世纪许多关于群众和宣传的论著里,有许多社会学和心理学研究的新成果和更系统的讨论。然而,赫胥黎对极权宣传还是提出了两个重要的洞见。

第一个洞见是,独裁宣传不仅给普通民众洗脑,也给领导者洗脑。当然,赫胥黎所说的领导者主要是底层领导者,这在《美丽新世界》的阿尔法们那里已经有了具体的描绘。在《重访美丽新世界》里,赫胥黎则是用人们熟悉的具体现实为例来论述他的这一观点,他说:"在我预言的美丽新世界中,科技的发展早已超越了希特勒时代的水平,和纳粹统治下的人们相比,美丽新世界中的命令执行者上，在很大程度上他们已经丧失了个人自由。他们的顺从已经变成了一种同一性，而'同一性和自由是不可能共存的，同一性和心理健康也是不能共存的'。"

相比起组织和宣传，科技提供的只是一种统治的便利，而不是必需手段。与科技发挥类似作用的还有经济实力。对稳固极权，经济实力能比科技发挥更大的作用。有了经济实力就能加强国家机器的科技手段，收买知识分子，丰富人民的物质和娱乐享受，扩展官僚机器并增强他们的政治忠诚。有了强大的经济实力，无论是奥威尔式的极权统治手段——军事压迫、坦克、枪炮、警察、监狱，还是赫胥黎式的极权管制方式——物质满足、享乐主义、利益刺激、鼓励消费和无脑娱乐、变换和翻新软实力招数，都可以得到加强。有了经济实力，极权统治能如虎添翼般地发展和运用科技和其他花钱的统治手段，但是没有经济实力并不意味着它就会被放弃或就此瓦解。就算没有经济实力，只要有强烈的权力意志，不放弃暴力，只要能有办法维持僵尸化的社会，那么极权统治在很穷的情况下，也照样能长期维持下去。

幸福工程造就僵尸社会

僵尸社会是社会中的人自由被剥夺的结果，社会僵尸化越普遍越彻底，极权统治就越成功越稳定。僵尸社会里的人们，最大特点就是思想懒惰。人的思想懒惰是没有止境的。一方面，一个人思想越懒惰，就越容易接受暗示，接受幸福工程的宣传，觉得心满意足。另一方面，一个人越觉得心满意足，就越没有寻求变化的意愿。随着求变动力和意愿的丧失，行动能力也会减退和丧失。民主制度不能由思想懒惰者建成，也不能靠思想懒惰者来运作。

赫胥黎强调民众思考在民主制度中的关键作用。他对普通人的思考能力有一个基于人性潜力的基本客观估计，这个估计与民主社会对普通人现实人性的认识前提是一致的。他认为，"人类绝对不像18世纪的乐观主义者认为的那样具有理性和天生的正义感。同时，他们也不像20世纪的悲观主义者相信的那样缺乏道德和理智。……大多数男人和女人还是有足够的道德和理智来决定他们自己的人生目标"。让每个人决定他自己的人生目标，而不是像在极权统治下那样，由统治们与现有的许多关于极权的理论或观察也不相符。例如，伊司曼在 1941 年 5 月 11 日给《纽约时报》的信中列举了极权主义的 21 个特征，其中有一条是极权主义不择手段地鼓励人口增加。从历史的经验来看，极权主义与人口增长之间并没有必然的逻辑关系，极权统治在人口问题上是机会主义的，并没有一贯的、必然的人口政策。它在需要时就鼓励人口增加，在不需要时就实行节制生育，也不会把国家的财力主要用于让人民活得更健康更长久。不管它的政策如何，制定和贯彻政策的都是高度集中的国家行政机器，都不会允许个人的自由选择。具有讽刺意味的是，人们也许还可以选择不怀孕，但怀孕后却不能选择生下来，因此，强迫人口减少比强制人口增加要更容易见效。极权政府完全可以用强制性手段达到遏制人口的目的，根本无须《美丽新世界》里的那种生物高科技。

　　预测和想象未来的极权统治，经常会过度强调科学发展的作用。其实，从现有的历史经验来看，极权统治完全可以是低科技的，至少在极权体制建成的阶段是如此。极权的发展需要科技，科技可以加强极权，但与建成和维护极权的两个关键要素——组织和宣传——相比，科技并不是最重要的，更不是极权存在的必要条件。因此，赫胥黎在《重访美丽新世界》中对极权统治"过度组织化"和"宣传"论述，比强调"人口过剩"更能帮助读者从本质上了解 20 世纪极权统治的组织和宣传特征。这两个特征也是阿伦特在《极权主义的起源》一书中特别强调的。

　　赫胥黎认为，过度组织化是自由最大的敌人，过度组织化体现的是极权对人的生活和社会领域进行全面管制的"秩序意志"，也是极权统治下社会僵尸化的根本原因。《美丽新世界》里展现的是一个已经僵尸化了的社会。人的僵尸化是因为"心理卫生"出现了问题，"社会已经把人变成了机器人，精神疾病越来越普遍"。僵尸社会中的人既没有自由，也没有自由意识，无自由和不自由成为新常态。正是因为所有的人都不自由，反常的不自由才显得像是正常。赫胥黎写道："他们的这种正常并不是真的正常，他们只有在一个极端不正常的社会里才显得正常。他们能够完全适应这个不正常的社会就证明了他们有精神疾病。数百万的不正常的正常人毫无怨言地生活在这个社会里，如果他们还有健全的人性，他们就不应该去适应这样的社会，他们就应该还抱有'个人自由的幻想'，但事实赫胥黎《重访美丽新世界》中对极权运作的统治逻辑特别有所思考（这种思考其实在1946年的序里就已经开始了），他得出了这样的结论，新极权的到来比他在1931年写《美丽新世界》时预估的要早得多，也快得多。诉诸幸福感的新极权比用恐惧维持的旧极权更稳定，也更稳固。过去几十年的现实变化印证了赫胥黎的论断，"从长远来看，通过惩罚不当行为来控制人的行为远不如通过奖励期望行为有效，运用恐怖手段的政府也远不如通过非暴力手段操纵环境和个人思想情感的政府更有成效。惩罚可以暂时中断不当行为，但不能永久地遏制人们从事不良行为的倾向。此外，惩罚所产生的心理副作用可能和他们受到惩罚的行为一样产生恶果"。惩罚会引起反抗，而奖励期望，也就是利益刺激，则不仅有助于消除反抗，而且还能鼓励顺从和合作。

把利益刺激的犒赏型控制用作主要的统治手段，这当然不等于放弃警察国家的暴力统治和言论钳制，但这可以使得警察统治显得是在保护而不是阻碍绝大多数人的幸福，更可以让言论自由显得不再重要。其实，任何一种极权统治都不会放弃暴力，也必然不会停止对思想交流的恐惧和限制，因此必然不可能完全放弃禁书和审查制度。赫胥黎认为，利益刺激也好，警察统治也罢，极权统治的形成是由现代社会的两个自然的，也就是"非人为的力量"所驱动的。第一个是人口过剩，第二个是过度组织化，其中人口过剩是第一位的。赫胥黎认为，人口过剩使得生存资源匮乏，不可避免地要带来经济问题，而经济问题则又不可避免地要依靠政治对社会的组织化手段去解决，因此，"独裁统治几乎不可避免"。

在《美丽新世界》的想象世界里，人口过剩的问题已经解决了，实验室按照科学的比例和数量生产社会成员，但在现实世界里，解决人口过剩问题要困难得多。赫胥黎认为，人类社会解决死的问题比解决生的问题容易得多，因为人的天性是总想活得更长久一些。医学、营养、保健的科学发展让人活得更久，一般国家都有促进这种科学发展的能力。人类要繁殖的天性却使人口越来越多，医学、营养、保健越发展，人的平均寿命越长，人口过剩的问题也就越严重。对人口与极权独裁的关系，赫胥黎的看法包括两个方面：一方面，人口过剩会导致极权专制；另一方面极权有能力遏制人口过剩，也一定会这么做。

这个看法的两个方面都只是理性的假设和推导，并没有充分的现实依据。它人物所不具备的。野人约翰不会真的对新世界有所反抗或颠覆。既然他不可能在任何一个群体中生存，他的毁灭也就是注定的了，最后只能以自杀来结束自己的生命。

奴役工程的启动与完成

赫胥黎的传记作者尼古拉斯·穆雷对他的评价是"比起小说家来，他是一位更有效的散文家"。作为小说，《美丽新世界》也许有不尽人意的地方，例如，批评家们对野人约翰这个人物的可信性常有訾议。约翰没念过几本书，言谈却充满了不凡的理性智慧。这样的小说瑕疵也许并不重要，赫胥黎的写作兴趣在于提出想法而不是如实地刻画人物。《美丽新世界》是一部幻想和讽刺作品，也被称为"观念小说"，其中的人物也都是幻想和讽刺性的。

我们在阅读《美丽新世界》和《重访美丽新世界》的时候，可以这样理解穆雷所说的"有效"：《重访美丽新世界》这个用散文写成的直接讨论文本，比起运用隐喻的小说，可以更清楚、透彻地表达赫胥黎对新极权的统治逻辑和民众心理素质的见解。散文精简清晰，小说曲折多义，用于讨论观念，散文本来比小说更合适。由此可以更加见出《重访美丽新世界》的重要。

《重访美丽新世界》中的"重访"其实是"再议"而非"重新造访"的意思。如果说《美丽新世界》描绘的是一幅极权乌托邦的景象，那么《重访美丽新世界》要阐述的便是这个乌托邦的寡头们是如何实现他们对普通人的奴役的。在《美丽新世界》中，新极权已经实现，幸福的奴役工程已经完成。但是，《重访美丽新世界》讨论的是，在新极权实现之前，有哪些统治手段可以使人的彻底奴役成为可能，而为了有效地运用这些统治手段，又必须借助当代社会里的哪些人性特征和非人为因素。因此，可以说，《重访美丽新世界》虽然写作在《美丽新世界》之后，在思考上却是一个回溯，因为它思考的内容是先于《美丽新世界》的。如果说，在《美丽新世界》里我们看到了完成和完善了的全面奴役工程，那么《重访美丽新世界》要揭示的便是这个工程的启动和进行过程，尤其是它的运作逻辑。

趾高气扬、得意忘形。最后他因为不能随众而被流放到冰岛去，虽苦苦哀求，但终于难逃一劫。

赫姆霍尔兹是"情绪工程学院"的教师，是伯纳的朋友。他是一个与伯纳不同的异类。说他异类是因为他太完美，不仅漂亮而且睿智，是个有自己想法的上等阿尔法。他不被乌托邦里的官员们信任，因为他太聪明。他成为异类不是因为个人情绪的私怨或不得意，而是因为他有自己的想法和理念。他不喜欢自己担任的宣传工作，对"大伙儿"的价值观有所怀疑和抵触。他善于运用理智，也不乏勇气。野人约翰对大家说，你们是被控制的一群人。所有的人都视约翰如仇寇，唯有赫姆霍尔兹站在他这一边。然而，他生活在天鹅绒监狱里，最终也只能成为一个"无效理智"的象征人物。他能感觉到自己的力量——思考并把思考的结果告诉社会——但是，他同时也知道，自己说什么都等于零，在人人都享受无思想、幸福的新世界里，一个人独自思考是什么结果也不会有的。他冷静地接受了对他的流放判决，提出的唯一要求是送他到一个气候寒冷的地方去，因为严酷的气候有利于他的写作。

小说里更深层意义的异类是野人约翰，他是一个跨越两个世界和两种文化的桥梁式人物。新世界的秩序有域内和化外的区分，约翰同时游离在这二者之外。他是一个彻底的，既不属于域内也不属于化外的孤独变异个体，一个既不可能留在保护区，又不可能进入新世界的陌生人。他是由人类偶然交配而生的"非孵化定型"人，同时也是一个不幸流落到保护区的外来人。双重的变异身份使得他不属于任何一种人群，被每一种人群所排斥。约翰有严肃的价值观（非常接近于基督教道德），这与新世界的轻松自在的幸福观凿枘不入。他认为很可能有一个上帝，但是蒙德对他说，"上帝跟机器、科学的医药以及普遍的幸福是格格不入的。……我们选择了机器、医药和幸福"。约翰在社会意识和情感上也与新世界冲突。约翰有新世界大伙儿没有的个人的复杂情绪和情感，他爱自己那个被新世界鄙视的母亲，但也厌恶她的性滥交。他被列宁娜吸引，却为自己的情欲感到羞愧，尽所有努力加以抑制。最后，当他鼓起勇气向列宁娜求婚时，列宁娜觉得这种情绪太荒诞、太匪夷所思。约翰忘不了列宁娜，由爱生恨，他对列宁娜的恨又转化为对自己的恨，最后终于自杀。这种复杂矛盾的人类情绪是新世界里的僵尸会,然后在适当的时候继任统制官"。他把"伺候"别人的幸福当作自己的责任,"责任就是责任,人是没法选择自己的喜好的。我对真理感兴趣,我喜欢科学,但是真理是一种威胁,科学(知识)是一种社会危害"。因此,他担当起了限制人民接近真理和知识的使命。他说,人民并不需要弄懂乌托邦的道理,但必须有人能懂这个道理,这个人就是统制官。乌托邦必须有足够的魅力,统制官才会愿意为之牺牲自己的自由与个性。统制官自己可以有他不允许人民有的想法,这是他的特权。但是,他不能让别人看出来他有正统之外的想法。这不是因为他虚伪,而是因为他精明,因为他知道,就算他知道乌托邦的弊端,他也是没有力量去加以改变的。统制官和所有其他人一样,也是被囚禁在这个乌托邦里的。他必须对他的乌托邦保持足够程度的信仰,才能用它的价值标准去尽量限制所有社会成员的自由,并相信唯有如此,才是为他们幸福服务的最佳方式。这就是极权乌托邦幸福工程的意识形态。

蒙德是一个思想家、科学家和超级功利主义者,也是一个浪漫主义诗人。他知道,关于稳定的学问就是关于控制的学问。他的学问来自他自己阅读但不让人民阅读的古老禁书,来自他自己了解却不让人民知道的历史("历史全是胡说八道")。在他统治的新世界里,虽然有种种模糊、朦胧的"不满情绪"——因为妒忌、好奇、无聊、孤独而冒出来,却未满足的欲望——但不会有真正的或有效的批判和反抗。这个社会里虽然有"异类",但不会有真正的反抗者或反叛者,典型人物便是伯纳和赫姆霍尔兹。他们以各自不同的方式成为虽有想法,却不可能有行动的"反英雄"。

伯纳是孵化和定型中心的睡眠教育专家,是新世界"大伙儿"里的一个异类。别人都喜欢体育,他不喜欢;别人都爱热闹,他爱孤独;别人都快乐幸福,他郁郁寡欢。他甚至不像所有其他人那样喜欢索麻。他也不知道自己为什么不快乐,有人疑心他在试管里培育时被不小心滴入了酒精。他的不满完全是个人性质的,不是因为道德观或见解上有什么与众不同之处。他是一个上等阿尔法,本该生得高大英俊,却偏偏生得矮小,皮肤又黑,这与他这个在智力上非常优等的阿尔法身份不符。因为长相而不被人待见,他孤独、愤懑、怨天尤人,先是把一肚子的怨愤发泄在没能将他完美定型的制度身上。但是,一旦得到什么职务,却马上又越稳定。比起奥威尔《1984》中的秘密警察、峻刑苛法、暴力恐惧来，更有效的统治方式是通过享乐和不思想，让人们爱上被奴役的感觉。用天鹅绒监狱代替铁笼统治，这才是新极权统治的艺术和诀窍所在，在这个转变中，功利的科学技术发挥着重要的作用，而幸福工程本身就是一种关于人的心理和欲望的科学。受惠于科学的美丽新世界幸福工程非常成功，统制官蒙德说："科学给了我们历史上最平衡的稳定。"这是一种实用主义的非道德的科学，一种只是为新世界最高目的——绝对稳定——服务的科学。这样的科学没有它自身的价值和道德目的。这是一种完全受权力意志控制的科学。

什么是有用的科学呢？这取决于科学对谁有用。统制官蒙德认为，就像艺术和宗教一样，科学也必须以"有用"的标准来严格限制，因为不受限制的科学（如自由的网络技术）会导致社会的不稳定。科学可以减少这个社会所需要的劳动，既让下层人有事做，又让上层人能满意他们的工作。从这样的科学，我们看到一种悲观的警告：不受道德目的限制的科学可能把人类带向一种无从对抗的奴役。我们也看到一种讽刺：稳定的最高目的是科学遭到扼杀而非得到发展。这样的国家里，科学其实只是实用的技术，科学精神中的自由思想交流、思考乐趣和批判方式都是不被允许的，也是难以存在的。

压制科学精神导致人性的萎缩和丧失，技术化的科学是沉闷乏味的。统制官蒙德自己就间接承认，他的社会是一个没有思想乐趣的社会。伯纳流着眼泪恳求蒙德不要把他流放到冰岛上去。伯纳被带走后，蒙德对在一旁看着的赫姆霍尔兹说："别人还以为要割他的喉咙了呢。不过，他如果有一点点脑子就会明白，这种处罚其实是一种奖赏。他要被送到某个小岛上去，那就意味着他要被送到一个可以遇见世界上最有趣的男男女女的地方去，那些人在世界的其他任何地方都不可能遇到。那些人都是因为某种原因而特别具有个性，他们跟社会生活格格不入，对正统思想感到不满，有自己的独立思想。总而言之，他们每个人都不一样。我几乎要妒忌了呢。"

统制官蒙德是开明专制的化身，是他那个世界里的智者，也是贤者。他曾经是一位不寻常的年轻阿尔法，不得不在流放去外岛和留住世界国家里之间做出选择，最后他违抗自己的天然志趣，放弃了他喜爱的科学，选择"进入统制官委员有效率的统治。在讲究效率的新极权社会里,"低效是一种罪恶。在一个真正高效的极权国家里,应该由强大的政治决策者和管理者来控制根本不需要胁迫的奴隶,因为他们热爱被奴役的感觉"。索麻不只是一种"幸福药品",而且更是一切利于幸福感的奴役和一切行之有效的柔性统治手段的象征。

新世界的天鹅绒监狱

对于能从索麻得到快乐人生的人们来说,宗教是多余的,统制官蒙德对野人约翰解释说,"有人说对死亡和来生的恐惧使人们到老年之后转向宗教,但是我自己的体会使我深信,宗教情绪是随着年龄的增长而增长的,与这些恐惧或幻想无关。随着年龄的增长,激情减退了,幻想和感受力变弱了,理智活动受到的干扰减少,理智不再像以前那样被物象、欲望和娱乐所遮蔽,这时上帝就出现了"。他认为,"人只有在获得青春和富裕时才能独立于上帝","现在我们已经获得了青春和富裕,随之而来的是什么?显然我们可以独立于上帝之外了。'宗教情绪可以弥补我们其他的一切损失。'可是我们并没有什么需要弥补的损失,宗教情绪是多余的东西"。

宗教是一种对人生意义的思索,可是索麻让新世界的人们匆匆忙忙地追逐年轻的快乐,"工作、游戏——到了 60 岁我们的精力和趣味还和 17 岁时一模一样。以前的那些老人总喜欢遁世逃避,皈依宗教,靠读书和思考度日,思考!……而现在,老年人照样工作,照样性交,照样寻欢作乐,没有一点空闲时间可以坐下来思考"。美丽新世界不能成功地消除社会里的宗教要求和冲动,但能做到控制宗教要求和冲动。他们有仪式化的活动,他们参加"团结仪式"的时候,感觉到了"福特神灵"的存在。"福特"(取名自美国工业家亨利·福特)是他们存在于遥远过去的神话符号、凝聚象征和制度祖先,"福特"(Ford)代替"上帝"(Lord),福特 T 型车的"T"代替了十字架,象征着新世界的幸福工程和物质文化已经彻底代替了基于宗教道德观的旧世界秩序。

美丽新世界成功的幸福工程,它的目的正是为了提供的一种无须思考,而只是令人飘飘然的"温馨友爱、色彩绚丽"的快乐感。这种快乐感越普遍,社会就象和特征有似曾相识的感觉，虽觉得新鲜，但并不陌生。这是因为，他们生活世界里的权力统治逻辑和手段与美丽新世界有着许多相似的地方。

美丽新世界在经济和政治上是高度组织化和极权管制的，保障它长期稳定的三个支柱是定型教育、种姓制度和消费满足。首先，它通过在实验室里进行的优生工程和定性定量生产，以及巴甫洛夫式的条件反射教育定型（包括无意识的"睡眠教育"），规定了每个不同阶层的人如何扮演好统治权力预先为他们编好程序的固定角色，让他们安分守己并非常满足地发挥好作用，没有任何的非分之想和越轨行为。因此，这是一个实现了最大维稳的社会。这是一种无须可见暴力（但不放弃暴力），就能让所有人觉得舒服快乐，并愿意享受顺从之乐的极权统治。

在这个制度中，幸福来自对消费的充分享受，享受的是为大众消费而大量生产的障碍高尔夫、感官电影、离心汪汪狗游戏，尤其是性放纵的滥交和保证供应的"索麻"。赫胥黎对"快乐药品"有着特殊的兴趣（他自己也依赖一些这样的药品），在《重访美丽新世界》第八章里有许多具体的讨论，也是他社会理论中颇受批评的部分。在《美丽新世界》里，他讽刺那个世界的药品天堂，但是在他晚期的著作《岛》（1962）里，基于他自己服用 mescaline 和 LSD 的经验，他理想的社会图景有了变化，转而接受药物作用。《美丽新世界》里的"索麻"——一种并不令人亢奋，而且没有副作用的镇静剂——除了可以是一种真的"快乐药剂"，还可以是任何一种普遍令人上瘾的，给人们普遍带来廉价、肤浅快乐的象征。

索麻提供的是一种逃避主义的快乐，它既不给人带来崇高精神和智慧的愉悦，也不能使人获得自由思想和艺术创造的丰富满足。这种快乐让人在没有自觉意识的状态下，因受周围人群的感染而满足和陶醉，使人更容易接受外界的暗示，"列宁娜和亨利跟其他400对舞伴一起在威斯敏斯特歌舞厅里一圈圈地跳着五步舞，他们已经进入了另一个世界，那是索麻给他们带来的温馨友爱、色彩绚丽的假日世界。每个人都那么善良，那么漂亮，那么快乐风趣"。

赫胥黎在1946年版序里说，他在《美丽新世界》里描绘的是一种"新的极权主义"，这是一种通过人们的幸福观而不是恐惧进行统治的，比旧极权主义更务的，而不是让人为了它改变，并成为它的奴隶。宗教是人类对终极目标，对道或逻辑的知识以及超然神性的有意识的、理性追求。人们普遍信奉更高层级的功利主义，最大快乐原则将服从于终极目标原则——在每个突发事件发生的时候，第一个被提出并回答的问题是：'我和其他绝大多数人的这个思想或行为，将对达到人类的终极目标有何贡献，有何干扰'？"

这个社会里的政治、社会、经济活动都是以人的自由为基础和出发点的。政府是由人民自己缔造的，经济政策受自由公民选择的道义而非天然弱肉强食的定律所指导，科学是人自由的知识探索，宗教体现人自由的精神向往。赫胥黎的经济和政治思想明显受到亨利·乔治和克鲁泡特金的影响，这两位思想家在20世纪初时，在世界范围内都具有影响力。

亨利·乔治是美国19世纪末期的知名社会活动家和经济学家。他认为土地占有是不平等的主要根源，主张土地国有，征收地价税归公共所有，废除一切其他税收，税收用于减少贫困，使社会财富趋于平均。这些主张对欧美一些国家颇有影响，也影响了孙中山的民生主义思想。克鲁泡特金对进化论提出了新的社会解释。与社会达尔文主义者不同，他认为，人类进化的重要因素是合作而不是竞争，因此人类社会应该发展成分散的、非政治的、合作的社会。人不应该受政治、宗教、军队的干预，要充分发挥自己的才能。他提出无政府共产主义的理想，主张取消私人财产和不平等的收入，按需分配，主张脑力劳动和体力劳动相结合。他认为要实现这种理想，需要从教育青少年入手，青少年不仅要学习书本知识，还要参加劳动和户外考察。罗曼·罗兰以著名的格言对克鲁泡特金做出评价："托尔斯泰追求的理想，被他在生活中实践了。"

在亨利·乔治和克鲁泡特金的影响下，赫胥黎在《美丽新世界》1946年版序里提出自己的经济和政治理想。他所设想的造福而非奴役人类的科学和为人类提供终极信仰而非迷信崇拜的宗教，构成了一幅与《美丽新世界》中的那个乌托邦完全相反的景象。《美丽新世界》是讽刺小说，不是未来学的科学预言，它展现的是一个已经全面成功的"幸福工程"。这个所谓"普遍幸福"梦想成为一个荒诞意象。那不是未来世界某个地方真的会出现的确实社会景象，而是一个象征。在象征而非写实的层面上，今天世界上不少地方的人们会对美丽新世界的种种现另一种是部落村庄中的原始生活。一个是"心智不正常"的，另一个是"精神错乱"的。"后者虽更接近人性，但也同样奇怪反常。"赫胥黎说，如果他重新写这本书，他要给约翰一个"心智正常"的选择，他的意思不是说在原来的两个选择之外，另给约翰一个选择，这样约翰便有了三个选择。赫胥黎是个用字很精确的作家，从他的用字来看，他给约翰的还是两个选择——在"心智正常"和"心智不正常"之间的选择。"精神错乱"不算一个选择，因为在现代世界里，回到部落村庄的原始生活是不可能的。但是，心智不正常的新极权却是可能的，心智正常也就是选择一种与这样的新极权不同的生活方式。

赫胥黎在《美丽新世界》中只给了约翰"心智不正常"和"精神错乱"这两种选择，他解释说，是因为当时他认为，人被赋予自由意志，就是为了让他在两种疯狂中任选一种。这样的选择叫作"两害取其轻"。一直到今天，这仍然似乎是世界上许多地方人们所能进行的唯一能展现他们"自由意识"的选择。这是一种鲁迅曾经说过的奴隶选择，"把沦为异族奴隶之苦告诉国人，是很必要的，但是切莫使人得出结论：那么，我们倒不如做自己人的奴隶罢"。

没有自由意识的解放是没有意义的，这种解放会带来新的，看起来不像是奴役的奴役，那就是美丽新世界里的那种奴役。这是一种犒赏型控制的柔性奴役，它对人的自由形成了比暴力和恐惧更致命的威胁。它所营造的快乐感可以让人在失去自由的时候感到安全，在被奴役的时候庆幸有主子可依靠并在享受他的关怀。与必然引起反抗的残暴强制和惩罚不同，柔性奴役不会遭遇反抗，因此可以在人非自觉意识的接受和拥护下常态化地永远持续下去。

赫胥黎在1946年版序里说，如果他重写《美丽新世界》，那么他会给野人约翰另一种选择，一种"心智正常"的选择。他不再认为"心智正常是不可能的"。他说："虽然，我现在和过去一样都很悲哀地肯定，心智正常是很罕见的现象，但我还是相信，心智正常是可以获得的，而且我希望能够看到越来越多的心智正常。"

自由选择的心智正常指的是寻找一种与美丽新世界仁慈专制不同的社会形态。赫胥黎自己的构想是，"在这种社会中，经济上是分散和亨利·乔治式的。政治上是克鲁泡特金式和合作互助的。科学技术的作用就像是安息日，它是为人类服

徐贲讲读《美丽新世界》

> 徐贲
>
> 文化思想史家,美国加州圣玛丽学院教授。著有《走向后现代和后殖民》《文化批评往何处去》《知识分子和公共政治》等。

美丽新世界的幸福工程

尽管奥尔德斯·赫胥黎的《美丽新世界》是一部名著,但对它有全面深度阅读思考的人却并不多见。迄今为止,赫胥黎本人为1946年版《美丽新世界》写的序,还有他去世前八年写的《重访美丽新世界》,仍被认为是对《美丽新世界》最深入的思考。当然这还取决于读者自己对这些思考的思考。把《美丽新世界》和《重访美丽新世界》放到一起阅读,对读者更好地理解《美丽新世界》这部反乌托邦经典和赫胥黎对乌托邦和现代极权主义的许多观点都很有帮助。

美国普渡大学一名教授在《奥尔德斯·赫胥黎》一书中说,《美丽新世界》"对赫胥黎本人来说,表述的是他在发展的观念"。这个评价是很确切的。《美丽新世界》于1932年出版,在1946年版的序里,赫胥黎就检讨了书中的"严重缺陷"。他说,检讨不是为了悔恨,而是为了"把优缺点都扔到一边,去思考一些其他问题"。1958年《重访美丽新世界》出版。在《重访美丽新世界》中,赫胥黎再次思考并发展了《美丽新世界》中的一些观点,其中最重要的便是人的自由问题。在1946年版的序里,赫胥黎已经提到,他对人的自由意志有了新的认识。20年后,他在《重访美丽新世界》中把人的自由意志进一步明确为"自由与自由之敌"的问题。

赫胥黎在1946年版序里说,《美丽新世界》最严重的缺点就是低估了人类的自由意志。书中的野人约翰只有两种选择:一种是乌托邦中定型僵化的非人生活,正统的乌托邦思想和实践，比如欧文和霍桑在美国的乌托邦公社，与现代极权主义根本不同。不能因为反极权统治，而殃及人们对未来社会的美好理想。事实上，人类的进步跟乌托邦的理想，有着非常紧密的关系。在美国的100多处乌托邦实验，很多主张是渐进的改革，而不是彻底的砸烂打碎。以《美丽新世界》为代表的反乌托邦作品，与其说反对的是乌托邦救世方案，不如说是提醒人们对包括技术统治在内的极权主义统治造成的危害保持警惕。和《1984》不同的是，赫胥黎要人们警惕的，不是极权统治的残酷，而是它穿着让人人幸福快乐的外套，走向波兹曼在《娱乐至死》中描述的情境——人是没有思想的行尸走肉，在追求无限快乐中，走向死亡。

讲读这本书的徐贲退休前，一直在美国加州圣玛丽学院担任教授。他1985年赴美留学，1991年在马萨诸塞州立大学拿到博士学位后，去了圣玛丽学院。他在国内出版过将近20种著作，却大多跟他所学专业没什么关系，而是以公共话题的讨论，以及政治哲学和思想史为主。徐贲是最近10年最重要的公共写作的学者之一。

徐贲学养深厚，得自家传。他很小开蒙读书，"上山下乡"并没耽搁他读书，才会有后来超过常人的成就。比学术成就更引人瞩目的，是他深切的人文关怀。近年他出版了几部释读经典的作品，通过读经典，回答人们当下关切的问题。

无限可能性的意思。为什么古往今来，那么多思想家要为一个不存在的地方，花这么大力气，费那么多精神？是的，乌托邦理想，几乎是人类与生俱来的，它流淌在人的血管里。因为现实生活，总不那么美满，有遗憾，甚至很多时候是悲惨和残酷的。人们一面忍着现实生活，一面又想着改变现状。现实生活正是乌托邦肥沃的土壤。乌托邦思想的特征用八个字概括，就是"反思现状，畅想未来"。

为什么从近代，特别是现代开始，人类又如此恐惧乌托邦的各种描绘，尤其是乌托邦实践呢？为什么畅想人类美好未来的乌托邦理论，却引发出反乌托邦的思想和行动呢？赫胥黎的反乌托邦作品，其核心的关切，也是人类的命运，与乌托邦的关切有异曲同工之处。

莫尔写作《乌托邦》之后的300年间，乌托邦思想的发展和实践，从来没有中断过。它们经历了三个时期：16—17世纪对理想社会的文学描述阶段；18世纪的理论探讨和方案设计阶段；19世纪直指资本主义制度，提出对资本主义制度的改造方案，直到建立各种实验基地，将乌托邦思想运动推到顶峰。这个时期的代表人物，比较有名的是圣西门、傅立叶和刚才提到的欧文。

乌托邦思想和实践的线路图，与近代欧洲社会发展的脉络构成正相关关系，也与资本主义的兴起、发展有着直接对应的关系。资本主义不仅让原来的熟人社会变成陌生人社会，打碎了传统的人际关系结构，对固有的家庭关系造成威胁，而且因财富的积累，使得人群两极分化，人成了机器的附属物，资本和科技变为新的宗教，新的剥削和压迫扑面而来……哪里有压迫，哪里就有乌托邦理想。

问题是，为什么哪里有乌托邦，哪里就有反乌托邦呢？这个问题提得不那么准确。乌托邦比反乌托邦古老得多，也兴盛得多。严格说，反乌托邦思想是现代的事儿。反乌托邦的三大名作，最早的《我们》出版于1924年，最晚的《1984》出版于1948年，而《美丽新世界》出版于1932年，都是20世纪上半叶的事儿。反乌托邦思想和作品，是伴随着20世纪的极权主义出现的。而20世纪的极权主义实践，表面上看，与历史上的各种乌托邦构想，非常相似，但有着根本区别。现代的反乌托邦思想和运动，在很大意义上，就是反极权主义观念及其统治。

粹在德国崛起，1930年的国会选举中，纳粹高歌猛进，到1932年成为议会第一大党，次年纳粹夺取政权。第二件事是，1917年俄国爆发十月革命，当时赫胥黎21岁。到《美丽新世界》出版的第三年，苏联开始大清洗，几年后出现了震惊世界的政治大审判。第三件事是，1924年苏俄小说家扎米亚京在纽约出版了小说《我们》，是第一部出名的反乌托邦文学作品。此前，英国小说家赫伯特·乔治·威尔斯也发表过反乌托邦小说，包括《时间机器》《现代乌托邦》等。威尔斯两度访问苏联，他的小说影响了扎米亚京的创作，也影响了赫胥黎。第四件事，是《美丽新世界》更重要的写作背景，是18世纪末19世纪初兴起的乌托邦实验，最出名的要数欧文在美国印第安纳州的实验了。欧文在那里买下7000亩地，实验共产主义公社，最后以失败告终。马克思对空想社会主义实验有过批评。

需要回顾一下乌托邦思想的渊源。一般认为，柏拉图的《理想国》是最早的乌托邦作品。在柏拉图的理想国里，人分三六九等，各安其位，正义和善也就实现了。比柏拉图更早描绘乌托邦的，是古希腊诗人赫希俄德。在赫希俄德的乌托邦里，每个人都无忧无虑，"拥有一切美好的东西"，过着和平安宁、丰衣足食的生活。跟柏拉图同时代的戏剧家阿里斯托芬，写过一部剧本《鸟》，剧本里有对当时社会状况的批判，并希望找到一处不那么累人、可以逍遥自在生活的地方。《鸟》也被认为是乌托邦的早期代表作品。赫希俄德、柏拉图和阿里斯托芬，是生活在公元前8—前5世纪的人。两千多年后，到了16世纪初，古希腊人的乌托邦思想在英国得到了回声，最响亮的回声来自政治家托马斯·莫尔，他写了震古烁今的名著《乌托邦》。

在《乌托邦》这本书中，莫尔虚构了一个南半球的岛国，那里实行财产公有制，政治上人人平等，经济上按需分配。书中还有很多细节描写，比如人们穿统一的公民装，在公共食堂就餐，每天劳动6小时，金银用来做马桶，等等。莫尔认为私有制是万恶之源，"只有完全废除私有制度，财富才可以得到平均公正的分配，人类才能有福利"。"乌托邦"这个词儿，就是莫尔发明的。因此很多人把莫尔当作乌托邦思想的鼻祖。

乌托邦，就是乌有、不存在的地方，跟中国人讲的空中楼阁差不多。仔细想想，这个没有、不存在的地方，除了它字面上的含义，是不是还隐藏着

导语｜乌托邦与反乌托邦

刘苏里

说到赫胥黎，你可能首先想到的是《天演论》的作者赫胥黎。《天演论》的英文原书名直译应当是"人类在自然界的位置"，作者是《美丽新世界》作者的爷爷、著名的生物学家托马斯·赫胥黎。托马斯·赫胥黎的儿子伦纳德——奥尔德斯·赫胥黎的父亲，也是很有名的作家。奥尔德斯的母亲，是诗人兼文学评论家马修·阿诺德的侄女。奥尔德斯的儿子马修·赫胥黎，子承祖业，是有名的流行病学专家、人类学家和教育家。赫胥黎家族，真可谓是祖传几代的书香世家。

文学作家奥尔德斯·赫胥黎一生写了50多部作品，让他声名大振的是《美丽新世界》。下面我们就说说这位赫胥黎。

1894年，赫胥黎出生在英国历史上著名的贸易枢纽，如今的游览胜地萨里郡的戈德尔明镇。赫胥黎从小就读伊顿公学，一路读到牛津大学。17岁发表了第一本小说。1932年他38岁时发表了《美丽新世界》。1937年，他和妻子移居美国，先是住在好莱坞，后来迁往南加州，直到去世。1937年后，他的大部分作品都出版于美国，包括1958年出版的《重返美丽新世界》。

有意思的是，赫胥黎曾就职伊顿公学，其间他当过《1984》的作者乔治·奥威尔的老师，还跟伦敦著名的布鲁姆斯伯里知识分子圈子混得烂熟，这个圈子的主角是作家伍尔夫，成员包括凯恩斯、福斯特。赫胥黎跟《儿子与情人》的作者D. H. 劳伦斯还是好朋友，劳伦斯去世后，他还编了劳伦斯的通信集。

赫胥黎是著名的文学家，还是公认的哲学家，在多个领域做出了贡献，是他那个时代最有代表性的人文知识分子。

《美丽新世界》写于1931年，次年公开出版。我们以1931—1932年为原点，看看前后的一些年份，都发生了什么事情，这对理解赫胥黎为什么要写这样一本书，有很大帮助。第一件事是，1929年爆发世界性的经济危机，纳

三四

《美丽新世界》

[英]奥尔德斯·赫胥黎著　陈超译　上海译文出版社　2017年

主题词 ◎ 幸福工程　天鹅绒监狱　奴役工程　反乌托邦

经典之处

《美丽新世界》是20世纪最经典的反乌托邦文学作品之一。这部作品与乔治·奥威尔的《1984》、扎米亚京的《我们》并称为"反乌托邦"三书，在国内外思想界影响深远。

作者简介

奥尔德斯·赫胥黎（Aldous Huxley, 1894—1963），是一位多产的英国作家，共写作了50多部小说、诗歌、哲学著作和游记，其中最著名的作品是长篇小说《美丽新世界》。

之间航行。

从今天的视角看，卡尔的一些看法是很多人都不能接受的。比如他谈到那么多人渡过卢比孔河，人们并没有把它当成历史事实，只有恺撒渡过卢比孔河，才被历史学家看作是有重要意义的，才被视为历史事实。为这本书写导论的历史学家埃文斯，是剑桥大学沃尔夫森学院的前院长，也做过英国皇家钦定现代史教授。埃文斯后来就借用了这个话题，他指出，如果人们关心的视角发生了变化，那么卡尔的论点就站不住脚了。如果我们关注的是社会史、经济史或者交通史，那么在恺撒之前和恺撒之后，千百万人渡过卢比孔河，反映的则是人们迁徙的地域变化、人们的交通方式和交往方式的变化，或者社会经济物质交流方式的变化，这样，其他众人渡过卢比孔河的事实，也会成为历史事实。埃文斯的意思是，虽然卡尔的眼光已经由政治史朝着社会史、经济史转换，可是这种转换和后来整个西方史学发生的变化相比，还只是萌芽的阶段。还有卡尔对于偶然性的解释，他想在历史学中驱除价值判断的态度，大概也是很多人不能接受的。可是直到现在为止，这本书为什么还能引起人们那么大的阅读兴趣呢？我认为就像埃文斯提到的，卡尔在处理最困难、最棘手的问题时，显示出的机智和诙谐，他随时随地展露出来的博学，举目皆是的生动鲜活的例证，这一切才是这本小书的魅力所在。

思考题：

1. 你对"历史是什么"这个问题，是怎么理解的？
2. 为什么卡尔认为历史学家和历史事实是渔夫和鱼的关系？
3. 按照卡尔的观点，你认为历史是谁发出的声音呢？
4. 你如何理解历史中的"反叛者"，以及卡尔说他们和伟大人物对历史的作用有相似之处？
5. 卡尔的思想中最吸引你的是什么？

的例子，涉及很多自启蒙时代以来最为核心的历史哲学问题。比如，我们熟悉的亚当·斯密的基本思路：每个从事经济活动的人，都是按照自己的需要做出选择，追求自己利益的最大化；每个人追求自己最大利益的同时，市场就像一只看不见的手，使得各种资源趋于合理配置，最后造成整个市场和社会的丰裕与和谐。亚当·斯密的考虑，也恰恰是18世纪以来政治哲学和历史哲学的普遍思路。康德就有类似的说法，他认为，一方面每个人都想要按照自己的心愿和意图来摆布一切，另一方面这种人人各遂己愿的心理，最后会让整个人类活动神奇地达成和谐。黑格尔也说过，虽然历史活动中的每一个人都在追求自己的目标，但历史并不因此朝着每个人期望的轨迹发展，事实上历史发展往往和每个人的意愿相冲突，但局部的不和谐最后导致的是整体的完满、整体的和谐。

我认为，黑格尔的历史哲学里最重要的，是他强调人们的行动总是导致意图之外的后果。实际上，这是所有历史学家在进行历史解释时都会碰到的问题。对某一个历史现象、某一个历史事变，即使把所有的当事人的主观动机全部弄得清清楚楚，当最后把它们归结起来时，也不能够充分有效地解释清楚。正是在这样一种意义上，卡尔讲，历史是一个社会进程，这个社会进程是超越了单个人的意图的。在工业革命以后，人类进入现代社会，各种各样非人格化的力量起到的作用，被人们越来越深刻地认识到了，这也使得20世纪中后期之后，整个历史学发生了重大变化。人们由关注个人到关注群体，由关注事件到关注结构性的变化。卡尔在《历史是什么？》的不同的章节里，也不断清晰地呈现了这样一种趋势和动向。

卡尔总是强调，历史学是一场对话，是历史学家和他的事实之间的对话、过去与现在的对话、过去的社会与现在社会间的对话。实际上，人们可以从不同角度来看历史，一种角度是以过去为重心，另一种角度是以当下为重心。从以过去为重心的角度看，当下是从哪来的？是过去的人和事不断累积、变化并不断叠加，才到了现在，成其为当下。而以当下为重心，从当下的眼光看待过去，过去便总是因为当下视角的不断变化而发生变化，以至呈现出不同的样子。对以当下为重心和以过去为重心，这两种不同的对历史的看法，卡尔也有一个比喻，就像是在非常狭窄的水域上的船只，一边是漩涡，一边是悬崖，历史学家要在这两者某个特定条件下出机械故障。总之，对于这起车祸可以找出多种原因。卡尔要说的是，按照常识，一般人不会认为，罗伯逊先生想吸烟，是车祸的主要原因，人们会在道路设计、汽车功能、司机酒驾，以及司机缺少驾驶经验上找原因，而不会提及罗伯特先生的烟瘾。历史学家追索某个历史现象的原因时，要注重罗列多重因素，然后再给予合理的解释。

不论是历史哲学家，还是职业历史学家，都会研究和探讨偶然事件对历史的影响。甚至普通读者都会情不自禁地设想，假如某件事没有发生，假如某个人不那样选择……整个事件将会有完全不同的结果。这件事如果没发生，另一件事也就不会发生了……以致无穷。世界历史上有一个著名的鼻子，就是古埃及女王克里奥帕特拉的鼻子。罗马史上两位重要的政治人物——恺撒和安东尼，都与这位权力巨大、美貌非凡、掌控地理要津的女王关系密切，有过种种风流韵事和阴谋诡计。17世纪法国那位既是大科学家又是杰出思想家的帕斯卡尔，在他的《思想录》里曾经感慨，要是"克里奥帕特拉的鼻子矮上一寸，整个大地的面貌将会不同"。克里奥帕特拉的鼻子如果高了或矮了那么一点，她显然就不会是那样的美女，即便是女王，也不一定对安东尼和恺撒造成致命的诱惑。没有这致命的诱惑，整个古罗马的政治格局就可能大不一样。如果古罗马的政治改变轨道，整个世界历史恐怕都要重写。类似的感慨其实非常多，李泽厚先生就曾感慨过，假如慈禧太后死得早些，整个中国近代史会非常不一样。作为苏俄史专家，卡尔也举了一个例子，1925年托洛茨基和斯大林、季诺维耶夫、加米涅夫发生激烈冲突，有一天他去打猎，野鸭子倒是打到了，却染上了热病，使得政治斗争最激烈的时候，他的身体却无力应付。所以人们经常会感慨，一些极其偶然的事件会深刻地改变人类的历史。对历史偶然性这个问题，卡尔有很多有趣的讨论，可在这件事情上，我们没有理由指望他给出一个让我们满意的答案，他也没像讨论历史事实那样，给出一个有启发的思考方向。他只是一面讲，完全无视偶然事件在历史中的作用，就太愚蠢太盲目了，但另一方面又讲，偶然之所以偶然，之所以被我们看作偶然，是因为它们不能被有效纳入到历史的解释中。在这里，卡尔还是比较轻易地把偶然性给一笔勾销了。

这中间涉及更复杂的，可以说是历史哲学的问题。卡尔讲演中举了很多生动条。对两次世界大战的爆发,肯定不能简单解释成那个时代的人更不热爱和平,更有发动战争的冲动;对于大萧条,更不能断言那个年代的人就希望经济出问题。也许,这个世界上真有"不以个人意志为转移"的事,这是一个核心问题,关系到社会事实。历史事实是社会性事实,简单、孤立的个人意图无法有效解释社会性的事实。个体的愿望、动机,有时能解释个人为什么做出这样、那样的选择,但千百万人的行动、制度性、结构性的变化,就很难用单一的原因做出解释。

卡尔在作《历史是什么?》这个讲演时,西方史学正处在大的变化时期,即历史学越来越和各种社会科学,比如说社会学、经济学、地理学、心理学等结合在一起,开始更多地关注社会结构、群体行为和现代社会生活。引起这种变化的因素,与其说是某些历史学家的选择,不如说是大的社会力量变动引起了历史学家的重视。生活在现代社会的人都有这样的感受,一方面每个个体面临更多的机会,有更多的自由选择;可另一方面,我们又受制于技术、产业和社会潮流的变化,随波逐流,没有什么选择余地。所以,卡尔特别明确地讲,历史学应该敞开自己的怀抱,接纳更多社会科学的方法。他说:"历史学越向社会学敞开自己的怀抱,社会学就会越来越容纳更多的历史学的维度,它们都会变得更加丰富。"卡尔的呼吁,在几十年后得到热烈回应。20世纪90年代以来,新文化史成为历史研究的主流,曾任美国历史学会主席的林恩·亨特曾说,我们现在可以套用卡尔的话,把它变成:"文化研究如果越来越有历史的维度,历史学如果越来越关注文化的层面,它们双方都会变得更丰富,都会变得更有收获。"

历史中的因果关系

人们在讨论历史事件和历史现象时,总要涉及因果关系。卡尔也非常明确地说,历史学和别的学科一样,总要不断追问为什么,探求事件发生的原因。他举了一个日常生活中的例子,假设罗伯逊先生要到街对面的商店买烟,一辆疾驶而来的车却把他撞死了。这一不幸事件,可能是由各种原因导致的。如果罗伯逊先生那个时间没犯烟瘾,就不会穿过马路;如果道路设计更合理,交通标识更明显,那辆车可能就会减速;还有可能最后发现是那款车的制动系统有问题,很容易在须理解历史学家，要理解历史学家，不仅要理解他的个体性，还要理解他生活的时代背景，以及他面临的各种各样的问题。有一句阿拉伯谚语说，"一个人像他的时代远过于儿子像他的父亲"，这句谚语就很能说明上述问题。

卡尔还进一步表述说，对那些我们仰慕的、给予很高评价的历史学家，我们总觉得他们有能力超越时代，而实际上，历史学家超越自己所处环境的能力，恰恰和他的另外一种能力有关，那就是他能否自觉地意识到自己受所处环境的束缚。换句话说，一个历史学家越是深刻、越是自觉意识到自己受到所处环境的约束，越有可能超越束缚，达到更高程度的历史学客观性。

我们知道，传统史学更多地关注政治史，政治史又经常被简化为大人物的历史，也就是重要的政治家、军事家、英雄人物的历史。卡尔在演讲中引述了一位史学家的话，那位大历史学家在评价某位传记作家时说，这位作家从来就没想到过，历史除了一些重要人物的表演之外，还会有什么别的内容。卡尔还引用了历史学家卡莱尔的名言："历史不过是一些伟人的传记。"我们说卡尔具有远见卓识，在他的见识中，反映了整个欧洲史学在那个时代发生的重大变化，那就是史学家开始把目光从个人转移到群体，从事件转移到社会结构。

文化史家布克哈特曾说："历史就是在另外一个时代发现的、某一个时代值得被人们所记录的东西。"然而这些东西是什么呢？如果把历史看成伟人的传记，那历史学关心的就是这些伟人的生平。在某些重要的时刻，这些伟人做出了什么样的决定，他们是否可能有不一样的选择，他们的决定如何改变了历史发展的轨迹，从而改变了整个历史。卡尔不同意这样的看法，卡尔认为历史不仅关乎个体，还关系到更大的数目。什么叫更大的数目？就是说，历史不仅关系到大人物的选择，也与许多籍籍无名的个体有关，他们的关切、愿望和选择，也会影响人类生活的面貌。卡莱尔撰写法国革命历史时就说过，除了那些聚光灯下的大人物，两千多万普通的饥肠辘辘的法国人，他们的贫困和悲惨境地，他们对于现实的判断和未来的向往，也深刻地影响了法国革命的进程。

谈到历史事实的时候，卡尔特别强调，历史事实当然包括个人的事实，但更多的是社会的事实，到了现代社会更是如此。卡尔举了这样一个例子，1914年以来，我们经历了两次世界大战，到了20世纪30年代，整个西方世界经历了大萧编写历史。对于历史是什么这一问题，卡尔给出了一个非常有趣的定义："历史是历史学家与历史事实之间的连续不断的、相互影响的一场对话，是过去和现在之间的一场永无休止的对话。"

史家、史学和社会的关系

"历史"这个词儿说来很有意思，无论在中文还是外文语境下，它都有两重意思。一重意思是说过去发生了些什么。比如人们常常会说："历史已经证明""历史发展到今天"，指的就是过往的某段时间，人类经历了什么，创造了什么，做了些什么事。另一重意思是，人们是怎么知道过往发生了什么，以及怎么理解发生过的事情。这第二重意思，相当于我们所说的历史学或历史知识。事实上，我们总是通过后一种历史来了解前一种历史的。历史学家在这里扮演了重要的角色，他们既是个体，又生活在社会当中，在这层意义上，我们也可以说，历史学既是个体劳动的产物，又是社会生活的产物。

中国的传统讲究"知人论世"，这四个字有两方面的含义：一是，你要评价一个人，就应该对他的经历、他关心的问题、他的个性和处境等各个方面都有所了解，这是"知人"；二是一个人总是生活在特定的时代、特定的社会条件和特定的群体里，离开他的关系网络和生活背景，就很难给他画像，这就涉及"论世"了。

卡尔在讨论史家、史学和社会的关系时，强调的其实就是"知人论世"这两个层面的意思。他指出，我们读历史书籍，想了解历史学家怎么看过去，一方面需要知道，某位历史学家持有什么样的观点，他的基本立场是怎样的；另一方面，我们又要把这位历史学家和他的著作看成特定时代、特定社会背景下的产物。只有把这两者结合起来，才能真正理解历史。所以，卡尔说"历史"这个词儿，从它的两重意义来看，都是一种社会进程。这话怎么理解？如果你把历史看作过去发生的事儿、人们经历的事，它当然是一个社会进程。如果你看历史学，它本身也是社会性的产物。照卡尔的说法，一个脱离了社会的个人，连形成语言和概念的能力、与别人交流的能力都没有，其他一切便更无从说起。要理解历史学，必题了。

上面举的虽然都是文学史的例子,但同样适用于对历史的了解。有时候,我们知道有个很重要的事情发生了,但它本来是什么样,我们可能永远无法知道。更何况很多时候,我们连在某个地方发生的很重要的事情都不知道。可以借用美国国防部前部长拉姆斯菲尔德一段公开的讲话,他说:"我们有时候知道我们不知道什么,我们有时候甚至不知道我们不知道什么。"所以,卡尔说历史学家要经常提醒自己,我们知道的可能是一些片段,也可能是一个庞大画面的某个微小部分,而被遮盖的部分是我们不知道的,有时候我们甚至于连它被遮盖了多少都不知道。

《历史是什么?》今天还有那么大的吸引力,一方面因为卡尔的机智和诙谐,另外一方面因为他举了很多很鲜活的例证。这使得他对历史事实的讨论能够由浅入深、由点及面,这一点很了不起。

在国际关系史领域内,卡尔是更有名的专家,他提到过这样一个例子:魏玛德国的外交部部长斯特雷泽曼,在部长位置一干七八年,很有作为,死后留下几百箱档案,对了解第二次世界大战前德国和整个欧洲的国际关系非常重要。他的秘书伯恩哈特根据这批档案,编辑出版了《斯特雷泽曼的遗产》。伯恩哈特忠于史料,没有篡改,可这些遗产呈现的主要是些什么呢?主要是那位外交部部长处理与英、法、美关系的记载,只有很少一部分内容与苏联有关。可事实上,斯特雷泽曼生前花了无数精力处理的是德苏关系,只不过没有多少实质性成果。如果仅仅阅读这份档案文献,会以为魏玛德国的外长生前主要在处理与西方其他国家的关系。更有趣的是,有人缩编了这本文选并翻译成英文,这下呈现出来的斯特雷泽曼的外交努力,就更像一幅扭曲过的哈哈镜了。我们不妨假设,如果有一天关于斯特雷泽曼的所有原始档案都消失了,人们要了解那一时期德国的外交,会是怎样的一幅图景?问题是,我们对过往人类历史上很多重要事件的了解,可能都是这样的。

历史学家总是要与史料打交道,要不断收集、考订和发现过去的事实。但历史学家不是一面消极的镜子,只是把反射到自己身上的东西原样呈现,他总是要从自己当下的兴趣和关切出发,去了解过去的某个片段,发现过去的事实,然后宦官干了坏事。针对这种情况，北京大学的赵世瑜老师有一个有趣的说法，大意是说，今人读到的有关宦官专权、太监乱政的史料，都是些什么人留下来的呢？是一些吃够了太监的苦头，可对他们又有着生理和道德双重优越感的文人学士制造出来的。也就是说，我们看到的关于这批人的史料，是有欠缺的，是特定的人从特定视角发出的声音。

卡尔从常识出发讨论的这个问题，和当代受过后现代思潮洗礼的史学家们的关切，可以说是不谋而合。卡尔不断提示我们，任何一个学科，一方面有扩展自己知识领域的抱负，另一方面又会遇到很多限制性条件。这里我讲一个故事。雅典有一座德尔斐神庙，神谕非常准，有人去求神谕，问雅典谁最聪明谁最有智慧，神的回答是苏格拉底。苏格拉底觉得神的回答不会有错，可是他也觉得，自己怎么可能就是雅典最有智慧的人呢？于是他遍访了诗人、政治家、工匠……得到的结论是，的确自己最有智慧。为什么？因为至少他自己还知道自己无知，其他人连自己无知都不知道。我讲这个故事是想说，最有智慧的人，往往对自身知识的边界有着最清醒不过的认识。每个学科都应该有这种"知道自己无知"的智慧。

我还可以用一些例子来说明这个问题。哈佛大学有位研究中国唐代文学的学者，中文名叫宇文所安。他发表过一篇文章讨论中国文学史的写作，说了一些很有意思的话。比如说我们从小就读唐代诗人李绅的诗："谁知盘中餐，粒粒皆辛苦。""春种一粒粟，秋收万颗子。四海无闲田，农夫犹饿死。"以我们今天的眼光看李绅基本上就是一个政治上高度正确，诗歌却很平庸的诗人。可宇文所安说不是这样的，有确凿的文献史料证明，李绅是唐代元和年间诗歌革新运动的主将，而流传下来的都是他中晚期的诗作，都非常平庸。但他原来究竟什么样子，我们大概再也无从得知，我们只知道，他肯定不仅仅是现在我们知道的这个样子。还有我们非常熟悉的孟郊："谁言寸草心，报得三春晖。"孟郊诗歌的风格真是高度一致，可是这个"高度一致性"从哪儿来的？孟郊的诗集是北宋一位叫宋敏求的人编辑的，而宋敏求编定孟郊诗集的时候说过，他把孟郊看上去不大对劲的诗都给删了。所以就出现了这样一个问题，孟郊诗歌风格的一致性多大程度来自孟郊本人，又有多少来自宋敏求？这恐怕又是一个真实存在而无法求解的问史实，可以像摊贩案桌上摆着的鱼被呈现出来，作为历史事实，是历史学家决定的，历史学家像是渔夫，他决定了到什么地方去捕捞，并决定哪些鱼是有价值的，最后在摊案上把它呈现出来。也就是说，过去人们以为历史学家是被动的，只是接收史料，去考订它，最后把它给呈现出来。而卡尔指出历史学家扮演的是一个主动的角色，他们是根据自己的判断，决定什么是重要的，什么是有意义的，并最终决定什么样的史料有资格成为历史事实。

历史是谁的声音

虽然历史学家不是被动的，像卡尔说的那样，他们主动选择史料和判断史料的价值，决定历史呈现的样子。但这并不意味着历史学家就是完全自由的。

与历史事实相关的还有一个非常有意思的问题。假如你熟悉后现代主义的一些套路，比如福柯的思路，他们常会这样问：看上去表述了客观知识的一个命题、一种说法，反映的是谁的视角？发出的是谁的声音？其实，史料、历史事实，也有这个问题。卡尔在书中讨论最多的，就是这方面的问题。例如我们比较熟悉的一个说法"言必称希腊"，这里说的希腊是公元前5世纪的雅典。我们都知道，公元前5世纪的雅典是伯里克利的雅典民主时代，是苏格拉底、柏拉图和亚里士多德的时代，是古希腊文化最辉煌、政治军事鼎盛的时代。可是卡尔说，那时的雅典是怎样的，把它的图景画成什么样，是很多人选择过的。经过谁的选择呢？其实，有关那时候的雅典，我们所知道的是修昔底德的说法、柏拉图的说法、阿里斯托芬的说法，而他们只是雅典很少的一部分人。雅典是一个实行民主制的城邦，但有一定财产的成年男子才拥有公民权，而且只有他们中更少的那部分受过教育的人，才具备撰写和保留史料的能力。而雅典的女人、没有公民权的穷人以及奴隶们，又是怎么看雅典的，我们不得而知。还有，斯巴达人、科林斯人这些雅典之外的希腊人怎么看雅典，和希腊人斗了200年的波斯人怎么看雅典，我们都不知道。一句话，我们今天看到的公元前5世纪的雅典图景，其实是很少一部分人从特定的角度描绘的，替我们挑选好了的。

我们再举一个例子，在中国历史上，只要政治上出问题，就说外戚干政了，学收藏整理。历史学界普遍认为，这批楚简意义重大，至少是丰富了，甚至可能改变我们对战国时期中国文化的认识。可是这样一批史料，能够流传到今天，可以说有太多的偶然因素。可以想象一下，可能这个墓主就是一个历史学家，对这些东西感兴趣，死了还让这些东西给他陪葬。而且这批随葬物品刚好碰到了特别合适的土壤环境和温度、湿度，才遗存到今天。而又正好被有足够专业水平和足够发掘热情的盗墓贼挖了出来。还有，最后它们有机缘落到一批有能力保护和研究它们的人手中。其实，这些都是非常偶然的。我们今天依靠的很多史料，它们能够形成、出现，能够到历史学家的手里，能够得到解读，这中间都有很多限制性因素发生了作用，有非常大的偶然性。

很多情况下，对于一个历史学家来说，即便研究的是某个有限的领域，他面对的情形，也经常是史料浩如烟海，穷其毕生之力，皓首穷经，也不可能完全地阅读它们并且完整地把握它们。那么，这个历史学家最后要给我们拿出一幅他所描绘的图画来，告诉我们过去的某一个片段大概是什么样子，他一定会是有所选择的。他不会不分主次轻重地把某一个问题的相关史料，或者里面所谓的全部事实都呈现在我们面前。卡尔所要讨论的恰恰就是这方面的问题。整个19世纪，西方的历史学家讲的都是史实，除了历史事实，还是历史事实。历史学家要做的就是考订、发现和呈现历史事实，好像史实就是摆在鱼贩摊案子上的鱼，把它摆出来就是了，一个历史学家做到这样就够了。卡尔说，不是这样的。一个历史学家有可能接触众多的史料，众多相关的所谓史实，可是最后他要形成他的历史解释，要表达他对某个历史片段的理解。历史学家呈现出来的只能是众多史实中的一部分，他不会简单地把他手中的史实全部端出来。卡尔举了一个例子，多少了解一点古罗马历史的人都知道，恺撒渡过一条很小的河，叫作卢比孔河，这是古罗马历史上的一个大的转折，恺撒渡过卢比孔河这件事有点相当于我们说的破釜沉舟。恺撒下定决心挑战罗马的共和制度，建立自己的独裁。恺撒渡过卢比孔河这事儿，很多史书都提到过。卡尔问道，在恺撒之前和恺撒之后，无数人无数次地渡过了卢比孔河，为什么历史学家单单把恺撒渡过卢比孔河如此突出地标示出来，看成一桩历史事实呢？卡尔说，这是历史学家决定的。因为历史学家觉得这件事有意义，他们是根据自己对意义的判定来选择这个史实的。哪些史料包括的理、解释过往所发生的历史事实。然而，这些历史事实出现在什么地方呢？传统上，人们以为历史就是过往的人类生活，他们的所作所为，经历的喜怒哀乐，他们各种各样的活动，以及这些活动留下的痕迹，也就是史料。史料有很多不同的类型，比如文字，人们很大程度上是通过文字记载知晓过去发生了什么。例如，有关汉武帝之前的中国历史，很多东西目前唯一的来源，就是司马迁的《史记》。又比如，通过考古发现，可以找到人类过往生活留下来的许多物质性遗存。随葬品就是这样的东西，它们也从特定的角度揭示了人类过往是怎么生活的。那么，历史学家和历史事实之间究竟是怎样一种关系呢？

对现代西方历史学影响特别大的，是19世纪德国的历史学家兰克。在兰克时代，有一种很典型的观念，认为人类在过往的活动中留存了很多史料，史料里面包含了很多历史事实，历史学家要做的就是把各种史料搜集起来，从里面考证出历史事实，历史事实积累多了，就可以慢慢呈现出人类过往历史的大概样子。所以，历史学家要做的事情，就是收集、考订史实，然后告诉我们人类过往的历史面貌。这种对历史学的看法，直到今天影响都非常大，对中国历史学家和历史爱好者的影响也不例外。历史学家傅斯年说过一句话"史料就是史学"。意思是，历史学的根底就在史料，史料足够多，整理考证得足够清楚，我们就知道过去的历史了。

卡尔对历史事实的讨论，受到人们特别的重视，原因就在于，他在那个时代，启发了人们对于这个问题的反思：究竟什么是历史事实？无人不知，过去发生了很多很多事情，然而，不是所有的事情都能够变成历史事实被留存下来。例如，司马迁的《史记》，它记载下来的事儿，我们完全可以有把握地说，那只是过往的，甚至是司马迁本人接触到和听说到的事情中很少的一部分。我们每个人都有这样的经验，就是我们生活当中，发生过无数的事情，真正值得记住并且能够记住的，只是很小一部分，此其一。其二，历史学靠史料了解过去发生了什么，可是并不是所有人类的过往活动都会形成史料。为什么这样说呢？我可以举一个例子，我所在的清华大学历史系，这些年来很重要的一项工作就是收藏整理了一批后来被称作"清华简"的文物。大概10多年前，香港文物市场上出现了一批楚简，肯定是盗墓贼弄出去的战国楚简，这一批楚简历经很复杂的过程，被清华大也有新的契机。

从学术史上看,有些史学家的理论性、方法论的著作具有非常强的学派色彩,提出了一个学派的纲领,给沿用某一种方式处理历史提供了一个蓝本、提供了基本思路。卡尔本人虽然是一位出色的历史学家,但他不是开宗立派的人物,在这本书中他也并没有提出一个特定的某一个学派可以遵循的纲领。但是,他对于什么是历史事实,历史学究竟是不是具有客观性,对于如何看待历史学的特性、历史过程当中的偶然性以及因果关系,如何看待历史学所具有的社会性等这样一些问题,都提出了不同于过往的论点。这些论点不仅在当时激起了人们的反思,有些观点至今还受到人们的重视,引导人们进一步思考。

这本小书一再重印,一直是历史系学生的必读书,更重要的原因还在于它提供了一个反思的案例,让我们看到每一个学科的学者,在从事自己的具体研究时,都有必要对自己的学科赖以成立的前提、研究对象和研究方法做深入的思考。为这本小册子做导论的埃文斯,后来也写了一本小书《捍卫历史》。面对后现代思潮对历史学的冲击,埃文斯力图维护历史学的学科尊严和知识地位,可以说,他与当年的卡尔有着一样的用心。当然,他们面对的是极为不同的历史情境。我们甚至可以预见,历史学还会遭受各种冲击,因此,它也不会放弃自我反思的姿态,这也是它赖以保持生机与活力的原因。

历史学是做什么的

在中国,这本小书的一些章节也出现在各种史学文选的选本中,经常被选读的是第一部分,主题是历史学家和他的历史事实。这本书最充实也最能激发人们思考的,就是对历史事实的讨论。

人类现实社会生活的面貌多种多样,现实社会、现实世界的一切都有它的来龙去脉,现在是由过去演变来的。无论个体还是群体,人类都在过往经历了很多事情,事情不断积累、不断变化,最后形成了今天的世界。所谓历史事实,就是过往发生的人们经历的事情。

那么,历史学是干什么的?所谓历史学,就是有这么一批人,专门收集、整特点到底是什么？卡尔这本书，就是他对历史学这一学科的反思。

可以这样说，今天来看，卡尔这本书在很多方面已经过时了。中译本的导论是如今很知名的剑桥历史学家埃文斯写的。埃文斯讲到了这本书出现的背景，当时的论战对象，它所具有的魅力和价值。埃文斯也非常不客气地指出了它的一些欠缺。可是一本书的生命力就在于，即便我们知道它有一些明显的欠缺，但它仍能吸引我们去读、去思考。卡尔的这本书就是这样，它除了有学术史上的价值，还有许多其他魅力。书中涉及很多至今人们仍在讨论的问题，卡尔提出的一些基本观点，仍然还有能力回应我们今天的一些思考，还能启发我们。另外，我们也可以顺着他提出的问题，做进一步的思考。

我还记得英语世界的一位历史学家，在他著作的扉页上的一句献词。他说与 crisis 对应的中文是"危机"，这个词非常奇妙，它由 danger（危险）和 opportunity（机会）组成，意思是危险里面藏着机遇。可以说，在 20 世纪 60 年代初，卡尔讲演和写作《历史是什么？》的时候，历史学这个古老的学科，一方面遇到了危机，一些传统的信条受到了动摇，另外一方面也孕育着新的发展生机。

20 世纪以前，人们普遍觉得史料里面蕴藏着历史事实，就某个问题收集足够多的史料，勘查确定其中所包含的历史事实，历史学家就能够展示某一个片段、某一个层面的历史面貌。人们对于具有客观性、科学性的历史学，总体而言是充满信心的。但是，到了卡尔的时代，历史学所具有的客观性，具有的仿佛能够揭示过往真相的这样一种抱负，开始受到比以往更多的质疑。原因何在？

其实我们今天很多人都能够感同身受。一方面，比起传统社会，当代生活仿佛越来越自由，人们可以在很大程度上选择自己的职业、居住地，选择自己的伴侣，等等；但另一方面，社会经济和科学技术的发展，又仿佛让人们身不由己地被卷入很多潮流之中。随着第二次世界大战以后社会经济的发展，人们发现社会结构变得越来越复杂，个体的命运、整个社会生活的面貌，受到了很多非人格力量的影响，人们仿佛觉得只有求助于更多的超出个人的因素，才能够有效地解释历史，有效地解释现代世界的来龙去脉。那么，在这样一个时代，如何面对历史学本身，如何看待历史学的特性，的确需要重新思考。历史学面对许多困难，但

彭刚讲读《历史是什么?》

> 彭刚
> 清华大学历史系教授,清华大学副校长。著有《叙事的转向:当代西方史学理论的考察》等,译有《自然权利与历史》《德国的历史观》等。

卡尔为什么写这本书

如果不是因为这本《历史是什么?》,在历史学界之外,大概不会有很多人知道爱德华·卡尔这个人。当然,在他的专业领域里,在他活着的那个时代,卡尔还是有比较大的影响的。他的主要成就是研究苏俄20世纪30—60年代的历史和20世纪早期的国际关系史。如果只从这个方面来看,恐怕只有专门的史学史和国际关系学史的研究者才会知道他。今天一般读者也知道他、了解他,完全是因为这本小册子——《历史是什么?》。

这本小册子是根据卡尔在剑桥大学的一个系列讲座编定的一个演讲集。听这个题目我们就知道,它是一个历史学家对自己从事的学科在当时碰到的问题提出的一系列思考。这本小册子问世已经大半个世纪,直到今天还是历史专业的学生经常要读的,也仍然是欧美书店里的常备书。现代学术的特点之一是不断地花样翻新,很多学科的参考书每隔十年八年就有非常大的变化。卡尔这本小册子并不是什么皇皇巨著,却有这样的地位,是非常特殊的,可以说是个奇迹。

历史是什么?这是历史学家,甚至普通人都经常会提出的一个问题。每个学科中优秀的从业者,一方面会努力拓展自己领域的知识的边界,另一方面也会不断探讨自己学科的前提条件:我们研究的对象具有什么样的特性?它的边界在什么地方?任何一个学科都有它自身的研究活动,这种研究活动不同于别的学科的是那种顶尖意义上的三个角色的任何一个，但他却占全了三个角色。

在专业领域，卡尔以历史学家知名，他写过14卷的《苏俄史》。更让他出名的，是他在国际政治学领域的贡献。他以《20年危机》和《和平的条件》两部作品，为自己赢得了"当代国际关系现实主义理论大师"的称号。构思《苏俄史》时，他正效力于英国外交部，代表国家处理苏俄问题。写作和出版《苏俄史》的过程中，他也目睹和经历了冷战从兴起到高潮的全过程。而《20年危机》这本书，是卡尔作为外交官参加巴黎和会的副产品。跟凯恩斯参加完巴黎和会就写了《和约的经济后果》，并抨击和会的愚蠢一样，卡尔的《20年危机》激烈批评了英语国家危险的乐观主义倾向。卡尔不是书斋型学者，而是每天面对具体国是的外交官，也就是方案的执行者。前面提到的三部作品，某种意义上，既是卡尔提出的方案本身，也可以当作方案的思想背景。他的理论素养和哲学思想都投影到他的方案上。如果我们不理解卡尔的多重角色，就不容易真正理解他的历史哲学。

卡尔的多重角色，在他所有作品中几乎都有反映，《历史是什么？》也不例外。我们很难判断多重角色给他的作品带来的是助力还是伤害，但每每饱受批评是肯定的。他著书立说时，三重角色不可避免地起作用，批评者很难，甚至不愿意辨析哪些话，出自卡尔的哪个角色。然而，俗语说让时间证明一切。随着岁月的流逝，卡尔的名字以及他的作品，却被越来越多的人记住了。

选择读《历史是什么？》，使我们有机会重温卡尔的教益，通过他的书走进和认识历史这门大学问，更好地反思自身。

讲读这本书的彭刚是中国历史理论领域成就卓越的青年才俊。他从北京大学、清华大学到中国社会科学院一路读下来，2003年又回到母校清华任教。他的著作、论文，可以列出很长一串，译作更为出名。他还是著名的历史理论家何兆武先生的关门弟子。

他用心准备了这篇讲读稿，反复打磨内容，为我们奉上了一场思想的盛宴。他的解读深入浅出、生动精彩。

导语 | 卡尔：三重角色的扮演者

刘苏里

阅读的历史热已经持续了10年以上，近年尤为热烈。卡尔这本书的翻译出版，正好与历史热同步，历史到底是什么的问题随之凸显出来。它不仅是一个专业的历史哲学问题，还是一个摆在我们面前非常实际的问题，它与反思我们自己是谁关系密切。

卡尔说："历史就是连续不断与现实的对话。"谁与现实的对话？答案至少有两个，历史学家和每一位读历史的人。意大利的历史理论家克罗齐曾断言："一切历史都是当代史。"卡尔的这个说法，是克罗齐这句话的另一种表述。

但是卡尔的贡献，并不仅仅是他总结出"历史就是连续不断与现实的对话"，而是他用无数例子说明，只有从一系列相互作用的因素中，我们才能得到历史究竟是什么的答案。这些因素包括历史事实与历史记录、历史叙述之间，过去与现在、未来之间，历史学家与史实、史料之间，历史与阅读者之间，历史进程与当下人们的理解之间等相互作用的关系。

《历史是什么？》是卡尔1961年在剑桥大学讲座的演讲集。他接受剑桥大学的邀请，本该是有备而来，但直到演讲结束，卡尔也没有给出一个明确结论。这种相对主义姿态，使他受到同行的批评，有些甚至是毫不客气的攻击。说到对卡尔的攻击，让我想到另一位几百年来被很多人攻击的思想家马基雅维利。对马基雅维利的攻击，有误读的成分，但他确实也有软肋，就是他教导君主可以为达目的不择手段。然而，就像攻击者很难理解马基雅维利所处的位置一样，攻击卡尔的人，同样没有设身处地地从卡尔的角度出发。他们两个人都不只是思想家，还是政坛上的操盘手。

在重大的历史转折时期，一些人因种种机缘，很可能同时扮演起三种角色，既是提供方案的人，又是方案的执行者，还需要提供方案的思想背景。卡尔当时所处的位置，或者说他扮演的角色，就同时包含这三种。他首先是方案的执行者，其次参与方案制定，最后他还为方案提供思想背景。卡尔不

三三
《历史是什么?》

[英] E. H. 卡尔 著　陈恒 译　商务印书馆　2011 年

主题词◎历史学　历史学家　社会

经典之处

《历史是什么?》是卡尔 1961 年在剑桥大学"乔治·麦考利·特里维廉讲座"上的系列演讲,1963 年在纽约出版,是他享誉世界的历史理论名著。卡尔在书中从各个侧面对"历史"进行剖析,广征博引,提出了"历史就是与现实不断的对话"的著名命题,涉及的重要问题有:历史是什么,历史学的性质是什么,如何理解"社会与个人"的关系,如何看待历史中的因果关系和历史的偶然性与必然性等。

作者简介

爱德华·霍列特·卡尔(Edward Hallett Carr, 1892—1982),英国历史学家、国际关系学家。毕业于剑桥大学圣三一学院,1916—1936 年供职于英国外交和情报部门。卡尔专攻国际关系史和苏联史,被称为"现实主义国际关系学之父",他在国际关系学上的开山之作《20 年危机》,是现今国际关系专业学生的必读书本。代表作有《苏俄史》《历史是什么?》等。

思考题：

1. 试着解释一下海德格尔的这句话："现代的基本进程乃是对作为图像的世界的征服过程。"可以提示你的是，海德格尔说完这句话接着说："人为一种地位斗争，力求在其中成为那种给予一切存在者以尺度和准绳的存在者。"
2. 你怎样看待现代性中技术与人之间的关系？
3. 你最喜欢海德格尔关于那座神殿的哪部分描述？你体会到了些什么？
4. 你怎么理解这句话："你的每个朋友都是独特的，你必须把（她）的'如其所是'接受下来。"你怎么理解这里所说的"如其所是"？
5. 如何理解海德格尔所说的"诗人要被逐出日常生活之外"？

大地上。

海德格尔最喜爱的诗人是荷尔德林。他承认，荷马、索福克勒斯、维吉尔、但丁、莎士比亚、歌德像荷尔德林一样伟大，甚至比他更伟大。但他自有偏爱荷尔德林的理由。首先，在他看来，荷尔德林明确地就诗的本质写作，所以他称他为"诗人的诗人"。其次，荷尔德林与海德格尔同属一个时代，同属一个"贫瘠的时代"。

这个时代之所以贫瘠，是因为众神离开了这个世界。基督教徒仍然上教堂礼拜，但上帝却缺席了。不仅诸神遁走，上帝缺席，而且神性的光辉也从世界历史中消失。时代已贫瘠到无力辨明上帝缺席的事实了。

诸神遁走，却并非丝毫不留踪迹。贫瘠时代的诗人，就有一种使命，引导我们寻求这些踪迹。然而，在我们这个贫瘠的时代，众神隐遁了，生存的根据垮塌了，剩下一片深渊，诗人还能到哪里去寻找神的踪迹？在这世界暗夜的时代里，诗人必须探入深渊，因为一切都藏匿在深渊里，神性的踪迹也必在那里。这是一场冒险。海德格尔断言："诗是一切事业中最危险的事业。"海德格尔更以荷尔德林晚期陷入精神病状态这一实例佐证这一危险。关于这种精神病状态，海德格尔说，那是因为"诗人暴露在神明的闪电中。……过度的明亮把诗人驱入黑暗"。

正因为诗人冒着最大的危险，因此，诗是一切事业中最纯真无邪的。"纯真无邪"并不是说诗是单纯的兴味娱乐。为诗这件事之纯真无邪，是用以保护诗人的。为诗实在太危险，不能没有保护。海德格尔说道："假如诗人不被逐出日常生活之外，假如没有为诗无关利害这层表面来保护诗人不受日常生活之害，这种最危险的事业如何能生效，如何能保存？"

神明偏爱洁净，这一点，人们自古就知道。古人迎神，必先沐浴焚香。迎来的不仅是神明，迎来的是天地人神四大的友爱团聚。最后引一句荷尔德林的诗来结束吧：

只要友爱，这纯真者仍与人心同在，
人便不会不愿
用神性度测自身。

性妄为，而是从神显现之处承接尺度。然而，我们凡人能知晓神意吗？不能，天意从来高难问。神不可知，诗人又怎么为度？海德格尔回答说："神明恰恰作为不可知者而成为诗人的尺度。"这尺度不是神明本身，而是神作为不可知者公开的方式。那么，这尺度是不是太异陌玄秘了？是的，天上并没有画好现成的尺度，好像诗人可以找到这样现成的尺度，复制下来，把它交付给人民大众。诗人为度，也绝不是用某种已知的量度去测量某种未知的长度。诗人始终面对陌生的东西，他的本事恰在于他能把无形之道化为有形之象。这形象里就隐藏着尺度。神明以不可知者公开的东西竟能成为人度量自身的尺度，"全靠诗人把陌生之物纳入熟悉的景观"。

这里我引用一段海德格尔的文字，听众可以听听他行文的调子。

> 诗人把天空诸景观之光华、天之运行与和风之声息唤入歌鸣之言，以使之昭明振响。不过诗人之为诗人并不仅仅描述天地的外貌。景观使不可见者得以自现，作为陌生者自现并始终保持其为陌生者，保持其为不可知者。透过这些景观，神明令人惊异。在这种惊异之中，神明昭示其不间断的临近。

荷尔德林问："大地之上可有尺度？"他自答曰："没有。"所以我们需要诗人。一方面，诗人截取诸神的无声之音，把它们变为有声之言传给他自己的人民。另一方面，诗人从民族的古老传说中听取对存在者整体的原始领会。这种领会多半在流传过程中磨得愚钝了，必须由诗人重新予以解释，使之重新振响。诗把这相向又相离的两方面结合在一起，"诗人立在诸神和人民之间"。

人们有时轻忽诗歌，说"那不过是诗人的想象而已"，好像现实是硬邦邦的，诗歌则是轻飘飘的。在海德格尔那里，事情却恰恰相反，"诗人所言说的，诗人所承担起来的东西，才是现实"。我们所谓的现实才是梦影呢。

是啊，如果我们终身匍匐在大地上，从不仰望天穹，那土地可能是硬邦邦的，太硬邦邦了，没有给人的自由留下任何空间。为诗松动了这个所谓"现实"。诗人从天穹承接尺度，用来度量大地，使得人能够建筑家园，安居乐业。人离不开大地，但他不是匍匐在大地上，人在大地上建造屋宇，以便他能够诗意地栖居在诗"。这是一句惊人的断语。实际上，海德格尔并不经常讨论绘画、雕塑、建筑，讨论诗的文著则很多。在《艺术作品的本源》之后，他就开始以"荷尔德林诗"为题授课，他后期的很多思想，都是借着对诗歌的诠释发挥出来的。《诗人何为》这篇文章就是对荷尔德林诗的诠释。海德格尔的诠释不会是我们通常读到的诗歌解析，在他的诠释和讨论中，他继续思考存在、真理、技术时代这些主题。这里，我要谈谈他对诗的一般看法，以及他借诗歌诠释展开的一些主题。

海德格尔关于诗歌所说的不少内容，他在讨论艺术作品的时候已经表达过了。当然，诗与其他艺术形式不同，诗是通过语言表达出来的。与其说语言已经现成摆在那里，诗人使用这种语言工具来表达他的思想，倒不如说诗造就了语言。"本真的诗绝不是日常语言的某种较高品类；毋宁说日常言谈是被遗忘了的诗，是精华尽损的诗。"

那么，精华未损的诗是什么样子的呢？让我们从诗歌与栖居的关系说起。海德格尔有一篇文章《人诗意地栖居》，题目是荷尔德林的一句诗。我们可以从德文词 Bauen 说起。这个词不仅指盖房子居住，也指播种耕耘、制造器物。加在一起，就是让人乐业安居。但仅仅有吃有喝，人还不算安居，因为人还没有获得人的存在。人固然需汗流满面才得糊口，但人之为人，是受到神明的特别眷顾的，能够在劳作之际仰望天穹。仰望天穹并不是要立地飞升，脱离大地，恰恰相反，正因为人居住、劳作在大地上，他才能仰望，天穹才高高在上可供人仰望。所谓栖居，说的就是凡人居住在土地之上、天空之下，居住在天地之间。

人为什么要仰望天穹呢？因为神明居住在那里。人区别于鸟兽鱼虫，因为人需要神明，人以神性衡量自己。用海德格尔的话说，"人之为人，总已经以某种天界之物度量自己了。神性是尺度，人依此尺度量出自己的栖居，量出他在大地上在天穹下的羁旅"。

诗人的任务就是承接神明的尺度。在海德格尔看来，诗不是生存的装饰品，诗人写诗也不是在表达他个人内心的喜怒哀乐，这些激情一时慷慨激昂，转眼又消失得无影无踪。海德格尔对诗的理解跟我们平常所说的写诗、吟诗差得太远，我们实在不能把他所说的 dichten 译成"写诗"。勉为其难，我把它说成是"为诗"。

为诗是怎样一种活动？海德格尔断称，"为诗即是为度"。诗人为度，不是任是，使某物成其真，保持其真，保真。所谓保真，是保护作品中呈现出来的真理，让作品真的是个作品，也就是说，让作品作为作品起作用。我们并非站在作品对面来欣赏它，而是我们被作品吸引，进入作品，让作品中的真照亮我们。这种照耀绝不能说成是体验。体验，等于把作品当作用具，成为（沦为）我们体验的激发器了。作品始终保持自己的独立自在，不是为这个主体那个主体服务的工具。

人们常问，艺术有什么用？艺术作品不是用具，它不像用具那么有用。但若艺术作品当真转换了我们看待世界的眼光，使得世界具有更高或更深的意义，那么，不妨说这是无用之大用。

海德格尔对很多当代艺术家产生了巨大影响。但也有人认为，哲学家讨论艺术，我们不能当真。一个理由是，哲学家不一定有多深的艺术修养。在《艺术作品的本源》这篇文章里，海德格尔讨论凡·高的一幅画，凡·高画的是农妇的一双鞋。海德格尔从这双鞋说起，说到晨露，说到土地与世界。他真能从一双鞋看出那么多内容吗？还有艺术史专家考证，海德格尔看到的那幅画，画面上的根本不是农妇的鞋，而是凡·高自己的鞋。

这段公案至今没有结论。但我的问题是，我们要有多少艺术方面的知识才能讨论艺术？莱辛的《拉奥孔》是美学史上的名篇，但他并没有亲眼见过拉奥孔这件作品。温克尔曼被广泛认为是艺术史的奠基人，他主导的艺术观念是从希腊艺术来的，但他没去过希腊，看到过的希腊艺术品不多，跟现在的随便哪个艺术史家相比也少得可怜。

这里无法展开来讨论这个问题，我只说一句，艺术家、艺术评论家、艺术史家、美学家、哲学家，他们是从多多少少不同的角度来讨论艺术的。这些讨论往往是互补的，而不是互相排斥的。而且，艺术说到底是我们的生活的一部分，别说这个家那个家的，就是我们普通人，不是也经常为一部小说、一首歌、一部电影，争得面红耳赤吗？

诗人何为

在《艺术作品的本源》接近尾声处，海德格尔断称"一切艺术本质上都是或小的世界，为一个或大或小的世界提供了意义。

作品的另一个特点是独立性。这一点，拿艺术作品跟器具比较一下就十分清楚了。艺术作品和用具都是被创造出来的，器具当然也存在着，但是器具不具有独立自依的存在，它的存在服务于它们的用途。

刚才说到，作品的统一性在于它让它的材料显现自身。材料并不消解在作品的统一性中，而是通过作品顽强地呈现封闭着的自身。

用具不是为它自身创造出来的，而是为它的用途制造出来的。因此，质料服从于形式，器具却不在意它的材料。实际上，器具制作得越好，越凑手，它的材料就越不触目。例如一把锤子正被用得顺手，谁会在乎手里这把锤子是用什么做成的呢？

作品的独立性跟作品的独一无二这两个方面是连在一起的，我们甚至可以说，独立性和独一无二是一回事的两个方面。独立有深深浅浅好几重意思，一层基本的意思是，一样东西的存在是独特的，没有别的东西可以取代它。旅馆老板雇一个保洁员，只要他能好好打扫卫生就好了，他并不关心这位保洁员有一个什么样的自我。老板是从功能和用处来考虑雇什么人的。你再看看身边最亲密的朋友，每一个都有他独一无二的性情，每一个都有他独立的自我、独立的生活。一样东西，一个人，独一无二、无可替代，你非得把他如其所是的那样接受下来，这就是它的独立性，是它的独立存在。一件作品是独一无二的，一件作品具有它独立的存在，都来自这一点：一件作品非得是它所是的那个样子不可。

最后再说两句艺术品跟受众的关系。

当代人，尤其是城里人，有很多"爱艺术"的人，他们热衷于收集关于艺术品的种种情报：凡有展览，必定到场，这样，别人谈论艺术的时候，自己也能说上几句；即使独处的时候，他们仍然爱艺术，仔细欣赏一幅画作的奇巧神妙，或者聆听一曲音乐，带动起心灵深处的体验，默默流泪。我们说，艺术给人以美的享受。我们说，艺术带来心灵的体验。然而，所有这些说法，在海德格尔看来，不仅流俗，而且对理解作品的本性是有害的。

海德格尔不说欣赏、鉴赏、体验，他在这里使用的关键词是 Bewahren。这个词平常是收存、保存的意思。不过，海德格尔希望我们注意到这个词字面上说的却自行消亡了。我们可以想想荷马、莎士比亚、曹雪芹，他们的作品无与伦比，但他们是谁，有什么事迹，一般人并不关心。就说歌德吧，他曾经说："我的作品是署名歌德的集体创作。"

于是，海德格尔绕开了我们平常所说的创作者、创作过程等，他谈论的是真和真相落实在一件作品中的过程。前面说到，艺术作品一方面开启一个世界，另一方面让隐匿者固守自身。作品的创作过程就是这两个方面的斗争。用海德格尔的语词来说，在创作过程中，世界和土地互相撕扯。撕扯造成裂隙。裂隙不是一条鸿沟，把世界和土地远远隔开。相反，正是沿着裂隙，世界和土地互相吻接，显示出二者是不能互相分离的。艺术创作的难处在于，一方面要让世界开放以容纳土地，另一方面又要允许土地保持其自依自存。最后的结果是，世界和土地的冲突被保存在作品的统一体之中。作为统一体的作品是安宁的，但这种安宁包含着张力和冲突，所以整部作品是"运动的内在聚集和最高的动势"。

我们一直在说，海德格尔对"存在"或"是"的理解是动态的。某物存在，说的不是一个对象摆在那里，说的是某物从被遮蔽的状态显现出来。每一个存在者都是在一个意义整体里显现出来的，同时一个存在者显现出来照明了其他存在者。这一点，在艺术作品那里最为明显。德文里面表示作品的词是 Werk，它既是作品，也是工作、作用。作品不是摆在眼前的某种对象、某种物品、某种玩意儿，而是某种正在起作用的东西。

艺术作品怎么起作用？简单说，作品的出现使得我们司空见惯的事物进入了一种全新的光照。

每一件好作品都是独一无二的。科学实验关心能够不断重复的现象，工业成批生产出一模一样的产品；创作活动则是一次性的，不可重复的。艺术作品的独特性并不要求艺术家刻意去标新立异，这种独特性的根据在于：作品越是独一无二，它提供的光照越是新鲜。关键之点不在于作品的不同寻常，而在于作品的作用不寻常——作品使得寻常事物变得不寻常了，使得世界变得不寻常了。

作品的不寻常使我们这些寻常人转变了对世界和土地的习惯方式，使我们收束起流行的行为方式、评价、认知和眼界，以便延留于在作品中演历的真相。我们超出寻常之境而进入真理借艺术作品初辟的新境界。一件作品照亮了一个或大的面貌示人。

我们都强调一件作品是一个统一体，好像作品整体才是要紧的，材料服务于这个统一体。在作品里，退隐的是材料，张扬的是整体。海德格尔的看法正好相反：固然，作品是统一体，但这个统一体是为它的部分服务的。或者倒过来说，每一个部分之所以需要统一体，是因为它只有在统一体中才能彰显其自身。只有在凡·高的画里，颜料才得以斑斓，只有在肖邦的钢琴曲里，音响才得以歌鸣，只有在荷尔德林的诗里，每一个音节才得以铿锵作响，每一个语词才得以诉说。

在统一体里，个体的优异之处才得以张扬，反过来，统一体是为个体张扬其优异之处服务的。海德格尔的这一基本思想，不限于艺术作品的讨论。我们不妨从这个角度出发做更广泛的思考，思考社会与个人，思考什么是一个真正的统一体，什么只不过是很多东西的堆积。

我们已经看到，在《艺术作品的本源》里，真是核心概念。艺术的美也来自真。这说的当然不是模仿来的逼真，它说的是存在者如其所是的显现。这是一种纯净的显现。在我们的日常世界里，到处都是磨疲了的物体，灰头土脸，不再显耀，也有不再照耀他者的个性。而当存在者是其本身，依其本真显现之际，存在便得以显耀。因此也是一种显耀。这一显耀就是美。

在海德格尔同期的另一部主要著作《形而上学导论》里，海德格尔对流俗的美学观念不屑一顾。在流行美学那里，"艺术是对美的东西的表现，而美指的则是令人愉快讨人喜欢的"。要找这种让人享受的美，我们最好是到糕点师傅那里去找。艺术享受、艺术鉴赏，这些都是海德格尔不能接受的俗套。这些话题就把我们引向他关于作品创造和作品保真的讨论了。

作品的创造与保真

艺术作品是创作出来的。讨论艺术，就不能不谈到创作、创作者等。然而，谁要是期待海德格尔会从我们所熟悉的创作过程着手分析，他就是对海德格尔还缺乏基本了解。首先，海德格尔认为，在伟大的艺术那里，艺术家和艺术品相比无足轻重。艺术家只不过像一条通道，作品通过艺术家进入其独立存在，而通道树木和青草，鹰和野牛，是生与死，凯旋与耻辱。凡·高的《向日葵》远远不止于让我们看到向日葵的另一种样子，它让我们看到的，是世界的热烈生机。

我说"另一种样子"，这个表达不怎么准确。在我们庸常的世界里，事物的样子是扭曲的。我们看到的，是可加利用的东西，是我们可以用来算计的东西，而不是事物的真相。凡·高让我们看到真相，看到事物的如其所是。凡·高展现给我们的，不只是向日葵的如其所是，透过这一株向日葵，我们打开了看到万物生机的眼睛。

凡·高的《向日葵》展现了事物的真相，莫奈的《向日葵》展现的又是什么呢？世界的同一个真相吗？说到真相，我们一下子想到物理学真理——世界只有一个真相，那就是物理学揭示出来的真相。海德格尔说到真，说到真相，说的当然不是这个，仿佛世界的纷繁现象都是假象，它们背后的物理实在才是真相。海德格尔是说，纷纷繁繁的世界现象之中，有假象，也有真相。何为真，何为假，也不是凝固的，真具有历史性，真不断演变，在它的演变中展现不同的面相。

海德格尔一般地反对在现成状态中理解事物，更不用说艺术作品了。他一般地把真理理解为发生和演历。

海德格尔一向反对把真理理解为认识与实在的符合。他说他是从希腊的真理观来理解真理的。真理，希腊人用的词是 aletheia，意思是去除掩蔽，还其本来面目。之所以需要去除掩蔽，是因为事物的本来面目、我们自己的本来面目，首先通常对我们是掩蔽着的。事物的真相是从纷纷纭纭的假象里识别出来的。而且，真也不是一旦获得就不会再失去，要保持真，就需要"时时勤拂拭"。正是在这样的意义上，艺术和真紧密相关。

作品开启了世界，但这并不是说，世上万物都向我们敞开来了，可以让我们里里外外来透视万物。真实的存在者自有它固守自身、深藏不露的一面，而正由于世界现在敞开了，我们才明白它们是深藏不露的。我们休想通过分解或分析看到那一面。我们把大块岩石切成小块岩石，看到的还是岩石；我们把色彩分析成光谱，色彩就不再是色彩了。艺术作品在开启世界的同时，让我们看到什么固守着自身。岩石在有所承载之际才始成其为岩石，才固守自身的厚实凝重。作品让自己所使用的材料在作品中闪耀，仿佛作品隐退了，以便让这些材料以自己固有作品是事物普遍本质的再现。"这普遍本质存在在什么地方？一座希腊神殿究竟与什么东西的什么本质相符？"艺术作品不是附加在物的基底之上的审美价值或美感上层建筑。艺术作品不是一种文化现象，不是供我们鉴赏用的，不是供我们陶冶性情用的，更不是供我们消遣娱乐用的。艺术变成了文化的一部分，只是艺术的堕落。20世纪的艺术，海德格尔一般都说成是堕落的，甚至是具有破坏性的。

艺术作品不是上述这些，那么它是什么呢？海德格尔从描写一件具体的艺术作品着手，他选的是一座希腊神殿。

> 一座希腊神殿，它不摹画任何东西。它只是矗立于此，矗立于嶙峋岩谷之中。这座建筑环封着神的形象，环封掩蔽，同时又任这形象通过开敞的柱廊伸延而出，达乎神圣之域。有了这殿宇，神便可在这殿宇临现。神这样临现，这本身就是神圣之域的扩展延伸。……神殿这一作品第一次把种种路径与关联沟通聚拢，使成一统；而在这些路径与关联之中，生与死，祸与福，凯旋与耻辱，坚久与衰败，乃以命运的形态展现在人类面前。这种种业已开放的关联所御制的疆域，即是这一历史民族的世界。
>
> 殿宇栖立于岩基之上。岩石支撑着殿宇，笨拙却无所追求。高高矗立的作品从巉岩中从这支撑中掬捧起一团晦秘。风暴肆虐在殿宇上；殿宇在风暴中屹立，才反衬出风暴的肆虐。山石闪着辉光；这辉光本来不过折射着太阳的恩赐，却复显示出白昼的明朗、天空的寥廓、夜幕的昏黑。殿宇横空雄立，一望无际的辽远便落入眼界。殿宇如磐屹立，与拍岸的浪涛恰成对照；它的泰然更衬托出大海的喧腾。树木和青草，鹰和野牛，蛇和蟋蟀，于是始获其各自有别的形态，从而如它们各自所是的那样显像。

海德格尔借着描述一座希腊神殿，表达出了他关于艺术作品的基本思想。一件艺术作品打开了一个场所，在这个场所里，天地人神前来聚会。这当然不是说，一座建筑要把天地人神都供在那里，一幅画要把天地人神都画在画里，而是说，一件艺术作品开启了一种视野，使我们能够看到世上万物的另一番景象。一座希腊神殿让我们看到的，绝不只是几根立柱，一片山墙，它让我们看到的，是海德格尔也曾猜想，诗和艺术将提供出路。不过，一方面，我们还不曾想清楚技术的本质；另一方面，艺术的本质也同样深奥莫测。反正，现代艺术看不出有什么建设性。

但海德格尔也不是一无所知，他知道，若还有拯救，拯救者必定从阱架本身中生长出来。我们所能做的，是为拯救者的成长和来临做准备。怎么准备？那就是，不要盲目地被技术发展所裹挟，也不要无望地诅咒顽抗。要做的是不懈地深思技术的本质所在，尤其是注视技术阱架的威胁。这些工作，海德格尔称作"克服形而上学"。当然，我们不可能通过克服形而上学克服技术时代。在他晚年的一次重要采访中，海德格尔说："哲学不能引起世界现状的直接变化。不仅哲学不能，而且任何纯粹人类的反思和努力都不能。"接下来他说了那句名言："只还有一个神明能救度我们。"

海德格尔对当代技术社会的刻画颇为生动有力。不过，我们在别的作家那里也能找到类似的刻画。更具海德格尔特色的是他对技术时代的深层反思。他提出了很多新颖的、有冲击力的论旨。技术就其本质而言不是中性的工具，而是世界的一种显现方式。技术发展到今天，不是人在控制技术，而是技术在控制人。技术不只是科学的应用，是技术推动着近代科学的发展。这些思想对后来的技术社会研究产生了巨大的影响。

艺术的本质

在他早期的主要著作《存在与时间》里，海德格尔没有谈到艺术作品。《存在与时间》里的中心是人或此在，存在、真理等都是从此在出发来讨论的。在这本大书里，人以外的存在者，大致都被他看作是用具或器具。进入20世纪30年代以后，海德格尔越来越经常地讨论艺术和诗，他一直关注的存在、真理等话题，通常是通过艺术、诗等来讨论的。当然，他讨论这些话题的思路，自然是从《存在与时间》那里延续下来的。

海德格尔的思路经常有出奇之处。他对艺术的看法也与众不同。与亚里士多德不同，他认为艺术作品不是对现成事物的模仿。与黑格尔不同，他不认为艺术有时候，海德格尔干脆把技术称作"原子时代的形而上学"。因为，可怕的不是原子弹，而是那要求把原子弹制造出来的技术本身。即使我们把现存的原子武器统统销毁，它们还是可以随时被制造出来。看到从月球拍回来的地球照片以后，海德格尔大吃一惊。他说道："我们根本用不着原子弹了，人现在已被连根拔起。人今天生活在其上的，已不再是大地了。"

但干吗非要住在地球上呢？我们可以迁到别的行星上去嘛。首先，按照前面讲到的时间观，此在不可能到达它从不曾到达的所在，此在不断到达的，是它的曾在。这个思想也许太过高深了。技术的发展也许真能把我们带到银河系里的另一颗行星上去。海德格尔回答说，假使这样的事情真的发生了，那也不是人到达了哪颗行星，因为那时候已经没有人了，人已经变成了机器，已经"从狂妄转变为疯痴"。

现代文明是全球的科学-技术-工业文明。这个文明的特点是，一方面技术力量日益壮大，另一方面人类精神日益萎缩。

首当其冲的，是把精神曲解为智能，曲解为计算的能力。作为计算式的智能，精神沦为为其他事情服务的工具。精神仿佛只是所谓"现实"的附属物，最多只是一些文化摆设，用来装饰现实。其实，"精神才是承载者和统治者，是首先的，也是最终的"。肉体的力量和美丽、斗士的信心和勇敢、理智的真切和敏锐，无不基于精神，随精神的起落而消长。

在精神萎弱的种种方面，海德格尔最痛惜的是创造性的丧失。在他的作品中，充满了对创造性的敬慕和颂扬，对平庸的蔑视与憎厌。可现在，创造者伏匿了。人人都变成了群众，自由创造招来的只是憎恨和怀疑。在当代的精神没落中，"拳击手被奉作民族伟人，千百万人的集会成了凯旋"。而同时，创造者，如诗人、思想家，还只被当作不懂人生的怪僻人物保留着。

当代世界已经深深陷入技术阱架。我们不知道世界文明是否马上会被突然毁灭，抑或它会在不断变化中持续一个长时期。我们不知道人类最终有救没救。

海德格尔说，或许，俄国或中国的古老传统哪一天会帮助人建立对技术世界的一种自由关系。不过，单靠接受东方世界观是不行的。"思想的这一转变须求助于欧洲传统及其革新。思想只会通过具有同一渊源同一规定的思想才能转型。"

现代人拥有强大的技术，这是常识，把我们的时代称作技术时代，看来没有什么新意。但海德格尔说到技术时代，却是完全从另一种眼光来说的。简单说，在海德格尔看来，不是我们在支配技术，而是技术在支配我们。海德格尔感慨说，直到今天，人们仍然怀抱老掉牙的看法，把技术当作某种中性的东西，当作供人类支配的工具。但若我们睁眼看看现实，我们看到的却是，技术早就开始支配我们现代生活的方方面面。

现代技术从一开始就把自然视作榨取的对象，视作"自然资源"。这样一种态度，从培根的"拷问自然"到康德的"理性为自然立法"就已经出现了。这种基本态度带来的必然后果是，不仅自然不再是人类的家园，而且人类自己也变成了可供榨取的资源，变成了"人力资源"。

现代人在意的，只是那些能够用技术来处理的东西，不能用技术处理、利用的东西，就好像不存在的东西。你用利用、摆布的态度来对待世界，你就不可避免地陷入被利用、被摆布的境地。技术是现代人的天命，现代人受到技术的摆布，这种境况，海德格尔称之为"技术阱架"（Gestell）。总之，我们再也不应该把技术看作为人所操纵的工具，相反现代人早就落在技术阱架之中，技术拘囚着人，控制着人，使得人们找不到路径去经验该怎样生存的本真指令。

现代人说起技术进步，往往欢欣鼓舞，先是蒸汽机、飞机，直到后来的人工智能、基因编辑。而海德格尔说到现代技术，主要是从负面说的。例如，生物工程技术看来有望大大延长人的寿命，甚至有人说最后能让人长生不老，这该是好事了吧。然而，在海德格尔听来，这不像是什么好消息。人终有一死，这对人之为人是根本的。可如今，终有一死的凡人竟然想自己变成不死的神明。在当今的技术统治下，天地人神四大尽毁，世界简直不再成其为世界。

本来，世上万物有远有近，有疏有密。现在，技术不断缩小时间和空间的尺度。从前经年旅行难到之处，而今飞机一夜就到了；从前数年后才听得到的消息，收音机转瞬就告诉了我们。远古的文化放映在银幕上，我们坐在现代化的影院里观看。新兴的电视更大有垄断一切信息传播之势。但距离的缩小并不能带来亲近，缩小距离的结果也许只是把所有事物都挤成一堆。在原子弹和氢弹里，能量被聚集了。一旦爆炸开来，可以把地球上的生命蚕食干净。

事物的机械运动这个方面。

第二个特点是科学实验。这被认为是近代科学的一大优势，但在海德格尔看来，这只不过表明科学对自然采取了一种新的态度。科学实验是要改变事物的自然状态，把一些人为的条件强加给事物，在这些条件下，事物会提供一些新的信息，而它在自然状态下不会提供这些信息。这就是培根所说的，我们得"拷问自然"才能让自然回答我们的问题。与此对照，亚里士多德要探究的，是真正的自然，是处在自然状态下的事物，而实验所设置的那些条件，恰恰破坏了事物的自然状态。

第三个特点是企业化和体制化。科学越来越费钱，必须跟商业结合在一起才能持续发展。不过，海德格尔在这里所说的企业化，主要不是指科学与商业结合，而是指近代科学内部的发展。科学的企业化、体制化，韦伯早就已经看得相当清楚，他说科学体制正在把学者改变成学术"生意人"，他们没有自己的思想，只是一套制度之中的螺丝钉。刚才已经引用了海德格尔的话说，"科学不思，科学不思想"，到今天科学中最主要的工作都是操作。海德格尔早在那时就断言，全部物理学都装在粒子加速器里面。这一点，今天看来更加明显。

技术时代

前面谈到《世界图像的时代》总结了现代社会的五个基本特征。首先是科学的兴起。其次是技术的统治。我们知道，无论中西，学问和技术从前都分得很开，做学问的是上等人、士大夫，从事技术的，无论什么样的能工巧匠，都是手艺人、劳动者。近一两百年，情况发生了根本的改变。今天的重要技术，都是基于科学发展出来的。海德格尔认为，我们切不可以为技术只是科学的应用。固然，先发生的是科学革命，技术时代是随后到来的，然而，其实是技术的本质规定着科学的发展。一切真正的开端都是最后显现出来的。所以，海德格尔把当代社会的本质定为技术时代，而不是科学时代。

《世界图像的时代》主要讨论科学，对技术说得不多。这里结合他后来的论著稍做补充。

格尔在这里表述的主张颇有几分相似，不过海德格尔的叙事更加宏大，考虑的是存在者整体的显现方式发生了什么转变。

我们不一定懂科学，但人人都看到科学的巨大力量。汽车、宇宙飞船、苹果手机，这些都来自现代科学。科学的这种巨大力量是怎么来的呢？如果用一个词来概括，海德格尔大概会选"客体化"这个词。科学把万物都放置到人的对面，成为对象或客体。科学把我们的生活世界转变为一个对象化的客体世界，而不是深入人与自然的丰满本质之中。所以，无论科学取得了多么巨大的成就，对我们理解人类生存都没什么帮助。在海德格尔看来，只有艺术、诗、思想才能深入人和自然的丰满本质之中，科学做不到这一点。据此，他口出惊人之语："科学不思，科学不思想。"

海德格尔进一步指出，把万物都视作客体，这不仅是科学的一个特点，也是整个近代世界观的一个特点，说起来，科学态度本来就坐落在整个近代态度之中。

与万物相对的是人，人与万物面面相觑。跟把万物理解为客体相应，近代世界把人理解为主体。那边是客体，这边是主体。主体要去认识客体、把握客体，进一步，主体是要去支配客体。人为了支配世界才去认识世界。

人支配世界的观念扩展开来，不仅要支配万物，而且也要支配他人，他人也被当成工具或者"人力资源"。我们也许认为那是不对的，应该像康德那样主张，人是目的，谁都不应该把人当作工具。但即使康德这样的主张，仍然是把人当作了主体。把人从自己的小我里解放出来，放到社会之中，放到大我之中，这并没有摆脱"人即主体"的观念，甚至反过来更加巩固了这样的观念。用海德格尔的话说，这里出现的是"人的全球性的帝国主义"。

在《世界图像的时代》里，海德格尔概括了科学的三个主要特点。

第一个特点是学问转变为专业研究。在科学之前的时代，学者们拥有广泛的知识和兴趣，探究多种多样的道理。科学兴起之后，世界被划分成一些固定的方面，由不同的学科加以研究，例如物理学、化学、生物学。每一个学科都有自己特定的基本概念、研究程序和解释框架。例如牛顿的《自然哲学的数学原理》，看上去它研究世上的一切现象，但它只从力学这个角度来研究这些现象，只讨论在《世界图像的时代》里，海德格尔总结了现代社会的五个基本特征。这五个特征是：一、科学的兴起；二、技术的统治；三、艺术被归结为体验；四、用文化来理解人类生活；五、去神圣化。这五个方面，海德格尔在他的中期和后期，翻来覆去地进行考察。《世界图像的时代》这篇文章，主要讨论第一点，即近代科学的本质。此外也涉及第二点，即技术的统治。

人们通常把近代科学的出现看作人类的一个巨大进步。人类是否在不断进步？在有些方面，可能会有争议，例如，我们的道德水准比宋朝人的道德水准更高吗？我们现在的艺术比希腊艺术更优秀吗？可说到科学，人们一般认为进步是明显的，无可争议。

海德格尔不接受人类不断进步的观念，他的很多说法，听起来像是说人类在不断退步。不说退步吧，那也只能说人类社会在不断改变，说不上进步还是退步。即使说到科学，他也持这样的看法。

在他看来，我们不能把近代的自然研究与古代的自然研究直接拿来比较，因为两者对自然持有完全不同的观念。近代科学革命所实现的，不是简简单单的进步，而是一整套观念的转变。例如，位置转变为绝对空间，运动转变为位移，物体转变为质点。这些转变的总体结果是，我们现在能够用数学来刻画自然。近代科学大量使用数学，所以，人们常常把近代科学叫作精确科学，好像古代科学不那么精确。但若我们考虑到发生了改变的是自然的整体观念，谈论谁比谁精确就没多大意义。对科学来说，只有可测量、可计算的东西才是个东西，用普朗克一句言简意赅的话来概括："现实就是可以测量的东西。"古代人不是这样看的。实际上，除了在科学那里，我们也不是这样看待现实的。所以，我们无法直接比较牛顿和亚里士多德，就像我们无法谈论莎士比亚和埃斯库罗斯谁更高明。

对无生命的自然现象，数学化的研究是可行的，虽然即使在这里，数学化的研究也只是偏于一隅的研究。可人们现在试图用同样的方式来从事一切研究，甚至对人文学和历史学，也想用数学来研究，那就完全不得要领了。海德格尔断言，在这些领域，"非精确性不是缺点"，而是这些学科的本质要求。

我们都知道后来库恩提出的"科学范式"。按照库恩的想法，牛顿的范式完全不同于亚里士多德的范式，两者之间无法通约，也无法比较。库恩的主张和海德

陈嘉映讲读《林中路》

> **陈嘉映**
>
> 首都师范大学教授。著有《海德格尔哲学概论》、《〈存在与时间〉读本》（编写）、《从感觉开始》、《无法还原的象》、《哲学·科学·常识》、《白鸥三十载》、《说理》、《价值的理由》、《简明语言哲学》、《何为良好生活》等。翻译或主译的作品有海德格尔《存在与时间》，戈尔《濒临失衡的地球》，维特根斯坦《哲学研究》《维特根斯坦读本》，万德勒《哲学中的语言学》，大不列颠百科全书《西方大观念》，J.奥斯汀《感觉与可感物》，以及伯纳德·威廉姆斯《伦理学与哲学的限度》等。

跟《存在与时间》不一样，《林中路》不是一本专著，而是一本论文集，海德格尔在其中收录了他20世纪三四十年代的八篇重要文章，可以说，它们都是海德格尔中期的代表作。中文译本是孙周兴译的。实际上，海德格尔的中译本，大一半是孙先生译的。

在这里，我没办法把这八篇文章都讲一遍。我挑出三篇来讲。它们分别是《世界图像的时代》《艺术作品的本源》，以及《诗人何为》。

科学

《世界图像的时代》一上来先总结了现代社会的五个基本特征。我们知道，希腊哲人通常认为他们探求的是普遍的、永恒的真理，他们不把希腊社会当成自己的主题，近现代哲人跟他们不一样，尤其是20世纪的哲学家，即使他们仍然相信永恒真理，他们往往也十分关心我们自己所处的时代，努力去理解现代世界是怎么回事，它是怎么来的，它会变成什么样子。这就是所谓现代性问题。

到一条通向返乡之旅的入口？

　　陈嘉映对《林中路》的解读，如同一段妙不可言的诗歌，一曲回肠荡气的琴声，一场华丽盛大的庆典仪式。感谢他！

见到诗意地栖居。海德格尔这一关于人的处境的思考，是对人类进入机器、技术时代生存状况的一种批判和否定。这正是《林中路》主要篇章的核心思想。

我知道，很多人未必赞成海德格尔的看法，但他提供了关于人的生存状况的一种可能性。技术进步到今天，当我们人手一部手机，享受其便利的同时，大概对所到之处，布满监控摄像头，感觉不会那么舒服吧？这个时候，你是不是想找个诗意的地方待上一阵子呢？在这一层意义上，与其说海德格尔转向诗，是因为诗简洁而抽象，倒不如说，是因为诗有可能将我们带上返乡之旅，虽然返乡之旅永远是人类不可能实现的梦想。

那么，在海德格尔的哲学转向、返乡之旅当中，艺术到底是怎么回事，处在什么位置呢？海德格尔晚年回到了他的黑森林老家，喜欢散步。《林中路》六篇，写于1933—1947年。我首先想到的就是，这个书名跟他晚年的归宿有没有关系呢？这个林中小道比喻，跟他的艺术研究有没有关系呢？如果有的话，为什么他选择的是艺术？艺术在海德格尔的哲思中，到底意味着什么？在《林中路》的主要篇章中，他对人们所持的艺术是一种鉴赏、愉悦的看法，为什么又抱着坚决否定的态度呢？林中之路，应该有起点，可能还有终点，但它主要是一个过程。走在这个过程中的角色，主要是人吧？可以想象，行走在德国的黑森林中，大概是个什么状况。恐怕主要的结局，是迷路，要么困守在某个地方、原地踏步。在海德格尔的人类返乡之旅中，恐怕正是艺术，而不是别的什么，会成为人们迷途的指津。就像他解读古希腊神庙的隐喻一样，艺术将是路途中的坐标，甚至是信仰的栖息之地。在这个意义上，艺术创作当然不再是以愉悦人为目的，艺术作品也不再是人们鉴赏的对象，而艺术家们就像带领以色列人出埃及的摩西。

海德格尔把他所处的时代称作贫瘠的时代，首先是因为信仰的消散，人类迷失在技术和机器的苦海之中。在海德格尔看来，只有艺术能拯救人类于苦海。从古至今，哲学从来就跟西方人的生活联系在一起，哲学就在人的生活之中，爱智慧就是寻找生命本来意义的旅程。哲学行到水穷处，则是诗意云起时，而艺术既是人类通向诗意栖居的歇脚驿站，还是行走在林中路中的人类抬头可见的指路明灯。如此这般，人类在哲学、诗和艺术当中，是否可找

导语｜诗意地栖居：海德格尔的返乡之旅

刘苏里

陈嘉映在讲读海德格尔的《存在与时间》时说，那部作品的关键词是"此在"和"存在"。"此在"，也就是人；"存在"，也就是人的存在状况。海德格尔把时间这个概念带进来，是想说明，人的"存在"，不只是现在正在活着这件事，还包括"曾在"，曾经活着、存在，或者叫"曾经在场"，以及"未来之在"，就是明天人会怎样活着，或者应该怎样活着。

进入1930年代，海德格尔人到中年时，哲学研究也发生了转向，转到了艺术和诗歌。《林中路》就是这个转向的一个重要结晶。那就来谈谈我对转向的理解。

中国古代有一句很有名的诗，"行至水穷处，坐看云起时"，完全可以解释成一个状况走到了尽头，就是另一个境界的开始。或者也可以这样理解，你之所以没上到一个境界，是因为你没走到穷途末路。这里的穷途末路，不能当绝望理解。我想用这个容易理解的意境，带出另一个有关哲学的说法，即哲学的尽头是诗。诗不仅语言简练概括，而且抽象。维特根斯坦喜欢诗，也解读诗，跟海德格尔解读荷尔德林的诗，应该出于同一个原因。读维特根斯坦，从《逻辑哲学论》到《哲学研究》，句子都跟诗一样，虽然难解，却简短而优美，比如"凡能够说的，都能够说清楚，凡不能谈论的，就应该保持沉默。""一个人可以不相信自己的感觉，却不能不相信自己的信念。"

海德格尔的诗性名句更多，比如："人是被抛到这个世界上来的。""良心唯有经常以沉默形式来讲话。""有担当，才有自由。"

海德格尔最有名的诗化句子是："向死而生。""人安静地生活，哪怕是静静地听着风声，亦能感觉到诗意的生活。""一朵花的美丽在于它曾经凋谢过。"

海德格尔转向诗，还是没离开对《存在与时间》中的此在，也就是人的处境的思考。他关于人究竟应该怎样活着，思考的路径走向了更加清澈见底的境界。而只有诗，才能担负起这一职责。正所谓哲学行到水穷之处，当可

三二
《林中路》

[德] 海德格尔 著　孙周兴 译　商务印书馆　2015 年

主题词◎科学　技术　艺术　诗人

经典之处

《林中路》是 20 世纪德国著名思想家海德格尔最重要的著作之一，也是现代西方思想的一部经典作品，是进入海德格尔思想的必读之作。本书几乎包含海德格尔后期思想的所有方面。其中最引人注目的是海德格尔围绕"存在之真理"问题对艺术和诗的本质的沉思，以及海德格尔独特的"存在历史"观，也即对西方形而上学以及西方文明史的总体观点。

作者简介

海德格尔（Heidegger，1889—1976），德国哲学家，20 世纪存在主义哲学的创始人和主要代表之一。海德格尔哲学对现代存在主义心理学有着巨大影响，他的存在主义思想对以后心理治疗的发展也有很大的启发作用。他的主要著作有《存在与时间》《林中路》《理性的原则》等。

在与时间》采用的是建构大型理论的路子，一个大范畴分成几个小范畴，一个小范畴又分成几个更小的范畴，不同范畴又有对应关系，这个形式结构，在阅读原著时应当注意。

我们这样的讲读，就像学微积分，是去学教科书上的表述，不见得一上来直接去读牛顿或莱布尼茨。好的哲学书总是有点儿难的。普通读者读哲学书，不一定要求自己完全读懂，你读了有收获，这是最重要的，不一定要计较你是不是读出了海德格尔的原意。

最后我还要说明一点：海德格尔哲学，以及这一哲学的影响力，跟海德格尔的独特语言连在一起。他的语言的这种独特之处，在翻译成汉语的时候已经失去了很多。讲到这里，剩下的就是你自己去读书了。

思考题：

1. 为什么海德格尔强调人与事物间的操劳关系？
2. 请再举一个类似锤子的例子，分析说明我们与世间上手之物的关系。
3. 海德格尔说："Man（芸芸众生）到处在场，但又可以说'从无其人'。在此在的日常生活中，大多数事情都是由我们不能不说是'不曾有其人'者造成的。"请谈谈你对"从未有其人"的理解。
4. 海德格尔说："我们是如此地有限，乃至我们简直无法靠自己的决定和意愿把自己带到无面前。"你认为海德格尔说的"有限"包含几层意思呢？
5. 你怎么理解"死亡既限制了也决定了此在的可能性"这句话？

机,如果生命绵绵无尽,我们今天做什么事情都跟明天做它一样,我们就不会有任何作为了。至少在这个意义上,生存的确可以说是"向死存在"。

向死存在揭示出,此在根本上是有限的。人的有限性是海德格尔哲学的主题之一,在后来的著作里,他经常直接用"有死者"(mortal)来称呼人。然而,沉沦中的众生却不敢直面人固有一死这个最确定的事实,即使在临终者的床头,"最亲近的人们"还无谓地告慰他,让他相信他将逃脱死亡,重返他沉沦于其中的各种事务。

我们前面讲到畏,海德格尔说,畏才能把此在唤向他的向死存在。心怀大畏者才能大无畏。死亡的空无把此在从患得患失中解放出来,敞开了生存的一切可能性,任此在自由地纵身其间。本真的此在在死的眼皮底下昂然直行,把它自身所是的命运整个承担下来,毅然决然投入真实的处境。此在我行我素,摆脱了蝇营狗苟的偶然性,不再被它偶然陷入其中的种种世故牵着走。当然,此在实际上都决定要做些什么,则不是生存论分析所能讨论的。陶渊明也许知其不可为而采菊东篱下,孔夫子则知其不可为而为之,鞠躬尽瘁死而后已。

无论从什么角度看,死亡都是个绕不过去的话题。不过,存在哲学格外少不了对死亡的思考。信仰某种宗教的人,可以把死亡看作通向另一个世界的大门,那另一个世界甚至可能是更好的世界。在传统的宗族社会,只要子孙满堂,后世一代一代有人祭祀,香火永续,一个人老了死了,也没那么可怕。可是在存在哲学里,人靠不上上帝,靠不上子孙,人归根到底是他一个人。这也的确是现代人的真实状况。在元气饱满时,他自由自在,他特立独行,但代价是元气流失的时候,他孤孤单单的,要单独去面对那种局面。总不能说,那时候我退回到宗教里去吧。自由思想最终要达到齐万物一死生的境界,否则,自由思想是残缺的,甚至是不真诚的。

结语

《存在与时间》涉及的论题很广,存在论或本体论的、认识论的、伦理学的、历史哲学的。有些论题很深,比如有与无、时间、自我等很多论题。此外,《存讨论时间的部分，往往杂乱而重复，海德格尔后来也说，那时候他对时间的思考还远远不够成熟。这里只扼要介绍几点。

海德格尔像他习惯的那样，认为我们平常的时间观念是流俗的时间观念。按照流俗的时间观，时间分成过去、现在与将来，在这三者之中，现在居于中心地位，过去被看成"以前存在过，但现在不再存在"，将来被看成"今后会存在，但现在还不存在"。跟这种流俗的时间观相对的，是海德格尔的本真时间。刻画本真时间的时候，海德格尔用"曾在"来代替"过去"，用"当前"来代替"现在"。在本真时间里，曾在并不曾过去，它只是不再现成存在而已，但它仍然以某种方式包含在当前之中。我们说此在作为他自己生存，恰恰是说，他在当前仍然承担着他的曾在，或者说，承担着它"只要此在生存，它就已经被抛入一个世界，抛入他人之中"的被抛状态。用平常的话说就是，割断了历史，生活就飘起来了。一个人忘本了，当然就不可能是本真的了。

除了本真的曾在、当前，本真的将来也不是尚未到来，此在从来是面向将来的存在，它必须先行进入到将来才可能开展它当前的生存。海德格尔不是从现成存在来理解世间万物的，至于此在就更不是一个现成摆在这里的存在者了，此在是他将成为者。

我们由此可以看到，所谓本真时间，不是把时间当作跟我们无关，在我们身外不断流逝的东西，海德格尔是基于此在的生存来理解时间的。于是，时间不再是过去、现在、将来，由一个个瞬间有先有后持续地形成线性的、均匀流逝的东西，而且一个个瞬间还那么同质。海德格尔的时间是把曾在、当前、将来结合在一个统一的立体结构里面。这个结构是此在先行进入将来，在当下把自己的曾在承担起来。

死

此在先行进入将来，这一点在此在有死这个事实那里看得最清楚。

死亡不是一个对生存漠不相关的终点，唯因有死亡这个终点，生命之弦才绷紧了。没有张力就没有生命。绵绵无尽的生命是不可设想的，任何作为都有时我们看到，海德格尔在处理此在与世界、此在与他人的时候，给出来的结构是相似的，这个结构难免唯我论的嫌疑。那么，问题在哪里呢？在我看来，问题在于海德格尔没有真正重视他者。世上的物事并不都是我们的用具，只作为有用之物显现出来。更不用说他人了。世界和他人自有各自的独立存在。硬邦邦的他物，硬邦邦的他人，横亘在那里，无论如何都没办法完全统一到我的此在之中。人要赢获本真生存，赢获自身的独立，先要把他物与他人的独立性接受下来。这个想法，我们在《存在与时间》里能够找到一些萌芽，在海德格尔后来的著作里，这渐渐成为主题。

时间

前面说过，《存在与时间》书名里给出了两个关键词，一个是"存在"，一个是"时间"。有人说过，和，and，这样一些词，是哲学的敌人。大概的意思是说，哲学不是要把一些概念并排放在那里，哲学探究概念之间的内在联系。那么，时间与存在是怎么内在地联系在一起的呢？海德格尔说，时间是探究存在的地平线，存在在时间的地平线上才显现出来，才凸显出来。

我们可以从一个很简单的角度来看存在与时间的内在关系。曹孟德曾经存在，在长江上横槊赋诗，而今安在？曾经存在的，大多已经死灭，现今活蹦乱跳的，不久也将消逝于无形。方生方死，万物都在变易之中；变易和存在形成一个对子，一边是 being，另一边是 becoming。也许，只有免于变易免于朽坏的才真正存在，那么存在就等于永恒存在了？我们把 becoming 译成"变易"，这也许不对，跟 becoming 连着的是 becoming something，那么 becoming 就该译作"生成"。Becoming 并不只是变来变去，它成就着什么，或至少它是向着某种可成就的东西运动。也许这种可成就的东西才是真正的存在，就像尼采所说的强力意志那样，它给"变易"打上了存在的烙印。那么，就像黑格尔所言，一时绽放的玫瑰并不比长存的岩石较少存在，或者像海德格尔所说，人的生存在于"成为你所是者"。

不管怎么看，存在与时间显而易见纠结在一起。

尽管对于《存在与时间》的总体构想来说，时间具有头等的重要性，但书中此在永远是在世的此在，本真生存不是脱离了世界的生存。"找到你自己"这话并不是说，你从世界抽身回来，牢牢盯着自己，专注于自己的体验。去除了你在特定现实中的特定位置，也就没有你独特的自我，我们不是靠关注自己的体验找到真正自我的，我们靠的是承担自己独特的命运，在世界上有所作为。在非本真的日常生活中，此在操心忙碌于种种事务，在本真生存中，此在仍不减其操心忙碌。海德格尔说："本真生存并不是任何飘浮在沉沦着的日常生活上空的东西，它是日常生活的某种变式。"悟道不离日用常行，我们曾经劈柴担水，现在仍然劈柴担水，只不过现在，此在已有所了悟。本真的此在是自身通透的，我们会说，他现在活明白了。

所以，我们无法问，本真生存到底是什么样子？本真生存有好多好多样子。恰恰是我们每个人的独特性构成了我们各自的本真生存，于是谁也不可能为本真生存提供一块通用模板。

好吧，我们不从终点上问——本真生存到底是什么样子——但我们似乎可以从起点上问。我们记得，是畏把此在带入本真生存，那么，我们怎样才能进入畏这种情态，从而达乎本真生存？依海德格尔，这个问题同样问得不对头。畏或不畏，不是我们自己决定的。绝大多数人根本无法进入畏的境界。唯大勇者能畏。但就连大勇者，也不是想畏就能畏的。海德格尔说："我们是如此地有限，乃至我们简直无法靠自己的决定和意愿把自己带到无面前。"我们所能做的，最多是为畏的来临做准备。我们现代人往往认为一切好东西都要靠自己去争取才能得来。这不是古人的想法，也不是海德格尔的想法。人所能做的很有限，生存中真正重要的东西，是命运使然的东西。晚期海德格尔认为，人类深陷于当代技术社会不能自拔，要说拯救，那也"只还有一个神明能拯救我们"，但天意从来高难问，神明显现还是不显现，不是我们说了算的，我们最多为神明的到来做准备。

前面讨论此在与世界，海德格尔一方面说，此在总是我的此在，另一方面说，此在总是在一个世界之中生存。他把世上万物视作用具，用具千差万别，但归根到底是为此在所用，于是，兜了一圈，所有存在者兜回到此在身上。后来我们讨论此在与他人，海德格尔主张，此在的生存总是与他人共同存在，但这个共在大体上是从负面刻画的，要进入本真生存，此在必须个别化成为他自己。

说来，某物存在，某物是什么，总是针对它不是什么才能得到领会。

在畏之中，此在摆脱了日常生存中种种事务的包围，直面虚无，这时候我们发现，此在彻头彻尾是超越的。人能够超出他的现成状态，能够背靠虚无反过来重新审视纠缠他的种种事务。人不仅像鸟兽鱼虫那样对世界做出反应，人还依照他自己制定的目标引领自己行动。可以说，人的存在半踏实地半悬虚空。

海德格尔还用另外一些德文词来刻画超越，这些词可以译作"出离自身""绽放""迷狂"等。他用这些语词所要刻画的，我们也许可以说成是"放浪于形骸之外"。人所超越的，不仅是万物，他也超越自身，用尼采的话说，"我就是那必须一再克服我自己的东西"。人保持其自身，靠的不是墨守成规一成不变，正相反，人在他出神忘机之际是他自身，就像玫瑰在绽放中是其自身。

思考无，议论无，丝毫不增益我们关于世间事物的认识，但这有什么关系？为学日益，为道日损，哲学本来就不是要增益知识，而是求道。

问题倒在于，求道而至于无，我们还能言说吗？道可道，非常道，于是，老子说"知者不言"。海德格尔也说，"畏使我们忘言。面对无，一切'有'所说皆归沉默"。当然，老子还是说了点儿什么，海德格尔也说了不少。到底能说不能说，该说不该说？庄子答曰："知而不言，所以之天也；知而言之，所以之人也。"也许，哲学本来就是穷究天人之际的尝试，在这个有无相邻的领域，即使言说，也不是寻常的言说，言说转变为隐喻，转变为提示或暗示。

有与无的玄思太过玄妙，我们还是转回到先前的问题上来。我们曾问，在非本真生存包揽一切的日常生活中，本真生存从哪里透露消息？海德格尔的回答是，在畏这种情态中。

前面我谈了，情本来就是一种知，而且是更原本的知，因为它对存在更加开放。海德格尔所说的畏，就是一种情态，是最根本的情态，它对存在最为开放，开启了对本真生存的知。

畏袭来之际，所有存在者，所有他人，都变得无关宏旨。畏剥夺了此在从世上事物以及芸芸众生那里来领会自身的可能性，于是，畏使此在个别化，使他真正成为他自己。

作为真正的自己来生存，就是本真生存。本真生存的核心则是个别化。当然，表现出很大兴趣，共在的实际内容都是在刻画"芸芸众生"。上面说到，日常此在一上来就处在沉沦之中，完完全全被器物与芸芸众生所攫获。这就带来一个难题，非本真生存无所不包，本真生存又能从哪里透露消息？沉沦的此在如何能回升？又回升到哪里去？即此在怎么获得本真生存呢？

海德格尔答道，这一切都要通过畏实现。畏，畏惧的畏（Angst）。畏将把此在带到本真生存。

本真生存

畏跟怕看似接近，其实不然。我们害怕，是害怕某种有害之事将要临头，畏却不是怕任何具体的事情。

此在沉沦着，丧失真实的自己，错把芸芸众生当成他自己，他消散在各种事务之中，却以为他过着真实而具体的生活。陡然之间，畏袭来。

畏，其来势也汹。畏一下子笼盖一切。存在者全体消隐，只剩下畏。我们自己也沉入畏之中，在畏之中飘浮，无所依靠。因为所有存在者都消隐了。只还留下这个"无"压境而来。畏启示无。畏把我们带入无何有之乡。这一点，等到畏消退之后，看得最为清楚。我们会说，我们所畏的，原来并无其事。

刚才说，我们害怕，是害怕某种有害之事将要临头，畏却不然。畏之所畏不是有害之事。实际上，当畏来临，万事万物都已消隐，有害无害的都已消隐。畏向此在开启的，是本来无一物，是空无。

说到无，中国读者定不陌生。老子云："天下万物生于有，有生于无。"庄子《天地篇》有言云："泰初有无。"但怎么可能议论无呢？泰初有无，但"有无"这话本身不就矛盾吗？

但另一方面，海德格尔指出，自从人们开始追问存在，人们同时也就开始追问无。例如，莱布尼茨就提出了这个根本问题：为什么存在者存在而无却不存在？

无不简简单单地是存在的对立面，也不简简单单是存在的否定，相反，无是存在者之能作为存在者显现的条件。"无，名天地之始；有，名万物之母。"浅浅上面这些观察很可能被当作对当代社会的批判，不过，海德格尔声称，他刻画的是此在的本质结构，沉沦不是个人或社会的某一不幸历史阶段，仿佛可以靠社会的进步消除。没有人从纯洁的伊甸园沉沦到尘世中来这回事，此在只要生存着，他就沉沦着。日常此在从来就不是他本身，而是芸芸众生。

不过，读者恐怕很难相信海德格尔的描述不是针对现代社会而发。我们在他的《林中路》中就能看到，海德格尔关于此在沉沦所说的，的确主要是针对现代人的，是他的现代性批判的一部分。其实，依照海德格尔的一般思想，存在始终是历史性的，因此，此在似乎不可能有脱离历史性的固有结构。

海德格尔再三强调，他说到沉沦，不是在做道德评价，他是在存在论层面上讨论问题。对此我也很怀疑。我怀疑无论谁来谈论人的生存，或隐或显都带有某种道德评价。其中的一个原因是，像"沉沦""芸芸众生"这样的语词本身就带有评价，你用这些语词来刻画现象，自然而然就已经带有评价了。

《存在与时间》里的大多数段落，文句弯弯绕绕，而刻画芸芸众生的那些段落写得痛快淋漓，晓畅易读，读起来蛮过瘾的。不过对我来说，虽然其中不乏真切的观察，总体说来还是太偏于愤青了。

回到义理的层面上，我认为，从义理上说，海德格尔对共在的阐论是《存在与时间》中给出启发较少的一个部分。而之所以如此，是因为海德格尔总是从我的此在出发来谈论他人，谈论共在。

进入本真生存

沉沦中的要害在于，此在不立足于自己本身而以芸芸众生的身份存在。失本离真，故称之为"非本真生存"。相应地，本真生存就是立足于自己生存。

在讨论共在的时候，海德格尔区分了两类共在的样式。一类是越俎代庖，把他人应做之事整个拿过来，这时候他人就成了附庸；或者反过来，把自己应做之事整个交出去，于是，他人就成了主子。与此相反的是本真的共在，那就是让他人去做他人应做之事，人人都保持独立人格，做他自己该做的那一份事情。

这一番论述相当潦草。总的说来，海德格尔对与他人共在有什么积极意义没他人从此在身上把存在拿去了。这些他人不是确定的他人。与此相反，任何一个他人都能代表这些他人。人本身属于他人之列并巩固着他人的权力。人之所以使用"他人"这个称呼，为的是要掩盖自己本质上从属于他人的情形。这样的"他人"就是芸芸众生，有了公共交通工具，有了报纸这样的传媒，每一个他人都和其他人一样。公众意见对高水平与真货色的差别毫无敏感，把一切都弄得晦暗不明，同时却又好像所有事情都已经众所周知。芸芸众生展开了他的真正独裁。芸芸众生怎样享乐，我们就怎样享乐；芸芸众生怎么谈论文学艺术，我们就怎样谈论；乃至于，芸芸众生怎样从"大众"抽身，做出与众不同的样子，我们也就试着怎样与众不同。

这个芸芸众生，海德格尔称之为 das Man。人们的日常生活大致就是 das Man 的生活。一切差异都被铲平，人人都生活在平均状态之中：

> 平均状态看守着任何挤上前来的例外。任何优越状态都被不声不响地压住。一切原始的东西都在一夜之间被磨平为早已众所周知的了。一切奋斗得来的东西都变成唾手可得的了。任何秘密都失去了它的力量。Das Man（芸芸众生）到处在场，但又可以说"从无其人"。在此在的日常生活中，大多数事情都是由我们不能不说是"不曾有其人"者造成的。

在日常世界里，此在不是他自己，而是 das Man（芸芸众生）。此在并不作为自己本身存在，此在消散在芸芸众生之中，沉沦于种种事务之中。

沉沦有三种基本样式：闲谈、好奇、两可。在沉沦中，言说变成了闲扯，分不出什么是原始创造，什么是鹦鹉学舌。在沉沦中，芸芸众生贪新骛奇，刚看过一样新奇的东西，马上又去寻找另一样代表新潮的东西；人们似乎对什么都关心，却并不专注于任何事情。沉沦的第三种样式是两可。芸芸众生耽于闲扯——这也是可能的，那也是可能的，却并不投入坚定的行动之中。倾心投入实际行动的人，有败有成，芸芸众生却又说：我不是早就说了，这事做不成的，或者反过来，这又有何难？我不是早就想到该这样去做的。

共在与沉沦

共在

前面我谈到，此在从来生存在世界之中。此在在世，始终在与其他存在者打交道。我也描述过此在怎么跟用具或事物打交道。当然，此在不仅跟这些东西打交道，他还跟其他人打交道。他人不是用具那样的东西，他人是此在这样的存在者，用海德格尔的话说，他人的存在方式"与此在本身的存在方式一样……他人也是此在"。他人也在此，与我的此在共同在此。

海德格尔不愿先设定一个孤立的主体，然后再把它物和他人附加到这个主体周围。只要此在生存，它就已经被抛入一个世界，抛入他人之中。因此，他把共同在此，或共在，视作此在的本质规定性。"此在的世界是共同世界"，在世就是与他人共同在世。即使无人在侧，此在的存在仍是共在。一个人可能很孤独，但他之所以感到孤独，是因为此在在世本质上是与他人共同在世。

话虽如此说，但从《存在与时间》的具体描述看，仍然是先有一个此在，然后他人才来相遇。而且，"他人来相遇的情况总是以自己的此在为准"。前面我说过，谈论此在和世界，海德格尔偏于此在一方。谈论此在和共在的时候，海德格尔也是偏于此在一方。在我看，海德格尔的阐述一开始就不大对头，照他的刻画，他人是随着用具到来的，然而，实情似乎是，围绕着我们的存在者，首先被领会为有生命、有人格的，此后我们才区分出哪些是有人格的他人，哪些是没人格的器物。更进一层，由于一开始围绕着我们的世界是一个有生命有灵魂的世界，我们才能够形成自我。我们并不"以自己的此在为准"形成他人的观念，相反"我"是很晚才形成的，我们倒是以他人为准，才能形成"我"这个观念。

前面我还说到，海德格尔像多数哲学家那样，不赞成赤裸裸的唯我论，但这并不意味着他就一定摆脱了唯我论。他对此在和他人的描写，也有很重的唯我论倾向。他虽然强调共在是此在的一个根本的规定，但《存在与时间》全书中几乎没有谈到与他人共在应如何积极建树此在。具体说到共在的时候，差不多都是在谈论芸芸众生的生存状态。这些议论绘声绘色，我们不妨来引用两段：

看镜子里的物象是不是符合现实。这就是真理的符合论。与此对比，海德格尔更多把认识比喻成锤子、锯子之类的工具。与其说它们反映现实，不如说它们是对现实做出反应。这是一个重要的视角转变。

　　主流认识论还赋予纯粹静观以优先地位，这种纯粹静观相当于纯粹理性的认知。与此同时，感情、感受、情绪都被排除在理性认识之外，好像它们在认知活动中只起负面的干扰作用。理性认知是客观认知，情绪却总是主观的，是我们涂到客观事物之上的一层"情绪色彩"。海德格尔把这些视作浅薄之见。他认为，我们并非先认识事物的客观性状，然后做出好坏美丑的判断，再把这类感情涂抹到客观事物上去，我们一上来就是带着好坏美丑的感受来认识事物的。例如，这头机灵的小鹿、那杯香浓的咖啡、这股恶臭、那个猥琐的家伙。当然，为了达到某种类型的认识，例如科学认识，我们需要把认知中的感情成分剔除出去，但如此这般得到的所谓客观认识，只是人类认知的一种衍生形式。

　　在与当代的流行理论争论的时候，海德格尔常常借用希腊思想。跟进步论者相反，他认为早期的希腊思想比较纯正，后来发展出来的理论反倒芜杂。我们译作"理性"的是希腊词 noein。海德格尔把它译作 Vernehmen，意思接近于我们所说的感知。但这个感知不同于传统认识论所说的感知。有一种很流行的认识论，认为我们先获得纯粹的感性材料，然后通过联想等形成关于事物的认识。海德格尔不认可这种看法，他认为我们最先感知到的是树林的绿色、汽车的引擎声。换言之，我们直接感知到事物，若想去感觉纯粹的感觉材料，反倒需要训练和抽象。如果真有感觉材料这回事，我们对它们也没什么感知——我们最多只能是对它们有所知而没有所感。

　　海德格尔认为，希腊人所说的理性并不脱离感觉和感情，真正的理性是有感有情的认知。甚至可以说，情本来就是一种知。他说："我们称之为情的东西，倒比理性更理性些，这就是说，更富有感知，因为它对存在更加开放。"

　　美国神经科学教授达马西奥写过一本《笛卡尔的错误》，他根据很多临床实例说明，情绪在人类认知中发挥着十分积极的作用，情绪和感受的缺失会严重损害人的理性能力。海德格尔多半不会在意是否得到神经科学的支持，不过，感情和理智是个无所不在的话题，值得我们从各种各样的角度来展开讨论。

梦中各有各的世界，清醒的人有一个共同的世界。"的确，世界依其本意就是共同世界，要是一个人只生活在他自己的世界里，那是他有毛病了。

海德格尔一方面说，此在的存在总是我的存在，另一方面又说，此在总是存在在一个世界之中。但这两个方面并不平衡，总的说来，海德格尔还是偏于此在一方，偏于我这一方。这是后来学者对《存在与时间》的一项主要批评。

认识

我认为这项批评是成立的，但《存在与时间》对人与世界关系的刻画，还是提供了很多值得追随的线索。在海德格尔那里，不是这边有一个现成的此在，那边有一个现成的世界，仿佛此在与世界的关系，主要是此在在那里直观世上的事物。此在首先操劳于世界之中，这些操劳已经包含了对世界的认识。这跟主流认识论大异其趣。主流认识论设想这边有一个认知主体，对面有一个有待认知的客体世界。那边是客体，这边是主体，于是就有了主体怎么超出自身去认识客体的问题。

在希腊思想中，所谓认识是指存在者怎样显现自身，存在者在这个显现过程中把人吸引到它那里去。就好像存在者在那里博眼球，而人也就被世间万物的显现所吸引。而在当代认识论里，人始终作为主体立在万物的对面，人不是要被存在者吸引过去，而是要作为主体去把握客体。主体的任务还不仅仅是去把握客体，主体是要去支配客体。人为了支配世界才去认识世界。

在海德格尔的存在论里，用的不是主体、客体这样的概念，他用此在与存在，用世界与存在者等概念。他认为，世间存在具有优先地位的不是现成事物，而是锤子、钉子、木板这样的用具、器物。要想知道锤子是什么，知道锤子的性质，我们靠的不是盯着锤子看，靠的是使用锤子，用锤子来锤。使用里已经包含着认识，使用不是盲目的。为什么选用锤子而不是选用斧头来锤，是因为"使用"有它自己去看的方式。而且，恰恰是我们使用锤子之际，我们对锤子有最原始最真切的认知。这正应了尼采那句话："我用锤子来思考。"

传统认识论更多把认识比喻成镜子，镜子反映现实，反映得正确不正确，要还在那里问，人应该怎样生活。对生活的追问，乃至对世界的追问，追问到头来，难免把我牵扯进来。我们甚至会得出结论说，真正存在的，其实只是我。你说世界存在吧，那是我看见它，我感觉它，要没有我，我怎么知道世界存在不存在？可要是这么说下去，我们似乎是在主张唯我论。王阳明主张没有心外之物，学生问他，一株花树在深山里自开自落，跟我的心是什么关系？王阳明答说："你未看此花时，此花与汝心同归于寂。"这差不多就是"唯我论"了。

很少有哲学家赞成赤裸裸的唯我论，海德格尔也不例外，他再三强调，此在总是生存在一个世界之中。人生在世，这话听起来不过老生常谈，但海德格尔别有新意。他从希腊人的 kosmos 来谈论世界，说此在生存在世界之中，并不是一个现成的我放置在一个现成的世界之中，像饼干装在饼干盒子里那样。世界不是一个容器，世界指的是事物的秩序。各种文化里差不多都有这样的观念，起先是一片混沌（chaos），后来，阳清上升，阴浊下沉，天地分离，万物各得其所，于是有了我们所称的世界，kosmos。

任何一样事物都是在一定的秩序中显现出来的，是在它跟其他事物的联系中显现出来的。例如锤子，它首先是作为用来捶打的工具显现的。这么说来，不是东一样西一样的事物组成了世界，世界乃是无论哪一件东西能够显现的基本条件。

前面谈到，每一样上手事物都连到另一样上手事物，我们从锤子说到防风避雨的棚子，连到最后，连到此在这里。说到底，没有此在，锤子也就不成其为锤子了。可是，海德格尔又说，没有世界，就说不上哪样东西是哪样东西了。那么，事物获得它的存在，事物是一样事物，到底是靠了此在呢，还是靠了能够显现它的世界？

对这样的问题，海德格尔会回答说，怎么说都行。因为照他的说法，世界本来就是此在式的存在者——"此在生存着就是它的世界"。

前面说，此在的存在总是我的存在，现在说，此在生存着就是它的世界，这两句话合在一起，岂不就等于说，每个人都有自己独特的世界？一花一世界，这话的确有点儿意思。我们有时也说，这个人生活在他自己的世界里。到底我们共有一个世界，抑或每个人都有他自己的世界？古希腊思想家赫拉克利特说："人在人的存在方式不同于其他事物的存在方式，为了表明这一点，海德格尔用 Existenz 这个词来表示人的存在，此在的存在。Existenz 这个词有个前缀 ex，这个前缀表示出离，例如高速公路上的出口，都写着 Exit。海德格尔用 Existenz 这个词来表示人的存在，是要说明人只有出离他自己才是他自己。人通常沉沦在他的日常生活里，只有从这种沉沦状态中挣脱，从已经摆布好的现成状态中出离，人才真正存在。说得更大一点儿，人通过超越他自己，获得真正的存在。

无论把 Existenz 翻译成什么，这层意思都很难被传达出来，我勉为其难把这个词译为"生存"。如果再大胆一点儿，我们干脆把它翻译成"生生"，借用"生生大德"的意思。据海德格尔的解释，希腊人用来表示"自然"的词 physis，本来说的就是在升腾变化中成就其自身。草木通过日新月异的生长成就其本身，玫瑰因绽放成其为玫瑰。人也生长，但不是像植物那样生长，人不仅一点点生长，而且他以超越存在者整体的方式，获得真正的存在。

总之，海德格尔认为西方哲学史遗忘了"存在"这个基本问题。人是通过有目的地操作上手事物，发展成不同的人。人不同于其他事物的存在，人通过超越自己，获得真正的存在。

世界与认识世界

世界

海德格尔用此在表示人，以便与存在相联系。但他在书中总是强调，此在不能与"世界"分开。此在是"在-世界-中是"（Being-in）。所以我们就来看看此在和其所处的世界的联系，以及此在是如何认识世界的。

一个人是个什么样的人，跟他把自己看成什么样的人连在一起，这是说，此在的存在包含着此在的自我理解。这是关于此在要说的第一点。关于此在要说的第二点是，此在的存在总是我的存在。的确，说到存在问题，"我"占据一个特殊的位置。比如说，我们有时会问，人应该怎样生活？这样问的时候，我们其实是对自己应该怎样生活产生了困惑。很难设想，我已经非常清楚自己该怎样生活用来敲打的，敲打是为了加固某种东西，例如加固一个棚子，棚子是为了防风避雨。谁避雨？人避雨。一样上手事物连到另一样上手事物，连到最后，都是连到人身上。

《存在与时间》的根本问题是存在问题，不过，这本书的主要内容讨论的是人。人当然也是存在者，不是存在，不过，海德格尔说，人这种存在者不是一般的存在者，他跟存在有一种特殊的关系。简单说，没有人，存在就不会成为一个问题——只有人会问出何为存在，什么是什么这样的问题，也就是说，只有对于人这样的发问者，存在问题才是个有意义的问题。

为了突出人与存在的这层特殊的关系，在《存在与时间》里，海德格尔通常不说"人"，而是说"此在"。表示存在的是 Sein，表示此在的是 Dasein，这样一来，此在和存在两者在字面上就连在一起了。我在下面也会有时用"人"，有时用"此在"这个词。

首要的问题当然是存在，但讨论存在只能从存在者开始，因为存在总是存在者的存在。但不能从别的存在者开始，必须从此在开始，因为此在跟存在有一种特殊的联系——只有此在追问存在问题。哲学里，集中探究存在的部门，一向被称为 Ontology，汉语译为存在论或本体论。现在，既然对存在的追问是从分析此在出发的，海德格尔把自己这本书称作基础存在论。

关于此在，首先要说的是，此在是什么，此在怎么存在，始终与此在把自己理解成什么有关。张三和李四都是奴隶，张三心甘情愿承认自己生来就是奴隶，李四不承认。李四认为他的奴隶身份是恶劣的社会制度加到他身上的，从天性上说，他就是个自由人。于是，李四所是（to be）的，就不同于张三所是的。李四这样为人做事，张三那样为人做事。

这里要强调的是，人并不是先存在好了，然后再去领会自己。人之为人，恰在于他一上来就对存在有所领会。跟别的存在者不一样，人一向对自己是谁有所领会，对世界是怎样的有所领会。

如果说一般事物不是现成摆在那里的东西，那么，此在就更不是现成摆在那里的东西了。人是什么？你是谁？这个问题不像质子、电子是什么，因为把你的各种性状描述一番，并不能回答你是谁这样的问题。

先说存在。这本书一上来就说，我们的任务是追问存在，我们的问题是存在问题。这个存在问题是哲学的根本问题，可这个根本问题，在西方两千多年的哲学史上一直被遗忘了。这个指责听起来有些过于严重了——要是哲学一直遗忘了自己的主要问题，那它还叫哲学吗？海德格尔的指责也许对，也许不对，但让我们先看看他这个指责的内容是什么。

海德格尔说，西方哲学遗忘了存在，其中一层的意思是说，大家眼睛里只有存在者，却不问存在者的存在。存在者（das Seiende）和存在（das Sein）的区分，对理解海德格尔哲学有头等的重要性。不问存在而只关注存在者，就难免把世上的东西都看成是一些现成摆在那里的物体。最适合用来研究这些物体的，是物理学。实际上，由于西方哲学遗忘了自己的根本问题，遗忘了存在问题，到最后的确把哲学弄成了物理学。

物理学把世上存在的东西看作跟人没什么关系的物体，然而，世上的事物一开始并不是这样显现出来的。为了说明这层意思，海德格尔造出两个概念，上手事物（das Zuhandene）和现成事物（das Vorhandene）。前者指工具、器物等，工具、器物当然都跟人有关系；后者指跟人不相干的中性的东西。上手事物和现成事物不是两类事物，它们是事物的两种面相、两种显现方式。海德格尔认为，世上的事物，一开始不是作为跟人不相干的中性的东西显现出来的，它们首先是些有用的或无用的东西，是些可爱的或可恨的东西。简言之，它们是些上手事物。

海德格尔提出上手事物这个说法，是要强调人和事物的关系，首先不是单纯的认知关系，而是做事、操劳，或者说是操作关系。锤子不是放在那里让我们静观的东西，而是用来钉钉子、敲核桃的。要说认知，也是我们在用锤子来敲打之际对锤子有了最真切的认识——那把锤子太轻，那把锤子松了，这一把锤子最合适、最上手。用海德格尔的话说，锤子首先是工具，是上手事物，是我们能与之打交道的，而不是现成事物，更不是物理学所研究的"客观事物""客体"。

对比一下罗素这位注重逻辑和数学的哲学家，他习惯举桌子之类的例子，然后谈论桌子的形状、颜色等。海德格尔举例的时候，举的是锤子之类的例子，然后谈论锤子的使用。这里也可以看到所谓上手事物和现成事物的区别。通常情况下，桌子更像是现成摆在那里，我们不怎么说使用桌子来做这做那。而锤子是

陈嘉映讲读《存在与时间》

> 陈嘉映
>
> 首教师范大学教授。著有《海德格尔哲学概论》《〈存在与时间〉读本》（编写）、《从感觉开始》《无法还原的象》《哲学·科学·常识》《白鸥三十载》《说理》《价值的理由》《简明语言哲学》《何为良好生活》等。翻译或主译的作品有海德格尔《存在与时间》，戈尔《濒临失衡的地球》，维特根斯坦《哲学研究》《维特根斯坦读本》，万德勒《哲学中的语言学》，大不列颠百科全书《西方大观念》，J. 奥斯汀《感觉与可感物》，以及伯纳德·威廉姆斯《伦理学与哲学的限度》等。

存在与此在

《存在与时间》是海德格尔最出名的著作，是他此前哲学探究的总结，也是他后来几十年进一步思考的基础。大多数读者研读海德格尔，也是从这本书开始的。

海德格尔对 20 世纪哲学的影响十分巨大，对哲学之外其他很多领域的影响也很巨大，例如对文学艺术的影响。他在中国的影响力，按比例来说，可能更大。《存在与时间》中文译本售出起码 10 万本。近几十年来，海德格尔的影响力有所减弱，新的哲学家和新思想不断涌现，此长彼消，在所难免。在海德格尔这里，还有个特殊情况，他曾经跟纳粹跑了一阵子，人称作"纳粹牵连"，关于这段牵连，他事后又不肯检讨认错，这让很多人对他产生反感，对他的哲学也有点儿拒斥了。海德格尔的纳粹牵连跟他的哲学是什么关系，以及一般说来，一个思想家的生活跟他的思想是什么关系，是个复杂的问题。

《存在与时间》书名里已经给出了两个关键词，一个是存在，一个是时间。

之四海而皆准。"

　　陈嘉映写过一篇长文《初识哲学》，回忆自己赴美留学前的哲学生活，非常好看。但他认为这些都是陈年旧事了。我说，1983年以后的故事呢？他说，"成年了，就剩下干活了。也累，也高兴"。

右。更为后人诟病的是，海德格尔第二次世界大战后对这段人生经历的态度。他拒绝认错，更没有道歉，还一直为自己的选择找各种托词和理由。就像海德格尔在《存在与时间》里问的最重要的一个问题"什么是存在"一样，我也一直在问，海德格尔为什么投靠纳粹，并对投靠讳莫如深？我想，应当从为德国追求现代化道路提供思想动力的那些思想家们的心智方面找原因。历史告诉我们，每一个追求现代化、跨越自己历史三峡的民族国家，差不多都会不同程度地遇到和德国类似的问题，甚至有过相同的经历。

从海德格尔身上我们可以看出，大势当前，知识分子或思想家的个人选择，往往折射出时代的精神状况。此外，从一个思想家的人生经历，我们还可以看出他的存在状态。海德格尔有点像康德。康德一生待在柯尼斯堡，除了散步，几乎足不出户。海德格尔也很少旅行，尤其晚年，主要待在家乡黑森林一间自己造的小屋里，但他常常使用与路途有关的词汇，比如"林中路""路标""田间小道"和"通向语言之途"等。海德格尔在寻找什么呢？另一个更为尖锐或许也是提给我们每个人的问题是，海德格尔的选择难道是不可避免的宿命吗？这正是我们认识海德格尔，重温《存在与时间》的重要意义所在。

陈嘉映是中国著名哲学家，首都师范大学教授。他毕业于北京大学外国哲学研究所，攻读的是西方哲学。1983年赴美留学，在宾夕法尼亚州立大学哲学系读博士学位。他跟我说，"90年毕业后就在美国和欧洲几个文化机构打工"。他说的这些机构，就包括德国的一家跨文化研究所。1993年他回到北京大学执教。2002年，在华东师范大学任教。2008年至今，任首都师范大学哲学系教授。

陈嘉映翻译过很多部著作，比如《存在与时间》、维特根斯坦的《哲学研究》，以及另一本较通俗的《维特根斯坦读本》等。

按照陈嘉映自己的说法，1968年在内蒙古插队，十几岁的小屁孩，就开始了他的哲学思考，第一个问题就是他跟哥哥陈嘉曜对话对出来的，"什么是必然，什么是偶然"。从那时起，陈嘉映从喜好文学转而喜好理论著作。他说过一段挺有名的话："理论所关心的，却不是个人的喜怒哀乐，实际上，要上升为理论，就必须先从个人的喜怒哀乐跳出来，到达一个公共空间，以便放海德格尔肯定还受到了更多思想家的影响，比如克尔凯郭尔、尼采、荷尔德林，当然还包括柏拉图和亚里士多德。一位美国学者撰写的海德格尔思想传记中，有一段重要的提示，有助于我们理解《存在与时间》产生的历史背景，还能带来启发。这位学者说，1918—1927年间，"德语世界出现了不下六本角度新异、风格极端的著作"，它们是布洛赫的《乌托邦精神》、斯宾格勒的《西方的没落》、巴特的《罗马书释义》、罗森茨威格的《救赎之星》、希特勒的《我的奋斗》。接下来，就是《存在与时间》了。在这位学者看来，这些作品有一个共同点，就是"追求总体性的迫切愿望"，"试图为所有可行的精神洞见提供整全性的概括"，用先知般的口吻、乌托邦语气，"在德国文化和帝国霸权坍塌的地方营造起宽敞的词语大厦"。这些著作在雄心勃发之处，却正是以"末世论的色彩"为基调的。

1871年俾斯麦统一德国后，德国人有过几十年的好时光，经济文化繁荣，生活安定富足。但也在这个时候，德皇威廉二世脑袋里有了称霸世界的念头，在好战的普鲁士军官团撺掇下，他发动了第一次世界大战。第一次世界大战的结束，不仅粉碎了德皇的霸权梦，还使德国戴上了割地赔款的枷锁，万户萧索，怨气积埋，德国人咽不下这口气。于是他们总结教训，得出受欺负缘于自己落后，必须重新崛起的结论。德国思想家也开动大脑，献计献策。这正是上面一批作品产生的大背景。要知道，《存在与时间》出版后，有评论夸张地说："从此时此地起，世界历史的一个新纪元已经开始，你可以说自己正处在它的起点。"

前面我们讲读了韦伯，他对德国人政治不成熟有过忧虑和严厉的批评。韦伯分别在德国第一次世界大战将败和败后发表了演讲。韦伯对德国未来10年做出预测说，德国将走向一个黑暗时期，这个预测被证明是多么正确。1920年韦伯去世，10年后，纳粹崛起。试想一下，要是韦伯能再活10年，以他思想的巨大影响力，能否让德国人听取他急迫而严厉的警告？

这些背景，为我们提供了理解《存在与时间》等作品和他备受争议的后半生的钥匙。海德格尔在1933—1934年有跟纳粹合作的经历，还被戴上纳粹哲学家的"桂冠"。不管海德格尔和他的追随者如何辩解，根据已经披露的材料显示，海德格尔跟纳粹的合作，是非常积极的，虽然时间并不长，只一年左

导语｜备受争议的当代哲人

刘苏里

海德格尔是20世纪的一位伟大的哲学家、思想家，我的这篇导语有两个关键词，一是"备受争议"，二是"当代哲人"。我认为，这两个词，是理解海德格尔的切入口。

简单来说，哲人，是一生思考大问题的人，他们往往不是为了自己，而是为一个广大的人群，也可以说是为了人类。海德格尔就是这样的人。但是近年来，"哲人"这样的美誉如同"大师"一样，比比皆是。为避开这样的滥用，我想起海德格尔把德国诗人荷尔德林称作"诗人中的诗人"，我们也可以把海德格尔叫作"哲人中的哲人"。

哲学世界有一种流行的说法，甚至流行到了哲学界之外：如果20世纪只选一个哲学家代表，那就是海德格尔；选两个，第二位就是维特根斯坦了。就像18世纪要选康德，19世纪选黑格尔和尼采。这样的人就是"哲人中的哲人"。

20世纪的这两位"哲人中的哲人"出生在同一年，1889年9月26日海德格尔出生，维特根斯坦生于同年4月26日。维特根斯坦死于1951年，只活到52岁，而海德格尔活到1976年，将近87岁。通常来说，长寿者思考的时间更多，受关注度也因此更高。关于20世纪这两座哲学高峰，还有一些花絮。一是维特根斯坦靠《逻辑哲学论》拿到博士学位，海德格尔靠《存在与时间》拿到了教职，只不过前者的出版是精心准备的结果，而后者，按照海德格尔自己的话说，是一部未完成稿。这两部划时代的著作都是先发表在小众杂志上，后来才出了单行本。《逻辑哲学论》诞生在第一次世界大战的炮火中，《存在与时间》创作于战争的废墟之上，虽然看上去它们关切的问题有相同的地方，比如"语言"，但经过战争的毁灭性创伤，创作者的心境和问题语境，事实上都发生了很大变化。哲学界有人认为，海德格尔受过《逻辑哲学论》的影响。

三一
《存在与时间》

[德] 海德格尔 著　陈嘉映　王庆节 译　商务印书馆　2016 年

主题词◎此在　存在　本真　生存　畏

经典之处

《存在与时间》是海德格尔的代表作。作品对人的生存状况从结构上做了分析，认为生存在世界上的"人"，必将通过情绪、领会、语言等方式与各色各样的物事打交道，世界也就在这种展开中同时成为人的舞台。这种展开，在人的日常生活中存在着相应的对应样式。海德格尔主要依据时间性和周围世界的性质来阐释空间性，说明空间性对于人的意义和时间性是并列的，世界不是所有存在者的总和。

作者简介

海德格尔（Heidegger，1889—1976），德国哲学家，20 世纪存在主义哲学的创始人和主要代表之一。海德格尔哲学对现代存在主义心理学具有强烈的影响，他的存在主义思想也极大地启发了后来的心理治疗的发展。他的主要著作有《存在与时间》《林中路》《理性的原则》等。

的方式误解所有时代。"

最后我想摘录维特根斯坦的一段话，但不是《哲学研究》里的，而是同为后期著作的《杂评》里的："某个人被关在一个房间里，这个房间的门没有锁上，可以向内把门打开，可是他没有想到拉门，而是想到推门。"

思考题：

1. 如何理解维特根斯坦前后期思想的变化与延续？
2. 维特根斯坦说："当我们研究语言时，我们把它想象成一种有固定规则的游戏。"这句话是要我们注意语言的什么特征？
3. 一个与世隔绝的人，比如鲁滨孙，他有私人语言吗？如果有，它与我们前面讲的语言游戏活动是一个意思的吗？
4. 请你举个例子来说明维特根斯坦说的规则的范例问题。
5. 试着解释一下维特根斯坦的这段话："某个人被关在一个房间里，这个房间的门没有锁上，可以向内把门打开，可是他没有想到拉门，而是想到推门。"

维特根斯坦的方法是一种广谱方法，就像广谱抗生素一样，适合治疗各种思想疾病。齐泽克有个口号叫作"把一切事情搞成哲学"，其实最早这样做的是维特根斯坦。在他的书里可以发现，无论是语言、命题、游戏、数学、规则，还是牙疼、挠痒、狗叫、颜色、心理感觉、生理感觉、声音、图画、建筑、音乐等，都能够从中提出哲学问题。这正是维特根斯坦的伟大之处，他总是在能看见的事情里提出问题，而能看见的事情总是离生活事实更近，由此可以理解为什么他要警告哲学家说："去看，别想。"在他看来，哲学往往想多了。当真的看见了你"不得不接受的"生活形式，或者再也无法挖掘的"硬基底"，就看到了问题的终结，这时候唯一可说的就是：事情就是这样的，不可能是别样的；我们就是这么做的，也只能这样做。那么，还有问题吗？显然，生活的种种艰难困苦依旧存在，却提不出自寻烦恼的问题了。这大概就是维特根斯坦想象的哲学谢幕词。

不过，哲学问题远远没有到期，而且维特根斯坦对哲学问题的限度的看法也未必正确。有一个情况也许是维特根斯坦所忽视的：哲学试图反思的生活界限无法逾越，因此哲学问题不可能有必然的答案，然而哲学反思却从生活界限那里反弹回来改变了生活，即思想的反弹效应正是一种创造性的力量。哲学家对世界的解释虽然不是真理，可问题是世界因此被改变了。这可理解为是对马克思的名句"哲学家只是不同地解释了世界，可问题在于改造世界"的一种应和。

最有价值的哲学能够以永远有用的方法去提出一些永远值得思考的问题，而不是某些答案，而维特根斯坦的思考正是这样的哲学。很显然，答案总会过时，不可能不朽，伟大的答案会变成纪念碑。只有方法与问题有可能是不朽的。这里想起一个故事，有位诺贝尔奖得主在毕业数十年后回到母校参观，正遇到学生们在考试，他说："问题居然都还是当年的那些问题。"校长说："是啊，是啊，问题倒是没有变，但答案都变了。"

作为方法而存在的哲学才是更伟大的，比仅仅作为学说或主义而存在的哲学要重要得多。伟大的哲学都蕴含着某种永远有用的思想方法，比如说，苏格拉底、柏拉图、亚里士多德、孔子、老子、康德、黑格尔、马克思、维特根斯坦等的思想方法。伟大的思想总是超时代的，但是超越时代是一件无比困难的事情。维特根斯坦说："每一个时代都会误解另一个时代，而一个小时代则会以令人恶心性的系动词"是"（is）：假如人们误以为"是"与其他动词比如说"吃"和"跑"一样也有其作为动词的内容，那就会进一步去毫无希望地思考诸如存在、时间、同一性之类的问题。事实上，系动词"是"只是一个语言现象，是个语法功能，本身并不是一个问题。我非常赞同维特根斯坦这个看法，可以替他举个例子。在逻辑中当说到 p 或者非 p，就已经等于说"p 是真的"或"p 是假的"，没有必要使用系动词。这说明系动词对于思想是冗余的，它在某些语言中是个有用的语法功能而已。当然，许多哲学家，比如海德格尔，一定不会同意。维特根斯坦想到过这种情况："困难不在于找到答案，而在于承认某事物为答案"。

对于维特根斯坦来说，哲学不是学问，而是一种活动。什么样的活动呢？维特根斯坦给出过许多种描述。比如说，哲学是给思想算账，如果"一笔一笔算清楚了"，那么哲学就像账目一样没问题了；或者，哲学思想的标志是"找不到方向"，就像苍蝇困在瓶子里找不到出口，而哲学就是要"给苍蝇指出脱困之路"；可能最清楚表达了维特根斯坦想象的"哲学活动"是治病的隐喻："哲学家处理一个问题就像治疗一种疾病。"在维特根斯坦看来，科学问题不是病，因为有必然的答案，而哲学问题是病，因为没有答案。因此，对哲学的思想治疗就是找到不得不接受的生活形式，或者作为生活和思想的"硬基底"的事实，在那里问题没有被解答，但"问题消失了"，因为那些问题失去了立足之处，而问题的消失就是问题的解决。一旦问题消失了，思想就没病了。在这个意义上，哲学只是一些"疗法"，而不是一套一套的话语。

由此看来，维特根斯坦确实是一个独一无二的哲学家，几乎可以说是一个反哲学的哲学家。他不给哲学问题提供答案，而是提出疑问，指出道路，让哲学问题自己走到黑，走到无法挑战又无法拒绝的生活事实，即生活的硬基底，于是，哲学问题只好自动消失。这样的哲学当然无法形成一种据说能够为各种问题提供答案的"主义"，我确实也没有听说过"维特根斯坦主义"，甚至也没有"维特根斯坦学派"。维特根斯坦说过他不知道别人是否愿意继续他的工作，因此他"决不可能创立一个学派"。尽管无数哲学家从维特根斯坦的哲学中受益，但既然不是一种主义，就没有教义可以形成学派。虽然没有维特根斯坦主义，却有维特根斯坦方法，维特根斯坦哲学是一种方法论，他是一个作为方法的哲学家。

是表示足够多。这也是一种生活形式，也是一种活法。

不过，维特根斯坦提出"遵循规则悖论"只是想表明规则问题的复杂性，却不是想鼓励人们搞乱规则，不是想证明造反有理，而是想指出另一个重要的规则问题，也就是"范例"问题。由于生活所可能遇到的情形无穷多，而只要涉及"无穷多"就会产生无法预料的问题。对于一个封闭的无穷集合，逻辑规则可以一成不变而普遍有效，但是对于无穷开放的生活实践来说，规则就几乎无法自己证明其普遍性和必然性。这个时候，一条规则的明确意义就只能通过其有限的实践范例（实例）去获得说明。就是说，有多少范例，就能够说明这条规则在多大范围内的明确意义，而在超出范例的开放领域里，规则的意义就不那么确定了。因此，规则的实践范例就是规则的意义保证，范例的重要性就在于此。比如说，有个人学到了在雨天里刹车不能急刹车，但他无法从雨天范例必然地推出"不能急刹车"这条规则对于雪天和冰面也同样有效。当然，如果生活中真有这样死脑筋的人，我们会认为他其傻无比，但从哲学上说，他是对的，他还需要确实学到雪天和冰面的范例才算真正知道"不能急刹车"这条规则的适用范围。这个笨蛋和前面那个天才小孩都是哲学家。

维特根斯坦的哲学是什么样的哲学

在维特根斯坦看来，以往几乎所有的哲学都徒劳无功，看起来毫无进步。为什么有这样的怪事？因为以往哲学错误地以为哲学是一种学问，并且以为哲学能够提出一些专属哲学的问题，而那些哲学问题其实是人们错误地使用语言而产生的，也可以说是被语言所误导而产生的。哲学家苦苦探索的那些所谓的哲学问题并不真的存在于生活之中，而只存在于语言中，只是语言的错误用法所产生的思想疾病。只要语言没有变化，语言就会不断诱惑人们提出并且思考那些貌似深刻而难以理解的问题。维特根斯坦说，这就像不断挠痒而没能够解决问题："哲学是不是没有取得任何进步呢？如果某人在痒处不断挠痒，由此一定能看到什么进步吗？否则就不算是真的痒和真在挠痒吗？在发明出能够真正治疗发痒的药物之前，难道不能长时间地一直挠痒吗？"维特根斯坦举出的例子是语言里最具诱惑的加法规则，68+57=125，但有人可以另加规定说，当 a 或者 b ≤ 57，就遵循通常的加法规则 +，而当 a 或 b ≥ 57，加法规则 + 就变成新加法规则（＋），于是有 68（＋）57=5。克里普克这个很知名的例子虽然有趣，却有个大大的漏洞：既然 5<57，5 就是一个已经被定义并运算过了的单位，5 就不属于可以自由规定的存在，68（＋）57=5 是非法的。可以参考一个数学诡计题目以便理解：假如 1=5，2=10，3=20，4=40，那么 5=？按照逻辑，人们似乎应该说 5=80，可是前面明明已经定义了 5=1，所以这个问题不合法。克里普克犯的是类似的错误，因此他对维特根斯坦悖论的解释不成立。

然而，"遵循规则悖论"确实存在。我也想象了一个数学例子，可能更符合维特根斯坦的意图。加法是大家熟知的算术规则，我们都知道，2+3=5，3+4＝7，等等，我们按这种规则可以对各种情况进行演算，不过，我们实际上演算过的"各种情况"总量是有限的，这一点暗含了一种奇异的可能性。假如有两个天才小孩，从来没学过加法，有个老师教给他们加法，目前只教到两数之和小于或等于 10 这个范围内的例子，就是说，两个小孩还从未遇到过 a+b 之和大于 10 的情况，而只限于不超过 5+5=10，6+4=10，3+7=10 这种水平的演算。有一天这两个小孩偶然看见 7+5 这个康德最爱的式子，它显然超出了两个小孩学过的范围，既然两个小孩都是天才，于是各自都想出了一种创造性解释：一个小孩认为 7+5=12；另一个小孩认为 7+5=10。对于第一种解释，理由可以是，既然 5+5=10，6+4=10，3+7=10，2+8=10，如此等等，而 7+5 看起来显然大于 5+5 或者 6+4 之类的所有运算，那么应该发明超过 a+b=10 的算法，使得 7+5=12；对于第二种解释，也有强大的理由：既然 a+b 在所有已知情况中的最大得数都是 10，而 7+5 显然"足够大"，那么 7+5=10，而且其他所有得数足够大的式子都一概等于 10。

现在的问题是，一个说 7+5=12，另一个却说 7+5=10，谁算是遵守了规则呢？有人可能会认为第二个小孩傻得厉害，但维特根斯坦却可能会认为第二个小孩是个哲学天才。"凡是足够大的得数都是 10"，这不是胡搅蛮缠，事实上有的原始部落生活很简单，平时能用到的数目也很小，像 2+3=5，3+4=7 之类，他们的理解和我们一样，但大一些的数目就可能有不同的理解。比如说，足够多的东西就通通算作"一堆"，或者叫作 100，于是，50+50=100，90+50 还是等于 100，100 只许多规则的实践并非墨守成规。生活正是这样在悄悄地变化。

要分析这个事关重大的问题，首先需要理解维特根斯坦的一个命题："意义在于用法。"每个语词本身是个工具，就像工具箱里的那些工具，其意义体现在它被用来做什么事情。在不同的情景下，一个工具也可以派上别的用场，甚至如果我们有想象力，还可以给一个工具发明新的用法。所以说，意义并不暗含在语词里，而在于它在实践中的表现。我们知道，有些规则是死硬不变的，而且是绝不能改变的。通常逻辑规则就属于不可改变的，比如说，自相矛盾是不可接受的。但也许有规则允许某种灵活度，可以"适当地"因地制宜。什么算作"适当的"，就像说"加盐少许"一样要看情况。在多数情况下，规则的"适度"灵活性并不会导致问题，但有的时候却可能会改变游戏的局面。比如说，在我看来，足球游戏里允许造越位战术就不是个好规则，要是放弃这条规则就可能创造许多精彩的进球。

当然，在人们承认某种规则的情况下，做事情就要遵守约定的规则，比如说，行人要遵守交通规则，说话要遵守语法规则，踢球要遵守球赛规则，等等。可是，到底怎样才算真正遵守了规则？这个问题却不简单。一般的理解是，遵守规则意味着，只要情况相似，那么就一次次地按既定做法重复照办下去。可重复性是规则之所以是规则的一个重要标志。维特根斯坦提出了一个怪问题：什么算作"总是照办"呢？这真的有准吗？真的能做得一模一样吗？如果有些走样，还算不算遵守规则？我们知道，对于许多规则来说，走样似乎是难免的，那么，走样走到什么程度还可以算是遵守规则？这件事情就有些含糊了。维特根斯坦因此提出了一个"遵循规则悖论"："既然每个行动步骤都能被搞成符合某条规则，那就没有哪个行动步骤能够被一条规则所决定的了。"在这里要补充一句，多数译本把 course of action 译成"行为方式"，我认为不如"行动步骤"更准确些。

这个遵循规则悖论后来被克里普克进一步演化为一种维特根斯坦式的怀疑论。克里普克把维特根斯坦看成新怀疑论者，维特根斯坦恐怕不会认可，因为维特根斯坦明确说过，怀疑是有限度的，总有一些我们安身立命的"硬基底"是无法怀疑的。虽然克里普克对维特根斯坦有所歪曲，但经过他的演化，这个关于遵循规则的难题就更清楚地显露出来了。克里普克想象了一个数学例子，按照通常人感觉，但当他听到"牙疼"，他是懂的，因此，他懂的不是别人的牙疼，而是牙疼这个词的公共意义。类似的事情很多，别人说"那样那样的红色"，除非你目睹，否则你懂的也只是用来描述红色的公共意义。由此可以理解维特根斯坦为什么说语言是一种生活形式："不得不接受的东西，给定的东西——可以说——是生活形式。"生活形式不是你的，也不是我的，而是生活的共同条件，谁都不能加以自由选择，因为生活形式是事先给定的。对此当然会引起疑问，"难道你说，人们的一致决定了对错？人们所说的内容有对有错，但就人们所用的语言来说，人们是一致的。这不是意见一致，而是生活形式的一致"。这是维特根斯坦的回答。

有一个问题是维特根斯坦没有想到的，那就是刘慈欣的《三体》里三体人的透明思想。三体人没有语言，思想就是脑电波本身，只要进行交流，就是思想本身的直接传达，私人性等于公开性，也等于公共性。这样离奇的事情真的可能吗？维特根斯坦不知道，我也不知道。但维特根斯坦倒是提到过"狗不会假装"的问题——为什么狗不装？是它太诚实了吗？谁都不知道。

规则

《哲学研究》用大半篇幅对语言、经验、感觉和事物的各种细节提出商量性的疑问、描述和分析，其中核心问题是规则问题。维特根斯坦已经证明了，语言游戏是一个公共游戏，而游戏乃是约定俗成的，基于众人的一致接受，也就成了每个人不得不接受的生活形式。当然，不排除个别情况，比如说有人就是不想接受公共游戏，这会出现什么情况呢？一种情况是，这个人想另创一个游戏，就像前面讨论到的，一个人终究无法建立一个仅仅属于自己且有意义的游戏，同样，一个人也不可能建立任何意义和价值；另一种情况是，有的人并不想开启其他游戏，而是想改变原本的游戏，在保持游戏的连续性的情况下使这个游戏悄悄发生变化。要做到这一点，就需要想办法修改游戏规则。这样做倒是可能的，可是，如果某些行为导致了规则的变化，而又没有破坏规则的连续性，这算遵循了规则还是发明了新规则？这件事情其实是我们在生活游戏中不断在做的事情，就是说，比如说，我规定 aba 是我，bala 是他，如此等等，可问题是，为了拒绝公共性，就必须拒绝可重复性，也就是必须拒绝规则，因此，记忆也是一次性有效的，记住的时候也正是失效的时刻。可见，首先，人不可能记住稍纵即逝的语言，而且即使拼了老命记住点什么，也都是立时作废的东西。在这种条件下，我思也就根本不可能理解自己发明的私人语言了，因为这种一次性的语言像水一样毫无痕迹地溜走了，自己甚至记不住自己发明的语言，更别提理解它。那么，那种完全失效并且立时失效的语言能够存在吗？维特根斯坦的结论是，根本就不存在那种真正的私人语言，它无处可在，完全是个自欺欺人的谎言。

既然我思不可能为自己发明一种专属自己的私人语言，就意味着，任何一种语言都必须具有公共性，都必须是一种人人可以共享的公共语言，换句话说，任何一种能够用来思考的语言都必定是公共语言。正如前面说到的，私人语言是我思主观性的立足之处，那么，既然私人语言不存在，自产自销的主观性我思就无处可在，主观唯心主义的大厦也就随之坍塌了。维特根斯坦找到了主观唯心主义的阿喀琉斯之踵，一击成功。

我不知道维特根斯坦打击私人语言的动机，虽然"私人语言之反证"是一项令人敬佩的成就，却不是研究语言游戏的必经之路。维特根斯坦绕道攻击主观唯心主义，或许有什么有趣的原因。维特根斯坦知道一点笛卡尔的哲学，可是笛卡尔的唯心主义并不完善，他没有证明"所思"意义的内在性，完善的主观唯心主义还要首推胡塞尔。维特根斯坦在参加维也纳小组讨论时听过关于胡塞尔哲学的简介，据说没听完就不想听了。也许，维特根斯坦的模拟对手是以胡塞尔为代表的主观唯心主义者们。不过，假定主观唯心主义是错误的，胡塞尔的唯心主义理论仍然是个伟大作品。错误有可能是伟大的，正如有的真理是平庸的。

"私人语言之反证"不仅证伪了私人语言，同时还获得一系列肯定性的成果：语言的意义是公共的；思想的意义也是公共的；意识的有效性需要外在条件，尤其是公共语言。总之，自我意识不可能自己说明自己，自我中不存在什么"敝帚"可以自珍。维特根斯坦嘲笑主观主义者说，这就像有个人想表明自己的身高，他把手放在头顶上说，瞧，我有这么高。不过，私人感觉与私人语言不能混为一谈。一个人能懂另一个人的牙疼吗？显然不能，他不可能体会别人牙疼的私的鲁棒性在于它具有使一切外部证词作废的自我作证能力,其语法是"我就这么想的"。显然,没有任何外部证词能够证明一个自我不能那么想,因为没人能够代替我去想,也管不着我想什么,在这个意义上,主观唯心主义是驳不倒的。于是,主观唯心主义就成为"思想病症"的最后庇护所,也成为广大小资产阶级知识分子所喜爱的自恋个人主义的哲学基础。但是维特根斯坦不打算给主观唯心主义留下什么机会,他选择了从主观唯心主义的内部去攻破主观唯心主义的策略。

维特根斯坦发现,那些貌似深刻的哲学谈论了一些难以理解的奥义话语,还有的哲学家相信自我有着内在自足完满的意识和独特的领悟,所以自我是个自身完满的世界,这些独白式的哲学如果能够成立的话,就必须基于存在着某种私人语言,即内在的思想必须有一种与之相配的"独特的"内在语言,要不你以什么媒介去思考?又怎么知道你自己在想什么?然后怎么说给自己听呢?那种专属自我的主观内在语言就叫作"私人语言",而私人语言是自我主观性的生效条件和立足之地。维特根斯坦首先把主观唯心主义的"我思"问题等价转换为私人语言问题,这是关键的第一步。

那么,承载着"我思"的私人语言真的可能吗?维特根斯坦试图证明这是一个哲学谎言。可以先考虑这样的情况:假定有人自己定义了一种排他性的私人语言,别人都不懂,因此别人无法窥探他心里想什么。这一点不成问题,就好比一种别人不懂的密码。不过,私人语言并不是一种密码,或者说,密码并不是真正的私人语言,只是假冒的私人语言,因为无论密码多么奇怪也仍然是可以理解的,只要获得解码本,就可以把密码翻译为公共语言。显然,密码只是为了在一个小群体内保密,却不是为了让一个自我独占一种语言。表面上密码十分奇怪,但它仍然有着稳定而确定的语言规则,它在元规则上与公共语言的元规则是一致的,所以密码只是隐藏的公共语言,一旦被破译,意义就真相大白。

接下来真正的问题来了。要创造一种具有绝对排他特权的真正私人语言,使得在任何情况下都不可能被破译,那它必须是什么样的呢?这种语言就只能使它的每个词和语法规则都成为一次性的,决不重复,就像流水一样。可是,假如果真如此,我思的内容和意义也就同样如流水一般一去不复返了,那样的话,思考了也等于白思考,一切都即时消失。那么,我能不能拼命记住我的私人语言呢?

去看看它们是否有共同的东西,因为如果你去看这些游戏,就不会看到所有游戏所具有的共同东西,而只会看到一些相似之处和一些关系,以及这些东西的系列性。再说一遍:不要想,而要看。"维特根斯坦是相信"眼见为实"的。这里的问题是,眼见之"实"只是各异的细节,眼睛看不到共相或本质,因为共相或本质并不存在于事物之中,而是语言的发明。语言天生具有形而上学的性质,虽然维特根斯坦反感形而上学,但他应该会同意这一点的。

以"家族相似"的眼光去发现事物的细节,确实有助于我们摆脱形而上学的假、大、空误导。可是,语言为什么非要发明共相呢?语言不可能发明一些没有用的东西,显然,共相必定是很有用的。"家族相似"固然开拓了一种眼界,但终究不能代替共相或本质。在此我忍不住要反对维特根斯坦对那些形而上的共相或本质的贬低。思想需要共相或本质,不是为了发明虚假的东西,而在于思维的经济学要求,即时间成本最小化,思维效率最大化,以最少的语言表达最多的理解,否则思维将陷于无穷细节而无法建立任何一种理解。

私人语言

《哲学研究》是一本洞见式的著作,以提出各种角度独特的质疑和一针见血的直观为主,完整的论证并不多,但其中有个"私人语言之反证"堪称典范,成为维特根斯坦最具魅力的论证之一。私人语言的反证十分强大,即使不服也难以自辩。自从"私人语言之反证"广为人知之后,主观唯心主义就很难立足了,因为已经失去了最根本的立足之地。要理解"私人语言之反证"的重大意义就先要了解主观唯心主义的重要性。

过去有一种颇为流行的哲学史观认为,哲学史上的主要争论是唯物主义与唯心主义之争,这不符合史实。西方哲学史上的争论主要发生在经验论和唯理论之间,或者各种唯心主义之间,而中国哲学的问题则与唯物唯心无关,处于唯物唯心的框架之外。就西方哲学而言,主观唯心主义是一种最为坚强的论点,具有突出的"鲁棒性"(robust 这个词通译为鲁棒性,很难理解,其实就是"非常皮实"或"折腾不坏"的意思)。具有鲁棒性的东西就几乎坚不可摧了。主观唯心主义

推测一个事件

提出并且检验一种假设

以图表表示一个实验的结果

编个故事，讲故事

演戏

唱歌

猜谜

编笑话，讲笑话

解应用数学题

把一种语言翻译为另一种语言

请求、感谢、谩骂、问候、祈祷

我们可以看到各种游戏具有部分交叉重叠的特点，这些特点类似于血统关系的连续关联，于是维特根斯坦称之为"家族相似"。以家族相似的概念来理解游戏，就等于认为游戏没有统一的本质，只是存在着互相联系的线索。从知识论的角度来看，形而上的本质就表现为知识性的共相。名词和动词都似乎假定了事物或事情的共相。断言某种共相是件冒险的事情。关于共相的笑话不少，比如说，把人定义为"会笑的动物"，虽然表达了某种共相，但它似乎是个对人类缺乏说明力的无用共相。在许多情况下，即使对某类事物总结出个共相，那个共相也往往说明不了我们真正需要理解的问题，就像"会笑的动物"很难说能够增进我们对人类是什么东西的认识。那些缺乏说明力的共相反而是误导性的，更重要的是，很可能掩盖了我们真正需要认识的东西。因此，为事物发明出"本质"虽然为事物增加了一种属性，但同时也意味着细节的缺失。

维特根斯坦相信"家族相似"更有效地表达了人类各类生活的内在关系，而且有助于我们深入理解游戏的细节。他说，"想想工具箱里的工具——锤子、钳子、锯子、螺丝刀、尺子、熬胶锅、胶水、钉子和螺钉——这些东西的功能各不相同，语词的功能也是如此"。它们的共同点是什么呢？维特根斯坦警告说："不要说，它们一定有某种共同的东西，否则它们就不会被称为游戏，而要睁开眼睛维特根斯坦没有说游戏不能一个人自己玩。事实上，一个人自己能够玩许多种游戏。但这里有个要紧问题，一个人自己能够玩的游戏仍然是一个具有公共性的游戏，是具有公共规则的游戏，所以，任何有意义的游戏都是一种共同生活形式。比如说，你自己可以发明一个自己玩的"射门"游戏，还可以规定奇怪的规则：如果球进门后又滚出来了，就不算进门。这个规则虽然与众不同，但只要规定清楚了，大家都可以理解。但假如你规定，不管球是否进门，都算进球。这样的游戏就有问题了，因为它的玩法没有意义，怎么玩都一样，任何行为都是等价的，那就没法玩了，自己也玩不下去，除非是神经病。也许我们会想起茨威格的小说《象棋的故事》，有一个人在监狱关了许多年，无事可做，只好自己跟自己下象棋，对弈双方都是自己，后来棋艺出神入化。这是一个很好的例子，一个游戏可以只是自己一个人玩，但他玩的必定是一个相当于至少两个人玩的游戏，否则没有意义，准确地说，一个没有公共性的游戏必定无法建构意义。这意味着，任何一个构成有效生活的游戏都具有公共性，因此游戏的概念可以用来研究任何能够构成文明和社会的事情，比如说，政治制度、法律、伦理、社会习惯、传统等。当然，语言是所有游戏中最基本也最重要的游戏，因为没有语言就不会有其他所有游戏，而且语言游戏能够表达其他所有游戏。

那么，众多不同的游戏是否具有共同的本质？要不我们怎么能够说所有的游戏都是游戏呢？可是每个游戏确实非常不同，它们真的有共同之处吗？这是一个很诡异的问题。有点像我们会把许多数目或者许多事物看作属于某个集合，比如说，我们把1、2、3……说成"自然数"，把2、4、6……说成"偶数"，其实这些数的每一个就其本身而言都是非常不同的，是我们为它们赋予了一种共性，可见事物的共性其实是语言的发明。游戏的情况也类似，维特根斯坦建议我们通过以下例子来看看语言游戏的多样性：

  下达命令，以及服从命令
  描述一个对象的外观，或者说出对它的度量
  根据一种描述（绘图）造出一个对象
  报道一个事件

语言，比如说物理学或数学，其实是浓缩了的日常语言，是能够更有效率地进行思维运算的语言。科学化的语言只是高度抽象化，并没有抛弃生活。那为什么哲学不需要专业化暗语？因为语言的晦涩不等于思想的深刻，哲学问题是每个人共同面对的生活问题，不是专家专用的技术问题。维特根斯坦认为，暗语黑话中并没有什么微言大义，如果没能说清楚，只是自己没想清楚。维特根斯坦的著作里没有一句读不懂的话，但不容易读懂的问题却很多，他说，他的书"像水晶一样清澈"，可是"少有人懂"。可见哲学的深刻在于问题，而不在于语言。

《哲学研究》与系统化的哲学论著大不相同，读起来像是思维实况纪录片。维特根斯坦在序言里说，他总是"从一个主题跳到另一个主题"，结果这本书就像是由"漫长而曲折的旅途的一系列风景速写"构成的"速写集"。

游戏

《哲学研究》的一个重要发明是给哲学引入了"游戏"（game）的概念。数学家冯·诺依曼更早些发明了作为数学理论的游戏论，翻译为博弈论，是同一个词。后来，数学的博弈论经过纳什的创造性发展而成为一种广泛应用的方法论，特别是在经济学、政治学、社会学和哲学领域。罗尔斯在20世纪60年代末引入博弈论的方法去研究政治哲学和伦理学，因此提出了有名的"无知之幕"理论实验条件。不过，维特根斯坦发明的游戏论并不属于博弈论，而是从另一个角度研究游戏问题，在对"游戏"的理解上与博弈论有互补意义。

如果说博弈论研究的是，在给定的游戏条件下，双方或多方各自会采取什么最合理的策略，那么哲学的游戏论研究的是，在任何一种可能的共同实践中，能够展开什么样的生活，可能形成什么样的问题。可以说，作为哲学概念的游戏几乎等于所有共同生活，就是说，游戏的概念足以表达任何两人以上的共同生活或互动生活形式，因此，游戏就是生活形式。不过，维特根斯坦并没有太多直接研究各种生活游戏，他的研究还是聚焦在他最感兴趣的主题：语言。语言能够表达所有生活游戏，因此，语言是一个具有总体代表性的游戏，维特根斯坦为此发明了"语言游戏"的概念。

误。兰塞姆去世早，他对维特根斯坦的批评只留下零星细节。关于来自斯拉法的启示倒有个故事，据说斯拉法不相信维特根斯坦关于只有描述事情才具有意义的理论，他做了个莫名其妙的手势，问维特根斯坦这又描述了什么，维特根斯坦深受触动。一个手势显然表示了什么，但也肯定不是一个描述，那么，语言也必定存在着类似问题。

《逻辑哲学论》把语言的本质理解为描述事态的逻辑图像，《哲学研究》并没有否认语言的这一项最重要功能，但不再视其为语言的本质。后期维特根斯坦发现语言无本质，并非仅限于描述事物和事态。他的前期哲学对语言与世界之间关系的理解过于简化了，几乎被还原为名称和命题与事物和事态的对应关系。这样的语言理论虽然驱逐了那些无节制海阔天空的形而上学，可是同时也几乎驱逐了生活，而如果语言不参与生活，那又有什么用呢？当然，维特根斯坦从来没有否认生活有着许多重要问题，只是"不可说"，比如说幸福，维特根斯坦残酷地暗示说，幸福的人本来就懂得幸福，而不幸的人无论如何也不可能懂得幸福，不仅不可说，说了也无用。但无论如何，前期维特根斯坦的哲学确实错过了丰富的生活问题。

《哲学研究》重开了哲学局面，维特根斯坦还是从语言入手，发现事实上语言有着与生活同样丰富的众多功能，在意义上能够对应于生活的所有实践活动，生活有多少事情，语言就有多少功能。这意味着，语言不是对应于事物，而是对应于生活。这个发现听起来似乎平淡无奇，但这正是维特根斯坦苦苦寻求的思想效果，即生活的真实正是朴素无奇的，而如果朴素无奇到了无须提出问题的地步，思想就没有病了。语言的华丽幻觉正是思想的病态，是产生各种伪问题的根源。只要回到平淡无奇的事实，就会发现哲学问题悄悄"消失了"，尽管那些伪问题从来没有被解答，只是退场了，不再搞乱我们的心智，在维特根斯坦看来，这才是思想的健康状态，即思想发现自身没病了。那些暗语般的哲学"专业语言"，或者那些难以理解的"能指"，就是思想有病的症状，因为它们不属于共同的生活形式，也没有表达共享的生活内容。维特根斯坦自己的哲学写作就是对他所理解的朴素健康语言的证词。《哲学研究》就是个好例子。

有一点需要解释。维特根斯坦并没有反对科学化的专业语言。科学化的专业能够做得更好，所以他是忧郁的，但不是为生活忧郁，而是为世界本身忧郁。对于维特根斯坦，思想高于生命。据说他与摩尔讨论问题，但摩尔有心脏病，摩尔的妻子不同意每次讨论时间过长。维特根斯坦却说，如果死于讨论哲学，也是个不坏的死法。维特根斯坦并非不近人情，而是对生命有另一种理解。同样，他对财富也有别样理解，他把自己继承的巨额财富送给了同样富裕的亲戚，理由是本来就富裕的人不会被金钱所腐蚀。

《逻辑哲学论》和《哲学研究》的风格和思想大不相同，但同样伟大。有人偏爱《逻辑哲学论》，有人更重视《哲学研究》，都有充分的理由，难以比较高下。《逻辑哲学论》给了传统意义上的哲学特别是形而上学难以还手的沉重打击，至少在当时被认为是板上钉钉的致命打击，后来分析哲学家们才慢慢发现形而上学终究无法回避而重新讨论形而上学。有趣的是，虽然《逻辑哲学论》几乎摧毁了形而上学，可是《逻辑哲学论》本身却是20世纪最伟大的形而上学著作，能够与之比肩的恐怕只有海德格尔的著作。维特根斯坦似乎意识到了这种自相矛盾，因此他说，他的哲学只是通向正确思维的"梯子"，用完即可扔掉。这样的话，《逻辑哲学论》作为反对形而上学的形而上学就不构成自相矛盾了，它只是告别形而上学的梯子。那么，《哲学研究》所代表的后期哲学是形而上学吗？或者是别的什么？这倒不好说了，《哲学研究》完全无法纳入一般意义上的哲学概念，很难说属于形而上学还是知识论，任何归类都似是而非。《哲学研究》之所以无法归类，是因为它的研究对象并不是某个哲学问题，而是哲学本身，它是对哲学作为哲学的反思，哲学自身成了它的研究对象。《哲学研究》是个诚实的名字，名如其事。可以说，《哲学研究》研究的是哲学方法论，是前无古人的奇书。

维特根斯坦的后期哲学固然是明显的转向，但并不是对前期哲学的否定，而是纠正了前期所理解的语言哲学的局限性，同时发现了语言哲学的更大空间和更多功能，使一些在前期哲学里不予讨论的问题都重新成为重要问题。维特根斯坦的前期哲学是锋利的，后期哲学则是宽阔的。他的前期哲学在一些问题上搞错了，但他在《哲学研究》序言里说，只是失误（mistakes），却不是谬误（fallacies）。维特根斯坦说是兰塞姆和斯拉法两个朋友帮助他发现了前期哲学的失

赵汀阳讲读《哲学研究》

> 赵汀阳
> 中国社会科学院哲学研究所研究员，代表作有《美学和未来的美学》《论可能生活》《每个人的政治》和《天下的当代性》等。

维特根斯坦是两个人吗

维特根斯坦在哲学史上是个不寻常的现象。绝大多数哲学家只有一种哲学，而维特根斯坦被认为发明了两种哲学，所谓前期维特根斯坦和后期维特根斯坦，分别以《逻辑哲学论》和《哲学研究》为其代表作。这两种哲学差异颇大，以至于好像维特根斯坦是两个人。后来又有人把维特根斯坦在转型期的思考独立算作另一种思想，这样说来，维特根斯坦甚至变成了三个人。

要举出拥有两种不同哲学的别的哲学家着实不易，按照罗素的看法，莱布尼兹算一个，他写了一套"流俗的"哲学讨人喜欢，又另写了一套"隐秘的"哲学自得其乐。莱布尼兹的两套哲学虽有雅俗之分，却很难说是两种哲学，其核心思想仍然一脉相通。尽管维特根斯坦拥有两种哲学，也因此启示了分析哲学的两个流派，但其演化有其线索，并非突然换了个人。我宁愿认为维特根斯坦是一个思想永远在生长的哲学家，是永远的探索者和开拓者，所以有机会发明两种哲学。由此我想讲一个关于凯恩斯的笑话。凯恩斯是维特根斯坦的朋友，伟大的经济学家。据说丘吉尔曾经抱怨说，向经济学家请教经济问题简直是灾难，经济学家们对经济的看法总是互相矛盾，尤其是凯恩斯，他一个人总是给出两种以上互相矛盾的看法。

尽管维特根斯坦做过不少怪事，但他是一个令人神往的人，是个赤子和天才。他既嫌别人笨，也嫌自己笨，既抱怨别人不理解他的思想，也抱怨自己没有

来不免有"狂妄之嫌"。赵汀阳确实有"狂妄"的资本。他会画画，还是个数学迷，尤其精通逻辑。他并不专门研究维特根斯坦，但他似乎得了维特根斯坦的真传。他写过很多本书，摞起来估计比他人还高。其中很有名，但也得到最多批评的一本是《天下体系：世界制度哲学导论》。在这本书中他说："中国要思考整个世界的问题，要对世界负责任，就不能对世界无话可说，就必须能够给出关于世界的思想，中国的世界观就成了首先要面对的问题。这就是中国现在的思想任务和必然逻辑。"

法治意义上的立法，也越来越复杂。哲学家的立法，跟物理学家研究物质有些类似，把眼光更多放在最小单位的寻找上，比如分子之后是原子，原子之后是粒子、质子等。

在维特根斯坦看来，以往哲学最大的问题，是想得越多，给人类带来的混乱越多。而混乱的祸首，就是言不及义。言不及义是因为描述对象、表达意义的时候，忘了那些字句、词语本身代表的含义。人们读哲学家们的书，自然也就是一脑门子糨糊。维特根斯坦认为，要割除哲学的弊端，必须从语言着手。语言是可以分解的，分解到不能分解为止，被描述的事物就显现出它的澄明了。

在这个意义上，维特根斯坦的哲学，是有关哲学的哲学。在他看来，哲学家们的任务，是通过某种方法，抵达让事物澄明的境界。不是哲学告诉人们什么，而是通过什么方法，还原日常生活本身。关于方法，维特根斯坦有一个说法是，"并没有单独一种哲学方法，但确有哲学方法，就像是有各种各样的治疗方法"。维特根斯坦还用了一个比喻，说明他的哲学是什么。他说，我的哲学目标，就是给苍蝇指出一条飞出苍蝇瓶的出路。

从维特根斯坦派给哲学的任务和他给自己确立的哲学目标可以看出，他不止要对世界立法，还要对立法进行立法，就如同国家的立法体系中专门的立法法一样。从这个角度，说维特根斯坦的气魄超过之前所有哲学家，并不为过。

讲读这本书的赵汀阳是国内外知名的哲学教授，先后毕业于中国人民大学和中国社会科学院研究生院。1985—1988年，他师从李泽厚读哲学。毕业后去了中国社会科学院哲学所，一直到今天。

赵汀阳是国内外多所大学的兼职或客座教授、研究员，如中国人民大学、清华大学、欧洲跨文化研究院。他还是美国博古睿研究院的高级研究员。这个职位，很大程度上代表了一个哲学家的水准，以及在国际上的地位。赵汀阳说过，我是机器人，喜欢思想作业，虽然在理智上知道没有哪一个问题能够有最后答案，但作为机器人，难免忍不住想试一试。

当代研究哲学的中国学者中，把自己看作哲学家的大概只有赵汀阳一人。别人是在研究，而赵汀阳是在建构自己的体系，这样的自我定位，在别人看

导语 | 维特根斯坦：为世界立法

刘苏里

维特根斯坦的这本《哲学研究》，无论思考和写作的时间，与前面讲读过的《逻辑哲学论》都相差很远。《逻辑哲学论》发表后，维特根斯坦选择了弃学从教，跑到乡村当教师，到修道院做园丁。总之，他离开了哲学，一走十年。一般的说法是，受别人的启发，维特根斯坦才重操旧业。英国条件好一些，他又回到剑桥大学。有趣的是，他是靠着早已成名的《逻辑哲学论》拿到了博士学位，"博导"还是小他很多岁的"学生"。当然，凯恩斯、罗素和摩尔这些人，从中也使了劲儿。没几年，维特根斯坦带着笔记，又跑到那个挪威小屋独自思考去了。离开挪威的时候，《哲学研究》的框架已经有了眉目。不过这时候，离第二次世界大战已经不远了。本来，维特根斯坦很想早一点发表这部作品，但总是觉得有些问题没彻底想明白，便放弃了发表的想法。这一放弃不要紧，第二次世界大战来了。维特根斯坦是个"好战"的哲学家。第二次世界大战开打时，虽然他都年过四十，力不从心了，但还是想法儿去了战时医院，间接地参战。他是带着书稿参战的，即使随医院转来转去，也没有停止思考和修改书稿。

从《逻辑哲学论》到《哲学研究》，以及他去世后，被人整理发表的大量作品，始终受到不同声音的评价。赞赏的很多，批评的意见主要集中在两点：一是维特根斯坦的哲学不成体系，都是格言警句式的；二是认为他小题大做，把语言的重要性提到前所未有的高度。批评者认为，当把语言彻底解构后，哲学也就消失了。于是，维特根斯坦生前所批评，甚至颠覆掉的许多哲学思考，比如形而上学，在他去世后，还继续存在于哲学研究中。

每个时代总有那么一批人，他们一生的主要活动，就是思考人类的大事儿，那些跟人类生存有关、具有普遍意义的事，比如美德、公正、幸福、城邦（或国家）治理等。很大程度上，他们是为世界立法的人。当人类不断书写哲学史的时候，其实是在书写思想的立法史。因为人类生活越来越复杂，

三〇
《哲学研究》

[奥] 维特根斯坦著　李步楼译　商务印书馆　2000 年

主题词 ◎ 游戏　私人语言　规则

经典之处

《哲学研究》是路德维希·维特根斯坦重要的代表性著作，阐述了与《逻辑哲学论》大异其趣的思想，如"语言游戏说""家族相似""意义即用法"等。该书认为过去的许多哲学问题都源自哲学家对语言的错误理解与使用，使哲学成为空洞的形而上学。哲学当下的任务在于按照日常语言的规则讲话，在具体用途中考察语词的意义来治疗这种病症。哲学因此成了某种形式的疗法。

作者简介

维特根斯坦（Wittgenstein，1889—1951），20 世纪最重要的哲学家之一。早期思想受到弗雷格和罗素的影响，并与维也纳学派有思想交流。早期思想的代表作是《逻辑哲学论》，后期思想转向后，著有《哲学研究》。这两部著作极大地改变了 20 世纪英美哲学的研究方向。前者推动了逻辑实证主义的发展，后者开创了日常语言哲学的新道路。

思考题：

1. 维特根斯坦生平里哪一个传奇让你感触最深？
2. 分析一下维特根斯坦的 7 个命题是怎么彼此联系的？
3. 书中的 6.36311 原话是："明天太阳将升起，是一个假设；而这就是说，我们并不知道它是否将升起。"结合命题 6，谈谈你对这句话的理解。
4. 维特根斯坦说："哲学不是一堆学说，而是一种活动……哲学的结果不是哲学命题，而是命题的澄清。"（《逻辑哲学论》4.112）。结合今天讲的，谈谈你对这句话的理解。
5. 比较一下，你在无边的天空之下看天空和你在一个有构架的阳光房里看天空，有什么区别？你能体会那种无边的天空可以通过受限的框架被看到的感觉吗？结合这种感觉，谈谈你对下面这句话的理解："实际上存在着不能付诸语言的东西，它们显示自身。它们是神秘的东西。"（《逻辑哲学论》6.522）

在维特根斯坦看来，不可说的东西当然还不止这些，譬如还包括表达人生态度的命题等。但对他来说，不可说并不意味着不可认识。当我们用眼睛观察事实和世界时，尽管我们看不到我们的眼睛本身，但我们可以通过观察到的东西推知眼睛的存在，即对不可见的眼睛，可以从所见之物推出它的存在。同样，对不可说的东西，也可以由可说出的东西推知它们的存在。维特根斯坦把这种推知过程称作"显示"，而且认为这种显示是由不可说之物自身完成的，即不可说之物是通过显示自身而为我们所认识的。

关于不可说之物却可以显示，是维特根斯坦早期思想中最难理解的，但同时又是最关键和重要的内容之一。根据他的论述，哲学的基本问题即是关于不能表达而只能显示的命题。正是这一显示的特征，被看作是他神秘主义的主要"罪证"。不过，若是仔细分析就不难看出，维特根斯坦所谓的"显示"并没有任何神秘主义的暗示，而是指我们可以通过语言表达本身感受到语言逻辑形式的存在，或者通过我们感知到美的对象而得知审美意义的存在，或者通过我们对生命意义的体验而获得宗教上的情感，如此等等。在这里，显示出来的东西并不是像可以说出的东西那样有意义，或有真正意义上的思想，相反，它们的不可说就表明了它们是无意义的。所以，这里并不存在任何神秘之物。

不可说的东西可以显示，不仅是维特根斯坦前期思想的主要内容，在他的后期思想中也得到了继续。因为在他看来，重要的事情不在于去说那些能够说的东西，而在于去认识那些只能显示的东西。所以，关于不可说的东西如何显示出来的问题，自然就成为维特根斯坦更为关注的核心。维特根斯坦的后期哲学实际上就是在显示那些不可说的东西，由此我们能够看出他前后期两个哲学理论之间内在的逻辑联系。

其一，一切命题都可以分析为它们的逻辑形式，但这些逻辑形式本身却是不可说的。他写道："命题能够表述全部实在，却无法表述它们为了能够表述实在而必须与实在共有的东西——逻辑形式。为了能够表述逻辑形式，我们必须能够和命题一起置身于逻辑之外，也就是说，置身于世界之外。"维特根斯坦当然认为这是不可能的，因为我们只能在世界之中，而一切有意义的命题也只能是在逻辑之中。根据维特根斯坦的逻辑推论，如果命题可以表述逻辑形式，那么它就必须使用同样具有逻辑形式的命题，而这却是自相矛盾的，因为这样的话，它就是在用逻辑形式表述逻辑形式本身。人们或许可以用其他的命题，但这在逻辑上会导致无穷后退。所以，命题的逻辑形式是不可说的，正如事实的，或事态的，或实在的逻辑形式是不可说的一样。

其二，不可说的不仅有命题的逻辑形式，还有命题的逻辑性质本身。这里所谓的"逻辑性质"不是指逻辑命题，而是指一切命题都必须具有语言与世界之间的逻辑关系或逻辑结构。根据维特根斯坦的思想，一切命题都只是由于具有这种关系或结构才能够称作命题。但这种逻辑关系或逻辑结构本身却是不能用命题表达的，换句话说，我们不能用命题去表达它自身的逻辑性质，否则我们用来表达这种性质的命题本身同样具有这样的性质，这就陷入了自相矛盾之中。这就像是说，我们不能用自己的眼睛来看自己的眼睛一样：我们的眼睛只能用来看眼睛之外的东西，同样，命题也只能用来表达不同于命题的东西，但它不能用来表达自己，命题的逻辑性质正是命题的本质。

其三，由于一切命题都是事实或实在的逻辑图像，因而传统的用于表达形而上学的命题就并不是真正的命题，因为它们没有表达语言的和世界的逻辑形式。在维特根斯坦看来，形而上学的命题之所以不可说，并非因为它们是抽象的或神秘的，而是因为并不存在这些命题中使用的名称所指称的对象，而且这些命题是以违反逻辑形式的方式构造出来的，故而它们并不是真正的命题。

其四，与形而上学的命题相似，一切关于伦理学的、美学的、宗教的命题同样是不可说的。对宗教命题，维特根斯坦明确地表明，由于灵魂和上帝并不在世界之中，因此用于描述它们的命题对这个世界也就没有任何意义了。因为"世界上的事物是怎样的，对更高者是完全无关紧要的。上帝并不在世界上现身"。

文字，和罗素与怀特海在《数学原理》中建立的逻辑体系，正是这种符合逻辑句法的语言。这种语言的基本要求是，每一个简单对象都只有一个名称，它的意义是由它在所出现的命题中的关系确定的；包括名称在内的符号的意义，在命题中并不起任何作用，因为这种命题的意义只在于对逻辑结构的描述。罗素在他的导言中把这种语言称作"逻辑上完善的语言"。

那么，建立起这种语言，是否就可以令人满意地用它描述世界和表达思想了呢？维特根斯坦认为并非如此。他指出，语言表达存在的第二个问题是，包括逻辑语言在内的任何语言都是有限度的，我们只能表达能够表达的东西。这意味着存在不可表达的东西，这些东西之所以不能表达，是因为它们超出了语言逻辑的范围，属于逻辑形式无法达到的领域。

根据维特根斯坦的看法，一切能够表达的东西都是逻辑上可能的，也就是说能够用逻辑形式描述的东西；但逻辑也是有限度的，逻辑不可能表达一切东西，例如逻辑本身就是逻辑无法表达的。根据这种看法，他批评了罗素试图解决关于类悖论的类型论，因为对类型的推导最终都要达到一个无法进一步推进的类型，这就是类型的界限，也是逻辑的界限。在这个意义上，超出逻辑界限的东西就无法表达。但维特根斯坦同时指出，无法表达并不意味着是完全无意义的，或者说是虚假的，而只是说它们超出了逻辑的范围，但我们可以用其他的方法处理它们。

既然明确地划分了可说与不可说的界限，维特根斯坦进一步指出，可说的就是都可以用逻辑表达出来的。只要我们弄清了语言的逻辑结构，我们就可以说出一切符合逻辑形式的东西。但对不可说的东西就没有这样简单了，既然它们不可说，我们似乎就无法得到它们。然而，我们的理智却总是压抑不住想要说出它们的内在冲动，用康德的话说，人类总是想要超出理智的界限去做理智不可能做到的事情。这样，我们就常常陷入自我矛盾之中：一方面承认理智的限度，另一方面又不甘心于这种限度。对此，维特根斯坦提出，解决这个矛盾的最好方法，是承认存在着我们的语言逻辑不可说的领域。在他看来，传统形而上学的错误就是试图说出不可说的东西。避免这一错误的方法，是对不可说的东西保持沉默。

根据维特根斯坦的思想，不可说的东西主要包括这样一些内容：

意味着我们只能用句子去描述世界；事实的总和构成了世界，同样，用于描述事实的句子也就构成了对世界的描述。由此我们就可以理解，对世界和事实的分析说明，应当是对描述世界和事实的句子的分析说明。反过来说，分析说明句子也正是对世界和事实的分析。由此可见，维特根斯坦的论证采用了由结论到前提的推理过程：因为对句子的分析是为了说明世界的逻辑结构，他就先把世界的逻辑结构作为推论的出发点，由此揭示从世界到思想，再到命题的推理过程，而所有这些推理都出自一个前提，那就是区分可说的与不可说的界限，这也就是全书的最后一个命题："对凡是不可说的，我们必须保持沉默。"

关于不可说的神秘之物

从前面的内容看，《逻辑哲学论》的主要哲学贡献看上去更像是逻辑上的或语言上的。维特根斯坦自己也说，哲学的主要工作就是对语言的批判。但事实上，他这本书所做的主要工作，是为可说的东西与不可说的东西划定一个界限，也是为可以思想的东西与不可思想的东西划定一个界限，这就是用逻辑的脚手架构造关于事实的逻辑图像，为他心目中的世界概念划定范围。维特根斯坦的工作目的不是为了解决逻辑问题，而是通过对语言的逻辑分析，解决我们的语言如何能够表达和描述世界的问题。在他看来，一切不可说的东西都应当在语言之外，属于神秘之物。那我们就要看一看这种神秘之物究竟是什么，以及我们应当如何理解《逻辑哲学论》的最后一个命题"对凡是不可说的，我们必须保持沉默"。

维特根斯坦在对语言表达能力的分析中发现，语言存在很大的问题。第一个问题是，就自然语言而言，它表面的语法形式掩盖了它内在的逻辑形式，因而在相当多的情况下，自然语言的语法结构误导了我们对它的使用。例如，在日常语言中，我们常用同一个"是"表达完全不同的意思，或作为连词，或作为等号，或作为"有"（存在）的同义词，等等。但在逻辑上，这个词出现在不同的地方却有着完全不同的意义。在维特根斯坦看来，整个哲学都充满了这种由语法形式的误导带来的混淆。要消除这种混淆，关键是要避免在不同的地方使用相同的符号，这就要求我们必须使用符合逻辑句法的语言。弗雷格的逻辑符号体系即概念有的情况。在维特根斯坦看来，一切现有的情况都只能是事实的存在，因为我们所能使用的有意义的语言正是描述和说明事实的句子。这样，一切现有的情况也就只能是事实的总体。但这里的关键不在"发生的事情"上，而是在"事实"与"事态"的区分。"事实"是由一些要素构成的某种关系，是这些关系项之间的活动或过程，它既包含了事态，也包含了不同于事态的关系。如"苏格拉底是柏拉图的老师"这个句子表达的就是一个事实，说明了苏格拉底与柏拉图之间的师生关系。"事态"则是世界存在的一种状态，它不包括这种状态发生或发展的过程，而只是当下被表述或描述的情形，例如"苏格拉底很聪明"这句话表达的是一个事态，是关于苏格拉底本人状态的描述或评价。我们在日常生活中对事实和事态并不做这样严格的区分，往往认为它们都是在表达某个事情。但在维特根斯坦看来，从逻辑上分析，事实与事态的重要区分就在于是否存在偶然。就事实而言，可以存在偶然的事实；而事态，则一定出自事物或对象的本质。这里的偶然，是指并非由于其中涉及的关系项自身的本质所决定的东西。比如，"苏格拉底是柏拉图的老师"这可以看作是一个偶然的事实，因为柏拉图一定是某个人的学生，但并不一定是苏格拉底的学生。因此，"做苏格拉底的学生"不是柏拉图的本性所决定的。但"苏格拉底很聪明"却一定是出自苏格拉底的本性，是他的天赋才能。维特根斯坦这一组命题的核心思想是，事物的本质在于它们能够成为事态的组成部分。反过来说，事态是由事物之间的关系构成的。由此可以看出，维特根斯坦完全是从命题的逻辑图像这个观点出发，去理解事实和事态的，并由此去解释实在与图像之间的关系。

最后，命题1说，"世界是所发生的一切"。这句话看起来似乎是一句什么也没有说的废话，用逻辑术语来说，就是一句同义反复的重式。但细想起来，它似乎又表达了我们用一句话都无法表达清楚的内容。理解这句话的关键是，要知道这里所说的"世界"和"所发生的一切"究竟指的是什么。按照传统的观点，世界应当是由物质实体构成的：无论是我们所感知到的经验世界，还是不依赖于我们的感知而存在的客观物理世界，它们都是物的集合。但维特根斯坦在这里却指出，世界应当是由事实构成的，因为发生在这个世界中的一切只能是事实，而不是事物。事实是由句子表达的。当维特根斯坦说"世界是事实的总和"时，就意思是"x 具有 f 性质"或者"x 和 y 处于 Ø 关系之中"。显然，这样的基本命题就是由名称和一些连接词构成的句子，其中名称的意义是由这个句子的结构决定的，而整个句子的意义则是由句子中的所有组成部分之间的关系决定的。这样，维特根斯坦就把所有的命题都解释为基本命题的真值函项了。

命题 4 说，"思想是有意义的命题"。意思是说由于有意义的命题构成了思想，对命题的分析也就是对思想的分析。在这里，维特根斯坦讨论了命题与语言、思想、实在的关系，主要是要说明，一切关于命题的思考其实都是关于思想的，而以上所说的基本命题的真值函项也好，命题的一般形式也罢，其实表达的都是思想。由此可以看出，只有那些具有真正逻辑句法结构的命题才可以表达思想。我们之所以能够理解命题的意义，就是因为命题表达了思想，而这里的思想不是一般的观念或想法，而是具有特定内容的，这些内容就是事态的存在与不存在，也就是事实。由此，我们就可以理解全书的第三个命题。

命题 3 说，"事实的逻辑图像是思想"。进一步说，思想表达了事实的存在，对思想的分析也就是对事实结构的分析。所谓"逻辑图像"是指命题的逻辑形式；"事实的逻辑图像"是指命题的逻辑形式对应于事实的结构。因为思想是关于事实的逻辑图像，所以，思想就一定是符合逻辑的；反过来说，不符合逻辑的东西就无法称为思想。这就是维特根斯坦在这个命题里表明的观点。应当说，这个观点是非常有力的：因为当我们要思想某个对象时，或者说，当我们对某个对象提出了某个思想时，我们的思想本身一定要符合逻辑。维特根斯坦说："我们不能思想非逻辑的思想，否则我们就必须非逻辑地思想。""在语言中不能表现任何'违反逻辑'的东西，就像在几何学中不能用坐标来表现违反空间规律的图形，或者给出一个并不存在的点的坐标一样。"显然，在维特根斯坦看来，思想能够成为事实的逻辑图像，就是因为其中包含了关于事实的情况。这就在思想与事实之间建立了必然关系，也就是说，事实的存在决定了思想。由此我们可以进一步理解第二个命题了。

命题 2 说，"那所发生的一切，即事实，就是诸事态的存在"。由于命题显示了事态，对命题的分析就是对事态的分析。这里首先把已然"发生的事情"明确限定为"事实"。所谓"发生的事情"，不是简单地指发生的事实，而是指一切现命题 7 表明，"对于不可说的，我们必须保持沉默"，由此可以推知，此前的诸个命题都是可说的东西，所以，关于不可说之物的命题应当是全书的起点，而不是终点。这也表明，该书的目的正是要划清可说的与不可说的东西之间的界限。维特根斯坦在序言中说："这本书的整个意义可以概括如下：凡是能够说的东西，都能够说清楚，而凡是不能说的东西，就应当保持沉默。"因此，在这个命题之前的所有命题都应当是可说的内容。这是我们要反向阅读的主要原因。

命题 6 说，"真值函项的一般形式就是命题的一般形式"，这就意味着，命题的一般形式是命题中包含的真值函项的一般形式。所谓真值函项，指命题的真值（或真或假）取决于命题中所包含的各个函项的真值。例如，"今天是晴天"这个命题的真值函项是"'今天是晴天'是真的"和"'今天是晴天'是假的"，后面两个命题的真值完全取决于最初的命题"今天是晴天"。我们根据"今天是晴天"这个命题可以判断出，它等同于"'今天是晴天'是真的"这个命题，而不是"'今天是晴天'是假的"这个命题。这个例子说明，我们是根据命题的逻辑结构判断了命题的意义。由此，分析命题的结构也就是分析命题的意义。

命题 5 说，"命题是基本命题的真值函项"。基本命题是一切命题的基础，因此，重要的是分析基本命题的结构。既然命题的意义是由命题的结构决定的，分析命题的结构也就是分析命题的意义。由于一切命题都是以基本命题作为真值函项，而基本命题又是构成一切命题的基础，这样，基本命题就是一切命题的形式结构。那么，究竟什么是基本命题呢？在维特根斯坦看来，事实存在着原子事实和由原子事实构成的更为复杂的事实之分，对应原子事实的应当是最基本的或最小的命题，这种命题的最小单位就是基本命题，罗素把它们叫作"原子命题"。根据维特根斯坦的说明，基本命题的特征是，没有其他任何基本命题可能会与之矛盾。也就是说，基本命题在所有命题中总是独一无二的，因为它描述的是独一无二的原子事实，或者说原初事实。比如，"天是蓝的""雪是白的"，这样的命题都可以被看作是基本命题的例子。值得注意的是，在维特根斯坦看来，像这样的命题本身并不是基本命题，而只是基本命题的例子，因为基本命题本身应当是句法上的，也就是仅仅具有形式上的特征，而不会涉及具体的命题内容。这样的基本命题的句法结构是由名称构成的函项式，形式上写成"fx"或者"$\emptyset(x,y)$"，

《逻辑哲学论》的结构秘密

关于《逻辑哲学论》，其实更为重要的是我们究竟应当如何阅读这本书，阅读中必须分析它的内在结构，才能理解维特根斯坦在书中向我们透露的真正秘密。

人们阅读一本书的习惯，通常是从头至尾地读，但这本书的第一句话是一个命题，即"世界是所发生的一切"。这句话看起来基本上是一句同义语反复，要想理解其中的意义，我们必须知道这里所说的"世界"，以及"所发生的一切"指的是什么。这就需要我们接着往下读："世界是事实的总和，而不是事物的总和。"读到这样的解释，你会发现，只有理解了维特根斯坦后面的命题，才能理解前面的命题。实际上，要理解这本书中的每个命题，都要看它的后一个命题。也就是说，只有从全书的最后一个命题起步，才能读懂这本书。

维特根斯坦在序言中明确地说："这本书也许只有那些自己已经思考过在本书中所阐述的思想或者类似的思想的人，才能理解。所以，这不是一本教科书。如果它能满足那些理解它的人，它的目的就算达到了。"显然，维特根斯坦在写作这本书时，已经设计了方法，即从后往前推，从最后一个命题读到第一个命题。他为什么会这样呢？一个显然的原因，维特根斯坦是在第一次世界大战期间完成这本书的，在狭小的战壕里，为了不让别人看明白自己所写的内容，他故意以颠倒的方式书写，并夹杂各种自己设定的符号。另外，以颠倒的方式书写，是他在孩童时代经常与哥哥姐姐们玩的一种文字游戏。后来，他经常以这种方式书写，以免被人发现自己的秘密。在艰苦卓绝的战火中，以颠倒的方式写作，完全符合他的性格特征。

一般来说，思考的顺序与表达的顺序往往是相反的：思考是从结果推导到原因，从知道是什么推出为什么，但表达却可以是从原因到结果。正如《逻辑哲学论》这本书的表达方式，与维特根斯坦的思考方式就是相反的，应当说，他是在经过充分思考后才写出自己思考的结果，他对这个结果的表达就是从开始到结束，从原因到结果的。所以，我们必须从书的最后一个命题开始理解，才能读懂他的思考顺序，理解他的思考结果。

根据这种阅读顺序，我们来了解一下这本书的结构。

可说的东西保持沉默,并不意味着我们对那些不可说的东西无法理解,他告诉我们,对于不可说的东西,我们可以通过显示的方式去理解它们。

这里所说的"显示"就是用描述的方式去揭示我们无法用语言表达的内容。我举一个例子来说明,比如每当我们想要表达一个很奇特的感觉时,常常会说简直无法用语言表达。这时我们会用类似的东西做比喻,比如"就像坐过山车","就像过了电一样"。这样,就比较容易理解那些无法用语言表达的内容了。可见,当我们说"无法用语言表达"或者"不可说"的时候,不是说我们不能使用语言,维特根斯坦是要表明,我们不能用符合逻辑语法要求的语言清楚地表达出来。这种语言表达方式正是他提出的可说与不可说的界限。也就是说,凡是可以说的东西,都是可以用符合逻辑语法要求的语言说清楚的,除此之外就是不可说的。这样,维特根斯坦把一切无法用逻辑语言表达的传统形而上学命题都归结为不可说的范围了。

现在我们来回答刚才那个问题:命题 7 究竟反映了西方哲学的哪些变化呢?维特根斯坦在这个命题中区分了可说与不可说,其实这也就预示了对于不可说的东西,总会有其他的"显示"方式。因为它不可说,就一定不属于或者不需要理论说明,而应当属于实践的范围。这样,对于不可说的东西,就需要通过实践活动去显示其存在的意义。应当说,这正符合了当代西方哲学中出现的实践转向趋势。所谓"实践转向"是指,哲学家们更多地把自己的研究对象聚焦在实践领域,试图通过对实践领域中现实问题和具体问题的研究,说明哲学理论的意义和价值。而这种转向发生在 20 世纪中叶,以德国法兰克福学派的社会批判理论和美国哲学家罗尔斯的正义理论为主要代表。这些理论都指向当今社会问题,包括社会变革、时代特征、文明发展、文化冲突、公平正义等普遍的社会问题。而《逻辑哲学论》早在这之前几十年就发表了,所以说维特根斯坦预示了西方哲学发展的未来走向。他的后期代表作《哲学研究》是以显示的方式说明那些不可说之物的最好证明。

总之,《逻辑哲学论》的确是一本奇书,仅仅七个命题就揭示了世界、思想、命题和不可说之物的奥秘。这不仅是维特根斯坦早期思想的主要内容,而且直接反映了西方两千多年哲学史的发展历程,还预示了当今西方哲学的实践转向。

就是命题的一般形式"。这听起来好像是天书一般，因为这里提到了一些我们不太容易理解的概念"基本命题""真值函项""命题函项""一般形式"等。其实，维特根斯坦这些命题的意思是说，我们所使用的所有命题是来自一些最基本的命题，而这些最基本的命题也是根据一些命题形式构造出来的。这样，维特根斯坦就把前面所谈的思想与命题的关系，归结为命题本身的问题。也就是说，命题的一般形式决定了命题的意义，也就决定了思想。用更通俗的话说，命题的形式决定了命题的内容。这话听上去似乎不可思议，但是很容易从前面命题3和命题4中推出来的结果。因为，图像是一种形式，当我们还没有谈论图像的内容时，我们首先注意到的一定是图像本身。而"逻辑图像"说的是图像以逻辑的方式呈现出来，即把逻辑公式看作是一种图像，那图像就是这种逻辑形式本身。如果我们讨论的是事实的逻辑图像，就意味着把事实作为这种图像的内容，把逻辑公式看作关于事实的公式，这时候的逻辑图像就叫作"思想"。而命题4"思想就是有意义的命题"是把有内容的逻辑图像看作有意义的命题，当我们把图像与命题等同起来，也就把事实与意义等同起来了。维特根斯坦正是用这种方式，把命题解释为一种图像，把命题的意义解释为图像所反映的事实。这样，进一步的问题就是如何理解命题了。所以，命题5和命题6都是关于命题本身，从思想的内容或命题的逻辑图像所反映的事实，转向了命题本身的构成方式。

这种从思想内容向思想形式的转变，在当代哲学中被称作"语言的转向"。这种转向不是从哲学研究转向语言研究或语言学研究，而是哲学本身的研究对象从思想内容转向了思想的表达，也就是转向了语言。这是当今的语言哲学最初形成的重要原因之一。所以，命题5和命题6直接反映的就是现代西方哲学的主要内容。

最后还有一个命题，只有一句话，然后全书就结束了。这个命题是"对凡是不可说的，我们必须保持沉默"。这是当今引用最多、使用范围最广的当代西方哲学家的名言之一。但许多人其实并不是真正明白这句话的意思。维特根斯坦并不是要我们对不可说的神秘之物保持沉默，而是在告诉我们，在可说的东西与不可说的东西之间存在一个界限，我们只能说那些可以说的东西，对于不可说的东西，则不要试图去说，因为那样带来的结果就只能是思想上的混乱。同时，对不系列重要哲学思想，包括关于世界的逻辑构造的逻辑原子主义、关于命题与世界关系的图像论、关于基本命题的真值函项理论，以及关于不可说的神秘之物的思想等。这些思想很复杂，但有两点比较清楚：一个是这七个命题与西方哲学发展历史的关系；一个是如何去理解这七个命题之间的关系。

《逻辑哲学论》虽然只有七个主要命题，但这七个命题却可以被看作是对西方哲学发展历史上重要历史阶段的描述和对未来哲学发展走向的展望。西方哲学发展的两千多年历史通常被分为三个历史阶段。第一个阶段是古代哲学，包括了古希腊哲学和中世纪哲学，这个阶段的哲学核心是本体论，也就是关于世界存在的学说。第二个阶段是近代哲学，包括了文艺复兴、启蒙运动、早期近代哲学（也就是通常所说的经验论与唯理论哲学）和德国古典哲学，这个阶段的哲学核心是认识论，也就是关于知识的来源和人类认识能力的学说。第三个阶段是现代哲学，包括19世纪末以来一直到当代的西方哲学，这个阶段的哲学核心是语言，或者叫作语言哲学，是从认识的表达出发去讨论人类认识活动过程和结果的学说。《逻辑哲学论》的七个命题可以被看作是对这三个历史阶段的高度浓缩。

上述命题1"世界是所发生的一切"和命题2"那所发生的一切，即事实，就是诸事态的存在"，都是关于世界和事实的，是关于世界的构成方式和事实的存在方式，这完全可以对应西方古代哲学的本体论阶段。维特根斯坦用简单的两个命题给我们交代了世界的存在方式，这两句话听上去并不难懂，但要能理解这两句话的真正含义，需要我们耐心地继续往下读。命题3"事实的逻辑图像是思想"和命题4"思想是有意义的命题"，表明维特根斯坦考虑了思想和命题之间的关系，这通常被看作是关于人类认识活动过程的思考，即我们以什么方式去理解这个世界。这与西方近代哲学的认识论非常相近。思想是事实的逻辑图像，就是告诉我们思想的构成方式，思想的主要内容是关乎事实的世界。不仅如此，思想还是有意义的命题，于是，思想和命题之间就建立了联系，即思想是用命题来表达的，而命题的意义就是它表达的思想本身。这两个命题听上去也并不难懂，但难以理解的却是这里所说的"逻辑图像"和"命题"。要理解这两个概念，就要进一步去理解命题5和命题6。

命题5是"命题是基本命题的真值函项"，命题6是"命题函项的一般形式的价值。但维特根斯坦对此却并不知晓，因为他当时正在奥地利的乡村小学当老师。

《逻辑哲学论》的主要内容

《逻辑哲学论》全书总共只有两万多字，不到 80 页，但其中既有对现实、思维、语言、知识、科学和数学等问题清晰明确的逻辑分析，又有关于世界、自我、伦理、宗教、人生和哲学的警句箴言，因而被公认是西方哲学史上最为精练、最难懂的经典著作之一。全书是由一系列十进制数字编排起来的，每一句话基本上都有一个编号，后一个编号都是对前一个编号的解释和说明，因而每一个编号都反映出这句话或这段内容与前面内容的关系；同时，作为命题编号的这些十进制数字表明这些命题在逻辑上不同程度的重要性，表明他对它们的不同强调。全书最基本、最重要的是七个主命题，也是全书的中心主题。它们是：

1. 世界是所发生的一切。
（世界是所有已然的事情）
2. 那所发生的一切，即事实，就是诸事态的存在。
（已然的事情，即事实，是诸事态的存在）
3. 事实的逻辑图像是思想。
4. 思想是有意义的命题。
5. 命题是基本命题的真值函项。
（命题是原初命题的真值函项，原初命题是其自身的真值函项）
6. 命题函项的一般形式是命题的一般形式。
（真值函项的普遍形式就是命题的普遍形式）
7. 对凡是不可说的，我们必须保持沉默。
（凡是不可说的东西，必须对之沉默）

我们可以把维特根斯坦的这七个命题主题，归结为这样七个关键词：世界、事实、思想、逻辑、命题、真值函项、不可说。通常认为，这七个命题提出了一的重要转折点。这不仅是由于他的研究兴趣发生了重大变化，从工程学转向了哲学，而且是他整个生活方式的改变，从一个孜孜不倦的求学者变为有完全独立思想的创造者，从人生道路的准备阶段走向打破沉寂的冲刺阶段。

从 1912 年起，也就是他拜罗素为师的第二年，维特根斯坦开始思考逻辑问题和数学基础问题。他从弗雷格那里得到启发，发现逻辑的根本问题不是定理或规则的有效性问题，而是它们的基础问题。也就是说，我们的思想表达都依赖于我们所使用的逻辑形式，而这些逻辑形式本身就规定了我们的语言。从这种想法出发，他开始寻找这样的逻辑形式，并试图用最为简洁的语言表达他的思想。

在第一次世界大战之前，他就试图从一些具体的生活实例中寻找最为简洁的语言。在战争中，他从一幅描述汽车事故的图画中，发现了命题的作用。在他看来，这个命题就是对事物的可能状态的描述，而它之所以可以起到这个作用，正是由于这幅图画的各个部分与实在的事物或事件之间有一种对应关系。这使维特根斯坦想到，可以把这个类比倒过来，一个命题相当于一幅图画，它的各个组成部分与世界之间有类似的对应关系。同样，命题的各个部分组合起来，也就是命题的结构，反映了世界的各个部分的组合方式，即事物存在的可能状态。这样，维特根斯坦便认为，他可以解决有意义命题的本质问题了。他把这个想法不断完善，最后在意大利俘虏营里整理出一部书稿，题为《关于逻辑和哲学的思考》，并通过凯恩斯——就是后来的著名经济学家——的帮助，把书稿分别寄送给了弗雷格和罗素。

弗雷格的反应似乎很冷淡，但罗素则对这部手稿给予了很高评价，因为它把他们战前讨论过的关于命题意义的问题大大推进了一步。1919 年 12 月，维特根斯坦与罗素在海牙重逢，用了整整一星期时间共同讨论前者在战火硝烟中写下的著作，由此揭开了他人生的新篇章。1920 年，该书在《自然哲学年鉴》杂志用德文连载发表。1921 年，德英对照版由英国著名出版社凯根·保罗出版社正式出版，书名采用了一个拉丁文名称《逻辑哲学论》。学界通常认为，该书的正式出版时间是 1921 年，因为这个版本是经过维特根斯坦本人仔细校对过的。《逻辑哲学论》出版后，在当时的英国哲学界引起了不小震动。罗素在序言中说，该书的出版可以看作哲学界的一件大事，任何一个认真的哲学家都不会忽略这本书可敌国的奥地利钢铁大王之家，是这个家庭八个孩子中最小的一个。他和兄弟姐妹从小在家庭里接受私塾式的启蒙教育，家庭教师和管家的要求非常严格，完全按照正规的社会规范教导他们，并且在外教指导下学习法文和英文，进行舞蹈训练，游戏伙伴也来自上层社会。这种家庭背景使他们从小就疏远平民阶层，接受的完全是贵族化的教育。

少年的维特根斯坦特别喜欢阅读。他最初的哲学读物，是叔本华的《作为意志和表象的世界》。他在书中看到一些他自己曾经思考过的问题，就是对人生的透彻观察和对精神不朽的追求。他认为叔本华的思想如清晰透彻的河流，可以一望见底。同时，叔本华思想中表现出的强烈孤独感，以及从精神和意志中创造世界的勇气，对维特根斯坦的影响也是相当深刻的。这些在后来都明显地表现在他的哲学思考中。

另一个传奇是他曾经与希特勒同校。1903年，维特根斯坦被送往林茨的六年制中学，希特勒1900—1904年也在该校就读，并与维特根斯坦同校一年。希特勒曾在《我的奋斗》中提到这所学校，极为赞赏学校历史教师强烈的民族主义情绪。维特根斯坦回忆这所学校时说，学校里的犹太人只是少数，而且每个犹太人似乎都不敢承认自己的血缘。可以看出，这两位有过一段共同经历，并且都是影响了人类历史的人物，从小就不一样：希特勒强烈的种族主义倾向和维特根斯坦对自己犹太血统的讳莫如深。

还有一个传奇是维特根斯坦从工程学专业转向哲学专业的求学历程。1906年夏天，他中学毕业，原本想要跟随奥地利物理学家玻尔兹曼学习物理学，但玻尔兹曼在那年自杀了，维特根斯坦不得不放弃这个计划。其实，他对玻尔兹曼的物理学本身并不太懂，吸引他的可能是玻尔兹曼的科学哲学思想。玻尔兹曼的论证方法和基本思路曾深深打动维特根斯坦，使他确信不同的理论观点可以用来解释同一个世界，或者说，整个世界恰好是由不同理论共同解释的，而每一个理论都只能是对世界的部分解释。这些思想在他后来的《逻辑哲学论》中得到了充分体现。追随玻尔兹曼未果，维特根斯坦选择机械工程专业作为学习方向，进入柏林附近的夏洛腾堡工业大学，后转学到英国曼彻斯特大学。1911年他来到剑桥大学，拜罗素为师，正式进入哲学研究。从曼彻斯特到剑桥，这是维特根斯坦一生

江怡讲读《逻辑哲学论》

> 江怡
> 北京师范大学教授。著有《维特根斯坦：一种后哲学的文化》《分析哲学教程》等。

维特根斯坦是当代西方最为重要的哲学家之一，他以其传奇的一生为世人所知晓，又以其独特的哲学为后人所称道。21世纪初，西方哲学界曾对谁是过去100年最为重要的哲学家问题做了一个问卷调查，结果在选出的哲学家中名列前茅的两位，一位是维特根斯坦，另一位是德国哲学家海德格尔。通常认为，维特根斯坦一生提出过两种截然不同的哲学，而且这两种哲学对后来的西方哲学发展都产生了重要影响，直接导致了当代分析哲学的诞生。分析哲学在20世纪的英美哲学界始终占据主流，并且扩展到了英美之外几乎所有西方国家，也影响到了远在东方的中国。他的前期哲学以《逻辑哲学论》为代表，后期哲学以《哲学研究》为代表。这两本著作都已经成为西方哲学经典，对当代哲学发展产生了深远影响。《逻辑哲学论》被公认为经典之作，虽然全书只有不到三万字，但真正读懂这本书却是一件非常困难的事情。

《逻辑哲学论》的诞生

维特根斯坦作为当代西方最为重要的哲学家之一，他的生平事迹早已是人们口口相传的传奇了。国外有许多关于他的生平的传记，最有影响力的是英国作家蒙克的《天才之责任》。我自己也曾写过一本他的传记。这些都可以作为读者了解他生平的主要读物。这里要说的只是关于他的一些传奇。

一个传奇是他的家庭背景和成长经历。1889年，维特根斯坦出生于一个富

线是，维特根斯坦与英国哲学家罗素、德国哲学家和逻辑学家弗雷格，以及英国哲学家 G. E. 摩尔的互动，引发了占据半个世纪英美哲学主流的分析哲学运动。分析哲学认为，语言的歧义是导致人类文明走向毁灭的根本原因，因而对人类使用的语言进行科学分析是哲学的主要任务。维特根斯坦说，他不提出任何哲学教义，他的任务是将他自己和读者从困惑和痉挛中解脱出来。造成痉挛的原因是使用语言带给我们理智上的迷惑。

事实上，维特根斯坦对自己的哲学被当今世人所理解，完全没有信心。他认为，他的哲学是为 100 年后的人准备的。于 1920 年正式发表的《逻辑哲学论》，到今天整整过去 100 多年了，如果他的哲学是当今人类的救赎密码，那么破译的时候到了。

讲读这部著作的江怡先后求学于四川师范大学、天津南开大学和中国社会科学院，他是哲学家车铭洲、涂纪亮的嫡传弟子，先后任职中国人民大学、中国社会科学院哲学所和北京师范大学哲学院，是一流的研究维特根斯坦的专家，写过不止一种维特根斯坦研究专著。他曾在世界多个著名学府，包括牛津大学、剑桥大学、哈佛大学，做访问研究。

象征。维特根斯坦一生讨厌现代文明。很大程度上，他的哲学，就是对现代文明可能给人类文明带来毁灭所进行的反思。他的哲学研究工作，很像是一枚硬币的两面，一面激进地反对现代工业、科技、资本主义，一面则无比留恋逝去的光阴。加上他对天主教教义的无限崇敬，维特根斯坦成了那个时代少有的左翼保守主义者。

维特根斯坦一生跟这个世界过不去，左右不逢源。有趣的是，维特根斯坦对这个世界有自己特殊的亲近方式，就是每当战争打响的时候，他都抱着极高的热情参战，第一次是为自己的祖国奥匈帝国，第二次是为民主的英国，这使他成为极其罕见的"好战"哲学家。而维特根斯坦的哲学，70多年来更是被喜欢和不喜欢的人在世界各地传诵。维特根斯坦几乎成了现代哲学的代名词。

有关维特根斯坦的传说，简直是太多了，最著名的有两个。一个是，当他重返英国时，著名经济学家凯恩斯向自己的妻子通报说："好了，上帝到了！"并为他的到来，专门谱写了一曲管弦乐。另一个是，很可能是两次世界大战造成的杀戮和破坏，让维特根斯坦对人类的未来充满绝望，认为人类正处在走向毁灭的"黑暗时刻"。维特根斯坦所指的"黑暗时刻"，与丘吉尔对纳粹德国崛起，将世界引向战争的紧张局势，用的是同一个词，即"darkness"，而维特根斯坦最痛恨的政治人物，正是丘吉尔。吊诡的是，也正是维特根斯坦的"仇家"——英美两国，不仅在他最困难的时候庇护了他，还拯救了他痛恨但又生活其间的现代文明。

这就是维特根斯坦哲学展开的背景，也是维特根斯坦哲学思考的主题。维特根斯坦的哲学，是走向毁灭的人类的挪亚方舟，是人类重生的维特根斯坦方案。不论他的哲学多么晦涩难懂，也不论多少人认为有前后两个维特根斯坦，其实我们都可以在西方两条思想主线中，找到维特根斯坦哲学一脉相承的问题意识——人类向何处去。一条思想主线是，维特根斯坦的哲学家生涯，一头一尾钟情两个狂人思想家，即叔本华和斯宾格勒。叔本华是第一个公开站出来反对理性主义的德国哲学家，认为人类的命运将被生命意志所主宰。斯宾格勒是德国历史哲学家，他预言般的作品《西方的没落》，与维特根斯坦的《逻辑哲学论》同时诞生，也几乎在同一时间为世人所知。另一条思想主

导语｜为未来写作的哲学家

刘苏里

1914年7月底，第一次世界大战爆发，一周后维特根斯坦报名参军，被编入奥匈帝国炮兵团。1913年9月，他曾带着一份还不成熟的手稿，离开英国，前往挪威隐居，试图完成他早期最重要的哲学著作《逻辑哲学论》。入伍的第二天，维特根斯坦继续着挪威隐居生活时的哲学工作，1918年8月被俘的前两个月，他完成了《逻辑哲学论》。可以说，这部划时代的巨著，诞生于炮火之中。维特根斯坦的哲学，跟第一次世界大战一样，也成了划时代的符号和象征。某种意义上，近现代世界，因维特根斯坦的哲学和第一次世界大战的硝烟炮火，被截然分成两个时代。

第一次世界大战毁掉了维特根斯坦的家园，他的祖国奥匈帝国解体，只剩下奥地利这块不足帝国八分之一面积的土地。此后10年，维特根斯坦躲到奥地利乡下当小学老师，做园丁，搞建筑设计，恐怕都跟帝国的解体有着某种隐秘的关系。

维特根斯坦的传记作家说，维特根斯坦并不喜欢英国，但他的哲学却是于1911—1913年间萌芽于英国的。1929年他第二次回英国，重新开始他的哲学生活。1944年，第二次世界大战结束的前夜，他在英国完成了晚期哲学的代表作品《哲学研究》。《哲学研究》也诞生在战火纷飞的年代。第二次世界大战一开打，维特根斯坦就主动要求离开剑桥大学，参加医疗救护队。我们依然有理由说，现代世界又被维特根斯坦的哲学和第二次世界大战划分成了两个时代。其实，第二次世界大战是第一次世界大战的延续，1914—1945年的世界，没有发生什么大的变化，就跟维特根斯坦关切的根本问题——语言、世界和自我——一样，没有发生什么变化。但维特根斯坦加入英国国籍，成了英国哲学家这件事，仍给后人留下了很大的遐想空间。在维特根斯坦离开人世前一年，也就是1949年7—10月，应学生的邀请，他访问了美国。直到去世，维特根斯坦都对英美文化深恶痛绝，认为英美两国是现代科技、机器文化的

二九
《逻辑哲学论》

[奥] 维特根斯坦著　陈启伟译　商务印书馆　2014 年　《逻辑哲学论及其他》

主题词◎逻辑实证主义　语言分析哲学

经典之处

《逻辑哲学论》是维特根斯坦早期重要的哲学著作，也是改变了当代哲学方向的重要著作。维特根斯坦以格言、预言的表达方式，讨论了思想、语言和世界的关系，通过清晰地说出"逻辑上完美的语言条件"定义哲学的界限，深刻地影响了当代哲学的走向。

作者简介

路德维希·约瑟夫·约翰·维特根斯坦（Ludwig Josef Johann Wittgenstein，1889—1951），20 世纪最重要的哲学家之一。早期思想受到弗雷格和罗素的影响，并与维也纳学派有思想交流。早期思想的代表作是《逻辑哲学论》，后期思想转向后，著有《哲学研究》。这两部著作极大地改变了 20 世纪英美哲学的研究方向。前者推动了逻辑实证主义的发展，后者开创了日常语言哲学的新道路。

思考题：

1. 请谈谈你认为一个学者应当如何爱国？
2. 我们说韦伯是一个理性的民族主义者，通过这一讲，谈谈你对这个说法的理解。
3. 试着谈谈人类在使用暴力上的进化，以及你对现代民族国家法定地垄断暴力的看法。
4. 这一讲我们谈了"靠政治为生"和"以政治为志业"间的区别，这对你有什么启发？
5. 谈谈你怎么理解韦伯说的政治信念与政治责任的关系，韦伯为什么在伦理的层面谈这个问题。

负责。其他的几十个大小政党就更不用说了。

于是，很不幸，韦伯的操作努力最终都归于失败，他根本没有得到把控全局的机会。一方面，这其中有若干重要的客观原因，上面已经概括介绍过。另一方面，还有个重要的主观原因，韦伯作为一个领袖级的人物，却十分厌恶日常的政治经营，尤其不善调度人力资源，他不会用人也不会被人用。总的来说，他看得很明白，能让所有人都自愧不如，但他干得却很糟糕，这使所有人都对他敬而远之。

终于，德国人民实在没辙了，矮子里面拔将军，把第一次世界大战英雄兴登堡元帅选为总统。可惜他是职业军人，却不是职业政治家。他掌握了强大的政治权力，却没有强大的政治意志，最终被希特勒忽悠得晕头转向，后果就不用多说了。这就是丧失了责任意识，特别是丧失了责任能力的必然结局。最悲剧的是，统治阶级和被统治阶级同时沦落到了这种地步。

这是韦伯个人的悲剧，更是德国这个民族的悲剧，甚至在一定程度上说，也是世界的悲剧。历史学家、韦伯政治传记的作者沃尔夫冈·蒙森后来说："韦伯作为一个'地道的实干家'，不得不用整个一生与'智力瘫痪的行动'进行斗争。"的确，到了后俾斯麦时代，德国的各种政治力量已普遍缺乏政治现实感，更缺少未雨绸缪的政治眼光，各怀鬼胎，晕头转向。好不容易出现了韦伯这么一位明白人，而"这个民族却不知道如何利用它的最伟大的人物，也听不进他的忠告"。韦伯自己也正视到了一个冷酷的事实，他说："我这一生注定是个政治单身汉（politischer Einspanner）。"韦伯之后甚至有人提出了一个历史假设：如果当时的韦伯，或者韦伯理想中的政治家，有机会登上古罗马意义上的独裁官地位，德国的局面将会如何？世界又会怎样？

韦伯身后的世界已经发生了足够多的变化，但是政治本身的法则和逻辑却依然如故。就是说，韦伯当年的政治操作方案也许已经没有参考价值，但他提供的政治经验、他的政治洞察力，以及他对政治训练和政治成熟的评价标准，至今还是不可多得的思想指南，这就是我们今天乃至今后仍然绕不开韦伯的最充分理由。

义秩序。他明确指出，只有这样才会让每个德国人都能活得像个人样，才能从政治成熟的意义上对权力产生影响力。

韦伯是有历史眼光的人，对未来有前瞻性。他在当时就看到，现代政治将越来越成为一种特殊职业，这需要一种特殊的职业人，就是政治家。但是，政治家不同于任何其他职业，根本无法从课堂上、书本里获得职业技能，也不可能在机械化官僚制的铁笼子里获得职业训练。一个人除非有政治天赋，也就是天生的权力本能，否则，想当政治家就只能在日常的斗争中积累经验，确定抱负，积极进取。韦伯断定，人的本性以及客观环境，决定了斗争或者说竞争是政治永恒的宿命。什么样的斗争呢？当然不是粗鄙的、单纯的"权力斗争"，而是价值的斗争、决策方向的斗争、施政技术的斗争、招募追随者的斗争、动员大众的斗争，以及所有相关领域的斗争。只有在这些永无休止的斗争中，才能造就出不可或缺的强大政治人格，才能一代接一代地培养出坚守责任伦理的政治人，特别是政治家，从而承担得起德国在欧洲乃至世界的历史使命。

在俾斯麦垮台后的30年间，也就是韦伯的后半生中，他一直期待、鼓吹并竭力塑造一种新的政治运行机制，以期能够不断训练和选择出富有责任能力的政治家，把德国拖出第二次转型泥潭，实现德国的自由主义新生。韦伯念念不忘的是，只有一个"习惯于通过它的当选代表为自己的政治命运共同负责"的民族，才能锤炼和选择出"为政治而生"的政治家以担负民族政治的领导权。且不管这当下的现实多么愚陋不堪，"毕竟，这是一个民族有可能在政治眼光方面得到训练的唯一途径"。就是说，这应该是统治者与被统治者共享的政治教育过程，而且必须如此。

韦伯的一系列政治论述和设想，在当时的德国产生了广泛的冲击性影响。但是很不幸，在大混乱中形成的各种政治势力，谁也不服谁，谁也不愿跟谁妥协，但谁也没有能力整合秩序。韦伯的父亲曾是德国最大的政党民族自由党的领袖人物之一，但韦伯后来发现，这个自由主义政党已经浑浑噩噩到不可救药的地步了。德国最大的宗教政治代表天主教中央党，保守反动又鼠目寸光，由于长期受俾斯麦打压，从来就没有产生过像样的政治家。德国最大的工人政党社会民主党，则一门心思要彻底推翻基本的自由市场经济制度，根本无力对全民族的利益冲动，无可厚非；即便抱着自己认定的信念投身政治，也天经地义。问题在于，你想不想、能不能承担相应的责任。实际上，信念越是被不断纯洁化、绝对化，伦理上就越有可能不择手段，宗教战争和异端裁判所就是最典型的范例。韦伯就曾开导德国社会民主党的领导人说，你们一定要追求一举改天换地，又是忽悠革命，又是煽动暗杀什么的，这反而强化了反动势力的反动决心，削弱了和平变革的力量和希望。还会招致你们代表的工人阶级遭到更多镇压，日子更不好过。你们的目标就更渺茫，实在不合算，根本不是负责任的办法。

目光如炬的韦伯，指出了一个人性的缺陷，他说，一般而言，"如果由纯洁的信念引起的行动导致了罪恶的后果，那么在这个行动者看来，罪责并不在他，而在于这个世界，在于人们的愚蠢，或者在于上帝的意志让它如此"。这样的伦理是以信念掩盖罪责，实际上是无耻的。

而信奉责任伦理的人，绝不是没有自己的信念，也不是专门与别人的信念对着干，而是在自身信念已定的条件下，优先考虑行动的后果，他不会假定人是善良和完美的，更不会假定他的信念能够原原本本地得到兑现，他会盘算行动的各种因果可能性，他没有理由借助权力去冒充天使或圣徒，也没有理由堕落到滥用暴力去掩饰弱智、怯懦和虚荣，更没有理由让别人来承担他本人的行动后果。总之，他必须在信念伦理和责任伦理之间把握平衡。当然，不能忘了政治的决定性手段是暴力，即使捍卫自由，也需要使用国家暴力。正是这一点给政治带来了特殊的伦理负担——到底什么时候可以使用暴力，使用到什么程度才算是合理。拒绝把握这种平衡，就可能导致无限暴力。

韦伯是政治大师

那么，如何实现这种平衡？韦伯给出的办法是力主德国建构"联邦主义宪政民主"制度。他并不是把宪政民主当作教条化的意识形态武器，而是系统性的政治思考。他冷静分析后指出，这是当时德国技术上最合理、成本最低廉的治国手段。韦伯敏锐地预见到，既然政治是人类的宿命，那就不必妄想消灭它，而是必须把它约束在一个合理的范围内，即以合法的有限暴力，实现最大可能的自由主人根本就不该被允许掺和政治，它也只是个政治工具。在这种大局之下，德国还有未来吗？

韦伯断定，历史已经进入一个价值多元化的阶段，而且不可逆转了。任何终极价值或道德原则企图占据一元化地位，已经没有任何可能性。无论国家还是个人，想往哪个方向去的都有，而自由主义、民主主义、共和主义等，本来就意味着提供一个公共空间，让不同的个人和群体按照自己的意志生生死死。可问题在于，不同的意志之间会有冲突，有的冲突可以调和，有的冲突是根本不可调和的，这时候怎么办？你死我活还是同归于尽？这样的困境，恐怕人人都不陌生，而韦伯的解决办法是，坚持责任伦理的行动原则。

信念伦理和责任伦理

首先，韦伯对"经济基础决定上层建筑"的命题提出异议。按照他的历史考察，即便在物质资源并不稀缺的那些地方和时代，人的共同体生活照样需要政治秩序，也就是照样需要权力及其背后的暴力支持。这表明"政治"是高度独立的领域，所谓独立，就是有它自己的性质和逻辑，有自己的运行轨道和因果趋势。政治当然离不开物质资源的支持，但它作为一个规范、撬动和改变秩序的杠杆，是任何其他力量都无法替代的，尽管我们还能看到财富的力量、观念的力量、情感的力量，甚至自然的力量也在起作用。

其次，一旦拥有权力，不管是权力本身还是对权力的影响力，它给人带来的快感是任何其他事物都无法替代的，它能带来的利益，也是其他任何因素都难以比拟的。所以说权力有一个天性，那就是扩张的冲动。而获取了权力的人所持的信念越坚定，权力的扩张冲动就越强烈，因为依靠权力地位贯彻其信念是最实在的办法了。按照韦伯的分析，不管在什么情况下都坚持其信念不走样，这就是信念伦理。这种伦理只对信念本身负责，至于后果是什么，不会予以考虑。我们试想一下，如果所有政治参与者都固守着这种意志，局面会如何。

当然，韦伯不会停在这里，他在信念伦理之后又提炼出了一个著名的概念"责任伦理"。大意是说，人谋取权力或者对权力的影响力，甚至满怀扩张权力的时欧洲的强人政治背景对韦伯的影响，但韦伯还是保持了那种冷峻的客观，这使他对政治人的剖析具有了普遍意义。他对政治人的二分法，一类是"靠政治为生"，另一类则是"为政治而生"，甚为精彩。这两类政治人都可能"以政治为业"，两者的行为方式也未必总是截然分明，但精神本质却不同。靠政治为生者多以政治为职业，甚至有些人就是靠政治混碗饭吃。但饭碗总有寒酸与阔绰、洁净与龌龊之分，吃相也有下作和高雅之别，在政治的食槽子里需要有自觉。相应地，"只有在后一种情况下，他才能成为一个具有崇高境界的政治家"，因为这种人是以政治为志业，是把从事政治当作一种使命的召唤。韦伯这里谈论政治家的"崇高境界"，当然不是对他们进行简单的道德评价，而是说他们具有三种"前提性的"素质——"激情、责任感和眼光"——这些素质对于有权参与转动历史车轮的人来说是决定性的。

这里的激情是真诚投身于一项事业的观念激情，与癫痫性的浪漫主义亢奋毫不相干，这也是政治家与常人有别，与政治官僚、行政专家和政治半吊子有根本区别之处。政治家知道自己是在上帝与恶魔之间纵横捭阖，他们必须随时准备面对手段和目的之间固有的紧张关系。为了正当性目的，从道德上着眼，必须使用正当性手段；但从实际操作上着眼，也很可能需要采取不正当手段。两者之间的平衡怎么把握，度在哪里，代价有多大，后果是什么，乃是一个大难题，是一切政治、政治人和政治家都不得不正视和盘算的大难题，也是政治成熟问题的要害。在韦伯看来，政治成熟的程度，直接决定了承担政治责任的能力。毕竟，一切政治操作，都会影响到许多人甚至所有人的利益，乃至影响他们的身家性命，有没有人担得起责任，至关重大。

在这个问题上，韦伯一直拿英国当楷模。英国人在国内国际政治游戏中保持着理性，各个阶层、各种力量都接受了持续稳定的政治教育，为全民族的政治成熟做出了自己的贡献。相比之下，德国人的表现则相形见绌。特别是在俾斯麦垮台后，传统的容克地主阶层迅速转向倒行逆施，新兴资产阶级也迅速堕落得只顾游手好闲和养尊处优，知识阶层则轻飘浮躁得一塌糊涂，工人阶级干脆一直就狗苟蝇营。好在官僚机器还有自己的技术优势，但它是架机器，也没有政治头脑，它只能是为政治决策服务的客观工具。军官团倒也保持了自己的优良传统，但军族国家会把别国的利益置于优先考虑的地位,这是现代民族国家共同体之间的严酷事实,即使在"经济的发展开始超出国界,产生出一种全球经济共同体"的新世纪,这也仍然是不容置疑的事实。从这个层面上说,我们不得不接受一个无可回避的命题——有国才有家。这也决定了一个现代民族国家的成员,必须对国家抱有本能的认同感。这样就产生了第二个重大问题,大家凭什么会产生这种政治本能呢?

韦伯否定了经济发展能促使一个政治幼稚的民族自动走向政治成熟的可能性。就像财产本身不可能自动生成财产权一样,经济发展固然有助于推动政治进程,但这根本不是经济的问题,归根结底,还是要求助于上述的政治本能。那么,有谁具备以及如何具备这种政治本能?首先,韦伯认为,只有当一个民族抱有"永恒的坚定意志,不再像一群羔羊一般被统治"时才能成为自由的民族。同时,韦伯也绝不是个政治浪漫主义者,他看得很清楚,即便在一个自由的民族中,这种政治本能通常也只是"沉淀在大众的无意识层次",它必须通过"经济与政治领导阶层"得到自觉体现,因为这个阶层理应承担一种特殊功能,"就是要成为民族政治目标感的担纲者,事实上这是证明他们的存在价值的唯一政治理由"。

这里面有个双向作用的关系。俾斯麦的威权主义统治,使德意志民族迅速成长为一个骄横的经济巨人,但也同样使它迅速沦落为一个猥琐的精神侏儒。这使韦伯确信,可以预见到的德国未来,如果只是揣着大把的银子漫无头绪地得过且过,将随时有可能一头栽入政治的深渊。因此,韦伯明确警告他的同胞,未来出路的关键不是"被统治者的经济处境",而是要不断拷问"统治阶级的政治资格"。他是在说大家要学会挑选出有能力的政治家,这对于被统治者来说,是一个更严峻的考验。这也就是韦伯所说的"对权力的影响力",韦伯指出德国的被统治者丧失这种影响力已经很久了。既然俾斯麦和君主制退出了历史舞台,那就必须重构对统治者与被统治者的新型关系,唯有如此,德意志民族才有希望重新生发出在世界上安身立命的政治大智慧,从而不至于误把练达狗苟蝇营的"潜规则"当作政治成熟。

事在人为,谈政治就不能不谈政治人。在这部选著中韦伯的著名演讲《以政治作为志业》,无疑是西方政治学说史上独具匠心的重要文献。尽管不难看出当的价值目标和暴力的道德性质，迫使人们必须决定自己该如何进行选择。从这个角度上来说，韦伯认为"一切政治的本质就是冲突"，也就是选择的冲突，或者说是理想之间、价值之间、利益之间的冲突，以及操作技术之间的冲突。现代民族国家的情况尤其如此，无论是在一个国家的内部，还是在它的外部世界。

暴力、权力、理想、价值、利益、技术，如此多元的因果要素，有隐性的，有显性的，最终必将合成一体，这就是政治舞台。政治之所以经常让人眼花缭乱，是因为你根本无法用任何单一要素解释清楚这个动态过程，进而做出判断，以采取行动。这需要一种训练而成的素养，就是韦伯常说的"政治成熟"。

政治成熟

"政治成熟"始终是韦伯政治思考中的头等关切，这是比较特殊的历史背景引起的。俾斯麦这位政治大师级人物，虽然创下了一份历史伟业，但也留下了一份后患无穷的遗产。韦伯读大学的时候，尽管对俾斯麦的政治成就推崇备至，却也清醒地与正在盛行的俾斯麦崇拜保持了距离，并对他的个人政治品质产生了警惕。一方面，俾斯麦的政治抱负、政治智慧和政治眼光确实非同寻常，以致整个民族都心甘情愿地任凭这位大人物摆布，几乎没有人再操心自己的政治命运了；另一方面，俾斯麦处心积虑地把一切有可能独立于他的权力意志的政治力量边缘化，包括与他真诚合作的最大政党、老牌自由主义政党——民族自由党。结果是，在他黯然退出政治舞台后，这个民族在需要立刻承担起自己照料自己的政治责任时，才发现其各个阶层的政治成熟度倒退了几十年，通向大灾变的政治混乱与衰败随即开始了。

那么，韦伯的"政治成熟"到底是什么意思呢？按照他的论述，基本上可以分为两个方面。

第一，本能地意识到政治"并不是某些人、某些阶级碰巧在某一时期进行统治的日常政治，而是整个民族的永久性权力政治的利益"。对于现代民族国家，这个意义上的政治成熟就意味着"对民族的永久性经济和政治权力利益的领悟，以及在任何情况下把这些利益置于任何其他考虑之上的能力"。恐怕没有哪个民呢？怎么才能确保他们也能接受你的意志呢？办法自然是谈判或者交易，或许是跟一个人，或许是跟一群人甚至整个"人民"。但是，如果谈判或交易成本太高，超出了可以承受的限度呢？按照韦伯的观察，最后一个决定性的因素——暴力——就会出场。韦伯概括说，暴力是权力的背景支持因素，而且是终极性的。差别仅在于是有限暴力还是无限暴力，是合法暴力还是非法暴力，是正当性暴力还是非正当性暴力。

在现代之前，私人暴力、族群暴力直至国家暴力，一直都是并存的暴力形态，而它们之间的界限并不那么清晰，更重要的是，合法与非法的界限也一直不那么清晰。随着200多年前国际法与国内法体系开始普遍推进，现代民族国家的确立成为世界主流，才导致了一系列根本性变化。其中一个变化是前所未有的，那就是国家垄断了暴力，而且是法定垄断，一切私人暴力都变为非法，除非获得国家特许或追认（比如正当防卫之类的情况）。尽管"暴力并不是国家使用的常规手段或唯一手段，这一点毫无疑问，然而暴力却是国家特有的手段"。

至此，韦伯便道出了政治的完整本相，特别是现代政治的完整本相：谋求或影响以暴力为终极后盾的权力。无疑，这是一切政治的原点。只有紧紧盯着这个原点，政治思考、政治观察直至政治操作，才不至于不着边际。为了强调这个问题，韦伯频繁使用了一个原创的说法，就是"权力本能"，意思是，如果对于权力的这种性质缺乏本能式的认知和反应能力，谈论和操作政治就没什么意义了，除非你喜欢不负责任地胡扯蛮干。

就政治思想史来说，韦伯是第一个为"政治"这个概念做出精确定义的人。所谓精确，意味着无懈可击，完全符合我们所能认知的经验事实。韦伯指出，政治只意味着两个实质性操作，一是谋取权力本身，一是谋取对权力施加影响力。

这样说起来，事情就比较清楚了，"政治"一词多数情况下指的是它的意义和目的，即在追问：谋求或影响以暴力为终极后盾的权力，究竟是为了什么？显然，要回答这个追问，就进入了政治的扩展领域，但不管被扩展到多么大的范围，还是离不开同一个要素——权力——无论是在最微型的自治单元还是在巨型的他治单元，都是如此。

实际上，问题的复杂性就出现在这个扩展领域，它要求人们不得不正视权力言说都分散在法律社会学、支配社会学、经济社会学、宗教社会学、城市社会学的论著以及大量演讲、讲义和报刊文章中。

自亚里士多德以降，对"什么是政治"这个问题，答案五花八门，但韦伯的回答使一切花里胡哨、拐弯抹角的说辞都成了多余。在韦伯看来，"政治就是争取分享权力或分享对权力的影响力，无论这种过程是发生在国家之间，还是发生在一国之内的群体之间"。

这里不难看出，政治的唯一核心要素就是权力，其他一切政治现象，都是从这个要素演绎派生出来的"扩展秩序"。

那么，权力又是什么？韦伯给出了这样的定义——"行动者处在一种能够不顾他人的反对而贯彻自身意志的地位上的或然性"，亦即"某人或某些人在社会行动中不顾该行动其他参与者的反对而实现自身意志的机会"。

尽管"政治"这东西差不多和人类一样古老，但是在韦伯之前，没有人能以这么简短的表述完整道出政治的实质。下面我们就顺着韦伯的逻辑，展开理解这一定义。

自从有了人构成的社会，也就有了社会性的行动，不管是个体的还是群体的行动，一切社会行动的目标都可以归结为两个方面，一是获取资源，一是规范秩序。绝大多数情况下群体行动都需要组织化的操作，这时，权力自然而然就出场了。权力以什么名堂、称号或形式出场并不重要，重要的是有些人可能会占据"一种能够不顾他人的反对而贯彻自身意志的地位"，意思是处在这种地位上，就有了可靠的机会，能够不管他人愿不愿意，把自己的意志强加于人。这是权力的根本性质。

那么，凭借什么才能占据这种地位呢？条件很多元，可以说五花八门，比如可以凭借血统、武力、财力、人力、智力等，这些优势可能会单独，也可能会组合发生作用。这就是通常说的权力的来源。

有了这种地位，就可以"不顾他人意志而把自己的意志强加于人"了吗？未必。韦伯在他的定义中用了两个词"或然性"和"机会"，这两者都含有不确定性。这不是理论弹性，也不是逻辑漏洞，而是反映了一个古老的经验事实。你处在某个位置上，对那些愿意无条件接受你的意志的人很容易，那些不愿意的人个联邦成员的关系，说到底，它们与人民主权的关系，无不需要进行周密的技术盘算和因果论证，绝不是靠一堆教条、一肚子情绪，更不是靠各种利益集团的花言巧语就能解决的。

韦伯在思考学术的同时，持续地进行这种实际政治的技术思维，他认为这是价值取向、知识诚实和责任感的终极体现。还比如在对待革命的问题上，他秉持保守的原则和立场。尽管德国正在走向深渊，但他仍然坚决反对革命的狂欢，认为革命的破坏性成本远高于建设性收益。可当革命成为现实，和平变革的可能性不复存在时，他又冷静地表明了支持革命的态度。从这几篇文献中可以看出，他并不认为革命具有天然的正当性，而应正视客观现实，并尽力把它导向理性化轨道。他甚至亲自操刀上阵，参选国会议员，四处游说争取获得中央政府的高级职位，还差点当上内政部长，而且还与一帮职业政治家合作创建了德国民主党，希望实实在在地掌握或者分享最高决策权力，推动他心目中的政治进程。

政治作为志业

《韦伯政治著作选》的最后一篇文献，是韦伯生前的最后一场著名演说"政治作为志业"。这个时候的德国已经是第一次世界大战的战败国，正在屈辱和破产中拼命挣扎，什么时候能逃出生天还未可知。韦伯认为，毫无疑问这是德意志民族政治意志颓废的后果。他对当时德国徒有"精英"虚名的那些势力已经彻底丧失了希望，他要对未来的德国精英发出呼吁，他是面对着一批青年，发表了这个名篇。

韦伯在其中阐明了什么叫政治，什么是政治家，什么叫政治成就，政治伦理是什么，政治责任又是什么，精彩程度堪称前无古人。

《韦伯政治著作选》的八篇文献虽然时间跨度长达20多年，但集中反映了韦伯在政治思想领域一以贯之的价值立场和方法论立场。

韦伯是政治学大家

与众多学者不同的是，韦伯并没有写过政治学或者政治哲学专著，他的政治一切听我指挥，谁都不许随便干预领袖决策。

鲁：我倒喜欢这样的民主！

韦：但人民会坐下来看热闹，如果领袖犯下罪错，就把他送到绞刑架上去！

这场对话没有任何玄奥的地方，像纯粹的大白话，但它极其浓缩地反映了韦伯设计的政治方案。上面说的三篇重头文章，正是围绕这套方案展开的。另外还有一篇很重要的，就是他提交给德国制宪会议的新宪法草案及其备忘录，但没有收入到本书中。

韦伯不教条，也没有意识形态癖，更不是个多愁善感的纯书生。他深知实际政治需要慎重算计成本，需要严谨论证因果和可能性，既要当下可行又要富有远见。比如，他熟知三权分立的发展历史和原则，但他认为当时的德国迫切需要的是一个强大的政治家群体，怎么操作才能兼顾"既当下可行又富有远见"？特别是，人民怎么才能既训练和挑选出强大而称职的政治家，同时又能在他们不称职的时候及时追究其责任呢？

韦伯是在手把手地教自己的同胞如何打造出一个理性化的政治家园。比如，德国因为摊上一个半吊子君主，又因为愚蠢的外交政策导致不可收拾的战败，君主制也随之瓦解，已经没有可能像英国人那样靠君主制重新立宪了。韦伯就坚决主张全民直选德国总统，而总统应该享有君主的地位。这不是因为韦伯留恋君主制，他比谁都清楚德国君主制已经不可能复辟了，而是因为他认为，享有君主地位的总统，作为全民政治统一的象征，有助于整合已经四分五裂的德国社会，更重要的是要保证俾斯麦创立的联邦制不要倒退回邦联制，进而推动统一的德国走向共和民主。这需要一系列错综复杂的技术操作，需要考虑时间成本、货币成本、智力成本以及其他资源成本。比如对选举权问题，韦伯一方面坚决主张政治和经济必须无条件还权于民，但同时坚持选举权的年龄要限定在20岁，而不是赶别国18岁的时髦。就是这样一个看似细枝末节的问题，其实都牵涉非常复杂的国情。还比如总统与首相的关系，首相与国会的关系，国会与参议院的关系，参议院与最高法院的关系，最高法院与宪法法院的关系，所有这些中央权力要素与各明的使命。但是，面对当时德国过低的政治成熟状态和政治建设水平，他又有深深的无力感。这部《韦伯政治著作选》里有三篇重头文章是专门论述德国政治的，分别是《德国的选举权与民主》《新政治秩序下的德国议会与政府》和《帝国总统》。韦伯在告诫他的同胞怎么摆脱困境，走向未来。他的价值关怀、价值立场和目标，都井井有条地贯彻在实践层面上，而不是空洞的教条或原理。

我们来看看韦伯给德国开出的药方。

第一次世界大战后，参战各国约在凡尔赛和谈。韦伯在代表德国启程赴法之前，曾致信德国当时实际的最高统帅鲁登道夫，要求他和他的追随者自愿提着自己的头交给协约国，以挽回德国的名誉，并为德国的光荣重建献祭。韦伯返回柏林后，又和鲁登道夫坐在一起谈了几小时，虽然他们彼此都钦佩对方的爱国主义精神，却无法达成任何政治共识。韦伯指责鲁登道夫作为军事统帅犯下了政治错误，鲁登道夫则痛斥韦伯要为革命和新政权的罪恶承担自己的那份责任。然后，鲁登道夫问起韦伯在信中向他提出的那个要求："你为什么会想到这个主意？为什么希望我这样做？"

韦：只有你自首，才能保住国家的荣誉。

鲁：国家正在跳进深渊！这种主意简直是忘恩负义！

韦：你必须这样做，这是你最后一次效命于国家。

鲁：我希望能为国家做出更重要的贡献。

韦：我们在讨论严肃问题，你这样说毫无意义。顺便说一句，这不仅关乎德国人民，也关乎军官团和军队能否恢复名誉。

鲁：你为什么不去看看兴登堡？毕竟他才是德国陆军元帅。

韦：兴登堡已经70岁了，而且连小孩子都知道，你才是德国的头号人物。

鲁：敬谢谬奖。你可是为民主唱赞歌的，你和《法兰克福报》应该受到谴责！你看看，现在都成什么样了？！

韦：你觉得我会把现在这种丑恶的动荡叫作民主吗？

鲁：那么你的民主是什么样？

韦：人民选择他们信任的领袖，然后被选出来的人说，现在你们都闭上嘴，韦伯在演讲中特别提到了德国东部地区的严峻形势。容克地主阶级在经营方式上正在向资本主义转型，为了压缩经营成本，大量招募波兰地区的廉价劳工，导致斯拉夫人无节制地涌入德国，不仅严重冲击了德国的市场秩序，而且恶化了德国人的文化品质，更为扩张成性的俄国人向西方推进提供了跳板。韦伯提出的对策是立即关闭东部边境，或者直接占领波兰，否则德国迟早会成为俄国帝国主义西进的第一个牺牲品。不过，这个极有预见力的政策主张，却一直没有成为现实，直到10年后俄国爆发了二月革命，情况才有了变化。

与强国为邻的德国的命运

俄国的这场革命，引起了韦伯的极大关注，已经40岁出头的韦伯甚至突击自修俄语，不到半年就跟上了俄语媒体的报道，可以直接观察俄国的动态。1906年，韦伯发表了一系列关于俄国局势的分析和预测，《论俄国的立宪民主形势》是其中的代表作。韦伯认为，俄国人的政治本性决定了这个民族融入现代西方文明主流将是个极为漫长的过程，这意味着它对欧洲和世界政治格局必然是个长期的不确定因素，甚至是重大威胁。他还指出，从俄国这次革命后的立宪民主努力中即可看出，连一部远远谈不上"激进"的宪法草案都难以形成基本共识，俄国走向大的变动是随时都有可能的事，德国人必须未雨绸缪。

在韦伯看来，这个世界只存在两种法则，就是大国的法则和小国的法则。大国就意味着掌控世界政治权力并承担相应的责任，而小国根本承受不起这样的重负。德国是个天经地义的大国，不能任由英国和俄国两大列强瓜分世界，更不能成为英国的附庸或俄国的鱼肉。特别是，德国人有责任遏制俄国人的扩张冲动，否则必将被碾得粉碎。但是，他对德国人能否不失尊严地面对这一特殊使命深表疑虑。

韦伯的药方

作为一个理性的民族主义者，韦伯坚信德意志民族有义务担负起捍卫西方文

青年教授的政治理想和个人规划

1895年5月，31岁的韦伯被授予弗莱堡大学国民经济学讲席教授职位。这对一个年轻学者来说，在论资排辈传统极为顽固的德国学术界，是极不寻常的。在就职仪式上，韦伯发表了《民族国家与经济政策》演说，旋即就成为名篇。其实，这篇就职演说完全脱离了常规：其一，它根本没有遵循惯例阐述就职人的学术抱负和教研方案；其二，它也不是从专业学术角度谈论民族国家与经济政策的。实际上，韦伯谈的是他个人的政治理想和政治规划。

1895年的德国已经进入后俾斯麦时代，在表面的繁荣和强大背后，政治领导力近乎真空，社会秩序越来越混乱，国际处境也日趋险恶，但德国人却普遍没有知觉，这当然令韦伯忧心忡忡。对此，他在这个演说中不厌其烦地嘲弄了一个非常流行的政治经济学观念，这个观念的主旨是宣称要维护日耳曼民族的利益。韦伯直斥它是小市民的庸俗幻想，是低级的寄生虫理想。这不仅让现场的听众深感震惊，也迅速在社会上引起强烈反响。韦伯指出，政治经济学家们天真地认定的，以至顶礼膜拜的价值标准，要么是生产物品的技术性经济问题，要么是斤斤计较所谓"社会正义"的分配问题，却唯独不关心以人为对象的科学，不关心如何培养人。

韦伯在演说中明确表示，德国的当务之急，不是宣泄一般的"人类理想"和絮叨空洞的教条，而是要积极行动起来捍卫德意志民族本身的观念利益和物质利益，包括眼前的、长远的和永久的利益。而最重要的是必须有人承担得起政治领导的使命。他认为，一个共同体能否推选出称职的领导阶层和政治领导人，来规划共同体如何承担未来的责任，这与经济上的贫富强弱无关，主要与共同体的政治成熟度相关。

韦伯坦言，他是资产阶级的一员，而这个阶级本应成为德意志民族的中坚力量和政治领导阶级，可是他们却令人大失所望。作为上升中的阶级，其经济实力在各阶级之中无可匹敌，却没有相应的政治成熟。因此，韦伯表示，他要从学术与政治两个领域投身于承担历史责任的工作，并呼吁同道们也挺身而出，承担历史的责任。

方面，韦伯本人长期参与德国的内政外交、政治实务，而且是高强度、高密度参与，影响至深，这样的经历在以往的思想学术大师中是罕见的。

下面我们就以时间为序，并围绕着韦伯的八篇著作，夹叙夹议地谈谈韦伯政治和政治家韦伯。

韦伯时代的德国

韦伯赶上了一个真正天翻地覆的大时代。他出生时，雄踞欧洲大陆800多年的神圣罗马帝国（962—1806年），也就是德意志人说的第一帝国，已经土崩瓦解半个多世纪了。今天的德国版图上，在那时大小邦国林立，政治割据，法律破裂，市场极度分散，连一支可以统一调度的常备国防军都没有。最强的霸权邦是普鲁士，但在顽固保守的容克地主阶层利益集团操控下，得过且过，不求进取。整个德意志就这样漫无目的地晃荡了60多年，终于在韦伯六岁那年，出现了一个超越性的大人物——普鲁士宰相俾斯麦。俾斯麦在1870年带领德军打了一场普法战争，很走运，他打赢了。不仅如此，转过年来，他还利用有效动员起来的战争机器和不可多得的胜利成果，一举实现了德意志领土和政治的统一，德国人的第二帝国就此诞生。

在俾斯麦的强力推动下，德国开始了大变革：统一当年就出台了帝国新宪法，效率很高，而且法律效力很强；以不容分说的半中央集权半联邦制的混合体制，迅速实现了德国的领土和政治统一。同时，他还强力将《普鲁士民法典》推行至整个德国。说来这部《普鲁士民法典》比《拿破仑法典》还早10年问世，且精致和完善程度毫不逊色于后者，只是因为德意志长期四分五裂，它在德国几乎成了一部具文。法学专业出身的韦伯曾说过，法国民法典的世界性荣誉本来应该属于《普鲁士民法典》，可惜德国10年里都没有出现拿破仑。所以毫不奇怪，韦伯终生都对俾斯麦的政治成就推崇备至。虽然俾斯麦的帝国还远不符合古典自由主义的理想，但它毕竟给德国人带来了史无前例的个人自由，还有整个国家的繁荣与强盛。

阎克文讲读《韦伯政治著作选》

阎克文

1956年生,浙江大学兼任教授,主持"马克斯·韦伯全集"翻译与研究工作。主要译著包括:《新教伦理与资本主义精神》《经济与社会》《君主论》《马克斯·韦伯与德国政治》《马克斯·韦伯传》(与王利平、姚中秋合译)。

《韦伯政治著作选》不是一部独立的完整论著,再具体看,它也不是政治学文集,而是政治文集。韦伯讨论的不是政治学理论,而是政治学理论的应用。更准确地说,他主要讨论实际政治,既有德国的实际政治,还有一般的实际政治。

不过,这个文集并不是韦伯本人编辑的,是他去世后,由他的遗孀和几位知交为纪念他选编的。德文原版500多页,我们从英文转译过来的这个版本,大体上是原版的一多半。英国编译者未选的是一些与德国相关的事情,特别是韦伯苦口婆心教导自己的同胞怎么样改造自己的政治生活,才能使德国再次成为负责任的世界大国等内容。不过,即便如此,我们看到的这本著作选,大体上还是反映了韦伯的政治本相。

《韦伯政治著作选》收录了韦伯的八篇文论,其中两篇《民族国家与经济政策》和《以政治为业》是演讲,六篇是专论,包括《论俄国的立宪民主形势》《两种法则之间》《德国的选举权与民主》《新政治秩序下的德国议会与政府》《社会主义》和《帝国总统》。

韦伯是举世皆知的社会科学学术大师,但绝大多数中国读者恐怕不知道,韦伯还是个政治大师。

说韦伯是政治大师,包含两层意思。一方面,他提出了一套系统的政治学说,而且见人所未见,言人所未言,这部《韦伯政治著作选》就是个标本;另一

关于政治思考的核心思想。读这本书不仅可以学习他思考问题的方法，更重要的是能切实掌握他所关切的议题：大国崛起的伦理责任。这个议题跟我们也关系密切：中国在全球化背景下获得了经济上的增长，紧跟着的应该是作为大国如何担负起责任来的意识上的觉醒，而责任意识的觉醒，不是哪一个、哪一伙人的事儿。问题是，一个经济快速增长，责任意识处在觉醒中的大国，要担负起来的，到底是些什么责任？它的伦理维度有些什么内涵？这个伦理责任中，哪些是每个个体该负起的部分？如果伦理责任出现选择的方向性分岔，对每个个体的命运会造成怎样的影响？这些问题，在韦伯的著作选中，都能找到相应的提示，比如武力和财富，不是通向强大之路的不二法门。这种提示，甚至还包括需要对韦伯保持警惕的部分，比如，怎样的民族主义情感才能成为每个人现实的内心焦虑跟美好生活渴望的平衡器？

才不辜负德国在诸多领域的创造和贡献。

韦伯1920年去世，只活到56岁。1918年第一次世界大战结束，韦伯参加了巴黎和会，亲历了处置德国的《凡尔赛和约》的谈判和签署。和约是1919年6月28日签署的，一年后的6月14日韦伯离世。他生前曾说过，德国人政治上的幼稚，以及没有什么道理的狂妄自大，将毁掉德国的前途。他亲眼看到自己对德国人的警告成为现实。就在《凡尔赛和约》签署的当年，他甚至预言了德国更加黑暗的未来。与其说是预言，不如说他看到了不公平的和约跟德国人的政治素质相互激荡，一定会将德国带向黑暗。10年后，纳粹崛起，他的预言不幸言中。

插讲一个故事。另一位思想家的死和韦伯很像，就是著名的英国经济学家凯恩斯。凯恩斯参加了第二次世界大战后在美国布雷顿森林举行的商讨战后全球经济新秩序的会议，在那次会议上，大英帝国将领跑世界的接力棒，无可奈何地交给了美国人，凯恩斯是见证人。《布雷顿森林协定》是1944年7月签订的，不到两年，1946年4月，凯恩斯因心脏病突发逝世。凯恩斯只活到60岁。我一直认为，这两位思想家的死跟他们的国家出现重大变故有直接关系。他们并非死于疾病，而是死于心力交瘁（哀莫大于心死）。他们的死亡，都有警醒后来者的意味。

回来说韦伯，他出生在一个政治家庭，父亲是德国政坛一个很活跃政党的领导人，韦伯从小对政治耳濡目染，他志业的开端，与其说是学术的，不如说是学术和政治的。他一生强调学术与政治的分离，但事实上，如果不仔细分辨，你很难看出来，他到底是拿学术说政治的事儿，还是在政治活动中保持相对客观的姿态，学术只是他政治修为的"道场"。即使在生病的几年，韦伯的眼睛也没离开过现实政治，更不用说他身心健全的时候。韦伯说，注定成为世界历史民族的每一个成员，都有责任让自己成熟起来，因为带领你担负起历史责任的人，就是从你们当中产生的。没错，韦伯是在说德国人，但他的说法对我们每个普通人是不是也有些参考价值呢？我认为，在过去的一百年中，对我们来说，没有谁的提醒比韦伯的更有参考价值。

韦伯关于政治的思考，体现在他的所有学术活动当中。这本译自英语的《韦伯政治著作选》，在出英文版时对德文原辑有所编选，但基本保留了韦伯

导语 | 大国崛起的伦理责任

刘苏里

韦伯已经介绍过了。我今天绕个远，先谈点别的，再绕回韦伯。

一个偶然的机会，我搜索世界音乐家排行，某个排行中，除第十名柴可夫斯基，前九名都是说德语的，第十一名的门德尔松，也是德国人。前九名中，来自德国的六人，奥地利三人（莫扎特、海顿和舒伯特）。这是德国崛起前后世界音乐地图中的一幅。

我还搜索了近代以来有影响力的哲学家、思想家，有康德、黑格尔、尼采、维特根斯坦、海德格尔，当然，还有马克斯·韦伯，主要也来自德国或说德语的国家。卡尔·马克思和弗里德里希·恩格斯，也是德国人。这就是德国崛起前后的世界思想地图。

别的地图我就不一一列举了。总之，只要你能想到的领域，艺术的、文学的、建筑的、教育的，包括自然科学，这些领域的世界地图，无不是德国、德语国家占据着重要位置。

我想说的是，德国人或者说德语的人，他们对世界近现代的贡献，在很多方面跟说英语的民族一样多，在某些方面甚至更多，比如音乐。

至今为止，这种奇观在西方历史上一共出现过四次。第一次，在古希腊罗马；第二次，在文艺复兴时期的意大利，还是罗马地区；第三次，就是在近现代的德国或德语地区，历史上，这个地区以"神圣罗马帝国"闻名；第四次，在第二次世界大战后的美国，有人把美国称为"新罗马帝国"。

我绕了个大弯儿，是想提出问题，进行比较。问题和比较，是一枚硬币的两面。为什么深受罗马传统影响的地区，有些在文艺复兴之后，创造了引领世界的成就，而偏偏在它的德语地区，带来的几乎是灭国之灾呢？

这个问题跟《韦伯政治著作选》有很大关系，跟韦伯一生的思考有很大关系。韦伯一生所顾念的，甚至包括他的死亡，都跟一个问题有关：统一之后经济上崛起的德国，应该担负起怎样的伦理责任，承担怎样的世界历史使命，

二八
《韦伯政治著作选》

［德］马克斯·韦伯著　阎克文译　东方出版社　2009 年

主题词◎政治理论　责任伦理　信念伦理　政治成熟

―――――― 经典之处 ――――――

本书收录了韦伯在政治领域的绝大部分重点著作,基本反映出韦伯在政治学上的主要概念、理论、方法和体系,是一个了解和研究现代西方政治社会学的具有代表性的文本。像韦伯整个著述体系一样,这本著作所选内容逻辑、脉络清晰,几乎没有产生歧义的余地,更不至于像卢梭的《政治思考》那样被演绎到完全相反的方向。

―――――― 作者简介 ――――――

马克斯·韦伯(Max Weber, 1864—1920),德国著名社会学家、政治学家、经济学家,是现代最具影响力的思想家之一。韦伯毕业于海德堡大学,先后在柏林大学、维也纳大学、慕尼黑大学等大学任教。代表作除《新教伦理与资本主义精神》外,还有《儒教与道教》《经济与社会》《古犹太教》等。第一次世界大战后,韦伯曾代表德国参加凡尔赛会议,并参与魏玛共和国宪法的起草设计,在当时德国政界影响很大。同时,韦伯也是公认的古典社会学理论和公共行政学的创始人之一,被后世称为"现代社会学奠基人""组织理论之父"。

心智结合强劲的英雄品格，构成了韦伯独有的精神气质。正如大哲学家雅思贝斯所描述的那样，韦伯不必诉诸幻觉，就能将自己内心的极度紧张与外部生活的多种矛盾，综合在统一的状态之中，保持精神上的宁静。他称韦伯是"我们时代最伟大的德国人"。

思考题：

1. 谈谈你对"世界的除魅"的理解，并谈一下你认为西方世界的现代过程对人的生存状态有什么改变？
2. 韦伯在《政治作为志业》的最后说，十年以后，"我们的前面不是夏日将临，而是冰冷难熬的极地寒夜，在一无所有的地方，失去权利的不但有恺撒，还有无产阶级"。根据你对德国历史的了解，谈谈对这段话的理解。
3. 给出一段韦伯的话，供你静静地思考。在《学术作为志业》的最后，韦伯说："我们这个时代，因为它所独有的理性化和理智化，最主要的是因为世界已被除魅，它的命运便是，那些终极的、最高贵的价值，已从公共生活中销声匿迹……如果我们强不能以为能，试图发明一种巍峨壮美的艺术感，那么就像过去20年的许多图画那样，只会产生一些不堪入目的怪物。如果有人希望宣扬没有新的真正先知的宗教，则会出现同样的灵魂怪物，唯其后果更糟。"
4. 请你举一位成熟政治家的例子，谈谈他的品格特质。
5. 你从韦伯的两篇演讲中，收获最大的是什么？

冲突无法通过知识或理性辩论来解决,这就是韦伯所说的"诸神之间无穷无尽的斗争"。

韦伯的精神气质

如何拯救现代人的心灵危机?如何克服现代社会多元主义的挑战?这些问题在20世纪引发了学术界和思想界经久不息的热烈辩论。有人呼吁复兴宗教、回归传统,有人主张重返"古典理性主义",试图为信仰和价值奠定新的基础。对于这些努力,韦伯大概会不以为然。因为他深信,世界的除魅是难以逆转的现代变迁,而现代科学或学术在根本意义上无法为宗教信仰辩护,无法解决终极价值之间的冲突,这超出了学术的有效性边界。跨越这种边界的企图,都是对"智性的诚实"的背叛。

那么,韦伯自己会如何应对现代的困境呢?他当然明白在"除魅的世界"中个人与社会生活会面临何等艰巨的挑战,因此他的冷峻言说时常带有悲观的色彩。但韦伯相信,逃避或掩饰现代的困境是精神上的虚弱,我们必须接受这种"萧瑟命运"。他信奉尼采的名言,"一个人能承受多少真相,是其精神强度的检验"。我们可以进一步追问,韦伯将如何面对艰难的抉择?他是一个决断论者吗?在某种意义上韦伯具有决断论的倾向,因为他相信终极价值没有坚如磐石的理性基础,"诸神之争"无法依据理性判断做出裁决,正因如此,个人要为自己选择的人生信仰负责,政治家要为自己行动的结果负责,而且无可推脱、责无旁贷。担负这种沉重的责任,需要强大的精神意志,一种英雄主义的品格。但在另一种意义上,韦伯又显示出抵御决断论的倾向。韦伯承认主观选择是不可避免的,但"主观"并不完全等同于"任意"或"武断",学术滋养的"思想的清明"在此能够发挥不可忽略的作用。学习神学知识,当然会有助于个人选择和实践宗教信仰,把握广博的政治学知识也必定有助于政治家做出判断和决定。虽然知识都不能代替最终的信念选择或政治决定,但抉择却因此不再是单纯的随心所欲,负责也不只是意气用事。

韦伯以自己一生对学术的奉献,抵达了思想清明的最高境界。于是,健全的感到惊奇了。

真、善、美是人类的三个精神领域，这三者之间没有统一的判断标准，没有同样的理性基础。这种统一性的瓦解，被当代德国的大哲学家哈贝马斯称作"人类精神总体性的分裂"，造成了现代世界最深刻的困境。

现代性的困境

现代性的困境体现在哪些方面呢？这关乎生命的意义问题。在古代世界中，人们将自己的生命嵌入到整体的宇宙秩序之中，与神意或天道之类的超验存在密切相关，由此确立生命的意义。但经过现代的转变之后，宇宙秩序被祛除了迷魅，只剩下物理学意义上的因果规律，不再蕴含任何神秘的目的和意义。现代人失去以往安身立命的根基，而又无法依靠现代科学来重建意义的基础。韦伯在演讲中专门指出，所有价值判断最终都依赖于某种前提预设，而预设本身的价值是科学无法证明的。比如，说科学具有"值得作为志业"的价值，这种说法本身是一个预设，无法用科学来证明。至于说"这个世界是有意义的"或者说"生活在这个世界里是有意义的"，那就更不可能被证明了。韦伯说："科学从来不提这样的问题。"支撑人类生活意义的重要观念和原则，包括宗教信仰、人生理想、道德规范以及审美趣味等，都属于"应然"领域的价值判断，而理智化的科学知识属于"实然"领域，旨在发现世界的真相"是"什么，只能做出相应的事实陈述，而无法回答人应当怎样生活这样的价值判断问题。

这就是"知识与信仰的分裂"，由此造成的困境体现在两个方面。在个人层面上，是所谓"现代人的精神危机"。人应当信奉什么，应当怎样生活，最终只能依赖个人的主观选择，而这种选择无法获得理性论证的担保。正如韦伯所言，"个人必须决定，在他自己看来，哪一个是上帝，哪一个是魔鬼"。现代人拥有自由选择信仰和理想的权利，但这种自由可能成为沉重的负担。我们可能变得茫然失措，不知如何选择，或者采取所谓"决断论"的立场，听凭自己的意志、随心所欲地断然抉择。在政治层面上，现代社会面临着多元价值冲突的挑战。由于信仰无法获得理性的客观根据，人们信奉的终极价值多种多样，而多元价值之间的题，包括现代人的心灵危机、虚无主义、相对主义、政治决断论，以及极权主义的起源等，都与这个重大难题密切相关。下面，我尝试以最为浅显的方式来阐明这个难题的要点与意义。

事实与价值的分裂

真、善、美统一性的瓦解，是韦伯在演讲中谈到的一个要点。学术知识的目标是求真，就是发现自然世界与人类社会的事实真相。但在西方传统的观念中，真、善、美是一个和谐整体，发现了事实真相，也就能确立伦理的标准，由此分辨好坏对错，而且还能够确定美的本质，从而得以鉴别美与丑。但是现代学术的发展表明，真是一种事实判断，善和美都是价值判断，三者背后没有统一的依据。韦伯在演讲中谈到，如果一名学者在"表达自己的价值判断，那么他对事实理解的完整性就终结了"。这意味着韦伯认同英国哲学家休谟的观点，事实与价值属于两种不同的问题领域，前者是实然问题，关乎实际上是什么，而后者是应然问题，判断应当是什么，实然与应然之间没有逻辑的统一性。

举一个最简单的例子来说明。比如，今天我穿了件蓝色的上衣，这是一个事实陈述，大概不会有异议，假如你说这是绿色的，那么你要么是故意胡说，要么就是"色盲"。我们可用仪器来测量衣服的"波长"，用数据证明这是物理学定义的"蓝色"。但还有另一种说法，说这种蓝色"特别好看"，这就不是事实陈述，而是在作价值判断了。要是有人提出不同的判断，坚持说这种蓝色难看极了，你很难用同样客观有力的证据来反驳。这个简单的例子告诉我们两个道理：第一，美和真属于不同的领域，没有统一的判断依据；第二，事实判断具有客观性，在原则上可以通过证据和理性辩论让大家达成一致，而价值判断具有很强的主观色彩，理性辩论无法保证能解决争议，达成共识。

同样，善与美都属于应然领域的价值判断，但彼此之间也没有统一性。韦伯在演讲中说道，善的事物不一定是美的，而且恰恰因为不善才成为美。他举的一个例子是波德莱尔诗集《恶之花》，恶的东西竟然可以绽放出美的花朵，似乎令人不可思议。但如果你经常去博物馆，熟悉千姿百态的现代派作品，就不会为此在于，政治行动的后果往往不会让所有人皆大欢喜，那么"什么算是好的后果"，判断的标准何在？如果一项政治举措，能大大提升国家实力，但同时会严重损害个人自由，这算不算好的结果？对此，韦伯无法给出实质性的回答，因为各种政治理想之间的分歧，也处在"诸神之争"的现代困境之中，很难做出理性的裁决。但韦伯有一个标准是明确的，那就是目标与结果的一致性。无论你信仰什么，理想的目标是什么，政治行动的后果应当符合你最初所设想的意愿目标，而不是事与愿违。如果你的意愿是建立一个自由的社会，但结果却是普遍的奴役；如果你的意愿是人人平等，结果却是等级分化严重、贫富不均、贫富悬殊；如果你的意愿是一个道德纯洁的社会，结果却是伪善和腐败的蔓延；如果你的意愿是安全与稳定，结果却是人人自危和动荡不安——那么，你作为政治家就是不合格的。以这个标准来看，恰恰是那些信念伦理的信徒最为失败，他们怀有崇高的意愿，但结果往往事与愿违，失败之后也常常推脱责任、怨天尤人，这就是韦伯所称的"政治婴儿"。

韦伯说，"政治意味着兼用热情和判断力坚毅地钻透硬木"。成熟的政治家需要同时具备热情、判断力和责任感这三种素质。虽然成熟的政治家也并不能确保事业的成功，但是在信念的激励下尽己所能，清醒判断、审慎行动，最大限度地达成符合意愿的结果，那么即便失败，最终也能问心无愧，值得尊敬。所以韦伯说，"能够深深打动人心的，是一个成熟的人，他意识到了对自己行为后果的责任，真正发自内心地感受着这一责任。然后他遵照责任伦理采取行动，在做到一定的时候，他说'这就是我的立场，我只能如此'"。

未决的难题：现代困境与韦伯的精神气质

韦伯的这两次演讲，发表在他生命最后的两三年之间，可以说是其一生思想的缩影。当时有学者评论说，这是"长久酝酿斟酌的思考，以爆炸性的力量当场成篇"的演讲。但这种力量带来的冲击与震撼，既发人深省，又让人惶恐，因为韦伯揭示了现代世界最深刻的困境，可以称为"知识与信仰的分裂"，这是一个具有经典意义的难题。在整个20世纪，西方思想界反复探讨、争论不息的许多主看来，所谓担当责任是一种伦理要求，但政治家经常会面对两种不同的伦理要求，分别称为"信念伦理"和"责任伦理"。简单地说，信念伦理要求遵循自己信奉的理想原则去行动，不计后果，不论成败，无条件地忠实于原则的纯洁性。而责任伦理的要求则不同，需要行动者格外关注后果。政治是具有后果的实践行动，而且后果往往影响重大，所以遵从责任伦理的要求，对可能的后果深思熟虑并担负责任，就变得尤为重要。

但是，信念伦理与责任伦理这两种原则之间究竟是什么关系？在演讲中，韦伯一方面主张这两种原则"本质不同，并且势不两立"，但他又明确指出，以为"信念伦理就是不负责，责任伦理就等于毫无信念的机会主义"是完全错误的看法，后来又说到，这两种原则"不是截然对立的，而是相互补充的"。韦伯期望政治家能兼顾这两种伦理要求，但又提醒必须认识到这两者之间存在深刻的冲突。实际上，信念伦理与责任伦理的确切含义，以及彼此之间的区分和关联，构成了韦伯研究中一个相当有争议的难题。在这里，我们暂时撇开复杂的学术争论，来把握韦伯论述中一个相当明确的倾向，那就是尖锐批判对信念伦理的片面执着，这关乎他心目中政治成熟的标准。

政治成熟

在当时的德国，有许多标举信念伦理的政治人物，韦伯对他们持有强烈的质疑和批评。首先，固执于信念伦理的人，一味追求让"纯洁的信念之火"燃烧不熄，他们相信善良的意愿最终会导致好的后果。但韦伯指出，在政治领域中这种想法是极为幼稚的，真实的情况往往相反，不理解这一点的人，被他称作"政治婴儿"。其次，这不仅幼稚而且危险。政治权力往往涉及暴力的使用，遵从信念伦理的人，就逻辑而言，应当拒绝用任何"不道德的手段"来实现理想。但在现实政治中，那些信念伦理的信徒恰恰相反，他们往往呼吁"最后一次"使用暴力来终结暴力，获得永久的和平。但这种妄想实际上造成了更持久更恶性的暴力冲突，造成了更大的政治灾难。

遵循责任伦理的政治家极为重视行动的后果，这当然并非易事。重要的挑战最终结果负责。极端地说，官僚系统的最佳状态，就是一部高效率的运转良好的机器，它是没有灵魂的，这也是理性化时代对现代政治塑造的结果。而政治家则不同，严格意义上的政治家，尤其是韦伯说的"政治领袖"，具有鲜明的"好恶感"，他们有鲜明的信念和立场，他们必须对政治行动的最终结果负责，而且责无旁贷。虽然韦伯没有做明确的对应，我们有理由相信，官僚多半是靠政治而生存，而政治家是为政治而生存。在韦伯看来，政治家必须引领官僚系统，为其"注入灵魂"，才能在政治事业上有所作为。

政治家的三种品质

韦伯认为，在官僚体制日益庞大的现代国家中，政治的外部条件不利于产生那种有志向有立场的志业政治家，那么为政治而生存的人尤其依赖其内在品质。在他看来，政治家在人格上应当具备三种品质：热情、判断力和责任感。

第一，热情似乎比较好理解，将政治作为志业的政治家，是出于信念，为了理想投身于政治活动，当然会有强烈的情感。但韦伯对政治家的热情做出了精微的辨析。他强调指出，强健的政治热情是一种坚韧不拔的激情，一种在坚定信念支持下的勇敢无畏、从容不迫，而不是那种心血来潮的狂热，或者夸夸其谈的煽情。韦伯将这种空洞的热情称为无用的亢奋。亢奋只是演员的热情，在政治上是虚弱的。

第二，判断力是政治家极为重要的品格。韦伯强调，政治是复杂多变和危险的实践活动，容易让人迷惑，所以他多次将政治比作魔鬼。从事政治的人是跟魔鬼打交道的人，很容易走火入魔。因此，政治家必须具备卓越的判断力，面对复杂的局面和形势，既要有深入其中、抵达内在理解的能力，又要有抽身而出、拉开距离、冷眼旁观的能力。政治家需要清醒的审时度势，保持良好的分寸感，这是相当难得的品质。政治的判断力与热情也是相互关联的，如果失去了良好的判断力，政治热情很容易蜕变为无用的"亢奋"。

第三，政治家还必须具备健全的责任感。这听上去是浅显的道理，像是老生常谈，但深究起来却相当复杂。政治家要对什么负责？怎么做才是负责？在韦伯后更为清醒而明智地行动。学术的价值和意义虽然有限，但韦伯相信，在除魅之后的世界里，"启人清明，并唤醒责任感"的事业仍然弥足珍贵，值得当作志业去追求。

信念与责任：政治家的品质与成熟

韦伯两次演讲的时间相距 14 个月，形势发生了重大的变化。第一次演讲是在 1917 年 11 月，当时第一次世界大战还未结束，德国在战场上还有相当的优势。而第二次的演讲发表在 1919 年 1 月 28 日，德国在两个月之前宣布投降，以战败告终。韦伯本人对《政治作为志业》的演讲不太满意，后来讲稿发表时做了很多补充和修改。这次演讲涉及相当广泛的议题，其中许多论点，比如"国家是对暴力的合法垄断"的定义，以及对统治的三种正当性类型划分，后来都成为 20 世纪政治学科的核心主题。我们着重讨论其中一个主题——韦伯对于政治家的论述，即在现代世界一个政治家需要有哪些重要的品质？会面临什么样的挑战？什么样的人才是理想的政治家？

政治活动的两种类型

我们首先需要注意韦伯做出的一些类型区分。韦伯认为，从事政治活动有两种不同的方式。一种就是"靠政治而生存"，指从政只是其谋生的手段，政治只有工具意义而没有内在价值。在韦伯心目中，靠政治而生存的人不能算真正的政治家。严格意义上的政治家是另一种类型，韦伯称为"为政治而生存"，对他们而言，从事政治是听从使命的召唤，政治家是将政治作为志业的人。

相应地，韦伯还区分了官僚与政治家。官僚就是政治系统中的行政官员、公务人员，或者官吏。官僚的首要职责是服从上司，严格遵守纪律，最重要的特点是专业化抑制个人化。他们对于工作本身没有好恶感，没有个人信念，或者说，必须克制甚至消除个人化的感情、立场与党派倾向，保持中立，做到不偏不倚，他们只对规则和指令负责，不用考虑政治活动的终极目标，也不用对政治大局和而韦伯以极为凝练的思想史分析，阐明了现代学术恰恰是通向"意义破碎化"的道路，是通向"怀疑"的道路。因为理智化发展的结果表明，真、善、美不是和谐的整体，而是相互分裂的，科学真理不能告诉我们世界的意义，无法为宗教或信仰奠定基础，无法解决多元价值之间的纷争，也无法为我们选择生活的终极目标和政治判断提供根本的指南。因此，所有以往对于"道路"的理想都不过是幻觉，学术已经失去了传统期许的价值和信心。

学术何为

想象一下，假如你是当时台下的一名听众，此时会有怎样的心情？会不会有一种幻灭之感？所幸的是，韦伯在击碎了种种幻觉之后，仍然保留了一些希望。他指出，学术虽然不具有人们以往相信的意义，但仍然有三种价值。第一是实用性的价值。学术能够帮助人们"计算"，能够通过证据和分析来辨析状况，使人更好地理解自身的处境，从而有效地权衡利弊和控制行为。第二，学术具有思想方法的价值。学术能促进思维训练，扩展思考的工具。这两种价值浅显易懂，韦伯只是点到为止。最后，他阐述了学术的第三种也是最重要的价值，在于使人头脑"清明"。

但"清明"是什么意思呢？我们已经知道，理性化和理智化已经让世界解除了迷魅，在这种现代境况下，学术探索无法论证人们应当皈依哪一种宗教、信奉什么样的终极价值，这就是韦伯讲的"诸神之争"的局面：人们秉持各自不同的信仰，你相信你的，我相信我的，学术对此无法做出高低对错的裁决。但韦伯认为，学术仍然有助于我们认识，一旦你选择了某种立场，你应该用什么方式来达成自己选定的目标，你如何才不会陷入自相矛盾，如何才能避免事与愿违。学术也有助于我们明白，恰恰因为立场是你自己的选择，你必须为其后果承担责任。这就是韦伯所讲的"思想的清明"。具备这种清明，人才能获得"内心的一致性"，形成完整的人格。

总结起来说，学术无法解除我们抉择的负担，无法代替我们承受抉择的责任和危险，但提供了对行动手段的认识、对可能结果的预期，有助于我们在抉择之的论述，就是论证学术并没有人们通常以为的那些价值和意义。在揭示了种种错觉和误会之后，韦伯转向了肯定性的论述，试图最终阐明，学术还可能有什么意义，为何还能作为志业值得我们奉献。

学术之不可为

我们先来讨论韦伯的否定性论述，可以称作"学术之不可为"。他出乎听众的预料，没有去为学术的神圣价值做辩护，相反，他试图揭示，通常人们对于学术抱有的那些信心和信念是未经充分反省的，传统所确认的学术价值在现代世界中可能根本不可靠。

韦伯的否定性论述是这样展开的，他首先将学术，也就是德语所称的"精神科学"，界定为"理性化和理智化"的工作，然后逐一反驳人们对学术价值的流行理解和传统认知。比如，学术能够让我们更好地理解自己，理解我们所处的世界吗？韦伯的回答是否定的。他认为，理智化进程中，人割裂了与宇宙秩序的精神联系，我们反而难以整体性地充分地来把握世界和自我。再比如，学术能够帮助我们获得更完满的人生吗？韦伯认为不能。相反，由于学术发展，我们的人生反而难以完满了。在传统社会中，我们对世界是相对熟悉的，过完了一生会有一种"享尽天年"的感觉。而现代知识的不断更新，带给人们"日新月异"的感受，一切都是速朽的，于是我们过了一生，也只能理解人类文明进程之中微乎其微的一部分。死亡不再是"圆满"而是中断，生命的意义未曾充分实现，因此有一种残缺的感觉。

更为重要的是，从讨论柏拉图的洞穴寓言开始，韦伯打破了人们长期信奉的关于学术的传统神话。大家或许知道，柏拉图在《理想国》第七卷讲的那个洞穴寓言：被禁锢在黑暗中的奴隶，走出洞穴看到了太阳，发现了最高的真善美。这个寓言是西方思想"启蒙"的原型，而理智化的进程就是从洞穴向上攀登、迎接光明的历程。因此，以理智化为特征的科学或者学术一直被认为具有"道路"的意义，由此通向真理、善和美，"通向真实的存在"，"通向艺术真实"，"通向自然"，"通向上帝"，"通向真正的幸福"。

学术生涯的外部与内在条件

演讲一开始像是就业指南，似乎有点琐碎，相当"学究气"地探讨学术工作的外部条件，告诫年轻人，现在从事学术工作是非常困难的。困难在哪里？学术工作依赖制度环境，而现在大学的体制条件不容乐观。德国本来有洪堡大学这种"自由大学"的理念和传统，但现在的德国大学变得越来越像美国。美国大学是什么样子呢？就是非常专业化，学科分工很明确，韦伯说有点像工厂里的劳工，是一种高度组织化的工作。而且学术象牙塔的等级严密，年轻人向上晋升的过程艰辛而漫长，常常听凭运气的摆布。韦伯讲述学术外部条件的严峻现状，是要对那些渴望献身于学术的年轻人"泼冷水"：选择学术工作，投入很大，回报很少，作为谋生手段，"性价比"很低，像是"一场鲁莽的赌博"。这是在告诫年轻人不要抱有幻想。如果你选择了学术这条不归路，那就不要郁闷，不要怨天尤人。

既然外在条件如此严峻苛刻，那么我们为什么还要投身于学术生涯？这必定需要来自内心的支持。因此，韦伯把话题转向了"对学术的内在志向"，就是对学术的热爱与激情，这种"在局外人看来的痴迷"，标志着真正学者的人格气质。但这种热情不是所谓个人性情的展现，不是一场表演，不是对学者自身的沉湎自恋，而是朝向学术本身的奉献，接近信徒对宗教的奉献。

在此，我们可以来解释演讲标题中"志业"（德语的 Beruf）这个词的意思。"志业"这个词在汉语中多少有点生造的意味，对应的英文翻译是 vocation，包含着"召唤"（calling）的含义，志业超越了单纯作为谋生手段的职业，是一种听从神圣召唤、怀有信仰和使命感的精神活动，有点接近中国人讲的"神圣事业"或者"天职"。

如果将学术当作志业，那么问题好像就解决了。献身于学术似乎就有了明确的理由：这就是对学术本身不计功利的激情，来自"为学术而学术"的信仰。但恰恰在这里，更重大的问题出现了：凭什么学术能够作为志业？学术本身究竟有什么独特的价值，以至于能让人对它抱有神圣的信念和持久的信心？由此，这场演讲就从一个"就业指南"转向真正核心的问题：学术究竟有什么意义？韦伯接下来的长篇论述，既出人意料，又摄人心魄，可以分成两个部分。首先是否定性他由此告诫听众，如果你想要期待新的先知，期待新的救世主，那还早呢，黑夜还没有过去。这是要击碎虚妄的梦想，唤醒你面对现实。但韦伯同时也劝导年轻人，黑夜是等不过去的，在黑夜里我们仍然应当做自己能做的事情，这是激发和鼓励一种踏实而审慎的积极态度。

在《政治作为志业》的结尾，韦伯引用了莎士比亚的一段十四行诗，那是赞美萌生在春天的爱情成熟于夏日的诗篇。他说政治的情况若能是这样，那就太美妙了，但韦伯坦言"这不会发生"。德国迫切需要真正成熟的政治家，却仍然没有出现。韦伯预言10年之后再来回望，情况可能会更糟，那很可能"已是反动岁月降临到我们头上很久的时代"，今天的大部分希望会落空。的确，历史应验了韦伯的忧虑，此后的10年，正是纳粹势力从发端走向兴盛夺权的反动岁月。他说等待我们的不会是"夏日将临"，而是"冰冷难熬的极地寒夜"，这是相当暗淡的前景。但即便如此，他仍然阐明了"政治成熟"的标准，并坚信唯有达到这种标准的政治家才值得最高的敬意。

两篇志业演讲分别以"夜晚之黑暗"与"冬日之寒冷"的比喻收尾，韦伯以智性的诚实坦言，无论投身学术还是从事政治，你都将会陷入艰难的局势，会经历严峻的考验。韦伯没有掩饰自己悲观的判断，但在他冷峻的告诫之中，饱含对学术与政治这两种志业的深切敬意，也因此蕴含着诚恳的激励，期望年轻人在认清艰巨的挑战之后，不会陷入绝望，仍然能以热情的心灵与清醒的头脑去直面挑战，怀着踏实的英雄主义，致力于这两项值得献身的事业。

思想的清明：学术之可为与不可为

《学术作为志业》的主题似乎很明确，针对在场的青年学生来讲解如何从事学术工作的问题。但我们后来会发现，韦伯实际上不动声色地转移了话题，从"如何做学术"转向了"为何要做学术"的发问，最后切入根本性的大问题：在现代世界中学术本身究竟还有什么意义？

学者遵循的最高原则是"知性的诚实"（或者译作"智性的诚实"; intellectual honesty），就是要揭示真相，无论真相是多么严酷。但他又不希望人们被严酷的真相吓倒。揭示真相是为了让人清醒、清澈和清晰，而不是在发现真相之后陷入伤感、绝望、虚无或者狂热。这当然是十分艰巨的任务，需要一种罕见的审慎与均衡感才可能达成。

韦伯演讲的冷峻基调正是来自他的审慎。一方面拒绝虚妄的信心，因为他明白，在这个已经"除魅"了的现代世界，以往单纯的信仰和价值都不再是不证自明的，而在德国陷入战争的危急时刻，所有紧迫的现实问题也都不会有简单明了的现成答案。在这样的处境中，无论是从事学术还是政治，前人信奉的那种明确而伟大的意义不再可能，而且在实践上极其困难和复杂，面临艰巨的挑战和考验。谁要是宣称自己能够提供确定无疑的信念，给出可靠无误的答案，那就是在蛊惑人心，就是假先知。在另一面，韦伯同时又要抵制极端的虚无主义和悲观主义，他需要在复杂而不确定的时代中，细心分辨什么是"可知的"与"不可知的"，什么是"可为的"与"不可为的"，以及两者之间的界限，从而论证，我们在放弃虚妄的信念之后，并不是无路可走，仍然可以有所作为。因此，韦伯同时要与狂热和绝望两面作战，他试图在各种蛊惑人心的喧哗之中发出冷峻的告诫，引导人们走向清醒，认清现代世界的特征和自身的处境，从而在良好的现实感中寻求有限的希望，在审慎的判断中付诸积极进取的努力。

审慎的希望

明白了韦伯所处的时代以及他所信奉的"智性的诚实"，就能够理解他在冷峻的基调中所蕴含的审慎进取的品格。这突出地体现在演讲的结尾之处。再回到文本，我们会发现，这两篇演讲的结尾也有相似之处。

在《学术作为志业》的结尾，韦伯引用了《圣经·旧约》的一段经文——《以赛亚书》中与守夜人的问答："守望的人啊，黑夜还要多久才会过去呢？"守夜人回答说："黎明就要来了，可黑夜还没过去。如果你还要问，那就回头再来。"

注定会让你们失望"。这里"失望"这个词对应的德文单词意思有点复杂，同时有"失望""幻灭"和"挫折"的意思。韦伯心里很清楚，听众非常期待他能对当下紧迫的政治现实发表明确的见解，但他从一开始就坦言，他不准备去满足这种期待，相反，他可能会让大家感到挫折、感到失望。

韦伯为什么拒绝"迎合"听众的期待？为什么要故意采用一种"间离效应"？这源自他对当时的历史背景和德国局势的洞察和忧虑。

时代背景

韦伯见证了德国的巨大变迁。20世纪初，德国经济迅速崛起，1913年超过了英国，跃居为仅次于美国的世界第二大经济体，但第二年就卷入了第一次世界大战。在思想文化方面，当时的德国出现了各种相互对立的政治立场和思想流派，有左倾的社会主义和共产主义，有右翼的民族主义、国家主义和军国主义，还有文化悲观主义、新浪漫主义等。各种思潮和观点，彼此之间纷争不休，走向极端分化，德国在精神上陷入了极度的混乱。在战争的阴影下，在思想界充满争议的氛围中，年轻人普遍感到迷茫和彷徨，迫切希望有一位伟大的导师，能以先知般的确信为他们指明方向，对纷乱的问题给出明确的答案。

韦伯是德国思想界最具影响力的人物，而且他是一个极有魅力的演讲者，他完全有能力满足年轻人的心愿，做一番才华横溢、俘获人心的演讲。但他刻意回避了感召人心的言辞，有意识地选择了格外冷峻的方式，因为他看到了当时德国精神氛围的危险。思想界弥漫着狂热与骚动的情绪，很容易让煽动家和假先知大行其道，他们编织迷人的幻觉，散布言之凿凿的错误答案，鼓吹虚妄的信心，误导人们去寻求虚假的希望，走向极端狂热，或者传播貌似深刻的虚无主义，让年轻人陷入不可自拔的悲观和绝望。

智性的诚实

韦伯决意要做一名抵挡者，他要抵御这些迷惑对思想的腐蚀。韦伯坚信，谓"世界的除魅",这是韦伯对现代世界石破天惊的断言。

但特别要注意的是,韦伯揭示"世界的除魅"这个现代转变的特征,是对客观事实的一种描述,并不是在做价值判断。他并不是说,这个转变是值得庆幸的,也不是要赞颂这个除魅之后的世界。实际上,韦伯对于世界的除魅怀着复杂暧昧的态度。因为他知道,这个"梦醒时分"对许多人来说在精神上是格外"荒凉"的,会让人茫然若失。信仰失去了以往神秘的根基,而科学又不能为生命的意义提供新的根本依据。生命的终极价值失去了公共性。因此,韦伯才会说,"那些终极的最高贵的价值,已经从公共生活中销声匿迹"。

世界的除魅是现代的真相。韦伯主张,无论我们对此感到多么无助、多么失落,我们必须直面这个真相,这就是所谓现代性的境况。在这种条件下,学术生涯以及政治事业,到底还有什么价值?我们如何从事学术和政治?这些都变成了极具挑战性的困难问题,是我们后面会探讨的主题。

智性的诚实:志业演讲的背景与基调

冷峻的基调

古今中外有许多为人传诵的演讲词,我们熟知的那些名篇佳作大多具有激荡人心、感人肺腑的力量。而韦伯的这两篇演讲则相当不同,似乎不是要去激发共鸣、感染听众,反倒是刻意地回避听众的期待,抑制他们的激情。因此,这两篇演讲都有一种格外冷峻的风格。领悟这种冷峻的基调,是解读这本书乃至韦伯思想气质的入门钥匙。

如果我们仔细阅读文本,会发现两篇演讲的开场与结尾是精心布局的,而且意味深长。两篇演讲的开头有明显的相似之处。在《学术作为志业》的开篇,韦伯说他习惯用一种"学究气"的方式来处理问题。对于学术究竟有什么意义,学者需要具备哪些条件?他不打算直接告诉你所期待的答案,而是要用一种迂回的有点学究气的方式,慢慢进入主题。

类似地,在《政治作为志业》的演讲中,他开场的第一句就说,"在某些方面

"世界的除魅"（或译作"祛魅"；disenchantment of the world），极为凝练地表达了韦伯对现代社会的根本判断，也是他传播最广泛、影响最深远的观点。可这是什么意思呢？什么叫"世界已经被除魅"？如果要用一个简单化的比喻来解释，我们可以这样说，现代的来临意味着一种觉醒，像是这个世界到了"梦醒时分"，解除了古代迷梦一般的魅力或者魅惑。

在现代之前，人们生活在一个魅惑的世界中，相信有神的存在，相信有精灵和鬼怪出没、有各种灵异事件发生，而且不只是人类，动物也有灵性，甚至万物有灵。这些超越人类经验感知的所谓"超验"的存在，这些冥冥之中难以言说的神秘事物，构成了古代精神极为重要的一部分。这样一个笼罩在神秘的精神之中的世界，让人难以理解、无法参透，说不清也道不明，既让人敬仰又让人畏惧。而恰恰是这种神秘精神，让人类与整个宇宙紧密相连，并从这种联系中获得生存的意义。因此，在传统社会中，人的终极价值、生命的根本意义，不是人类自足的，而是依赖于比人类更高的存在，依赖于宇宙的整体秩序。人们往往通过宗教信仰和仪式，通过与"超验"存在的联系，确立生命的意义与目的，获得所谓"安身立命"的根基。

可是后来西方历史进入了现代，在经历了宗教改革、启蒙运动，特别是科学革命之后，西方人越来越倾向于以理性的方式来探索世界和自己，也就是说，越来越信奉科学的认识。科学是理智化活动的典型体现，依靠冷静的观察、可靠的证据、严谨的逻辑和清晰的论证。科学论述的特点是可观察、可检验、可质疑、可反驳、可修正，在根本上是反神秘的。因此，在这个理性化和理智化的时代，人们很难再轻信古代的那种神秘的玄思妙想，不再能接受各种神神道道的话语。世界被理智化了，也就是被人看透了。比如，在漫长的古代，日食或月食曾被视为神秘的天象，而当现代天文学揭穿其中奥秘后，这些以往"神秘"的天象变得清澈而简单，一下子就失去了迷魅之处。世界被看透了，没有什么不可思议的、说不清道不明的神秘之处。即使有些事情一时还看不透，但原则上是能够被看透的，其中的奥秘迟早会被破解。韦伯告诉我们，随着现代的来临，一场精神的巨变发生了：古代世界那种迷雾一般的魅惑，在现代的"清晨"被理性化的光芒驱散了，现代人在回望古代世界的时候，会有一种"大梦初醒"的感觉。这就是所久之后在柏林大学担任讲师。1894年被弗莱堡大学聘任为正教授，两年多以后又获得了海德堡大学一个重要的教授席位，当时不到33岁，令同辈学人望尘莫及。但很可惜，1897年秋季韦伯患上了精神疾病。那一年他父亲去世，此前父子俩有过激烈的争吵，再也没有和解的机会，这给韦伯造成了严重的心理冲击，引发了他的抑郁症。在长达四年的时间里，他时而处在精神崩溃的状态，完全停止了学术工作。学校为挽留他，给了他三年的带薪假期，但最终他还是辞去了教职。1902年韦伯开始康复，虽然有轻微的反复，但已经能重新投入工作。1903年，他担任了重要的学术编辑职位，同时开展基础性的社会科学研究。直到1918年他才重返大学任职，先是在维也纳大学授课一个学期，后来接受了慕尼黑大学的正式教职。但不幸的是，这个教职他只做了一年。韦伯染上了当时肆虐欧洲的西班牙流感，引发肺炎，于1920年6月14日去世，年仅56岁。

韦伯的学术生涯有两个突出的特点。第一，研究的领域非常广泛。学术界一般将他与马克思和涂尔干并称为现代社会学的三大奠基人。但韦伯的研究横跨了经济学、政治学、历史学、宗教学和哲学等领域，甚至对古典音乐也有独到的研究。他是一位博学的百科全书式的学者。第二，韦伯广泛介入了公共讨论，在报刊上发表重要的政论文章，还直接卷入了许多政治活动，包括在第一次世界大战中从军，参与野战医院的管理和建设，作为德国战后谈判使团的顾问参加凡尔赛和会，以及起草讨论"魏玛宪法"等工作。因此，韦伯不是纯粹的书斋型学者，是德国当时最有影响的知识分子。在去世之后，他的学术和思想遗产具有广泛而持久的影响，被视为西方现代历史上的一位思想巨人。

世界的除魅

韦伯的学术贡献丰富而卓越，其中对现代世界特征的洞察尤为重要，具有里程碑意义。在《学术作为志业》的演讲中，有一个被无数次引用的著名段落，是这样说的："我们这个时代，因为它所独有的理性化和理智化，最主要的是，因为世界已经被除魅，它的命运便是，那些终极的最高贵的价值，已经从公共生活中销声匿迹。"

刘擎讲读《学术与政治》

> **刘擎**
> 政治哲学家，华东师范大学教授，入选上海市"浦江人才计划"。教授政治意识形态、20世纪西方思想文化潮流等课程。

现代的觉醒：韦伯与世界的除魅

一百年以前，1917年11月7日，在德国慕尼黑市的斯坦尼克艺术厅（Kunstsaal Steinicke）举办过一次演讲。听众席中挤满了年轻的大学生，还有不少著名的学者。演讲人名叫马克斯·韦伯，他是当时德国最重要的思想家。演讲题目是"学术作为志业"。一年多之后，韦伯在同一个地方又做了一场演讲，题为"政治作为志业"。这两篇演讲稿后来结集出版，史称韦伯的"志业演讲"，书名为《学术与政治》，是20世纪西方著名的思想文献，在学术界获得了无可置疑的经典地位。

许多人钟情于经典著作，但《学术与政治》读起来很可能会让人感到困惑，这两篇演讲似乎内容庞杂，行文曲折，你可能完全不得要领，更不明白其中有什么非凡之处。的确，韦伯的"志业演讲"虽然非常有名，但并不容易理解，对于非学术专业的读者来说可能相当困难。我希望尽力简明地解释这两篇演讲为什么如此重要，包含着哪些石破天惊的见解，以至于堪称经典。要理解韦伯的思想，我们首先要大致了解他的生平经历，也要了解他最有影响的学术见解。

韦伯其人

韦伯出生于1864年，学术生涯起步很早，25岁就获得了法学博士学位，不得过演讲、诗歌、戏剧、文艺评论等奖项，是多部作品和译著的作者和译者，还是持续了 15 年、影响越来越大的《西方思想年度述评》的作者。同时，他还是一个持续 10 年以上研究小组的重要成员。刘擎差不多是我们这个时代不多见的百科全书式的知识人。

这位传记作家还说，韦伯对"进步主义者"和德皇都持同样的批评态度，既担心前者掌权，更忧虑德皇威廉二世的专权。他认为威廉二世像个"布朗热－波拿巴主义"者。布朗热是法国将军、沙文主义者，企图通过政变夺取政权。波拿巴就是拿破仑，也是靠政变上的台。韦伯警告说，这一套在今天已经行不通了。在韦伯看来，进步主义者的浪漫以及威廉二世的任性，都表现出了德国人的政治不成熟。

更大一点的背景是1914年德国发动第一次世界大战，1918年11月德国战败。德国人总结战败教训时，要么说是左翼捣乱，要么说是犹太人的阴谋。总之，德国人觉得他们不该失败。某些事实，好像也支持德国人的看法。比如1916年底，德军还取得了不可思议的胜利，傲慢地照会敌国，以胜利者的姿态提出媾和条件。不被理睬后，1917年初，又发动了任性的无限制潜艇战，得罪了美国，耗尽了国力，导致国内出现分裂。俄国发生十月革命，在与列宁的俄国谈判结束敌对状态时，德国人似乎又看到了继续打下去的希望。所有这一切，都是在韦伯的眼前发生的。在韦伯看来，德国主导战争的人，不论是元帅、将军还是好大喜功的德皇，政治上幼稚到了不可理喻的地步。正是他们，一步步将德国推入万劫不复的深渊。

从俾斯麦到威廉二世，德国政治精英的不成熟表现，让韦伯看到德国不可避免的悲惨命运，他明白无误地警告德国人，10年后的德国还将迎来更加黑暗的日子。果然，1933年纳粹上台执政，韦伯不幸言中。12年后的1945年，山河破碎的德国，在美军等监督下，才开始了根本意义上的政治改革，走上正常国家的轨道。在这个过程中，德国人在政治上一点点成熟起来，到今天成为欧洲团结的主导力量。

讲者刘擎，1963年生于青海西宁，1978年考入东华大学化学工程系，硕士拿的是化学工程学位。1987年，一个偶然的机会，让他敲响了社会科学的大门，起点便是韦伯。1991年赴美攻读政治学，先后在马凯大学和明尼苏达大学就读。2000年，被聘到香港中文大学做研究。2003年回到华东师范大学，目前仍在华东师范大学担任教职。

刘擎有着多种横跨的人生经历，地域的横跨、年龄的横跨、专业的横跨，以及兴趣的横跨——除他的两个专业，政治（哲）学和化学工程之外，他还浪漫，而思想水平不高又导致德国人政治实践的不成熟——不是德皇威廉二世这种二杆子的傲慢，就是普鲁士容克地主的小家子气，要不就是激进自由派的无厘头。总之，政治的主导力量都显示出极端的幼稚。不成熟，也就无以应对纷繁复杂的国内外挑战。

韦伯像是为克服德国人这两个大毛病而降生的。他成长在一个政治气氛浓厚的家庭，自小耳濡目染政治争斗。他决心找到德国人政治不成熟的病根，很年轻的时候就一头扎进学术的海洋，搞起了社会学。他热爱政治，时常卷入政治争论，甚至介入政治活动，却从未被政治卷走。他的这种姿态，使他从事研究时，有一种超乎寻常的冷峻。他发明了学术研究中的"价值中立"原则——不是没有价值立场，而是尽可能冷静客观地看待事物。他向年轻的大学生推销可以作为志业选择的学术和政治，除了上面提到的理性和理智考虑外，还有一个很重要的向度，他希望年轻的一代，在晦暗不明甚至令人有些绝望的时代，别太自私自利、自暴自弃，而是要学会审慎缜密的思考方法，将他未竟的事业继续下去，彻底改变德国人的政治习性。

韦伯念兹在兹的是，在宗教信仰被现代的理性和理智除魅之后，全体德国人何以安身立命？心灵何处安家？他通过一生的观察、研究和实践，发现学术不昌，政治就会永远地黑暗下去，而政治黑暗注定了德国只能是个失败国家的命运，哪怕第一次世界大战前就超过英国，成为仅次于美国的世界第二大经济体。韦伯声称自己从不给人开药方，但他却给德国人开了一个大药方，就是只有将学术和政治当作新的宗教，德国才有希望，未来才可期待。为此他发表演讲，以青年学生为对象，向未来喊话。

再来看两篇演讲发表的更远一点和更大一点的历史背景。

1871年俾斯麦统一德国。根据一位传记作家的说法，韦伯非常赞赏和支持俾斯麦统一德国的意志和努力，但看不惯德国中产阶级对俾斯麦的崇拜。他对俾斯麦不能容忍独立思考的政治以及意见领袖，甘愿让阿谀奉承、温驯顺从的亲信包围自己，持严厉的批评态度。"俾斯麦完全摧毁了我们之间的独立意见，这是我们所处现状的问题的主要原因或主要原因之一。但是，难道我们应该负的责任比他少吗？"这是韦伯的重大之问。在韦伯看来，德国统一孕育了德国政治不成熟的基因，俾斯麦和德国人负有同样不可推卸的责任。

导语｜韦伯的新宗教

刘苏里

在这篇导语中，我主要谈韦伯发表《学术作为志业》和《政治作为志业》这两篇演讲的历史背景。

先谈这两篇演讲发表的时间背景和演讲的对象。

《学术作为志业》发表于1917年11月7日，同一天爆发了"十月革命"（这一天是俄旧历儒略历的10月25日）。第二年11月7日，慕尼黑爆发了水兵反战起义，历史上叫作"慕尼黑革命"，左翼力量应声而起建立苏维埃政权。《政治作为志业》发表于1919年1月28日，这个月的15日，德国左翼的社会民主党领袖卢森堡和李卜克内西遭暗杀。两次演讲间隔不到14个月，其间发生了一件更大的历史事件，1918年11月11日第一次世界大战结束。上面这几个日子是理解韦伯演讲的重要时间节点。

还有，韦伯1920年去世，所以两次演讲都在他晚年。当时慕尼黑自由学生同盟策划了一系列演讲，主题是"作为志业的精神工作"，目的是给大学生未来的志业做辅导。请注意，是志业而不是职业。韦伯的这两次演讲就是这个系列的一部分。

"志业"是两篇演讲中的关键词，志业的英文是 vocation 或 calling。在德语中，这个词原本很普通，是马丁·路德赋予了它神圣的价值内涵，意思是"奉神召唤从事某事"，在 calling（召唤）这个词中，感受会更直观一些。韦伯用这个词给学术和政治工作加以神圣的色彩，即学术和政治是可以"选择"的志业，因为含有神在召唤的意味，所以不像选择职业那么简单。同时，韦伯洞察现代社会特点的一个重大的理论贡献是"除魅"，后面的讲读中有详细解释，在这里先记住，理解"除魅"，是理解"志业"的关键。

为什么韦伯单单认为学术和政治，而不是商业、科技，或其他什么是神圣的志业呢？这涉及韦伯一生最关切的两个议题——学术和政治。在他进入学术殿堂之后，韦伯发现德国人的政治、社会思想水平非常肤浅，热爱玄想和

二七
《学术与政治》

[德]马克斯·韦伯著　冯克利译　生活·读书·新知三联书店　2016年

主题词◎社会学　学术　政治　政治家　现代困境

经典之处

《学术与政治》是韦伯在慕尼黑发表的《学术作为志业》和《政治作为志业》的演讲经修改后结集出版的。研究韦伯的人,没有不知道《学术与政治》的重要性的。这本书不但浓缩了韦伯学术思想的精华,也充分体现出他作为精神贵族式知识界领袖的意义。韦伯在演讲中对当时德国社会的思潮做出了个性化的回应,在韦伯其他学术著作中难得一见。现代政治学里的诸多重要命题,在这部著作里也都有所体现。

作者简介

马克斯·韦伯(Max Weber, 1864—1920),德国著名的社会学家、政治学家、经济学家,是现代最具影响力的思想家之一。韦伯毕业于海德堡大学,先后在柏林大学、维也纳大学、慕尼黑大学等大学任教。代表作除《新教伦理与资本主义精神》外,还有《儒教与道教》《经济与社会》《古犹太教》等。第一次世界大战后,韦伯曾代表德国参加凡尔赛会议,并参与魏玛共和国宪法的起草设计,在当时德国政界影响很大。同时,韦伯也是公认的古典社会理论和公共行政学的创始人之一,被后世称为"现代社会学奠基人""组织理论之父"。

我们只是在回顾历史的时候才发现，原来它们是在共同创造历史。那么，这样的启示，能不能帮助我们自觉地面对未来的历史呢？能不能给我们提供自觉创造历史的途径呢？诚实的答案恐怕应该是这样的：有可能，但也未必。未知知识的不确定性，各种力量的平衡与再平衡的不确定性，到底能把历史导向何方，依然不是任何一种力量能独自说了算的。事实证明，哪怕是貌似无所不能的极权主义力量，也不行。

最后，话又说回去，当年的新教徒有个终极目标——博取上帝的恩宠，追求上帝的救赎。他们抱着坚定理想，参与创造出了这样一种史无前例的文明形态，但是他们的理想却在物质主义现实的冲击下逐渐幻灭。韦伯在一个世纪之前就为此而忧心忡忡，那么，我们呢？

思考题：

1. 什么是韦伯命题？为什么它容易被曲解？
2. 新教伦理的核心内容是什么？它们是怎么产生和丰富起来的？
3. 为什么韦伯把资本主义称为现代资产阶级的资本主义？
4. 为什么说现代资本主义具有偶然性？韦伯焦虑是怎么来的？
5. 根据你的观察和亲身体会，举一到两个例子来说明我们如何克服我们的焦虑？

还有一个因果要素也特别重要，就是韦伯说的政治统治的理性化，这里的核心是官僚制行政的理性化。官僚或者官僚制在我们日常使用时是个贬义词，但在韦伯这里，官僚制却意味着程序精确、规则严谨、责任清晰、不看人下菜，它的理性化程度越高，情况就越是这样。归根结底，它应该是一种非人格的客观性工具，是一架机器，虽然由活生生的人构成，但人只是机器上的构件，要严格按照程序和规则履行职责和发挥功能。官僚制行政在世界各地都很古老，但多数时间、在多数地方都处于一种低度理性化的状态。是新教徒资本家最早把官僚制行政引入大规模生产经营和经济管理的过程中，用于人力资源和物力资源的整合与调度，这就大大提高了投入产出的可控性和可预期性。当然，韦伯也清楚地看到，官僚制行政的副作用也很可怕，它有可能把众多的个人都嵌入到一部构造精准的机器之中，有可能扼杀个体的自由意志。

事实证明，现代资本主义的发展，从一开始就需要一个统一而自由的市场环境，也就是需要约束政治权力系统，防止它的任意干预。在这方面，因为现代资本主义发端于欧美，其独特的条件是这些地方从来没有产生过像埃及、中国那样大一统的巨型集权体制。欧洲长期处于小邦国、小实体、小共同体林立的分权格局，宗教权力和世俗权力虽然也有合作关系，但更多的时候是互相抗衡与竞争，而且都要吸引人力、物力和财力资源，这就给新教徒共同体的扩张提供了空间。当然，这是个充满了多方博弈的过程，但结果却是，政治游戏的任意性越来越弱，规范性越来越强，为理性化的自由市场经济活动提供了越来越稳定的可预期性。现代资本主义，作为一种不知不觉产生的文明形态，从欧美发源时，并没有任何人、任何群体、任何利益集团事先设计过，更没有谁把它当作一个发展目标。各种力量都有各自的需求，在这些需求的交互作用下，最后出现了一个意外产物。韦伯的《新教伦理与资本主义精神》专门讨论观念的力量，除此之外，还有政治、法律、经济，甚至自然等力量。结果是，资本主义文明携带着不可抗拒的能量成长了起来，又难以阻挡地向世界各地扩张，以致所有非西方的文明都不得不面临同一种前景，"愿意的，命运领着走，不愿意的，命运拖着走"，或者"世界潮流浩浩荡荡，顺之者昌，逆之者亡"。

然而，是韦伯指点我们了解到，这些多元化的力量谁也无力独自包打天下，韦伯命题留给我们的最大疑惑，是我们完全没有新教伦理这个观念体系，尤其是没有入世禁欲主义的理性化生活方式。这算不算一种文化缺陷？

比如说，新教共同体无不具有超常的经济活力，原因很多，其中之一便是时间观念问题。新教伦理的教导是，唯有劳作才能增加上帝的荣耀，虚掷光阴是应受天罚的大罪。人生短暂，最重要的莫过于抓紧时间确保自己成为上帝的选民。这种观念很容易和资本主义经济活动所需的一种精神契合——时间就是金钱。从某种精神意义上说，这对新教徒是个绝对真理。虚掷一寸光阴，就是虚掷一寸为上帝的荣耀而效劳的宝贵光阴，关键是，还有可能被上帝从那个神秘名单中除名，这对新教徒来说乃是不可承受之重。新教徒们因此保持着一种内在的工作动力，他们当中甚至不会出现乞丐，因为事实上他们从不知乞讨为何物。在韦伯那个时候的德国，天主教徒普遍表现得游手好闲、漫不经心和贪图享乐，而与之形成对照的则是新教徒，他们把日常的勤奋、中庸及创新精神视为宝贵财富。

争取获得救赎，类似这样的精神鞭策，作为一种内在的动力源，会体现在新教徒的所有行为细节上，进而构成了一个理性化的行为系统。那么，在没有这种无休止的精神鞭策的环境里，会是什么样的情况和结果呢？根据实践经验，大概主要是依靠外在的强制力了，尽管有可能习惯成自然，也很有可能产生同样的经济业绩，但物质和精神成本无疑会高得多。

前面我们也谈了，除新教伦理与资本主义精神之外，还有其他一些因果要素和先决条件，才使现代资本主义的生成和发展有了可能性。比如新教共同体创造出来的现代劳动组织，需要源源不断的自由劳动力供给，但要是没有普适性的法律制度，以保障劳动力的自由流动，保障契约化的市场关系，也不可能产生现代劳动组织。说起来也是因缘际会，宗教改革开始的时候，罗马法的复兴、英国法的完善以及日耳曼法的普及，都成了不可或缺的前提因素。比如说，新教徒的经济活动，可以不接受僵化腐败的教会法庭的裁决，但他们仍然需要寻求世俗法庭的救济。法律制度的理性化，或者理性化的法律制度，替代了教会的裁决。如果没有这个外在条件，不难想象，他们付出的时间、财产乃至生命的代价，肯定也会高得多。特别是在《拿破仑法典》问世并强加于欧洲大陆之后，这方面的保障就越来越牢不可破了。

经济运行机制,他面对的是一种文明形态,一个多元因果要素作用下的高度复杂的文明实体。新教伦理也好,资本主义精神也好,都只是具有决定性作用的力量之一,这个韦伯命题只是在专门论述它们。由于是专门论述,使它们看上去非常显眼,以致不断有人轻率地认为,韦伯是个一元化的文化决定论者。

事实上,不要说韦伯在其他地方还有大量的系统论述,单是在这部著作里,韦伯就明确告诉读者,"我的目的当然不是对文化和历史进行片面的唯灵论[1]因果解释,以取代同样片面的唯物论因果解释。每一种解释都有着同样的可行性,然而,无论哪一种解释,如果不是把它用作一项研究的准备,而是把它用作一项研究的结论,那就同样不可能揭示历史的真相"。韦伯的意思是说,这部著作仅仅是开了个头,论述了多元因果关系中的一元,还有其他若干元有待论述和论证。如果把一种文明形态看作一个系统,它一定会有若干子系统在发挥作用,或者是并行作用,或者是交叉作用,或者是顺序作用,哪一个系统要素的单独作用都不可能生成一种文明形态。

既然存在多元因果关系,那么除了宗教(文化)这个元,还有若干什么元呢?从韦伯后来的大量研究可以看到,至少还有政治、法律、军事、城市等子系统要素,而每个要素也都有自身的多元因果成分。只有尽可能把握住不同的多元因果关系,才有可能对历史和现实问题形成比较客观准确的理解和判断。从百年的学术和思想发展史来看,这个多元因果方法论,是韦伯留给后人最重要的一个遗产。

我们的问题与关切

我们阅读《新教伦理与资本主义精神》,必然会追问这个命题跟我们有什么关系。应该说,关系非常大。看看别人是怎么走过来的,是怎么从传统社会进入现代社会的,此其一。其二,看看我们自己是怎么走过来的,应该怎么走,可能还会怎么走。

---

[1] 这个概念是指承认一个无穷大的人格化上帝,承认灵魂不朽,承认理智和意志的非物质性,尤其是承认存在着一种独立于物质并优越于物质的现实。

改革以及新教共同体生活和工作的核心。现代资本主义，特别是现代资本主义带来的财富爆炸，是他们未曾料到，甚至是不希望出现的劳动成果。

四、因此，上述论述证明了观念系统是社会行动的决定性动力之一，不论它的初衷和结果是什么。是新教伦理的作用，使现代资本主义自发地生成于欧美，而不可能在世界其他地方生成，或者说可能性微乎其微，至少我们还没有看到强有力的事实证据。这也进而证伪了庸俗马克思主义的一元化经济决定论，以及任何主义的一元化决定论。

归根结底，欧美的现代资本主义精神，乃至整个欧美现代文化的基本要素之一，就是天职观念基础上的理性行为，它的源头是新教的入世禁欲主义精神。这就是《新教伦理与资本主义精神》力图论证的观点。

但是，韦伯进一步指出，新教共同体的入世禁欲主义重塑了尘世的理想和目标后，物质财富开始对人类的生存有了前所未有的控制力量，这力量不断增长，最终变得不可动摇。事到如今，大获全胜的资本主义已不再需要新教的精神支持了，资本主义的系统化经济强制力，使得进入这个系统的任何人，不管你是不是新教徒，也不管你有没有天职义务的观念，都不得不按照其规则去生存，否则你就很可能财务破产、婚姻破产、公共关系破产，总之，很可能无法安身立命。新教徒是为了履行天职而工作，而我们的工作却是迫不得已。资本主义这个庞大的现代经济秩序体系，已经有了自身独立运行的机制。与此同时，人们对财富的追求已经普遍丧失了原有的宗教和伦理含义，变得越来越与纯世俗的需求和感情息息相关。韦伯严厉批判了现代资本主义的世俗化趋势，他预言，这样发展的结果将是"专家已没有灵魂，纵欲者也没有了心肝，但这个废物却在幻想着自己达到了一个前所未有的文明水准"。实际上，韦伯非常眷恋那种参与创造了现代资本主义的宗教传统，对它的日趋衰落感到痛心疾首，对未来世界的文化品质忧心忡忡。以至于这部名著出版后，有媒体采访韦伯，请他预言一下正在突飞猛进的资本主义世界的前景，韦伯沉默了半响，只说了一句话"无可奉告"。

但是，单纯从新教伦理的兴衰这个角度看资本主义的未来，就能预言它吗？如果这样想，肯定又是大错特错了。

韦伯讨论资本主义，根本不是单纯讨论一种经济现象、一种经济活动、一种济成功。这根本不是用贪得无厌或者不择手段追求利润最大化就能简单解释通的。而且，这在以往任何一个群体里都没有看到过，不管是传统的农民、商人、行会工匠，还是现代以前的资本家。新教共同体的观念和行为的理性化，不断渗透进社会经济生活，最终扩张成了一个前所未有的理性化经济系统。用韦伯的话说，这就是"现代资产阶级的资本主义"，他指的是产生在现代，以资产阶级为主导的资本主义，而不是其他什么时代、其他什么阶级的资本主义。在观念和生活方式上开了先河的，是以新教伦理为指南的新教徒共同体，是这些新教徒共同体推动了现代资本主义经济，从一种分散的地区现象扩展为一种民族国家现象，直至成为一种世界性潮流。

韦伯的基本逻辑

叙述至此，有人很可能会以为资本主义精神和新教伦理是一脉相承的，因此，资本主义经济系统的生成和新教伦理之间有直接的因果关系，没有新教伦理，就没有现代资本主义。然而，这是韦伯的理论吗？根本不是。

翻遍韦伯所有论述，包括这部《新教伦理与资本主义精神》，能够确定韦伯从来没有在新教伦理和现代资本主义之间画等号，连约等号都没有。我们来详细分析一下他构建的逻辑框架：

一、现代资本主义最早生成、繁荣和发达的地方，包括西欧和部分中欧地区，这些地方随处都能看到新教共同体的主导力量和优势地位。北美地区则代表了它的最新阶段，而且北美是比较偶然的现象。

二、作为资本主义先驱的新教徒共同体，最与众不同的就是其伦理观，而这种伦理观又生发出了与众不同的行为模式和生活方式。恰巧，这些因素都与现代资本主义所需要的那种精神，建立了一种特殊关系，韦伯使用了一个概念叫"选择性亲和"关系，而这种关系的形成也是一个偶然现象。

三、这样的选择性亲和关系在持续发展过程中，意外地取得了一个经济成就，那就是打造出了一个现代资本主义的经济体系，这是新教共同体根本没有预设和料想的结果。就历史事实而言，灵魂的救赎，而且仅仅是灵魂的救赎，才是宗教在动力源源不断，外在的扩张力同样源源不断。其直接可见的结果之一，就是带来了社会财富持续不断地稳定集聚，不仅史无前例，且至今还不见停止。尽管经济周期会给这个进程造成波动，但那是另外一个问题了。

总之，韦伯举证说，凡是以入世禁欲主义精神苦修来世，又富甲一方而闻名于世的新教教派，都是把宗教生活方式和极度发达的工商业头脑结合在一起的共同体。这个工商业头脑是什么呢？按照韦伯的论证，除了井井有条的技术素养外，最重要的因素就是资本主义精神。

韦伯这里所说的资本主义精神，仅指由宗教改革带来的现代资本主义精神，就是说，既要合法挣钱，而且多多益善，又要力避一切本能的生活享乐。这里头完全没有幸福主义的成分，更不用说享乐主义了，这一点至关重要，因为它是忠于天职并且精于天职的表现。要在尘世中尽到天职义务，这一独特的观念，事实上正是资产阶级社会伦理中最具代表性的因素。通俗地说，这就是现代资本主义的精神，一种一丝不苟追求至善（summum bonum）的伦理观。这不光在新教精英、商业精英圈内，而且成了一种大众现象——理性地使用资本，按照资本主义方式理性地组织劳动，这逐渐成了经济生活的主流方式。通过考察历史，韦伯给出一个结论："不管在什么地方，只要资本主义精神登台亮相并全力以赴，它就会创造出自己的资本和货币供给，来作为达到自身目的的手段。……推动这一变化的人通常并不是那些我们在经济发展史的各个阶段都能遇到的胆大妄为、毫无节操的投机商和经济冒险家，也不单单是那些大金融家。恰恰相反，他们是些在艰难困苦的生活环境中成长起来的人，怀着严谨的资产阶级见解和原则，既工于算计又敢想敢为，最重要的是，他们无不稳健节制、诚实可信、机敏精明，全力以赴地投身于事业之中。"换句话说，这种不间断地工作和成就事业，成为人们生活不可或缺的组成部分，看上去人们是为了事业才生存，而不是为了生存才经营事业。

可是，这种理性化的资本主义精神，按照世俗眼光中的幸福论来看，是不是反而是非理性的呢。

总之，在韦伯看来，资本主义精神的一个关键产物，是以严谨的计算为基础，使经济活动达到了史无前例的理性化，以远见和谨慎为后盾，追求永无止境的经的；教会还可能会强迫你入教，也可能求着你入教。但新教徒的共同体就不是这样了，首先必须是自愿入教，还要依据严格的准入资格甄别，尤其是无休止的相互监督和评估，让灵魂处于不间断的警觉与拷问中，以免丧失得救的资格，争取跻身上帝预定的那个神秘的得救者名单。至关重要的是，要想实现这个目标，需要毕生的努力才有可能。

在宗教改革之前，"得救"这件事简单得多，入教并不麻烦，关键是入教之后也没这么麻烦，内在和外在的监督没有什么强度。到了14世纪，教会甚至发明了赎罪券，你只要愿意和有能力出钱，教会就发给你这种东西。这实际意味着教会可以代表上帝赦免你的现世罪孽。教会说，你买的赎罪券越多，上帝对你就会越仁慈和宽容。那么一个罪大恶极的有钱人，可以买很多赎罪券，至于他是不是真能博得上帝的恩宠，灵魂是不是真能得救，教会就不怎么操心了。这使对上帝的信仰最终成了一桩虚伪的"道德"交易，你只要表现出对教会的表面顺从就可以了。

是新教改革首先以观念的理性化彻底颠覆了传统教会的体制。这些观念在新教徒群体中引发了行为系统的不断理性化，塑造出了一种新型的人格，而且将个体人格融合成集体人格。表现在经济生活领域，就创造出了许多非凡业绩。韦伯还举了新教徒理性化的实例，比如新教徒的时间观念就与众不同，他们精心地安排时间，差不多像穷人过日子对收支精打细算一样，要让每时每刻都有内容，包括物质内容和精神内容，而且要井井有条，避免杂乱无章，决不虚掷光阴。还比如新教徒做生意，普遍不讨价还价，随行就市的情况下，基本上就是一口价，赚了不得意，赔了不沮丧，以此保持一种稳定的经营方式，重要的是给人以稳定的信用预期。类似的理性化行为可以说不胜枚举，守时、守诺、不计代价地讲究手段的正当性、不推卸自己的责任，这些品质在新教徒那里特别突出。往大处说，为了提高整个生产经营流程控制的精确度，新教徒发明并推广了复式簿记法，这对于现代资本运作，特别是大规模资本主义式的生产经营，具有重要的技术价值，至今不可或缺。韦伯还指出，在新教共同体占主导地位的地区和国家，他们创造的最重大的经济成就，是把自由劳动力整合到现代劳动组织架构中，这使得劳动效率最大化和利润最大化成为自然而然的因果趋势。而且这种劳动组织的内教义改革当然会推动教义的实践，观念的改变最终一定会介入行为系统，并且进行积极干预。韦伯在分析宗教改革的结果时，使用的核心概念是世俗禁欲主义，或称入世禁欲主义。他指出，世俗禁欲主义的关键在于，它要求人们严格遵循一种理性化的生活方式。这个理性化，可不是我们平常说的心平气和、从容不迫之类的意思，而是有特定的操作含义，就是在目标与手段之间确立了一种因果关系，有了目标，不管那目标大小远近，一旦确定下来，都理应设计或调度相应的手段资源，然后井井有条、锲而不舍地运用这些资源去实现目标。对于新教徒群体来说，终极目标就是获得上帝的恩宠，这需要在日常的禁欲主义生活中，一步一步地去践行一个一个的现实目标，以不间断地证明自己值得救赎，其中也包括在经济活动中获取证明，那就是要干出个样子来。

　　总之，韦伯提炼的新教伦理，是一个"焦虑-诱导"的信念系统，并由此产生出一个前所未有的理性化行为系统。

理性化与资本主义精神

　　从上面的叙述可以看出，宗教改革的先驱们，还有他们提出的新教伦理，根本就不是以开创和发展现代资本主义为目标的，而是把追求上帝的拯救这个观念系统，重新进行了理性化改造。

　　宗教改革的一个重大因果趋势，是拒绝承认教会的思想权威和组织权威，认定每个虔诚的信徒都有资格直接与上帝沟通。传统天主教会的戒律是，每个人都是上帝的工具和仆役，需要接受教会这个上帝代理人的管制；而新教的观念是，每个人都是上帝的容器，上帝就在我的灵魂中，用不着教会代表上帝对我指手画脚。结果，按照韦伯的考察论证，这种摆脱了教会束缚的思想自由，直接推动了新教徒在社会生活中的个人自由，其中就包括经济自由，也就是劳动与创造财富的自由，这一点意义非常深远。

　　新教徒不再遵守教会的各种仪式性清规戒律和繁文缛节，不参加教会活动，而是迅速发展起来一种自组织机制，以教派共同体的形式规划自己的生活。以前的传统是，只要你走个规定程序，就可以成为教徒，不管你的虔诚到底是真的假天职观涉及对劳动，特别是对财富的重新评价。按照天主教的传统教义，劳动是谋生而不是谋利的手段，超出生存必需限度的财富，在道德上就是可疑的，甚至是可耻的，上帝不喜欢。特别是积累大量财富的富豪，尤其令上帝不悦，他们不可能进天堂，甚至很可能永久遭受惩罚。

但是，路德的天职观推翻了这种僵化的戒律。他通过辩论说明，所有虔诚的信徒，只要选择正当的职业，坚忍不拔、一以贯之、条理化地承担尘世事务中的责任，并把这看作是个人道德活动所能采取的最高形式，那就履行了天职，就都是在"增加上帝的荣耀"，从而体现了上帝的旨意。所以，履行天职是令上帝满意的唯一生活方式，也是有望得到救赎的唯一途径。这意味着，任何正当的职业，都是为了恪尽个人在尘世的义务，在上帝那里都有完全同等的价值。对由此带来的财富，路德论述说，一方面它不是赃物，而是教徒忠诚履行天职的可见的证据，并意味着这是得到了上帝的青睐和眷顾。但另一方面，这财富只是上帝的托管物，你只是受托保管和打理，根本没有资格随意挥霍，否则上帝随时都可能收回去，甚至毁掉它。这就是一种禁欲主义了。比较起来，传统的禁欲主义只限于修道院或隐修院的范围，只是通过遁世和离群索居实现修行。路德则把它推向了全社会，这让广大普通信徒产生了在日常生活实践中即可得救的真实希望，其感召力和动员力可想而知。

相比传统天主教教义，路德的天职观，对世俗劳动与财富的道德重视和宗教认可，差不多是史无前例的。这种教义改革不断深化，到了加尔文时期，出现了一个极有代表性的激进教义学说，就是"得救预定论"。韦伯概括道，这个加尔文主义学说断定，上帝想拯救的合格子民只有极少数，而且早就预定好了，其余的绝大多数，注定只能被永罚地狱，根本不用指望得救了。但是，可能得救的具体是谁，具体什么时候得救，这是上帝的密旨，谁也不可能窥知。这种不可知、不确定的前景，带给广大教徒无法平息的焦虑和恐慌。为了摆脱焦虑，为了最终证明自己能够得救，人就只有一辈子都毫不懈怠地履行自己的世俗天职，排除一切与之相悖的思维和行为模式，克服自身的所有非分冲动，抵制一切外界的诱惑。可见"得救预定论"引导的是禁欲主义的生活方式，除非你预定了自己已经不可救药，或者不可能得救，那就彻底没辙了。

乎和文明人类一样古老。而新教和新教伦理的出现，到韦伯写这本书的时候，还不到四百年。所以韦伯把资本主义又分为古代（或者传统）资本主义和现代资本主义两种。这是前人没有想到的，是思想史上的第一次，意义非常重大。因为他开创了一种全新的方法——比较观察、比较研究和比较分析的方法——富有理论和经验解释力。那么，他是根据什么来划分古代和现代两种资本主义的呢？这就引出了韦伯命题的另一个核心概念——理性化程度。

在韦伯看来，传统资本主义经济活动有多种形式，其中最主要的是"政治资本主义"，也就是由政治权力直接或间接操作，或者在政治权力直接或间接干预下操作的资本主义经济活动。政治资本主义形式在时间上很悠久，在世界各地至今也能见到。另外还有贸易资本主义、金融资本主义、军事征服资本主义、海盗资本主义、投机资本主义等。韦伯指出，所有这些资本主义现象的共同点都表现为低度理性化，或者非理性乃至无理性。我在后面会通过比较，说明它们的目的与手段之间的因果关系，特别是它们的内在动力，与韦伯定义的现代资本主义完全不可同日而语。

韦伯指出，直到新教和新教伦理出现之后，传统（古代）资本主义才发生了根本性的变化。怎么发生的呢？与宗教改革有关。

1517年，马丁·路德发表了《九十五条论纲》，后来又把希腊文《圣经》翻译成精彩的德文，由此激发了宗教改革运动。韦伯认为，天主教王国在欧洲占据支配地位一千多年，但到16世纪已经腐败得一塌糊涂。其实路德本人并没有明确意图要对天主教进行制度变革，他主要是进行教义改革，以对抗教会垄断的教义解释权。路德提出的两个新观念，一个是因信称义，一个是天职观，在当时产生了石破天惊的效应。

因信称义是说，只要信徒能够有效证明自己是虔诚的信徒，就用不着受教会评估和认可。这对教会的一元化统治地位造成了很大的威胁，同时却极其强烈地鼓舞了广大信众。

接下来的问题自然是怎么才能自我证明呢？路德提出了天职观。我们和传统教义比较一下就能看出，这个天职观更是有双重意义，它既有颠覆性又有建设性。

的德文本译成英文，于 1930 年出版。果然，在英语世界也引发了同类现象，一方面是更广泛的震撼性影响，同时，不少人又开始重复德国人的误读。不过所幸，在英语世界的这一波理论冲击，比当初在德国大大进了一步，大家认识到了韦伯命题的扩展效力，它的逻辑框架的开放性，及其社会科学方法论的价值。随后持续不断的研讨和争论，反而大大丰富和深化了人们的理解。

再说它的中文本。从第一个简体中译本面世至今，30 多年了。很遗憾，我们的许多读者重复了当年欧美人的误读。同时，我们好像还多了一层焦虑感，那就是，我们这里根本就没有新教伦理的传统，怎么能产生资本主义呢？如果说我们有了些资本主义成分，那又和什么宗教伦理有关系呢？归根结底，这个韦伯命题跟我们搭界吗？这实际上是向韦伯的理论发出了中国特色的挑战，而且这些问题确实是韦伯命题没有直接触及的。

理论的有效性，首先就在于它能有效解释经验世界，其次是能有效解决经验世界的问题，再就是能有效揭示延伸出来的问题并提供解决之道。

因此，韦伯到底说了什么，更重要的是他到底是怎么说的，为什么这个韦伯命题的吸引力至今依然难以抗拒，自然就是必须弄清楚的，特别是对我们中国读者来说。

几个核心概念

概念是分析问题的基本工具，概念越严谨，越不含糊，这个工具就越有效力，越能把表面上杂乱无章的经验现象，整合成一个可以条分缕析的有机体。韦伯在这里使用的若干核心概念，虽然都不是他的原创，但他给出了前人根本没有达到的严谨定义。这对他建构新教伦理这个命题，特别是建构由此扩展出来的理论体系，都有无可替代的作用。

首先就是"资本主义"，很多人根本没弄明白韦伯笔下的这个概念是什么。韦伯指出，如果是单纯谈论一种经济行为——搞一笔资金或资产，然后投资生产经营或贸易，产生利润，分配，消费，积累，再投资——这样循环操作的资本主义经济行为，在埃及法老时代就有了，在中国也有三四千年了，这种经济行为，几宗教和神学界就对资本主义有了许多研究。他确认，历史从来就不是单一因素决定的，任何历史现象，无不是产生于多元因果的交互作用。这是韦伯一个原创性的重大理论贡献，一个观察和解释经验世界的方法论。具体到资本主义来说，就绝不是一种单纯的经济现象，它的原动力不是单纯的经济因素，还有其他若干非经济因素，比如新教伦理就是它的原动力之一。这一系列思考的结果是，他写出了《新教伦理与资本主义精神》这部传世之作。自问世以来，不管人们怎么评价它，有一点早就成了世界性共识——是韦伯，第一次把观念系统对个体与共同体行为系统的决定性作用，提升到了无可争辩的理论高度——这个重大的思想史成果，在以往貌似人人意中都有，但无人完整表述，遑论有效地应用在社会经济研究中，关键是这个理论完全符合经验世界的本相。

1904—1905年，韦伯分两次出版了这部名著。一经问世，立刻在德国引起高度关注，随后在欧美也产生了同样的反应，再往后，又在东方产生了冲击性影响，而且持续至今——只要一谈资本主义的来龙去脉，就不可能绕过这部名著提出的基本问题，也就是历久弥新至今还没人能推翻的"韦伯命题"。

与此同时，人们对这个命题的解释也是五花八门。在一个世纪之前的德国和一个世纪之后的中国，对韦伯命题相当普遍的解释是，新教徒有一套伦理，资本主义有一种精神，这两个元素发生了因果反应，于是就有了资本主义现象和资本主义制度这个历史阶段。甚至还有更简单的，认为新教伦理就是资本主义的第一推动力，它们具有直接的因果关系。我评价这样的认知，纯粹是不求甚解、望文生义导致的歪曲。

当年在德国，为了澄清一些无的放矢的议论，韦伯曾写了10多篇回应文章，很有匡正视听的效力，但还是有几位学界大佬不接受，或者说不愿意承认自己的理解错了。他们坚持曲解韦伯的本意几乎到了胡搅蛮缠的程度，于是韦伯写了一篇很有名的文章《关于"资本主义精神"的反批评结束语》，之后就再也不理睬任何非议和评论，再也没有为解释这部著作写过文章。几年之后，那些曲解和误读在德国就失去了市场。

美国社会学创始人塔尔科特·帕森斯，曾在德国留学并在那里读到韦伯的这部著作，当时他就认为，韦伯命题一定会成为世界性的学术指南。他把这部著作

阎克文讲读《新教伦理与资本主义精神》

> 阎克文
> 1956年生,浙江大学兼任教授,主持"马克斯·韦伯全集"翻译与研究工作。主要译著包括:《新教伦理与资本主义精神》《经济与社会》《君主论》《马克斯·韦伯与德国政治》《马克斯·韦伯传》(与王利平、姚中秋合译)。

我们先来谈韦伯命题的由来与争论,然后才能解释清楚它是什么。

你知道,到了18世纪,资本主义带给欧洲史无前例的财富大爆炸,颠覆了人类以往的世界,那么顺理成章,资本主义的来龙去脉就逐渐成了一个热门的学术与政治话题。

在这个论域,第一个有全局性影响的是卡尔·马克思,他构建了一整套经济学逻辑,在他著名的历史唯物论基础上,论证了资本主义的生死存亡。他的这套逻辑按所谓"庸俗马克思主义"的大力演绎,就是为追求利润最大化,通过劳动、价格与价值的无政府操作机制,导致资本主义的产生、发展和繁荣,然后,由于经济基础决定了政治上层建筑,政治上层建筑又对经济基础产生反作用的因果关系,最终由无产阶级把资本主义葬入坟墓,人类便会迎来一个共产主义大同世界。这里的核心要素,在马克思之后不久被提炼出一个著名概念——经济决定论,大意是指一切都是经济基础说了算。

就在马克思主义狂飙突进的时候,马克斯·韦伯横空出世了,他是受马克思主义思潮强大冲击和裹挟的第一代欧洲知识分子的一员。但是,还在读博士时,韦伯就感觉到马克思的历史解释方法有问题,逻辑有漏洞。至于庸俗马克思主义的历史观,就更不用说了,那只是一套意识形态教条,用于社会政治动员可能有效,但学术品质基本上不足为训。另一方面,韦伯还注意到,早在17世纪以来,阎克文对《新教伦理与资本主义精神》的解读，的确发了前人未发之覆。他读出了别人没读出的意思，并准确地表达了出来，也可以说他指出了韦伯真正想要表达的意思。

下面谈谈有关韦伯的两件事。第一是他身患的疾病。在韦伯创造力处于第一个迸发期顶峰时，一场突如其来的重病——严重的神经官能症——中断了他的所有事业，包括学术的和政治的。韦伯1897年患病，为了母亲，和父亲几乎决裂。也是在这一年，他的父亲老韦伯，跟韦伯大吵一顿不久，在一次旅行中胃出血，气绝身亡。这一并非意外的家庭事件，某种程度成了他患病的导火索。韦伯一病，断断续续五年。病愈后的韦伯，完全改变了原来的工作习惯和节奏，专心思考，沉潜于研究。他创造力第二次爆发的第一个重要成果，就是1904年5月发表的《新教伦理与资本主义精神》。

第二是他的去世。韦伯生于1864年，死于1920年，在世56年。他是在一战后马拉松般的巴黎和会结束六个月时去世的。和他一起参加巴黎和会的著名学者，还有英国经济学家凯恩斯，国际政治学家、历史学家E.卡尔。说到凯恩斯，他是在第二次世界大战结束后7个月撒手人寰的，年仅62岁，此前他代表英国出席布雷顿森林会议。

如果你读过《马克斯·韦伯与德国政治：1890—1920》，会知道盛年的韦伯，还是一位重要的政治人，他有关学术与政治的两次演讲，影响深远，其中"志业演讲"是向所有德国精英发出的训诫。在韦伯和凯恩斯身上，学术与政治的关系，从来就不那么简单。正因为不简单，才不能简单看待。读韦伯，很大程度，是体会这两者如何在一个人身上，发生天人交战而又两不耽误。

导语 | 韦伯启示序章

刘苏里

近现代西方，产生了很多位具有世界影响的大思想家。假如排个影响力十强，肯定有韦伯一席。他一生写了多部具有深远影响的作品，影响最大的当推《新教伦理与资本主义精神》。这本书是一个庞大研究计划的一部分，韦伯雄心很大，企图找到并解释世界各主要民族精神文化气质和社会经济发展状况的内在关系。所以，说这本书是研究资本主义的，并不全面，说它是研究新教伦理与资本主义关系的，也不全面。

我先说说这本书中译本出版的情况，以及讲读者阎克文，回过头来再说这本书到底要解决什么问题，以及它怎么成了传世经典。

我来列出一些人的名字：于晓、陈维纲、阎克文、康乐、简惠美、苏国勋、马奇炎、陈婧、陈平、龙婧、李修建、张云江、郑志勇、沈海霞、刘作宾、张仲、赵勇……他们是谁呢？对，他们是不同译本的部分译者。1987—2014年，中国大陆出版界竟然出了13个译本和注释本的《新教伦理与资本主义精神》。其实，还有更早的译本，收在"走向未来"丛书，出版于1986年，由黄晓京和彭强翻译，但只是个缩译本，不完整。

阎克文的译本从诸多译本中胜出。他不仅译了韦伯的这本名著，还译了韦伯其他六部作品，加一起相当于德文新版《韦伯全集》11卷。此外，他还翻译了若干与韦伯有关的著作，包括韦伯夫人玛丽安妮的《马克斯·韦伯传》、莱曼的《韦伯的新教伦理》、蒙森的《马克斯·韦伯与德国政治》。阎克文还翻译过其他一些名著，像萨托利著名的《民主新论》。

有关阎克文，我更想说的是，为翻译韦伯，五十来岁以后，他开始专修德语。他此生的理想，是用德文将韦伯的书译一遍。有人说，阎克文就是为译韦伯而生的。他自己说，"我是给韦伯打工来的"。两个说法都挺靠谱。这么"傻乎乎"盯着一个思想家翻译的，我一下子还找不出第二人来。据说从德文翻译韦伯的工程已操练起来，看来我们有望尽早读到译自德文的韦伯作品了。

二六
《新教伦理与资本主义精神》

[德] 马克斯·韦伯著　阎克文译　上海人民出版社　2010年

主题词◎新教　资本主义

―――― 经典之处 ――――

这本书是马克斯·韦伯最有影响力的著作。韦伯认为，制度的产生是偶然的，但制度的演变、制度能不能向理性的方向发展与文化有很大关系。他致力于解释不同宗教所包含的经济、政治伦理，以及它们不同的理性程度。而他论述的新教伦理，其核心就是一种理性化的能力。

―――― 作者简介 ――――

马克斯·韦伯（Max Weber，1864—1920），德国著名的社会学家、政治学家、经济学家，是现代最具影响力的思想家之一。韦伯毕业于海德堡大学，先后在柏林大学、维也纳大学、慕尼黑大学等大学任教。代表作除《新教伦理与资本主义精神》外，还有《儒教与道教》《经济与社会》《古犹太教》等。第一次世界大战后，韦伯曾代表德国参加凡尔赛会议，并参与魏玛共和国宪法的起草设计，在当时德国政界影响很大。同时，韦伯也是公认的古典社会理论和公共行政学的创始人之一，被后世称为"现代社会学奠基人""组织理论之父"。

四八　《宪法的碎片：全球社会宪治》 ……………………… 1105
　　导语｜人类是否再次面临全球性的"宪法时刻"？ ……… 1107
　　余盛峰讲读《宪法的碎片：全球社会宪治》 …………… 1111

四九　《正义的前沿》 ………………………………………… 1127
　　导语｜古典时代的当代回声 ……………………………… 1129
　　钱永祥讲读《正义的前沿》 ……………………………… 1133

五〇　《国家为什么会失败》 ………………………………… 1151
　　导语｜制度决定竞争的国家间的成败 …………………… 1153
　　陶然讲读《国家为什么会失败》 ………………………… 1157

五一　《自由的基因：我们现代世界的由来》 ……………… 1175
　　导语｜为现代英国立命的两栖人 ………………………… 1177
　　徐爽讲读《自由的基因：我们现代世界的由来》 ……… 1181

后　　记 ………………………………………………………… 1194
补　　记 ………………………………………………………… 1196

目 录

四〇 《西西弗神话》 ... 921
导语｜加缪的馈赠："坚持奋斗，抗争到底" ... 923
杜小真讲读《西西弗神话》 ... 927

四一 《多元政体》 ... 941
导语｜民主理论家达尔 ... 943
刘瑜讲读《多元政体》 ... 945

四二 《管理行为》 ... 961
导语｜每个发现背后，都有一片深不见底的大海 ... 963
李华芳讲读《管理行为》 ... 967

四三 《暴力与社会秩序：诠释有文字记载的人类历史的一个概念性框架》 ... 983
导语｜走向权利开放的社会秩序 ... 985
董彦斌讲读《暴力与社会秩序：诠释有文字记载的人类历史的一个概念性框架》 ... 989

四四 《正义论》 ... 1005
导语｜罗尔斯的正义观 ... 1007
周保松讲读《正义论》 ... 1011

四五 《现代性与大屠杀》 ... 1035
导语｜在失望中继续睁大眼睛 ... 1037
李康讲读《现代性与大屠杀》 ... 1041

四六 《第三波：20世纪后期的民主化浪潮》 ... 1059
导语｜民主化大船桅杆上的瞭望者 ... 1061
包刚升讲读《第三波：20世纪后期的民主化浪潮》 ... 1065

四七 《心流》 ... 1085
导语｜积极心理学之父的"通俗"作品 ... 1087
郑也夫讲读《心流》 ... 1089

陈嘉映讲读《林中路》 741

三三 《历史是什么？》 759
　　导语｜卡尔：三重角色的扮演者 761
　　彭刚讲读《历史是什么？》 763

三四 《美丽新世界》 777
　　导语｜乌托邦与反乌托邦 779
　　徐贲讲读《美丽新世界》 783

三五 《文明的进程》 801
　　导语｜埃利亚斯："大器晚成"的思想家 803
　　李康讲读《文明的进程》 807

三六 《秩序与历史》（前三卷） 825
　　导语｜探求人类思想的开端 827
　　朱成明讲读《秩序与历史》（前三卷） 831

三七 《论历史》 847
　　导语｜一页历史胜似一卷逻辑 849
　　彭刚讲读《论历史》 853

三八 《自由论》 873
　　导语｜伯林：思想客厅里的常青树 875
　　刘擎讲读《自由论》 879

三九 《专制与民主的社会起源：现代世界形成过程中的地主和农民》 899
　　导语｜今天为什么读摩尔？ 901
　　董彦斌讲读《专制与民主的社会起源：现代世界形成过程中的地主和农民》 905

目　录

二六　《新教伦理与资本主义精神》 601
　　导语｜韦伯启示序章 603
　　阎克文讲读《新教伦理与资本主义精神》 605

二七　《学术与政治》 619
　　导语｜韦伯的新宗教 621
　　刘擎讲读《学术与政治》 625

二八　《韦伯政治著作选》 643
　　导语｜大国崛起的伦理责任 645
　　阎克文讲读《韦伯政治著作选》 649

二九　《逻辑哲学论》 667
　　导语｜为未来写作的哲学家 669
　　江怡讲读《逻辑哲学论》 673

三〇　《哲学研究》 689
　　导语｜维特根斯坦：为世界立法 691
　　赵汀阳讲读《哲学研究》 695

三一　《存在与时间》 711
　　导语｜备受争议的当代哲人 713
　　陈嘉映讲读《存在与时间》 717

三二　《林中路》 735
　　导语｜诗意地栖居：海德格尔的返乡之旅 737

思想照亮旅程
得到名家大课

[下]

刘苏里 主编